Schriftenreihe der
Neuen Juristischen Wochenschrift

Im Einvernehmen mit den Herausgebern der NJW
herausgegeben von
Rechtsanwalt Prof. Dr. Konrad Redeker
Rechtsanwalt Felix Busse

Heft 43

Praktische Fragen des Wohnungseigentums

von

Horst Müller
Rechtsanwalt in München

3., völlig neubearbeitete Auflage

C.H. BECK'SCHE VERLAGSBUCHHANDLUNG
MÜNCHEN 1999

Zitierweise: Müller, NJW-Schriften 43, 3. Auflage

Die Deutsche Bibliothek – CIP-Einheitsaufnahme

Müller, Horst:
Praktische Fragen des Wohnungseigentums / von Horst Müller. –
3., völlig neubearb. Aufl. – München : Beck, 1999
(Schriftenreihe der Neuen juristischen Wochenschrift ; H. 43)
ISBN 3 406 45699 5

Neue juristische Wochenschrift / Schriftenreihe:
Schriftenreihe der Neuen juristischen Wochenschrift / im Einvernehmen mit den Hrsg. der NJW hrsg. –
München : Beck
Früher Schriftenreihe
Nebent.: NJW-Schriftenreihe
Schriftenreihe zu: Neue juristische Wochenschrift
H. 43. Müller, Horst: Praktische Fragen des Wohnungseigentums. – 3., völlig neubearb. Aufl. – 1999

ISBN 3 406 45699 5

Satz und Druck der C. H. Beck'schen Buchdruckerei, Nördlingen

Vorwort zur 3. Auflage

Der zeitliche Abstand zur Vorauflage machte wiederum eine völlige Neubearbeitung notwendig. Ursache hierfür ist nicht nur die Rechtsprechungsfülle, sondern auch und vor allem die Rechtsprechungsentwicklung in ganz wesentlichen Fragen des Wohnungseigentums. Beispielhaft nenne ich nur den Bereich der Hausgeldschuldnerschaft bei Eigentümerwechsel, Anordnung der Zwangsverwaltung oder Eröffnung des Insolvenzverfahrens, sowie die Bereiche der Verwalterhaftung und der sog. vereinbarungsersetzenden Beschlüsse. Zu begrüßen ist die – sicherlich nicht ausnahmslos zu beobachtende – Zunahme der Einheitlichkeit der obergerichtlichen Rechtsprechung. Dies hat zwangsläufig eine Abnahme von BGH-Entscheidungen im Wohnungseigentumsrecht und eine gewisse Übereinstimmung in der Rechtsprechung der Instanzgerichte zur Folge. Allerdings nähme diese Entwicklung ein abruptes Ende, wenn der Gesetzgeber nach aktuellem Informationsstand erneut einzuführen versuchte, was erst im Jahre 1998 aus Gründen gescheitert ist, die außerhalb geplanter WEG-Änderungen lagen: Rechtsentscheid anstelle des Rechtsbeschwerdeverfahrens! In diesem Zusammenhang ist auch der soeben erst vom Josef-Humar-Institut vorgelegte Entwurf eines Gesetzes zur Änderung des WEG und anderer Gesetze zu erwähnen.

Die Neuauflage berücksichtigt bis Ende 1998 veröffentlichte Rechtsprechung, vereinzelt auch jüngere, soweit von erheblicher Bedeutung. Ältere Rechtsprechung ist, soweit vertretbar, herausgenommen. Wegen der Rechtsprechungsfülle und der Zielsetzung des Buchs, Fragen aus der Praxis zu beantworten, war es auch unerläßlich, die Auseinandersetzung mit anderen Literaturstimmen im wesentlichen auf Rechtsfragen zu beschränken, die stark umstritten sind. Autoren von sehr verdienstvollen und weit verbreiteten Lose-Blatt-Werken mögen es mir nachlassen, daß ich sie nicht zitiere. Bereitet schon jede Neuauflage der Kommentare zum WEG wegen der zum Teil radikalen Umstellung der Randnummern große Mühe beim späteren Zitieren, liegt es in der Natur der Lose-Blatt-Werke, daß eine einmal getroffene Bezugnahme nur von kurzer Geltungsdauer ist. So setze auch ich mich dem entsprechenden, nicht unberechtigten Vorwurf aus, da ich dem Wunsche vieler Leser gefolgt bin, die Randziffern zu vervielfachen, um die Suche zu erleichtern. In diesem Zusammenhang habe ich auch zahlreiche gerichtliche Entscheidungen mit einer Fundstelle versehen, wo die Vorauflage nur das Aktenzeichen und das Datum wiedergab. Die Vielzahl einschlägiger Zeitschriften und der Umstand, daß der Leser nicht unmittelbaren Zugang zu jeder Veröffentlichung hat, haben mich im Interesse des

Leser-Service schließlich bewogen, insbesondere bei wichtigen Entscheidungen jeweils alle mir zur Verfügung stehenden Quellen anzugeben.

§§ ohne ausdrücklichen Gesetzesbezug sind solche des WEG.

Beim Leser entschuldige ich mich für die eingetretene Verzögerung im Erscheinen der 3. Auflage durch den Hinweis auf eine satirische Anmerkung an einer Stelle des Buchs (S. 199), die dem Leser ohnehin nur mühsam wohlwollendes Verständnis für sinnlosen Streit unter Wohnungseigentümern abverlangt.

München, im Juli 1999 Horst Müller

Inhaltsübersicht

Inhaltsverzeichnis

Abkürzungsverzeichnis

a. A.	anderer Ansicht
a. a. O.	am angegebenen Ort
Abs.	Absatz
Abschn.	Abschnitt
AcP	Archiv für die zivilistische Praxis
a. F.	alte Fassung
AfA	Absetzung für Abnutzung
AG	Amtsgericht
AGBG	Gesetz zur Regelung der Allgemeinen Geschäftsbedingungen
AktG	Aktiengesetz
Anh.	Anhang
Anm.	Anmerkung
Art.	Artikel
Aufl.	Auflage
Az.	Aktenzeichen
BauR	Baurecht (Zeitschrift)
BayBO	Bayerische Bauordnung
BayObLG	Bayerisches Oberstes Landesgericht
BayObLGZ	Entscheidungen des BayObLG in Zivilsachen
BB	Betriebsberater (Zeitschrift)
BauGB	Baugesetzbuch
Bd.	Band
BdF	Bundesminister der Finanzen
BDSG	Bundesdatenschutzgesetz
Begr.	Begründung
II. BVO	Zweite Berechnungsverordnung
BeurkG	Beurkundungsgesetz
BFH	Bundesfinanzhof
BewG	Bewertungsgesetz
BGB	Bürgerliches Gesetzbuch
BGBl.	Bundesgesetzblatt
BGH	Bundesgerichtshof
BGHZ	Bundesgerichtshof, Entscheidungen in Zivilsachen
Bl.	Blatt
BlGBWR	Blätter für Grundstücks-, Bau- und Wohnungsrecht

BNotO	Bundesnotarordnung
BRAO	Bundesrechtsanwaltsordnung
BR-Drucks.	Bundesratsdrucksache
BStBl.	Bundessteuerblatt (Zeitschrift)
BT-Drucks.	Bundestagsdrucksache
bzgl.	bezüglich
bzw.	beziehungsweise
BWNotZ	Baden-Württembergische Notarzeitschrift
ca.	circa
DB	Der Betrieb (Zeitschrift)
d.h.	das heißt
Die Justiz	Die Justiz, Amtsblatt des Justizministeriums Baden-Württemberg
DM	Deutsche Mark
DNotZ	Deutsche Notarzeitschrift
DRiZ	Deutsche Richterzeitung
DStR	Deutsches Steuerrecht (Zeitschrift)
DtZ	Deutsch-Deutsche Rechtszeitschrift
DVO	Durchführungsverordnung
DWE	Der Wohnungseigentümer (Zeitschrift)
DWW	Deutsche Wohnungswirtschaft (Zeitschrift)
EBE	Eildienst: Bundesgerichtliche Entscheidungen
EFG	Entscheidungen der Finanzgerichte (Zeitschrift)
ErbbauRVO	Erbbaurechtsverordnung
EStDV	Einkommensteuerdurchführungsverordnung
EStG	Einkommensteuergesetz
EStR	Einkommensteuerrichtlinien
etc.	et cetera (und so weiter)
ETW	Die Eigentumswohnung (Loseblatt-Werk)
evtl.	eventuell
f. ff.	folgende
FA	Finanzamt
FGPrax	Praxis der Freiwilligen Gerichtsbarkeit (Zeitschrift)
FG	Finanzgericht
fG	freiwillige Gerichtsbarkeit
FGG	Gesetz über Angelegenheiten der freiwilligen Gerichtsbarkeit
FN	Fußnote
FS	Festschrift
FWW	Die freie Wohnungswirtschaft (Zeitschrift)

GBA	Grundbuchamt
GBO	Grundbuchordnung
Geb.	Gebühren
GewO	Gewerbeordnung
ggf.	gegebenenfalls
GKG	Gerichtskostengesetz
GmbH	Gesellschaft mit beschränkter Haftung
GmbHG	GmbH-Gesetz
GrEStG	Grunderwerbsteuergesetz
GrStG	Grundsteuergesetz
HGB	Handelsgesetzbuch
h.M.	herrschende Meinung
HOAI	Honorarordnung für Architekten und Ingenieure
i.d.F.	in der Fassung
i.d.R.	in der Regel
IdW	Institut der Wirtschaftsprüfer
InsO	Insolvenzordnung
i.S.d.	im Sinne der (des)
i.ü.	im übrigen
i.V.m.	in Verbindung mit
JP	Juristische Praxis (Zeitschrift)
JR	Juristische Rundschau (Zeitschrift)
JurBüro	Das Juristische Büro (Zeitschrift)
JZ	Juristenzeitung (Zeitschrift)
JW	Juristische Wochenschrift
KEHE	Kuntze-Ertl-Herrmann-Eickmann, Grundbuchrecht
KG	Kammergericht Berlin
KO	Konkursordnung
Komm.	Kommentar
KostO	Kostenordnung
LG	Landgericht
LM	Lindenmaier-Möhring, Nachschlagewerk des Bundesgerichtshofs
LS	Leitsatz
MaBV	Makler- und Bauträgerverordnung
MDR	Monatsschrift für Deutsches Recht (Zeitschrift)
m.E.	meines Erachtens

MittBayNot	Mitteilungen des Bayerischen Notarvereins, der Notarkasse und der Landesnotarkammer Bayern
MittRhNotK	Mitteilungen der Rheinischen Notarkammer
ModEnG	Modernisierungs- und Energieeinsparungsgesetz
MSchG	Mieterschutzgesetz
m. w. N.	mit weiteren Nachweisen
MünchKomm-Röll	Münchener Kommentar, Bearbeiter Röll zum Wohnungseigentumsgesetz, 3. Auflage
MWSt	Mehrwertsteuer
n. F.	neue Fassung
NJW	Neue Juristische Wochenschrift (Zeitschrift)
NJWE-MietR	NJW-Entscheidungsdienst Miet- und Wohnungsrecht
NJW-RR	NJW-Rechtsprechungs-Report (Zivilrecht)
Nr.	Nummer
NZM	Neue Zeitschrift für Miet- und Wohnungsrecht
OFD	Oberfinanzdirektion
OLG	Oberlandesgericht
OLGR	OLG-Report, Schnelldienst zur Zivilrechtsprechung
OLGZ	Entscheidungssammlung der Oberlandesgerichte in Zivilsachen
p.a.	pro Jahr
PiG	Partner im Gespräch, Schriftenreihe
Rdnr.	Randnummer
RG	Reichsgericht
RGBl.	Reichsgesetzblatt
RGZ	Entscheidungen des Reichsgerichts in Zivilsachen
Rpfleger	Der Deutsche Rechtspfleger (Zeitschrift)
Rspr.	Rechtsprechung
RWW	Recht der Wohnungswirtschaft (Zeitschrift)
Rz.	Randziffer
S.	Seite
s.a.	siehe auch
s. o.	siehe oben
sog.	sogenannt
SchlHA	Schleswig-Holsteinische Anzeigen
str.	strittig
StBerG	Steuerberatungsgesetz
StGB	Strafgesetzbuch

TO .... Tagesordnung
TOP .... Tagesordnungspunkt
Tz. .... Textziffer

u.a. .... unter anderem
u.U. .... unter Umständen
u.s.w. .... und so weiter
UStG .... Umsatzsteuergesetz

VersR .... Versicherungsrecht (Zeitschrift)
vgl. .... vergleiche
Vfg. .... Verfügung
v.H. .... vom Hundert
VO .... Verordnung
VOB .... Verdingungsordnung für Bauleistungen
Vorbem. .... Vorbemerkung

WE .... Wohnungseigentum (Zeitschrift)
WEG .... Wohnungseigentumsgesetz
WEM .... Wohnungseigentümermagazin (Zeitschrift)
WoBauG .... Wohnungsbaugesetz
WPM .... Wertpapiermitteilungen (Zeitschrift)
WM .... Wohnungswirtschaft und Mietrecht

z.B. .... zum Beispiel
ZfBR .... Zeitschrift für deutsches und internationales Baurecht
ZfGWW in Bayern ... Zeitschrift für das gemeinnützige Wohnungswesen in Bayern
ZfIR .... Zeitschrift für Immobilienrecht
ZMR .... Zeitschrift für Miet- und Raumrecht
ZPO .... Zivilprozeßordnung
z.T. .... zum Teil
ZVG .... Zwangsversteigerungsgesetz
z.Z. .... zur Zeit

Literaturverzeichnis

1. Kommentare

Augustin, Sonderausgabe zu BGB-RGRK 12. Aufl., Berlin 1983
Bärmann-Pick-Merle, 7. Aufl., 1997
Bärmann-Pick, 14. Aufl., 1997
Demharter, GBO, 22. Aufl., 1997
Erman-Ganten, 9. Aufl., 1993
Keidel/Kuntze/Winkler, FGG, 14. Aufl., 1999
Münchener Kommentar-Röll, 3. Aufl., München 1997
Niedenführ/Schulze, 4. Aufl., 1997
Palandt-Bassenge, 58. Aufl., 1999 (Erscheinungsweise jährlich)
Soergel-Stürner, 12. Aufl., 1990
Staudinger, 12. Aufl., 1997 (Redaktor: RA Dr. Wolf-Rüdiger Bub)
Weitnauer-Hauger-Lüke, 8. Aufl., 1995
Zeller/Stöber, ZVG, 16. Aufl., 1999

2. Bücher

Bärmann/Seuß, Praxis des Wohnungseigentums, 4. Aufl., 1997
Belz, Handbuch des Wohnungseigentums, 2. Aufl., 1996
Bub, Wohnungseigentum von A bis Z, 6. Aufl., 1991
Bub, Das Finanz- und Rechnungswesen der Wohnungseigentümergemeinschaft, 2. Aufl., 1996
Deckert, Die Eigentumswohnung (Loseblatt-Werk)
Haegele-Schöner-Stöber, Grundbuchrecht, 10. Aufl., 1993
Jennissen, Die Verwalterabrechnung nach dem WEG, 4. Aufl., 1999
Kuntze-Ertl-Herrmann-Eickmann, Grundbuchrecht (KEHE), 4. Aufl., 1991
Riecke, Die erfolgreiche Eigentümerversammlung, 1. Aufl., 1998
Röll, Handbuch für Wohnungseigentümer und Verwalter, 7. Aufl., 1996
Sauren, Wohnungseigentumsgesetz, 3. Aufl., 1999

3. Schriftenreihe

Partner im Gespräch, Schriftenreihe des Evangelischen Siedlungswerks in Deutschland e.V.

4. Zeitschriften

Baden-Württembergische Notarzeitschrift (BWNotZ)
Baurecht (BauR)

Betriebsberater (BB)
Bundesgerichtshof, Entscheidungen in Zivilsachen (BGHZ)
Bundesgerichtliche Entscheidungen (EBE/BGH)
Der Betrieb (DB)
Der Deutsche Rechtspfleger (Rpfleger)
Der Wohnungseigentümer (DWE)
Deutsche Notarzeitschrift (DNotZ)
Deutsche Wohnungswirtschaft (DWW)
Die Freie Wohnungswirtschaft (FWW)
Die Justiz (Amtsblatt des Justizministeriums Baden-Württemberg)
Entscheidungen des BayObLG in Zivilsachen (BayObLGZ)
Entscheidungssammlung der Oberlandesgerichte in Zivilsachen (OLGZ)
Praxis der Freiwilligen Gerichtsbarkeit (FGPrax)
ImmobilienPuR, Praxis und Recht (Magazin)
Juristenzeitung (JZ)
Juristische Rundschau (JR)
Juristische Wochenschrift (JW)
Mitteilungen des Bayerischen Notarvereins, der Notarkasse und der Landesnotarkammer Bayern (MittBayNot)
Mitteilungen der Rheinischen Notarkammer (MittRhNotK)
Monatsschrift für Deutsches Recht (MDR)
Neue Juristische Wochenschrift (NJW)
NJW-Rechtsprechungs-Report (NJW-RR)
NJW-Entscheidungsdienst Miet- und Wohnungsrecht (NJWE-MietR)
Neue Zeitschrift für Miet- und Wohnungsrecht (NZM)
Versicherungsrecht (VersR)
Wertpapiermitteilungen (WPM)
Wohnungseigentum (WE)
Wohnungswirtschaft und Mietrecht (WM)
Zeitschrift für das gemeinnützige Wohnungswesen in Bayern (ZfgWBay)
Zeitschrift für deutsches und internationales Baurecht (ZfBR)
Zeitschrift für Immobilienrecht (ZfIR)
Zeitschrift für Miet- und Raumrecht (ZMR)

1. Begründung von Wohnungseigentum – Begründungsformen und ihre Probleme –

1.1 Vorbemerkungen

1 Das WEG durchbricht die in den §§ 93, 94 BGB aufgestellten Grundsätze – **keine Sonderrechtsfähigkeit** von Gebäuden und Gebäudeteilen – und ermöglicht es, **Sondereigentum** an bestimmten Räumen eines Gebäudes zu bilden, die ausschließlich dem **Alleineigentum** eines Wohnungseigentümers zugeordnet werden. Dadurch, daß dieses Sondereigentum stets verbunden ist mit bestimmten **Miteigentumsanteilen** am Gebäude und Grundstück, und daß jeder Sondereigentümer sonach über Mitberechtigungen im Bereich des Gemeinschaftseigentum verfügt und nachbarrechtlichen Beschränkungen in diesem Bereich unterliegt, stellt das Wohnungseigentum ein **Eigentum sui generis** dar.

Ausgeschlossen ist die Möglichkeit, Sondereigentum mit dem Miteigentum an mehreren Grundstücken zu verbinden, § 1 Abs. 4. Die Konsequenz ist, daß im Falle der Planung einer einheitlichen Eigentumswohnanlage auf mehreren Grundstücken diese nach § 890 Abs. 1 BGB zu vereinigen oder nach § 890 Abs. 2 BGB als Bestandteil einander zuzuschreiben sind. In jedem Falle müssen dann die Eigentumsverhältnisse gleich liegen, andernfalls entsteht vor der Begründung von Wohnungseigentum zunächst Bruchteilsmiteigentum. Die Miteigentümer hätten dann durch Vertrag Wohnungseigentum zu begründen, § 3 i.V.m. § 2.

2 Während **Wohnungseigentum** im engeren Sinne nur an Wohnungen, also nur an zu **Wohnzwecken dienenden Räumen** gebildet werden kann, wird an allen **nicht zu Wohnzwecken dienenden Räumen Teileigentum** gebildet, § 1 Abs. 1. Teileigentum in diesem Sinne bezieht sich nicht etwa nur auf gewerbliche Räume, sondern auch auf Speicher, Hobbyräume, sogenannte Wirtschaftsräume, Garagen, Kfz.-Abstellplätze etc. Jedes Sondereigentum, ob Bestandteil von Wohnungs- oder Teileigentum, soll nach § 3 Abs. 2 nur eingeräumt werden, wenn die jeweiligen Räume, die Sondereigentum bilden sollen, in sich **abgeschlossen** sind. **Garagenstellplätze** gelten nur dann als abgeschlossene Räume, wenn ihre Flächen durch dauerhafte Markierung ersichtlich sind.[1]

[1] Die Detailprobleme zur Frage der Abgeschlossenheit werden in diesem Abschn. unter 1.2, die zur Abgrenzung von Sondereigentum und Gemeinschaftseigentum in Abschn. 2 behandelt.

§ 1 Abs. 6 bestimmt, daß für das Teileigentum die Vorschriften über das Wohnungseigentum entsprechend gelten. Diese Vorschrift war notwendig, weil das WEG regelmäßig stets nur von Wohnungseigentum spricht. Sofern eine Differenzierung zwischen Wohnungseigentum und Teileigentum rechtlich nicht notwendig ist, ist in dieser Abhandlung folglich stets nur von Wohnungseigentum die Rede.

Das WEG sieht zwei Möglichkeiten der Begründung von Wohnungseigentum/Teileigentum vor, nämlich gemäß § 2

- die Begründung durch **vertragliche Einräumung** von Sondereigentum, § 3

  oder
- die Begründung durch **Teilung,** § 8.

1.2 Begründung durch vertragliche Einräumung, § 3

3 Sie ist die geeignete Form der Begründung von Wohnungseigentum immer dann, wenn zumindest zwei Miteigentümer (im Sinne des § 1008 BGB) eines Grundstück Wohnungseigentum bilden wollen, sei es auf einem noch unbebauten Grundstück, sei es bezüglich eines in der Errichtung befindlichen oder bereits errichteten Gebäudes. Die Wohnungseigentumsbegründung durch vertragliche Einräumung bezüglich bereits errichteter Gebäude hat besondere Bedeutung im Zuge der **Sanierung von Altbauten,** die bisher nur aus Mietraum bestanden, und bei der Planung sogenannter **Erwerbermodelle** gefunden. Sie gewinnt zunehmend an Bedeutung in den Fällen, in denen mehrere Personen gemeinsam in **Bruchteilsmiteigentum** ein Grundstück erwerben, das aus öffentlich-rechtlichen Gründen nicht real geteilt werden kann, und auf dem die Erwerber unter dem Dach einer zentralen Baubetreuung Reihenhäuser, Doppelhäuser oder einzelne freistehende Häuser errichten. Die wechselseitige Verpflichtung der Beteiligten zur Begründung von Wohnungseigentum ergibt sich dann i.d.R. aus den notariellen Kaufverträgen über den Erwerb der Miteigentumsanteile. Insoweit enthalten die einzelnen notariellen Erwerbsverträge vertragliche Bestimmungen in der Qualität eines Vertrags zugunsten Dritter, also zugunsten der jeweils anderen Beteiligten. Die vertragliche Verpflichtung eines Beteiligten, die für die Einräumung von Sondereigentum erforderlichen Willenserklärungen abzugeben, hängt nicht davon ab, ob zum Zeitpunkt der Abgabe der Willenserklärung die Voraussetzungen der **Abgeschlossenheit** im Sinne des § 3 Abs. 2 gegeben sind.[2] Vergrößert sich nun beispielsweise die Wohnfläche einer Einheit nachträglich im Zuge der Bauerrichtung, besteht grundsätzlich kein Anspruch auf Anpassung der Miteigentumsquoten. In Betracht kommt hier grundsätzlich eine **Abänderung** des nach § 16 Abs. 2 vorgesehenen **Ko-**

---

[2] BayObLGZ 1991 Nr. 13.

stenverteilungsschlüssels. Ein Zugriff auf die bestehenden Miteigentumsanteile der Beteiligten käme allenfalls dann in Betracht, wenn andere einschneidende Anpassungen (z. B. Änderung des Kostenverteilungsschlüssels) den geänderten Verhältnissen nicht gerecht werden können.[3] Problematisch wird der Fall des Erwerbs von Bruchteilsmiteigentum durch mehrere Beteiligte, die wechselseitig die Verpflichtung zur Begründung von Wohnungseigentum eingehen, dann, wenn einer der Beteiligten noch vor Begründung von Wohnungseigentum seinen Miteigentumsanteil veräußert. Da die wechselseitige Verpflichtung zur Begründung von Wohnungseigentum regelmäßig nur schuldrechtlichen Charakter hat, ist der genannte Erwerber nicht mehr zur Begründung von Wohnungseigentum verpflichtet. Wenn nun der Erwerber die Zustimmung zur geplanten Wohnungseigentumsbegründung verweigert, kann eine Wohnungseigentümergemeinschaft nicht entstehen, es verbleibt bei der **Bruchteilsmiteigentümergemeinschaft.**[4]

Der **Teilungsvertrag** bestimmt die Abgrenzung des Sondereigentums 4
vom Gemeinschaftseigentum, das Miteigentum aller wird durch das Sondereigentum des einzelnen beschränkt, § 3. Der schuldrechtliche Vertrag, durch den sich die Miteigentümer u. a. zur Einräumung von Sondereigentum verpflichten, bedarf der **notariellen Beurkundung,** § 313 BGB, § 4 Abs. 3.

Die **dingliche Einigung** aller Beteiligten muß grundsätzlich bei gleichzei- 5
tiger Anwesenheit vor einem Notar erklärt werden, § 4 Abs. 2, § 925 BGB. Ist dies nicht der Fall, ist die Teilungsvereinbarung unwirksam. Dieser Gründungsmangel wird jedoch insgesamt geheilt, sobald ein Dritter gutgläubig eine der vom Gründungsakt erfaßten Eigentumswohnungen erwirbt.[5] Die Beteiligten können **Vollmacht** erteilen. Diese muß zumindest öffentlich beglaubigt oder durch öffentliche Urkunde nachgewiesen sein. Der **Treuhänder der Bauherren** eines im sogenannten Bauherrenmodell errichten Bauvorhabens ist heute der typische Fall der Stellvertretung der Beteiligten. Er bedarf der Befreiung von den Beschränkungen des § 181 BGB. Die öffentliche Beglaubigung der Treuhandvollmacht würde an sich zur Errichtung des Teilungsvertrages genügen. Wenn der Treuhandvertrag mit Treuhandvollmacht gleichwohl notariell beurkundet wird, beruht dies lediglich darauf, daß durch seinen Abschluß zumindest mittelbar rechtlich ein Zwang zum Grundstückserwerb und zur Einräumung von Sondereigentum ausgelöst wird (§ 313 BGB; § 4 Abs. 3), die grundsätzlich formfreie Vollmacht den Treuhänder unwiderruflich zum Grundstückskauf ermächtigt und darüber hinaus mit dem Treuhandvertrag ein einheitliches Rechtsgeschäft im Sinne von § 139 BGB bildet.[6] Zur Wirksamkeit der Rechtsänderung des Vollzugs des Teilungsvertrags also bedarf es der Eintragung ins Grundbuch, § 4 Abs. 1. Für jeden Miteigentumsanteil wird ein **eigenes**

---

[3] BayObLG a. a. O.
[4] OLG Koblenz v. 25. 1. 1990 – 6 U 630/88 –.
[5] BGH ZMR 1990, 112 = NJW 1990, 447 = Rpfleger 1990, 62 = EBE 1989, 394.
[6] Wolfsteiner DNotZ 1979, 579; Maser NJW 1980, 963; BGH NJW 1979, 1984.

Grundbuchblatt angelegt. Die Anlegung besonderer Grundbuchblätter ist entbehrlich, wenn Klarheit und Übersichtlichkeit gewahrt bleiben. In diesen Fällen ist das Grundbuchblatt als gemeinschaftliches Wohnungsgrundbuch zu bezeichnen.

6 Die Begründung von Wohnungseigentum durch vertragliche Einräumung setzt das Bestehen einer **Bruchteilsgemeinschaft** voraus, § 1008 BGB. Stehen die Beteiligten noch in **gesamthänderischer Bindung** (nicht auseinandergesetzte Erbengemeinschaft, handelsrechtliche Gesellschaften, Gütergemeinschaft), bedarf es vor der Begründung von Wohnungseigentum erst der Umwandlung in eine Bruchteilsgemeinschaft.[7] Mit dem Teilungsvertrag verbunden werden kann die Regelung des Verhältnisses der späteren Wohnungseigentümer untereinander gemäß § 5 Abs. 4 (sogenannte Gemeinschaftsordnung). Die **Gemeinschaftsordnung** wird dann durch Bezugnahme Teil der Eintragung im Wohnungsgrundbuch.[8] Daneben kommen die allgemeinen sachenrechtlichen Bestimmungen der §§ 873 ff. BGB zur Anwendung. Ist ein Miteigentumsanteil selbständig etwa mit einer Hypothek belastet, ist zur Einräumung des Sondereigentums auch die **Zustimmung des Hypothekengläubigers** erforderlich;[9] ist die Hypothek ihrerseits verpfändet, bedarf es auch der Zustimmung des Pfandgläubigers, §§ 877, 876 BGB.[10]

Ist das Grundstück dagegen als Ganzes belastet, entfällt das Erfordernis der Zustimmung.[11] Bestehende Grundpfandrechte werden durch die Aufteilung zu Gesamtbelastungen.[12]

7 Die **Größe der Miteigentumsanteile** wird durch die Beteiligten selbst bestimmt. Eine Veränderung der bisherigen Miteigentumsquoten im Zuge der Begründung von Wohnungseigentum bedarf neben dem Teilungsvertrag der Auflassung.[13] Miteigentümer eines Grundstücks können Wohnungseigentum nach § 3 auch in der Weise begründen, daß sie sowohl die Zahl der Miteigentumsanteile verändern (zusammenlegen) als auch diesen (neuen) Anteil jeweils als Sondereigentum an einer Wohnung zuordnen.[14] Ihnen steht es grundsätzlich frei, die rechnerische Größe der einzelnen Miteigentumsanteile festzulegen. Die Miteigentumsanteile müssen nicht in dem gleichen

[7] OLG Hamm MDR 1968, 413; Weitnauer, § 3 Rz. 11.

[8] BayObLGZ 1980, 226/229; 1981, 117/119; Rpfleger 1982, 21 = DNotZ 1982, 244; Rpfleger 1982, 63.

[9] BayObLG Rpfleger 1986, 177; Rpfleger 1982, 63.

[10] Weitnauer, § 4 Rz. 2; s. hierzu auch LG Wuppertal Rpfleger 1987, 366 (zur Frage, welche Erklärungen die Gläubiger von solchen Grundpfandrechten abgeben müssen, mit denen Anteile des Grundstücks belastet sind, die gemäß § 3 mit Sondereigentum verbunden werden).

[11] BGHZ 49, 250; BayObLGZ 1957, 102 = NJW 1957, 1840; 1958, 273; OLG Stuttgart NJW 1954, 682; OLG Frankfurt NJW 1959, 1977; OLG Oldenburg NJW-RR 1989, 273; Weitnauer, § 3 Rz. 74; MünchKomm-Röll, § 3 Rz. 10.

[12] BayObLGZ 1958, 273; OLG München MDR 1972, 239; Weitnauer, a.a.O.; MünchKomm-Röll, a.a.O.

[13] BayObLG, DNotZ 1986, 237 = DWE 1985, 126.

[14] BGH NJW 1983, 1672.

Verhältnis zueinander stehen wie die etwa vom Gericht festzusetzenden Nutzwerte der Wohnungen oder sonstigen Räume. Miteigentum und Sondereigentum brauchen nicht in einem bestimmten **Wertverhältnis** zu stehen.[15] Allerdings ist zu empfehlen, an einer echten Wertrelation von vornherein festzuhalten. Das OLG Frankfurt empfiehlt sogar, im Fall von Wertverschiebungen die Revision der Miteigentumsanteile vorzusehen.[16] Eine Veränderung der Größe der Miteigentumsanteile bedarf der Auflassungserklärung aller Wohnungseigentümer und der Zustimmung der dinglich Berechtigten.[17]

Die völlige Dispositionsfreiheit der Beteiligten in der Festlegung der Miteigentumsanteile mag bei der Begründung von Wohnungseigentum durch vertragliche Einräumung noch angehen, weil sie Ausfluß der **Vertragsfreiheit** ist, § 305 BGB. Eine differenziertere Betrachtungsweise ist jedoch im Falle der Begründung von Wohnungseigentum durch Erklärung des Grundstückseigentümers nach § 8 geboten.[18]

Die Wohnungen oder sonstigen Räume müssen in sich **abgeschlossen** 8
sein. Nur dann soll Sondereigentum eingeräumt werden können, § 3 Abs. 2. Da es sich lediglich um eine Sollvorschrift handelt, führt ein Verstoß gegen das Kriterium der **Abgeschlossenheit** nicht zur Unwirksamkeit einer bereits im Grundbuch durch Eintragung vollendeten Einräumung von Sondereigentum.[19] Andererseits darf das Grundbuchamt ohne sogenannte Abgeschlossenheitsbescheinigung in keinem Fall Wohnungseigentum im Grundbuch eintragen.[20] Nach § 7 Abs. 4 Satz 1 Nr. 2 ist nämlich der Eintragungsbewilligung eine **Bescheinigung der Baubehörde** beizufügen, daß die Voraussetzungen des § 3 Abs. 2 vorliegen. Der Inhalt dieser Bescheinigung ergibt sich aus der **„Allgemeine Verwaltungsvorschrift für die Ausstellung von Bescheinigungen** gem. § 7 Abs. 4 Nr. 2 und § 32 Abs. 2 Nr. 2 des Wohnungseigentumsgesetzes“ vom 19. 3. 1974.[21] Diese Abgeschlossenheitsbescheinigung ist formelle Eintragungsvoraussetzung, ohne deren Vorliegen

---

[15] BGH NJW 1976, 1976 = Rpfleger 1976, 352; OLG Celle DNotZ 1975, 42; BayObLGZ 1991, 396; OLG Frankfurt Rpfleger 1978, 380; Weitnauer, § 3 Rz. 5 und § 16 Rz. 1; Bärmann-Pick, § 3 Rz. 15; Röll DNotZ 1977, 69 (der sogar meint, der Miteigentumsanteil könne unverhältnismäßig groß sein); ausführliche Bewertungskriterien stellen dar Bärmann-Seuß, Praxis A Rz. 213 f.

[16] OLG Frankfurt Rpfleger 1978, 380.

[17] BayObLG NJW-RR 1993, 1043.

[18] S. hierzu im einzelnen in Abschn. 1.3.

[19] BayObLG Rpfleger 1980, 295; ZMR 1993, 423 = WE 1994, 186; OLG Köln ZMR 1994, 230 = NJW-RR 1994, 717; Weitnauer, § 3 Rz. 41 ff. und 57; Bärmann-Pick, § 3 Rz. 19 a; Merle, Aufteilungsplan und abweichende Bauausführung, WE 1992, 11; a. A. OLG Koblenz WE 1992, 19.

[20] BayObLGZ 1989, 447; BayObLGZ 1990, 37 = NJW-RR 1990, 1356; s. auch Bayer. Verwaltungsgerichtshof WE 1998, 348 und 350 zur Versagung der Abgeschlossenheitsbescheinigung bei Abweichung der tatsächlichen Ausführung vom Aufteilungsplan im Falle bereits bestehender Gebäude.

[21] Abgedruckt bei Weitnauer, Anh. III 1 und bei Bärmann/Pick/Merle, Anh. II 2.

das Grundbuchamt Wohnungs- und Teileigentum nicht eintragen darf.[20] Es ist nicht Aufgabe des Grundbuchamts, bei der Anlegung von Wohnungsgrundbüchern zu prüfen, ob die Baubehörde bei Erteilung der **Abgeschlossenheitsbescheinigung** die Erfüllung **bautechnischer Anforderungen** an die Wohnungstrenndecken und -wände überprüft und zutreffend bejaht hat.[22] Andererseits sind die Gerichte an die Abgeschlosssenheitsbescheinigung der Baubehörde im **Grundbucheintragungsverfahren** dann nicht gebunden, wenn sich aus den Eintragungsunterlagen (Teilungserklärung, Aufteilungsplan) das Gegenteil ergibt.[23] Das Grundbuchamt hat die Voraussetzungen der Abgeschlossenheit in eigener Verantwortung zu prüfen.[24]

9 Noch in der Vorauflage war unter Hinweis auf Literatur und Rechtsprechung die seinerzeit kontrovers diskutierte Frage erörtert, ob eine Abgeschlossenheitsbescheinigung insbesondere für bereits **bestehende Wohnungen** nur erteilt werden dürfe, wenn die zur Zeit der Erteilung maßgeblichen **bauordnungsrechtlichen Vorschriften** eingehalten sind. Der Gemeinsame Senat der obersten Gerichtshöfe des Bundes hat am 30. 6. 1992 entschieden, daß Wohnungen und sonstige Räume in bestehenden Gebäuden auch dann in sich abgeschlossen sein können, wenn die **Trennwände und Trenndekken** nicht den Anforderungen des Bauordnungsrechts entsprechen.[25] Bauordnungsrechtliche Normen für die Abgeschlossenheit von Wohnungen ließen sich nicht aus dem WEG ableiten. Die gemäß § 59 erlassene Verwaltungsvorschrift zur Erteilung der Abgeschlossenheitsbescheinigung ermögliche keine Einengung des gesetzlichen Abgeschlossenheitsbegriffs durch bauordnungsrechtliche Anforderungen.

10 **Bei Neubauten** ist es sinnvoll – darauf hebt Ziff. 5a der Verwaltungsvorschrift ab – schon in diesem Verfahren zu prüfen, ob der Neubau bauaufsichtlichen Vorschriften entspricht. Andernfalls würde möglicherweise Wohnungseigentum für ein Gebäude gebildet, das so gar nicht gebaut werden darf. Zuständig für die Erteilung der **Abgeschlossenheitsbescheinigung** und die Erteilung der Baugenehmigung ist dieselbe Behörde. Eine **Diskrepanz** zwischen **Abgeschlossenheitsbescheinigung** und **Baugenehmigung** wäre unerträglich. Nur aus der Sicht dieser präventiven Funktion ist es legitim, daß die genannte Verwaltungsvorschrift besondere bauaufsichtliche Anforderungen an die Erteilung einer Abgeschlossenheitsbescheinigung für Neubauten stellt. Bei **Altbauten** fehlt es an diesem Interesse. Die Verwaltungsvorschrift unterscheidet selbst deutlich zwischen bestehenden und zu errichtenden Gebäuden. Aus den besonderen Anforderungen, die bei zu errichtenden Gebäuden gestellt werden, ist daher der Umkehrschluß zu ziehen, daß bei Altbauten auf diese Erfordernisse eben nicht abzustellen ist. Nur bei zu errichtenden Gebäuden sind die bauaufsichtlichen Vorschriften

---

[22] BayObLGZ 1989, 77 = Rpfleger 1990, 114.
[23] BayObLG NJW-RR 1990, 1356 und BGH EBE 1991, 91; Weitnauer, § 7 Rz. 22.
[24] OLG Düsseldorf ZMR 1997, 663; BayObLG NJW-RR 1989, 142.
[25] NJW 1992, 3290; EBE 1992, 418; ZMR 1993, 25; WE 1993, 47.

einschlägig. Bei bestehenden Gebäuden genügt eine **Baubestandszeichnung,** die die nach § 7 Abs. 4 erforderlichen Abgrenzungen aufweisen muß. Mit § 3 Abs. 2 i.V.m. § 7 Abs. 4 Nr. 2 sollte mithin lediglich gewährleistet sein, daß jeder Sondereigentumsbereich von demjenigen der anderen Wohnungseigentümer eindeutig abgegrenzt ist. Es erscheint daher ganz allgemein – für erst entstehende, wie für bestehende Gebäude – zweifelhaft, ob die Baubehörde die Erteilung einer Abgeschlossenheitsbescheinigung versagen kann, wenn die Errichtung baurechtlich unzulässig ist.[26] Nach BGH (a.a.O.) ist die Grundbucheintragung der Teilungserklärung oder der Teilungsvereinbarung vor Errichtung eines Gebäudes – bei erteilter Abgeschlossenheitsbescheinigung – zulässig auch dann, wenn schon in diesem Zeitpunkt nach öffentlichem Recht ein **Bauverbot** für das Grundstück besteht.

Die Abgeschlossenheitsbescheinigung ist **kein Verwaltungsakt.**[27] Die 11
Abgeschlossenheitsbescheinigung hat lediglich die Bedeutung einer sogenannten **Wissenserklärung.**[28] Eine einmal erteilte Abgeschlossenheitsbescheinigung bleibt, selbst wenn sie wegen Nichterfüllung der baupolizeilichen Vorschriften nachträglich für kraftlos erklärt wird,[29] richtig, wenn sie dem vorerwähnten zivilrechtlichen Begriff der Abgeschlossenheit (klare Abgrenzung zwischen Sondereigentum und Gemeinschaftseigentum etc.) Rechnung trägt. Ist eine einmal erteile Abgeschlossenheitsbescheinigung in diesem Sinne *richtig,* muß das Grundbuchamt selbst im Falle der **Kraftloserklärung** die Teilungsvereinbarung, bzw. Teilungserklärung im Grundbuch eintragen, sofern sich nicht aus den übrigen Eintragungsunterlagen das Gegenteil der Abgeschlossenheit in zivilrechtlichem Sinne ergibt.

Die Vereinigung mehrerer zum selben **Stammgrundstück** gehörender 12
Wohnungseigentumsrechte des selben Eigentümers ist entsprechend § 890 BGB grundsätzlich rechtlich möglich und setzt nicht die Abgeschlossenheit der von nunmehr einheitlichem Wohnungseigentumsrecht umfaßten Raumgesamtheit als solcher voraus.[30]

Daß nunmehr auch die **Wasserversorgung, Ausguß und WC** innerhalb 13
der Wohnung liegen müssen, entspricht den heutigen Anforderungen an die Beschaffenheit von Wohnungen und ist klar. Problematisch ist das Postulat der notwendigen Abgeschlossenheit gegenüber „fremden“ Wohnungen und Räumen. Ist die Abgeschlossenheit auch erforderlich gegenüber Räumen, die **demselben Wohnungseigentümer** aus anderen Gründen gehören (zum Beispiel gegenüber einer anderen Eigentumswohnung desselben Wohnungs-

---

[26] BGH NJW 1990, 1111; s. aber auch hier Bayer. Verwaltungsgerichtshof WE 1998, 348 und 350 zur Versagung der Abgeschlossenheitsbescheinigung bei Abweichung der tatsächlichen Ausführung vom Aufteilungsplan im Falle bestehender Gebäude.

[27] BVerwG Rpfleger 1988, 256; OVG Münster MittBayNot 1986, 82.

[28] BayObLGZ 1990, 37.

[29] BVerwG WM 1996, 574.

[30] LG Wiesbaden Rpfleger 1989, 194; KG Rpfleger 1989, 500 = NJW-RR 1989, 1360; BayObLG v. 24. 11. 1998 – 2 Z BR 152/98 –.

eigentümers, gegenüber Räumen in einem dem Wohnungseigentümer zu Alleineigentum gehörenden Nachbargrundstück oder gegenüber Räumen, an denen dem Wohnungseigentümer ein **dingliches Nutzungsrecht,** wie Dauerwohnrecht, Dauernutzungsrecht i. S. d. § 31, dingliches Wohnrecht im Sinne des § 1093 BGB zusteht)? Weitnauer und andere verneinen dies.[31] Diese Auffassung begegnet Bedenken, weil sie der anerkannten Möglichkeit einer Veränderung der Eigentumsverhältnisse und dem daraus resultierenden Mangel der notwendigen Abgeschlossenheit im Zeitpunkt der Veränderung mit öffentlich-rechtlichen Mitteln zu Leibe rücken will. Weitnauer empfiehlt, für diesen Fall bereits bei Erteilung der Abgeschlossenheitsbescheinigung die erforderliche bauliche Auflage zu machen, um die spätere Abschließung zu sichern.[32] Die Baubehörde erfährt von der Veränderung der Eigentumsverhältnisse nichts. Das empfohlende Mittel ist nicht effizient. Demzufolge muß die bauliche Abgeschlossenheit auch gegenüber anderen Wohnungen desselben Eigentümers bestehen.[33] Natürlich bezieht sich das Erfordernis der Abgeschlossenheit einer Wohnung nicht auf die Abschließung gegenüber Räumen auf einem anderen Grundstück.[34]

14 An die **Abgeschlossenheit von Teileigentum** sind weniger strenge Anforderungen zu stellen, auch wenn die genannte Verwaltungsvorschrift bestimmt, daß die für Wohnungen festgelegten Erfordernisse für Teileigentum sinngemäß gelten. Das kann nicht daran vorbeiführen, nutzungsbedingte Unterschiede in die Beurteilung der Abgeschlossenheit einzubringen. Stets muß zwar auch insoweit **Abgeschlossenheit** nach außen gegeben und freier Zugang über das gemeinschaftliche Eigentum möglich sein. Büroräume und Läden müssen zwar ebenfalls über ein **WC** verfügen. Die für Wohnungen geforderte **Kochgelegenheit** kann entfallen.[35] Der Teileigentum bildende Speicher oder Hobbyraum benötigen nicht einmal ein WC, weder Wasserversorgungs- noch Ausgußvorrichtungen. Toiletten können nicht Gegenstand eines selbständigen Teileigentums sein.[36] Wenn **Garagenstellplätze** nach § 3 Abs. 2 als abgeschlossene Räume gelten, sofern ihre Flächen durch **dauerhafte Markierung** ersichtlich sind, ist damit vom Gesetzgeber eine Ausnahme von dem Erfordernis der Abgeschlossenheit gemacht. Dies gilt nur für **Kfz-Stellplätze in Sammelgaragen,** nicht für **Freiflächenstellplätze**[37] an ihnen können nur **Sondernutzungsrechte** begründet werden. Dem-

---

[31] Weitnauer, § 3 Rz. 54 ff.; AG München MittBayNot 1973, 97; LG München I Rpfleger 1973, 141.

[32] A. a. O.

[33] So auch MünchKomm-Röll, § 3 Rz. 26; Palandt-Bassenge, § 3 Rz. 7.

[34] BayObLG NJW-RR 1991, 593.

[35] So auch MünchKomm-Röll, § 3 Rz. 54; a. A. OLG Düsseldorf ZMR 1997, 663 = WE 1998, 226: kein WC im Laden, sondern außerhalb.

[36] OLG Düsseldorf OLGZ 1976, 1458; MünchKomm-Röll, § 3 Rz. 54.

[37] BayObLG Rpfleger 1986, 217 (in casu: sog. Car-Port); OLG Köln Rpfleger 1982, 278; OLG Hamm Rpfleger 1975, 27; OLG Frankfurt OLGZ 1984, 32; BayObLG v. 30. 4. 1987 – 2 Z 30/87 –; vgl. auch OLG Celle NJW-RR 1991, 1489 = WE 1992, 48;

zufolge ist eine Grundbucheintragung nicht widersprüchlich, wenn in der zur Bezeichnung des Inhalts des Sondereigentums in bezuggenommenen Teilungserklärung an solchen Stellplätzen Sondernutzungsrechte begründet werden, diese in dem der Teilungserklärung beigegebenen Aufteilungsplan aber als Sondereigentum ausgewiesen sind.[38] Der Vergleich der **„Car-Ports“** mit Balkonen, Loggien und Terrassenflächen, die ja sondereigentumsfähig sind, ist nicht stichhaltig. Denn diese sind nur als Teil einer in sich abgeschlossenen Wohnung oder als nicht für Jedermann zugänglicher Teil eines Gebäudes und nur dann sondereigentumsfähig, wenn sie nach allen Seiten hin in ausreichender Weise baulich eingefriedet sind, so daß sie nicht von Jedermann betreten werden können.[39] Teileigentum an Stellplätzen in der Sammelgarage kann in der Weise begründet werden, daß das Sondereigentum an dem Stellplatz mit demselben Miteigentumsanteil verbunden wird wie das Sondereigentum an der Wohnung, als auch in der Weise, daß das Sondereigentum an dem Abstellplatz mit einem besonderen Miteigentumsanteil verbunden wird. Gegenstand des Sondereigentums ist stets und ausschließlich der **„lichte Raum“** über den durch die Markierung ersichtlich gemachten Flächen.[40] An einem Stellplatz in einer Tiefgarage kann auch dann Sondereigentum begründet werden, wenn sich die Tiefgarage unter mehreren Parzellen befindet. Voraussetzung für die Begründung von Sondereigentum ist jedoch in einem solchen Falle, daß die Stellplätze sich unter genauer Einhaltung der Grundstücksgrenzen auf dem Grundstück befinden, auf welches sich das einzelne Teileigentum bezieht (es handelt sich um zwei selbständige Wohnungseigentumsanlagen mit gemeinsamer Tiefgarage).[41]

Geeignete **dauerhafte Markierungen** sind Wände aus Stein oder Metall, **15**
fest verankerte Geländer oder Begrenzungseinrichtungen aus Stein oder Metall, in den Fußboden eingelassene Markierungssteine oder andere Maßnahmen, die den vorgenannten Einrichtungen mindestens gleichzusetzen sind. Solche Maßnahmen sind in den Fußboden eingelassene Zeichen aus Metall oder Kunststoff, Maschendraht- oder Holzzäune.[42] Ausreichend ist

---

Bärmann-Pick-Merle Rz. 24, Weitnauer Rz. 62, 63, Augustin Rz. 26, 28, 74 und 75, MünchKomm-Röll Rz. 62, Palandt-Bassenge Rz. 8, je zu § 3.

[38] BayObLG DWE 1988, 108.

[39] OLG Köln Rpfleger 1982, 278; BayObLG Rpfleger 1986, 217.

[40] Weitnauer, a. a. O.

[41] LG Bonn MittBayNot 1983, 14; zum Problem des Überbaus s. ferner: BGH v. 25. 2. 1983 – V ZR 299/81 – (zur Frage, wer über die Grenze gebaut hat); Johann Demharter, Wohnungseigentümer und Überbau, Begründung von Wohnungseigentum unter Einbeziehung eines Grenzüberbaus, Rpfleger 1983, 133 ff. (der auf ein anderes Grundstück im Rechtssinne übergebaute Teil eines einheitlichen Gebäudes kann in die Begründung von Wohnungseigentum dann einbezogen werden, wenn er wesentlicher Bestandteil des Stammgrundstücks ist); Ludwig Georg, Grenzüberbau bei Wohnungseigentum und Teileigentum, DNotZ 1983, 411 zu OLG Stuttgart DNotZ 1983, 444; Röll, Grenzüberbau, Grunddienstbarkeiten und Wohnungseigentum, MittBayNot 1983, 5, dort S. 15; vgl. auch Abschn. 1.5 „Sonderfragen“.

[42] MünchKomm-Röll, § 3 Rz. 60; Bärmann-Pick, § 3 Rz. 24; Weitnauer, § 3 Rz. 63.

als Markierung auch ein einfacher **Farbanstrich.** Wird er unkenntlich, so kann er aufgrund des Aufteilungsplans stets rekonstruiert werden.[43]

16 Stellplätze in sogenannten **Doppelstockgaragen** können kein selbständiges Teileigentum bilden. Voraussetzung für jedes Sondereigentum ist der abgeschlossene Raum. Daran fehlt es für den einzelnen Stellplatz in der Doppelstockgarage (keine alleinige Herrschaftsmacht über den Raum). Dagegen kann die Doppelstockgarage als solche, bestehend aus zwei Stellplätzen, ein Teileigentum bilden. Die Beteiligten sind Bruchteilsmiteigentümer zu je ½.[44]

17 Röll sieht eine Abgeschlossenheit auch dann noch als gegeben an, wenn sich **zwischen zwei Wohnungen eine abschließbare Tür** befindet.[45] Das KG[46] hat entschieden, daß das Abgeschlossenheitserfordernis des § 3 Abs. 2 S. 1 auch dann gewahrt sei, wenn sich zwischen zwei Wohnungen eine jederzeit zu öffnende, nicht verschließbare Verbindungstüre befindet, die aufgrund der baulichen Gestaltung des Gebäudes von der Bauaufsichtsbehörde als **zweiter Rettungsweg** vorgeschrieben worden ist. Röll[47] kritisiert diese Entscheidung mit Recht, da eine nicht verschließbare Verbindungstüre auf keinen Fall ein „Abschluß" i.S.d. § 3 Abs. 2 S. 2 ist. An der erforderlichen Abgeschlossenheit von zwei benachbarten Teileigentumseinheiten fehlt es auch, wenn ein WC mit Vorraum, der zu einer Teileigentumseinheit gehört, nach der Teilungserklärung (Gemeinschaftsordnung) von dem jeweiligen Eigentümer eines benachbarten Teileigentums, von dem gleichfalls ein Zugang besteht, mitbenützt werden können soll.[48]

18 Der zur Abgeschlossenheit der Wohnungen und sonstigen Räume notwendige freie gesicherte Zugang kann auch in der Weise geschaffen werden, daß die Benutzung des im **Nachbargebäude** befindlichen und im Eigentum eines Dritten stehenden **Treppenhauses** durch eine **Grunddienstbarkeit** zugunsten aller jeweiligen Wohnungseigentümer sichergestellt wird.[49] Der Abgeschlossenheit einer Wohnung oder einer Garage schadet es grundsätzlich nicht, wenn den übrigen Eigentümern durch Gebrauchsregelung das

---

[43] Weitnauer, § 3 Rz. 63; a. A. MünchKomm-Röll, § 3 Rz. 60 und Bärmann-Pick, § 3 Rz. 24.

[44] MünchKomm-Röll, § 3 Rz. 61; Weitnauer, § 5 Rz. 29; BayObLGZ 1974, 466; NJW-RR 1995, 783 = WE 1995, 380; OLG Düsseldorf MittRhNotK 1978, 85; a. A. Linderhaus in Anm. zu OLG Düsseldorf MittRhNotK 1978, 86; Sauren, MittRhNotK 1982, 213; offengelassen von OLG Hamm Rpfleger 1983, 19 (mit der allerdings geäußerten Prognose, in einem künftigen Entscheidungsfalle sich Linderhaus anschließen zu wollen); s. hierzu aber auch Gleichmann, „Sondereigentumsfähigkeit von Doppelstockgaragen" in Rpfleger 1988, 10.

[45] Röll Rpfleger 1983, 380; a. A. allerdings MünchKomm-Röll, § 3 Rz. 53.

[46] KG MittBayNot 1985, 35 = DWE 1985, 25.

[47] Röll MittBayNot 1985, 63.

[48] BayObLG Rpfleger 1984, 407 f. = MittBayNot 1984, 184; a. A. LG Landau Rpfleger 1985, 437 zur Abgeschlossenheit zweier Wohnungen, die beide einen Zugang zu dem gemeinsamen Heizraum und Vorraum besitzen.

[49] OLG Düsseldorf NJW-RR 1987, 333.

Recht zum Betreten der Wohnung oder der Garage eingeräumt wird. Eine andere Frage ist es, ob die Aufteilung und Abgrenzung Sondereigentum/gemeinschaftliches Eigentum mit der zwingenden Regelung des § 5 Abs. 2 vereinbar ist.[50] So können ein Stellplatz und ein **Verbindungsflur**, die den einzigen Zugang zur gemeinschaftlichen Heizanlage und zu den zentralen Versorgungseinrichtungen des Hauses darstellen, nicht Gegenstand des Sondereigentums sein.[51] Ausnahmsweise ist die Abgeschlossenheit gewahrt, auch wenn die Räume den einzigen Zugang zum Gemeinschaftseigentum bilden, sofern z.B. die im Gemeinschaftseigentum stehende Fläche nicht dem **ständigen gemeinschaftlichen Gebrauch** aller Wohnungseigentümer dient (Spitzboden über einer Wohnung, Sondernutzungsrecht am gemeinschaftlichen Spitzboden).[52] Ein zusätzlicher Treppenabgang zu einem von der Gemeinschaft genutzten Keller kann ebenso Sondereigentum sein,[53] wie eine Tiefsammelgarage, obwohl die Verkehrsfläche zugleich den zweiten Rettungsweg bildet.[54]

Wohnungseigentum kann nicht im Grundbuch eingetragen werden, wenn zum Sondereigentum an Wohnungen Kellerräume gehören und diese im Aufteilungsplan nicht mit den gleichen Nummern bezeichnet sind wie die Wohnräume. Wenigstens bei der **erstmaligen Anlegung der Wohnungsgrundbücher** müssen Teilungserklärung und Aufteilungsplan so übereinstimmen, wie es § 7 Abs. 4 Satz 1 Nr. 1 letzter Halbsatz verlangt. Das Gesagte gilt auch dann, wenn die ursprüngliche Teilungserklärung vor Vollzug im Grundbuch geändert wird.[55] So entsteht an einem **Balkon** nur **Sondereigentum**, wenn dies im Aufteilungsplan oder in der Teilungserklärung ausdrücklich bestimmt ist.[56] Ist etwa ein **Dachgeschoßraum** im Aufteilungsplan mit der entsprechenden Wohnungsnummer versehen, entsteht an ihm Sondereigentum, auch wenn er in der Teilungserklärung nicht ausdrücklich erwähnt ist.[57] Ist nach dem Aufteilungsplan eine Garage Bestandteil einer Wohnung – mit derselben Nummer versehen –, ohne daß sie in der Teilungserklärung erwähnt ist, verweist diese aber wegen Lage und Ausmaß 19

[50] BayObLG Rpfleger 1989, 99 = NJW-RR 1989, 142.

[51] BGH WE 1992, 194; vgl. auch BayObLG NJW-RR 1996, 12 = WE 1996, 79 (Kellerraum, der einzigen Zugang zu einem gemeinschaftlichen Geräteraum bildet, kann nicht Sondereigentum sein).

[52] BayObLG NJW-RR 1992, 81; ZMR 1995, 371 = NJW-RR 1995, 908 = WE 1996, 148.

[53] OLG Hamm NJW-RR 1992, 1296 = WE 1992, 317.

[54] OLG Frankfurt ZMR 1995, 166.

[55] Horber/Demharter GBO 19. Aufl. Anh. zu § 3 Anm. 5 b bb; BayObLG Rpfleger 1993, 914 = DWE 1992, 130 = WE 1992, 290; s. auch BayObLG WE 1994, 27: Keine Eintragung der Teilungserklärung, wenn Aufteilungsplan oder Abgeschlossenheitsbescheinigung widersprüchlich sind.

[56] OLG Frankfurt WE 1997, 350 = DWE 1997, 80; s. hierzu auch BayObLG ZMR 1999, 59.

[57] OLG Frankfurt ZMR 1997, 426 = NJW-RR 1997, 1305 = WE 1997, 351.

des Sondereigentums auf den **Aufteilungsplan**, entsteht auch an der Garage Sondereigentum.[58]

An einem Tiefgaragenstellplatz, der selbständig als Teileigentum gebucht ist, kann ein **Wohnungsrecht** nicht begründet werden.[59]

20 Neben der Abgeschlossenheitsbescheinigung ist der Eintragungsbewilligung als weitere Anlage der sogenannte **Aufteilungsplan** beizufügen, das ist nach § 7 Abs. 4 Nr. 1 eine von der Baubehörde mit Unterschrift und Siegel oder Stempel versehene **Bauzeichnung,** aus der die Aufteilung des Gebäudes sowie die Lage und Größe der im Sondereigentum und der im gemeinschaftlichen Eigentum stehenden Gebäudeteile ersichtlich sind. Der Aufteilungsplan ist also die zeichnerische Darstellung dessen, was der Teilungsvertrag verbal bestimmt.[60]

Der Aufteilungsplan wird durch – zulässige[61] – Bezugnahme Inhalt des Wohnungsgrundbuchs. Soweit es sich um die Abgrenzung von Sondereigentum und Gemeinschaftseigentum handelt, nimmt der Aufteilungsplan am **öffentlichen Glauben des Grundbuchs teil.**[62] Für die Abgrenzung von gemeinschaftlichem Eigentum und Sondereigentum kommt es allein auf die durch Bezugnahme zum Grundbuchinhalt gewordene Teilungserklärung mit Aufteilungsplan an. Dies gilt auch dann, wenn z.B. von dem als Gemeinschaftseigentum ausgewiesenen Flur das letzte Stück durch eine vorverlegte Trennwand mit Wohnungsabschluß „abgeschnitten" und zur Wohnung „gezogen" wurde. In diesem Fall ist die – reale – Abtrennung des Flurs für die rechtliche Abgrenzung Sondereigentum/Gemeinschaftseigentum ohne Bedeutung.[63] Bei nicht genügender Abgeschlossenheit entsteht aufgrund Eintragung im Grundbuch gleichwohl Sondereigentum.[64]

21 Die Anforderungen an die Bauzeichnung hat das BayObLG nochmals herausgestellt. Danach stellt der **Bestimmtheitsgrundsatz** für den durch „doppelte" Bezugnahme zum Inhalt des Wohnungsgrundbuchs werdenden Aufteilungsplan folgende Erfordernisse auf: Im Aufteilungsplan sind **Sondereigentum** und **Gemeinschaftseigentum** genau **abzugrenzen**. Die Bauzeichnung hat alle Teile des Gebäudes (zum Beispiel auch das Dachgeschoß) zu erfassen. Sie hat i.d.R. auch **Schnitte** und **Ansichten** zu enthalten. Lage und Größe auch des Gemeinschaftseigentums sind ersichtlich zu machen.

---

[58] Pfälz. OLG Zweibrücken ZMR 1996, 387 = WE 1996, 436 = DWE 1996, 182; s. auch OLG Frankfurt DWE 1998, 42.

[59] BayObLGZ 1986, 81 = NJW-RR 1987, 328.

[60] Ein Muster für einen Aufteilungsplan ist abgedruckt in Weitnauer, Anh. I.3.

[61] OLG Zweibrücken MittBayNot 1983, 242f.; danach muß eine Planzeichnung, auf die zur weiteren Bestimmung des Inhalts einer Teilungserklärung verwiesen wird, nicht immer in der Form der §§ 9, 13, 44 BeurkG beurkundet sein; auf Beifügung und Vorlage können die Beteiligten nach Maßgabe des § 13a BeurkG verzichten.

[62] BayObLG JurBüro 1980, 1397.

[63] BayObLGZ 1987, 390; 1991, 186; MittBayNot 1988, 236; ZMR 1992, 65; ZMR 1993, 423 = WE 1994, 186; OLG Köln ZMR 1992, 511.

[64] BayObLG Rpfleger 1980, 295.

Bei nicht oder nicht ausreichend vorgenommener Bezeichnung als Sondereigentum sind die entsprechenden Gebäudeteile Gemeinschaftseigentum.[65] Offengelassen ist die Frage, ob insoweit hinsichtlich der Anforderungen zwischen bereits bestehenden und erst zu errichtenden Gebäuden (vgl. § 3 Abs. 1 a.E.) zu unterscheiden ist. Bestätigt die Baubehörde nach Errichtung des Gebäudes den Aufteilungsplan, der i.ü. den Anforderungen entspricht, so ist damit dem Erfordernis des § 7 Abs. 4 grundsätzlich auch dann genügt, wenn dies auf einem Exemplar des **Eingabeplans** geschieht.[66] Aus dem Zweck des Aufteilungsplans ergibt sich aber auch, daß eine **Abweichung** der **Bauausführung** von ihm dann die Entstehung des Sondereigentums nicht hindert, wenn gleichwohl aufgrund des Aufteilungsplans die Identifizierung des Gemeinschaftseigentums und des Sondereigentums möglich ist. Die Abgrenzung des Sondereigentums vom gemeinschaftlichen Eigentum und der Sondereigentumsbereiche der Wohnungseigentümer untereinander richtet sich nach dem Aufteilungsplan, der durch doppelte Bezugnahme gemäß § 7 Abs. 4 Nr. 1 Inhalt des Grundbuchs wird. Dies gilt grundsätzlich auch dann, wenn die tatsächliche Bauausführung in **nicht unwesentlichem Umfang** vom rechtsverbindlich gewordenen Aufteilungsplan abweicht. Anders ist es nur dann, wenn die bauliche Ausführung vom Aufteilungsplan in der Abgrenzung von Sondereigentum zu Gemeinschaftseigentum oder von Sondereigentum mehrerer Eigentümer untereinander dergestalt abweicht, daß die planerische Darstellung an Ort und Stelle nicht mehr mit der nötigen Sicherheit festzustellen ist. Dann entsteht insoweit wegen **fehlender Bestimmbarkeit** der Abgrenzung kein Sondereigentum, sondern gemeinschaftliches Eigentum.[67] Ist ein nach dem Aufteilungsplan zu Sondereigentum ausgewiesener Raum in Wirklichkeit überhaupt nicht geschaffen, z.B. eine vorgesehene Garage nicht errichtet, so entsteht kein Sondereigentum, es verbleibt beim Gemeinschaftseigentum.[68]

Anders verhält es sich bei folgender Fallkonstellation: In der Teilungserklärung ist vorgesehen, auf dem Grundstück neben dem aus Eigentumswohnungen bestehenden Wohngebäude auch Garagen jeweils in Teileigentum zu errichten. Die Teilungserklärung ist eingetragen. Der Bauträger **22**

---

[65] BayObLGZ 1980, 226/229ff; DNotZ 1980, 747; ZMR 1998, 43 = WE 1997, 399; s. aber BayObLG, WE 1994, 242: Ansichten und Schnitte entbehrlich, soweit Garagenbauwerk Gemeinschaftseigentum werden soll.

[66] BayObLG Rpfleger 1984, 314.

[67] OLG Düsseldorf DNotZ 1970, 42/43f.; OLGZ 1977, 467; NJW-RR 1988, 590; OLG Celle OLGZ 1981, 106ff.; OLG Karlsruhe Justiz 1983, 307; OLG Hamm Rpfleger 1986, 374f.; BayObLGZ 1978, 78; Rpfleger 1982, 21 = MDR 1982, 148; BayObLGZ 1991, 332; ZMR 1993, 423 = WE 1994, 186; ZMR 1998, 794; s. hierzu auch Weitnauer, § 3 Rz. 41ff.; Niedenführ/Schulze, § 7 Rz. 20; Merle, WE 1989, 116ff.; Merle, Aufteilungsplan und abweichende Bauausführung, WE 1992, 11.

[68] OLG Frankfurt Rpfleger 1978, 380; BayObLGZ 73, 78 (Errichtung von Garagen statt der im Aufteilungsplan vorgesehenen Stellplätze); BayObLGZ 73, 267; OLG Stuttgart BWNotZ 1979, 17.

errichtet die Garagen zunächst nicht, die Wohnungseigentümer nutzen jahrelang die Grundstücksfläche, auf der die Garagen errichtet werden sollen, als Kfz.-Stellplätze. Nach Jahren will der Bauträger die Garagen doch noch errichten. In diesem Falle ist das Teileigentum an diesen Garagen, d.h. das **Anwartschaftsrecht** auf **Sondereigentum** an nicht zu Wohnzwecken dienenden Räumen in Verbindung mit dem ihm zugewiesenen Miteigentumsanteil aufgrund der Teilungserklärung mit der **Anlegung** der **Teileigentumsgrundbücher** rechtlich bereits zur Entstehung gelangt, § 8 Abs. 2 Satz 2. Die Anlegung des Teileigentumsgrundbuchs ist nach Abs. 1 dieser Vorschrift auch dann maßgebend, wenn das/die Gebäude erst noch zu errichten ist/sind. Das Recht und die Pflicht zur Herstellung des Raumes wohnt dem Sondereigentum unabdingbar inne; denn nach dem WEG gibt es grundsätzlich kein **isoliertes Miteigentum,** das nicht mit dem Sondereigentum entweder an einer Wohnung oder an nicht zu Wohnzwecken dienenden Räumen verbunden ist. Der hier beispielhaft genannte Bauträger ist mithin berechtigt, auch nach Jahren durch die Fertigstellung der Garagen dem **„Vollrecht"** des Teileigentums zur Entstehung zu verhelfen.[69] Selbst wenn aufgrund der Planung des Bauträgers festzustehen scheint, daß die für das Sondereigentum vorgesehenen Räume nicht mehr gebaut werden, wird das Weiterbestehen von Wohnungseigentum vermutet, solange nicht ausgeschlossen ist, daß die Räume noch gebaut werden.[70] Die Rechtsprechung bejaht die Möglichkeit des Entstehens eines **isolierten Miteigentumsanteils** unter bestimmten Voraussetzungen. Unstreitig kann ein isolierter Miteigentumsanteil nicht rechtsgeschäftlich begründet werden. Nach der Rechtsprechung kann ein solcher aber kraft Gesetzes entstehen, wenn die Begründung von Sondereigentum an einem Gebäudeteil gegen **zwingende gesetzliche Vorschriften** verstößt und daher insoweit unwirksam ist.[71] In diesem Falle soll der isolierte Miteigentumsanteil den anderen Miteigentümern nicht entsprechend § 738 Abs. 1 BGB zuwachsen, da sie nicht gesamthänderisch verbunden sind. Vielmehr sollen alle Miteigentümer aufgrund des Gemeinschaftsverhältnisses verpflichtet sein, den **Gründungsakt** so zu **ändern,** daß keine isolierten Miteigentumsanteile bestehen bleiben. Hierzu bedürfe es aber einer Vereinbarung. Das OLG Hamm[72] hat diese Rechtsprechung ergänzt und festgestellt: Wenn durch Erklärung nach § 8 Wohnungseigentum in einem erst noch zu errichtenden Gebäude begründet werde, so bedeute das „Wirksamwerden der Teilung" mit der Anlegung der Wohnungsgrundbücher im Sinne des Abs. 2 Satz 2 der Bestimmung, daß der Miteigentumsanteil zunächst mit einem **Anwartschaftsrecht** auf Erwerb des zugeordneten Sondereigentums verbunden sei. Dieses Anwartschafts-

[69] OLG Hamm Rpfleger 1987, 304.
[70] BayObLG NJW-RR 1987, 1100.
[71] BGH Rpfleger 1990, 62 = NJW 1990, 447 = WE 1990, 53; vgl. a. BGH NJW 1990, 1111.
[72] OLG Hamm WE 1991, 136.

recht erlösche, wenn die Herstellung des als Sondereigentum vorgesehenen Raumes etwa wegen einer vom Aufteilungsplan abweichenden Bebauung unmöglich werde. Das gleiche gelte nicht schon bei bloßer **Aufgabe** der **Bauabsicht.** Ein so entstehender isolierter Miteigentumsanteil ohne Sondereigentum oder Anwartschaftsrecht auf Sondereigentum könne, wenn er neben vollständigem Wohnungs- oder Teileigentum bestehe, nicht auf Dauer bestehen bleiben. Vielmehr sei er durch **Änderung des Gründungsakts** auf die übrigen Miteigentümer zu übertragen, falls er nicht anderweitig mit Sondereigentum verbunden werde. Aus der Verpflichtung aller Miteigentümer, einen isolierten Miteigentumsanteil als solchen nicht bestehen zu lassen, sei zu folgern, daß er **nicht** als **verkehrsfähig** angesehen und daher auch nicht etwa mit einer Hypothek belastet werden könne. Belastet werden könne bei dieser Rechtslage auch nicht – lediglich – der Miteigentumsanteil nach §§ 1008ff. BGB. Die Rechtsposition des isolierten Miteigentumsanteils verliere die **Buchungsfähigkeit** im Grundbuch. Das damit unrichtig gewordene Wohnungs- oder Teileigentumsgrundbuch müsse im Zuge der Änderung des Gründungsaktes berichtigt werden. Weitnauer hat mit überzeugenden Gründen sowohl die Rechtsprechung des BGH als auch die genannte Entscheidung des OLG Hamm kritisiert und verneint grundsätzlich die Möglichkeit des Entstehens eines isolierten Miteigentumsanteils.[73]

Da beim Wohnungseigentum rechtlich das **Miteigentum** im Vordergrund 23
steht und das – wirtschaftlich vorrangige – Sondereigentum als dessen „Anhängsel" nur die besondere Ausgestaltung des Miteigentums darstellt,[74] können die **Miteigentumsquoten** unter den unmittelbar Beteiligten (im Wege der Auflassung[75]) verändert werden, ohne daß es hierzu der Mitwirkung der übrigen Wohnungseigentümer bedarf.[76] Einer gleichzeitigen Veränderung des Sondereigentums bedarf es in diesem Falle nicht, da der Miteigentumsanteil nicht notwendig dem Wert des dazugehörigen Sondereigentums oder der vom Sondereigentümer tatsächlich genutzten Fläche entsprechen muß.[77] § 6 Abs. 1 bestimmt nur, daß niemand Sondereigentum an einer Wohnung erlangen und behalten kann, ohne zugleich Miteigentümer des Grundstücks zu sein und zu bleiben; über die Höhe des jeweiligen Bruchteils bestimmt § 6 Abs. 1 nichts.[78]

Da § 6 Abs. 1 nur verhindern will, daß Sondereigentum und Miteigentum 24
auseinanderfallen, stellt sich das Problem des § 6 Abs. 1 auch nicht bei der Übertragung von Teilen des Sondereigentums von einem Wohnungseigen-

[73] Weitnauer WE 1991, 120.
[74] BGHZ 50, 56/60; BayObLGZ 1981, 407/410, 412; Rpfleger 1984, 268 = DWE 1984, 62.
[75] BayObLG MittBayNot 1983, 171/172.
[76] BGH NJW 1976, 1976f.; BayObLGZ 1958, 263/265ff.; 1976, 227/229; Rpfleger 1984, 268.
[77] BayObLG DWE 1981, 27/29 m.w.N.; Rpfleger 1984, 268f.; BayObLGZ 1991, 396.
[78] BayObLG Rpfleger 1984, 268f.; Bärmann-Pick, § 6 Rz. 7.

tümer auf den anderen. Hier sind beide vorher wie nachher Miteigentümer und Sondereigentümer; lediglich der Umfang des Sondereigentums der beiden beteiligten Wohnungseigentümer hat sich – ohne gleichzeitige Änderung der Miteigentumsquote – verändert. Solche Rechtsgeschäfte unter Wohnungseigentümern werden von § 6 Abs. 1 nicht berührt.[79] Demzufolge können zwei Wohnungseigentümer einzelne Räume des Sondereigentums, insbesondere Keller-, Abstell- oder sonstige Nebenräume, Garagen etc., aber auch sonstige Räume von einem auf den anderen übertragen oder untereinander austauschen, ohne daß es einer gleichzeitigen Änderung der jeweiligen Miteigentumsanteile bedarf, sofern nur weiterhin der Voraussetzung des § 3 Abs. 2 (Abgeschlossenheit) genügt ist. Erforderlich hierfür ist lediglich eine Übertragung in der Form des § 4 Abs. 1 und 2, § 925 BGB unter den beteiligten Wohnungseigentümern, ohne daß es einer **Mitwirkung** der **übrigen Wohnungseigentümer** bedarf. Unter Umständen ist also allerdings ein neuer Aufteilungsplan mit Abgeschlossenheitsbescheinigung erforderlich.[80] Dies gilt im Falle der sog. **Unterteilung** selbst dann, wenn lediglich der frühere Rechtszustand wiederhergestellt wird. Eine Unterteilung von Wohnungseigentum ist nichtig, wenn nicht alle Räume des Sondereigentums mit einem Miteigentumsanteil verbunden werden.[81] Erforderlich ist wegen § 6 Abs. 2, §§ 877, 876 BGB die **Zustimmung** der an demjenigen Wohnungseigentum **dinglich Berechtigten**, dessen Sondereigentum verkleinert oder sonst nachteilig beeinträchtigt wird. Überträgt ein Wohnungseigentümer einen Teil seines Sondereigentums auf einen anderen, erfordert die Eintragung der Rechtsänderung im Grundbuch nicht deswegen die Bewilligung der übrigen Wohnungseigentümer und dinglich Berechtigten, weil die Abgeschlossenheit des um den hinzuerworbenen Raum vergrößerten Wohnungseigentums nur durch einen Durchbruch der im Gemeinschaftseigentum stehenden Decke hergestellt werden kann.[82] Das Gesagte bedeutet aber auch, daß die **Auflassung** eines Teileigentums, die einen Teil des Sondereigentums von der Übertragung ausschließt, unwirksam ist. Gleichfalls ist die Auflassung eines Sondereigentums ohne den Miteigentumsanteil, mit dem dieses verbunden ist, unwirksam. Das Wohnungseigentum geht also über, wenn der Miteigentumsanteil übertragen wird. Jedoch ist eine Übertragung, die den Übergang des Sondereigentums ausschließt, unwirksam.[83] Hat der Veräußerer an den Erwerber lediglich ei-

---

[79] Tasche DNotZ 1972, 710/712ff.; BGHZ 73, 145/148ff.; für die Übertragung von Sondernutzungsrechten innerhalb der Wohnungseigentümergemeinschaft; BayObLG, a.a.O.; NJW-RR 1998, 1237 = ZMR 1998, 242 = WE 1998, 395.

[80] BayObLG NJW-RR 1994, 716 = WE 1995, 62.

[81] BayObLG NJW-RR 1996, 721 = ZMR 1996, 285 = WE 1996, 312.

[82] MünchKomm-Röll, § 6 Rz. 2 i.V.m. § 3 Rz. 23; Weitnauer, § 6 Rz. 4; Bärmann-Pick, § 6 Rz. 4; BayObLGZ 1981, 407/412; Rpfleger 1984, 268; BayObLGZ 1996, 149; NJW-RR 1998, 1237 = ZMR 1998, 242 = WE 1998, 395.

[83] BayObLGZ 1958, 263/265; DNotZ 1986, 86; BayObLG v. 14. 3. 1985 – 2 Z 90/84 –; Weitnauer, § 6 Rz. 1, 3.

nen Miteigentumsanteil am Grundstück aufgelassen und sich sodann mit diesem über die Einräumung von Wohnungseigentum i. S. v. § 3 geeinigt, so ist eine besondere Auflassung des Wohnungseigentums entbehrlich, auch wenn zunächst nur die Bildung des Wohnungseigentums und erst später der Eigentumswechsel eingetragen wird.[84]

1.3 Begründung durch Teilung, § 8

Vornehmlich dem **Alleineigentümer** eines Grundstücks eröffnet sich die- 25
ser Weg der Begründung von Wohnungseigentum. Der Eigentümer teilt durch Erklärung gegenüber dem Grundbuchamt das Eigentum an dem Grundstück in Miteigentumsanteile mit der Maßgabe, daß mit jedem Anteil das Sondereigentum an einer bestimmten Wohnung oder an nicht zu Wohnzwecken dienenden bestimmten Räumen in einem auf dem Grundstück errichteten oder zu errichtenden Gebäude verbunden ist – sogenannte **Teilungserklärung** im engeren Sinne –. Mit der Anlegung der Wohnungsgrundbücher wird die Teilung wirksam, § 8 Abs. 2. Die Vorschriften über die Begründung von Wohnungseigentum durch vertragliche Einräumung (§ 3) gelten weitestgehend entsprechend, § 8 Abs. 2. Von der Anlegung **besonderer Grundbuchblätter** kann in diesem Fall jedoch nicht abgesehen werden (§ 8 Abs. 2 verweist nicht auf § 7 Abs. 2). In der Hauptsache bedienen sich **Bauträger** dieser Möglichkeit der Begründung von Wohnungseigentum. Steht das Grundstück im Eigentum einer Mehrheit von Personen (Bruchteils- oder Gesamthandgemeinschaft), ist die Teilungserklärung von allen abzugeben. Neben der Erklärung ist der **Eintragungsantrag** zu stellen (§ 13 GBO). Er bedarf nicht der Form des § 29 GBO; anders hingegen die Teilungserklärung. Sie bedarf der **notariellen Beglaubigung,** § 129 Abs. 1 BGB. Sie kann, ja sollte im Falle der Teilung durch den Bauträger trotz der damit verbundenen höheren **Beurkundungsgebühren** notariell **beurkundet** werden, § 129 Abs. 2 BGB. In diesem Falle ist bei Abschluß der späteren Bauträgerverträge eine Bezugnahme auf die Teilungserklärung zulässig, § 13 a BeurkG.

Die Teilungserklärung kann alle Bestimmungen über das Verhältnis der künftigen Wohnungseigentümer untereinander enthalten (sogenannte **Gemeinschaftsordnung),** § 8 Abs. 2 S. 1 i. V. m. § 5 Abs. 4.

Auch hier ist die sogenannte **Abgeschlossenheitsbescheinigung,** die die Abgeschlossenheit belegt, mit dem Eintragungsantrag ebenso vorzulegen wie der Aufteilungsplan.

Im Zeitpunkt der Teilung bestehende **Belastungen** werden zu Gesamtbelastungen und demgemäß zur Mithaft auf die einzelnen Wohnungsgrund-

[84] LG Bielefeld Rpfleger 1985, 189.

bücher übertragen, § 48 GBO. Nicht erforderlich ist die Zustimmung des Grundpfandrechtsgläubigers.[85]

26 Die **Wohnungseigentümergemeinschaft** als solche entsteht nicht schon mit der Eintragung der Teilungserklärung im Grundbuch, sondern frühestens mit der Veräußerung des ersten Rechts (also der ersten Wohnung) an einen Erwerber und dessen Eintragung als Wohnungseigentümer im Grundbuch. Sie entsteht als **sog. faktische** in diesem Falle, wenn Wohnungseigentum begründet ist, sobald zumindest 1 notarieller Erwerbsvertrag mit einem Dritten geschlossen ist, die **Auflassungsvormerkung** zugunsten dieses Erwerbers eingetragen und die entsprechende Wohnung als **bezugsfertig übergeben** ist.[86] Rechtlich in Vollzug gesetzt ist sie erst, wenn zumindest 1 Erwerber als Wohnungseigentümer im Grundbuch eingetragen ist.

27 Unproblematisch ist es, eine einmal vorgenommene und im Grundbuch vollzogene Teilung durch einseitige Erklärung des Eigentümers nach § 8 wieder zu ändern, solange die Wohnungseigentumsrechte noch insgesamt in der Hand des teilenden Eigentümers sind (angesprochen sind die Fälle, in denen ursprünglich dem Gemeinschaftseigentum zugeordnete Räume, wie Keller, Hobbyraum, Waschraum, nachträglich noch dem Sondereigentum zugeschlagen werden, oder der Fall, daß die **Hausmeisterwohnung** nachträglich in das Gemeinschaftseigentum überführt werden soll, oder die Fälle der nachträglichen Abänderung der Gemeinschaftsordnung). Die Zulässigkeit solcher einseitiger Maßnahmen folgt wohl schon aus § 9 Abs. 1 Nr. 3 (Schließung der Wohnungsgrundbücher, wenn der Alleineigentümer dies beantragt), da die nachträgliche Änderung gegenüber der Schließung der Wohnungsgrundbücher ein minus ist. Natürlich bedarf auch in diesen Fällen die nachträgliche Änderung der Zustimmung der **Grundpfandrechtsgläubiger** §§ 877, 876 BGB.[87] Solange noch sämtliche Wohnungseigentumsanteile in einer Hand vereinigt sind, scheidet ein „Beschluß" im Sinne des § 23 schon begrifflich aus. Abänderungen der Teilungserklärung werden in diesem Stadium nur durch Eintragung im Grundbuch für alle Rechtsnachfolger verbindlich.[88]

28 Ist allerdings die erste Wohnung an einen Dritten veräußert und ist zu seinen Gunsten die **Auflassungsvormerkung** eingetragen, können Teilungserklärung und Gemeinschaftsordnung grundsätzlich nur noch ein-

---

[85] OLG Stuttgart NJW 1954, 682; BayObLGZ 1957, 102 = NJW 1957, 1840; OLG Frankfurt NJW 1959, 1977; BGHZ 49, 250; Weitnauer, § 8 Rz. 2.

[86] BayObLGZ 1990, 101; 1991, 150; WE 1992, 27; NJW-RR 1997, 1443 = ZMR 1998, 174 = WE 1998, 114; OLG Frankfurt DWE 1993, 77; OLG Hamm DNotZ 1968, 489; KG NJW-RR 1986, 1274; Röll DNotZ 1993, 215; von BayObLG a. a. O. offengelassen, ob auch die Wohnungsgrundbücher angelegt sein müssen; s. auch OLG Köln NJW-RR 1998, 518; OLG Karlsruhe WE 1998, 500.

[87] BayObLGZ 1974, 217; Weitnauer, § 3 Rz. 75 und § 8 Rz. 17; Röll Rpfleger 1976, 283.

[88] OLG Frankfurt DWE 1989, 32.

stimmig geändert werden, der teilende Eigentümer hat seine **Änderungsbefugnis** verloren;[89] dies selbst dann, wenn diese erste Wohnung noch nicht übergeben ist, also nach hier vertretener Auffassung die **faktische Wohnungseigentümergemeinschaft** noch nicht entstanden ist. Durch die in der Auflassungsvormerkung liegende **Anwartschaft** auf Eigentumsübertragung hat der veräußernde Eigentümer grundsätzlich das Recht verloren, über die Inhalte von Teilungserklärung und Gemeinschaftsordnung alleine zu befinden. Dies folgt schon aus der schuldrechtlichen Bindung aus dem Veräußerungsvertrag. Hieran ist auch angesichts der Beschlüsse des BGH vom 1. 12. 1988 und vom 18. 5. 1989[90] festzuhalten. Abgesehen davon, daß die beiden genannten Entscheidungen nur auf den Fall einer vollständig und rechtlich in Vollzug gesetzten Gemeinschaft abstellen (zur Frage, ab wann eine Wohnungseigentümergemeinschaft rechtlich als entstanden zu betrachten ist, siehe Abschn. 5.2.3 und 6.3.3) und demnach auch nach der Rechtsprechung des BGH noch völlig offen ist, ob nicht eine **faktische Wohnungseigentümergemeinschaft** zumindest solange besteht, bis der erste Erwerber als Eigentümer im Grundbuch eingetragen ist, verbietet es der Anwartschaftscharakter der aufgrund eines rechtswirksamen Erwerbsvertrags eingetragenen Auflassungsvormerkung, dem Veräußerer noch das Recht zu Änderungen der hier in Rede stehenden Art zuzuerkennen. Soweit die angestrebte Änderung nur das Sondereigentum einzelner Wohnungen betrifft, dürfte nur die Zustimmung der betroffenen Wohnungseigentümer erforderlich sein. Betrifft die Änderung also nur das Sondereigentum einer noch nicht verkauften Wohnung, ist jede Zustimmung eines Dritten entbehrlich. Enthält die Gemeinschaftsordnung **Gebrauchsregelungen,** die nach § 15 Abs. 2 an sich durch **Mehrheitsbeschluß** getroffen werden können (z. B. Hausordnungsregelungspunkte), sind solche Gebrauchsregelungen also nur **formeller,** aber **nicht materieller** Bestandteil der Gemeinschaftsordnung, bedarf deren Abänderung nach Verkauf der ersten Wohnung ebenfalls nicht der Einstimmigkeit. Die Abänderung kann mit den Stimmen des Bauträgers, sofern er noch über die Stimmenmehrheit verfügt, vorgenommen werden.

Unbedenklich ist auch, daß der **Bauträger** etwa eine Eigentumswohnung, **29**
deren Eigentümer er noch ist, ohne Zustimmung der anderen Wohnungseigentümer und der im Grundbuch eingetragenen Gläubiger in mehrere selbständige Eigentumswohnungen nach § 8 aufteilt.[91] Auch die Veränderung

[89] Röll Rpfleger 1976, 283; MünchKomm-Röll, § 3 Rz 21ff.; Tasche DNotZ 1972, 710; BayObLG DNotZ 1974, 617; NJW 1962, 492; NJW-RR 1993, 1362 = WE 1994, 249; OLG Frankfurt WE 1994, 340: bis der 1. Erwerber als Eigentümer im Grundbuch eingetragen ist; BayObLGZ 1998, Nr. 61.

[90] BGH WPM 1989, 305/307 = WE 1989, 48; BGH WE 1989, 196.

[91] BGHZ 73, 150 = NJW 1979, 870; OLG Köln Rpfleger 1982, 15 = MDR 1982, 1021; BayObLG Rpfleger 1986, 177 = MittBayNot 1986, 23; vgl. auch BayObLG Rpfleger 1991, 455; s. a. BayObLG NJW-RR 1991, 910; s. zur Unterteilung von Wohnungseigentum nunmehr: BGH DWE 1998, 179 = ZfIR 1998, 712 = NJW-RR 1998, 3711.

dieser Wohnungen nach einer solchen **Unterteilung** muß ohne Zustimmung der anderen Wohnungseigentümer möglich sein.[92] Die Unterteilung von Wohnungseigentum in mehrere Wohnungseigentumsrechte erfolgt entsprechend § 8 durch Erklärung gegenüber dem Grundbuchamt mittels öffentlicher oder öffentlich beglaubigter Urkunde.[93] Wird ein Wohnungseigentum real unterteilt, so kann in dem **Unterteilungsplan** eines der neuen Wohnungseigentumsrechte mit der bisherigen Nummer bezeichnet werden, wenn in der Eintragung auf den Unterteilungsplan Bezug genommen wird.[94] Wird bei der Unterteilung eines Wohnungseigentums ein Raum, der bisher zum Sondereigentum gehörte, nicht als Sondereigentum mit einem Miteigentumsanteil verbunden, so ist die Unterteilung **nichtig.** Die Grundbucheintragungen, die eine solche Unterteilung vollziehen, sind inhaltlich unzulässig und können nicht Grundlage für einen Erwerb kraft **öffentlichen Glaubens** des Grundbuchs sein.[95] Das hier zur Unterteilung Gesagte gilt generell auch für jede spätere Unterteilung durch die einzelnen Wohnungseigentümer.

30 Wenig **Stimmrechtsprobleme** entstehen bei einer solchen Unterteilung, solange der teilende Wohnungseigentümer alle diese neu entstehenden Wohnungen in seiner Hand behält. Gilt das in § 25 Abs. 2 normierte **Kopfprinzip,** ändert die Unterteilung an den Stimmrechtsverhältnissen nichts. Sieht die Gemeinschaftsordnung vor, daß das Stimmrecht im Umfange der **Größe der Miteigentumsanteile** auszuüben sei, hat die Unterteilung ebenfalls keine Auswirkung auf die Stimmrechtsverhältnisse. Sieht die Gemeinschaftsordnung ausnahmsweise vor, daß auf jede Eigentumswohnung eine Stimme entfalle, werden die Stimmrechtsverhältnisse tangiert.

31 Hat der unterteilende Wohnungseigentümer eine oder mehrere der neu entstehenden Wohnungen veräußert, werden die allgemeinen Stimmrechtsverhältnisse nur dann nicht tangiert, wenn die Gemeinschaftsordnung die Regelung enthält, daß sich das Stimmrecht an der Größe der Miteigentumsanteile mißt. Wann immer durch Unterteilung (Aufteilung einer Eigentumswohnung in mehrere selbständige Eigentumswohnungen) die konkreten Stimmrechtsverhältnisse berührt werden, ist zunächst vom Ergebnis her zu

---

[92] Bärmann-Pick, § 8 Rz. 41 ff.

[93] Bärmann-Pick, § 8 Rz. 41 ff.; BGHZ 49, 250.

[94] LG Lübeck Rpfleger 1988, 102.

[95] BGH EBE 1998, 364 = NJW-RR 1998, 3711 = ZfIR 1998, 712 = DWE 1998, 179 (in diesem Falle Unterteilung nur unter Mitwirkung aller Miteigentümer rechtlich möglich); BayObLG Rpfleger 1988, 102; vgl. auch Röll „Unterteilung und Zusammenlegung von Eigentumswohnungen“ WE 1986, 82; BayObLG NJW-RR 1996, 721 = WE 1996, 312 = ZMR 1996, 285; s. zum umgekehrten Fall BayObLG ZfIR 1998, 359 = NJW-RR 1999, 8 = ZMR 1999, 46 = WE 1999, 24 (wird bei Unterteilung bisheriges Gemeinschaftseigentum erfaßt, ist die Eintragung im Grundbuch unzulässig, es sei denn, alle Miteigentümer hätten mitgewirkt); BayObLG ZMR 1998, 299 = WE 1998, 392 (nur Zustimmung der am abgebenden Sondereigentum dinglich Berechtigten zur Umwandlung des Sondereigentums in Gemeinschaftseigentum erforderlich).

folgern, daß die übrigen Wohnungseigentümer dadurch keine Rechtsnachteile erfahren dürfen. Die von den übrigen Wohnungseigentümern einmal erworbenen **Mitgliedschaftsrechte** dürfen nicht beeinträchtigt werden, denn damit würde ihr Eigentum an Substanz und Wert verlieren.[96] Das Stimmrecht ist eines der Mitgliedschaftsrechte. Dies muß zur Konsequenz haben:

- Sieht die **Gemeinschaftsordnung** vor, daß **jede Wohnung eine Stimme** hat, und hat der unterteilende Wohnungseigentümer noch alle neu geschaffenen Wohnungen in seiner Hand, erwirbt dieser Wohnungseigentümer durch die Unterteilung keine zusätzlichen Stimmen, er behält 1 Stimme.
- Gilt das **Kopfprinzip** nach § 25 Abs. 2 und ist bereits eine der neu geschaffenen Wohnungen veräußert, können der Erwerber und Veräußerer, bzw. die Erwerber und der Veräußerer ebenfalls gemeinsam nur 1 Stimme haben. Sie können diese Stimme analog § 25 Abs. 2 S. 2 auch nur einheitlich ausüben.[97]
- Sieht die Gemeinschaftsordnung für jede Eigentumswohnung 1 Stimme vor und sind Wohnungen aus der Unterteilung bereits veräußert, ist entsprechend zu verfahren. Erwerber und Veräußerer haben 1 Stimme, die nur gemeinschaftlich auszuüben ist.

Auch wenn grundsätzlich der Status der übrigen Wohnungseigentümer 32 durch die **Vermehrung** selbständiger Wohnungseigentumsrechte (Unterteilung) nicht verändert werden darf, ist es nach Auffassung des BayObLG[98] nicht zu beanstanden, wenn die Gemeinschaftsordnung für diesen Fall eine **Erhöhung** der Zahl der **Stimmen** entsprechend der Anzahl der neu gebildeten Miteigentumsanteile vorsieht. Im Entscheidungsfalle bestimmte die Gemeinschaftsordnung, daß bei der Abstimmung jeder Wohnungseigentümer je eine Stimme habe, und daß dann, wenn einem Wohnungseigentümer mehrere Wohnungseigentumsrechte gehörten, dieser die entsprechende Anzahl der Stimmen habe.

Generell ist zu empfehlen, daß sich der Bauträger im Bauträgervertrag zur 33 **nachträglichen Änderung von Teilungserklärung** und/oder Gemeinschaftsordnung die Vollmacht erteilen läßt. Diese Vollmachten sind jedoch inhaltlich und zeitlich nicht unbeschränkt möglich. Die **zeitliche Grenze** sollte längstens in der **Fertigstellung** des Gesamtbauvorhabens gesehen werden (die Bezugsfertigkeit der einzelnen Eigentumswohnung kann nicht maßgebliches zeitliches Kriterium sein, weil der Bauträger insbesondere bei stufenweiser Herstellung des Gebäudes/der Gebäude oftmals auch noch

---

[96] Bärmann-Pick, § 8 Rz. 41 ff. u. § 3 Rz. 47; OLG Stuttgart OLGZ 1973, 179; BGH NJW 1979, 871; Merle, Das Wohnungseigentum, S. 185; a.A.: Weitnauer, § 8 Rz. 3 u. § 3 Rz. 104, § 25 Rz. 13.

[97] Bärmann-Pick, § 8 Rz. 41 ff.; Bärmann, Festschrift für Otto Mühl, 1981, S. 44 ff. m. w. N.

[98] BayObLG NJW-RR 1991, 910.

nach Bezugsfertigkeit der ersten Wohnungen im Zusammenhang mit bauplanerischen Tekturen baubehördlichen Auflagen begegnet – z.B. Anordnung eines Waschplatzes in der Tiefgarage mit der Folge des Wegfalls eines Stellplatzes etc. –). Die inhaltlichen Schranken liegen dort, wo die Ausübung der Vollmacht zur **Wertminderung** des Vertragsobjekts und/oder zu zusätzlichen Kosten und Lasten des Erwerbers führen würde.[99] Keinesfalls darf die Vollmacht mißbräuchlich ausgenutzt werden.[100] Ist im Zeitpunkt des Kaufs einer Eigentumswohnung das Wohnungseigentum erst noch zu begründen, kann dem Verkäufer vertraglich das **Bestimmungsrecht** vorbehalten werden, in der noch zu errichtenden Teilungserklärung die Bestimmungen zur Regelung des Gemeinschaftsverhältnisses zu treffen.[101] Es empfiehlt sich eine nach **außen inhaltlich unbeschränkte Vollmacht**, so daß der Bauträger – was zu regeln ist – nur **internen Schranken** unterliegt. Andernfalls begegnet der Bauträger oftmals **wegen Unbestimmtheit der Vollmacht** der Gefahr, daß seine Änderungsbefugnis wirkungslos ist. Die Grundbuchämter vollziehen in diesen Fällen oftmals Änderungsanträge nicht, wie zahlreiche Rechtsprechungsbeispiele zeigen.[102] Die Rechtsprechung verneint insoweit eine geltungserhaltende Reduktion.

34 In Abschn. 1.2 ist dargestellt, daß das Verhältnis der Größe der Miteigentumsanteile zum Sondereigentum gesetzlich nicht vorgegeben, daß die Festlegung der Miteigentumsanteile in das Belieben der Teilungsvertragspartner gestellt ist.[103] Diese Maxime kann im Falle der Errichtung der Teilungserklärung durch den Bauträger zu höchst unbilligen Ergebnissen führen. Zu denken ist insbesondere an zwei Extremfallgruppen:

– Der Bauträger läßt an den in sich **abgeschlossenen Speichereinheiten** Teileigentum bilden und behält diese in der Erwartung und mit dem Ziel, sie später – sobald eine nachträgliche Baugenehmigung erzielbar ist – Wohnungseigentum werden zu lassen, sei es durch Verkauf und Zuordnung zu den darunterliegenden Wohnungen, sei es durch Herstellung von **Dachgeschoßwohnungen.** Um diese Zielsetzung ohne Zustimmung der anderen Wohnungseigentümer verwirklichen zu können, müßte sich der Bauträger die in der nachträglichen Schaffung von Wohnraum liegende

---

[99] Bei Röll, Teilungserklärung, Anm. 6.4, ist ein empfehlenswerter Vollmachtsformulierungsvorschlag abgedruckt.

[100] BayObLG Rpfleger 1974, 346; Rpfleger 1974, 400 = DNotZ 1975, 308 (Die Vollmacht muß erkennen lassen, daß sie auch zur Neuerrichtung von Garagen berechtigt).

[101] BGH MittBayNot 1986, 11 = Rpfleger 1986, 92 = BauR 1986, 234 = BB 1986, 151 = NJW 1986, 845; s. hierzu Anm. Löwe in BB 1986, 152 und Bemerkungen Thumm hierzu in BB 1986, 621; vgl. schließlich Reinelt „Ermächtigung des Verkäufers zur einseitigen Ausgestaltung der Teilungserklärung" in NJW 1986, 826; vgl. auch BayObLG WE 1990, 132; Rpfleger 1991, 365.

[102] BayObLG WE 1995, 281; WE 1995, 317; NJW-RR 1995, 208 u. 209; WE 1996, 155; NJW-RR 1997, 586 = WE 1997, 271; WE 1997, 110; ZMR 1998, 299 = WE 1998, 392; OLG Düsseldorf WE 1997, 313 = DWE 1997, 77.

[103] S. Fußn. 15 u. 16.

Änderung der **Zweckbestimmung** „Speicher" in der Teilungserklärung vorbehalten; denn die in der Teilungserklärung ursprünglich gewählte Bezeichnung „Speicher" ist in der Regel eine verbindliche **Nutzungsregelung** mit **Vereinbarungscharakter** i.S. von § 15 Abs. 1, die durch Grundbucheintragung Inhalt des Sondereigentums geworden ist, § 10 Abs. 2. Ihre Änderung bedarf der **Einstimmigkeit.**[104] Der Bauträger verbindet mit dem Sondereigentum an den Speichern jedoch Miteigentumsanteile nur in geringfügigem Umfange, weil sowohl das Stimmrecht als auch der **Verteilungsschlüssel** für gemeinschaftliche Kosten und Lasten in der Gemeinschaftsordnung an die Größe der Miteigentumsanteile geknüpft sind, die Existenz der Speicher aber nur unerhebliche Kosten auslöst. Der Bauträger schafft nachträglich Wohnraum. Die Folge: Die übrigen Wohnungseigentümer empfinden es als unbillig, daß dieser Wohnraum nun weiterhin lediglich über die geringen Miteigentumsanteile verfügt (und deshalb völlig außer Verhältnis zu den gemeinschaftlichen Lasten und Kosten beiträgt), oder, die Wohnungseigentümer, die den zu Wohnraum gewordenen Speicher vom Bauträger nachträglich erworben haben, reklamieren, daß das auf diesen Wohnraum entfallende Stimmrecht unterrepräsentiert ist.[105]

- Der Bauträger hält – von vornherein beabsichtigt – bestimmte Wohnungseigentums-/Teileigentumseinheiten in seinem Bestand, die jedoch von ihrer Gesamtgröße her nur untergeordnete Bedeutung haben. Die Verteilung der gemeinschaftlichen Lasten und Kosten ist lt. Gemeinschaftsordnung an die **Wohn-/Nutzflächen** geknüpft. Das Stimmrecht orientiert sich lt. Gemeinschaftsordnung jedoch an der Größe der Miteigentumsanteile. Aus Gründen der **Majorität** in der Wohnungseigentümerversammlung versieht der Bauträger die in seinem Eigentum verbleibenden Wohnungseigentums- und Teileigentumseinheiten mit so viel Miteigentumsanteilen, daß seine Stimmen stets den Ausschlag geben. Die übrigen Wohnungseigentümer fühlen sich majorisiert.

Beide Fallgruppen zeigen auf, daß der **Dispositionsfreiheit** des Bauträgers bei der Festlegung der Quoten der Miteigentumsanteile zumindest insoweit Grenzen gezogen sein müssen, als der einzelne Käufereigentümer grundsätzlich die Möglichkeit haben muß, gerechte Ergebnisse herbeizuführen.

Grundsätzlich bedarf die **Änderung der Teilungserklärung** – die Neu- **35**
ordnung der Quotierung der Miteigentumsanteile wäre eine solche – einer abändernden Vereinbarung aller Wohnungseigentümer, also auch der Zustimmung des Bauträgers. Die Zustimmung zu einer einstimmigen Vereinbarung kann grundsätzlich nicht erzwungen werden, es sei denn, daß **Treu**

---

[104] Vgl. im einzelnen die systematische Darstellung von Müller in *Partner im Gespräch* 15, S. 89ff.

[105] Vgl. in diesem Zusammenhang KG ZMR 1995, 418 = NJW-RR 1995, 1228 = WE 1995, 313 zur Bevollmächtigung des Bauträgers im notariellen Erwerbsvertrag zur Vornahme von Umbauten.

und Glauben, insbesondere Treupflichten aus der Mitgliedschaft dies zwingend verlangen. Die Rechtsprechung bejaht in zahlreichen Fällen einen Anspruch des Einzelnen auf Abänderung von Vereinbarungen bei außergewöhnlichen Umständen und grober Unbilligkeit. Maßstab ist stets § 242 BGB. Die Rechtsprechung ist restriktiv.[106] Der einzelne Wohnungseigentümer also, der sich gegen die Aufteilung der Miteigentumsanteile wendet, weil sie gegen das Gebot von Treu und Glauben verstoßen, kann seinen, gegen die übrigen Wohnungseigentümer gerichteten Anspruch auf Zustimmung zur Abänderung, der materiell-rechtlich dem Anspruch auf Zustimmung zu Maßnahmen der **ordnungsmäßigen Verwaltung** ähnlich und vergleichbar ist (§ 21 Abs. 4),[107] im Verfahren nach den §§ 43 ff. geltend machen. Zu empfehlen ist jedoch, daß dieser Wohnungseigentümer zunächst den Versuch unternimmt, einen – einstimmigen – **Versammlungsbeschluß** herbeizuführen. Kommt lediglich ein Mehrheitsbeschluß zustande, wäre abzuwarten, ob er innerhalb der Monatsfrist angefochten wird, § 23 Abs. 4. Wird er nicht angefochten, ist er gleichwohl gültig. Kommt nicht einmal ein Mehrheitsbeschluß zustande, wird also der Zustimmungsantrag des betreibenden Wohnungseigentümers abgelehnt (sogenannte Negativentscheidung), liegt ein nicht anfechtbarer sogenannter **Negativbeschluß** vor,[108] ist der Weg zur Antragstellung nach §§ 43 ff. eröffnet.

36 Oftmals wird der **Richter** der freiwilligen Gerichtsbarkeit dem Antragsteller jedoch den Anspruch auf Zustimmung zur Neuordnung der Miteigentumsanteile nicht zuerkennen, sondern lediglich den Anspruch auf Zustimmung zur Korrektur des Kostenverteilungsschlüssels oder der Stimmrechtsverhältnisse.

---

[106] Bärmann-Pick, § 10 Rz. 42; Weitnauer, § 10 Rz. 52 u. 53; MünchKomm-Röll, § 16 Rz. 5 (Änderung des Kostenverteilungsschlüssels); Müller in Partner im Gespräch 15, S. 110; Tasche DNotZ 1973, 453 u. 464; Schmid BlGBW 1981, 128; OLG Frankfurt Rpfleger 1979, 109; OLG Düsseldorf NJW 1985, 2837; OLG Karlsruhe WM 1987, 236; KG ZMR 1992, 509 = NJW-RR 1992, 1433 = WE 1992, 342; OLG Hamburg ZMR 1995, 170 = WE 1995, 218; OLG Köln NJW-RR 1995, 973 = WE 1995, 155; BayObLG Rpfleger 1976, 422; ZMR 1985, 132; NJW-RR 1987, 714; NJW-RR 1992, 342; ZMR 1995, 41 = WE 1995, 339; NJW-RR 1994, 145 = WE 1994, 282; NJW-RR 1992, 83; NJW-RR 1993, 663; NJW-RR 1994, 1425 = WE 1995, 252; NJW-RR 1994, 658 zum Fall der Änderung oder Aufhebung eines bestandskräftigen Beschlusses durch das Gericht; NJW-RR 1995, 529 = WE 1995, 343; NJW-RR 1995, 378; WE 1996, 196; WE 1997, 37; WE 1997, 158; ZMR 1999, 52 (der teilende Eigentümer hat sich den Anspruch auf Änderung der Miteigentumsanteile bei Änderung der Wertverhältnisse des Sondereigentums vorbehalten; Anspruch besteht nur bei deutlich ins Gewicht fallender Wertverschiebung); s. a. auch OLG Köln DWE 1998, 190 (Anspruch auf Abänderung des Kostenverteilungsschlüssels, wenn nach den Bestimmungen der GO die Kosten für Kaltwasser und Abwasser nach der Personenzahl abgerechnet werden sollen, in allen Einheiten jedoch seit jeher Kaltwasserzähler installiert sind); NZM 1998, 919.

[107] Weitnauer, a. a. O.

[108] BayObLG NJW-RR 1994, 658; WE 1994, 310; WE 1997, 435; OLG Düsseldorf NJW-RR 1995, 206.

Selbst wenn ein Anspruch auf **Abänderung der Teilungserklärung** oder der Gemeinschaftsordnung besteht, kann der Anfechtung eines Mehrheitsbeschlusses, mit dem die Änderung herbeigeführt werden sollte, nicht entgegengehalten werden, daß der Anfechtende nach **Treu und Glauben** verpflichtet sei, einer Änderung zuzustimmen.[109] Nicht möglich ist es, einen auf der Grundlage der unbilligen Regelung gefaßten Eigentümerbeschluß mit der Begründung anzufechten, die übrigen Wohnungseigentümer seien zur Abänderung der unbilligen Regelung verpflichtet.[110] Führt beispielsweise der **vereinbarte Kostenverteilungsschlüssel** wegen nicht sachgerechter Aufteilung der Miteigentumsanteile zu grob unbilligen Ergebnissen, kann der betroffene Wohnungseigentümer dem gegen ihn gerichteten Zahlungsanspruch nicht den Einwand der unzulässigen Rechtsausübung entgegenhalten.[111]

Die einredeweise Geltendmachung eines **Änderungsanspruchs** wird im Beschlußanfechtungsverfahren oder im Leistungsverfahren nicht zugelassen, weil die Teilungserklärung mit Gemeinschaftsordnung gilt, solange sie nicht durch Vereinbarung oder durch eine die Zustimmung Einzelner ersetzende gerichtliche Entscheidung wirksam abgeändert ist.[112]

1.4 Probleme des sogenannten Mitsondereigentums (Nachbareigentum)

Grundsätzlich ist die rechtsgeschäftliche Begründung von **Mitsondereigentum** nicht möglich. Das WEG sieht diese Rechtsform nicht vor (sogenannter numerus clausus der Sachenrechte). Die Frage der Zulässigkeit eines Mitsondereigentums mehrerer Wohnungseigentümer ist in der Literatur zunächst im Anschluß an eine Bemerkung in der Begründung des Regierungsentwurfs zum WEG in dem Zusammenhang erörtert worden, ob **nichttragende Trennwände** zwischen zwei Eigentumswohnungen im Mitsondereigentum der angrenzenden Wohnungseigentümer stehen können. Dies wird vielfach bejaht.[113] In Ergänzung hierzu hat das OLG Zweibrücken[114] konsequent festgestellt: Münden **Abwasserleitungen** zweier 37

---

[109] BGH EBE 1995, 279 = ZMR 1995, 483 = WE 1995, 371.

[110] A. A. noch BayObLG ZMR 1995, 41 = WE 1995, 339.

[111] BayObLG WE 1997, 37 unter Aufgabe von WE 1995, 378; s. aber OLG Celle DWE 1998, 180: der auf Zahlung in Anspruch genommene Wohnungseigentümer kann ausnahmsweise im Zahlungsrechtsstreit seinen Anspruch auf Abänderung des Kostenverteilungsschlüssels geltend machen.

[112] BGH, a. a. O.

[113] Diester NJW 1965, 793/796; Bärmann-Pick, Rz. 66 zu § 5; Weitnauer, § 3 Rz. 34 u. § 5 Rz. 36; Hurst AcP 1981, 169/171, Fußn. 10; offengelassen von OLG Düsseldorf Rpfleger 1975, 308 a. E. und BayObLG MittBayNot 1982, 26 = DNotZ 1982, 250; ablehnend lediglich Karstädt BlGBW 1962, 137f. u. 1966, 45/51.

[114] OLG Zweibrücken NJW-RR 1987, 332 = ZMR 1987, 102.

benachbarter Eigentumswohnungen innerhalb einer nichttragenden Trennwand in eine gemeinsame Zuleitung zur **gemeinschaftlichen Hauptleitung,** so besteht an der gemeinsamen Zuleitung gemeinschaftliches Sondereigentum (Mitsondereigentum, Nachbareigentum) der benachbarten Wohnungseigentümer. Dabei sei unerheblich, auf wessen Wandseite die gemeinsam benutzte Rohrleitung verlegt ist.

38 Sehr umstritten ist in Literatur und Rechtsprechung die Frage, ob darüber hinaus Mitsondereigentum einer **Gruppe** von **Wohnungseigentümern** an Räumen (z. B. Treppenhaus, Dachboden) oder sonstigen, nur einem Teil der Miteigentümer dienenden Einrichtungen (z. B. Fahrstuhl, Etagenheizanlage) rechtlich zulässig ist.[115] Das BayObLG[116] hat erneut die Rechtsfigur des sogenannten Mitsondereigentums verneint, jedoch unter ausdrücklichem Hinweis auf die genannte Entscheidung des OLG Zweibrücken offengelassen, ob Mitsondereigentum an Teilen des Gebäudes entstehen könne, die nicht im gemeinschaftlichen Eigentum stehen (nichttragende Trennwand zwischen zwei Wohnungen).

Richtigerweise wird man die Zulässigkeit der Begründung von **Mitsondereigentum** allenfalls dort bejahen können, wo Gebäudeteile in Frage stehen, die grundsätzlich Sondereigentum werden können (**nichttragende Zwischenwände** zwischen zwei Wohnungen). Hingegen wird man in Übereinstimmung mit der Rechtsprechung des BayObLG[117] die Zulässigkeit stets verneinen müssen, wo Gebäudeteile oder gemeinschaftliche Einrichtungen in Frage stehen, die zwingend Gemeinschaftseigentum sind (z. B. Treppenhäuser). § 5 Abs. 1 regelt, was Gegenstand des Sondereigentums ist; § 5 Abs. 2 bestimmt, was auf keinen Fall Gegenstand des Sondereigentums sein kann. Nach § 5 Abs. 3 können die Wohnungseigentümer vereinbaren, daß Gegenstände des Sondereigentums zum gemeinschaftlichen Eigentum gehören. Da eine gesetzliche Bestimmung umgekehrten Inhalts im WEG nicht enthalten ist, ist zu folgern, daß die Grenze zwischen gemeinschaftlichem Eigentum und Sondereigentum nur zugunsten, nicht aber auch zuungunsten des gemeinschaftlichen Eigentums verschoben werden kann.[118]

---

[115] *Dafür* haben sich ausgesprochen: LG Kempten MittBayNot 1975, 166f.; May JZ 1957, 81/82f.; Hurst DNotZ 1968, 131/153 u. 286; Soergel BGB, 11. Aufl., § 5 Rz. 4; Bärmann-Pick, § 5 Rz. 66; *dagegen* haben sich außer Karstädt ausgesprochen: OLG Hamm OLGZ 1986, 415; OLG Düsseldorf Rpfleger 1975, 308; Weitnauer, § 3 Rz. 32 u. § 5 Rz. 37; MünchKomm-Röll, § 5 Rz. 5; Weimar Betrieb 1974, 2292/2293; BayObLG MittBayNot 1982, 26 = DNotZ 1982, 250; Palandt-Bassenge, § 3 Rz. 4; Bärmann-Seuß, A Rz. 130.

[116] BayObLGZ 1987, 390 = Rpfleger 1988, 102; ZMR 1999, 48 (kein Mitsondereigentum an Tiefgarage für 108 Wohnungseigentümer).

[117] BayObLG, a. a. O.

[118] BGHZ 50, 56/59ff.; BayObLGZ 1966, 20/21ff.; 1974, 269/271; Rpfleger 1980, 477f. = DNotZ 1981, 123/124; DWE 1981, 27/29 = MDR 1981, 145; MittBayNot 1982, 26 = DNotZ 1982, 250; Kapellmann MDR 1973, 1.

1.5 Sonderfragen – Dienstbarkeiten, Grenzüberbau, Aufhebung, Dereliktion –

1.5.1 Dienstbarkeiten

Auch Wohnungseigentum kann mit einer **Grunddienstbarkeit** (§ 1018 40
Abs. 1 BGB) und einer **beschränkten persönlichen Dienstbarkeit** (§ 1090 Abs. 1 BGB) belastet werden. Dabei kann **positives** (aktives) **Tun** des Eigentümers nicht Hauptinhalt einer Dienstbarkeit sein.[119] In Rechtsprechung und Literatur wird weitgehend angenommen, eine „Benutzung in einzelnen Beziehungen" liege jedenfalls dann nicht vor, wenn die Dienstbarkeit die Benutzungsmöglichkeit des belasteten Grundstücks erschöpfe, d.h. dem Eigentümer keine Benutzungsmöglichkeit verbleibe.[120] Der Eigentümer könne sich nur einzelner Befugnisse aus seinem Eigentum begeben. Der Begriff **„Benutzung in einzelnen Beziehungen"** sei dann nicht mehr gewahrt, wenn der Eigentümer jeder eigenen Benutzungsmöglichkeit beraubt sei. Die Eintragung einer solchen Dienstbarkeit sei mithin unzulässig. Das BayObLG läßt in seinem Beschluß vom 3. 11. 1987[121] zwar offen, ob an dieser Ansicht festzuhalten sei, stellt jedoch kritisch folgende Erwägungen an: Nach dem Wortlaut des § 1018 BGB komme es nur darauf an, daß dem Berechtigten die Befugnis eingeräumt werde, das Grundstück „in einzelnen Beziehungen" zu benutzen; solle der Berechtigte dagegen alle Nutzungen ziehen dürfen, handle es sich um einen **Nießbrauch,** § 1030 Abs. 1 BGB. Auch wenn im Einzelfall die dem Berechtigten eingeräumte „einzelne Beziehung", in der er das Grundstück benutzen dürfe, eine anderweitige „sinnvolle" Benutzung des Grundstücks unmöglich mache, so sei dem Berechtigten dadurch keineswegs die Befugnis eingeräumt, alle Nutzungen des Grundstücks zu ziehen; er dürfe das Grundstück ja vielmehr nur in den einzelnen, ihm gestatteten Beziehungen benutzen. Der Senat verweist ferner kritisch darauf, unter Zugrundelegung der vorerwähnten Meinung in Rechtsprechung und Schrifttum könne die Frage, ob die Dienstbarkeit wirksam bestellt werden könne, meist erst nach Prüfung und Würdigung der örtlichen tatsächlichen Gegebenheiten, nicht aber allein nach dem Inhalt der auf die Bestellung der Dienstbarkeit gerichteten rechtsgeschäftlichen Erklärun-

---

[119] BayObLGZ 1976, 218/222f.; 1980, 232/235; 1983, 143/149; MittBayNot 1978, 213; MittBayNot 1980, 70.

[120] OLG Köln Rpfleger 1982, 61; OLG Hamm Rpfleger 1981, 105; OLG Zweibrücken Rpfleger 1982, 98; OLG Frankfurt Rpfleger 1985, 393; BayObLGZ 1965, 180/181 = JR 1966, 26 mit zustimmender Anmerkung Jansen; BayObLGZ 1979, 444/448f.; MittBayNot 1985, 127; Soergel BGB, 11. Aufl., § 1018 Rz. 12; MünchKomm BGB, 3. Aufl., Rz. 28 mit zahlreichen Rspr. hinweisen, Palandt BGB, 58. Aufl., Rz. 15, Staudinger BGB, 12. Aufl., Rz. 44, je zu § 1018 BGB.

[121] BayObLGZ 1987 Nr. 58 = Rpfleger 1988, 62.

gen beantwortet werden; denn es könne demnach darauf ankommen, ob neben der Ausübungsstelle für die Dienstbarkeit noch genügend Platz für eine anderweitige Betätigung und Nutzung durch den Eigentümer verbleibe. Je nach Größe und Lage und Art des Grundstücks könne dies einmal der Fall sein, das andere Mal nicht. Insoweit würde es sich um tatbestandliche Voraussetzungen handeln, für deren Beurteilung jedenfalls das Grundbuchverfahren ungeeignet sei. Es sei dem Grundbuchamt im Antragsverfahren ohnehin versagt, Ermittlungen vorzunehmen. Schließlich verweist der Senat darauf, Praxis und Rechtsprechung hätten schon bisher nicht stets die Folgerungen aus dem eingangs genannten Satz gezogen, dem Eigentümer müßten nach der Dienstbarkeitsbestellung noch **sinnvolle Nutzungsmöglichkeiten** verbleiben. In diesem Zusammenhang wird auf Dienstbarkeiten im Zusammenhang mit der Einräumung von Holznutzungsrechten, Kies- und Mineralienausbeutungsrechten und auf sogenannte **Tankstellendienstbarkeiten** hingewiesen. Unabhängig von diesen Überlegungen kann nach Auffassung des BayObLG aus nachstehenden Gründen das Recht zur Benutzung eines **Kfz.-Stellplatzes** als Dienstbarkeit an einem Teileigentum auch dann eingetragen werden, wenn das Sondereigentum nur aus dem Stellplatz besteht. In diesem Falle sei Gegenstand der Belastung ein Teileigentum. Es stehe nicht fest, daß dem Inhaber des Teileigentums infolge der Bestellung der Dienstbarkeit keine sinnvolle Nutzung seines Rechts mehr verbleibe. Gegenstand der Belastung im Rechtssinne sei nicht das Sondereigentum (Fläche des Kfz.-Abstellplatzes) sondern das Teileigentum, das außer dem Sondereigentum auch aus dem Miteigentumsanteil am gemeinschaftlichen Eigentum bestehe. Zwar könne an einem **schlichten Miteigentumsanteil** eine Grunddienstbarkeit und eine persönliche Dienstbarkeit nicht bestellt werden.[122] Dies sei bei Wohnungseigentum und Teileigentum jedoch anders, und zwar deshalb, weil hier in Gestalt des Sondereigentums ein Bezugsobjekt der ihrer Natur nach auf gegenständliche Nutzung gerichteten Dienstbarkeit vorhanden sei. Das Sondereigentum sei aber nur das Objekt der Ausübungsberechtigung. Die Dienstbarkeit könne freilich nur bestellt werden, wenn die „einzelnen Beziehungen“, in denen der Berechtigte das Teileigentum benutzen dürfe, sich auf das Sondereigentum richte. Es könne aber nicht die Forderung erhoben werden, daß dem Teileigentümer noch eine sinnvolle Nutzung gerade des Sondereigentums verbleiben müsse. Es genüge vielmehr, wenn dem Teileigentümer eine sinnvolle Nutzung seines Rechts verbleibe. Zu diesem Recht gehöre auch der Miteigentumsanteil am gemeinschaftlichen Eigentum. Es sei durchaus möglich, daß die Wohnungseigentümer aus Teilen ihres gemeinschaftlichen Eigentums Nutzungen zögen (z. B. durch Vermietung eines im gemeinschaftlichen Eigentum stehenden Raumes), die dann natürlich ihnen allen zugute kämen. Aus der Tatsache allein, daß der Stellplatz, auf dem die Dienstbarkeit auszuüben sei, nicht wesentlich größer

[122] BGHZ 36, 187/189.

sei, als für ein Kraftfahrzeug benötigt werde, könne somit nicht abgeleitet werden, es stehe mit Sicherheit fest, daß der Inhaber des Teileigentums aus seinem Recht keine sinnvolle Nutzung mehr ziehen könne.

Das Verbot, ein Grundstück (Wohnungseigentum) „nicht länger als 41 6 Wochen im Jahr selbst zu bewohnen oder durch ein und denselben Dritten bewohnen zu lassen“ und es „zu anderen beruflichen oder gewerblichen Zwecken als denen eines **fremdenverkehrs-gewerblichen Beherbergungsbetriebes** mit ständig wechselnder Belegung zu nutzen“, kann hingegen Inhalt einer **beschränkten persönlichen Dienstbarkeit** sein.[123] Auch ist es zulässig, die Eigentumswohnung Nr. 1 durch eine Grunddienstbarkeit des Inhalts zu belasten, daß der Eigentümer der Eigentumswohnung Nr. 2 die zur Wohnung Nr. 1 gehörige Terrasse alleine benutzt.[124] Auch kann das Wohnungseigentum zugunsten des jeweiligen Eigentümers einer anderen Wohnung mit einer Grunddienstbarkeit in der Weise belastet werden, daß ein **Fenster** ständig **geschlossen** zu halten ist.[125] Hingegen kann ein Wohnungseigentum nicht mit einer Dienstbarkeit belastet werden, deren Ausübungsbereich das Sondernutzungsrecht des Wohnungseigentümers am gemeinschaftlichen Eigentum (Kfz.-Abstellplatz) ist.[126]

Besteht für die jeweiligen Eigentümer eines in Wohnungseigentum auf- 42 geteilten Grundstücks eine **Grunddienstbarkeit** (z. B. Recht zur Benutzung von Garagen) an einem **anderen Grundstück**, so kann eine Regelung der Wohnungseigentümer über die **Garagenbenutzung** als Inhalt des Sondereigentums in die Wohnungsgrundbücher eingetragen werden.[127] § 3 Abs. 2 steht der Eintragung von Grunddienstbarkeiten nicht entgegen, durch die den Eigentümern von zwei aneinander grenzenden Ladeneinheiten, die auf zwei verschiedenen Grundstücken liegen, wechselweise verboten wird, die Ladenräume gegeneinander durch Mauern oder auf andere Weise gegenständlich abzugrenzen.[128]

1.5.2 Grenzüberbau

Wird dem Grundbuchamt beim Vollzug einer Teilungserklärung aus den 43 Eintragungsunterlagen ein **Grenzüberbau** des vorhandenen Gebäudes bekannt, so kann es im Wege der Zwischenverfügung aufgeben, die Eigentumszuordnung des überbauten Grundstücksteils zum **Stammgrundstück** nachzuweisen. Möglich ist die Einbeziehung eines Überbaus in die Bildung von Wohnungseigentum auch dann, wenn der grundbuchmäßige Nachweis

---

[123] BayObLG MittBayNot 1985, 123 ff.
[124] BayObLG MittBayNot 1985, 127 f.
[125] BGH EBE 1989, 237 = Rpfleger 1989, 452 = BB 1989, 2141.
[126] BayObLGZ 1974, 396; DNotZ 1990, 496 = DWE 1990, 152 = WE 1991, 80; WE 1997, 476; OLG Düsseldorf Rpfleger 1986, 376; OLG Zweibrücken, DWE 1999, 79.
[127] BayObLGZ 1990 Nr. 29; s. a. OLG Stuttgart ZMR 1990, 306.
[128] BayObLG NJW-RR 1991, 593.

der Zuordnung des überbauten Gebäudeteils als wesentlicher Bestandteil des Stammgrundstücks dergestalt erbracht wird, daß der Eigentümer des Nachbargrundstücks aufgrund einer Dienstbarkeit den Überbau zu dulden hat.[129] Ob in die Bildung von Wohnungseigentum ein Überbau einbezogen werden kann,[130] der lediglich gemäß § 912 BGB, nicht aber aufgrund einer Dienstbarkeit zu dulden ist, ist nach wie vor offen.[131]

1.5.3 Aufhebung

44 Die Wohnungseigentümergemeinschaft ist – abgesehen von dem gesetzlich geregelten Fall (Gebäudezerstörung) – grundsätzlich **unauflöslich,** § 11 Abs. 1. Diese Vorschrift betrifft jedoch nur das **gesetzliche** Aufhebungsrecht. Sie schließt nicht aus, daß sich Wohnungseigentümer verpflichten, die Gemeinschaft unter bestimmten Voraussetzungen durch **Realteilung** aufzuheben.[132] Dies ist auch dadurch möglich, daß sich die Wohnungseigentümer in den seinerzeitigen notariellen Erwerbsverträgen hierzu verpflichtet haben, ohne untereinander eine solche Verpflichtung vereinbart zu haben.[133] In diesem Falle sind die Wohnungseigentümer auch verpflichtet, beim Antrag auf Erteilung der behördlichen **Teilungsgenehmigung** mitzuwirken. Auf die Erfolgsaussichten des öffentlich-rechtlichen Teilungsgenehmigungsantrags kommt es nicht an. Wird der vertragliche Anspruch auf Zustimmung zum Antrag auf Teilungsgenehmigung bei noch bestehender Wohnungseigentümergemeinschaft zur Vorbereitung der künftigen Aufhebung durch reale Grundstücksteilung geltend gemacht, so ist hierüber im Wohnungseigentumsverfahren zu entscheiden.[134]

1.5.4 Dereliktion

45 Ein Wohnungseigentum kann nicht entsprechend § 928 BGB durch **Verzicht** aufgegeben werden.[135]

---

[129] OLG Hamm Rpfleger 1984, 98ff. = MittBayNot 1984, 34ff.; vgl. auch OLG Hamm OLGZ 1977, 264 = DNotZ 1977, 308; s. auch LG Stade Rpfleger 1987, 63 mit kritischer Anmerkung Schmidt in Rpfleger 1987, 411.

[130] So BGH NJW 1982, 756 = DNotZ 1982, 43; Demharter/Haegele/Schöner/Stöber GBR, 7. Aufl., Rz. 1537; Röll MittBayNot 1982, 172ff.; a. A. OLG Stuttgart Rpfleger 1982, 375 = MittBayNot 1983, 15.

[131] S. zum Streitstand Weitnauer, § 3 Rz. 10.

[132] BayObLGZ 1979, 414/421f.; Weitnauer, § 11 Rz. 5.

[133] BayObLG DWE 1984, 124.

[134] BayObLG, a. a. O.; BayObLG v. 18. 12. 1998 – 2 Z AR 121/98 – zur Geltendmachung des Anspruchs auf Zustimmung zur Aufhebung der Gemeinschaft.

[135] BayObLGZ 1991 Nr. 15 = BB 1991, 1149; LG Konstanz NJW-RR 1989, 1424.

2. Gemeinschaftseigentum – Sondereigentum – Sondernutzungsrecht – Grundsätzliches und Abgrenzungsprobleme –

2.1 Begriffe

Unter den Oberbegriff **„Raumeigentum"** sind Wohnungseigentum und Teileigentum zusammenzufassen.[1] 46

Wohnungseigentum ist das Sondereigentum an einer **Wohnung** i.V.m. dem Miteigentumsanteil an dem Gemeinschaftseigentum, zu dem es gehört, § 1 Abs. 2. 47

Teileigentum ist das Sondereigentum an **nicht zu Wohnzwecken** dienenden Räumen eines Gebäudes i.V.m. dem Miteigentumsanteil an dem gemeinschaftlichen Eigentum, zu dem es gehört, § 1 Abs. 3.

Sondereigentum ist Alleineigentum an einer Wohnung oder an nicht zu Wohnzwecken dienenden Räumen. Gegenstand des Sondereigentums sind die gemäß § 3 Abs. 1 bestimmten Räume sowie die zu diesen Räumen gehörenden Bestandteile des Gebäudes, die verändert, beseitigt oder eingefügt werden können, ohne daß dadurch das gemeinschaftliche Eigentum oder ein auf Sondereigentum beruhendes Recht eines anderen Wohnungseigentümers über das nach § 14 zulässige Maß hinaus beeinträchtigt oder die äußere Gestaltung des Gebäudes verändert wird. Nach § 14 ist jeder Wohnungseigentümer verpflichtet, 48

1. die im **Sondereigentum** stehenden Gebäudeteile so **instandzuhalten** und von diesen sowie von dem gemeinschaftlichen Eigentum nur in solcher Weise **Gebrauch** zu machen, daß dadurch keinem der anderen Wohnungseigentümer über das bei einem geordneten Zusammenleben unvermeidliche Maß hinaus ein **Nachteil** erwächst,
2. für die Einhaltung der in Nr. 1 bezeichneten Pflichten durch Personen zu sorgen, die seinem **Hausstand** oder **Geschäftsbetrieb** angehören oder denen er sonst die Benutzung der im Sonder- oder Miteigentum stehenden Grundstücks- oder Gebäudeteile überläßt,
3. **Einwirkungen** auf die im **Sondereigentum** stehenden Gebäudeteile und das **gemeinschaftliche Eigentum** zu dulden, soweit sie auf einem nach Nr. 1, 2 zulässigen Gebrauch beruhen,
4. das **Betreten** und die **Benutzung** der im **Sondereigentum** stehenden Gebäudeteile zu gestatten, soweit dies zur Instandhaltung und Instandsetzung des gemeinschaftlichen Eigentums erforderlich ist; der hierdurch entstehende Schaden ist zu ersetzen.

---

[1] Diester NJW 1971, 1158; Bärmann-Pick, § 1 Rz. 5.

49 **Gemeinschaftliches Eigentum** sind das Grundstück sowie die Teile, Anlagen und Einrichtungen des Gebäudes, die nicht im Sondereigentum oder im Eigentum eines Dritten stehen, § 1 Abs. 5. Nach § 5 Abs. 2 sind Teile des Gebäudes, die für dessen Bestand oder Sicherheit erforderlich sind, sowie Anlagen und Einrichtungen, die dem gemeinschaftlichen Gebrauch der Wohnungseigentümer dienen, nicht Gegenstand des Sondereigentums, also Gegenstand des Gemeinschaftseigentums, selbst wenn sie sich im Bereich der im Sondereigentum stehenden Räume befinden.

50 Für das **Teileigentum** gelten die Vorschriften über das Wohnungseigentum entsprechend, § 1 Abs. 6. Weil dies so ist, ist die Beantwortung der Frage, welche Kriterien maßgeblich für die Einordnung als Wohnungseigentum oder Teileigentum sind, nicht von so großer praktischer Bedeutung. Bedeutung hat die Frage im Zusammenhang mit den Erfordernissen der **Abgeschlossenheit** (vgl. Darstellung in Abschn. 1) und im Zusammenhang mit der in der Zuordnung liegenden **Zweckbestimmung.** Nach § 15 Abs. 1 können die Wohnungseigentümer u.a. den Gebrauch des Sondereigentums durch Vereinbarung regeln. Diese Vereinbarungen werden durch Eintragung ins Grundbuch verdinglicht und werden damit Inhalt des Sondereigentums, § 10 Abs. 2. Wenn Teilungsvertrag (§ 3) oder Teilungserklärung (§ 8) bestimmte Räume als Teileigentum ausweisen, ist bindend vorgegeben, daß diese Räume nicht zu Wohnzwecken dienen.[2] Nur durch **Abänderungsvereinbarung** kann das Teileigentum zu Wohnungseigentum werden. Die **Umwandlung** eines Teileigentums in ein Wohnungseigentum stellt eine **Inhaltsänderung** des jeweiligen Sondereigentums der übrigen Wohnungs-(Teil-)eigentümer im Sinne des § 877 BGB dar und bedarf deren **Zustimmung** sowie der Zustimmung der Grundpfandrechtsgläubiger. Der Zustimmung der übrigen Wohnungs- bzw. Teileigentümer bedarf es lediglich dann nicht, wenn in der Gemeinschaftsordnung die **Mitwirkung** der übrigen Wohnungs-, bzw. Teileigentümer ausgeschlossen ist.[3] Gegenstand des Teileigentums können sein Büros, Praxen, Kanzleien, Läden, Restaurants, Werkstätten, Lagerräume, Garagen, Kfz-Stellplätze in Gebäuden, Schwimmbäder, Wirtschaftsräume, Hobbyräume, Speicher, Kellerabteile etc. Für die begriffliche Zuordnung sind die jeweilige Ausgestaltung der Räume, ihre bauliche Eignung und Zweckbestimmung entscheidend, nicht die Art der tatsächlichen Nutzung. Maßgeblich ist die angesichts der baulichen Gestaltung der Räume gegebene **Nutzungsmöglichkeit** für Wohnzwecke oder für ausschließlich andere Zwecke.[4] Eine Wohnung, die zeitweilig ganz für eine ärztliche Praxis benutzt wird, wird dadurch nicht zu Teileigentum. Eine

---

[2] BayObLG WE 1995, 27 u. 157.

[3] BayObLGZ 1989 Nr. 7 = Rpfleger 1989, 325; vgl. auch zur Umwandlung von gemeinschaftlichem Eigentum in Sondereigentum: BayObLGZ 1991, Nr. 57; BayObLGZ 1997, Nr. 41.

[4] BayObLG DNotZ 1973, 692; Rpfleger 1973, 139; Diester, Wichtige Rechtsfragen Rz. 174; Bielenberg ZfBR 1982, 7.9; Bärmann-Pick, § 1 Rz. 23; Weitnauer, § 1 Rz. 39.

ganz andere Frage ist in diesem Falle, ob der Wohnungseigentümer dies angesichts der in der Bezeichnung „Wohnungseigentum“ liegenden Zweckbestimmung, die eine Gebrauchsregelung nach § 15 Abs. 1 darstellt, überhaupt darf.

Möglich ist, Sondereigentum an einer Wohnung und Sondereigentum an nicht zu Wohnzwecken dienenden Räumen mit demselben Miteigentumsanteil zu verbinden, so daß ein Wohnungs- und Teileigentum entsteht.[5]

Sondernutzungsrecht ist das einem Wohnungseigentümer durch Ver- 51
einbarung (Teilungsvertrag, § 3, Teilungserklärung, § 8, nachträgliche Vereinbarung, § 10 Abs. 1 u. 2) eingeräumte Recht, gemeinschaftliches Eigentum zu gebrauchen. Zu denken ist etwa an die Zuordnung des Rechts zur **Benützung eines Stellplatzes** auf dem gemeinschaftlichen Grundstück oder in einer nicht zu Teileigentum aufgeteilten Sammelgarage, aber auch des Rechts zur **Benützung eines bestimmten Teils des Gartens.** Denkbar ist auch die Zuordnung des Rechts zur Benützung des Sondereigentums eines anderen (Recht, über dessen Terrasse zu gehen).[6] Mit der Eintragung eines Sondernutzungsrechts im Grundbuch entsteht eine dingliche Rechtsposition, die den Inhalt des betreffenden Sondereigentums mitbestimmt.[7] Ein Sondernutzungsrecht kann jedoch auch in der Weise entstehen, daß die Wohnungseigentümer eine solche **Zuweisung im Beschlußwege** ohne Eintragung ins Grundbuch vornehmen. Hier spricht man dann von einem **schuldrechtlichen Sondernutzungsrecht.**[8]

2.2 Maßgeblichkeit des Gemeinschaftseigentums

Rechtliche Grundlage des Wohneigentums ist das Miteigentum an 52
Grundstücken. Das Sondereigentum bildet nur eine Art Anhängsel. Auch das WEG hält an dem Grundsatz des § 94 Abs. 1 BGB fest, wonach das Gebäude **wesentlicher Bestandteil** des Grundstücks ist und daher nicht als Ganzes Gegenstand besonderer Rechte sein kann. § 3 Abs. 1 bestimmt lediglich in Abweichung von § 94 BGB, daß Sondereigentum an Räumen und den dazugehörenden wesentlichen Bestandteilen des Gebäudes begründet

---

[5] Weitnauer, § 1 Rz. 39; Bärmann-Pick, § 1 Rz. 24; Diester, Wichtige Rechtsfragen, Rz. 175.

[6] Weitnauer, § 15 Rz. 39; Bärmann-Pick, § 15 Rz. 17; BayObLG DNotZ 1982, 250; BayObLGZ 1981, 56 = Rpfleger 1981, 229; vgl. auch BayObLG v. 10. 5. 1985 – 2 Z 69/84 –; OLG Zweibrücken Rpfleger 1990, 19 = ZMR 1990, 28 = WE 1990, 56.

[7] Bärmann-Pick, § 15 Rz. 18: die Eintragung bedarf der Bewilligung sämtlicher Eigentümer und der dinglich Berechtigten (Grundpfandgläubiger). Inhalt und Form der Eintragung dieser dinglichen Sondernutzungsrechte im Grundbuch nach § 10 Abs. 2 richten sich nach der Verordnung über die Anlegung und Führung der Wohnungs- und Teileigentumsgrundbücher (Wohnungsgrundbuchverfügung – WGV) i.d.F. der Bekanntmachung vom 24. 1. 1995, s. Weitnauer, Anh. III. 2.

[8] Merle Rpfleger 1978, 86; Bärmann-Pick, § 15 Rz. 17ff.; a.A. Weitnauer, § 15 Rz. 30.

werden kann. § 3 Abs. 1 ist eine Ausnahmebestimmung. Sie ist eng und nicht ausdehnend auszulegen. Das WEG hat den Bereich des Sondereigentums gerade so eng gezogen, daß im Rahmen des Gemeinschaftseigentums noch eine wirtschaftlich sinnvolle Sphäre des Alleineigentums verbleibt. Der Gesetzgeber hat dem Wohnungseigentum bewußt die Rechtsform eines besonders ausgestalteten Miteigentums gegeben. Die Zulassung eines vom Eigentum am Grundstück völlig getrennten Eigentums an dem darauf stehenden ganzen Gebäude hat der Gesetzgeber offensichtlich nicht beabsichtigt.[9] Demzufolge können die Wohnungseigentümer lediglich vereinbaren, daß Bestandteile des Gebäudes, die Gegenstand des Sondereigentums sein können, zum gemeinschaftlichen Eigentum gehören; sie können nicht vereinbaren, daß Bestandteile des Gebäudes, die Gegenstand des Gemeinschaftseigentums sind, zum Sondereigentum gehören, § 5 Abs. 3.[10] Der klassische Beispielsfall für die Überführung von Sondereigentum in Gemeinschaftseigentum ist die anfängliche oder spätere Überführung der **Hausmeisterwohnung** ins Gemeinschaftseigentum.[11]

53 Damit ist auch schon die umstrittene Frage beantwortet, ob etwa bei Errichtungeines **Einfamilienhauses** auf dem Grundstück einer Eigentumswohnungsanlage oder bei Errichtung von Einfamilienhäusern in Wohnungseigentum ein Sondereigentum am ganzen Gebäude entstehen kann, oder ob auch in diesem Falle die **konstruktiven Teile** des einzelnen Gebäudes zwingend Gemeinschaftseigentum sind.

Wegen der unabdingbaren Zuordnung solcher Gebäudebestandteile zum Gemeinschaftseigentum (s. o.) kann nie das ganze Gebäude Sondereigentum werden. Es können immer nur die **sondereigentumsfähigen** Gebäudeteile als solche insgesamt eine Sondereigentumseinheit bilden.[12]

54 Aus dem Gesagten versteht sich von selbst, daß eine Grundbucheintragung, die dieselben Räume sowohl als Sondereigentum als auch als Gemeinschaftseigentum darstellt, ihrem Inhalt nach unzulässig ist (in casu: Treppenhäuser, Flure und Aufzüge in einem 9-geschossigen Haus, dessen übrigen Räume *einem* Sondereigentum zugeordnet sind, so daß Treppenhäuser, Flure und Aufzüge deshalb nicht zwingend Gemeinschaftseigentum sein müssen, weil sie nicht dem gemeinschaftlichen Gebrauch der Wohnungseigentümer dienen).[13]

---

[9] So insbesondere BGHZ 50, 56/69 ff.; BayObLGZ 1966, 20/21 ff.; 1974, 269/271; Rpfleger 1980, 477 f. = DNotZ 1981, 123/124; DWE 1981, 27/29 = MDR 1981, 145; DNotZ 1982, 250.

[10] BayObLG DNotZ 1982, 250; Weitnauer, § 5 Rz. 31; Bärmann-Pick, § 5 Rz. 64.

[11] MünchKomm-Röll, § 5 Rz. 11.

[12] BGHZ 50, 56; BayObLG DNotZ 1982, 250; Weitnauer, § 5 Rz. 19; a. A. Bärmann-Pick, § 5 Rz. 42 u. § 3 Rz. 21 ff.; OLG Frankfurt NJW 1963, 814 und einschränkend OLG Köln NJW 1962, 156; Riedel Rpfleger 1966, 150; s. in diesem Zusammenhang OLG Düsseldorf, ZMR 1999, 500: Hebebühne im Doppelparker ist Gemeinschaftseigentum.

[13] BayObLG Rpfleger 1988, 256.

2.3 Einzelfragen zum Gemeinschaftseigentum

– **Gemeinschaftseigentum** sind zweifelsfrei alle Teile des Gebäudes, die für dessen **Bestand oder Sicherheit** erforderlich sind, insbesondere die gesamten tragenden, konstruktiven Teile des Gebäudes, ergo die Fundamente, die tragenden Mauern, die für die statischen Verhältnisse des Gebäudes wesentlichen Balken- und Trägerkonstruktionen, alle Geschoßdecken, Dach, Schornsteine, Fassaden.[14] 55

– Gemeinschaftseigentum sind auch die Anlagen und Einrichtungen, die dem **gemeinschaftlichen Gebrauch** der Wohnungseigentümer dienen, so insbesondere: Treppen, Treppenhaus, gemeinschaftliche Speicherräume, Lift, gemeinschaftlicher Kellerausgang,[15] alle Einrichtungen für die Versorgung mit Wasser, Gas, Elektrizität, Zentralheizung, allerdings mit der Einschränkung, soweit sie gemeinschaftlichem Gebrauch der Wohnungseigentümer dienen, also nicht Leitungen, die lediglich die im Sondereigentum stehenden Räume versorgen, d.h. die Leitungen von der Abzweigung von der gemeinschaftlichen Hauptleitung an; solche Leitungen gehören grundsätzlich zum Sondereigentum, soweit sie nicht etwa deshalb sonderrechtsunfähig sind, weil ihre Veränderung oder Beseitigung zur Beschädigung des gemeinschaftlichen Eigentums führen würde.[16] **Heizungsanlagen** können auch Sondereigentum sein, wenn sie nicht dem gemeinschaftlichen Gebrauch der Wohnungseigentümer dienen (z.B.: der Bauträger betreibt die Anlage in seinem Teileigentum und liefert die Energie gegen Entgelt an die Wohnungseigentümer und/oder Dritte).[17] Der vom BGH und vom BayObLG vertretenen Auffassung[18] kann nicht beigetreten werden. Danach können weder Heizanlagen noch **Heizraum** Sondereigentum sein – auch wenn sich die Anlage innerhalb des Teileigentums etwa des Bauträgers befindet –, sofern die Anlage ausschließlich Wohnungen und sonstige Raumeinheiten der Wohnungseigentümergemeinschaft mit Energie versorgt. In diesem Falle diene die Anlage dem gemeinschaft- 56

---

[14] Weitnauer, § 5 Rz. 19.

[15] BayObLG MittBayNot 1980, 212.

[16] Weitnauer, § 5 Rz. 20; s.a. OLG Düsseldorf NZM 1998, 865 = ZMR 1998, 652 (Ver- und Entsorgungsleitungen, die nur dem Gebrauch e i n e s Sondereigentums dienen, können zu Gemeinschaftseigentum gemacht werden, auch wenn sie sich im Bereich eines anderen Sondereigentums befinden).

[17] Weitnauer, § 5 Rz. 24; s. auch OLG Köln ZMR 1998, 112 = ZfIR 1998, 98 (der Heiztank im Sondereigentum e i n e s Wohnungseigentümers ist Sondereigentum des anderen Wohnungseigentümers, wenn der Tank nur der Heizung des anderen dient).

[18] BGH NJW 1975, 688 = Rpfleger 1975, 124; BGHZ 73, 302 = NJW 1979, 2391 = Rpfleger 1979, 255; BayObLG Rpfleger 1980, 230 = MDR 1981, 145; wie BGH auch LG Bonn Rpfleger 1984, 14 u. LG Landau Rpfleger 1985, 360; so wohl auch Bärmann-Pick, § 5 Rz. 33 und MünchKomm-Röll, § 5 Rz. 13, 23 u. 35; s. aber Pick, Die Wohnungseigentümergemeinschaft 1974/130; s. auch BGH NJW 1990, 447 = ZMR 1990, 112 = Rpfleger 1990, 62 = NJW-RR 1990, 207 = EBE 1989, 394.

lichen Gebrauch der Wohnungseigentümer. Versorge die Anlage hingegen auch Dritte mit Energie, diene sie nicht mehr dem gemeinschaftlichen Gebrauch der Wohnungseigentümer, so daß sie dann Sondereigentum sein könne. Diese Auffassung ist deshalb unzutreffend, weil die Wohnungseigentümer nicht verpflichtet sind, die Heizanlage selbst zu betreiben und der die Anlage betreibende Teileigentümer wie ein Außenstehender zu behandeln ist.[19] Zu **Schwimmbad und Sauna** hat der BGH anders entschieden, hier ist Teileigentumsfähigkeit zweifelsfrei gegeben.[20]

57 Die **Abgrenzung** zwischen Gemeinschaftseigentum und Sondereigentum ist im einzelnen problematisch und umstritten. Für die Abgrenzung zwischen gemeinschaftlichem Eigentum und Sondereigentum kommt es nach § 7 Abs. 3, Abs. 4 Nr. 1 allein auf die durch Bezugnahme zum Grundbuchinhalt gewordene **Teilungserklärung** mit **Aufteilungsplan** an.[21] Wird ein Raum im Aufteilungsplan, nicht aber in der Teilungserklärung, als Sondereigentum ausgewiesen, so hat der **Aufteilungsplan** gegenüber der Teilungserklärung **keinen Vorrang.** In einem solchen Fall spricht die Vermutung für die Zugehörigkeit des Raumes zum gemeinschaftlichen Eigentum.[22] Selbst wenn die tatsächliche **Bauausführung** vom Aufteilungsplan **abweicht**, ist Sondereigentum nur in dem Umfang entstanden, wie es sich aus Teilungserklärung und Aufteilungsplan ergibt.[23] Wird allerdings ein Gebäude abweichend vom Aufteilungsplan **an anderer Stelle** auf dem Grundstück errichtet, entsteht sachenrechtlich dann Wohnungseigentum mit Sondereigentum in diesem Gebäude, wenn Gemeinschaftseigentum und Sondereigentum zweifelsfrei abgrenzbar sind.[24] Wenn Raumteile, die nach der Absicht des teilenden Grundstückseigentümers Sondereigentum werden sollten, im Aufteilungsplan nicht hinreichend als Sondereigentum bezeichnet sind, so entsteht durch die Eintragung des Aufteilungsplans im Grundbuch an diesen Raumteilen gemeinschaftliches Eigentum.[25] Wird auf einer im

---

[19] Weitnauer, § 5 Rz. 24.

[20] BGH NJW 1981, 455; Weitnauer, § 5 Rz. 27.

[21] BGH EBE 1995, 266 = ZMR 1995, 521 = WE 1996, 27; BayObLGZ 1980, 226/229; DWE 1989, 37 = WE 1989, 68 = DNotZ 1990, 37; BayObLGZ 1991, Nr. 31; WM 1991, 609 = DWE 1992, 86 = WE 1992, 173; ZMR 1992, 65; OLG Köln ZMR 1992, 511.

[22] BGH a. a. O.; OLG Karlsruhe ZMR 1993, 474; BayObLG WE 1992, 173 = DWE 1992, 86 = WM 1991, 609; ZMR 1992, 65; s. aber OLG Zweibrücken ZMR 1996, 387 = WE 1996, 436 = DWE 1996, 182 u. OLG Frankfurt ZMR 1997, 426 = NJW-RR 1997, 1305 = WE 1997, 351.

[23] BayObLG MittBayNot 1981, 249; OLG Frankfurt Rpfleger 1978, 380/381; OLG Celle OLGZ 1981, 106/108; s. auch Merle, Aufteilungsplan und abweichende Bauausführung, WE 1992, 11 mit zahlreichen Literatur- und Rspr.hinweisen und neuerdings das BayObLG ZMR 1998, 794.

[24] BayObLG NJW-RR 1990, 332 = Rpfleger 1990, 204.

[25] BayObLG NJW 1974, 152; OLG Stuttgart OLGZ 1979, 21/23; Rpfleger 1981, 109; OLG Hamm NJW 1976, 1752; OLG Frankfurt ZfIR 1997, 417; Augustin, § 7 Rz. 19; Palandt-Bassenge, § 5 Rz. 1; Bärmann-Pick, § 7 Rz. 67.

Aufteilungsplan als Teileigentum ausgewiesenen Fläche eine Anlage errichtet, die kraft Gesetzes nicht im Sondereigentum stehen kann, so entsteht hieran gemeinschaftliches Eigentum.[26] Im entschiedenen Falle hatte das Grundbuchamt gleichwohl die Anlage als Teileigentum eingetragen. Das **Grundbuch** war demnach **unrichtig.** Das Gericht hat zutreffend ergänzend festgestellt, daß ein nicht mit dem gesetzlich gebotenen oder mit unzulässigem Inhalt begründetes Teileigentum weder gutgläubig noch durch Zuschlag in der Zwangsversteigerung erworben werden kann. Im konkreten Fall befand sich im Kellergeschoß des Wohngebäudes eine **Sammelgarage,** im Aufteilungsplan als Sondereigentum ausgewiesen. In dieser Sammelgarage befanden sich abweichend von dem der Teilungserklärung beigefügten Aufteilungsplan nicht 12, sondern lediglich 11 Wageneinstellplätze. Der Einstellplatz Nr. 12 war schon im Zuge der Bauausführung infolge einer **Planungsänderung** abgemauert worden und enthält den Öltank für die gemeinschaftliche Zentralheizungsanlage. Der sogenannte Stellplatz Nr. 12 (Tankanlage) wurde daher zutreffend dem Gemeinschaftseigentum zugeordnet. Da das Gemeinschaftseigentum rechtlich im Vordergrund steht und nichts durch Vereinbarung dem Sondereigentum zugeordnet werden kann, was kraft Gesetzes Gemeinschaftseigentum ist, wird hier die Auffassung propagiert, im Zweifel jeweils Gemeinschaftseigentum anzunehmen.

Die Gemeinschaftsordnung kann korrigierend und ventilierend ungeachtet der Zugehörigkeit zum Sondereigentum oder Gemeinschaftseigentum auch dort die **Instandhaltungs- und Instandsetzungspflicht** sowie die **Kostentragungspflicht** dem einzelnen Wohnungseigentümer überbürden, wo wegen der Zweifelhaftigkeit der Eigentumszuordnung danach Teile im räumlichen Bereich des Sondereigentums rechtlich Gemeinschaftseigentum sind. **58**

Unter Berücksichtigung der im Beschluß des OLG Düsseldorf[26] festgestellten Rechtsfolge, wonach insoweit gemeinschaftliches Eigentum entsteht, als die auf einer im Aufteilungsplan als Teileigentum ausgewiesenen Fläche errichtete Anlage kraft Gesetzes nicht im Sondereigentum stehen kann, ist weiter festzuhalten, daß in diesem Falle kraft Gesetzes ein **isolierter Miteigentumsanteil** entstehen kann. Der BGH[27] hat festgestellt, ein isolierter Miteigentumsanteil könne zwar nicht rechtsgeschäftlich begründet werden, er könne aber kraft Gesetzes dann entstehen, wenn die Begründung von Sondereigentum an einem Gebäudeteil gegen zwingende gesetzliche Vorschriften verstößt und daher insoweit unwirksam ist (in casu: im Rahmen der Errichtung der Teilungsvereinbarung sollte Teileigentum an einer **Heizzentrale** begründet werden, durch die lediglich die Gemeinschaft mit Heizenergie versorgt werden sollte). Der BGH (a. a. O.) hat desweiteren festge- **59**

---

[26] OLG Düsseldorf Rpfleger 1986, 131.

[27] BGH NJW 1990, 447 = ZMR 1990, 112 = Rpfleger 1990, 62 = NJW-RR 1990, 207 = EBE 1989, 394.

stellt, daß dieser isolierte Miteigentumsanteil nicht den anderen Miteigentümern entsprechend § 738 Abs. 1 BGB zuwachse, da sie nicht gesamthänderisch verbunden seien. Vielmehr seien alle Miteigentümer aufgrund des Gemeinschaftsverhältnisses verpflichtet, den Gründungsakt so zu ändern, daß keine isolierten Miteigentumsanteile bestehen bleiben. Hierzu bedürfe es einer Vereinbarung. Der isolierte Miteigentumsanteil müsse – im Zweifel anteilig – durch **Vereinigung** oder **Zuschreibung** (§ 890 BGB) auf die anderen Anteile übertragen werden. Für die Übertragung sei ein Wertausgleich zu leisten.

60 Nach OLG Frankfurt[28] kann an einer **Tief(sammel)garage** Sondereigentum entstehen, obwohl die Vekehrsfläche zugleich zweiter Rettungsweg ist. Ist die Tiefgarage als solche ein Teileigentum, sind natürlich die Seitenwände und die Rampe Gemeinschaftseigentum.[29] Ist in einem **Kellerraum**, der im Sondereigentum eines Wohnungseigentümers steht, ein **Heiztank** fest installiert, der allein der i.ü. in dessen Sondereigentum installierten Heizung eines anderen Wohnungseigentümers dient, so ist der Eigentümer der Heizung auch Eigentümer des Tanks. § 5 ermögliche eine derartige von der Regel der §§ 93, 94 BGB abweichende Zuordnung.[30]

61 Im einzelnen:

- **Abflußrohre** sind, soweit sie Hauptleitungen sind, Gemeinschaftseigentum; dies selbst dann, wenn sie als Hauptleitung durch Räume des Sondereigentums führen.[31]
- **Abstellplätze** (Kfz.-Abstellplätze etc.) sind, soweit sie lediglich aus einer unbebauten Grundstücksfläche bestehen, Gemeinschaftseigentum. Dies gilt im übrigen für alle Grundstücksflächen, die einzelnen Wohnungseigentums- oder Teileigentumseinheiten zugeordnet sind (insoweit besteht die Möglichkeit der Einräumung von Sondernutzungsrechten).[32] Umstritten ist die Frage, ob an Pkw-Abstellplätzen auf einem nicht überdachten Oberdeck eines Parkhauses oder einer Sammelgarage Teileigentum begründet werden kann.[33]

---

[28] OLG Frankfurt ZMR 1995, 166.

[29] BayObLG NJW-RR 1993, 1039 = WE 1994, 177.

[30] OLG Köln ZfIR 1998, 98 = ZMR 1998, 112.

[31] Bärmann-Pick, § 16 Rz. 46 u. § 5 Rz. 60.

[32] Bärmann-Pick, § 5 Rz. 38.

[33] Sondereigentumsfähigkeit verneinend: OLG Celle Rpfleger 1991, 364 = NJW-RR 1991, 1489 (Stellplätze im EG einer Wohnanlage, die nur von 3 Wänden umgeben, auf der Ausfahrtseite dagegen offen sind, und eine Zugangssperre nicht besteht); Weitnauer, § 5 Rz. 10; Staudinger-Rapp, § 3 Rz. 20 u. 21; Unklar: Bärmann-Pick, § 3 Rz. 24; Sondereigentumfähigkeit bejahend: OLG Köln DNotZ 1984, 700 = Rpfleger 1984, 464 (zumindest für den Fall, daß das Oberdeck über das umgebende Gelände hinausragt und von innen her durch eine Zufahrt zu erreichen ist); OLG Hamm NJW-RR 1998, 516 = ZMR 1998, 456 = WE 1998, 234 = Rpfleger 1998, 241; WE 1998, 489 = DWE 1998, 186; OLG Frankfurt Rpfleger 1983, 482; offengelassen von BayObLG NJW-RR 1986, 761.

- **Abwasserkanäle** sind bis zur Abzweigung in die Räume des Sondereigentums Gemeinschaftseigentum.[34]
- **Anschlußleitungen** (Installationseinrichtungen für Gas, Wasser, Strom, Heizung) sind Gemeinschaftseigentum, soweit es sich um Hauptversorgungsleitungen handelt, also bis zu den abzweigenden, in die Sondereigentumsräume übergehenden Anschlußleitungen.[35] **Leitungen,** die der **Ver-** und **Entsorgung** nur eines Wohnungseigentums dienen, gehören bis zum Anschluß an die gemeinschaftliche Leitung zum Sondereigentum dieses Wohnungseigentums, auch wenn sie sich im Sondereigentum (Keller) eines anderen Wohnungseigentümers befinden.[36] Das BayObLG hat in diesem Zusammenhang ferner entschieden: Werden diese Leitungen bei ihrer Erneuerung wie bisher verlegt, besteht ein Beseitigungsanspruch auch dann nicht, wenn eine Verlegung möglich gewesen wäre, die das Sondereigentum des anderen Wohnungseigentümers weniger beeinträchtigen würde. Anders beurteilt das KG eine vergleichbare Situation.[37] Danach sind **Wasser- und Entwässerungsleitungen,** die zwar von der Hauptleitung abzweigen, aber durch fremdes Sondereigentum laufen, ehe sie die im Sondereigentum eines anderen Wohnungseigentümers stehende Zapfstelle erreichen, notwendigerweise Gemeinschaftseigentum.
- **Antennen** sind Gemeinschaftseigentum, sofern und soweit sie dem Fernseh- und Rundfunkempfang der Wohnungseigentümergemeinschaft dienen (sogenannte Gemeinschaftsantenne).[38]
- **Antennenanlagen** können aber unter den für Heizungsanlagen entwikkelten Grundsätzen und Voraussetzungen ausnahmsweise auch Sondereigentum sein[17, 18]. Selbst die **Funkantenne,** die nur einem Wohnungseigentümer zu dienen bestimmt ist, ist Gemeinschaftseigentum, da sie kein zu einem bestimmten Sondereigentumsraum gehörender Bestandteil des Gebäudes ist.[39]
- **Aufzüge** sind Gemeinschaftseigentum.[40]
- Alle Bestandteile eines **Balkons** (Loggia) sind gemeinschaftseigentumsfähig, einige bestimmte Bestandteile sind auch sondereigentumsfähig. Die Bestandteile, die sondereigentumsfähig sind, sind nur dann Bestandteil des Sondereigentums, wenn dies in der Teilungserklärung oder im Auf-

---

[34] Bärmann-Pick, § 5 Rz. 60.

[35] Bärmann-Pick, § 5 Rz. 33; s. aber BayObLG WE 1994, 21 zu Energiezuleitungsrohren, die im Treppenhaus von der Steigleitung abzweigen und durch die Mauer des Treppenhauses zu einer Wohnung führen: Gemeinschaftseigentum!

[36] BayObLG WE 1989, 147 = DWE 1989, 37; s. auch OLG Köln ZfIR 1998, 98 = ZMR 1998, 112 (im Falle eines Heiztanks).

[37] KG WE 1989, 97.

[38] Weitnauer, § 5 Rz. 20; MünchKomm-Röll, § 5 Rz. 33.

[39] Bärmann-Pick, § 22 Rz. 52; BayObLG WE 1987, 93 = MDR 1987, 235 = ZMR 1987, 30 = NJW-RR 1987, 202; WE 1991, 261; OLG Celle DWE 1982, 33.

[40] Bärmann-Pick, § 5 Rz. 33.

teilungsplan ausdrücklich bestimmt ist.[41] Die Sondereigentumsfähigkeit versteht sich immer nur dahin, daß die Sondereigentumsbereiche des Balkons Bestandteil des Sondereigentums an einer Wohnung sind. Niemals kann der Balkon **isoliertes Sondereigentum** sein.[42] Dies vorausgeschickt, sind zwingend Gemeinschaftseigentum: Balkongitter, Balkongeländer, Balkonbrüstungen, Balkondecke, Bodenplatte, Balkontüren, Isolierschicht.[43] Der etwa aufgebrachte **Estrich** ist, soweit er temperatur- und schalldämmenden Zwecken dient, ebenfalls Gemeinschaftseigentum.[44] Auch die Trennwand zum Nachbarbalkon sowie eine etwa an die Trennwand angebrachte Mauer sind zwingend Gemeinschaftseigentum, weil sie die äußere Gestaltung des Gebäudes verändern.[45] Sondereigentumsfähig sind der sogenannte Balkonraum als solcher, ein etwaiger **Plattenbelag**, Innenputz und -anstrich einer Brüstung, Innenanstrich einer Balkontüre, Pflanztröge.[46] Die **Humusschicht** auf einer Dachterrasse gehört zum Sondereigentum.[47]

- Die **Böden** sind – wie **Decken** – als konstruktive Bestandteile Gemeinschaftseigentum (Bodenbeläge s. Darstellung in Abschn. 2.4).[48]
- Die **Brandmauer** (Kommunmauer) ist als Abgrenzung zum Sondereigentum Gemeinschaftseigentum, sie steht zugleich im Miteigentum der Nachbarn.[49]
- Das **Dach** ist Gemeinschaftseigentum. Dies gilt auch für den Dachbelag,[50] ferner auch für alle weiteren Bereiche des **Flachdachs,** wie Dachentwässerung, Regenfalleitung und Attika.[51]
- Für **Dachterrassen** gilt das zu Balkonen Gesagte entsprechend.[51a]

---

[41] OLG Frankfurt ZMR 1997, 367; BayObLG ZMR 1999, 59.

[42] Bärmann-Pick, § 5 Rz. 27 u. 30; Palandt-Bassenge, § 5 Rz. 2; Weitnauer, § 5 Rz. 18.

[43] BayObLG NJW-RR 1987, 331 = ZMR 1987, 98; WE 1992, 139; WE 1997, 156; OLG Frankfurt OLGZ 1984, 148 ff.; Bärmann-Pick, Rz. 36, Weitnauer, Rz. 11, je zu § 5.

[44] OLG Düsseldorf DWE 1979, 128/130; OLG München Rpfleger 1985, 437 f. mit Anm. Sauren; BayObLG ZMR 1994, 167; OLG Hamm ZMR 1997, 193 = WE 1997, 152 = DWE 1997, 37.

[45] BayObLG WM 1985, 31 (bei einer 10 cm starken, 1,50 m tiefen und 2,50 m hohen Trennwand).

[46] Bärmann-Pick, § 5 Rz. 27; Weitnauer, § 5 Rz. 11; BayObLG NJW-RR 1991, 976 = WM 1991, 412 = DWE 1991, 149 = WE 1992, 139; WE 1994, 184 und WE 1994, 314; OLG Frankfurt DWE 1989, 107.

[47] BayObLG WE 1992, 203.

[48] Bärmann-Pick, § 5 Rz. 57; OLG Hamm ZMR 1997, 193 = WE 1997, 152 = DWE 1997, 37; s. a. BayObLG WE 1998, 355 (zur abgehängten Decke in einer Wohnung, die diese vom Gemeinschaftseigentum abgrenzt).

[49] Weitnauer, § 3 Rz. 9 u. § 5 Rz. 36; BayObLGZ 1971, 273/279; BGHZ 27, 197; 43, 129; NJW 1984, 2463.

[50] Weitnauer, § 5 Rz. 19; Bärmann-Pick, § 5 Rz. 51; OLG Frankfurt OLGZ 1987, 23.

[51] BayObLG WM 1989, 539 = WE 1990, 181.

[51a] BayObLG WE 1994, 314; a. A. Weitnauer, § 5 Rz. 10 zur sog. offenen Dachterrasse.

- **Eingangsflure** sind Gemeinschaftseigentum. Gleiches gilt für sogenannte Vestibüle, Vorhallen, Eingangs- und Empfangshallen, Korridore, Säulenhallen.[52] Dies gilt auch für einen **Vorflur,** der vor zwei Eigentumswohnungen liegt. Insoweit ist es rechtlich unzulässig, für die beiden Wohnungseigentümer Sondereigentum zu begründen.[53] Dies gilt auch für Räumlichkeiten (wie Treppenhäuser, Dielen, Flure etc.), die den einzigen Zugang zu einem im gemeinschaftlichen Eigentum stehenden Raum bilden.[54] Solche Räumlichkeiten können ausnahmsweise dann im Sondereigentum stehen, wenn der Raum (in casu: nicht ausgebauter Dachspeicher) seiner Beschaffenheit nach nicht dem ständigen Mitgebrauch aller Wohnungseigentümer dient.[55] Ein **Stellplatz** und ein **Verbindungsflur,** die den einzigen Zugang zur gemeinschaftlichen Heizanlage und zu den zentralen Versorgungseinrichtungen des Hauses darstellen, können nicht Gegenstand des Sondereigentums sein.[56]
- **Elektrizitätsleitungen** sind, soweit Hauptleitungen, Gemeinschaftseigentum. Im übrigen gilt das zu „Anschlußleitungen" Gesagte.
- Der **Estrich** ist, auch soweit er auf die Böden der Sondereigentumsräume aufgebracht ist, Gemeinschaftseigentum[44].
- Eine von der Baubehörde vorgeschriebene **Fäkalienhebeanlage,** die ausschließlich der Entsorgung eines Sondereigentums dient, ist nicht zwingend gemeinschaftliches Eigentum.[57]
- **Fenster** sind Gemeinschaftseigentum. Dies gilt für die gesamte Kombination einschließlich der **Mehrglasscheiben**[58] (Isolierglas/Thermopane-Scheiben). Ausgenommen sind lediglich der etwaige Innenanstrich und frei montierbare Innenbeschläge, wie Öffnungsgriff etc. Fenster sind, gleichgültig ob Außen- oder Innenseite, ob Glas oder Rahmen, nicht sondereigentumsfähig, weil sie das äußere Bild des Gebäudes bestimmen. Soweit in Literatur und Rechtsprechung vereinzelt noch auch die gesamte sogenannte Innenausstattung und die Glasscheiben der sogenannten Innenfenster dem Sondereigentum zugeordnet werden, scheint verkannt zu

---

[52] Bärmann-Pick, § 5 Rz. 54; BayObLG DWE 1981, 27 = MDR 1981, 145.

[53] OLG Hamm NJW-RR 1986, 1275 = Rpfleger 1986, 374; OLG Oldenburg Rpfleger 1989, 365.

[54] BayObLG MittBayNot 1986, 78 = Rpfleger 1986, 220; NJW-RR 1996, 12 = WE 1996, 79; OLG Hamm WE 1992, 317 = NJW-RR 1992, 1296.

[55] BayObLGZ 1991, Nr. 28; s. auch BayObLG ZMR 1995, 371 = NJW-RR 1995, 908 = WE 1996, 148.

[56] BGH Rpfleger 1991, 454 = WE 1992, 194.

[57] BayObLG ZMR 1992, 66; OLG Düsseldorf NJW-RR 1995, 206.

[58] OLG Stuttgart WEM 1980, 36 und Weitnauer, § 5 Rz. 18 die ebenfalls die Fenster schlechthin dem Gemeinschaftseigentum zuordnen; KG ZMR 1989, 201 (für Doppelfenster herkömmlicher Bauart); LG Lübeck Rpfleger 1985, 490; OLG Hamm OLGZ 1992, 174 = WE 1992, 82; BayObLG NJW-RR 1996, 140 = WE 1995, 382; OLG Frankfurt Rpfleger 1983, 64; OLG Bremen DWE 1987, 59; OLG Hamburg WE 1989, 140; nunmehr auch Bärmann-Pick, § 5 Rz. 36 und Staudinger-Rapp, § 5 Rz. 25 a. E.

werden, daß zumindest der heutige technische Standard eines Fensters eine gegenständliche Aufgliederung einer Fensterkombination gar nicht mehr zuläßt (was ist z.B. bei den mehrfach verglasten Fenstern Außenscheibe, was ist Innenscheibe?!). Andererseits kann für **Fensterkombinationen** nichts anderes gelten als für tragende Wände. Wenn dort Putz und Innenanstrich Sondereigentum sein können, müssen die frei montierbaren Innenbeschläge und der Innenanstrich auch bei Fenstern Sondereigentum sein können. Unabhängig vom technischen Standard, also davon, ob wir es mit sogenannten **Einfach-Glasfenstern,** sogenannten **Doppelglasfenstern** oder sogenannten **Mehrfach-/Verbundglasscheiben** mit nicht trennbaren Fensterscheiben zu tun haben, ist nach hier vertretener Auffassung das Fenster als solches – außen wie innen – Gemeinschaftseigentum. Die technische Entwicklung hat lediglich die Kasuistik verdeutlicht, mit der bisher, je nach Art der Verglasung, Teile dem Sondereigentum und Teile dem Gemeinschaftseigentum zugeordnet wurden. Probleme der Verteilung von Instandhaltungskosten sind über entsprechende Regelungen in der Gemeinschaftsordnung zu lösen.[59] Für Beschädigungen der Innenscheiben durch den einzelnen Wohnungseigentümer (Kratzer etc.) hat dieser geradezustehen unabhängig davon, ob die Innenseite Sondereigentum oder Gemeinschaftseigentum ist.

- **Fensterbänke und Fenstersimse** sind, soweit nach außen gerichtet, Gemeinschaftseigentum.[60]
- **Fensterläden** sind als Außenanlagen Gemeinschaftseigentum.[61]
- **Fertiggaragen,** die ohne Fundament und sonstige Verankerung mit dem Grund und Boden aufgestellt sind, sind im Hinblick auf ihr Eigengewicht wesentliche Bestandteile des Grundstücks. Die konstruktiven Teile der Fertiggaragen sind damit zwingend gemeinschaftliches Eigentum.[62]
- Für **Gasleitungen** gilt das zu Elektrizitätsleitungen Gesagte entsprechend.
- Geländer an **Balkonen** und **Treppen** sind Gemeinschaftseigentum.[63]
- **Hauptversorgungs- und -entsorgungsleitungen,** die der Versorgung der Wohnungseigentümergemeinschaft mit Energie dienen, sind grundsätzlich Gemeinschaftseigentum. Hier gilt das zu den Anschlußleitungen Gesagte entsprechend. Eine Grenze ist dann zu ziehen, wenn z.B. die

---

[59] Nach OLG Hamm WE 1992, 82 kann eine Bestimmung in der Gemeinschaftsordnung, wonach Außenfenster Sondereigentum seien, wegen ihrer Unwirksamkeit dahin umzudeuten sein, daß der einzelne Wohnungseigentümer die Instandhaltungspflicht in bezug auf die Außenfenster habe; erneut in diesem Sinne: OLG Hamm ZMR 1996, 503 = WE 1996, 430; ZMR 1997, 193 = WE 1997, 152 = DWE 1997, 37; s. auch BayObLG NJW-RR 1992, 148; OLG Düsseldorf NJW-RR 1998, 515 = ZMR 1998, 304 = WE 1998, 228; LG Wuppertal DWE 1997, 42.

[60] Bärmann-Pick, § 5 Rz. 47.

[61] Bärmann-Pick, § 5 Rz. 30.

[62] BayObLG WE 1989, 218.

[63] Bärmann-Pick, § 5 Rz. 53; BayObLG WE 1997, 156.

Heizungsanlage ausnahmsweise Sondereigentum eines Wohnungseigentümers ist.

- **Heizungsrohre** sind bis zu ihrem Übergang in die Räume des Sondereigentums als Hauptversorgungsleitungen Gemeinschaftseigentum.[64]
- **Isolierungsschichten** (Wärme-, Feuchtigkeits- und Schallschutzisolierungen) sind Gemeinschaftseigentum.[65] Dies gilt auch für die nach DIN 4122 an gemeinschaftlichen, tragenden Wänden von Feucht- und Naßzellen notwendige Isolierschicht.[66]
- **Kamine** (Schornsteine) sind Gemeinschaftseigentum und gehören auch insoweit nicht zum Sondereigentum, als sie die im Sondereigentum stehenden Räume umschließen.[67] Sondereigentum kann nur an dem **offenen Kamin** in der Wohnung entstehen.
- Die **Kanalisation** ist Gemeinschaftseigentum.[68]
- **Kellerdecken** sind Gemeinschaftseigentum.[69]
- **Kellerräume** können, ihre Abgeschlossenheit vorausgesetzt, als Sondereigentum der dazugehörigen Wohnung zugeordnet werden. Ein Kellerraum, der den Wohnungseigentümern als Zugang zum Kellerausgang dient, ist zwingend Gemeinschaftseigentum.[70]
- **Lichtschächte,** die der Belichtung des gemeinschaftlichen Eigentums dienen, sind Gemeinschaftseigentum.[71]
- Hinsichtlich der **Loggien** gilt das zu Balkonen Gesagte.
- **Luftschächte** sind Gemeinschaftseigentum, sofern sie nicht ausschließlich bestimmte Sondereigentumsräume versorgen.[72]
- **Markisen** sind dann Gemeinschaftseigentum, wenn sie den Balkon-/Loggien-/Terrassenraum nach oben hin begrenzen und der/die dazugehörige Balkon/Loggia/Terrasse nicht Sondereigentum sind, sondern hinsichtlich ihrer Nutzung den Wohnungseigentümern nur ein Sondernutzungsrecht eingeräumt ist. Sind Balkon/Loggia/Terrasse als solche Sondereigentum, ist auch die Markise Sondereigentum.[73]

---

[64] Bärmann-Pick, § 5 Rz. 33; Weitnauer, § 5 Rz. 25.

[65] BayObLG ZMR 1994, 167; OLG Hamm ZMR 1997, 193 = WE 1997, 152 = DWE 1997, 37.

[66] BayObLG Rpfleger 1982, 278.

[67] Weitnauer, § 5 Rz. 19; Bärmann-Pick, § 5 Rz. 60, wonach das Gemeinschaftseigentum ab dem Punkte enden soll, an welchem die Anlage in die Räume des Sondereigentums eintritt; so wohl auch OLG Oldenburg v. 5. 11. 1979 – 6 T 411/77 –.

[68] Bärmann-Pick, § 5 Rz. 60.

[69] Bärmann-Pick, § 5 Rz. 58.

[70] BayObLG DNotZ 1981, 123; s. a. BayObLG NJW-RR 1996, 12 = WE 1996, 79.

[71] Bärmann-Pick, § 5 Rz. 53.

[72] Bärmann-Pick, § 5 Rz. 53.

[73] Bärmann-Pick, § 5 Rz. 52 ordnet die Markisen ohne Differenzierung dem Sondereigentum zu; Weitnauer, § 5 Rz. 18 ordnet die Markisen dem Gemeinschaftseigentum zu, „wenn ihre Anbringung nicht den Einzelnen überlassen ist"; s. a. Staudinger-Rapp, § 5 Rz. 25: Markisen sind Gemeinschaftseigentum, „wenn im Rahmen der Herstellung des Gebäudes angebracht".

In jedem Falle ist, wie bei **Rolläden** auch, in der Gemeinschaftsordnung zu regeln, unter welchen Voraussetzungen Markisen vom einzelnen Wohnungseigentümer angebracht werden dürfen (z.B. via Verwalterzustimmung), wann und wie der Wohnungseigentümer seiner Instandhaltungspflicht nachzukommen hat (Einheitlichkeit der Außenfassade).

- **Mauerwerk** ist Gemeinschaftseigentum. Lediglich die nichttragende Wand innerhalb des Sondereigentums ist ebenfalls Sondereigentum.[74]
- **Müllabwurfanlagen** sind Gemeinschaftseigentum.[75]
- **Sprechanlagen** sind als Haussprechanlage Gemeinschaftseigentum (sie sind insoweit Sondereigentum, als die Installationen in das Sondereigentum übergehen).[76]
- **Schaufensterscheiben** sind Gemeinschaftseigentum. Hier gilt das zu den Fenstern Gesagte entsprechend.[77]
- **Schilder** (Namensschilder und sonstige Beschilderungen, Reklameschilder und Leuchtschriften) innerhalb der Eigentumswohnungsanlage sind Gemeinschaftseigentum.[78]
- Die für **Telefonanschlüsse** notwendigen Installationen sind grundsätzlich Gemeinschaftseigentum. Ab Übergang in den Bereich des Sondereigentums werden die Leitungen und Anlagen Sondereigentum, soweit sie nicht Eigentum des Anbieters oder des Herstellers sind.[79]
- **Erdgeschossige,** ebenerdige **Terrassen** ohne jede Höhenabgrenzung sind, auch wenn sie mit einem Plattenbelag versehen sind oder in sonstiger Weise markiert sind, stets Gemeinschaftseigentum. An ihnen können lediglich Sondernutzungsrechte bestellt werden.[80] Die – unzulässige – Einräumung von Sondereigentum ist trotz Eintragung im Grundbuch unwirksam und in ein Sondernutzungsrecht umzudeuten.[81]
- **Treppen** sind wie die Treppenhäuser selbst Gemeinschaftseigentum.[82]
- Ein **Trockenplatz,** der aus einer unbebauten Grundstücksfläche besteht, ist Gemeinschaftseigentum.[83]

---

[74] Bärmann-Pick, § 5 Rz. 49.

[75] Bärmann-Pick, § 5 Rz. 53 u. 60.

[76] Bärmann-Pick, § 5 Rz. 53; AG Böblingen NJW-RR 1996, 1297 (Türöffner der Haussprechanlage).

[77] Bärmann-Pick, § 5 Rz. 36.

[78] Bärmann-Pick, § 5 Rz. 35 u. 53.

[79] Bärmann-Pick, § 5 Rz. 53.

[80] Bärmann-Pick, § 5 Rz. 41 u. 51; Weitnauer, § 5 Rz. 10 u. 21; MünchKomm-Röll, § 5 Rz. 8; OLG Köln DWE 1983, 28; BayObLG DWE 1984, 30 offengelassen, wohl auch für den Fall, daß die Terrasse durch einen Balkon und eine Stützmauer „überdacht" ist.

[81] BayObLG DWE 1981, 27/29f.; DWE 1984, 30.

[82] Bärmann-Pick, § 5 Rz. 53.

[83] Bärmann-Pick, § 5 Rz. 38; Weitnauer, § 5 Rz. 21.

- **Hauseingangs- und Wohnungsabschlußtüren** einschließlich Einfassung, Verschluß und Klinke sind Gemeinschaftseigentum. Lediglich der Innenanstrich der Wohnungsabschlußtüren ist Sondereigentum.[84]
- Für **Wasserrohre** gilt das zu „Anschlußleitung" Gesagte entsprechend. 62
- Das WEG differenziert nur zwischen Gemeinschafts- und Sondereigentum. Der Gesetzgeber hat jedoch keinesfalls verkannt, daß es außer dem Gemeinschaftseigentum noch andere Vermögensgegenstände (Sachen und Rechte) geben kann und gibt, die den Wohnungseigentümern gemeinschaftlich zustehen (z.B. gemeinschaftliche Gelder, Ansprüche der Miteigentümer gegen Eigentümer oder Dritte, Ansprüche aus Früchten und Nutzungsrechte, bewegliche Gegenstände, wie Werkzeug, Rasenmäher, Waschmaschine, Spielgeräte, Heizöl etc. Insoweit handelt es sich nicht um Gemeinschaftseigentum, sondern um sogenanntes **Verwaltungsvermögen.**[85]

2.4 Einzelfragen zum Sondereigentum

Die Darstellung dessen, was Gemeinschaftseigentum ist, beantwortet 63
weitestgehend auch schon die Frage nach der **Sondereigentumsfähigkeit.** Alles was nicht Gemeinschaftseigentum ist, ist Sondereigentum eines Wohnungseigentümers, sofern nicht Eigentumsrechte Dritter bestehen.

Sondereigentum ist der „lichte" Raum der zum Gegenstand des Sondereigentums erklärten Räumlichkeiten, also der umbaute, von Boden, Decken und Wänden **umschlossene Raum.**[86] Demzufolge soll an Teilen eines Raums mangels baulicher Abgrenzung kein Sondereigentum begründet werden können.[87] Dies gilt auch für die sondereigentumsfähigen (abgeschlossenen) sogenannten Nebenräume wie Keller, Speicherräume, Hobbyräume, Garagen, Garagenstellplätze, Nebengebäude, Lagerhallen etc. Gegenstand des Sondereigentums sind ferner gewisse Bestandteile des Gebäudes wie: **Decken- und Wandverkleidungen, Innenputz** an den Decken und Wänden, **Innenanstriche, Tapeten, Fußbodenbeläge, Innentüren,** die **nichttragenden Zwischenwände, eingebaute Wandschränke** (Einbauschränke), **Bad- und Wascheinrichtungen,** die **Etagenheizung,** die **Heizkörper** der Zentralheizungsanlage einschließlich **Verbrauchszähler** (auch Heizkostenvertei-

---

[84] Weitnauer, § 5 Rz. 17 (per Umkehrschluß: Weitnauer ordnet die Innentüren ausdrücklich dem Sondereigentum zu); LG Stuttgart Rpfleger 1973, 401, das die Wohnungsabschlußtüre ohne Ausnahme dem Gemeinschaftseigentum zuordnet; Bärmann-Pick, § 5 Rz. 55, der fälschlicherweise eine Vereinbarung für zulässig erachtet, die Wohnungsabschlußtüren samt Verschluß und Klinken dem Sondereigentum zuzuordnen.

[85] Vgl. im einzelnen zum Rechtsbegriff des Verwaltungsvermögens und zu seinen Arten: Weitnauer, § 1 Rz. 11ff.; s. auch Bärmann-Pick, § 20 Rz. 3.

[86] Weitnauer, § 5 Rz. 9ff.; BGH NJW 1991, 1611; OLG Düsseldorf NJW-RR 1988, 590; OLG Hamm Rpfleger 1986, 374.

[87] OLG Koblenz WE 1992, 19m. ablehnender Anm. Merle WE 1992, 11; s. hierzu auch Fußn. 19, Abschn. 1.2.

ler oder Meßgeräte genannt), alle **Installations-, Versorgungs-** und **Entsorgungsleitungen** im Bereich der dem Sondereigentum zugewiesenen Räume, also die Leitungen von der Abzweigung in die einzelne Wohnung an.[88]

64 An **Heizungsgeräten** (z.B. Gasheizaggregate) in einem gemeinschaftlichen Keller, die voneinander getrennt und unabhängig jeweils nur einer einzigen Eigentumswohnung zugeordnet sind, kann durch Aufnahme einer entsprechenden Bestimmung in der Teilungserklärung Sondereigentum begründet werden.[89] Nach hier vertretener Auffassung sind **Thermostatventile** an den Heizkörpern gemeinschaftliches Eigentum, da sie das ordnungsmäßige Funktionieren der gesamten Heizungsanlage gewährleisten sollen.[90] Es sind daher berechtigte Zweifel an der bisher in Literatur und Rechtsprechung nahezu einmütig vertretenen Auffassung angebracht, die Heizkörper einer Zentralheizungsanlage sowie die **Verbrauchszähler** seien Sondereigentum. Die Heizkörper sind in das zentrale Heizungssystem integriert, die etwaige Entfernung eines einzigen Heizkörpers kann die Funktion des zentralen Heizungssystems beeinträchtigen, somit dienen auch die Heizkörper in einem bestimmten Sinne dem gemeinschaftlichen Gebrauch der Wohnungseigentümer.

65 Nachfolgend werden Einzelprobleme nur noch insoweit angesprochen, als dies der Klarheit wegen und in Ergänzung zur Darstellung in Abschn. 2.3 sinnvoll und notwendig erscheint:

- Alle **Bade- und WC-Einrichtungen** (Sanitärgegenstände einschließlich Armaturen) in der eigenen Wohnung sind Sondereigentum.[91]
- Der/die **Balkon/Loggia/Dachterrasse** sind als solche Sondereigentum, wenn dies in der Teilungserklärung oder nach Aufteilungsplan so vorgesehen ist. Das Sondereigentum beschränkt sich auf den sogenannten Balkonraum, Putz und Anstrich der Brüstungsinnenseite, Anstrich der Balkontüreninnenseite und den Balkonbelag (Mörtelbett + Platten),[92] sofern

---

[88] Bärmann-Pick, § 5 Rz. 18 u. 27; Weitnauer, § 5 Rz. 9ff.; BayObLG Rpfleger 1979, 216 = WEM 1979, 85; NJW-RR 1987, 1493 = WE 1988, 70; WE 1994, 184; WE 1994, 314: zu Bodenbelag und Innenseiten von Balkonen und Dachterrassen.

[89] LG Frankfurt NJW-RR 1989, 1166 = ZMR 1989, 350.

[90] LG München I v. 17. 2. 1987–1 T 10773/86 – (die hierzu ergangene Rechtsbeschwerdeentscheidung des BayObLG – NJW-RR 1987, 1493 = WE 1988, 70 – hat der Auffassung des LG nicht widersprochen, wonach Absperrventile gemeinschaftliches Eigentum seien); AG Heidelberg DWE 1989, 72; a.A. wohl Bärmann-Pick, § 5 Rz. 33.

[91] Weitnauer, § 5 Rz. 17.

[92] Weitnauer, § 5 Rz. 18; Bärmann-Pick, § 5 Rz. 27, 30 u. 36; BayObLGZ 1974, 269; WEM 1980, 31; OLG Frankfurt Rpfleger 1975, 178; OLG Frankfurt v. 3. 2. 1983 – 20 W 68/83 –; OLG Köln Rpfleger 1976, 185; AG Königstein MDR 1979, 213; BayObLG ZMR 1994, 167; WE 1994, 184; WE 1994, 314; WE 1997, 156; s.a. OLG Düsseldorf NJW-RR 1998, 515 = ZMR 1998, 304 = WE 1998, 228 (auch wenn Balkone in der Teilungserklärung dem Sondereigentumsbereich zugeordnet sind, ist der Sondereigentümer grundsätzlich nicht verpflichtet, die Kosten der Sanierung der dem Gemeinschaftseigentum unterliegenden Teile des Balkons zu übernehmen); BayObLG ZMR 1999, 59.

dieser weder konstruktive noch isolationsbedingte Funktionen hat und dessen Ausgestaltung allein vom Geschmack und Komfortbedürfnis des Wohnungseigentümers abhängig ist.

- Auch der **Bodenbelag** in den Sondereigentumsräumen ist Sondereigentum.[93]
- An den **Wohnungsabschlußtüren** ist nur der Innenanstrich Sondereigentum.[84]
- An den **Fenstern** ist lediglich der Innenanstrich und evtl. der Fenstergriff im Inneren Sondereigentum.[58]
- Nach innen gerichtete **Fensterbänke** und -simse sind Sondereigentum.[94]
- Nicht die **Hebebühne** der **Doppelstockgaragen** als solche, sondern der sogenannte Doppelparker, bestehend aus 2 Kfz-Stellplätzen, kann Sondereigentum sein,[95] so daß die Hebebühne und die gesamte Technik der Doppelstockgarage im Bruchteilsmiteigentum der Sondereigentümer der einzelnen Doppelstockgarage stehen.[95a]
- **Markisen** sind grundsätzlich Sondereigentum, wenn sie zu Balkonen/Loggien/Dachterrassen gehören, die als solche Sondereigentum sind.[73]
- **Außenrolläden** und **Außenjalousien** sind entgegen der in der Vorauflage vertretenen Auffassung zwingend Gemeinschaftseigentum. Dies gilt auch für **Fensterläden.**[96]
- Während die **Haussprechanlage** als solche und die Zuleitungen zu den einzelnen Wohnungen Gemeinschaftseigentum sind,[76] sind die **Gegensprechanlage** in der Wohnung und die von dieser ausgehenden Leitungen im Bereich der Wohnung Sondereigentum.
- **Treppen in den Wohnungen** (z. B. sogenannte Maisonettewohnungen) sind Gegenstand des Sondereigentums. Sie dienen weder dem gemeinschaftlichen Gebrauch der Wohnungseigentümer noch sind sie für den Bestand oder die Sicherheit des Gebäudes erforderlich. Sie sind ein Bestandteil der Sondereigentumsräume, der sehr wohl verändert, beseitigt oder eingefügt werden kann, ohne daß die in § 5 Abs. 1 genannte Beeinträchtigung von Eigentumsrechten entsteht oder die äußere Gestaltung des Gebäudes verändert wird.
- Eine Rückstausicherung im gemeinschaftlichen Waschraum ist auch dann Gemeinschaftseigentum, wenn die dort aufgestellten Waschmaschinen im jeweiligen Alleineigentum der einzelnen Wohnungseigentümer stehen.[96a]

---

[93] Bärmann-Pick, § 5 Rz. 57; BayObLG ZMR 1994, 167.

[94] Umkehrschluß aus OLG Frankfurt v. 23. 9. 1975 – 22 U 275/73 –.

[95] BayObLG NJW 1975, 740 = DNotZ 1976, 28 = Rpfleger 1975, 90; NJW-RR 1995, 783 = WE 1995, 380.

[95a] A. A. OLG Düsseldorf, ZMR 1999, 500 das die Hebebühne zwingend dem Gemeinschaftseigentum zuordnet.

[96] KG DWE 1985, 126 (Außenjalousien); AG Berlin-Schöneberg BlnGrdE 1988, 149 = DWE 1988, 62; Weitnauer, § 5 Rz. 18; BayObLG WE 1992, 232; OLG Saarbrücken DWE 1998, 34; a. A. LG Memmingen Rpfleger 1978, 101.

[96a] OLG Köln WE 1998, 313.

2.5 Durchführung der Umwandlung von Sondereigentum in Gemeinschaftseigentum und von Gemeinschaftseigentum in Sondereigentum

66 Gemäß § 5 Abs. 3 können die Wohnungseigentümer vereinbaren, daß Bestandteile des Gebäudes, die Gegenstand des Sondereigentums sein können, zum gemeinschaftlichen Eigentum gehören. Zur **Umwandlung** von Sondereigentum in gemeinschaftliches Eigentum bedarf es gemäß § 4 Absatz 1, 2 der **Einigung aller Wohnungseigentümer** in der Form der Auflassung gemäß § 925 Abs. 1 BGB und der Eintragung in das Grundbuch.[97] Es verhält sich in diesem Falle also anders, als im Falle der **Unterteilung** eines Raumeigentums, die allein von dem Inhaber dieses Raumeigentums entsprechend § 8 erklärt wird. Den Wohnungseigentümern können Räume nicht ohne ihre Mitwirkung als gemeinschaftliches Eigentum aufgedrängt werden. Die **Mitwirkung aller Wohnungseigentümer** ist auch dann nicht entbehrlich, wenn die Gemeinschaftsordnung bestimmen sollte, die Überführung von Sondereigentum in Gemeinschaftseigentum bedürfe nicht der Zustimmung der übrigen Wohnungseigentümer. Die Umwandlung von Sonder- in Gemeinschaftseigentum fällt nicht in den Regelungsbereich des § 10 Abs. 1 S. 2. Die entsprechende Bestimmung in einer GO wäre nichtig.[98] Jede Unterteilung von Wohnungseigentum ist nichtig, wenn nicht alle Räume des Sondereigentums mit einem Miteigentumsanteil verbunden werden.[99]

67 Ein besonderer Fall der **Umwandlung** von Sonder- in Gemeinschaftseigentum ist bei der Bildung neuer Wohnungseigentumsrechte gegeben. Diese können dadurch gebildet werden, daß das Sondereigentum eines bestehenden Wohnungseigentums in Gemeinschaftseigentum umgewandelt, der Miteigentumsanteil aufgespalten und mit jedem Teil Sondereigentum verbunden wird, das durch Umwandlung von Gemeinschaftseigentum geschaffen wird (Fall der **Errichtung eines weiteren Gebäudes**). Dieser Vorgang beinhaltet die Aufhebung des betroffenen Wohnungseigentums mit der Folge, daß die daran bestehenden dinglichen Rechte erlöschen und eine Inhaltsänderung der übrigen Wohnungseigentumsrechte eintritt. Hierzu ist **die Mitwirkung aller Wohnungseigentümer** und die **Zustimmung der dinglich Berechtigten** erforderlich.[100] Haben sodann die dinglich Berechtigten zugestimmt und

---

[97] Augustin § 4 Rz 23, 24; BayObLGZ 1987, 390 = Rpfleger 1988, 102; BayObLGZ 1997, Nr. 41; WE 1998, 151; WM 1997, 512; vgl. auch OLG Düsseldorf DWE 1996, 78 = WE 1996, 276; s. aber BayObLG WE 1998, 275 zum Fall der Umwandlung von Teileigentum in Wohnungseigentum: Regelungsvorbehalt in der Gemeinschaftsordnung möglich, so daß dann die Mitwirkung aller Wohnungseigentümer entbehrlich ist.

[98] BayObLG a. a. O.

[99] BayObLG ZMR 1996, 285 = NJW-RR 1996, 721 = WE 1996, 312.

[100] BayObLG ZMR 1994, 576 = WE 1995, 254.

wird das Sondereigentum einzelner neu zu schaffender Wohnungseigentumsrechte aufgrund einer nachträglichen Planänderung durch die Wohnungseigentümer kleiner, so ist eine erneute Zustimmung der dinglich Berechtigten nicht erforderlich, weil ihre Rechtsstellung nicht nachteilig berührt wird.

Im Unterschied zur Umwandlung von Sondereigentum in gemeinschaftliches Eigentum können Räume des gemeinschaftlichen Eigentums nicht in jedem Falle in Sondereigentum umgewandelt werden. Dies ergibt sich als Umkehrschluß aus § 5 Absatz 3 (was **zwingend Gemeinschaftseigentum** ist, kann auch durch Vereinbarung nicht Sondereigentum werden). Gleichwohl kommt die Umwandlung eines Raums des gemeinschaftlichen Eigentums in Sondereigentum dort in Betracht, wo der bisher im Gemeinschaftseigentum stehende Raum nicht zwingend Gemeinschaftseigentum war, sondern nur aufgrund der Teilungserklärung zum gemeinschaftlichen Eigentum wurde. Eine solche Rechtsänderung (**Umwandlung von Gemeinschaftseigentum in Sondereigentum**) kann nicht durch bloße formlose Vereinbarung der Wohnungs- und Teileigentümer bewirkt werden. Hierfür ist vielmehr nach § 4 Abs. 1 und 2 eine Einigung in der Form der **Auflassung** nach § 925 Abs. 1 BGB erforderlich.[101] Umstritten ist die Frage, ob zur Eintragung einer Umwandlung von Gemeinschaftseigentum in Sondereigentum im Grundbuch die materiell rechtlich erforderliche Auflassung in der Form des § 20 GBO nachzuweisen ist oder ob bloße Bewilligungen aller Wohnungs- und Teileigentümer, nachgewiesen in der Form des § 29 GBO, ausreichen.[102] Schon aus dem Gesagten ergibt sich zwangsläufig, daß ein Eigentümerbeschluß, durch den eine Ermächtigung oder Vollmacht zur Umwandlung von Gemeinschaftseigentum in Sondereigentum oder umgekehrt erteilt wird, wegen absoluter **Unzuständigkeit der Eigentümerversammlung** nichtig ist.[103] Der Beschlußfassung der Wohnungseigentümer unterliegen nämlich nur solche Angelegenheiten, die das WEG oder eine Vereinbarung der Wohnungseigentümer der Beschlußfassung unterstellt, § 23 Abs. 1. Eine Zuständigkeit der Eigentümerversammlung zur Umwandlung von Gemeinschaftseigentum in Sondereigentum oder umgekehrt ist nicht gegeben. Solche Maßnahmen halten sich nicht im Rahmen der Verwaltung des gemeinschaftlichen Eigentums, über die die Wohnungsei- 68

[101] Horber/Demharter, Anh. zu § 3 Anm. 11 b; Augustin, § 4 Rz. 2; Weitnauer, § 4 Rz. 4; BayObLG WE 1989, 68; BayObLGZ 1997, Nr. 41 = WM 1997, 512; KG ZMR 1998, 368 = WE 1998, 306 = DWE 1998, 183.

[102] Für Nachweis der Auflassung nach § 20 GBO: KEHE/Ertl, § 20 Rz. 15 u.119; Staudinger/Ring BGB, 11. Aufl., Rz. 15, zu § 4; MünchKomm-Röll, § 7 Rz. 4; Bärmann-Pick, § 4 Rz. 6; dafür, daß eine Bewilligung aller Wohnungs- und Teileigentümer nach § 19 GBO in der Form des § 29 Abs. 1 Satz 1 GBO ausreicht, sind: Horber/Demharter, § 20 Rz. 10; Hesse/Saage/Fischer GBO, 4. Aufl., § 20 Anm. II. 1.; Meikel/Imhof/Riedel GBO, 6. Aufl., § 20 Rz. 5; Augustin, Rz. 4, Weitnauer, Rz. 5, jeweils zu § 4.

[103] BayObLG NJW-RR 1987, 329.

gentümer nach § 21 Abs. 3 beschließen könnten. Die Änderung in der Aufteilung von gemeinschaftlichem Eigentum und Sondereigentum ist etwas anderes als Verwaltung des gemeinschaftlichen Eigentums im Sinne des § 21 Abs. 3. Sie betrifft das Grundverhältnis der Teilhaber der Wohnungseigentümergemeinschaft und die sachenrechtliche Zuordnung der Flächen und Räume. Hinzu kommt, daß ein solcher Eigentümerbeschluß auch Sondereigentum betrifft; insoweit besteht von vornherein keine Verwaltungsbefugnis der Eigentümergemeinschaft.

Wird an einem im Grundbuch als Sondereigentum ausgewiesenen Raum das Sondereigentum aufgehoben und an dem Raum Gemeinschaftseigentum begründet, ist zur Eintragung der Änderung im Grundbuch ein berichtigter amtlicher Aufteilungsplan dann ausnahmsweise nicht erforderlich, wenn der betroffene Raum auch ohne einen solchen in der Eintragungsbewilligung eindeutig und zweifelsfrei bezeichnet werden kann.[104]

2.6 Entstehung, Übertragung und Abänderung von Sondernutzungsrechten – Formen und Probleme des Sondernutzungsrechts in der Praxis –

69 Bei der Abgrenzung von Sondereigentum und Gemeinschaftseigentum gewinnen die **Sondernutzungsrechte** als Element der Problemlösung zunehmend an Bedeutung. Zu denken ist etwa an die in der Entscheidung des OLG Hamm[105] aufgeworfene Problematik der Sondereigentumsfähigkeit der Stellplätze im **Doppelparker**, oder ganz allgemein an die Fälle, in denen zwingend Gemeinschaftseigentum besteht und deshalb nicht Sondereigentum entstehen kann.[106] In allen diesen Fällen kann die Einräumung von Sondernutzungsrechten an einzelne Miteigentümer die mit dem Sondereigentum angestrebte Position zumindest wirtschaftlich erreichen. Die Wohnungseigentümergemeinschaft ihrerseits ist in diesem Falle durch die Rückbeziehung des Sondernutzungsrechts auf das Gemeinschaftseigentum und die **Treuepflicht** auch des Sondernutzungsberechtigten gegenüber der Gemeinschaft weitergehend als beim Sondereigentum gesichert.[107]

70 Ein Sondernutzungsrecht, das darin besteht, daß ein Teil des gemeinschaftlichen Eigentums einem Wohnungseigentümer zur alleinigen Nutzung unter vollständigem Ausschluß aller anderen Wohnungseigentümer vom

---

[104] BayObLG ZfIR 1998, 156 = Rpfleger 1998, 194.

[105] OLG Hamm Rpfleger 1983, 19 im Anschluß an BayObLGZ 1974, 466 und OLG Düsseldorf MittRhNotK 1978, 85; erneut verneint von BayObLG NJW-RR 1995, 783 = WE 1995, 380.

[106] BayObLG ZMR 1980, 185; BGHZ 37, 302.

[107] Ganten in *Partner im Gespräch* 15, S. 83.

Mitgebrauch überlassen wird, kann **grundsätzlich** nur durch **Vereinbarung,** also unter Mitwirkung aller Wohnungseigentümer und mit **Zustimmung der dinglich Berechtigten** begründet werden.[108] Die Vereinbarung kann bereits in der Teilungserklärung, bzw. in der Teilungsvereinbarung enthalten sein, sie kann jedoch auch nachträglich getroffen werden. Allerdings wäre auch ein **Mehrheitsbeschluß,** der ein Sondernutzungsrecht begründen will, der also eine nur durch Vereinbarung mögliche Gebrauchsregelung zum Inhalt hat, wirksam, sofern er nicht gemäß § 23 Abs. 4, § 43 Abs. 1 Nr. 4 für ungültig erklärt ist.[109] Wohl unzutreffend ist daher die vom KG (a. a. O.) getroffene Feststellung, das einem Wohnungseigentümer eingeräumte Sondernutzungsrecht wirke nur dann gegenüber dem **Sonderrechtsnachfolger,** wenn es ihm durch Vereinbarung eingeräumt worden ist. Ist das Sondernutzungsrecht mit verdinglichter Wirkung durch Vereinbarung begründet worden, wirkt es gegen den Sondernachfolger eines Wohnungseigentümers nur, wenn die Vereinbarung als Inhalt des Sondereigentums im Grundbuch eingetragen ist, § 10 Abs. 2. Wurde hingegen ein Sondernutzungsrecht durch bestandskräftigen Mehrheitsbeschluß begründet – in der Literatur auch als **„schuldrechtliches Sondernutzungsrecht"** bezeichnet –, wirkt dieses gegen Sonderrechtsnachfolger eines Wohnungseigentümers ohne Eintragung im Grundbuch, § 10 Abs. 3. Während die Änderung einer als Inhalt des Sondereigentums im Grundbuch eingetragenen Vereinbarung, durch die Sondernutzungsrechte begründet wurden, der Mitwirkung aller Wohnungseigentümer – und wiederum der Eintragung im Grundbuch – bedarf[110] kann ein durch Mehrheitsbeschluß oder einstimmigen Beschluß, jedenfalls nicht durch Vereinbarung begründetes, schuldrechtliches Sondernutzungsrecht auch wieder mittels **Mehrheitsbeschlusses**

---

[108] BayObLGZ 1972, 109; 1973, 267; KG NJW-RR 1987, 653; OLG Stuttgart NJW-RR 1987, 330; OLG Düsseldorf Rpfleger 1988, 63; Weitnauer, § 10 Rz. 35; § 15 Rz. 25, 26 u. 30 mit weiteren Rspr.nachweisen; Augustin, Rz. 3, 5, Palandt-Bassenge, Rz. 8, jeweils zu § 15; s. auch BayObLG NJW-RR 1990, 1105 = DWE 1990, 114 = WE 1991, 260; WE 1992, 173; OLG Braunschweig NJW-RR 1990, 979; OLG Köln NJW-RR 1992, 598; WE 1994, 111 = ZMR 1993, 428; s. a. OLG Köln, WE 1997, 197: auch konkludent möglich; W. Schneider, Sondernutzungsrechte im Grundbuch, Rpfleger 1998, 9 ff. u. 53 ff.

[109] BGHZ 54, 65; BayObLGZ 1973, 267; Rpfleger 1974, 111; NJW-RR 1990, 1105 = DWE 1990, 114 = WE 1991, 260; NJW-RR 1993, 85 = WE 1993, 341; ZMR 1999, 61; Augustin, § 15 Rz. 5; a. A. aber OLG Karlsruhe ZMR 1991, 33 = WE 1991, 110, das die Auffassung vertritt, auch ein nicht angefochtener, bestandskräftiger Mehrheitsbeschluß könne die notwendige Vereinbarung nicht ersetzen; ein solcher Beschluß sei ohne Rechtswirkungen; s. auch OLG Köln DWE 1991, 155; NJW-RR 1992, 598; ZMR 1998, 373 = WE 1998, 193; ZMR 1998, 520; NZM 1998, 864 („Vereinbarung" auch für die Begründung sog. schuldrechtlicher Sondernutzungsrechte erforderlich); ZMR 1998, 801; ablehnend auch Weitnauer, § 15 Rz. 25, 26 u. 30; Staudinger-Kreuzer, § 15 Rz. 78.

[110] BayObLG ZMR 1987, 310; OLG Hamm ZMR 1997, 34 = WE 1997, 26 = DWE 1997, 119, das zu Recht darauf verweist, daß in diesem Fall auch die dinglichen, betroffenen Gläubiger zuzustimmen haben.

beseitigt werden. Demzufolge ist ein Eigentümerbeschluß auf Anfechtung hin für ungültig zu erklären, wenn er in ein durch Vereinbarung aller Wohnungseigentümer begründetes Sondernutzungsrecht eingreift.[111] Wird ein solcher Beschluß nicht angefochten, ist auch dieser Mehrheitsbeschluß geeignet, in ein durch Vereinbarung begründetes Sondernutzungsrecht einzugreifen. Hebt ein solcher **bestandskräftiger Mehrheitsbeschluß** ein durch Vereinbarung begründetes Sondernutzungsrecht auf, würde das **Grundbuch unrichtig;** denn in diesem Falle wäre im Grundbuch noch als Inhalt des Sondereigentums das Sondernutzungsrecht eingetragen, während es aufgrund des bestandskräftigen Mehrheitsbeschlusses getilgt wurde. Den übrigen Wohnungseigentümern steht in diesem Falle ein **Berichtigungsanspruch** und ein **Beschwerderecht** zu.[112] Für den rechtsgeschäftlichen Erwerber einer Eigentumswohnung, zu deren Gunsten noch ein Sondernutzungsrecht im Grundbuch eingetragen ist, das jedoch durch bestandskräftigen Mehrheitsbeschluß kassiert wurde, kommt jedoch wegen der Wirkung des bestandskräftigen Mehrheitsbeschlusses (§ 10 Abs. 3) kein **Gutglaubensschutz** in Betracht.

71 Wenn vorstehend gesagt ist, ein durch Beschluß begründetes Sondernutzungsrecht könne durch Mehrheitsbeschluß beseitigt werden, dann unterliegt der Aufhebungsbeschluß gleichwohl der **richterlichen Inhaltskontrolle** im Falle seiner Anfechtung. Danach kann ein bestandskräftig beschlossenes Sondernutzungsrecht nur entzogen werden, wenn eine Veränderung der Verhältnisse eingetreten ist, die dies auch unter Berücksichtigung von **Treu und Glauben** und des Vertrauensschutzes gebietet.[113]

Ist ein sog. **dingliches**, also als Inhalt des Sondereigentums eingetragenes **Sondernutzungsrecht** durch eine im Grundbuch nicht eingetragene Vereinbarung abgeändert, kann diese abändernde Vereinbarung nur **einstimmig abgeändert** oder aufgehoben werden. Ein abändernder oder aufhebender Mehrheitsbeschluß unterläge schon deshalb der erfolgreichen **Beschlußanfechtung,** weil keine Einstimmigkeit erzielt war.[114]

72 Eine nachträgliche Nutzungserweiterung durch Vereinbarung bedarf nicht der Zustimmung der **dinglichen Gläubiger**, weil nicht die positive Zuordnung des Rechts zum begünstigten Wohnungseigentum, sondern der **Ausschluß der eigenen Berechtigung** zum Inhalt des Sondereigentums wird. Die nachträgliche Erweiterung führt daher allenfalls zu einer wirtschaftlichen, nicht zu einer **rechtlichen Beeinträchtigung** dinglicher Gläubiger.[115]

---

[111] BayObLG WE 1990, 69 = NJW-RR 1989, 720; WE 1992, 201; s. aber BayObLG ZMR 1998, 649 mit Anm. Müller, das in einem Einzelfall die Aufhebung von durch Vereinbarung begründeten Sondernutzungsrechten als Maßnahme ordnungsgemäßer Verwaltung durch Mehrheitsbeschluß zuließ.

[112] BayObLG ZMR 1991, 313 = Rpfleger 1991, 308.

[113] So z. B. OLG Köln WE 1992, 260; s. KG DWE 1998, 185 zum Falle der Änderung eines durch Eigentümerbeschluß festgelegten Kostenverteilungsschlüssels.

[114] OLG Hamm ZMR 1997, 34 = WE 1997, 26 = DWE 1997, 119 zur Beschränkung des Sondernutzungsrechts durch nachträgliche Vereinbarung.

[115] OLG Hamm WE 1997, 382 = DWE 1997, 122.

Der Sondernutzungsberechtigte kann sein Recht nur mit Zustimmung aller Wohnungseigentümer und der Auflassungsvormerkungsberechtigten – sowie seiner dinglichen Gläubiger – **aufgeben.**[116]

Auch bei der Begründung von Sondernutzungsrechten verlangt der **Bestimmtheitsgrundsatz,** daß die Eintragungsbewilligung die Teilfläche genau bezeichnet, für die ein Sondernutzungsrecht bestellt werden soll.[117] Dabei kann in der Eintragungsbewilligung zur Beschreibung eines Kellerraums z. B. auf vorhandene Lattenverschläge verwiesen werden. Die Bezeichnung „Freiraum unter der Treppe im Bereich des Erdgeschosses …" ist genügend bestimmt (BayObLG a. a. O.). Die von einem Sondernutzungsrecht erfaßte Grundstücksfläche ist durch die Bestimmung ausreichend beschrieben, daß die in einem beigefügten Plan kenntlich gemachte Begrenzungslinie so lange in einer bestimmten Richtung parallel zu verschieben ist, bis eine bestimmte Flächengröße erreicht ist.[118] 73

Die möglichen Inhalte von Sondernutzungsrechten sind: 74

- Der **Kfz-Stellplatz auf der Grundstücksfläche** oder in der **Sammelgarage,** wenn weder Einzelgaragen vorhanden sind noch Stellplätze in der Sammelgarage, die über die erforderliche dauerhafte Markierung verfügen, § 3 Abs. 2 S. 2.
- Die **ebenerdige Gartenterrasse.**
- Bestimmte, einem oder mehreren Wohnungseigentümern zugewiesene **Gartenflächen.**
- Bei in Wohnungseigentum errichteten **Einfamilienhäusern** jeweils die gesamte, das Haus umgebende **Gartenfläche,** so daß es sogenannte freie Gemeinschaftsgartenflächen nicht gibt.[119]
- **Speicher- und Kellerräume,** soweit sie nicht Sondereigentum sind.
- **Balkone, Loggien, Dachterrassen,** sofern diese nicht Sondereigentum sind.
- Alle Teile eines in Sondereigentum stehenden Hauses, die Gemeinschaftseigentum sind.[120]
- **Gemeinschaftliche Flure** etc.

Die Sondernutzungsrechte sind stets mit dem Wohnungs- oder Teileigentum **rechtlich verbunden,** sie können keinem Dritten zustehen.[121] Über seine Rechte kann der Sondernutzungsberechtigte nur zusammen mit sei- 75

---

[116] OLG Düsseldorf ZMR 1995, 491 = NJW-RR 1996, 1418 = WE 1995, 373.

[117] BayObLG MittBayNot 1985, 203 ff.; ZMR 1994, 231 = WE 1994, 313; WE 1997, 153.

[118] BayObLG WE 1990, 33 = Rpfleger 1989, 194; Rpfleger 1998, 107; KG WE 1996, 388 = NJW-RR 1997, 205: Lageplan entbehrlich, wenn alle Kfz.-Stellplätze einer Einheit zugeordnet werden.

[119] BayObLG Rpfleger 1981, 299.

[120] Das Einfamilienhausgebäude als solches kann nicht Sondereigentum sein, nur die Räume in ihm einschließlich gewisser Bestandteile, Weitnauer, § 5 Rz. 19 u. § 3 Rz. 71 m. w. N.

[121] Weitnauer, § 15 Rz. 25 u. 26; OLG Zweibrücken NJW-RR 1986, 1338.

nem Wohnungs-/Teileigentum verfügen, es sei denn, er veräußert seine Rechte an einen anderen Wohnungseigentümer aus derselben Gemeinschaft. Die **Übertragung** sogenannter dinglicher Sondernutzungsrechte an Miteigentümer ist grundsätzlich uneingeschränkt möglich, sie bedarf **nicht der Mitwirkung sämtlicher Wohnungseigentümer**, wie dies bei Änderungen der Teilungserklärung notwendig wäre.[122] Sind einzelne Miteigentümer durch eine im Grundbuch eingetragene Gebrauchsregelung vom Mitgebrauch einer genau bestimmten Gemeinschaftsfläche ausgeschlossen, so bedarf es nicht ihrer Mitwirkung bei einer Vereinbarung, durch die einem bestimmten Wohnungseigentümer die Befugnis zum alleinigen Gebrauch dieser Fläche (Sondernutzungsrecht) eingeräumt wird. In den Wohnungsgrundbüchern der vom Mitgebrauch ausgeschlossenen Miteigentümer ist eine solche nachträgliche Einräumung eines Sondernutzungsrechts nicht einzutragen.[123] Sind einzelne Wohnungseigentümer dadurch vom Mitgebrauch ausgeschlossen, daß der teilende Eigentümer oder der Verwalter lt. **Teilungserklärung** befugt sind, etwa Kfz.-Stellplätze auf Dauer einzelnen Wohnungseigentümern zuzuordnen, ist **nicht** die **Zustimmung dinglicher Gläubiger** erforderlich.[124] An Dritte kann ein Sondernutzungsrecht nur in Verbindung mit dem Sondereigentum übertragen werden, dem das Sondernutzungsrecht zugeordnet ist. Zulässig ist es, daß ein Wohnungseigentümer einem Dritten **die Ausübung des Sondernutzungsrechts** schuldrechtlich gestattet, z.B. durch Mietvertrag. Vorbehaltlich einer anderweitigen Regelung in der Gemeinschaftsordnung bedarf es hierzu nicht der Zustimmung der anderen Wohnungseigentümer.[123] Damit ist die **Verkehrsfähigkeit** z.B. von Kfz-Stellplätzen innerhalb der Gemeinschaft wesentlich erleichtert. Nutzt ein Wohnungseigentümer einen **Stellplatz** aufgrund eines Vertrags mit demjenigen, dem ein dingliches Recht zur Nutzung des Stellplatzes eingeräumt ist, so können die Wohnungseigentümer von ihm für diesen Stellplatz auch aufgrund eines Eigentümerbeschlusses weder Miete noch ein sonstiges Entgelt verlangen.[125] Die Übertragung bedarf neben der dinglichen Einigung der beteiligten Wohnungseigentümer (§§ 877, 873 BGB) der Ein-

[122] BGHZ 73, 145 = NJW 1979, 548; BGHZ 73, 150 = NJW 1979, 870, mit kritischer Anm. Ganten in BauR 1980, 117f.

[123] BayObLG Rpfleger 1975, 22 = NJW 1975, 59; MittBayNot 1985, 74ff. mit zustimmender Anm. Schmidt = Rpfleger 1985, 292f.; Rpfleger 1986, 257; DNotZ 1988, 30; Rpfleger 1990, 63; s. auch BayObLG v. 12. 11. 1998 – 2 Z BR 95/98 – (keine Mitwirkung der übrigen Wohnungseigentümer, wenn innerhalb von Sondernutzungsflächen die Grenzen zwischen einzelnen Sondernutzungsbereichen sowie zwischen Garten- und Wegeflächen verschoben werden); OLG Frankfurt ZMR 1997, 661 = WE 1998, 68; OLG Düsseldorf ZMR 1993, 179.

[124] OLG Frankfurt a.a.O.; ZMR 1998, 365 = Rpfleger 1998, 336 = DWE 1998, 144 = WE 1998, 232; vgl. auch OLG Hamm ZMR 1998, 453 (bei einem entsprechenden Regelungsvorbehalt in der Teilungserklärung müssen die betroffenen Grundstücksteile bereits in der Teilungserklärung selbst hinreichend bestimmt sein).

[125] BayObLG WE 1989, 57; OLG Düsseldorf WE 1996, 347.

tragung im Grundbuch gem. §§ 4, 10.[126] Die Übertragungsgrundsätze des BGH gelten nicht, wenn die Garagenanlage im **Miteigentum** nach den §§ 1008, 741 ff. BGB steht. Die Folge der Übertragung ergibt sich hier aus § 1010 Abs. 1 BGB, d.h. der Erwerber hat in eine zwischen den Miteigentümern vereinbarte und im Grundbuch eingetragene Verwaltungs- und Benutzungsregelung einzutreten.[127] Nachdem die Einräumung eines Sondernutzungsrechts zugunsten des jeweiligen Eigentümers einer Wohnungs-/Teileigentumseinheit für diesen einen rechtlichen und wirtschaftlichen Vorteil beinhaltet und gleichzeitig das Nutzungsrecht der übrigen Wohnungseigentümer am Gemeinschaftseigentum entsprechend beschränkt wird, empfiehlt sich als Äquivalent u. U. die Vereinbarung einer **Sonderlastentragung** zu Lasten des begünstigten Wohnungseigentümers. Dies gilt insbesondere für den Bereich der **Instandsetzungsarbeiten**, aber u. U. auch für laufend zu zahlende Nutzungsentgelte (die Erhebung einer **Nutzungsentschädigung** verbietet sich aber gedanklich zumindest dann, wenn der begünstigte Wohnungseigentümer schon mit dem Bauträgervertrag das Sondernutzungsrecht an einem Kfz-Stellplatz erworben, dafür etwas bezahlt hat und die übrigen Wohnungskäufer ebenfalls Kfz-Stellplätze in Sondereigentum, Miteigentum oder in Form eines Sondernutzungsrechts erworben haben). Auch etwaige **Sonderlastentragungsregelungen** haben Vereinbarungscharakter, sie sind also im Teilungsvertrag (§ 3), in der Teilungserklärung (§ 8) oder in einer nachträglich zu treffenden Vereinbarung vorzusehen, jeweils verbunden mit der Eintragung im Grundbuch, damit auch sie Inhalt des Sondereigentums werden. Ist dem einzelnen Wohnungseigentümer in der Teilungserklärung/Gemeinschaftsordnung das Sondernutzungsrecht unentgeltlich eingeräumt, kann nicht nachträglich durch Mehrheitsbeschluß ein **Nutzungsentgelt** festgelegt werden; denn auch die Unentgeltlichkeit ist Faktor der Vereinbarung.[128] Ist der Verwalter nach der Teilungserklärung befugt, Sondernutzungsrechte an Kfz.-Stellplätzen zu begründen, hat er im Falle entgeltlicher Rechtseinräumung die **Früchte** der Gemeinschaft zukommen zu lassen.[129]

Ist das Garageneigentum nur Teil des Sondereigentums Wohnung – be- **76**
steht also nicht gesondertes Teileigentum am Abstellplatz –, kann es mit zu bildender **Teilquote** des Anteils am Gemeinschaftseigentum beliebig, ohne Aufteilung der Miteigentumsquote nur auf Miteigentümer übertragen wer-

---

[126] Merle Rpfleger 1978, 86 und Bärmann-Pick, § 15 Rz. 18; BGH NJW 1979, 548 = DNotZ 1979, 168; BayObLG Rpfleger 1979, 217; OLG Hamburg NJW 1976, 1457 = Rpfleger 1976, 215; a. A. Weitnauer Rpfleger 1976, 342 und Weitnauer, § 15 Rz. 36, der lediglich wegen der Wirkung gegenüber Sondernachfolgern die Eintragung als Inhalt des Sondereigentums für erforderlich erachtet, also grundsätzlich eine formlose Übertragung für möglich hält.

[127] BayObLG Rpfleger 1980, 478.

[128] BayObLG v. 19. 12. 1980 – 2 Z 24/80 –.

[129] BayObLG WE 1995, 319.

den,[130] und zwar jeweils grundsätzlich zustimmungsfrei. Ein nur **schuldrechtlich** bestehendes **Sondernutzungsrecht** ist durch **Abtretung** (§ 398 BGB i.V.m. § 413 BGB) übertragbar, jedoch auch insoweit ohne Zustimmung nur an Miteigentümer der Gemeinschaft.[131]

77 In jedem Falle bedürfen die – nachträgliche, nicht bereits in der Teilungserklärung enthaltene – Vereinbarung[132] und die Übertragung des sogenannten dinglichen Sondernutzungsrechts der **Zustimmung dinglich Berechtigter**, im Falle der Übertragung der Zustimmung der Grundpfandrechtsgläubiger, die ein Recht an der Wohnung haben, die eines ihr zugeordnet gewesenen Sondernutzungsrechts verlustig geht.[133] Ist nach materiellem Recht für eine Rechtsänderung die Zustimmung des Drittberechtigten notwendig, so ist auch grundbuchrechtlich dessen Eintragungsbewilligung nötig. Die Zustimmung ist in der Form des § 29 GBO beizubringen.[134] Nicht erforderlich ist die Zustimmung des Grunddienstbarkeitsberechtigten aus einem **Bergschädenminderwertverzicht** zur Eintragung eines durch Vereinbarung begründeten Sondernutzungsrechts an einer bestimmten Gartenfläche.[135] Das BayObLG[136] hat in einem Falle die entsprechende Anwendung des (bayer.) **Unschädlichkeitsgesetzes** auch auf die Begründung eines Sondernutzungsrechts angewendet. Danach könne in entsprechender Anwendung dieses Gesetzes bei Begründung eines Sondernutzungsrechts festgestellt werden, daß dies für die dinglich Berechtigten an den Wohnungseigentumsrechten unschädlich sei. Dem **UnschG** liege die Erwägung zugrunde, daß bei einer nur geringfügigen Wertminderung des Haftungsobjekts die an sich notwendige Zustimmung Härten zur Folge haben könne, an denen vielfach die beabsichtigte Maßnahme scheitern könnte. Zweck des Gesetzes sei es, solche Härten zu vermeiden. Führt also die Begründung eines Sondernutzungsrechts nur zu einer geringfügigen Beeinträchtigung des Wohnungseigentums, könne die an sich erforderliche Zustimmung der dinglich Berechtigten durch die Feststellung ersetzt werden, daß das Sondernutzungsrecht für sie **unschädlich** sei.[137] Sind die Wohnungseigentümer durch die Gemeinschaftsordnung vom Mitgebrauch eines PKW-Stellplatzes unter der aufschiebenden Bedingung ausgeschlossen, daß ein Dritter das Recht zur ausschließlichen Nutzung des Stellplatzes einem bestimmten

---

[130] BGHZ 73, 145 = NJW 1979, 548; BGHZ 73, 150 = NJW 1979, 870.

[131] Vgl. auch Bärmann-Pick, § 15 Rz. 18; Merle Rpfleger 1978, 86.

[132] BGH Rpfleger 1984, 409 = FWW 1984, 134 (Vorlagebeschluß OLG Stuttgart Rpfleger 1983, 7); a.A. OLG Frankfurt Rpfleger 1975, 309.

[133] OLG Frankfurt Rpfleger 1975, 309; LG Memmingen Rpfleger 1976, 317; BayObLG WEM 1980, 171 = MDR 1981, 56; OLG Köln, ZMR 1993, 428 = WE 1994, 111.

[134] BGH Rpfleger 1984, 409.

[135] OLG Hamm Rpfleger 1989, 280.

[136] BayObLGZ 1988, Nr. 1 = Rpfleger 1988, 140; s. auch OLG Köln ZMR 1993, 428 = WE 1994, 111.

[137] BayObLG a.a.O.

Wohnungseigentum zuordnet und die Erklärung hierüber dem Verwalter zugeht, so ist für die Eintragung des Sondernutzungsrechts im Grundbuch die Eintragungsbewilligung der Inhaber beschränkt dinglicher Rechte nicht erforderlich, wenn dem Grundbuchamt der Eintritt der Bedingung nachgewiesen ist. In einem solchen Fall ist die Eintragung des Sondernutzungsrechts im Wohnungsgrundbuch des begünstigten Wohnungseigentums zur „Verdinglichung" erforderlich und ausreichend. Die Eintragung auch in den Wohnungsgrundbüchern der nicht begünstigten Wohnungseigentumseinheiten ist zulässig und empfehlenswert.[138] Hat der **teilende Grundstückseigentümer** bereits in der Teilungserklärung die künftigen Wohnungseigentümer vom Mitgebrauch einer bestimmten Gemeinschaftsfläche ausgeschlossen und sich das **Recht vorbehalten**, das Sondernutzungsrecht an dieser Fläche später an einen Wohnungseigentümer „zu veräußern und zu übertragen", so bedarf es zur Wirksamkeit der Vereinbarung, das Sondernutzungsrecht einer bestimmten Wohnung zuzuteilen, zwar der Zustimmung der dinglich Berechtigten an den dem teilenden Eigentümer noch gehörenden Wohnungen, nicht aber der Zustimmung der dinglich Berechtigten an der begünstigten Wohnung. In den Wohnungsgrundbüchern der vom Mitgebrauch ausgeschlossenen Miteigentümer ist eine solche nachträgliche Zuordnung eines Sondernutzungsrechts nicht eintragungsfähig.[139]

Sieht bereits die Teilungserklärung die Zuteilung etwa von **Kellerräumen** 78
an die Wohnungseigentümer lediglich im Grundsatz vor, so kann die Zuteilung selbst auch durch **Mehrheitsbeschluß** erfolgen. Es handelt sich dann aber nicht um die Begründung sogenannter dinglicher Sondernutzungsrechte, sondern um eine **Gebrauchsregelung** gemäß § 15 Abs. 2.[140]

Der Schutz des **guten Glaubens** beim Erwerb eines Wohnungseigentums 79
erstreckt sich auch auf Bestand und Umfang eines Sondernutzungsrechts.[141] Dem steht jedoch nicht entgegen, daß ein bestandskräftiger Mehrheitsbeschluß, der ein rechtswirksam begründetes und im Grundbuch als Inhalt des Sondereigentums eingetragenes Sondernutzungsrecht wieder aufgehoben hat, auch dem **rechtsgeschäftlichen Erwerber** gegenüber Geltung hat, § 10 Abs. 3. Nicht auszuschließen ist, daß im Einzelfall ein solcher Mehrheitsbeschluß, der ein vereinbartes Sondernutzungsrecht entzieht, sogar nichtig sein kann, z. B. wegen Verstoßes gegen § 138 BGB.

---

[138] BayObLG MittBayNot 1986, 24 = Rpfleger 1986, 132; s. auch OLG Frankfurt ZMR 1997, 661 = WE 1998, 68.

[139] BayObLG Rpfleger 1990, 63; OLG Düsseldorf ZMR 1993, 179; OLG Frankfurt ZMR 1998, 365 = Rpfleger 1998, 336 = DWE 1998, 144 = WE 1998, 232 = NJW-RR 1998, 1707.

[140] KG WE 1990, 88; vgl. hierzu auch BayObLG WE 1990, 72 (Zuordnung von Kfz.-Abstellplätzen durch die Eigentümerversammlung nach entsprechender Vorgabe in der Teilungserklärung); OLG Hamburg ZMR 1993, 425.

[141] OLG Stuttgart OLGZ 1986, 35; vgl. insbesondere Ertl, FS für Hans Seuß, S. 151/160 f.; BayObLG Rpfleger 1989, 503.

Das Recht zur **Benutzung** eines **Nachbargrundstücks** kann nicht Gegenstand eines Sondernutzungsrechts, also nicht zum Inhalt des Sondereigentums gemacht werden.[141a] Insoweit bietet sich die Bestellung einer Grunddienstbarkeit an.

80 Probleme im Zusammenhang mit Sondernutzungsrechten ergeben sich in der Praxis meist bei der Beantwortung der Frage, welchen inhaltlichen **Spiel- und Gestaltungsraum** der Sondernutzungsberechtigte hat, welchen Umfang das einzelne Sondernutzungsrecht hat. Sondernutzungsrechte haben **immanente Grenzen.** Das Sondernutzungsrecht besteht in dem Ausschluß anderer, nicht aber in einem schrankenlosen Gebrauch. Die Grenzziehung orientiert sich demnach an der **Zumutbarkeit der Beschränkung** des Mitgebrauchs von Gemeinschaftseigentum durch die anderen Wohnungseigentümer, an der inhaltlichen **Zielsetzung** des konkreten Sondernutzungsrechts (Terrasse, Kfz-Abstellplatz), aber auch an dem, was üblicherweise bauliche Veränderung ist und deshalb grundsätzlich der Zustimmung aller bedarf. Ganz allgemein gilt zum Inhalt von Sondernutzungsrechten: Auch Vereinbarungen über Sondernutzungsrechte sind wie alle Grundbucheintragungen nach Wortlaut und Sinn auszulegen, wie es sich für den unbefangenen Betrachter als nächstliegende Bedeutung der Vereinbarung ergibt; dabei ist allerdings der übrige Inhalt der Teilungserklärung mit zu berücksichtigen.[142]

81 So hat das BayObLG zur **Zustimmungsbedürftigkeit bei baulichen Veränderungen** gemäß § 22 Abs. 1 in ständiger Rechtsprechung folgende Grundsätze herausgestellt: Eine bauliche Veränderung bedürfe nur dann nicht der Zustimmung der anderen, anderer Wohnungseigentümer, wenn diese durch die Veränderung nicht über das in § 14 bestimmte Maß hinaus **beeinträchtigt** würden. Nach § 14 Nr. 1 sei jeder Wohnungseigentümer verpflichtet, von dem gemeinschaftlichen Eigentum nur in solcher Weise Gebrauch zu machen, daß dadurch keinem der anderen Wohnungseigentümer über das bei einem geordneten Zusammenleben unvermeidliche Maß hinaus ein **Nachteil** erwachse. Unter einem Nachteil i. S. d. § 14 Nr. 1 sei jede nicht ganz unerhebliche Beeinträchtigung zu verstehen.[143] Diesen Schranken unterliegt grundsätzlich auch der Sondernutzungsberechtigte.

Die grenzüberschreitende, unzulässige Maßnahme des Sondernutzungsberechtigten muß nicht einmal die Qualität einer baulichen Veränderung haben. Auch der Sondernutzungsberechtigte ist an die **Schranken** gebunden, die allgemein für den **Gebrauch** des **gemeinschaftlichen Eigentums** maßgeblich sind. Das ausschließliche Nutzungsrecht durch den Sondernutzungsberechtigten wird jedoch durch diejenigen Bindungen eingeschränkt, die für das gemeinschaftliche Eigentum aus anderen Gründen, insbesondere

[141a] OLG Hamm WE 1997, 196.
[142] BayObLG WE 1992, 205; WE 1997, 37.
[143] BayObLG WE 1991, 48; ZMR 1993, 476; ZMR 1995, 495; WE 1993, 279.

aufgrund des Rechts zum Mitgebrauch, bestehen. So kann das Sondernutzungsrecht an einer rückwärtigen Gartenfläche mit dem Recht der übrigen Eigentümer auf Benutzung eines über diese Fläche führenden Weges zu dem rückwärtigen gemeinschaftlichen Kellereingang belastet sein.[144] Allerdings wird ein Sondernutzungsrecht ohne ausdrückliche Regelung zugunsten eines anderen Wohnungseigentümers nur beschränkt, wenn dieser keine andere Möglichkeit hat, zu seinem Sondereigentum zu gelangen. Erschwernisse hat dieser hinzunehmen.[145]

Weitere Beispielsfälle machen die hiernach vorzunehmende Grenzziehung deutlich: 82

- Das Sondernutzungsrecht an einem **Kfz.-Einstellplatz** erlaubt nicht, diesen so mit **Absperrpfählen** einzugrenzen, daß der Nachbar den ihm zugewiesenen Platz nicht mehr nutzen kann. Das BayObLG[146] argumentiert hier aus § 15 Abs. 3 und gestattet auch dem Sondernutzungsberechtigten nur denjenigen Gebrauch, der dem Interesse der Gesamtheit der Wohnungseigentümer nach billigem Ermessen entspricht. Ähnlich entschied das OLG Frankfurt.[147] Danach wird der in der Teilungserklärung angegebene Nutzungszweck als **Pkw-Abstellplatz** nicht eingehalten, wenn ein Miteigentümer dort einen **Holzverschlag** errichtet und den Platz mit Pfosten und Kette umschließt oder dort ein **Wohnmobil** abstellt.[148] So darf auch ein sondergenutzter **Dachbodenraum** nicht zu Wohnzwecken ausgebaut werden.[149]
- Das Sondernutzungsrecht eines Wohnungseigentümer an der **Fassadenfläche** ist dahin zu beschränken, daß es einem anderen, d.h. zur Sondernutzung nicht befugten Teileigentümer wie jedem Mieter erlaubt sein müsse, **Werbung** für sein Geschäft an eben dieser Fassade zu betreiben.[150]
- Ist für den unbebauten Teil des gemeinschaftlichen Grundstücks **gärtnerische Nutzung** vorgeschrieben, ist daran auch der Sondernutzungsberechtigte gebunden.[151] Das Sondernutzungsrecht an einer unbebauten Fläche berechtigt nicht zur **Bebauung.**[152] Ein Wohnungseigentümer, dem eine vor seiner Wohnung liegende Terrasse zur Sondernutzung zugewiesen ist, darf diese nicht zur Aufstellung eines Oldtimers benützen.[153]

---

[144] KG ZMR 1990, 151 = NJW-RR 1990, 333 = WE 1990, 90; BayObLG WE 1991, 163.

[145] BayObLG ZMR 1996, 509 = WE 1997, 70.

[146] BayObLG MDR 1981, 937; vgl. auch BayObLG DWE 1984, 126.

[147] OLG Frankfurt v. 1. 12. 1986 – 20 W 156/86 –.

[148] BayObLG WE 1992, 348.

[149] OLG Frankfurt v. 24. 8. 1990 – 20 W 49/90 –; BayObLG ZMR 1993, 476: Deckendurchbruch und Installierung einer Wendeltreppe.

[150] OLG Frankfurt Rpfleger 1982, 64; zweifelnd Bärmann-Pick, § 15 Rz. 20.

[151] Weitnauer in *Partner im Gespräch* 15, S. 66.

[152] OLG Köln ZMR 1995, 606 = WE 1996, 77; s. aber BayObLG ZMR 1998, 503: ist nach der GO „ortsübliche Nutzung“ gestattet, kann dies im Einzelfall auch Baumaßnahmen zulassen, z.B. die Errichtung einer Pergola.

[153] BayObLG DWE 1982, 133.

- Ob der Sondernutzungsberechtigte befugt ist, „seine“ Terrasse mit **Bäumen** abzugrenzen, ist Tatfrage und evtl. entweder an den Kriterien zu messen, die Voraussetzung dafür sind, daß der einzelne Wohnungseigentümer generell nur solche bauliche Veränderungen ohne Zustimmung der übrigen Wohnungseigentümer vornehmen darf, die eine nur ganz unerhebliche Beeinträchtigung der übrigen Wohnungseigentümer zur Folge hätten (§ 22 Abs. 1 S. 1 i.V.m. § 14 Nr. 1), oder schlicht an den Kriterien des § 14 Nr. 1. Festzuhalten ist jedoch, daß eine **Bepflanzung,** die dem Inhalt eines Sondernutzungsrechts entspricht, im Sinne von § 14 Nr. 1 unvermeidlich ist und nach § 14 Nr. 3 geduldet werden muß. Der Sondernutzungsberechtigte soll nicht befugt sein, **kniehohe Beeteinfassungsmauern** zu errichten.[154] Er soll nicht befugt sein, die Terrassenüberdachung mit einer sog. **Vertikalmarkise** zu versehen.[155]
- Nach dem BayObLG[156] ist das erstmalige **Anpflanzen von Fichten** entlang der Grenze der Sondernutzungsfläche vor der Terrasse zum Nachbarn hin – der über eine entsprechende Sondernutzungsfläche verfügt – keine bauliche Veränderung, vielmehr entspreche diese Maßnahme wie jede **erstmalige Gartenbepflanzung** mit Blumen, Sträuchern und Bäumen ordnungsmäßiger Verwaltung.[157] Zur Auslegung des Begriffs des bei einem geordneten Zusammenleben unvermeidbaren Nachteils i.S.v. § 14 Nr. 1 seien jedoch analog die **nachbarrechtlichen Vorschriften** über **Grenzabstände** von Bäumen heranzuziehen. Wenn jedoch nach den Bestimmungen der Gemeinschaftsordnung Sondereigentum und Sondernutzungsflächen wie real geteiltes Eigentum zu behandeln seien, dann sei allein § 14 Maßstab für die Pflichten gegenseitiger Rücksichtnahme, nicht hingegen die allgemeinen nachbarrechtlichen Vorschriften.[158]
- Die Errichtung eines **Grenzzauns** entlang der Sondernutzungsflächengrenze ist zwar bauliche Veränderung, stellt jedoch – Normalzaun, der sich in die Umgebung optisch einpaßt, unterstellt – eine nur ganz unerhebliche Beeinträchtigung des Nachbarn dar. Die sichtbare Abgrenzung der Sondernutzungsfläche durch einen Zaun entspricht natürlichen Wohnbedürfnissen, da die Beteiligten erst durch sie in den vollen Genuß ihrer Sondernutzungsrechte kommen.[159] Ist nach der Gemeinschaftsordnung die Zustimmung zu baulichen Veränderungen nur erforderlich, wenn sie auch bei Realteilung notwendig wäre, dann beurteilt sich die Rechtslage nicht nach § 22, sondern nach § 922 S. 3 BGB.[160]

---

[154] KG ZMR 1994, 274 = NJW-RR 1994, 526 = WE 1994, 336.
[155] KG ZMR 1994, 426 = WE 1994, 216.
[156] BayObLG Rpfleger 1982, 219.
[157] BayObLG a.a.O.; BayObLGZ 1975, 201/206; NJW-RR 1987, 846 = DWE 1987, 61 = WE 1987, 23; v. 20. 8. 1987 – 2 Z 50/87 –.
[158] BayObLG WE 1994, 17.
[159] Rpfleger 1982, 219; s. auch OLG Düsseldorf WE 1997, 310 (Jägerzaun).
[160] BayObLG WE 1994, 119.

- Der **Anbau einer Garage** durch einen Wohnungseigentümer an das im Sondereigentum eines anderen Wohnungseigentümers stehende Haus in der Weise, daß ein Fenster dieses Hauses zugebaut werden müßte, bedarf der Zustimmung des beeinträchtigten Wohnungseigentümers. Die Zustimmung ist nicht schon deshalb entbehrlich, weil dem Anbauenden das ausschließliche Sondernutzungsrecht an der zu überbauenden Fläche zusteht.[161] Die **Errichtung der Garage** sei eine bauliche Veränderung des gemeinschaftlichen Eigentums, die schon deshalb eine nicht ganz unerhebliche Beeinträchtigung zur Folge habe, weil am betroffenen Haus ein Fenster zugebaut werden müßte. Die Existenz eines Sondernutzungsrechts mache die Zustimmung des anderen Wohnungseigentümers nur dann entbehrlich, wenn ein Wohnungseigentümer durch die bauliche Veränderung keinen weitergehenden Nachteil als den erleide, der ihm bereits durch die Begründung des Sondernutzungsrechts eines anderen Wohnungseigentümers erwachsen sei. Dies könne im Falle der **Errichtung einer Terrasse** auf einer Sondernutzungsfläche oder bei einer **Einzäunung** der Fall sein.
- Das Sondernutzungsrecht am **Garten** gibt keine Befugnis zur Errichtung eines den optischen Gesamteindruck der Wohnanlage störenden **Gerätehäuschens.**[162] Hingegen verbietet das Sondernutzungsrecht an einer Gartenfläche, welches inhaltlich zur Nutzung als „Grünfläche und Ziergarten" bestimmt ist, nicht die Aufstellung eines zweisitzigen, ca. 2 m hohen **Schaukelgerüsts.**[163] Das OLG Düsseldorf stellte ergänzend fest, die Nutzung des Schaukelgerüsts durch spielende Kinder stelle keine Beeinträchtigung dar, die über das bei einem geordneten Zusammenleben der Wohnungseigentümer unvermeidliche Maß hinausgehe. Hingegen soll das Sondernutzungsrecht an einem „Garten" nicht zur Errichtung eines **überdachten** und durch Glaswände seitlich abgeschlossenen **Sitzplatzes** berechtigen.[164] Andererseits berechtigt das Sondernutzungsrecht an einem **„Hof- und Ziergarten"** nicht zur Entfernung einer 18 Jahre alten, 6–7 m hohen Bepflanzung. Der Sondernutzungsberechtigte hätte sogar eine **Wiederherstellungsverpflichtung.**[165] Die Errichtung eines **Jägerzauns** auf der Grenze von zwei Sondernutzungsflächen ist zustimmungspflich-

[161] BayObLG DWE 1984, 124; BayObLGZ 1975, 177/183; 1982, 69/75f.; DWE 1984, 27.

[162] BayObLG MittBayNot 1985, 205f. = DWE 1985, 95; NJW-RR 1992, 975 = WE 1993, 255; vgl. auch OLG Frankfurt v. 6. 12. 1984 – 20 W 242/84 –; s. a. BayObLG WE 1999, 29: ist nach den Bestimmungen der GO die Errichtung eines Wintergartens gestattet, haben die übrigen Wohnungseigentümer alle hierzu erforderlichen Baumaßnahmen zu dulden mit der Maßgabe, daß der Sondernutzungsberechtigte eine Lösung mit geringstmöglicher Beeinträchtigung der übrigen Wohnungseigentümer zu wählen hat.

[163] OLG Düsseldorf WE 1990, 24.

[164] BayObLG WE 1993, 279.

[165] OLG Düsseldorf WE 1994, 374.

tig.[166] Andererseits müsse die als „Garten" ausgewiesene Sondernutzungsfläche nicht in jedem Falle einer Gebrauchsbeschränkung unterliegen. So könne in einer größeren Wohnanlage in diesem Falle die **Errichtung einer Garage zustimmungsfrei** sein.[167]

– „Wird eine Gartenfläche zur Sondernutzung übertragen, so wird damit nach der Verkehrsanschauung auch die Befugnis übertragen sein, – innerhalb eines gewissen Rahmens – über die **gärtnerische Gestaltung** zu entscheiden, etwa darüber, ob Beete angelegt werden und welche Pflanzen gesetzt werden sollen".[168] Es verstehe sich aber nicht von selbst, daß die Miteigentümer mit der Überlassung einer im gemeinschaftlichen Eigentum stehenden Fläche zum Alleingebrauch sämtliche **Verwaltungsbefugnisse** aus der Hand gegeben haben. Den Miteigentümern verblieben gewisse Verwaltungsrechte nach § 21.[169] Die Nahtstelle sei die Abgrenzung von „Gebrauch" und „Verwaltung". Unter Verwaltung würden alle Maßnahmen rechtlicher und tatsächlicher Natur verstanden, die der Erhaltung oder Verbesserung des gemeinschaftlichen Eigentums im Interesse aller Teilhaber der Gemeinschaft dienten. Der Sinn des Sondernutzungsrechts sei nicht, daß der Sondernutzungsberechtigte etwa für sich bestimmen könne, ob auf dem ihm zugewiesenen Teil des Grundstücks eine Hecke stehen, und ob und wann sie geschnitten werde. Nur insoweit, als es die **tatsächliche** Benutzung betreffe, räume das Sondernutzungsrecht dem Berechtigten eine dem Sondereigentum vergleichbare Position ein. Mit dem Recht zum Gebrauch der Sache sei keineswegs die Inhaberschaft sämtlicher Herrschafts- und Abwehrbefugnisse verbunden, die Ausfluß der Eigentümerstellung sind. Der **Eigentümerbeschluß** über das **Zurückschneiden** einer im Sondernutzungsbereich stehenden, das Grundstück einheitlich umfriedenden **Hecke** könne daher als Instandhaltungsmaßnahme ordnungsmäßiger Verwaltung entsprechen. So sei die **Entfernung** eines **Plattenbelags** oder die Anlage eines solchen Weges durch den Sondernutzungsberechtigten zustimmungspflichtig.[170] Ist ausdrücklich eine **„Rasen- und Randbepflanzung"** vorgesehen, so hat eine gärtnerische Umgestaltung diese Vorgaben zu berücksichtigen. Die Randbepflanzung eines Grundstücks soll **dabei Schutz vor Sicht, Lärm, Geruch und Staub** gewähren, ohne daß dabei Vorschriften bestünden, mit welchen Bäumen und Sträuchern diese Eigenschaften erreicht werden sollen.[171]

– Sind bei einer beispielsweise aus mehreren **Doppelhaushälften** bestehenden Eigentumswohnungsanlage die Grundstücksflächen den einzelnen Wohnungseigentümern zur Sondernutzung zugewiesen, ist diesen das

[166] OLG Düsseldorf WE 1997, 310.
[167] OLG Düsseldorf NJW-RR 1996, 1228 = ZMR 1996, 568 = WE 1996, 425.
[168] BayObLG MDR 1985, 767 = DWE 1985, 61.
[169] Vgl. auch BayObLGZ 1981, 56/61.
[170] BayObLG ZMR 1995, 495.
[171] OLG Hamburg WE 1994, 377.

Recht und die Last übertragen, auf eigene Kosten für die Räumung der **Hauszugangswege** zu sorgen, ferner die Wege instandzuhalten.[172]

- Zulässig ist die Vereinbarung eines Sondernutzungsrechts mit der Befugnis, **nicht bebaute Grundstücksteile** zu bebauen und bauliche Veränderungen vorzunehmen. Dies gelte zumindest in Fällen, in denen das Grundstück mit mehreren völlig getrennten Häusern bebaut ist, so daß die Regelung einer Realteilung nahekommt.[173]
- Das einem Wohnungseigentümer eingeräumte Sondernutzungsrecht an **„Dachräumen/Speicherräumen"** schließt die Befugnis ein, die Räume als Hobbyraum oder Werkstatt zu nutzen.[174] Allerdings, so das Gericht, brauchten in diesem Falle die übrigen Wohnungseigentümer den **Ausbau von Dachräumen/Speicherräumen** durch den Sondernutzungsberechtigten durch Verschalung des Dachstuhls und Einbau zusätzlicher Dachfenster sowie Installationen zum Anschluß an die Heizung und die Wasser- und Abwasserleitungen nicht zu dulden, weil sie durch die damit ermöglichte intensivere Nutzung der Dachräume/Speicherräume in ihren Rechten beeinträchtigt würden.
- In einem weiteren Fall ordnete die Teilungserklärung einem Wohnungseigentümer das Sondernutzungsrecht an *den* im Gemeinschaftseigentum stehenden Teilen zu, die sich innerhalb des räumlichen Bereichs des Sondereigentums befinden (**Innenteile der Wohnungsabschlußtüren und Fenster**, Unterkonstruktion des Fußbodenbelags etc.). Weiter hieß es in der Teilungserklärung, daß für alle Sondernutzungsrechte sinngemäß und **entsprechend** das gleiche wie für **Sondereigentum** gelte, so als ob es sich um Sondereigentum handle. Die vom Sondernutzungsrecht erfaßten, im Gemeinschaftseigentum stehenden Teile waren von Anfang an mangelhaft (Schallisolierung). Andere Wohnungseigentümer verlangten von dem Sondernutzungsberechtigten die Beseitigung dieser Mängel. Das BayObLG[175] verneinte diesen Anspruch, weil die zitierte Bestimmung in der Teilungserklärung allenfalls besage, daß mit dem Gebrauchsrecht auch **Erhaltungspflichten** verbunden sein sollten, jedoch nicht, daß eine Pflicht zur **erstmaligen Herstellung** eines einwandfreien Zustands von Gebäudeteilen begründet sein sollte. Das BayObLG hat in einer weiteren Entscheidung[176] festgestellt: Eine Bestimmung in der Gemeinschaftsord-

---

[172] BayObLG DWE 1985, 95.

[173] LG Oldenburg Rpfleger 1989, 59; s. aber BayObLG ZMR 1995, 606 = WE 1996, 77: kein Bebauungsrecht ohne ausdrückliche Befugnis.

[174] BayObLG WE 1990, 70; s.a. BayObLG ZMR 1993, 476; OLG Hamm ZMR 1998, 718 = NZM 1998, 873: das Sondernutzungsrecht an einem Spitzboden berechtigt nicht zum Wohnungsausbau, auch wenn der Spitzboden im Aufteilungsplan als „ausbaufähig" beschrieben ist.

[175] BayObLG NJW-RR 1988, 140; s.a. OLG Frankfurt WE 1994, 340 zur vereinbarten Mängelhaftung.

[176] BayObLG WE 1991, 48; s. aber BayObLG WE 1994, 119 zum Fall der in der GO fingierten Realteilungssituation.

nung, daß für Sondernutzungsrechte „das gleiche entsprechend gilt, wie wenn es sich um Sondereigentum handeln würde“, lasse das Zustimmungserfordernis des § 22 Abs. 1 unberührt.

- Die Schranken, denen der Sondernutzungsberechtigte unterworfen ist, grenzen nicht nur seine Rechte ein, sie begründen auch Pflichten, deren Einhaltung die übrigen Wohnungseigentümer beanspruchen können. So können die Wohnungseigentümer im Rahmen ordnungsgemäßer Verwaltung durch Beschluß die Rechte des Sondernutzungsberechtigten auch beschränken.[177] Die **Beseitigung eines Gehölzes** kann dann nicht verlangt werden, wenn schon der Rückschnitt die Beeinträchtigung beseitigt.[178] Unter Umständen kann die Pflicht bestehen, einen vor Jahren durch den Sondernutzungsberechtigten gepflanzten Baum wegen **„Lichtraubs“** zu beseitigen.[179] Dem Sondernutzungsberechtigten kann durch Beschluß aufgegeben werden, zum **Schutze** der **Tiefgaragendecke** nur Gewächse bis zu einer Höhe von 3,50 m zu pflanzen.[180] Wenn der Sondernutzungsberechtigte eine Weißdornhecke gepflanzt hat, kann deren Beseitigung dann verlangt werden, wenn die Hecke optisch oder aus sonstigen Gründen beeinträchtigt.[181]

---

[177] BayObLG ZMR 1992, 202 = WE 1993, 115: bei Hanggrundstück nur Bepflanzung, die den Seeblick nicht beeinträchtigt; KG NJW-RR 1996, 586 = ZMR 1996, 279 = WE 1996, 233: Kfz.-Stellplatz nur durch Sondernutzungsberechtigten oder seine Kinder nutzbar.

[178] KG NJW 1996, 464 = ZMR 1996, 149 = WE 1996, 267 = DWE 1996, 30.

[179] OLG Köln NJW-RR 1997, 14 = ZMR 1997, 47.

[180] BayObLG WE 1994, 114.

[181] BayObLG WE 1997, 275.

3. Veräußerungsbeschränkungen

3.1 Vorbemerkungen

Ausgangspunkt ist § 12. Danach kann als Inhalt des Sondereigentums auch vereinbart werden, daß ein Wohnungseigentümer zur Veräußerung seines Wohnungseigentums der Zustimmung anderer Wohnungseigentümer oder eines Dritten bedarf. Die **Zustimmung** darf nur aus **wichtigem Grunde** versagt werden. Veräußerung in diesem Sinne ist auch die Veräußerung im Wege der Zwangsvollstreckung oder durch den Insolvenzverwalter. Die Vereinbarung einer Veräußerungsbeschränkung bedarf nicht der Zustimmung der Gläubiger, deren Grundpfandrechte das ganze Grundstück belasten.[1] 83

Ohne **Veräußerungsbeschränkung** ist das Wohnungseigentum/Teileigentum frei veräußerlich. Ist sie vereinbart, kann sie einengend auf den Fall der **rechtsgeschäftlichen Veräußerung** im engeren Sinne bezogen bleiben, so daß dann die Veräußerung im Wege der Zwangsvollstreckung oder durch den Konkursverwalter keiner Zustimmung bedürfte. Es empfiehlt sich sogar, diese beiden Fälle der Veräußerung vom Zustimmungserfordernis generell auszuklammern, weil die **Kreditfähigkeit** der Wohnungseigentumsrechte erheblich leidet, wenn ihre Verwertung von einer Zustimmung abhängig gemacht ist.[2] Die Installierung der Veräußerungsbeschränkung soll verhindern helfen, daß „unliebsame Neulinge" in die Gemeinschaft gelangen, die den Gemeinschaftsfrieden nachhaltig stören könnten oder vielleicht nicht die Gewähr bieten, die gemeinschaftlichen Lasten anteilig mitzutragen.[3]

Nach § 137 S. 1 BGB kann die Befugnis zur Verfügung über ein veräußerliches Recht grundsätzlich nicht durch Rechtsgeschäft ausgeschlossen oder beschränkt werden. § 12 Abs. 1 macht hiervon eine Ausnahme. Demzufolge läßt § 12 nur die Vereinbarung eines Zustimmungserfordernisses zu. Eine erweiternde Auslegung dahin, daß auch das Verbot der Veräußerung oder das Gebot der Veräußerung nur an bestimmte Personen zulässig ist, ist nicht möglich. Ein Wohnungseigentümer kann sich aber schuldrechtlich verpflichten, über sein Wohnungseigentum nicht oder nur in bestimmter

---

[1] OLG Frankfurt NJW-RR 1996, 918.

[2] Sohn in *Partner im Gespräch* 12, S. 74.

[3] BayObLG Rpfleger 1973, 60 = NJW 1973, 152; BayObLGZ 1977, 40/42; 1980, 29/34; 1990, 24/27; WE 1991, 612; WE 1995, 375; OLG Zweibrücken Rpfleger 1994, 459; OLG Hamm WE 1993, 52.

Weise zu verfügen (§ 137 S. 2 BGB). Geschieht dies durch eine Vereinbarung (Teilungserklärung), so kann dies auch als Inhalt des Sondereigentums im Grundbuch eingetragen werden, § 10 Abs. 2. Die hierdurch eintretende **„dingliche Wirkung“** besteht aber nur in der Bindung des Sonderrechtsnachfolgers des verfügenden Wohnungseigentümers; die Unwirksamkeitsfolge des § 12 Abs. 3 S. 1 tritt hierdurch nicht ein.[4] Gegen solche Gebote oder Verbote geschlossene Verträge erlangen sofort Wirksamkeit. Die **Nichtigkeitsfolge** des § 12 kann nicht eintreten. Es entstehen allenfalls Haftungsfolgen wegen der von einem Wohnungseigentümer eingegangenen widersprechenden Verpflichtungen.

84 Auch Wohnungsüberlassungen an Dritte mittels **Vermietung** oder **Verpachtung** können unter das Zustimmungserfordernis der Verwaltung oder der Eigentümer gestellt werden.[5] Fehlt in einem solchen Falle die erforderliche Zustimmung oder wird sie verweigert, berührt dies die Wirksamkeit des Mietvertrags nicht. § 12 Abs. 3 – schwebende Unwirksamkeit eines Veräußerungsvertrages bei fehlender Verwalterzustimmung – gilt insoweit nicht.[6] Die Vermietungsbeschränkung hat ebenfalls nur **schuldrechtliche Wirkung** wie etwa das vorstehend behandelte Gebot, nur an bestimmte Personen zu veräußern. Auch die Konsequenzen sind gleichgelagert (etwaige Haftungsfolgen etc). Allerdings darf die Zustimmung zur Vermietung nicht willkürlich, sondern analog § 12 Abs. 2 S. 1 nur aus wichtigem Grunde versagt werden. Der Wohnungseigentümer, der vermieten will, kann verpflichtet sein, die zur Beurteilung erforderlichen Angaben über die Person des Mieters zu machen.[7] Auch bei **kurzfristiger Vermietung** an wechselnde Kurgäste kann die Zustimmung zur Vermietung nicht generell, sondern nur für jeden Einzelfall erteilt werden.[8]

3.2 Veräußerungsfälle

85 § 12 setzt eine **Veräußerung** voraus, im Gegensatz zur Belastung des Wohnungseigentums oder zum Eigentumsübergang kraft Gesetzes (z.B. Erbfolge).[9] Es muß nicht das Wohnungseigentum als Ganzes übertragen werden. Es genügt, daß ein ideeller Anteil am Wohnungseigentum übertragen werden soll.[10] Keine Veräußerung i.S. des § 12 ist etwa die **Übertra-**

[4] Weitnauer, § 12 Rz. 4; Bärmann/Pick, § 12 Rz. 8.
[5] BGH NJW 1962, 1613 = BGHZ 37, 203 = DNotZ 1963, 180 = Rpfleger 1962, 373; BayObLG DNotZ 1962, 314.
[6] BayObLG DWE 1983, 55; Weitnauer, § 12 Rz. 4 u. § 15 Rz. 21.
[7] Weitnauer, § 15 Rz. 21; LG Mannheim ZMR 1979, 319; BayObLG ZMR 1988, 106.
[8] OLG Frankfurt v. 15. 1. 1987 – 20 W 201/86 –.
[9] BayObLGZ 1976, 328.
[10] Weitnauer, § 12 Rz. 2; OLG Celle Rpfleger 1974, 438; BayObLGZ 1977, 1; DWE 1986, 30; OLG Frankfurt OLGZ 1990, 149.

gung eines Miterbenanteils an einem Nachlaß, selbst wenn dieser nur aus der Eigentumswohnung bestehen sollte.[11] Andererseits bedarf die Übertragung einer Wohnung von der Erbengemeinschaft auf einen Miterben auch dann der Zustimmung, wenn sie der Erfüllung eines Vermächtnisses oder einer Teilungsanordnung dient.[12]

Veräußerungsbeschränkung erfaßt auch den Fall der Veräußerung an ein Mitglied der Gemeinschaft, sofern die Gemeinschaftsordnung nicht ausdrücklich vorsieht, daß dieser Veräußerungsfall vom Zustimmungserfordernis ausgeklammert sein solle.[13] Dies wiederum hat zur Folge, daß **zustimmungsbedürftig** auch sind die **Übertragung** lediglich einer **Miteigentumsquote** ohne Sondereigentum und umgekehrt die Übertragung von Sondereigentum ohne Miteigentumsquote unter Wohnungseigentümern.[14] Von der Veräußerungsbeschränkung erfaßt wird ferner die **Rückübertragung** des Wohnungseigentums vom Erwerber auf den Veräußerer, wenn der Vertrag **einvernehmlich** aufgehoben wird.[15] Erfolgt die Rückübertragung aufgrund eines **gesetzlichen** oder **vertraglichen Rücktrittsrechts,** aufgrund eines Wandelungsrechts oder aufgrund ungerechtfertigter Bereicherung nach erfolgter Irrtums- oder Täuschungsanfechtung, entfällt das Zustimmungserfordernis.[16] Kommt es zur **Rückabwicklung** der Erstveräußerung und veräußert der ursprünglich teilende Eigentümer das Wohnungseigentum erneut, so ist jedenfalls die erneute Veräußerung gemäß § 12 Abs. 1 zustimmungsbedürftig, ohne daß es darauf ankäme, inwieweit die Rückabwicklung auf einer gesetzlichen Pflicht des Ersterwerbers beruhte.[17] Die Gemeinschaftsordnung sollte im Falle einer vereinbarten Veräußerungsbeschränkung vorsehen, daß der **Erstverkauf** durch den Bauträger ebenfalls vom Zustimmungserfordernis ausgeklammert ist.[18] Mit einer solchen Gemeinschaftsordnungsregelung wäre der Wille des teilenden Bauträger-Wohnungseigentümers zumindest insoweit zweifelsfrei dokumentiert. 86

Auch die **Erstveräußerung durch den teilenden Eigentümer** unterliegt dem Zustimmungsvorbehalt, sofern nicht die Gemeinschaftsordnung diesen Fall ausdrücklich ausnimmt. Der BGH[19] hat hierzu festgestellt: Wenn die 87

---

[11] OLG Hamm NJW 1980, 1397; s.a. OLG Hamm OLGZ 1989, 167: Übertragung von BGB-Gesellschaftsanteilen.

[12] BayObLGZ 1982, 46; Rpfleger 1982, 177.

[13] OLG Celle Rpfleger 1974, 438; BayObLGZ 1977, 40 = DB 1977, 2182; KG Rpfleger 1978, 382.

[14] Weitnauer, § 12, Rz. 2; daß die abgesonderte Übertragung von Miteigentumsanteilen oder von Sondereigentum unter Miteigentümern möglich ist, ist in Abschn. 1.2 dargestellt.

[15] BayObLGZ 1976, 328.

[16] Weitnauer, § 12 Rz. 2.

[17] KG NJW-RR 1988, 1426 = Rpfleger 1988, 480.

[18] LG Bielefeld Rpfleger 1974, 111; s. auch Sohn in *Partner im Gespräch* 12, S. 35 ff.

[19] BGH ZMR 1991, 230 = WE 1991, 190 = NJW 1991, 1613; s.a. OLG Köln NJW-RR 1992, 1430 u. OLG Hamm NJW-RR 1994, 975 = WE 1994, 239.

Teilungserklärung die Veräußerung des Wohnungseigentums von der Zustimmung des Verwalters abhängig mache, so gelte dies auch für die Veräußerung aus der Hand des teilenden Eigentümers **nach Entstehung der Wohnungseigentümergemeinschaft.** Es kommt demnach auch nicht mehr auf die Differenzierung an, wann in einem solchen Falle der teilende Eigentümer eine Wohnung erstmals verkauft, ob schon im Zuge des Entstehens der Wohnungseigentümergemeinschaft oder vielleicht erst nach Jahren. Unabdingbare Voraussetzung für das Zustimmungserfordernis ist jedoch, daß die Wohnungseigentümergemeinschaft rechtlich in Vollzug gesetzt ist. Bis zur genannten Entscheidung des BGH[19] hatten Literatur und Rechtsprechung überwiegend die Auffassung vertreten, die Veräußerung aus der Hand des teilenden Eigentümers unterliege bei vereinbarter Veräußerungsbeschränkung nicht dem Zustimmungserfordernis. Es war deshalb in vielen Fällen ohne Zustimmungserteilung zu Grundbucheintragungen gekommen. Das **Grundbuch** war dann **falsch.** Die Eintragung hatte keine vergleichbare heilende Wirkung wie im Falle des Verstoßes gegen die Formvorschrift des § 313 BGB. Der Gesetzgeber trug diesem Manko Rechnung und führte den neuen § 61 ein. Diese Gesetzesbestimmung findet allerdings nur auf die erstmalige Veräußerung des Wohnungseigentums nach seiner Begründung gemäß § 8 Anwendung, nicht nach Begründung gemäß § 3.[20]

88 Enthält hingegen die Gemeinschaftsordnung eine die **Erstveräußerung des Bauträgers** ausklammernde Regelung, wird es auf den Wortlaut und die Auslegung der Gemeinschaftsordnung ankommen. Die im Grundbuch als Inhalt des Sondereigentums eingetragene Veräußerungsbeschränkung unterliegt wie alle Grundbucheintragungen (und dort zulässigerweise in Bezug genommenen Eintragungsunterlagen wie Teilungserklärung und Gemeinschaftsordnung) der selbständigen **Auslegung,** insbesondere auch durch das Rechtsbeschwerdegericht.[21] Zweifelhaft ist, ob es hier für die Zustimmungsfreiheit der erst nach Jahren erfolgten Erstveräußerung ausreicht, wenn es schlicht heißt, die Erstveräußerung unterliege nicht der Veräußerungsbeschränkung. Wolle sich der teilende Eigentümer einer Sonderstellung hinsichtlich seiner freien Verfügungsgewalt auf Dauer versichern, bedürfe es einer zweifelsfreien, ausdrücklichen Regelung in der Gemeinschaftsordnung,[22] etwa des Inhalts, daß jede Erstveräußerung, wann immer sie erfolge, nicht der Zustimmung bedürfe. Bei richtigem Verständnis der

---

[20] KG WE 1995, 21 = WM 1994, 499.

[21] BGHZ 37, 147/148ff.; 59, 205/208f.; BayObLGZ 1977, 226/230; 1978, 214/217; 1980, 154/158; 1982, 69/73; MDR 1983, 671 = DNotZ 1984, 106 = DWE 1983, 94; Rpfleger 1983, 350 = DWE 1983, 94 (§ 12 stelle eine Ausnahme von dem Grundsatz des § 137 BGB dar, wonach rechtsgeschäftliche Verfügungsbeschränkungen grundsätzlich unwirksam seien, so daß § 12 nach allgemeinen Auslegungsregeln einschränkend auszulegen sei).

[22] So wohl auch Sohn, a.a.O., aber entgegen h.M.

genannten Entscheidung des BGH wird man jedoch wohl folgern müssen, daß die Bestimmung in der Gemeinschaftsordnung, die Erstveräußerung einer Wohnung durch den Bauträger bedürfe nicht der Verwalterzustimmung, **jede Bauträgerveräußerung** als **Erstveräußerung** zustimmungsfrei macht, wann auch immer sie erfolgt.[23] Denn der BGH sagt, die **Auslegung** der durch die Teilungserklärung angeordneten **Verfügungsbeschränkung** als einer Grundbucherklärung hat den für Grundbucheintragungen maßgeblichen Regeln zu folgen. Danach ist bei der Auslegung einer Grundbucheintragung vorrangig auf deren Wortlaut und Sinn, wie es sich für einen unbefangenen Betrachter als nächstliegende Bedeutung des Eingetragenen ergibt, abzustellen. **Umstände außerhalb der Eintragung** und der in ihr in Bezug genommenen Eintragungsbewilligung dürften nur insoweit herangezogen werden, als sie nach den besonderen Umständen des Einzelfalles für Jedermann ohne weiteres erkennbar seien. Hiervon könne bei der Auslegung des Erfordernisses der Verwalterzustimmung zur Veräußerung des Wohnungseigentums nicht abgewichen werden. Das Bestehen oder Nichtbestehen der Verfügungsbeschränkung und ihr Umfang nähmen am **öffentlichen Glauben** des Grundbuchs teil.

Die **Erstveräußerung** durch den teilenden Grundstückseigentümer ist **89**
nicht zustimmungsbedürftig, wenn nach der Gemeinschaftsordnung nur die Veräußerung der **Hausmeisterwohnung** der Zustimmung aller Wohnungseigentümer bedarf.[24] Erwirbt ein Wohnungseigentümer das Eigentum durch Übertragung des **Auflassungsanspruchs** seines Vorgängers, so handelt es sich bei der darauffolgenden Auflassung im Grundbuch um eine zustimmungsfreie Erstveräußerung.[25] Sind von der Veräußerungsbeschränkung **Veräußerungen an Ehegatten** ausgenommen, ist auch die nach Rechtskraft des Scheidungsurteils erklärte Auflassung an den dann geschiedenen Ehegatten zustimmungsfrei, wenn sie sich nach den Umständen offenkundig als Erfüllung einer vor Rechtskraft getroffenen **Scheidungsfolgenvereinbarung** darstellt.[26]

Klarzustellen ist, daß selbst bei vereinbarter Veräußerungsbeschränkung jede Veräußerung eines Wohnungseigentums, durch wenn auch immer, zustimmungsfrei ist, solange nicht die Wohnungseigentümergemeinschaft rechtlich in Vollzug gesetzt ist. **Während Bestehens der werdenden Gemeinschaft** ist also jedes Wohnungseigentum **frei veräußerlich.**[27]

---

[23] So auch OLG Köln Rpfleger 1992, 293 = NJW-RR 1992, 1430.

[24] BayObLG Rpfleger 1988, 95 = WE 1988, 38.

[25] OLG Frankfurt WE 1989, 172.

[26] KG NJW-RR 1997, 78 = WE 1996, 388; a. A. OLG Schleswig NJW-RR 1993, 1103: nur bei bindender Auflassung in einem gerichtlich protokollierten Scheidungsvergleich vor Scheidungsurteil.

[27] So unter Berufung auf BGH a. a. O. (FN 21) nochmals OLG Köln Rpfleger 1992, 293 = NJW-RR 1992, 1430 u. OLG Hamm NJW-RR 1994, 975 = WE 1994, 239.

3.3 Die Zustimmungsbefugten

90 In erster Linie kann die Veräußerung an die Zustimmung der **Wohnungseigentümer** geknüpft sein. Aus dem Gesichtspunkt der Vertragsfreiheit ist es möglich zu bestimmen, daß nur einige bestimmte Wohnungseigentümer zustimmungsbefugt sind, etwa die Wohnungsnachbarn des jeweiligen Veräußerers,[28] oder daß eine einfache, eine qualifizierte Mehrheit von Wohnungseigentümern zuzustimmen habe. Möglich ist auch, die Zustimmung an einen einstimmigen Beschluß zu knüpfen.[29]

3.3.1 Der Verwalter als Zustimmungsbefugter

91 Häufig ist der **Verwalter** als sogenannter Dritter i.S. des § 12 zustimmungsbefugt.[30] Die Einräumung der dem Verwalter übertragenen Zustimmungsbefugnis erfolgt einerseits durch die im Teilungsvertrag/in der **Teilungserklärung** begründete Vereinbarung über die Veräußerungsbeschränkung und über die Zustimmungsbefugnis, zum anderen dadurch, daß der Verwalter in Kenntnis des Inhalts dieser Vereinbarung sein Amt antritt und den **Verwaltervertrag** schließt. Einer besonderen Erwähnung der Zustimmungsbefugnis im Verwaltervertrag bedarf es nicht. In der Amtsübernahme und dem Verwaltervertragsabschluß liegt das Einverständnis des Verwalters mit der Ausübung der ihm übertragenen Befugnis. Hat sich der Verwalter in diesem Sinne mit der Wahrnehmung der Zustimmungsbefugnis einverstanden erklärt, ist er insoweit uneigennütziger **Treuhänder** der Wohnungseigentümer in verdeckter (mittelbarer) Stellvertretung.[31] Die Wohnungseigentümer können dem Verwalter die **Zustimmungsbefugnis** jederzeit einseitig **entziehen.** Trotz erteilter Zustimmungsbefugnis verbleibt den Wohnungseigentümern die Zustimmungsberechtigung.[32] Der Verwalter leitet seine eigene Befugnis vom Recht der Wohnungseigentümer ab, er muß vom Veräußerer ggf. auf Abgabe der Zustimmungserklärung verklagt wer-

---

[28] Pritsch in RGRK, § 12 Anm. 9.

[29] Bärmann-Pick, § 12 Rz. 13, 21.

[30] BayObLG BB 1977, 318; NJW 1973, 152; BayObLGZ 1980, 29 = Rpfleger 1980, 142; Rpfleger 1983, 350; DWE 1995, 29; Bärmann-Pick, § 12 Rz. 21; Weitnauer, § 12 Rz. 12.

[31] BayObLGZ 1972, 139/141f.; 1977, 40/42; 1980, 29/39; LG Traunstein MittBayNot 1980, 164; LG Mannheim BwNotZ 1979, 125; BGHZ 67, 232ff. (allgemein zur treuhänderischen Bindung des Verwalters); Bärmann-Pick, § 12 Rz. 21; Weitnauer, § 12 Rz. 12.

[32] BayObLGZ 1972, 139/143; 1980, 29/35; sehr weitgehend AG Köln WEM 1981, 55f.; BayObLG DWE 1982, 137; OLG Zweibrücken Rpfleger 1987, 157 = NJW-RR 1987, 269; Bärmann-Pick, § 12, Rz. 21.

den,[33] er hat die Interessen der Gemeinschaft treuhänderisch wahrzunehmen. Die Besonderheit dieser mittelbaren Stellvertretung ist lediglich, daß die Rechtsfolgen der Ausübung der mittelbaren Stellvertretung, nämlich die Aufnahme eines Erwerbers in die Gemeinschaft, unmittelbar die mittelbar Vertretenen treffen.[34] Es entspricht wiederum dem **Normzweck** des § 12, den Wohnungseigentümern die Möglichkeit des Befugnisentzugs zu geben. Das Gesellschaftsrecht kennt den Grundsatz der **Selbstorganschaft.** Danach ist es den Gesellschaftern möglich, jederzeit die sie betreffenden Rechtsgeschäfte selbst zu regeln, auch wenn sie bestimmte Befugnisse auf dritte Personen übertragen haben.[35]

Entsprechende Gedanken müssen für den Bereich des Wohnungseigentums Gültigkeit haben. Andererseits ist auch der Verwalter als Treuhänder berechtigt, insbesondere in Zweifelsfällen vor seiner Zustimmungsentscheidung das Votum der **Wohnungseigentümerversammlung** einzuholen. Dies folgt aus der Überlegung, daß der Treuhänder stets den Willen des **Treugebers** zu berücksichtigen hat. Das **Votum der Versammlung** ist dann aber für den Verwalter im Innenverhältnis zur Gemeinschaft **bindend.** Nach außen bleibt er befugt und möglicherweise dem Veräußerer gegenüber verpflichtet, eine abweichende Entscheidung zu treffen.[36] Lehnt der Verwalter zumindest zunächst eine eigene Entscheidung ab, riskiert er, sich **schadenersatzpflichtig** zu machen, wenn er bei objektiver Betrachtungsweise zur Zustimmung verpflichtet gewesen wäre und das Einholen des Votums der Eigentümerversammlung zwangsläufig eine **Verzugslage** geschaffen hat. Seine **Haftung** gegenüber dem Veräußerer ergibt sich dann aus dem **Verwaltervertrag** ungeachtet seiner **Beschlußausführungspflicht** gemäß § 27 Abs. 1 Nr 1. Die Eigentümerversammlung kann durch Beschluß die Zustimmung verweigern, sie kann die Zustimmung erteilen oder aber sich weigern, überhaupt eine eigene inhaltliche Entscheidung zu treffen. Immer ist der Verwalter im Anschluß an die Eigentümerentscheidung gehalten, eine eigene Rechtsposition zu beziehen. Haben die Eigentümer zugestimmt, wird auch er – verspätet – zustimmen. Haben die Eigentümer die Zustimmung weder erteilt noch versagt, wird er – verspätet – seine Entscheidung zu treffen haben. Haben die Eigentümer die Zustimmung versagt, ist er gleichwohl gehalten, den **Versagungsbeschluß zu überprüfen** und ggf. – wiederum verspätet – gleichwohl die Zustimmung zu erteilen. Es ist in diesem Zusammenhang sicherlich gerechtfertigt, die **Grundsätze** anzuwenden, die der BGH im Zusammenhang mit der in einer Gemeinschaftsordnung vorgesehenen **Verwalterzustimmung zu baulichen Veränderungen** ent- 92

[33] BayObLGZ 1972, 139; 1980, 29; DWE 1982, 137; Bärmann/Pick/Merle, § 12 Rz. 21 u. § 43 Rz. 23; OLG Zweibrücken NJW-RR 1994, 1103 = ZMR 1994, 419 = WE 1995, 24.

[34] S. auch Sohn *in Partner im Gespräch* 12, S. 32/33.

[35] S. Sohn, a. a. O.

[36] BayObLGZ 1980, 29/35.

wickelt hat.[37] Danach gilt: Bestehen ernstliche Zweifel, ob ein wichtiger Grund zur Versagung der beantragten Zustimmung vorliegt, ist der Verwalter, auch wenn er gewerblich tätig ist, befugt, die Wohnungseigentümer um eine Weisung anzugehen. Holt der Verwalter eine Weisung der Wohnungseigentümer ein, hat er als **professioneller Verwalter** die Eigentümer über die aufgetretenen tatsächlichen und rechtlichen Zweifelsfragen umfassend aufzuklären. Hat er die Rechtsfrage mit der erforderlichen Sorgfalt geprüft, ist es ihm nicht anzulasten, wenn er gleichwohl einem Rechtsirrtum unterliegt.

93 Hat mithin der professionelle Verwalter das Votum der Eigentümer gesucht, kommt seine Schadenersatzpflicht wegen Verzugs in erster Linie in Betracht, wenn **ernstliche Zweifel an der Pflicht**, die Zustimmung zu erteilen, nicht bestanden. Hat der professionelle Verwalter wegen ernstlicher Zweifel mithin befugterweise die Eigentümerversammlung um eine Weisung angegangen, tritt Schuldnerverzug nicht ein. Eine dann „verspätet" erteilte Zustimmung führt nicht zur Haftung. Übernimmt der Verwalter die Zustimmungsversagung der Wohnungseigentümer, verweigert er also endgültig die Veräußerungszustimmung, übernimmt er jedenfalls das Risiko eines Verfahrens, in dem der Veräußerer ihn auf Zustimmung verklagt. Dem professionellen Verwalter ist also regelmäßig zu empfehlen, unverzüglich seine **eigene Entscheidung zu treffen**, ohne zuvor die Weisung der Eigentümer einzuholen.

Nicht beizupflichten ist i. ü. der Auffassung des OLG Hamm,[38] der **Zustimmungsversagungsbeschluß** der Wohnungseigentümer sei **nichtig**, wenn kein wichtiger Grund zur Versagung gegeben sei. Das Gericht begründet dies mit der Unabdingbarkeit des § 12 Abs. 2 S. 1. Es verkennt, daß der Versagungsbeschluß nicht die genannte Gesetzesbestimmung abbedingen will, sondern lediglich zu einer Fehleinschätzung der sich aus einem bestimmten Sachverhalt ergebenden Rechtslage gelangt. Dies macht den Zustimmungsversagungsbeschluß bei Fehlen eines wichtigen Grunds lediglich **fehlerhaft.** Trotz Fehlerhaftigkeit besteht jedoch nicht die Möglichkeit der Beschlußanfechtung, weil es sich um einen **Negativbeschluß** handelt, der einen Zustimmungsantrag abgelehnt hat. Der Veräußerer hätte sich also wieder an den Verwalter zu halten. Im Entscheidungsfalle blieben die Wohnungseigentümer die Zustimmungsverpflichteten, weil die dortige Gemeinschaftsorndung bestimmte, daß die Wohnungseigentümer über die Frage der Zustimmung zu entscheiden hätten, wenn der Verwalter die Zustimmung versagt habe.

94 Verweigert der Verwalter die Zustimmung oder erteilt er sie nicht innerhalb angemessener Frist, kann der Veräußerer gegen ihn Antrag auf Abgabe der **Zustimmungserklärung** zum Wohnungseigentumsgericht stellen.[33]

---

[37] BGH EBE 1996, 76 = ZMR 1996, 274 = WE 1996, 265.
[38] OLG Hamm WE 1993, 52.

Sofern kein Anlaß zu Erkundigungen über die Person des Erwerbers besteht – der Veräußerer ist grundsätzlich verpflichtet, auf Verlangen des Verwalters eine **Selbstauskunft** über den Käufer zu erteilen, ohne daß allerdings die Zustimmungserteilung vom Zugang einer solchen Selbstauskunft abhängig gemacht werden darf –,[39] kann dem Verwalter für die Erteilung der Zustimmung i. d. R. keine längere **Frist** als eine Woche zugebilligt werden. Erteilt der Verwalter die Zustimmung verspätet oder nicht, haftet er dem Veräußerer gegenüber unter den Voraussetzungen des **Verzugs** nach § 286 Abs. 1 BGB für entstandenen Verzugsschaden.[40] I. ü. bedürfte es bei endgültiger Ablehnung der Zustimmungserklärung nicht nochmals einer Mahnung.

Als **Schadenersatzposition** kommen ausgefallene Festgeldzinsen, Telefonkosten und außergerichtliche Rechtsanwaltskosten als Verzugsschaden in Betracht, letztere allerdings nur, wenn sie erst nach Verzugseintritt entstanden sind (Rechtsanwaltsbeauftragung erst nach Verzugseintritt).[40] Der **Kaufinteressent** hat keinen Schadenersatzanspruch wegen verweigerter Zustimmung.[41]

Wird der Verwalter durch den Veräußerer auf Erteilung der Zustimmung 95 „verklagt", ist der Verwalter mit hohen **Kostenrisiken** konfrontiert. Auch wenn die Wohnungseigentumsgerichte in Fällen nicht ganz willkürlich verweigerter Zustimmung vom Grundsatz des § 47 ausgehen, nämlich nur hinsichtlich der Gerichtskosten erfolgsbedingte Kostenentscheidungen treffen, hingegen von der Anordnung der Erstattung außergerichtlicher Kosten – in der Hauptsache meist Anwaltskosten – i. d. R. absehen, ist zu berücksichtigen, daß der Geschäftswert eines solchen Verfahrens erheblich ist. Entgegen früherer Rechtsprechung entspricht der **Geschäftswert** jedoch nicht mehr dem Verkaufspreis, sondern nur noch einem Bruchteil hiervon, in mehreren Entscheidungen mit 10–20% angesetzt.[42] Die dem Verwalter insoweit entstehenden **Kosten** sind nicht Kosten der Verwaltung i. S. des § 16 Abs. 5. Die Auffassung von Merle,[43] der Verwalter habe aber einen **Regreßanspruch** gegen die Gemeinschaft als deren verdeckter Treuhänder gem. § 670 BGB, er könne danach Aufwendungen ersetzt verlangen, die er im Interesse der Gemeinschaft für erforderlich halten dürfe, ist zumindest dann zweifel-

[39] BayObLG DWE 1983, 26; KG ZMR 1990, 68 = WE 1990, 86; OLG Köln NJW-RR 1996, 1296 (NJW 1997, 336) = WE 1996, 434; Weitnauer, § 12 Rz. 10.

[40] BayObLG NJW-RR 1993, 280 = WE 1993, 349; s. auch BGH ZMR 1996, 274 = WE 1996, 265; a. A. LG Essen, ZMR 1994, 172: Haftung aus postiver Vertragsverletzung.

[41] BayObLG DWE 1984, 60; OLG Karlsruhe Die Justiz 1985, 143; Weitnauer, § 12 Rz. 10.

[42] KG ZMR 1990, 68 = WE 1990, 86; BayObLGZ 1990, Nr. 7; NJW-RR 1990, 657 = WM 1990, 231 = DWE 1990, 100 = WE 1991, 202; OLG Frankfurt v. 13. 5. 1988 – 20 W 119/88 – (bei unentgeltlicher Veräußerung ist nicht der volle Verkehrswert als Geschäftswert anzusetzen); OLG Hamm NJW-RR 1992, 785 = WE 1992, 288.

[43] Merle, *Partner im Gespräch* 11, S. 222.

haft, wenn der Verwalter im Verfahren nach § 43 unterliegt. Er kann sich dann nicht auf die Richtigkeit seines Verhaltens berufen. Im Obsiegensfalle kann der Verwalter den Anspruch auf **Aufwendungsersatz** mit der Richtigkeit seines Verhaltens begründen.[44] Die Verwalterzustimmung kann sowohl gegenüber dem Veräußerer als auch gegenüber dem Erwerber erklärt werden.[45] Ist der Veräußerer zugleich Verwalter, so hindert ihn § 181 BGB nicht, die Verwalterzustimmung dem Erwerber gegenüber abzugeben.[46]

96 Die dem Verwalter einer Wohnungseigentumsanlage vorbehaltene **Zustimmung** zur Veräußerung eines Wohnungseigentums bedarf der für den Grundbuchvollzug erforderlichen **Form** und kann nicht von einer Kostenübernahme durch den veräußernden Wohnungseigentümer abhängig gemacht werden.[47] Der Verwalter ist im Eintragungsverfahren bezüglich der Übertragung des Wohnungseigentums auch dann nicht antrags- und beschwerdeberechtigt, wenn die Veräußerung seiner Zustimmung bedarf.[48] Das Grundbuchamt hat allerdings nicht nur einen formgerechten **Nachweis** der **Verwalterbestellung** zu verlangen, sondern auch einen solchen Nachweis für die **Fortdauer** der Verwalterbestellung, sofern konkrete Zweifel daran bestehen, daß die Verwaltereigenschaft bei Abgabe der Zustimmungserklärung noch fortbestand.[49] In diesem Zusammenhang hat das Gericht weiter entschieden: Ist in einer Teilungserklärung eine Person zum Verwalter für fünf Jahre ab Fertigstellung der Wohnanlage bestellt worden, so reicht die Teilungserklärung allein zum Nachweis der Verwaltereigenschaft gegenüber dem Grundbuchamt nicht aus, wenn seit dem Zeitpunkt der Errichtung der Teilungserklärung mehr als fünf Jahre vergangen sind.

Es ist jeweils **Sache des veräußerungswilligen Wohnungseigentümers zu prüfen, ob** für die beabsichtigte Veräußerung seines Wohnungseigentums die Zustimmung des Verwalters überhaupt notwendig ist. Verlangt er die Zustimmung, so hat er die dafür in der Teilungserklärung vorgesehene **Sondervergütung** dem Verwalter zu zahlen, auch wenn dessen Zustimmung gar nicht notwendig war.[50] Abgesehen von den **Notarbeglaubigungsgebühren,** die der Notar dem Verwalter berechnet, kann der Verwalter Kostenerstattung und Sonderhonorar nur beanspruchen, wenn dies der Verwaltervertrag und/oder die Gemeinschaftsordnung vorsehen. Die Notarkosten kann der Verwalter jedenfalls erstattet verlangen. Sofern nicht Verwaltervertrag und/oder Gemeinschaftsordnung den jeweiligen Veräuße-

---

[44] Bärmann-Pick, § 16 Rz. 63, auch für den Unterliegensfall.
[45] LG München I MittBayNot 1984, 258.
[46] LG München I a.a.O.; OLG Düsseldorf MittBayNot 1984, 258/259 = Rpfleger 1985, 61 f.; BayObLG MittBayNot 1986, 180.
[47] OLG Hamm NJW-RR 1989, 974 = Rpfleger 1989, 451.
[48] OLG Frankfurt Rpfleger 1988, 184.
[49] BayObLG NJW-RR 1991, 978.
[50] KG NJW-RR 1989, 975.

rer als Honorar-, bzw. Kostenschuldner bezeichnen, sind alle **Wohnungseigentümer Gesamtschuldner** des Verwalters.[51]

3.3.2 Zustimmungsbefugnis für einen Grundpfandgläubiger?

Umstritten ist, ob die Zustimmungsbefugnis auch einem **Grundpfandgläubiger** eingeräumt werden kann. Dabei spielt es keine Rolle, ob es sich um einen Hypothekengläubiger oder einen Grundpfandgläubiger handelt (§§ 1192, 1199 BGB). Rechtsprechung hierzu ist nicht bekannt. Die wohl h.M. in der Literatur verneint diese Möglichkeit der Einräumung der Zustimmungsbefugnis etwa auf einen Hypothekengläubiger unter Hinweis auf § 1136 BGB.[52] Weitnauer sieht § 1136 BGB, der sogar einen entsprechenden schuldrechtlichen Vertrag für nichtig erkläre, als lex specialis zu § 12. Die dingliche Veräußerungsbeschränkung sei noch stärker als eine bloß schuldrechtliche Verpflichtung, nicht zu veräußern. Mit Bärmann-Pick ist hervorzuheben, daß mit § 12 nicht eine Verpflichtung eingegangen werden soll, das Grundstück nicht zu veräußern. § 12 würde ein solches Veräußerungsverbot nicht decken. In § 12 ist zudem nur das dingliche Rechtsgeschäft der Veräußerungsbeschränkung angesprochen, nicht das schuldrechtliche. Dritter i.S.d. § 12 sei jeder Beliebige. Hieraus, so Bärmann-Pick a.a.O., und aus der Betrachtung, daß § 1136 BGB das Veräußerungsverbot meine, nicht eine Veräußerungsbeschränkung, schon gar nicht die bloße Abhängigmachung von einer Zustimmung, die zudem nicht ohne wichtigen Grund verweigert werden könne, könne gefolgert werden, daß Dritter auch ein Grundpfandgläubiger sein könne. 97

Die Zustimmung zur Veräußerung an die Zustimmung der Grundpfandgläubiger zu knüpfen, ist eine Möglichkeit. Zugunsten der **Bank,** welche die Baufinanzierung des Bauträgers übernimmt, ist i.d.R. vor Begründung von Wohnungseigentum durch Teilung nach § 8 eine **Globalgrundschuld** eingetragen. Zum Abschluß der Vereinbarung über die Veräußerungsbeschränkung als Inhalt des Sondereigentums im Rahmen der Abgabe der Teilungserklärung nebst Gemeinschaftsordnung ist die Zustimmung der Bank nicht erforderlich.[53] Anders verhält es sich im Falle der nachträglichen Vereinbarung der Veräußerungsbeschränkung. Hier ist Zustimmungspflicht der Grundpfandgläubiger gegeben.[54] Die Eintragung der **Aufhebung** einer Veräußerungsbeschränkung i.S.d. § 12 bedarf nicht der Bewilligung der Gläu- 98

---

[51] S. hierzu auch KG NJW-RR 1997, 1231 = ZMR 1997, 666 = WE 1998, 36: Erwerber wird nicht Schuldner durch Eintritt in den Verwaltervertrag; Ausführungen zur Angemessenheit eines Sonderhonorars.

[52] Weitnauer, § 12 Rz. 14; Soergel/Stürner, § 12 Rz. 1; a.A. Bärmann-Pick, § 12, Rz. 22ff.; offengelassen von BayObLG v. 29. 1. 1987 – 2 Z 141/86 –.

[53] OLG Frankfurt NJW-RR 1996, 918; a.A. Bärmann-Pick, § 12 Rz. 25.

[54] Bärmann-Pick, § 12 Rz. 25; § 1 Rz. 83ff.

biger von Grundpfandrechten am Wohnungseigentum, da sich nur die Veräußerungsbeschränkung selbst nachteilig auf den Wert des Haftungsobjekts auswirkt, nicht deren Aufhebung.[55]

Zum Nachweis des Beschlusses der Wohnungseigentümer über die Zustimmung zur Veräußerung bzw. der Zustimmung des Verwalters finden die Vorschriften der §§ 24 Abs. 6, 26 Abs. 4 analoge Anwendung.[56]

3.3.3 Zustimmungsversagungsgründe

99 Nur bei Vorliegen eines sogenannten **wichtigen Grundes** kann die Zustimmung versagt werden. Enthält die Gemeinschaftsordnung eine Veräußerungsbeschränkung und liegt die Zustimmungsbefugnis bei den Wohnungseigentümern selbst – angesichts des zeitraubenden procedere der Einberufung einer Wohnungseigentümerversammlung ist eine solche, die freie Verfügbarkeit des Wohnungseigentums zusätzlich einschränkende Regelung aus Praktikabilitätsgründen abzulehnen –, **kann** die **Wohnungseigentümerversammlung** im Falle des wichtigen Grundes die Zustimmung **verweigern**, sie muß es nicht. Allerdings wird man dem einzelnen Wohnungseigentümer die Möglichkeit einräumen müssen, durch **Beschlußanfechtung** den trotz Vorliegen eines wichtigen Grundes die Zustimmung erteilenden Versammlungsbeschluß gerichtlich daraufhin überprüfen zu lassen, ob er **ordnungsmäßiger Verwaltung** entspricht. Liegt die Zustimmungsbefugnis beim **Verwalter**, ist dieser in seiner **treuhänderischen Funktion verpflichtet**, bei Vorliegen eines wichtigen Grundes die Zustimmung zu verweigern. Der Verwalter befindet sich insoweit in einem wenig beneidenswerten und wenig begrüßenswerten Dilemma, das als im literarischen Sinne tragisch zu bezeichnen ist. Erteilt er die Zustimmung, weil er einen wichtigen Grund für nicht gegeben erachtet, obwohl objektiv ein solcher vorliegt, setzt er sich denkbaren Schadensersatzansprüchen der Wohnungseigentümer aus.

100 Verweigert er umgekehrt ungerechtfertigterweise die Zustimmung, sieht er sich denkbaren Schadensersatzansprüchen des Veräußerers ausgesetzt. Nach der Rechtsprechung des BayObLG[57] darf der Berechtigte die Zustimmung nur verweigern, wenn der Kaufinteressent für den Zustimmungsberechtigten erkennbar rechtlich geschützte **Gemeinschaftsinteressen** verletzen würde. Daraus ist abzuleiten, daß aus der Prüfungspflicht des Zustimmungsberechtigten nicht generell Nachforschungs- und Untersuchungspflichten entstehen. Eine Nachforschungspflicht wird nur dann zu bejahen sein, wenn sich für den Zustimmungsberechtigten aus den bereits

---

[55] LG Bielefeld Rpfleger 1985, 232.

[56] LG Bielefeld Rpfleger 1981, 356; BayObLG Rpfleger 1962, 107.

[57] BayObLGZ 1972, 348 = NJW 1973, 152 = DNotZ 1973, 99; BayObLGZ 1977, 40/43 = Rpfleger 1977, 173.

vorhandenen Informationen und Materialien Anhaltspunkte ergeben, die einer weiteren Überprüfung bedürfen.[58]

Die Prüfung hat einzig auf die **Person** und das Umfeld des **Erwerbers** abzustellen. Ein wichtiger Grund i. S. d. § 12 ist unabdingbar nur denkbar, wenn die beabsichtigte Veräußerung **gemeinschaftswidrige Gefahren** für die übrigen Wohnungseigentümer mit sich brächte und diese Gefährdung in der Person des Erwerbers ihren Grund hat, ohne daß es auf ein **Verschulden** seinerseits ankäme. Die relevanten wichtigen Gründe reduzieren sich also auf die Unzumutbarkeit des Erwerbers für die übrigen Wohnungseigentümer im Hinblick auf dessen **Persönlichkeit** oder auf seine **wirtschaftliche Leistungsfähigkeit.**[59] Eine nur abstrakte, nicht in konkreten Tatsachen begründete Gefahr reicht nicht aus.[60] Das BayObLG[61] hat einen Grund zur Versagung in dem Falle nicht gesehen, in welchem ein Wohnungseigentümer, ohne dazu verpflichtet zu sein, die ihm gehörende Wohnung als **Hausmeisterwohnung** vermietet hatte, die Wohnung aber nun an einen Interessenten veräußern wollte, der sie selbst zu beziehen beabsichtigte. Weil ein unwichtiger Grund für die Versagung auch nicht durch Vereinbarung zu einem wichtigen Grund gemacht werden kann,[62] gibt die etwa von Bärmann-Pick[63] u. a. empfohlene Aufzählung von Tatsachen in der Gemeinschaftsordnung, die nach Meinung der Wohnungseigentümer als wichtige Gründe anzusehen seien, wenig Sinn. Die Aufzählung hätte im Ergebnis nur Informationscharakter, sieht man einmal vom gemeinschaftsinternen Vereinbarungscharakter ab. Im einzelnen begegnet man folgenden Fallgruppen der Versagungsgründe.[64]

– Der Erwerber ist **insolvent.** 101

Er hat bereits die **Offenbarungsversicherung** abgegeben; er ist notorisch **mittellos**; er war als Mitglied einer anderen Gemeinschaft bereits wiederholt **Hausgeld schuldig** geblieben, ohne daß dieses hätte beigetrieben werden können; jede andere Tatsache, die berechtigterweise vermuten läßt, daß die Erfüllung künftiger Hausgeldverpflichtungen nicht sicher ist.[65]

---

[58] So auch Sohn in *Partner im Gespräch* 12, S. 89/90.

[59] BayObLG NJW 1973, 152; BayObLGZ 1977, 40; 1980, 29; 1990, 24; WE 1991, 612; WE 1993, 349; WE 1995, 375; OLG Zweibrücken NJW-RR 1994, 1103; OLG Düsseldorf ZMR 1992, 68; ZMR 1997, 88 u. 430; ZMR 1998, 45; KG ZMR 1997, 666; OLG Hamm WE 1992, 288; OLG Köln WE 1996, 434.

[60] LG Mannheim BB 1977, 319.

[61] BayObLG NJW 1973, 152.

[62] BayObLGZ 1980, 29.

[63] Bärmann-Pick, § 12 Rz. 32; Weitnauer, § 12 Rz. 11.

[64] Diese Einordnung ist von Sohn in *Partner im Gespräch* 12, S. 91 ff. entlehnt.

[65] Bärmann-Pick, § 12 Rz. 32; Weitnauer, § 12 Rz. 10; OLG Frankfurt WE 1989, 172; OLG Köln NJW-RR 1996, 1296 = WE 1996, 434 (Erwerber hatte als bisheriger Mieter wiederholt höhere Mietrückstände); OLG Düsseldorf ZMR 1997, 430 = WE 1997, 349 = DWE 1997, 168 (problematisch, da finanzielle Unzuverlässigkeit aus dem Umstand abgeleitet, daß Erwerber Wohnung bezogen hat und wegen des kaufvertraglichen Lastenübergangs noch kein Hausgeld bezahlt hat); BayObLG DWE 1986, 30; OLG Düsseldorf ZMR 1992, 68.

Ist eine **GmbH Erwerber**, reichen die allgemein mit dem Erwerb durch eine solche Gesellschaft verbundenen Gefahren und frühere schlechte Erfahrungen mit einer anderen GmbH nicht aus.[66] Ein wichtiger, in der Person des Erwerbers liegender Grund ist nicht schon dann gegeben, wenn der Erwerber einen von der Auffassung der Wohnungseigentümer abweichenden Rechtsstandpunkt zur Frage der Ausgleichspflicht im Innenverhältnis bei einer Gesamtschuld vertritt.[67]

102 – **Die Gewerbliche Nutzung**

Der Erwerber beabsichtigt, in den bisher als **Wohnung** genutzten Räumen etwa eine **Arztpraxis** zu eröffnen. Ein Versagungsgrund ist allenfalls gegeben, wenn es sich um ein reines Wohngebiet handelt und konkret befürchtet werden muß, daß durch die mit dem Betrieb der Arztpraxis verbundene Unruhe der Wohnwert der Wohnanlage erheblich geschmälert und der reine Wohncharakter des Gebäudes zerstört würde.[68] Auch wenn es sich nicht um ein reines Wohngebäude handelt, kann der Versagungsgrund darin zu sehen sein, daß sich in einer kleinen Wohnanlage die durch die Arztpraxis ausgelöste Unruhe und zu befürchtende zusätzliche Verschmutzung des Treppenhauses als eine gemeinschaftswidrige Gefahr darstellt.[69]

103 Die Tatsache der **„Umwandlung" von Wohnungseigentum in Teileigentum** als solche stellt **keinen Versagungsgrund** dar.[70] Die erkennbare Absicht eines Erwerbers, einen zu „seinem" Wohnungseigentum gehörenden Raum entgegen den Bestimmungen der Teilungserklärung zu nutzen (Abstellraum als Büro und Gästezimmer), kann die Besorgnis begründen, daß der Erwerber sich nicht in die Gemeinschaft einfügen wird.[71] Ebensowenig ist die Befürchtung ein Versagungsgrund, daß die beabsichtigte gewerbliche Nutzung des Erwerbers zu einer **Konkurrenz** für ein Mitglied der Wohnungseigentümergemeinschaft führen könnte. **Konkurrenzschutz** kann insoweit allenfalls durch eine entsprechende Gebrauchsregelung gemäß §§ 15 Abs. 1, 10 Abs. 2 erreicht werden.[72]

104 Die Veräußerung eines ein selbständiges Teileigentum bildenden **Kraftfahrzeugstellplatzes** an einen nicht zur Gemeinschaft gehörenden Dritten

---

[66] BayObLG WE 1989, 67 = NJW-RR 1988, 1425 = BB 1988, 1772.

[67] BayObLGZ 1990, Nr. 7.

[68] Bärmann-Pick, § 12 Rz. 32.

[69] OLG Karlsruhe OLGZ 1976, 145/148 (bei einer großen Wohnanlage kann dies wieder etwas anderes sein; ebenso dann, wenn die anderweitige gewerbliche Nutzung in der Anlage schon zur „Ortsüblichkeit" der gewerblichen Nutzung geführt hat – vlg. hierzu OLG Frankfurt Rpfleger 1982, 64).

[70] BayObLG ZMR 1973, 205/208; OLG Karlsruhe OLGZ 1976, 145; OLG Hamm Rpfleger 1992, 294; BayObLG WE 1991, 202: kein Versagungsgrund, wenn bisher geduldete, an sich zweckbestimmungswidrige Nutzung nur fortgesetzt werden soll.

[71] OLG Düsseldorf DWE 1997, 78 = WE 1997, 148 = ZMR 1997, 88 = NJW-RR 1997, 268.

[72] BGH ZMR 1976, 241; Sohn in Partner im Gespräch 12, S. 92.

rechtfertigt die Verweigerung der Zustimmung aus **bauordnungsrechtlichen Gründen** nicht.[73]

– **Die sogenannte anstößige Nutzung** 105

Sie ist letztendlich ein Unterfall der sog. gewerblichen Nutzung. Auch hier kann das Verweigerungsrecht darin begründet liegen, daß die Eröffnung eines **bordellartigen Betriebs** (sogenannte Massagesalons) durch den Erwerber oder den Mieter des Erwerbers schon deshalb eine unzumutbare und gemeinschaftswidrige Beeinträchtigung darstellt, weil der Wert der gesamten Wohnanlage erheblich beeinträchtigt werden kann. Erschwerend kommt in solchen Fällen hinzu, daß die Unterhaltung eines solchen Etablissements und sein Umfeld zu erheblichen Beeinträchtigungen der Bewohner führen können. Stets sind jedoch ganz konkrete zwingende Anhaltspunkte für die befürchtete sogenannte anstößige Nutzung vonnöten, um einen Versagungsgrund zu haben. Vermutungen reichen nicht. Der Bereich der reinen Vermutung ist gesprengt, wenn bekannt ist, daß der Erwerber systematisch Wohnungen nur deshalb erwirbt, um sie einer solchen gewerblichen Nutzung zuzuführen.[74]

Die Zustimmung kann hier im Falle der **Vermietung** allerdings wohl nur 106
dann versagt werden, wenn entweder der Zweck der Vermietung vor der Entscheidung über die Zustimmung bereits festliegt (Mietvertrag ist geschlossen) oder Bezugsfälle die beabsichtigte einschlägige Vermietung durch den Erwerber erwarten lassen.

Der Erwerber versucht, die Zustimmung mit der **Androhung von Anzeigen bei Behörden** oder auf ähnliche Art zu erreichen.[75] Der Erwerber weigert sich beharrlich, die – nach Kaufvertragsabschluß – bestandskräftig **beschlossene Hausordnung zu befolgen.**[76]

Der Erwerber, der bereits Wohnungseigentümer ist, hat an seiner **Woh-** 107
nung ohne Zustimmung der übrigen Wohnungseigentümer **bauliche Veränderungen** und Eingriffe in das Gemeinschaftseigentum vorgenommen und ungerechtfertigt auf ihn entfallendes Hausgeld nicht gezahlt.[77] Als ein wichtiger Grund wird es angesehen, wenn der Erwerber dem zur Veräußerung verurteilten Wohnungseigentümer die weitere Nutzung der erworbenen Einheit überlassen will.[77a]

Der Verwalter kann die Zustimmung nicht davon abhängig machen, daß der Veräußerer bestimmte Instandsetzungsmaßnahmen am Gemeinschafts-

---

[73] BayObLG WE 1992, 142.

[74] KG OLGZ 1978, 296/301; OLG Hamburg MDR 1974, 138; Riedler, ZMR 1978, 161/163.

[75] OLG Düsseldorf DWE 1997, 78 = WE 1997, 148 = NJW-RR 1997, 268 = ZMR 1997, 88.

[76] OLG Düsseldorf DWE 1997, 174 = WE 1997, 422 = ZMR 1998, 45 (Hundehalteverbot).

[77] OLG Düsseldorf ZMR 1992, 68.

[77a] BayObLG NZM 1998, 868 = WE 1999, 37.

eigentum vornimmt.[78] Er kann die Zustimmung auch nicht wegen verschiedener Vorgänge in der Vergangenheit verweigern.[79]

108 – **Versagung aus sozialen, ethischen, persönlichen oder charakterlichen Gründen**

Es darf vorangestellt werden, daß diese Gründe in den seltensten Fällen geeignet sind, ein Zustimmungsverweigerungsrecht anzuerkennen. Grundsätzlich aber werden auch solche Gründe als wichtige bejaht.[80] Dies macht deutlich, daß jede Sachverhaltenskonstellation mehr als sonst zu einer Einzelfallentscheidung führt. Zu berücksichtigten sind stets z.B. Größe und Beschaffenheit der Wohnanlage, die Gepflogenheiten innerhalb der Anlage, Lage und Umgebung.

Eigenschaften des Erwerbers, die bei den Wohnungseigentümern lediglich **unerwünscht** sind, reichen nicht aus. Ihre Hinnahme muß unzumutbar sein.[81] Die Schwierigkeit in der Beurteilung besteht darin, daß die Befürchtungen selten im vorhinein objektivierbar sind.[82] Während kein Versagungsgrund der Erwerb durch etwa einen türkischen Staatsangehörigen ist,[83] könnte ein Versagungsgrund im Falle des Erwerbs durch ein **Mitglied gefährlicher oder verbotener Untergrundorganisationen** gegeben sein.[84]

Aus dem Gesagten ergibt sich zwangsläufig, daß alle anderen, mit der Person des Erwerbers nicht im Zusammenhang stehenden Gründe unbeachtlich sind.

Rückständige Hausgelder des **Veräußerers** sind ebensowenig ein Versagungsgrund wie der Einwand, die Zustimmung werde erst erteilt, wenn der Erwerber die Rückstände ausgleiche.[85] Ebensowenig darf etwa der Verwalter die Zustimmung davon abhängig machen, daß Veräußerer oder Erwerber an ihn eine Kostenpauschale für dessen Aufwand im Zuge des Zustimmungsverfahrens entrichten; dies selbst dann nicht, wenn die Zahlung einer solchen Pauschale in der Gemeinschaftsordnung vorgesehen ist.[86]

3.3.4 Schlußbemerkungen

109 Das Mittel der Veräußerungsbeschränkung ist kaum effizient, jedenfalls nicht effizient genug, um nachhaltig zu verhindern, daß in jeder Hinsicht

---

[78] BayObLG WE 1993, 349 = NJW-RR 1993, 280.

[79] BayObLG WE 1995, 375 (Streitigkeiten zwischen Erwerber und einem Wohnungseigentümer oder dem Verwalter); s. auch OLG Hamm NJW-RR 1992, 785 = WE 1992, 288.

[80] Schmedes Rpfleger 1974, 421 f.; BayObLGZ 1980, 29/35; OLG Celle Rpfleger 1974, 438; Wienicke, § 12 Anm. 3.

[81] BayObLGZ 1972, 348/351.

[82] OLG Hamburg MDR 1974, 138.

[83] BayObLG WEM 1981, 56f.

[84] So auch Sohn, *Partner im Gespräch* 12, S. 95.

[85] OLG Schleswig DWE 1983, 26; BayObLG DWE 1984, 60.

[86] BayObLG DWE 1983, 26; s. auch OLG Hamm NJW-RR 1992, 785 = WE 1992, 288.

mißliebige Wohnungseigentümer Mitglied der Gemeinschaft werden. Der Zustimmungsbefugte ist selten imstande, die Person des Erwerbers zu durchleuchten. Es ist daher eher anzuraten, nicht zuletzt auch wegen der bei der Ausübung der Zustimmungsbefugnis auftretenden Probleme, von der Möglichkeit der Verankerung der Veräußerungsbeschränkung in der Gemeinschaftsordnung Abstand zu nehmen. Wird, wie nicht selten der Fall, die Veräußerungsbeschränkung vorwiegend deshalb in die Gemeinschaftsordnung aufgenommen, um den Verwalter auf diesem Wege aktuellst über die personelle Zusammensetzung der Gemeinschaft zu informieren, gäbe es andere geeignete Mittel, etwa, in die Gemeinschaftsordnung folgende Regelung aufzunehmen:

„Das Wohnungs- und Teileigentum ist frei veräußerlich. Der Veräußerer ist jedoch verpflichtet, die Veräußerung und den Erwerber mit Namen und Anschrift binnen 2 Wochen ab Beurkundung des Veräußerungsvertrags sowie den Tag des Eigentumsübergangs binnen 2 Wochen dem Verwalter schriftlich anzuzeigen. Dies gilt auch im Falle einer Veräußerung im Wege der Zwangsvollstreckung oder durch den Insolvenzverwalter, sowie für die Veräußerung durch einen Grundpfandrechtsgläubiger, wenn dieser ein von ihm erworbenes Wohnungs-/Teileigentum weiterverkauft. Der Veräußerer haftet ungeachtet des Zeitpunktes des Eigentumsübergangs neben dem Erwerber für alle Verbindlichkeiten des Erwerbers gegenüber der Gemeinschaft (Hausgeld, Umlagen etc.), die bis zur Erfüllung der **Anzeigepflicht** entstanden und fällig geworden sind"

Zu den **Mitteilungspflichten des Notars** im Rahmen des sogenannten Zustimmungsverfahrens wird verwiesen auf Liessem „Zur Verwalterzustimmung bei Veräußerung von Wohnungseigentum".[87]

Bietet ein Verwalter, dessen Veräußerungszustimmung erforderlich ist, den Wohnungseigentümern seine Dienste als Immobilienmakler beim Verkauf an, so stellt der Interessenkonflikt zwischen der Verwalterstellung und der **Maklertätigkeit** grundsätzlich einen wichtigen Grund gegen die Wiederbestellung dieses Verwalters dar.[88]

---

[87] NJW 1988, 1306.
[88] BayObLG WE 1997, 439 = NJW-RR 1998, 302.

4. Rechte und Pflichten der Wohnungseigentümer

110 Darstellungsziel kann nicht der Versuch sein, das gesamte, vielgliedrige und vielschichtige Spektrum der Rechte und Pflichten der Miteigentümer abzuhandeln. Sinnvoll ist lediglich, die Zusammenhänge im Grundsätzlichen wiederzugeben und anhand von Literatur, aber insbesondere von Rechtsprechung die neuralgischsten, in der Praxis bedeutungsvollsten Sachverhalte herauszuarbeiten. Es werden Schwerpunkte gesetzt. Die Auswahl ist zwangsläufig von subjektiver Sicht beeinflußt.

4.1 Grundsätze und Überblick

4.1.1 Grundsätze

111 Jedes Recht begegnet Schranken. Diese sind im Wohnungseigentum besonders ausgeprägt, weil jeder einzelne Wohnungseigentümer neben seinem Recht am Sondereigentum auch **Gebrauchs-** und **Nutzungsrechte** am Gemeinschaftseigentum hat. Die Rechte des einzelnen und ihre Ausübung würden – schrankenlos wahrgenommen – zwangsläufig mit den Rechten anderer Wohnungseigentümer kollidieren. Das friedliche Miteinander unter einem Dach ist nur dadurch zu ermöglichen, daß für Nutzung und Gebrauch von Sondereigentum und Gemeinschaftseigentum durch den einzelnen Schranken errichtet werden, die in der Wechselbezüglichkeit zu Pflichten des einzelnen werden. So hat jeder Wohnungseigentümer Rechte und Pflichten gegenüber anderen Wohnungseigentümern, aber auch Rechte und Pflichten gegenüber der Gemeinschaft und dem Verwalter.

Die Grundlage der Rechte und Pflichten ist **dreigeteilt.** Sie entstehen aus Gründen der **Sondereigentumsstellung,** der **Miteigentümerstellung** und aus Gründen der **personenrechtlichen Gemeinschaftsstellung.**[1]

Rechte und Pflichten der Wohnungseigentümer untereinander und damit auch die Rechte und Pflichten gegenüber dem Verwalter – die Wohnungseigentümer verwalten sich in erster Linie selbst, §§ 21–25, auf den Verwalter sind die Selbstverwaltungsaufgaben nur delegiert, §§ 26–28 – bestimmen und richten sich nach dem WEG, hilfsweise nach den §§ 741 ff. und 1008 ff. BGB, ferner nach den Vereinbarungen und etwaigen Beschlüssen der Wohnungseigentümer, schließlich nach den Entscheidungen des Richters (§ 10).

---

[1] Bärmann-Pick, Einl. Rz. 45; s. aber Weitnauer, vor § 1, Rz. 30 ff.

Da die Struktur einer jeden Wohnanlage unterschiedlich ist, sollten die Wohnungseigentümer – entweder von Anfang an durch entsprechende **Vereinbarungsregelungen** in der Gemeinschaftsordnung oder durch nachträglich zu treffende Vereinbarungen – ihr Verhältnis zueinander individuell gestalten. Auch **Mehrheitsbeschlüsse** sind hierzu grundsätzlich geeignet, sei es, daß sie Verwaltungs- und Gebrauchsregelungen zum Gegenstand haben, die mehrheitlich entschieden werden können, sei es daß sie Gebrauchsregelungen schaffen, die an sich Vereinbarungscharakter haben und deshalb der Einstimmigkeit bedürfen, aber gleichwohl Gültigkeit erlangen, weil sie nicht binnen Monatsfrist angefochten und vom Richter für ungültig erklärt werden.

4.1.2 Überblick

Der Wohnungseigentümer hat im wesentlichen folgende Rechte: Er kann über sein Wohnungseigentum grundsätzlich **frei verfügen,** sofern nicht eine Veräußerungsbeschränkung (§ 12) vereinbart ist. Er kann seine Wohnung also verkaufen, verschenken, vererben, belasten. Er kann mit seinem Sondereigentum auch im übrigen grundsätzlich nach Belieben verfahren, also die Wohnung bewohnen, vermieten, verpachten oder in sonstiger Weise nutzen und andere (Wohnungseigentümer oder Dritte) von Einwirkungen ausschließen, § 13 Abs. 1. Dieses Nutzungsrecht erfährt seine **Schranke** durch entgegenstehende gesetzliche Bestimmungen oder entgegenstehende Rechte anderer Wohnungseigentümer. Eine entgegenstehende gesetzliche Bestimmung ist z. B. § 14, der jedem Wohnungseigentümer zum Schutze der übrigen Pflichten auferlegt. Entgegenstehende Rechte Dritter können z. B. in vereinbarten Gebrauchsregelungen (§ 15) verankert sein. **112**

Dritten, auch Wohnungseigentümern gegenüber, hat der Wohnungseigentümer wie jeder Eigentümer einer Sache auch die Ansprüche auf **Herausgabe** (§ 985 BGB) und **Unterlassung** von Beeinträchtigungen oder Störungen seines Eigentums (§ 1004 BGB) sowie alle **Besitzschutzrechte** (§ 865 BGB).[2] Danach kann jeder Wohnungseigentümer einen Gebrauch des gemeinschaftlichen Eigentums verlangen, der dem Gesetz, den Vereinbarungen und Beschlüssen oder, soweit sich die Regelung hieraus nicht ergibt, dem Interesse der Gesamtheit der Wohnungseigentümer nach billigem Ermessen entspricht. Dazu gehört auch etwa der **Anspruch auf Beseitigung der Beeinträchtigung des gemeinschaftlichen Eigentums** gegen einen Miteigentümer. Einer Ermächtigung hierzu durch die Wohnungseigentümergemeinschaft bedarf es nicht.[3] **113**

---

[2] BayObLGZ 1979, 267/271; DWE 1984, 30; ZMR 1983, 107/108; WE 1991, 252; Weitnauer, § 13 Rz. 14 ff.

[3] BayObLG NJW-RR 1987, 717; 1988, 271 u. 587; OLG Hamm OLGZ 1990, 159; KG NJW-RR 1990, 334; BGH EBE 1992, 54 = WE 1992, 105 = ZMR 1992, 167 = NJW 1992, 978; BayObLG WE 1996, 195 = ZMR 1995, 495; ZMR 1997, 374; OLG Düsseldorf ZMR 1996, 396; KG WE 1993, 220 = DWE 1993, 117 = ZMR 1993, 288; ZMR 1995, 418 = WE 1995, 313 = NJW-RR 1995, 1228; ZMR 1997, 315.

114 Der Wohnungseigentümer hat das Recht zum **Mitgebrauch** des Gemeinschaftseigentums. Gerade dieser Mitgebrauch ist gesetzlichen und vereinbarten Schranken ausgesetzt. Der Wohnungseigentümer hat auch einen Anspruch auf einen seinem Miteigentumsanteil entsprechenden Teil an den **Nutzungen** des Gemeinschaftseigentums (gemeinschaftliche Räume oder Anlagen – etwa Waschmaschinen – werden z.B. vermietet). Der Wohnungseigentümer hat schließlich das Recht auf **Mitwirkung** bei der **Selbstverwaltung** der Wohnungseigentümer. Hierzu zählt die Mitwirkung bei den Verwaltungshandlungen der §§ 21–25, hierzu zählen eigene, isolierte Rechte im Rahmen dieser Verwaltungshandlungen, wie **Schadensabwehrmaßnahmen** (§ 21 Abs. 2), Antragstellungen vor und in der Wohnungseigentümerversammlung, Teilnahme an den Versammlungen, unter bestimmten Voraussetzungen Versammlungseinberufungsrecht, schließlich das Recht auf Anrufung des Wohnungseigentumsgerichts unter den Voraussetzungen des § 43 oder die Einleitung von Rechtsstreitigkeiten vor dem Zivilgericht insoweit, als das Wohnungseigentumsgericht funktionell nicht zuständig sein sollte.

115 Der Wohnungseigentümer hat im wesentlichen folgende Pflichten: Nach § 14, der insoweit **Pflichten** nur beispielhaft aufführt und letztlich ein Spiegelbild der in § 13 genannten Rechte des einzelnen ist, hat der Wohnungseigentümer Pflichten zum **positiven Tun,** zur **Duldung,** zur **Unterlassung.** Er hat sein Sondereigentum **instand zu halten,** er hat Sondereigentum und Gemeinschaftseigentum nur in einer Weise zu **gebrauchen,** die keinem anderen Wohnungseigentümer einen **Nachteil** erbringt, der über das bei einem geordneten Zusammenleben unvermeidliche Maß hinausgeht. Er hat dafür zu sorgen, daß jeder Bewohner seiner Wohnung – Hausstands- und Betriebsangehörige, Mieter, Pächter etc. – diese Pflichten übernimmt und erfüllt. Er hat Einwirkungen anderer auf sein Sondereigentum und das Gemeinschaftseigentum zu dulden, soweit diese auf einem danach zulässigen Gebrauch beruhen. Er hat schließlich den **Zutritt** zu seiner Wohnung und ihre **Nutzung** zu gestatten, soweit dies zur Instandhaltung und Instandsetzung des Gemeinschaftseigentums erforderlich ist (ihm dabei entstehender Schaden ist zu ersetzen). Aus der Gemeinschaftsbezogenheit, die ein **gesetzliches Schuldverhältnis** zur Grundlage hat, ergibt sich die weitere Pflicht, **Eigentümerbeschlüsse** und **Vereinbarungen** zu beachten, die **Gemeinschaftsordnung** und etwaige **Hausordnungen** zu befolgen, den rechtmäßigen **Anordnungen des Verwalters** Folge zu leisten. Der Wohnungseigentümer hat ferner **bauliche Veränderungen** i.S.v. § 22 zu **dulden,** auch wenn sie über eine Instandhaltungs- oder Instandsetzungsmaßnahme an gemeinschaftlichem Eigentum hinausgehen, sofern ihm dadurch kein Nachteil entsteht, der über das bei einem geordneten Zusammenleben unvermeidbare Maß hinausgeht.

Der Wohnungseigentümer hat die **Lasten** des Gemeinschaftseigentums, die **Kosten** für Instandhaltung und Instandsetzung, alle Kosten der Verwaltung und des gemeinschaftlichen Gebrauchs anteilig zu tragen.

Schließlich korrespondieren mit den obengenannten Mitwirkungsrechten bei der Selbstverwaltung der Wohnungseigentümer die entsprechenden Mitwirkungspflichten.

4.2 Gebrauch und Nutzung von Sondereigentum und Gemeinschaftseigentum

4.2.1 Der Bestimmungszweck und Schranken der Nutzung

Der **Bestimmungszweck** einer Wohnanlage oder Teilen hiervon ist ein Kriterium für die Nutzungsmöglichkeiten. Es kann um die Frage gehen, ob die einzelne Wohnung gewerblich genutzt werden darf, oder ob ein bisher gewerblich genutztes Teileigentum zu Wohnzwecken genutzt werden darf. Es kann um die Frage gehen, ob ein **Laden** als **Restaurant** genutzt werden darf. Es kann um die Frage gehen, ob der **Kinderspielplatz** in eine reine Grünfläche umgewandelt werden darf. Es stellt sich die Frage, ob der Wohnungseigentümer der **Hausmeisterwohnung** den mit der Gemeinschaft geschlossenen Mietvertrag trotz gegebener Zweckbindung kündigen kann. Kann die **Garage** eines Wohnungseigentümers in die Wohnung einbezogen und in eine Diele umfunktioniert werden? In all diesen Fällen stellt sich das Problem und die Frage der Zweckbestimmung in der einen oder anderen Weise. 116

Der **Bestimmungszweck** einer Wohnanlage oder Teilen hiervon kann durch Festlegung in der **Gemeinschaftsordnung** ausdrücklich vereinbart sein, er kann sich aber auch aus dem im Laufe der Zeit geprägten **Charakter der Gesamtanlage**, der örtlichen Lage, der baulichen und technischen Ausstattung des Gebäudes und dem Nutzungs- und Gebrauchswillen der Eigentümer ergeben.[4]

So ist die Bezeichnung des Anwesens in der Gemeinschaftsordnung als **„gutes Wohnhaus"** dahin zu verstehen, daß nicht sämtliche anderen Nutzungsarten, sondern nur solche ausgeschlossen sind, die von der Verkehrsauffassung als mit dem Charakter eines guten Wohnhauses unvermeidbar angesehen werden.[5] Zunehmend vermieten einzelne Wohnungseigentümer ihre Wohnung an die Kommune (Stadt, Gemeinde) zum Zwecke der Einweisung an **Asylbewerber, Asylberechtigte** oder **Obdachlose.** Dürfen in diesem Falle die Wohnungen der Anlage nach den Bestimmungen der Teilungserklärung nur zu Wohnzwecken benutzt werden, oder bringt die Teilungserklärung zum Ausdruck, daß es sich um ein sogenanntes **gutes** 117

[4] Bärmann-Pick, § 13 Rz. 35, 54; vgl. auch BayObLG ZMR 1985, 239; KG NJW-RR 1998, 1546 = WE 1998, 485 (die Zweckbestimmung „gemeinschaftlicher Zufahrtsweg" erlaubt gelegentliches Spielen durch Kinder).

[5] BayObLG DWE 1984, 86.

Wohnhaus handle, widerspricht die **Vermietung an** die **Kommune** dann nicht dieser Zweckbestimmung, wenn die Kommune die Wohnung nicht an häufig wechselnde Bewohner, sondern als Dauerwohnung an eine bestimmte Familie überläßt.[6] Zweck der beispielhaft genannten Regelungen in der Teilungserklärung sei es, eine Nutzung auszuschließen, die mehr störe oder beeinträchtige als eine Nutzung zu Wohnzwecken. Abzustellen sei daher auf die tatsächliche Nutzung. Auch wenn die Teilungserklärung die Bestimmung über das „gute Wohnhaus" enthalte, sei nur darauf abzustellen, ob im Einzelfall Beeinträchtigungen vorliegen oder solche aufgrund bestimmter Tatsachen für die Zukunft zu befürchten seien, die eine bestimmte Nutzung als mit dem Charakter eines guten Wohnhauses nicht vereinbar erscheinen lassen. Die genannte Bestimmung gewährleiste eine bestimmte Wohngüte, nämlich einen überdurchschnittlichen Wohnstandard und insofern durchaus einen bestimmten **Milieuschutz**. Dieser Standard sei aber **sachbezogen** und nicht personenbezogen zu verstehen. Es gebe keinen Anspruch auf die Wahrung einer bestimmten sozialen Zusammensetzung des Wohnumfelds. In einem anderen Fall entschied das BayObLG,[7] daß die Nutzung eines in der Teilungserklärung als Sondereigentum an gewerblichen Räumen bezeichneten Teileigentums zur Schulung und Unterrichtung von Asylbewerbern oder Aussiedlern in der Zeit von Montag bis Freitag von 8–15:30 Uhr nicht gegen die Zweckbestimmung der Teilungserklärung verstoße. Grundsätzlich ist der einzelne Wohnungseigentümer wegen § 13 nicht an die Nutzung zu Wohnzwecken gebunden, die Schranken ergeben sich allenfalls aus § 15 (Zweckbestimmung durch Vereinbarung) oder § 14 Nr. 1. Wenn es in der Gemeinschaftsordnung heißt, daß die Eigentümer verpflichtet seien, die Eigenart des Bauwerkes als gutes Wohnhaus zu wahren und zu schützen, wird damit nicht jegliche Nutzung zu anderen als Wohnzwecken ausgeschlossen. Nach der Verkehrsauffassung fällt es durchaus nicht immer und schlechthin aus dem Rahmen eines „guten Wohnhauses", wenn in den Wohnungen bestimmte freie Berufe oder bestimmte gewerbliche Tätigkeiten ausgeübt werden.

118 Andererseits verpflichtet der durch die Teilungserklärung vorgegebene Zweck **„Wohnung"** den Eigentümer nicht, seine Wohnung zu Wohnzwekken nutzbar zu machen und entsprechend zu nutzen. Zwar ist jeder Wohnungseigentümer auch zur Instandhaltung seines Sondereigentums verpflichtet. Er darf sein Sondereigentum also nur soweit vernachlässigen, daß den anderen Wohnungseigentümern an ihrem Sondereigentum oder auch am gemeinschaftlichen Eigentum kein Nachteil entsteht. Nur ganz geringfügige Beeinträchtigungen können außer Betracht bleiben. Der Zustand des

[6] BayObLGZ 1991, Nr. 79; vgl. auch OLG Hamm NJW 1992, 184 = Rpfleger 1992, 102; KG ZMR 1992, 507 = WE 1992, 343; OLG Stuttgart ZMR 1992, 508 = WE 1993, 25; OLG Frankfurt ZMR 1994, 378; BayObLG WE 1995, 32; OLG Hamm NJW-RR 1993, 786 = WE 1993, 225.

[7] BayObLG ZMR 1992, 33.

Sondereigentums ist solange ohne Belang, als von ihm keine negativen Einflüsse auf das Gemeinschaftseigentum oder das Sondereigentum Anderer ausgehen.[8] Im Entscheidungsfalle hatte die Stadt als Wohnungseigentümerin die Wohnung **leerstehen lassen**. Ein Wohnungseigentümer machte geltend, die Nichtnutzung der Wohnung führe zu erheblichen Beeinträchtigungen nach näherer Maßgabe. Im Entscheidungsfalle wurden diese Beeinträchtigungen verneint.

So ist der Betrieb etwa einer **Arztpraxis** in einer Wohnanlage grundsätz- 119
lich zulässig.[9] Etwas anderes würde nur dann gelten, wenn in der Gemeinschaftsordnung jede freiberufliche oder gewerbliche Tätigkeit ausdrücklich untersagt wäre. Ist in der Gemeinschaftsordnung die Nutzung der Wohnung für die Ausübung eines freien Berufes oder eines Gewerbes vorgesehen, aber von der Zustimmung der Wohnungseigentümer oder des Verwalters abhängig gemacht, ist in der Nutzung als Arztpraxis grundsätzlich keine „Ungebührlichkeit" zu sehen, welche eine Verweigerung der Zustimmung rechtfertigen könnte.[10] Sieht die Gemeinschaftsordnung vor, daß die Nutzung einer Wohnung zu gewerblichen Zwecken der **Zustimmung des Verwalters** bedarf, dann unterliegt die erteilte Zustimmung der **Überprüfung durch die Wohnungseigentümer** und das Gericht.[11] I.d.R. ist in solchen Fällen die **Einwilligung des Verwalters** – nur – eine **formelle Voraussetzung** für die Ausübung eines Gewerbes. Die Prüfung und Entscheidung der Frage, ob die Voraussetzungen für die Einwilligung gegeben oder ausnahmsweise nicht gegeben sind, wird zunächst in die Hand des Verwalters gelegt. Allein der Umstand, daß er die Genehmigung erteilt hat, macht jedoch die von der Zweckbestimmung abweichende Nutzung materiell noch nicht zulässig.

Die Nutzung einer Wohnung zur häufigeren, kurzfristigen **Vermietung** 120
an Feriengäste kann selbst dann zulässig sein, wenn die Wohnanlage nach ihrer Gestaltung und Zweckbestimmung „gehobenen Wohnansprüchen" genügen soll.[12]

---

[8] BayObLG WE 1991, 224.

[9] BayObLGZ 1973, 1/8ff.; OLG Karlsruhe OLGZ 1976, 145f.; BayObLG DWE 1984, 86; vgl. auch BayObLG WE 1997, 319; Weitnauer, § 14 Rz. 3; Bärmann-Pick, § 13 Rz. 50, 62; s. auch OLG Düsseldorf ZMR 1998, 247 = ZfIR 1998, 370 = WE 1998, 379: Unterhaltung einer psychologischen und psychotherapeutischen Praxis in einer Wohnung zulässig.

[10] S. aber BayObLG ZMR 1980, 125; dort ist die Zustimmung zum Betrieb einer Arztpraxis als unzulässig angesehen worden, weil der Zugang zur Praxis durch einen Laubengang führte und den zahlreichen Patienten den Blick unmittelbar in andere, sich zum Laubengang mit Tür und Fenster öffnende Anliegerwohnungen freigab; vgl. auch OLG Frankfurt v. 4. 3. 1982 – 20 W 890/81 –.

[11] BayObLG NJW-RR 1991, 849; WE 1997, 319; vgl. auch OLG Oldenburg ZMR 1998, 195 u. OLG Köln DWE 1997, 32 zur vergleichbaren Situation bei Zustimmungsvorbehalt zu baulichen Veränderungen; ferner OLG Zweibrücken ZMR 1992, 170.

[12] BayObLGZ 1978, 305/306ff.; BayObLG v. 30. 6. 1978 – 2 Z 35/77 –; s. aber auch BayObLGZ 1982, 9/12ff., wo keine generelle Pflicht angenommen wurde, der Vermietung an Feriengäste zuzustimmen.

121 Eine **Veränderung durch Vermietung,** z.B. für ein Amtsbüro, eine Privatschule oder zur Verfolgung einer gewerblichen oder industriellen Aktivität muß grundsätzlich nicht geduldet werden, kann aber zulässig sein, wenn es sich nicht um ein lärmendes oder sonst nachteiliges Gewerbe handelt.[13] Die Überlassung von Wohnungen zu **Ferienaufenthalten** stellt weder einen Hotelbetrieb noch eine – von der Teilungserklärung untersagte – Berufsausübung in der Wohnung dar.[14] Generell ist zur zulässigen Nutzung einer Wohnung zu sagen: Ist ein Sondereigentum in der Teilungserklärung als **„Wohnung"** bezeichnet, stellt dies zwar eine Zweckbestimmung mit Vereinbarungscharakter dar. Sie verbietet jedoch nur eine Nutzung zu einem anderen Zweck, die andere Wohnungseigentümer mehr stört oder beeinträchtigt als eine Nutzung als Wohnung. Sofern die Nutzung mehr stört oder beeinträchtigt als eine der Zweckbestimmung entsprechende Nutzung als Wohnung, ist sie trotz einer etwa erteilten Genehmigung durch den Verwalter unzulässig und kann untersagt werden.[15] Dies gilt für alle zweckbestimmungswidrigen Nutzungen.

122 Der Betrieb eines **Ballettstudios** in einer Eigentumswohnung einer villen- bzw. bungalowartigen Wohnanlage in einem weitläufigen, parkartigen Gartengrundstück, das von gleichartigen Grundstücken umgeben ist, ist unzulässig, wenn Bebauung, Bepflanzung und Aussehen des Grundstücks und aller naheliegenden Grundstücke eine reine Wohnanlage ergeben.[16]

Immer ist bei einer nicht ausdrücklich festgelegten Zweckbestimmung die Entscheidung, ob die betreffende Nutzung sich im Rahmen des Charakters und der Zweckbestimmung des Wohnhauses hält, unter Berücksichtigung der örtlichen und baulichen Verhältnisse wie auch der Art und des Umfangs der Nutzung zu treffen.[17]

Der Betrieb etwa einer **Krankengymnastikpraxis** in einem Gebäude, das in der Gemeinschaftsordnung als „gutes Wohnhaus" bezeichnet ist, ist zulässig, stellt auch keinen Verstoß gegen § 14 Nr. 1 dar.[18]

123 Aus dem bisher Gesagten ergibt sich fast zwangsläufig, daß ein **bordellartiger Betrieb** (z.B. sogen. Hostessenservice), aber auch der Betrieb eines ty-

---

[13] Bärmann-Pick, § 13 Rz. 63.

[14] OLG Frankfurt OLGZ 1983, 61.

[15] BayObLG NJW-RR 1991, 849; NJW-RR 1993, 149 = WE 1993, 350; ZMR 1996, 99; WE 1995, 27; KG NJW-RR 1994, 206; OLG Zweibrücken ZMR 1997, 482 = WE 1997, 473; WE 1994, 146; s. aber auch BayObLGZ 1998, Nr. 11 = Rpfleger 1998, 242 = WE 1998, 279: Ist ein Sondereigentum im Bestandsverzeichnis des Grundbuchs als „Wohnung" bezeichnet, ergibt sich aber aus den in Bezug genommenen Eintragungsbewilligungen, daß es sich bei dem Sondereigentum um einen Hobbyraum handelt, und somit Teileigentum vorliegt, ist die Eintragung „Wohnung" als inhaltlich unzulässig zu löschen; BayObLG WE 1998, 398 (die zweckbestimmungswidrige Nutzung eines „Kellers" zu Wohnzwecken stört wegen intensiverer Nutzung mehr).

[16] BayObLG DWE 1985, 125.

[17] BayObLG ZMR 1980, 125; DWE 1984, 86.

[18] BayObLG a.a.O.

pischen **Nachtlokals** in einem Teileigentum, das keine nähere Zweckbestimmung erfahren hat, gegen die guten Sitten verstößt und schon aus diesem Grunde unzulässig ist.[19]

Ein **Eigentümerbeschluß** über eine Gebrauchsregelung nach § 15 Abs. 2 darf einem Wohnungseigentümer **nicht eine Nutzung seines Sondereigentums untersagen,** die sich in den Grenzen der §§ 13, 14 Nr. 1 hält.[20] Ein solcher Beschluß ist demnach anfechtbar.

Anders sind die Fälle zu beurteilen, in denen **ausdrücklich Zweckbestimmungen** als Inhalt des Sondereigentums im Grundbuch eingetragen sind. Als Zweckbestimmungen kommen solche **im weiteren und im engeren Sinne** in Betracht. Zweckbestimmungen im weiteren Sinne sind die Bezeichnungen **„Wohnungseigentum"** und **„Teileigentum"**. Die jeweils zweckbestimmungsgemäße Nutzung ergibt sich in diesem Falle unmittelbar aus den **Legaldefinitionen** des § 1 Abs. 2 und 3. In einem „Teileigentum" ist also jede nicht Wohnzwecken dienende Nutzung zulässig. **124**

Zweckbestimmungen im **engeren Sinne** begegnen wir bei Teileigentum („Garage", „Hobbyraum", „Gewerbe", „Laden", „Gaststätte", „Speicher" etc.). Zu den unterschiedlichen rechtlichen Möglichkeiten der **Änderung des Bestimmungszwecks** wird auf die Rechtsprechung des BayObLG verwiesen. Die **Umwandlung** von „Teileigentum" in „Wohnungseigentum" bedarf materiell-rechtlich der Zustimmung aller Wohnungseigentümer und der nachteilig betroffenen dinglich Berechtigten. Allerdings kann dieses Erfordernis in der Teilungserklärung abbedungen werden.[20a] **125**

Auch bei ausdrücklicher Zweckbestimmung gilt jedoch, daß **zweckbestimmungswidrige Nutzungen zulässig** sein können, wenn sie nicht mehr stören, als es zweckbestimmungsgemäße täten.[15] Weil dies so ist, sind die nachfolgend behandelten Beispielsfälle aus der Rechtsprechung nur als Einzelfallentscheidungen zu werten. Gleichwohl ist eine typisierende Betrachtungsweise zulässig.[21]

---

[19] BayObLG WEM 1981, 57 = DWE 1981, 58; ZMR 1987, 100; ZMR 1993, 580 = WE 1994, 243 (Prostitution in einer Wohnung); abermals: NJW-RR 1995, 1228 = WE 1996, 151; NJW-RR 1994, 1036 = ZMR 1994, 423 = WE 1995, 188 (Sauna mit sexuellen Kontakten in „Sauna, Ruheraum, Duschraum, Tauchbecken"); KG ZMR 1987, 384; OLG Hamburg MDR 1974, 138; OLG Frankfurt DWE 1990, 107, 114.

[20] BayObLG DWE 1984, 86 (die Eigentümer hatten mehrheitlich beschlossen, daß die Wohnungen des Anwesens nicht gewerblich bzw. freiberuflich genutzt werden dürfen).

[20a] BayObLG WE 1995, 27; BayObLGZ 1997, Nr. 41; ZMR 1998, 241 = WE 1998, 275; s. auch KG ZMR 1998, 309 = WE 1998, 305 (der genehmigte Einbau von Küche und Bad in einem Teileigentum im DG bewirkt keine Umwidmung des Teileigentums in Wohnungseigentum); BayObLG ZfIR 1999, 42: die Bezeichnung „nicht zu Wohnzwecken dienende Räume" ist eine Zweckbestimmung im weiteren Sinne des Inhalts, daß grundsätzlich jede Nutzung der Räume mit Ausnahme der Nutzung zu Wohnzwecken zulässig ist).

[21] BayObLG WE 1996, 358 (in casu: typisierende Betrachtungsweise hinsichtlich zweckbestimmter Nutzung von zu Wohnzwecken gehörenden Räumen – Partyraum,

126 Der näheren Bezeichnung eines Teileigentums in der Teilungserklärung (Teilungsvertrag) z.B. als **„Laden"** ist im allgemeinen eine entsprechende **Zweckbestimmung mit Vereinbarungscharakter** (§ 15 Abs. 1) zu entnehmen.[22] Dabei ist im Einzelfall auf den Wortlaut und Sinn abzustellen, wie sich dieser für einen unbefangenen Betrachter als nächstliegende Bedeutung des eingetragenen ergibt.[23] Es ist nicht auf außerhalb der Urkunde liegende Umstände abzustellen,[24] es sei denn, sie sind nach den besonderen Verhältnissen des Einzelfalls für jedermann ohne weiteres erkennbar. Auch ist es nicht zulässig, für die Auslegung einer im Grundbuch eingetragenen Zweckbestimmung Baupläne und Baubeschreibung heranzuziehen.[25]

Ist ein Teileigentum in der Teilungserklärung oder in der Gemeinschaftsordnung als „Laden" bezeichnet, so entspricht es der nächstliegenden Bedeutung des im Grundbuch Eingetragenen oder des dort in Bezug Genommenen nicht, daß es sich dabei nicht nur um ein zufällig gewähltes Wort ohne Inhalt und ohne rechtliche Bedeutung handelt. Vielmehr liegt es nahe, daß die Bezeichnung eine Zweckbestimmung darstellt, auf die sich der einzelne Erwerber von Teileigentum oder Wohnungseigentum verlassen kann, jedenfalls insoweit, als keine Nutzung zugelassen wird, die mehr als ein Laden stört oder sonst beeinträchtigt.[26 u. 22] Es handelt sich also um eine Art relativierender Zweckbestimmung dahin, daß das **Störungsmoment** entscheidend ist, daß die Bezeichnung in der Teilungserklärung oder in der Gemeinschaftsordnung die oberer Meßlatte darstellt und grundsätzlich jede Nutzung zuläßt, die nicht mehr stört als beispielsweise die Nutzung als Laden.

127 Sind Räume im **Aufteilungsplan** einerseits und im Text der **Teilungserklärung** andererseits **unterschiedlich bezeichnet**, also z.B. im Aufteilungsplan mit „Laden", in der Teilungserklärung mit „Gewerbe", ist die **weiter-**

Werkraum, Abstellraum, Waschküche –); BayObLGZ 1990, 15; BayObLG v. 28. 10. 1998 – 2 Z BR 137/98 – (Steuerberater- und Wirtschaftsprüferkanzlei stört typischerweise selbst unter Berücksichtigung des Besucherverkehrs nicht mehr als eine Wohnraumnutzung).

[22] KG ZMR 1986, 296; ZMR 1992, 351 = NJW-RR 1992, 1102 = WE 1992, 286; OLG Stuttgart NJW 1987, 385; OLG Zweibrücken ZMR 1987, 228; BayObLG NJW-RR 1989, 719; BayObLGZ 1990, Nr. 5; ZMR 1993, 427 = WE 1994, 156; WE 1994, 180; ZMR 1996, 334 = WE 1996, 479; OLG Düsseldorf ZMR 1993, 122 = NJW-RR 1993, 587 = WE 1993, 108; ZMR 1996, 281 = WE 1996, 276; OLG Frankfurt ZMR 1997, 667.

[23] BGHZ 92, 18 = NJW 1984, 2576; BayObLGZ 1982, 69; KG OLGZ 1982, 131; BayObLG NJW-RR 1989, 719.

[24] BGHZ 113, 374; BGH EBE 1995, 266 = ZMR 1995, 521 = WE 1996, 27; a.A. offensichtlich KG MDR 1989, 283 = NJW-RR 1989, 140 = ZMR 1989, 25 = WE 1989, 26, wonach bei der Auslegung der in der Teilungserklärung für ein Teileigentum festgelegten Zweckbestimmung als „Geschäftsräume" auf eine wertende Beurteilung und eine Gesamtwürdigung der Teilungserklärung unter Einbeziehung der örtlichen Verhältnisse, z.B. Charakter der Wohnanlage, abzustellen sei.

[25] OLG Stuttgart NJW 1987, 385.

[26] So wörtlich BayObLG NJW-RR 1989, 720; s. ferner BayObLG NJW-RR 1988, 140f. m.w.N.

OLG Karlsruhe WM [illegible] / 140

gehende Bezeichnung maßgeblich,[27] und zwar unabhängig davon, in welchen der beiden genannten Gründungsunterlagen sich die weitergehende Bezeichnung findet. Der BGH hat bei Inkongruenz von Teilungserklärung und Aufteilungsplan zur Beschreibung des Gegenstands von Sondereigentum festgestellt, daß grundsätzlich keiner der sich widersprechenden Erklärungsinhalte vorrangig sei.[28] Während nun im entschiedenen Falle das rechtliche Ergebnis nur sein konnte, daß kein Sondereigentum entstanden ist, ist vorliegend nicht zu folgern, bei Inkongruenz im Falle einer Zweckbestimmung im engeren Sinne („Laden", „Büro", „Speicher") gelte nur die Zweckbestimmung im weiteren Sinne, also „Teileigentum". Zu dieser Rechtsfolge wird man nur dann gelangen können, wenn es keine „weitergehende" Bezeichnung gibt, wenn also beide, sich widersprechenden Bezeichnungen nur in ihrer Typisierung unterschiedlich sind, ohne daß eine von ihnen eine weitergehende Nutzungsmöglichkeit impliziert.[29]

Ein Fall der widersprüchlichen Bezeichnung im Aufteilungsplan und in der Teilungserklärung ist dann nicht gegeben, wenn es sich bei Bezeichnungen im Aufteilungsplan nach der nächstliegenden Bedeutung des im Grundbuch in Bezug Genommenen lediglich um ein **zufällig gewähltes Wort** ohne Inhalt und ohne rechtliche Bedeutung handelt. Oftmals geht es nur um die Kurzbezeichnung eines Raums, um Gestaltungs- und Nutzungsvorschläge, die keine rechtlich verbindliche Festlegung mit Vereinbarungscharakter darstellen.[30] Der Fall der Inkongruenz ist auch dann nicht gegeben, wenn eine Gemeinschaftsordnung für die Teileigentumseinheiten Benutzungsregelungen enthält und gleichzeitig Teileigentumseinheiten in der Teilungserklärung nähere Bezeichnungen erfahren. In diesem Falle haben die Bezeichnungen in der Teilungserklärung nicht die Bedeutung einer Nutzungsbeschränkung. Die Bezeichnung „Laden" in der Teilungserklärung ist also in der Frage der Nutzungsmöglichkeiten irrelevant, wenn in der Gemeinschaftsordnung gleichzeitig bestimmt ist, daß auch die Räume dieser Einheit „gewerblich" genutzt werden dürfen, soweit dies im Rahmen der öffentlich-rechtlichen Bestimmungen zulässig sei.[31]

---

[27] BayObLG DWE 1986, 29 = WM 1985, 238; ZMR 1988, 436; OLG Stuttgart ZMR 1989, 312 = WE 1990, 107; OLG Frankfurt OLGZ 1993, 299; s. auch BGH NJW-RR 1990, 81; Weitnauer, § 15 Rz. 13.

[28] BGH EBE 1992, 418 = ZMR 1993, 25 = WE 1993, 47 mit zahlreichen Literatur- u. Rspr.hinweisen.

[29] OLG Stuttgart ZMR 1989, 312 = WE 1990, 107.

[30] OLG Karlsruhe v. 26. 8. 1981 – 4 W 78/80 –; BayObLG WE 1990, 135; ZMR 1994, 425 = NJW-RR 1994, 1038; Müller, PiG 15, 89ff., 95; s. a. BayObLG ZfIR 1999, 42 (sind zu einem Teileigentum gehörende Räume im Aufteilungsplan mit „Trockenraum" bezeichnet, liegt darin i. d. R. keine weitere Einschränkung der Nutzungsmöglichkeit, zumal es sich bei einem „Trockenraum" um eine typische Gemeinschaftseinrichtung handelt).

[31] BayObLGZ 1988, 238 = WE 1989, 108; s. auch OLG Hamm Rpfleger 1990, 17 = WE 1990, 95; BayObLG ZMR 1998, 184 = WE 1998, 158.

128 Vor dem Hintergrund dieser grundsätzlichen Erörterungen gab es in den letzten Jahren zahlreiche Rechtsprechungsfälle, wobei zum richtigen Verständnis nochmals darauf hinzuweisen ist, daß die jeweiligen Entscheidungsergebnisse nicht beliebig übertragbar sind, sondern ihre Anwendung auf andere, möglicherweise gar nicht vergleichbare Fallkonstellationen zuerst einmal nach Einsicht der jeweiligen Entscheidungsgründe verlangt.

Bei der Bezeichnung **„Geschäftsräume“** oder **„gewerbliche Räume“** handelt es sich um einen auch **Gaststätten** umfassenden Oberbegriff.[32]

Mit der Zweckbestimmung eines Teileigentums als **„Laden“** läßt sich **nicht** vereinbaren:

- der Betrieb einer bis in die Nacht hinein geöffneten **Gaststätte;**[33]
- der Betrieb einer **Teestube mit Spielsalon;**[34]
- der Betrieb eines **Tanzcafes;**[35]
- eine **chemische Reinigung** (Schnellreinigung) unter Einsatz umfangreicher Reinigungsmaschinen und -geräte;[36]
- der **Wäschereibetrieb** für eine Annahme- und Ausgabestelle;[37]
- eine bis in die Nacht geöffnete **Pilsstube;**[38]
- ein bis 1 Uhr früh geöffnetes **„Cafe mit Bierbar“**;[39]
- eine **Cafe-Eisdiele;**[40]
- ein **„Salat-Restaurant ohne Alkoholausschank“**;[41]
- ein **Sex-Shop** mit Dienstleistungsangeboten gegen Entgelt (Peep-Shows, Videovorführungen, Strip-Live-Shows etc.)[42]
- der Betrieb einer **Gaststätte,** die nach 18.30 Uhr geöffnet ist;[43]
- der Betrieb eines **Bistros,** das nach 18.30 Uhr geöffnet ist;[44]

---

[32] BayObLGZ 1978, 214/218; 1980, 154/159; MittBayNot 1981, 29/30; BayObLGZ 1982, 1 = MDR 1982, 496; ZMR 1994, 425 = NJW-RR 1994, 1038: chemische Reinigung; ZMR 1992, 33: Schulung von Asylbewerbern; OLG Hamm OLGZ 1978, 10/13.

[33] BayObLGZ 1978, 214/217f.; 1980, 154/158; MittBayNot 1981, 29/30; BayObLGZ 1983, 73/78; OLG Hamm OLGZ 1978, 10/12ff.

[34] BayObLG Rpfleger 1984, 269.

[35] BayObLG Rpfleger 1978, 414, 436 (eine Hotelappartement-Eigentumswohnanlage in einem Heilbad betreffend) = BayObLGZ 1978, Nr. 44 = ZMR 1978, 380.

[36] OLG Hamm OLGZ 1978, 10 = Rpfleger 1978, 60 = ZMR 1979, 51; BayObLG WE 1998, 194.

[37] OLG Düsseldorf v. 27. 4. 1983 – 3 W 85/83 –; s. auch OLG Frankfurt v. 13. 10. 1986 – 20 W 159/86 –.

[38] BayObLG Rpfleger 1980, 349 = MittBayNot 1981, 29.

[39] BayObLG ZMR 1980, 251 = BayObLGZ 1980, 154 = Rpfleger 1980, 260, 348 = MittBayNot 1981, 31.

[40] BayObLG v. 21. 7. 1980 – 2 Z 4/79 –.

[41] KG MDR 1985, 675.

[42] AG München v. 6. 4. 1982 – UR II 63/82 WEG (rechtskräftig); LG Passau NJW 1983, 1683; BayObLG NJW-RR 1995, 467 = WE 1995, 279.

[43] BayObLG NJW-RR 1989, 719 = WE 1990, 32; s. auch OLG Frankfurt WE 1991, 18; ZMR 1997, 667; BayObLG WE 1994, 247.

[44] BayObLG WE 1990, 174; ZMR 1993, 427 = WE 1994, 156.

- der Betrieb eines **Spielsalons** mit Verkauf von Spielgeräten, die selbst dann, wenn der Spielsalon auf besonders gehobenem Niveau geführt und nur innerhalb der gesetzlichen Ladenschlußzeiten geöffnet ist;[45]
- der Betrieb einer **Imbißstube,** die außerhalb der normalen Ladenöffnungszeiten geöffnet ist.[46]
- Hingegen kann die Nutzung als **Kindertagesstätte** evtl. zulässig sein.[47]

Das in Teilungserklärung und im Aufteilungsplan als **„Schwimmbad"** bezeichnete Teileigentum darf nicht als **Fitneß-Center** genutzt werden.[48]

Die Bezeichnung **„für gewerbliche Zwecke"** gestattet den Betrieb eines **Cafes.**[49]

Die Bezeichnung **„Büro"** gestattet nicht den Betrieb einer **Artzpraxis.**[50]

Die Bezeichnung „… bestehend aus **Massageraum,** Windfang, Warteraum … Aufenthaltsraum" gestattet nicht den Betrieb etwa einer **Pilsstube,** sondern nur eine Nutzung, die nicht mehr stört, als dies üblicherweise bei einer Massagepraxis der Fall ist.[51] Der Betrieb einer **Gaststätte,** in der vornehmlich Bier vom Faß, sowie sonstige zahlreiche alkoholische wie nicht alkoholische Getränke und neben anderen Kleinspeisen *auch* Eis angeboten wird, ist nicht vereinbar mit der Zweckbestimmung **„Eiscafe"**.[52] Die Zweckbestimmung **„Eisdiele/Cafe"** erlaubt nicht den Betrieb einer **Pilsbar,**[53] **„Cafe"** nicht den Betrieb eines **Bistros mit Spielgeräten.**[54]

Mit der Zweckbestimmung **„Weinkeller, Kegelbahn"** ist der Betrieb einer **Discothek** oder eines Lokals mit Tanzveranstaltungen nicht vereinbar.[55]

---

45 OLG Zweibrücken ZMR 1987, 187 = Rpfleger 1987, 198 = NJW-RR 1987, 464; Rpfleger 1988, 186 = NJW-RR 1988, 141 = ZMR 1988, 68; s. auch BayObLGZ 1990, Nr. 5 („Spielhalle") = WE 1991, 169; OLG Frankfurt v. 20. 2. 1986 – 20 W 30/86 –; OLG Hamm WE 1990, 96; KG ZMR 1990, 307; BayObLG ZMR 1996, 334 = WE 1996, 479 (Automatensonnenstudio).

46 BayObLG WE 1991, 230; OLG Düsseldorf ZMR 1996, 281 = WE 1996, 276 (Verkaufskiosk mit Verzehr auf der Straße); NJW-RR 1993, 587 = ZMR 1993, 122 = WE 1993, 108 (Stehpizzeria); BayObLG WE 1998, 507 (Pizza-Liefer-Service).

47 KG NJW-RR 1992, 1102 = ZMR 1992, 351 = WE 1992, 286.

48 BayObLG ZMR 1988, 436 = WE 1989, 109, das i.ü. einen aus § 242 BGB abzuleitenden Anspruch auf Billigung der Umwandlung in ein Fitneß-Center wegen Unwirtschaftlichkeit des Schwimmbads verneint.

49 OLG Zweibrücken ZMR 1987, 229.

50 OLG Stuttgart NJW 1987, 385 = NJW-RR 1987, 206; OLG Düsseldorf NJW-RR 1996, 267 = ZMR 1996, 39 = WE 1996, 72 (Kinderarztpraxis).

51 BayObLG NJW-RR 1988, 140.

52 OLG Hamm NJW-RR 1986, 1336; OLG Hamburg ZMR 1998, 714 („Café" nicht vereinbar mit dem Betrieb einer von 11.00 Uhr bis 4.00 Uhr morgens geöffneten Gaststätte).

53 OLG München ZMR 1992, 306.

54 OLG Zweibrücken ZMR 1997, 481 = WE 1997, 474.

55 BayObLG WE 1991, 51; vgl. auch BayObLG NJW-RR 1994, 527 = ZMR 1994, 234 = WE 1995, 25: „Lagerraum" kann nicht als Tanzstudio genutzt werden.

Mit der Zweckbestimmung **„Geschäftsräume"** läßt sich der Betrieb eines bis in die frühen Morgenstunden geöffneten **Nachtlokals** mit Musikveranstaltungen allenfalls dann vereinbaren, wenn eine solche gewerbliche Nutzung dem Charakter der Wohnanlage entspricht.[56]

Das BayObLG[57] bezweifelt in einem Falle, ob die in der Teilungserklärung und in der Gemeinschaftsordnung enthaltene Bezeichnung eines Sondereigentums mit **„Keller"** und „Kellerräume" eine Zweckbestimmung sei, weil es sich um selbständige Zweifamilienhäuser handle, bei denen nur die Kellerräume jeweils als Zweitwohnung in Betracht kämen, die Kellerräume in vollem Umfange über der Erdoberfläche lägen, der Fall also nicht mit einer üblichen Eigentumswohnanlage vergleichbar sei, zumal die Gemeinschaftsordnung den Wohnungseigentümern auch im übrigen weitestgehend Freiheit bei der Nutzung ihres Sondereigentums gebe. Grundsätzlich aber ist „Keller" eine Zweckbestimmung.[58]

Die Bestimmung „Die ... Räumlichkeiten im Kellergeschoß können, wenn und soweit behördlich zulässig, auch zu **Wohnzwecken** genutzt werden", setze nicht eine förmliche Genehmigung voraus, es reiche für die Zulässigkeit der Wohnraumnutzung aus, wenn sie nicht ausdrücklich verboten oder untersagt sei.[59] So stellt auch die Änderung des Beschriebs eines in der Teilungserklärung als „Gewerbe- und Lagerraum" bezeichneten Teileigentums in „Kellerabteil" keine materielle Änderung der in der Teilungserklärung enthaltenen Zweckbestimmung dar.[60]

Wird ein Sondereigentum, bezüglich dessen in der Teilungserklärung gewerbliche Nutzung vereinbart war, in neue Sondereigentumseinheiten unterteilt, von denen eine weiterhin der gewerblichen Nutzung vereinbarungsgemäß zugeführt ist, so ist an den weiteren zu Wohnzwecken bestimmten neuen Sondereigentumseinheiten die gewerbliche Nutzung nur mit Zustimmung der Wohnungseigentümer möglich.[61]

In einem weiteren Fall war das Teileigentum im Grundbuch wie folgt bezeichnet: „... verbunden mit dem Sondereigentum an dem im Aufteilungsplan mit Nr. 53 A bezeichneten **Laden mit Speicher im Dachraum".** Der

[56] KG NJW-RR 1989, 140 = ZMR 1989, 25, das dies u.a. mit der – abstrakt – unzutreffenden Erwägung begründet, bei der Auslegung der in der Teilungserklärung festgelegten Zweckbestimmung sei auf eine wertende Beurteilung und eine Gesamtwürdigung der Teilungserklärung unter Einbeziehung der örtlichen Verhältnisse abzustellen.

[57] BayObLG ZMR 1989, 103.

[58] BayObLG ZMR 1993, 29 = WE 1993, 348; ZMR 1993, 530 = WE 1994, 245; v. 29. 1. 1998 – 2 Z BR 146/97 – (wg. intensiverer Nutzung nicht zu Wohnzwecken); OLG Düsseldorf NJW-RR 1997, 907 = ZMR 1997, 373 = WE 1997, 346.

[59] BayObLG DWE 1992, 161 = ZMR 1990, 276 = WE 1991, 165; ZMR 1997, 317 (zu gewerblichen Zwecken).

[60] BayObLG DWE 1991, 163 = WE 1992, 197 = Rpfleger 1991, 455.

[61] OLG Stuttgart WE 1990, 106.

Eigentümer teilte das Teileigentum auf in 2 Einheiten, und zwar in den mit Nr. 53 A bezeichneten Laden und in die mit Nr. 53 a/b bezeichnete, im Dachgeschoß gelegene Wohnung. Das BayObLG[62] hat entschieden, daß durch den Grundbuchbeschrieb bindend bestimmt gewesen sei, daß der „Speicher im Dachraum" nur dem Sondereigentum „Laden" dienen sollte, also den Charakter eines Teileigentums und nicht eines Wohnungseigentums haben sollte. Darüber hinaus befand das Gericht, daß eine vom Eigentümer beabsichtigte Änderung der Zweckbestimmung nur durch Vereinbarung, also durch Zustimmung aller Wohnungseigentümer erfolgen könne. Die Umwandlung stelle nämlich nicht nur eine formelle, sondern eine materielle Änderung der Zweckbestimmung dar.

Ist ein Teileigentum mit **„Kellergarage"** bezeichnet, ist damit die Beschränkung der Benutzung allein als Garage festgelegt. Demzufolge ist die Umwandlung der Kellergarage in eine **Diele** unzulässig.[63]

Ist Zweckbindung hinsichtlich einer Eigentumswohnung in der Gemeinschaftsordnung dahin erfolgt, daß sie langfristig der Gemeinschaft als **Hausmeisterwohnung** zu überlassen ist, kann dieser Wohnungseigentümer den mit der Gemeinschaft bestehenden Überlassungsvertrag (Mietvertrag), welcher die Zweckbestimmung sichert, nicht ohne weiteres kündigen, sondern nur dann, wenn die Fortsetzung des Vertrages unzumutbar wäre (z.B. bei Gründen in der Person des Hausmeisters).[64] Die nächstliegende Bedeutung einer Bestimmung in der Gemeinschaftsordnung, zum gemeinschaftlichen Eigentum gehöre eine „im Erdgeschoß gelegene Hausmeisterwohnung", geht dahin, daß die Wohnung grundsätzlich als Hausmeisterwohnung zu nutzen ist, ausnahmsweise aber eine anderweitige Nutzung, z.B. durch Vermietung an einen Dritten, zulässig ist, wenn aus triftigen Gründen eine Nutzung als Hausmeisterwohnung im Einzelfall nicht möglich ist.[65]

---

[62] BayObLG DWE 1983, 94 = DNotZ 1984, 106; vgl. auch BGHZ 73, 150 (Abtrennung von bisher zu einem Wohnungseigentum gehörenden Kellerräumen, eines Garagenraums, sowie eines Bastelraums und deren rechtliche Verselbständigung in der Form des Teileigentums) als zustimmungsfreie „Umwandlung"; s. auch BayObLG NJW-RR 1995, 1103 = WE 1996, 116 (zu einer Wohnung gehörende Räume, die als „Flur und Speicher" bezeichnet sind, dürfen nicht zu Wohnzwecken genutzt werden); WE 1994, 302 (keine Nutzung eines Abstellraums im Dachspitz zu Wohn- und Schlafzwecken).

[63] BayObLG Rpfleger 1984, 409.

[64] BayObLG DWE 1984, 125 (die Entscheidung ist rechtsdogmatisch insofern unbefriedigend, als das Gericht dem Wohnungseigentümer die Kündigung mit dem Hinweis auf § 242 BGB verwehrt, andererseits die Kündigung nur im Falle der Unzumutbarkeit zuläßt; das Gericht hätte ausdrücklich darstellen müssen, daß die Kündigung bei Vorliegen eines wichtigen Grundes möglich sei).

[65] BayObLG WE 1989, 146 = DWE 1989, 183; v. 14. 2. 1991 – 2 Z 153/90 –; vgl. auch OLG Düsseldorf NJW-RR 1997, 1306 = ZMR 1997, 477: Ist Keller in der Teilerklärung als Hausmeisterwohnung ausgewiesen, kann daraus nicht durch Mehrheitsbeschluß ein Fahrradkeller gemacht werden.

Die Nutzung eines in der Teilungserklärung als **„Speicher"** bezeichneten Teileigentums als **Wohnung** ist ebensowenig zulässig,[66] wie die nähere Bezeichnung des Sondereigentums als **„Hobbyraum"** seine Nutzung als selbständige Wohnung ausschließt.[67] Wird ein als Hobbyraum bezeichnetes Teileigentum tatsächlich und mit Genehmigung der Baubehörde als Wohnung genutzt, stehen dem Unterlassungsanspruch der übrigen Wohnungseigentümer etwaige Bestimmungen einer **Zweckentfremdungsverordnung** nicht entgegen.[68] Die übrigen Wohnungseigentümer brauchen den Einbau eines Bades mit einer Küchenzeile in einem Speicherabteil nicht zu dulden, weil sie durch die damit ermöglichte intensivere Nutzung des Speicherabteils in ihren Rechten beeinträchtigt werden. Gemäß § 15 Abs. 3 haben die Wohnungseigentümer aber nur einen Anspruch auf Abtrennung der Einrichtungsgegenstände von den Versorgungs- und Entsorgungsleitungen; ihre völlige Entfernung können sie nicht verlangen.[69] Hingegen ist nach Auffassung des BayObLG[70] die halbtägige Nutzung von **Hobbyräumen** mit Ausnahme des Wochenendes als **Betreuungsstätte für Kleinkinder** zulässig, weil dadurch die übrigen Wohnungseigentümer nicht mehr gestört oder beeinträchtigt würden, als bei einer Nutzung als Hobbyräume.

129 Nicht jede öffentlich-rechtliche Norm ist jedoch wohnungseigentumsrechtlich unbeachtlich. So kann Unterlassung einer zweckbestimmungswidrigen Nutzung darauf gestützt werden, daß eine **drittschützende öffentlich-rechtliche Norm** nicht eingehalten ist.[71] Im Entscheidungsfall ging es bei gewerblicher Nutzung von Hobbyräumen im KG um die Nichteinhaltung der öffentlich-rechtlichen Anforderungen an Aufenthaltsräume. Das Gericht verneinte insoweit den Verstoß gegen eine drittschützende Norm.

130 Die Bezeichnung einer Fläche in der Teilungserklärung als **„Garagenhof"** schließt seine Nutzung als **Spielplatz** für Kinder nicht aus.[72] Das Gericht fügt allerdings richtigerweise hinzu, das Ballspielen und Bolzen im Garagenhof einer Wohnanlage könne dann untersagt werden, wenn den älteren Kindern und Jugendlichen zugemutet werden könne, in der Nähe gelegene öffentliche Spielplätze aufzusuchen. Das OLG Frankfurt[73] meint, zur

---

[66] BayObLG WE 1986, 73.

[67] BayObLG DWE 1985, 126; NJW-RR 1991, 139; WE 1996, 472 („nicht zu Wohnzwecken dienende Räume" – so die Bezeichnung in der Teilungserklärung – dürfen als Hobbyraum oder Gästezimmer zum gelegentlichen Übernachten von Personen genutzt werden, die nicht zum Hausstand gehören); WE 1995, 90 („Abstellraum" in Dachspitz); OLG Düsseldorf WE 1997, 468.

[68] BayObLG NJW-RR 1991, 139.

[69] BayObLG NJW-RR 1991, 140; ZMR 1993, 530 = WE 1994, 245; WE 1995, 90 (Anspruch auf Beseitigung der Wendetreppe).

[70] BayObLG NJW-RR 1991, 140.

[71] BayObLG NJW-RR 1996, 463 = WE 1996, 471 = DWE 1996, 37.

[72] BayObLG WE 1991, 28 = DWE 1990, 92.

[73] OLG Frankfurt ZMR 1991, 353; s. auch OLG Stuttgart NJW-RR 1995, 527 (Nutzung einer Grünfläche als Trampelpfad).

Zweckbestimmung gemeinschaftlicher **Rasenflächen** gehöre nicht nur die optisch ansprechende Gestaltung, sondern auch die **Nutzung für Spielmöglichkeiten** der in der Anlage wohnenden Kinder.

Die Bezeichnung **„Gemeinschaftsraum"** im Aufteilungsplan ist eine Zweckbestimmung. Der genannten Bezeichnung kommt nicht nur die Bedeutung zu, das Eigentum an diesem Raume darzustellen. Nach Auffassung des BayObLG[74] bedürfe es einer solchen Darstellung durch eine besondere Bezeichnung nicht; denn alle Räume, die nicht als Sondereigentum dargestellt seien, seien ohne weiteres gemeinschaftliches Eigentum. Es entspreche im übrigen dem heute üblichen Sprachgebrauch, unter „Gemeinschaftsraum" einen Raum zu verstehen, der den Mitgliedern einer Gemeinschaft zur **Freizeitgestaltung** (z.B. Spiele, Basteln, Einladungen etc.) zur Verfügung stehe.

Schließlich zeigen einige weitere Beispiele aus der jüngeren Rechtspre- **131**
chung, daß Meßlatte für die Beantwortung der Frage, ob eine zweckbestimmungswidrige Nutzung zulässig ist, stets das sog. Störelement ist.

Ist nach der Teilungserklärung in einer **Wohnung** die Ausübung einer **freiberuflichen Tätigkeit** erlaubt, **nicht** aber einer – sonstigen – **gewerblichen**, kann die **Gewerbeausübung** gleichwohl **zulässig** sein, wenn sie nicht mehr stört, als die freiberufliche.[75] Ist durch die Gemeinschaftsordnung oder durch Eigentümerbeschluß die gewerbliche Nutzung einer Wohnung von der Zustimmung der Wohnungseigentümer oder des Verwalters abhängig gemacht, kann bei fehlender Zustimmung die Unterlassung der gewerblichen Nutzung nicht verlangt werden, wenn die gewerbliche nicht mehr stört als die Wohnraumnutzung.[76]

Sieht die Gemeinschaftsordnung vor, daß in **Wohnungen** ein **freier Beruf oder ein Gewerbe** nur mit Zustimmung des Verwalters ausgeübt werden kann, der Verwalter aber die Zustimmung nur versagen darf, wenn andere Wohnungseigentümer erheblich beeinträchtigt werden, so kann die Nutzung als **Wachstation für Polizeibeamte** – die weder eine Nutzung zu Wohnzwecken noch eine gewerbliche oder freiberufliche Nutzung ist – zulässig sein.[77]

Ist nach der Gemeinschaftsordnung die gewerbliche Nutzung von Wohnungen genehmigungsfähig, dann gilt dies auch für alle Teileigentumseinheiten, für die eine Zweckbestimmung im engeren Sinne festgelegt ist, etwa mit der Maßgabe, daß auch für einen „Laden" dann eine andere gewerbliche Nutzung genehmigt werden kann, wenn ein sachlicher Grund für die Nut-

---

[74] BayObLG DWE 1986, 95; WE 1997, 280: Der Umbau einer Waschküche in einen Versammlungsraum ist nicht nur eine bauliche Veränderung, sondern zugleich eine Änderung der Zweckbestimmung.

[75] KG ZMR 1994, 27 = WE 1994, 55; NJW-RR 1994, 206.

[76] BayObLG ZMR 1996, 99; OLG Zweibrücken ZMR 1997, 482 = WE 1997, 473.

[77] BayObLG NJW-RR 1996, 1358 = ZMR 1996, 507 = WE 1997, 77.

zungsänderung gegeben ist und andere Wohnungseigentümer dadurch nicht unbillig benachteiligt werden.[77a]

Sind in der Teilungserklärung Räume als **„abgeschlossene Räume“** und andere Räume als „Garage“ bezeichnet, dann dürfen die als „abgeschlossene Räume“ bezeichneten nicht als **Garage** benutzt werden.[77b]

Das KG[78] hat die Eröffnung eines **Architekturbüros** oder einer **Steuerberaterkanzlei** in einer Wohnung für zulässig erachtet und in diesem Zusammenhang gleichzeitig ausgesprochen, daß dann die übrigen Wohnungseigentümer auch die Anbringung z.B. eines **Praxisschildes** zu dulden hätten.

Die Unterhaltung eines **Blumenladens** mit Zeitungsverkauf in einer Wohnung ist unzulässig.[79]

Haben die Wohnungseigentümer durch bestandskräftigen Mehrheitsbeschluß etwa die Nutzung eines „Speichers“ zu Wohnzwecken erlaubt, ist die Wohnraumnutzung zulässig.[80] Dies gilt für alle Fälle der Gestattung an sich zweckbestimmungswidriger Nutzungen.

Wenn auch die jahrelange zweckbestimmungswidrige Nutzung ohne Widerspruch die Zweckbestimmung nicht aufhebt,[81] kann **Verwirkung** des **Unterlassungsanspruchs** eintreten (Zeit- und Umstandsmoment).[81a] Haben die Wohnungseigentümer einer zweckbestimmungswidrigen Nutzung zugestimmt oder ist Verwirkung eingetreten, hat auch der **Sondernachfolger** eines Wohnungseigentümers keinen Unterlassungsanspruch mehr.[82] Die Geltendmachung eines an sich bestehenden Nutzungsunterlassungsanspruchs kann unzulässige Rechtsausübung sein, § 242 BGB; so insbesondere dann, wenn der Antragsteller, der ein bestimmtes Gewerbe in der Wohnung eines anderen Wohnungseigentümers untersagt wissen will, in seiner Wohnung das gleiche Gewerbe betreibt,[82a] oder wenn er nur einen **geschäftlichen Konkurrenten** ausschalten will.

[77a] BayObLG WE 1994, 247.

[77b] BayObLG WE 1994, 88; WE 1996, 191: offengelassen, ob „Räume“ überhaupt dem sachenrechtlichen Bestimmtheitsgrundsatz entspricht.

[78] KG NJW-RR 1995, 333 = WE 1995, 19.

[79] BayObLG NJW-RR 1993, 149 = WE 1993, 350.

[80] BayObLG ZMR 1997, 537 = WE 1998, 117.

[81] OLG Köln ZMR 1995, 263 = WE 1995, 220.

[81a] OLG Köln NJW-RR 1995, 851; BayObLG WE 1994, 180; ZfIR 1998, 614 (jahrelange Duldung der Nutzung eines Dachbodens als Wohnung und eigener Erwerbswunsch); OLG Köln NJW-RR 1998, 1625 (9 Jahre lange Duldung der Nutzung der Kellerräume als Wohnung).

[82] OLG Hamm ZMR 1996, 390; OLG Köln NJW-RR 1998, 1625.

[82a] BayObLG WE 1997, 69; NJW-RR 1998, 301 = ZMR 1998, 176 = WE 1998, 195; NJW-RR 1996, 1359; s. auch BayObLG WE 1998, 194 (selbst wenn eine zweckbestimmungswidrige Nutzung 20 Jahre lang unbeanstandet hingenommen wurde, besteht keine Pflicht, Baumaßnahmen zu dulden, die nach öffentlichem Recht zur Fortsetzung dieser Nutzung erforderlich sind).

4.2.2 Gebrauchsrechte und ihre Schranken

4.2.2.1 Gesetzliche Lage

Vielerorts fehlt es an Gebrauchsregelungen mit Vereinbarungscharakter 132
oder an sonstigen Regelungen der ordnungsgemäßen Verwaltung (Hausordnung). In diesen Fällen sind die Grenzen des Gebrauchs von Sondereigentum und des Mitgebrauchs von Gemeinschaftseigentum im Einzelfall schwer zu ziehen. Streit ist vorprogrammiert. Insbesondere in jeder größeren Eigentumswohnungsanlage sollte von vornherein die überragende Ordnungsfunktion von **Gebrauchsregelungen** erkannt werden, sollten jedenfalls im nachhinein die Problempunkte der laufenden Verwaltung durch eine sogenannte Hausordnung einer Regelung zugeführt werden.

Im Rahmen des **Gebrauchs des Sondereigentums** ist die gesetzliche Nahtstelle darin zu sehen, daß der Eigentümer einer Sache üblicherweise beim Gebrauch seiner Sache andere von jeder Einwirkung ausschließen kann (§ 903 BGB), während der Wohnungseigentümer lediglich „andere von Einwirkungen ausschließen“ kann (§ 13 Abs. 1), also nicht von jeder Einwirkung. Dies ist notwendig, weil aus dem Zusammenhang der Wohnungseigentümergemeinschaft sich Einwirkungen ergeben, die der einzelne Wohnungseigentümer auf sein Sondereigentum dulden muß im Interesse des Bestehens und der Verwaltung der Gemeinschaft wie auch der Benutzung der anderen Sondereigentumsräume und der gemeinschaftlichen Teile.[83]

Der **Mitgebrauch** des Gemeinschaftseigentums durch jeden Wohnungs- 133
eigentümer (§ 13 Abs. 2) ist nach Maßgabe der §§ 14, 15 möglich. Dieses Mitgebrauchsrecht aller Eigentümer ist zugleich nicht nur eine Beschränkung des Miteigentums, sondern zwangsläufig auch eine Beschränkung des Sondereigentums.[84] § 13 Abs. 2 entspricht im wesentlichen § 743 BGB.

Die Grenzen im **Gebrauch der Wohnung** sind unverrückbar gesetzt durch die Tatsache, daß die einzelne Wohnung an andere angrenzt, und daß jeder Wohnungseigentümer gezwungen ist, sich der gemeinschaftlichen Sache zu bedienen, um die eigene Sache zu nutzen.[85]

So hat der einzelne Wohnungseigentümer jede Maßnahme – auch in sei- 134
nem Sondereigentum – zu unterlassen, die geeignet ist, **Bestand, Stabilität** und **Sicherheit** des Gebäudes zu beeinträchtigen. Dazu zählt auch die Unterlassung von Arbeiten oder Änderungen, die andere negativ beeinträchtigen könnten (Ausfluß der Unterhaltungs- und Instandhaltungspflicht eines jeden einzelnen am Sondereigentum und Gemeinschaftseigentum). Der Wohnungseigentümer darf ferner keine Maßnahmen treffen, die das **archi-**

---

[83] Bärmann-Pick, § 13 Rz. 15.
[84] Bärmann-Pick, § 13 Rz. 19.
[85] Bärmann-Pick, § 13 Rz. 22.

tektonische Aussehen des Gebäudes ändern (Verwandlung eines Fensters in einen Balkon, eines Balkons in eine Terrasse und umgekehrt, Anbringung oder Entfernung von Rolläden.[86] Im Rahmen baulicher Veränderungen am Gemeinschaftseigentum i.S.v. § 22 oder von baulichen Veränderungen im Bereich des Sondereigentums ist jedoch stets von Bedeutung, ob die Maßnahme andere Wohnungseigentümer i.S.v. § 14 Nr. 1 unverhältnismäßig beeinträchtigt oder nicht. Ergo ist nicht jede Maßnahme unzulässig, die das architektonische Aussehen des Gebäudes ändert.

Die Schranke des **Bestimmungszwecks** schließlich ist in Abschn. 4.2.1 dargestellt. Bärmann-Pick[87] fassen richtigerweise zusammen: Grundsatz sei, daß jede Form der Nutzung und des Gebrauchs des Sondereigentums verboten sei, die geeignet wäre, Gebrauch und Nutzungen der gemeinschaftlichen Sachen und Dienste über die Grenzen des eigenen Anteils hinaus herbeizuführen mit der Folge, daß den anderen Miteigentümern der Gebrauch und die Nutzung der gemeinschaftlichen Sachen und Dienste im uneingeschränkten Rahmen ihres Rechts unmöglich gemacht werde.

Da in jedem Einzelfall die Schranken für den Gebrauch des Sondereigentums und den Mitgebrauch des Gemeinschaftseigentums je nach Struktur, Lage, Ausstattung des Gebäudes und Zusammensetzung der Gemeinschaft anders zu setzen sind, also jeder Streit um die Grenzen des Gebrauchsrechtes einer Einzelfallentscheidung bedarf, ist es im Sinne dieser Schrift zweckmäßig, Literatur und Rechtsprechung zu einzelnen Fallgestaltungen zu Wort kommen zu lassen. Einzelnen Beispielsfällen ist bereits die Sonderproblematik der in Abschn. 4.3 behandelten sog. baulichen Veränderung immanent. Die Gesamtheit von Literatur und Rechtsprechung ermöglicht es dann, in einem aktuellen Problemfall die zutreffende Antwort zu geben:

135 – Einzelne Wohnungseigentümer sind nicht berechtigt, **Spruchbänder mit politischen Parolen** an der Hausfassade anzubringen.[88]
– Dem einzelnen Wohnungseigentümer ist eine stärkere Benutzung der gemeinschaftlichen **Waschküche** nicht schon deshalb erlaubt, weil er eine Pension betreibt (Grundsatz des gleichgewichtigen Mitgebrauchs des Gemeinschaftseigentums).[89] Die Nutzung des gemeinschaftlichen **Kinderspielplatzes** durch eine große Anzahl von Kindern, die in einem Teileigentum gegen Entgelt betreut werden, wird von der Zweckbestimmung „Kinderspielplatz“ nicht mehr gedeckt.[90]
– Unzulässigkeit der Aufstellung von **Waren im Korridor** durch einen Wohnungseigentümer, der Händler ist.[91]

[86] Bärmann-Pick, § 13 Rz. 37.
[87] KG NJW-RR 1988, 846 = ZMR 1988, 268.
[88] Bärmann-Pick, § 13 Rz. 48.
[89] BayObLG ZMR 1998, 182.
[90] Bärmann-Pick, § 13 Rz. 26, 27, 28; BayObLG ZMR 1985, 420.
[91] Bärmann-Pick, a.a.O.; OLG Düsseldorf ZMR 1996, 446 = WE 1996, 394 (Mülltüten vor Eingangstüre).

- Inbetriebnahme eines **Kinos** in einem Raum mit der Folge stärkerer Benutzung der Gänge, Wege, Höfe, Treppen oder Fahrstühle.[92]
- Unzulässigkeit des Anbringens von **Ausstellungskästen** in Korridoren und Gängen.[93] Hier, wie in allen Fällen des stärkeren Mitgebrauchs von Gemeinschaftseigentum, kann jedoch eine positiv geregelte Zweckbestimmung (Teileigentum ist in der Teilungserklärung als „Kino" bezeichnet) die stärkere Inanspruchnahme von Gemeinschaftseigentum rechtfertigen. Jeder Beteiligte kann die gemeinschaftlichen Sachen in den Grenzen seines Rechts nutzen. Die Grenzen sind vom Gesetz, der Teilungserklärung und der Gemeinschaftsordnung festgelegt, also durch den **Bruchteil des Miteigentums**, aber auch durch die **Bedeutung** der **Sondereigentumsräume** im Rahmen des Gesamtgebäudes. Ausschließlich auf den Bruchteil des Miteigentums abzustellen, würde u. U. zu völlig unbilligen Ergebnissen führen.[94] Das BayObLG[95] ging am Beispiel der Gartennutzung von **gleichem Umfang** des **Mitgebrauchs** aus. Der Exzeß der Nutzung ist also unzulässig, das Maß der Nutzung des Gemeinschaftseigentums muß nicht immer völlig gleichgewichtig sein. Die Bedingungen für das Recht auf Nutzung und Gebrauch des Gemeinschaftseigentums durch den einzelnen sind, daß er hierdurch die Bestimmung des Gebäudes wie der einzelnen Sondereigentumsräume nicht ändert – ohne ausdrückliche oder stillschweigende Zustimmung der anderen –, und daß er alles unterläßt, was die Rechte der anderen beeinträchtigen oder ihnen Schaden zuführen könnte.[96] Gerade bei Mehrhausanlagen kann kraft Gesetzes, also ohne vereinbarte Gebrauchsregelung, der Mitgebrauch gemeinschaftlichen Eigentums durch naturgemäße Bestimmung eingeschränkt sein.[97]
- Jeder Wohnungseigentümer hat auf die **Sicherheit** und **Ruhe sowie das** 136 **Ordnungsbedürfnis** der anderen Wohnungseigentümer, wozu auch Hygiene und Sauberkeit zählen, zu achten. Deshalb kann die Aufbewahrung feuchter, übelriechender oder brennbarer Stoffe im Sondereigentum unzulässig sein, sofern sie Schäden am Gemeinschaftseigentum oder an/in anderen Wohnungen herbeiführen könnten.[98] Bei Belästigung durch Küchengerüche ist nicht die „Ortsüblichkeit", sondern das gemeinschaftliche Rücksichtnahmegebot entscheidend.[99]
- Befinden sich im abgeschlossenen Kellerraum eines Wohnungseigentümers die **Wasserzuleitungen** für andere Eigentumswohnungen, so hat der

---

92 Bärmann-Pick, a. a. O.

93 Bärmann-Pick, a. a. O.

94 Bärmann-Pick, § 13 Rz. 96, 97.

95 BayObLG ZMR 1972, 224 = Rpfleger 1972, 260 = MDR 1972, 607; NJW-RR 1998, 443 = ZMR 1998, 356 = WE 1998, 359 zum Abstellen von Pkw's im Hof unter Berücksichtigung der schutzwürdigen Belange der übrigen Wohnungseigentümer.

96 Bärmann-Pick, § 13 Rz. 99.

97 OLG Frankfurt ZMR 1997, 606; s. auch OLG Düsseldorf WE 1995, 150.

98 Bärmann-Pick, § 13 Rz. 55.

99 OLG Köln ZMR 1998, 46 = NJW-RR 1998, 83.

Eigentümer des Kellers Vorsorge dafür zu treffen, daß die Wasserleitungen nicht einfrieren können (§ 14 Nr. 1). Verletzt er diese Pflicht schuldhaft, haftet er auf Schadenersatz.[100]

- Es besteht kein genereller Anspruch auf die Gestattung des **Grillens** mit einem Gartengrillgerät (offene Glut) auf dem Balkon.[101] Anderes kann nur gelten für das Bedienen von elektrischen Tischgrillgeräten.[102] Andererseits kann auch das Grillen mit einem Gartengrillgerät im Einzelfall ordnungsmäßigem Gebrauch entsprechen.[103]

137 – **Lärm- und Ruhestörungen** sind entsprechend den Gepflogenheiten unter Mietern einzurichten.[104] So kann unzulässig sein ein ständiges Sägen und Bohren, die Einrichtung einer Werkstatt in der Wohnung oder auch der über lange Zeit sich erstreckende beständige Neueinbau von Möbeln oder sonstigen Einrichtungen, woraus sich Störungen für die Nachbarn ergeben, selbst wenn gewisse Ruhezeiten nach der Hausordnung eingehalten werden.[105] Es ist unzulässig, wenn eine in einem Teileigentum betriebene **Gaststätte** länger **geöffnet** bleibt, als in der Teilungserklärung vorgesehen.[106] Im Entscheidungsfalle hatte ein Wohnungseigentümer von dem Teileigentümer Unterlassung verlangt. Das Gericht hat richtigerweise entschieden, daß sich der Unterlassungsanspruch auch dann gegen den Teileigentümer richtet, wenn die Gaststätte nicht von ihm selbst, sondern von seinem Mieter betrieben wird (weiter Ausführungen zu Problemen bei vermieteten Eigentumswohnungen s. Abschn. 4.2.2.3.6).

138 – Unabhängig von der Frage der Zweckbestimmung kann eine in sich unzulässige Nutzungsart vorliegen in der Ausübung einer **ärztlichen Praxis** für ansteckende oder gefährliche Krankheiten, einer **Gesangs-, Musik** oder **Tanzschule,** eines öffentlichen oder privaten **Büros.**[107]

- Unabhängig von der Frage der Zweckbestimmung kann die Einrichtung eines jeden mit **Geräusch, Geruch** oder **Gefahr** verbundenen Gewerbes verboten sein (Druckerei, Autoreparaturwerkstätte, Garage, Maschinenbau, Spenglerei etc.).[108]

---

[100] BayObLG ZMR 1989, 349.

[101] S. AG Wuppertal Rpfleger 1977, 334, wonach das Grillen nicht durch Beschluß der Wohnungseigentümer allgemein gestattet werden könne; Müller in Partner im Gespräch 15, S. 98; s. a. LG Düsseldorf ZMR 1991, 234.

[102] Müller, a. a. O.; Bielefeld DWE 1983, 89.

[103] LG Stuttgart ZMR 1996, 624.

[104] Bärmann-Pick, § 13 Rz. 55; BayObLG NJW-RR 1994, 337 = ZMR 1994, 25 = WE 1994, 278 (Musikausübung in Gaststätte); Saarl. OLG ZMR 1996, 566 (typischer Lärm durch spielende Kinder); s. auch BGH WE 1993, 80 (zur Ortsüblichkeit von Froschlärm bei Anlegung eines Gartenteichs); zu Ruhezeitenregelungen s. nunmehr BGH EBE 1998, 346 u. OLG Stuttgart ZMR 1998, 465.

[105] So Bärmann, *Partner im Gespräch* 11, S. 126.

[106] BayObLG WE 1987, 97 = DWE 1987, 62.

[107] Bärmann-Pick, § 13 Rz. 58.

[108] Bärmann-Pick, § 13 Rz. 59.

- Entsprechendes gilt für den Betrieb eines **Hotels** oder **Restaurants,** kurz für alles, was zur Wertminderung, starker persönlicher Beeinträchtigung oder Gesundheitsgefährdung anderer Bewohner führen kann.[109] Dies kann der Fall sein, wenn einem Verein zur Betreuung von Jugendlichen die Wohnung zur Verfügung gestellt wird.[110]
- Eine räumlich abgegrenzte Nutzung gemeinschaftlichen Eigentums bedarf der einstimmigen Zustimmung aller Wohnungseigentümer.[111] Dies gilt auch für die Zuweisung bestimmter **Kfz.-Abstellplätze** zur ausschließlichen Nutzung.[112] So stellt nach Auffassung des KG[113] ein Eigentümerbeschluß keine zureichende Gebrauchsregelung dar, der eine **zeitlich unbegrenzte Vermietung** von im Gemeinschaftseigentum stehenden **Garagen** an einzelne Wohnungseigentümer vorsieht, wenn nur wenige Garagen im Gemeinschaftseigentum zur Verfügung stehen. Das KG bejaht in diesem Zusammenhang die Möglichkeit, daß das Gericht auf Antrag eine jährliche Neuverteilung nach einem Losverfahren vorsieht. **139**
- Das Anbringen von **Plakaten, Schildern** – soweit nicht Werbezwecken dienend – etc. bedarf i.d.R. der Zustimmung der Wohnungseigentümerversammlung. Die Zustimmung entspricht nur dann ordnungsmäßiger Verwaltung, wenn die Maßnahme der Ästhetik des Gebäudes und seinem Charakter, seiner Lage und seinem Bestimmungszweck entspricht. Es dürfen keine Behinderungen anderer Wohnungseigentümer ausgelöst werden (das Öffnen von Fenstern darf nicht behindert werden; Licht, Luft und Sicht müssen gewahrt bleiben).[114] Für die Anbringung von schlichten **Namens-, Briefkasten-** und **Türschildern** bedarf es der Zustimmung der Wohnungseigentümerversammlung nicht. Sie müssen nur die vorgenannten Voraussetzungen erfüllen (Einheitlichkeit der Gestaltung).
- Entsprechende Voraussetzungen sind für die **Schaukästen** eines Gewerbetreibenden zu fordern. Sie sind zudem zu beschränken auf die Außenseite seines Sondereigentums. In diesem Rahmen ist das Votum der Wohnungseigentümerversammlung allerdings entbehrlich, wenn schon die Bauplanung die Anbringung von Schaukästen vorgab und daraus ein Sondernutzungsrecht zugunsten des Gewerbetreibenden abzuleiten ist, das mangels Eintragung im Grundbuch ein schuldrechtliches wäre.[115]

---

[109] Bärmann-Pick, a.a.O.

[110] OLG Frankfurt Rpfleger 1981, 148 = OLGZ 1981, 156.

[111] BayObLG ZMR 1972, 224 = Rpfleger 1972, 260 = NJW 1972, 1286 = MittBayNot 1972, 162/LS; NJW 1974, 153 = MittBayNot 1974, 15; a.A. KG NJW 1972, 691.

[112] BayObLG Rpfleger 1974, 314.

[113] KG ZMR 1990, 426; s. auch BayObLG NJW-RR 1993, 205 = ZMR 1993, 341; NJW-RR 1992, 599.

[114] Bärmann-Pick, § 13 Rz. 120; s. aber KG NJW-RR 1995, 333 = WE 1995, 19: Duldung eines Praxisschilds bei zulässiger gewerblicher Nutzung.

[115] S. aber BayObLG DWE 1983, 94, das die nicht ausdrückliche Begründung eines Sondernutzungsrechts nur ausnahmsweise anerkennt.

140 – Immer sind **Stabilität** und die Erhaltung der **Harmonie** des Gebäudes zu berücksichtigen. **Fenster** und **Balkone** dürfen in jedem Falle nur nach Zustimmung der Wohnungseigentümerversammlung und nur dann zur Anbringung von **Schaukästen** und Auslagen verwendet werden, wenn dies nach der objektiven Bestimmung des Gebäudes, nach seinem Charakter und seiner Lage vertretbar erscheint. Allerdings kann hier zusätzlich zu berücksichtigen sein, daß gleichzeitig eine bauliche Veränderung i.S.v. § 22 vorliegt, die grundsätzlich eines einstimmigen Beschlusses bedürfte. Dies gilt aber nur für nachträglich anzubringende Schaukästen. Die Errichtung von Anfang an vorgesehener Schaukästen (s. vorstehend), die auf einem schuldrechtlichen Sondernutzungsrecht beruht, ist keine bauliche Veränderung, sondern dient der erstmaligen Fertigstellung des Bauvorhabens. Liegt hier, wie bei anderen Reklame(Werbe-)Anlagen auch, eine bauliche Veränderung vor, ist Zustimmungsfreiheit dann nur gegeben, wenn kein anderer Wohnungseigentümer einen den Rahmen von § 14 Nr. 1 sprengenden Nachteil erleidet.

– **Reklameschilder** können durch einen Teileigentümer, der in der Wohnanlage zulässigerweise ein Gewerbe betreibt, ohne Zustimmung der Wohnungseigentümerversammlung[116] an der Außenfront des Gebäudes angebracht werden, wenn sie angemessen und ortsüblich sind.[117] Ein Versammlungsbeschluß etwa, welcher unter Verletzung dieses Grundsatzes von dem gewerbetreibenden Teileigentümer die Entfernung ortsüblicher und angemessener Werbeanlagen verlangt, widerspräche ordnungsmäßiger Verwaltung. Das Gesagte gilt auch für **Leuchtreklamen** mit dem ergänzenden Hinweis, daß hier besondere Rücksichten etwa auf Wohnungseigentümer zu nehmen sind, die ihre Wohnung oberhalb des Ladens haben. Demnach ist eine angemessene und ortsübliche Werbung, weil das äußere Bild der Anlage beeinträchtigend, etwa dann nicht mehr gegeben, wenn ein Wohnungseigentümer an dem **Balkonfenster** seiner grundsätzlich zulässigerweise gewerblich genutzten Wohnung ein **rotes Schild** mit der weißen Aufschrift „Zu vermieten" sowie Angabe einer Telefonnummer anbringt.[118]

– **Reklame durch Dritte** ist i.d.R. nur mit Zustimmung aller Wohnungseigentümer möglich, wenn die dadurch ausgelöste Nutzung von Gemeinschaftseigentum über den üblichen Rahmen hinausgeht. Sprengt sie den ortsüblichen Rahmen nicht und berücksichtigt sie den Bestimmungszweck, den Charakter und die Lage des Gebäudes, dürfte ein Mehrheitsbeschluß genügen, dies insbesondere dann, wenn die Nutzungsüberlassung gegen Entgelt erfolgt.[119]

---

[116] KG a.a.O.

[117] OLG Frankfurt Rpfleger 1982, 64; vgl. auch Glaser, Recht des Geschäftsraummieters zur Benutzung der Außenwand des Geschäftshauses zu Werbezwecken; MDR 1955, 644 und OLG Hamm OLGZ 1980, 274.

[118] LG Aurich NJW 1987, 448.

[119] Bärmann-Pick, § 13 Rz. 122.

- Das Anbringen von **Schildern, Abzeichen** etc. auf dem **Dach** des Gebäudes oder auf einer Dachterrasse ist i.d.R. nur dann zustimmungsfrei, wenn kein anderer Miteigentümer einen über das bei einem geordneten Zusammenleben unvermeidbare Maß hinaus gehenden Nachteil erleidet. Es kommt im Ergebnis nicht darauf an, ob sich das Dach, bzw. die Terrasse im Sondereigentum dieses Wohnungseigentümers oder im Gemeinschaftseigentum befinden. In beiden Fällen kommt der Grundsatz des § 14 Nr. 1 zum Tragen, im Sondereigentumsfall über § 13 Abs. 1, im Gemeinschaftseigentumsfall über § 13 Abs. 2 oder § 22.
- **Gemeinschafts- und Hochantennen** für den üblichen Fernsehemp- **141**
fang stehen i.d.R. im Gemeinschaftseigentum. Die Umrüstung auf den Empfang weiterer Programme durch Installierung einer Verstärkungsanlage bedarf, weil im Rahmen ordnungsmäßiger Verwaltung liegend, eines Mehrheitsbeschlusses. Die Anbringung von Antennen innerhalb der Sondereigentumsräume durch einen Wohnungseigentümer ist zustimmungsfrei, sofern dadurch anderen Wohnungseigentümern keine, den Rahmen von § 14 Nr. 1 sprengenden Nachteile entstehen (z.B. Störung des Fernseh- oder Rundfunkempfangs in anderen Wohnungen).[120]
- Die Installierung einer **Funkamateurantenne** durch einen einzelnen Wohnungseigentümer bedarf i.d.R. der Zustimmung aller Wohnungseigentümer, weil sie eine bauliche Veränderung gemeinschaftlichen Eigentums (Vornahme einer Öffnung im Dach) zur Folge hat und mehr, als durch § 14 Nr. 1 zugelassen, stört.[121] Selbst wenn mit ihrer Installierung keine bauliche Veränderung verbunden wäre, bedürfte sie eines zustimmenden Mehrheitsbeschlusses der Wohnungseigentümer, sofern Mitbewohner im Empfang von Fernseh- und Funksendungen gestört würden. Dies ergibt sich aus § 13 Abs. 2 i.V.m. § 14 Nr. 1.[122]
- Umstritten ist die Frage, ob der einzelne Wohnungseigentümer einen Anspruch auf Duldung eines **Sendestabes auf dem Dach** für eine Funksprechanlage oder eine Kfz.-Funksprechanlage hat. Hier muß das für Antennen allgemein Gesagte entsprechend gelten. Maßgeblich sind der Bestimmungszweck, Charakter und die Lage des Gebäudes. Da im übrigen Störungen nicht zu besorgen sind, wird hier ein Anspruch grundsätzlich zu bejahen sein. Auch hier kann dahingestellt bleiben, ob mit der Installierung eines Sendestabes eine bauliche Veränderung i.S.d. § 22 verbunden ist oder nicht. In jedem Falle ist (entweder gemäß § 13 Abs 2 i.V.m. § 14 Nr. 1 oder gemäß § 22 i.V.m. § 14 Nr. 1) Zustimmungsbedürftigkeit nur gegeben, falls und soweit die Gemeinschaft oder andere

---

[120] Bärmann-Pick, § 13 Rz. 129.
[121] LG Düsseldorf DWE 1980, 24; OLG Celle DWE 1982, 33; die öffentlich-rechtliche Genehmigung etwa nach § 3 AFuG ersetzt nicht die Zustimmungsbedürftigkeit, so BayObLG WEM 1982, 114; s. auch Röll NJW 1984, 106ff.
[122] BayObLG a.a.O.; Röll, a.a.O.

Wohnungseigentümer Nachteile erleiden, die den nach § 14 Nr. 1 als zulässig vorgesehenen Rahmen sprengen.[123]

142 – Das **Auswechseln von Fenstern** durch Einbau einer Sprossenverglasung ist schon wegen der Veränderung des optischen Gesamteindrucks eine zustimmungsbedürftige – weil das unvermeidliche Maß überschreitende Nachteile auslösend – bauliche Veränderung.[124] Dies gilt grundsätzlich auch hinsichtlich einer neuen Fenster-Tür-Kombination, soweit diese zu einem zustimmungsbedürftigen Nachteil führt.[125]

– Unzulässig dürfte das eigenmächtige **Anbringen von Blumenkästen** an der Außenseite des Balkons nur dann sein, wenn es für die übrigen Wohnungseigentümer einen ungebührlichen Nachteil darstellt (Störung des Gesamtbildes). Entspricht der angebrachte Blumenkasten nach Größe und Aussehen anderen bereits installierten (Gesichtspunkt des einheitlichen Gesamtbildes), liegt hierin ein zulässiger Gebrauch.[126]

– Das **Abstellen von Fahrzeugen** auf Grünflächen einer Eigentumswohnungsanlage ist grundsätzlich ausgeschlossen, außer in Notfällen oder wenn hierüber die Teilungserklärung anderes verfügt hat.[127] Auch entspricht das Abstellen von **Motorrädern** in einem **Kellerraum** nicht ordnungsmäßigem Gebrauch des Gemeinschaftseigentums.[128]

– Der einzelne Wohnungseigentümer kann verpflichtet sein, nachträglich vorgenommene, **geräuschverstärkende Einbauten** in einer Eigentumswohnung (z.B. Holzpodest und Wasserarmaturenschrank) zu beseitigen.[129] Dies gilt insbesondere für alle den **Schallschutz** verschlechternden Maßnahmen in einer Wohnung (nicht den anerkannten Regeln der Technik entsprechender Estrich bei erlaubtem Dachgeschoßausbau; Verlegung von Keramikfliesen statt Parkett, Parkett statt Teppichboden, Tiefspül- anstelle von Flachspülklosett).[130] In allen Fällen hat der nachteilig betroffene Wohnungseigentümer Anspruch auf normgerechten Schallschutz. Die DIN-Normen sind insoweit nur Orientierungshilfe. Selbst wenn die den Schallschutz beeinträchtigende Maßnahme bereits im Zuge des erstmaligen Wohnungsausbaus getroffen war, der Wohnungseigentü-

---

[123] S. hierzu bejahend LG Bochum NJW 1960, 1622; AG Hamburg v. 25. 3. 1980 – 46 C 676/79 –; a.A. LG Verden/Aller NJW 1961, 1679 und AG Köln v. 5. 10. 1978 – 156 C 5344/78 –; s. auch Bärmann in *Partner im Gespräch* 11, S. 128.

[124] OLG Frankfurt Rpfleger 1983, 64.

[125] BayObLG v. 3. 12. 1981 – 2 Z 80/80 –, das allerdings trotz Nachteilseintritt (Störung durch dunkle, breite Metallblenden) die Beseitigungs- und Wiederherstellungspflicht verneinte, weil die Vorinstanz (AG) im Rahmen ihres sog. Rechtsfolgeermessens den Störer verpflichtet hatte, statt der aufwendigen Beseitigung eine Markise anzubringen.

[126] Bärmann-Pick, § 22 Rz. 39 u. 144: nicht nachteilige bauliche Veränderung.

[127] BayObLG WEM 1981, 32.

[128] BayObLG WE 1988, 143 = DWE 1989, 37.

[129] BayObLG DWE 1982, 103; Rpfleger 1983, 14.

[130] BayObLG NJW-RR 1992, 974 = WE 1993, 254; WE 1993, 283; WE 1994, 147; NJW-RR 1994, 598 = ZMR 1994, 167 = WE 1994, 312.

mer, von dessen Wohnung aus die Beeinträchtigung greift, also nur Zustands-, nicht Handlungsstörer ist, kann der davon negativ betroffene Wohnungseigentümer einen Anspruch auf Abhilfe haben. Dies rechtfertigt das Gebot zu möglichster Rücksichtnahme gem. § 14 Nr. 1.[131]

- Das **Halten von Haushunden** entspricht nach den hiesigen tradierten sozio-kulturellen Vorstellungen ordnungsmäßigem Wohnen und ist grundsätzlich zulässig.[132] Hingegen stellt das **Halten** etwa von **Schlangen** und **Ratten** in der Eigentumswohnung keinen ordnungsgemäßen Gebrauch des Sondereigentums dar.[133] Im Entscheidungsfalle hatte ein Eigentümer in einer ca. 80 qm großen Wohnung 11 Schlangen gehalten, von denen einige ca. 2 m lang waren. Die Schlangen fütterte der Eigentümer mit Mäusen und Ratten, die er ebenfalls in der Wohnung züchtete. Das Maß des ordnungsmäßigen Gebrauchs des Sondereigentums überschreitet ein Wohnungseigentümer jedenfalls dann, wenn er in seiner 42 qm großen Ein-Zimmer-Wohnung mehr als 4 **Katzen** hält.[134] Die Haltung von Kampfhunden kann durch Mehrheitsbeschluß untersagt werden.[135] **143**
- Die Nutzung von **Wäschepflegeräumen** steht auch bei einer Mehrhausanlage jedem Wohnungseigentümer zu.[136] **144**

Das Gericht bestätigt zwar, daß grundsätzlich eine Gebrauchsregelung u. a. schon in der baulichen Gestaltung der Wohnanlage liegen könne,[137] im Entscheidungsfalle komme als Gebrauchsregelung nur ein Sondernutzungsrecht für die Wohnungseigentümer dieses Hauses in Betracht, in dem sich der Wäschepflegeraum befindet. Die Begründung eines Sondernutzungsrechts bedeute jedoch einen schwerwiegenden Eingriff in das Mitgebrauchsrecht aller, so daß die nicht ausdrückliche Begründung eines Sondernutzungsrechts nur in Ausnahmefällen anerkannt werden könne.

- Unzulässig ist die eigenmächtige **Ausdehnung** eines zur Sondernutzung zugewiesenen **Gartenteils** sowie das **Spannen von Wäscheleinen** hierauf.[138] **145**
- Der Sondernutzungsberechtigte darf die ihm zugewiesene Gartenfläche mit einem **Maschendrahtzaun** zumindest dann abgrenzen, wenn dies zur Gartenabgrenzung eines in Wohnungseigentum errichteten Doppelhauses

---

[131] BayObLG WE 1993, 283.

[132] OLG Stuttgart Rpfleger 1982, 220.

[133] OLG Frankfurt ZMR 1991, 113.

[134] KG NJW-RR 1991, 116 = WE 1991, 328 = ZMR 1992, 201; zur übermäßigen Haustierhaltung s. auch OLG Köln ZMR 1996, 97 = WE 1996, 234 (Haltung von über 100 Kleintieren in 2-Zimmer-Wohnung).

[135] OLG Frankfurt NJW-RR 1993, 981; OLG Hamburg ZMR 1998, 584 (Hundeanleinungspflicht, wenn nach Störung Wiederholungsgefahr); KG NJW-RR 1998, 1385 = ZMR 1998, 658 = DWE 1998, 135 = WE 1998, 347 zu den Grenzen der Haustierhaltungsbeschränkung.

[136] BayObLG DWE 1983, 94.

[137] BayObLGZ 1961, 322/329.

[138] BayObLG DWE 1983, 22.

geschehe. Die sichtbare Abgrenzung durch einen Zaun entspreche natürlichen Wohnbedürfnissen. Der Nachbar erleide keinen ungebührlichen Nachteil.[139] Zweifelhaft erscheint dies bei kleinen, Gartenterrassen vorgelagerten Sondernutzungsflächen bei einer herkömmlichen Eigentumswohnungsanlage. Hier wird ein ungebührlicher Nachteil zu bejahen sein. Auch eine erstmalige **Gartenbepflanzung** mit Blumen, Sträuchern und Bäumen, die keine bauliche Veränderung darstellt,[140] kann im Rahmen ordnungsmäßigen Gebrauchs liegen. Hier sind jedoch in analoger Anwendung nachbarrechtlicher Vorschriften Grenzabstände zu berücksichtigen.[141]

146 – Der einzelne Wohnungseigentümer hat gemäß § 21 Abs. 4, Abs. 5 Nr. 2, § 27 Abs. 1 Nr. 2 einen sowohl gegen die Gemeinschaft als auch gegen den Verwalter gerichteten Anspruch, die Ursache und den Umfang des **Baumangels** feststellen zu lassen, der zur Durchfeuchtung der **Wohnungstrennwand** zum Nachbarn geführt hat (die tragende Wohnungstrennwand und die Isolierschicht zwischen dem Bad des betroffenen Wohnungseigentümers und der Wand sind Gemeinschaftseigentum);[142] denn jeder Wohnungseigentümer hat **einen Anspruch auf Beseitigung von Baumängeln** am Gemeinschaftseigentum[143] als Maßnahme ordnungsgemäßer Verwaltung. Haben allerdings Feuchteschäden ihre Ursache sowohl im Gemeinschaftseigentum als auch im Sondereigentum, kann der Sondereigentümer verpflichtet sein, zunächst sein Sondereigentum instandzusetzen, wenn dadurch das Eindringen weiterer Feuchte verhindert und die Gemeinschaft vor größeren Kosten bewahrt wird.[144]

147 – Es stellt einen unzulässigen Mitgebrauch von Gemeinschaftseigentum dar, wenn der Sonderbenutzungsberechtigte einen im Bereich seiner sondergenutzten Terrasse liegenden **Lichtschacht mit Gitterrost** zum Kellerhobbyraum eines anderen Wohnungseigentümers durch Abstellen von Gegenständen so verstellt, daß die Licht- und Luftzufuhr mehr als nur ganz geringfügig beeinträchtigt wird (Abdeckung des Gitterrostes mit Holzbrettern, Einrichtung einer Sitzecke darauf, Pflanzkübelaufstellung.[145]

– Ist im Aufteilungsplan eine **Wohnungsabschlußtüre** eingezeichnet – und ja gerade deshalb die Abgeschlossenheitsbescheinigung erteilt worden –,

---

[139] BayObLG Rpfleger 1982, 419; s. aber OLG Düsseldorf WE 1997, 310 (Errichtung eines Jägerzauns als zustimmungspflichtige bauliche Veränderung).

[140] BayObLGZ 1975, 201/206.

[141] BayObLG Rpfleger 1982, 419; s. ergänzend zu den Rechten des Sondernutzungsberechtigten Abschn. 2.6.

[142] BayObLG v. 30. 4. 1982 – 2 Z 67/81 –.

[143] OLG Hamm WE 1993, 244; s. auch BayObLG WE 1996, 476 = DWE 1996, 75 zur Mitwirkungspflicht aller Wohnungseigentümer bei der Instandhaltung und Instandsetzung gemeinschaftlichen Eigentums.

[144] OLG Düsseldorf WE 1995, 314; OLG Köln ZMR 1995, 493.

[145] BayObLG DWE 1984, 30 (das Gericht ließ hier die Streitfrage offen, ob an der Terrasse Sondereigentum begründet werden könne; denn auch in diesem Falle orientiere sich die Gebrauchsschranke an § 14 Nr. 1).

ist die Türe hingegen im Zuge der Bauerrichtung nicht eingebaut worden, ist dieser Wohnungseigentümer den anderen Wohnungseigentümern gegenüber verpflichtet, dem Einbau der Türe zuzustimmen, § 21 Abs. 4, Abs. 5 Nr. 2, § 3 Abs. 2 S 1.[146]

- Der einzelne Wohnungseigentümer hat einen Anspruch gegen die übrigen Wohnungseigentümer auf **Verkleidung einer Außenwand** zur Beseitigung von Feuchtigkeitsschäden in seiner Wohnung, wenn diese Maßnahme zur Schadensbeseitigung erforderlich ist, § 21 Abs. 4, Abs. 5 Nr. 2.[147] Macht ein Wohnungseigentümer aufgrund eines Eigentümerbeschlusses **Aufwendungen für das gemeinschaftliche Eigentum,** so steht ihm gegen die übrigen Eigentümer ein anteilsmäßiger **Ausgleichsanspruch** zu. In diesem Falle ist nicht einmal auf die Regelungen des Auftragsrechts oder der Geschäftsführung ohne Auftrag zurückzugreifen.[148] Generell ist in diesem Zusammenhang zu sagen: **Besitzschutzansprüche** als Alleinbesitzer kann ein Wohnungseigentümer gegenüber anderen Wohnungseigentümern nur geltend machen, soweit er alleinigen Teilbesitz hat. Dies kann aufgrund seines **Sondereigentums** gegeben sein oder aufgrund eines **Sondernutzungsrechts,** das die übrigen Wohnungseigentümer vom Mitgebrauch gemeinschaftlichen Eigentums völlig ausschließt.[149]
- Das Abstellen eines sogenannten **Wohnmobils** auf einer gemeinschaftli- **148**
chen Hoffläche kann mangels einer dies gestattenden Gebrauchsregelung oder eines entsprechenden gültigen Mehrheitsbeschlusses einen unzulässigen Mitgebrauch des Gemeinschaftseigentümers darstellen.[150]
- Sollen **Kfz-Stellplätze** ihrer Zweckbestimmung nach von den Wohnungseigentümern abwechselnd nach Bedarf belegt werden können, so widerspricht es ordnungsmäßigem Gebrauch, ein **Wohnmobil** nicht nur kurzfristig abzustellen.[151] Sind Kfz-Stellplätze auch für Besucher einer Gaststätte bestimmt, widerspricht es ordnungsmäßigem Gebrauch, den Gästen überhaupt keine Stellplätze zur Verfügung zu stellen. Es ist im übrigen jeweils Einzelfallfrage, inwieweit die Benutzung der Stellplätze durch Gäste eingeschränkt werden kann.[152]
- Der einzelne Wohnungseigentümer hat gegen einen anderen Woh- **149**
nungseigentümer, der in seinem Sondereigentum eigenmächtig einen

[146] BayObLG DWE 1984, 30; ZMR 1980, 381/382; NJW 1981, 690.
[147] BayObLG DWE 1984, 59; s. aber Fußnote 144.
[148] BayObLG WE 1990, 146; OLG Hamm WE 1993, 314; s. auch KG ZMR 1998, 191 (Ausgleichsanspruch des Wohnungseigentümers, der im Zuge erlaubten Dachgeschoßausbaus zusätzliche Hausschwammbeseitigung am Drempel und Dachstuhl vornimmt).
[149] BayObLGZ 1990, Nr. 27.
[150] BayObLG DWE 1884, 92; DWE 1985, 54; v. 21. 9. 1984 – 2 Z 112/83 –; s. a. DWE 1992, 87 = WE 1992, 348, im Falle eines Sondernutzungsrechts an einem Pkw-Abstellplatz.
[151] BayObLG DWE 1985, 54.
[152] BayObLG v. 13. 7. 1984 – 2 Z 22/84 –.

Heizkörper an die gemeinschaftliche Zentralheizung angeschlossen hat, einen Beseitigungsanspruch, § 15 Abs. 3, § 1004 BGB.[153]
Der Anschluß des Heizkörpers an den Hauptstrang der Steigleitung der gemeinschaftlichen Heizungsanlage ist eine mit ungebührlichen Nachteilen verbundene bauliche Veränderung, weil die Heizleistung beim betroffenen Wohnungseigentümer durch den Heizkörperanschluß vermindert werden kann.

150 – Es kann im Rahmen ordnungsmäßigen Gebrauchs liegen, wenn ein Wohnungseigentümer auf seinem Balkon an Schnüren Bohnen wachsen läßt. Maßgeblich ist wieder die Frage des ungebührlichen Nachteils i.S.v. § 14 Nr. 1.[154]
– Der **Anbau einer Garage** durch einen Wohnungseigentümer an das im Sondereigentum eines anderen Wohnungseigentümers stehende Haus in der Weise, daß ein Fenster dieses Hauses zugebaut werden muß, bedarf der Zustimmung des beeinträchtigten Wohnungseigentümers.[155] Diese Maßnahme liegt nicht mehr im Rahmen zulässigen Mitgebrauchs von Gemeinschaftseigentum, sondern ist eine, weil mit Nachteilen verbundene, zustimmungsbedürftige bauliche Veränderung, selbst wenn man berücksichtigt, daß der Garagenbau auf der Sondernutzungsfläche des Bauherrn geplant ist.
– Der einzelne Wohnungseigentümer kann gegenüber den übrigen Wohnungseigentümern einen Anspruch auf Änderung an der gemeinschaftlichen **Heizungsanlage** in der Weise haben, daß deren **Betriebsgeräusche** in den darüberliegenden Wohnungen herabgesetzt werden, wenn der gegenwärtige Zustand nicht ordnungsgemäß ist, § 21 Abs. 4, Abs. 5 Nr. 2. Nicht ordnungsgemäß ist ein Zustand, der das Maß der unter den gegenwärtigen Verhältnissen unter Wohnungseigentümern allgemein als hinnehmbar erachteten Geräuschbelästigungen übersteigt.[156]
– Führt der Anschluß eines **offenen Kamins** an einen gemeinschaftlichen Schornstein dazu, daß keine anderen Öfen mehr angeschlossen werden können, widerspricht dies ordnungsmäßigem Gebrauch. Die öffentlich-rechtliche Baugenehmigung gibt dem Wohnungseigentümer im Verhältnis zu den übrigen Wohnungseigentümern kein Recht zum Bauen.[157]

---

[153] BayObLG DWE 1984, 92.
[154] BayObLG Rpfleger 1984, 406 = MDR 1984, 406 = DWE 1984, 62/86 (insbesondere auch, wenn die Balkone ohnehin über keine uniforme, sondern sehr verschiedenartige Bepflanzung verfügen).
[155] BayObLG DWE 1984, 124.
[156] BayObLG v. 27. 3. 1984 – 2 Z 22/83 – (das Gericht läßt offen, ob für das Maß der zumutbaren Lärmbelästigung DIN 4109 Bl. 2 Nr. 5.1, die VDI-Richtlinie 2058 (s. hierzu BayObLG DWE 1982, 30/31) oder der Entwurf DIN 4109 Teil 5 Nr. 4.1 entscheidend seien); s. auch BayObLG ZMR 1998, 177 (Anspruch auf Vornahme geeigneter technischer Maßnahmen an der zentralen Heizanlage, wenn Heizkostenabrechnung wegen unzulänglichen technischen Zustands fehlerhaft ist); ZMR 1998, 580 (zur Geltendmachung eines öffentlich-rechtlichen Schutzanspruchs nach BImSchG gegen einen Miteigentümer im Verwaltungsverfahren).
[157] BayObLG DWE 1986, 22.

– Führt die Beseitigung harter Müllgegenstände über eine **Müllabwurfanlage** zu einer das Maß des § 14 überschreitenden Geräuschbelästigung anderer Wohnungseigentümer, kann dem Störer diese Art der Müllbeseitigung auch außerhalb der durch Hausordnung vorgegebenen Ruhezeiten verboten werden, wenn feststeht, daß nur auf diese Weise die rechtswidrige Beeinträchtigung durch Geräuschbelästigung unterbleiben kann. Bestehen andere technische Möglichkeiten der Beseitigung der Geräuschbelästigung, z. B. Umbaumaßnahmen, kann das Verbot auf die Zeit bis zur Durchführung jener Umbaumaßnahmen ausgesprochen werden. Die Frage, ob dem beeinträchtigten Wohnungseigentümer ein Anspruch auf Durchführung von Umbaumaßnahmen zusteht, bleibt hiervon unberührt.[158]

– Die Übermaßbenutzung einer im gemeinschaftlichen Eigentum stehenden **151**
Eingangshalle durch einen Teileigentümer dadurch, daß er von einer in der **Eingangshalle** befindlichen Schalteranlage aus seine Campingplatzgäste betreut, dies zu vermehrtem Aufenthalt von Fremden in der Eingangshalle führt und deshalb für die Wohnungseigentümer der Charakter eines für sie zum Aufenthalt bestimmten Raums verlorengeht, ist unzulässig.[159]

– Der Eigentümer eines in der Teilungserklärung mit **„Lebensmittelmarkt"** bezeichneten Teileigentums hat Anspruch auf Gestattung des Anlieferverkehrs mit Lkw und Paletten ab 7.00 Uhr morgens, auch wenn die Hausordnung weitergehende Ruhezeiten (z. B. bis 8.00 Uhr) vorsieht.[160]

– Ein Wohnungseigentümer macht von seinem Recht aus § 13 Gebrauch, wenn er seine Wohnung in einem Erholungsgebiet auch kurzfristig **Feriengästen** überläßt.[161] Auch die **Vermietung an Kur- und Feriengäste** ist Vermietung im Sinne des § 13 Abs. 1.

– Der Wohnungseigentümer kann vom Verwalter **Auskunft** über den Mitgliederbestand der Gemeinschaft verlangen.[162]

– Jeder Wohnungseigentümer kann **gemeinschaftliche Schadenersatzan- 152**
sprüche gegen den **Verwalter** nur dann geltend machen, wenn er dazu durch Gemeinschaftsbeschluß **ermächtigt** worden ist.[163] Dies gilt nicht für den Anspruch des einzelnen Wohnungseigentümers gegen den Verwalter auf Erstellung der Jahresabrechnung[164] und für den individuellen

[158] BayObLG Rpfleger 1985, 412.

[159] BayObLG v. 15. 11. 1984 – 2 Z 16/84 –.

[160] BayObLG v. 2. 5. 1985 – 2 Z 44/84 –.

[161] OLG Frankfurt OLGZ 1981, 61; BayObLGZ 1978, 305/308; 1987, Nr. 34.

[162] OLG Frankfurt v. 16. 2. 1984 – 20 W 866/83 –; AG Köln ZMR 1999, 67.

[163] BGHZ 106, 222 = EBE 1989, 53, 54; vgl. auch KG WE 1990, 89 (gegen ehemaligen Verwalter); OLG Köln DWE 1997, 127; OLG Schleswig DWE 1998, 181 (Ermächtigungsbeschluß erforderlich für Anspruch aus § 1004 BGB, resultierend aus Instandhaltungsmaßnahmen am Gemeinschaftseigentum).

[164] BayObLG WE 1997, 274.

Schadenersatzanspruch des einzelnen Wohnungseigentümers.[165] Einem solchen steht i. ü. auch eine etwaige Verwalterentlastung nicht entgegen. (Ergänzende Ausführungen hierzu s. in Abschn. 8.1).

– Ein Wohnungseigentümer hat einen **Schadenersatzanspruch** gegen die übrigen Wohnungseigentümer wegen Schäden am Sondereigentum, die z. B. durch eine schadhafte Außenmauer verursacht sind, nur, wenn sie es **schuldhaft** unterlassen haben, die Beseitigung des Risses in der Mauer zu veranlassen, und wenn auf dieser Unterlassung der vom Geschädigten geltend gemachte Schaden beruht.[166] Eine Zufalls- oder Gefährdungshaftung gibt es nicht. Dieser **verschuldensabhängige Schadenersatzanspruch** beruht auf § 21 Abs. 5 Nr. 2. Danach haften die Wohnungseigentümer für alle Schäden am Sondereigentum eines Wohnungseigentümers, die ihre Ursache im Gemeinschaftseigentum haben, nur im Falle eines Verschuldens. Soweit sich dieser Schadenersatzanspruch gegen die übrigen Wohnungseigentümer richtet, ist etwa im Rahmen eines Verzugsschadenersatzanspruchs zu beachten, daß ein von den Wohnungseigentümern **beauftragtes Sanierungsunternehmen Erfüllungsgehilfe der übrigen Wohnungseigentümer** – nicht etwa des Verwalters – ist. Die übrigen Wohnungseigentümer haften also für ein Verschulden dieses Unternehmens. Allerdings hat sich der geschädigte Wohnungseigentümer dieses Verschulden ebenfalls als **Mitverschulden** entsprechend der Größe seines Miteigentumsanteils anrechnen zu lassen.[167] Dies gilt auch für den Fall, daß der einzelne Wohnungseigentümer Gemeinschaftseigentum durch ein Unternehmen instand setzen läßt.

Hat der Verwalter den Schaden zu vertreten, macht e r sich schadenersatzpflichtig, weil es sich bei der Aufgabe gem. § 27 Abs. 1 Nr. 2 um eine eigene des Verwalters handelt. Der Verwalter ist insoweit **nicht Erfüllungsgehilfe der Wohnungseigentümer.**[168]

153 Dieser Schadenersatzanspruch ist nicht zu verwechseln mit dem sich aus § 14 Nr. 4, 2. Halbsatz ergebenden Schadenersatzanspruch, der **verschuldensunabhängig** ist, auch **Aufopferungsanspruch** genannt. Zunächst: Nach der zitierten Bestimmung hat der Wohnungseigentümer das Betreten und die Benutzung der im Sondereigentum stehenden Gebäudeteile zu ge-

---

[165] OLG Hamm NJW-RR 1997, 908 = DWE 1997, 84; s. auch BayObLG NJW-RR 1993, 280 = WE 1993, 349 (Schadenersatzanspruch wegen verspäteter Zustimmung gem. § 12).

[166] BayObLG NJW 1986, 3145; ZMR 1998, 177 (schuldhaftes Unterlassen, die Heizanlage instandzusetzen); WE 1998, 40; OLG Köln WE 1997, 198 u. 199; ZMR 1998, 722; OLG Düsseldorf ZMR 1995, 177.

[167] BayObLG NJW-RR 1992, 1102 = ZMR 1992, 352 = WE 1993, 278; so nunmehr auch BGH EBE/BGH 1999, 191: Die Pflicht der Wohnungseigentümer, zur ordnungsgemäßen Instandsetzung zusammenzuwirken, schließt die entsprechende Werkleistung mit Hilfe von Fachkräften ein.

[168] OLG Düsseldorf ZMR 1995, 177.

statten, soweit dies zur Instandhaltung und Instandsetzung des gemeinschaftlichen Eigentums erforderlich ist. Da die Pflicht gem. § 14 Nr. 4 den Schutzbereich des Grundrechts auf Unverletzlichkeit der Wohnung berührt, sind stets Bedeutung und Tragweite dieses Grundrechts zu berücksichtigen. Selbst vor diesem verfassungsrechtlichen Hintergrund ist die genannte **Gestattungspflicht** auch dann gegeben, wenn es lediglich gilt festzustellen, o b eine Instandhaltung oder Instandsetzung gemeinschaftlichen Eigentums in Betracht kommt, sofern nur ausreichende Anhaltspunkte für die Notwendigkeit solcher Maßnahmen bestehen.[169] So entspricht ein Eigentümerbeschluß ordnungsgemäßer Verwaltung, mit dem der Zutritt zu der Wohnung eines Eigentümers erzwungen werden soll, der in die gemeinschaftliche Wasserleitung eingegriffen hat und deshalb ein Wasserschaden entstanden ist.[170] Verstößt ein Wohnungseigentümer gegen die Pflicht, seine Dachterrasse zum Zwecke der Sanierung zu räumen, und versuchen die übrigen Wohnungseigentümer dieses Ziel im Wege der Selbsthilfe zu erreichen, so haben sie die durch den Räumungsversuch entstandenen Kosten selbst zu tragen.[171] Zur Vermeidung dieses Ergebnisses hätten die übrigen Wohnungseigentümer einen „Räumungstitel" erwirken müssen, der nach § 887 ZPO zu vollstrecken gewesen wäre (im Falle der Vermietung der Wohnung allerdings nur gem. § 888 ZPO). Die Pflicht nach § 14 Nr. 4 beinhaltet nicht die Pflicht, Arbeiten mit erheblichem Zeitaufwand auf eigene Kosten vorzunehmen, z.B. **Versetzen von Blumentrögen.**[172] § 14 Nr. 4 normiert nur eine **Duldungs-, nicht aber eine Handlungspflicht**, so daß beispielsweise die Kosten für das Entfernen, Zwischenlagern und Wiederaufstellen von schweren Pflanztrögen gemeinschaftliche Kosten sind. Es ist auch eine Frage des Einzelfalls, ob ein Wohnungseigentümer das Betreten seiner Wohnung zur Sanierung von Gemeinschaftseigentum gestatten muß, um der Gemeinschaft die Kosten für die Aufstellung eines **Gerüsts** zu ersparen.[173] Der danach nach näherer Maßgabe zur Gestattung verpflichtete Wohnungseigentümer kann jeden Schaden ersetzt verlangen, der infolge der Gestattung des Betretens und der Benutzung im Vorfeld der Instandhaltung und Instandsetzung und im Zuge ihrer Abwicklung entsteht, ob verschuldet oder nicht. Dieser Anspruch umfaßt auch den **Schaden**, der adäquat dadurch verursacht wird, daß das Sondereigentum bei der Benutzung im Zuge der Instandsetzungsarbeiten in einen **nachteiligen Zustand versetzt** und beim Ende der Instandsetzungsarbeiten in diesem Zustand belassen wird. Dieser Schadenersatzanspruch in Geld kann auch bestehen, wenn der **Eigengebrauch** der Eigentumswohnung oder Teilen hiervon (z.B. Terrasse)

---

[169] BayObLG WE 1997, 114.
[170] BayObLG WE 1996, 193.
[171] BayObLG WE 1993, 253.
[172] BayObLG WE 1996, 152.
[173] BayObLG a.a.O.

für nicht unerhebliche Zeit **entzogen** wird.[173a] Damit steht dem betroffenen Wohnungseigentümer auch ein **Geldanspruch wegen entzogener Nutzungsmöglichkeit** zu. Hat ein Wohnungseigentümer etwa seine Dachterrasse mit schwergewichtigen Pflanztrögen versehen – wozu er nach § 13 Abs. 1 berechtigt ist, wenn die Terrasse Sondereigentum ist, oder wozu er auch berechtigt ist, wenn die Terrasse lediglich Sondernutzungsfläche ist –, so hat er auch Anspruch auf die Kosten, die dadurch entstehen, daß diese Pflanztröge im Zuge von Sanierungsarbeiten z. B. durch Hebekräne kostenträchtig entfernt werden müssen. Da die Schadenersatzleistung nach § 14 Nr. 4 zu den **Kosten der Verwaltung** im Sinne des § 16 Abs. 2 gehört, muß auch der betroffene Wohnungseigentümer seinen Anteil an dem Schaden tragen. Der betroffene Wohnungseigentümer kann mit diesem Schadenersatzanspruch gegenüber der Kostenforderung der Gemeinschaft im Zusammenhang mit den Instandsetzungsarbeiten (§ 16 Abs. 2) **aufrechnen.**[174]

Verletzt der einzelne Wohnungseigentümer schuldhaft die **Pflicht** gemäß § 14 Nr. 4, nämlich, das **Betreten** und die **Benutzung** der im Sondereigentum stehenden Gebäudeteile zu gestatten, soweit dies zur Instandhaltung und Instandsetzung des gemeinschaftlichen Eigentums erforderlich ist, macht er sich den übrigen Wohnungseigentümern gegenüber **schadenersatzpflichtig.**[175] Der Schadenersatzanspruch der übrigen Wohnungseigentümer wegen Verletzung der Gestattungspflicht setzt wie jeder Schadenersatzanspruch wegen positiver Forderungsverletzung ein **Verschulden** des in Anspruch genommenen Wohnungseigentümers nach § 276 BGB voraus[175].

154 Sowohl der sich aus § 14 Nr. 4 ergebende **Duldungsanspruch** als auch der **Schadenersatzanspruch** im Falle der schuldhaften Verletzung der Gestattungspflicht stehen der **Gemeinschaft** zu und können nicht ohne weiteres von einem einzelnen Wohnungseigentümer verfolgt werden. Im Rahmen des § 14 Nr. 4 hat der pflichtige Wohnungseigentümer erforderlichenfalls auch Eingriffe in sein Sondereigentum zu dulden. Sind bei der Gestattung von Eingriffen auch in das Sondereigentum erhebliche **Beschädigungen** zu

---

[173a] BayObLG WE 1999, 25 (bei notwendiger Neuverfliesung etwa eines Balkons kein Abzug „Neu für Alt“ zu Lasten des betroffenen Wohnungseigentümers).

[174] BayObLG ZMR 1987, 227; LG Frankfurt ZMR 1989, 271 (wenn für die Sanierung einer zwingend in Gemeinschaftseigentum stehenden Loggiabodenplatte der auf dieser verlegte, in Sondereigentum stehende Plattenbelag entfernt werden muß, hat der Sondereigentümer einen Schadenersatzanspruch in Höhe der Kosten der Wiederverlegung oder Neuverlegung der Platten); OLG Düsseldorf ZMR 1995, 84 = WE 1995, 86; KG WE 1994, 51; OLG Köln WE 1997, 199; BayObLG NJW-RR 1994, 1104 = ZMR 1994, 420 = WE 1995, 190.

[175] OLG Stuttgart WEM 1980, 75/77; OLG Karlsruhe OLGZ 1985, 133/138; BayObLG ZMR 1988, 345; NJW-RR 1994, 718; OLG Düsseldorf NJW-RR 1995, 1165; Palandt/Bassenge, Rz. 14, Augustin, Rz. 15, Weitnauer Rz. 10, Bärmann-Pick Rz. 68 jeweils zu § 14.

erwarten, kann der pflichtige Wohnungseigentümer die Gestattung der Eingriffe von einer vorherigen Sicherheitsleistung abhängig machen.[176]

Fraglich erscheint, ob § 14 Nr. 4 **analog** auch auf **Sondernutzungsbereiche** anzuwenden ist. Man denke beispielsweise an zu sanierende Balkone, an denen lediglich ein Sondernutzungsrecht begründet ist, die also auch in ihren sondereigentumsfähigen Bestandteilen nicht Sondereigentum sind. Einer analogen Anwendung bedarf es insoweit nicht, als es lediglich um die Duldungspflicht geht; denn der Balkon ist im genannten Beispielsfalle insgesamt Gemeinschaftseigentum, dessen Betreten und Benutzen zum Zwecke der Instandhaltung trotz bestehenden Sondernutzungsrechts nach § 21 Abs. 5 Nr. 2 i.V.m. § 14 Nr. 3 hinzunehmen ist. Man wird aber einen **Aufopferungsanspruch** des betroffenen Wohnungseigentümers analog § 14 Nr. 4 etwa für den Fall bejahen müssen, daß die Pflanzen, mit denen der Sondernutzungsberechtigte die Gartensondernutzungsfläche befugt versehen hat, im Zuge von Aufgrabungsarbeiten zum Zwecke der Instandsetzung eines gemeinschaftlichen Versorgungsrohrs vernichtet werden. Die Pflanzen waren zwar mit ihrer Anpflanzung Gemeinschaftseigentum geworden. Der Sondernutzungsberechtigte hatte jedoch die Pflanzkosten getragen. Verneinte man eine analoge Anwendung des § 14 Nr. 4, hätte der betroffene Sondernutzungsberechtigte gem. § 21 Abs. 4 lediglich einen Anspruch auf Wiederherstellung „seines" Gartens mit der Maßgabe, daß die übrigen Wohnungseigentümer im Rahmen der Wiederherstellung einen Gestaltungsspielraum ohne Pflicht zur Wiederherstellung des exakten Ursprungszustands hätten. Sie könnten also beispielsweise kostensparend dort junge Anpflanzungen mit geringer Höhe vornehmen, wo eingewachsene Hecken und hohe Bäume standen. Der Aufopferungsanspruch ginge hingegen auf vollwertigen Ersatz. Er schlösse einen Geldanspruch wegen vorübergehend entzogener Nutzungsmöglichkeit ebenso ein, wie im Falle der Vermietung einen etwaigen Mietausfall. Weitnauer scheint unter nicht gerechtfertigter Berufung auf OLG Frankfurt eine analoge Anwendung abzulehnen, während das BayObLG zu einer analogen Anwendung für den Fall gelangte, daß die Gemeinschaftsordnung sinngemäß bestimmte, die Sondernutzungsbereiche seien wie Sondereigentum zu behandeln.[177] 155

Vor dem Hintergrund aller dieser Erörterungen kann ein Wohnungseigentümer z.B. auch verpflichtet sein, die in seinem Bad eingezogene **Zwischendecke** teilweise zu entfernen und dem Eigentümer der darüber liegenden Wohnung Reparaturarbeiten an dem **Geruchsverschluß** (Siffon) von dessen Badewanne zu gestatten, der sich an der Decke seines (des darunter liegenden) Bades befindet, wenn dies zur Behebung einer bestehenden **Verstopfung des Badewannenabflusses** erforderlich ist und dem betroffenen Wohnungseigentümer bei Abwägung aller Umstände der möglichen Lösun- 156

[176] KG NJW-RR 1986, 696.

[177] Weitnauer, § 14 Rz. 8 (OLG Frankfurt OLGZ 1989, 422); BayObLG NJW-RR 1994, 1104 = ZMR 1994, 420 = WE 1995, 190.

gen (Verursachung von Schmutz, Kosten, zukünftige Verhältnisse) dieser Eingriff in sein Sondereigentum zugemutet werden kann. Diese Fallkonstellation läßt sich nicht unmittelbar aus § 14 Nr. 4 lösen. Die Vorschriften des § 14 konkretisieren nur die aus der Gemeinschaft entspringenden Schutz- und Treuepflichten der Wohnungseigentümer, die ihre allgemeinen Grundsätze wiederum in § 242 BGB haben. Aus dem Gemeinschaftsverhältnis können sich Ansprüche einzelner Wohnungseigentümer untereinander ergeben, auch soweit das Gesetz keine ausdrückliche Anspruchsgrundlage schafft. Grundlage für solche Ansprüche ist dann § 242 BGB. Andererseits unterliegen die Befugnisse eines Wohnungseigentümers gewissen Beschränkungen durch die Bindung an eine Personengemeinschaft; die Rechtsbeziehungen der Wohnungseigentümer untereinander müssen insgesamt unter Beachtung der aus § 242 BGB herzuleitenden gegenseitigen **Treuepflicht** geordnet werden.[178] Wenn vorstehend hervorgehoben ist, daß bestimmte Schadenersatzansprüche der Gemeinschaft zustünden und nicht ohne weiteres von einem einzelnen Wohnungseigentümer verfolgt werden könnten, so bedeutet dies nicht, daß der einzelne Wohnungseigentümer nur auf der Grundlage eines ermächtigenden Beschlusses der Gemeinschaft Ansprüche gegen andere Wohnungseigentümer gerichtlich geltend machen kann, z.B. wenn über seinen Anteil hinaus mit Verbindlichkeiten der Gemeinschaft belastet worden ist und deshalb einen Freistellungs- oder Regressanspruch gegen die übrigen Wohnungseigentümer hat. Nach der Zahlung von Verbindlichkeiten der Wohnungseigentümergemeinschaft kann ein Wohnungseigentümer ohne ermächtigenden Beschluß der Gemeinschaft **Rückgriffsansprüche** anteilig gegen andere Wohnungseigentümer gerichtlich geltend machen.[179]

157 – Der einzelne Wohnungseigentümer hat einen Anspruch darauf, daß **Baumängel** und **Schäden** am Gemeinschaftseigentum sachverständig festgestellt werden, § 21 Abs. 4.[180] Lehnen die übrigen Wohnungseigentümer oder der Verwalter dies ab, kann der Wohnungseigentümer – insbesondere in einem dringlichen Fall – im Rahmen der **Notgeschäftsführung** (§ 21 Abs. 2) ein Sachverständigengutachten einholen und Ersatz seiner Aufwendungen verlangen. Dies unabhängig davon, ob die übrigen Wohnungseigentümer oder der Verwalter den festzustellenden Schaden infolge Unterlassens von Maßnahmen zu vertreten haben oder nicht.[181]

---

[178] Weitnauer, § 10 Rz. 12 u. § 14 Rz. 1; BayObLGZ 1970, 65/68; 1971, 313/319; WE 1991, 55 = DWE 1990, 113; KG NJW-RR 1989, 696/697; ZMR 1998, 369 = ZfIR 1998, 308 = DWE 1998, 136 = WE 1998, 377 (kein Aufopferungsanspruch bei nur vorübergehender Beeinträchtigung durch erlaubte Baumaßnahme eines anderen Wohnungseigentümers).

[179] KG ZMR 1991, 233.

[180] BayObLG DWE 1982, 102; WE 1998, 120 (Anspruch auf Feststellung durch einen Sachverständigen, ob durch einen Dachgeschoßausbau Bestand und Sicherheit des Gebäudes gefährdet sind, falls konkrete Anhaltspunkte für eine solche Gefährdung bestehen).

[181] OLG Frankfurt v. 17. 1. 1985 – 20 W 94/84 –.

Der hier erwähnte Beispielsfall hat generelle Bedeutung. Hat ein Wohnungseigentümer eine Maßnahme vorgenommen, die zur Verwaltung des gemeinschaftlichen Eigentums gehört, so kann er, wenn die Maßnahme zur Abwendung eines dem gemeinschaftlichen Eigentum unmittelbar drohenden Schadens notwendig war, von den übrigen Wohnungseigentümern Ersatz der von ihm verauslagten Beträge gemäß § 16 Abs. 2 verlangen. Im übrigen kommen Erstattungsansprüche aus **Geschäftsführung ohne Auftrag** oder aus **ungerechtfertigter Bereicherung** in Betracht. Der Anspruch kann jedoch nicht ohne Einschränkung auf Zahlung des verauslagten Betrages gerichtet sein. Es ist mindestens der auf den Anspruchsteller bei Anwendung des Kostenverteilungsschlüssels entfallende Anteil abzuziehen.[182] Ob im Falle der gerichtlichen Geltendmachung die Verpflichtung jedes Wohnungseigentümers nur in Höhe des auf ihn entfallenden Anteils an der Kostentragung (pro rata) ausgesprochen werden darf, ist umstritten. Nach Auffassung des BayObLG[183] haften die Wohnungseigentümer in entsprechender Anwendung des § 427 BGB als **Gesamtschuldner**, wenn ein Dritter die Instandsetzung gemeinschaftlichen Eigentums veranlaßt und sich daraus Ansprüche aus berechtigter Geschäftsführung ohne Auftrag ergeben. Entsprechendes muß nach hier vertretener Auffassung auch dann gelten, wenn ein Wohnungseigentümer eine **Notgeschäftsführungsmaßnahme** getroffen hat.

Notgeschäftsführung und demnach ein Kostenerstattungsanspruch werden verneint, wenn ein Wohnungseigentümer „seine" Fenster ohne ermächtigenden Eigentümerbeschluß austauscht und zudem noch eine Instandhaltung möglich gewesen wäre.[184]

- Wohnungseigentümer brauchen grundsätzlich nicht zu dulden, daß eine Wohnung zur Ausübung der **Prostitution** benutzt wird.[185]

Die zitierten Gerichtsentscheidungen und Literaturmeinungen lassen in ihrer Vielfalt und Komplexität und teilweisen Kasuistik eine alles leitende Grundstruktur erkennen, deren Basis die §§ 13 Abs. 1 und 2, 14 Nr. 1 und § 15 Abs. 3 sowie deren Wechselwirkung sind. Aus Gründen der Klarheit sei daher zusammengefaßt: Jeder Wohnungseigentümer kann mit seinem Sondereigentum grundsätzlich beliebig verfahren, es insbesondere nutzen und gebrauchen, soweit nicht das Gesetz oder Rechte Dritter entgegenstehen. Die gesetzliche Schranke ist in der Hauptsache § 14, dort vornehmlich **158**

---

[182] BayObLG NJW-RR 1986, 1463; vgl. auch BayObLG WE 1991, 200 (Wiederherstellung des Plattenbelags einer im Gemeinschaftseigentum stehenden Terrasse als Maßnahme der Notgeschäftsführung eines Wohnungseigentümers); weitere Rechtsprechungsfälle zur Notgeschäftsführung: OLG Hamm WE 1993, 110; AG München WE 1994, 346 (rechtskräftig); LG München I DWE 1997, 41; OLG Köln DWE 1997, 127.

[183] BayObLG NJW-RR 1987, 1038.

[184] OLG Köln ZMR 1995, 497 = WE 1995, 240.

[185] BayObLG v. 30. 10. 1984 – 2 Z 110/84 –; ZMR 1993, 580 = WE 1994, 243; NJW-RR 1995, 1228 = WE 1996, 151.

§ 14 Nr. 1. Der Gebrauch des Sondereigentums darf also nicht dazu führen, daß anderen dadurch ein Nachteil erwächst, der über das bei einem geordneten Zusammenleben unvermeidliche Maß hinausgeht – oder anders formuliert –, der Gebrauch des Sondereigentums ist grundsätzlich insoweit rechtmäßig und zulässig, als anderen kein ungebührlicher Nachteil i.S.v. § 14 Nr. 1 entsteht. Im Rahmen der Prüfung der Tatbestandsvoraussetzungen des § 14 Nr. 1 stellt sich auch die erörterte Frage der **Zweckbestimmung.** Die in § 13 Abs. 1 als Schranke aufgezeigten denkbaren Rechte Dritter sind Beschränkungen des Gebrauchs des Sondereigentums in erster Linie aufgrund **vereinbarter** (§ 15 Abs. 1) oder **beschlossener** (§ 15 Abs. 2) **Gebrauchsregelungen.** Gebrauchsregelungen sind – vereinfacht ausgedrückt – zu vereinbaren, bedürfen also der Zustimmung aller, wenn es um einschneidende Regelungen geht. Gebrauchsregelungen bedürfen lediglich eines Mehrheitsbeschlusses, wenn es um die Regelung von Verhältnissen der laufenden ordnungsmäßigen Verwaltung geht. Insoweit also, als Gebrauchsregelungen in der einen oder anderen Form nicht bestehen, ist i.d.R. Orientierungspunkt für die Gebrauchsschranke lediglich die Frage des etwaigen ungebührlichen Nachteils. Entsprechendes gilt für den Mitgebrauch gemeinschaftlichen Eigentums durch den einzelnen Wohnungseigentümer. Er ist grundsätzlich gleichwertig und gleichgewichtig, sofern nicht im Einzelfall die Größe des Miteigentumsanteils und die Bedeutung der Wohnungs-/Teileigentumseinheit einen überdurchschnittlichen Mitgebrauch gestatten.

159 Die **Schranken des Mitgebrauchs** des Gemeinschaftseigentums ergeben sich ebenfalls aus dem Gesetz (§ 13 Abs. 2) und dabei ebenfalls vornehmlich aus § 14 Nr. 1. Insoweit bedürfte es der ausdrücklichen Nennung der Gesetzesschranken nicht, da insoweit die gesetzlichen Bestimmungen der Gemeinschaft des BGB einschlägig sind. Die gesetzliche Mitgebrauchsgrenze für den Wohnungseigentümer ist also identisch mit derjenigen für den Bruchteilseigentümer. Da § 13 Abs. 2 auf § 15 verweist, sind weitere Schranken auch insoweit Gebrauchsregelungen nach § 15 Abs. 1 (mit Vereinbarungscharakter) und nach § 15 Abs. 2 (mit Beschlußcharakter).

In diesem Rahmen – § 14 Nr. 1, § 15 Abs. 1 und/oder Abs. 2 – hat jeder Wohnungseigentümer einen Anspruch auf Gebrauch bzw. Mitgebrauch, § 15 Abs. 3. Damit korrespondiert das Recht der übrigen Wohnungseigentümer, von jedem Wohnungseigentümer, der die Schranken verletzt, Einhaltung der Schranken zu verlangen und dort, wo die Verletzung der Grenzen bereits Tatsachen geschaffen hat, Beseitigung zu beanspruchen. Die Wohnungseigentümer tun dies durch Beschlußfassung, auf deren Grundlage das Vorgehen gegen den vermeintlich oder wirklich störenden Wohnungseigentümer rechtlich ermöglicht wird. Dabei können die Wohnungseigentümer, wenn keinerlei gültige Gebrauchsregelung besteht (weder nach § 15 Abs. 1 noch nach § 15 Abs. 2), an der sie sich sonst bei ihrem Vorgehen zu orientieren hätten, nach § 15 Abs. 3 einen Gebrauch des Sondereigentums oder Gemeinschaftseigentums verlangen, der dem Interesse der Gesamtheit der Wohnungseigentümer nach billigem Ermessen entspricht. Dieser Gebrauch muß sich exakt in dem Rahmen halten, der auch und gerade einer Regelung durch Mehrheitsbeschluß nach § 15 Abs. 2 offengehalten ist. Die Wohnungseigentümer können also zum Zwecke des Vorgehens gegen den störenden Wohnungseigentümer nicht beschließen, was sich der Zulässigkeit eines Mehrheitsbeschlusses entzieht, was nur **vereinbart** werden könnte, also nicht mehr im Rahmen ordnungsmäßigen Gebrauchs liegt. Nicht ordnungsgemäß i. S. d. § 15 Abs. 2 ist wiederum ein Gebrauch, der gegen § 14 Nr. 1 verstößt.

Besteht als Grundlage eine **Gebrauchsregelung,** mißt sich das Vorgehen der Wohnungseigentümer an dieser Gebrauchsregelung, sie gehen dann aus der Gebrauchsregelung heraus gegen den störenden Wohnungseigentümer vor.[186]

Was nicht mehr Mitgebrauch von Gemeinschaftseigentum ist, was also den Begriff des Gebrauchs, der Nutzungen des Gemeinschaftseigentums sprengt, ist – abgesehen von Verfügungen im rechtlichen Sinne und Verwaltung – insoweit **bauliche Veränderung** i. S. d. § 22. Die Abgrenzung ist oftmals schwierig, wie schon einzelne Rechtsprechungsbeispiele dieses Abschnitts gezeigt haben (zu den Abgrenzungsfragen s. Abschn. 4.2.2.2.1.). Die bauliche Veränderung am gemeinschaftlichen Eigentum – bauliche Veränderungen im und am Sondereigentum unterliegen den vorerörterten Gebrauchsschranken – bedarf, sofern sie über Maßnahmen der ordnungsmäßigen Instandhaltung und Instandsetzung hinausgeht, grundsätzlich der **Zustimmung aller Wohnungseigentümer.** An dieser Nahtstelle bereits wird der Unterschied zwischen **Vereinbarung** und **einstimmigem Beschluß** deutlich. Doch auch die bauliche Veränderung bedarf nur der Zustimmung der Wohnungseigentümer, deren Rechte durch die bauliche Veränderung über das in § 14 bestimmte Maß hinaus beeinträchtigt werden. Die Folge ist, daß ein Wohnungseigentümer im Einzelfall eine bauliche Veränderung des Gemeinschaftseigentums durchaus „eigenmächtig" ohne Zustimmung auch nur eines einzigen anderen Wohnungseigentümers vornehmen kann, wenn keinem Wohnungseigentümer ein im Sinne des § 14 Nr. 1 ungebührlicher Nachteil erwächst. Diese Systematik ist Leitfaden für die Beurteilung des Maßes der Rechte und Pflichten der Wohnungseigentümer im Zusammenhang mit Nutzung und Gebrauch von Sondereigentum und Gemeinschaftseigentum. Zur Vervollständigung sei hingewiesen auf die Referate anläßlich des 9. Fischener Gesprächs 1983, veröffentlicht in PIG 15 zum Thema „Nutzung und Gebrauch von Sonder- und Gemeinschaftseigentum".[187]

[186] Vgl. hierzu statt vieler BayObLGZ 1982, 90/94 m. w. N.; DWE 1984, 92; KG MDR 1972, 239; Weitnauer, § 15 Rz. 5.

[187] Merle in *Partner im Gespräch* 15 „Nutzung und Gebrauch des Sondereigentums und deren Grenzen bei Wohnungseigentum", S. 11 ff.; Röll in *Partner im Gespräch* 15 „ Nutzung und Gebrauch des Sondereigentums und deren Grenzen beim Teileigentum", S. 25 ff.; Weitnauer in *Partner im Gespräch* 15 „Nutzung und Gebrauch des Gemeinschaftseigentums und deren Grenzen", S. 53 ff.

4.2.2.2 Rechte und Pflichten der Wohnungseigentümer auf der Grundlage von Gebrauchsregelungen – Zustandekommen, Inhalte und ihre Änderung/Aufhebung –

160 **Gebrauchsregelungen** können sowohl das Gemeinschaftseigentum als auch das Sondereigentum erfassen. Für eine Gebrauchsregelung ist an sich nur dann Raum, wenn entweder eine **Zweckbestimmung** der Sache (Wohnanlage als Ganzes, das einzelne Gebäude, gemeinschaftliche Gebäudeteile, gemeinschaftliche Grundstücksflächen, Sondereigentum, Sondereigentumsteile) noch nicht gegeben ist, oder zwar eine Zweckbestimmung gegeben ist, diese aber einer näheren Regelung bedarf, damit der Zweck erfüllt wird.[188]

4.2.2.2.1 Abgrenzung Gebrauchsregelung – bauliche Veränderung

161 Zeitweilig problematisch ist die **Abgrenzung** der **Gebrauchsregelung** von der **baulichen Veränderung** (zu den Problemen der baulichen Veränderung s. Abschn. 4.3). Diese Unterscheidung ist vornehmlich deshalb von Bedeutung, weil eine Gebrauchsregelung unter bestimmten Voraussetzungen einem Mehrheitsbeschluß zugänglich ist (§ 15 Abs. 2), während eine bauliche Veränderung grundsätzlich der Einstimmigkeit bedarf (§ 22), sofern sie über die ordnungsgemäße Instandhaltung und Instandsetzung des gemeinschaftlichen Eigentums hinausgeht und alle Wohnungseigentümer durch die Veränderung über das in § 14 bestimmte Maß hinaus beeinträchtigt werden.

Bauliche Veränderungen bedeuten eine **Umgestaltung** des Gegenstandes, d.h. eine partielle, beseitigende oder neuschaffende[189] die nicht mehr als bloße Verwaltungshandlung i.S.d. § 21 gelten kann. Für den Bereich der Abgrenzung zwischen Gebrauchsregelung und baulicher Veränderung sind die Veränderungen an den sogenannten unbebauten Grundstücksteilen interessant. Ausgangspunkt für die Beantwortung der Abgrenzungsfrage ist die jeweilige **Zweckbestimmung** des in Frage kommenden Grundstücks.[190] Die Zweckbestimmung muß sich nicht ausdrücklich aus der Teilungserklärung ergeben. Es genügt, wenn die fragliche Grundstücksfläche jahrelang einem bestimmten Zweck gedient hat und die geplante Veränderung damit nicht vereinbar ist. Beispiele machen dies deutlich:

162 – Sollen Hof oder Garten mit einer **Garage** im Gemeinschaftseigentum bebaut werden, ist dies eine **bauliche Veränderung.**[191] Das gleiche gilt für die Errichtung eines **Gerätehauses.**[192]

---

[188] BayObLG NJW 1962, 492; WEM 1981, 32/34 = MDR 1981, 937; OLG Stuttgart NJW 1961, 1359; Bärmann-Pick, § 15 Rz. 3.

[189] Bärmann-Pick, § 22 Rz. 7.

[190] BayObLG WEM 1981, 33/34 = MDR 1981, 937; Bärmann-Pick, § 22 Rz. 28.

[191] OLG Celle DWW 61, 29; OLG Stuttgart Rpfleger 1974, 361/362; Weitnauer, § 22 Rz. 10; Bärmann-Pick, § 22 Rz. 53.

[192] KG Rpfleger 1977, 314; BayObLG DWE 1985, 95; OLG Frankfurt v. 6. 12. 1984 – 20 W 242/84 –; Weitnauer, § 22 Rz. 57.

- Die Anbringung eines **Plattenbelages vor der Loggia** einer Eigentumswohnung ist **bauliche Veränderung.**[193] Eine solche Maßnahme kann jedoch überhaupt von der Zustimmung aller Beteiligten unabhängig sein, wenn sie im Rahmen eines vereinbarten Sondernutzungsrechts erfolgt und auch sonst die übrigen Wohnungseigentümer nicht beeinträchtigt werden.[194]
- Die **Verlegung** eines im gemeinschaftlichen Garten gelegenen **Kinderspielplatzes** mit Geräten ist **bauliche Veränderung.**[195]
- Die Errichtung von **Reihengaragen** auf den als Kfz.-Abstellplätzen ausgewiesenen Grundstücksflächen ist **bauliche Veränderung.**[196] Das gleiche gilt für das Aufstellen fest verankerter Fertiggaragen in einer geschlossenen Reihe auf dem Platz, der bisher allen Wohnungseigentümern als Abstellplatz zur Verfügung stand.[197] Ja sogar die Umwandlung einer Grünfläche in einen Abstellplatz für Pkw ist bauliche Veränderung.[198] Hingegen ist das **Markieren** von bereits in der Gemeinschaftsordnung im einzelnen vorgesehenen **PKW-Stellplätzen** eine Maßnahme der ordnungsgemäßen Verwaltung.[199]
- Das **Betonieren der Zufahrt für Garagen** im Sondereigentum ist **bauliche Veränderung,**[200] ebenso wie das **Anlegen einer Terrasse** auf einer Grünfläche.[201] So ist auch die Anlage eines mit **Platten** belegten Weges auf einer **Rasenfläche** grundsätzlich bauliche Veränderung. Sie hält sich aber dann im Rahmen ordnungsmäßiger Instandsetzung und kann demgemäß mehrheitlich beschlossen werden, wenn erst dadurch für alle Wohnungseigentümer ein rechtlich gesicherter und ständig sicher begehbarer Zugang zu ihrem Sondereigentum geschaffen wird.[202]
- Die **Umwandlung des Müllcontainerplatzes in einen Parkplatz** ist **bauliche Veränderung;**[203] selbst die Standortverlegung von Mülltonnenbehältern ist bauliche Veränderung[204] wenn dadurch z.B. die Veränderung einer zum Gemeinschaftseigentum gehörenden Böschungsmauer erforderlich wird.
- Das **Montieren von Schaukästen** an der Außenwand ist **bauliche Veränderung.**[205]

---

[193] OLG Stuttgart WEM 80, 75.
[194] BayObLG DB 1975, 1888.
[195] BayObLG v. 13. 12. 1978 – 2 Z 81/77 –; WE 1994, 151 (Verlegung einer Wäschespinne mit einbetonierter Wäschestange).
[196] BayObLG DNotZ 1973, 611.
[197] KG NJW 1968, 160.
[198] OLG Stuttgart NJW 1961, 1359.
[199] BayObLG NJW-RR 1987, 1490.
[200] OLG Celle MDR 1968, 48.
[201] KG MittBayNot 1972, 163; OLGZ 1971, 492.
[202] BayObLG v. 30. 10. 1988 – 2 Z 166/87 –.
[203] OLG Frankfurt Rpfleger 1980, 112.
[204] OLG Karlsruhe MDR 1978, 495.
[205] OLG Stuttgart WEM 1980, 38.

- Das gleiche gilt für die zum Lärmschutz nicht erforderliche **Anpflanzung von Fichten,**[206] wie für die Anlage oder Wiedereröffnung eines Weges über eine Grünfläche.[207]
- Die **Errichtung eines Grenzzauns** (Maschendrahtzaun) zwischen Garten-Sondernutzungsflächen bei einer Doppelhauseigentumswohnanlage ist **bauliche Veränderung.**[208] Ein Beseitigungsanspruch scheitert aber an § 14 mangels eines Nachteils. Auch wenn durch die Zaunziehung der großzügige Charakter eines Gartens verloren gehe, sei der dadurch ausgelöste Nachteil geringfügig, da ein solcher, die Flächen trennender Zaun auch zum Beispiel Tiere davon zurückhalten könne, fremde Grundstücksflächen zu beeinträchtigen. Das Sondernutzungsrecht würde oft auch erst richtig durch einen Zaun verwirklicht. Im übrigen entspreche die **erstmalige Bepflanzung** von sondergenutzten Gartenflächen **ordnungsmäßiger Verwaltung** und stelle keine bauliche Veränderung dar. Allerdings seien die **Grenzabstände** i. S. der landesrechtlichen Bestimmungen zu berücksichtigen. Auch die **erstmalige Herstellung** eines einwandfreien Zustandes (Belegung von Treppen zur Verbesserung der mangelhaften Schallisolierung) ist eine Maßnahme **ordnungsmäßiger Verwaltung.**[209] Dies erfordert ebensowenig die Zustimmung aller Wohnungseigentümer wie öffentlich-rechtlich vorgeschriebene bauliche Veränderungen.[210] Ist eine Wohnanlage aufteilungsplanwidrig hergestellt, so ist auch die **erstmalige ordnungsmäßige Herstellung** entsprechend dem Aufteilungsplan und den Bauplänen eine Maßnahme ordnungsmäßiger Verwaltung.[211]
- Die **Sicherung** eines einem Wohnungseigentümer zur ausschließlichen Nutzung zugewiesenen **Kfz-Stellplatzes** durch **Absperrpfähle** ist **bauliche Veränderung.**[211a]
- Die **Umgestaltung** einer gemeinschaftlichen **Rasenfläche** in eine kleingärtnerische Nutzung ist **Gebrauchsregelung.**[212] Hingegen stellen die Anlegung eines **Gehwegs** und eines **Stellplatzes** zu Lasten des **Grünbereichs** eine bauliche Veränderung dar, die wegen der nachteiligen Beein-

---

[206] BayObLGZ 1975, 201.

[207] OLG Stuttgart DWE 1980, 62.

[208] BayObLGZ 1982, 69 = Rpfleger 1982, 219; s. aber BayObLG v. 12. 11. 1998 – 2 Z BR 95/98 – (keine Mitwirkung der übrigen Wohnungseigentümer erforderlich, wenn innerhalb der Sondernutzungsflächen die Grenzen zwischen einzelnen Sondernutzungsbereichen sowie zwischen Garten- und Wegeflächen verschoben werden); so auch das BayObLGZ 1985, 124 u. DNotZ 1988, 30.

[209] BayObLG v. 8. 12. 1981 – 2 Z 106/80 –; ZMR 1995, 87 = WE 1995, 344; OLG Köln ZMR 1997, 44 = WE 1997, 199 (erstmalige Aufstellung eines Fahrradständers).

[210] OLG Frankfurt v. 15. 10. 1982 – 20 W 626/82 –; BayObLGZ 1987 Nr. 15; ZMR 1989, 102; NJW-RR 1989, 1293.

[211] BayObLGZ 1989, Nr. 82.

[211a] OLG Frankfurt NJW-RR 1993, 86 = ZMR 1992, 398 (Parkabsperrbügel)

[212] BayObLG v. 9. 2. 1981 – 2 Z 8/80 –.

trächtigung des Gesamteindrucks der Wohnanlage in der Regel der Mitwirkung aller Wohnungseigentümer bedarf.[213]

- Ob die **Pflasterung eines Hofes,** die **Anlage** oder **Verschönerung eines Gartens** bauliche Veränderung ist, ist jeweils Tatfrage. I.d.R. wird dies zu bejahen sein. Wird aber der Hof nur deshalb gepflastert, weil er sonst bei Regen unbenutzbar wäre, kann dies im Rahmen ordnungsmäßiger Verwaltung liegen.
- Die bloße **Änderung der Parkordnung** ist nicht bauliche Veränderung,[214] so z.B., wenn auf einem bestehenden Parkplatz anstatt bisher zehn nun 14 Parkplätze ausgewiesen werden.[215]
- Eine **Hoffläche,** die in Erfüllung baurechtlicher Auflagen zur Schaffung von Abstellplätzen für Kraftfahrzeuge hergestellt ist, dient nur der **Gebrauchsregelung,** wenn die Parkflächen durch Einzeichnung abgegrenzt werden.[216]
- Die Freigabe der Rasen- oder Hoffläche zur Gänze oder begrenzt zum **Kinderspielplatz** ist **Gebrauchsregelung.**[217] Anders verhält es sich i.d.R. bezüglich der Freigabe zum Fußballspielen.[218]
- Soll in eine **Hecke,** die das gemeinschaftliche Eigentum in zwei Teile trennt, ein Durchgang geschnitten werden, um allen Wohnungseigentümern das ungehinderte Betreten des gesamten im gemeinschaftlichen Eigentum stehenden Grundstücks zu ermöglichen, so stellt dies eine Maßnahme der ordnungsmäßigen Instandsetzung und Instandhaltung des gemeinschaftlichen Eigentums dar.[219] Die **Beseitigung** eines öffentlich genutzten **Fußwegs,** der ohne Rechtsgrundlage durch faktische Benutzung auf dem Gemeinschaftsgrundstück entstanden ist, stellt zwar eine bauliche Veränderung dar, kann aber als Maßnahme der Instandsetzung des gemeinschaftlichen Eigentums mit Mehrheit beschlossen werden.[220] Das ersatzlose **Fällen von Bäumen** bedarf grundsätzlich eines einstimmigen Beschlusses der Wohnungseigentümer.[221]

---

[213] BayObLG WE 1991, 290.

[214] OLG Köln WEM 1978, 122.

[215] Bärmann-Pick, § 22 Rz. 75.

[216] OLG Karlsruhe DWE 1978, 29 = MDR 1978, 495; OLG Köln OLGZ 1978, 287.

[217] OLG Saarbrücken NJW-RR 1990, 24; OLG Frankfurt WE 1992, 82; a.A. wohl LG Mannheim ZMR 1976, 51.

[218] OLG Saarbrücken, a.a.O.

[219] BayObLG ZMR 1989, 192; OLG Hamm ZMR 1996, 218 = WE 1996, 310 (Ersatz einer hohen Hecke durch niedrige Gehölze wegen Sanierungsbedürftigkeit ist ordnungsgemäße Verwaltung).

[220] BayObLG NJW-RR 1990, 82.

[221] LG Frankfurt NJW-RR 1990, 24; Saarl. OLG WE 1998, 70 (Rückschnitt von Weinlaub an der Hausfassade bis 1. OG ist ordnungsgemäße Verwaltung); OLG Düsseldorf NJW-RR 1994, 1167 = ZMR 1994, 376 (radikale Beseitigung von Bepflanzung); BayObLG NJW-RR 1996, 1166 = ZMR 1996, 447 = WE 1997, 72 (Entfernung von Bäumen auf Tiefgaragendach ist Instandhaltung, wenn Anhaltspunkte dafür bestehen, daß Wurzeln in die Abdichtung eindringen und weitere Schäden zu befürchten sind).

- Läßt die Teilungserklärung den **Ausbau eines Dachraumes zu Wohnzwecken** zu, handelt es sich beim Ausbau um keine bauliche Veränderung, sondern um die **erstmalige Herstellung** eines ordnungsmäßigen Zustandes.[222]
- Die **Zeitschaltuhr für Außenbeleuchtung** wird durch einen Dämmerungsschalter ersetzt, um eine ausreichende Beleuchtung des Hauszugangs zu erzielen, keine bauliche Veränderung.[223]

4.2.2.2.2 Inhalte von Gebrauchsregelungen

163 Gebrauchsregelungen können die unterschiedlichsten Inhalte haben. Sie können ein **Gebrauchsrecht,** eine **Nutzungsbeschränkung** und eine **Benutzungspflicht** zum Inhalt haben. Gebrauchsrechte finden wir in der Hauptsache in der Gestalt sogenannter **Sondernutzungsrechte.** Diese gewähren einem oder mehreren Wohnungseigentümern das Recht zum Gebrauch des gemeinschaftlichen Eigentums. Das in der Praxis häufigste Beispiel ist die Zuordnung des Rechts zur **Benutzung eines Stellplatzes auf dem gemeinschaftlichen Grundstück**[224] oder in einer nicht in Teileigentum aufgeteilten Sammelgarage. Zu denken ist auch an das Recht zur **Benutzung eines bestimmten Teils des Gartens**, etwa des der Erdgeschoßwohnung vorgelagerten Gartenteils. Gebrauchsrechte können jedoch zugleich mit einer Nutzungsbeschränkung korrespondieren. Dies ist dann der Fall, wenn zum Sondereigentum gehörende Räume schon in der Teilungserklärung oder in dem von dieser in Bezug genommenen Aufteilungsplan etwa als „Laden" bezeichnet sind. Diese Gebrauchsregelung für das Sondereigentum vermittelt ein Gebrauchsrecht insoweit, als die im Erdgeschoß einer Wohnanlage gelegenen Räume nicht als Wohnung genützt werden müssen, sondern als Laden genützt werden dürfen. Sie vermittelt eine Nutzungsbeschränkung insoweit, als die in Rede stehenden Räume einerseits nicht als Wohnung, andererseits nicht etwa als Café oder Gaststätte oder Pilsbar genutzt werden dürfen,[225] um an dieser Stelle nur einige Beispiele zu nennen.

164 Zur Detailproblematik der Sondernutzungsrechte s. Abschn. 2.5, die Detailfragen zum Bestimmungszweck sind in Abschn. 4.2.1 behandelt.

Damit ist aber auch schon dargetan, daß **Nutzungsbeschränkungen** ihren Schwerpunkt beim Sondereigentum haben. Das Sondereigentum gewährt grundsätzlich das Recht zur beliebigen Nutzung (§ 13 Abs. 1). Dieses Recht wird nicht nur durch das Gesetz eingeschränkt, sondern kann auch

---

[222] BayObLG ZMR 1992, 65; ZMR 1997, 89 = WE 1997, 200; s. a. NJW-RR 1993, 1165 = WE 1994, 178; NJW-RR 1997, 586 = WE 1997, 271.

[223] BayObLG WE 1994, 251.

[224] BayObLGZ 1980, 111.

[225] BayObLG Rpfleger 1980, 348/349; s. auch BayObLGZ 1983, 73/78 („Laden" ist nicht mit dem Betrieb einer bis in die Nacht hinein geöffneten Gaststätte vereinbar); BayObLG DWE 1984, 62 („Laden" ist nicht mit dem Betrieb einer Teestube mit Spielsalon vereinbar).

durch Gebrauchsregelungen eingeschränkt werden. Typisch ist die vorerörterte Zweckbestimmung. Nicht weniger selten sind jedoch auch Detailregelungen in der **Hausordnung** (Tierhaltung, Musizieren etc.) Schließlich begegnen wir häufig der Nutzungsbeschränkung in Gestalt der Vermietungs- und Verpachtungsbeschränkung. Damit ist die Zulässigkeit der Gebrauchsüberlassung an Dritte z.B. an die Zustimmung des Verwalters geknüpft, der analog § 12 die Zustimmung nur aus einem in der Person des vorgesehenen Mieters/Pächters liegenden wichtigen Grundes versagen darf.[226] Solche Beschränkungen sind zulässig.[227] Während also im Falle der zulässigen Vermietungsbeschränkung die Zustimmung nur bei Vorliegen eines wichtigen Grundes versagt werden darf, unabhängig davon, ob dies in der zugrundeliegenden Gebrauchsregelung ausdrücklich zur Voraussetzung gemacht ist oder nicht, verhält es sich bei Nutzungsbeschränkungen dahin, daß die Nutzung einer Wohnung etwa für **gewerbliche** oder **freiberufliche Zwecke** der Zustimmung des Verwalters bedarf, ganz anders. Bestimmt die Gemeinschaftsordnung ohne nähere Einschränkung, daß die Nutzung einer Wohnung „für gewerbliche oder freiberufliche Zwecke" der Zustimmung des Verwalters bedarf, so kann die Zustimmung nicht nur aus wichtigem Grund, sondern aus jedem Grunde verweigert werden, der nicht willkürlich oder mißbräuchlich erscheint.[228] Kann hingegen die nach der Gemeinschaftsordnung erforderliche Genehmigung des Verwalters oder der Eigentümerversammlung für die Ausübung eines Berufes oder Gewerbes in der Wohnung nach der ausdrücklichen Regelung in der Gemeinschaftsordnung nur aus wichtigem Grund verweigert werden, so kann die Eigentümerversammlung die Berufsausübung nicht schon deshalb verbieten, weil (bisher) eine solche Genehmigung nicht erteilt sei; es kommt vielmehr darauf an, ob ein wichtiger Grund vorliegt, der sie zur Verweigerung der Genehmigung berechtigen würde.[229] Ist in diesem Falle (Nutzung einer Wohnung zur Ausübung eines Gewerbes oder freien Berufes) nach der Gemeinschaftsordnung die **schriftliche Genehmigung** des Verwalters vorgesehen, so ist eine mündlich erteilte Genehmigung unwirksam, es sei denn, die Auslegung der Gemeinschaftsordnung ergibt zweifelsfrei, daß die Schriftform ausschließlich beweissichernde Funktion haben soll. In der Regel wird wegen der Tragweite der Genehmigung die Schriftform – jedenfalls auch –

---

[226] Weitnauer, § 15 Rz. 21; LG Mannheim ZMR 1979, 319; BayObLGZ 1987, 291 ff. = NJW-RR 1988, 17.

[227] BayObLG DNotZ 1962, 314; BGH DNotZ 1963, 180; a.A. OLG Frankfurt DNotZ 1959, 476.

[228] BayObLGZ 1988, Nr. 67 = BB 1989, 1155 = NJW-RR 1989, 273; s. aber WE 1997, 319; OLG Oldenburg ZMR 1998, 195: Der Verwalterzustimmungsvorbehalt ist i.d.R. nur die formelle Voraussetzung; ob die materiellen Voraussetzungen erfüllt sind, unterliegt der Überprüfung durch die Wohnungseigentümer.

[229] BayObLG NJW-RR 1986, 1465; ZMR 1996, 99; s.a. OLG Zweibrücken ZMR 1997, 482 = WE 1997, 473 (Zustimmungspflicht, falls beabsichtigte Nutzung nicht mehr stört als zweckbestimmungsgemäße Nutzung).

warnende Funktion haben und damit Gültigkeitsvoraussetzung sein.[230] Ist in der Gemeinschaftsordnung vereinbart, daß jede anderweitige Nutzung einer Wohnung der Zustimmung der Eigentümerversammlung bedarf, so ist ein Eigentümerbeschluß, daß der Wohnungseigentümer zunächst die erforderliche Genehmigung zur Zweckentfremdung erwirken soll, bevor sein Antrag auf Erteilung der Zustimmung „behandelt" wird, wirksam. Die Wohnungseigentümer sind jedenfalls vor Abschluß des öffentlich rechtlichen Genehmigungsverfahrens nicht verpflichtet, die Zustimmung zu erteilen.[231]

165 Durch Gemeinschaftsordnung und durch bestandskräftigen Mehrheitsbeschluß kann wirksam die **Verpflichtung** der Wohnungseigentümer **zur Verpachtung** ihrer Wohnung an eine Betriebsgesellschaft begründet werden. So ist eine aus der Gemeinschaftsordnung einer Ferienparkanlage und aus darauf aufbauenden Eigentümerbeschlüssen sich ergebende Verpflichtung der Wohnungseigentümer, ihre Wohnung für eine längere, aber begrenzte Zeitspanne an eine **Betriebsgesellschaft** zu verpachten, grundsätzlich wirksam.[232] Das OLG Karlsruhe[233] hat allerdings die Regelung in einer TE, daß eine Vermietung des Sondereigentums nur durch eine Hotelbetriebsgesellschaft erfolgen dürfe, wegen inhaltlicher Unbestimmtheit und wegen sittenwidriger Knebelung der Wohnungseigentümer als unwirksam angesehen. Im Entscheidungsfalle war der Leistungsinhalt des zwischen den Wohnungseigentümern einerseits und dem Betreiber andererseits zu schließenden Vertrages nicht näher bestimmt. Hinzu kam, daß der durch die Vermietungsregelung begünstigte Hotelbetreiber in der Teilungserklärung nicht einmal die Verpflichtung übernommen hatte, seinerseits tätig zu werden.

166 Schließlich begegnen wir der Gebrauchsregelung in Gestalt der **Benutzungspflicht,** z. B. in dem Fall, der den Wohnungseigentümern die Teilnahme an einer Gemeinschaftsanlage (Gemeinschaftsantenne) zur Pflicht macht.

4.2.2.2.3 Gebrauchsregelung durch Mehrheitsbeschluß (§ 15 Abs. 2)

167 Die Wohnungseigentümer können mit **Stimmenmehrheit** „einen der Beschaffenheit der im Sondereigentum stehenden Gebäudeteile und des gemeinschaftlichen Eigentums entsprechenden ordnungsmäßigen Gebrauch" beschließen, soweit keine Vereinbarung entgegensteht. Der Mehrheitsentscheidung sind von vornherein enge Grenzen gesetzt (vgl. § 21 Abs. 3). Weitnauer formuliert treffend, daß sich die **Schranken der Mehrheitsentscheidung** sowohl in Richtung einer zu weit gehenden Beschränkung als auch zu weit gehenden Freiheit des Gebrauchs ergeben. Eine zu weit gehen-

---

[230] BayObLG WE 1990, 58.
[231] BayObLG NJW-RR 1990, 83.
[232] BayObLG NJW-RR 1988, 1163; DWE 1990, 152 = WE 1991, 83; WE 1992, 177 = DWE 1991, 127 = WM 1991, 442.
[233] OLG Karlsruhe Rpfleger 1987, 412 = NJW-RR 1987, 651.

de Beschränkung läge im Beschluß des völligen Verbots des Musizierens,[234] eine zu weit gehende Freiheit des Gebrauchs läge im Beschluß der Gestattung einer mit Lärm oder sonstigen Belästigungen verbundenen gewerblichen Tätigkeit. Werden die aufgezeigten Grenzen überschritten, ist kein Raum für eine Mehrheitsentscheidung, bleibt allenfalls die Möglichkeit der **Gebrauchsregelung durch Vereinbarung,** § 15 Abs. 1. Selbst innerhalb dieser Grenzen hat eine bestehende, inhaltlich entgegenstehende Vereinbarung (z.B. Regelung in der Gemeinschaftsordnung) Vorrang. Kommt es allerdings zu einer Mehrheitsentscheidung über Gebrauchsregelungen, die an sich Vereinbarungscharakter voraussetzen, erhalten solche Gebrauchsregelungen gleichwohl **Bestandskraft**, wenn der Eigentümerbeschluß **nicht** innerhalb Monatsfrist **angefochten** und durch das Gericht rechtskräftig für ungültig erklärt wird, § 23 Abs. 4. Dies gilt auch für die Sondernutzung in Gestalt der Parkplatzzuweisung.[235] An Kasuistik grenzend verhält sich die Rechtsprechung. Aus der Vielzahl der Entscheidungen seien hervorgehoben:

– **Einer Mehrheitsentscheidung zugängliche Gebrauchsregelungen:** 168

Erhebung einer Kostenpauschale bei Einzügen von Wohnungseigentümern oder Mietern zur Deckung damit zusammenhängender, zusätzlicher Kosten.[236]

Beschränkung der Befugnis zum Betreten des gemeinschaftlichen Heizungsraums und Ausschluß dieser Befugnis unter besonderen Umständen.[237]

Regelung darüber, daß die **Haustüre ständig geschlossen** zu halten ist, falls es sich überwiegend um Wohnungen handelt.[238] Dagegen entspricht der Beschluß über die Offenhaltung der Haustüre bis 19.00 Uhr zugunsten eines Friseurs nicht dem ordnungsgemäßen Gebrauch des Gemeinschaftseigentums.[239]

Verbot des Musizierens zu bestimmten Tages- und Nachtzeiten.[240]

---

[234] Vgl. OLG Hamm NJW 1981, 465 mit der allerdings verfehlten Begründung der Sittenwidrigkeit; s.a. BGH EBE 1995, 203 = ZMR 1995, 416 = WE 1995, 311 zum Tierhalteverbot; OLG Karlsruhe WE 1988, 96.

[235] OLG Frankfurt v. 21. 2. 1983 – 20 W 9/83 –; BayObLG NJW-RR 1993, 85 = WE 1993, 341; a.A. aber OLG Karlsruhe ZMR 1991, 33; OLG Köln NJW-RR 1992, 598.

[236] LG Wuppertal Rpfleger 1978, 23; Bärmann-Pick, § 15 Rz. 24; a.A. BayObLG v. 25. 7. 1977 – 2 Z 87/76 –; OLG Stuttgart Justiz 1981, 207 = WEM 1981, 20 sowie Bärmann-Pick, § 16 Rz. 37.

[237] BayObLG ZMR 1972, 227 = Rpfleger 1972, 176; Bärmann-Pick, a.a.O.; OLG Köln WE 1997, 427.

[238] LG Wuppertal Rpfleger 1972, 451; Palandt-Bassenge, § 15 Rz. 11; Bärmann-Pick, a.a.O.; BayObLGZ 1982, 90 = DWE 1982, 99; MünchKomm-Röll, § 15 Rz. 10.

[239] BayObLGZ 1982, 90 = Rpfleger 1982, 218; WE 1991, 202 = DWE 1990, 76 (Regelung über die Öffnungszeiten der Verbindungstüre vom Treppenhaus zur Tiefgarage).

[240] MünchKomm-Röll, § 15 Rz. 7; Bärmann-Pick, § 15 Rz. 9; OLG Hamm MDR 1981, 320; NJW 1981, 465; OLG Oldenburg Niedersächsischer Rechtspfleger 1977, 213 (keine Mehrheitsentscheidung darüber, daß Musikinstrumente nur in Zimmerlautstärke gespielt werden dürfen); s. auch Gramlich „Musik im Mehrfamilienhaus", NJW 1985, 2131.

Die täglich zulässige **Klavierspielzeit** kann sich für einen Wohnungseigentümer dadurch reduzieren (im Entscheidungsfall auf 1 Stunde), daß mehrere in einer Eigentumswohnung zusammenlebende Miteigentümer oder Familienmitglieder musizieren und die Hausordnung einen zeitlichen Rahmen (z. B. 2 Stunden) festlegt.[241] Die Wohnungseigentümer können durch Mehrheitsbeschluß die häusliche Musikausübung auf 3 Stunden täglich beschränken. Die weitere Regelung, daß das häusliche Musizieren an keinem Tag vor 10.00 Uhr morgens beginnen und über 20.00 Uhr abends dauern dürfe, stellt hingegen eine zu weit gehende, durch § 14 Nr. 1 nicht mehr gedeckte Einschränkung der Gebrauchsrechte der Wohnungseigentümer dar. Im übrigen können Studierende der Musik und Berufsmusiker einen Eigentümerbeschluß, der das häusliche Musizieren im Rahmen des § 15 Abs. 2 beschränkt, nicht mit der Begründung anfechten, ihnen müßten weitergehende Gebrauchsrechte als allen anderen Wohnungseigentümern eingeräumt werden.[242] Bei einer richterlichen Entscheidung im Rahmen der Gebrauchsregelung ist die zulässige Spieldauer für musizierende Miteigentümer nach den Umständen des Einzelfalles zu bemessen (hier: Klavierspielzeit von täglich anderthalb Stunden).[243]

Benutzungsordnung für Aufzug, Schwimmbad, Sauna, Garage.[244]

Regelung über **turnusgemäße Benutzung** von Gemeinschaftsanlagen wie Waschmaschinen etc.[245]

Zahlenmäßige **Begrenzung der Haustierhaltung.**[246]

Alle sonstigen typischen Regelungspunkte einer **Hausordnung,** wie Hausruhe, **Ruhezeiten,**[247] **Sperrfristen** für geräuschvolle Tätigkeiten, Lautstärkenregelungen für Tonträger, Geschlossenhalten von Türen und Fenstern im Gemeinschaftseigentum, Reinigungspflichten, **Waschordnung, Trokkenraumordnung,** Abstellen von **Fahrrädern, Kinderwagen** u. a. auf ge-

---

[241] OLG Frankfurt NJW 1985, 2138; s. auch OLG Frankfurt v. 1. 6. 1987 – 20 W 23/87 – zur Frage der Abänderbarkeit einer gerichtlich festgelegten Musikausübungsbeschränkung; s. hierzu nunmehr auch BGH ZMR 1999, 41 u. OLG Stuttgart WE 1998, 503.

[242] BayObLG MDR 1985, 676 = DWE 1985, 61.

[243] OLG Frankfurt NJW 1985, 2138; s. auch OLG Zweibrücken ZMR 1990, 427.

[244] MünchKomm-Röll, § 15 Rz. 8; vgl. auch Hans OLG Hamburg WE 1992, 115 (Nutzungsverbot von Klein-LKW an gemeinschaftlichen Kfz.-Abstellflächen).

[245] MünchKomm-Röll, a. a. O.; Weitnauer, § 15 Rz. 22; BayObLGZ 1972, 113; WE 1991, 365; WE 1989, 59 (Erlaubnis zur Aufstellung eines Wäschetrockners in der gemeinschaftlichen Waschküche).

[246] BayObLGZ 1972, 90 = MDR 1972, 570; OLG Frankfurt Rpfleger 1978, 414 (1 Hund und 1 Katze); LG Wuppertal Rpfleger 1978, 23; KG NJW 1956, 1679f. (Zulässigkeit des Verbots von 4 Katzen in einer 2½ Zimmer-Wohnung, nicht aber 2 Katzen in gleicher Wohnung); Weitnauer, § 15 Rz. 22; s. a. BayObLG WE 1992, 143 = DWE 1991, 126 = WM 1991, 614; OLG Frankfurt ZMR 1991, 113 (zur Haltung von Schlangen und Ratten in einer Wohnung); BayObLG NJW-RR 1994, 658 = WE 1995, 60; OLG Köln ZMR 1996, 97 = WE 1996, 234; OLG Frankfurt NJW-RR 1993, 981 (keine Kampfhunde); KG NJW-RR 1998, 1385 = ZMR 1998, 658 = DWE 1998, 135 = WE 1998, 347; BayObLG ZfIR 1998, 481.

[247] KG WE 1992, 110.

meinschaftlichen Flächen,[248] Ungezieferbekämpfung, Feuer- und Kälteschutzregelungen, **Verbot des Grillens** auf Balkonen und Terrassen.[249] **Wäschetrocknen** und -lüften auf Balkonen, Verbote zur Vermeidung von Verstopfungen des Abwasserrohrleitungssystems, Benutzung von Treppen und **Fahrstuhl,**[250] Gartennutzung zum Sonnen, Anbringen neuer Kaminlöcher, Außenantennen, Behandlung der Abfälle, Aschen usw., Dachfenster und Dachluken, Wasserverschwendung, Vorgartenanlagen, Betreten des Daches; Befugnis der Verwaltung, Richtlinien zu erlassen über die Anbringung von Namensschildern an den Wohnungstüren oder an der Außenfassade, Haftung für Familienangehörige, Personal etc.[251]

Umstritten ist die Frage, ob durch Mehrheitsbeschluß die Pflicht der 169
Wohnungseigentümer zu **turnusmäßigen Diensten** begründet werden kann; bejahend: BayObLG, OLG Stuttgart, OLG Hamm;[252] verneinend: AG München, KG.[253]

Benutzungsregelung für **Kinderspielplatz.**[254]

Gestattung des **Anbringens von Plakaten,** Firmenschildern, Reklamen, 170
Leuchtschriften, Schaukästen etc. Zu beachten ist hierbei allerdings, daß solche Beschlüsse vermehrt der Anfechtbarkeit ausgesetzt sind, so etwa, wenn die Situierung der beabsichtigten und gestatteten Leuchtröhre nicht hinreichend Rücksicht auf die Belange unmittelbar betroffener Wohnungseigentümer nimmt oder wenn der Bestimmungszweck der Anlage, sowie Charakter und Lage des Gebäudes keinerlei Leuchtreklame oder Reklameschilder dulden. Die Frage der baulichen Veränderung nach § 22 stellt sich hier deshalb nicht, weil die Gemeinschaft nicht eine bestimmte bauliche

---

[248] Hans OLG Hamburg ZMR 1993, 126 = WE 1993, 87.

[249] Gestattung des Bedienens von elektrischen Tischgrillgeräten; vgl. Bielefeld DWE 1983, 89; s. auch LG Düsseldorf ZMR 1991, 234; LG Stuttgart ZMR 1996, 624.

[250] BayObLG WE 1994, 17 (Belüftungsregelung für Kellergeschoß und Treppenhaus).

[251] BayObLG WE 1992, 52 = DWE 1991, 81 = WM 1992, 209 (Anschaffung eines Schneeräumgerätes dann, wenn dies nach der Größe der Wohnanlage den Gegebenheiten der zu räumenden Gemeinschaftsflächen den klimatischen Verhältnissen und nach dem Preis der Maschine sinnvoll ist); BayObLG WE 1992, 60 = DWE 1991, 26 = NJW-RR 1991, 912 = WM 1991, 299 (Bade- und Duschverbot für die Zeit von 23 bis 5 Uhr); BayObLG WE 1992, 169 = DWE 1991, 112 (Unterbrechung der Stromzuführung zu einem im Sondereigentum stehenden Kellerabteil über den Gemeinschaftszähler); BayObLG WE 1992, 197 = WM 1991, 512 (Anordnung der Entfernung von Blumenkästen von der Außenseite eines Balkons, der über dem Gehsteig und der Tiefgarageneinfahrt gelegen ist, sofern Sicherheitserwägungen dafür maßgeblich gewesen sind).

[252] BayObLGZ 1991, 421 = NJW-RR 1992, 343 = WE 1992, 291; ZMR 1994, 430 = WE 1994, 316; OLG Stuttgart NJW-RR 1987, 976; OLG Hamm DWE 1987, 63.

[253] AG München WE 1993, 198 (rechtskräftig); KG NJW-RR 1994, 207 = ZMR 1994, 70 = WE 1994, 213; s. i.ü. zum Diskussionsstand in Literatur und Rspr.: Bärmann-Merle, § 21 Rz. 110ff.

[254] BayObLG DWE 1982, 67.

Maßnahme beschließt, sondern nur gestattet, daß ein Wohnungseigentümer eine bestimmte bauliche Maßnahme trifft.

171 Weitere **Schaffung von Parkmöglichkeiten** durch Änderung der im Bebauungsplan enthaltenen Anordnung von Abstellplätzen für Pkw.[255] Enthielt die Baugenehmigung die Auflage zur Errichtung von Kfz.-Stellplätzen auf einem Nachbargrundstück, so kann anstelle des ursprünglich vorgesehenen Kaufs der Fläche die Anpachtung des Grundstücks als eine Maßnahme der erstmaligen ordnungsgemäßen Herstellung mehrheitlich beschlossen werden.[255a] Hingegen ist z.B. das **Abstellen von Kraftfahrzeugen** in der von der Baugenehmigungsbehörde festgelegten **Feuerwehranfahrtszone** kein ordnungsmäßiger Gebrauch der Hoffläche und kann deshalb auch nicht mehrheitlich beschlossen werden.[256]

Mehrere Gerichtsentscheidungen befassen sich mit der **Kfz.-Stellplatzvergabe** etwa durch **Losentscheid** oder **Punktesystem.**[257] Eine lange Zeit praktizierte Benutzungsregelung für Kfz.-Stellplätze kann zwar mehrheitlich, aber nicht willkürlich geändert werden.[258]

172 Umstritten ist die Frage, ob die **entgeltliche Überlassung** von Gemeinschaftseigentum **an Dritte** oder **an Wohnungseigentümer,** z.B. durch Abschluß eines Mietvertrages, einem Mehrheitsbeschluß zugängig ist. Das OLG Zweibrücken[259] verlangt Einstimmigkeit, da die entgeltliche Überlassung einer im Gemeinschaftseigentum stehenden Teilfläche an einen Dritten das Recht eines jeden einzelnen Wohnungseigentümers auf Mitgebrauch einschränke. Mit Weitnauer und dem BayObLG[260] wird hier die Auffassung vertreten, daß eine im gemeinschaftlichen Eigentum stehende Fläche einem Dritten oder einem Eigentümer grundsätzlich durch Mehrheitsbeschluß zur ausschließlichen Nutzung durch Vermietung zugewiesen werden kann. Ein solcher Mehrheitsbeschluß widerspricht allerdings dann ordnungsmäßiger Verwaltung, wenn durch die Vermietung auch nur einem anderen Wohnungseigentümer ein Nachteil im Sinne des § 14 Nr. 1 erwächst.

173 Der Beschluß über das **Zurückschneiden** einer das Grundstück einheitlich umfriedenden, die einem Wohnungseigentümer zur Sondernutzung zugewiesene Grundstücksfläche abgrenzenden **Hecke** ist Instandhaltung. Ob das Schneiden im übrigen gegen eine Baumschutzordnung verstößt, kann

---

[255] OLG Köln WEM 1978, 122; s.a. OLG Hamburg WE 1993, 167.

[255a] BayObLG WE 1998, 506

[256] BayObLG WE 1988, 200.

[257] BayObLG NJW-RR 1992, 599; NJW-RR 1993, 205 = ZMR 1993, 341; KG NJW-RR 1994, 912 = ZMR 1994, 379 = WE 1994, 339; NJW-RR 1996, 779 = ZMR 1996, 392 = WE 1996, 384.

[258] OLG Düsseldorf ZMR 1997, 91 = DWE 1997, 40.

[259] OLG Zweibrücken NJW-RR 1986, 1338 = MDR 1986, 60; Bärmann-Pick, § 15 Rz. 24.

[260] Weitnauer, § 15 Rz. 24; BayObLG WE 1988, 22; s. auch BayObLG ZMR 1989, 268 (Ermächtigung des Verwalters durch Mehrheitsbeschluß, Kfz.-Stellplätze an Wohnungseigentümer gegen Entgelt zu vermieten).

für die Frage der Gültigkeit des Eigentümerbeschlusses ungeprüft bleiben, wenn der Eigentümerbeschluß es dem Verwalter überläßt, vor der Ausführung des Beschlusses zu klären, ob eine Genehmigung nach der Baumschutzverordnung erforderlich ist.[261] Das **Pflanzen einer Hecke** auf dem gemeinschaftlichen Grundstück kann mehrheitlich beschlossen werden und ist keine bauliche Veränderung gemäß § 22 Abs. 1.[262] So können die Wohnungseigentümer generell über die **gärtnerische Gestaltung** des gemeinschaftlichen Grundstücks mehrheitlich beschließen, sofern diese Gestaltung nicht schon in der Teilungserklärung, im Aufteilungsplan oder in der Gemeinschaftsordnung verbindlich festgelegt ist. Ein über die gärtnerische Gestaltung gefaßter Eigentümerbeschluß ist aber für ungültig zu erklären, wenn Wohnungseigentümer durch die vorgesehene gärtnerische Gestaltung unbillig benachteiligt werden. Wegen des Übermaßverbots geht Rückschnitt von Sträuchern und Bäumen vor gänzlicher Beseitigung,[263] auch bei Schattenbildung.

Der Beschluß über die **Nachtabsenkung** der Heizungstemperatur, wobei **174** darauf zu verweisen ist, daß § 3 Abs. 1 EnEG und § 4 HeizBetrV keine Verpflichtung für eine Nachtabsenkung von Zentralheizungen enthalten.[264] Ein Mehrheitsbeschluß, der einen Wohnungseigentümer ermächtigt, er solle durch steuerungstechnische Maßnahmen an der Heizungsanlage zu erreichen versuchen, daß in der Heizungsanlage eine Vorlauftemperatur von 30° Celsius nicht unterschritten wird, auch wenn die witterungsgeführte Regelung niedrigere Werte einregeln würde (Grund: Eindämmung der Korrosionsgefährdung des Heizkessels), widerspricht ordnungsmäßiger Verwaltung, weil der Beschluß auf eine **Gestattung von Experimenten** an der Heizungsanlage hinausliefe.[265]

Ein Eigentümerbeschluß, der Wohnungseigentümern im Interesse gleichmäßiger Messung des Wärmeverbrauchs verbietet, **Heizkörper zu entfernen.**[266] Ob ein solcher Beschluß in jedem Falle ordnungsmäßigem Gebrauch entspricht und deshalb anfechtbar sein kann, ist im Entscheidungsfall offengeblieben. Jedenfalls wäre der Beschluß auch dann nicht **nichtig,** wenn die Heizkörper zum Sondereigentum gehören sollten.

Die Wohnungseigentümer können mit Ermessensspielraum im Rahmen ordnungsmäßiger Verwaltung die Höhe der **Hausmeistervergütung** festsetzen.[267]

Die Wohnungseigentümer können dem Verwalter durch Mehrheitsbeschluß einen **Parkplatz einräumen.** Dieser Beschluß kann aber gegen ord-

---

[261] BayObLG DWE 1985, 61.
[262] BayObLG WE 1992, 177 = DWE 1991, 165 = NJW-RR 1991, 1362.
[263] BayObLG WE 1995, 345; ZMR 1998, 40 = WE 1998, 77.
[264] BayObLG DWE 1984, 122; WE 1994, 150: Mehrheitsbeschluß über Abstellen der Heizung im Sommer.
[265] KG NJW-RR 1987, 205.
[266] BayObLG v. 20. 3. 1985 – 2 Z 141/84 –.
[267] BayObLG DWE 1984, 124.

nungsmäßigen Gebrauch verstoßen, wenn z.B. ein Wohnungseigentümer dadurch bei der Benutzung seiner eigenen Garage beeinträchtigt wird.[268]

Die Wohnungseigentümer können mehrheitlich die **Überprüfung,** Neueinstellung und Verplombung der **Heizungsabsperrventile** an den einzelnen Heizkörpern beschließen, auch wenn Heizkörper und Ventile im **Sondereigentum** der Wohnungseigentümer stehen sollten.[269]

175 Die Wohnungseigentümer können grundsätzlich mehrheitlich beschließen, dem **Verwalter** für besondere, mit viel Zeit- und Arbeitsaufwand verbundene Leistungen eine **zusätzliche Vergütung** zu gewähren. Das BayObLG[270] hat allerdings zutreffend festgestellt, daß ein Eigentümerbeschluß, der einem Verwalter unter der alleinigen Voraussetzung der Einleitung eines gerichtlichen Mahnverfahrens eine Sondervergütung von DM 120,– zubillige, nicht ordnungsmäßiger Verwaltung entspreche. Dieser Rahmen sei nicht mehr gehalten, wenn der Verwalter für jedes Mahnverfahren unterschiedslos einen Betrag von DM 120,– erhalten solle, ohne Rücksicht darauf, ob die Einleitung und Durchführung des Verfahrens im Einzelfall mit besonderem Aufwand verbunden sei oder nicht. Hierbei sei zu berücksichtigen, daß die das Wohngeld betreffende Buchführung einschließlich der Geltendmachung und Einziehung von offenen Wohngeldforderungen zu den vom Gesetz umschriebenen gewöhnlichen Aufgaben des Verwalters gehöre. Im Rahmen ordnungsmäßiger Verwaltung könne sich beispielsweise eine Regelung halten, die den Gesichtspunkt des besonderen Zeit- und Arbeitsaufwandes mehr in Rechnung stelle, indem sie dem Verwalter eine zusätzliche Vergütung für den Fall zuspreche, daß er gegen einen Wohnungseigentümer innerhalb eines bestimmten Zeitraums mehrmals wegen rückständigen Wohngelds gerichtlich vorgehen müsse.

176 Die Wohnungseigentümergemeinschaft ist nicht befugt, durch Mehrheitsbeschluß auf rückständige Beiträge zu den Lasten und Kosten des gemeinschaftlichen Eigentums unabhängig von Eintritt und Höhe eines **Verzugsschadens** z.B. **pauschal** 10% **Zinsen** zu erheben, es sei denn, sie wäre dazu durch Teilungserklärung oder Vereinbarung ermächtigt.[271]

Die Wohnungseigentümer können nicht durch Mehrheitsbeschluß generell auf die Auflistung von Gemeinschaftseinnahmen in künftigen Wirtschaftsplänen verzichten.[272]

Die Wohnungseigentümer können unter Berufung auf die unverhältnismäßig hohen Kosten beschließen, die Anbringung von **Warmwasserzäh-**

[268] BayObLG a.a.O.

[269] BayObLG WE 1987, 26.

[270] BayObLG NJW-RR 1987, 1493 = WE 1988, 70; s.a. BGH EBE 1993, 186 = ZMR 1993, 421 = WE 1993, 308 (zulässig, Sonderhonorar nach BRAGO zu vereinbaren).

[271] BGH EBE 1991, 269 = Rpfleger 1991, 413 = ZMR 1991, 398.

[272] BayObLGZ 1988, Nr. 10 = NJW-RR 1988, 847.

lern zu **unterlassen,** weil die Kosten für Anbringung und laufenden Unterhalt höher sind als die zu erwartenden Einsparungen.[273]

Umstritten ist die Frage, ob die Gemeinschaft z.B. zur **Finanzierung** einer beschlossenen Sanierungsmaßnahme mehrheitlich die Aufnahme eines **Darlehens** beschließen kann.[274] Es ist Brych[275] entgegenzutreten, der die Darlehensaufnahme durch **Mehrheitsbeschluß** schon damit rechtfertigt, daß die anstehende Sanierungsmaßnahme, zu deren Finanzierung die Darlehensaufnahme beschlossen werden solle, unzweifelhaft mehrheitlich beschlossen werden könne. Richtig ist zunächst, daß die Finanzierung einer Sanierungsmaßnahme als solche mehrheitlich beschlossen werden kann. Dabei hat die Gemeinschaft durch Mehrheitsbeschluß nur die Alternativen, die Finanzierung aus dem durch Wirtschaftsplan festgelegten Jahresbudget, aus einer gebildeten Instandhaltungsrücklage oder durch Erhebung einer Sonderumlage zu bestreiten. Mit Feuerborn[276] ist festzuhalten, daß das WEG den Grundsatz der Einstimmigkeit normiert hat. Die Aufnahme eines gemeinschaftlichen Darlehens zur Finanzierung einer beschlossenen Sanierungsmaßnahme sprengt den Rahmen ordnungsmäßiger Verwaltung, da auch die überstimmten Wohnungseigentümer gegenüber der finanzierenden Bank grundsätzlich gesamtschuldnerisch haften und über die Bestimmung des § 16 Abs. 2 hinaus zu Kosten des gemeinschaftlichen Eigentums beitragen müssen, die nicht notwendig sind. Um eine mehrheitliche Beschlußfassung für zulässig zu erachten, müßten im Eigentümerbeschluß Vereinbarungen mit der finanzierenden Bank vorgesehen werden, die es den überstimmten Wohnungseigentümern ermöglichen, sich durch Sondertilgung aus der langfristigen Bindung und der gesamtschuldnerischen Haftung zu befreien, und die sicherstellen, daß die überstimmten Wohnungseigentümer im Ergebnis nicht mehr zu zahlen haben, als sie ohne Darlehen hätten zahlen müssen. Auch Feuerborn (a.a.O.) spricht diese Möglichkeit an. Es stellt sich jedoch die Frage nach einer weniger komplizierten Regelungsmöglichkeit, nämlich: Die Wohnungseigentümer beschließen mehrheitlich die Finanzierung der Sanierungsmaßnahme durch Erhebung einer **Sonderumlage.** Jedem einzelnen Wohnungseigentümer ist es dann überlassen, durch individuelle Aufnahme eines Darlehens seinen Sonderumlagenanteil zu finanzie- 177

---

[273] KG ZMR 1987, 386; BayObLG WE 1990, 136.

[274] BayObLG ZMR 1989, 317; vgl. auch OLG Koblenz DB 1979, 788 (Ermächtigung des Verwalters zur Aufnahme eines Kredits in limitierter Höhe zur Deckung eines Wohngeldfehlbetrages); AG München WE 1991, 112 (Zulässigkeit einer sog. Mischfinanzierung – Rücklage, Sonderumlage, Kreditaufnahme –); vgl. auch OLG Hamm NJW-RR 1992, 403/LS (Kreditaufnahme zur Überbrückung ausgebliebener Wohngeldzahlungen); BayObLG WE 1991, 111.

[275] Brych „Darlehensaufnahme durch Wohnungseigentümergemeinschaften", NJW 1988, 1068 u. NJW 1989, 699; s. hierzu auch z.B. Merkblatt der Bayerischen Landes-Bausparkasse für den Abschluß und die Abwicklung von LBS-Bausparverträgen für Wohnungseigentümergemeinschaften.

[276] Feuerborn ZIP 1988, 147 u. NJW 1988, 2991.

ren. Es erscheint geradezu ausgeschlossen, daß ein Kreditinstitut derart komplizierte Vereinbarungen zu treffen bereit ist, die rechtstheoretisch erforderlich wären, damit der Eigentümerbeschluß mehrheitlich gefaßt werden kann. Natürlich soll auch hier erwähnt werden, daß ein Eigentümerbeschluß, der das Einstimmigkeitsprinzip verletzt, seine volle Gültigkeit erhält, wenn er nicht durch Anfechtung rechtskräftig für ungültig erklärt ist. Im Falle seiner Nichtdurchführbarkeit kommt sogar Nichtigkeit in Betracht.

178 Besteht eine Wohnungseigentumsanlage aus einem **Hotelkomplex** und zu vermietenden Eigentumswohnungen, so kann es zur ordnungsmäßigen Verwaltung gehören, eine **Hauszentrale** (Rezeption) einzurichten und einen Nachtportier (Nachtwächter) anzustellen, deren Kosten auf alle Wohnungseigentümer – wenigstens teilweise – umzulegen sind.[277]

Hingegen ist die auf die Übernahme einer **Baulast** auf das gemeinschaftliche Grundstück zugunsten des Nachbargrundstücks (fehlende Abstandsfläche für ein Bauwerk) gerichtete Beschlußfassung der Wohnungseigentümer keine Maßnahme der ordnungsmäßigen Verwaltung. Ein Mehrheitsbeschluß ist insoweit nicht möglich.[278]

179 – **Einer Mehrheitsentscheidung nicht zugängliche Gebrauchsregelungen:**

Völliges **Verbot des Vermietens.**[279]

Völliges **Verbot des Musizierens.**[280]

Verbot der Ausübung eines freien Berufes in einer Gegend, in welcher dies ortsüblich ist.[281]

Völliges **Verbot der Veränderung der Inneneinrichtungen.**[282]

Völliges **Verbot der Tierhaltung.**[283]

Allgemeine Gestattung der Benutzung eines **Grillgerätes** auf dem Balkon, da dadurch den übrigen Wohnungseigentümern vermeidbare Nachteile zugemutet werden.[284]

---

[277] BayObLG ZMR 1988, 148.

[278] OLG Hamm NJW-RR 1991, 338 = WE 1991, 109.

[279] Bärmann-Pick, § 15 Rz. 24; § 13 Rz. 67ff.; MünchKomm-Röll, § 15 Rz. 5; a. A. OLG Frankfurt Rpfleger 1979, 109.

[280] OLG Hamm NJW 1981, 465 (mit der allerdings verfehlten Begründung der Sittenwidrigkeit); OLG Karlsruhe WE 188, 96; OLG Frankfurt DWE 1984, 234; Bärmann-Pick, § 21 Rz. 106; Weitnauer, § 15 Rz. 18.

[281] Bärmann-Pick, a. a. O.; MünchKomm-Röll, § 15 Rz. 5.

[282] Bärmann-Pick, a. a. O.

[283] Bärmann-Pick, a. a. O. u. § 15 Rz. 8; OLG Stuttgart Justiz 1982, 230 = DWE 1983, 29; LG Wuppertal Rpfleger 1978, 23; OLG Frankfurt Rpfleger 1978, 414; BayObLG NJW 1972, 880; OLG Karlsruhe ZMR 1988, 184; s. a. AG Hildesheim ZMR 1989, 196; KG WE 1992, 111; nunmehr: BGH EBE 1995, 203 = ZMR 1995, 416 = WE 1995, 311 auf Vorlage von BayObLG ZMR 1995, 167; s. a. KG NJW 1992, 2577 = WE 1992, 111.

[284] Bärmann-Pick a. a. O.; AG Wuppertal Rpfleger 1977, 445; LG Düsseldorf ZMR 1991, 234; LG Stuttgart ZMR 1996, 624.

Die Ausübung eines **Gewerbes** oder Berufs in der Wohnung wird von der Einwilligung des Verwalters abhängig gemacht.[285]

Generell können die Wohnungseigentümer nur im Wege der **Vereinbarung** die Voraussetzungen einer gewerblichen Nutzung des Sondereigentums festlegen.[286] Nur durch Vereinbarung ist festlegbar, daß bestimmte bauliche Veränderungen am gemeinschaftlichen Eigentum **(Mauer- und Deckendurchbrüche)** ohne Zustimmung aller Wohnungseigentümer vorgenommen werden dürfen.[287] Vereinbarungen dieses Inhalts können in das Grundbuch eingetragen werden. Haben die Wohnungseigentümer eine solche Vereinbarung getroffen, dann dürfen im Rahmen des öffentlich-rechtlich Zulässigen bauliche Veränderungen durchgeführt werden. Die übrigen Wohnungseigentümer müssen jedoch einen Rechtsmißbrauch nicht hinnehmen. Lediglich unter diesem Gesichtspunkt kann es dann von Bedeutung sein, ob nachbarschützende **Abstandsflächenvorschriften** verletzt sind.[288]

Die Wohnungseigentümer können nur durch Vereinbarung das zur Wohnanlage gehörende **Schwimmbad** (mit Sauna) aus Kostengründen **schließen.** Haben sie die Schließung des Schwimmbads lediglich durch Mehrheitsbeschluß herbeigeführt, ist auch dieser wirksam, wenn er nicht angefochten wurde. Der Beschluß ist jedenfalls nicht nichtig.[289]

Die Wohnungseigentümer können durch Vereinbarung auch die Regelung treffen, daß zur Ausübung eines bestimmten Gewerbes die Zustimmung eines anderen Wohnungseigentümers erforderlich ist, der dasselbe Gewerbe bereits ausübt **(Konkurrenzschutzklausel).**[290] Allein die Tatsache, daß nach der Gemeinschaftsordnung für ein Teileigentum eine bestimmte Nutzungsart vorgeschrieben ist, begründet noch kein Konkurrenzverbot zugunsten anderer Teileigentümer.[291]

Alle Beschlußgegenstände, durch deren Verwirklichung **wohl erworbene Rechte** eines oder einiger Wohnungseigentümer ohne ihre Zustimmung beseitigt würden (z. B. Benutzung eines Gegenstandes, der ihm bisher zur ausschließlichen Nutzung überlassen war).[292] Hierzu zählen auch Gebrauchsregelungen, durch die einem Wohnungseigentümer eine Nutzung seines Sondereigentums untersagt werden soll, die sich in den Grenzen der §§ 13,

---

[285] BayObLG v. 30. 10. 1984 – 2 Z 110/84 –; WE 1997, 319; OLG Oldenburg ZMR 1998, 195.

[286] BayObLG DWE 1986, 29 = WM 1985, 234.

[287] BayObLG MittBayNot 1986, 79 = Rpfleger 1986, 217.

[288] BayObLG ZMR 1989, 347; NJW-RR 1996, 463 = WE 1996, 471 = DWE 1996, 37 (Relevanz aller drittschützenden öffentlich-rechtlichen Normen).

[289] BayObLG NJW-RR 1987, 655; WE 1996, 474 (Schließung eines Müllschluckers mehrheitlich nicht möglich, wenn sie nur mit der durch öffentlich-rechtliche Vorschriften geforderten Mülltrennung begründet wird).

[290] BayObLG WE 1991, 47 = WM 1990, 164.

[291] BayObLG WE 1997, 36; OLG Stuttgart OLGZ 1991, 41.

[292] Bärmann-Pick, a. a. O.

14 Nr. 1 hält.[293] Generell gilt: Ist durch Eigentümerbeschluß für einen Wohnungseigentümer gegen die übrigen Wohnungseigentümer ein Recht begründet worden, so sind die Eigentümer grundsätzlich nicht berechtigt, diesen Beschluß später gegen den Willen des Begünstigten wieder aufzuheben oder abzuändern. Ein dagegen verstoßender Eigentümerbeschluß ist auf Antrag für ungültig zu erklären.[294] So hat auch der BGH[295] grundlegend für alle Mehrheitsbeschlüsse, also auch für solche, durch die für einen einzelnen Wohnungseigentümer kein Anspruch gegen die übrigen Wohnungseigentümer begründet werden soll, folgende Regel aufgestellt: Jede Wohnungseigentümergemeinschaft sei befugt, über eine **schon geregelte Angelegenheit** erneut zu beschließen. Der neue Beschluß müsse jedoch **schutzwürdige Belange** eines Wohnungseigentümers aus Inhalt und Wirkungen des Erstbeschlusses beachten.

180 Jede Zuweisung eines **ausschließlichen Nutzungsrechts** am Gemeinschaftseigentum bedarf, weil Vereinbarungscharakter, der **Zustimmung aller Miteigentümer.**[296] Damit hat auch das KG seine frühere entgegenstehende Rechtsprechung[297] ausdrücklich aufgegeben. Die Zuweisung einzelner Teile des Gemeinschaftseigentums an bestimmte Wohnungseigentümer zur Alleinnutzung (z.B. Gartenfläche, Kellerraum, gemeinschaftliche Dachterrasse etc.) ist selbst dann nicht durch Mehrheitsbeschluß möglich, wenn die Nutzungszuweisung lediglich in Gestalt des sogenannten **schuldrechtlichen Sondernutzungsrechts** erfolgen soll, also die Wohnungseigentümer eine solche Zuweisung nur im Beschlußwege ohne Eintragung im Grundbuch nach § 10 Abs. 2, § 5 Abs. 4 vornehmen wollen.[298] Wird das Sondernutzungsrecht nicht vereinbart, wird also nicht ein verdinglichtes Sondernutzungsrecht angestrebt, ist jedenfalls ein einstimmiger Beschluß erforderlich. Wird der Beschluß lediglich mit Mehrheit gefaßt, wird er gleichwohl gültig, falls er nicht binnen Monatsfrist angefochten und durch das Gericht rechtskräftig für ungültig erklärt wird, § 24 Abs. 4.[299]

---

[293] BayObLG DWE 1984, 92; DWE 1984, 86.

[294] BayObLG WE 1989, 56.

[295] BGH ZMR 1991, 146 = NJW 1991, 979 = EBE 1991,50.

[296] BayObLG MDR 1972, 607; OLG Stuttgart NJW-RR 1987, 330; KG NJW-RR 1987, 653, jew. m. Nachw.; OLG Braunschweig NJW-RR 1990, 979; OLG Köln NJW-RR 1992, 598.

[297] KG NJW 1972, 691 = WM 1972, 711 = Rpfleger 1972, 62.

[298] Vgl. zum Begriff des schuldrechtlichen Sondernutzungsrechts Bärmann-Pick, § 15 Rz. 17ff.; Merle Rpfleger 1978, 86.

[299] BayObLG NJW-RR 1993, 85 = WE 1993, 341; a.A. aber OLG Karlsruhe ZMR 1991, 33 = WE 1991, 110, das für die Einräumung eines ausschließlichen Sondernutzungsrechts am Gemeinschaftseigentum stets eine Vereinbarung für notwendig erachtet und demnach einen bestandskräftigen Mehrheitsbeschluß nicht genügen läßt; so auch OLG Köln DWE 1991, 155 = NJW-RR 1992, 598; BayObLG ZMR 1999, 61.

Dem Einstimmigkeitserfordernis steht nicht der Beschluß des BayObLG entgegen,[300] wonach es bei einer Vereinbarung, durch die einem bestimmten Wohnungseigentümer die Befugnis zum alleinigen Gebrauch einer bestimmten Grundstücksfläche eingeräumt wird, nicht der Mitwirkung solcher Wohnungseigentümer bedarf, die schon durch eine im Grundbuch eingetragene Gebrauchsregelung vom Mitgebrauch dieser Grundstücksfläche ausgeschlossen waren.

Keine Heranziehung der Wohnungseigentümer zur tätigen Mitwirkung bei der Erfüllung der **Streupflicht.**[301]

Die in diesem Sinne positiven wie negativen Beispiele zeigen, daß Gebrauchsregelungen durch Mehrheitsentscheidungen in nur sehr engem Rahmen möglich sind. Vereinfachend könnte man die einer Mehrheitsentscheidung zugänglichen Gebrauchsregelungen auch als typische Hausordnungsregelungspunkte qualifizieren (zu den Problemen der Hausordnung s. Abschn. 4.2.2.3).

– **Mehrheitsentscheidungen in Mehrhauswohnanlagen:** 181

Insbesondere im Zuge mehrheitlich zu beschließender Gebrauchsregelungen bietet sich die Möglichkeit, die **Stimmberechtigung** dann auf einen beschränkten Kreis der Wohnungseigentümer zu konzentrieren, wenn etwa nur die Interessen der Wohnungseigentümer eines Hauses tangiert werden. Dies setzt allerdings voraus, daß ohne jede Außenwirkung der Gebrauch innerhalb eines Hauses geregelt werden soll,[302] und diese Stimmrechtsbeschränkung in der Gemeinschaftsordnung vereinbart ist. Das Kriterium der **Betroffenheit** ist ein objektives. Es kann nicht darauf abgestellt werden, ob bestimmte Wohnungseigentümer an einer Maßnahme interessiert sind oder nicht. Mangelndes Interesse etwa nimmt nicht die Stimmberechtigung. Steht allerdings eine **Hausordnung** zur Abstimmung, erstreckt sich das Stimmrecht auf alle Wohnungseigentümer unabhängig davon, ob einzelne Regelungspunkte nur das eine oder andere Haus betreffen. Schon aus Gründen der Rechtssicherheit und Klarheit verbietet sich hier eine differenzierte Stimmrechtsregelung innerhalb der Regelungspunkte der Hausordnung.

Sofern nicht bereits die Gemeinschaftsordnung den Verwalter zur Erstellung einer Hausordnung ermächtigt – nach § 21 Abs. 5 Nr. 1 gehört die

---

[300] BayObLG DNotZ 1986, 87 = DWE 1985, 61; vgl. a. OLG Düsseldorf ZMR 1993, 179 (Ausschluß des Mitgebrauchsrechts schon in der Teilungserklärung, spätere Stellplatzzuordnung).

[301] S. Fußnoten 252 u. 253 in Abschn. 4.2.2.2.3, insbes. OLG Stuttgart NJW-RR 1987, 976, das die Einführung der Schneeräum- und Streupflicht durch Mehrheitsbeschluß für zulässig erachtet.

[302] Nutzungsregelung für einen Fahrradkeller; BayObLGZ 1961, 322 = NJW 1962, 492; OLG Hamm v. 10. 5. 1979 – 15 W 197/78 –; Bärmann-Pick, § 15 Rz. 25; BayObLG WE 1992, 345 = DWE 1992, 131 = WM 1992, 155 zur Tragung der Aufzugskosten durch alle Wohnungseigentümer, auch wenn nur 1 Haus über einen Lift verfügt; s.a. OLG Frankfurt ZMR 1997, 606 (Mitgebrauchsrechte in Mehrhausanlagen auch ohne ausdrückliche Regelung); OLG Düsseldorf WE 1995, 150.

Aufstellung einer **Hausordnung** zur ordnungsmäßigen Verwaltung, sind die Wohnungseigentümer also wechselseitig verpflichtet, eine solche aufzustellen, während der Verwalter nach § 27 Abs. 1 Nr. 1 für die Durchführung der Hausordnung zu sorgen hat –, kann die Wohnungseigentümerversammlung den Verwalter durch Mehrheitsbeschluß beauftragen, eine Hausordnung aufzustellen.[303]

Sieht die Gemeinschaftsordnung hinsichtlich der ausscheidbaren Kosten bei einer Mehrhausanlage die Bildung von **getrennten Instandhaltungsrücklagen** für die einzelnen Gebäude vor, ist ein Eigentümerbeschluß, der die Bildung nur einer einheitlichen Instandhaltungsrücklage für die ganze Wohnanlage vorsieht, auf Anfechtung hin für ungültig zu erklären.[304]

182 – **Abänderung (Aufhebung) von durch Mehrheitsbeschluß begründeten Gebrauchsregelungen:**

Jede Gebrauchsregelung, die durch eine Mehrheitsentscheidung begründet werden konnte und begründet wurde, kann durch einen entsprechenden **Mehrheitsbeschluß** abgeändert oder aufgehoben werden.[305] Dieser Fall bereitet keine Schwierigkeiten. Wohnungseigentümer können eine durch Eigentümerbeschluß geregelte Angelegenheit der Verwaltung grundsätzlich jederzeit durch neuen Eigentümerbeschluß anders regeln. Die Fehlerhaftigkeit des neuen Beschlusses wegen Verstoßes gegen das Gebot ordnungsmäßiger Verwaltung kann nur aus seinem Inhalt, nicht allein daraus hergeleitet werden, daß die Angelegenheit bereits durch einen früheren Beschluß geregelt war und kein genügender Anlaß für eine anderweitige Regelung bestand.[306] Ein solcher neuer Beschluß würde z.B. dann ordnungsmäßiger Verwaltung widersprechen, wenn durch den früheren Eigentümerbeschluß für einen Wohnungseigentümer ein Anspruch gegen die übrigen begründet worden war. In diesem Falle sind die Eigentümer grundsätzlich nicht berechtigt, diesen früheren Beschluß später gegen den Willen des einmal Begünstigten wieder aufzuheben oder abzuändern.[307]

Der Fall ist ähnlich gelagert wie die Konstellation, daß die **Hausordnung** formeller Bestandteil der Gemeinschaftsordnung ist. Gemeinschaftsordnungen enthalten – bedauerlicherweise – vermehrt Regelungspunkte, die ihrer Natur nach nicht geeignet sind, materieller Bestandteil einer Gemeinschaftsordnung zu sein, also nicht geeignet sind, Vereinbarungscharakter zu haben. Dazu zählt vornehmlich die Hausordnung als **formeller Bestand-**

---

[303] Bärmann-Pick, § 21 Rz. 94 (nur durch Vereinbarung); Weitnauer, § 21 Rz. 26; MünchKomm-Röll, § 21 Rz. 15.

[304] BayObLG NJW-RR 1988, 274; s.a. OLG Köln DWE 1998, 190 (Einführung einer wirtschaftlichen Trennung nur durch Vereinbarung); OLG Düsseldorf WE 1998, 487 (getrennte Rücklagenbildung nur durch Vereinbarung).

[305] BGH WE 1991, 132.

[306] BayObLG DWE 1985, 60.

[307] BayObLG WE 1989, 56.

teil der Gemeinschaftsordnung. Auch Hausordnungen, die Bestandteil einer Gemeinschaftsordnung sind, können mehrheitlich abgeändert werden.[308]

Eine zusätzliche Problematik entsteht in diesem Falle allerdings dann, wenn die **„Hausordnung"** Gebrauchsregelungspunkte beinhaltet, die einer Mehrheitsentscheidung entzogen sind, die also nur via Vereinbarung rechtswirksam begründet werden können (z.B. totales Haustierhaltungsverbot). Insoweit hat die Hausordnung in der Gemeinschaftsordnung natürlich Vereinbarungscharakter mit der Maßgabe und Konsequenz, daß bei derlei Konstellationen jeder Regelungspunkt „Hausordnung" auf diese Frage abzuklopfen ist und Abänderungen je nachdem mehrheitlich oder nur einstimmig möglich sind.

Problematisch ist in diesem Zusammenhang schließlich die Frage, wie ei- **183**
ne **Gebrauchsregelung abgeändert** oder **aufgehoben** werden kann, die an sich nur durch Vereinbarung hätte begründet werden dürfen, aber gleichwohl durch Mehrheitsbeschluß Bestandskraft erlangte, weil dieser nicht binnen Monatsfrist angefochten wurde, sog. vereinbarungsersetzender Beschluß.[309] Der **vereinbarungsersetzende Beschluß** kann eine zu vereinbarende Gebrauchsregelung erstmals einführen oder eine vereinbarte Gebrauchsregelung abändern oder aufheben. Trotz Bestandskraft des – fehlerhaften, weil gegen § 15 Abs. 2 verstoßenden – Mehrheitsbeschlusses ist keine Vereinbarung getroffen worden. Dies wiederum hat zur Folge, daß eine solche zum Tragen gekommene Gebrauchsregelung, die an sich der Vereinbarung bedurft hätte, grundsätzlich mehrheitlich abgeändert oder aufgehoben werden kann. Unter welchen Voraussetzungen ein vereinbarungsersetzender Beschluß, der eine Regelung der Gemeinschaftsordnung ändert oder „aufhebt", wieder aufgehoben werden kann, hängt im wesentlichen von der Beantwortung einer umstrittenen rechtsdogmatischen Frage ab. „Überlagert" er lediglich die „aufgehobene", vereinbarte Gebrauchsregelung, also i.d.R. die Gemeinschaftsordnung,[310] kann er seinerseits jeder-

---

[308] BayObLG ZMR 1976, 310 = Rpfleger 1975, 367; OLG Karlsruhe Justiz 1976, 301; LG Mannheim MDR 1976, 582; Bärmann-Pick, § 21 Rz. 93; Weitnauer, § 21 Rz. 26.

[309] BGH EBE 1994, 338 = NJW 1994, 3230 = ZMR 1995, 34 = WE 1995, 55 (Änderung des Kostenverteilungsschlüssels); WE 1994, 210 = ZMR 1994, 256 (Änderung des Verteilungsschlüssels für Hausgeldvorschüsse); EBE 1995, 203 = ZMR 1995, 416 = WE 1995, 311 (Hundehalteverbot); KG NJW 1992, 2577 = WE 1992, 111; OLG Düsseldorf NJW-RR 1994, 1426 = ZMR 1994, 427; WE 1995, 184; OLG Hamm ZMR 1995, 498; WE 1997, 384 = DWE 1997, 124; OLG Köln NJW-RR 1993, 844; BayObLG WE 1994, 306; WE 1994, 475; WE 1997, 111; WE 1998, 117 = ZMR 1997, 537; BayObLG WE 1999, 35 = ZfIR 1998, 616 (Änderung des Kostenverteilungsschlüssels); ZMR 1999, 61 (Begründung eines Sondernutzungsrechts); OLG Karlsruhe WE 1998, 500 (Änderung des Kostenverteilungsschlüssels).

[310] Weitnauer, § 10 Rz. 56; Weitnauer WE 1995, 163; Hauger WE 1993, 231; KG ZMR 1996, 620 = WE 1996, 390 = DWE 1997, 161; s.a. OLG Hamm WE 1997, 26.

zeit ex nunc aufgehoben werden, hat jeder Wohnungseigentümer einen Anspruch auf seine Beseitigung. Ändert er hingegen wirksam die vereinbarte Regelung, also i.d.R. die Gemeinschaftsordnung,[311] ist seine **Aufhebung nur möglich**, wenn ein **sachlicher Grund** hierfür besteht und kein Wohnungseigentümer unbillig benachteiligt würde. In diesem Falle besteht auch kein Anspruch auf Aufhebung des vereinbarungsersetzenden Beschlusses. Die **Überlagerungstheorie** ist schon deshalb abzulehnen, weil sie nicht berücksichtigt, daß der vereinbarungsersetzende Beschluß wie eine Vereinbarung nach dem Willen der Wohnungseigentümer i.d.R. auf Dauer angelegt ist und nicht dem Votum ständig wechselnder Mehrheiten ausgesetzt sein darf. Wenn man das Rechtsinstitut des sog. vereinbarungsersetzenden Beschlusses bejaht, muß seine Bindungswirkung betont und müssen die Möglichkeiten seiner Beseitigung stark eingeschränkt werden. Dies fordert nicht zuletzt der Vertrauensschutz, den die an der Mehrheitsentscheidung Beteiligten genießen. Wer die Überlagerungstheorie verficht, sollte konsequenterweise schon die Möglichkeit des vereinbarungsersetzenden Beschlusses überhaupt negieren, wie dies OLG Karlsruhe und OLG Köln für den Fall der **Begründung eines Sondernutzungsrechts** tun.[312]

184 Zur Frage, ob ein Wohnungseigentümer gegen einen solchen bestandskräftigen, fehlerhaften Mehrheitsbeschluß, also nach Ablauf der Anfechtungsfrist **richterliche Hilfe** etwa aus dem Gesichtspunkt des § 21 Abs. 4 mit dem Ziel in Anspruch nehmen kann, den Beschluß zu Fall zu bringen, wird im Zusammenhang mit der Erörterung von § 15 Abs. 3 Stellung genommen, der die prinzipielle Möglichkeit vorsieht, Gebrauchsregelungen durch richterliche Entscheidung einzuführen oder abzuändern (s. hierzu Abschn. 4.2.2.2.5). Bereits an dieser Stelle: Die Überlagerungstheorie muß diese Frage bejahen.

185 Schließlich gibt es die Fälle, in denen die Gemeinschaftsordnung ihre **Abänderbarkeit durch Mehrheitsbeschluß** vorsieht. Soll hier nun durch Eigentümerbeschluß eine in der Gemeinschaftsordnung enthaltene **Gebrauchsregelung** geändert werden, ist eine solche Änderung unter Beachtung der Grundsätze ordnungsmäßiger Verwaltung möglich, sofern sachliche Gründe vorliegen und kein Wohnungseigentümer unbillig benachteiligt wird. Ein solcher Mehrheitsbeschluß kann nicht mit der Begründung für ungültig erklärt werden, ein Wohnungseigentümer habe durch eine Nutzung entsprechend der Gemeinschaftsordnung eine gesicherte Rechtsposition erlangt, die ihm erhalten bleiben müsse. Entsprechendes gilt etwa dann, wenn bei gleicher Konstellation (Abänderbarkeit der Gemeinschaftsordnung durch Mehrheitsbeschluß) der **Kostenverteilungsschlüssel** geändert werden soll. Auch hier ist die Änderung zulässig, wenn hierfür ein sachli-

---

[311] BayObLG WE 1997, 266; WE 1997, 475.
[312] OLG Karlsruhe WE 1991, 110; OLG Köln NJW-RR 1992, 598.

cher Grund vorliegt und einzelne Wohnungseigentümer gegenüber dem bis dahin bestehenden Rechtszustand nicht unbillig benachteiligt werden.[313]

4.2.2.2.4 Gebrauchsregelung durch Vereinbarung, § 15 Abs. 1

Jede Gebrauchsregelung, die nicht durch eine Mehrheitsentscheidung ein- **186**
geführt werden kann, ist durch Vereinbarung zu begründen. Dies bedeutet **Zustimmung sämtlicher Beteiligter.** Vereinbarung setzt immer ein einheitliches Verhalten aller Wohnungseigentümer voraus.[314]

Wegen der sogenannten **dinglichen** („verdinglichten") **Wirkung** der Vereinbarung im Falle ihrer Grundbucheintragung ist es rechtsdogmatisch unerläßlich, daß nur wirkliche, im Grundbuch – noch oder schon – eingetragene Wohnungseigentümer an der Vereinbarung teilnehmen. Kommt die Vereinbarung nicht in einer Eigentümerversammlung, sondern z.B. dadurch zustande, daß jeder Wohnungseigentümer seine Unterschrift in eine beim Verwalter aufliegende Liste zu leisten hätte, ist maßgebliches **zeitliches** Kriterium für die Eigentümerstellung die Unterschriftsleistung durch den letzten Wohnungseigentümer. Erst in diesem Augenblick kommt die Vereinbarung zustande. Hat also ein Erwerber unterzeichnet, obwohl er noch nicht Eigentümer war, ist dies unerheblich, wenn er bei Unterschriftsleistung des letzten Wohnungseigentümers Eigentümer ist.[315] Nur der **Wohnungseigentümer** selbst kann die entsprechende Eintragungsbewilligung abgeben.

„Vereinbarung" in diesem Sinne ist auch die einseitige Erklärung des Eigentümers gemäß § 8 gegenüber dem Grundbuchamt (z.B. der Bauträger trifft Gebrauchsregelungen schon in der ursprünglichen Gemeinschaftsordnung).

Gegenstand auch solcher **Gebrauchsregelungen** können sowohl das **187**
Gemeinschaftseigentum als auch das **Sondereigentum** sein. Für den Bereich des Sondereigentums begegnen wir hier der Gebrauchsregelung in der Hauptsache in der Gestalt der **ausdrücklichen Zweckbestimmung,**[316] des **Konkurrenzverbots**[317] für Gewerbe, die von einem der Wohnungseigentümer schon im Hause betrieben werden, aber auch in der Bestimmung, daß das Gebäude und demnach jede Wohnung durch **Verpachtung** an eine Hotelgesellschaft gewerblich zu nutzen ist. Für den Bereich des Gemeinschaftseigentums finden wir vornehmlich Gebrauchsregelungen zugunsten

---

[313] BGHZ 95, 137 = NJW 1985, 2832; BayObLG NJW-RR 1987, 203; BayObLGZ 1990, Nr. 25 = WE 1991, 229; vgl. a. KG ZMR 1991, 404 zum Anspruch auf Änderung des Kostenverteilungsschlüssels.

[314] BayObLG Rpfleger 1975, 367; Rpfleger 1979, 216; Rpfleger 1983, 348.

[315] BayObLG DWE 1986, 29 = WM 1985, 234.

[316] Auch die Zustimmung zur Umwandlung eines (Teils eines) bisherigen Teileigentums in ein Wohnungseigentum, wenn es sich hierbei um eine materielle Änderung der Zweckbestimmung handelt, BayObLG DWE 1983, 94 = DNotZ 1984, 106; OLG Köln NJW-RR 1997, 1442.

[317] BayObLG WE 1991, 47 = WM 1990, 164.

einzelner Wohnungseigentümer an Einrichtungen des Gemeinschaftseigentums, Sondernutzungsrechte genannt. Angesprochen ist hier aber auch etwa die Vereinbarung über die **Beschränkung des Anfechtungsrechts** dahin, daß nur alle Bruchteilseigentümer einer Wohnung gemeinsam, nicht jeder für sich alleine, einen Eigentümerbeschluß anfechten können.[318]

Aus den Erörterungen zum Komplex der Gebrauchsregelungen im Wege der Mehrheitsentscheidung ergibt sich bereits im Detail das Feld der durch Vereinbarung zu begründenden Gebrauchsregelungen (Vereinbarungen über den Bestimmungszweck, über die als solche zulässige Benutzung für gewerbliche oder berufliche Zwecke, über den Ausschluß einer solchen Benutzung, über den Hinzuerwerb eines angebotenen Grundstücks – selbst wenn dieses unentgeltlich angeboten werden sollte –; Sondernutzungsrechte an Pkw-Abstellplätzen, an sonstigen gemeinschaftlichen Flächen und Räumen, Gebäudeteilen, Anlagen oder Einrichtungen; dies selbst dann, wenn dies für einzelne Wohnungseigentümer einen offenkundigen Vorteil bringt.[319] Vereinbarungen über das totale Verbot des Musizierens oder der Haustierhaltung, über das Verbot der Vermietung; ferner die Regelung der Benutzung von Fahrstühlen, Höfen, Garagen, Lagerplätzen, Trockenplätzen, Waschküchen u.ä., soweit die Regelung dieser Dinge nicht wegen geringerer Bedeutung einer Hausordnung überlassen werden kann).

188 – **Das Zustandekommen der Vereinbarung**

Für die grundsätzlich von einzelnen Wohnungseigentümern nicht zu erzwingende Vereinbarung über eine Gebrauchsregelung ist nur dort Raum, wo die **positive Gesetzeslage ergänzt** oder **abbedungen** werden, bzw. eine bereits vereinbarte Gebrauchsregelung aufgehoben oder geändert werden soll. Jeder Wohnungseigentümer hätte der beabsichtigten Gebrauchsregelung zuzustimmen, um sie wirksam werden zu lassen. Dies muß nicht in Form eines einstimmig zu fassenden Beschlusses im Rahmen einer Wohnungseigentümerversammlung geschehen. Theoretisch kann der Abschluß der Vereinbarung wie jeder Vertragsschluß etwa durch **sukzessive Unterzeichnung** eines beim Verwalter aufliegenden Papiers durch alle jeweiligen Wohnungseigentümer erfolgen. Regelmäßig wird der Verwalter jedoch die beabsichtigte Gebrauchsregelung unter Hinweis auf das **Einstimmigkeitserfordernis** im Ladungsschreiben in einer Wohnungseigentümerversammlung vereinbaren lassen. Im rechtsdogmatischen Sinne ist die in der Versammlung getroffene Entscheidung kein Beschluß, sondern nur ein Bündel von Willenserklärungen als Grundlage und Voraussetzung des Vereinbarungsabschlusses.

189 Waren in einer Eigentümerversammlung alle Wohnungs- und Teileigentümer zugegen (Universalversammlung) und haben alle einer Gebrauchsregelung zugestimmt, die inhaltlich **Vereinbarungscharakter** hat (z.B. Be-

---

[318] BayObLG Rpfleger 1983, 14.
[319] OLG Stuttgart v. 8. 10. 1982 – 8 W 310/82 –.

gründung eines Sondernutzungsrechts), muß in dieser Entscheidung nicht unbedingt eine Vereinbarung gesehen werden, § 15 Abs. 1. Es kann sich auch um einen schlichten **Beschluß** gem. § 15 Abs. 2 handeln. Der Unterscheidung kommt Bedeutung für die **Eintragungsfähigkeit** und die Wirksamkeit gegen den Sondernachfolger eines Wohnungseigentümers zu (§ 10 Abs. 2 u. Abs. 3), aber auch für die Abänderbarkeit. Die durch Eigentümerbeschluß getroffene Gebrauchsregelung kann grundsätzlich auch wieder durch einen Eigentümerbeschluß abgeändert werden (s. hierzu im einzelnen Fußnoten 310, 311, 312 in Abschn. 4.2.2.2.3). Der Unterscheidung kommt schließlich Bedeutung für die Frage der **Anfechtbarkeit** zu. Eine Vereinbarung unterliegt nicht der Beschlußanfechtung gem. § 23 Abs. 4. Im Falle der Vereinbarung kann jeder Wohnungseigentümer allenfalls die in seiner Stimmabgabe liegende Willenserklärung unter den Voraussetzungen der §§ 119 ff. BGB anfechten. Von praktischer Bedeutung ist in diesem Zusammenhang die Unterscheidung deshalb, weil grundsätzlich auch ein Wohnungseigentümer, der einem bestimmten Beschlußantrag zugestimmt hat, sein Anfechtungsrecht behält. Wurde eine Regelung mit den Stimmen aller Wohnungseigentümer getroffen, so kommt der Frage, wie sie dies formell bezeichnet haben (Vereinbarung oder Beschluß), für die **Auslegung** zwar Gewicht zu, ist dies aber allein nicht ausschlaggebend.[320] Primär kommt es auf den Inhalt an. Eine Vereinbarung ist dann anzunehmen, wenn eine Regelung des betreffenden Gegenstandes durch Mehrheitsbeschluß gegen den Willen des betroffenen Wohnungseigentümers nicht möglich wäre. Ein Beschluß im technischen Sinn ist nur dann anzunehmen, wenn ein Gegenstand geregelt wird, der einem Mehrheitsbeschluß zugänglich ist.[321]

Grundsätzlich können **Vereinbarungen** im Sinne des § 10 Abs. 2 **form-** 190
frei zustande kommen.[322] An das Zustandekommen einer (selbst formfreien) Vereinbarung sind jedoch besondere Anforderungen zu stellen. Nicht jede allseitige Übereinkunft der Wohnungseigentümer stellt bereits eine derartige Vereinbarung dar. Schon die strengen Regeln für die Abänderung einer Vereinbarung erfordern es, daß nicht aus jeder momentanen Einigkeit bereits eine Vereinbarung gefolgert wird, die später dann kaum zu ändern ist. Vielmehr muß den Wohnungseigentümern bewußt sein, daß sie nicht nur für die Gegenwart und bei Änderung der Sachlage abänderbar eine Regelung treffen, die auch für die Zukunft gilt und grundsätzlich nicht mehr zu ändern ist.[323]

Die Gebrauchsregelungsvereinbarung kann ins **Grundbuch** eingetragen 191
werden. In diesem Falle wird sie **Inhalt des Sondereigentums,** § 10 Abs. 2,

---

[320] BayObLG NJW-RR 1987, 1364; WE 1990, 214; BayObLGZ 1991, Nr. 28; NJW-RR 1992, 81 = WE 1992, 233.

[321] BayObLG a. a. O.; OLG Karlsruhe MDR 1983, 672; Palandt-Bassenge, § 10 Rz. 7; OLG Zweibrücken DWE 1998, 36.

[322] BayObLG WE 1994, 251; OLG Hamm NZM 1998, 873; OLG Köln OLG-Report 1996, 185; NZM 1998, 864 (durch langjährige einverständliche Übung).

[323] KG NJW-RR 1989, 976 = ZMR 1989, 346; OLG Köln a. a. O.

wird sie „verdinglicht“, ohne dingliches Recht zu werden. Sie wirkt nur gegenüber allen Wohnungseigentümern, nicht gegenüber Dritten.[324] Auch **ohne Eintragung** erlangt die Vereinbarung volle **Rechtswirksamkeit** unter den Vertragschließenden, also unter denjenigen, die zur Zeit des Abschlusses der Vereinbarung Wohnungseigentümer waren[325] und **zugunsten der Sondernachfolger**, also nicht gegen Sondernachfolger.[326] Da ohne Grundbucheintragung keine Bindung von Sondernachfolgern eintritt, ist die schuldrechtliche Vereinbarung bei einem Eigentümerwechsel hinfällig, es sei denn, die Vereinbarung entfaltet positive Wirkung für den Sondernachfolger. Auch eine die Gemeinschaftsordnung ändernde Vereinbarung bedarf keiner Form und bindet die Eigentümer schuldrechtlich auch ohne Eintragung im Grundbuch.[327] Wird sie eingetragen, wirkt sie auch gegen alle Sondernachfolger (§ 10 Abs. 2), also auch gegen Wohnungseigentümer, die im Zeitpunkt des Abschlusses der Vereinbarung und der Eintragung ins Grundbuch noch nicht Wohnungseigentümer waren. **Sondernachfolger** ist, wer das Wohnungseigentum durch Rechtsgeschäft, also durch Auflassung und Eintragung ins Grundbuch oder durch Zuschlag in der Zwangsversteigerung erwirbt. Der **Erbe,** der Gesamtrechtsnachfolger ist, tritt kraft Gesetzes in alle Rechte und Verpflichtungen des Erblassers ein,[328] so daß der Erbe die Vereinbarung auch bei Nichteintragung im Grundbuch gegen sich gelten lassen muß.

192 Problematisch erscheint in diesem Zusammenhang die Auffassung von Bärmann-Pick,[329] auch im Falle der **Nichteintragung** wirke die Vereinbarung schlechthin gegenüber Sondernachfolgern. Dies ergebe sich analog aus § 746 BGB und sei nur billig, da Mehrheitsbeschlüsse nach § 10 Abs. 3 nicht der Grundbucheintragung bedürften, um gegenüber Sondernachfolgern zu wirken. Es sei nicht einzusehen, daß der Sondernachfolger eine durch Mehrheitsentscheidung begründete Gebrauchsregelung ohne Grundbucheintragung gegen sich gelten lassen müsse, während die Gebrauchsregelungsvereinbarung zur Wirkung gegen den Sondernachfolger nach dem Wortlaut von § 10 Abs. 2 der Grundbucheintragung bedürfe. Bärmann-Pick ist entgegenzuhalten, daß § 10 Abs. 2 lex specialis zu § 746 BGB ist und schon der Wortlaut zweifelsfrei die Grundbucheintragung insoweit voraussetzt, als Wirkungen gegen den Sondernachfolger, also zu Lasten des Son-

---

[324] Weitnauer, § 10 Rz. 35; Ertl DNotZ 1979, 267; Röll Rpfleger 1980, 90; a. A. Bärmann-Pick, § 5 Rz. 70: auch Wirkung gegenüber Dritten.

[325] OLG Köln WE 1995, 240.

[326] BayObLG WE 1992, 229; WE 1997, 391; OLG Hamm ZMR 1996, 671 = WE 1997, 32 = DWE 1996, 187; OLG Düsseldorf WE 1997, 191; OLG Hamm NZM 1998, 873, WE 1999, 70 mit Anm. Ott, WE 1999, 80.

[327] BayObLG DWE 1986, 29 = WM 1985, 234; WE 1986, 73; NJW-RR 1988, 271; BGH DNotZ 1984, 238/240; Weitnauer, Rz. 29 ff., Augustin, Rz. 16, 21, je zu § 10.

[328] Weitnauer, § 10 Rz. 34.

[329] Bärmann-Pick, § 15 Rz. 14.

dernachfolgers bestehen oder entstehen können. Mit Recht hebt Weitnauer rechtsdogmatisch einwandfrei hervor,[330] daß lediglich die Wirkung **zugunsten** eines Rechtsnachfolgers nicht von der Eintragung ins Grundbuch abhänge. Auf die Kenntnis des Rechtsnachfolgers ist bei belastender Wirkung auch dann nicht abzustellen, wenn keine Eintragung erfolgt ist.[331] Im Ausnahmefall kann es allerdings gegen **Treu und Glauben** verstoßen, wenn ein Rechtsnachfolger trotz Kenntnis eine Gebrauchsregelung nicht gegen sich gelten lassen will.[332] Nach OLG Düsseldorf[333] soll eine Abänderungsvereinbarung ohne Grundbucheintragung ausnahmsweise gegen den Sondernachfolger wirken, wenn der Voreigentümer mit der Wohnungsnutzung eines Dachraums durch einen anderen Wohnungseigentümer einverstanden war und dieses Einverständnis zur Herstellung eines abgeschlossenen Ausbauzustands geführt hat.

Wenn hingegen **Mehrheitsbeschlüsse ohne Grundbucheintragung gegen Sondernachfolger** wirken, ist dies deshalb vertretbar, weil sie im Hinblick z.B. auf die Schranken des § 15 Abs. 2 keine einschneidenden Regelungen beinhalten können, die den Kern des einzelnen Wohnungseigentums tangieren. In Vereinbarungen hingegen können schwerwiegende Einschnitte vorgenommen werden, deren nachteilige Wirkungen für den Erwerber eindeutig nachvollziehbar sein sollen (die notarielle Erwerbsurkunde hat darauf Bezug zu nehmen), die nicht nur durch ein mühevolles Durchforsten der Verwaltungsunterlagen (Versammlungsprotokolle) bekannt werden sollen.

Zugegebenermaßen entfällt die **Publizitätswirkung des Grundbuchs,** wenn lediglich ein bestandskräftiger Mehrheitsbeschluß eine an sich der Vereinbarung bedürftige, einschneidende Gebrauchsregelung vorsieht, dieser Beschluß jedoch wegen § 10 Abs. 3 auch gegen den **Sondernachfolger** eines Wohnungseigentümers ohne Eintragung im Grundbuch wirkt.

Nach herrschender Meinung[334] kann ein **Beschluß** der Wohnungseigentümer **nicht in das Grundbuch eingetragen** werden, auch dann nicht, wenn er eine Änderung der Gemeinschaftsordnung enthält, die mangels Anfechtung Bestandskraft erlangt hat. Diese Auffassung begegnet, wie schon in den Vorauflagen dargestellt, nach wie vor Bedenken. Das Gesetz verneint im Hinblick auf die Wirkung gegen Sondernachfolger lediglich die **193**

---

[330] Weitnauer, § 10 Rz. 31; s.a. Augustin, § 10 Rz. 33; BayObLG WE 1992, 229 = DWE 1992, 130 = MittBayNot 1992, 266.

[331] BayObLG WE 1990, 214; ZMR 1997, 427; OLG Düsseldorf OLGZ 1978, 349/353; OLG München NJW 1955, 637; Bärmann-Pick, Rz. 61, Weitnauer, Rz. 31, Palandt-Bassenge, Rz. 10, jeweils zu § 10; Röll Rpfleger 1980, 90; a.A. Ertl DNotZ 1979, 267/271.

[332] Weitnauer, a.a.O.

[333] OLG Düsseldorf WE 1997, 468.

[334] BayObLG DNotZ 1984, 101; OLG Frankfurt Rpfleger 1980, 231; Weitnauer, § 10 Rz. 32 u. 57; Tasche DNotZ 1973, 453/458; Ertl – KEHE Einl. E 78; so insbes. auch BGH EBE 1994, 338 = ZMR 1995, 34 = WE 1995, 55 = NJW 1994, 3230; a.A. Bärmann-Pick, § 10 Rz. 64.

Eintragungsnotwendigkeit, nicht hingegen die **Eintragungsfähigkeit.** Die Feststellung des BGH a.a.O., Beschlüsse seien „nicht eintragungsbedürftig und darum auch nicht eintragungsfähig", mithin sei u.a. die hier vertretene Auffassung mit dem eindeutigen Wortlaut des § 10 Abs. 3 unvereinbar, scheint zu apodiktisch. Zum einen orientiert sich ganz allgemein im Grundbuchrecht die Eintragungsfähigkeit nicht an ihrer Bedürftigkeit, zum anderen stellt § 10 Abs. 3 auf Eigentümerbeschlüsse ab, die nach dem gesetzlichen Leitbild gem. § 23 Entscheidungen zum Inhalt haben, über die die Wohnungseigentümer beschließen dürfen, die sie also nicht durch Vereinbarung herbeiführen müssen. Auf den vereinbarungsersetzenden Beschluß stellt § 10 Abs. 3 nicht ab. Weil also das Gesetz die Frage der Eintragungsfähigkeit zumindest offen hält, muß es möglich sein, solche Beschlüsse einzutragen, für deren Eintragung ein Bedürfnis besteht. Das Bedürfnis ist bei bestandskräftigen Mehrheitsbeschlüssen zu bejahen, die eine Regelung treffen, die an sich nur einer Vereinbarung zugänglich ist.[335] Selbst Weitnauer[336] macht eine Ausnahme für den Fall, daß die Gemeinschaftsordnung selbst ihre Abänderung durch Mehrheitsbeschluß zuläßt. Weitnauer meint, da ein solcher Beschluß die Wirkung einer Vereinbarung haben solle und habe, müsse er auch den Regeln für diese unterliegen.

194 Jede **Vereinbarung** kann **formlos** getroffen werden.[337] Soll sie zum Inhalt des Sondereigentums durch Eintragung im Grundbuch gemacht werden, ist die **Eintragungsbewilligung** sämtlicher Wohnungseigentümer erforderlich,[338] und zwar in der Form des § 29 GBO, also durch öffentlich beglaubigte oder beurkundete Erklärung. Nicht ausreichend ist der Nachweis in der Form des § 26 Abs. 4 (Vorlage des Protokolls, bei dem lediglich die Unterschriften der in § 24 Abs. 6 bezeichneten Person öffentlich beglaubigt sind – Versammlungsvorsitzender und 1 Wohnungseigentümer und der Verwaltungsbeiratsvorsitzende –).[339] Die Frage, ob es bei Rechtsänderungen nach § 15 Abs. 1 i.V.m. § 10 Abs. 2 einer **Zustimmung Drittberechtigter** (z.B. Grundpfandrechtsgläubiger) i.S.d. § 877 BGB bedarf, ist umstritten. Das BayObLG[340] bejaht dies für den Fall bestehender Sondernutzungsrechte am gemeinschaftlichen Eigentum (Kfz-Stellplatz). Danach bedürfe jede das Wohnungseigentumsrecht benachteiligende Inhaltsänderung des

---

[335] Müller in FS für Bärmann und Weitnauer 1990 „Der Eigentümerbeschluß mit Vereinbarungsinhalt".

[336] Weitnauer, § 10 Rz. 32 u. 51.

[337] BGH DNotZ 1984, 238/240; BayObLG WE 1986, 73; DWE 1986, 29 = WM 1985, 234; WE 1994, 251; OLG Hamm NZM 1998, 873; Weitnauer, Rz. 29, Augustin, Rz. 16, 21, je zu § 10.

[338] BayObLGZ 1973, 267; 1974, 217; 1974, 294; 1978, 377.

[339] Weitnauer, § 10 Rz. 47; Ertl DNotZ 1979, 267, 276; BGHZ 49, 250; BayObLGZ 1972, 314; 1974, 86; 1974, 172; 1974, 217; 1978, 377.

[340] BayObLG Rpfleger 1974, 314/315; WEM 1980, 171 = MDR 1981, 56; OLG Hamm NZM 1998, 873: keine Zustimmung der dinglichen Gläubiger zu einer nicht eingetragenen Vereinbarung.

Sondereigentums der Zustimmung der Inhaber der am Wohnungseigentumsrecht selbst bestellten dinglichen Rechte, soweit diese hiervon auch nur möglicherweise nachteilig berührt werden. Infolgedessen sei auch eine das Haftungsobjekt benachteiligende Gebrauchsregelung gemäß § 15 Abs. 1 z.B. dann gegeben, wenn die ausschließliche Benutzung des gemeinschaftlichen Eigentums durch bestimmte Wohnungseigentümer in Rede stehe. Bärmann-Pick[341] hält eine Zustimmung nur dann für erforderlich, wenn Dritte von der Änderung konkret betroffen sein können. Dies sei der Fall bei Veräußerungsbeschränkungen nach § 12, Benutzungsbeschränkungen bezüglich des Miteigentums, des Sondereigentums und der Veräußerung von Sondernutzungsrechten,[342] nicht hingegen bei Veränderung des Verteilungsschlüssels von Lasten und Kosten. Ertl wiederum[343] hält überhaupt nur die Zustimmung des Gläubigers der Auflassungsvormerkung für erforderlich. Bei richtigem Verständnis der Rechtsprechung des BayObLG[340] kann diese als im Einklang stehend mit der wohl richtigen Auffassung von Bärmann-Pick[341] gesehen werden. Einerseits ist in Zweifelsfällen von der Zustimmungsbedürftigkeit auszugehen, andererseits wird man sie dort verneinen müssen, wo Dritte effektiv nicht betroffen sind. Andernfalls würde die Gemeinschaft immobil. Das typische Beispiel ist die Veränderung des Verteilungsschlüssels von Lasten und Kosten. Der BGH[344] schloß sich dieser Meinung im wesentlichen an. Danach ist zur Eintragung eines eingeräumten Sondernutzungsrechts in das Grundbuch die Zustimmung dinglich berechtigter Dritter in der Form des § 29 GBO erforderlich.

Die in der Gemeinschaftsordnung enthaltene, als Inhalt des Sondereigen- 195
tums im Grundbuch eingetragene Bestimmung: „Bestimmte Wohnungen dienen hotelmäßiger Nutzung (Bestimmung bei Verkauf)“, gibt dem teilenden Grundstückseigentümer das Recht, spätestens beim Verkauf einer jeden Wohnung zu bestimmen, daß eine Wohnung **„hotelmäßiger Nutzung“** zuzuführen ist. Die Mitwirkung der übrigen Wohnungseigentümer und der dinglich berechtigten Dritten ist bei dieser Änderung der vereinbarten Gebrauchsregelung nicht erforderlich.[345]

Haben die Wohnungseigentümer eine Vereinbarung getroffen, die zur Bindung der Sondernachfolger der Grundbucheintragung bedarf, so sind sie

[341] Bärmann-Pick, § 10 Rz. 55; s.a. LG Aachen Rpfleger 1986, 258.

[342] So auch Röll Rpfleger 1980, 90; LG Stuttgart BWNotZ 1974, 133 = MittBayNot 1974, 213.

[343] Ertl DNotZ 1979, 267.

[344] BGH FWW 1984, 134; s.a. OLG Hamm WE 1997, 382 = DWE 1997, 122 (Der Ausschluß der eigenen Berechtigung wird Inhalt des Sondereigentums, nicht die positive Zuordnung des Rechts zum begünstigten Wohnungseigentum. Daher bedarf Nutzungserweiterung nicht der Zustimmung dinglicher Gläubiger, weil nicht rechtlich betroffen); OLG Köln ZMR 1993, 428 = WE 1994, 111.

[345] BayObLG WE 1992, 49; s.a. OLG Frankfurt ZMR 1997, 661 = WE 1998, 68: bei Befugnis des Verwalters zur Begründung von Sondernutzungsrechten; OLG Düsseldorf ZMR 1993, 179.

auch wechselseitig verpflichtet, die erforderlichen Eintragungsbewilligungserklärungen in der Form des § 29 GBO abzugeben. Der Wille zur Verdinglichung ergibt sich bereits aus der Entscheidung für eine Vereinbarung. Es bedarf nicht zusätzlich einer sachenrechtlichen Einigung darüber, daß die Vereinbarung verdinglicht werden soll.[346]

Ist eine im Grundbuch eingetragene Vereinbarung versehentlich nicht in das **Bestandsverzeichnis** eines neu angelegten Wohnungsgrundbuchs übernommen worden, bleibt es bei der Bindungswirkung des § 10 Abs. 2; das Grundbuch ist unrichtig. Der Sondernachfolger genießt allerdings den Gutglaubensschutz.[347]

196 – **Die Abänderung (Aufhebung) der Vereinbarung durch Vereinbarung (allstimmigen Beschluß)**

Durch Vereinbarung begründete Gebrauchsregelungen können grundsätzlich nur durch eine neue Vereinbarung, d.h. **allstimmig** abgeändert oder aufgehoben werden.[348] Eine die Gemeinschaftsordnung ändernde Vereinbarung kann nicht allein daraus abgeleitet werden, daß über Jahre hinweg Jahresabrechnungen genehmigt wurden, in denen die Kosten abweichend von der Gemeinschaftsordnung verteilt waren.[349] Die in der Gemeinschaftsordnung enthaltene Regelung über die **Verteilung der Lasten und Kosten** steht einer Vereinbarung gleich.[350] Zu bedenken ist auch, daß in Praxis viele Gebrauchsregelungen aus der Gemeinschaftsordnung, die materiellen Vereinbarungscharakter i.S.v. § 15 Abs. 1 haben, in der Tat bewußt nur durch Mehrheitsbeschluß abgeändert werden – weil Einstimmigkeit nahezu nie zu erzielen ist –, und solche Mehrheitsbeschlüsse mangels Anfechtung volle Rechtswirksamkeit erlangen.

In der **Gemeinschaftsordnung** enthaltene Gebrauchsregelungen sind stets im Grundbuch eingetragen, weil die Gemeinschaftsordnung **Bestandteil** der Teilungserklärung ist. Die Gemeinschaftsordnung ist durch Bezugnahme Teil der Eintragung im Grundbuch.[351] Lediglich mehrheitlich beschlossene bestandskräftige Abänderungen sind und bleiben sogenannte Beschlußabänderungen, auch wenn eine Vereinbarung nach § 15 Abs. 1 erforderlich gewesen wäre. Sie wirken also ohne Eintragung gegenüber Sondernachfolgern.

Verneint man mit der herrschenden Meinung die **Grundbucheintragungsfähigkeit** auch solcher Beschlüsse, die auf eine Änderung der Ge-

---

[346] So wohl auch Weitnauer, § 10 Rz. 30.

[347] OLG Hamm NJW-RR 1993, 1295 = WE 1993, 250.

[348] Weitnauer, § 10 Rz. 49; Bärmann-Pick, § 10 Rz. 35; MünchKomm-Röll, § 10 Rz. 59; BayObLGZ 1974, 217/219 = Rpfleger 1974, 314; BayObLGZ 1978, 377/381 f. = Rpfleger 1979, 108; MittBayNot 1980, 210/211; BayObLGZ 1983, 17; Rpfleger 1984, 409 = DWE 1984, 126.

[349] BayObLG NJW 1986, 385 = DWE 1986, 57; WE 1986, 385; WE 1989, 178; WE 1997, 158; OLG Schleswig DWE 1996, 184.

[350] BayObLG v. 13. 3. 1979 – 2 Z 65/78 –; DWE 1982, 99.

[351] BayObLG Rpfleger 1982, 63.

meinschaftsordnung hinauslaufen, würde mit Bestandskraft eines solchen Mehrheitsbeschlusses das Grundbuch insoweit keine Aussagekraft mehr haben. Was nicht eintragungsfähig ist, kann das Grundbuch nicht falsch machen. Die Wirkung von Beschlüssen gegen den **Sondernachfolger** ohne Eintragung im Grundbuch verhindert auch das Entstehen eines etwaigen **Grundbuchberichtigungsanspruchs** nach § 894 BGB.

Ob **Mehrheitsbeschlüsse**, die aufgrund einer Zulässigkeitsklausel in der Gemeinschaftsordnung eine Vereinbarung zulässigerweise ändern, entsprechend § 10 Abs. 2 nur bei Eintragung im Grundbuch als Inhalt des Sondereigentums gegenüber Sondernachfolgern wirken und zu dieser Eintragung der **Zustimmung** der **Grundpfandrechtsgläubiger** bedürfen,[352] oder ob sie nach § 10 Abs. 3 ohne Eintragung gegenüber Sondernachfolgern wirken,[353] ist, wie bereits dargestellt, umstritten. Umstritten ist auch die Frage, ob bei einer Wirkung gegenüber Sondernachfolgern nach § 10 Abs. 3 wegen dieser eine Zustimmung beeinträchtigter Grundpfandrechtsgläubiger notwendig ist.[354] Das Erfordernis der Gläubigerzustimmung kann bei einem Mehrheitsbeschluß keine weitergehende Bedeutung haben als bei einer Vereinbarung. So ist zunächst festzuhalten, daß ein Beschluß unter den Wohnungseigentümern, die zur Zeit der Beschlußfassung Wohnungseigentümer waren, genauso wirken muß wie eine nicht eingetragene Vereinbarung, der der Grundpfandrechtsgläubiger nicht zugestimmt hat. Wenn man darüber hinaus die Nichteintragungsfähigkeit von Mehrheitsbeschlüssen schlechthin postuliert, also auch die Nichteintragungsfähigkeit solcher Beschlüsse, die aufgrund einer Zulässigkeitsklausel in der Gemeinschaftsordnung eine Vereinbarung zulässig ändern können, dann müssen auch solche Beschlüsse gegen Sondernachfolger Wirkung haben, obwohl Grundpfandrechtsgläubiger nicht zugestimmt haben, Grundpfandrechtsgläubiger aber hätten zustimmen müssen, wenn die Abänderung durch eine Vereinbarung zustande gekommen wäre, die als Inhalt des Sondereigentums im Grundbuch hätte eingetragen werden müssen.[355] 197

Mißverständlich hat sich der BGH hierzu geäußert.[356] Zitat: „Der im Schrifttum vereinzelt vertretene Standpunkt, die Pseudovereinbarung greife in die Rechte der Grundpfandgläubiger ein, trifft nicht zu. Denn das Erfordernis der Einwilligung dieser Gläubiger in eine Änderung des Inhalts des Wohnungseigentums analog § 877 i.V.m. § 876 BGB knüpft an die Änderung des Inhalts des Sondereigentums an und besteht daher auch dann, wenn die Gemeinschaftsordnung durch Mehrheitsbeschluß abgeändert wird".

Gemeint ist wohl folgendes: Der vereinbarungsersetzende Beschluß (**Pseudovereinbarung**) bedarf i.d.R. nicht der Zustimmung der dinglichen

---

352 Weitnauer, § 10 Rz. 32 u. 51.
353 Palandt-Bassenge, § 10 Rz. 18; Demharter DNotZ 1991, 28.
354 Palandt-Bassenge, a.a.O.; a.A. Soergel-Baur, § 10 Rz. 11.
355 S. hierzu im einzelnen LG Lübeck NJW-RR 1990, 912.
356 BGH EBE 1994, 338 = NJW 1994, 3230 = ZMR 1995, 34 = WE 1995, 55.

Gläubiger. Die Zustimmung ist allenfalls dann erforderlich, wenn der Beschluß in den **Kernbereich des Wohnungseigentums** eingreift.

Sieht man einmal davon ab, daß das Fehlen einer – unterstellt – erforderlichen Zustimmung keinesfalls die Wirksamkeit des Beschlusses berührt, stoßen vereinbarungsersetzende Beschlüsse ohnehin stets dann an die Grenze ihrer Wirkung, wenn sie in den Kernbereich des Wohnungseigentumsrechts eingreifen. Es gibt also Bereiche, die zwar einer Vereinbarung, nicht aber einem vereinbarungsersetzenden Beschluß zugänglich sind.[357]

198 – **Die Abänderungsmöglichkeit durch (qualifizierten) Mehrheitsbeschluß**

Zahlreiche Gemeinschaftsordnungen sehen ihre **Abänderbarkeit** durch (qualifizierten) Mehrheitsbeschluß vor. Der BGH[358] hat solche **Änderungsklauseln** für grundsätzlich **zulässig** erachtet, jedoch einschränkend ausgeführt, es müsse für die Änderung ein **sachlicher Grund** vorliegen und einzelne Wohnungseigentümer dürften gegenüber dem bis dahin bestehenden Rechtszustand **nicht unbillig benachteiligt** werden. Diese Entscheidung verdient Kritik, weil diese freie Rechtsschöpfung keine Grundlage im Gesetz findet und de facto eine Änderung kaum zuläßt, legte man die beiden genannten Kriterien restriktiv aus.[359] Mag auch oft ein sachlicher Grund gegeben sein, nahezu jede Änderung führt zwangsläufig zu einer unbilligen Benachteiligung zumindest *eines* Wohnungseigentümers. Es muß daher möglich sein, im Falle derartiger Änderungsklauseln in der Gemeinschaftsordnung immer dann eine Änderung mit der vorgesehenen Mehrheit herbeizuführen, wenn ein sachlicher Grund vorliegt. Für einen weitergehenden Schutz der Wohnungseigentümer besteht kein Bedarf, da jeder Wohnungseigentümer im Zeitpunkt des Beitritts zur Gemeinschaft um die erleichterte Abänderungsmöglichkeit durch Einsicht in die Gemeinschaftsordnung weiß oder Kenntnis hiervon haben muß.

Ungeachtet dessen ist die Rechtsprechung in der Folge dem BGH zwangsläufig gefolgt, so insbesondere auch das BayObLG.[360] Dieses hat aber offensichtlich die Problematik in der Vorgabe des BGH erkannt und festgestellt, daß ein Änderungsbeschluß der Wohnungseigentümer nicht mit der Begründung für ungültig erklärt werden könne, ein Wohnungseigentümer habe durch eine Nutzung entsprechend der Gemeinschaftsordnung eine

---

[357] OLG Düsseldorf NJW-RR 1996, 210 = WE 1996, 68 (Umwandlung von Gemeinschaftseigentum in Sondereigentum; i.ü. keine Umdeutung in Begründung von Sondernutzungsrechten); KG DWE 1998, 183 (Umwandlung von Gemeinschaftseigentum in Sondereigentum); OLG Köln NJW-RR 1997, 1442 = DWE 1997, 126 (Umwandlung von Teileigentum in Wohnungseigentum); s.a. BayObLG WE 1995, 27 insoweit, als danach Zweckbestimmung im weiteren Sinne keinen Vereinbarungscharakter hat.

[358] BGH NJW 1985, 2832ff. = BGHZ 95, 137.

[359] Sauren NJW 1986, 2034.

[360] BayObLG NJW-RR 1987, 203; WM 1988, 416; BayObLGZ 1990, Nr. 25 = WE 1991, 229.

gesicherte Rechtsposition erlangt, die ihm erhalten bleiben müsse. Das Gericht wiederholt, vielmehr sei eine Änderung nur möglich, sofern sachliche Gründe vorlägen und kein Wohnungseigentümer unbillig benachteiligt werde. Anhand dieser Entscheidung sei die Frage gestattet, wo im Einzelfall die Grenze zwischen danach zulässiger Beschneidung der bisherigen Rechtsposition eines Eigentümers und der unzulässigen unbilligen Benachteiligung dieses Wohnungseigentümers zu ziehen ist. Ist die Wegnahme einer gesicherten Rechtsposition nicht meist auch zugleich eine unbillige Benachteiligung? Die Nahtstelle zwischen diesen beiden Begriffen muß bei Aufrechterhaltung der hier kritisch beleuchteten Rechtsprechung in Zukunft zu Rechtsunsicherheit führen.

Das BayObLG hat zusätzlich – und insoweit konsequent und zutreffend – die Auffassung vertreten, wenn die Gemeinschaftsordnung ihre Abänderbarkeit durch Mehrheitsbeschluß vorsehe, so ergebe die nächstliegende Bedeutung, daß sich die erleichterte **Abänderbarkeit** auch auf die **Zweckbestimmung** eines Wohnungs- oder Teileigentums mit Vereinbarungscharakter in der Teilungserklärung oder dem Begründungsvertrag selbst erstrekke.[361] Ist nach der Gemeinschaftsordnung für deren Änderung eine Mehrheit oder eine qualifizierte Mehrheit erforderlich, so gilt dies auch für eine Abänderung des Mehrheitsbeschlusses, bzw. qualifizierten Mehrheitsbeschlusses.[362]

Da **Vereinbarungen** grundsätzlich **formfrei** möglich sind, kann eine Än- 199
derung der Gemeinschaftsordnung auch durch jahrelange **abweichende Handhabung** erzielt werden. Man denke nur an das Beispiel, daß eine Gemeinschaft jahrelang im Rahmen der Genehmigungsbeschlüsse einen **Kostenverteilungsschlüssel** anwendet, der nicht mit dem in der Gemeinschaftsordnung vorgesehenen übereinstimmt. Die jahrelange abweichende Handhabung reicht jedoch per se nicht aus. Es muß zusätzlich feststehen, daß alle Wohnungseigentümer mit dieser abweichenden Handhabung auch für die Zukunft einverstanden sind.[363]

Enthält die Gemeinschaftsordnung allerdings keine derartige Abänderungsklausel, verbleibt es beim **Einstimmigkeitsprinzip.** Mehrheitliche Abänderungen sind dann nur über unangefochten gebliebene, bestandskräftige Mehrheitsbeschlüsse möglich. Darüber hinaus gibt es natürlich Fälle, in denen der einzelne Wohnungseigentümer aus seiner Treuepflicht heraus zur Gebrauchsregelungsänderung verpflichtet sein kann.[364] Diese Rechtsfrage

---

[361] BayObLGZ, a. a. O.; a. A. OLG Stuttgart NJW-RR 1986, 815; s. aber BayObLG WE 1995, 27 bei Zweckbestimmung im weiteren Sinne: „Teileigentum".

[362] BayObLG ZMR 1988, 471.

[363] BayObLG ZMR 1989, 28; s. a. NJW-RR 1994, 338; WE 1986, 385; WE 1989, 178; WE 1997, 158; OLG Schleswig DWE 1996, 184; OLG Düsseldorf NJW-RR 1995, 528.

[364] Bärmann Rpfleger 1977, 233; BayObLG Rpfleger 1976, 422; so auch OLG Düsseldorf NJW 1985, 2837 f.; KG ZMR 1991, 404 = NJW-RR 1991, 1169.

stellt sich insbesondere dann, wenn die Gemeinschaftsordnung die Möglichkeit ihrer Änderung durch Mehrheitsbeschluß nicht vorsieht, gleichwohl nur ein Mehrheitsbeschluß zustande gekommen ist, den jedoch ein betroffener Wohnungseigentümer anficht. Nicht in jedem Falle führt die Verletzung des Einstimmigkeitsprinzips zur erfolgreichen Anfechtung.

4.2.2.2.5 Gebrauchsregelung durch richterliche Entscheidung, § 15 Abs. 3

200 § 15 Abs. 3 gibt jedem Wohnungseigentümer das Recht zu verlangen, daß die anderen Wohnungseigentümer ihm einen **zulässigen Gebrauch** gestatten und, daß die anderen sich in den Schranken des erlaubten Gebrauchs halten. Die genannte Bestimmung regelt ferner den Fall, daß jeder Wohnungseigentümer eine **richterliche Bestimmung** über Art und Maß des zulässigen Gebrauchs verlangen kann. Es geht also um das Verlangen nach

- Aufhebung oder Ergänzung einer Vereinbarung oder eines Mehrheitsbeschlusses
- Anordnung von Maßnahmen, die zur Durchführung einer bestehenden Vereinbarung oder eines bestehenden Beschlusses erforderlich sind und
- Anordnung einer bestimmten Verwaltungsmaßnahme, falls eine Vereinbarung oder ein Mehrheitsbeschluß für eine bestimmte Sache überhaupt noch nicht vorhanden sind.

201 - **Aufhebung (Ergänzung) einer Vereinbarung durch richterliche Entscheidung**

Weil Maßstab stets die vorauszusetzende Tatsache ist, daß jeder Wohnungseigentümer immer nur einen Gebrauch der im Sondereigentum stehenden Gebäudeteile und des gemeinschaftlichen Eigentums verlangen kann, der dem Gesetz, den Vereinbarungen und Beschlüssen und, soweit sich die Regelung hieraus nicht ergibt, dem Interesse der Gesamtheit der Wohnungseigentümer nach billigem Ermessen entspricht, ist i.d.R. ein **Anspruch** des einzelnen Wohnungseigentümers auf Aufhebung oder Änderung einer Vereinbarung nicht vorstellbar. Haben die Wohnungseigentümer eine Vereinbarung getroffen, bestehen grundsätzlich richterliche Gestaltungsmöglichkeiten nicht.[365] Entgegen Bärmann gilt dies nicht nur, wenn der antragstellende Wohnungseigentümer der Vereinbarung selbst zugestimmt hat. Auch dem späteren Erwerber ist hier eine erfolgversprechende Antragstellung versagt. Etwas anderes gilt – abgesehen vom Fall der Täuschung des Antragstellers oder der Geschäftsunfähigkeit eines Vereinbarungsbeteiligten – grundsätzlich nur im Falle der **Nichtigkeit** der Vereinbarung aufgrund Verstoßes gegen gute Sitten oder gegen ein gesetzliches Verbot (Abänderung nicht dispositiven, also zwingenden Rechts). Im Einzelfall können auch sogenannte **eigentumsfremde Beschränkungen** in Vereinbarungen einen Aufhebungsanspruch begründen. Dazu dürfte das völlige **Verbot der Vermietung** zählen, weil in ihm eine schuldrechtlich unzulässi-

[365] Bärmann-Pick, § 15 Rz. 27; OLG Frankfurt DWE 1984, 30.

ge Knebelung liegen könnte,[366] dies wohl dann, wenn die Gemeinschaftsordnung Vereinbarungen mit qualifizierter Mehrheit zuläßt und der Antragsteller die Vereinbarung nicht gestützt hat.

Wie nachstehend erörtert, gibt es jedoch noch eine weitere, in der Praxis 202
bedeutsame Variante, die ungeachtet der Vielzahl ihrer Fallgestaltungen stets von denselben rechtlichen Kriterien geprägt wird.

Bevor ein Wohnungseigentümer seinen **Individualanspruch auf Abänderung** einer Vereinbarung rechtshängig macht, hat er diesen zunächst in der Eigentümerversammmlung geltend zu machen. Erst wenn sein Begehren nicht einmal auf die Tagesordnung gesetzt wird oder die übrigen Wohnungseigentümer seinen Abänderungsantrag ablehnen, ist der Schritt zu Gericht zulässig.[367]

Grundvoraussetzung für einen **Abänderungsanspruch** ist, daß **außergewöhnliche Umstände** ein Festhalten an der bestehenden Regelung unzumutbar machen, daß sich seit Einführung der bestehenden Regelung die tatsächlichen Verhältnisse **wesentlich geändert haben, daß ein Festhalten an der bestehenden Regelung grob** unbillig wäre, eine **unbillige Härte** bedeutete, daß also die Aufrechterhaltung der bestehenden Regelung gegen **Treu und Glauben** verstieße.[368] Allerdings ist erst mit der rechtskräftigen gerichtlichen Entscheidung, mit der die bestehende Regelung antragsgemäß geändert wird, die Änderung vollzogen, so daß die einredeweise Geltendmachung eines Änderungsanspruchs im Beschlußanfechtungsverfahren nicht zugelassen ist. Die Gemeinschaftsordnung gilt, solange sie nicht durch

---

[366] So Bärmann-Pick, § 15 Rz. 28 u. § 13 Rz. 67.

[367] Bärmann-Pick, a. a. O.

[368] BGH EBE 1995, 279 = ZMR 1995, 483 = WE 1995, 371; OLG Düsseldorf NJW 1985, 2837; OLG Karlsruhe WM 1987, 236; KG ZMR 1992, 509; BayObLG NJW-RR 1987, 714; NJW-RR 1994, 1425 = WE 1995, 252; NJW-RR 1995, 529 = WE 1995, 343; WE 1995, 378 (einredeweise Geltendmachung des Abänderungsanspruchs gegenüber Zahlungsantrag, korrigiert durch Beschluß vom 28. 3. 1996, WE 1997, 37); ZMR 1995, 41 = WE 1995, 339; WE 1997, 119; NJW-RR 1994, 145 = WE 1994, 282; NJW-RR 1992, 83 u. 342; NJW-RR 1993, 663; WE 1997, 158; WE 1996, 196; s. a. WE 1996, 477 (Verpflichtung zur Zustimmung zu Umwandlung von Teileigentum in Wohnungseigentum, wenn schon in der Gemeinschaftsordnung die Zustimmung aller Wohnungseigentümer zum Ausbau eines „Lagers“ zu Wohnzwecken erteilt ist); ZMR 1998, 360 = WE 1998, 400; BayObLGZ 1998, Nr. 51 (sieht Teilungserklärung die Möglichkeit der Abänderung der Miteigentumsanteile bei Änderung der Wertverhältnisse vor, dann besteht Anspruch nur bei deutlich ins Gewicht fallender Wertverschiebung); OLG Köln NJW-RR 1995, 973 = WE 1995, 155; OLG Hamburg ZMR 1995, 170 = WE 1995, 218; OLG Düsseldorf NZM 1998, 867 = ZMR 1998, 651; ZfIR 1998, 421 = DWE 1998, 137 (jeweils Abänderungsanspruch verneinend); BayObLG ZMR 1999, 52 (hat sich der teilende Eigentümer in der Teilungserklärung die Änderung der Miteigentumsanteile bei einer Änderung der Wertverhältnisse des Sondereigentums vorbehalten, besteht ein Anspruch auf Änderung nur bei deutlich ins Gewicht fallender Wertverschiebung); OLG Köln DWE 1998, 190 (alle Einheiten verfügen über Kaltwasserzähler, der Verteilungsschlüssel nach der Teilungserklärung orientiert sich an der Personenzahl); NZM 1998, 919.

Vereinbarung oder durch eine die Zustimmung einzelner ersetzende gerichtliche Entscheidung wirksam abgeändert ist.[369] Das gleiche gilt, wenn der den Mehrheitsbeschluß angreifende Miteigentümer – Beschluß über die Änderung einer Vereinbarung – nach Treu und Glauben verpflichtet wäre, an einer Abänderung – in casu: des Kostenverteilungsschlüssels – mitzuwirken. Die Änderung der Gemeinschaftsordnung kann grundsätzlich nur im Wege der Vereinbarung erfolgen. Verweigert ein Miteigentümer seine Zustimmung, kann sie nur durch Richterspruch ersetzt werden.[370]

Ein Wohnungseigentümer hat dann, aber nur dann **Anspruch** auf **Änderung der Miteigentumsquoten,** wenn Umstände vorliegen, die ein Festhalten an der Quotenverteilung als grob unbillig und deshalb als einen Verstoß gegen Treu und Glauben erscheinen lassen (im Entscheidungsfalle verneint bei Fehlern in der Berechnung von Terrassennutzflächen).[371] Die Verpflichtung zur Zustimmung zur Änderung einer Vereinbarung und damit die Möglichkeit **richterlicher Eingriffe in Vereinbarungen** kann dann gegeben sein, wenn sich die zu ändernde Vereinbarung als **extrem sachwidrig** oder **unangemessen** darstellt, deshalb die Änderung dringend geboten ist und die Versagung der Zustimmung zur Änderung mithin gegen **Treu und Glauben** verstieße.[372] Das Wohnungseigentumsgericht darf in Vereinbarungen (und Beschlüsse) nicht schon mit der Erwägung eingreifen, daß die darin getroffene Regelung unbillig sei oder den Grundsätzen ordnungsgemäßer Verwaltung nicht entspreche.[373] Damit sind ändernde Eingriffe in Vereinbarungen (und Beschlüsse) nur unter den Voraussetzungen gestattet, unter denen die Rechtsprechung ganz allgemein nach dem Grundsatz von Treu und Glauben Eingriffe in Verträge zuläßt.[374] Obwohl hierbei ein strenger Maßstab anzulegen ist, kann im Falle eines danach ausnahmsweise zulässigen richterlichen Eingriffs durch richterliche Entscheidung unmittelbar ausgesprochen werden, daß ab einem bestimmten Zeitpunkt die neue Regelung anstelle der bisherigen Vereinbarung gilt.[375]

203 – **Aufhebung (Ergänzung) eines Mehrheitsbeschlusses durch richterliche Entscheidung**

Der hier behandelte Fall setzt die **Unanfechtbarkeit eines Eigentümerbeschlusses,** also seine Bestandskraft voraus. Der Antragsteller hat die An-

---

[369] BGH a. a. O.; OLG Düsseldorf a. a. O.; BayObLG a. a. O.; BayObLGZ 1992, 342; NJW-RR 1990, 1483; KG a. a. O.; NJW-RR 1991, 1169.

[370] BGH a. a. O.

[371] So BayObLG ZMR 1985, 132; s. a. WE 1997, 158; vgl. auch OLG Frankfurt Rpfleger 1978, 380/381; BayObLG ZMR 1999, 52.

[372] BayObLG WE 1986, 73; OLG Köln DWE 1998, 190.

[373] BayObLG WEM 1982, 31; WE 1987, 20 = ZMR 1986, 319; OLG Hamm DNotZ 1967, 38; Augustin, Rz. 59, Bärmann/Merle, Rz. 16, je zu § 43.

[374] OLG Karlsruhe NJW-RR 1987, 975; BayObLG WE 1992, 50 = NJW-RR 1992, 15 = WM 1991, 129, das einen Verstoß gegen Treu und Glauben allein nicht genügen läßt.

[375] BayObLG NJW-RR 1987, 714.

fechtungsfrist versäumt oder ein späterer Erwerber wendet sich gegen einen bestandskräftigen Mehrheitsbeschluß. Hier gilt das zur Aufhebung einer Vereinbarung Gesagte entsprechend. Dabei spielt es keine Rolle, ob Beschlußgegenstand eine einer Mehrheitsentscheidung zugängliche Gebrauchsregelung war oder ob sich der Beschluß mit einer Gebrauchsregelung befaßte, die an sich einer Vereinbarung bedurft hätte. Dies gebieten Rechtssicherheit ebenso wie die Überlegung, daß andernfalls die gesetzliche Bestimmung über die Gültigkeit von Beschlüssen mangels fristgerechter Anfechtung gemäß § 23 Abs. 4 ausgehöhlt würde. Nur in Extremfällen kann das Gericht in Eigentümerbeschlüsse eingreifen.[376] Bestimmt die Gemeinschaftsordnung, daß die gewerbliche Nutzung einer Wohnung bei Vorliegen bestimmter Voraussetzungen von der Eigentümerversammlung untersagt werden kann, so ist die Voraussetzung für eine Anrufung der Gerichte, daß zunächst ein Untersagungsbeschluß der Wohnungseigentümerversammlung herbeigeführt wurde. Durch eine Regelung in der Gemeinschaftsordnung des genannten Inhalts ist zunächst gesagt, daß bis zum Untersagungsbeschluß die gewerbliche Nutzung der Wohnung grundsätzlich erlaubt ist. Letztendlich verlangte die Gemeinschaftsordnung in einem solchen Falle vor Anrufung der Gerichte ein sogenanntes Vorschaltverfahren.[377]

Zu denken ist aber auch an den Fall der **Anfechtung eines Mehrheitsbeschlusses** innerhalb Monatsfrist. Der so nach § 43 gegen einen Mehrheitsbeschluß angerufene Richter hat ein **sachliches Nachprüfungsrecht.** Richtete sich der Anfechtungsantrag gegen eine Gebrauchsregelung, die einer Mehrheitsentscheidung zugänglich ist, ist materiell-rechtliches Entscheidungskriterium des Richters, ob die beschlossene Gebrauchsregelung **ordnungsmäßigem Gebrauch** entspricht (§ 15 Abs. 2) und/oder im Rahmen **ordnungsmäßiger Verwaltung** liegt (§ 21 Abs. 4). Verneint der Richter die Ordnungsmäßigkeit, erklärt er durch Beschluß den angegriffenen Versammlungsbeschluß für ungültig. Zu berücksichtigen ist, daß den Wohnungseigentümern bei der ihnen obliegenden Verwaltung des gemeinschaftlichen Eigentums ein **Handlungs- und Gestaltungsspielraum** zusteht, den der Richter zu respektieren hat. Liegt der mit einer Beschlußfassung durchgesetzte Standpunkt der Eigentümermehrheit innerhalb dieses Spielraums, darf der Richter einen Beschluß nicht schon deshalb für ungültig erklären, weil ihm die Auffassung des überstimmten und anfechtenden Eigentümers zweckmäßiger oder vernünftiger erscheint.[378] 204

Richtet sich der Anfechtungsantrag gegen eine Gebrauchsregelung, die an sich einer Vereinbarung bedurft hätte, erklärt der Richter den Versamm-

---

[376] OLG Frankfurt Rpfleger 1982, 143; BayObLG NJW-RR 1992, 15; NJW-RR 1994, 1425 = WE 1995, 252 (Treuwidrigkeit muß sich aus neu hinzugetretenen Tatsachen ergeben); KG ZMR 1998, 515 = ZfIR 1998, 423 = WE 1998, 468 = DWE 1998, 185.

[377] BayObLG WE 1987, 92.

[378] OLG Hamm ZMR 1989, 269.

lungsbeschluß schon deshalb für ungültig, weil nicht alle Wohnungseigentümer zugestimmt haben. Ob die nicht zustimmenden Wohnungseigentümer, insbesondere der Antragsteller nach Treu und Glauben verpflichtet sind, der angefochtenen Eigentümerentscheidung zuzustimmen, ist in diesem Beschlußanfechtungsverfahren irrelevant.[379]

205 – **Antrag auf richterliche Anordnung von Maßnahmen zur Durchführung einer Vereinbarung oder eines Beschlusses**

Dieser Antrag zielt auf § 44 Abs. 4 ab, wonach der Richter die Anordnungen zu treffen hat, die zur Durchführung der richterlichen Entscheidung erforderlich sind.

Hat die Gemeinschaft z.B. beschlossen, bestehenden Parkraum auf Gemeinschaftseigentum durch **Neumarkierung** von zehn auf 14 Stellplätze zu erweitern, oder hat sie vereinbart, den Wohnungseigentümern der Erdgeschoßwohnungen ein **Sondernutzungsrecht** hinsichtlich der den Wohnungen vorgelagerten Terrassenflächen einzuräumen, und haben der Verwalter bzw. die übrigen Wohnungseigentümer den Beschluß bzw. die Vereinbarung nicht vollzogen, kann im 1. Fall jeder Wohnungseigentümer durch Antrag bei Gericht erwirken, daß der Verwalter zur Markierung verpflichtet wird, kann im 2. Fall der betroffene Wohnungseigentümer die richterliche Ersetzung der von allen übrigen Wohnungseigentümern abzugebenden Eintragungsbewilligungen (Sondernutzungsrechte) verlangen.

Der Richter kann auf Antrag anordnen, daß ein Wohnungseigentümer den zur Sicherung seines im Sondernutzungsrecht stehenden Pkw-Abstellplatzes angebrachten Eisenpfahl entfernt, der die Zufahrt zu einem angrenzenden, ebenfalls im Sondernutzungsrecht stehenden Abstellplatz behindert.[380]

Der hier behandelte Fall betrifft schließlich die Einhaltung der Hausordnungsbestimmungen. Insoweit richtet sich der Antrag gegen einzelne Wohnungseigentümer.

Ergänzend ist darauf hinzuweisen, daß der Tatrichter eine Gebrauchsregelung, die **auslegungsbedürftig** und **-fähig** ist, auslegen darf. Das Rechtsbeschwerdegericht ist an die Auslegung des Tatrichters gebunden. Die Auslegung kann nicht auf ihre sachliche Richtigkeit, sondern nur auf Rechtsfehler überprüft werden.[381]

206 – **Anspruch auf Verwaltungsmaßnahmen bei Fehlen einer Vereinbarung oder eines Mehrheitsbeschlusses**

Insoweit ist § 15 Abs. 3 im Zusammenhang mit § 21 Abs. 4 zu sehen. Die Gerichte stehen erkennbar gestaltenden Maßnahmen, die in das Gemeinschaftsleben eingreifen, restriktiv gegenüber. Es empfiehlt sich immer für den einzelnen Wohnungseigentümer, hierzu zunächst in einer Eigentümer-

---

[379] BGH ZMR 1995, 483.

[380] BayObLG DWE 1984, 126.

[381] BayObLG v. 9. 11. 1981 – 2 Z 66/80 –; BayObLGZ 1983, 73ff.; WE 1994, 88; WE 1997, 37 u. 120.

versammlung eine **Beschlußfassung** herbeizuführen.[382] Weigert sich der Verwalter, diesen Antrag auf die Tagesordnung zu setzen, ist dem betroffenen Wohnungseigentümer der Gerichtsweg eröffnet. Lehnt die Mehrheit in einer Versammlung den Beschlußantrag ab, besteht nicht die Möglichkeit der Beschlußanfechtung, weil dann ein Beschluß im eigentlichen Sinne gar nicht vorliegt. Durch die Ungültigkeitserklärung käme kein positiver Beschluß zustande.[383]

Dem betroffenen Wohnungseigentümer wäre auch in diesem Falle grundsätzlich der Weg nach § 15 Abs. 3 eröffnet. Als Beispiele wiederum wären denkbar, daß Wohnungseigentümer einer Anlage etwa ihre Wohnungen vermehrt jeweils an eine Vielzahl von Gastarbeiterfamilien einzeln vermieten, so daß die **Zahl der Wohnungsnutzer** in Relation zur Wohnungsgröße erheblich zu groß ist und erhebliche **Belästigungen** auf die übrigen Bewohner ausstrahlen (Lärmbelästigungen, Geruchsbelästigungen etc.). Der sich betroffen fühlende Wohnungseigentümer verlangt nun nach einer richterlichen Gebrauchsregelung dahin, daß die Zahl der Mieter in einem bestimmten Verhältnis zur Wohnungsgröße zu stehen hat. Oder in einer Wohnanlage, die über keine Hausordnung verfügt, ist es Brauch geworden, daß auch nachts **lautstark musiziert** wird. Hier haben die betroffenen Wohnungseigentümer die Möglichkeit der Erzielung einer richterlichen Regelung der zeitlichen Beschränkung der Musikausübung oder sogar des richterlichen Erlasses einer Hausordnung. Der zurückhaltende Richter wird den Verwalter anweisen, eine entsprechende **Hausordnung** zu erlassen. So hat das OLG Frankfurt[384] in einem Falle, in dem keine diesbezügliche Gebrauchsregelung vorlag, die Klavierspielzeit mit dem Hinweis auf täglich 1½ Stunden begrenzt, daß die zulässige Spieldauer für musizierende Miteigentümer nach den Umständen des Einzelfalles zu bemessen sei (im konkreten Fall waren Meßergebnisse des Schallschutzsachverständigen maßgeblich). So kann ein einzelner Wohnungseigentümer gem. § 21 Abs. 4 den Anspruch auf erneute Anpflanzung von Bäumen haben, wenn ein anderer Wohnungseigentümer auf seiner Sondernutzungsfläche unberechtigterweise Bäume entfernt hat.[384a]

Die Schranken der richterlichen Entscheidung sind jedoch nicht dessen freies Ermessen. Der Antragsteller hat ungeachtet der **Umdeutungsmöglichkeit** seiner Anträge (z.B. Umdeutung seines Antrags auf Ungültigkeitserklärung eines Eigentümerbeschlusses, durch den sein Beschlußantrag abgelehnt wurde, in einen Antrag nach § 15 Abs. 3)[385] **konkrete Anträge** zu

---

[382] BayObLG WE 1987, 92; KG WE 1994, 51; Bärmann-Pick, § 15 Rz. 28.

[383] OLG Frankfurt OLGZ 1980, 418; BayObLGZ 1984, 213/215; WE 1987, 20 = ZMR 1986, 319; NJW-RR 1994, 658; WE 1994, 310; WE 1997, 435; OLG Düsseldorf NJW-RR 1995, 206.

[384] OLG Frankfurt DWE 1985, 30.

[384a] BayObLG ZfIR 1999, 47.

[385] BayObLG v. 26. 2. 1982 – 2 Z 18/81 –.

stellen.[386] Weitnauer siedelt die richterlichen Ermessensschranken allerdings wiederum zwischen der Freiheit des einzelnen Wohnungseigentümers und den aus den Interessen der Gesamtheit der Wohnungseigentümer bei einem geordneten Zusammenleben notwendig sich ergebenden Beschränkungen an.[387]

Der **Richter** darf nur dann eine **Gebrauchsregelung treffen**, wenn sie von den Wohnungseigentümern mit Mehrheit beschlossen werden könnte.[388] Damit ist zugleich gesagt, daß der Richter nicht befugt ist, eine Gebrauchsregelung zu treffen, die im Falle des Votums der Gemeinschaft Vereinbarungscharakter hätte.[389] Nicht unproblematisch erscheint daher die weitere Entscheidung des BayObLG[390] mit der es bei einem in Wohnungseigentum errichteten Zweifamilienhaus den Wohnungseigentümern bestimmte Gartenflächen zuwies, also eine Gebrauchsregelung traf, die die Wohnungseigentümer nur mittels **Vereinbarung** hätten treffen können. Die Entscheidung mag deshalb toleriert werden, weil bei einem Zweifamilienhaus ein Mehrheitsbeschluß bei Gleichgewichtigkeit der Stimmrechte stets nur ein einstimmiger Beschluß sein kann. Aus dem Gesagten ergibt sich schließlich, daß Antragsgegner sowohl die anderen Wohnungseigentümer als auch der Verwalter sein können.

207 – **Eintragungsfähigkeit richterlicher Entscheidungen**

Gemäß § 10 Abs. 3 bedürfen neben den Beschlüssen der Wohnungseigentümer auch richterliche Entscheidungen zu ihrer Wirksamkeit gegen den **Sondernachfolger** eines Wohnungseigentümers nicht der Eintragung im Grundbuch. Mühelos läßt sich das zur Eintragungsfähigkeit von Beschlüssen der Wohnungseigentümer Gesagte entsprechend wiederholen. In Konsequenz heißt dies:

I.d.R. trifft der Richter Gebrauchsregelungen nur im Umfange des § 15 Abs. 2, also nur dort, wo die Wohnungseigentümer Gebrauchsregelungen mit Mehrheit beschließen könnten. Insoweit stellt sich das Problem der Eintragungsfähigkeit nicht. Anderes gilt hingegen, falls der Richter ausnahmsweise bereits eingetragene Vereinbarungen aufheben oder ändern sollte (s. oben). Hier müßte die Eintragungsfähigkeit der richterlichen Entscheidung aus Gründen der Aussagekraft u. -fähigkeit des Grundbuchs bejaht werden.

---

[386] Bärmann-Pick, § 15 Rz. 29; a.A. Weitnauer, § 15 Rz. 11; OLG Hamm NJW 1969, 884.

[387] Weitnauer, a.a.O.

[388] KG NJW 1972, 691 = MittBayNot 1972, 166 = WEM 1972, 711; BayObLG MDR 1981, 145 = DWE 1981, 27; MDR 1981, 937; DWE 1984, 30; Bärmann-Pick, § 15 Rz. 29; Weitnauer, § 15 Rz. 11.

[389] MünchKomm-Röll, § 15 Rz. 13; Röll NJW 1976, 1474; OLG Karlsruhe OLGZ 1978, 175; BayObLG Rpfleger 1976, 422; OLG Frankfurt Rpfleger 1982, 143; OLG Frankfurt v. 1. 12. 1982 – 20 W 464/82 –.

[390] BayObLG v. 21. 9. 1984 – 2 Z 103/83 –; vgl. aber auch OLG Frankfurt v. 1. 11. 1982 – 20 W 464/82 –.

4.2.2.3 Die Hausordnung als Gebrauchsregelung – Entstehungsmöglichkeit, Inhalte, Überwachung –

4.2.2.3.1 Allgemeine Vorbemerkungen

Das WEG spricht die Hausordnung nur beiläufig an (§ 21 Abs. 5 Nr. 1 **208**
und § 27 Abs. 1 Nr. 1). Die Hausordnung ist der typische Fall einer nach § 15 Abs. 2 mit Mehrheit zu beschließenden **Gebrauchsregelung.** Damit sind auch schon die Inhaltsgrenzen angesprochen. Jede Gebrauchsregelung, die tiefgreifend in die Rechte der Wohnungseigentümer oder einzelner Wohnungseigentümer eingreift, hat Vereinbarungscharakter, bedarf der Zustimmung Aller und kann demnach nicht Gegenstand einer Hausordnung sein.

Hausordnung ist demnach die Zusammenfassung regelungsbedürftiger, auf die präzisen Bedürfnisse der konkreten Wohnanlage abstellender **Orientierungspunkte** des Gemeinschaftsverhältnisses. Sie ist das **Regelwerk** für ein geordnetes und störungsfreies Zusammenleben, nicht ein für allemal festgeschrieben, sondern stets den sich oftmals verändernden oder bei Erstellung der Hausordnung verkannten Belangen der Gemeinschaft anpaßbar. Greift sie in einzelnen Bestimmungen etwa zu stark in das Mitgebrauchsrecht des Einzelnen am Sondereigentum ein – die Hausordnung kann auch den Gebrauch des Sondereigentums regeln –, fügt sie also ganz oder teilweise einzelnen Wohnungseigentümern einen vermeidbaren Nachteil i.S.d. § 14 Nr. 1 zu, dann entspricht die Hausordnung nicht ordnungsmäßigem Gebrauch, dann haben die inkriminierten Bestimmungen Vereinbarungscharakter – sofern nicht auch die Grenze zur Sittenwidrigkeit überschritten ist –, so sind die maßgeblichen Bestimmungen grundsätzlich nicht geeignet, Hausordnungsbestandteil zu sein.[391] Demzufolge kann eine Hausordnung kein **Sondernutzungsrecht** zuweisen. **Turnusnutzungen** hinsichtlich gemeinschaftlicher Räume und Flächen sind allerdings zuzulassen.[392]

Vorrangig sind stets durch Vereinbarung (Gemeinschaftsordnung) begründete Gebrauchsregelungen. Oftmals präzisiert diese die Hausordnung.[393] Hausordnung ist die Zusammenfassung von Mehrheitsbeschlüssen i.S. des § 15 Abs. 2.

Weil Hausordnungen heutzutage vermehrt an Bedeutung gewinnen, ist es wegen der Zielsetzung dieser Schrift unerläßlich, die Problembereiche wiederum anhand von Literaturmeinungen und Rechtsprechungsfällen herauszuarbeiten.

4.2.2.3.2. Entstehungsmöglichkeiten

Oftmals werden Hausordnungen bereits durch den **Bauträger** als Be- **209**
standteil der Gemeinschaftsordnung oder isoliert davon errichtet. Im erst-

---

[391] S. z.B. BayObLG DWE 1982, 67.

[392] MünchKomm-Röll, § 15 Rz. 8; Weitnauer, § 15 Rz. 22; BayObLGZ 1972, 113; DWE 1983, 94; Bärmann-Pick, § 15 Rz. 7.

[393] BayObLG NJW 1962, 492; OLG Stuttgart NJW 1971, 1359.

genannten Fall erlangen sie als **formeller** Bestandteil der Teilungserklärung/Gemeinschaftsordnung Bindungswirkung, ohne allerdings dadurch Vereinbarungscharakter zu erhalten.[394] Erlangte die Hausordnung nämlich durch das Kriterium der **formellen** Bestandteilsschaft Vereinbarungscharakter, bedürfte sie zu ihrer Abänderung der Einstimmigkeit (sofern nicht ein Mehrheitsbeschluß mangels Anfechtung Gültigkeit behält). Vereinbarungscharakter haben nur solche Bestimmungen der Gemeinschaftsordnung, die inhaltlich geeignet sind, Vereinbarungscharakter zu haben, die also auch **materieller** Bestandteil der Gemeinschaftsordnung sind.

Im zweitgenannten Falle erfährt die Hausordnung Bindungswirkung für und gegen alle Wohnungseigentümer infolge der jeweiligen Unterwerfungswirkung mit dem jeweiligen sukzessiven Wohnungserwerb.

210 – Die Gemeinschaftsordnung kann den **Verwalter ermächtigen**, eine Hausordnung aufzustellen. Die Rechtsnatur dieser Ermächtigung ist umstritten. Bärmann-Merle spricht von Ermächtigung durch Vereinbarung.[395] Dem kann nicht zugestimmt werden. Die an den Verwalter gerichtete Ermächtigung ist wiederum nur **formeller** Bestandteil der Gemeinschaftsordnung, stellt nur eine Erweiterung der gesetzlichen Befugnisse des Verwalters dar (§§ 27 ff.), die auch Gegenstand eines mit Mehrheit zu beschließenden Verwaltervertrags sein könnte. Demzufolge können die Wohnungseigentümer im Innenverhältnis mit Mehrheit dem Verwalter die Ermächtigung entziehen, was sie nicht könnten, wenn die in der Gemeinschaftsordnung enthaltene Ermächtigung eine Vereinbarung, also ihr materieller Bestandteil wäre.[396] Ist die Ermächtigung zugleich Inhalt des Verwaltervertrags, ergibt sich im Verhältnis zum Verwalter die Befugnis zum Ermächtigungsentzug u. a. aus dem Gesichtspunkt, daß das Gesellschaftsrecht den Grundsatz der **Selbstorganschaft** kennt. Danach ist es den Gesellschaftern möglich, jederzeit die sie betreffenden Rechtsgeschäfte selbst zu regeln, auch wenn sie bestimmte Befugnisse auf dritte Personen übertragen hatten.[397] Erst recht kann die Gemeinschaft natürlich die vom Verwalter in Ausübung seiner Ermächtigung erstellte Hausordnung mit Mehrheit abändern, ergänzen oder sogar aufheben.[398]

– Regelmäßig beschließen die Wohnungseigentümer mit Mehrheit eine Hausordnung, § 15 Abs. 2. Möglich und üblich ist in diesem Zusammenhang auch, aus Praktikabilitätsgründen den **Verwalter** und/oder den **Verwaltungsbeirat** durch Mehrheitsbeschluß zur Erstellung einer Hausordnung zu ermächtigen, diese dann aber allen Wohnungseigentümern

---

[394] Bärmann-Pick, § 21 Rz. 93.

[395] Bärmann-Merle, § 21 Rz. 94.

[396] KG ZMR 1992, 68 = WE 1992, 110; BayObLG NJW-RR 1992, 343 = WE 1992, 291; OLG Stuttgart NJW-RR 1987, 976; Weitnauer, § 21 Rz. 26.

[397] Wiedemann, Gesellschaftsrecht, § 6 IV 1; BGHZ 26, 232; s. a. Merle, Verwalter S. 12.

[398] BayObLG a. a. O.; OLG Frankfurt NJW-RR 1990, 1430 = ZMR 1991, 113.

bekannt zu machen.[399] Die Abänderungsmöglichkeit durch Mehrheitsbeschluß ist dann unumstritten.[400]

- Schließlich begegnen wir in Ausnahmefällen der Möglichkeit, daß der **einzelne Wohnungseigentümer** bei Fehlen einer Hausordnung bei Gericht den Antrag stellt, es möge die Gemeinschaft verpflichtet werden, eine solche Hausordnung aufzustellen, § 21 Abs. 4 i.V.m. § 21 Abs. 5 Nr. 1. Grundsätzlich besteht in Extremfällen der Anspruch darauf, daß das Gericht selbst den präzisen Hausordnungsinhalt bestimmt und die **richterliche Entscheidung** als solche die Wirkung der Hausordnungserstellung hat.[401] Bei **Fehlen einer Hausordnung** ist jedoch der folgende abgestufte Weg zu empfehlen: Der einzelne Wohnungseigentümer oder Minderheitenquoren von Wohnungseigentümern (z.B. § 24 Abs. 2) versuchen, über die Gestaltung der Tagesordnung einen weiterführenden Beschluß hinsichtlich der Erstellung einer Hausordnung herbeizuführen. Mißlingt der Versuch, einen entsprechenden Eigentümerbeschluß herbeizuführen, sei es, daß sich der Verwalter weigert, einen entsprechenden Tagesordnungspunkt in die Tagesordnung aufzunehmen, sei es, daß der Beschlußantrag in der Versammlung abgelehnt wird, sollten der einzelne Wohnungseigentümer bzw. Minderheiten von Wohnungseigentümern den **gerichtlichen Antrag** stellen, die Gemeinschaft zu verpflichten, eine Hausordnung zu erstellen, die die Besonderheiten der Wohnanlage zu berücksichtigen habe. Dabei ist es den Wohnungseigentümern unbenommen, die von ihnen gewünschten bedeutendsten Regelungspunkte im Antrag zu artikulieren. **211**

4.2.2.3.3 Übersicht über die wichtigsten Regelungsinhalte

Ein verallgemeinernder Leitfaden ist kaum möglich. Die Felder der Regelungsbedürftigkeit sind zu unterschiedlich. Abzustellen ist stets auf die konkrete Wohnanlage. Es gibt schlichte Wohnanlagen mit einem Mindestmaß an gemeinschaftlichen Einrichtungen, es gibt überwiegend vermietete (meist aus Bauherrengemeinschaften hervorgegangene), es gibt überwiegend eigengenutzte, es gibt Anlagen mit gewichtigen gewerblichen Einheiten, es gibt Ferienhausanlagen, die vielleicht sogar hotelmäßig genutzt werden, es gibt Wohnanlagen mit kinderreichen Familien und solche, in denen überwiegend ältere Menschen leben. Maßgeblich mag auch die örtliche Lage sein. **212**

Soweit gängige Hausordnungsmuster berücksichtigt werden,[402] finden sich in den Hausordnungen im wesentlichen folgende Regelungsgebiete:

---

[399] OLG Hamm OLGZ 1970, 399; BayObLGZ 1975, 201.

[400] BayObLG a.a.O.; OLG Stuttgart NJW-RR 1987, 976; Weitnauer, Rz. 26, Soergel-Stürner, Rz. 21, Augustin, Rz. 43 u. Palandt-Bassenge, Rz. 7, je zu § 21.

[401] So wohl auch OLG Hamm MDR 1969, 487 = NJW 1969, 884; Bärmann-Merle, § 21 Rz. 96; Weitnauer, § 21 Rz. 26.

[402] Z.B. Bärmann-Seuß, Praxis des Wohnungseigentums, 4. Aufl., Muster G 85 („Hausordnung, Waschordnung, Garagenordnung").

- Allgemeine Sorgfalts-, **Sicherheits-** und **Gefahrvorbeugungspflichten**
- **Benutzungsregelungen** hinsichtlich gemeinschaftlicher Flächen, Räume und Einrichtungsgegenstände
- **Reinigungspflichten**
- **Ruhezeiten.**

Die Hausordnung kann flankiert werden durch **Schwimmbad-, Garagen-, Liftbenutzungs-** und **Kinderspielplatzordnungen,** um nur einige Beispiele zu nennen.

4.2.2.3.4 Rechtsprechungsübersicht zu Regelungsinhalten und ihren Grenzen

213 – **Grillen**

Zulässig ist das **Verbot des Grillens** mit sogenannten Gartengrillgeräten auf Balkonen und Terrassen (Rauch- und Geruchsbelästigung, Brandgefahr).[403] Spiegelbildlich hat das AG Wuppertal[404] entschieden, daß das Grillen mit solchen Geräten auf den Balkonen durch Mehrheitsbeschluß nicht allgemein gestattet werden könne. Andererseits erscheint es zweifelhaft, ob sich das Verbot auch auf das Bedienen von **elektrischen Tischgrillgeräten** auf Balkonen erstrecken darf.[405] Das Gebrauchsrecht des einzelnen Wohnungseigentümers würde hier unzulässig beschränkt (§§ 13, 14 Nr. 1).

214 – **Musikausübung**

Unzulässig wäre das Verbot des Musizierens schlechthin. Es darf jedoch in der Hausordnung auf bestimmte – **übliche** – Zeiten beschränkt werden.[406] Kriterium für die Üblichkeit sind insbesondere die **Ruhezeiten** festlegenden Bestimmungen in gemeindlichen Satzungen. Leben in der Wohnanlage überwiegend ältere Menschen, kann es im Einzelfall zulässig sein, die Ruhezeiten in der Hausordnung auszudehnen.[407] Das OLG Hamm[408] geht offen-

[403] Bärmann-Pick, § 15 Rz. 24; s. a. LG Stuttgart ZMR 1996, 624.

[404] AG Wuppertal Rpfleger 1977, 445; vgl. a. LG Düsseldorf ZMR 1991, 234.

[405] S. hierzu Bielefeld DWE 1983, 89.

[406] MünchKomm-Röll, § 15 Rz. 7; Bärmann-Pick, § 15 Rz. 9; OLG Hamm MDR 1981, 320; OLG Oldenburg ZMR 1978, 245 (keine Mehrheitsentscheidung darüber, daß Musikinstrumente nur in Zimmerlautstärke gespielt werden dürfen); vgl. a. OLG Frankfurt OLGZ 1984, 407 (Beschränkung der Klavierspielzeit auf 2 Stunden möglich); BayObLGZ 1985, 104 (häusliche Musikausübung auf 3 Stunden beschränkt); OLG Hamm NJW-RR 1986, 500 (zeitliche Begrenzung auf täglich 1,5–2 Stunden); BayObLG a. a. O. (das Verbot darf nicht von 20–10 Uhr festgelegt werden, da sonst Berufstätige ausgeschlossen würden, und/oder nicht an Sonn- und Feiertagen); BayObLG NJWE-MietR 1996, 12 (gänzliches Musizierverbot an Sonn- und Feiertagen bedenklich).

[407] S. aber BayObLG DWE 1982, 67, das dort den Grundsatz aufstellt, ein geordnetes Zusammenleben in einer Wohnanlage bedeute, daß sich weder die Interessen der Kinder noch diejenigen der älteren Personen, soweit diese Interessen einander widersprechen, voll verwirklichen lassen. Ein geordnetes Zusammenleben bei Wohnungseigentümern erfordere daher den Ausgleich der sich widerstreitenden Interessen; s. a. WE 1994, 17 (Belüftungsregelung für KG und Treppenhaus als Konkretisierung der Pflicht zu gegenseitiger Rücksichtnahme); KG ZMR 1992, 68; s. zur Frage ordnungs-

sichtlich zu weit, wenn es den Mehrheitsbeschluß über ein totales Musizierverbot wegen Sittenwidrigkeit als nichtig erachtet. Ein Musizierverbot muß zu **vereinbaren** sein, wie etwa ein völliges Tierhalteverbot.[409]

Zulässig ist es, hinsichtlich der Einhaltung von Ruhezeiten in der Hausordnung differenziert vorzugehen.[410] Wird in der Gemeinschaft zulässigerweise ein **Schreinereibetrieb** oder gar eine **Autoklempnerei** betrieben, können diese Betriebe von der Ruhezeitregelung in der Hausordnung ausgenommen werden, ohne daß ein Wohnungseigentümer den Beschluß über die Erstellung der Hausordnung mit der Begründung anfechten könnte, er entspreche nicht ordnungsmäßiger Verwaltung. Enthält die Hausordnung keine differenzierende Regelung, wird der Teileigentümer, der zulässigerweise ein zwangsläufig mit Lärm verbundenes Gewerbe in der Wohnanlage betreibt, den Beschluß über die Erstellung der Hausordnung mit der Begründung erfolgreich anfechten können, der Eigentümerbeschluß entspreche nicht ordnungsmäßiger Verwaltung insoweit, als auch **er** an die Ruhezeiten gebunden sei.[411] Hat der Bauträger eine solche Hausordnung errichtet (s. oben), der betroffene Teileigentümer also keine Anfechtungsmöglichkeit, hat er möglicherweise gemäß § 21 Abs. 4 den Anspruch auf Abänderung der Hausordnung, aber nur unter den in Abschn. 4.2.2.2.5 genannten Voraussetzungen, da die Hausordnung die Qualität einer durch Mehrheitsbeschluß einzuführenden Gebrauchsregelung hat.

– **Nutzung gemeinschaftlicher Flächen (insbesondere durch Kinder)** 215

Die Hausordnung kann eine **Grünfläche** der Anlage ausdrücklich zum **Kinderspielen** freigeben. Zweckmäßigerweise sollte dies – gemessen an den allgemeinen Ruhezeiten – zeitlich begrenzt werden. Geschieht dies nicht, gelten die Bestimmungen in den gemeindlichen Satzungen entsprechend. Grundsätzlich kann die Hausordnung auch das **Fußballspielen** auf einer Grünfläche der Anlage gestatten. Hier gilt das für die allgemeine Spielfläche Gesagte erst recht und entsprechend. Wegen der damit verbundenen möglichen Lärmbelästigung und Glasbruchschadensgefahr kann sich die Gestattung des Fußballspielens etwa in einem Innenhof als nicht mehr ordnungsmäßigem Gebrauch entsprechend darstellen. Auf den Einzelfall ist abzustellen. Je nachdem ist die Hausordnung insoweit anfechtbar. Gerade auch in solchen Grenzfällen ist stets nach einem gerechten Ausgleich der

---

gemäßer Ruhezeitenregelungen nunmehr: BGH EBE 1998, 346 = ZMR 1999, 41 = NJW-RR 1998, 3713 = Rpfleger 1999, 19 = DWE 1998, 177 = ZfIR 1998, 713; OLG Stuttgart ZMR 1998, 465 = WE 1998, 503.

[408] OLG Hamm NJW 1981, 465 = MDR 1981, 230.

[409] BGH ZMR 1995, 416 = WE 1995, 311; KG NJW 1992, 2577 = WE 1992, 111; so auch Weitnauer, § 15 Rz. 18.

[410] S. hierzu KG WE 1992, 110.

[411] Vgl. BayObLG v. 2. 5. 1985 – 2 Z 44/84 – (für Lebensmittelmarkt Anlieferverkehr bereits ab 7.00 Uhr).

nicht gänzlich vereinbaren Interessen, etwa alter und junger Menschen, zu suchen.[407]

Andererseits kann es zulässig sein, **Ballspiele** gänzlich zu verbieten.[412] Im Entscheidungsfall hielt es das BayObLG auch noch für zulässig, festzulegen, daß Treppenhäuser, Flure, Eingangshallen und sonstige Gemeinschaftseinrichtungen, sofern hierfür nicht ausdrücklich ausgewiesen (z. B. Tischtennisraum), keine Spiel- und Aufenthaltsräume für Kinder seien (es handelte sich hier um eine größere Ferienwohnanlage). Das Gericht schränkte allerdings ein: Das Aufenthaltsverbot bedürfe einer einschränkenden Auslegung dahin, daß nur ein solcher Aufenthalt verboten sei, von dem nicht nur geringfügige Störungen anderer Wohnungseigentümer ausgehen. Geringfügige Beeinträchtigungen entsprächen dem zulässigen Mitgebrauch nach § 13 Abs. 2. Dazu zähle z. B. der schlichte Aufenthalt der Kinder in den betreffenden Räumen.

216 Will eine Hausordnung z. B. die Nutzung gemeinschaftlicher Flächen regeln, insbesondere die **Verkehrssicherungspflicht** der Wohnungseigentümer für das Gebäude zu beachten, so hat das OLG Hamm[413] das zeitweilige **Abstellen von Schuhen im Flur** auf der Fußmatte bei schlechter Witterung zugelassen, weil dies weit verbreitet und als üblich anzusehen sei.

217 – **Stellplatznutzung**

Zulässig ist es, in der Hausordnung zu bestimmen, daß Kfz-Stellplätze (oberirdisch und Tiefgaragenstellplätze) ihrem eigentlichen Zweck entsprechend nur zum kurzfristigen bzw. langfristigen Parken genutzt werden dürfen. Verfügt jeder Wohnungseigentümer über einen ihm zugewiesenen Stellplatz (im Sondereigentum, Miteigentum oder kraft Sondernutzungsrechts) und gibt es in der Wohnanlage darüber hinaus sogenannte oberirdische **Besucherstellplätze,** ist auch die Regelung zulässig, daß diese Plätze nur von Besuchern oder im Falle der Eigennutzung nur kurzzeitig nach näherer Maßgabe genutzt werden dürfen. Empfehlenswert sind auch Regelungen zu verbieten, daß auf Stellplätzen Schmutz oder Lärm verursachende **Reinigungs-, Wartungs-** oder **Reparaturarbeiten** durchgeführt werden. Ferner ist es zulässig zu verbieten, daß auf oberirdischen Stellplätzen **Wohnmobile, Boote** etc. aufgestellt werden. Bedenklich erschiene ein generelles Verbot der Lagerung von bestimmten Gegenständen im Tiefgaragenstellplatz, wie **Surfbrett** etc. (unzulässige Gebrauchseinschränkung). Nichts einzuwenden ist schließlich gegen das Abstellen eines Wohnwagens in der Tiefgarage, wenn dadurch kein anderer Wohnungseigentümer in der Manövrierfähigkeit seines eigenen Pkw beeinträchtigt ist und der Wohnwageneigentümer deshalb nicht genötigt ist, für seinen Pkw einen oberirdischen Stellplatz in Anspruch zu nehmen.

---

[412] BayObLG DWE 1982, 67.

[413] OLG Hamm ZMR 1988, 270; OLG Hamburg ZMR 1993, 126 = WE 1993, 87 (Kinderwagen im Hausflur).

– **Tierhaltung** 218

Ein völliges **Tierhaltungsverbot** in einer Hausordnung ist an sich unzulässig.[414] Weil aber ein Tierhaltungsverbot vereinbart werden kann und ein bestandskräftiger Mehrheitsbeschluß mit diesem Inhalt verbindlich ist,[415] kann auch über eine bestandskräftig beschlossene Hausordnung ein gänzliches Tierhalteverbot verbindlich eingeführt werden.

Zulässig sind zahlenmäßige **Beschränkungen**[416] und Beschränkungen hinsichtlich der Art der Tiere.

Möglich ist auch, daß in der Hausordnung die Tierhaltung von einer stets widerruflichen **Zustimmung des Verwalters** abhängig gemacht wird. In solchen Fällen darf der Verwalter die Zustimmung nur bei Vorliegen eines wichtigen Grundes verweigern. Wichtige Gründe wären etwa ein grobes Mißverhältnis zwischen Wohnungsgröße und Anzahl der Tiere oder das Halten von Exoten (Affen) oder ein grobes Mißverhältnis zwischen Wohnungsgröße, Anzahl der Bewohner und Größe der Tiere.[417]

Denkbar sind auch Regelungen, die die bei der **Tierhaltung** zu erwartenden Belästigungen ausschließen, mindern oder in sonstiger Weise sanktionieren. Man denke an das Verbot des Aufstellens von **Vogelkäfigen** auf dem **Balkon** während der üblichen Ruhezeiten,[418] oder an das Verbot des freien **Herumlaufenlassens** von **Hunden** und **Katzen** innerhalb der Gemeinschaftsflächen, um Verschmutzungen und andere Beeinträchtigungen zu vermeiden.[419]

– **Turnusmäßige Dienste – Turnusnutzung** 219

Die Wohnungseigentümer können weder durch Hausordnung noch durch Mehrheitsbeschluß zur tätigen Mitwirkung etwa bei der Erfüllung der **Streupflicht** herangezogen werden.[420] Auch hier gilt natürlich, daß bestandskräftig Beschlossenes Wirkung entfaltet.

---

[414] Bärmann-Pick, § 15 Rz. 8; MünchKomm-Röll, § 15 Rz. 6; Weitnauer, § 15 Rz. 17; OLG Stuttgart DWE 1983, 29 = Justiz 1982, 230; OLG Frankfurt Rpfleger 1978, 414; BayObLG NJW 1972, 880 = MDR 1972, 570 = ZMR 1972, 226; KG NJW 1956, 1679; LG Wuppertal Rpfleger 1978, 23; OLG Karlsruhe ZMR 1988, 184.

[415] BGH ZMR 1995, 416 = WE 1995, 311 (Hundehalteverbot).

[416] BayObLGZ 1972, 90 = MDR 1972, 570; OLG Frankfurt Rpfleger 1978, 414 (1 Hund und 1 Katze); KG NJW 1956, 1679 f. (Zulässigkeit des Verbots von 4 Katzen in einer 2½ Zimmer-Wohnung, nicht aber von 2 Katzen in gleicher Wohnung); LG Wuppertal Rpfleger 1978, 23; Weitnauer, § 15 Rz. 17; OLG Stuttgart NJW-RR 1986, 1141 (Obergrenze für die Ortsüblichkeit in einem Wohngebiet: 2 Hunde); BayObLG NJW-RR 1994, 658 (Tierhaltungsregelung mit Untersagungsmöglichkeit); KG NJW-RR 1998, 1385 = ZMR 1998, 658 = DWE 1998, 135 = WE 1998, 347.

[417] KG ZMR 1992, 201 (Haltung von mehr als 4 Katzen in der 42 m^2-Wohnung); OLG Köln ZMR 1996, 97 = WE 1996, 234; OLG Frankfurt NJW-RR 1993, 981 (Untersagung von Kampfhunden).

[418] LG Köln DWE 1987, 31.

[419] BayObLG WE 1995, 60.

[420] OLG Hamm OLGZ 1980, 261; NJW 1982, 1108 = MDR 1982, 150; KG OLGZ 1978, 146 = Rpfleger 1978, 146; NJW-RR 1994, 207 = WE 1994, 213; AG München WE 1993, 198; Weitnauer, § 16 Rz. 18; a. A. OLG Stuttgart NJW-RR 1987, 976; BayObLGZ 1991, 421 = NJW-RR 1992, 343; ZMR 1994, 430 = WE 1994, 316.

Andererseits ist es möglich, in der Hausordnung eine turnusmäßige Nutzung an gemeinschaftlichen Einrichtungen (Waschanlage, Trockenplatz etc.) vorzusehen.[421] Es ist auch zulässig, den Verwalter zu ermächtigen, insoweit Nutzungsregelungen zu treffen.

220 – **Umzugskostenpauschale**

Ob eine **Umzugskostenpauschale mehrheitlich beschlossen** oder nur vereinbart werden kann, ist in Literatur und Rechtsprechung umstritten. Dieser Streit ist dann ohne praktische Bedeutung, wenn bereits der Bauträger die Hausordnung erstellt hat und deshalb Bindungswirkung gegeben ist, oder wenn die Wohnungseigentümer bestandskräftig mehrheitlich eine Hausordnung beschlossen haben. Die Umzugskostenpauschale ist ein pauschalierter Aufwand für die Beseitigung von fast schon zwangsläufigen Schäden etwa im Bereich des Treppenhauses und des Lifts bei Umzügen. Hausmeister und Verwalter sind überfordert, den Schädiger festzustellen. Es besteht daher ein Bedürfnis, nach Möglichkeit schon in die Hausordnung eine Regelung dahin aufzunehmen, daß im Falle von Umzügen eine – geringe – pauschale Entschädigung von dem Wohnungseigentümer zu verlangen ist, dessen Wohnung vom Umzug betroffen ist.

Praktische Bedeutung hat die vorgenannte Rechtsfrage dann, wenn die Wohnungseigentümer die Einführung einer Umzugspauschale mehrheitlich beschließen und ein Wohnungseigentümer diesen Eigentümerbeschluß anficht. Unstreitig in Literatur und Rechtsprechung ist lediglich, daß die Erhöhung einer in der Gemeinschaftsordnung festgelegten Kostenpauschale nur einstimmig beschlossen werden kann. Dies ist rechtsdogmatisch klar, weil der Erhöhungsbeschluß eine Vereinbarung abändern würde. Während das LG Wuppertal und das AG Bonn und wohl auch das OLG Stuttgart einen **Mehrheitsbeschluß** für zulässig erachten,[422] halten das BayObLG, das OLG Frankfurt, das LG Frankfurt und Bärmann-Pick sowie Weitnauer einen **einstimmigen Beschluß** für notwendig.[423] Bärmann-Pick und Weitnauer vereinnahmen das OLG Stuttgart zu unrecht für sich. Das OLG Stuttgart hat lediglich einen zur Teilungserklärung in Widerspruch stehenden Mehrheitsbeschluß über die Erhöhung einer Umzugspauschale für unzulässig erachtet.

Auch **außergewöhnliche Unterhaltungskosten** gehören zu den notwendigen Ausgaben im Sinne des § 16 Abs. 2. Wenn man berücksichtigt, daß die Umzugskostenpauschale ein pauschalierter Aufwand für die geradezu zwangsläufige Beseitigung von Schäden ist, die gelegentlich eines Umzugs

---

[421] MünchKomm-Röll, § 15 Rz. 8; Weitnauer, § 15 Rz. 22; BayObLGZ 1972, 113; v. 13. 4. 1983 – 2 Z 47/82 – (zur Nutzung eines Wäschepflegeraumes in einer Mehrhausanlage); WE 1991, 365 = WM 1991, 301; KG ZMR 1985, 131.

[422] OLG Stuttgart MDR 1981, 578; LG Wuppertal Rpfleger 1978, 23 = MDR 1978, 318; AG Bonn ZMR 1982, 95.

[423] BayObLGZ 1987, 66; OLG Frankfurt WE 1989, 98; LG Frankfurt v. 12. 2. 1981 – 9 T 999/80 –; Bärmann-Merle, § 21 Rz. 72 u. 156; Weitnauer, § 16 Rz. 19.

entstehen, muß die Einführung einer Umzugspauschale einem Mehrheitsbeschluß zugängig sein.

– **Sogenannte Haustürregelungen** 221

Die Hausordnung darf bestimmen, daß die Haustüre ständig geschlossen sein dürfe oder müsse.[424] Das gleiche gilt für die mehrheitliche Entscheidung, einen Hebel an der Haustürschließanlage, mit dem der Türschließmechanismus außer Funktion gesetzt wird, zu beseitigen.[425]

Zweifelhaft erscheint allerdings, ob dies bezüglich Keller-, Speicher- und Treppenhausfenstern zulässig ist. Hier sind **Be- und Entlüftungsmöglichkeiten** im Interesse aller zu berücksichtigen (Luftzirkulation, Pilzbildung durch Feuchtigkeit etc.). Insoweit sollte der Hausmeister – und sei dies aufgrund der Hausmeister-Dienstanweisung – Sorge dafür tragen, daß die genannten Fenster im gehörigen Umfange geschlossen und geöffnet sind.[426]

Umgekehrt ist es nicht zulässig, weil nicht ordnungsmäßigem Gebrauch entsprechend, etwa im Interesse eines Teileigentümers zu bestimmen, daß die Haustüre tagsüber stets offen zu halten sei. Das **Sicherheitsbedürfnis** der Wohnungseigentümer hat Vorrang. Dies gilt erst recht, wenn die Haustüre mit einer elektrischen Sprech- und Öffneranlage versehen ist.[427]

4.2.2.3.5 Das Überwachen der Einhaltung der Hausordnung

Es zählt zu den originären Pflichten des Verwalters, für die Einhaltung der Hausordnungsbestimmungen zu sorgen, § 27 Abs. 1 Nr. 1. Diese Aufgabe ist als **gesetzliche Mindestaufgabe** unabdingbar, § 27 Abs. 3. Der Verwalter hat hier einen abgestuften Maßnahmekatalog zur Verfügung (Bekanntmachung durch Übersendung oder Aushang; Stichproben; Berücksichtigung von Beschwerden; Einschaltung des Verwaltungsbeirats; Vorbereitung von notwendigen Maßnahmen durch Gestaltung der Tagesordnung; vermittelnde Tätigkeit bei Streitigkeiten unter zwei Wohnungseigentümern etc.).[428] 222

Wesentlich in diesem Zusammenhang ist, daß der Verwalter kraft seiner gesetzlichen Befugnis im Einzelfall ohne Votum der Wohnungseigentümer grundsätzlich nur berechtigt ist, den **Störer** anzusprechen, unter den **Streitparteien** zu vermitteln, den Störer abzumahnen (insbesondere auch nach § 18 Abs. 2 Nr. 1 als Vorstufe der Entziehung des Wohnungseigentums), den **Verwaltungsbeirat** um Vermittlung zu ersuchen, notwendige Beschlußfassungen durch Gestaltung der Tagesordnung vorzubereiten, ferner alle Maßnahmen tatsächlicher Art, wie Sorge für Reinigung gemeinschaftlicher Anlagen, für Streuen und Schneeräumen, Einhaltung der Ruhezeiten.

---

[424] So auch LG Wuppertal Rpfleger 1972, 451; BayObLG WE 1991, 202.

[425] KG ZMR 1985, 345.

[426] S. hierzu BayObLG WE 1994, 17.

[427] BayObLGZ 1982, 90; Rpfleger 1982, 218 (ein Friseur hatte den Mehrheitsbeschluß mit der Begründung initiiert, daß er beim Haarfönen die Hausklingel nicht höre).

[428] S. hierzu im Detail Vitzethum, DWE 1981, 106.

Der Verwalter ist gegebenenfalls verpflichtet, **Verbotsschilder** auf der oberirdischen Grundstücksfläche gegen das Parken außerhalb dafür bestimmter Flächen aufzustellen.[429] Jede weitergehende Maßnahme setzt einen Mehrheitsbeschluß der Wohnungseigentümer voraus. Nur ausnahmsweise, nämlich bei **„Gefahr im Verzug"**, ist der Verwalter zu Maßnahmen berechtigt, für die er i.d.R. die durch Mehrheitsbeschluß einzuholende Zustimmung benötigt, § 27 Abs. 1 Nr. 3, Abs. 2 Nr. 4. Eine gesetzliche Vertretungsmacht hat der Verwalter nicht.[430] Dies ist h.M. Der Verfasser begründet jedoch seine abweichende Meinung zu § 27 Abs. 1 insgesamt in Abschn. 7. Wenn Bärmann-Merle[431] trotz Verneinung der gesetzlichen Vertretungsmacht des Verwalters diesem das Recht einräumt, Maßnahmen rechtsgeschäftlicher Art vorzunehmen oder gerichtliche Maßnahmen zu veranlassen, ist dies nicht schlüssig.

Der **Verwalter** ist jedenfalls berechtigt, **im eigenen Namen** gegen Verstöße vorzugehen und sogar gerichtlichen Antrag auf Feststellung von Pflichten zu stellen, die sich aus der Hausordnung für die Wohnungseigentümer ergeben.[432]

Nicht vergessen werden sollte aber, daß der Verwalter in persona oftmals gar nicht in der Lage ist, Behauptungen über Mißachtungen der Hausordnung auf ihre Richtigkeit zu überprüfen. Dies gilt nicht nur für anonyme Beschwerden. Dreh- und Angelpunkt ist das Leistungsvermögen des Hausmeisters. **Er** ist täglich „vor Ort", **er** kennt die Bewohner, die oftmals nur Mieter sind, persönlich, **er** weiß meist am besten, ob behauptete Beschwerden zutreffend sind. Es ist daher primär Angelegenheit der **Hausmeister-Dienstanweisung** des Verwalters/der Gemeinschaft und Sache der hausmeisterlichen Fähigkeiten, die Einhaltung der Bestimmungen der Hausordnung zu erzielen.

223 Auch der **einzelne Wohnungseigentümer** kann berechtigt sein, im eigenen Namen gegen den Störer vorzugehen. Dies setzt jedoch seine Beeinträchtigung oder die seines Haushaltsangehörigen oder seines Mieters voraus (Begriff des Rechtsschutzbedürfnisses).[433]

Dieses Individualrecht ermöglicht es dem geschädigten Wohnungseigentümer grundsätzlich auch, wegen schuldhafter Verstöße gegen die Hausordnung durch einen anderen Wohnungseigentümer gegen diesen **Schadener-**

---

[429] BayObLG MDR 1981, 932.

[430] S. hierzu Bärmann-Merle, § 27 Rz. 5ff.; Bärmann/Seuß, Praxis des Wohnungseigentums, B 90.

[431] Bärmann-Merle, § 27 Rz. 36.

[432] OLG Hamm OLGZ 1970, 399 = MittBayNot 1970, 109.

[433] BayObLG ZMR 1990, 348; WE 1991, 223; ZMR 1995, 495; ZMR 1997, 374 = WE 1997, 395; BGH EBE 1992, 54 = ZMR 1992, 167 = NJW 1992, 978 (Beeinträchtigung gemeinschaftlichen Eigentums); OLG Hamm NJW-RR 1991, 910; KG ZMR 1997, 315; NJW-RR 1995, 1228 = ZMR 1995, 418 = WE 1995, 313; WE 1993, 220 = DWE 1993, 117 = ZMR 1993, 288.

satzansprüche geltend zu machen.[434] Dies wird aber nur für Ansprüche auf Ersatz des Schadens gelten, der dem betroffenen Wohnungseigentümer ausschließlich entstanden ist **(Individualschaden).** Ist den Wohnungseigentümern insgesamt in ihrer **Gesamtheit Schaden** infolge schuldhaften Verstoßes gegen die Hausordnung durch einen Wohnungseigentümer entstanden, fehlt dem einzelnen Wohnungseigentümer das Rechtsschutzbedürfnis dafür, den hieraus resultierenden Schadenersatzanspruch alleine, wenn auch für Rechnung der Gemeinschaft, geltend zu machen; dies jedenfalls solange, solange er hierzu nicht durch **Gemeinschaftsbeschluß** ermächtigt worden ist.[435]

4.2.2.3.6 Die Hausordnung und die vermietete Eigentumswohnung

Das Problem ist vorrangig die Herstellung der **Kongruenz zwischen** den Inhalten des **Gemeinschaftsverhältnisses** einerseits und des **Mietvertrags** andererseits. Der vermietende Wohnungseigentümer hat mehrere Möglichkeiten, die Nutzungs- und Gebotsschranken, denen er kraft Gemeinschaftsordnung und Hausordnung unterliegt, mietvertraglich auf den Mieter zu übertragen. Die **Thematik** beschränkt sich also nicht nur auf das Verhältnis zwischen mietvertraglicher Regelung einerseits und Hausordnung der Wohnungseigentümer andererseits, sondern **erstreckt sich auf das Verhältnis zu jeder Gebrauchsregelung der Wohnungseigentümer.** Hausordnungsbestimmungen sind nur ein typisches Beispiel für die Frage von Übereinstimmung oder Nichtübereinstimmung mit den Mietvertragsinhalten und demnach für die Erörterung der sich hieraus ergebenden Rechtsprobleme. **224**

Die Problematik entsteht insbesondere deshalb, weil der vermietende Wohnungseigentümer i.d.R. sein **Recht zum Mitgebrauch** gemeinschaftlichen Eigentums auf den Mieter überträgt und übertragen darf.[436] Er darf dies gegen **Entgelt**, ohne daß die übrigen Wohnungseigentümer vom vermietenden Wohnungseigentümer ein Entgelt für die Überlassung des Mitgebrauchsrechts an den Mieter beanspruchen könnten.[437]

Gegenstand der nachstehenden Erörterungen ist grundsätzlich nicht, inwieweit der vermietenden Wohnungseigentümer **mietrechtlich** dem Mieter Beschränkungen auferlegen darf, denen er selbst als Mitglied der Wohnungseigentümergemeinschaft kraft Gemeinschaftsordnung, Hausordnung oder aufgrund von Eigentümerbeschlüssen unterworfen ist. Es geht

---

[434] BayObLG DWE 1982, 135 (dort abgelehnt, weil die Verletzung der einstimmig festgesetzten turnusmäßigen Streupflicht nicht nachzuweisen war).

[435] BGH EBE 1993, 35 = ZMR 1993, 173 = WE 1993, 135 (Anspruch gegen einen Mieter wegen Beeinträchtigung gemeinschaftlichen Eigentums); s.a. BGH EBE 1990, 258 = ZMR 1990, 389 (Anspruch gegen Miteigentümer auf Zahlung von Hausgeld).

[436] OLG Düsseldorf ZMR 1996, 96; BayObLG WE 1988, 32; ZMR 1998, 182 = WE 1998, 352.

[437] OLG Düsseldorf a.a.O.; BayObLG DWE 1984, 30.

ausschließlich um die Beantwortung der Frage, ob und **welche Ansprüche die übrigen Wohnungseigentümer** gegen den vermietenden Wohnungseigentümer und/oder gegen den Mieter haben, wenn dieser sich als „Störer" zeigt, weil er gegen Regeln des Gemeinschaftsverhältnisses verstößt.

225 Zunächst zu den häufigsten Fallgestaltungen:

Eine **Wohnung wird zum Betriebe eines Gewerbes vermietet**, das dort nach der Gemeinschaftsordnung nicht betrieben werden darf. Offenhaltung der in den Mieträumen zulässigerweise betriebenen Gaststätte entgegen den gemeinschaftlichen **Ruhezeiten** über Mitternacht hinaus. In der Hausordnung der Gemeinschaft ist das **Musizieren** zwischen 12.00 und 15.00 Uhr verboten, der Mietvertrag weist diese Beschränkung nicht aus oder beschränkt das Musizierverbot auf die Zeit zwischen 13.00 und 15.00 Uhr. Nach der Hausordnung ist **Tierhaltung** beschränkt oder die Gemeinschaftsordnung enthält ein **Tierhaltungsverbot**, während der Mietvertrag hierzu schweigt. Nach der **Waschordnung** darf der Waschraum von bestimmten Wohnungsnutzern nur an bestimmten Tagen oder nur zu bestimmten Tageszeiten genutzt werden, der Mietvertrag schweigt hierzu.

226 Die übrigen Wohnungseigentümer können zunächst vom vermietenden Wohnungseigentümer als dem Verursacher gem. § 14 Nr. 2 verlangen, daß er die Störung abstellt. Der Vermieter ist in diesem Zusammenhang verpflichtet, gegen den Mieter alle Maßnahmen zu ergreifen, die geeignet sind, die **Einhaltung von Gemeinschaftsordnung oder Hausordnung** zu erreichen, wie z.B. eine inhaltliche Änderung oder die – einvernehmliche – Beendigung des Mietverhältnisses.[438] Der Vermieter ist **nicht zur Kündigung des Mietverhältnisses verpflichtet**, was er auch gar nicht könnte, weil der Mieter sich mietvertragskonform verhält.[439] Der Vermieter kann nicht zu einer bestimmten Maßnahme verpflichtet werden.[440]

Nach OLG Stuttgart[441] soll der Vermieter u.U. sogar verpflichtet sein, auf den Mieter durch Klageerhebung einzuwirken, die Störung zu unterlassen, selbst wenn die Klage wenig aussichtsreich sein sollte. Weil die Waffen gegen den Vermieter meist stumpf sind, ist der **Vermieter den übrigen Wohnungseigentümern gegenüber** sogar **schadenersatzpflichtig,** wenn er beispielsweise ein Teileigentum zweckbestimmungswidrig vermietet.[442] Der Vermieter haftet allerdings nicht für seinen Mieter als Erfüllungsgehilfen, wenn dessen Verantwortlichkeit für eigenes Verschulden gem. §§ 827, 828 BGB ausgeschlossen ist.[443]

---

[438] OLG Hamm WE 1992, 135; WE 1990, 95; BayObLG v. 10. 6. 1998 – 2 Z BR 15/98 –.

[439] OLG Hamm a. a. O.; BayObLG ZMR 1994, 25; NJW-RR 1991, 658; OLG Köln ZMR 1997, 253 = WE 1997, 429.

[440] BayObLG ZMR 1994, 25; NJW-RR 1991, 658.

[441] OLG Stuttgart ZMR 1992, 553 = NJW-RR 1993, 24.

[442] OLG Hamm WE 1996, 189; BayObLG NJW-RR 1994, 718; WE 1998, 76.

[443] OLG Düsseldorf NJW-RR 1995, 1165 = WE 1995, 315.

Jeder beeinträchtigte Wohnungseigentümer hat einen **individuellen Unterlassungsanspruch** gegen den Vermieter. Er bedarf nicht eines Ermächtigungsbeschlusses. Dies gilt auch etwa für die Geltendmachung eines **Schadenersatzanspruchs**, der z.B. darauf beruht, daß der Mieter des beeinträchtigten Wohnungseigentümers die Miete gemindert hat.[444]

Die übrigen Wohnungseigentümer können auch einen ihnen **gemeinschaftlich zustehenden Schadenersatzanspruch** allein deshalb erwerben, weil der Vermieter z.B. zweckbestimmungswidrig vermietet hat (Vermietung von Räumen zum Betriebe eines Cafés und Restaurants, die in der Teilungserklärung als „Laden" oder „Lagerräume" bezeichnet sind) und die übrigen Wohnungseigentümer deshalb stärker beeinträchtigt werden, als sie es wären, wenn die vermieteten Räume zweckbestimmungsgemäß genutzt würden. Dieser **immaterielle Schaden** ist schwierig zu bemessen. In diesem Falle ist es z.B. sicherlich gerechtfertigt, den Schadenersatzbetrag in der Höhe festzulegen, die – auf die Dauer des Mietverhältnisses ermittelt – in der Differenz zwischen der erzielten (höheren) und d e r Miete besteht, die bei zweckbestimmungsgemäßer Vermietung erzielt werden könnte. Der Vermieter hat **kein Kündigungsrecht**, so daß die übrigen Wohnungseigentümer auf die Dauer der Mietzeit beeinträchtigt bleiben; denn es gehört zum Risikobereich des Vermieters, daß eine Vermietung von Teileigentum mit der Gemeinschaftsordnung vereinbar ist. Wurde ihm gem. § 15 Abs. 3 die Vermietung untersagt, kann er sich i.d.R. nicht deswegen durch Kündigung aus wichtigem Grunde vom Mietverhältnis lösen.[445] Ein solcher gemeinschaftlicher Schadenersatzanspruch kann auch nur gemeinschaftlich oder nur aufgrund eines Ermächtigungsbeschlusses durch einen einzelnen Wohnungseigentümer geltend gemacht werden.

Weil – wie gesagt – die Ansprüche der übrigen Wohnungseigentümer **227**
i.d.R. als stumpfe Waffe zu bezeichnen sind, hat die Rechtsprechung den übrigen Wohnungseigentümern auch einen **unmittelbaren Unterlassungsanspruch gegen den Mieter** zuerkannt. Dies wird zu Recht im wesentlichen damit begründet, daß der Mieter im Verhältnis zu den übrigen Wohnungseigentümern nicht mehr Rechte für sich beanspruchen kann, als sie der vermietende Wohnungseigentümer selbst hat.[446] Die übrigen Wohnungseigentümer müssen nicht einmal eine nach § 906 BGB nicht mehr hinzunehmende Überschreitung der Nutzung nachweisen.[447] Der Mieter seinerseits kann sich den übrigen Wohnungseigentümern gegenüber nur dann auf ein Recht zur Störung berufen, wenn er das Recht dazu von seinem Vermieter

---

444 BayObLG NJW-RR 1994, 718; WE 1998, 76.

445 So BGH ZMR 1996, 147 = WE 1996, 230.

446 OLG München NJW-RR 1992, 1492 = ZMR 1992, 306; OLG Karlsruhe NJW-RR 1994, 146; OLG Frankfurt NJW-RR 1993, 981; KG NJW-RR 1997, 713 = ZMR 1997, 315 = WE 1997, 190 (Störungsbeseitigungsanspruch wegen vom Nutzer errichteten Sichtschutzzauns auf Sondernutzungsfläche); Weitnauer, § 13 Anh. Rz. 3ff.

447 OLG Karlsruhe a.a.O.

ableiten kann, auch dieser also zur Störung berechtigt wäre.[448] Der **Mieter** kann in Konsequenz dessen daraus nur die mietrechtlichen Konsequenzen ziehen (§§ 537, 538, 539, 541, 542 BGB), also die **Miete mindern, Schadenersatz wegen Nichterfüllung** verlangen und fristlos kündigen.[449]

Die auf Unterlassung oder Beseitigung der Störung gerichtete gerichtliche Entscheidung gegen den Vermieter ist als **Unterlassungstitel** gem. § 890 ZPO zu vollstrecken. Dem steht nicht entgegen, daß die titulierte Unterlassungspflicht eine Pflicht zu aktivem Tun umfaßt.[450]

Der gegen den Mieter gerichtete Unterlassungsanspruch besteht natürlich auch dann, wenn Kongruenz zwischen Gemeinschaftsordnung und Hausordnung einerseits, sowie Mietvertrag andererseits besteht, der Mieter aber Störer ist, z.B. insofern, als er die Gaststätte länger geöffnet hält, als nach Hausordnung und Mietvertrag zulässig, oder als er den Waschraum auch an Tagen nutzt, an denen das Nutzungsrecht sowohl nach Hausordnung als auch nach Mietvertrag anderen Bewohnern zusteht.

228 Der vermietende Wohnungseigentümer ist also gut beraten, wenn er für **Kongruenz zwischen Gemeinschaftsregeln und Mietvertrag** sorgt. Dazu ist er allerdings nicht immer in der Lage, so dann nicht, wenn die Gemeinschaft nach Abschluß des Mietvertrags/der Mietverträge neue Regelungen einführt, die im Widerspruch zu dem stehen, was die Mieter nach Mietvertrag dürfen (Ruhezeitenänderung, Tierhaltungsbeschränkung etc.).

Zunächst wiederum:

Der Vermieter sollte in den **Mietvertrag** eine **Klausel** aufnehmen, wonach der Mieter die Gemeinschaftsordnung, die Hausordnung und sonstige Beschlüsse der Wohnungseigentümer als für sich verbindlich anerkennt, soweit sie das Gebrauchsrecht betreffen. Eine solche Klausel ist wegen § 2 AGBG nur wirksam, wenn u.a. dem Mieter die Möglichkeit verschafft wird, in zumutbarer Weise vom Inhalt der einschlägigen Bestimmungen Kenntnis zu nehmen. Soweit diese Klauseln auch **künftige Änderungen** verbindlich machen sollen, steht wohl § 10 Nr. 4 AGBG („Klauselverbot mit Wertungsvorbehalt") entgegen. Soweit Weitnauer[451] Bedenken in diesem Zusammenhang zu zerstreuen versucht und darauf hinweist, daß nachträgliche Änderungen ja nicht vom Vermieter betrieben würden, ist dies nicht überzeugend. Zudem übersteigt es die Vorstellungskraft des Verfassers, daß Mietgerichte nachträgliche Änderungen als für den Mieter verbindlich betrachten könnten. Nur **nachträgliche Änderungen**, die dem Mieter **zuzumuten** sind, könnten für den Mieter verbindlich werden. Das Zumutbarkeitskriterium wird nicht restriktiv anzuwenden sein. Der Mieter weiß

---

[448] So schon BGH NJW 1958, 2061; BayObLG ZMR 1994, 25.

[449] Weitnauer, a.a.O.

[450] BayObLG DWE 1991, 76; WE 1992, 53, 56; ZMR 1994, 25; v. 10. 6. 1998 – 2 Z BR 15/98 – (ob der verurteilte Wohnungseigentümer die Nutzung unterbinden kann, ist erst in der Zwangsvollstreckung von Bedeutung); OLG Hamm WE 1992, 135.

[451] Weitnauer, a.a.O.; s.a. Bub PiG 26, S. 137.

i. d. R., daß die von ihm gemietete Wohnung eine Eigentumswohnung ist. Er weiß daher um die Existenz einer Wohnungseigentümergemeinschaft, in der auch das Mietverhältnis unter besonderen Bedingungen steht. Eigentumswohnungen haben ihre eigene Gesetzmäßigkeit im Zusammenleben aller Bewohner. M. a. W.: Der Mieter muß eine gewisse Flexibilität annehmen. **Zumutbar** sind daher nachträgliche Regelungen, die ganz allgemein festlegen, daß z. B. **Ruhestörungen zu vermeiden sind**, die also an der bestehenden Rechtslage ohnehin nichts ändern, sowie solche Regelungen, die sich lediglich als Konkretisierung des vertragsgemäßen Mietgebrauchs i. S. von § 157 BGB erweisen (**Regelung über Ruhezeiten**, die sich im üblichen Rahmen halten, oder gewisse **Haustürschließungsregelungen**). Keinerlei Zweifel an der Rechtswirksamkeit vorgenannter Unterwerfungsklauseln zu Lasten des Mieters bestehen im Bereich der **Individualvereinbarung.**

Wegen der aufgezeigten Problematik ist es also Sache des Vermieters, auf dem **Beschlußanfechtungswege** zu verhindert, daß nachträglich Gebrauchsbeschränkungen zu Lasten des Mieters eingeführt werden. Dabei ist zu berücksichtigen, daß nicht jeder entsprechende Eigentümerbeschluß schon alleine deshalb ordnungsgemäßer Verwaltung widerspricht, weil er in bestehende Mietverhältnisse einzugreifen versucht. Man denke nur an die Situation, daß die Tierhaltung in einer Wohnanlage ausufert. Dann muß es möglich sein, die Tierhaltung nachträglich zu beschränken. Andererseits können die Wohnungseigentümer nicht beliebig entscheiden. Geht es etwa um eine Nutzungsregelung für oberirdische Kfz.-Stellplätze, haben die Wohnungseigentümer auf das Nutzungsinteresse der gewerblichen Wohnungseigentümer, Mieter und Kunden Rücksicht zu nehmen.[452]

4.3 Bauliche Veränderungen und besondere Aufwendungen – Abgrenzung zur Instandhaltung und Instandsetzung, Wertung von Modernisierungs- und Energieeinsparungsmaßnahmen –

4.3.1 Grundsätzliches

Der Begriff der baulichen Veränderung i. S. d. § 22 Abs. 1 S. 1 steht im **229**
Spannungsfeld zwischen Gebrauch und Instandhaltung, Instandsetzung. Bauliche Veränderung in diesem Sinne beschränkt sich auf das **Gemeinschaftseigentum.** Zu den baulichen Veränderungen gehören insbesondere auch Veränderungen an der „äußeren Gestaltung des Gebäudes“ (§ 5 Abs. 1 a. E.), also des **architektonischen, ästhetischen Bildes,** der **farblichen Gestaltung.** Zu den „darüber hinausgehenden Aufwendungen“ gehören sowohl Verwaltungsmaßnahmen, die unnötig sind (z. B. verfrühte Dachsanie-

[452] KG NJW-RR 1996, 587 = ZMR 1996, 216 = WE 1996, 271 (Zugangssperre für Parkfläche).

rung), als auch eine **Verbesserung** des Gebäudes durch bauliche Maßnahmen, die über den ordnungsmäßigen Bestand des Gebäudes hinausgehen.[453] Soweit im Folgenden von baulichen Veränderungen die Rede ist, umfaßt diese Bezeichnung auch den Begriff der besonderen Aufwendungen.

Was im Bereich des Gemeinschaftseigentums bauliche Veränderung ist, ist im Bereich des Sondereigentums eine besondere Art des Gebrauchs, der Nutzung. Die Abgrenzung zwischen Gebrauch (Mitgebrauch) des Gemeinschaftseigentums und bauliche Veränderung ist in Abschn. 4.2.2.2.1 dargestellt. In diesem Abschn. (4.3.2) geht es u.a. um die **Abgrenzung** zur Instandhaltung, Instandsetzung, um die Frage, ob und inwieweit **Modernisierungs-** und **Energieeinsparungsmaßnahmen** dem Begriff der baulichen Veränderung, der besonderen Aufwendung einerseits oder der Instandsetzungsmaßnahme andererseits zuzuordnen ist. Diese zunehmend drängenden und höchst umstrittenen Fragen haben ihre Bedeutung vor folgendem grundsätzlichen Hintergrund:

230 Jede im Rahmen **ordnungsmäßiger Verwaltung** liegende Maßnahme, insbesondere Maßnahmen der ordnungsmäßigen Instandhaltung und Instandsetzung können mit **schlichter Mehrheit** beschlossen werden, §§ 21 Abs. 3 und Abs. 5 Nr. 2, sofern nicht die Gemeinschaftsordnung eine qualifizierte Mehrheit ausdrücklich vorsieht. Jeder Wohnungseigentümer, der sich an einer solchen Abstimmung nicht beteiligt, dagegen stimmt oder sich der Stimme enthält, ist an den Mehrheitsbeschluß gebunden und **hat anteilig zu den Kosten beizutragen**, die durch die Beschlußausführung entstehen, § 16 Abs. 2, sofern der in Rede stehende Mehrheitsbeschluß nicht inhaltlich ordnungsmäßiger Verwaltung widerspricht und auf Anfechtung hin rechtskräftig für ungültig erklärt ist. Bauliche Veränderungen und sonstige besondere Aufwendungen, die nicht mehr im Rahmen ordnungsmäßiger Instandhaltung und Instandsetzung liegen, bedürfen grundsätzlich der Zustimmung aller Wohnungseigentümer, § 22 Abs. 1 Satz 2.[454] § 22 Abs. 1 ist jedoch abdingbar, die Gemeinschaftsordnung kann also vorsehen, daß auch Beschlüsse über bauliche Veränderungen mit Mehrheit oder qualifizierter Mehrheit gefaßt werden können.[455] Enthält die Gemeinschaftsordnung die Regelung, daß bauliche Veränderungen eines **Mehrheitsbeschlusses** bedürfen, heißt dies, daß ein Mehrheitsbeschluß ausreicht und nicht auch noch die Mitwirkung aller benachteiligten Wohnungseigentümer erforderlich ist.[456]

---

[453] So Weitnauer, § 22 Rz. 6.

[454] Vgl. BayObLGZ 1971, 313/322; 1973, 78/81; 1974, 269/272; NJW 1981, 690; WE 1986, 71; BGHZ 73, 196/198.

[455] BGHZ 54, 65/69; BayObLG NJW-RR 1988, 591; WE 1992, 290; WE 1997, 478; OLG Frankfurt OLGZ 1984, 60; OLG Düsseldorf WE 1990, 24; KG NJW-RR 1989, 329; WE 1991, 328.

[456] BayObLG NJW-RR 1990, 209 = WE 1991, 78; s. aber OLG Düsseldorf NJW-RR 1997, 1103 = ZMR 1997, 435 = WE 1997, 344, das bei Verwalterzustimmungsvorbehalt die in der Gemeinschaftsordnung vorgesehene Möglichkeit der Überprüfung

Eine solche Regelung ist also nicht als eine Erschwernis für die Durchführung baulicher Veränderungen zu sehen, sondern als eine Erleichterung. Maßstab für die inhaltliche Überprüfung eines solchen Mehrheitsbeschlusses sind jedoch weder § 14 Nr. 1 noch das Kriterium der ordnungsmäßigen Verwaltung. Ein solcher Mehrheitsbeschluß ist vielmehr dann für ungültig zu erklären, wenn für die bauliche Veränderung keine sachlichen Gründe vorliegen oder andere Wohnungseigentümer durch sie unbillig benachteiligt werden.[457] Das BayObLG hat damit diese Fallkonstellation zurecht mit dem Fall gleichgesetzt, daß die Gemeinschaftsordnung ihre Abänderung durch Mehrheitsbeschluß vorsieht. Nicht anders ist die Situation im Ergebnis, wenn ein bestandskräftig gewordener Mehrheitsbeschluß bauliche Veränderungen unter bestimmten Voraussetzungen auch ohne Zustimmung aller beeinträchtigten Wohnungseigentümer zuläßt. Ein solcher Beschluß ist wirksam und für alle Wohnungseigentümer bindend.[458] Die Gemeinschaftsordnung kann aber auch vorsehen, daß ein Wohnungseigentümer berechtigt ist, Baumaßnahmen im Dachgeschoß zur Bildung von Wohneinheiten „auf seine Kosten und Gefahr" durchzuführen. Er haftet dann, z.B. für Wasserschäden im Zuge des Ausbaus, auch ohne Verschulden.[458a]

I.d.R. erfolgt die **Zustimmung** aller Wohnungseigentümer zu einer **231**
baulichen Veränderung mittels **einstimmigen Eigentümerbeschlusses.** Dies muß jedoch nicht durch Beschluß geschehen. Die Zustimmung aller Wohnungseigentümer kann auch auf jede andere denkbare Weise eingeholt werden.

Ein gleichwohl nicht einstimmig gefaßter Beschluß ist nicht nichtig, sondern nur **anfechtbar** und deshalb gültig, wenn er nicht rechtzeitig angefochten und für ungültig erklärt ist, § 23 Abs. 4.[459] Dies gilt selbst dann, wenn der Beschluß gegen eine Vereinbarung (Teilungserklärung/Gemeinschaftsordnung) verstößt.[460] Eine bauliche Veränderung, die aufgrund gültigen Eigentümerbeschlusses vorgenommen wurde, haben auch die Wohnungseigentümer zu dulden, die dem Eigentümerbeschluß nicht zugestimmt haben.[461] Diese Wohnungseigentümer sind jedoch nicht berechtigt, einen Anteil an **Nutzungen** zu beanspruchen, die auf einer solchen Maßnahme beruhen. Sie sind grundsätzlich auch nicht verpflichtet, Kosten, die durch

---

durch Mehrheitsbeschluß nicht als Ersatz des grundsätzlichen Einstimmigkeitsprinzips ansieht.

[457] BayObLG a.a.O.; s.a. KG a.a.O.

[458] BayObLG WE 1992, 54 = DWE 1992, 166 = WM 1991, 210.

[458a] KG ZMR 1993, 430 = WE 1993, 138

[459] BGHZ 54, 65/69; 73, 302/307; 74, 258/267; BayObLGZ 1981, 21/26; KG NJW 1969, 2205/2206f.; OLG Braunschweig MDR 1977, 583; Bärmann-Merle, § 23 Rz. 101 u. § 22 Rz. 101; Weitnauer, § 23 Rz. 8 u. 20; s.a. BayObLG ZMR 1986, 249 = WE 1987, 12.

[460] BayObLGZ 1986, 94; Weitnauer, § 23 Rz. 26.

[461] BayObLG WE 1986, 71; DWE 1986, 94; 1991, 28; WE 1992, 139 u. 177; Weitnauer, § 22 Rz. 8.

eine solche Maßnahme verursacht sind, zu tragen, § 16 Abs. 3.[462] Dies gilt allerdings nur mit folgender Einschränkung: Nichtzustimmende Wohnungseigentümer sind nur von den Mehrkosten befreit, die dadurch entstehen, daß die Maßnahme über eine ordnungsmäßige Instandhaltung hinausgeht. Selbst an diesen Kosten können sie sich aber nach den Grundsätzen der ungerechtfertigten Bereicherung zu beteiligen haben.[463]

232 § 16 Abs. 3 ist allerdings **abdingbar**.[464] Wie jede dispositive Gesetzesbestimmung kann auch diese nur einstimmig abgeändert werden. Beschließen die Wohnungseigentümer mit Mehrheit eine bauliche Veränderung und beschließen sie gleichzeitig die Finanzierung durch Sonderumlage, liegt darin eine Abbedingung des § 16 Abs. 3 mit der Folge, daß der sich gegen die bauliche Veränderung wendende Wohnungseigentümer den Beschluß fristgerecht anfechten müßte, wenn er der Kostentragungspflicht entgehen will.[465] Haben Wohnungseigentümer eine bauliche Veränderung beschlossen und dabei für die Kosten eine **Höchstgrenze** festgelegt, kann wegen § 16 Abs. 3 keiner von ihnen gegen seinen Willen durch einen neuen Eigentümerbeschluß an Kosten beteiligt werden, die über die Höchstgrenze hinausgehen. Ein dahingehender Eigentümerbeschluß ist auf Anfechtung hin für ungültig zu erklären.[466]

Entsprechendes gilt, wenn der Beschluß über die bauliche Veränderung deren Finanzierung aus der **Instandhaltungsrücklage** festlegt, oder wenn er in sonstiger Weise bestimmt, daß die Kosten für die bauliche Veränderung nach dem allgemein gültigen Kostenverteilungsschlüssel aufzuteilen seien. Die **Freistellung** von der Kostentragungspflicht setzt nicht grundsätzlich die Beschlußanfechtung voraus. Soweit dies in Literatur und Rechtsprechung mit dem Hinweis auf § 10 Abs. 4 begründet wird, wird übersehen, daß § 10 Abs. 4 nur auf solche Angelegenheiten abstellt, die u.a. nach dem Gesetz durch Stimmenmehrheit beschlossen werden können. Hier aber handelt es sich ja gerade um eine Angelegenheit, die wegen § 22 Abs. 1 grundsätzlich nicht mit Stimmenmehrheit beschlossen werden kann. § 16 Abs. 3 geht § 10 Abs. 4 vor. Beschließen die Wohnungseigentümer also schlicht die Vornahme einer baulichen Veränderung, ohne über die Kostenverteilung in der einen oder anderen Weise etwas zu beschließen, kann der überstimmte Wohnungseigentümer § 16 Abs. 3 für sich in Anspruch nehmen, ohne anfechten zu müssen. § 16 Abs. 3 verlöre andernfalls jeden Sinn; er will doch ersichtlich gerade den Mehrheitsbeschluß über eine bauliche Veränderung durch Nichtanfechtung zum Tragen

---

[462] BayObLG ZMR 1986, 249 = WE 1987, 12; OLG Celle DWE 1986, 54; OLG Hamm NJW-RR 1997, 970 = ZMR 1997, 371 = WE 1997, 387.

[463] BayObLG WE 1989, 212; s.a. BayObLG NJW 1981, 690.

[464] BayObLGZ 1974, 86/89; 1977, 89/92; NJW 1981, 690/691; DWE 1982, 136; Weitnauer, § 22 Rz. 21 u. § 16 Rz. 57; Bärmann-Pick, § 16 Rz. 148.

[465] BayObLG a.a.O.; OLG Frankfurt Rpfleger 1979, 217; Weitnauer, a.a.O.

[466] BayObLG ZMR 1986, 249 = WE 1987, 12.

kommen lassen und schafft zugunsten der überstimmten Wohnungseigentümer einen Ausgleich durch Freistellung von der Kostentragungspflicht.[467]

Nimmt der sich gegen die bauliche Veränderung wendende Wohnungs- **233**
eigentümer am **Nutzen** dieser Maßnahmen zwangsläufig teil, kann er aus dem Gesichtspunkt der **ungerechtfertigten Bereicherung** gleichwohl verpflichtet sein, in bestimmtem Umfange auch die Kosten tragen zu müssen. So hat das BayObLG[468] im sogenannten **Rauchgasklappenfall** entschieden. Im Entscheidungsfalle hatten die Wohnungseigentümer mit Mehrheit den Einbau von 2 Rauchgasklappen in der Heizzentrale beschlossen. Ein Wohnungseigentümer wandte sich dagegen. Die Vorinstanzen hatten diese Maßnahme als eine Instandhaltungsmaßnahme anerkannt und ermittelt, daß sich die Anschaffungs- und Montagekosten durch eine Heizkosteneinsparung von 14,5% bereits in der ersten Heizperiode amortisieren würden. Das BayObLG ließ die Frage „bauliche Veränderung" oder „Instandhaltungskosten" offen, wies aber darauf hin, daß auch der der Maßnahme nicht zustimmende Wohnungseigentümer einen Nutzen ziehe, da auch er in den Genuß der Heizkostenersparnis gelange. Er sei daher nach Ablauf der Amortisationszeit um die auch ihn treffenden Ersparnisse ungerechtfertigt bereichert. Er habe daher seinen Kostenanteil letztendlich doch aus den Grundsätzen der ungerechtfertigten Bereicherung nachzuentrichten. Diese Rechtsfolge sei auch kein ungebührlicher Nachteil i.S.d. § 14 Nr. 1. Das Gericht fügte noch einen wichtigen Aspekt hinzu: Sei die Maßnahme zwischenzeitlich durchgeführt, aus der Rücklage finanziert und sei der entsprechende Jahresabrechnungsbeschluß unangefochten geblieben, würde dieser Abrechnungsbeschluß den ursprünglichen Maßnahmebeschluß überlagern, so daß auch dieser Wohnungseigentümer infolge Abbedingung von § 16 Abs. 3 nach § 16 Abs. 2 anteilig für die Kosten aufzukommen habe.[469] Soweit die Wohnungseigentümer trotz einer rechtswidrig vorgenommenen baulichen Veränderung durch einen Wohnungseigentümer im Einzelfall keinen **Beseitigungsanspruch** haben – z.B. aus dem Gesichtspunkt der unzulässigen Rechtsausübung –, so gebührt jedem Wohnungseigentümer gleichwohl ein seinem Anteil entsprechender Bruchteil der **Nutzungen,** die der genannte Miteigentümer aus der rechtswidrigen Baumaßnahme auf Gemeinschaftseigentum zieht.[470] Verantwortlich für die Rückgängigmachung eigenmächtiger baulicher Veränderungen ist der im Zeitpunkt der Baumaßnahmen eingetragene Wohnungseigentümer (Handlungsstörung). Die Haftung geht nicht auf den Rechtsnachfolger im Wohnungseigentum über. Hat der Rechtsvorgänger Gemeinschaftseigentum umgebaut,

---

[467] So wie hier: OLG Hamm NJW-RR 1997, 970 = ZMR 1997, 371 = WE 1997, 387.

[468] BayObLG NJW 1981, 690; s. auch BayObLG ZMR 1987, 190.

[469] BayObLG WM 1988, 319.

[470] OLG Düsseldorf NJW-RR 1987, 1163.

ist der Rechtsnachfolger, in dessen Bereich der Umbau liegt, allenfalls zur Duldung der Wiederherstellung des Gemeinschaftseigentums verpflichtet.[471]

234 Nach § 22 Abs. 1 S. 2 ist die **Zustimmung** eines Wohnungseigentümers insoweit nicht erforderlich, als durch die Veränderung seine Rechte nicht über das in § 14 Nr. 1 bestimmte Maß hinaus beeinträchtigt werden, ihm also kein **Nachteil** erwächst, der über das bei einem geordneten Zusammenleben unvermeidliche Maß hinausgeht. Insbesondere das BayObLG hat in ständiger Rechtsprechung[472] immer wieder ergänzend festgestellt, daß unter einem Nachteil i.S.d. § 14 Nr. 1 jede nicht ganz unerhebliche Beeinträchtigung zu verstehen sei. Ein ungebührlicher Nachteil ist auch eine nicht ganz geringfügige Beeinträchtigung des optischen Gesamteindrucks (Störung der Harmonie) einer Wohnanlage.[473] In der bloßen Veränderung des optischen Bildes eines Gebäudes, wenn diese sich in keiner Weise negativ auswirkt, liegt allerdings noch kein Nachteil im Sinne des § 14.[474] Eine **nachteilige Veränderung** muß gegeben sein. Enthält allerdings die Gemeinschaftsordnung die Bestimmung, daß ein Wohnungseigentümer „die äußere Gestalt des Bauwerks oder der im gemeinschaftlichen Eigentum stehenden Bestandteile ... nicht ändern“ dürfe, ist damit nicht nur die gesetzliche Regelung des § 22 Abs. 1 wiederholt, sondern ist j e d e nicht völlig unerhebliche bauliche Veränderung ohne Rücksicht auf ihre Auswirkung auf das optische Erscheinungsbild der Wohnanlage von der Zustimmung aller übrigen Wohnungseigentümer abhängig gemacht.[474a] Die Meßlatte des § 14 Nr. 1 ist also in diesem Falle nicht gegeben. Ist die Regelung des § 22 Abs. 1 in der Gemeinschaftsordnung abbedungen (in casu: jeder Wohnungseigentümer kann seine Sondernutzungsfläche wie ein Alleineigentümer nutzen; die Zustimmung eines anderen Wohnungseigentümers zu baulichen Maßnahmen ist nur erforderlich, wenn sie auch bei einer durchgeführten Realteilung erforderlich wäre), dann dürfen bauliche Veränderungen im Rahmen des öffentlich-rechtlich Zulässigen durchgeführt werden. Die übrigen Wohnungseigentümer können die **Einhaltung drittschützender Normen** verlangen. Sie

---

[471] KG WE 1991, 328.

[472] BayObLGZ 1977, 89/90f.; 1979, 267/272; 1982, 69/75; NJW 1981, 690f.; WE 1987, 51; WE 1988, 34; s. aber auch BGHZ 73, 196/201; KG WPM 1972, 708/709; OLG Karlsruhe OLGZ 1978, 172/173f.

[473] BGHZ 73, 196/202; BayObLG DWE 1985, 95; NJW-RR 1992, 150; WE 1995, 125 u. 377; WE 1994, 26; WE 1997, 273; NJW-RR 1993, 206; OLG Stuttgart OLGZ 1970, 74/76; OLG Hamburg MDR 1977, 230; OLG Karlsruhe OLGZ 1978, 172/174; OLG Köln NJW 1981, 585; KG Rpfleger 1982, 22/23.

[474] BayObLG ZMR 1987, 344; DWE 1991, 163 = WE 1992, 197; s. aber OLG Zweibrücken ZMR 1989, 228, das einen Nachteil immer schon dann annimmt, wenn bauliche Veränderungen das architektonische Aussehen, das ästhetische Bild oder den Stil des Anwesens *verändern*; ähnlich OLG Frankfurt DWE 1989, 70; OLG Stuttgart WEM 1980, 36.

[474a] BayObLG WE 1996, 470.

können sogar die materielle Baurechtswidrigkeit eines öffentlich-rechtlich genehmigten Bauvorhabens geltend machen.[474b]

In Abschn. 4.3.3 wird eingehend die Rechtsprechung zitiert, die sich mit den Grenzfällen des ungebührlichen Nachteils i.S.d. § 14 Nr. 1 befaßt. § 22 Abs. 1 S. 2 besagt jedenfalls nichts anderes, als daß ein Wohnungseigentümer einen Mehrheitsbeschluß über eine bauliche Maßnahme nur dann erfolgreich anfechten kann, wenn die inkriminierte Maßnahme für ihn einen ungebührlichen Nachteil i.S.d. § 14 Nr. 1 darstellt.[475] Auch wenn die bauliche Veränderung als solche keinerlei Nachteil im Sinne von § 14 Nr. 1 auslöst, kann gleichwohl die Zustimmung aller Wohnungseigentümer erforderlich sein, wenn der Beschluß über die bauliche Veränderung zugleich die **Kostentragungspflicht aller Wohnungseigentümer** festlegt und deshalb der **Nachteil** in der Abbedingung des § 16 Abs. 3 zu sehen ist. In diesem Zusammenhang ist die Entscheidung des BGH vom 19. 12. 1991[476] richtig einzuordnen, weil sie bei oberflächlicher Betrachtungsweise falsch interpretiert werden könnte. Die genannte Entscheidung besagt nicht, daß die in einem Eigentümerbeschluß über die Vornahme einer baulichen Veränderung gleichzeitig bestimmte Kostentragung aller Wohnungseigentümer – Abbedingung des § 16 Abs. 3 – kein eigenständiger Grund für die Zustimmungsbedürftigkeit sein könne. Der BGH sagt lediglich, daß allein die – bestandskräftig bereits feststehende – Pflicht, die Kosten anteilig mitzutragen, nicht die Zustimmung nach § 22 Abs. 1 S. 2 nötig mache. Gedacht ist also beispielsweise daran, daß etwa die beschlossene Finanzierung einer baulichen Veränderung über Sonderumlage aufgrund der zwischenzeitlichen bestandskräftigen Genehmigung der Jahresabrechnung, in der die Sonderumlage abgerechnet wird, wegen der Überlagerung durch den Genehmigungsbeschluß kein Grund mehr für die Zustimmungsbedürftigkeit sein kann. Es ist also nicht so, daß die durch eine Maßnahme im Sinne des § 22 Abs. 1 verursachten Kosten im Hinblick auf § 16 Abs. 3 als Nachteil im Sinne des § 22 Abs. 1 S. 2 i.V.m. § 14 schlechthin ausscheiden. Folgerichtig hat der BGH allerdings in diesem Zusammenhang ferner festgestellt, daß die bloße Möglichkeit einer Ausfallhaftung die Zustimmung aller Wohnungseigentümer nicht erforderlich mache. In casu bestand die Möglichkeit, daß ein Wohnungseigentümer bei Zahlungsunfähigkeit des Miteigentümers, der eine bauliche Veränderung des gemeinschaftlichen Eigentums durchgeführt hat, selbst mit Kosten belastet werden könnte. 235

474b BayObLGZ 1995, 392; NJW-RR 1997, 269 = ZMR 1997, 41 = WE 1997, 155.

475 So im Ergebnis auch OLG Hamburg MDR 1977, 230 (bauliche Veränderungen des Gemeinschaftseigentums sind gestattet, wenn sie durch eine Mehrheit beschlossen werden und wenn irgendwelche schutzwürdigen Rechte eines widersprechenden Wohnungseigentümers nicht beeinträchtigt werden); so nunmehr auch BayObLG NJW-RR 1993, 206 = WE 1993, 345 in Abweichung von BayObLG NJW-RR 1991, 1362 = WE 1992, 177.

476 BGH EBE 1992, 54 = WE 1992, 105 = ZMR 1992, 167.

236 Der BGH hat mit seiner Entscheidung vom 18. 1. 1979[477] in völliger Übereinstimmung mit § 22 Abs. 1 Satz 2 klarstellend festgestellt, daß bauliche Veränderungen nur der Zustimmung der Wohnungseigentümer bedürfen, die von der beabsichtigten Maßnahme in ihren Rechten **betroffen** sind. Die Betroffenheit kann sich entweder aus der geplanten Maßnahme als solcher ergeben oder aus der geplanten Art der Finanzierung (Abbedingung des § 16 Abs. 3). Wenn der BGH ferner klarstellend ausgeführt hat, ein Mehrheitsbeschluß sei weder erforderlich noch ausreichend, ist auch dies konsequent. Bedarf eine bauliche Veränderung der Zustimmung aller Wohnungseigentümer, können die Zustimmungserklärungen außerhalb einer Eigentümerversammlung eingeholt werden.

Das gleiche gilt für den Fall, daß nur einzelne Wohnungseigentümer betroffen sind und zustimmen müssen. In allen Fällen ist der in einer Eigentümerversammlung gefaßte **Mehrheitsbeschluß** über die Durchführung einer baulichen Veränderung gleichwohl zulässig und sinnvoll. Er mag fehlerhaft sein, wenn die zustande gekommene Mehrheit nicht alle betroffenen Wohnungseigentümer repräsentiert, oder wenn alle Wohnungseigentümer betroffen sind. **Fehlerhaftigkeit** führt jedoch lediglich zur **Anfechtbarkeit**, so daß die Nichtanfechtung zur Bestandskraft des Mehrheitsbeschlusses führt, auch wenn Nachteile im Sinne von § 14 Nr. 1 in der einen oder anderen Variante entstehen.[478]

237 Es sind also im wesentlichen zwei Fallkonstellationen zu unterscheiden: Will die Gemeinschaft, will eine Mehrheit von Wohnungseigentümern eine bestimmte bauliche Maßnahme am Gemeinschaftseigentum treffen, die letztlich allen zugute kommen soll, so faßt die **Wohnungseigentümerversammlung** einen entsprechenden einstimmigen Beschluß. Faßt sie lediglich einen Mehrheitsbeschluß, so kann der einzelne Wohnungseigentümer diesen wegen § 22 Abs. 1 S. 1 mit der Begründung anfechten, er erleide einen **ungebührlichen Nachteil** (§ 22 Abs. 1 S. 2 i.V.m. § 14 Nr. 1). Will der einzelne Wohnungseigentümer eine bauliche Maßnahme treffen, die Gemeinschaftseigentum zumindest tangiert und insoweit zu einer baulichen Veränderung des Gemeinschaftseigentums würde, hat er lediglich die Zustimmung der Wohnungseigentümer einzuholen, deren Rechte i.S.v. § 14 Nr. 1 betroffen werden. Auf die Plattform der Wohnungseigentümerversammlung hat er sein Vorhaben nicht zu bringen.[479] Wegen der Beurteilungsschwierigkeiten im Zusammenhang mit dem Begriff der **Betroffenheit** riskiert er allerdings ein Vorgehen der Wohnungseigentümer gegen sich (§ 1004 BGB;

---

[477] BGH NJW 1979, 817; s. hierzu auch BayObLG NJW-RR 1993, 206 = WE 1993, 345.

[478] BayObLG WE 1991, 53.

[479] S. auch im einzelnen Röll „Das Recht des einzelnen Wohnungseigentümers zur Durchführung von Baumaßnahmen auf eigene Kosten", NJW 1984, 106ff.; OLG Karlsruhe NJW-RR 1998, 14 = ZMR 1997, 608 (nicht einmal Mehrheitsbeschluß erforderlich, wenn keine Beeinträchtigung).

§§ 14 Nr. 1, 15 Abs. 3), deren Zustimmung er nicht eingeholt hat und die gleichwohl Betroffene sind. Dabei kann der einzelne Wohnungseigentümer den Anspruch auf Beseitigung der Beeinträchtigung des gemeinschaftlichen Eigentums durch einen Miteigentümer **ohne Ermächtigung** durch die Wohnungseigentümergemeinschaft geltend machen.[480] Der **Beseitigungsanspruch** erstreckt sich, wenn es um die Rückgängigmachung einer baulichen Veränderung geht, auch auf die Wiederherstellung des früheren Zustands.[481] Sucht der Wohnungseigentümer, der eine bauliche Maßnahme am Gemeinschaftseigentum beabsichtigt, das Votum der Wohnungseigentümerversammlung, reicht ein genehmigender Mehrheitsbeschluß dann nicht, wenn ein anderer Wohnungseigentümer diesen Mehrheitsbeschluß mit der Begründung anficht, er werde ungebührlich beeinträchtigt. Aus dem Gesagten ergibt sich, daß die Zustimmung aller nachteilig betroffenen Wohnungseigentümer zwar grundsätzlich ausdrücklich, in jedem Falle aber formlos erfolgen kann. Hat nun ein Wohnungseigentümer mit formloser ausdrücklicher Zustimmung aller nachteilig betroffenen Wohnungseigentümer eine bauliche Veränderung des gemeinschaftlichen Eigentums vorgenommen, dann kann ein **Sondernachfolger** die Beseitigung nicht verlangen.[482] Nach jüngerer Rechtsprechung soll dies jedoch nur dann gelten, wenn die Baumaßnahme im Zeitpunkt des Eintritts der Rechtsnachfolge bereits zumindest teilweise vorgenommen ist.[483]

Nicht nur der überstimmte Wohnungseigentümer, der an sich wegen des Einstimmigkeitserfordernisses hätte zustimmen müssen, der aber von seinem Anfechtungsrecht keinen Gebrauch machte, sondern auch der Wohnungseigentümer, dessen **Zustimmung** nach § 22 Abs. 1 S. 2 entbehrlich ist, ist nach § 16 Abs. 3 von den Maßnahmekosten befreit.[484]

4.3.2 Abgrenzung zur ordnungsmäßigen Instandhaltung/Instandsetzung

Ordnungsmäßige Instandhaltung und Instandsetzung als Teil der ordnungsmäßigen Verwaltung ist die **Erhaltung** des bestehenden bzw. die 238

---

480 BGH EBE 1992, 54 = WE 1992, 105 = NJW 1992, 978 = ZMR 1992, 167; BayObLG ZMR 1995, 495 = WE 1996, 195; OLG Hamm NJW-RR 1991, 910; OLG Düsseldorf ZMR 1996, 396; KG ZMR 1997, 315; NJW-RR 1995, 1228 = ZMR 1995, 418 = WE 1995, 313; WE 1993, 220 = DWE 1993, 117 = ZMR 1993, 288.

481 BayObLG a. a. O.

482 KG OLGZ 1989, 305; OLG Hamm MittRhNotK 1990, 131; NJW-RR 1991, 910; NJW-RR 1996, 971 = ZMR 1996, 390 = WE 1996, 351 (bei Zustimmung des Rechtsvorgängers); BayObLG NJW-RR 1993, 1165 = WE 1994, 178; s. a. OLG Bremen NZM 1998, 871 zur konkludenten Zustimmung.

483 OLG Düsseldorf ZMR 1997, 657 = WE 1998, 187; BayObLGZ 1998, Nr. 8; NJW-RR 1998, 947 = ZMR 1998, 359 = WE 1998, 278.

484 BayObLG NJW 1981, 690 = ZMR 1981, 285; OLG Hamm NJW-RR 1997, 970 = ZMR 1997, 371 = WE 1997, 387; s. hierzu auch BGH NJW 1992, 978; a. A. OLG Frankfurt OLGZ 1981, 313; Weitnauer, § 16 Rz. 57; Bärmann-Pick, § 16 Rz. 148.

Wiederherstellung eines einmal vorhanden gewesenen ordnungsmäßigen Zustands,[485] bei von Anfang an vorhandenen **Mängeln** aber auch die erstmalige Herstellung eines **einwandfreien Zustands.**[486] Weil die Beseitigung **anfänglicher Baumängel** eine Maßnahme der Instandsetzung ist, kann jeder Wohnungseigentümer von den Übrigen die Herstellung eines erstmaligen ordnungsmäßigen Zustand des gemeinschaftlichen Eigentums durch Behebung dieser Baumängel verlangen, § 21 Abs. 4, Abs. 5 Nr. 2.[487] Dabei handelt der einzelne Eigentümer nicht einmal rechtsmißbräuchlich, wenn er beim Erwerb seines Wohnungseigentums den Mangel nicht kannte und auf alle Gewährleistungsansprüche verzichtete. Jedenfalls gilt dies, wenn er sein Wohnungseigentum nicht vom Bauträger erworben hat.[488] Anfängliche Baumängel in diesem Sinne können auch dann vorliegen, wenn zwar die im Zeitpunkt der Errichtung des Bauwerks geltenden DIN Vorschriften (z.B. zur Wärmedämmung) eingehalten wurden, das Bauwerk sich aber gleichwohl nicht in einem ordnungsgemäßen Zustand befindet.[489] Ohne daß der Rahmen der Instandsetzung gesprengt würde, können bei der Behebung von Baumängeln einerseits solche technischen Lösungen gewählt werden, die den Mangel dauerhaft beseitigen, andererseits ist bei mehreren in Betracht kommenden Lösungsmöglichkeiten auch der **Gesichtspunkt der Wirtschaftlichkeit** zu beachten.[490] Haben die Wohnungseigentümer eines neu errichteten Hauses vom Bauträger für Baumängel am Gemeinschaftseigentum einen Abgeltungsbetrag erhalten und dann mit Mehrheit beschlossen, diesen Betrag an die Wohnungseigentümer anteilig auszuzahlen, so kann darin zugleich der Beschluß liegen, die Baumängel nicht zu beseitigen; in diesem Falle wird dem einzelnen Wohnungseigentümer die Möglichkeit genommen, von den übrigen Wohnungseigentümern die Beseitigung des Baumangels zu verlangen.[491] Aus § 22 Abs. 2 ist zu schließen, daß bei einer **Zerstörung des Gebäudes** zu weniger als der Hälfte seines Werts die Wohnungseigentümer den Wiederaufbau mehrheitlich beschließen können, weil es sich dann um eine Maßnahme der ordnungsmäßigen Instandsetzung

---

[485] BayObLGZ 1971, 273/280; NJW 1981, 690 = ZMR 1981, 285; Rpfleger 1984, 406; KG NJW 1968, 160.

[486] BayObLG NJW-RR 1989, 1293; ZMR 1995, 87 = WE 1995, 344; WE 1996, 480; ZMR 1998, 647 = WE 1999, 38 (baurechtlich vorgeschriebener Kinderspielplatz); OLG Köln ZMR 1997, 44 = WE 1997, 199; Weitnauer, § 21 Rz. 29.

[487] BayObLG ZMR 1989, 102; 1990, 29.

[488] BayObLG ZMR 1989, 102.

[489] BayObLG ZMR 1990, 29; s.a. OLG Frankfurt DWE 1984, 89 zu DIN 4108/Wärmedurchlaßwiderstand.

[490] BayObLG a.a.O.; NJW-RR 1989, 1293 (Anbringung einer bisher nicht vorhandenen Wärmedämmung).

[491] BayObLG NJW-RR 1989, 1165; BayObLG v. 25.11. 1998 – 2 Z BR 98/98 – (kein Anspruch auf Beseitigung anfänglicher Trittschallmängel, wenn die Wohnungseigentümer nach einem Vergleich mit dem Bauträger über die Zahlung eines Abgeltungsbetrags bestandskräftig beschlossen haben, von einer Mangelbeseitigung abzusehen).

handelt. In diesem Falle besteht sogar eine gem. § 21 Abs. 4 durchsetzbare Wiederaufbaupflicht. Unabhängig vom Umfang der Zerstörung besteht sie, wenn der Schaden durch Versicherungsleistungen oder in sonstiger Weise gedeckt ist.[492] Eine Maßnahme ordnungsmäßiger Instandhaltung ist auch der Beschluß über die Fertigstellung eines sogenannten **steckengebliebenen Baus.** Entsprechend den Gedanken des § 22 Abs. 2 sind die Erwerber als verpflichtet anzusehen, zur Fertigstellung zusammenzuwirken. Das Bauwerk muß nicht bereits zu mehr als der Hälfte seines Werts errichtet sein. Voraussetzung ist allerdings, daß die Erwerber Mitglieder einer werdenden Gemeinschaft sind.[493] Nichts anderes gilt für die Fälle, in denen sich die Wohnungseigentümer – oftmals als Bauherren – wechselseitig verpflichtet hatten, etwa eine **Altbausanierung** nach bestimmter Planung durchzuführen.[494] Eine dabei gewünschte Abweichung von der ursprünglichen bzw. vereinbarten Bauplanung stellt dann jedoch eine bauliche Veränderung im Sinne des § 22 Abs. 1 Satz 1 dar. Zur Instandsetzung im weiteren Sinne gehören auch die notwendige **Ersatzbeschaffung** gemeinschaftlicher Geräte in technisch einwandfreiem, modernem Zustand,[495] sowie **öffentlich-rechtlich vorgeschriebene** bauliche Veränderungen.[496]

Maßnahmen der ordnungsmäßigen Verwaltung sind also zunächst Instandhaltungs- und Instandsetzungsmaßnahmen im engeren Sinne, d.h. Erhaltung oder Wiederherstellung des ursprünglichen ordnungsgemäßen Zustands, die Beseitigung anfänglicher Mängel, Ersatzbeschaffungen, Maßnahmen zur Anpassung an rechtliche Erfordernisse, aber auch und insbesondere **Modernisierungs-** und **Energieeinsparungsmaßnahmen** unter bestimmten Voraussetzungen. Hatte das BayObLG noch in seiner Entscheidung vom 19. 1. 1984 (a.a.O.) bei sogenannten grundsätzlichen Neuerungen oder Änderungen stets bauliche Veränderungen angenommen, haben Literatur und Rechtsprechung insbesondere seither den Begriff der Instandhaltung und Instandsetzung für den Bereich von Modernisierungsmaßnahmen nicht unerheblich erweitert. Heute ist anerkannt, daß zur Instandhaltung und Instandsetzung auch eine sinnvolle Modernisierung gehört, die die Vorteile neuerer technischer Entwicklungen nutzt. Für die Beurteilung der Abgrenzungsfrage können verschiedene Gesichtspunkte eine Rolle spielen, 239

[492] BayObLG WE 1996, 468; KG DWE 1997, 162 = WE 1998, 34; Weitnauer, § 22 Rz. 24, 25.

[493] Weitnauer, § 22 Rz. 29 mit Rspr.nachweisen; BayObLG WE 1993, 142.

[494] OLG Köln DWE 1989, 180; OLG Hamburg OLGZ 1990, 308.

[495] BayObLGZ 1971, 273/280; NJW 1975, 2296; Rpfleger 1984, 406 = DWE 1984, 62/86.

[496] BayObLG NJW 1981, 690; BayObLG a.a.O.; ZMR 1998, 647 (baurechtlich vorgeschriebener Kinderspielplatz); OLG Frankfurt OLGZ 1983, 29/30; Bärmann-Merle, § 22 Rz. 18 (z.B. Konsequenzen aus Heizkosten-VO, baubehördliche technische Auflagen); Weitnauer, § 21 Rz. 29; BayObLG ZMR 1998, 647 (baurechtlich vorgeschriebener Kinderspielplatz).

insbesondere die Funktionsfähigkeit der bisherigen Anlage, das Verhältnis zwischen wirtschaftlichem Aufwand und zu erwartendem Erfolg, die künftigen laufenden Kosten, die langfristige Sicherung des Energiebedarfs, Gesichtspunkte der Umweltverträglichkeit und insbesondere auch inwieweit sich die geplante Modernisierung bereits bewährt und durchgesetzt hat. Der dabei anzulegende Maßstab eines vernünftigen, wirtschaftlich denkenden und erprobten Neuerungen gegenüber aufgeschlossenen Hauseigentümers darf dabei gerade bei der technischen Ausstattung eines Gebäudes nicht zu eng am bestehenden Zustand ausgerichtet werden, wenn die im Wohnungseigentum stehenden Gebäude nicht zum Schaden aller Eigentümer vorzeitig veralten und an Wert verlieren sollen.[497] Anhaltspunkt mag die Frage sein, ob ein **verantwortungsbewußter Hauseigentümer** vernünftigerweise ebenso handeln würde. Man sollte darauf abstellen, ob die beabsichtigten Verbesserungen auf einer Weiterentwicklung der Technik, auf anerkannten und erprobten Techniken beruhen und den allgemeinen Standard anheben und den Wohnungseigentümern künftige Ausgaben ersparen.[498] **Notwendige** werterhaltende Neugestaltungen und Maßnahmen, die ein verantwortungsbewußter Hauseigentümer vernünftigerweise zur Werterhaltung seines Eigentums aufwenden würde, können selbst dann Instandhaltungsaufwand sein, wenn sie technisch **wertverbessernd** sind und eine Anhebung des allgemein geltenden Standards darstellen. Ein Absinken des Wohnwerts des Gebäudes bei ausschließlicher Konservierung des Bauzustands im Zeitpunkt der Errichtung ist zu vermeiden. Dem technischen Fortschritt ist ebenso Rechnung zu tragen wie der Möglichkeit der Energieeinsparung. Maßgebliche Kriterien können auch die **Lebensdauer** einer Instandsetzungsmaßnahme und Kostengesichtspunkte unter Berücksichtigung etwaiger **staatlicher Förderungsmittel** sein. Nicht zu vergessen ist schließlich, daß der Einsparungseffekt im öffentlichen Interesse liegt. Die Sozialbindung des Miteigentums hat dies zu berücksichtigen.[499] Es ist zu hoffen, daß die Meinungsbildung in Literatur und Rechtsprechung auch noch in den nächsten Jahren den Trend verfolgt, sich von § 22 Abs. 1 in diesem Bereich behutsam abzuwenden, um sich gleichzeitig § 21 Abs. 3 zuzuwenden. Aus § 21 Abs. 3 läßt sich die Regel ableiten, daß über den Wortlaut des § 22 Abs. 1 hinaus Eingriffe in die Bausubstanz des Gemeinschaftseigentums dann auch aufgrund eines Mehrheitsbeschusses erlaubt sind, wenn sie sich im Rahmen einer ordnungsmäßigen Verwaltung des Gemeinschaftseigentums halten. Es setzt sich die Grundregel des § 21 Abs. 3 gegenüber § 22 Abs. 1 durch.

---

[497] KG ZMR 1989, 229 = NJW-RR 1989, 463; BayObLG WE 1991, 196; OLG Frankfurt DWE 1987, 51; LG Bochum Rpfleger 1982, 99; OLG Celle WE 1993, 224 (modernisierende Instandsetzung bereits dann, wenn jederzeit mit der Funktionslosigkeit der alten Einrichtung zu rechnen ist).

[498] OLG Düsseldorf v. 25. 2. 1981 – 3 W 359/80 –.

[499] S. hierzu insgesamt: Weitnauer, § 21 Rz. 34; BayObLG WE 1989, 208.

Demnach ist die Anwendung von § 22 Abs. 1 auf Maßnahmen zu beschränken, die eindeutig den Rahmen einer ordnungsmäßigen Verwaltung überschreiten. So kann etwa bei einer **Energieeinsparungsmaßnahme** maßgebliches Kriterium für die Einordnung unter den Begriff der ordnungsmäßigen Verwaltung die Tatsache sein, daß sich der **Anschaffungs- und Montageaufwand** schon in kurzer Zeit aufgrund der Ersparnisse **amortisiert.** Einschränkend ist jedoch hinzuzufügen: Selten wird es ausreichen, eine Maßnahme als solche ordnungsmäßiger Verwaltung zuzuordnen, wenn nur eines der genannten Kriterien gegeben ist. Der Amortisations- und Einsparungsgedanke etwa alleine kann nicht genügen, um eine Maßnahme ordnungsmäßiger Verwaltung zuzuordnen. Kosten der ordnungsmäßigen Instandhaltung und Instandsetzung im herkömmlichen Sinne halten sich erfahrungsgemäß in Grenzen. Daraus darf der Käufer einer Eigentumswohnung auch in Zukunft vertrauen. Er soll i. d. R. nicht dem Risiko ausgesetzt sein, hier und heute einem hohen Kostenaufwand zu begegnen, den er dann vielleicht auch noch fremdfinanzieren muß. Ihm würde der Hinweis auf Amortisation und Ersparnisse in der Zukunft mitunter nur wenig hilfreich sein. So soll eine modernisierende Instandhaltung zu verneinen sein, wenn die Amortisation des Zusatzaufwands erst nach mehr als 20 Jahren eintritt.[500] 240

Ganz im Sinne dieser Schrift soll am besten der Spiegel der Rechtsprechung dazu verhelfen, in Zukunft auftretende Problemfälle zu lösen. 241

- **Verbesserungen** anläßlich notwendiger Reparaturen sind Instandsetzungsaufwand, wenn der Mehraufwand nicht wesentlich höher ist gegenüber den Kosten der „Normalreparatur".[501] Unter den Begriff ordnungsgemäßer Instandhaltung können selbst solche Maßnahmen fallen, die die **Erneuerung** von Bauteilen betreffen, bevor überhaupt konkrete Schäden daran erkennbar geworden sind, wenn Anhaltspunkte für eine Schadensanfälligkeit vorliegen.[502]
- Werden **Außenrolläden** mit **mechanischer Zugvorrichtung** im Zuge einer Fassadensanierung durch **Rolläden mit Elektromotor** als Zugvorrichtung ersetzt, ist dies ordnungsgemäße Instandhaltung.[503]
- Die notwendige Erneuerung einer mit **Heizöl** betriebenen Zentralheizungsanlage kann sich auch dann noch im Rahmen einer ordnungsmäßigen Instandhaltung und Instandsetzung bewegen, wenn sie mit vertretbaren Mehrkosten in der Weise vorgenommen wird, daß die Heizung wahlweise mit Heizöl oder mit **Erdgas** betrieben werden kann.[504] Nach 242

[500] KG ZMR 1996, 282 = WE 1996, 345.

[501] OLG Schleswig SchlHA 1968, 70.

[502] BayObLG NJW-RR 1991, 976; s. a. OLG Celle WE 1993, 224.

[503] Saarl. OLG ZMR 1997, 31; vgl. BayObLG v. 30. 10. 1979 – 2 Z 28/78 –, das im Einbau einer automatischen elektrischen Tauchpumpe anstelle einer unbrauchbar gewordenen billigeren Wasserstrahlpumpe eines Schwimmbeckens noch eine bauliche Veränderung gesehen hatte.

[504] S. a. BayObLG WE 1989, 212.

Auffassung des Gerichts ist entscheidend dafür, daß die vorhandene Warmwasserzentralheizung erhalten bleibt, die verwendete Energieart sich im Rahmen der verkehrsüblichen und erprobten Heiztechnik hält und auf längere Sicht keine wesentlich höheren Betriebskosten zu erwarten sind. Zeitweilig etwas höhere Brennstoffkosten bei der Verwendung von Erdgas könnten dabei durch den Wegfall der bei Heizöl notwendigen Vorratshaltung ausgeglichen werden, einer länger dauernden Verteuerung der einen oder anderen Energieart könne durch Umstellung der Heizung begegnet werden. Schließlich sei auch zu berücksichtigen, daß durch die Möglichkeit der Verwendung verschiedener Energieträger die Versorgungssicherheit langfristig erhöht und die Umweltverträglichkeit der Heizanlage verbessert werde. Soweit eine Umstellung der Heizanlage von Öl auf Erdgas vereinzelt nicht mehr als bloße Verwaltungsmaßnahme eingestuft werde, erscheine dem Gericht angesichts der heutigen technischen Entwicklung, nach der sich Erdgas auch für Zentralheizungen als ein dem Heizöl gleichwertiger Energieträger durchgesetzt habe, diese Auffassung jedenfalls für die Fälle nicht überzeugend, in denen ohnehin eine Erneuerung der Heizanlage notwendig sei. Das OLG Celle[505] sah in der Umstellung von Heizöl auf Erdgas eine Maßnahme der modernisierenden Instandhaltung. Nach OLG Karlsruhe[506] kann der **Anschluß an die Fernheizung** nicht mehrheitlich beschlossen werden. Auch das OLG Düsseldorf[507] sieht in der Umstellung einer Ölzentralheizung auf Fernwärme zumindest dann keine modernisierende Instandhaltung, wenn der alsbaldige Ausfall der Heizungsanlage unwahrscheinlich und die sofortige Erneuerung nicht erforderlich ist. Nach KG[508] kann sich die Ersetzung einer nur mit unverhältnismäßigem Kostenaufwand reparaturfähigen zentralen Heizungsanlage (**Wärmepumpenanlage**) durch eine kostengünstigere Gas-Heizungsanlage im Rahmen ordnungsgemäßer Instandsetzung halten, wenn diese Maßnahme technisch geboten ist und nach Durchführung einer Kosten-/Nutzenanalyse wirtschaftlich sinnvoll erscheint.

243 – Die Anbringung einer bisher nicht vorhandenen **Wärmedämmung** kann Instandsetzungsmaßnahme sein.[509]

– Der Einbau von **Sicherheitstüren im Fahrstuhl** aufgrund allgemein gültiger Sicherheitsvorschriften ist ordnungsmäßige Verwaltung.[510]

---

[505] OLG Celle WE 1993, 224.

[506] OLG Karlsruhe WE 1996, 466.

[507] OLG Düsseldorf ZMR 1998, 185 = WE 1998, 188.

[508] KG NJW-RR 1994, 1358 = WE 1995, 58; s.a. OLG Hamm NJW-RR 1995, 909: Umstellung der Wärmerversorgung von Nachtspeicherstrom auf Gas bedarf der Zustimmung sämtlicher Wohnungseigentümer.

[509] BayObLG NJW-RR 1989, 1293; s.a. KG NJW-RR 1993, 1104 = WE 1993, 275: Auftragen eines Farbanstrichs auf mit Naturputz versehene Fassade.

[510] LG München I DB 1977, 2231.

- Der **Austausch von Holzfenstern** gegen ähnlich gestaltete moderne **Kunststoffenster** stellt i. d. R. eine Maßnahme ordnungsmäßiger Instandhaltung und Instandsetzung dar.[511]
- Der Einbau von **Wärmemengenzählern** zur Vorerfassung des Wärmeverbrauchs eines mitversorgten Nachbargrundstücks kann eine Maßnahme ordnungsmäßiger Instandhaltung sein.[512]
- Der Einbau einer **Trinkwasserenthärtungsanlage** nach dem Ionenaustauschverfahren wurde in einer Entscheidung des BayObLG aus dem Jahre 1984 als bauliche Veränderung angesehen.[513]
- Der Einbau eines **Kaltwasserzählers** ist ordnungsmäßige Verwaltung.[514]
- Die eigenmächtig errichtete **Drahtfernsteuerungsanlage** zu einem Einfahrtstor ist bauliche Veränderung.[515]
- Wird der **Zeitschalter für die Außenbeleuchtung** durch einen **Dämmerungsschalter** ersetzt, um eine ausreichende Beleuchtung des Zugangs sicherzustellen, ist dies eine Maßnahme ordnungsgemäßer Verwaltung.[515 a]
- Die Ersetzung einer **Rauhfasertapete** durch eine Glasfasertapete im Zuge der Renovierung des Treppenhauses kann eine Maßnahme ordnungsgemäßer Verwaltung sein.[515 b] Offengelassen wurde dies hinsichtlich der Anlage einer Gartenbewässerung.[515 c]
- Das OLG Hamm[516] hat den nachträglichen Einbau einer **automatischen Regelanlage** für die Zentralheizung insbesondere dann für eine Instandsetzungsmaßnahme angesehen, wenn der Einbau schon bei Errichtung des Gebäudes vorgesehen war, später aber unterblieben ist.
- Eine **Fassadenrenovierung** mittels **Vollwärmedämmschutzes** nach dem Disbotherm-System ist eine Maßnahme ordnungsmäßiger Instandhaltung selbst dann, wenn der ursprüngliche Fassadenaufbau lediglich aus einem zweilagigen Spritzputz nebst Deckanstrich ohne besondere Wärmedämmung bestand und die Vollwärmedämmschutzmaßnahme teurer ist (Vollwärmedämmschutz: DM 208 000,– – „kleine Sanierung" –; Cap-Elast mit Schwerarmierung: DM 177 000,–).[517] Die hier behandelte Entscheidung

---

[511] BayObLG WE 1992, 50; v. 11. 3. 1998 – 2 Z BR 3/98 – (Ersetzung von Glasbausteinen durch Fenster im Treppenhaus bedarf der Zustimmung aller Wohnungseigentümer); s. a. OLG Köln ZMR 1998, 49: Austausch 40 Jahre alter Holzfenster gegen Kunststoffenster.

[512] BayObLG NJW-RR 1988, 273 = WE 1988, 38 = DWE 1988, 34.

[513] BayObLG MDR 1984, 406; a. A. AG Neuß DWE 1980, 93.

[514] AG Mannheim – 1 UR II 10/78 –.

[515] BayObLG v. 3. 8. 1979 – 2 Z 24/78 –.

[515a] BayObLG WE 1994, 251.

[515b] OLG Düsseldorf WE 1995, 149.

[515c] BayObLG WE 1997, 478.

[516] OLG Hamm JMBlNRW 1982, 55 = OLGZ 1982, 260; s. a. LG Bochum Rpfleger 1982, 99.

[517] LG Krefeld v. 27. 4. 1983 – 1 T 180–181/81 –; s. a. AG Bergisch Gladbach v. 14. 1. 1982 – 31 (7) II 35/81 –.

bestätigt nochmals die eingangs für Grenzfälle herausgearbeiteten Beurteilungskriterien.

244 – Häufig stellt sich das Problem der Notwendigkeit von **Dachsanierungsmaßnahmen.** Auch hier hatten die Gerichte verschiedentlich zu entscheiden. Stehen in einem renovierten Altbau Dachsanierungsarbeiten an, kann der Beschluß, der das Wärmedämmsystem „Thermodach" einer billigeren Sanierung, wie Spenglerarbeiten, Hinterlüftung einschl. völliger Neueindeckung des Ziegeldaches, vorzieht, ein Akt ordnungsmäßiger Instandsetzung sein.[518]

– Es kann eine Maßnahme ordnungsmäßiger Instandsetzung sein, im Zuge der Reparatur eines **Flachdaches** das vorhandene Umkehrdach, bei dem die Dachabdichtung unter der Wärmedämmung liegt und die Dichtungsbahnen nicht kontrolliert werden können, so daß bei Undichtigkeiten der gesamte Aufbau entfernt werden muß, gänzlich abzureißen und durch eine übliche Flachdachkonstruktion mit Gefälle zu den Dacheinläufen zu ersetzen, wodurch die Dachdichtung auf der Oberseite des Daches liegt und damit jederzeit kontrollierbar ist sowie eine statisch unzulässige Mehrbelastung der Dachdecke beseitigt wird.[519] Die Sanierung eines im Zeitpunkt der Bildung des Wohnungseigentums vorhandenen Flachdachs durch Wiederherstellung der ursprünglichen **Walmdachkonstruktion** kann ordnungsgemäße Instandsetzung sein, wenn diese Maßnahme zur dauerhaften Schadensbeseitigung technisch geboten ist und nach Durchführung einer Kosten-/Nutzenanalyse wirtschaftlich sinnvoll erscheint und nicht lediglich aus ästhetischen oder städtebaulichen Gründen der Wiederherstellung des Vorkriegszustands des Dachs oder der Angleichung des Hauses an die Nachbargebäude dient.[520]

– Auch die Sanierung eines **Flachdachs** durch Anbringung eines **Pultdachs** aus Kupferblech kann sich im Rahmen ordnungsmäßiger Instandhaltung und Instandsetzung halten.[521]

245 – Die Anlage eines **baubehördlich vorgeschriebenen Spielplatzes** ist ordnungsmäßige Verwaltung.[522]

– Die **Umgestaltung einer gemeinschaftlichen Rasenfläche** in eine kleingärtnerische Nutzung ist ordnungsmäßige Verwaltung.[523]

– Die bloße Änderung oder Anbringung von **Farbmarkierungen** auf Parkplätzen ist ordnungsmäßige Verwaltung.[524]

---

518 AG München v. 31. 5. 1983 – UR II 345/81 –.

519 KG NJW-RR 1989, 463 = ZMR 1989, 229.

520 KG NJW-RR 1994, 528 = ZMR 1994, 228 = WE 1994, 335; s. a. BayObLG ZMR 1998, 364 = WE 1998, 405.

521 BayObLGZ 1990, 28.

522 BayObLG ZMR 1980, 381; ZMR 1998, 647 = WE 1999, 38.

523 BayObLGZ 1975, 201/206; 1981, 21; s. a. OLG Frankfurt WE 1992, 82 (Umgestaltung in eine Kinderspielfläche).

- Die Erstellung einer **Terrasse mit Plattenbelag** auch im Rahmen eines bestehenden Sondernutzungsrechts ist bauliche Veränderung.[525] Dabei ist generell darauf zu verweisen, daß auch bei Sondernutzungsflächen das Zustimmungserfordernis des § 22 Abs. 1 grundsätzlich unberührt bleibt; dies gilt selbst bei einer Bestimmung in der Gemeinschaftsordnung, daß für Sondernutzungsrechte „das gleiche entsprechend gilt, wie wenn es sich um Sondereigentum handeln würde".[526] Dies gilt in gleicher Weise für die **Entfernung** des **Plattenbelags.**[527] Auch die Errichtung eines **Gartenhäuschens** auf einer Sondernutzungsfläche kann demnach eine zustimmungsbedürftige bauliche Veränderung sein.[528] Andererseits kann die **Vergrößerung der Terrasse** durch Einbeziehung der Sondernutzungsfläche mangels Nachteils i.S. des § 14 Nr. 1 zustimmungsfrei zulässig sein.[529] Das **Aufstellen von Pflanztrögen** auf einer Terrasse ist keine bauliche Veränderung.[530]
- Die Anbringung eines **Windschutzes** auf der Dachterrasse ist bauliche Veränderung.[531] Erst recht bedarf eine einschneidende **Veränderung** des **Dachterrrassenaufbaus** der Zustimmung aller Wohnungseigentümer wegen erschwerter Möglichkeit der Feststellung der Ursachen von Schäden.[532] Auch eine **Dachterrassenbegrünung** kann trotz optischer und statischer Unbedenklichkeit nachteilig und deshalb zustimmungsbedürftig sein, weil Schäden am Dach nur erschwert festgestellt und behoben werden können. Dies gilt insbesondere für eine Intensivbegrünung mit Gehölzen.[533]
- Die **Verlegung eines Kinderspielplatzes** ist wegen der damit verbundenen Zweckänderung unbebauter Grundstücksteile bauliche Veränderung.[534] Hingegen kann nach Auffassung des KG der Abriß einer alten und der Wiederaufbau einer neuen Kinderschaukel an anderer, die Betei-

---

[524] OLG Karlsruhe MDR 1978, 495 (falls die Hoffläche in Erfüllung baurechtlicher Auflagen zur Schaffung von Abstellplätzen hergestellt wird); OLG Köln OLGZ 1978, 287 (zur Schaffung weiterer Parkmöglichkeiten); BayObLG WE 1998, 390 (seitliche Begrenzungen eines TG-Stellplatzes – Metallbleche – und Schwingtor sind zustimmungsbedürftige bauliche Veränderung).

[525] BayObLGZ 1975, 177 = DB 1975, 1888.

[526] BayObLG WE 1991, 48.

[527] BayObLG ZMR 1995, 495 = WE 1996, 195.

[528] BayObLG ZMR 1992, 310.

[529] BayObLG NJW-RR 1997, 971 = WE 1997, 317.

[530] BayObLG WE 1992, 203.

[531] BayObLG WEM 1978, 116 (Die Terrassenüberbauung verändere in einschneidender Weise das äußere Bild des Gebäudes, störe die Harmonie der Gebäudefassade).

[532] BayObLG NJW-RR 1996, 1165 = ZMR 1996, 570 = WE 1997, 74.

[533] OLG Hamm WE 1997, 356.

[534] BayObLG v. 13. 12. 1978 – 2 Z 81/77 –; s. aber ZMR 1998, 647 = WE 1999, 38: die Versetzung einer Kinderschaukel wegen nicht eingehaltener Sicherheitsabstände ist ordnungsgemäße Verwaltung.

ligten nicht stärker beeinträchtigenden Stelle mit Mehrheit beschlossen werden.[535]

- Die durch einen Wohnungseigentümer eigenmächtig angebrachte **Trennwand** im gemeinschaftlichen Treppenhaus ist bauliche Veränderung.[536] Dies gilt insbesondere auch im Falle der **Abtrennung** eines Teils **eines gemeinschaftlichen Flurs**, der nur dem Zugang zu zwei Wohnungen ein und desselben Wohnungseigentümers dient.[537]
- Errichtet ein Wohnungseigentümer in dem ihm zur alleinigen Nutzung zugewiesenen **Kellerabteil** z.B. Ytongwände, ist dies eine bauliche Veränderung.[538]
- Die **Vollverglasung eines Balkons,** einer Loggia, einer Terrasse ist bauliche Veränderung.[539] Dies gilt auch für die Verlängerung eines vorhandenen Glasdachs und die Verglasung eines Freisitzes.[540] Umgekehrt kann die Durchtrennung der **Außenverkleidung** und des Metallgeländers einer Loggia zwecks Erstellung eines Ausstiegs in den Garten ebenfalls eine bauliche Veränderung darstellen.[541] Wenn demnach jeder Wohnungseigentümer z.B. die Beseitigung einer Terrassenverbauung verlangen kann, die den Gesamteindruck einer Wohnanlage nachteilig beeinträchtigt, kann dem Beseitigungsverlangen nicht mit Erfolg entgegengehalten werden, der Verkäufer habe die Verbauung erlaubt, sie sei bauaufsichtlich genehmigt und die übrigen Wohnungseigentümer hätten erst nach sechs Monaten die Beseitigung verlangt.[542]
- Die Verlegung von **Betonplattenreihen im Garten** einer großen Wohnanlage vor der Loggia einer Eigentumswohnung und das eigenmächtige **Anbringen einer Vortüre** am Eingang einer Eigentumswohnungsanlage sind bauliche Veränderung.[543]

---

[535] KG WE 1990, 210.

[536] BayObLG v. 1. 6. 1979 – 2 Z 34/78 –.

[537] BayObLG v. 25. 5. 1983 – 2 Z 40/82 –; s.a. NJW-RR 1993, 1165 = WE 1994, 178: Aufstellen eines Schirmständers in gemeinschaftlicher Eingangsdiele in kleiner Wohnanlage; NJW-RR 1998, 875 (Garderobe im Treppenhaus); KG NJW-RR 1993, 403 = ZMR 1993, 181 = WE 1993, 50: Schrank auf Treppenpodest; vgl. a. OLG Hamburg WM 1993, 78 = ZMR 1993, 126 (Kinderwagen im Hausflur).

[538] BayObLG v. 11. 6. 1979 – 2 Z 59/78 –.

[539] OLG Stuttgart WEM 1980, 36; OLG Frankfurt OLGZ 1985, 48; OLG Köln WE 1990, 172; OLG Zweibrücken ZMR 1987, 435 = NJW-RR 1987, 1358; BayObLG DWE 1988, 34 = WE 1988, 65; WE 1990, 71; WE 1990, 177 (nachträgliche Überdachung einer Pergola); WE 1991, 257; ZMR 1991, 189; WM 1991, 303 = WE 1992, 84 = DWE 1991, 126; NJW-RR 1993, 337 = ZMR 1992, 551 = WE 1993, 286; WE 1994, 306; WE 1995, 249 (durch Balkonverglasung nur ausnahmsweise keine nachteilige Beeinträchtigung); WE 1999, 34; OLG Frankfurt ZMR 1994, 381; WE 1996, 470 (Glasscheiben auf Balkonbrüstung); OLG Düsseldorf ZMR 1995, 267 = WE 1995, 217.

[540] OLG Zweibrücken WE 1989, 102.

[541] BayObLG WE 1991, 204.

[542] BayObLG WM 1991, 303 = WE 1992, 84 = DWE 1991, 126.

[543] OLG Stuttgart WEM 1980, 75.

- Die der Verkehrsberuhigung und der Gefahrenminderung dienende, den heutigen verkehrstechnischen Erkenntnissen entsprechende **Verlegung von Betonschwellen** in das vorhandene Verbundsteinpflaster einer Parkplatzzufahrt stellt keine bauliche Veränderung dar. Sie kann deshalb mit Mehrheit beschlossen werden.[544]
- Die Aufstellung eines **Spielhauses** und **Klettergerüsts** auf einer Spielwiese ist ordnungsmäßige Verwaltung.[545]
- **Schaukästen** an Außenwänden eines Ladens im EG können bauliche Veränderung sein,[546] sofern sie nicht der Zweckbestimmung des Ladens entsprechen (Festlegung in der Bauplanung) und deshalb eine Maßnahme des ordnungsmäßigen Mitgebrauchs sind.
- Ersetzt ein Wohnungseigentümer bei einheitlicher Fassadengestaltung einfach verglaste Außenfenster durch **Thermopane-Verglasung,** die in der Gestaltung der Rahmen, der Art des Materials oder der Farbgestaltung sichtbar abweichen, ist dies bauliche Veränderung.[547]
- Die Errichtung einer **Pergola** auf einer Dachterrasse ist bauliche Veränderung.[548] Erst recht ist die Errichtung einer Dachterrrasse auf der Dachfläche eine (zustimmungsbedürftige) bauliche Veränderung.[549]
- Die **Verbindung von zwei Dachterrassen** ist bauliche Veränderung.[550]
- Ein eigenmächtiger **Austausch einer Fenster-Tür-Kombination** ist bauliche Veränderung.[551] Unter dieser Fußnote sind zahlreiche obergerichtliche Entscheidungen zu vergleichbaren Sachverhalten benannt.
- Die **Einzäunung** eines Grundstücks ist keine bauliche Veränderung, wenn sie sich nach dem Inhalt der Teilungserklärung als Vervollständigung (Begriff der erstmaligen Herstellung) der Wohnanlage darstellt.[552]
- Das von einem Wohnungseigentümer von Anfang an (seit Erstellung des Gebäudes) eingebaute **Gartentor** und die von Anfang an angebrachte

---

[544] KG v. 6. 3. 1985 – 24 W 3664/84 –.

[545] BayObLG v. 1. 7. 1980 – 2 Z 23/79 –.

[546] OLG Stuttgart WEM 1980, 38.

[547] OLG Köln NJW 1981, 585.

[548] BayObLG Rpfleger 1981, 284.

[549] OLG Köln WE 1997, 430.

[550] BayObLG Rpfleger 1982, 15.

[551] BayObLG v. 3. 12. 1981–2 Z 80/80 –; OLG Hamburg ZMR 1992, 118 (Tür statt Fenster in KG evtl. zustimmungsfrei); OLG Düsseldorf NJW-RR 1994, 277 = ZMR 1993, 581 (Fenstervergrößerung in KG); BayObLG ZMR 1993, 535 = WE 1994, 245 (Fenster zu Tür, damit Lagerraum von Hof aus betretbar); KG NJW-RR 1994, 401 = ZMR 1994, 169 = WE 1994, 217 (Installierung eines Fenstergitters bei Einbruchsgefahr); BayObLG ZMR 1996, 46 = WE 1996, 395 (Ersetzung eines Schaufensters durch 2 Glasschiebetüren, in casu: zustimmungsfrei); KG NJW-RR 1992, 1232 = WE 1992, 256 (Einbau von Dachflächenfenstern); OLG Köln WE 1995, 220 (Einbau größerer Kellerfenster, Aushebung eines Grabens).

[552] KG MDR 1982, 149 = Rpfleger 1982, 22 = DWE 1982, 63 (in der Teilungserklärung war vereinbart, daß die einheitliche Zaungestaltung den Wohnungseigentümern obliege).

seitliche Balkonverkleidung sind begrifflich keine bauliche Veränderung. Die von diesen Wohnungseigentümern auf einem Balkon fest angebrachten **Wäschetrockenstangen** sind bauliche Veränderung.[553]

246 – Der **Ausbau** des dem Sondereigentum zugeordneten **Dachbodenraums** einschließlich Installierung von Heizkörpern, Wasseranschluß- und -abflußleitungen und einschließlich Austausch von Dachpfannen durch Glaspfannen (Erstellung eines Gästezimmers) ist bauliche Veränderung.[554] Läßt die Teilungserklärung den Ausbau des Dachraums etwa zu Wohnzwecken zu, ist der Ausbau ein Akt der erstmaligen Herstellung eines ordnungsmäßigen Zustands, die Zustimmung der übrigen Wohnungseigentümer ist entbehrlich.[555] Darf der Speicher zu Wohnzwecken ausgebaut werden, kann die **Beseitigung** eines **Dachflächenfensters** nicht mit der Begründung verlangt werden, der Umbau ermögliche eine intensivere Nutzung.[556] Wenn die Gemeinschaftsordnung die **Kellerraumnutzung** zu gewerblichen Zwecken erlaubt, dann haben die übrigen Wohnungseigentümer alle hierzu erforderlichen Maßnahmen zu dulden.[557] Und umgekehrt: Haben die Wohnungseigentümer dem Dachgeschoßausbau zu Wohnzwecken zugestimmt, haben sie die Wohnraumnutzung zu gestatten.[558] Die Zustimmung zum Speicherausbau beinhaltet noch nicht die Pflicht zur Duldung einer **Verbindungstreppe** zur darunterliegenden Wohnung.[559] Bei dieser Gelegenheit: Die **Unterschrift** der Wohnungseigentümer auf der **Eingabeplanung** des Ausbauwilligen ist eine Zustimmung im wohnungseigentumsrechtlichen Sinne nur, wenn über die öffentlich-rechtliche Verzichtserklärung hinaus damit auch die bürgerlichrechtliche Willenserklärung verbunden sein soll.[560] Hat ein Wohnungseigentümer ein Sondernutzungsrecht am Spitzboden über seiner Dachgeschoßwohnung, ist die Errichtung einer Verbindungstreppe dann zustimmungsfrei, wenn keine **Nachteile** in **statischer, schalltechnischer** oder **brandtechnischer Hinsicht** und keine wohnungsähnliche Nutzung in Betracht kommen.[561] Eine Zustimmungsbedürftigkeit ist in solchen Fällen jedoch immer dann gegeben, wenn statische Probleme entstehen

---

[553] OLG Stuttgart DWE 1981, 125.

[554] LG Hamburg DWE 1982, 25.

[555] BayObLG ZMR 1992, 65; vgl. auch ZMR 1993, 123 = WE 1994, 25 („unvermeidlicher Nachteil" bei nahen Verwandten).

[556] BayObLG ZMR 1997, 89 = WE 1997, 200.

[557] BayObLG ZMR 1997, 317 = WE 1997, 394.

[558] BayObLG NJW-RR 1993, 1165 = WE 1994, 178.

[559] BayObLG NJW-RR 1994, 82 = WE 1994, 277.

[560] BayObLG a.a.O.; NJW-RR 1991, 19; OLG Karlsruhe NJW-RR 1998, 1468 = DWE 1998, 138 = WE 1998, 268; s.a. OLG Hamburg ZMR 1998, 585 = WE 1998, 470 (evtl. Verwirkung des Beseitigungsanspruchs nach Zustimmung im Baugenehmigungsverfahren); beachte aber auch: KG ZMR 1998, 657 = WE 1998, 346 = ZfIR 1998, 724: Unterschrift auf Bauantrag kann zugleich privatrechtliche Zustimmung sein.

[561] BayObLG NJW-RR 1994, 1169 = WE 1995, 126.

könnten, eine erhöhte Wartungs- oder Reparaturanfälligkeit in Betracht kommt, oder der optische Gesamteindruck nachteilig verändert wird.[562] Demgemäß sind der **Deckendurchbruch** für eine raumverbindende **Wendeltreppe** und die nachträgliche **Unterkellerung** einer Gartenterrasse zu einer Erdgeschoßwohnung eine zustimmungsbedürftige bauliche Veränderung.[563] Entsprechendes gilt auch für einen Deckendurchbruch zur Verbindung zweier Eigentumswohnungen.[564] Nichts anderes gilt für den **Durchbruch** durch eine **Brandmauer**, um eine Gaststätte um einen Raum im Nachbaranwesen zu erweitern.[565] Wegen der großen praktischen Bedeutung dieser Thematik sei noch auf folgende Rechtsprechungsfälle verwiesen: Deckendurchbruch zwischen EG und KG zum Einbau einer Wendeltreppe und Durchbruch durch eine tragende Wand im KG, die umfangreiche Sicherungs- und Ausgleichsmaßnahmen erfordern, ist zustimmungsbedürftig.[566] Deckendurchbruch zur Verbindung zweier Eigentumswohnungen zustimmungsbedürftig.[567] Nach – in casu zulässiger – rechtlicher Vereinigung von 2 Eigentumswohnungen kann dieser Wohnungseigentümer Anspruch darauf haben, daß die übrigen Wohnungseigentümer den Durchbruch der Brandwand genehmigen.[568]

- Das Auswechseln von Fenstern und der Einbau einer **Sprossenverglasung** ist bauliche Veränderung.[569] **247**
- Die Errichtung eines **Maschendrahtzaunes** zwischen Gartensondernutzungsflächen in einer in Wohnungseigentum errichteten Doppelhausanlage ist bauliche Veränderung. Entsprechendes gilt für die Errichtung eines **Maschendrahtzaunes** zwischen den beiden Stellflächen einer Doppelgarage. Dies selbst dann, wenn der Wohnungseigentümer den Maschendrahtzaun ausschließlich auf seiner Sondereigentumsfläche errichtet hat.[570] Die **erstmalige Bepflanzung** von Gartenflächen ist keine bauliche Veränderung, entspricht ordnungsmäßiger Verwaltung. Die Bepflanzung

---

[562] KG WE 1992, 285 (jede Veränderung des optischen Gesamteindrucks).

[563] OLG Hamm OLGZ 1976, 61; s. a. BayObLG NJW-RR 1992, 272.

[564] KG WE 1990, 91; s. a. BayObLG ZMR 1992, 32.

[565] BayObLG NJW-RR 1991, 1490 = DWE 1991, 113 = WE 1992, 171.

[566] BayObLG NJW-RR 1992, 272 = ZMR 1992, 32 (auch zur intensiveren Nutzung der Kellerräume als Wohnung); NJW-RR 1993, 1265 LS = WE 1994, 251 = ZMR 1993, 476; BayObLG ZMR 1998, 362 = WE 1998, 399 (Durchbruch einer Wand zwischen Haupt- und Nebengebäude); BayObLG v. 14. 1. 1999 – 2 Z BR 125/98 –: der Durchbruch durch eine tragende Wand ist nicht immer zustimmungsbedürftig.

[567] KG NJW-RR 1990, 334 = ZMR 1990, 153; ZMR 1993, 288 = WE 1993, 220 (Verlust der Abgeschlossenheit); so auch BayObLG ZMR 1996, 618 = WE 1997, 118 = DWE 1997, 129; NJW-RR 1995, 649 = WE 1995, 379; vgl. auch OLG Köln WE 1995, 221.

[568] KG NJW-RR 1997, 587 = WE 1997, 185 = ZMR 1997, 197 in Ergänzung zu KG NJW-RR 1993, 909 = WE 1993, 220.

[569] OLG Frankfurt Rpfleger 1983, 62 = DWE 1983, 59.

[570] BayObLG NJW-RR 1991, 722 = WM 1991, 306 = WE 1992, 58 = DWE 1991, 126; vgl. a. OLG Zweibrücken WE 1991, 140.

müsse allerdings die Grenzabstände nach den landesrechtlichen Nachbarbestimmungen berücksichtigen.[571]

- Der Einbau eines **Windfangs** auf einer Sondernutzungsfläche ist bauliche Veränderung.[572]
- Die Ersetzung eines schadhaften Zauns durch eine **Berberitzenhecke** und einen **schmiedeeisernen Zaun** ist bauliche Veränderung.[573] Dasselbe gilt, wenn der Wohnungseigentümer einer Erdgeschoßwohnung, dem ein Teil des Gartens zur alleinigen Nutzung zugewiesen ist, als Ersatz für durch Windbruch beschädigte Tannen entlang der Grundstücksgrenze einen 2 m hohen, massiven **Holzlattenzaun** als **Windschutz** errichtet.[574] Das gleiche gilt bei **radikaler Beseitigung** vorhandener Bepflanzung.[575] Hingegen ist die **erstmalige Anpflanzung** einer Hecke auf dem gemeinschaftlichen Grundstück grundsätzlich keine bauliche Veränderung.[576]
- Das Ersetzen eines durchgehenden **Eingangshallenfensters** durch ein zweiteiliges, durch das die optische Harmonie der Anlage nicht gestört wird, ist ordnungsgemäße Instandsetzung.[577] Andererseits stellt das **Zumauern** eines Fensters ebenso eine bauliche Veränderung dar wie grundsätzlich die Umwandlung eines ehemaligen Küchenfensters in ein Schiebeelement. Die letztgenannte Maßnahme ist aber zu dulden, wenn die verursachte Fassadenänderung optisch nicht stört (im Entscheidungsfalle verdeckt durch die Balkonbrüstung).[578]
- Der Einbau eines **Dachfensters** sowie die Vergrößerung und Umgestaltung von Giebelfenstern zwecks Ausbaus von Teileigentumsdachgeschoßräumen zu Wohnzwecken ist bauliche Veränderung.[579] Unabhängig davon bedarf auch die darin liegende Nutzungsänderung von Teileigentum in Wohnungseigentum der Zustimmung aller Wohnungseigentümer. Das Gericht hat bei dieser Gelegenheit auch nochmals darauf hingewiesen, daß eine etwa bestehende **baubehördliche Genehmigung** nicht in das privatrechtliche Verhältnis der Wohnungseigentümer eingreife. Auch brauchen die übrigen Wohnungseigentümer den **Ausbau von Dachräumen/Speicherräumen** durch den Sondernutzungsberechtigten durch Verschalung des Dachstuhls und Einbau zusätzlicher Dachfenster sowie **Installationen** zum Anschluß an die **Heizung** und die **Wasser- und Abwasserleitungen** nicht zu dulden, auch wenn das einem Wohnungsei-

---

[571] BayObLGZ 1982, 69 = Rpfleger 1982, 219.
[572] BayObLG v. 6. 4. 1982 – 2 Z 41/81 –.
[573] BayObLG MDR 1982, 852.
[574] LG Hannover v. 30. 4. 1984 – 1 T 48/84 –.
[575] OLG Düsseldorf NJW-RR 1994, 1167 = ZMR 1994, 376 (Ersatz von 6–7 m hohen Fichten durch 1 m hohe Thujen).
[576] BayObLG v. 4. 7. 1991 – 2 Z 32/91 –.
[577] BayObLG DWE 1983, 30.
[578] OLG Düsseldorf DWE 1989, 176/177.
[579] BayObLG MDR 1983, 35 u. 134 = ZMR 1983, 35.

gentümer eingeräumte Sondernutzungsrecht an „Dachräumen/Speicherräumen“ die Befugnis einschließt, diese Räume als Hobbyraum oder Werkstatt zu nutzen.[580] In jedem Falle bedarf die Ersetzung einer Dachluke durch ein Dachflächenfenster in dem einem Wohnungseigentümer zustehenden Dachraum der Zustimmung der übrigen Wohnungseigentümer.[581]

- Der eigenmächtige **Kellervorbau** unter dem Garten und die Anlegung einer zur Sondernutzung zugewiesenen **Terrasse** mit Kelleraufgang sind bauliche Veränderung.[582]
- Die Errichtung einer **Terrasse,** die Ersetzung eines Gartenfensters durch eine Türe und der **Anbau eines Balkons** sind bauliche Veränderung.[583] Das gleiche gilt für die Anbringung einer **Pergola,** und zwar unabhängig von ihrer Verbindung mit dem Haus.[584] Auch die nachträgliche Überdachung einer Pergola ist bauliche Veränderung.[585] Entsprechendes gilt für die Errichtung eines Holzbalkons und die gleichzeitige Vergrößerung von 2 Einzelfenstern zu einer Fenster-/Türkombination.[586] Ausnahmsweise sah das OLG Köln[587] im Balkonanbau eine nicht zustimmungsbedürftige Maßnahme, wenn schon andere Balkonanbauten vorgenommen waren und das Erscheinungsbild nicht negativ beeinträchtigt wird.
- Die Installierung einer einfahrtbehindernden **Müllbox** und eines **Trafokastens** sind bauliche Veränderung.[588]
- Die **Verkleidung** einer Außenwand mit einer außenseitigen Thermohaut zur Beseitigung von Feuchtigkeitsschäden und Schimmelpilz in einer Wohnung sind ordnungsmäßige Verwaltung. Der betroffene Wohnungseigentümer hat Anspruch hierauf, §§ 21 Abs. 4 und 5 Nr. 2.[589]
- Der Anschluß eines **Heizkörpers** an die gemeinschaftliche Zentralheizung ist bauliche Veränderung.[590] Die Installierung einer Gas-Etagenheizung mit Abgasabführung ins Freie ist wegen Wasserdampfentwicklung zustimmungspflichtig.[591]
- Die eigenmächtig auf dem Balkon angebrachte **Trennmauer** ist bauliche Veränderung. Diese Mauer ist Gemeinschaftseigentum, wenn durch ihre

---

580 BayObLG WE 1990, 70.

581 KG WE 1991, 133; a. A. OLG Karlsruhe ZMR 1985, 209.

582 BayObLG DWE 1984, 30.

583 BayObLG DWE 1984, 27; OLG Karlsruhe ZMR 1999, 65: direkte Verbindung von Balkon und Garten durch eine portable Treppe ist zustimmungsbedürftige bauliche Veränderung.

584 OLG Frankfurt DWE 1989, 70.

585 BayObLG WE 1990, 177.

586 BayObLG WE 1995, 64.

587 OLG Köln DWE 1997, 32.

588 BayObLG DWE 1984, 30.

589 BayObLG v. 11. 12. 1983 – 2 Z 109/82 –.

590 BayObLG DWE 1984, 92.

591 OLG Düsseldorf ZMR 1997, 536 = WE 1997, 472; vgl. aber OLG Frankfurt NJW-RR 1992, 1494: Austausch Elektroheizung gegen Gasetagenheizung ist zu dulden.

Errichtung oder Beseitigung die äußere Gestaltung des Gebäudes verändert werde.[592]

248 – Der **Anbau einer Garage** durch einen Wohnungseigentümer an das im Sondereigentum eines anderen Wohnungseigentümers stehende Haus in der Weise, daß ein Fenster dieses Hauses zugebaut werden muß, ist bauliche Veränderung.[593]

– Die **Errichtung von Garagen** anstelle von in der notariellen Vereinbarung vorgesehenen Kfz-Stellplätzen ist bauliche Veränderung.[594] Dies gilt erst recht für die **Errichtung** zusätzlicher **Garagen** auf Gemeinschaftsfläche, die nicht für Kfz-Stellplätze vorgesehen war.[595] Die Errichtung einer **Gartenhütte,** eines **Gerätehäuschens** ist bauliche Veränderung auch dann, wenn an der Gartenfläche ein Sondernutzungsrecht besteht.[596] Ist die Sondernutzungsfläche als Grünfläche und Ziergarten zugewiesen, so hält sich die Errichtung eines zweisitzigen, ca. 2 m hohen **Schaukelgerüstes** auf der Grünfläche im Rahmen des Sondernutzungsrechts.[597]

– Der Anschluß eines **WC und Waschbeckens** an die gemeinschaftliche Entwässerungsanlage ist bauliche Veränderung.[598]

– Die **Fortführung der Entlüftungsrohre** über Dach, die bis dahin nur in den Speicherbereich hineinragten, ist ordnungsmäßige Instandhaltung und Instandsetzung.[599]

– Entgegen dem BayObLG[600] ist der Anschluß eines **offenen Kamins** durch einen Wohnungseigentümer an einen im Gemeinschaftseigentum stehenden Notkamin bauliche Veränderung und nicht lediglich ein – unzulässiger – Mitgebrauch gemeinschaftlichen Eigentums gemäß § 13 Abs. 2 S. 1. So hat das OLG Frankfurt[601] den Anschluß eines **Kaminofens** an einen Leerschornsteinzug als bauliche Veränderung angesehen und den übrigen Wohnungseigentümern das Recht eingeräumt, die Beseitigung zu verlangen, wenn sie dadurch von der Nutzung des gemeinschaftlichen Eigentums ausgeschlossen werden, daß der Leerschornsteinzug aus technischen Gründen nur von 1 Wohnungseigentümer benutzt werden kann.

---

592 BayObLG DWE 1984, 62.

593 BayObLG DWE 1984, 124.

594 BayObLG DWE 1984, 125 = WE 1986, 71.

595 OLG Frankfurt DWE 1987, 62 = WE 1986, 141.

596 BayObLG DWE 1985, 95; ZMR 1992, 310; OLG Frankfurt OLGZ 1985, 50.

597 OLG Düsseldorf DWE 1989, 176.

598 BayObLG Rpfleger 1984, 409f. mit Anm. Sauren.

599 BayObLG v. 15. 11. 1984 – 2 Z 27/84 –.

600 BayObLG DWE 1986, 22; WE 1996, 317 (Anschluß eines Kaminofens an den Notkamin würde aus technischen Gründen die übrigen Wohnungseigentümer daran hindern, Öfen gleicher oder ähnlicher Art oder mit Heizöl oder Gas betriebene Öfen anzuschließen).

601 OLG Frankfurt OLGZ 1986, 43.

Das Anbringen von **Außenrolläden** und von **Außenjalousien** ist zustimmungsbedürftige bauliche Veränderung.[602] Entsprechendes gilt grundsätzlich für Markisen.[603]

– Besonderes Augenmerk verdient die neue **Heizanlagenverordnung,**[604] deren Anwendungsbereich aus § 1 ersichtlich ist. Sie gilt also auch für bestehende Wohnanlagen. 249

Die Ausrüstung mit Einrichtungen zur Steuerung und Regelung ist in § 7 geregelt. Die Nachrüstungstermine sind spätestens zum 31. 12. 1997 abgelaufen.

Nicht zuletzt wegen der sogenannten Strafbewehrung sind Maßnahmen, die in Erfüllung der Vorschriften der HeizAnlVO beschlossen und getroffen werden, Akte der ordnungsmäßigen Verwaltung.

– Da die Installierung sogenannter **Thermostatventile** – am einzelnen Heizkörper angebracht ermöglichen sie es, eine vorgewählte Temperatur einzustellen und die Wärmeabgabe so zu regeln, daß die Raumtemperatur jeweils den eingestellten Wert hat – nunmehr eine Maßnahme der **ordnungsmäßigen Verwaltung** ist, kann ihre Einführung mit Mehrheit beschlossen werden. Das Problem der baulichen Veränderung stellt sich nicht.

Allerdings kann ihre Installierung durch den einzelnen Wohnungseigentümer zum **ordnungswidrigen Gebrauch** führen. Oftmals führen nur in einzelnen, nicht in allen Wohnungen angebrachte Thermostatventile zu einer Störung des zentralen Heizsystems, ganz abgesehen davon, daß ihre Installierung nicht selten zusätzlich Umrüstungen und Einbauten an der zentralen Heizungsanlage notwendig machte. Man wird daher eine Mehrheitsentscheidung dahin voraussetzen müssen, daß Thermostatventile eines ganz bestimmten Systems und desselben Herstellers, also desselben Typs in allen Wohnungen zu installieren seien. Jeder Ventileinbau löst zusätzlich die Notwendigkeit aus, daß das gesamte Wasser im Heizsystem entleert und wieder gefüllt werden muß.

– **Gärtnerische Baumpflegemaßnahmen** (Auslichten von Bäumen, Zurückschneiden von Ästen etc.) sind Gegenstand ordnungsmäßiger Verwaltung. Das gänzliche **Entfernen von Bäumen** oder ihr an Verstümmelung grenzendes „Zurechtschneiden“ sind bauliche Veränderung. Allerdings kann auch die Beseitigung von Bäumen bzw. die Entfernung ganzer Äste im Rahmen ordnungsmäßiger Verwaltung dann liegen, wenn diese 250

---

[602] OLG Düsseldorf WE 1990, 203; NJW-RR 1995, 1418 = ZMR 1995, 552 = WE 1996, 32 (Rolladenkästen).

[603] KG NJW-RR 1995, 587 = ZMR 1995, 169 = WE 1995, 122 (Ladenmarkise); BayObLG NJW-RR 1986, 178; NJW-RR 1996, 266 = ZMR 1995, 420 = WE 1996, 193 (nicht in jedem Falle beeinträchtigend); OLG Frankfurt OLGZ 1986, 42; KG WM 1994, 99.

[604] VO über energiesparende Anforderungen an heizungstechnische Anlagen und Warmwasseranlagen – HeizAnlV – v. 4. 5. 1998 in der seit 1. Mai 1998 geltenden Fassung (BGBl. 1998 Teil I Nr. 25).

Maßnahmen zur Beseitigung einer **unzumutbaren Beeinträchtigung** oder aus **Sicherheitsgründen** erforderlich ist.[605] So ist der Ersatz einer 15–18 m hohen Hecke, die bei ihrer Anpflanzung 2 m hoch war, durch gemischte Gehölze bis 2,80 m Höhe u. U. wegen ihrer Sanierungsbedürftigkeit eine Maßnahme ordnungsgemäßer Verwaltung.[606] Eine Maßnahme ordnungsgemäßer Instandhaltung ist die Entfernung von Bäumen auf einem Tiefgaragendach, wenn es Anhaltspunkte dafür gibt, daß Wurzeln in die Abdichtung eindringen, und wenn weitere Schäden zu befürchten sind.[607] Soll in eine **Hecke,** die das gemeinschaftliche Eigentum in zwei Teile trennt, ein **Durchgang** geschnitten werden, um allen Wohnungseigentümern das ungehinderte Betreten des gesamten in gemeinschaftlichem Eigentum stehenden Grundstücks zu ermöglichen, so stellt dies eine Maßnahme der ordnungsmäßigen Instandsetzung und Instandhaltung des gemeinschaftlichen Eigentums dar.[608] Auch das Recht zur gärtnerischen Gestaltung einer Sondernutzungsfläche gibt dem Wohnungseigentümer regelmäßig nicht die Befugnis, dort einen stark wachsenden Baum zu pflanzen.[609]

251 Eine unzumutbare Beeinträchtigung kann vorliegen, wenn **Laub- oder Nadelfall** auf einzelne Balkone überhandnehmen, wenn schwer zugängliche Regenrinnen unaufhaltsam mit Laub und Nadeln verstopft sind, wenn es an Kellerumfassungswänden, unter Terrassen- oder Garagenböden zu gefährlichen **Wurzelbildungen** kommt. Stets sind jedoch vor Einleitung solcher Maßnahmen Mehrheitsbeschlüsse herbeizuführen, sofern nicht der Verwalter im Einzelfall aus Gründen der Sicherheit nach § 27 Abs. 1 Nr. 3 ohne Versammlungsvotum vorgehen darf. Wird der Antrag des einzelnen Wohnungseigentümers durch Beschluß abgelehnt, hat er die Möglichkeit des Vorgehens nach § 21 Abs. 4, Abs. 5 Nr. 2. Auch der einzelne Wohnungseigentümer darf, ja muß bei **Gefahr im Verzuge** ohne Versammlungsvotum oder ohne Gerichtsentscheid die von ihm für notwendig erachtete Abwehrmaßnahme treffen. **Sicht-** und **Lichtbeeinträchtigungen** sind i. d. R. nicht geeignet, etwa die Beseitigung eines Baumes mit Mehrheit zu beschließen. Insoweit ist bauliche Veränderung gegeben. Keinesfalls ist der einzelne Wohnungseigentümer berechtigt, **Baumpflegemaßnahmen** zu treffen oder gar aus Gründen der Sicht- und Lichtbeeinträchtigung ganze Bäume oder ganze Äste zu entfernen. Neben der hierin liegenden eigenmächtigen baulichen Veränderung – die ihrer Natur nach nicht zu beseitigen ist – ist im Falle solcher Maßnahmen möglicherweise der Tatbestand der **unerlaubten**

---

[605] AG Hamburg-Blankenese v. 9. 4. 1985 – 506 II 24/83 –; LG Frankfurt ZMR 1990, 71 = NJW-RR 1990, 24; Saarl. OLG WE 1998, 70 (Rückschnitt von Weinlaub an der Hausfassade bis zur Höhe des 1. OG).

[606] OLG Hamm ZMR 1996, 218 = WE 1996, 310.

[607] BayObLG NJW-RR 1996, 1166 = ZMR 1996, 447 = WE 1997, 72.

[608] BayObLG WE 1990, 60.

[609] KG NJW-RR 1987, 1360; s. a. OLG Düsseldorf NJW-RR 1994, 1167 = ZMR 1994, 376 (zur radikalen Pflanzenbeseitigung).

Handlung gemäß § 823 Abs. 1 BGB erfüllt. Der einzelne Wohnungseigentümer kann im Extremfalle zur **Naturalrestitution** (§ 249 BGB) oder zu einer **Schadenersatzleistung** in Geld verpflichtet sein, deren Höhe sich u. U. an den Kosten des Erwerbs gleich hoher, alter Bäume orientiert.[610]

In einer Entscheidung des OLG Hamburg[611] blieb es offen, ob die Auf- **252**
stellung von zwei **Gartenzwergen** durch einen Wohnungseigentümer im gemeinschaftlichen Garten einer Wohnanlage eine bauliche Veränderung im Sinne des § 22 darstellt. Jedenfalls stellt die Aufstellung nach Auffassung des Gerichts eine übermäßige Nutzung des gemeinschaftlichen Eigentums bzw. eine schwerwiegende Beeinträchtigung der Rechte anderer Wohnungseigentümer dar, § 15 Abs. 3, § 1004 Abs. 1 BGB i. V. m. § 1004 Abs. 2 BGB, §§ 13 Abs. 2 Satz 1, 14 Nr. 1, 3.

Einer obergerichtlichen Entscheidung harrt hingegen die Frage, ob die Installierung eines **Springbrunnens in einem sondergenutzten Garten** zustimmungsbedürftig ist. Mobile Tischspringbrunnen dürften zustimmungsfrei sein, da ihre Aufstellung keine bauliche Veränderung ist. Anders verhält es sich wohl bei mit Grund und Boden festverbundenen Springbrunnen. Nach der sog. Lafontaine'schen Formel[611a] soll die Errichtung von Springbrunnen nur dann der Zustimmung der übrigen Wohnungseigentümer bedürfen, wenn Höhe, Radius und Kubatur des Wasserspringvolumens zur Größe des Gartens außer Verhältnis stehen.

Das Verlegen eines **Wäschetrockenplatzes** (Umsetzen und Einbetonieren von Wäschestangen) von der Nord- zur Westseite einer Wohnanlage ist bauliche Veränderung.[612]

Auch der Beschluß der Wohnungseigentümer, eine **eigene Heizungsanlage** statt des bisherigen **Fernwärmebezugs** zu bauen, zielt auf eine bauliche Veränderung ab.[613]

Die Erweiterung einer nur für Beleuchtung und übliche elektrische Haushaltsgeräte ausgelegten **Stromversorgung** in der Weise, daß der gesamte **Heizungs- und Warmwasserbedarf** der Wohnungseigentümer mit Nachtstrom gedeckt werden kann, ist bauliche Veränderung.[614] Andererseits hat jeder Wohnungseigentümer das Recht, die Stromversorgung auch zum Anschluß von Nachtstromgeräten zu benutzen, soweit hierdurch nicht das entsprechende Recht anderer Wohnungseigentümer beeinträchtigt wird

---

[610] BayObLG ZMR 1995, 495 = WE 1996, 195.

[611] OLG Hamburg NJW-RR 1988, 1043 = NJW 1988, 2052; vgl. a. AG Recklinghausen NJW-RR 1996, 657 = DWE 1996, 40 (4 Gartenzwerge zulässig).

[611a] Lafontaine'sche Formel 2000, veröffentlicht im Saarl. Staatsarchiv: allerdings jedenfalls Zustimmungspflicht für besserverdienende Springbrunnenerbauer, die dann gegen Zahlung einer Ablöse die Zustimmungsfreiheit erhalten können sollen.

[612] BayObLG DWE 1987, 56; WE 1994, 151 (Verlegung eine Wäschespinne mit einbetonierter Wäschestange).

[613] OLG Frankfurt DWE 1987, 63; zum umgekehrten Fall: OLG Karlsruhe WE 1996, 466; OLG Düsseldorf WE 1998, 188.

[614] BayObLG NJW-RR 1988, 1164 = WE 1989, 62; s. a. WE 1989, 109.

(BayObLG a.a.O.). Reicht der gemeinschaftliche Hausanschluß nicht zur Versorgung aller Wohnungseigentümer mit Nachtstrom aus, kann jeder Miteigentümer eine Aufteilung der zur Verfügung stehenden Stromkapazität nach der Größe der Miteigentumsanteile oder nach Wohnflächen verlangen (BayObLG a.a.O.).

Die Beseitigung eines **öffentlich genutzten Fußwegs,** der ohne Rechtsgrundlage durch faktische Benutzung auf dem Gemeinschaftsgrundstück entstanden ist, kann als Maßnahme der Instandsetzung des gemeinschaftlichen Eigentums mit Mehrheit beschlossen werden.[615]

Die Anlage eines mit **Platten belegten Weges** auf einer Rasenfläche kann eine Maßnahme ordnungsmäßiger Instandsetzung sein, wenn erst dadurch für alle Wohnungseigentümer ein rechtlich gesicherter und ständig sicher begehbarer Zugang zu ihrem Sondereigentum geschaffen wird (im Entscheidungsfall: um eine Rasenfläche gruppierte Einfamilienhäuser).[616]

253 Haben die Wohnungseigentümer die Durchführung einer baulichen Veränderung des Gemeinschaftseigentums wirksam beschlossen, so stellt die Erteilung des Auftrags selbst und die Festlegung näherer Einzelheiten eine Maßnahme der ordnungsmäßigen Verwaltung dar, die mit Mehrheit beschlossen werden kann.[617] Der Mehrheitsbeschluß ist im Anfechtungsfalle nur noch daraufhin zu überprüfen, ob er den Festlegungen in der Entscheidung über die bauliche Veränderung und dem Interesse der Gemeinschaft nach billigem Ermessen entspricht.

254 Die Errichtung einer **Balkenüberdachung der Garageneinfahrt** und die Anbringung von Betonlochsteinen und Fahrradhaltern können eine über die ordnungsmäßige Instandhaltung und Instandsetzung hinausgehende bauliche Veränderung darstellen.[618]

Das Anbringen von **Fahrradständern** an einer bestimmten Stelle einer Gemeinschaftsfläche ist eine bauliche Veränderung, wenn die Maßnahme dem architektonischen Gesamteindruck der Wohnanlage widerspricht.[619] Allerdings kann das erstmalige Aufstellen eines Fahrradständers ordnungsgemäßer Verwaltung entsprechen.[620]

4.3.3 Der ungebührliche Nachteil bei baulichen Veränderungen

4.3.3.1 Vorbemerkungen

255 Es ist bereits dargestellt, daß eine bauliche Veränderung i.S.d. § 22 Abs. 1 S. 1 nur dann der Zustimmung aller bedarf, wenn alle i.S.v. § 14 Nr. 1 unge-

---

[615] BayObLG NJW-RR 1990, 82.
[616] BayObLG WE 1989, 178/179.
[617] BayObLG WE 1989, 53; WE 1991, 20; WE 1995, 286.
[618] BayObLG WE 1991, 228.
[619] BayObLG WE 1992, 195.
[620] OLG Köln ZMR 1997, 44 = WE 1997, 199.

bührlich benachteiligt sind. Beschließt die Gemeinschaft mit Mehrheit eine bauliche Veränderung und ficht nur 1 Wohnungseigentümer erfolgreich an, weil er ungebührlich benachteiligt sei, kommt die Maßnahme wegen des grundsätzlichen Einstimmigkeitsgrundsatzes nicht zum Tragen. Versäumt ein Wohnungseigentümer, der beabsichtigt, eine bauliche Veränderung am Gemeinschaftseigentum vorzunehmen, die Zustimmung aller der Wohnungseigentümer einzuholen, deren schutzwürdige Rechte (§ 14 Nr. 1) beeinträchtigt sein würden – und seien es im Einzelfall alle Wohnungseigentümer –, so ist ihm die Maßnahme versagt, wenn 1 betroffener Wohnungseigentümer in geeigneter Weise dagegen vorgeht.

Unter einem – ungebührlichen – **Nachteil** i.S.d. § 14 Nr. 1 ist **jede nicht ganz unerhebliche Beeinträchtigung** zu verstehen.[621] Die der Zustimmung aller Wohnungseigentümer bedürftigen – bei Beeinträchtigung aller – oder jedenfalls die der Zustimmung beeinträchtigter Wohnungseigentümer bedürftigen baulichen Veränderungen können allgemein wie folgt klassifiziert werden:

- Veränderungen, aus denen eine Beeinträchtigung der **Stabilität, Solidität** und **Sicherheit** des Gebäudes entstehen kann
- Veränderungen, die das **architektonische Aussehen** im Äußeren wie im Inneren sowie das **ästhetische Bild** und den Stil des Anwesens störend verändern.
- Veränderungen, die die gemeinschaftlichen Sachen für den Gebrauch oder die Nutzung auch nur eines einzigen Miteigentümers ganz oder teilweise **unbrauchbar** machen (Umbau mit einer Verringerung des gemeinschaftlichen Eigentums; **Umwandlung einer Grünfläche** in einen Parkplatz; dies gilt auch für die Schaffung eines **Kinderspielplatzes auf einer Grünfläche**, oder eigenmächtige Anbringung einer **Zwischentür im gemeinschaftlichen Treppenhausflur** bzw. Versperren eines Fluchtwegs),
- Veränderungen, durch die überhaupt nicht eine Verbesserung oder ein bequemerer oder einträglicherer Gebrauch eintreten kann; die Ausnahmeregelung des § 22 Abs. 1 Satz 2 kann auch einmal dann eingreifen, wenn bei der baulichen Veränderung zwar Teile des gemeinschaftlichen Eigentums zerstört werden, der geänderte Zustand aber Rechte anderer Wohnungseigentümer nicht beeinträchtigt,[622]
- Veränderungen, durch die eine Verbesserung oder ein bequemerer oder einträglicherer Gebrauch nur für einzelne Wohnungseigentümer eintreten

---

[621] Vgl. statt vieler BayObLGZ 1989, 437/438 m.w.N.; BGH ZMR 1992, 54 = WE 1992, 105.

[622] BayObLG NJW-RR 1987, 1359 (im Entscheidungsfalle hat der Antragsgegner die Eingangstüre zu seiner Wohnung – Holztüre älterer Bauart, deren obere Hälfte durch Holzsprossen geteilte Glaseinsätze enthält, wie die übrigen Wohnungseingangstüren auch – ausgewechselt und unter Veränderung der Türzarge durch eine glatte, furnierte Sperrholztüre ersetzt); s. Hans OLG Hamburg ZMR 1992, 118.

kann, für andere aber eine **Erschwerung** oder **Verschlechterung** der Nutzung dabei herauskommt (Terrassenunterkellerung; Anbringung einer Balkontreppe; Errichtung einer Mauer im gemeinschaftlichen Keller; Errichtung einer Funkantennenanlage auf dem Dach), eine bauliche Veränderung, mit der die wirtschaftlich vorteilhafte Baugestaltung eines anderen Teileigentums entwertet wird, bewirkt eine nicht zu duldende Rechtsbeeinträchtigung,[623]

- Veränderungen, die eine **Änderung des Bestimmungszwecks des Sondereigentums** herbeiführen,
- Veränderungen, die in der **Beseitigung einer gemeinschaftlichen Einrichtung,** Anlage oder Sache bestehen; so kann sich ein Einzelner der Errichtung des **Fahrstuhls** widersetzen, wenn dadurch auch nur ein Teil der Treppen unbenutzbar oder schwerer benutzbar wird; ebenso wird die **Umwandlung eines Hofes** in einen Garten, wenn dadurch die **Waschküche** oder der **Trockenplatz** aufgegeben werden müßte oder schwieriger benutzbar würde, die Beseitigung oder **Stillegung** einer **gemeinschaftlichen Gasleitung** zustimmungsbedürftig sein;[624]
- Veränderungen, die auch nur einem Eigentümer es **unmöglich** machen würden, sich der Einrichtungen, Anlagen und Gegenstände wie bisher zu bedienen, z.B. Umgestaltung der Zentralheizung in der Weise, daß die nötige Beheizung für den einen oder anderen nicht mehr voll gesichert ist, Beseitigung eines Eingangs oder auch dessen Verbreiterung zum Zwecke des leichteren Transports von Waren,
- Veränderungen, die **Schaden** auch nur für einen Miteigentümer zur Folge haben können; z.B. Anbringung der Maschinen für den Fahrstuhl, so daß ein Eigentümer durch Lärm usw. gestört wird; Aufstellung eines Geräteschuppens auf einer Grünfläche; lästige Immissionen, etwa Hühnerstall oder Autohalle im Hof, wodurch einem Eigentümer Nachteile entstehen wegen Geruchs, Feuchtigkeit, Versperrung von Licht und Luft; neue Eingangstüren für Kinos oder Büros, für Transport von Gütern in Lagerräume usw.,
- Veränderungen, die **den Bestimmungszweck des Gebäudes** beeinträchtigen.
- Bei der Bewertung, ob einem Wohnungseigentümer ein Nachteil entsteht, ist nicht etwa auf dessen rein subjektives Empfinden (z.B. Furcht vor Explosionsgefahr bei Umstellung von Öl- auf Gasheizung), sondern darauf abzustellen, ob sich nach der **Verkehrsanschauung** ein Wohnungseigentümer in der betreffenden Lage verständlicherweise beeinträchtigt fühlen kann.[625]

---

[623] OLG Stuttgart ZMR 1990, 465 = DWE 1990, 145.

[624] BayObLG WE 1997, 280 (Umbau von Waschküche in Versammlungsraum).

[625] BayObLG ZMR 1987, 190; WE 1995, 125 (obj. Maßstab bei Frage der nachteiligen Beeinträchtigung des optischen Gesamteindrucks).

4.3.3.2 Weitere Einzelbeispiele für grundsätzlich zustimmungsbedürftige Maßnahmen

Im Sinne dieser Schrift werden nachstehend Beispiele für grundsätzlich **zustimmungsbedürftige** Maßnahmen genannt. Bereits aus den Ausführungen unter 4.3.2 ergibt sich anhand zahlreicher Beispiele, wann zustimmungsbedürftige Maßnahmen vorliegen. Der nachstehend behandelte Katalog ist daher lediglich eine abrundende Ergänzung. **256**

- Jede **Umgestaltung** des gemeinschaftlichen Eigentums und gemeinschaftlicher Anlagen und Einrichtungen, wie nachträglicher Fahrstuhleinbau, Zentralheizungseinbau.[626]
- **Erstmalige Anschaffung** eines Treppenläufers im gemeinschaftlichen Treppenhaus (nicht der Ersatz eines bereits vorhanden gewesenen und wohl auch nicht der Fall, in dem der Treppenläufer erstmalig zur Eindämmung von Trittschallschutzmängeln angeschafft wird).[627]
- **Durchbrüche** durch Stützmauern, auch im Bereich des Sondereigentums,[628] Deckendurchbrüche zur Einbeziehung von Dachgeschoßräumen in eine Wohnung (höhere Belegungsmöglichkeit als Nachteil).[629]
- **Umbau** des Daches zu einer Terrasse oder zu einem Dachgarten.[630]
- **Ölanstrich** statt Leimfarben.[630 a]
- **Parkett** anstelle von Holzdielen etwa im Treppenhaus.
- **Anpflanzung einer Hecke,** sofern diese nicht z.B. aufgrund der Baubeschreibung zur erstmaligen Herstellung der Außenanlagen gehört. Sie wäre in diesem Falle eine Maßnahme der ordnungsmäßigen Instandhaltung und Instandsetzung.[631]
- **Errichtung einer Garage** auf dem gemeinschaftlichen Grundstück.
- **Betonieren der Zufahrt** für eine Garage;[632] an **offenen Stellplätzen** einer Tiefgarage, die im Sondereigentum stehen, darf ohne Zustimmung der übrigen Stellplatzeigentümer kein **Garagentor** angebracht werden, wenn dadurch, sei es auch nur geringfügig, der optische Eindruck verändert und das Rangieren auf der Verkehrsfläche erschwert werden.[633]
- **Aufstockung** des Gebäudes.

---

[626] BayObLG WE 1993, 285 (Anbau eines Lifts an Treppenhaus).

[627] BayObLG DWE 1982, 135.

[628] Vgl. BayObLGZ 1971, 273 zum Durchbruch einer Brandmauer; vgl. auch BayObLG Rpfleger 1984, 409 ff.

[629] BayObLG WE 1986, 72; s. a. Fußnoten 564–568.

[630] OLG Köln WE 1997, 430.

[630a] S. aber OLG Düsseldorf WE 1995, 149 (Ersetzung Rauhfasertapete durch Glasfasertapete).

[631] S. aber BayObLG v. 4. 7. 1991 – 2 Z 32/91 –; s. a. ZMR 1995, 87 = WE 1995, 344.

[632] AG Celle MDR 1968, 48.

[633] BayObLG MDR 1986, 853 = DWE 1986, 95 = WE 1987, 57.

- Aufstellung festverankerter **Fertiggaragen** in einer geschlossenen Reihe auf Kfz-Abstellplätzen im gemeinschaftlichen Eigentum.[634]
- Anbringung einer **Überdachung** über der Terrasse
- **Umwandlung** eines Teils der Grünfläche in Kfz-Abstellplätze, insbesondere dann, wenn die Abstellplätze nicht allen Wohnungseigentümern wenigstens im Turnus zur Verfügung stehen sollen.[635]
- Herstellen und **Anschaffen neuer, nicht zwingend notwendiger Einrichtungen** (Markisen, Fahnenstangen, Blumenkästen),[636] ferner Leuchtreklame an Fassade,[637] sofern nicht im Rahmen der Zweckbestimmung des Teileigentums liegend; Trockenstange auf Balkon,[638] Amateurfunkantenne auf Dach;[639] hingegen Errichtung eines Sperrbügels auf Sondernutzungsfläche zustimmungsfrei.[639 a]
- Ersetzen einer unmodernen Holztüre durch **moderne Glastüre**
- **Stillegung** eines Lifts.[640]
- **Stillegung** eines Schwimmbads, nicht hingegen die Absenkung der Schwimmbadwassertemperatur auf 24 °C, die im Rahmen ordnungsmäßiger Verwaltung liegt.[641]
- **Stillegung** einer Gaszuleitung.[642]
- **Anbau** einer Balkontreppe,[643] eigenmächtiges **Anbringen eines Balkons** vor einer Erdgeschoßwohnung,[644] Einbau einer **Betontreppe** in die Böschung einer Terrasse.[645]
- **Veränderung** der Böschungsstützmauer zur Aufnahme von Mülltonnen.[646]

---

[634] BayObLGZ 1973, 81.

[635] OLG Stuttgart OLGZ 1974, 404.

[636] Vgl. Weimar JR 1974, 57; OLG Frankfurt DWE 1986, 30; BayObLG DWE 1991, 155 = WE 1992, 138; WM 1992, 88 = DWE 1992, 41 = WE 1992, 232 (Außenjalousien; Außenrolläden).

[637] OLG Hamm OLGZ 1980, 274; vgl. a. BayObLG DWE 1987, 56; LG Aurich NJW 1987, 448.

[638] AG Stuttgart DWE 1980, 128.

[639] LG Düsseldorf DWE 1980, 24; OLG Celle DWE 1982, 33; BayObLG NJW-RR 1987, 202 (Anbringung einer Funkantenne an der Decke des Balkons); vgl. aber auch BayObLG NJW-RR 1990, 1167 (keine Beeinträchtigung durch eine an dem Mast der schon vorhandenen eigenen Fernsehantenne angebrachten Sprechfunkantenne für den CB-Funk, da auf den Dächern der Wohnanlage und des angebauten Nachbarhauses weitere Antennen installiert waren); Saarl. OLG ZMR 1998, 310 (7,5 m hohe Antenne zum Betrieb eines digitalen, zellularen Mobilfunknetzes ungeachtet der elektromagnetischen Emission).

[639a] OLG Schleswig DWE 1997, 128.

[640] AG München ZMR 1976, 32.

[641] BayObLG NJW-RR 1987, 655.

[642] BayObLG Rpfleger 1976, 291.

[643] BayObLGZ 1974, 269; OLG Karlsruhe ZMR 1999, 65.

[644] BayObLG WM 1991, 215 = DWE 1991, 81 = WE 1992, 54.

[645] BayObLG ZMR 1991, 444 = DWE 1991, 163 = WE 1992, 198.

[646] OLG Karlsruhe OLGZ 1978, 172.

- Schaffung eines **Müllcontainerplatzes** auf einem Parkplatz;[647] auch die **Umgestaltung** einer **Grünfläche** in eine befestigte umfriedete Fläche zum Aufstellen von Müllbehältern stellt eine zustimmungspflichtige bauliche Veränderung dar.[648] Die Errichtung eines **Klingeltableaus mit Gegensprechanlage** im Bereich der Ein- und Ausfahrt einer Tiefgarage, durch das über Fernbedienung das Garagentor geöffnet werden kann, ist eine zustimmungsbedürftige bauliche Veränderung, wenn sie dazu dient, den Mietern und Besuchern eines außerhalb der Wohnanlage gelegenen Bürogebäudes den Zugang zur Tiefgarage zu erleichtern.[648 a]
- Anlegung eines **Kinderspielplatzes.**[649]
- Anlegung von **Wegen.**[650]
- **Abmontieren** und Stillegen von **Heizkörpern** deshalb, weil sie Bestandteil der Zentralheizungsanlage sind und ihre Demontage bzw. Stillegung das gesamte System in seiner Funktion stören können.
- Maßgebliche **Veränderungen an der Hausabschlußtüre.**[651]
- Errichtung eines **Gerätehauses** auf einer Grünfläche.[652]
- Werden **Küchendünste** über das in einer Außenmauer angebrachte Entlüftungsrohr eines Dunstabzugs ins Freie geleitet, können die damit verbundenen Geruchsemissionen eine nicht nur geringfügige Beeinträchtigung der übrigen Wohnungseigentümer sein.[653]
- Der Einbau eines **Klimagerätes** in das Außenfenster des Schlafzimmers eines Wohnungseigentümers ist eine zustimmungsbedürftige bauliche Veränderung.[654]
- Der **Eingriff** in das gemeinschaftliche **Versorgungssystem** zum Betrieb eines Automatenwaschsalons in einer Teileigentumseinheit einer gewerblich genutzten Teileigentumsanlage kann nachteilige Auswirkungen auf das gemeinschaftliche Eigentum oder das Sondereigentum anderer Eigentümer auch unter dem Gesichtspunkt darstellen, daß durch den Eingriff die Feststellung, Zuordnung oder Behebung von Schäden am gemeinschaftlichen Eigentum oder am Sondereigentum anderer Eigentümer möglicherweise erschwert wird.[655]

---

[647] OLG Frankfurt OLGZ 1980, 78.

[648] OLG Zweibrücken NJW-RR 1987, 1359.

[648a] BayObLG WE 1998, 402.

[649] LG Mannheim ZMR 1976, 51; BayObLG WE 1999, 38: nicht hingegen die Anlage eines baurechtlich vorgeschriebenen Kinderspielplatzes.

[650] OLG Stuttgart DWE 1980, 62.

[651] BayObLG NJW-RR 1987, 1359.

[652] KG Rpfleger 1977, 314; OLG Frankfurt DWE 1986, 30; BayObLG NJW-RR 1992, 975 = WE 1993, 255; ZMR 1992, 310.

[653] BayObLG WE 1991, 204; OLG Düsseldorf ZMR 1997, 536 = WE 1997, 472 (Abgasabführung ins Freie wegen störender Wasserdampfentwicklung).

[654] OLG Frankfurt DWE 1986, 64.

[655] BayObLG WE 1991, 256; s.a. OLG Düsseldorf WE 1989, 98 u. OLG Zweibrücken WE 1989, 102.

– Ob die Verlegung einer **zusätzlichen Wasserleitung** aus der Tiefgarage in die Loggia einer Erdgeschoßwohnung eine zustimmungsbedürftige Maßnahme ist, hängt von den individuellen baulichen und örtlichen Verhältnissen sowie der beabsichtigten Baumaßnahme selbst ab.[656] Die Herstellung eines Energieversorgungsanschlusses durch Anschluß an eine bereits vorhandene Hauptleitung ist gem. § 21 Abs. 5 Nr. 6 zu dulden, nicht hingegen der Anschluß an eine außerhalb des Hauses verlaufende öffentliche Versorgungsleitung.[657]
– Die – bauliche – Veränderung des Gemeinschaftseigentums durch **Erstellung einer Terrasse** mit Plattenbelag kann von der Zustimmung aller Beteiligten unabhängig sein, wenn sie im Rahmen eines vereinbarten Sondernutzungsrechts erfolgt und auch sonst die übrigen Wohnungseigentümer nicht benachteiligt werden.[658]

257 – Widerspruchsrechte sind ganz allgemein nur insoweit zu berücksichtigen, als der einzelne Wohnungseigentümer und alle Wohnungseigentümer durch die bauliche Veränderung Nachteile erleiden. Als solche Nachteile sind anzusehen:
– Die **Beschränkung der Rechte** auf gemeinsamen Gebrauch des Gemeinschaftseigentums
– lästige **Immissionen**
– die **Gefährdung der Stabilität** der konstruktiven Elemente des Gebäudes und
– die störende Veränderung des **optischen** Gesamteindrucks der Anlage.

Liegen diese Nachteile nicht vor, ist die Zustimmung eines Wohnungseigentümers entbehrlich. Ist z.B. für die Standortverlegung von Mülltonnenbehältern die Veränderung einer zum Gemeinschaftseigentum gehörenden Böschungsmauer erforderlich, kann dies nur einstimmig beschlossen werden.[659]
– Durch die Anbringung eines **Windschutzes** auf einer Dachterrasse wird das äußere Bild des Gebäudes so einschneidend verändert, daß die Harmonie der Gebäudefassade gestört ist. Einstimmigkeit ist erforderlich.[660] Dasselbe kann für einen 2 m hohen **massiven Holzlattenzaun** entlang der Grundstücksgrenze gelten, wenn der Wohnungseigentümer einer Erdgeschoßwohnung, dem ein Sondernutzungsrecht an einem Grundstücksteil zugewiesen ist, den Zaun als Windschutzersatz für durch Windbruch beschädigte Tannen errichtet.[661] Die von einem Wohnungseigen-

---

[656] BayObLG DWE 1991, 126 = WE 1992, 84.
[657] BayObLG WE 1994, 21.
[658] BayObLGZ 1975, 177 = DB 1975, 1888; NJW-RR 1997, 971 (Terrassenvergrößerung auf Sondernutzungsfläche); NJW-RR 1993, 85 (Zustimmung erforderlich bei Terrassenerrichtung mit darunterliegendem Keller).
[659] OLG Karlsruhe WEM 1978, 120.
[660] BayObLG WEM 1978, 116.
[661] LG Hannover v. 30. 4. 1984 – 1 T 48/84 –.

tümer überwiegend außerhalb des Bereichs eines ihm zustehenden Sondernutzungsrechts, jedoch unmittelbar angrenzend an den in seinem Sondereigentum stehenden Reihenbungalow errichtete **Betonplatte** kann trotz eines gewissen Sichtschutzes und einer Entfernung zu dem zur Wohnungseigentumsanlage gehörenden Mehrfamilienhaus von etwa 40 m eine nicht nur geringfügige bauliche Veränderung zum Nachteil insbesondere der Wohnungseigentümer mit Sondereigentum in dem Mehrfamilienhaus sein.[662]

– Einen das Gemeinschaftseigentum beeinträchtigenden **Überbau,** den ein Wohnungseigentümer unter Überschreitung genehmigter Maße errichtet hat, haben die Wohnungseigentümer grundsätzlich nicht zu dulden. Seine Beseitigung kann jedoch dann nicht verlangt werden, wenn die Beeinträchtigung geringfügig und ihre Beseitigung mit unverhältnismäßigen Aufwendungen verbunden ist, die dem Störer unter Berücksichtigung der Gesamtumstände billigerweise nicht zugemutet werden können. Das Verlangen nach Herstellung eines an sich gebotenen Zustands erweist sich dann als rechtsmißbräuchlich, wenn ihm der in Anspruch genommene Störer nur unter unverhältnismäßigen, vernünftigerweise nicht zumutbaren Aufwendung entsprechen könnte. Dies gilt um so mehr, wenn sich der Störer zum vollen, reichlichen Schadenersatz erbietet. Bei der Abwägung können auch Art und Grad eines etwaigen Verschuldens des Störers bedeutsam sein.[663]

Die hier angesprochene Problematik betrifft die generelle Möglichkeit der **258**
Rechtsmißbräuchlichkeit eines an sich gegebenen Beseitigungsanspruchs. Auch für den gesetzlichen Beseitigungsanspruch aus § 1004 BGB gilt der allgemeine Grundsatz, daß sich das Verlangen nach Herstellung eines an sich gebotenen Zustands als rechtsmißbräuchlich erweist, wenn ihm der in Anspruch Genommene nur unter unverhältnismäßig großen, billigerweise nicht zumutbaren Aufwendungen entsprechen könnte.[664] In diesem Zusammenhang kann es geboten sein, das jeweilige Interesse der Antragsteller an der Beseitigung einer Maßnahme gegenüber dem Interesse der jeweiligen Antragsgegner an deren Beibehaltung abzuwägen und den Kostenaufwand der jeweiligen Antragsgegner zu berücksichtigen. Im Rahmen dieser Abwägung kann zum Nachteil der Antragsgegner berücksichtigt werden, daß sie die beanstandete Baumaßnahme durchgeführt haben, obwohl sich die Eigentümerversammlung zuvor bereits gegen derartige Maßnahmen ausgesprochen hatte. Unzulässig kann eine Rechtsausübung auch dann sein, wenn eine Leistung verlangt wird, die alsbald zurückzugewähren wäre.[665] Ein sol-

---

[662] Hans. OLG Hamburg WE 1989, 141.

[663] OLG Hamm OLGZ 1976, 61 = WPM 1976, 600.

[664] BGHZ 62, 388/391 m.w.N.; NJW 1988, 699/700; BayObLG NJW-RR 1990, 1168.

[665] BGHZ 10, 69/74f.; 47, 266/269f.; Betrieb 1976, 1057f.; BayObLG NJW-RR 1988, 588 = WE 1988, 142.

cher Fall ist zu bejahen, wenn das Gewerk, das vom Antragsgegner umgebaut wurde, vor dem Umbau äußerst unzureichend isoliert war und deshalb ohnehin dringend der Renovierung bedurft hätte; denn dann hätten alle Wohnungseigentümer der Renovierung des umgebauten Gewerks zustimmen müssen. Ferner kann der Beseitigungsanspruch gegen das **Schikaneverbot** verstoßen. Der Fall der Schikane scheidet jedoch aus, wenn der Anspruchsinhaber den Beseitigungsanspruch erst sehr spät geltend gemacht, aber gar nicht gewußt hat, daß ihm dieser Anspruch zusteht.[666] War eine bauliche Veränderung durch bestandskräftigen Mehrheitsbeschluß genehmigt, kann durch einen späteren Beschluß eine **Beseitigung** nur **verlangt** werden, wenn ein **sachlicher Grund** hierfür besteht und dadurch keine unbillige Benachteiligung des betroffenen Wohnungseigentümers entsteht.[666 a] Kein Rechtsmißbrauch ist anzunehmen, wenn der Anspruchsteller selbst eine bauliche Veränderung vorgenommen hat, die zustimmungsbedürftig war.[666 b] Schließlich kann der Beseitigungsanspruch im Einzelfall auch **verwirkt** sein. Hierzu reicht jedoch der Ablauf eines längeren Zeitraums alleine nicht aus. Es müssen vielmehr weitere Umstände hinzukommen, die die verzögerte Geltendmachung des Rechts als Verstoß gegen Treu und Glauben erscheinen lassen (Zeit- und Umstandsmoment).[667] Ist der an sich bestehende Beseitigungsanspruch durch Duldung verwirkt, ist auch der **Sondernachfolger** gehindert, den Anspruch noch geltend zu machen.[668]

259 Der Unterlassungsanspruch nach § 1004 BGB i.V.m. § 15 Abs. 3 kann sich auch dann gegen den Teileigentümer richten, wenn die in seinem Teileigentum beispielsweise geführte Gaststätte nicht von ihm selbst, sondern von seinem Mieter betrieben wird und der Mieter der **Störer** ist (z.B. Aufstellung eines Müllcontainers auf der Gemeinschaftsfläche, die nicht Sondernutzungsfläche ist).[669]

Ist die **Erneuerung** von im Gemeinschaftseigentum stehenden Fenstern durch einen Wohnungseigentümer, an denen bereits Schaden eingetreten war, noch eine Instandsetzungsmaßnahme und keine bauliche Veränderung, so kann dieser Wohnungseigentümer einen **Anspruch auf Erstattung** der entstandenen Kosten haben, § 21 Abs. 2 i.V.m. § 16 Abs. 2.[670]

---

[666] BayObLG DWE 1988, 109.

[666a] BayObLG NJW-RR 1995, 395 = WE 1995, 342.

[666b] BayObLG WE 1995, 377; NJW-RR 1993, 337 = ZMR 1992, 551 = WE 1993, 286; OLG Frankfurt DWE 1997, 165: keine „Aufrechnung".

[667] BayObLG v. 28. 1. 1988 – 2 Z 150/87 –; NJW-RR 1993, 1165 = WE 1994, 178; KG WE 1994, 51; OLG Düsseldorf ZMR 1995, 267 = WE 1995, 217; OLG Köln NZM 1998, 872 = ZMR 1998, 459 = ZfIR 1998, 215 = WE 1998, 236 u. ZMR 1998, 111, sowie BayObLG ZfIR 1998, 614, jeweils zur Verwirkung von Ansprüchen bei zweckbestimmungswidriger Nutzung.

[668] BayObLG a.a.O.; KG a.a.O.; OLG Köln a.a.O.

[669] BayObLG DWE 1991, 75 = WE 1992, 22; v. 10. 6. 1998 – 2 Z BR 15/98 –.

[670] OLG Oldenburg ZMR 1988, 185.

Die Möglichkeit, daß auch der bestehende Zustand für einen Miteigentümer zur Beeinträchtigung führen kann, schließt sein Recht, sich gegen bauliche Veränderungen, die für ihn mit anderweitigen Nachteilen verbunden sind, zu wehren, nicht aus. Es ist dem betroffenen Wohnungseigentümer dann überlassen, die Vor- und Nachteile der beabsichtigten Maßnahme zu erwägen und danach seine nach der Rechtslage erforderliche Zustimmung zu erteilen oder auch nicht.[671] Der **Beseitigungsanspruch** besteht auch dann, wenn andere Maßnahmen – als die Beseitigung – die eingetretene Störung minimieren können.[672]

- Die eigenmächtig von einem Wohnungseigentümer im gemeinschaftlichen Treppenhaus angebrachte **Trennwand** ist grundsätzlich zu beseitigen. Der Rechtfertigungsgrund des § 22 Abs. 1 S. 2 kommt nicht in Betracht.[673] 260
- Die **Abtrennung** eines Teils eines gemeinschaftlichen Flurs, der nur dem Zugang zu zwei Wohnungen ein und desselben Wohnungseigentümers dient, ist hingegen keine Beeinträchtigung nach § 14 Nr. 1 für einen Wohnungseigentümer in einem Nachbarhaus.[674] Die eigenmächtige **Zusammenlegung zweier Eigentumswohnungen** unter **Einbeziehung** eines im gemeinschaftlichen Eigentum stehenden Flurteils (Treppenpodest) stellt eine bauliche Veränderung dar, die der einstimmigen Zustimmung aller Wohnungseigentümer bedarf.[675]

Eigenmächtig im zur alleinigen Nutzung zugewiesenen **Kellerabteil** errichtete **Ytongwände** sind zu beseitigen. Durch die Errichtung der Trennwände ist die Einheitlichkeit der Gestaltung des gemeinschaftlichen Kellers gestört.[676]

- Die eigenmächtig errichtete **Drahtfernsteuerungsanlage** zu einem Einfahrtstor ist zu entfernen. Nachteil i. S. v. § 14 Nr. 1 ist nicht nur eine **erhebliche** Beeinträchtigung.[677]
- Durch die **Vollverglasung** eines **Balkons** wird der architektonische Gesamteindruck der Wohnanlage verändert. Die Vollverglasung ist zu beseitigen. Aufgrund eines Eigentümerbeschlusses, der eine einheitliche Verglasung der Loggien verfolgt, können die Wohnungseigentümer die Beseitigung einer farblichen Verglasung verlangen, wenn mehrere Miteigentümer ihre **Loggien** zuvor bereits farblos verglast hatten.[678]

---

[671] OLG Düsseldorf ZMR 1988, 390.
[672] OLG Düsseldorf ZMR 1996, 396 = WE 1996, 391.
[673] BayObLG v. 1. 6. 1979 – 2 Z 34/78 –.
[674] BayObLG v. 25. 5. 1983 – 2 Z 40/82 –.
[675] KG v. 19. 6. 1985 – 24 W 6402/84 –.
[676] BayObLG v. 11. 6. 1979 – 2 Z 59/78 –.
[677] BayObLG v. 3. 8. 1979 – 2 Z 24/78 –.
[678] OLG Stuttgart WEM 1980, 36; vgl. a. OLG Frankfurt OLGZ 1985, 48; ZMR 1994, 381; BayObLG NJW-RR 1987, 1357 = DWE 1988, 34 = WE 1988, 63 = ZMR 1987, 382; NJW-RR 1993, 337 = ZMR 1992, 551 = WE 1993, 286; OLG Köln WE 1990, 172; OLG Düsseldorf ZMR 1995, 267 = WE 1995, 217; s. a. OLG Zweibrücken

- Die **Verlegung von Betonplattenreihen** im Garten einer großen Wohnanlage vor der Loggia einer Wohnung bedarf der Zustimmung aller Wohnungseigentümer.[679]
- Die an einem Balkon eigenmächtig angebrachte **Glasfensterkonstruktion** bedarf bei Beeinträchtigung des optischen Gesamteindrucks der Gebäudefassade der Zustimmung aller Wohnungseigentümer.[680] Im Entscheidungsfalle wies das Gericht allerdings darauf hin, daß das Verlangen auf Beseitigung rechtsmißbräuchlich sein könne, wenn die in der Gemeinschaftsordnung vorgesehene Verwalterzustimmung mangels eines wichtigen Grundes für die Versagung hätte erteilt werden müssen.
- Ersetzt bei einheitlicher Fassadengestaltung ein Wohnungseigentümer einfach verglaste Fenster durch **Thermopane-Verglasung,** die in der Gestaltung der Rahmen, der Art des Materials oder der Farbgebung sichtbar abweichen, müssen dies die übrigen Wohnungseigentümer hinnehmen, wenn dies nur eine geringfügige optische Beeinträchtigung zur Folge hat, wobei auch das private und öffentliche Interesse an Einsparung von Heizenergie zu berücksichtigen ist.[681]
- Die Veränderung der äußeren Gestaltung durch Errichtung einer **Pergola** auf einer Dachterrasse ist eine nachteilige bauliche Veränderung i. S. d. § 14 Nr. 1.[682]
- Beeinträchtigen eigenmächtig **ausgewechselte Fenster-Tür-Kombinationen** das optische Gesamtbild, sind sie grundsätzlich erneut auszuwechseln. Der Beseitigungs- und Wiederherstellungsanspruch der beeinträchtigten Wohnungseigentümer stützt sich, wie immer in solchen Fällen, auf das zwischen den Wohnungseigentümern bestehende gesetzliche Schuldverhältnis (§ 14 Nr. 1, § 15 Abs. 3).[683] Im Entscheidungsfalle störten bei den neuen Kombinationen nur die dunklen, breiten Metallblenden vor den Rolladenkästen. Das BayObLG verpflichtete daher den Antragsgegner – Störer – lediglich, eine Markise anzubringen. Es hielt ihn nicht für verpflichtet, die Fenster-Tür-Kombination auszuwechseln. Die Befugnis des Gerichts, den Antragsgegner zu dieser modifizierten Maßnahme zu verpflichten, ergebe sich aus dem Rechtsfolgeermessen des Gerichts nach § 43 Abs. 2, denn die Anbringung einer Markise stelle eine weit weniger einschneidende und aufwendige Maßnahme als eine erneute Auswechslung dar.
- Maßnahmen, wie ein von einem Wohnungseigentümer angebrachtes **Gartentor,** eine **seitliche Balkonverkleidung** und auf einem Balkon fest

---

ZMR 1998, 464 = WE 1998, 237 (Beseitigung eines Katzennetzes am vorderen Abschluß des als Loggia ausgestalteten Balkons).

[679] OLG Stuttgart WEM 1980, 75.

[680] BayObLG WEM 1980, 31.

[681] OLG Köln NJW 1981, 585.

[682] BayObLG Rpfleger 1981, 284.

[683] BayObLG v. 3. 12. 1981 – 2 Z 80/80 –; WE 1998, 392 (Ersatz eines Fensters durch eine Türe zur Schaffung eines erleichterten Zugangs in den Garten).

angebrachte **Wäschetrockenstangen** seien nicht zustimmungspflichtig, da keine Nachteile entstünden. Gartentor und Balkonverkleidung veränderten den architektonischen Gesamteindruck nicht, durch die Wäschetrokkenstangen werde das Erscheinungsbild des Balkons nur unwesentlich verändert.[684] Auch diese Entscheidung darf nur als Einzelfallentscheidung verstanden werden, da die Installierung eines Gartentors, die Errichtung einer seitlichen Balkonverkleidung und die Anbringung von Wäschetrokkenstangen regelmäßig eher zustimmungsbedürftige Maßnahmen sind, weil sie zumindest den architektonischen Gesamteindruck einer Wohnanlage negativ beeinträchtigen. So hat das BayObLG[685] die nachträgliche Anbringung einer **Loggiaverkleidung** (faltbare Glasfensterkonstruktion) als nicht zu duldende nachteilige bauliche Veränderung angesehen, wenn die Fassade gerade durch die Anordnung von Balkonen und Loggien gestalterisch bestimmt ist.

- Der eigenmächtige **Ausbau** eines dem Sondereigentum zugeordneten **Dachbodenraums** durch Installierung von Heizkörper, Wasseranschluß- und -abflußleitungen, sowie durch **Ersetzen einiger Dachpfannen durch Glaspfannen** sind zu beseitigende Maßnahmen, die die übrigen Wohnungseigentümer nicht hinzunehmen haben.[686] **261**
- Das Auswechseln von Fenstern durch den Einbau einer **Sprossenverglasung** führt zu einer nicht unerheblichen Veränderung des äußeren Aussehens des Gebäudes und ist deshalb zustimmungsbedürftig. Etwas anderes gelte nur, wenn es sich um eine „geringfügige“ und damit hinzunehmende Fassadenänderung handelte.[687] Hingegen hat das BayObLG[688] den **Austausch von Holzfenstern** gegen ähnlich gestaltete moderne **Kunststofffenster** als eine Maßnahme der ordnungsmäßigen Instandhaltung und Instandsetzung angesehen und im Falle unterstellter baulicher Veränderung die nachteilige Beeinträchtigung anderer Wohnungseigentümer verneint.
- Die Errichtung eines **Maschendrahtgrenzzauns** zwischen Gartensondernutzungsflächen (hier: Doppelhaus-Wohnungseigentum) ist mangels eines Nachteils zu dulden. Durch das Setzen des Zauns gehe zwar der großzügige Charakter eines Gartens verloren. Dieser Nachteil sei jedoch geringfügig, da der Zaun z.B. auch Tiere davor zurückhalten könne, fremde Grundstücksflächen zu beeinträchtigen. Das Sondernutzungsrecht werde oft auch erst richtig durch einen Zaun verwirklicht.[689] Demgegen-

---

[684] OLG Stuttgart DWE 1981, 125.

[685] BayObLG WE 1990, 71; OLG Zweibrücken ZMR 1998, 464 = WE 1998, 237.

[686] LG Hamburg DWE 1982, 25; vgl. a. BayObLG DWE 1985, 125; s. aber ZMR 1992, 65 für den Fall, daß die Teilungserklärung den Ausbau zuläßt; ZMR 1993, 123 = WE 1994, 25; ZMR 1997, 89 = WE 1997, 200; NJW-RR 1994, 82 = WE 1994, 277.

[687] OLG Frankfurt Rpfleger 1983, 62 = DWE 1983, 59.

[688] BayObLG WM 1991, 56 = DWE 1991, 81 = WE 1992, 50; vgl. a. OLG Köln ZMR 1998, 49.

[689] BayObLGZ 1982, 69.

über hat das Hans. OLG Hamburg[690] die von einem Wohnungseigentümer überwiegend außerhalb des Bereichs eines ihm zustehenden Sondernutzungsrechts, jedoch unmittelbar angrenzend an den in seinem Sondereigentum stehenden Reihenbungalow errichtete **Betonplatte** trotz eines gewissen Sichtschutzes und einer Entfernung zu dem zur Wohnungseigentumsanlage gehörenden Mehrfamilienhaus von etwa 40 m als eine nicht nur geringfügige bauliche Veränderung zum Nachteil insbesondere der Wohnungseigentümer mit Sondereigentum in dem Mehrfamilienhaus angesehen. Im Unterschied zur vorerwähnten Entscheidung vom 4. 2. 82 hat das BayObLG am 23. 10. 86[691] entschieden, daß eine Sondernutzungsfläche ohne Zustimmung der anderen Wohnungseigentümer nicht eingezäunt werden dürfe, wenn dadurch der parkähnliche Charakter der Wohnanlage optisch nicht nur geringfügig beeinträchtigt werde und eine Einzäunung nicht aus anderen Gründen im Einzelfall geboten sei. Das Gericht weist ausdrücklich darauf hin, daß diese Entscheidung auf denselben Rechtsgrundsätzen wie seine frühere Entscheidung und die Entscheidungen anderer Gerichte beruhe; soweit die einzelnen Entscheidungen zu unterschiedlichen Ergebnissen führten, liege dies daran, daß ihnen jeweils andere Sachverhalte zugrunde gelegen hätten.

- Der Einbau eines **Windfangs** auf einer Sondernutzungsfläche ist eine zustimmungspflichtige, den optischen Gesamteindruck beeinträchtigende bauliche Veränderung. Durch die Maßnahme sei das architektonisch-ästhetische Bild der Anlage gestört.[692] Eine Zustimmungsverweigerung sei selbst dann nicht rechtsmißbräuchlich, wenn der Verweigernde selbst bereits eigenmächtig Fassadenänderungen in der Vergangenheit vorgenommen habe.
- Die Ersetzung eines schadhaften Holzzauns durch eine **Berberitzenhecke** und einen **schmiedeeisernen Zaun** kann im Einzelfall mehrheitlich beschlossen werden, wenn sich keine Beeinträchtigung des optischen Gesamteindrucks und keine Störung der Harmonie des Gebäudes erkennen lassen.[693]
- Die **Umgestaltung** eines Wohnungsfensters in eine auf einen gemeinschaftlichen Innenhof führende Türe stellt eine zu duldende Maßnahme dar, da sie zu keiner optischen Veränderung und zu keiner Beeinträchtigung führt.[694]

---

[690] Hans. OLG Hamburg ZMR 1989, 467.

[691] BayObLG WE 1987, 94; vgl. a. Hans. OLG Hamburg DWE 1984, 91 und KG WM 1985, 161.

[692] BayObLG Rpfleger 1982, 268.

[693] BayObLG MDR 1982, 852; vgl. aber LG Hannover v. 30. 4. 1984 – 1 T 48/84 – für den Fall der Errichtung eines 2 m hohen massiven Holzzauns entlang der Grundstücksgrenze.

[694] BayObLG WuH 1982, 207; s. aber BayObLG WE 1998, 392 (Ersetzung eines Fensters durch eine Türe zur Erleichterung des Ausgangs aus der Praxis in den Garten ist zustimmungspflichtige bauliche Veränderung).

- Eine nur geringfügige Änderung ohne Nachteilswirkung ist das Ersetzen eines durchgehenden Eingangshallenfensters durch ein zweiteiliges, da die optische Harmonie der Anlage nicht gestört werde.[695] Im Entscheidungsfalle hatte der Verwalter die Maßnahme ohne Mehrheitsbeschluß veranlaßt.
- Der Einbau eines **Dachfensters** sowie die Vergrößerung und Umgestaltung von **Giebelfenstern** zum Zwecke des Ausbaus von Teileigentumsdachgeschoßräumen zu Wohnzwecken ist eine nachteilige und damit zustimmungsbedürftige Maßnahme. Der Nachteil liege in der zu erwartenden vermehrten Geräuschbelästigung, bedingt durch die Nutzung der Räume als Wohnung.[696] Das Gericht ließ die von der Vorinstanz angeschnittene Frage offen, ob bereits die mit den Bauarbeiten verbundene Staub- und Lärmentwicklung als Nachteil i. S. d. § 14 Nr. 1 zu werten sei sowie, ob in der Anbringung eines Gerüsts und in der erforderlichen teilweisen Entfernung und Wiederanbringung der Fassadenverkleidung ein ungebührlicher Nachteil zu erblicken sei. Das Gericht bejahte im übrigen die Zustimmungsbedürftigkeit schon wegen der in dem Ausbau liegenden Zweckbestimmungsänderung. Sind Wohnungseigentümer schuldrechtlich verpflichtet, die Nutzung eines **Spitzbodendachraums** zu Wohnzwecken zu dulden, müssen sie auch den wohnungsmäßigen Ausbau hinnehmen, soweit dadurch nicht ihre Rechte über das in § 14 bestimmte Maß hinaus beeinträchtigt werden. Diejenigen Beeinträchtigungen, die mit einer Nutzung zu Wohnzwecken zwangsläufig verbunden sind, haben außer Betracht zu bleiben.[697] Wenn Wohnungseigentümer entgegen der Zweckbestimmung in der Teilungserklärung die Nutzung eines Teileigentums zu Wohnzwecken dulden müssen, weil sie diese Nutzung jahrelang widerspruchslos hingenommen haben (Fall der Verwirkung), müssen sie nicht auch eine aus öffentlich-rechtlichen Gründen zu dieser Art der Nutzung erforderliche bauliche Veränderung hinnehmen, sofern ihnen dadurch ein Nachteil entsteht, der über denjenigen hinausgeht, welcher mit der Nutzung des Teileigentums zu Wohnzwecken als solcher verbunden ist.[698] Das Gericht wies in dieser Entscheidung zusätzlich darauf hin, daß die erhöhte Reparaturanfälligkeit des gemeinschaftlichen Eigentums, die durch die bauliche Veränderung verursacht ist, unabhängig davon, wer die Reparaturkosten zu tragen hat, einen über das unvermeidliche Maß hinausgehenden Nachteil darstellt. Eine als Inhalt des Sondereigentums im

---

[695] BayObLG DWE 1983, 30.

[696] BayObLG MDR 1983, 35, 134 = ZMR 1983, 35; s. a. KG NJW-RR 1992, 1232 = WE 1992, 256; vgl. aber BayObLG ZMR 1997, 89 = WE 1997, 200.

[697] BayObLG WE 1990, 142; s. zum umgekehrten Fall: BayObLG NJW-RR 1993, 1165 = WE 1994, 178: Gestattung des Dachgeschoßausbaus zu Wohnzwecken erlaubt auch die Wohnraumnutzung; so erneut NJW-RR 1998, 947 = ZMR 1998, 359 = WE 1998, 278.

[698] BayObLG WE 1989, 65.

Grundbuch eingetragene Regelung der Gemeinschaftsordnung, nach der es dem Teileigentümer eines Speicherraums gestattet ist, diesen ohne Zustimmung der übrigen Wohnungseigentümer zur wohnungsmäßigen Nutzung auszubauen, beinhaltet die Verpflichtung der übrigen Wohnungseigentümer, die zur Herbeiführung dieses Zustandes nach öffentlich-rechtlichen Vorschriften gebotenen baulichen Veränderungen des gemeinschaftlichen Eigentums hinzunehmen. Hat sich ein Teileigentümer beim Vorliegen mehrerer genehmigungsfähiger Möglichkeiten für das Bauvorhaben für eine bestimmte Lösung entschieden und steht fest, daß bei Berücksichtigung aller Umstände des Falles und der Belange aller Beteiligten Rechte anderer Wohnungseigentümer in vermeidbarer Weise wesentlich beeinträchtigt werden, so steht diesen ein Beseitigungsanspruch nach § 1004 BGB zu.[699] Ist einem Teileigentümer in der Gemeinschaftsordnung gestattet, sein Teileigentum in bestimmter Weise baulich zu verändern, um Wohnräume zu schaffen, kann darin bereits die vorweggenommene Mitwirkung der übrigen Wohnungseigentümer in die Umwandlung des Teileigentums in Wohnungseigentum liegen oder zumindest deren Verpflichtung, die hierzu erforderlichen materiell- und grundbuchrechtlichen Erklärungen abzugeben.[700]

- Der eigenmächtige **Kellervorbau** unter dem Garten und die Anlegung einer zur Sondernutzung zugewiesenen **Terrasse** mit Kelleraufgang führen zur Störung des optischen Gesamteindrucks und seien daher zustimmungsbedürftig.[701] Das Gericht wies nochmals ausdrücklich darauf hin, daß der Bauwillige nicht etwa deshalb eigenmächtig handeln dürfe, weil die betroffene Fläche ihm zur Sondernutzung zugewiesen sei.
- Hingegen hat das OLG Hamm[702] die **Unterkellerung** einer Gartenterrasse für nicht zustimmungsbedürftig gehalten, da dem widersprechenden Eigentümer durch die Maßnahme kein besonderer Nachteil erwachse und ein Beseitigungsanspruch im übrigen nach Treu und Glauben rechtsmißbräuchlich sei, da ihm der Störer nur unter unverhältnismäßigen, vernünftigerweise nicht zumutbaren Aufwendungen entsprechen könne.
- Die Errichtung einer zur Sondernutzung zugewiesenen **Terrasse** und die Ersetzung eines Gartenfensters durch eine Türe sind von den übrigen Wohnungseigentümern mangels optischer Beeinträchtigung und mangels Störung der Harmonie des Gebäudes zu dulden, zumal ein Zugang zur Terrasse als zweckmäßig zu erachten sei.[703] Das Gericht hob nochmals hervor, daß die bloße **Veränderung** des optischen Gesamteindrucks einer

[699] BayObLG WE 1990, 134.
[700] BayObLG NJW-RR 1997, 586 = WE 1997, 271.
[701] BayObLG DWE 1984, 30; NJW-RR 1993, 85.
[702] OLG Hamm OLGZ 1976, 61.
[703] BayObLG DWE 1984, 27; s.a. Hans. OLG Hamburg ZMR 1992, 118; s. aber BayObLG WE 1998, 392 (Pflicht zur Beseitigung einer Holzterrasse, wenn sie den Zugang zu einem Kanalschacht hindert).

Wohnanlage, wenn sie sich in keiner Weise negativ auswirke, noch kein Nachteil i. S. d. § 14 Nr. 1 sei. Das Gericht sah allerdings im Anbau eines Balkons einen Nachteil infolge der damit ausgelösten Einschränkung des Lichteinfalls für die EG-Wohnung.

- Eine einfahrtbehindernde **Müllbox** und ein **Trafokasten** sind infolge Beeinträchtigung der übrigen Wohnungseigentümer zu entfernen.[704]
- Weil der eigenmächtige Anschluß eines **Heizkörpers** in einem Abstellraum an die gemeinschaftliche Zentralheizung die Heizleistung in den Obergeschossen vermindere, bestehe keine Duldungspflicht für die übrigen Wohnungseigentümer.[705]
- Der erstmalige Einbau einer **Trinkwasserenthärtungsanlage** nach dem Ionenaustauschverfahren sei deshalb ein Nachteil, weil die **Möglichkeit** einer Gesundheitsschädigung bestehe (Gefährdung der Hypertoniker).[706]
- Die auf einem dem Sondereigentum zugeordneten Balkon eigenmächtig angebrachte **Trennmauer** ist Gemeinschaftseigentum, wenn durch ihre Errichtung oder Beseitigung die äußere Gestaltung des Gebäudes verändert wird. Die deshalb in der Mauererrichtung liegende bauliche Veränderung von Gemeinschaftseigentum sei wegen der Störung des optischen Gesamteindrucks zustimmungsbedürftig.[707]
- Bei einem **Deckendurchbruch** für eine raumverbindende Wendeltreppe **262** etwa oder bei dem nachträglichen Einbau eines offenen Innenkamins – beide Maßnahmen sind zweifelsfrei bauliche Veränderungen –, wie bei allen baulichen Maßnahmen im Sondereigentum, die jedoch Gemeinschaftseigentum in der einen oder anderen Weise tangieren, wird die Zustimmungsbedürftigkeit stets abhängig davon sein, daß der bauwillige Wohnungseigentümer vor Durchführung der Maßnahmen die technische Unbedenklichkeit (z. B. Statiknachweis, Bescheinigung des Bezirkskaminkehrermeisters) den übrigen Wohnungseigentümern, vertreten durch den Verwalter, belegt. Ist der Nachweis geführt, ist die gemeinschaftsinterne Zulässigkeit der baulichen Maßnahmen i. d. R. zu bejahen, sofern nicht andere, technische oder außertechnische Beeinträchtigungen zurückbleiben (optischer Gesamteindruck etc., Harmonie der Wohnanlage, Geräusche oder Geräuschbelästigung).[708] Zu berücksichtigen ist aber: Bei baulichen Maßnahmen eines Wohnungseigentümers, die in die **Statik** und tief in die **Substanz** des im gemeinschaftlichen Eigentum stehenden Gebäudes eingreifen und es umgestalten (in casu: Durchbruch der Außenwand und Errichtung von Pflanzbeeten sowie eines in den Stahlbetonringanker eingefügten Wintergartens auf der Dachterrasse) können

[704] BayObLG DWE 1984, 30.
[705] BayObLG DWE 1984, 92.
[706] BayObLG MDR 1984, 406.
[707] BayObLG DWE 1984, 62.
[708] Vgl. z. B. BayObLG NJW-RR 1994, 1169 = WE 1995, 126.

nachteilige Auswirkungen auf das gemeinschaftliche Eigentum oder das Sondereigentum anderer Wohnungseigentümer regelmäßig auch dann nicht von vornherein ausgeschlossen werden, wenn eine technisch, insbesondere statisch einwandfreie Durchführung geplant ist. Schon dann, wenn die Feststellung, Zuordnung und Behebung von Schäden am gemeinschaftlichen Eigentum oder am Sondereigentum anderer Wohnungseigentümer durch bauliche Veränderungen eines Wohnungseigentümers erschwert wird, kann dies eine Beeinträchtigung der anderen Wohnungseigentümer darstellen.[709] Nicht unproblematisch ist die vom Gericht in diesem Zusammenhang getroffene weitere Feststellung, eine von den übrigen Wohnungseigentümern nicht zu duldende Beeinträchtigung könne bei größeren Bauvorhaben eines Wohnungseigentümers auch in den mit der Durchführung der Baumaßnahme verbundenen Beeinträchtigungen, z. B. durch **Lärm** und **Schmutz,** liegen.

- Der **Anbau einer Garage** durch einen Wohnungseigentümer an das im Sondereigentum eines anderen Wohnungseigentümers stehende Haus in der Weise, daß ein Fenster dieses Hauses zugebaut werden muß, bedarf der Zustimmung des beeinträchtigten Wohnungseigentümers, da hierin ein weitergehender Nachteil liege, der von der Einräumung des Sondernutzungsrechts noch nicht umfaßt sei.[710]
- Die **Errichtung von Garagen** anstelle von in der notariellen Vereinbarung vorgesehenen Kfz-Abstellplätzen ist eine bauliche Veränderung, die der Zustimmung aller Wohnungseigentümer bedarf.[711]
- Der Anschluß eines **WC** und eines **Waschbeckens** in einem im Teileigentum stehenden Abstellraum im Kellergeschoß an die gemeinschaftliche Entwässerungsanlage bedarf nicht der Zustimmung der übrigen Wohnungseigentümer. Sie seien durch die Maßnahmen deshalb nicht in ihren Rechten beeinträchtigt, weil sie in einem Beschluß die Genehmigung von Kellerausbauten durch den Verwalter vorgesehen und gleichzeitig festgelegt hätten, durch einen Ausbau bedingte Mehrkosten seien von dem die Baumaßnahme durchführenden Wohnungseigentümer zu tragen.[712]

Der **Durchbruch durch eine Trennwand** zwischen einer im Sondereigentum stehenden Garage des einen Wohnungseigentümers und dem Kelleranteil eines anderen Wohnungseigentümers bedarf nur der Zustimmung des Kelleranteileigentümers,[712] da die übrigen Wohnungseigentümer nicht beeinträchtigt seien.

Auch der **Ausbau** eines Montagekellers zu einem Hobbyraum bedarf nicht der Zustimmung der übrigen Wohnungseigentümer, weil sie durch den Ausbau nicht beeinträchtigt sind.[712]

---

[709] BayObLG WE 1991, 254 = ZMR 1990, 390; ZMR 1992, 32 = NJW-RR 1992, 272.

[710] BayObLG DWE 1984, 124.

[711] BayObLGZ 1971, 313/322; 1973, 78/81; DWE 1984, 125 = WE 1986, 71.

[712] BayObLG Rpfleger 1984, 409 f.

- Der Anschluß eines **offenen Kamins** durch einen Wohnungseigentümer an einen im gemeinschaftlichen Eigentum stehenden Notkamin bedarf der Zustimmung aller, wenn dadurch der Anschluß anderer Öfen oder Kamine ausgeschlossen werde.[713] Das BayObLG stellte in diesem Zusammenhang nochmals klar, daß die öffentlich-rechtliche Baugenehmigung dem Wohnungseigentümer im Verhältnis zu den übrigen Wohnungseigentümern kein Recht zum Bauen gebe. Das OLG Frankfurt hingegen[714] sieht im Anschluß eines **Kaminofens** an einen Leerschornsteinzug eine bauliche Veränderung und räumt den Wohnungseigentümern das Recht ein, die Beseitigung des genannten Anschlusses zu verlangen, wenn sie dadurch von der Nutzung des gemeinschaftlichen Eigentums ausgeschlossen werden, daß der Leerschornsteinzug aus technischen Gründen nur von 1 Wohnungseigentümer benutzt werden kann. Das BayObLG und das OLG Frankfurt gelangen also bei ähnlich gelagerten Fällen mit unterschiedlicher Rechtsbegründung zum gleichen Ergebnis.
- Schließlich ist auf die „Verordnung über einen energiesparenden Wärme- **263**
schutz bei Gebäuden **(Wärmeschutzverordnung – WärmeschutzV)**" in der Fassung vom 16. 8. 1994, in Kraft getreten zum 1. 1. 1995[715] hinzuweisen. Die in der Verordnung enthaltenen Vorschriften über energiesparende Maßnahmen gelten in bestimmtem Umfange auch für bauliche Veränderungen bei bestehenden Gebäuden.
Diese Verordnung ist im Unterschied zur HeizAnlVO **nicht bußgeldbewehrt.** Gleichwohl liegen Beschlüsse, welche den Anforderungen dieser VO gerecht werden wollen, im Rahmen ordnungsmäßiger Verwaltung, sind also mehrheitlich zu fassen. Ausnahmsweise kann ein solcher Beschluß gegen das Gebot der ordnungsmäßigen Verwaltung verstoßen und deshalb anfechtbar sein, wenn die beschlossenen Maßnahmen erhebliche, an sich kaum vertretbare Kosten auslösen oder in sonstiger Weise zu einer unbilligen Härte führen würden. Der Anspruch auf ordnungsmäßige Verwaltung zielt dann darauf ab, Antrag auf Befreiung von den Vorschriften dieser VO stellen zu lassen.

Von praktischer Bedeutung ist die VO im wesentlichen im Falle des **Ersatzes von Fenstern** (Doppel- oder Isolierverglasung), sowie im Falle von **Fassaden-** und **Dachsanierungen,** wenn hierbei Bauteile ersetzt werden müssen, die Wärmedämmung anzubringen ist oder die zu ersetzenden Bauteile eine Mindestdämmstoffdicke aufweisen müssen.

Die Wiedergabe der zahlreichen Rechtsprechungsbeispiele und Literaturmeinungen dient der Übersicht. Es wäre verfehlt, von heilloser Kasuistik zu reden. Sich scheinbar widersprechende Entscheidungen hatten oftmals in

---

[713] Vgl. BayObLG DWE 1986, 22, das diese Maßnahmen nicht als zustimmungsbedürftige bauliche Veränderung, sondern als unzulässigen Mitgebrauch gemeinschaftlichen Eigentums wertet; s. a. WE 1996, 317 (Anschluß Kaminofen).

[714] OLG Frankfurt OLGZ 1986, 43.

[715] Bundesgesetzblatt 1994, Teil I, 2121 ff.

den entscheidenden Punkten unterschiedliche Sachverhalte zugrunde liegen. Der Rahmen dieser Schrift wäre gesprengt, wenn die einzelne Sachverhaltsdarstellung vertieft würde. Ungeachtet dessen ist die Vielfalt der wiedergegebenen Entscheidungen geeignet, im konkreten Problemfalle hilfreicher Leitfaden zu sein.

4.3.4 Weitere Sonderfragen

4.3.4.1 Aufteilungsplanwidrige Herstellung

264 Die Frage ist, ob und gegebenenfalls wer von wem die Beseitigung baulicher Maßnahmen verlangen kann, die der Bauträger als ursprünglicher Grundstücksalleineigentümer entgegen der ursprünglichen Planung, möglicherweise im **Widerspruch zum Aufteilungsplan** und/oder zur Teilungserklärung/Gemeinschaftsordnung getroffen hat.

Voranzustellen ist, daß es hier nur um Maßnahmen am Gemeinschaftseigentum, um Maßnahmen, die Gemeinschaftseigentum berühren, geht. Jeder Wohnungseigentümer kann innerhalb seines Sondereigentums auch bauliche Maßnahmen treffen, die nicht in der Teilungserklärung oder der Gemeinschaftsordnung vorgesehen oder ausdrücklich erlaubt sind; denn der Wohnungseigentümer kann mit seinem Sondereigentum gemäß § 13 Abs. 1 grundsätzlich nach Belieben verfahren.[716] Demnach würde ein **Beseitigungsanspruch** insoweit voraussetzen, daß das Sondereigentum anderer Wohnungseigentümer oder das Gemeinschaftseigentum durch eine Störung beeinträchtigt wird, die von dem Sondereigentum ausgeht, in dem bauliche Maßnahmen getroffen wurden, § 1004 Abs. 1 S. 1 BGB i. V. m. § 15 Abs. 3. Trotz einer gewissen Störung besteht der Beseitigungsanspruch dann nicht, wenn die „betroffenen" Wohnungseigentümer zur **Duldung** verpflichtet sind, § 1004 Abs. 2 BGB. Dies ist dann der Fall, wenn sich der „Störer" beim Gebrauch seines Eigentums innerhalb der Grenzen der § 13 Abs. 1, § 14 Nr. 1 hält. Selbst wenn die Störung nicht zu dulden ist, kann in diesem Falle immer nur die Beseitigung der Störung, nicht die Beseitigung der Baumaßnahme als solcher verlangt werden.[717]

Es geht bei der hier erörterten Problemstellung auch nicht um die Fälle, in denen ein Wohnungseigentümer selbst in **Widerspruch zum Aufteilungsplan/Gemeinschaftsordnung** stehende bauliche Maßnahmen am Gemeinschaftseigentum trifft bzw. durch Dritte treffen läßt, nachdem eine **werdende Wohnungseigentümergemeinschaft** (s. hierzu nachstehend) entstanden ist. In diesem Falle kann jedes Mitglied der werdenden Gemeinschaft Besei-

---

[716] BayObLG NJW-RR 1988, 587 = DWE 1988, 110 = WE 1988, 106; Weitnauer, Rz. 2, Augustin, Rz. 2, Bärmann-Pick, Rz. 17 u. 47, je zu § 13.

[717] BayObLG a. a. O.; OLG Karlsruhe NJW-RR 1998, 14 = ZMR 1997, 608 zu Beeinträchtigungen, die nicht von der Existenz einer Sitzgruppe, sondern von deren Benutzern ausgehen.

tigung nach § 1004 Abs. 1 BGB vom störenden Miteigentümer verlangen, sofern nicht Duldungspflicht besteht.

Die Frage ist vielmehr, ob der einzelne Wohnungseigentümer oder die übrigen Wohnungseigentümer insgesamt von demjenigen Wohnungseigentümer die Beseitigung einer im Widerspruch zur ursprünglichen Planung, zum Aufteilungsplan, zur Teilungserklärung stehenden Baumaßnahme verlangen können, die das Gemeinschaftseigentum beeinträchtigt, die diesem anderen Wohnungseigentümer „zugute kommt" (Anbau in Gemeinschaftseigentum hinein; Deckendurchbruch mit Spindeltreppenerrichtung zur tatsächlichen Vereinigung seiner Wohnung mit dem Speicher etc.), und die vom Bauträger errichtet wurde.

Wird eine Wohnanlage vom **teilenden Eigentümer (Bauträger)** von vornherein abweichend von den ursprünglichen Plänen errichtet, und zwar **vor Entstehung einer werdenden Wohnungseigentümergemeinschaft,** bzw. im Falle der Begründung von Wohnungseigentum gem. § 3 vor rechtlicher Invollzugsetzung der Gemeinschaft, so liegt keine bauliche Veränderung im Sinne des § 22 Abs. 1 Satz 1 vor. Weder der teilende Eigentümer noch der von dieser Maßnahme begünstigte Wohnungseigentümer (z. B. statt eines Balkons Anlage einer Terrasse mit Böschung zum Garten) sind in diesem Falle zur Beseitigung der geänderten Ausführung und Herstellung eines den Plänen und der Baubeschreibung entsprechenden Zustandes verpflichtet; dies selbst dann nicht, wenn der begünstigte Wohnungseigentümer die Änderung durch entsprechende Abreden mit dem Bauträger veranlaßt hat.[718] Dies gilt aber grundsätzlich nicht für solche bauliche Maßnahmen, die nach dem Beginn der Gemeinschaft „werdender Wohnungseigentümer" fertiggestellt werden, auch wenn sie vor diesem Zeitpunkt begonnen worden sind.[719]

Sind solche auf Betreiben des begünstigten Wohnungseigentümers getroffen, ist dieser zur Herstellung eines ordnungsgemäßen, den Plänen entsprechenden Zustands verpflichtet. Nimmt der teilende Eigentümer vor Beginn der werdenden Gemeinschaft einen planwidrigen Anbau vor und erhält er deshalb die behördliche Auflage zu einem **zweiten Fluchtweg**, trifft den teilenden Eigentümer selbst dann keine Beseitigungspflicht, wenn der zweite Fluchtweg erst nach Entstehen der werdenden Gemeinschaft geschaffen wurde.[720] Maßgebliches Kriterium ist also i. d. R. das **Entstehen der werdenden Wohnungseigentümergemeinschaft** (auch „faktische Wohnungseigentümergemeinschaft" genannt), die wie eine rechtlich in Vollzug gesetzte Gemeinschaft zu behandeln ist, auf die also die Vorschriften des WEG

---

[718] BayObLG NJW-RR 1990, 1494; NJW-RR 1986, 954; NJW-RR 1988, 587 = DWE 1988, 110 = WE 1988, 106; BayObLGZ 1987, Nr. 15; WM 1987, 164; DWE 1991, 163 = WE 1992, 194; NJW-RR 1994, 276 = WE 1994, 307; WE 1998, 149; WE 1999, 36; OLG Schleswig WE 1994, 87; OLG Frankfurt ZMR 1993, 125.

[719] BayObLG DWE 1991, 163 = WE 1992, 194.

[720] OLG Hamm WE 1993, 318.

entsprechend anzuwenden sind. Sie entsteht dann, wenn sich im Stadium der Begründung von Wohnungseigentum vor rechtlicher Invollzugsetzung die künftigen Wohnungseigentümer, ohne rechtlich schon solche zu sein, tatsächlich wie Wohnungseigentümer verhalten. Voraussetzung hierfür ist die Eintragung einer **Auflassungsvormerkung** für einen der Erwerber und, daß wenigstens ein Erwerber seine Eigentumswohnung bereits in **Besitz** genommen hat.[721] Bis zu diesem Zeitpunkt hatte noch der teilende Grundstückseigentümer sachenrechtlich die allgemeinen Befugnisse eines Eigentümers, § 903 BGB. Die alleinige **Herrschaftsmacht** hat er auch noch nach der Teilung in Wohnungseigentum, und zwar nicht nur über jedes Sondereigentum, sondern auch über das Gemeinschaftseigentum. Sie endet erst mit Entstehung der werdenden Wohnungseigentümergemeinschaft. Eine werdende Gemeinschaft gibt es nur bei Begründung von Wohnungseigentum gem. § 8. Der teilende Eigentümer kann nicht Störer seines eigenen Eigentums sein.[722]

Daraus folgt aber auch, daß eine der ursprünglichen Planung widersprechende, erst **nach Entstehung der faktischen Wohnungseigentümergemeinschaft,** bzw. nach rechtlicher Invollzugsetzung der Gemeinschaft bei Begründung von Wohnungseigentum gem. § 3 getroffene, etwa zwischen einem Wohnungseigentümer und dem teilenden Eigentümer verabredete Baumaßnahme am Gemeinschaftseigentum eine bauliche Veränderung im Sinne des § 22 Abs. 1 Satz 1 ist, die dieser Wohnungseigentümer auf Antrag eines anderen Wohnungseigentümers oder der anderen Wohnungseigentümer unter bestimmten Voraussetzungen zu beseitigen hat. Voraussetzung wäre u. a. ein nach § 14 Nr. 1 nicht zu duldender Nachteil. Darüber hinaus findet der Anspruch seine Grenze im Rechtsgedanken des § 242 BGB.[723] Hat der teilende Eigentümer eine solche Maßnahme ohne Zutun eines anderen getroffen, ist e r zur Herstellung eines plangemäßen Zustands verpflichtet.

Hat der Bauträger der ursprünglichen **Planung widersprechende Baumaßnahmen** am Gemeinschaftseigentum zu einer Zeit getroffen, als er noch die alleinige Herrschaftsmacht über das Grundstück im obigen Sinne hatte, ist letztlich ein Fall **anfänglicher Baumängel** gegeben. In diesem Falle gehört die erstmalige Herstellung eines einwandfreien Zustands zur ordnungsmäßigen Instandhaltung und Instandsetzung.[724] Die ordnungsmäßige Instandhaltung und Instandsetzung des gemeinschaftlichen Eigentums ist Sache aller Wohnungseigentümer, § 21 Abs. 5 Nr. 2. Sie kann im Rahmen

---

[721] BayObLG NJW-RR 1990, 1494; BayObLGZ 1990, 101/102.

[722] BayObLG NJW-RR 1990, 1494; NJW-RR 1986, 954/955; BayObLGZ 1987, 78/81 f.

[723] BayObLG v. 20. 11. 1987 – 2 Z 91/87 –; NJW 1981, 690; OLG Hamm OLGZ 1982, 260/261; OLG Frankfurt OLGZ 1984, 129.

[724] BayObLG NJW-RR 1986, 954; NJW 1981, 690; OLG Hamm OLGZ 1982, 260/261; OLG Frankfurt OLGZ 1984, 129.

einer ordnungsmäßigen Verwaltung nach § 21 Abs. 4 von jedem Wohnungseigentümer verlangt werden, nicht aber vom „störenden“ Wohnungseigentümer, sondern von allen Wohnungseigentümern in ihrer Gesamtheit und auf ihre Kosten.[725] Oftmals scheitert der Anspruch eines Wohnungseigentümers auf Herstellung eines den Plänen entsprechenden Zustands daran, daß dies nur durch tiefgreifende Eingriffe in das Bauwerk verwirklicht werden könnte (z.B. Versetzen tragender Wände). Auch findet der Anspruch häufig seine Grenze im § 242 BGB. Ein Wohnungseigentümer kann daher die Herstellung eines den Plänen entsprechenden Bauzustands von den übrigen Wohnungseigentümern dann nicht verlangen, wenn dies den übrigen Wohnungseigentümern bei Berücksichtigung aller Umstände nach **Treu und Glauben** nicht zumutbar ist. Allerdings kann es in diesen Fällen geboten sein, einem Wohnungseigentümer, der dadurch in seinen Rechten nicht nur unwesentlich beeinträchtigt ist, in geeigneter Weise einen Ausgleich zu verschaffen.[726]

Unabhängig davon können, wie bereits ausgeführt, **erwerbsvertragliche** **265**
Ansprüche der einzelnen Erwerber gegen den Verkäufer der Wohnungen bestehen. Ist dieser noch Miteigentümer, ist Rechtsgrundlage auch das aus der Gemeinschaft resultierende gesetzliche Schuldverhältnis.

Eine der Teilungserklärung an sich widersprechende äußere Gestaltung der Wohnanlage (in casu: der Gartengestaltung der Gemeinschaftsfläche), unter Beteiligung des Sonderrechtsvorgängers nach Erstellung der Wohnanlage vorgenommen, wirkt für den **Neuerwerber** (Sonderrechtsnachfolger) wie eine Erstherstellung, deren Änderung er nicht verlangen kann. Selbst wenn man unterstellt, daß es sich bei der vorhandenen äußeren Gestaltung der Wohnanlage ursprünglich um eine unzulässige bauliche Umgestaltung gehandelt hat, wäre schon der Beseitigungsanspruch des Rechtsvorgängers des Neuerwerbers verwirkt, weil im Entscheidungsfalle seit der Möglichkeit der Geltendmachung des Beseitigungsanspruches längere Zeit verstrichen ist und besondere Umstände hinzugetreten sind, aufgrund derer die verspätete Geltendmachung gegen Treu und Glauben verstößt.[727]

Stimmen die durch **Auflassungsvormerkung** gesicherten Wohnungseigentümer vor rechtlicher Invollzugsetzung der Gemeinschaft und vor Entstehen einer werdenden Gemeinschaft, aber nach Erstellung der Teilungserklärung mit Gemeinschaftsordnung einer beabsichtigten baulichen Veränderung durch einen künftigen Wohnungseigentümer zu, sind sie daran als spätere Wohnungseigentümer gebunden.[728] In diesem Fall soll also nicht einmal das Bestehen einer werdenden Gemeinschaft Voraussetzung für die Anwendung einer Vorschrift des WEG sein.

---

[725] BayObLG NJW-RR 1986, 954; NJW-RR 1990, 1494; BayObLGZ 1987, 78/82; 1989, 470/473; WE 1995, 284; OLG Hamm a. a. O.; OLG Schleswig a. a. O.

[726] BayObLG Rpfleger 1990, 204; OLG Celle OLGZ 1981, 106/108f.

[727] KG ZMR 1989, 346 = NJW-RR 1989, 976 = DWE 1989, 138.

[728] BayObLG NJW-RR 1995, 653 = WE 1995, 282.

Vom teilenden Eigentümer initiierte planwidrige Baumaßnahmen können auch nach Entstehen der werdenden Gemeinschaft ohne Sanktionsgefahr getroffen sein, wenn er nach der Gemeinschaftsordnung hierzu bevollmächtigt ist, ohne daß die Vollmacht entsprechend zeitlich beschränkt ist. Diese Vollmacht kann auch in den notariellen Erwerbsverträgen enthalten sein.[729]

Ist die dem teilenden Eigentümer erteilte Vollmacht in ihren einschränkenden Voraussetzungen zu unbestimmt und wegen des sachenrechtlichen Bestimmtheitsgrundsatzes deshalb teilweise unwirksam, so hat dies die Unwirksamkeit der ganzen Vollmacht zur Folge. Eine geltungserhaltende Reduktion der Vollmacht ist ausgeschlossen.[730]

4.3.4.2 Zustimmungsvorbehalt des Verwalters

266 Sieht die Gemeinschaftsordnung vor, daß **bauliche Veränderungen** der **Zustimmung des Verwalters** bedürfen, ist diese lediglich eine weitere formale Voraussetzung für die Zulässigkeit einer baulichen Veränderung. Nimmt ein Wohnungseigentümer ohne Zustimmung des Verwalters eine bauliche Veränderung vor, ist er selbst dann zu deren Beseitigung verpflichtet, wenn die Maßnahme nach Gesetzeslage gar nicht der Zustimmung der übrigen Wohnungseigentümer bedurft hätte.[730a] Die Verwalterzustimmung ersetzt nicht die nach § 22 Abs. 1 notwendige Zustimmung aller Wohnungseigentümer, es sei denn, die Kompetenz des Verwalters ist in der Gemeinschaftsordnung ausdrücklich dahin erweitert.[730b] Auch die weitere Bestimmung in der Gemeinschaftsordnung, daß der Wohnungseigentümer im Falle der Zustimmungsverweigerung durch den Verwalter einen **Mehrheitsbeschluß** der Wohnungseigentümer herbeiführen könne, erweitert die Kompetenz des Verwalters nicht. Auch in diesem Falle verbleibt es bei der Notwendigkeit der Zustimmung aller Wohnungseigentümer. Die Überprüfungsmöglichkeit durch Mehrheitsbeschluß bedeutet nicht, daß die nach § 22 Abs. 1 grundsätzlich erforderliche Zustimmung aller Wohnungseigentümer zugunsten eines Mehrheitsbeschlusses abbedungen sein soll.[731] Im Ergebnis ist es also so, daß derartige Bestimmungen in der Gemeinschaftsordnung über den Zustimmungsvorbehalt lediglich bauliche Veränderungen erfassen, die sich nach Gesetzeslage im zustimmungsfreien Bereich befinden.

Trotz in der Gemeinschaftsordnung enthaltenen Zustimmungsvorbehalts – der sich in casu auf bauliche Maßnahmen beschränkt, zu deren Vornahme der betreffende Wohnungseigentümer im Grundsatz schon aufgrund der

[729] KG NJW-RR 1995, 1228 = ZMR 1995, 418 = WE 1995, 313.

[730] BayObLG NJW-RR 1995, 209 = ZMR 1995, 38 zum Fall der Vollmacht zur Änderung der Teilungserklärung.

[730a] BayObLG WE 1998, 276.

[730b] KG ZfIR 1998, 724: die TE kann vorsehen, daß zur Umgestaltung des DG nur die Zustimmung des Verwalters, nicht aber die Zustimmung der anderen Wohnungseigentümer erforderlich ist.

[731] OLG Düsseldorf NJW-RR 1997, 1103 = ZMR 1997, 435 = WE 1997, 344.

Bestimmungen der Teilungserklärung berechtigt ist, der also Details einer an sich zustimmungsfreien Maßnahme betrifft – ist der Verwalter befugt, die **Wohnungseigentümer** um eine Weisung anzugehen. Er kann die Wohnungseigentümer über die Frage der beantragten Zustimmung zu einer baulichen Veränderung entscheiden lassen. Lehnen die Wohnungseigentümer die Zustimmung ab oder erstellen sie einen Katalog von Vorbedingungen, ist der Verwalter an einen solchen Beschluß gebunden, § 27 Abs. 1 Nr. 1.

Diese nach dem **Gemeinschaftsrecht** eingetretene Bindungswirkung entlastet den Verwalter aber nicht von den ihm nach dem **Verwaltervertrag** obliegenden Pflichten. Übernimmt der Verwalter vertraglich die Pflicht, die in der Gemeinschaftsordnung vorgesehene Zustimmungsentscheidung zu treffen, so hat er hierbei die Sorgfalt zu wahren, die der übernommene Pflichtenkreis erfordert, § 276 BGB. Der professionelle, also gewerbliche Verwalter darf von einer eigenen Entscheidung i.d.R. nur dann absehen, wenn ernstliche Zweifel daran bestehen, ob die Voraussetzungen der beantragten Zustimmung nach dem Gemeinschaftsrecht gegeben sind. In diesem Falle ist er befugt, die Gemeinschaft um eine Weisung anzugehen. Er hat sie dann aber über die aufgetretenen tatsächlichen und rechtlichen Zweifelsfragen umfassend aufzuklären. Hat er die Rechtsfrage – wichtiger Grund zur Versagung der Zustimmung? – mit der erforderlichen Sorgfalt geprüft, ist es ihm nicht anzulasten, wenn er gleichwohl einem Rechtsirrtum unterliegt. Andernfalls macht er sich dem Antragsteller gegenüber **schadenersatzpflichtig**, z.B. im Umfange eines eingetretenen Verzugsschadens.[732] Vor dem Hintergrund dieser Entscheidung müßten gewerbliche Verwalter daran interessiert sein, im Verwaltervertrag ausdrücklich zu bestimmen, daß sie die in der Gemeinschaftsordnung vorgesehene Zustimmungsentscheidung nicht als vertragliche Pflicht übernehmen.

4.3.4.3 Konstitutive Wirkung von Eigentümerbeschlüssen?

Nicht unproblematisch ist die Rechtsprechung des BayObLG[733] zur angeblichen **konstitutiven Wirkung von Eigentümerbeschlüssen**, durch die bestimmt wird, daß eine vorgenommene bauliche Veränderung rückgängig zu machen und der ursprüngliche Zustand wiederherzustellen sei. Sie ist um so problematischer, als solche Beschlüsse auch dann bindend sein sollen, wenn es sich nicht um eine zustimmungsbedürftige bauliche Veränderung gehandelt hat. **267**

---

[732] BGH EBE 1996, 76 = ZMR 1996, 274 = WE 1996, 265.

[733] BayObLGZ 1994, 339; ZMR 1996, 623 = WE 1997, 154; s.a. OLG Karlsruhe NJW-RR 1996, 1103 zum Fall des Rückerstattungsanspruchs der übrigen Wohnungseigentümer gegen einen Miteigentümer; OLG Köln ZMR 1998, 248 = WE 1998, 191 (beschlußmäßige Festlegung einer Nutzungsentschädigung wegen sondergenutzten Gemeinschaftseigentums); vgl. aber inzwischen BayObLG v. 10. 12. 1998 – 2 Z BR 99/98 – (konstitutive Wirkung nur, wenn dies für den betroffenen Wohnungseigentümer klar erkennbar sei).

Eigentümerbeschlüsse, durch die ein Wohnungseigentümer zur Beseitigung einer baulichen Veränderung aufgefordert ist, und die sogar den Verwalter ermächtigen, den **Beseitigungsanspruch** durchzusetzen, sind vom betroffenen Wohnungseigentümer mangels **Rechtsschutzbedürfnisses** aus materiell-rechtlichen Gründen gar nicht anfechtbar, weil entgegen der Auffassung des BayObLG die

D u r c h s e t z u n g des reklamierten Anspruchs im Vordergrund steht und erst im etwaigen gerichtlichen Verfahren die materiell-rechtliche Lage zu überprüfen ist. In diesem Verfahren ist also erst zu klären, ob ein Beseitigungsanspruch besteht. Der betroffenen Wohnungseigentümer soll in diesem Verfahren beispielsweise einwenden können, es handle sich bei der von ihm getroffenen Maßnahme gar nicht um eine bauliche Veränderung, selbst wenn es eine solche sei, benachteilige sie niemanden, so daß sie zustimmungsfrei sei, selbst wenn er der Zustimmung bedurft hätte, sei der Anspruch z.B. verwirkt. Der Wille der Wohnungseigentümer beschränkt sich darauf, einen b e s t e h e n d e n Anspruch geltend machen zu wollen. Der Wille ist nicht darauf gerichtet, etwas beanspruchen zu wollen, worauf möglicherweise kein Anspruch besteht. Der Wille ist nicht ausgerichtet auf einen – nach Meinung des BayObLG – durch Beschluß erst zu begründenden Anspruch. Besonders problematisch ist daher die Situation, wenn der Eigentümerbeschluß nach Auffassung des BayObLG eine **Beseitigungspflicht** hinsichtlich solcher Maßnahmen zu normieren sucht, die nach Gesetzeslage zustimmungsfrei getroffen werden dürften.[733a] Das Problem ist ähnlich dem Wohnungseigentumsentziehungsbeschluß gem. § 18 Abs. 3 zu lösen. Ist er formell in Ordnung, ist seine Anfechtung erfolglos. Erst im nachfolgenden gerichtlichen Verfahren über die Entziehung des Wohnungseigentums ist zu prüfen, ob die materiell-rechtlichen Voraussetzungen für die Entziehung gegeben sind.[734]

4.3.4.4 Sonderproblematik Rundfunk- und Fernsehversorgung

268 Dieses Kapitel ist im wahrsten Sinne des Wortes neu zu schreiben.

Es geht im wesentlichen um folgende Fragen:

Hat der einzelne Wohnungseigentümer einen gem. § 21 Abs. 4 durchsetzbaren **Anspruch auf Erweiterung der Fernsehempfangsmöglichkeiten** insofern, als es um eine Nachrüstung einer bestehenden herkömmlichen Dachantenne geht? Die Antwort auf diese Frage beantwortet zugleich die

---

[733a] BayObLG v. 14. 1. 1999 – 2 Z BR 198/98 –: ist die Pflicht zur Beseitigung einer baulichen Veränderung bestandskräftig beschlossen, könne der betroffene Wohnungseigentümer dem Beseitigungsverlangen nicht entgegenhalten, die inzwischen durchgeführte Maßnahme sei gar nicht zustimmungsbedürftig gewesen.

[734] So wie hier im Ergebnis: KG NJW-RR 1997, 1033 = ZMR 1997, 318 = DWE 1997, 82; s.a. KG ZMR 1996, 389 zum Fall der Instandhaltungsverpflichtung eines Wohnungseigentümers.

Frage, ob die Wohnungseigentümer eine solche Nachrüstung gem. § 21 Abs. 3 mehrheitlich beschließen können.

Können die Wohnungseigentümer mehrheitlich beschließen, die herkömmliche **Dachantenne** zu entfernen und statt dessen den Anschluß an das **Breitbandkabel** vorzunehmen, bzw. eine **Satellitenanlage** zu installieren?

Unter welchen Voraussetzungen hat der einzelne Wohnungseigentümer einen Anspruch auf Gestattung einer **Parabolantenne**, hat die Gemeinschaft bei Bejahung eines solchen Anspruchs ein Mitspracherecht bei der Art und Weise des Installationsvorgangs?

Wie wirken sich im Mietrecht begründete Ansprüche eines Mieters gegenüber seinem Vermieter auf das Gemeinschaftsrecht aus?

– Der **Meinungsstand in Literatur und Rechtsprechung** **269**

Der Meinungsstand in Literatur und Rechtsprechung ist im wesentlichen folgender, mitgeprägt durch die Rspr. des BVerfG zur mietrechtlichen und zur wohnungseigentumsrechtlichen Situation.[735]

Die **Nachrüstung einer Dachantenne**, über die bis dato nur der Empfang der öffentlich-rechtlichen Programme der „ARD“ und des „ZDF“ ermöglicht ist, auf die Möglichkeit des Empfangs von Privatsendern, wie „RTL“ und „Sat 1“, entspricht ordnungsgemäßer Verwaltung, da nach der Rechtsprechung des BVerfG zum verfassungsrechtlich geschützten Informationsinteresse des Wohnungsnutzers (Wohnungseigentümer, Mieter) auch der Empfang der Privatsender gehört.

Unter § 22 Abs. 1 fällt i. d. R. die **Umrüstung** von einer funktionsfähigen Gemeinschaftsantenne auf **Breitbandkabel**. Vorbehaltlich des § 22 Abs. 1 S. 2 ist also die Zustimmung aller Wohnungseigentümer erforderlich.

Ist die veraltete und mangelhaft gewordene **Dachantenne erneuerungsbedürftig**, oder ist wegen der Lage der Wohnanlage mit einer Dachantenne nicht der übliche Empfangsstandard zu erreichen, kann über den Anschluß an das Breitbandkabel mit Mehrheit entschieden werden. Es soll sich dann um eine Maßnahme der sog. **modernisierenden Instandhaltung** handeln.

Entsprechendes gilt grundsätzlich für die Anbringung einer **Parabolantenne**, durch die aber der **optische Gesamteindruck** des Gebäudes nachteilig verändert werden kann, so daß ein Mehrheitsbeschluß hierüber selbst bei Erneuerungsbedürftigkeit der Dachantenne theoretisch der Anfechtungsgefahr unterliegt, de facto aber deshalb nicht, weil im Falle einer gemeinschaftlichen Entscheidung für Parabol auch diese Antenne i. d. R. auf dem Dach installiert wird.

Ist eine Gemeinschaft an das **Breitbandkabel** angeschlossen, hat weder ein Wohnungseigentümer, noch ein Mieter im Regelfall einen Anspruch auf Zustimmung zur Errichtung einer **Parabolantenne**; denn ihre sichtbare Installierung – etwa auf dem Balkon – beeinträchtigt i. d. R. den optischen Ge-

---

[735] BVerfG NJW 1994, 1147 = WE 1994, 205 = ZMR 1994, 203; NJW 1993, 1252; NJW 1995, 1665 = ZMR 1995, 241.

samteindruck nachteilig, § 14 Nr. 1. Dauerhaft in Deutschland lebende **Ausländer**, aber auch Deutsche, die wegen ihrer beruflichen Tätigkeit (**Lehrberufe, Dolmetscher etc.**) daran interessiert sind, die Programme ihres Heimatlandes, bzw. berufsspezifische Programme zu empfangen, um sich über das dortige Geschehen unterrichten und die kulturelle, sowie sprachliche Verbindung aufrechterhalten zu können, haben u. U. Anspruch auf Zustimmung zur Installierung einer Parabolantenne, weil in die inländischen Kabelnetze nur eine kleine Anzahl ausländischer Programme eingespeist wird.

Ist ein solcher Anspruch trotz vorhandenen Kabelanschlusses gegeben, haben die Wohnungseigentümer hinsichtlich der Art und Weise, sowie der Örtlichkeit der Installierung ein **Mitsprache- und Direktionsrecht**, mag dies auch mit zusätzlichen Kosten für den Antragsteller verbunden sein. In diesem Falle ist jedoch der Grundsatz der **Verhältnismäßigkeit** zu beachten.[736]

270 – Die **eigene Meinung:**

Der Ansatz, die Beschlußfassung über den Anschluß an das **Breitbandkabel** rechtlich unterschiedlich zu qualifizieren, je nachdem, ob die **Dachantenne** noch funktionsfähig, reparaturfähig oder erneuerungsbedürftig ist, ist verfehlt.

Jeder Abbau der Dachantenne verbunden mit der Verkabelung der Wohnanlage i s t bauliche Veränderung, die über die ordnungsgemäße Instandhaltung und Instandsetzung des gemeinschaftlichen Eigentums hinausgeht. Dies gilt auch für den Fall der **Erneuerungsbedürftigkeit** der Dachantenne, also auch dann, wenn sie nicht mehr repariert werden könnte. Dem

---

[736] Staudinger-Bub, § 22 Rz. 152 a (Kabel); Rz. 170 (Parabol); Bärmann-Merle, § 21 Rz. 137 u. § 22 Rz. 62, 63 (Kabel); § 21 Rz. 72 ff. u. 139 (Parabol); Weitnauer, § 22 Rz. 11, § 21 Rz. 28 f., 34, 46 mit zahlreichen Literatur- u. Rspr.hinweisen;
weitere Rspr.:

Kabel: KG WE 1992, 109; OLG Köln WE 1996, 39; BGH WE 1993, 218 zur Gültigkeit eines 12 Jahre lfd. Kabelanschlußvertrags; BayObLG ZMR 1999, 55; zur älteren Rspr. Fußnote 658 in der Vorauflage, S. 206.

Parabol: OLG Zweibrücken ZMR 1992, 458 = WE 1992, 318; OLG Düsseldorf NJW 1993, 1274 = ZMR 1993, 119 = WE 1993, 86; ZMR 1994, 233 = WE 1994, 108; NJW-RR 1996, 141 = ZMR 1995, 554 = WE 1996, 71; OLG Frankfurt ZMR 1997, 607; BayObLG NJW-RR 1992, 16; WE 1995, 341; OLG Hamm NJW 1993, 1276 = WE 1993, 108; ZMR 1998, 188 = ZfIR 1998, 34 = WE 1998, 111; OLG Celle NJW-RR 1994, 977 = WE 1994, 371; OLG Karlsruhe NJW 1993, 2815 zum Mietrecht; LG Essen NJW-RR 1995, 208; OLG Köln DWE 1996, 76 = WE 1996, 432; DWE 1999, 75 zur mehrheitlich beschlossenen Anmietung einer Satellitenanlage; BayObLGZ 1998, Nr. 45 = NJW-RR 1998, 1704 = ZfIR 1999, 45 (Berücksichtigung des Interesses an ungehinderter Berufsausübung nur, wenn die gewerbliche Nutzung einer Wohnung nicht mehr stört, als die Wohnraumnutzung); v. 29. 1. 1999 – 2 Z BR 135/98 – (Parabolantenne auf dem Balkon einer Wohnung bei gemeinschaftlicher Satellitenempfangsanlage mit 17 Fernsehprogrammen).

steht auch nicht entgegen, daß im Falle der Erneuerung der Dachantenne technische Nachrüstungen veranlaßt werden, die Zusatzkosten auslösen. Solche Nachrüstungen sind Bestandteil der ordnungsgemäßen Instandhaltung und Instandsetzung. Die Erneuerungsbedürftigkeit kann kein relevantes Kriterium sein. Es stellen sich dann nämlich Fragen zur Abgrenzung zwischen **Reparaturfähigkeit** und **Erneuerungsbedürftigkeit:**

Maß der Durchrostung des Antennenrohrs; Alter der Antennenanlage als Richtschnur ohne Bezugnahme auf den konkreten Erhaltungszustand; vorherige gutachtliche Stellungnahme über die voraussichtliche Lebensdauer der bisherigen Anlage? Ist Erneuerungsbedürftigkeit erst dann gegeben, wenn die Erneuerungskosten einschließlich Nachrüstungskosten die Reparaturkosten übersteigen oder schon dann, wenn die Reparaturkosten einen ganz erheblichen Teil (welchen?) der Erneuerungskosten ausmachen, weil die höhere Lebensdauer der neuen Antennenanlage in Betracht zu ziehen ist? Eine klare, für die Praxis hilfreiche Linie ist kaum zu ziehen. Sie ist jedoch im Interesse der Rechtssicherheit notwendig.

Auch wenn danach jeder Eigentümerbeschluß über den Abbau der Dachantenne und die Verkabelung bauliche Veränderung ist, ist noch nicht gesagt, daß alle Wohnungseigentümer zustimmen müßten.

Wer kann i.S. des § 14 Nr. 1 benachteiligt sein? M.a.W.: Die Zustimmung derjenigen, die gegen den Kabelanschluß sind, ist entbehrlich, falls durch die beschlossene Veränderung ihre Rechte nicht über das in § 14 Nr. 1 bestimmte Maß hinaus beeinträchtigt sind. Sie sind es nicht.

Der einzelne Wohnungseigentümer hat gegen die übrigen Wohnungseigentümer Anspruch darauf, daß ihm die Möglichkeit des Rundfunk- und Fernsehempfangs in dem Umfange erhalten bleibt, wie er durch die vorhanden gewesene, ordnungsgemäß gewartete und reparierte oder erneuerte Dachantenne möglich war, mehr nicht. Demgegenüber steht das Interesse der übrigen Wohnungseigentümer, die eine Versorgung mit einem erweiterten Fernseh- und UKW-Angebot wünschen. Die sog. Nachteilsfrage (§ 14 Nr. 1) verlangt nach **Abwägung der grundrechtlich geschützten Interessen** beider Seiten. Das **Grundrecht der Informationsfreiheit** schützt den Wohnungseigentümer, der nicht an das Kabelnetz angeschlossen werden will, vor einer Einschränkung seiner bisherigen Informationsmöglichkeiten. Demgegenüber besteht aber auch ein **grundrechtlich geschütztes Informationsinteresse** der übrigen Wohnungseigentümer an einem erweiterten Fernseh- und Rundfunkangebot, wie es der Kabelanschluß ermöglicht.

Die Interessenabwägung führt dazu, daß ein Wohnungseigentümer eine gewisse, mit dem Kabelanschluß verbundene, aber zumutbare Einschränkung des Lang-, Mittel- und Kurzwellenempfangs in Kauf nehmen muß. Dieser Empfang ist nach Demontage der Dachantenne etwa durch eine sog. Wurfantenne in nahezu gleicher Qualität gewährleistet.[737] Vor dem Hinter-

[737] OLG Köln WE 1996, 39.

grund der gebotenen Interessenabwägung verliert die mit dem Kabelanschluß **verbundene Kostenbelastung** als Nachteilsmoment an Relevanz, zumal der betroffene Wohnungseigentümer von den **Kosten entlastet** wird, die durch eine sofort oder irgendwann vorzunehmende Dachantennenerneuerung entstünden. Die Kostenbelastung ist per Saldo im Sinne der allgemeinen Rechtsprechung eine nur ganz unwesentliche Beeinträchtigung.

Die Rspr. wird sich in Zukunft von der gekünstelt wirkenden Differenzierung zwischen noch reparaturfähiger und erneuerungsbedürftiger Dachantenne freimachen müssen.

Solange die obergerichtliche Rechtsprechung diese Auffassung nicht teilt, bieten sich zur Vermeidung erfolgreicher Beschlußanfechtungen **alternativ** nur folgende Möglichkeiten an:

a) Die Gemeinschaft beschließt den Kabelanschluß mehrheitlich und stellt die Wohnungseigntümer, die nicht für den Kabelanschluß votieren, von jeder gegenwärtigen und zukünftigen Kostenbelastung insoweit frei (sog. **Freistellungsverpflichtungserklärung**). Damit ist § 16 Abs. 3 genügt.

b) Die Gruppe der Wohnungseigentümer, die den Anschluß wünschen, bildet eine sog. Teilnehmergemeinschaft, die nach den Bedingungen der Telekom als solche anerkannt wird. Für diese Gruppe wird der Anschluß hergestellt. Gleichzeitig wird technisch sichergestellt, daß der Kreis der Ablehnenden sich den Anschluß nicht nutzbar machen kann (**Sperrfilter**).

271 Was nun die **Parabolantennenproblematik** betrifft, ist heute bereits absehbar, daß technische Innovationen das Problem eliminieren:

Die „Schüssel" wird zunehmend kleiner. Die Örtlichkeit ihrer Installierung wirft zunehmend geringere Probleme auf. Die „Schüssel", im einzelnen Balkonbereich installiert, wird „unsichtbar", jedenfalls in d e m Sinne, daß sie optisch nicht mehr stört. Damit ist das Problem des § 14 Nr. 1 gelöst, welches die Rechtsprechung auf den Plan gerufen hat. Die in der Installierung liegende bauliche Veränderung wird zustimmungsfrei; denn allein die bisherige optische Beeinträchtigung war ein sog. Nachteilskriterium.

Und was ist dann überhaupt, wenn sog. Schlüsseln ohne jede Montage und damit ohne jede Beeinträchtigung gemeinschaftlichen Eigentums **mobil auf dem Balkon** aufgestellt werden? Ihre Aufstellung kann dann nur noch wie beispielsweise ein sichtbarer Wäscheständer durch eine Hausordnung untersagt werden, sofern sie überhaupt für Dritte sichtbar wird. Hinzukommt:

Das **Informationsinteresse** am Empfang bis dato ins Kabelnetz nicht eingespeister Fernsehprogramme wird mit Einführung des **digitalen Fernsehens** – von wenigen Ausnahmen abgesehen – in Zukunft auch über Kabel gestillt. Der für zusätzliche technische Ausrüstung entstehende Kostenaufwand ist von dem jeweils Interessierten zu übernehmen. Die Frage des Anspruchs auf Zustimmung zur Installierung einer Parabolantenne stellt sich dann nicht mehr. Wer dann gleichwohl die Zustimmung zur Installierung einer Parabolantenne begehrte, begegnete dem berechtigten Einwand, wegen optischer Beeinträchtigung werde die Zustimmung zu dieser baulichen Veränderung verweigert; denn der betreffende Wohnungseigentümer hätte ja die Möglichkeit, bei vorhandenem Kabelanschluß und Einführung des digitalen Fernsehens für entsprechende Nachrüstungen an seinem Fernsehgerät zu sorgen. Die Rechtsprechung des BVerfG griffe nicht mehr, da der Betreffende sein Informationsbedürfnis auf andere, wenn auch kostenauslösende Weise befriedigen könnte. Mit erheblichen Kosten kann der Interessierte auch nach heutiger Situation und Rechtsprechungslage konfrontiert sein, wenn die Gemeinschaft von ihrem **Mitsprache- und Direktionsrecht**[738] Gebrauch macht: Installierung nicht auf dem Balkon, sondern auf dem Dach!

---

[738] OLG Düsseldorf NJW-RR 1996, 141 = ZMR 1995, 554 = WE 1996, 71.

5. Die anteilige Lasten- und Kostentragung

5.1 Vorbemerkung

272 Jeder Wohnungseigentümer ist gemäß § 16 Abs. 2 den anderen Wohnungseigentümern gegenüber verpflichtet, die **Lasten** des gemeinschaftlichen Eigentums sowie die **Kosten** der Instandhaltung, Instandsetzung, der sonstigen Verwaltung und eines gemeinschaftlichen Gebrauchs des Gemeinschaftseigentums nach dem Verhältnis seines Anteils zu tragen. Der Anteil bestimmt sich nach dem gemäß § 47 GBO im Grundbuch eingetragenen Verhältnis der **Miteigentumsanteile,** § 16 Abs. 1 S. 2. Als Ausfluß der **Dispositionsfreiheit** hinsichtlich der Festlegung der Miteigentumsquoten ist § 16 Abs. 2 abdingbar, § 10 Abs. 1 S. 2.[1] Mit Recht wird in der Literatur allgemein empfohlen, bei der Festlegung von **Verteilungsschlüsseln** in der Gemeinschaftsordnung die spezifischen Belange der einzelnen Wohnanlage gebührend zu berücksichtigen. Der Grundsatz, daß jeder Wohnungseigentümer den seinem Miteigentumsanteil entsprechenden Teil der Kosten zu tragen hat, gilt unabhängig davon, ob der Miteigentümer an den **Nutzungen** dieser Einrichtungen teilnehmen kann oder will. Trifft eine Gemeinschaftsordnung etwa die Regelung, daß der Verwalter den Anteil der einzelnen Wohnungseigentümer an den gemeinschaftlichen Lasten und Kosten bestimme, bedeutet dies lediglich, daß der Verwalter den sich nach § 16 Abs. 2 ergebenden Anteil nur rechnerisch festzustellen hat.[2]

273 Die Unterscheidung zwischen „Lasten" und „Kosten" ist von wenig praktischer Bedeutung. **„Lasten"** sind Leistungen, die aus dem Grundstück zu entrichten sind. Die Bestimmungen des § 1047 BGB und § 33 Abs. 4 Nr. 3 machen deutlich, daß diese Lasten öffentlich-rechtlicher und privatrechtlicher Natur sein können.[3] Nur das Grundstück im ganzen betreffende Lasten kommen in Betracht, nicht hingegen die Grundsteuer, die gesondert für jede Eigentumswohnung festgestellt und erhoben wird (§ 61), auch nicht Erschließungsbeiträge (§ 127 BauGB). Daraus ergibt sich i. ü. auch, daß der Verwalter für **Grundsteuermeß-** und **Grundsteuerbescheide** bzw. Erschließungskostenbeitragsentscheide nicht gemäß § 27 Abs. 2 Nr. 3 zustellungsvertretungsberechtigt ist. Die genannten Bescheide sind jedem einzel-

---

[1] Weitnauer, § 16 Rz. 1; Bärmann-Pick, § 16 Rz. 119; MünchKomm-Röll, § 16 Rz. 5; BayObLG Rpfleger 1974, 268 = NJW 1974, 1910; MDR 1974, 491 = BLGBW 1975, 20; OLG Karlsruhe OLGZ 1978, 175; BayObLG DWE 1982, 136.

[2] BayObLG WE 1991, 228.

[3] So Weitnauer, § 16 Rz. 12.

nen Wohnungseigentümer zuzustellen. Zu denken ist im Hinblick auf **öffentlich-rechtliche** Lasten an Anliegerbeiträge, städtische Umlagen, Müllabfuhrgebühren und Straßenreinigungskosten.[4] Lasten **privatrechtlicher** Natur können Hypotheken- und Grundschuldzinsen dann sein, soweit das Grundpfandrecht alle Wohnungseigentumsrechte belastet.[5] Dies ergibt sich schon aus § 27 Abs. 2 Nr. 1 und kann etwa dann der Fall sein, wenn eine Gemeinschaft die kostenträchtige Dachsanierung ausnahmsweise global fremdfinanzieren sollte. Bei aus Bauherrenmodellen hervorgegangenen Wohnungseigentümergemeinschaften geschieht es mitunter, daß die vor Begründung von Wohnungseigentum eingetragene **Globalgrundschuld**, die das Sicherungsmittel für die Bauherrenzwischenfinanzierung war, nach Begründung von Wohnungseigentum und nach Baufertigstellung noch immer eingetragen ist, und sei es, weil die Bauherren ihre individuelle Endfinanzierung noch nicht abgeschlossen haben. Obwohl in diesem Falle ja auch das Grundpfandrecht alle Wohnungseigentumsrechte belastet, werden die nach der Entstehung der Wohnungseigentümergemeinschaft noch anfallenden Bauzeitzinsen deshalb nicht zu gemeinschaftlichen Lasten i. S. d. § 16. Diese Zinsen beruhen auf den für jeden Bauherren individuell abgeschlossenen Zwischenfinanzierungsverträgen.[6] Steht ein Wohnungs- oder **Teileigentum** (z. B. Tiefgarage) **allen** Wohnungs- bzw. **Teileigentümern** als Miteigentümern zu, so handelt es sich bei den im Zusammenhang mit der Verwaltung des Wohnungs-/Teileigentums entstehenden Kosten eindeutig nicht um solche des gemeinschaftlichen Eigentums, so daß sie nicht in die Jahresabrechnung der Gemeinschaft einzustellen sind.[7]

Kosten der Instandhaltung, Instandsetzung, der sonstigen Verwaltung und eines gemeinschaftlichen Gebrauchs des Gemeinschaftseigentums sind im Grunde Kosten der Verwaltung. Der Oberbegriff für Lasten und Kosten ist das **„Wohngeld“** oder besser als **„Hausgeld“** bezeichnet,[8] weil „Wohngeld“ ein im Zusammenhang mit Mietwohnungen verwendeter Begriff anderen Inhalts ist.

---

[4] BayObLGZ 1972, 150 = MittBayNot 1973, 99 = Rpfleger 1972, 260 = NJW 1972, 1376; OVG Schleswig NJW-RR 1992, 457 (Abfallgebühren); a. A. OVG Münster NJW-RR 1992, 458 (Beitragsbescheid).

[5] KG NJW 1975, 318; BayObLGZ 1973, 143; Bärmann-Pick, § 16 Rz. 40; Soergel/Baur, § 16 Rz. 5.

[6] S. zur Frage der Pflichten des einzelnen Wohnungseigentümers bei Bestehen einer Gesamtgrundschuld auf allen Wohnungseigentumsrechten: Weitnauer, § 16 Rz. 13 und BayObLGZ 1973, 142 = DNotZ 1974, 78.

[7] BayObLG DWE 1990, 113 = WE 1992, 138.

[8] S. a. Meyer-Stolte Rpfleger 1981, 148 und BGH NJW 1984, 308.

5.2 Das Hausgeld

5.2.1 Begriff und Bestandteile

274 Das Hausgeld gliedert sich i. d. R. im wesentlichen wie folgt auf.

- **Bewirtschaftungskosten**
- asten, wie vor
- Wasserversorgungs- und -entsorgungskosten,[9] Müllgebühren
- Hausmeisterkosten[10]
- Stromkosten für gemeinschaftliche Räume, gemeinschaftliche Einrichtungsgegenstände und sonstige gemeinschaftliche Anlagen
- Kaminkehrergebühren
- Kontenführungsgebühren gemeinschaftlicher Konten
- Reinigungskosten
- Aufzugskosten
- Wartungs- und Betriebskosten für andere gemeinschaftliche Einrichtungen und Maschinen
- Kosten für eine etwa vorhandene Gemeinschaftsantenne, Kabelbenutzungsgebühren etc.
- Kosten eines Rechtsstreits auf Entziehung des Wohnungseigentums nach § 18
- etwaige Schadenersatzzahlungen im Falle des § 14 Nr. 4
- Versicherungsprämien für sämtliche abgeschlossenen gemeinschaftlichen Sach- und Haftpflichtversicherungen[11]

Heizungs- und Warmwasserkosten (Betriebskosten, Kosten für den Energiebedarf, Abrechnungskosten, Stromkosten für die Heizanlage, Kosten für die Wartung und Betreuung der Anlage)

- **Instandhaltungsrücklage**
- **Verwalterhonorar** einschließlich etwaiger Verwaltersonderhonorare
- **sonstige Kosten der Verwaltung,** wie
- evtl. Verwaltungsbeiratsvergütungen
- Rechtsanwaltskosten
- Sachverständigenkosten
- Kosten für Wohnungseigentümerversammlungen.

Kosten des Sondereigentums sind nicht Gegenstand der Gemeinschaftslasten und -kosten.[12]

---

[9] OLG Stuttgart OLGZ 1979, 34; BayObLG NJW 1972, 1376.

[10] BayObLG DWE 1985, 125.

[11] S. zu den notwendigen Versicherungsabschlüssen im einzelnen: Müller in *Partner im Gespräch* 9, S. 125 ff. (128, 129, 130).

[12] BayObLG WE 1997, 273 (Ladeneigentümer „veredelt", „verarbeitet" und verkauft in Flaschen abgefüllt aus dem gemeinschaftlichen Leitungsnetz entnommenes Wasser).

5.2.2 Hausgeldfälligkeit und seine Einziehung

Die **Hausgeldverbindlichkeit** des einzelnen Wohnungseigentümers besteht **gegenüber** den übrigen **Wohnungseigentümern.** Die Anforderung des Hausgelds und seine treuhänderische Verwaltung erfolgen durch den **Verwalter.**[13] Es ist sein Recht und seine Pflicht, § 27 Abs. 2 Nr. 1, Abs. 1 Nr. 4. Hausgeldvorschüsse sind aufgrund des vom Verwalter aufzustellenden (§ 28 Abs. 1), in der Wohnungseigentümerversammlung zu beschließenden (§ 28 Abs. 2) Wirtschaftsplans durch den Verwalter anzufordern und von den Wohnungseigentümern auf das vom Verwalter benannte Gemeinschaftskonto einzuzahlen. 275

Miteigentümer einer Wohnung sind **Gesamtschuldner.**[14] Dies gilt auch für die Mitglieder einer **BGB-Gesellschaft** als Wohnungseigentümerin.[15] Nichts anderes gilt, wenn von einem Gesellschafter die Übertragung der Mitgliedschaft geltend gemacht wird, das Grundbuch aber noch nicht berichtigt ist, es sei denn, der Gemeinschaft ist in der Form des § 29 GBO der Nachweis der Abtretung und der Zustimmung der übrigen Gesellschafter bzw. der Erlaubnis im Gesellschaftsvertrag erbracht.[16]

Der **Wirtschaftsplan** enthält die voraussichtlichen Einnahmen und Ausgaben bei der Verwaltung des gemeinschaftlichen Eigentums, die anteilige Verpflichtung der Wohnungseigentümer zur Lasten- und Kostentragung, sowie die Beitragsleistung der Wohnungseigentümer zu der in § 21 Abs. 5 Nr. 4 vorgesehenen Instandhaltungsrückstellung, § 28 Abs. 1 Nr. 1, 2 und 3. Demgemäß setzt die Pflicht zur Hausgeldvorauszahlung vor allem auch voraus, daß der Wirtschaftsplan auch die **anteilsmäßige Kostentragungspflicht** des einzelnen Wohnungseigentümers enthält – auch sog. Einzelwirtschaftspläne genannt –, und daß der Genehmigungsbeschluß sich auch darauf erstreckt.[17] 276

Richtig hat das BayObLG festgestellt,[18] wesentlicher Bestandteil der **Einzelabrechnung** sei die Gegenüberstellung des von dem einzelnen Wohnungseigentümer geschuldeten Betrags und der von ihm hierauf geleisteten Vorauszahlungen einschließlich der sich daraus ableitenden Ergebnisse in

---

[13] S. auch Röll WEM 1979, 62.

[14] OLG Hamm NJW-RR 1989, 655.

[15] OLG Hamm a. a. O.; OLG Frankfurt DWE 1987, 62.

[16] OLG Hamm a. a. O.

[17] BayObLG NJW-RR 1988, 81 = BayObLGZ 1987, 86; ZMR 1988, 346; WE 1989, 147; WE 1989, 212; BayObLGZ 1988, Nr. 70; WE 1990, 111; WE 1990, 178; WM 1990, 455 = WE 1991, 293; WE 1991, 166; NJW-RR 1991, 1360 = WM 1991, 443 = DWE 1991, 127 = WE 1992, 174; ZMR 1997, 42 = WE 1997, 265; WE 1997, 269; WE 1998, 396; s. a. NJW-RR 1998, 1386 = ZMR 1998, 445 zur Festlegung der Sonderumlagenanteile des einzelnen Wohnungseigentümers.

[18] BayObLGZ 1986, 128; WM 1989, 41; WE 1990, 138; ZMR 1997, 42 = WE 1997, 265; WE 1997, 269; s. a. OLG Frankfurt DWE 1997, 80.

Form einer Nachzahlung oder Überzahlung. Nur damit werde für die Wohnungseigentümer verbindlich festgelegt, welche Beträge an den einzelnen Wohnungseigentümer zurückzuzahlen oder von diesem nachzuzahlen seien. Das Entsprechende gelte für die Festlegung der von jedem Wohnungseigentümer zu zahlenden Vorschüsse, gemeint **Einzelwirtschaftspläne**.

Demzufolge widerspricht ein Eigentümerbeschluß den Grundsätzen ordnungsmäßiger Verwaltung, durch den die vom Verwalter erstellten Einzelwirtschaftspläne und Einzelabrechnungen unter der Bedingung genehmigt werden, daß sie richtig sind; denn gebilligt werden könnten nur Einzelwirtschaftspläne und Einzelabrechnungen mit einem genehmigungsfähigen Inhalt.

Soweit das OLG Zweibrücken[19] die Anforderungen an den Inhalt von Einzelwirtschaftsplänen und von Einzelabrechnungen relativiert, sind Bedenken anzumelden. Das Gericht verneint die Notwendigkeit auch der Genehmigung der Einzelabrechnungen als Voraussetzung für die Zahlungsverpflichtung der Wohnungseigentümer dann, wenn sämtliche notwendigen Abrechnungsgrundlagen bereits in der **Jahresgesamtabrechnung** enthalten sind, die Einzelabrechnung mithin nur den rechnerischen Vollzug der Gesamtabrechnung für den einzelnen Wohnungseigentümer darstelle. Im Entscheidungsfalle waren in der Gesamtabrechnung die Gesamtaufwendungen sowohl mit einem Gesamtbetrag ausgeworfen als auch – ausgehend von einer bestimmten umlagefähigen Gesamtfläche – mit dem hiervon auf jeden Quadratmeter entfallenden Teilbetrag angegeben, so daß jeder Wohnungseigentümer durch Multiplikation des Teilbetrages mit der Quadratmeterzahl seiner Wohneinheit den auf ihn entfallenden Betrag der Aufwendungen – so das Gericht – ermitteln könne. Diese Auffassung begegnet für den Bereich der Einzelabrechnung Bedenken, weil lediglich die Multiplikation z. B. noch nicht die geleisteten Vorschüsse berücksichtigt und deshalb der Nach- oder Überzahlungsbetrag nicht ermittelt ist. Für den Bereich des Einzelwirtschaftsplans mag die Auffassung des Gerichts dann zutreffen, wenn die Multiplikation als solche ausreicht, um die anteilige Vorschußverbindlichkeit zweifelsfrei und unschwer ermitteln zu können. Meist scheitert dies jedoch auch daran, daß für die einzelnen Kostenpositionen unterschiedliche Verteilungsschüssel gelten (z. B. Verwalterhonorar/Wohneinheit, im übrigen nach dem Verhältnis der Miteigentumsanteile).

277 Jedenfalls muß dem Eigentümerbeschluß unmittelbar entnommen werden können, welche **Vorschüsse** die einzelnen Wohnungseigentümer zu bezahlen haben. Dies erfordert grundsätzlich eine ausdrückliche Festlegung der jeweiligen Beträge gegenüber dem einzelnen Wohnungseigentümer. Auch

[19] OLG Zweibrücken ZMR 1990, 155.

nach Auffassung des BayObLG[20] können ausnahmsweise diese Beträge im Einzelfall dem Wirtschaftsplan auch dann unmittelbar zu entnehmen sein, wenn sie sich durch die Angabe geeigneter Verteilungsschlüssel im Wirtschaftsplan in Verbindung mit den dem jeweiligen Wohnungseigentümer bekannten **Umrechnungsfaktoren** durch einfache Rechenvorgänge unschwer ermitteln lassen.

Der Inhalt eines **Wirtschaftsplans** besteht also im wesentlichen aus der Gegenüberstellung der **voraussichtlichen** Lasten und **Kosten** und der **voraussichtlichen Einnahmen** – soweit sie nicht aus den monatlichen Hausgeldvorauszahlungen nach Maßgabe des Wirtschaftsplans bestehen – (Mieteinnahmen, Waschgeldeinnahmen, zu erwartende Hausgeldnachzahlungen eines säumigen Wohnungseigentümers für frühere Abrechnungszeiträume, soweit der entsprechende Fehlbetrag eine Kostenposition eines früheren Wirtschaftsplans war etc.), aus der Saldierung dieser Gesamtbeträge als voraussichtlicher Gesamtkostendarstellung, aus der Errechnung des auf jeden Wohnungseigentümer daran treffenden Jahresanteils, aus der evtl. Wiedergabe des Guthabens eines Wohnungseigentümers aus einer früheren Jahresabrechnung (Fall der Überzahlung), aus der Ermittlung des saldierten Jahresvorauszahlungssolls eines Wohnungseigentümers und schließlich aus der betragsmäßigen Wiedergabe der turnusmäßigen, meist monatlich zu leistenden anteiligen Vorauszahlung. Hinzu kommen die entsprechenden Angaben zur Beitragsleistung der Wohnungseigentümer zur **Instandhaltungsrücklage**.

Den Grundsätzen ordnungsmäßiger Verwaltung widerspricht ein Mehrheitsbeschluß, mit dem generell auf die Auflistung von Gemeinschaftseinnahmen in künftigen Wirtschaftsplänen verzichtet werden soll.[21]

Die Zahlung von verbindlich festgesetzten Hausgeldvorschüssen kann nicht mit der Begründung verweigert werden, sie werde nach der zu erwartenden Endabrechnung zu einer Überzahlung führen.[22]

Sicherlich entspricht es den Grundsätzen ordnungsmäßiger Verwaltung, **278**
eine **streitige Forderung** nicht als voraussichtliche Einnahme in den Wirtschaftsplan aufzunehmen. Entsprechendes gilt für eine unbestrittene Forderung, wenn ihre **Realisierung** überhaupt nicht abzusehen ist, also äußerst fraglich ist, ob sie im Wirtschaftsjahr überhaupt realisiert wird.[23] Zurecht hat die Rspr.[24] den Wohnungseigentümern bei der Festsetzung des **Wirtschaftsplans** einen weiteren **Ermessensspielraum** zuerkannt. So können die Wohnungseigentümer im Rahmen ihres Ermessens festlegen, ob sie z.B. die Ansätze für Heizkosten und für die Instandhaltungsrücklage knapp oder reichlich bemessen.

---

[20] BayObLG WE 1991, 166; ZMR 1997, 42 = WE 1997, 265; WE 1997, 269.
[21] KG ZMR 1987, 386.
[22] BayObLG v. 15. 3. 1985 – 2 Z 133/84 –.
[23] BayObLGZ 1986, Nr. 47.
[24] KG WE 1991, 193 = ZMR 1991, 188; BayObLG WE 1989, 64; WE 1999, 35.

Natürlich können sich die Wohnungseigentümer bei dem Beschluß über den Wirtschaftsplan schlicht darauf beschränken, die bisherigen Hausgeldvorauszahlungen auch weiterhin für verbindlich zu erklären. Ein solcher Beschluß wäre nur dann für ungültig zu erklären, wenn feststünde, daß die Vorauszahlungen erheblich zu niedrig oder überhöht sind.[25] Nicht anders verhält es sich, wenn die Wohnungseigentümer in einem beschlossenen Wirtschaftsplan bestimmen, daß die Vorauszahlungen des Wirtschaftsjahres „Soll wie bisher DM 354108,–" betragen. Die Auslegung kann ergeben, daß die einzelnen Wohnungseigentümer die gleichen Vorschüsse wie im Vorjahr zu bezahlen haben. Vorausgesetzt ist dabei aber, daß das Gesamtsoll der Vorauszahlungen im Wirtschaftsplan für das Vorjahr dasselbe war.[26]

279 Der **Wirtschaftsplan** des alten Jahres wirkt jedenfalls dann nicht fort, wenn er ausdrücklich auf ein **bestimmtes Jahr** bezogen war. Demzufolge können auf den Wirtschaftsplan für ein bestimmtes Kalenderjahr Zahlungsansprüche grundsätzlich nur für dieses Jahr gegründet werden. Vorschußzahlungen für das folgende Kalenderjahr setzen einen weiteren Eigentümerbeschluß über einen Wirtschaftsplan für dieses Jahr voraus.[27] Möglich und nach herrschender Rechtsprechung ordnungsmäßiger Verwaltung entsprechend ist es, entweder generell oder bei Gelegenheit der Genehmigung eines bestimmten Wirtschaftsplans die **Weitergeltung** eines Wirtschaftsplans bis zur Beschlußfassung über den nächsten Wirtschaftsplan, bzw. die Fortgeltung eines bestimmten Wirtschaftsplans bis zum Inkrafttreten eines neuen Wirtschaftsplans zu beschließen. Dies gilt selbst dann, wenn der Verwalter seiner Pflicht zur jährlichen Aufstellung des Wirtschaftsplans jahrelang nicht nachkommt.[28] Nach Auffassung des KG (a.a.O.) ist es kein Ladungsmangel, wenn der **Fortgeltungsbeschluß** als solcher in der Tagesordnung nicht angekündigt ist, vielmehr nur die Beschlußfassung über den Wirtschaftsplan angekündigt ist. Sicherlich kann dies nur für den Fall gelten, daß die Fortgeltung des gerade zu beschließenden Wirtschaftsplans beschlossen werden soll, nicht hingegen auch dann, wenn ein genereller Fortgeltungsbeschluß gefaßt werden soll. Nicht unproblematisch ist die Auffassung des OLG Köln,[29] das von einer konkludenten Fortgeltungsentscheidung der Wohnungseigentümer ausgeht, wenn diese mehrjährig durch ständige Übung über das jeweilige Wirtschaftsjahr hinaus die Wirtschaftsplanansätze bezahlt haben.

280 Widersprüchlich ist die Rechtsprechung der Senate des BayObLG zur Frage, ob ein **Wirtschaftsplan**, der zu erwartende Einnahmen oder Ausgaben außer Betracht läßt, lediglich **unvollständig** und deshalb zu **ergänzen** ist, ohne auf Anfechtung hin für **ungültig** erklärt werden zu können – so

---

[25] BayObLG WM 1991, 312 = WE 1991, 295.
[26] BayObLG NJW-RR 1988, 272 = DWE 1988, 109 = WE 1988, 75.
[27] BayObLG WE 1988, 141; KG WE 1988, 167; OLG Hamm NJW-RR 1989, 1161.
[28] OLG Hamm NJW-RR 1989, 1161; KG NJW-RR 1990, 1298.
[29] OLG Köln WE 1996, 112.

der 2. Senat[30] –, oder ob ein solcher Wirtschaftsplan den Grundsätzen ordnungsmäßiger Verwaltung widerspricht und auf Anfechtung hin für ungültig zu erklären ist – so der 1. Senat[31] für den Fall der Folge wesentlich überhöhter Hausgeldforderungen bzw. erheblicher Nachzahlungsverpflichtungen in der späteren Jahresabrechnung –. Das Problem mit der Ergänzungsmöglichkeit abzutun, hieße, den wesentlichen Sinn und Zweck eines Wirtschaftsplans zu unterlaufen. In den Wirtschaftsplan sind die voraussichtlichen Einnahmen und Ausgaben einzustellen. Sind Ausgaben oder Einnahmen vorauszusehen, sind sie zu berücksichtigen, andernfalls die **Liquidität** einer Gemeinschaft gefährdet sein kann, bzw. die Wohnungseigentümer ohne Not zu hoch belastet sein können. Das eine wie das andere widerspricht den Grundsätzen ordnungsmäßiger Verwaltung. Allenfalls die Nichtberücksichtigung geringer Einnahmen oder Ausgaben, jeweils gemessen am Gesamthaushalt einer Gemeinschaft, kann noch ordnungsmäßiger Verwaltung entsprechen.

Zweifelhaft erscheint schließlich die Rechtsprechung des KG zur Mög- **281**
lichkeit der **Aufstellung** eines **Wirtschaftsplans** durch die **Gerichte** im Falle des Fehlens eines Wirtschaftsplans. So hält das KG[32] das Gericht für berechtigt, dann bis zum Ablauf der Wirtschaftsperiode ersatzweise einen Wirtschaftsplan aufzustellen und damit die Hausgeldvorschüsse für diesen Zeitraum – unterstützt durch eine einstweilige Anordnung – sofort fällig zu stellen, wenn ein Wirtschaftsplan der Gemeinschaft nicht zustande kommt. Aus der Sicht des Gesetzgebers sollen gestalterische Einwirkungsmöglichkeiten des Gerichts die Ausnahme sein. Der Verwalter ist zur Aufstellung des Wirtschaftsplans verpflichtet. Jeder Wohnungseigentümer kann dies gem. § 21 Abs. 4 verlangen. Jeder Wohnungseigentümer hat gem. § 21 Abs. 4 gegen die übrigen Wohnungseigentümer auch den Anspruch auf Genehmigung eines vom Verwalter vorgelegten Wirtschaftsplans, sofern dieser nach Form und Inhalt den gesetzlichen Vorschriften und den Grundsätzen ordnungsmäßiger Verwaltung entspricht. *Diese* Ansprüche mag der einzelne Wohnungseigentümer bei Gericht geltend machen, nicht hingegen den Anspruch auf Erstellung eines Wirtschaftsplans durch das Gericht. Hinzu kommt, daß das Gericht oftmals gar nicht in der Lage ist, einen Wirtschaftsplan aufzustellen. Hierzu bedürfte es spezifischer Kenntnisse der Verhältnisse der konkreten Gemeinschaft. Offensichtlich hat auch das KG dies erkannt und festgestellt, das Gericht sei im Falle der Aufstellung eines Wirtschaftsplans nicht gehalten, detaillierte Gesamt- und Einzelwirtschaftspläne aufzustellen. Das Gericht könne vielmehr die voraussichtlichen Bewirtschaftskosten nach den Angaben der Beteiligten schätzen. Bedenklich ist

---

[30] BayObLG DWE 1991, 164 = WE 1991, 360.
[31] BayObLG WE 1991, 363.
[32] KG NJW-RR 1991, 463; s.a. OLG Köln ZMR 1998, 374 zur Ermächtigung des Verwaltungsbeirats, den Wirtschaftsplan aufzustellen und zu genehmigen.

auch die Auffassung des KG,[33] die gerichtliche Ungültigerklärung eines Wirtschaftsplans wegen eines zu geringen Volumens der Gesamtansätze komme nur in Betracht, wenn das Gericht zugleich einen Wirtschaftsplan mit höheren Ansätzen ersatzweise bestimme. Auch hier ist festzuhalten: Sind die Ausgabenansätze nur unbedeutend zu hoch oder zu gering, hat es bei dem Wirtschaftsplan zu verbleiben. Eine Anfechtung muß erfolglos bleiben. Sind die Ausgabenansätze in erheblichem Umfange falsch kalkuliert, ist der Genehmigungsbeschluß auf Anfechtung hin für ungültig zu erklären. Für eine ersatzweise positive Bestimmung durch das Gericht ist kein Raum.

282 Die endgültige Hausgeldfestsetzung obliegt der Wohnungseigentümerversammlung nach § 28 Abs. 5, nachdem der Verwalter nach Abschluß des Wirtschaftsjahres – i.d.R. das Kalenderjahr – eine **Abrechnung** aufgestellt hat, § 28 Abs. 3. Zur Jahresabrechnung gehören auch die **Einzelabrechnungen.** Auch sie haben Gegenstand des Beschlusses über die **Genehmigung der Jahresabrechnung** zu sein, um die etwaige Nachzahlungspflicht der Wohnungseigentümer zu begründen. Natürlich erfaßt der Genehmigungsbeschluß die Einzelabrechnungen auch dann, wenn jeder Wohnungseigentümer nur über die ihn betreffende Einzelabrechnung verfügt.[33a] Es gilt das zum Wirtschaftsplan gesagte entsprechend.[17, 18] Mit Genehmigung von Gesamt- und Einzelabrechnungen werden erstmals **Abrechnungsfehlbeträge** geschuldet, bzw. entstehen erstmals Ansprüche auf Auszahlung von **Guthaben.** Die Anfechtung eines Genehmigungsbeschlusses durch einen Wohnungseigentümer entbindet diesen nicht von der sofortigen Zahlung, solange der Beschluß nicht rechtskräftig für ungültig erklärt ist. Die Anfechtung gebietet auch nicht ohne weiteres die Aussetzung des Verfahrens, in dem der Hausgeldanspruch geltend gemacht wird.[33b]

283 Haben die Wohnungseigentümer lediglich die **Jahresgesamtabrechnung** genehmigt, nicht hingegen zugleich die **Einzelabrechnungen**, begründet dies zweifelsfrei keine **Zahlungsverpflichtungen** aus den nicht genehmigten Einzelabrechnungen, führt dies nach Auffassung des BayObLG[34] jedoch nicht zur Anfechtbarkeit. Jeder Wohnungseigentümer habe in diesem Falle nur Anspruch auf eine entsprechende **Ergänzung** des Beschlusses, damit er vollständig werde. Dem ist fragend entgegenzuhalten, ob nicht ein Beschluß, der deshalb unvollständig ist, weil er mangels Einbeziehung der Einzelabrechnungen keine Rechtsgrundlage für die Einforderung von Abrechnungsschulden, bzw. für die rechtliche Festlegung von Abrechnungsguthaben bil-

---

[33] KG WE 1991, 193 = NJW-RR 1991, 725 = ZMR 1991, 188.

[33a] OLG Stuttgart WE 1998, 383.

[33b] BayObLG NJW-RR 1993, 788, ZMR 1993, 290 = WE 1994, 118, WE 1995, 93 u. WE 1995, 247.

[34] BayObLGZ 1989, Nr. 50; WE 1990, 182; KG ZMR 1997, 541 = WE 1998, 64: Ergänzungsanspruch, wenn in die Einzelabrechnungen im Unterschied zur Gesamtabrechnung abrechnungsreife Ausgaben und Einnahmen nicht eingestellt sind.

det, den Grundsätzen ordnungsmäßiger Verwaltung widerspricht und deshalb auf die Anfechtung hin für ungültig zu erklären ist. Das BayObLG[35] hat für den Bereich des Wirtschaftsplans festgestellt, ein solcher entspreche nicht ordnungsmäßiger Verwaltung und sei auf Anfechtung hin für ungültig zu erklären, wenn er lediglich die Gesamtbeträge der zu erwartenden Einnahmen und Ausgaben ohne den Aufteilungsschlüssel und die auf jeden einzelnen Wohnungseigentümer entfallenden Wohngeldbeträge angebe. Für das BayObLG ist also eine **unvollständige Abrechnung** lediglich ergänzungsbedürftig und nicht anfechtbar, während ein **unvollständiger Wirtschaftsplan** der Anfechtung unterliegt. Überzeugend ist dies nicht.[35a]

Fraglich ist, ob die in der Teilungserklärung enthaltene Bestimmung „Die **284**
Jahresabrechnung gelte als anerkannt, wenn nicht innerhalb 4 Wochen nach Absendung schriftlich widersprochen wird" wirksam ist. Für zulässig wird dies vom BayObLG, OLG Hamm und OLG Frankfurt[36] erachtet.

Das KG hat diese Frage mit Beschluß vom 4. 7. 1990 dem BGH vorgelegt,[37] weil es eine solche Bestimmung im Hinblick auf § 242 BGB für unwirksam erachtet. Der BGH konnte wegen einer anderen Fallgestaltung auf dieses Problem – noch – nicht eingehen. Die Auffassung des KG verdient Zustimmung. Zwar ist § 28 Abs. 5 abdingbar,[38] jedoch würde in der Tat die personenrechtliche Gemeinschaftsstellung der Wohnungseigentümer zu stark ausgehöhlt. Der Beschlußfassung der Wohnungseigentümer über die Jahresabrechnung kommt eine zentrale Bedeutung zu. Praktisch würde den Wohnungseigentümern das Recht zur richterlichen Überprüfung der vom Verwalter zu erstellenden Jahresabrechnung so gut wie genommen. Es ist Erfahrungstatsache, daß der einzelne Wohnungseigentümer, konfrontiert mit der ihm übersandten Jahresabrechnung, oftmals Fehler gar nicht erkennt und deshalb Widerspruch nicht erhebt, während die Diskussion in der Eigentümerversammlung über die vorgelegte Jahresabrechnung oftmals erst Fehler aufdeckt und erkennen läßt. Ein Gesichtspunkt von kaum geringerer Bedeutung tritt hinzu. Das Moment der Rechtssicherheit verlangt nach ein-

---

[35] BayObLG NJW-RR 1991, 1360 = WM 1991, 443 = DWE 1991, 127 = WE 1992, 174.

[35a] Weitere Fälle, in denen lediglich Ergänzungsbedürftigkeit der Jahresabrechnung angenommen wird: BayObLG NJW-RR 1992, 1169 = WE 1993, 255 (Fehlen der Einnahmenseite und der Darstellung der Kontenstände); WE 1993, 114; v. 28. 10. 1998 – 2 Z BR 116/98 –: wenn in die Jahresabrechnung nicht der Anfangsbestand aller gemeinschaftlicher Konten eingestellt ist; OLG Hamm ZMR 1998, 715.

[36] BayObLGZ 1988, Nr. 53; OLG Hamm OLGZ 1982, 20/26; OLG Frankfurt OLGZ 1986, 45/46 = DWE 1986, 30; s. aber auch BayObLG DNotZ 1989, 428 (unzulässige Klausel: „Wenn nicht innerhalb von 14 Tagen nach der Absendung der Abrechnung ein schriftlicher, begründeter Widerspruch von mehr als der Hälfte der Miteigentumsanteile eingelegt ist, gilt die Abrechnung als anerkannt").

[37] KG ZMR 1990, 428; NJW-RR 1991, 1042.

[38] BayObLG BB 1979, 857/858; BayObLGZ 1988, Nr. 53; OLG Hamm OLGZ 1982, 20; OLG Frankfurt OLGZ 1986, 45.

deutiger, in jeder Hinsicht zweifelsfreier Beantwortbarkeit der Frage, ob eine Abrechnung nun rechtswirksam und unanfechtbar genehmigt ist oder nicht. Der Gesetzgeber hat im Unterschied zum Gesellschaftsrecht bewußt die Anfechtungsfrist des § 23 Abs. 4 Satz 2 normiert. Diese Zielsetzung würde jedoch bei einer **Genehmigungsfiktion** verfehlt, nachdem die **Fiktionsfrist** an die Absendung durch den Verwalter geknüpft ist und völlig ungewiß ist, ob alle Wohnungseigentümer die Abrechnung erhalten haben. Widerspruchsmöglichkeit setzt jedoch Erhalt dessen voraus, gegen das man widersprechen können soll. Kaum anders wäre der Fall zu beurteilen, wenn der Beginn der Fiktionsfrist an den Zugang der Abrechnung geknüpft würde. Abgesehen davon, daß dann der Zugangszeitpunkt etwa nur durch Versendung per Einschreiben/Rückschein feststellbar wäre, würde die Widerspruchsfrist dort überhaupt nicht in Gang gesetzt, wo nicht zugestellt werden kann, weil dem Verwalter im Einzelfall nicht die aktuelle Anschrift aller Wohnungseigentümer bekannt war. Dies wiederum würde die Widerspruchsmöglichkeit insoweit auf längere Dauer ermöglichen. Keine Abhilfe würde auch eine Regelung in der Gemeinschaftsordnung schaffen, daß die Abrechnung jedem Wohnungseigentümer als zugegangen gelte, wenn sie an die letzte dem Verwalter bekannte Adresse des Eigentümers gerichtet sei. Auch wenn nach der herrschenden Meinung in der wohnungseigentumsrechtlichen Literatur das **AGBG** keine unmittelbare Anwendung auf Bestimmungen der Gemeinschaftsordnung findet, würde eine solche Bestimmung nach den Regeln der zulässigen **Inhaltskontrolle** von Gemeinschaftsordnungen in analoger Anwendung des Rechtsgedankens des § 10 Nr. 6 AGBG wegen § 242 BGB ebenfalls unwirksam sein. Das BayObLG hat in einer Regelung im Verwaltervertrag, wonach die Ladung zu Eigentümerversammlungen wirksam sei, wenn sie an die letzte dem Verwalter bekannte Adresse des Eigentümers gerichtet sei, einen Verstoß gegen § 10 Nr. 6 AGBG gesehen.[39] Es wird nicht verkannt, daß das AGBG auf **Verwalterverträge** unmittelbar Anwendung findet.

285 Das BayObLG hatte in einem weiteren Falle die Frage zu prüfen, ob im Falle einer auf den Bereich der Einzelabrechnungen beschränkten entsprechenden **Genehmigungsfiktion** nicht gleichwohl eine Beschlußfassung über die Einzelabrechnungen zusammen mit der Jahresgesamtabrechnung zulässig sei.[40] Das Gericht ließ die Frage der Rechtswirksamkeit der Genehmigungsfiktion offen, interpretierte die Regelung in der Gemeinschaftsordnung dahin, sie könne allenfalls zur Folge haben, daß die Wohnungseigentümer außer über die Gesamtabrechnung nicht in jedem Falle auch über die Einzelabrechnungen Beschluß fassen müßten. Demzufolge sei in einem solchen Falle die Beschlußfassung über die Einzelabrechnungen nicht verboten. Nicht zu entscheiden hatte das Gericht darüber, ob für einen Ei-

[39] BayObLG WM 1991, 312 = WE 1991, 295.
[40] BayObLG v. 7. 11. 1990 – 2 Z 116/90 –.

gentümerbeschluß über die Einzelabrechnungen auch dann noch Raum wäre, wenn die Einzelabrechnungen nach der Regelung in der Gemeinschaftsordnung mangels fristgerechten Widerspruchs bereits verbindlich geworden wären. Das KG (a.a.O.) hat in seinem Vorlagebeschluß auch auf dieses denkbare Dilemma hingewiesen. Das KG hat auch (a.a.O.) die Zulässigkeit der Fiktionswirkung für den Fall verneint, daß der Verwalter mit der Übersendung der Jahresabrechnung zugleich zu einer Wohnungseigentümerversammlung einlädt, deren Tagesordnung die Beschlußfassung gerade über diese Gegenstände enthält.

Auch die **Heizkosten** sind Kosten der Verwaltung.[41] Sie sind damit in die 286 vom Verwalter aufzustellende und von den Wohnungseigentümern zu beschließende Jahresabrechnung einzustellen.[42] Oftmals geschieht dies aber nicht, z.B. deshalb nicht, weil die Heizkostenabrechnungsperiode vom allgemeinen Wirtschaftsjahr der Gemeinschaft abweicht. Demgemäß verfahren nicht wenige Verwalter so, daß sie außerhalb des Jahresabrechnungsgenehmigungsbeschlusses den Wohnungseigentümern einfach die Abrechnung des mit der Erfassung des Wärmeverbrauchs beauftragten Unternehmens übersenden. In diesen Fällen können Ansprüche auf Zahlung von Heizkosten nicht aufgrund der Abrechnung gerichtlich geltend gemacht werden, die das mit der Wärmeverbrauchserfassung beauftragte Unternehmen aufgestellt hat (BayObLG a.a.O.). Da die Heizkostenabrechnung als **wesentlicher Bestandteil** in die Gesamtabrechnung einzustellen ist, widerspricht ein Abrechungsgenehmigungsbeschluß, der sich nicht auf die Heizkosten erstreckt, den Grundsätzen ordnungsmäßiger Verwaltung.

Der **Verwalter** ist zur **gerichtlichen Geltendmachung** von Hausgeldvor- 287 schußrückständen und Hausgeldabrechnungsschulden namens der übrigen Wohnungseigentümer gegen den säumigen Wohnungseigentümer nur aufgrund eines Beschlusses der Wohnungseigentümer berechtigt und bevollmächtigt, sofern nicht die Gemeinschaftsordnung oder der Verwaltervertrag eine generelle Bevollmächtigung hierzu vorsehen, § 27 Abs. 5 Nr. 5.[43] Diese **Ermächtigungsgrundlage** sagt noch nichts aus über die Frage der Prozeßführungsberechtigung des Verwalters im Falle der Ermächtigung. Diese Frage wird in Abschn. 7 behandelt.

Da die hier behandelten Zahlungsverpflichtungen des einzelnen Woh- 288 nungseigentümers den übrigen Wohnungseigentümern gegenüber bestehen, wurde in der Rechtsprechung und wird in der Literatur nach wie vor die Auffassung vertreten, daß auch der **einzelne Wohnungseigentümer** befugt sei, den Anspruch gegen den säumigen Miteigentümer in eigenem Namen mit dem Antrag auf Leistung an alle Wohnungseigentümer gemeinschaftlich

---

[41] Weitnauer, § 16 Rz. 14.

[42] BayObLG v. 30. 11. 1990 – 2 Z 137/90 –.

[43] Weitnauer, § 16 Rz. 34 u. § 27 Rz. 20; Bärmann-Pick, § 16 Rz. 100 u. § 27 Rz. 131 ff.; BayObLG MDR 1980, 57; MDR 1982, 151; WE 1989, 212.

(§ 432 BGB) außergerichtlich und gerichtlich geltend zu machen, sobald Eigentümerbeschlüsse über den Wirtschaftsplan, bzw. über die Jahresabrechnung – jeweils die Einzelwirtschaftspläne, bzw. die Einzelabrechnungen erfassend – vorliegen.[44]

Der BGH hat auf Vorlage des KG entschieden, den Anspruch gegen einen Wohnungseigentümer, Beiträge zu den Lasten und Kosten des gemeinschaftlichen Eigentums nach Maßgabe des beschlossenen Wirtschaftsplans zu leisten, könne ein anderer Wohnungseigentümer nur dann geltend machen, wenn er dazu durch **Gemeinschaftsbeschluß** ermächtigt worden sei.[45] Im wesentlichen begründet dies der BGH unter Hinweis auf seine entsprechende Entscheidung zur Geltendmachung von Schadenersatzansprüchen gegen den Verwalter (BGHZ 106, 222 = NJW 1989, 1091) damit, daß die Ausführung der Genehmigungsbeschlüsse nicht Sache des einzelnen Wohnungseigentümers, sondern des Verwalters sei, der die Beschlüsse der Gemeinschaft auszuführen habe, § 27 Abs. 1 Nr. 1.

Voraussetzung für die Zulässigkeit des gerichtlichen Antrags des einzelnen Wohnungseigentümers oder mehrerer Wohnungseigentümer ist also, daß ein Genehmigungsbeschluß der Gemeinschaft zum Wirtschaftsplan, bzw. zur Jahresabrechnung vorliegt und die Gemeinschaft den, bzw. einzelne Wohnungseigentümer zur gerichtlichen Geltendmachung durch Beschluß ermächtigt hat.

289 Auf den Ermächtigungsbeschluß hat der einzelne Wohnungseigentümer keinen Anspruch, hingegen hat der **einzelne Wohnungseigentümer** gegen die übrigen Wohnungseigentümer einen **Anspruch auf Genehmigung von Wirtschaftsplan und Jahresabrechnung,** sobald die Gemeinschaft damit säumig ist und sofern der vom Verwalter vorgelegte Wirtschaftsplan, bzw. die von ihm vorgelegte Jahresabrechnung den Grundsätzen ordnungsmäßiger Verwaltung entsprechen, § 21 Abs. 4. Das KG[46] meint, der Antrag, einen anderen Wohnungseigentümer zur Zustimmung zu einer auf einer Eigentümerversammlung abgelehnten Jahresabrechnung zu verpflichten, sei als Antrag auf gerichtliche Festlegung der Jahresabrechnung aufzufassen; ein solcher Antrag sei jedoch nur bei Nichterreichbarkeit eines Eigentümerbeschlusses zulässig. Hat der Verwalter noch nicht einmal einen Wirtschaftsplan, bzw. einen Jahresabrechnungsvorschlag erstellt, obwohl er dies bereits hätte tun müssen (s. hierzu Abschn. 7), oder hat er bereits Wirtschaftsplan und Jahresabrechnung vorgelegt, hat die Gemeinschaft aber begründet die Genehmigung versagt, hat der einzelne Wohnungseigentümer gegen den Verwalter einen Anspruch darauf, Wirtschaftsplan und Jahresabrechnung zu erstellen, bzw. einen richtigen Wirtschaftsplan, eine richtige Jahresabrech-

---

[44] KG NJW-RR 1990, 397; NJW-RR 1990, 395; Weitnauer, § 16 Rz. 27.

[45] BGH NJW 1990, 2386; s.a. BayObLG WM 1989, 526 und BayObLGZ 1989, 310.

[46] KG NJW-RR 1991, 1424.

nung zu erstellen, § 21 Abs. 4. Das BayObLG hat im übrigen[47] in einem Fall entschieden, daß der Verwalter zur Vorlage von Jahresabschluß und Wirtschaftsplan innerhalb der ersten Monate des folgenden, bzw. laufenden Wirtschaftsjahres verpflichtet sei.

Da die Pflicht der Wohnungseigentümer zur Zahlung von **Hausgeldvorschüssen**, bzw. **Abrechnungsschulden** entsprechende **Genehmigungsbeschlüsse** voraussetzt, wird mit derartigen Beschlüssen grundsätzlich lediglich die Zahlungsverpflichtung als solche begründet. Die Frage der **Fälligkeit** ist eine andere. 290

Bestimmt die Gemeinschaftsordnung nicht ausdrücklich, daß die jeweils geschuldete Hausgeldvorauszahlung etwa mit dem 1. eines Kalendermonats zu zahlen sei und legt auch der Beschluß über die Genehmigung des Wirtschaftsplans den Zahlungstermin nicht fest oder gibt es keinen generellen Eigentümerbeschluß über die Fälligkeitstermine der Hausgeldvorauszahlungen, tritt Fälligkeit erst mit Zusendung der Einzelwirtschaftspläne ein. Liegt diese zeitlich vor der Beschlußfassung, tritt Fälligkeit bezüglich der im Zeitpunkt der Beschlußfassung bereits zurückliegenden Monate des Kalenderjahres mit der Beschlußfassung ein. Haben die Wohnungseigentümer mit Genehmigung des Wirtschaftsplans beschlossen, daß der Verwalter jedem Wohnungseigentümer die von ihm zu leistenden Vorauszahlungsbeträge nochmals mitteilen werde, hängt die Fälligkeit dieser Vorauszahlungen von dieser Mitteilung ab.[48] **Verzugseintritt** setzt grundsätzlich Mahnung voraus (vgl. §§ 284, 286 BGB), es sei denn, daß für die Vorauszahlungen in der Gemeinschaftsordnung bestimmt oder in sonstiger Weise beschlossen ist, diese seien etwa jeweils zum 1. eines Monats im vorhinein zu leisten. Dann tritt mit Ablauf des 1. eines Monats ipso iure auch Verzug ein. Für Abrechnungsschulden gilt das Entsprechende mit der Maßgabe, daß hier wohl nur selten eine Bestimmung in der Gemeinschaftsordnung oder in einem generellen Beschluß über einen kalendermäßig fixierbaren Termin enthalten ist, der Mahnung entbehrlich machte. Zu empfehlen ist daher, daß mit jeweiliger Abrechnungsgenehmigung der Fälligkeitszeitpunkt festgelegt wird. Ist dies nicht der Fall, tritt Fälligkeit erst mit Zugang der ersten Zahlungsaufforderung durch den Verwalter, nicht bereits mit Ablauf des Tages ein, an dem die Abrechnung genehmigt wurde.

Solange eine **Jahresabrechnung nicht beschlossen** ist, besteht für die 291
Wohnungseigentümer lediglich die Pflicht zur weiteren Leistung von **Hausgeldvorauszahlungen** (sofern ein Wirtschaftsplan oder die beschlossene Jahresabrechnung des Vorjahres als beschlossener Wirtschaftsplanersatz als Grundlage existieren).[49] Dies gilt auch, wenn die Wohnungseigen-

---

[47] BayObLG WE 1991, 223.

[48] BayObLGZ 1971, 313/317f.; 1977, 67 = Rpfleger 1977, 173 = ZMR 1977, 378; BayObLG v. 23. 7. 1982 – 2 Z 65/81 –; v. 4. 12. 1982 – 2 Z 8/82 –; DWE 1984, 30.

[49] BayObLG a. a. O.; OLG Frankfurt Rpfleger 1978, 383.

tümer zwar die Jahresgesamtabrechnung genehmigt haben, nicht hingegen auch über die Einzelabrechnungen abgestimmt haben.[50] In einem solchen Falle sind jedoch die aufgrund des Wirtschaftsplans zu leistenden Vorauszahlungen der Höhe nach begrenzt auf den Betrag der sich aus der Jahresabrechnung ergebenden endgültigen Hausgeldschuld. Dies gilt jedenfalls dann, wenn nur dieser geringere Betrag geltend gemacht wird. Forderungen gegen einen Wohnungseigentümer aus einem Schuldsaldo, der aufgrund eines Eigentümerbeschlusses „nach Art eines Staffelkontokorrents" gebildet wird, können erst nach Anerkennung des Schuldsaldos durch den betroffenen Wohnungseigentümer geltend gemacht werden. Solange der Schuldsaldo nicht anerkannt ist, kann auf die zugrundeliegenden Einzelforderungen zurückgegriffen werden, was jedoch in casu daran scheiterte, daß die Gemeinschaft die Einzelabrechnungen, deren Ergebnisse Bestandteil des Staffelkontokorrents waren, noch nicht genehmigt hatte.[51] Richtig führt das Gericht aus, daß die Anerkennung des Saldos durch den betroffenen Wohnungseigentümer Voraussetzung dafür sei, daß der Anspruch der Gemeinschaft aus dem Schuldsaldo als solchem als neue, auf einem selbständigen Verpflichtungsgrund beruhende und vom früheren Schuldgrund losgelöste Forderung an die Stelle der bisherigen Einzelforderungen tritt und der Schuldner daraus zur Zahlung verpflichtet ist.

5.2.3 Probleme bei Veräußerung des Wohnungseigentums/Teileigentums

5.2.3.1 Der werdende Wohnungseigentümer als Hausgeldschuldner?

292 Ausgangspunkt ist:

Schuldner der **Hausgeldverpflichtung** ist derjenige, der **Wohnungseigentümer** ist. Wohnungseigentümer ist der im Grundbuch Eingetragene, bei Eigentumsübergang außerhalb des Grundbuchs (Zwangsversteigerung, Erbfall) der neue Eigentümer mit dem Rechtserwerb, nicht erst mit der Grundbuchberichtigung.[52] Das Kriterium der Eigentümerstellung gilt auch im Falle **der Veräußerung eines Wohnungseigentums** bei **voll eingerichteter Gemeinschaft**, als beim sog. Zweiterwerb.[53] Dieser sog. **Zweiterwerber** ist entgegen früherer Rechtsauffassung in der Zeit zwischen Eintragung seiner Auflassungsvormerkung und Besitzübergang auf ihn einerseits und dem **Eigentumsübergang** auf ihn andererseits auch nicht faktisch wie ein Wohnungseigentümer zu behandeln. Er ist Hausgeldschuldner erst ab Ei-

---

[50] BayObLG WE 1991, 24.

[51] BayObLG WE 1990, 28; v. 19. 7. 1990 – 2 Z 71/90 –; NJW-RR 1992, 1169 = WE 1993, 255 (kein Abrechnungssaldo des Vorjahres, sonst Anfechtung); KG WE 1993, 194 zur Fortschreibung alten Kontostands.

[52] BGHZ 87, 138; BGHZ 88, 302 (Zuschlag in der Zwangversteigerung); BayObLGZ 1984, 198 (Erbfall).

[53] BGHZ 107, 289.

gentümerwechsel.[54] Wer den Erwerb von Wohnungseigentum wirksam nach § 123 BGB angefochten hat, haftet, auch wenn er noch im Grundbuch eingetragen ist, nicht in entsprechender Anwendung des § 16 Abs. 2 für Verbindlichkeiten, die nach seiner Grundbucheintragung begründet und fällig werden.[54a]

Anders verhält es sich lediglich in der Zeit, bevor die Gemeinschaft vollständig und rechtlich in Vollzug gesetzt ist. Sie ist erstmals rechtlich in Vollzug gesetzt, wenn die Wohnungsgrundbücher angelegt und mindestens 2 Wohnungseigentümer, darunter der teilende Eigentümer, als Eigentümer eingetragen sind.[55] Zeitlich davor entsteht bei Begründung von Wohnungseigentum gem. § 8 eine sog. **werdende Gemeinschaft.** Deren Entstehung setzt voraus, daß zumindest für einen Ersterwerber dessen **Auflassungsvormerkung** eingetragen ist und dieser an „seiner“ Wohnung **Besitz erlangt** hat. Ob die Wohnungsgrundbücher bereits angelegt sein müssen, ist umstritten. Ihre Anlage ist nach hier vertretener Auffassung weitere Voraussetzung, weil nur dann eine Auflassungsvormerkung eingetragen sein kann, die den Eigentumsverschaffungsanspruch hinsichtlich des Kaufgegenstands „Wohnung“ endgültig sichert. Die vor Anlegung der Wohnungsgrundbücher im Grundbuch des noch ungeteilten Grundstücks eingetragene Auflassungsvormerkung gewährleistet nicht, daß der Erwerber „Wohnungseigentum“ erwirbt. Seine Entstehung könnte rechtlich scheitern.

In dieser Phase – zwischen Beginn der werdenden Gemeinschaft und rechtlicher Invollzugsetzung der Gemeinschaft – wird ein im Grundbuch noch nicht eingetragener Erwerber bereits ab Eintragung der Auflassungsvormerkung und Besitzübergang wie ein Wohnungseigentümer behandelt, zusammen mit weiteren Erwerbern, die über die gleiche Rechtsposition verfügen wie er, und den teilenden Eigentümer.[56]

Ein Erwerber, dessen Auflassungsvormerkung erst **nach rechtlicher Invollzugsetzung** der Gemeinschaft eintragen wird oder der den Besitz danach erlangt, ist sog. Zweiterwerber im oben erörterten Sinn, auch wenn er seine Wohnung vom teilenden Eigentümer erworben haben sollte. Auf die Mitglieder der werdenden Gemeinschaft findet u.a. § 16 Abs. 2 Anwendung. Sie sind Hausgeldschuldner wie ein eingetragener Wohnungseigentümer, und bleiben es auch dann, wenn die Gemeinschaft rechtlich in Vollzug gesetzt ist.[57] Tritt ein werdender Wohnungseigentü-

---

[54] BGH NJW 1989, 2897 = WE 1989, 196.

[54a] BGH EBE 1994, 354 = ZMR 1995, 37 = WE 1996, 57.

[55] BayObLG NJW 1990, 3216; Weitnauer, 16 Rz. 48.

[56] BayObLG a.a.O.; WE 1992, 27; Staudinger-Rapp, § 2 Rz. 2; § 8 Rz. 25f.; Staudinger-Kreuzer, § 10 Rz. 8ff.

[57] BayObLG a.a.O.; ZMR 1998, 101 = WE 1998, 157 (zum Stimmrecht des werdenden Wohnungseigentümers); OLG Frankfurt DWE 1993, 77; ZMR 1997, 609; DWE 1998, 43; OLG Hamm OLGZ 1994, 515; Weitnauer, § 16 Rz. 48 u. Anh. § 10 Rz. 3–5; Bärmann-Merle, vor § 43 Rz. 4–6.

mer rechtswirksam vom Kaufvertrag zurück, ersetzt die inzwischen eingetragene Auflassungsvormerkung seine dann fehlende Rechtsstellung nicht. Er ist ab Rücktrittswirkung nicht mehr werdender Wohnungseigentümer.[57a]

5.2.3.2 Mithaft des Erwerbers für Hausgeldverbindlichkeiten des Veräußerers?

293 Die Beantwortung der gestellten Frage setzt voraus, daß zunächst klarzustellen ist, was noch eine **Hausgeldverbindlichkeit** des Veräußerers und was schon eine solche des Erwerbers ist.

Nach der Grundsatzentscheidung des BGH v. 21. 4. 1998[58] gilt: Für Verbindlichkeiten der Wohnungseigentümer untereinander, die in der anteilsmäßigen Verpflichtung zum Tragen der Lasten und Kosten (§ 16 Abs. 2) wurzeln, haftet der Erwerber einer Eigentumswohnung auch dann, wenn es sich um Nachforderungen aus Abrechnungen für frühere Jahre handelt, sofern nur der **Beschluß der Wohnungseigentümergemeinschaft,** durch den die Nachforderungen begründet werden (§ 28 Abs. 5), erst **nach dem Eigentumserwerb** gefaßt worden ist. Damit ist zutreffend klargestellt, daß sich aus den Modalitäten der Haftung im **Außenverhältnis** keine Rückschlüsse auf die Ausgestaltung des Ausgleichs im **Innenverhältnis** ergeben, durch den für jeden Wohnungseigentümer die Verpflichtung konkretisiert wird, die Lasten und Kosten des gemeinschaftlichen Eigentums gemäß § 16 Abs. 2 zu tragen. Die Beitragsleistungen der Wohnungseigentümer werden als **konkrete Verbindlichkeit** entweder kraft des von den Wohnungseigentümern beschlossenen Wirtschaftsplans als Vorschüsse oder kraft der von den Wohnungseigentümern gebilligten Jahresabrechnung geschuldet. Geltungsgrund für die insoweit konkretisierte Beitragspflicht ist in beiden Fällen der **Beschluß** der Wohnungseigentümer. Entsprechendes gilt für **Umlagebeschlüsse.** Der BGH erachtete die Gefahr, daß die Wohnungseigentümer die Jahresabrechnungen verzögern könnten, um sich einen neuen – vielleicht finanzkräftigeren – Schuldner zu verschaffen, als nicht sehr naheliegend; gegebenenfalls bleibe, so das Gericht, der Einwand des Rechtsmißbrauchs (§§ 162 Abs. 2, 242 BGB).[59] Ungeachtet des in den Wirtschaftsplan eingestellten **Verwalterhonorars** schulden neu eintretende Wohnungseigentümer dem **Verwalter** das monatliche Honorar mit Beginn des Monats ihres Eintritts in die Gemeinschaft gesamtschuldnerisch mit den übrigen Wohnungseigentümern.[59a]

[57a] BayObLG NJW-RR 1996, 334.

[58] BGHZ 104, 197 = BB 1988, 1141 = Rpfleger 1988, 357 = NJW 1988, 1910 = EBE 1988, 189.

[59] So jetzt auch BayObLG NJW-RR 1992, 14; WE 1995, 248.

[59a] BayObLG NJW-RR 1987, 80; KG NJW-RR 1994, 83 LS = ZMR 1994, 579 = WE 1994, 54.

Maßgeblicher Zeitpunkt für die Hausgeldschuldnerschaft des Veräußerers oder Erwerbers – jeweils unter Berücksichtigung der Darlegungen in Abschnitt 5.2.3.1 – ist nach hier vertretener Auffassung die in der **Beschlußfassung** der Wohnungseigentümer liegende Begründung und Konkretisierung der **Beitragspflicht**, nicht hingegen der davon etwa abweichende **Fälligkeitszeitpunkt.** Der BGH hat bisher die Frage offengelassen.[60] 294

Die hiervon abweichende, inzwischen wohl herrschende Auffassung[61] (Maßgeblichkeit des Fälligkeitszeitpunkts) verweist auf Gesetzesbestimmungen, wie §§ 103, 571 Abs. 1 und 1108 BGB. Diese Analogie überzeugt nicht. Wenn der Beschluß der Wohnungseigentümer die Beitragsschuld begründet, kann es nicht richtig sein, daß ein Erwerber der Schuldner sein soll, wenn der Beschluß vor dem Eigentumserwerb gefaßt wurde, die sich daraus ergebende Beitragsleistung aber erst für einen späteren Zeitpunkt, der nach dem Eigentumserwerb liegt, fällig gestellt wurde. Auf den Fälligkeitszeitpunkt abzustellen, wäre auch im Hinblick auf *die* Fallgestaltung verfehlt, daß der im Zeitpunkt des Eintritts der Fälligkeit im Grundbuch eingetragene Erwerber erst nach Ablauf der Beschlußanfechtungsfrist als Eigentümer im Grundbuch eingetragen wurde und sich demnach nicht durch Anfechtung etwa gegen den Abrechnungsgenehmigungsbeschluß oder einen Umlagebeschluß wehren kann. Es würde zusätzlich gerade der nach Meinung der Rspr. mit dem Instrument der Beschlußanfechtung zu verhindernden absichtlich verzögerten Abrechnungsgenehmigung Vorschub leisten: Wissend um die bevorstehende Rechtsnachfolge genehmigt man die Abrechnung so frühzeitig, daß der Erwerber nicht mehr anfechten kann, verlagert aber im Genehmigungsbeschluß den Fälligkeitseintritt auf einen so späten Zeitpunkt, daß es den Erwerber treffen muß. Von praktischer Bedeutung ist die hier erörterte Rechtsfrage insbesondere auch im Zusammenhang mit **Umlagebeschlüssen**, in denen die Umlagezahlung in verschiedenen Raten vorgesehen ist. Hier wird ganz deutlich, daß zunächst nur derjenige als Kostenschuldner in Betracht kommen kann, der im Zeitpunkt der beschlossenen Umlage als Eigentümer im Grundbuch eingetragen ist, und nicht derjenige, der jeweils im Zeitpunkt der Fälligkeit einer Umlagerate gerade im Grundbuch als Eigentümer eingetragen ist. Der erst nach dem Zeitpunkt des Umlagebeschlusses im Grundbuch eingetragene Erwerber haftet jedoch für vom Veräußerer nicht geleistete Umlageanteile insoweit, als die Umlage in der nachfolgenden Jahresabrechnung abgerechnet wird, der Umlagebeschluß wie der Beschluß über die **Genehmigung eines Wirtschaftsplans** damit seine Wirkung verliert und die Abrechnung demzufolge eine Abrechnungsschuld ausweist. Ist der Erwerber in diesem Falle im Zeitpunkt der Geneh-

---

[60] Dies gilt letztendlich auch für BGH NJW 1989, 2697.

[61] Hauger, Festschrift für Bärmann und Weitnauer 1985, S. 77ff.; dieselbe, ZfgWBay 1987, 70; Weitnauer JZ 1986, 193; Weitnauer, § 16 Rz. 50; Zeller/Stöber, ZVG, 14. Aufl., § 56 Anm. 3.10b; OLG Hamm NJW-RR 1996, 911 = ZMR 1996, 337 = WE 1996, 353.

migung der Jahresabrechnung Eigentümer, hat er jetzt die Möglichkeit, sich durch Anfechtung gegen die genehmigte Jahresabrechnung zu wenden und in diesem Zusammenhang auch die Umlageabrechnung anzugreifen. Auf diese Thematik wird aber im Zusammenhang mit der Darstellung der Rechtsprechungsentwicklung zum Komplex „Abrechnungsspitze" zurückzukommen sein.

295 Daß der Erwerber ab **dem** Zeitpunkt auf einem Wirtschaftsplan beruhende **Hausgeldvorschüsse** zu leisten hat, ab dem er Eigentümer ist,[62] steht dem Gesagten nicht entgegen. Die Pflicht zur monatlichen Hausgeldvorauszahlung wird im jeweiligen Monat nicht nur fällig, sondern auch jeweils erst begründet.

Das hier zunächst für den **rechtsgeschäftlichen Erwerb** Gesagte gilt auch für den Erwerb im Wege der **Zwangsversteigerung.**[63] Große praktische Bedeutung hat diese Rechtslage auch für den **Insolvenzfall** eines Wohnungseigentümers und für den Fall der **Zwangsverwaltung** über eine Wohnung.

296 Die vor Eröffnung des Insolvenverfahrens begründeten Beitragsforderungen sind nicht bevorrechtigte **Insolvenzforderungen**[64] und fallen deshalb i.d.R. mindestens zum größten Teil aus. Wird nun zur Deckung des Hausgeldausfalles eines Wohnungseigentümers eine Sonderumlage nach Eröffnung des Insolvenzverfahrens beschlossen, ist der auf die Wohnung des Gemeinschuldners entfallende Anteil als **Massekosten** zu behandeln, die gemäß § 55 Abs. 1 Nr. 1 InsO (früher: § 58 Nr. 2 KO) vorweg zu berichtigen sind. Für diesen Sonderumlagenanteil gilt nichts anderes als für sogenannte Hausgeldabschläge auf den Wirtschaftsplan des laufenden Wirtschaftsjahres, soweit sie nach Beschlagnahme begründet und fällig werden, und für Abrechnungsschulden, soweit die Jahresabrechnung nach Beschlagnahme durch Beschluß genehmigt wurde.[65]

297 In die Erhebung einer **Sonderumlage** zur Deckung eines Hausgeldausfalls ist auch derjenige Wohnungseigentümer anteilig einzubeziehen, der den Ausfall verursacht hat und über dessen Vermögen das Insolvenzverfahren eröffnet worden ist. Das Gericht führte weiter aus, dies gelte auch dann, wenn die Wohnungseigentümergemeinschaft Grund zu der Annahme habe, der auf den Gemeinschuldner entfallende Umlageanteil lasse sich vorläufig

[62] So auch KG WE 1991, 106; FG-Prax 1995, 28; OLG Hamm a.a.O.

[63] OLG Karlsruhe DWE 1990, 106; OLG Hamm a.a.O., die allerdings wiederum auf den Fälligkeitszeitpunkt abstellen; OLG Düsseldorf WE 1996, 273; s.a. BGHZ 104, 197 (Gleichstellung der Erwerbsarten).

[64] BGH NJW 1986, 3206; ZMR 1994, 256 = WE 1994, 210 = NJW 1994, 1866; BayObLG v. 5. 11. 1998 – 2 Z BR 92/98 –.

[65] Weitnauer, § 16 Rz. 43; Hauger WE 1989, 15, die allerdings wiederum allein auf die Fälligkeit abstellt; BGH BB 1989, 2139 = NJW 1989, 3018; vgl. a. OLG Karlsruhe WE 1988, 95 = ZMR 1988, 269; s.a. BayObLG WE 1990, 218; KG NJW-RR 1994, 85 = WE 1994, 53 (zum Fall der Abrechnungsgenehmigung nach Konkurseröffnung).

nicht durchsetzen. Unvermögen zur Zahlung sei hier wie auch sonst kein hinreichender Grund dafür, den Schuldner aus seiner Verpflichtung zu entlassen. Ebenso wie die anderen Wohnungseigentümer die beschlossene Sonderumlage zusätzlich zu ihrem eigenen planmäßigen Hausgeldanteil tragen müßten, treffe bei der im Sinne des § 16 Abs. 2 gebotenen gemeinschaftsinternen Lastenverteilung auch den **Gemeinschuldner** die Sonderumlage zusätzlich zu seiner rückständigen Hausgeldschuld. Sei vorauszusehen, daß Teile einer zur Deckung von Hausgeldrückständen nötigen Sonderumlage von dem säumigen Schuldner wiederum nicht aufgebracht werden können, so könne es eine ordnungsmäßige Verwaltung erforderlich machen, die Höhe der Sonderumlage von vornherein so zu bemessen, daß ein erneuter Ausfall aufgefangen werde. Dann würden zwar die anderen Wohnungseigentümer zunächst einmal in gleicher Höhe belastet wie ohne Mitbeteiligung des säumigen Hausgeldschuldners; das Erfordernis der anteilsmäßigen Einbeziehung aller Wohnungseigentümer wäre aber gewahrt. Es ist nicht erforderlich – und nicht möglich –, zur Deckung des Hausgeldausfalls vorrangig den Anteil des Gemeinschuldners an einer **Instandhaltungsrücklage** heranzuziehen.

Soweit der BGH die Möglichkeit verneinte, den Anteil eines mit Haus- 298
geldzahlungen rückständigen Wohnungseigentümers an der **Instandhaltungsrücklage** zur Deckung eines anderweitigen Zahlungsausfalls heranzuziehen, hat der BGH nicht dazu Stellung genommen, ob ein Eigentümerbeschluß, der sich über diesen Grundsatz hinwegsetzt, lediglich anfechtbar oder sogar nichtig ist. Das OLG Hamm[66] meint: Befinde sich ein Wohnungseigentümer mit Hausgeldzahlungen im Rückstand, so könne die Eigentümergemeinschaft die Fehlbeträge nicht dadurch auf den Einzelrechtsnachfolger überwälzen, daß sie vor Eigentumsübergang beschließe, eine angesammelte **Instandhaltungsrücklage** ohne Auszahlungsanspruch sowie unter Verrechnung des Guthabenanteils mit den Fehlbeträgen „aufzulösen", und sodann nach Eigentumsübergang den Beschluß fasse, eben diese Rücklage neu zu bilden (mit der erstrebten Folge einer entsprechenden Nachzahlungspflicht des Rechtsnachfolgers); derartige Beschlüsse seien nicht lediglich anfechtbar, sondern nichtig. Nach hier vertretener Auffassung ist lediglich Anfechtbarkeit gegeben, weil der Rechtsnachfolger „nur" in einer gegen Treu und Glauben verstoßenden Weise benachteiligt wird – ähnlich der Situation der absichtlich verzögerten Abrechnungsgenehmigung – und nicht gegen unabdingbare Gesetzesvorschriften verstoßen wird.

Das zum Insolvenzfall Gesagte gilt entsprechend für die Beschlagnahme 299
einer Wohnung durch Anordnung der **Zwangsverwaltung.** Zu den Ausgaben der Zwangsverwaltung im Sinne von § 155 ZVG gehören im Falle der Zwangsverwaltung von Wohnungseigentum die während des Verfahrens begründeten **Beitragsverpflichtungen** nach § 16 Abs. 2, also seit Anord-

---

[66] OLG Hamm NJW-RR 1991, 212.

nung der Zwangsverwaltung entstehende und fällige **Hausgeldvorschüsse**, beschlossene **Abrechnungsschulden** und **Sonderumlagen**.[67] Dies gilt nur, solange der Zwangsverwalter Mittel zur Verfügung hat.[68] Hat er sie nicht, haben die Gläubiger (Wohnungseigentümer) den für die Zahlung des Hausgelds erforderlichen Betrag vorzuschießen.[69] Dies gibt allerdings nur dann Sinn, wenn die **Vorschußleistung** der Wohnungseigentümer an den Zwangsverwalter zur Abwendung der Aufhebung des Zwangsverwaltungsverfahrens wenigstens gewährleistet, daß der Zwangsverwalter die laufenden Hausgeldvorschüsse zu entrichten in der Lage ist. Die vom Gläubiger an den Zwangsverwalter geleisteten Vorschüsse sind gem. § 10 Abs. 1 Ziff. 1 ZVG im anschließenden **Zwangsversteigerungsverfahren** vorrangig aus dem Versteigerungserlös zu erstatten.[70] Dies gilt in allen Fällen, in denen der Zwangsverwalter keine Erträgnisse erzielt (z.B. Nichtvermietbarkeit, Schuldner nutzt Wohnung selbst). Die bevorrechtigte Befriedigung aus dem **Versteigerungserlös** erstreckt sich aber nur auf Vorschüsse zur Finanzierung von Hausgeldern und sonstigen zur Erhaltung der beschlagnahmten Wohnung erforderlichen Zahlungen, nicht aber auf Vorschüsse zu den Kosten der Zwangsverwaltung (Gerichts- und Verwaltergebühren) und auch nicht auf die der Gemeinschaft durch die Zwangsvollstreckung entstandenen Gerichts- und Anwaltskosten. Diese Kosten teilen die Rangklasse der Hauptforderung, i.d.R. also der rückständigen Hausgelder. Die noch in der Vorauflage vertretene, abweichende Auffassung wird aufgegeben.

Den Verwaltern kann also nur dann die Leistung von Vorschüssen an den Zwangsverwalter empfohlen werden, wenn die Zwangsversteigerung – von der Gemeinschaft evtl. parallel oder von einem anderen Gläubiger betrieben – zu einem Eigentümerwechsel zu führen verspricht.

300 Eines besonderen Hinweises bedarf noch die Tatsache, daß die Eröffnung des Insolvenzverfahrens und Anordnung der **Zwangsverwaltung** die Eigentumsverhältnisse unberührt lassen. Der Schuldner wechselt nicht. Der betroffene Wohnungseigentümer bleibt auch nach Beschlagnahme Schuldner der vor der Beschlagnahme begründeten Beitragspflichten und insbesondere der danach entstehenden, und zwar solange, bis aufgrund Auflassung und Eintragung im Grundbuch oder **Zuschlags** in der **Zwangsversteigerung** das Eigentum auf einen neuen Eigentümer übergegangen ist. Durch die Beschlagnahme erhalten die Wohnungseigentümer lediglich einen neuen, zusätzlichen Adressaten.[71]

---

[67] OLG Karlsruhe WE 1990, 105; OLG Düsseldorf DWE 1990, 149; OLG Köln DWE 1993, 84; BayObLGZ 1991, 93; OLG Hamburg OLGZ 1993, 431= ZMR 1993, 342 = WE 1993, 166; s.a. Hauger, Festschrift für Bärmann und Weitnauer 1990, Die Eigentumswohnung in der Zwangsverwaltung, S. 353ff.; Müller WE 1990, 190.

[68] LG Köln Rpfleger 1987, 325.

[69] LG Oldenburg Rpfleger 1987, 326.

[70] Weitnauer, § 45 Rz. 15.

[71] OLG Köln DWE 1989, 30; Hauger WE 1989, 17.

Seit der Vorauflage ist Bewegung vor allem in die Rechtsprechung zu der Frage gekommen, ob im Falle des **Eigentümerwechsels** der Rechtsnachfolger aus einer nach seinem Eigentumserwerb **genehmigten Jahresabrechnung** nur den Betrag schulde, um den die tatsächlich entstandenen Kosten den Kostenansatz aus dem Wirtschaftsplan übersteigen – sog. **Abrechnungsspitze** –, oder ob er auch Schuldner des Saldos sei, der auf rückständigen Vorauszahlungen aus dem Wirtschaftsplan gründet, die der Rechtsvorgänger zu seiner Zeit nicht geleistet hat. Die inzwischen wohl h.M. vertritt die Auffassung, daß der Rechtsnachfolger nur Schuldner der Abrechnungsspitze und der **Rechtsvorgänger** nach wie vor Schuldner der von ihm **nicht geleisteten Vorauszahlungen** sei. Begründet wird dies im wesentlichen damit, daß der Jahresabrechnungsgenehmigungsbeschluß nur insoweit eine neue und originäre Verbindlichkeit begründe, als die Abrechnung über die Vorauszahlungen nach dem Wirtschaftsplan hinausgeht. 301

In Höhe der rückständigen, nach Wirtschaftsplan geschuldeten Vorauszahlungen werde die Schuld aus dem Wirtschaftsplan nur verstärkt, nicht neu geschaffen. Insoweit sei keine **Novation** gegeben.[72]

Zunächst: Die hier behandelte Rechtsfrage hat – dies ergibt sich schon aus den vorausgegangenen Erörterungen – nicht nur bei Eigentümerwechsel, sondern auch bei **Eröffnung des Insolenzverfahrens** und Anordnung der **Zwangsverwaltung** Relevanz. Sie betrifft auch nicht nur nicht geleistete Vorauszahlungen nach Wirtschaftsplan, sondern auch nicht geleistete **Sonderumlagenanteile**.

Die inzwischen als herrschend zu bezeichnende Rechtsmeinung kann nicht unwidersprochen bleiben. Der BGH hat bisher lediglich entschieden, daß der ausgeschiedene Wohnungseigentümer auch nach einer nach seinem Ausscheiden beschlossenen Jahresabrechnung den anderen Wohnungseigentümern weiter aus dem Wirtschaftsplan für die Hausgeldvorschüsse hafte, welche während des Zeitraums, als er Wohnungseigentümer war, fällig geworden sind, bzw., daß es sich bei Konkurseröffnung (nunmehr: Eröffnung des Insolvenzverfahrens) insoweit um Konkursforderungen der übrigen Wohnungseigentümer handle. Es wird nicht verkannt, daß die Begründung dieser Rechtsprechung erkennen läßt, wie der BGH entschiede,

[72] BGH NJW 1994, 1877 = ZMR 1994, 256 = WE 1994, 210 zum Fall der Konkurseröffnung; BGH NJW 1996, 725 = MDR 1996, 897 = ZMR 1996, 215 = DWE 1996, 27 = WE 1996, 144 zum Fall des rechtsgeschäftlichen Erwerbs; KG NJW-RR 1994, 83 = ZMR 1994, 29 = WE 1994, 48 zu dem Fall, daß in die Abrechnung eine vom Voreigentümer nicht geleistete Sonderumlage eingestellt ist; OLG Zweibrücken ZMR 1996, 340 = DWE 1996, 182 = WE 1996, 277; OLG Düsseldorf NJW-RR 1997, 1235 = WE 1997, 423; KG WE 1995, 21; BayObLG ZMR 1998, 179 = WE 1998, 316; v. 5. 11. 1998 – 2 Z BR 92/98 – zum Fall der Konkurseröffnung; OLG Hamm NJW-RR 1996, 911 = ZMR 1996, 337 = WE 1996, 353; Bärmann/Pick/Merle, § 28 Rz. 42; Weitnauer, § 28 Rz. 4 und § 16 Rz. 51; Wenzel WE 1994, 353; Hauger, Festschrift für Bärmann und Weitnauer, 1990, 353; Wenzel, WE 1997, 124.

wenn es um die Frage ginge, ob z.B. bei Eigentümerwechsel der neue Eigentümer nur für die sog. Abrechnungsspitze hafte. Der BGH würde vorhersehbar die Frage bejahen.

Der Beschluß über die **Genehmigung einer Jahresabrechnung** begründet originär erstmals eine **Schuld** des einzelnen Wohnungseigentümers in vollem Umfange der ausgewiesenen Abrechnungsschuld, also auch insoweit, als sie sich aus nicht geleisteten Vorauszahlungen ergibt. Richtig ist daher die Auffassung des OLG Karlsruhe,[73] daß mit der Einbeziehung der gemäß beschlossenem Wirtschaftsplan fälligen, jedoch nicht geleisteten Hausgeldvorauszahlungen in die Jahresabrechnung und mit deren Genehmigung durch die Wohnungseigentümer allein dieser Genehmigungsbeschluß maßgebliche Rechtsgrundlage für die Durchsetzung auch dieser Forderung sei und damit auch derjenige – alleine – zahlungsverpflichtet sei, der zum Zeitpunkt dieser Beschlußfassung Eigentümer ist, bzw. derjenige, der – wie im Entscheidungsfalle – als Zwangsverwalter die Eigentümerrechte wahrnehme.

Allein der Beschluß über die Genehmigung der Jahresabrechnung ist Rechtsgrundlage für die Durchsetzung auch der in die Abrechnung einbezogenen, vom Voreigentümer nicht geleisteten Hausgeldvorschußzahlungen. Der Beschluß über die Genehmigung des **Wirtschaftsplans,** der zunächst – bis zur Abrechnungsgenehmigung – Rechtsgrundlage war, **verliert** ab diesem Zeitpunkt seine **Rechtsgrundlagewirkung.** Vom Ansatz her zutreffend meint Hauger (a.a.O.), daß dies nur der Fall sein könne, wenn die Jahresabrechnung eine die Vorschüsse ersetzende neue Schuld schaffe, auch **„Novation“** genannt. Zutreffend fährt Hauger fort, eine Novation trete nur ein, wenn die Parteien des Gläubiger-/Schuldnerverhältnisses eine Schuldersetzung wollten, oder wenn das bisherige und das neue Schuldverhältnis einander ausschlössen. Zweifel sind an der weiteren Feststellung von Hauger angebracht, weder das eine noch das andere treffe zu. Dadurch, daß die Wohnungseigentümer im Rahmen der Genehmigung der Jahresgesamtabrechnung auch die Einzelabrechnungen zu genehmigen haben, um über eine Rechtsgrundlage für das Anfordern von Abrechnungsschulden zu verfügen, und dadurch, daß in den Einzelabrechnungen dem Jahresabrechnungssoll die darauf geleisteten Zahlungen – von wem auch immer erbracht – gegenübergestellt werden, um eine etwaige Abrechnungsschuld – oder ein Guthaben – des einzelnen Wohnungseigentümers zu ermitteln, wollen die Parteien, also die Wohnungseigentümer, im vorgenannten Sinne eine **Schuldersetzung.** Einer ausdrücklichen Schuldersetzung, wie sie Hauger (a.a.O.) theoretisch für möglich, wenn auch ungewöhnlich hält, bedarf es nicht. In der Genehmigung der herkömmlichen Einzelabrechnungen läge nur dann keine Novation, wenn in den Einzelabrechnungen für den Fall eines Eigentümerwechsels während des Wirtschaftsjahres eine Abgrenzung dahin vorgenommen würde, daß nur abgerechnet würde, was an Kosten seit Eigentums-

[73] OLG Karlsruhe DWE 1990, 106 = WE 1990, 105.

übergang auf den Erwerber entstanden ist und was dieser seit Eigentumsübergang an Hausgeldvorauszahlungen geleistet hat, wenn also **zeitanteilig abgerechnet** würde mit der Folge, daß der Verwalter letztendlich auch dem ehemaligen Eigentümer gegenüber eine Einzelabrechnung zu erstellen hätte.

Es ist also doch wohl so, daß die **vorläufige Rechtsgrundlage** (Wirtschaftsplan) ersetzt wird durch die **endgültige**, und dies in jeder Hinsicht. Folgerichtig hat etwa das BayObLG immer wieder[74] entschieden, sobald ein Eigentümerbeschluß über die Jahresabrechnung vorliege, könne ein Hausgeldanspruch nicht mehr auf den Wirtschaftsplan gestützt werden. Wäre es anders, wären Gemeinschaften und Verwalter vor unlösbare Probleme gestellt. Diese Problemstellung ist – auch dies ist nicht verkannt – nicht per se eine rechtlich relevante Argumentationshilfe für die hier vertretene Auffassung. Es wäre jedoch nicht das erste Mal, daß Rechtsprechungsergebnisse finalistisch geprägt sind. Die Probleme sollen nur beispielhaft skizziert werden: Wie wäre zu verfahren, wenn die durch Jahresabrechnung ausgewiesene **Abrechnungsschuld** geringer ist als das auf den Voreigentümer entfallende Vorauszahlungssoll und auch der Neueigentümer seiner Vorauszahlungspflicht nicht voll entsprochen hat? Soll dann der ehemalige Eigentümer in Höhe eines Betrages, der der – ohnehin niedrigeren – Abrechnungsschuld entspricht, haften, oder soll auch im Verhältnis zu den übrigen Wohnungseigentümern die Abrechnungsschuld in dem Verhältnis auf Vor- und Neueigentümer verteilt werden, in dem sie ihre Vorschußzahlungen nicht geleistet haben? Wie wäre zu verfahren, wenn die Jahresabrechnung ein **Guthaben** ausweist? Wie wäre im Guthabensfalle zu verfahren, wenn Voreigentümer und Neueigentümer ihre Vorschußpflichten voll erfüllt hatten? Wie wäre im Guthabensfalle dann zu verfahren, wenn beide ihren Vorschußpflichten teilweise nicht nachgekommen waren? Was hätte zu gelten, wenn nur einer von ihnen seinen Vorschußpflichten teilweise nicht nachgekommen war? In allen Guthabensfällen zu sagen, das Guthaben stehe demjenigen zu, der zur Zeit der Abrechnungsgenehmigung Eigentümer war, überzeugte dann nicht. Wie wäre, um ein schließliches Problembeispiel aufzuzeigen, vorzugehen, wenn etwa zur Zeit der Eigentümerstellung des Neueigentümers eine Umlage beschlossen ist, die der Neueigentümer seinem Miteigentumsanteil entsprechend bezahlt hat, und die dann in der nachfolgenden Jahresabrechnung mit dem rechnerischen Ergebnis abgerechnet wird, daß die Instandhaltungsmaßnahme, die Grund für die Umlage war, erheblich weniger gekostet hat als vorgesehen, und wenn dann die Abrechnung ein Guthaben ausweist, obwohl der Voreigentümer oder auch der Neueigentümer ihre laufenden Hausgeldvorschüsse nicht voll geleistet haben?

Ein letztes hierzu:

Der Wirtschaftsplan enthält vorläufige Kosten**ansätze**. Die Kosten ent- 302
stehen erst während der Wirtschaftsperiode. Ergo kann über **Kosten** erst-

---

[74] ZMR 1988, 346 = WE 1989, 60; WE 1989, 147.

mals die Abrechnung eine Aussage treffen. Ergo kann nur der **Abrechnungsgenehmigungsbeschluß** gemeinschaftsintern erstmals die Wohnungseigentümer zu **Kostenschuldnern** machen. Der **Wirtschaftsplan** hat nur den Zweck der Erhaltung der Liquidität der Gemeinschaft. Wäre die h.M. zutreffend, müßte zur Ermittlung der sog. **Abrechnungsspitze** konsequent ein Abgleich zwischen jeder einzelnen Kostenansatzposition im Wirtschaftsplan und in der späteren Abrechnung vorgenommen werden. Nicht genug damit: Es wäre dann verfehlt, Kosten unterschiedlicher Herkunft in einer Kostenposition zusammenzufassen („lfd. Reparaturen" z.B.).[75]

Im Ergebnis sieht die h.M. also in der etwaigen Bejahung der Haftung des Erwerbers für nicht geleistete Vorschüsse des Rechtsvorgängers eine unzulässige – weil nicht vereinbarte – **Haftung des Erwerbers für Rückstände** des Veräußerers.

Konsequenterweise haftet danach der Erwerber einer Eigentumswohnung aus einer nach seinem Eintritt **unangefochtenen genehmigten Jahresabrechnung** auch, soweit diese Hausgeldrückstände des Rechtsvorgängers einbezieht.[76]

Soweit das KG und OLG Düsseldorf[77] dies auch für den Fall des Erwerbs im Wege der **Zwangsversteigerung** gelten lassen will, erscheint dies fraglich, wenn man mit der h.M. in nicht geleisteten Vorschüssen einen „Rückstand" des Rechtsvorgängers und in der Einbeziehung dieses Fehlbetrages in die Jahresabrechnung eine an sich nicht gegebene Erwerberhaftung sieht; denn (s.u.) nach höchstrichterlicher Rechtsprechung kann eine **Erwerberhaftung** für den Fall des Originärerwerbs im Wege der Zwangsversteigerung nicht vereinbart werden. Eine solche Vereinbarung wäre nichtig. Was nicht vereinbart werden kann, weil gegen zwingende Rechtsvorschriften verstoßend, kann auch nicht durch einen bestandskräftigen Eigentümerbeschluß erreicht werden.

---

[75] S. in Ergänzung hierzu: Müller WE 1997, 130 „Der Erwerber von Wohnungseigentum als Schuldner nicht geleisteter Vorschüsse des Veräußerers"; im Ergebnis wie hier: Niedenführ/Schulze, 4. Aufl., § 16 Rz. 35 im Falle der Zwangsverwaltung.

[76] OLG Köln ZMR 1997, 249 = WE 1997, 431; NJW-RR 1997, 1102 = ZMR 1998, 194; OLG Düsseldorf ZMR 1997, 250 = NJW-RR 1997, 714 = WE 1997, 193 = DWE 1997, 170; KG WE 1995, 20; ZMR 1998, 656; BayObLGZ 1991, 93; BayObLG WE 1995, 243; OLG Stuttgart, WE 1998, 383; a.A. nunmehr KG (Vorlagebeschluß) NJW-RR 1999, 665 = ZMR 1999, 352; s. aber auch BayObLG, ZMR 1999, 119 = NZM 1999, 74 (Masseforderung sind nur die nach Eröffnung fällig gewordenen Ansprüche auf Hausgeldvorschüsse sowie die Abrechnungsspitze auch bei Bestandskraft des Genehmigungsbeschlusses); BayObLG ZMR 1999, 577 (Zwangsverwalter hat nur die nach Anordnung der Zwangsverwaltung fällig werdenden Hausgeldforderungen und die Abrechnungsspitze vorab zu bestreiten, auch wenn Abrechnungsbeschluß Bestandskraft erlangt); s. schließlich AG Kerpen, ZMR 1999, 126 (gänzliche Ablehnung der Ewerberhaftung für alle Hausgeldrückstände, die bereits vor dem Erwerb abgeschlossene Wirtschaftsjahre berifft, unter Bezugnahme auf BGH NJW 1985, 2717).

[77] KG ZMR 1998, 656; OLG Düsseldorf ZMR 1995, 172 = WE 1995, 152.

Nachdem nunmehr die eingangs gestellte Frage beantwortet ist, wer bei einem Eigentümerwechsel **Kostenschuldner** ist, ist auch klargestellt, was echte **Hausgeldrückstände** (offene Hausgeldverbindlichkeiten) des Veräußerers sind. 303

Der Sonderrechtsnachfolger haftet kraft Gesetzes nicht für Verbindlichkeiten seines Rechtsvorgängers.[78] Dies gilt erst recht für den Erwerb durch Zuschlag in der **Zwangsversteigerung,** da es sich hierbei um originären Eigentumserwerb handelt, § 90 Abs. 1 ZVG.[79] Davon zu unterscheiden ist die Gesamtrechtsnachfolge im Erbfall. Die Verbindlichkeiten des Erblassers gehen auch insoweit auf den Erben über.

Hingegen ist eine Bestimmung der Gemeinschaftsordnung, daß der Rechtsnachfolger für **rückständige Hausgelder** und Nachzahlungsverpflichtungen des Rechtsvorgängers hafte, für den Fall des **rechtsgeschäftlichen Erwerbs** als zulässig anzusehen.[80] Eine Bestimmung des genannten Inhalts in der Gemeinschaftsordnung bezieht sich nur auf den Fall der rechtsgeschäftlichen Sondernachfolge, nicht auch auf den Fall des Erwerbs durch Zuschlag in der Zwangsversteigerung. Eine durch Teilungserklärung getroffene Bestimmung, wonach auch der Erwerber einer Eigentumswohnung oder eines Teileigentums im Wege der Zwangsversteigerung für Hausgeldschulden des Voreigentümers hafte, verstößt gegen die zwingende Bestimmung des § 56 Satz 2 ZVG und ist deshalb gemäß § 134 BGB nichtig.[81]

Die in der Gemeinschaftsordnung enthaltene Regelung über die Erwerberhaftung erfaßt auch Sonderumlagen,[82] so daß es bei dieser Konstellation keine Rolle spielt, ob der Sonderumlagenbeschluß oder der Fälligkeitseintritt Schuldnerkriterien sind. Eine vereinbarte Erwerberhaftung gilt auch für den Ersterwerb vom teilenden Eigentümer.[83]

5.2.3.3 Regelungsmöglichkeiten im Veräußerungsvertrag zwischen Veräußerer und Erwerber

Die in den Abschnitten 5.2.3.1 und 5.2.3.2 dargestellte Rechtslage zur Lasten- und Kostentragungspflicht des im Grundbuch eingetragenen Eigentümers, der eine Wohnung von einem anderen Eigentümer oder dem Mit- 304

---

[78] BayObLG Rpfleger 1979, 352 m.w.N.; BGH EBE 1987, 125 = Rpfleger 1987, 208 = NJW 1987, 1638 = BB 1987, 641; OLG Hamm NJW-RR 1996, 911 = ZMR 1996, 337 = WE 1996, 353.

[79] BayObLG a.a.O.; BGHZ 88, 302, 305 m.w.N.; BGHZ 95, 118, 121; OLG Hamm a.a.O.

[80] BGHZ 99, 358/361; OLG Köln OLGZ 1978, 151/153; OLG Frankfurt Rpfleger 1980, 349; OLG Düsseldorf Rpfleger 1983, 387; BGH Rpfleger 1987, 208; BayObLG erneut in WE 1989, 222; Weitnauer, § 16 Rz. 40; BGH ZMR 1994, 271 = WE 1994 207.

[81] BGH NJW 1987, 1638 = Rpfleger 1987, 208; ZMR 1994, 271 = WE 1994, 207; OLG Düsseldorf ZMR 1996, 285 = DWE 1996, 33 = WE 1996, 32.

[82] BayObLG ZMR 1996, 619 = WE 1997, 111.

[83] OLG Düsseldorf NJW-RR 1997, 906 = ZMR 1997, 245 = DWE 1997, 167.

glied einer werdenden Wohnungseigentümergemeinschaft nach vollständiger rechtlicher Invollzugsetzung der Wohnungseigentümergemeinschaft erworben hat, führt oftmals zu unbilligen, jedenfalls von den **Partnern des Veräußerungsvertrags** oftmals nicht gewollten wirtschaftlichen Folgen. Dieses Problem ist ausschließlich im notariellen Erwerbsvertrag zu lösen. So hat auch der BGH in seiner Entscheidung vom 18. 5. 1989[84] z.B. festgehalten, Veräußerer und Erwerber hätten es jederzeit in der Hand, durch einen **Schuldbeitritt** im Wege eines **echten Vertrages zugunsten eines Dritten** eine Mithaftung des Erwerbers bereits ab dem Zeitpunkt zu begründen, in dem nach dem Inhalt des Erwerbsvertrages Besitz, Nutzungen, Lasten und Gefahr auf den Erwerber übergehen sollen.

Übernommen werden können die Lösungsvorschläge von Friedrich Schmidt,[85] weil sie auf den Wohnungserwerb abstellen, der nicht aufgrund des Bauträgervertrags erfolgt.

Im Erwerbsvertrag Regelungen zu treffen, die dem Erwerber im Verhältnis zum Veräußerer schon zu einer Zeit, in der er noch nicht als Eigentümer im Grundbuch eingetragen ist, Rechte und Pflichten zuordnen, die nach der herrschenden Rechtsprechung nur der im Grundbuch eingetragene Wohnungseigentümer hat, sind nur bedingt zu empfehlen. Es sollte auch im Verhältnis zwischen den Vertragspartnern bei den sich aus § 16 Abs. 2 ergebenden Konsequenzen verbleiben (Hausgeldschuldnerschaft nur des im Grundbuch eingetragenen Eigentümers). Ist der Erwerber im Zeitpunkt der Genehmigung der Jahresabrechnung noch nicht als Eigentümer im Grundbuch eingetragen, erhält der noch im Grundbuch eingetragene Veräußerer die genehmigte Einzelabrechnung, die sich auf das gesamte Wirtschaftsjahr bezieht. Die erwerbsvertragliche Vereinbarung etwa über eine **verbrauchsorientierte anteilige Kostenzuordnung** – Stichtag Besitzübergang – stößt oft auf Schwierigkeiten. Man denke nur an entstandene Instandsetzungskosten oder an die Heiz- und Warmwasserkosten. Hinsichtlich der letztgenannten Kostenposition wäre allenfalls auf § 9b Abs. 1–3 HeizkVO (Gradtagszahlen) zu verweisen.[86] Es wird diesseits daher empfohlen, hinsichtlich der Lasten- und Kostentragung gemäß § 16 Abs. 2 keine von der gesetzlichen Lage abweichende Regelung zu treffen, vielmehr ausdrücklich zu bestimmen, daß die Gesetzeslage auch im Verhältnis zwischen den Vertragspartnern Geltung haben solle. Die Lasten- und Kostentragungspflicht eines Wohnungseigentümers gegenüber den übrigen Wohnungseigentümern gemäß § 16 Abs. 2 sollte daher im notariellen Erwerbsvertrag von der dort üblicherweise anzutreffenden Regelung über den Übergang von Nutzen und Lasten bei Besitzübergabe ausdrücklich ausgenommen werden. Die Vertragspartner wären dann nämlich von der Lösung des Problems befreit, die dem noch im

[84] NJW 1989, 2697.

[85] Schmidt, Kaufvertrag und Eingliederung in die Gemeinschaft, WE 1991, 9.

[86] S. auch Bärmann/Seuß, Praxis des Wohnungseigentums, 4. Aufl., B 526.

Grundbuch eingetragenen Veräußerer via Einzelabrechnung berechneten Lasten und Kosten gerecht auf Veräußerer und Erwerber aufzuteilen. Das Problem sollte pauschal durch die **Kaufpreisbildung** gelöst werden.

Anders mag es sich bei der Stimmrechtsausübung verhalten. Der Erwerber nimmt mit Besitzübernahme tatsächlich am Leben der Wohnungseigentümergemeinschaft teil. Hier bietet sich eine im notariellen Erwerbsvertrag zu begründende **Vollmachtserteilung** durch den Veräußerer an, dies jedoch mit der Maßgabe, daß der Erwerber für den Bereich der zu genehmigenden Jahresabrechnung nach Weisung des Veräußerers sein **Stimmrecht** auszuüben habe; denn insoweit hat der Veräußerer (s. vorstehend) noch ein eigenes wirtschaftliches Interesse.

5.2.4 Die Instandhaltungsrücklage

Der Sinn der Instandhaltungsrücklage ist, die **Liquidität** der Gemeinschaft für den Fall höherer Instandhaltungs- und Instandsetzungsarbeiten zu gewährleisten. Oftmals wäre der eine oder andere Wohnungseigentümer finanziell überfordert, bei Nichtbildung einer Instandhaltungsrücklage seinen Anteil an einer erforderlichen Umlage in **einem** zu bestreiten. Auch der Verwalter muß bei Gefahr im Verzuge in die Lage versetzt sein, **dringliche Maßnahmen** (§ 27 Abs. 1 Nr. 3) zu veranlassen und zu finanzieren. Sinn der Rücklage ist die **Vorsorge** für künftig erforderlich werdende Reparaturen.[87] Es ist daher grundsätzlich nicht gestattet, andere Kosten als Reparaturkosten aus der Rücklage zu bestreiten (z. B. Honorare für Rechtsanwälte, Sachverständigen etc.)[88] auch nicht Kosten für die Beschaffung von Heizöl.[89] Da jedoch die Bildung der Instandhaltungsrücklage eine Maßnahme der **ordnungsmäßigen Verwaltung** ist, ist auch ihre Verwendung eine solche Maßnahme, so daß die Wohnungseigentümer berechtigt sind, durch Mehrheitsbeschluß den Verwendungszweck abweichend zu bestimmen.[90] Dies bedeutet natürlich nicht, daß die Gemeinschaft berechtigt wäre, durch Mehrheitsbeschluß die **Instandhaltungsrücklage** – und sei es auch nur bis auf einen unbedeutenden Rest – **aufzulösen.** Ein solcher Beschluß wäre wegen Verstoßes gegen die Grundsätze ordnungsmäßiger Verwaltung anfechtbar.[91] 305

Umstritten ist, ob die Bildung einer Instandhaltungsrücklage **obligatorisch** ist. Staudinger-Bub[92] bejahen dies unter Hinweis auf § 21 Abs. 5 Nr. 4.

---

[87] Bärmann-Merle, § 21 Rz. 150; OLG Hamm OLGZ 1971, 96; OLG Frankfurt MDR 1974, 848.

[88] Bärmann-Merle, § 21 Rz. 165; OLG Hamm a. a. O.; OLG Frankfurt a. a. O.; BayObLG NJW-RR 1991, 15.

[89] BayObLG DWE 1984, 124.

[90] Weitnauer, § 21 Rz. 42: nur im Rahmen ordnungsgemäßer Verwaltung.

[91] KG v. 22. 8. 1990 – 24 W 649/89 –; s. a. BayObLG Rpfleger 1981, 284; Weitnauer, a. a. O.

[92] Staudinger-Bub, § 21 Rz. 199.

Die h.M. verneint dies.[93] Aus § 21 Abs. 5 Nr. 4 ergibt sich lediglich, daß der Beschluß über die Bildung einer Instandhaltungsrücklage im Rahmen ordnungsmäßiger Verwaltung liegt, also mehrheitlich gefaßt werden kann (§ 15 Abs. 2), und daß der Beschluß, keine Instandhaltungsrücklage zu bilden, im Einzelfall mit der Begründung angefochten werden kann, die Bildung einer Instandhaltungsrücklage sei etwa wegen des Alters des Gebäudes dringend erforderlich, deshalb entspreche er nicht ordnungsmäßiger Verwaltung.[94] Nur weil z.B. § 21 Abs. 5 Nr. 1 die Aufstellung einer Hausordnung zu einer Maßnahme ordnungsmäßiger Verwaltung macht, ist die Aufstellung einer Hausordnung noch nicht obligatorisch. Das BayObLG[95] vertritt allerdings die Auffassung, daß zu ordnungsgemäßer Verwaltung die Ansammlung einer angemessenen Rücklage jedenfalls gehöre, und daß jeder Wohnungseigentümer gemäß § 21 Abs. 4 die Bildung einer Instandhaltungsrücklage verlangen könne.

Diese Auffassung steht nicht im Widerspruch zu dem Hinweis, daß i.d.R. die Bildung einer Instandhaltungsrücklage von Anfang an **sinnvoll** ist. Spätestens nach dem 2. oder 3. Verwaltungsjahr sollten die Wohnungseigentümer die Rücklagenbildung durch Mehrheitsbeschluß zur laufenden Pflicht machen. Nicht zu übersehen ist, daß die Rücklagenbildung im Veräußerungsfalle auch zu einem gerechten Ausgleich führt. Später entstehende Reparaturkosten sind dann nicht nur vom Erwerber zu bestreiten.

306 Eine ganz andere Frage ist die Höhe der jährlich zu bildenden **Instandhaltungsrücklage**. Es ist eine **angemessene** Rücklage zu bilden.[96] Was angemessen ist, richtet sich nach Alter und Zustand eines Gebäudes, ferner danach, wieviele technische, also reparaturträchtige Einrichtungen vorhanden sind (zu denken ist an ein Schwimmbad, an Sauna, an Aufzugsanlagen, Entlüftungsanlagen, an eine komplizierte Heizungstechnik etc.), und wie die Anlage laufend technisch betreut ist, also jeweils nach den besonderen Umständen des Einzelfalls.[97] Maßgeblich für die Angemessenheit sind aber auch **wirtschaftliche Aspekte.** In Zeiten hoher Inflation und geringen Zinsniveaus kann es trotz Alters der Anlage sinnvoll sein, die Rücklagenbeträge gering zu halten. Anhaltspunkt für die generelle Angemessenheit mag § 28 II BVO oder die sog. Peters'sche Formel sein.[97a] Jedenfalls sollte sie auf den mWohn/Nutzfläche/Jahr abheben. Geht hier ein Verwalter bei Erstellung des Wirtschaftsplans den allzu bequemen Weg, die Beiträge zur Instandhaltungsrücklage gering zu halten, kann es leicht geschehen, daß etwa die notwendig werdende, kostspielige Dachsanierung überwiegend aus einer

---

[93] Weitnauer, § 21 Rz. 42; OLG Hamm Rpfleger 1970, 400/401 = OLGZ 1971, 96.
[94] BayObLG DWE 1984, 124.
[95] BayObLG DWE 1991, 164 = WE 1991, 360.
[96] BayObLG WEM 1981, 31; DWE 1984, 124.
[97] BayObLG DWE 1984, 124.
[97a] S. hierzu Bärmann-Merle, § 21 Rz. 157ff.

Sonderumlage bestritten werden muß. Die finanzschwachen Wohnungseigentümer bringen ihren Umlageanteil nicht oder nicht sofort auf. Zahlungsausfälle sind dann von den übrigen Wohnungseigentümern vorzufinanzieren. Die zur Beseitigung von Liquiditätsschwierigkeiten erforderlichen Mittel sind Kosten der Verwaltung des Gemeinschaftseigentums i. S. v. § 16 Abs. 2.[98] Die Erhebung einer **Umlage** zur Beseitigung von Liquiditätsschwierigkeiten entspricht ordnungsmäßiger Verwaltung.

Auch wenn die Bildung der **Instandhaltungsrücklage** nicht obligatorisch 307
ist, ist der Verwalter **verpflichtet,** für ihre Bildung Sorge zu tragen. Unterläßt er dies, verstößt er gegen seine Pflichten und kann sich sogar haftbar machen, etwa dann, wenn er zur Bestreitung plötzlich notwendig werdender Sanierungskosten Gelder vom laufenden Hausgeld-Sammelkonto entnimmt und dieses Konto deshalb mit der Folge von Sollzinsen ins Soll gerät. Der Verwalter erfüllt diese Pflicht am besten, indem er die Instandhaltungsrücklage im **Wirtschaftsplan** vorsieht. Beschließen die Wohnungseigentümer den Wirtschaftsplan, ist die Instandhaltungsrücklage beschlossen. Der Stand der Instandhaltungsrücklage braucht jedoch nicht im Wirtschaftsplan aufgeführt zu werden.[99]

Die Beiträge zur Rücklage werden regelmäßig mit dem laufenden Hausgeld entrichtet. Dies ist die zwangsläufige Folge, weil sich das anteilige Hausgeld-vorauszahlungssoll aus dem Wirtschaftsplan ergibt. Möglich ist auch, etwa die Einnahmen aus dem **Waschmünzenerlös** der Instandhaltungsrücklage zuzuführen und sie damit für eine möglicherweise notwendige Reparatur oder Ersatzbeschaffung bereitzuhalten. Bei einer solchen Regelung besteht keine Verpflichtung, ein gesondertes „Waschmaschinenkonto" zu führen.[100] Im Rahmen ordnungsmäßiger Verwaltung sind die Rücklagegelder einem **Sonderkonto** zuzuführen. Der Rücklagenanteil der Hausgeldvorauszahlungen sollte per Dauerauftrag vom Hausgeldsammelkonto abgebucht werden. In der Jahresabrechnung sind der Anfangsbestand des Rücklagekontos, die Gesamtzuführung von Rücklagegeldern im Geschäftsjahr, die Gesamtentnahmen für Erhaltungsaufwand im Geschäftsjahr, sowie der Endbestand des Rücklagekontos zum Ende des Geschäftsjahres auszuweisen. Damit ist sichergestellt, daß die Instandhaltungsrücklage in zutreffender Höhe abgeführt und vorhanden ist.[101]

Wie die Instandhaltungsrücklage im Einzelfall anzulegen ist (**Wertpapiere, Festgeld, Sparbuch** etc.), ist ganz individuell zu entscheiden. Die Wohnungseigentümer sollten dem Verwalter hier durch Mehrheitsbeschluß die Vollmacht erteilen, den jeweils günstigsten Weg zu wählen; evtl. soll der 308

---

[98] BayObLG DWE 1982, 136; s.a. BGH NJW 1989, 3018.

[99] OLG Düsseldorf WE 1991, 331 (LS).

[100] BayObLG WE 1991, 164.

[101] BayObLG WE 1990, 179; WE 1995, 91; OLG Düsseldorf ZMR 1997, 323 = DWE 1997, 76 = WE 1997, 313 (zur Darstellung von Bundesanleihen und Bundesschatzbriefen B).

Verwalter ermächtigt werden, diese Entscheidung nur im Benehmen mit dem **Verwaltungsbeirat** zu treffen.[102] Mangels Eigentümerbeschlusses ergibt sich diese Pflicht des Verwalters schon aus seiner Pflicht zur ordnungsmäßigen Verwaltung. Die richtige Entscheidung liegt im Spannungsfeld zwischen möglichst **ertragreicher Anlage** und jederzeitiger **Verfügbarkeit**. Unzulässig ist wohl die Anlage in Form eines **Bausparvertrages**. Ein Mehrheitsbeschluß wäre anfechtbar.[103] Der Verwalter macht sich nicht schon dadurch schadenersatzpflichtig, daß er unbefugt Gelder von einem Sparkonto auf das Girokonto überträgt, andererseits aber auch nicht dadurch, daß er zur Schließung einer Deckungslücke nicht auf die Instandhaltungsrücklage zurückgreift, wenn Zinsrückstände aus einem Debetsaldo zu tilgen sind.[104] Im Gegensatz dazu findet das BayObLG:[105] Im Rahmen seiner Geldverwaltungspflicht (§ 27 Abs. 4) ist der Verwalter, soweit die Wohnungseigentümer keine Weisung erteilt haben, gehalten, über die Art der Anlage mit der gebotenen Sorgfalt zu entscheiden. Größere Beträge, die nicht in naher Zukunft benötigt werden, insbesondere – also nicht nur – Gelder der Instandhaltungsrücklage sind verzinslich anzulegen, wobei sich in erster Linie ein Festgeldkonto anbietet. Von dieser Pflicht wird er grundsätzlich auch nicht dadurch entbunden, daß er zur Vermeidung von Schuldzinsen auf dem Girokonto für die Instandhaltungsrücklage bestimmte Gelder auf dem Girokonto beläßt und damit dort Deckungslücken ausgleicht. Eine solche Verwendung dieser Gelder ist mit der **Zweckbestimmung** der **Instandhaltungsrücklage** nicht vereinbar. Es sei nicht zu beanstanden, vom Verwalter zu verlangen, zur Anlage bestimmte Gelder jedenfalls zum Quartalsende auf entsprechende Konten abzuführen oder sonst ertragbringend anzulegen.

Vor diesem Hintergrund ist der Verwalter wohl als verpflichtet anzusehen, jedenfalls bei größeren Deckungslücken auf dem Girokonto eine außerordentliche Eigentümerversammlung einzuberufen, in der eine Sonderumlage beschlossen werden müßte.

309 Der rechtsgeschäftliche Veräußerer von Wohnungseigentum kann nicht die **Auszahlung** seines Anteils an der Instandhaltungsrücklage verlangen. Dieser Anteil geht mit der Veräußerung auf den Erwerber über.[106] Nach Auffassung des KG ergebe sich aus dem Gesetz eine notwendige **Akzessorietät** des Mobiliarverwaltungsvermögens der Gemeinschaft zu dem jeweiligen Grundbuchstand, so daß mit der rechtsgeschäftlichen Umschreibung des Wohnungseigentums auf den rechtsgeschäftlichen Erwerber auch der Anteil an der Instandhaltungsrücklage übergehe. Demzufolge müsse dem Veräußerer ein Auszahlungsanspruch versagt werden.

---

[102] Vgl. hierzu auch BayObLG DWE 1984, 124.
[103] OLG Düsseldorf WM 1996, 112.
[104] OLG Hamm DWE 1986, 30.
[105] BayObLG NJW-RR 1995, 530 = WE 1995, 374.
[106] KG ZMR 1988, 272 = NJW-RR 1988, 844.

Mit Urteil vom 26. 1. 1988 hat der Bundesfinanzhof auch eine **einkommensteuerrechtliche** Frage geklärt.[107] Danach sind die nach dem WEG an den Verwalter gezahlten Beiträge zur Instandhaltungsrücklage nicht bereits mit der Abführung an diesen, sondern erst bei Verausgabung der Beträge für Erhaltungsmaßnahmen als **Werbungskosten** bei den Einkünften aus Vermietung und Verpachtung abziehbar.

5.2.5 Sonderumlagen

Auch der Beschluß über **Umlagen** ist eine Maßnahme ordnungsmäßiger **310**
Verwaltung, sofern nicht im Einzelfall die richterliche Nachprüfung aufgrund einer Beschlußanfechtung ergibt, daß im konkreten Fall die Erhebung der Umlage nicht mehr ordnungsmäßiger Verwaltung entspricht. Dies **kann** z. B. der Fall sein, wenn eine ausreichende Instandhaltungsrücklage gebildet ist, die Wohnungseigentümer gleichwohl mit Mehrheit beschließen, entstehende **Sanierungskosten** mittels Umlage zu bestreiten.[108] Die Gemeinschaftsordnung kann sogar bestimmen, daß der Instandsetzungsaufwand der Rücklage nicht nur entnommen werden **darf,** sondern entnommen werden **muß.**[109]

Umlagen werden meist beschlossen, wenn Reparaturkosten nicht oder nicht vollständig aus der Instandhaltungsrücklage bestritten werden können, oder wenn die Gemeinschaft etwa einen **Gewährleistungsprozeß** einzuleiten und deshalb Gerichts- und Anwaltskostenvorschüsse oder Vorschüsse für ein **Sachverständigengutachten** zu leisten hat. Beschließen die Wohnungseigentümer, gegen Einen von ihnen in seiner Eigenschaft als Bauträger wegen der Mängel am Gemeinschaftseigentum gerichtlich vorzugehen und wegen der Kosten eine Sonderumlage zu erheben, so ist der betroffene Wohnungseigentümer nicht stimmberechtigt. An der Sonderumlage hat er sich gleichwohl anteilmäßig zu beteiligen.[110] Das Gericht ließ offen, ob im Falle des Obsiegens sich sein prozessualer Kostenerstattungsanspruch auch auf diese Kosten erstreckt, was zu bejahen wäre. Eine Umlage ist auch denkbar zur Beseitigung von **Liquiditätsschwierigkeiten,** die dadurch entstanden sind, daß einzelne Wohnungseigentümer ihre Hausgeldzahlungsverpflichtungen nicht erfüllt haben,[111] oder daß die Heizkosten den im

---

[107] BFH BB 1988, 1165; s. a. Kahlen ZMR 1990, 5.

[108] Vgl. OLG Hamm OLGZ 1971, 96/102 f.; BayObLG DWE 1985, 56; s. a. NJW-RR 1998, 1096 zur Sonderumlage bei steckengebliebenem Bau (großzügige Handhabung bei der notwendigen Prognose der erforderlichen Kosten).

[109] OLG Hamm a. a. O.

[110] BayObLG NJW 1993, 603 = WM 1992, 209 = DWE 1992, 87 = WE 1993, 27.

[111] BayObLG DWE 1982, 136; BayObLGZ 1973, 142/144 f.; Bärmann-Pick, § 16 Rz. 45; Weitnauer, § 16 Rz. 43; s. hierzu die ausführliche Darstellung in Abschn. 5.2.3.2.

Wirtschaftsplan gesteckten Rahmen sprengen.[112] Umlagebeschlüsse haben große praktische Bedeutung im Zusammenhang mit § 16 Abs. 3 gewonnen. Beschließen die Wohnungseigentümer mit Mehrheit eine über die ordnungsmäßige Instandhaltung und Instandsetzung hinausgehende **bauliche Maßnahme** nach § 22 Abs. 1 und beschließen sie gleichzeitig die Finanzierung der entstehenden Baukosten mittels Umlage, ist damit § 16 Abs. 3 abbedungen. § 16 Abs. 3 ist abdingbar.[113] Auch die überstimmten Wohnungseigentümer haben dann zu den Baukosten anteilig beizutragen. Um dieser Folge wirksam zu begegnen, müßten sie den Mehrheitsbeschluß anfechten. Die Anfechtung wäre erfolgreich, da die Abbedingung dispositiven Rechts der Einstimmigkeit bedarf.[114]

Wird eine Sonderumlage **abweichend** von dem in der Gemeinschaftsordnung festgelegten **Verteilungsschlüssel** aufgeteilt, stellt dies zwar wegen der Einmaligkeit keine Änderung der Gemeinschaftsordnung dar, gleichwohl ist dieser Beschluß anfechtbar, weil die Wohnungseigentümer mit Stimmenmehrheit über die Verwaltung des Gemeinschaftseigentums nur beschließen können, soweit die Verwaltung nicht schon durch Vereinbarung geregelt ist, § 21 Abs. 3.[115] Grundsätzlich setzt die Verpflichtung des einzelnen Wohnungseigentümers, seinen Anteil an einer Sonderumlage zu zahlen, voraus, daß die Wohnungseigentümergemeinschaft einen **Sonderumlagenbeschluß** gefaßt hat, der die Höhe der Gesamtumlage, die auf die einzelnen Wohnungseigentümer entfallenden Anteile und die Fälligkeit festlegt. Fehlt es an einer ausdrücklichen Fälligkeitsbestimmung und auch an der ausdrücklichen Festlegung der auf die einzelnen Wohnungseigentümer entfallenden Anteile, ist ausnahmsweise bei **akutem Reparaturbedarf** die sofortige **Fälligkeit** einer beschlossenen Sonderumlage anzunehmen. Für die Fälligkeit der Sonderumlage reicht es dann auch aus, daß die Einzelbeträge der Wohnungseigentümer nach objektiven Maßstäben eindeutig bestimmbar sind.[116]

---

[112] LG Landshut v. 17. 10. 1983 – 3 T 564/83 –.

[113] BayObLGZ 1974, 86/89; 1977, 89/92; DWE 1984, 126; s.a. OLG Köln NZM 1998, 877 = ZMR 1998, 463 = WE 1998, 313: der Sanierungsbeschluß als solcher enthält noch keine Entscheidung über die Finanzierung durch Sonderumlage; vgl. auch BayObLG v. 23. 4. 1998 – 2 Z BR 162/97 –.

[114] Vgl. hierzu auch BayObLG DWE 1982, 136; BayObLGZ 1974, 86/89; 1977, 89/92; NJW 1981, 690/691; OLG Frankfurt Rpfleger 1979, 217; Bärmann-Pick, § 16 Rz. 4; Weitnauer, § 16 Rz. 57.

[115] BayObLGZ 1958, 234/239; 1972, 150/155; BayObLG v. 13. 3. 1979 – 2 Z 65/78 –; DWE 1982, 99.

[116] KG NJW-RR 1991, 912 = ZMR 1991, 354 = DWE 1991, 73; s.a. BayObLG NJW 1993, 603 = WM 1992, 209 = DWE 1992, 87 = WE 1993, 27; so erneut ZMR 1997, 42 = WE 1997, 265, das die Festlegung des Verteilungsschlüssels generell für entbehrlich hält u. dann den allg. geltenden Schlüssel angewendet wissen will; WE 1998, 508 = DWE 1998, 188; v. 23. 4. 1998 – 2 Z BR 162/97 –; NJW-RR 1998, 1386 = ZMR 1998, 445.

5.2.6 Verjährung

- Ansprüche gegen Wohnungseigentümer auf Zahlung von **Rückständen** aus genehmigten **Jahresabrechnungen** oder aus Eigentümerbeschlüssen über **Umlagen** verjähren nach 30 Jahren, § 195 BGB.[117] 311
- Das BayObLG hat in Ergänzung seiner Entscheidung vom 1. 12. 1983 entschieden, daß auch Ansprüche gegen Wohnungseigentümer auf Zahlung von Rückständen aus **nicht** genehmigten Jahresabrechnungen in 30 Jahren verjähren.[118] Im Entscheidungsfalle hatte der Verwalternachfolger mangels Beschlußfassung in früheren Jahren den Wohnungseigentümern für die zurückliegenden Jahre Einzelabrechnungen übersandt. Das BayObLG stellte ausdrücklich klar, daß dieser Fall nicht identisch sei mit der Anforderung monatlich zu leistender Wohngeldbeiträge (Hausgeldvorauszahlungen) und ließ seinerzeit bezüglich der **Hausgeldvorauszahlungen** die Verjährungsfrage offen. Die letztgenannte Entscheidung des BayObLG begegnet Bedenken. Nach der herrschenden Rechtsprechung[119] **entstehen** Ansprüche aus Jahresabrechnungen erst durch den rechtsbegründenden Akt der Genehmigung durch Eigentümerbeschluß nach § 28 Abs. 5. Es können aber nur bestehende (und **fällige**) Ansprüche verjähren. Solange ein Genehmigungsbeschluß oder eine ihn ersetzende richterliche Entscheidung nicht vorliegen, bestehen nur monatliche Hausgeldvorauszahlungsansprüche, die Verjährungsfrist für darüber hinausgehende, erst durch Genehmigung der Jahresabrechnung begründete Ansprüche hat bis zur Genehmigung noch gar nicht begonnen.
- Anders als Ansprüche aus der genehmigten Jahresabrechnung und aus Mehrheitsbeschlüssen über Umlagen verjähren Ansprüche auf Leistung von **Hausgeldvorauszahlungen** gemäß § 197 BGB in 4 Jahren. Insoweit besteht die Verbindlichkeit in fortlaufenden Leistungen und hat darin ihre charakteristische Ausprägung.[120] Diese Frage dürfte jedoch von nur geringer praktischer Bedeutung sein, weil i.d.R. vor Ablauf von jeweils 4 Jahren der die Jahresabrechnung genehmigende Eigentümerbeschluß gefaßt wird und dadurch der Anspruch auf Hausgeldvorauszahlungen durch den Anspruch auf Nachzahlung aus der genehmigten Jahresabrechnung ersetzt wird, es sei denn, man geht mit der h.M. davon aus, daß der ausgeschiedene Wohnungseigentümer auch dann noch nicht geleistete Vorauszahlungen aus dem Wirtschaftsplan zu leisten hat, wenn nach seinem Ausscheiden die Jahresabrechnung genehmigt wurde. Auch **Zinsan-** 312

---

[117] Weitnauer, § 16 Rz. 9; Korff DWE 1981, 98; BayObLGZ 1983, 289; WE 1986, 72; WE 1995, 350 (Abrechnungsschulden); ZMR 1997, 42 = WE 1997, 265 (Sonderumlage).
[118] BayObLG MDR 1984, 317.
[119] BGH NJW 1988, 1910.
[120] BayObLG WE 1995, 350.

sprüche etwa gegen einen säumigen Wohnungseigentümer verjähren selbst dann in 4 Jahren gemäß § 197 BGB, wenn der Zinssatz durch Eigentümerbeschluß festgesetzt ist.[121]

313 – Schließlich hat das BayObLG[122] die **Verwirkung** von Ansprüchen etwa auf Zahlung von **Heizkosten** zumindest für den Fall verneint, daß diese Forderungen zwar erst nach Jahren erstmals an den Wohnungseigentümer herangetragen werden, dieser in den fraglichen Zeiträumen jedoch keinerlei Zahlung geleistet hat und deshalb nicht damit rechnen durfte, nicht mehr in Anspruch genommen zu werden. Anders kann der Fall zu beurteilen sein, wenn der Wohnungseigentümer Vorauszahlungen in angemessenem Umfang geleistet hatte und der Verwalter erst nach Jahren Nachforderungen stellt. Hier können die Grundsätze entsprechend Anwendung finden, wie sie im Mietrecht für die Verwirkung von Ansprüchen auf Nebenkosten entwickelt wurden (vom BayObLG a. a. O. offengelassen).

5.2.7 Aufrechnung, Zurückbehaltungsrecht

5.2.7.1 Zur Frage der Aufrechnungsmöglichkeit

314 Der Wohnungseigentümer darf gegen Hausgeldvorauszahlungs-, Hausgeldabrechnungs- und Umlageforderungen nur mit **anerkannten** oder mit rechtskräftig festgestellten Gegenforderungen oder Ansprüchen aus **Notgeschäftsführung** (§ 21 Abs. 2; § 683 BGB) aufrechnen.[123] Dies gilt auch dann, wenn die Wohnungseigentümer über den Wirtschaftsplan oder die Jahresabrechnung und die jeweiligen Einzelabrechnungen noch keinen Beschluß gefaßt haben.[124] Im Entscheidungsfalle hatte ein Wohnungseigentümer noch vor der Beschlußfassung über Wirtschaftsplan und Abrechnung die Aufrechnung erklärt. Das Gericht unterstellte gleichwohl die grundsätzliche Erfüllbarkeit der Hausgeldforderung, verneinte aber wegen des Grundsatzes des **Aufrechnungsverbots** auch hier eine Aufrechnungsmög-

---

[121] BayObLG ZMR 1986, 127 = DWE 1985, 95.

[122] BayObLG DWE 1984, 87.

[123] Bärmann-Pick, § 16 Rz. 99 m. w. N.; Weitnauer, § 16 Rz. 28; BayObLGZ 1986, 128/133; WM 1989, 539 = WE 1990, 214; WE 1991, 26; BayObLG v. 30. 10. 1990 – 2 Z 135/90 – (keine Aufrechnung mit bestrittenen Rückzahlungsforderungen aus früheren Wirtschaftsjahren); WE 1989, 106; OLG Stuttgart NJW-RR 1989, 841 = ZMR 1989, 191 (entsprechende Anwendung von § 322 Abs. 2 ZPO für WEG-Verfahren, verbunden mit dem Hinweis, daß über das Bestehen einer zur Aufrechnung gestellten Forderung im Verfahren nur aufgrund einer zulässigen Aufrechnung entschieden werden dürfe); s. a. OLG Hamm WE 1991, 108; KG NJW-RR 1993, 338 = ZMR 1993, 80 = WM 1993, 91 = WE 1993, 51 = DWE 1993, 39; s. a. BayObLG ZMR 1998, 646 = ZfIR 1998, 420 (Aufrechnung mit Ansprüchen aus Notgeschäftsführung gegen Hausgeldansprüche bei Konkurseröffnung).

[124] BayObLG WE 1991, 366.

lichkeit. Das KG[125] will die Aufrechnung mit Aufwendungsersatzansprüchen aus Notgeschäftsführung nur dann zulassen, wenn die erstattet verlangten Aufwendungen gerade für solche Gemeinschaftsverbindlichkeiten gemacht wurden, welche der Verwalter sonst aus dem, in derselben Wirtschaftsperiode fällig gewordenen Hausgeld zu erfüllen gehabt hätte. Erstattungsansprüche aus Notgeschäftsführung in früheren Jahren sollen gegen die später anders zusammengesetzte Gemeinschaft nicht mehr durchgesetzt werden können, sondern sollen ausschließlich im ursprünglichen Haftungsverband auszugleichen sein.[126] Die letztgenannte Entscheidung löst Widerspruch aus. Wer in Notgeschäftsführung Aufwendungen für die Gemeinschaft getätigt, also gemeinschaftliche Kosten i.S.d. § 16 Abs. 2 übernommen hat, hat seinen Erstattungsanspruch gegen die jeweiligen übrigen Wohnungseigentümer, und zwar unabhängig von der Zusammensetzung der Gemeinschaft. Etwas anderes könnte allenfalls gelten, wenn der Erstattungsgläubiger ein ehemaliger Eigentümer wäre. Dann könnte die Auffassung des KG zutreffen.[127]

Umstritten ist die Frage, ob in der Gemeinschaftsordnung ein **Aufrechnungsverbot** verankert werden kann, das auch für anerkannte und/oder Forderungen aus Notgeschäftsführung gelten soll. Zahlreiche Gemeinschaftsordnungen enthalten die Passage, daß gegen Hausgeldforderungen schlechthin nicht aufgerechnet werden könne. Mit Weitnauer[128] wird hier die Auffassung vertreten, daß sich diese Frage nicht an § 11 Nr. 3 AGBG orientiert, sondern nur nach §§ 242, 315 BGB beantwortet. Das AGBG ist auf die Gestaltung des Gemeinschaftsverhältnisses, also auf die Bestimmungen der Gemeinschaftsordnung nicht anzuwenden.[129] **315**

So besehen hat auch das totale, vereinbarte Aufrechnungsverbot seine Schranke darin, daß trotz seiner Vereinbarung der einzelne Wohnungseigentümer mit anerkannten (oder **rechtskräftig festgestellten**) Gegenforderungen aufrechnen kann, § 242 BGB. Ist ein totales Aufrechnungsverbot vereinbart, erfaßt es allerdings auch die Ansprüche aus **Notgeschäftsführung.** Hausgeldansprüche bedürfen ihrer Natur nach im Interesse einer geordneten Verwaltung und zur Vermeidung von Unzuträglichkeiten und Schäden einer raschen Verwirklichung. Dieser Gesichtspunkt hat Vorrang vor den Interessen des einzelnen Wohnungseigentümers, der für die Gemeinschaft in Vorlage getreten ist.

Das Aufrechnungsverbot gilt auch, wenn der Wohnungseigentümer in **einem** Wirtschaftsjahr eine Überzahlung geleistet hat und nun mit Hausgeldverpflichtungen folgender Jahre zu „verrechnen" versucht.[130] Die Ansprü-

[125] KG NJW-RR 1995, 719 = WE 1995, 211 = ZMR 1995, 218.
[126] KG NJW-RR 1995, 975 = ZMR 1995, 264 = WE 1995, 213.
[127] S. hierzu auch Müller WE 1995, 106ff. (114) u. BayObLG WE 1995, 243 m.w.N.
[128] Weitnauer, § 16 Rz. 28.
[129] Weitnauer, § 7 Rz. 25–27 m.w.N.
[130] BayObLG DWE 1984, 62.

che auf einzelne Raten sind rechtlich selbständige Ansprüche, nicht nur bloße Abrechnungsposten. Die Überzahlung in einem Kalenderjahr führt möglicherweise zu einem Rückzahlungsanspruch, dessen Fälligkeit aber erst durch Eigentümerbeschluß festgelegt wird. Aufrechnungsverbote gelten auch für ausgeschiedene Wohnungseigentümer.[131]

5.2.7.2 Zurückbehaltungsrecht

316 Dem Wohnungseigentümer steht gegenüber Hausgeldvorauszahlungs-, Hausgeldabrechnungsansprüchen und Umlageforderungen auch kein **Zurückbehaltungsrecht** zu.[132] Das BayObLG[133] läßt allerdings die Frage offen, ob ein Wohnungseigentümer ein Zurückbehaltungsrecht dann geltend machen könne, wenn es sich beim Anspruch der Gemeinschaft nicht um einen Hausgeldanspruch im engeren Sinne handelt, sondern etwa um einen Anspruch der Gemeinschaft „auf Ersatz der Auslagen für ein Fenster". Das Gericht befindet, daß in einem solchen Falle ein Zurückbehaltungsrecht „u.U. nicht von vornherein ausgeschlossen sein" könne. Im Entscheidungsfalle waren offensichtlich außerhalb der längst beschlossenen Jahresabrechnung noch Instandhaltungsrestauslagen entstanden, die außerhalb der förmlichen Abrechnung erfolgt waren.

Mit einer gegen den Verwalter gerichteten Forderung kann schon mangels Gegenseitigkeit nicht gegen Ansprüche der Gemeinschaft aufgerechnet werden. Das Entsprechende gilt für ein Zurückbehaltungsrecht.[134]

5.3 Der Kostenverteilungsschlüssel

5.3.1 Die gesetzliche Lage, vereinbarte Regelungen und Abänderungsmöglichkeiten

317 Nach § 16 Abs. 2 ist jeder Wohnungseigentümer verpflichtet, die gemeinschaftlichen Lasten und Kosten nach dem Verhältnis seines Anteils zu tragen, wobei sich der Anteil nach dem gemäß § 47 GBO im Grundbuch eingetragenen Verhältnis der **Miteigentumsanteile** bestimmt, § 16 Abs. 1. Die Regelung des Anteilsverhältnisses ist abdingbar, § 10 Abs. 1.[135]

---

[131] BayObLG NJW-RR 1996, 1039 = WE 1996, 480.

[132] BayObLG v. 13. 12. 1983 – 2 Z 119/82 –; BayObLGZ 1971, 313/319f.; 1975, 53/56; 1977, 67/71; WEM 1979, 128/130; ZMR 1980, 186/188; Bärmann-Pick, § 16 Rz. 99; Weitnauer, § 16 Rz. 28; s. auch OLG Frankfurt OLGZ 1979, 191 und OLG Frankfurt v. 6. 12. 1982 – 20 W 666/82 –.

[133] BayObLG DWE 1984, 62.

[134] BayObLG MDR 1980, 57.

[135] BayObLGZ 1981, 407/413; Rpfleger 1979, 427; DWE 1982, 136; OLG Karlsruhe OLGZ 1978, 175; Bärmann-Pick, § 16 Rz. 116; Weitnauer, § 16 Rz. 3.

Ob und inwieweit vom gesetzlichen Verteilungsschlüssel abweichende Vereinbarungen zu empfehlen sind, hängt von mehreren Faktoren ab. Sind die Quoten der Miteigentumsanteile im wesentlichen auf der Grundlage der **Größe der Wohnungen** ermittelt, sollte man grundsätzlich bei der gesetzlichen Regelung bleiben. Waren jedoch andere Gesichtspunkt für die Bildung der Miteigentumsquoten maßgeblich, so z.B. die Höhe der Kaufpreise (die im 5. OG gelegene Südwohnung verfügt über erheblich mehr Miteigentumsanteile als die im EG gelegene, gleich große Nordwohnung), sollte die Gemeinschaftsordnung beispielsweise vorsehen, daß die Wohnfläche maßgeblich ist. Soweit **Verbrauchsmessung** möglich ist, sollte ganz oder teilweise darauf abgestellt werden.

Die durch die **HeizKVO** in der Fassung vom 20. 1. 1989 ausgelösten Probleme werden gesondert erörtert (vgl. Abschn. 5.3.3).

Grundsätzlich gilt der **Verteilungsschlüssel** – der gesetzliche, der in der Gemeinschaftsordnung in Übereinstimmung mit dem Gesetz enthaltene oder der abweichend hiervon vereinbarte – für alle gemeinschaftlichen Lasten und Kosten im Sinne des § 16 Abs. 2. Sowohl der gesetzliche, als auch der in einer Gemeinschaftsordnung festgelegte Kostenverteilungsschlüssel kann grundsätzlich nur durch eine Vereinbarung der Wohnungseigentümer geändert werden.[136] Wird er gleichwohl nur mehrheitlich geändert, ist auch dieser Mehrheitsbeschluß gültig, sofern er nicht auf Anfechtung hin aus diesem Grunde für ungültig erklärt wird. Mit diesem Beschluß wird i.ü. die Gemeinschaftsordnung abgeändert, nicht lediglich überlagert, so daß eine Aufhebung dieses Beschlusses nicht ohne weiteres möglich ist.[136a] Da auch die Kosten eines von der Gemeinschaft angestellten **Hausmeisters** Kosten der Verwaltung des gemeinschaftlichen Eigentums sind, ist wegen des Einstimmigkeitserfordernisses für Abänderungen **vereinbarter Kostenverteilungsschlüssel** ein Mehrheitsbeschluß auf Anfechtung für ungültig zu erklären, der einen Wohnungseigentümer von der Verpflichtung, die Hausmeisterkosten anteilig zu tragen, befreit, weil er einen Teil der Hausmeisterdienste selbst leistet.[137] Nicht deutlich genug ist auch hervorzuheben, daß nicht auf die tatsächliche Nutzung, sondern auf die **objektive Nutzungsmöglichkeit** gemeinschaftlicher Einrichtungen und Anlagen abzustellen ist, soweit nicht im Einzelfall Verbrauchsmessungen ein Spiegelbild der tatsächlichen Nutzung sind. Dies gilt auch für **Mehrhausanlagen.**[138]

---

[136] BayObLG WM 1988, 416 u. WE 1989, 218; NJW-RR 1990, 1493; DWE 1991, 103 = WE 1991, 288; OLG Frankfurt DWE 1987, 62; Weitnauer, § 10 Rz. 49; Soergel-Stürner, 12. Aufl., § 10 Rz. 10, § 21 Rz. 3.

[136a] BayObLG WE 1997, 475; WE 1997, 266; OLG Karlsruhe WE 1998, 500 (Änderung des Kostenverteilungsschlüssels durch Beschluß in einer werdenden Gemeinschaft); a.A. Weitnauer, § 10 Rz. 56; WE 1995, 163; Hauger WE 1993, 231; KG WE 1996, 390.

[137] BayObLG DWE 1985, 125.

[138] BayObLG WE 1994, 304.

318 Auch die Wohnungseigentümer des Hauses A tragen anteilig die **Liftkosten** des Hauses B, selbst wenn nur das Haus B über einen Lift verfügt. Der Erdgeschoßwohnungseigentümer trägt zu den Liftkosten in gleicher Weise bei wie die Wohnungseigentümer der Obergeschosse.

Enthält die Teilungserklärung im Falle einer **Mehrhausanlage** keine von § 16 Abs. 2 abweichende Kostenverteilungsregelung, also z.B. die Regelung, daß nur die Wohnungseigentümer des Gebäudes zu den Liftkosten beizutragen haben, in dem sich ein Lift befindet, verbleibt es bei der Kostenverteilung auf alle Wohnungseigentümer.[139] Der BGH hat entschieden, daß mangels anderweitiger Regelung in der Gemeinschaftsordnung sowohl die Kosten der Unterhaltung als auch der Instandsetzung des Lifts *eines* Gebäudes bei einer Mehrhausanlage gemeinschaftlich von allen Wohnungseigentümern zu tragende Kosten seien.

Natürlich ist es den Wohnungseigentümern unbenommen, von der gesetzlichen Lage auch insoweit abweichende Regelungen zu **vereinbaren.** Keine Bedenken bestehen, im Vereinbarungswege Regelungen zu treffen, die bezüglich Lift, Schwimmbad, Sauna, Waschküche und anderer gemeinschaftlicher Anlagen und Einrichtungen die Kostenbeteiligungspflicht an das Maß der **tatsächlichen Nutzung,** des Nutzens knüpfen.[140] Ob dies sinnvoll ist, ist eine andere Frage. Ist bei Mehrhausanlagen wirtschaftliche Trennung vereinbart, haben **gleichwohl alle Wohnungseigentümer** über die **Jahresabrechnung** abzustimmen. Es ist nicht zulässig, daß die sog. Untergemeinschaften alleine abstimmen.[140a]

319 Gleichwohl besteht die grundsätzliche Möglichkeit, daß ein oder mehrere Wohnungseigentümer unter bestimmten Voraussetzungen den Anspruch auf **Abänderung** des gesetzlichen oder vereinbarten Verteilungsschlüssels haben. Diese Möglichkeit besteht nur im Ausnahmefall. Der Umstand allein, daß die gesetzliche Regelung unzweckmäßig ist, genügt nicht, um sie auszuschalten. Es genügt auch nicht die hypothetische Erwägung, daß die Wohnungseigentümer oder der teilende Wohnungseigentümer (§ 8), wenn sie den Fall bedacht hätten, ihn anders geregelt hätten. Ein Wohnungseigentümer kann die Zustimmung zur Änderung des in einer Vereinbarung oder in einem bindenden Eigentümerbeschluß festgelegten **Kostenverteilungs-**

---

[139] BGHZ 92, 18; NJW 1984, 2576; OLG Düsseldorf NJW-RR 1986, 95; BayObLG WM 1992, 155 = DWE 1992, 131 = WE 1992, 345; WE 1994, 304; WE 1998, 487 (getrennte Rücklagenbildung nur durch Vereinbarung); OLG Köln DWE 1998, 190 (Einführung der wirtschaftlichen Trennung nur durch Vereinbarung).

[140] BayObLG NJW 1975, 2296 (Kosten einer Waschmaschine – „Trommelgeld"); s.a. ZMR 1993, 231 = WE 1994, 148 („ausscheidbare Kosten"); WE 1996, 150 (Abrechnungsgrundsätze bei vereinbarter wirtschaftlicher Trennung); s.a. NJW-RR 1998, 1709: sollen nach der GO nur die Sondernutzungsberechtigten der Stellplätze in einer Tiefgarage an den Kosten der Instandhaltung und Instandsetzung „der Tiefgarage" zu beteiligen sein, erstreckt sich dies nicht auf Instandhaltungskosten im konstruktiven Bereich der Tiefgaragendecke.

[140a] BayObLG NJW-RR 1994, 1236 = ZMR 1994, 338 = WE 1995, 96.

schlüssels verlangen, wenn **außergewöhnliche Umstände** das Festhalten an der getroffenen Regelung als grob unbillig und damit als gegen **Treu und Glauben** verstoßend erscheinen lassen würde. Diese Kriterien sind **nicht** erfüllt bei enttäuschter Erwartung auf den Ausbau von Dachräumen zu Wohnzwecken.[141]

Eine weitergehende Ausnahme von der Bindung an Vereinbarungen und Beschlüsse der Wohnungseigentümer ist auch nicht durch den Grundsatz vom Fehlen oder **Wegfall der Geschäftsgrundlage** zu machen.[142] Die Grundsätze von Treu und Glauben geben dem Wohnungseigentümer nicht die Befugnis, eine aus dem Gesetz oder aus einer Vereinbarung folgende Regelung durch eine andere zu ersetzen, die – lediglich – angemessener sei oder der Billigkeit mehr entspreche.[143] Dies gilt nicht nur für eine Vereinbarung, sondern auch für die Bindung an einen unangefochten gebliebenen Mehrheitsbeschluß, der an sich der Einstimmigkeit bedurft hätte.

Das BayObLG hat jedoch in einem Fall, in dem die Errichtung der Tiefgarage unterblieben war, den Anspruch auf Änderung des Kostenverteilungsschlüssels bejaht.[144]

Nach hier vertretener Auffassung wird unter Berücksichtigung vorgenannter Grundsätze ein Anspruch auf Abänderung des Verteilungsschlüssels etwa auch bei folgender Fallgestaltung zu bejahen sein:

Der **Bauträger** ist Wohnungseigentümer der **Dachgeschoßräume,** die als Teileigentum im Grundbuch eingetragen sind. Der Kostenverteilungsschlüssel ist in der Gemeinschaftsordnung so geregelt, daß die Wohnungseigentümer zu den Kosten im Verhältnis der Wohn-/Nutzflächen beizutragen haben. In der Gemeinschaftsordnung ist ferner geregelt, daß die Dachgeschoßräume lediglich mit einem Viertel ihrer tatsächlichen Nutzfläche zu berücksichtigen seien. Der Bauträger baut die Dachgeschoßräume nachträglich zu **vollwertigem Wohnraum** aus. Er verfügt über die öffentlichrechtliche Genehmigung ebenso wie über die Zustimmung der restlichen Wohnungseigentümer. Hier sind außergewöhnliche Umstände eingetreten, die es als grob unbillig erscheinen lassen, am vereinbarten Kostenverteilungsschlüssel festzuhalten.

Das KG[145] meint schließlich, ein Anspruch auf Zustimmung zur Änderung des Kostenverteilungsschlüssels bestehe grundsätzlich nur dann, wenn

---

[141] BayObLG ZMR 1995, 41 = WE 1995, 339; WE 1997, 119; NJW-RR 1994, 1425 = WE 1995, 252; WE 1997, 37; WE 1996, 196; WE 1997, 158; ZMR 1999, 52 (zum Anspruch auf Änderung der Miteigentumsanteile bei Änderung der Wertverhältnisse des Sondereigentums); OLG Köln NJW-RR 1995, 973 = WE 1995, 155; DWE 1998, 190; NZM 1998, 919; OLG Hamburg ZMR 1995, 170 = WE 1995, 218.

[142] BayObLG a. a. O.

[143] BayObLG a. a. O.; BayObLGZ 1971, 273/283; OLG Karlsruhe OLGZ 1978, 175/176.

[144] BayObLGZ 1987, 66.

[145] NJW-RR 1991, 1169; vgl. a. BayObLG NJW-RR 1990, 1493.

dieser zu wenig auf die Besonderheiten der jeweiligen Wohnungseigentümergemeinschaft abgestimmt sei und sich deshalb als **grob unbillig** erweise. Im Entscheidungsfalle bejahte das Gericht eine grobe Unbilligkeit, weil nach dem vereinbarten Kostenverteilungsschlüssel Wohnungseigentümer ganz überwiegend für Schäden am Teileigentum (in casu: 94,9% der Kosten für die Sanierung der Dächer von Garageneinstellplätzen) aufzukommen hätten. In einem solchen Falle könne eine Änderung des Kostenverteilungsschlüssels unter Zugrundelegung der Wohn- und Nutzflächen verlangt werden.

Besteht nach diesen Grundsätzen kein Anspruch auf Abänderung des Verteilungsschlüssels, ist seine Abänderung nur einstimmig möglich. Während die Regelung der Höhe und des Zeitpunkts der von den Wohnungseigentümern aufzubringenden finanziellen Leistungen zur Verwaltung zu rechnen ist (§ 21 Abs. 5 Nr. 2, 4, 5), ist die Regelung des Verteilungsschlüssels einer **Vereinbarung** der Wohnungseigentümer vorbehalten.[136] Beschließen die Wohnungseigentümer die Änderung lediglich mit Mehrheit, ist der Beschluß gleichwohl gültig, sofern er nicht auf die fristgerechte Anfechtung hin (§ 43 Abs. 1 Nr. 4) rechtskräftig für ungültig erklärt wird.[146] Eine die Gemeinschaftsordnung ändernde Vereinbarung kann nicht allein daraus abgeleitet werden, daß über Jahre hinweg Jahresabrechnungen genehmigt wurden, in denen die Kosten abweichend von der Gemeinschaftsordnung verteilt waren.[147]

320 Die **Abänderbarkeit** der Gemeinschaftsordnung und damit auch des **Kostenverteilungsschlüssels** durch **Mehrheitsbeschluß** oder einen Beschluß mit qualifizierter Mehrheit in der Gemeinschaftsordnung selbst vorzusehen, ist unter ganz bestimmten Voraussetzungen zulässig. Der BGH hat[148] entschieden: Enthält die Gemeinschaftsordnung einen Verteilungsschlüssel für die Kosten des gemeinschaftlichen Eigentums und sieht sie eine Abänderungsmöglichkeit durch „absoluten" Mehrheitsbeschluß vor, ist eine Änderung des Verteilungsschlüssels gleichwohl nur dann zulässig, wenn ein **sachlicher Grund** vorliegt und einzelne Wohnungseigentümer gegenüber dem früheren Rechtszustand **nicht unbillig benachteiligt** werden. Das BayObLG hat zusätzlich festgehalten (NJW-RR 1990, 978), daß in diesem Falle (Abänderbarkeit durch Mehrheitsbeschluß) ein Eigentümerbeschluß nicht mit der Begründung für ungültig erklärt werden könne, ein Wohnungseigentümer habe durch die geänderte Gemeinschaftsordnungsregelung eine **gesicherte Rechtsposition** erlangt, die ihm erhalten bleiben müsse. Vielmehr sei eine Änderung immer dann möglich, sofern sachliche Gründe vorliegen und kein Wohnungseigentümer unbillig benachteiligt werde. Daß

---

[146] BGHZ 54, 65/68 ff.; 74, 258/267; NJW 1981, 282; NJW 1994, 3230 = ZMR 1995, 34 = WE 1995, 55; BayObLGZ 1974, 86/89.

[147] BayObLG DWE 1986, 29; ZMR 1994, 69 (zu den Kriterien der Abänderung einer Vereinbarung durch jahrelange Übung).

[148] BGH NJW 1985, 2832 = BauR 1985, 714 = ZfBR 1985, 278; s.a. BayObLG NJW-RR 1987, 203 u. NJW-RR 1990, 978.

im Einzelfall der durch die Änderung herbeigeführte Verlust einer gesicherten Rechtsposition eine unbillige Benachteiligung sein kann, ändert daran im Grundsatz nichts.

Das BayObLG hat sich in einer weiteren Entscheidung[149] mit der Frage auseinandergesetzt, wann bei einer in der Gemeinschaftsordnung vorgesehenen Änderung des Kostenverteilungsschlüssels durch Mehrheitsbeschluß ein sachlicher Grund hierfür vorliegt und andere Wohnungseigentümer dadurch nicht unbillig benachteiligt werden. Die Fallgestaltung war folgende: Die Gemeinschaftsordnung bestimmte, daß die Kosten und Lasten des gemeinschaftlichen Eigentums auf die einzelnen Wohnungseigentümer grundsätzlich nach dem Verhältnis der Miteigentumsanteile umzulegen sind. Nach der Gemeinschaftsordnung wurden „zum Zweck der bestmöglichen und sachgerechten Verwaltung und Instandsetzung“ drei Untergemeinschaften gebildet. Diese Untergemeinschaften waren jeweils für ihre Gemeinschaft zur Beschlußfassung berufen über die Instandhaltung und Instandsetzung, die Ansammlung einer Instandhaltungsrücklage und die Hausordnung sowie den Wirtschaftsplan und die Abrechnung bezüglich dieser Angelegenheiten, ferner über alle nur sie betreffenden oder ihnen von allen Wohnungseigentümern zugewiesenen Angelegenheiten. Die Gemeinschaftsordnung bestimmte ferner, daß die Umlage nach Höhe, Form und Neuverteilung durch Mehrheitsbeschluß verändert werden könne. Die Wohnungseigentümer faßten die Beschlüsse, die gemeinschaftlichen Betriebs- und Bewirtschaftungskosten zunächst auf die drei Untergemeinschaften und sodann auf ihre Mitglieder nach Miteigentumsanteilen zu verteilen, ferner, die Kosten für den Einbau von Heizkostenverteilern und Warmwasserzählern nach der für jede Wohnung erforderlichen Gerätestückzahl zu verteilen. Das Gericht sah einen sachlichen Grund, die gesamten Betriebs- und Bewirtschaftungskosten für die einzelnen Untergemeinschaften gesondert zu ermitteln und auch umzulegen, darin, daß dieser Weg bereits für die Instandhaltungs- und Instandsetzungskosten von der Gemeinschaftsordnung vorgegeben war und für die Heizkosten durch die technischen Gegebenheiten. Das Gericht kam ferner zum Ergebnis, daß durch die Änderung der Kostenverteilung zwar die Wohnungseigentümer einer Untergemeinschaft schlechter gestellt würden, dies aber nicht als unbillig anzusehen sei. Die Gegenüberstellung der Kosten ergab nämlich, daß der anfechtende Wohnungseigentümer durch die geänderte Kostenverteilung pro Jahr zwischen 4,60% und 6,32% mehr Betriebs- und Bewirtschaftungskosten zu zahlen hatte, als sie ihm nach der ungeänderten Gemeinschaftsordnung zur Last gefallen wären. Von einer unbilligen Benachteiligung könne bei dieser Größenordnung nicht gesprochen werden, weil nur die von jeder Untergemeinschaft tatsächlich verursachten Kosten auf ihre Mitglieder umgelegt wurden. Eine Umlage der Kosten für die Einrichtungen

---

[149] BayObLG WE 1989, 211.

zur Erfassung des Heizungswärme- und Warmwasserverbrauchs nicht nach Miteigentumsanteilen, sondern nach der Zahl der Geräte, die für jedes einzelne Wohnungseigentum erforderlich waren, dränge sich als sachgerechte Regelung geradezu auf. Da es sich um eine einmalige Anschaffung handle und sich die Kosten hierfür in einem begrenzten Rahmen hielten, sei ein sachlicher Grund für die Änderung der Kostenverteilung gegeben und eine unbillige Benachteiligung einzelner Wohnungseigentümer zu verneinen.

Die letztgenannte Entscheidung des BayObLG ist hier so ausführlich behandelt, weil sie beispielhaft zum Ausdruck bringt, was unter „sachlichem Grund" zu verstehen ist, und wo die Grenzen zur unbilligen Benachteiligung zu ziehen sind.

321 Haben die Wohnungseigentümer die in der Gemeinschaftsordnung getroffene Regelung der Lasten- und Kostenverteilung durch einen Beschluß mit der in der Gemeinschaftsordnung für diesen Fall verlangten **qualifizierten Mehrheit** geändert, so ist eine **Aufhebung** oder Änderung dieses Eigentümerbeschlusses durch einen Beschluß ohne die gleiche qualifizierte Mehrheit nicht möglich, es sei denn, der Aufhebungs-/Änderungsbeschluß wird bestandskräftig.[150]

322 In diesem Zusammenhang ist der Hinweis veranlaßt, daß nicht jede Entscheidung der Wohnungseigentümer gegen Regelungen in der Gemeinschaftsordnung eine Abänderung der Gemeinschaftsordnung darstellt. Beschließen die Wohnungseigentümer, z.B. für einen bestimmten Wirtschaftsplan eines bestimmten Jahres einen anderen Verteilerschlüssel anzuwenden, ist dies noch keine Änderung der Gemeinschaftsordnung. Der Beschluß hätte nur zum Inhalt, für **ein** Wirtschaftsjahr eine von der Gemeinschaftsordnung abweichende Regelung vorzusehen.[151] Eine Klausel in der Gemeinschaftsordnung, welche eine mehrheitliche Abänderung der Gemeinschaftsordnung vorsieht, erfaßt nicht den Fall der Abänderung der Teilungserklärung im Sinne der Aufteilung des Grundstücks in Wohnungseigentumsrechte.[152] Die Regelungen über das schuldrechtliche Gemeinschaftsverhältnis als solches, über das Statut, die **„Satzung"**, werden von der Klausel über die Mehrheitsentscheidung erfaßt. Als Abgrenzung hierzu: Sieht die Gemeinschaftsordnung ihre Abänderbarkeit durch Mehrheitsbeschluß vor, so ergibt die nächstliegende Bedeutung, daß sich die erleichterte Abänderbarkeit auch auf die **Zweckbestimmung** eines Wohnungs- oder Teileigentums mit Vereinbarungscharakter in der Teilungserklärung oder dem Begründungsvertrag selbst erstreckt.[153]

---

[150] BayObLG WE 1989, 145.

[151] BayObLG Rpfleger 1974, 268 = NJW 1974, 1910 = DNotZ 1975, 100; Bärmann-Pick, § 10 Rz. 57; s.a. BayObLG DWE 1982, 99 (zur Aufteilung einer Sonderumlage abweichend von der Gemeinschaftsordnung – hier liegt die Einmaligkeit in der Natur der Sonderumlage –).

[152] Bärmann-Pick, § 10 Rz. 54; vgl. auch BayObLGZ 1984, 257.

[153] BayObLG NJW-RR 1990, 978.

Das **Gericht** kann nur in Extremfällen in **Eigentümerbeschlüsse** nach § 21 Abs. 4 oder § 242 BGB **eingreifen.** Ein solcher Fall liegt noch nicht vor, wenn aufgrund eines nicht angefochtenen Eigentümerbeschlusses und jahrelang unbeanstandet Kosten für die Tiefgarage auf alle Wohnungseigentümer umgelegt werden, auch auf solche, die keinen Stellplatz in der Tiefgarage haben.[154] Die grundsätzliche Möglichkeit, über § 21 Abs. 4 oder § 242 BGB in bestehende Eigentümerbeschlüsse einzugreifen, ist im Hinblick auf die die Vertragsfreiheit der Eigentümer respektierende Bindung des Gerichts auch an Mehrheitsbeschlüsse, die eine unzweckmäßige oder unbillige Gestaltung der Verhältnisse beinhalten, auf extreme **Ausnahmefälle** zu beschränken.[155] Ist über die Verteilung der gemeinschaftlichen Kosten gerichtlich entschieden, dann besteht ein Anspruch auf Abänderung dieses Kostenverteilungsschlüssels nur bei unbilliger Härte und wenn sich seither die tatsächlichen Verhältnisse wesentlich geändert haben.[155a] **323**

Die Kosten für Wärmezähler und Heizkostenverteiler können durch Eigentümerbeschluß verteilt werden, wenn die Gemeinschaftsordnung die Möglichkeit vorsieht, den Schlüssel für die Tragung der Verwaltungskosten durch Eigentümerbeschluß zu ändern.[156]

5.3.2 Probleme bei leerstehenden oder unverkauften oder nicht gebauten Wohnungen

5.3.2.1 Unverkaufte und leerstehende Wohnungen

Wohnungen können leerstehen, weil der Bauträger sie noch nicht verkauft hat/verkaufen konnte oder weil der Käufer nicht eingezogen ist bzw. die Wohnung nicht vermietet hat. Eigentümer leerstehender Wohnungen haben im vollen Umfange zu den gemeinschaftlichen Lasten und Kosten beizutragen. Abzustellen ist auch hier in erster Linie auf die **Nutzungsmöglichkeit,** nicht auf die tatsächliche Nutzung. Dies gilt selbst dann, wenn der Bauträger die noch nicht verkauften Wohnungen noch nicht fertiggestellt hat, sie also noch gar nicht genutzt werden könnten.[157] **324**

---

[154] OLG Frankfurt Rpfleger 1982, 143.

[155] Tasche DNotZ 1973, 460/464; OLG Karlsruhe OLGZ 1978, 175/177; BayObLG Rpfleger 1976, 422; NJW-RR 1994, 658: gerichtliche Aufhebung eines bestandskräftigen Eigentümerbeschlusses wegen grober Unbilligkeit nur dann, wenn sich die Treuwidrigkeit aus neu hinzugetretenen Umständen ergibt.

[155a] BayObLG NJW-RR 1994, 1425 = WE 1995, 252.

[156] BayObLGZ 1984, 251; WE 1989, 211.

[157] Weitnauer, § 16 Rz. 21; Bärmann-Pick, § 16 Rz. 112; BayObLGZ 1978, 270; Rpfleger 1976, 422; BayObLGZ 1978, 55 = Rpfleger 1978, 437/444; OLG Düsseldorf NJW-RR 1998, 1547; Röll NJW 1976, 1474; a. A. Zoebe DWE 1976, 7, der bei den Kosten nach solchen des Gemeinschaftseigentums, der Verwaltung und des Verbrauchs unterscheiden will.

Nachdem nach nunmehr herrschender Rechtsprechung Kostenschuldner der jeweils im Grundbuch eingetragene Wohnungseigentümer ist, ist der im Grundbuch eingetragene Erwerber vom teilenden Eigentümer selbst dann Kostenschuldner, wenn sein Sondereigentum noch **nicht fertiggestellt** sein sollte. In diesem Falle dürfte der Erwerber jedoch einen Rückgriffsanspruch gegen den Bauträger haben. Soweit nach der herrschenden Rechtsprechung der Erwerber vom teilenden Eigentümer unter bestimmten Voraussetzungen Mitglied einer werdenden Wohnungseigentümergemeinschaft ist, und demnach auch Kostenschuldner, entfällt nach Sachlage die Kostenschuldnerschaft des Erwerbers deshalb, weil er an einer noch nicht fertiggestellten Eigentumswohnung i.d.R. noch keinen Besitz erlangt haben dürfte, also eine der Voraussetzungen fehlen würde, die ihn zum Kostenschuldner machen könnte. Dem Gesagten steht nicht entgegen, daß sich in Ausnahmefällen Grenzen der Beitragsforderung aus § 242 BGB ergeben können.[158] Dies mag beim **langfristigen Leerstehen** für Bewirtschaftungskosten gelten, die ausschließlich verbrauchsabhängig anfallen.[159] Zweifelhaft erscheint die Entscheidung des BayObLG,[160] die auch die Kostenbeitragspflicht für die **Instandhaltungsrücklage** u.U. entfallen lassen will. Heiz- und Warmwasserkosten werden nunmehr aufgrund der HeizKV ohnehin teilweise oder überwiegend nach Verbrauch umgelegt. Insoweit stellt der Verbrauchskostenfaktor ohnehin ein Regulativ dar. Wer nicht heizt und kein Warmwasser in Anspruch nimmt, zahlt insoweit ohnehin nicht. Grundsätzlich muß aber der Wohnungseigentümer einer leerstehenden Wohnung – Bauträger wie Käufer – den Anteil an Heizkosten und Warmwasserkosten tragen, die aus dem nicht verbrauchsabhängigen Kostenanteil bestehen. In Übereinstimmung mit dem OLG Düsseldorf[160a] muß es aber bei folgendem Grundsatz verbleiben: Hat der teilende Eigentümer es in Kenntnis des Umstands, daß sein Sondereigentum an bestimmten Wohnungen noch nicht voll nutzbar war, unterlassen, eine – teilweise – Kostenbefreiung für diese Wohnungen in der Teilungserklärung aufzunehmen oder sich einen Anspruch auf Änderung des Kostenverteilungsschlüssels bei verzögertem Ausbau der Wohnungen nicht vorbehalten, so kann er, wenn er die Wohnungen später nicht ausbaut, nicht unter Berufung auf § 242 BGB eine Änderung des Kostenverteilungsschlüssels verlangen.

Entgegen Röll und Weitnauer[161] sind die **Müllabfuhrkosten** keine Verbrauchskosten in diesem Sinne. Die Höhe der Müllabfuhrgebühren ist regelmäßig unabhängig davon, ob aus jeder Wohnung Müll in die Tonnen/

---

[158] OLG Hamm WEM 1981, 43; s.a. OLG Karlsruhe OLGZ 1978, 175 zur Billigkeitsentscheidung.

[159] Bärmann-Pick, § 16 Rz. 112; Weitnauer, § 16 Rz. 21; Röll DNotZ 1977, 73; s.a. AG Hildesheim ZMR 1989 195.

[160] BayObLG DWE 1980, 27.

[160a] OLG Düsseldorf NJW-RR 1998, 1547.

[161] Röll NJW 1976, 1473/1474; Weitnauer, § 16 Rz. 21.

Container gelangt oder nicht, sie richtet sich ausschließlich nach der Zahl der zur Verfügung gestellten Tonnen/Container (Gesichtspunkt der sogenannten **Vorhaltekosten**). Etwas anderes kann nur gelten, wenn der Bauträger etwa erst 75% aller Wohnungen verkauft hat, 25% der Wohnungen leerstehen und deshalb einstweilen statt 4 Containern nur 3 zur Verfügung gestellt werden und deshalb geringere Gebühren entstehen. Hier partizipiert der Bauträger nicht an den Müllabfuhrgebühren. Entsprechendes gilt, wenn mit dem Hausmeister der Wohnanlage vereinbart ist, daß er nur 3/4 seines Lohns erhält, solange nur 75% der Wohnungen verkauft sind und 25% leerstehen.

5.3.2.2 Nicht gebaute Wohnungen

Anders ist der Fall zu beurteilen, in dem eine geplante Eigentumswoh- **325**
nungsanlage endgültig nur teilweise errichtet oder in mehreren in sich abgeschlossenen Bauabschnitten fertiggestellt wird. Hier kann der vorgegebene Verteilungsschlüssel über § 242 BGB grundsätzlich nur mit der Maßgabe angewendet werden, daß die Eigentümer des tatsächlich errichteten Gebäudes (Bauträger wie Käufer) die Kosten unter sich entsprechend aufteilen.[162] Dies ist zugleich ein Fall, in dem ein **Anspruch** auf **Änderung** des in der Gemeinschaftsordnung vereinbarten **Kostenverteilungsschlüssels** besteht. Eine differenzierte Betrachtungsweise mag im folgenden Fall angebracht sein: Von 2 geplanten Gebäuden wird nur 1 erstellt oder die 2 geplanten werden mit erheblicher zeitlicher Verschiebung in 2 getrennten Bauabschnitten errichtet. Die Gemeinschaft wird z.T. mit Kosten belastet, die nicht entstanden wären, wenn von vornherein nur 1 Gebäude geplant gewesen wäre (z.B. die im errichteten Gebäude befindliche Zentralheizungsanlage ist für 2 Gebäude dimensioniert, sie hätte das 2. Gebäude mit Energie beliefern sollen, so daß laufend höhere Kosten entstehen), bzw. mit Kosten, die nur deshalb und jetzt schon entstehen, weil der 2. Bauabschnitt noch folgt (z.B. Anschaffung eines größeren Rasenmähers, Schneeräumgeräts, Anstellung eines Hausmeisters mit entsprechender Entlohnung für die Betreuung von 2 Häusern). Hier gebieten **Treu und Glauben,** den Bauträger insoweit mit einem entsprechenden Kostenanteil vorab zu belasten und erst auf den verbleibenden Kostenanteil den vorgesehenen Kostenverteilungsschlüssel für die Eigentümer der Wohnungen des errichteten Gebäudes anzuwenden. Im Falle der **bauabschnittsweisen Herstellung** der 2 Gebäude geschieht dies unmittelbar gemäß § 16 Abs. 2, da der Bauträger ja Miteigentümer im Umfange des 2. Bauabschnitts ist. Im Falle der endgültigen Streichung des geplanten 2. Gebäudes kann sich der gegen den Bauträger gerichtete Beteiligungsanspruch mit Ausscheiden des Bauträgers aus der Gemeinschaft (Realteilung des Grundstücks und Wegvermessung des nicht

---

[162] Weitnauer, § 16 Rz. 22; § 10 Rz. 17a; Röll NJW 1976, 1473; DNotZ 1977, 69; s. hierzu auch BayObLG DWE 1982, 136 u. DWE 1984, 126.

bebauten Grundstücksteils oder sein Belassen in der Gemeinschaft – falls er auch Eigentümer einer gebauten Wohnung ist – durch anteiligen „Hinzuerwerb" und Neuverteilung der Miteigentumsquoten) in einen **Entschädigungsanspruch** gegen den Bauträger verwandeln, der auf den notariellen Erwerbsverträgen beruht. So kann umgekehrt ein insoweit von der Gemeinschaftsordnung abweichender Beschluß den Inhalt haben, daß der Bauträger – Miteigentümer, soweit sein Sondereigentum noch nicht gebaut ist, bzw. nie errichtet wird, nicht mit Gemeinschaftskosten belastet wird, wenn der sogenannte 2., noch nicht begonnene oder nie zur Ausführung gelangende Bauabschnitt keinerlei Kosten auslöst[163] (von 4 geplanten Häusern wurden nur 3 errichtet).

Ist ein Miteigentumsanteil im Hinblick darauf festgesetzt, daß aus diesem für eine später zu errichtende **Tiefgarage** ein Miteigentumsanteil in bestimmter Höhe abgetrennt werden sollte, und ist die Tiefgarage noch nicht errichtet, so kann ein Eigentümerbeschluß auf eine Anfechtung hin für ungültig erklärt werden, wenn er die Kostenverteilung nach Miteigentumsanteilen vorsieht. Der darin möglicherweise liegende Verstoß gegen Treu und Glauben (§ 242 BGB) bewirkt **nicht** die Nichtigkeit des Beschlusses.[164]

5.3.3 Besonderheiten aufgrund der Heizkostenverordnung

326 Nach der Verordnung über die verbrauchsabhängige Abrechnung der Heiz- und Warmwasserkosten (HeizkVO) i.d.F. der Bekanntmachung vom 20. 1. 1989 (BGBl. I S. 145) sind auch in Wohnungseigentümergemeinschaften (§ 3 der VO) die genannten Kosten innerhalb eines bestimmten Rahmens (§§ 7, 8 der VO) verbrauchsbezogen abzurechnen.

Nach der VO sind sämtliche Gebäudeeigentümer verpflichtet, die **Kosten des Betriebs** einer zentralen Heizungs- und Warmwasserversorgungsanlage sowie der Lieferung von Fernwärme und Fernwarmwasser nach Maßgabe des individuellen Verbrauchs auf die Wohnungsnutzer zu verteilen. Die Räume sind mit Geräten zur Verbrauchserfassung auszustatten, die den Mindestanforderungen der DIN 4713 und 4714 entsprechen: Wärmezähler oder Wärmemesser (eichpflichtig); Heizkostenverteiler elektronisch oder nach dem Verdunstungsprinzip; Warmwasserzähler (eichpflichtig), Warmwasserkostenverteiler elektronisch. Der VO ist genügt, wenn mindestens 50%, höchstens 70% der Kosten verbrauchsabhängig verteilt und abgerechnet werden. Die Kostenfaktoren sind im einzelnen in § 7 Abs. 2–4, § 8 Abs. 2–4 HeizkostenV beschrieben. Der Fixkostenanteil von 30–50% soll für die Heizkosten nach der beheizbaren Wohn-/Nutzfläche oder nach dem

[163] OLG Frankfurt DWE 1984, 62; BayObLG DWE 1984, 126; OLG Hamm OLGZ 1982, 260.

[164] BayObLG MDR 1978, 673 = ZMR 1978, 247.

umbauten Raum, derjenige für das Warmwasser nach der Wohn-/Nutzfläche ermittelt werden.

Seit 1989 werden auch die Kosten der **Lieferung von Fernwärme** nach den Vorschriften dieser Verordnung abgerechnet werden, soweit der Lieferer unmittelbar mit den Nutzern abrechnet und dabei nicht den für die einzelnen Nutzer gemessenen Verbrauch, sondern deren Anteile am Gesamtverbrauch zugrunde legt. Bei der danach vorzunehmenden Abrechnung sind alle Kosten umzulegen, also neben den Betriebskosten gegebenenfalls auch das Lieferentgelt, insoweit im Regelfall Grund-, Arbeits- und Verrechnungspreis, wenn entsprechende rechtswirksame Versorgungs- bzw. Lieferverträge vorliegen.

§ 4 Abs. 3 der Verordnung stellt klar, daß **gemeinschaftlich genutzte Räume** von der Pflicht zur Verbrauchserfassung ausgenommen sind, also insbesondere in Treppenhäusern, Hausfluren, Trockenräumen etc. keine Erfassungsgeräte montiert werden müssen. Eine Ausnahme gilt nur für solche Räume, die einen hohen Wärme- und Warmwasserverbrauch haben, wie beispielsweise **Schwimmbäder** oder **Saunen.** In diesem Falle sind nach § 6 Abs. 3 die Kosten nach dem Verhältnis der erfaßten Anteile am Gesamtverbrauch auf die Gemeinschaftsräume und die übrigen Räume zu verteilen, wobei die jeweils getroffenen rechtsgeschäftlichen Bestimmungen über die Lasten- und Kostenverteilung zur Anwendung kommen. Liegen solche Vereinbarungen nicht vor, kommt die gesetzliche Regelung gem. § 16 Abs. 2, also nach Miteigentumsanteilen zum Tragen.

Da sich inzwischen gezeigt hat, daß es auch in absehbarer Zeit keine tech- **327**
nischen **Regelwerke für Warmwasserkostenverteiler** geben wird, wird dieser Begriff in § 5 Abs. 1 Satz 1 ersetzt durch den Begriff „andere geeignete Ausstattungen", wobei sich die Eignung solcher Ausstattungen danach bestimmt, daß durch sachverständige Stellen bestätigt wird, daß diese Ausstattungen den anerkannten Regeln der Technik entsprechen oder entsprechende eichrechtliche Bestimmungen zum Eignungsnachweis zur Anwendung kommen können.

Die Kosten für die **Reinigung der Abgasanlage** zählen gem. § 7 Abs. 2 **328**
zu den Kosten des Betriebs zentraler Heizungsanlagen, nicht hingegen die Kosten einer Reparatur der Anlage und die Kosten einer Tankhaftpflichtversicherung.[164a] Zu den Kosten einer Heizungssanierung, die gemeinschaftliche Kosten sind, gehören auch alle Folgekosten innerhalb der Wohnungen, und zwar unabhängig davon, ob die Installationseinrichtungen Sondereigentum oder Gemeinschaftseigentum sind.[164b]

Kann der anteilige Wärme- oder Warmwasserverbrauch einzelner Nutzer **329**
wegen Ausfall oder Schadhaftigkeit der Erfassungsgeräte oder aus anderen

---

[164a] BayObLG NJW-RR 1997, 715 = ZMR 1997, 256 = WE 1997, 277.
[164b] KG ZMR 1997, 40 = WE 1997, 66.

zwingenden Gründen (Verbrauchsmessung nicht möglich, weil die Wohnung nicht zugänglich war) nicht ermittelt werden, ist der anteilige Verbrauch von der Wohnungseigentümergemeinschaft, vertreten durch den Verwalter, nach § 9a auf der Grundlage des Verbrauchs der betroffenen Räume in vergleichbaren früheren Abrechnungszeiträumen oder des Verbrauchs vergleichbarer anderer Räume im jeweiligen Abrechnungszeitraum zu ermitteln. Ist bei mehr als 25% der Wohn- oder Nutzfläche eine verbrauchsabhängige Erfassung wegen Ausfalls der Erfassungsgeräte nicht möglich, sind die Kosten ausschließlich nach der Wohn- oder Nutzfläche oder nach dem umbauten Raum zu verteilen, wobei auch die Wohn- oder Nutzfläche bzw. der umbaute Raum der beheizten Räume zugrunde gelegt werden kann (bei den Warmwasserkosten nur Wohn- oder Nutzfläche).

330 Für den Fall des Nutzer- bzw. Eigentümerwechsels sieht § 9b eine **Zwischenablesung** der Erfassungsgeräte der vom Wechsel betroffenen Räume vor. Die nach Verbrauch abzurechnenden Kosten sind auf der Grundlage der Zwischenablesung zu verteilen, die übrigen Kosten nach Gradtagszahlen oder zeitanteilig (übrige Kosten des Warmwasserverbrauchs nur zeitanteilig). Ist eine Zwischenablesung nicht möglich oder technisch nicht hinreichend durchführbar, sind die gesamten Kosten nach Gradtagszahlen bzw. zeitanteilig zu verteilen. Demnach ist es bei **Eigentümerwechsel** im Bereich des Wohnungseigentums Sache des veräußernden und des erwerbenden Eigentümers, insoweit rechtsgeschäftliche Vereinbarungen im Kaufvertrag über die zeitanteilige Kostenverteilung zu regeln, da es aufgrund der Entscheidung des BGH vom 21. 4. 1988 bei Eigentümerwechsel im Verhältnis zur Gemeinschaft nicht auf die zeitanteilige Zahlungsverpflichtung von Erwerber und Veräußerer ankommt, sondern darauf, wer zum Zeitpunkt der Beschlußfassung über die Heizkostenabrechnung als Eigentümer im Grundbuch eingetragen war.

331 Schließlich stellt § 3 Satz 2 klar, daß für die Auswahl der Geräte zur Verbrauchsmessung und für die Wahl des konkreten Verteilungsschlüssels zwischen den verbrauchsabhängig und den raumabhängig abzurechnenden Heizkosten die für die Verwaltung des gemeinschaftlichen Eigentums geltenden Regeln anzuwenden sind. Das bedeutet, daß diese Gegenstände gemäß § 21 Abs. 3 mit Stimmenmehrheit beschlossen werden können.[165]

Auch wenn die Bestimmungen der **Heizkostenverordnung** gemäß § 3 Satz 1 auch für Wohnungseigentum gelten, ist die Heizkostenverordnung für die Gemeinschaft erst dann **verbindlich**, wenn die **Gemeinschaftsordnung** eine mit der Heizkostenverordnung in Einklang stehende Regelung über den Verteilungsschlüssel enthält oder mangels einer solchen Regelung die Wohnungseigentümer durch Beschluß oder Vereinbarung eine solche

---

[165] Vgl. BayObLG WE 1990, 112.

Regelung schaffen.[166] Solange die Wohnungseigentümer also keine den Bestimmungen der Heizkostenverordnung entsprechende Regelung eingeführt haben, können sie wohnungseigentumsrechtlich eine Heizkostenabrechnung genehmigen, die völlig **verbrauchsunabhängig** orientiert ist. Allerdings hat in einem solchen Falle jeder Wohnungseigentümer gemäß § 21 Abs. 4 einen Anspruch darauf, daß die Gemeinschaft eine der Heizkostenverordnung entsprechende Regelung einführt (BayObLG a. a. O.). Ein solcher Anspruch ist ausnahmsweise zu verneinen, wenn die Kosten für die Installierung der Meßgeräte, deren Wartung und Ablesung in einem Zehn-Jahres-Vergleich die voraussichtliche Einsparung von Energiekosten übersteigen und deshalb unverhältnismäßig sind.[167] Ob diese Auffassung zutreffend ist, erscheint in einer Wohnanlage mit vermieteten Wohnungen angesichts des § 12 Abs. 1 der VO fraglich.

Haben die Wohnungseigentümer einmal ihre Befugnis zur Umstellung **332**
auf eine zulässige Art der teilweise verbrauchsabhängigen Heizkostenabrechnung ausgeübt, können sie die Abrechnung nicht durch Mehrheitsbeschluß auf eine andere zulässige Abrechnungsart umstellen. Eine **erneute Umstellung** ist nur durch **Vereinbarung** zulässig. Dies gilt erst recht, wenn der in der Gemeinschaftsordnung festgelegte Heizkostenverteilungsschlüssel den Vorgaben der Heizkostenverordnung entspricht.[168]

Rechtsgeschäftliche Bestimmungen, also z. B. Vereinbarungen in der Gemeinschaftsordnung, die höhere als die in § 7 Abs. 1 und § 8 Abs. 1 genannten Höchstsätze von 70% vorsehen, bleiben unberührt, § 10 HeizkostenV, d. h., auch die erstmalige Abänderung einer solchen Vereinbarung etwa auf das Niveau der §§ 7 Abs. 1 und 8 Abs. 1 ist nicht durch Mehrheitsbeschluß möglich, sondern nur durch eine Vereinbarung.[169]

Sorgt nicht der Verwalter für eine entsprechende Anpassung an die Vorschriften der HeizkostenV, hat jeder Wohnungseigentümer gemäß § 21 Abs. 4, § 4 Abs. 4 HeizkostenV den Anspruch auf Einführung des entsprechenden Verteilerschlüssels und der damit im Zusammenhang stehenden Folgeentscheidungen. Stellt niemand den Antrag auf Änderung des Verteilerschlüssels im Sinne der HeizkostenV, kommt also kein Mehrheitsbeschluß dieses Inhalts zustande, ist der im Widerspruch zu den Bestimmungen der HeizkostenV stehende Heizkostenverteilungsschlüssel der Gemein-

---

[166] BayObLG ZMR 1988, 349 = WE 1989, 62; s. a. NJW-RR 1986, 1076; NJW-RR 1994, 14; s. a. BayObLG ZMR 1998, 508: es widerspricht ordnungsgemäßer Verwaltung, eichpflichtige Wärme- oder Warmwasserverbrauchserfassungsgeräte auch nach Ablauf der Eichfrist weiterzubenutzen und danach abzurechnen.

[167] BayObLG NJW-RR 1994, 145; s. a. KG NJW-RR 1993, 468 = ZMR 1993, 182 = WE 1993, 138.

[168] KG NJW-RR 1988, 1167; OLG Hamm NJW-RR 1987, 8; OLG Düsseldorf NJW 1986, 386; BayObLG WE 1990, 112; NJW-RR 1990, 1102 = DWE 1990, 114 = WE 1991, 259.

[169] BayObLG WM 1991, 312 = WE 1991, 295.

schaftsordnung nicht etwa nichtig, er gilt weiterhin, selbst dann, wenn er in vollem Umfange verbrauchsunabhängigen Inhalts sein sollte. § 3 HeizkostenV hat bezüglich des Wohnungseigentums klargestellt, daß der gesetzgeberische Eingriff in das **Selbstverwaltungsrecht** einer Wohnungseigentümergemeinschaft so gering wie möglich gehalten werden soll. Die untätige Gemeinschaft, die weiterhin verbrauchsunabhängig abrechnet, begegnet keinen gesetzgeberischen Sanktionen. Die VO ist **nicht bußgeldbewehrt.** Allerdings sind zumindest die **vermietenden Wohnungseigentümer** daran interessiert, für die Anpassung an die gesetzliche Lage zu sorgen; denn nach § 12 Abs. 1 HeizkostenV ist der Mieter solcher Wohnungen zu einer 15%igen Kürzung der ihm berechneten Heizkosten berechtigt, bezüglich derer nicht im Rahmen der Vorschriften der HeizkostenV abgerechnet wird.

Soweit Wohnungseigentümergemeinschaften auch heute noch nicht ihre Heizkostenverteilungsschlüssel dem Rahmen der Bestimmungen der HeizkostenV angepaßt haben und darüber hinaus überhaupt noch nicht verbrauchsabhängig abrechnen, aber vor entsprechenden Beschlußfassungen stehen, sollte Beschlußgegenstand im einzelnen sein:

- Festlegung der Art der Verbrauchsmeßgeräte
- Art und Weise ihrer Anbringung
- Festlegung des Verteilungsschlüssels (Verbrauchskostenanteil – Fixkostenanteil)
- Festlegung des Maßstabs für die Ermittlung der Fixkosten
- vorsorglicher deklaratorischer Hinweis, daß die Kosten für diese Maßnahme nach dem allgemeinen, in der Gemeinschaft gültigen Kostenverteilungsschlüssel aufgeteilt werden (der Gesamtbeschluß ist ja ein Akt der ordnungsmäßigen Verwaltung).

333 Nach § 3 Abs. 1 MHG ist der **Vermieter** berechtigt, bei baulichen Maßnahmen, die nachhaltig zu Einsparungen von Heizenergie führen, sowie bei baulichen Änderungen aufgrund von Umständen, die er nicht zu vertreten hat, die jährliche Miete um 11% der für die Wohnung aufgewendeten Kosten zu erhöhen. Dies dürfte auch bezüglich der Kosten des § 3 S. 3 HeizkostenV gelten.

Nachdem die Heizkostenverordnung auch auf die Lieferung von Fernwärme und Fernwarmwasser anzuwenden ist, ist noch darauf zu verweisen, daß die Versorgung einer Wohnanlage mit Fernwärme und Fernwarmwasser im Sinne der Bestimmungen der Heizkostenverordnung auch dann gegeben sein kann, wenn sie auf dem Grundstück der Eigentümergemeinschaft durch einen Dritten erzeugt werden.[170]

Wie bereits ausgeführt, kann nach § 9a Heizkostenverordnung der anteilige Energieverbrauch **„geschätzt“** werden, wenn Verbrauchsmessungen aus zwingenden Gründen nicht möglich waren. Die für diesen Fall im § 9a vorgesehene Berechnungsweise gilt für die Wohnungseigentümer erst, wenn sie

---

[170] BayObLG WE 1990, 71 = NJW-RR 1989, 843 = ZMR 1989, 313.

eine dem § 9a entsprechende Regelung herbeigeführt haben. Eine solche Regelung wäre, da Teil der Verwaltung des gemeinschaftlichen Eigentums, mehrheitlich möglich. Solange die Wohnungseigentümer eine dem § 9a entsprechende Regelung nicht herbeigeführt haben, sind andere Grundlagen der Energieverbrauchsschätzung möglich, soweit sie im Rahmen ordnungsmäßiger Verwaltung liegen. So hat es das BayObLG[171] für zulässig gehalten, insgesamt nach der **Wohnungsgröße** abzurechnen. Jennißen (a.a.O.) hält auch die entsprechende Anwendung des § 12 Abs. 1 Nr. 4 Heizkostenverordnung für angebracht und zulässig (sog. Kürzungsmöglichkeit um 15%).

Ein Wohnungseigentümer, der die **Heizkörper** dauernd **abgesperrt** hält, **334**
kann von den übrigen Wohnungseigentümern nicht verlangen, daß er von den verbrauchsabhängigen Kosten des Heizbetriebs gemäß den bei ihm abgelesenen Verdunstungswerten völlig freigestellt wird. Dieser Wohnungseigentümer kann allerdings, falls die Verdunstungswerte trotz abgesperrter Heizkörper überproportional hoch sind, nach § 242 BGB verlangen, jedenfalls so gestellt zu werden wie derjenige Eigentümer einer Wohnung gleicher Größe, bei dem die niedrigsten Verbrauchswerte festgestellt wurden.[172]

Hat eine Wohnung wegen ihrer Lage und baulichen Besonderheiten einen größeren Wärmebedarf, ist dies allenfalls dann durch Zu- und Abschläge bei der Heizkostenabrechnung unter den anderen Wohnungseigentümern auszugleichen, wenn die der HeizkVO entsprechende Abrechnung wegen der besonderen Umstände des Einzelfalles zu einer nach Treu und Glauben unzumutbaren Mehrbelastung eines Wohnungseigentümers führt.[172a]

Eine **Heizkostenabrechnung** für mehrere Jahre entspricht nur dann u.U. **335**
ordnungsgemäßer Verwaltung, wenn dies vereinbart ist oder Ablesungen fehlen.[173]

Entspricht eine Heizkostenabrechnung wegen unzulänglichen **technischen Zustands** der Heizanlage nicht ordnungsgemäßer Verwaltung, kann der genehmigende Eigentümerbeschluß gleichwohl nicht für ungültig erklärt werden.[174] Der durch die Abrechnung benachteiligte Wohnungseigentümer hat nur einen Anspruch auf Vornahme geeigneter technischer Maßnahmen, evtl. auch Schadenersatzansprüche, wenn es die übrigen Wohnungseigentümer schuldhaft unterlassen haben, die erforderlichen und zumutbaren Maßnahmen zu veranlassen. Nach hier vertretener Auffassung hat jeder Wohnungseigentümer in einem solchen Falle gem. § 21 Abs. 4 Anspruch auf „Sanierung" der Heizanlage. Die Ungültigerklärung des Eigentümerbeschlusses würde keine Problemlösung darstellen.

---

[171] BayObLG WE 1989, 218; s.a. OLG Köln WE 1990, 171; vgl. a. Jennißen, Die Zulässigkeit einer Schätzung bei Unmöglichkeit der verbrauchsabhängigen Heizkostenabrechnung, ZMR 1988, 248.

[172] BayObLG WE 1989, 54 = NJW-RR 1988, 1166.

[172a] BayObLG NJW-RR 1993, 663 (dann ausnahmsweise Abänderungsanspruch).

[173] BayObLG NJW-RR 1992, 1431 = WE 1993, 281.

[174] BayObLG ZMR 1998, 177 = WE 1998, 156.

336 Oftmals werden in einem Wirtschaftsplan die **Heizkostenvorschüsse** nach einem anderen, als dem geltenden Heizkostenverteilungsschlüssel angesetzt (100%ige Berechnung nach Miteigentumsanteilen unter Vernachlässigung der teilweise verbrauchsabhängigen). Ein solcher Wirtschaftsplan kann den Grundsätzen ordnungsmäßiger Verwaltung entsprechen, wenn die Differenz verhältnismäßig geringfügig ist. Ein solcher Wirtschaftsplan entspricht jedoch dann nicht den Grundsätzen einer ordnungsmäßigen Verwaltung, wenn die Abweichung vom geltenden Verteilungsschlüssel über einen längeren Zeitraum zu erheblich überhöhten Vorauszahlungen eines Wohnungseigentümers führt.[175]

5.4 Folgen der Säumigkeit und gerichtliche Geltendmachung

5.4.1 Folgen der Säumigkeit

337 Gerät der säumige Wohnungseigentümer mit der Zahlung fälliger Beträge in **Verzug** – was grundsätzlich Mahnung voraussetzt, – § 284 Abs. 1 BGB –, ist er nach allgemeinen Vorschriften zum Ersatz des **Verzugsschadens** verpflichtet. Dieser besteht i.d.R. aus Verzugszinsen. Solange das Gemeinschaftskonto über einen Habenstand verfügt, betragen die Zinsen 4% p.a. (§ 288 Abs. 1 BGB). Höhere Zinsen können dann beansprucht werden, wenn ein höherer Schaden nachgewiesen werden kann. Dies ist der Fall, wenn das Gemeinschaftskonto einen Sollsaldo aufweist. Die der Gemeinschaft belasteten Zinsen können dann dem säumigen Wohnungseigentümer angelastet werden.

Die Gemeinschaft ist nicht befugt, durch Mehrheitsbeschluß auf rückständige Beiträge zu den Lasten und Kosten des gemeinschaftlichen Eigentums unabhängig von Eintritt und Höhe eines **Verzugsschadens pauschal 10% Zinsen** zu erheben, es sei denn, sie wäre dazu durch Teilungserklärung oder Vereinbarung ermächtigt.[176] Damit steht im Ergebnis fest, daß der säumige Wohnungseigentümer den übrigen Wohnungseigentümern nur jeweils den konkreten Verzugsschaden zu ersetzen hat, es sei denn, die Wohnungseigentümer hätten anderes vereinbart oder bestandskräftig mehrheitlich beschlossen. Der BGH hat in der genannten Entscheidung allerdings offen gelassen, ob der Beschluß über die Festlegung eines pauschalierten Schadenersatzes nicht sogar nichtig ist. Das BayObLG[177] hat allerdings entschieden, daß der im Verwaltervertrag vereinbarte pauschalierte Schadener-

[175] BayObLG v. 7. 11. 1990 – 2 Z 116/90 –; KG NJW-RR 1990, 1298.
[176] BGH EBE 1991, 269 = ZMR 1991, 398 = Rpfleger 1991, 413 = NJW 1991, 2637; OLG Düsseldorf ZMR 1998, 712 = ZfIR 1998, 546 (1,5% Zinsen/Monat bei Verzug durch bestandskräftigen Eigentümerbeschluß).
[177] BayObLG WE 1995, 254.

satz (in casu: 4% über Diskont) einem entsprechenden bestandskräftigen Mehrheitsbeschluß gleichzusetzen sei und deshalb eine geeignete Rechtsgrundlage für die Anforderung solcher Zinsen bilde. Eine im Verwaltervertrag als Teil der dem Verwalter zustehenden Vergütung vereinbarte **Mahngebühr** ist – Auslegung des Vertrags – nicht geschuldet, wenn dem Wohnungseigentümer die angemahnten Wohngeldrückstände nicht bekannt sein mußten.[178] Die **Mahnung** als Voraussetzung für den Verzugseintritt ist entbehrlich, wenn die Fälligkeit kalendermäßig fixiert ist, § 284 Abs. 2 BGB. Dies gilt i. d. R. für die **Hausgeldvorauszahlungen,** da für diese meist ein bestimmter Kalendertag in der Gemeinschaftsordnung vorgesehen ist (z. B. „monatlich im vorhinein = zum 1. eines Monats").

- Erfüllt ein Wohnungseigentümer beharrlich seine Pflicht zur Kostentragung nicht, kann dies ein Grund zur **Entziehung des Wohnungseigentums** nach § 18 sein. Es ist nicht Voraussetzung, daß sich der säumige Wohnungseigentümer anhaltend und schwerwiegend weigert, daß er vorsätzlich nicht leistet, daß die vorsätzliche Nichtleistung nicht auf vorübergehendem Unvermögen beruhe. Es genügt, daß der Wohnungseigentümer sich mit der Erfüllung seiner Verpflichtung zur Lasten- und Kostentragung in Höhe eines Betrages, der 3% des Einheitswertes seines Wohnungseigentums übersteigt, länger als 3 Monate in **Verzug** befindet.[178a] Nicht einmal Verschulden ist vorausgesetzt. Es gilt § 279 BGB. In diesem Zusammenhang wird auch auf die Entscheidung des BVerfG[179] hingewiesen. Danach ist es Aufgabe der Fachgerichte, ob Verschulden überhaupt notwendig ist. Das LG Tübingen hat Verschulden als Voraussetzung verneint.[180] Die Einleitung des – recht umständlichen – **Wohnungseigentumsentziehungsverfahrens** nach den §§ 18 Abs. 3, 19 ist kaum zu empfehlen. Es ist vielmehr anzuraten, über den Hausgeldrückstand einen gerichtlichen Titel zu erwirken, aus dem dann im Wege der Zwangsvollstreckung auch die **Zwangsverwaltung** und **Zwangsversteigerung** in das Wohnungseigentum betrieben werden kann. Dieser Weg ist i. d. R. der direktere und schnellere. 338
- Die Wohnungseigentümer können vereinbaren oder bestandskräftig beschließen, daß das **Stimmrecht** des säumigen Wohnungseigentümers während der Dauer des Verzugs **ruht.**[181] 339
- Die Gemeinschaft hat kein **Zurückbehaltungsrecht** (z. B. Nichterteilung der Zustimmung zur Veräußerung der Wohnung bei vereinbarter Veräußerungsbeschränkung) gegenüber dem säumigen Wohnungseigentümer, 340

---

[178] BayObLG DWE 1985, 125.
[178a] Bärmann-Pick, § 18 Rz. 32.
[179] BVerfG NJW 1994, 241 = ZMR 1993, 503.
[180] LG Tübingen NJW-RR 1995, 650 = ZMR 1995, 179.
[181] BayObLG NJW 1965, 821; s. a. BayObLG v. 5. 11. 1998 – 2 Z BR 131/98 –: Stimmrechtsausschluß kann nur vereinbart werden, kein genereller Ausschluß für alle zukünftigen Abstimmvorgänge.

wenn dieser seine Wohnung weiterverkauft hat. Die Gemeinschaft kann den säumigen Wohnungseigentümer allerdings von der **Mitbenutzung** der gemeinschaftlichen Sachen ausschließen, etwa durch Absperren der Versorgungsleitungen.[182] Beschließen die Wohnungseigentümer eines sogenannten **steckengebliebenen Baus** die Fertigstellung der Anlage auf eigene Kosten, so können sie gegenüber einem einzelnen Wohnungseigentümer, der die anteiligen Kosten nicht zahlt, kein Zurückbehaltungsrecht in der Weise ausüben, daß sie den Anschluß seiner Wohnung an die Versorgungsleitungen (Strom, Wasser, Abwasser, etc.) verhindern.[183] Ist die Wohnanlage vom Bauträger nicht fertiggestellt worden, so kann eine gleichmäßige Heranziehung der Wohnungseigentümer zu den **Kosten der Fertigstellung** auch dann gerechtfertigt sein, wenn ein Teil der Wohnungseigentümer Spitzenbeträge des Kaufpreises zurückbehalten oder eine Gutschrift bekommen hat, während ein Wohnungseigentümer zwar den Kaufpreis voll entrichtet, es aber andererseits unterlassen hat, wegen des **Steckenbleibens** des **Bauvorhabens** bestehende Rechte aus einer Bankbürgschaft auszunutzen; dabei kommt es nicht darauf an, ob der von diesem Wohnungseigentümer geleistete Kaufpreis voll dem Bauvorhaben zugute gekommen ist.[184]

5.4.2 Gerichtliche Geltendmachung

341 Der Anspruch auf Hausgeld ist im Verfahren der freiwilligen Gerichtsbarkeit nach den §§ 43ff. geltend zu machen. Nach h.M. ist der Anspruch gegen einen aus der Wohnungseigentümergemeinschaft **ausgeschiedenen Wohnungseigentümer** vor dem **Prozeßgericht** geltend zu machen.[185] Demgegenüber vertritt die h.M. die Auffassung, daß Ansprüche gegen den **ausgeschiedenen Verwalter** aus dem Verwalterverhältnis in das Verfahren nach § 43 gehören.[186] Ebenso unterfallen Ansprüche des ausgeschiedenen Verwalters gegen die Wohnungseigentümer dem Verfahren nach § 43.[187] Die

---

[182] OLG Celle WE 1991, 107 = NJW-RR 1991, 1118; so auch BayObLG WM 1992, 207 = MDR 1992, 967 = DWE 1992, 86 = WE 1992, 347; OLG Hamm NJW-RR 1994, 145 LS = WE 1994, 84; s.a. AG Tempelhof-Kreuzberg WE 1997, 360: Zurückbehaltungsrecht auch gegenüber Mieter, falls dadurch keine schutzwürdigen Interessen des Mieters verletzt werden.

[183] OLG Hamm NJW 1984, 2708f.

[184] Hans. OLG Hamburg WE 1990, 204; offengelassen v. OLG Frankfurt ZMR 1991, 272.

[185] BGHZ 44, 43; NJW-RR 1989, 396; BayObLG Rpfleger 1975, 245; Rpfleger 1979, 318.

[186] OLG Köln WEM 1980, 82; BayObLGZ 1975, 327; LG München I Rpfleger 1970, 64; BayObLG Rpfleger 1970, 65; DWE 1982, 136; NJW-RR 1987, 1368 = DWE 1988, 34 = WE 1988, 36 (auch gegen den Gesellschafter der als Verwalterin abberufenen OHG); OLG Hamm NJW-RR 1988, 269; BayObLG v. 8. 1. 1987 – 2 Z 135/86 –.

[187] BayObLG Rpfleger 1980, 192; DWE 1984, 124.

Unterscheidung ist innerlich nicht gerechtfertigt. Die Verfahrenszuständigkeit ist nicht nur personalbezogen und nicht nur sachbezogen bestimmt, sondern **personal- und sachbezogen** zugleich.[188] Sowohl Ansprüche gegen den ausgeschiedenen Wohnungseigentümer als auch die Ansprüche gegen den ehemaligen Verwalter gehören daher an sich vor das Prozeßgericht. Das Verfahren nach den §§ 43ff. steht nur für Streitigkeiten innerhalb der Gemeinschaft zur Verfügung. Der ausgeschiedene Wohnungseigentümer ist nicht mehr Mitglied der Gemeinschaft, der ehemalige Verwalter ist nicht mehr Verwalter. Etwas anderes gilt lediglich für die Anfechtung eines Eigentümerbeschlusses, durch den der Verwalter abberufen wurde und den der Verwalter anfechten will.

Nach § 46a können Zahlungsansprüche, über die nach § 43 Abs. 1 zu entscheiden ist, nach den Vorschriften der ZPO auch im **Mahnverfahren** geltend gemacht werden. Hinsichtlich der weiteren Einzelheiten wird auf die Ausführungen unter Abschn. 8 verwiesen.

5.5 Weitere Sonderfragen

5.5.1 Gesamtschuldnerische Haftung der Wohnungseigentümer gegenüber Dritten

Der einzelne Wohnungseigentümer haftet gegenüber Gläubigern der Gemeinschaft (z.B. Heizöllieferungen, Versicherungsprämien, Reparaturaufträge) **gesamtschuldnerisch.**[189] Für den Sorgfalt übenden Verwalter empfiehlt sich daher beim Abschluß von Verträgen namens der Wohnungseigentümer, die **anteilige Haftung** im Vertrag ausdrücklich festzulegen. Eine Verwalterpflicht hierzu ist nicht gegeben, da es natürlich auch im Interesse der Vertragspartner der Wohnungseigentümer liegt, nicht auf anteilige Haftung der Wohnungseigentümer festgelegt zu werden. Die Rechtsfolge der gesamtschuldnerischen Haftung ist dann von praktischer Bedeutung, wenn ein oder mehrere Wohnungseigentümer etwa ihrer Umlagepflicht nicht nachkommen und der Verwalter daher nur die Gelder aus der angesammelten Umlage an den forderungsberechtigten Vertragspartner der Wohnungseigentümer weiterreicht. Ist der nichtzahlende Wohnungseigentümer darüber hinaus der insolvent gewordene Bauträger und hatte dieser noch eine ganze Anzahl von Wohnungen der Wohnanlage in seinem Eigentum, müssen die übrigen Wohnungseigentümer die Restschuld auch im Verhält- 342

[188] OLG Hamburg NJW 1963, 818; OLG Hamm Rpfleger 1970, 400; OLGZ 1975, 157; KG OLGZ 1981, 304; BayObLG ZMR 1982, 223; BGH NJW 1972, 1318; NJW 1980, 2468.

[189] BGH NJW 1977, 1964 = ZMR 1978, 81; ZMR 1979, 51; LG München I DB 1977, 2231; Kirchner MittBayNot 1973, 263.

nis zum Vertragspartner begleichen – sie sind nicht nur gemeinschaftsintern nachschußpflichtig –. Der Vertragspartner kann jeden Wohnungseigentümer nach seiner Wahl in Anspruch nehmen.

Anders verhält es sich hinsichtlich der sogenannten **Aufbauschulden** der Bauherren etwa bei Errichtung eines Bauvorhabens im Bauherrenmodell. Hier ist stets kraft Gesetzes nur **anteilige** Haftung gegeben.[190] Das gleiche gilt für die bei der Aufteilung eines bebauten Grundstücks in Wohnungseigentum anfallenden Kosten der grundlegenden Sanierung und Renovierung eines alten Gebäudes.[191]

5.5.2 Regelung des Beginns der Hausgeldzahlungspflicht bei im sogenannten Bauherrenmodell errichteten Eigentumswohnungsanlagen

343 Anders als beim Kauf vom Bauträger, der die Teilung gemäß § 8 vornimmt, wird bei im sogenannten Bauherrenmodell errichteten Eigentumswohnungen ein Teilungsvertrag gemäß § 3 geschlossen; denn die sogenannten Bauherren sind zunächst **Bruchteilsmiteigentümer,** § 1008 BGB. Sinnvollerweise sollte dieser Teilungsvertrag bereits die einstweilige **Hausgeldvorauszahlungspflicht** der Wohnungseigentümer für die Zeit bis zur Genehmigung des ersten Wirtschaftsplans vorsehen, um die Liquidität der Gemeinschaft sicherzustellen; denn die Bestimmung des § 16 Abs. 2 als solche ist keine Rechtsgrundlage für die Anforderung von Kostenbeiträgen.

Unter Berücksichtigung der Darstellung in Abschnitt 5.2.3.1 und 5.2.3.2 entsteht im Zuge der Begründung von Wohnungseigentum gem. § 3 **keine werdende Wohnungseigentümergemeinschaft**. Der ursprüngliche Grundstücksalleineigentümer, von dem die Bauherren Grundstücksmiteigentumsanteile erwerben, hat hier ja keine Teilungserklärung gemäß § 8 errichtet, so daß auch noch keine Wohnungsgrundbücher angelegt werden können. Erst der Teilungsvertrag gemäß § 3 ist die Grundlage für die Anlegung der Wohnungsgrundbücher. Der **Teilungsvertrag** nach § 3 ist jedoch erst möglich, wenn die sogenannten Bauherren als Bruchteilsmiteigentümer im Grundbuch eingetragen sind. Hier kann also gar nicht eine beim Kauf vom Bauträger vergleichbare Konstellation entstehen. Da für das Entstehen einer werdenden Wohnungseigentümergemeinschaft wohl u. a. die Anlegung von Wohnungsgrundbüchern Voraussetzung ist, werden die sogenannten Bauherren mit Anlegung der Wohnungsgrundbücher auch Wohnungseigentümer. Das Zwischenstadium der werdenden Wohnungseigentümergemeinschaft fehlt.[191a]

---

[190] BGH NJW 1979, 2101; NJW 1980, 992; ZfBR 1981, 136.
[191] BayObLG ZMR 1998, 179.
[191a] Vgl. BayObLG WE 1993, 26.

5.5.3 Fertigstellungskosten als Teil der gemeinschaftlichen Kosten

Fertigstellungskosten sind Kosten i.S.d. § 16 Abs. 2.[192] Im Entscheidungsfalle hatte die Baubehörde die Errichtung von Feuerwehrzufahrten und Kfz-Abstellplätzen gefordert. Nach § 21 Abs. 4, § 22 Abs. 2 besteht unter bestimmten Voraussetzungen bei völliger oder teilweiser **Zerstörung** eines Gebäudes eine Wiederaufbaupflicht. Diese Regelung ist im Falle der Nichtfertigstellung einer Anlage durch den Bauträger entsprechend anzuwenden.[193] Einer besonderen Beitragspflicht durch einen Eigentümerbeschluß bedarf es nicht.[194] Vereinbaren die Wohnungseigentümer eines in Eigentumswohnungen **umgewandelten Altbaus** den Einbau eines Lifts, gelten die Vorschriften des § 22 Abs. 2 und die hieraus abgeleiteten Grundsätze für den „steckengebliebenen Bau" analog. Durch Mehrheitsbeschluß kann aber nur eine solche Lifteinbaumaßnahme verwirklicht werden, die im Fall des Wiederaufbaus dem ursprünglichen Zustand und im Fall der Fertigstellung der ursprünglichen Planung entspricht. Darüber hinausgehende Maßnahmen und Abweichungen sind wie **bauliche Veränderungen** zu behandeln und bedürfen der zustimmenden Erklärung aller Wohnungseigentümer.[195] Im übrigen wird auf die Ausführungen unter Abschnitt 4.3.1 und 4.3.2 verwiesen. 344

5.5.4 Hausgeldrückerstattungsansprüche der Wohnungseigentümer

Hat ein Wohnungseigentümer einen **Anspruch auf Rückerstattung** von Hausgeld (etwa aufgrund genehmigter Jahresabrechnung oder aus einem Überschuß aus einer angeforderten Umlage etc.), kann er diesen – auch – gegen den **Verwalter** richten.[196] Zwar stehen, so das Gericht, die auf die Konten der Gemeinschaft eingezahlten Beträge den Wohnungs- und Teileigentümern gemeinschaftlich zu. Über die Konten habe aber im Rahmen der laufenden Verwaltung der Verwalter zu verfügen, § 27 Abs. 1 Nr. 4, Abs. 2 Nr. 2. 345

---

[192] Weitnauer, § 22 Rz. 29; Röll NJW 1978, 1507/1509; 1981, 467; BayObLG ZMR 1983, 419 = DWE 1983, 60; s. aber in Abgrenzung hierzu BayObLG ZMR 1998, 179 (Aufbauschuld).

[193] OLG Karlsruhe NJW 1981, 466/467 mit zustimmender Anm. Röll; Weitnauer, § 22 Rz. 29; Weitnauer DNotZ 1977, Sonderheft, S. 31/45; Röll NJW 1978, 1507 ff.; BayObLG ZMR 1983, 419 = DWE 1983, 60; WM 1992, 280 = DWE 1992, 87 = WE 1993, 142, wonach Voraussetzung u.a. ist, daß die Käufer mit dem Bauträger schon eine werdende Eigentümergemeinschaft bilden.

[194] BayObLGZ 1979, 152/154; BayObLG a.a.O.

[195] OLG Köln WE 1990, 26.

[196] BayObLG v. 23. 7. 1982 – 2 Z 65/81 –; s.a. OLG Hamm DWE 1998, 188: keine gesamtschuldnerische Haftung der anderen Wohnungseigentümer.

5.5.5 Kosten eines Wohnungseigentumsverfahrens sind keine gemeinschaftlichen Kosten

346 Während zu den gemeinschaftlichen Kosten i.S.d. § 16 Abs. 2 Kosten eines Rechtsstreits gemäß § 18 gehören (§ 16 Abs. 4), gehören Kosten des Verfahrens nach § 43 nicht zu den Kosten der Verwaltung, § 16 Abs. 5. Diese Bestimmung wird von Verwaltern bei Erstellung der **Jahresabrechnung** häufig übersehen. Hatte etwa eine Gemeinschaft, insoweit bestehend aus den Wohnungseigentümern 1–4, gegen den Wohnungseigentümer 5 einen Anspruch nach § 21 Abs. 4 geltend gemacht, sind Kosten dieses Verfahrens, soweit sie nach der **Kostenentscheidung des Gerichts** von den Antragstellern zu tragen sind, keine Kosten der Verwaltung. Diese Kosten sind von den 4 Antragstellern zu übernehmen, der Wohnungseigentümer Nr. 5 trägt die nach der gerichtlichen Kostenentscheidung auf ihn entfallenden Kosten, andernfalls dieser Wohnungseigentümer über die gerichtliche Kostenentscheidung hinaus mittelbar auch an den Kosten der Antragsteller teilhaben müßte. Das Gesagte gilt nicht für zu leistende **Vorschüsse** auf Kosten eines Verfahrens nach § 43.[197] Bis zur rechtskräftigen gerichtlichen Kostenentscheidung sind zulässigerweise aus der Gemeinschaftskasse entnommene Beträge (Gerichts- und Anwaltskostenvorschüsse, Sachverständigenkosten etc.) gemeinschaftliche Kosten und demzufolge in zwischenzeitlich erstellten Einzelabrechnungen auf alle Wohnungseigentümer zu verteilen. Die „Korrektur" findet erst in den Einzelabrechnungen statt, die zeitlich der gerichtlichen Kostenentscheidung folgen.

§ 16 Abs. 5 soll verhindern, daß Wohnungseigentümer untereinander Streitigkeiten auf Kosten der Gemeinschaft austragen. § 16 Abs. 5 ist abdingbar.[198] Aus diesem Grund kann das Gericht im Verfahren über § 47 anordnen, daß die Kostenschuld sämtlicher Wohnungseigentümer aus dem gemeinschaftlichen **Verwaltungsvermögen** zu tilgen ist.[199] § 16 Abs. 5 betrifft natürlich nicht die Kosten eines Rechtsstreits, den die Wohnungseigentümer gegen Dritte (Handwerker, Lieferanten etc.) führen oder den der Verwalter in **Prozeßstandschaft** für die Wohnungseigentümer gegen Dritte führt. Diese Kosten sind jedenfalls und endgültig Kosten der Verwaltung i.S.v. § 16 Abs. 2.

Wird ein einzelner Wohnungseigentümer aus dem Gesichtspunkt der **Gesamtschuldnerschaft** von einem Dritten in Anspruch genommen, ist er zwar berechtigt, hinsichtlich der Hauptsachelast, für die er als Gesamtschuldner aufkommt, gegen seine Miteigentümer gemäß § 426 BGB Rückgriff zu nehmen, nicht aber in jedem Falle hinsichtlich der ihm entstandenen

---

[197] KG NJW-RR 1992, 845 = ZMR 1992, 308 = WE 1992, 284; BayObLG WE 1994, 218; WE 1995, 32; ZMR 1996, 43 = WE 1996, 154; s. aber OLG Düsseldorf WE 1995, 278.

[198] Weitnauer, § 16 Rz. 60.

[199] BayObLG NJW 1973, 2212 = Rpfleger 1973, 434.

Prozeßkosten. Der in Anspruch genommene Wohnungseigentümer hätte es auf einen Prozeß ja gar nicht ankommen lassen müssen und dürfen, er hätte zur Vermeidung eines Prozesses sofort zahlen können. Anders verhält es sich allenfalls dann, wenn die Schuld, deretwegen er in Anspruch genommen wird, umstritten war, und er sich im Interesse der Gemeinschaft und aus seiner Solidarpflicht heraus auf den Rechtsstreit eingelassen hatte. Nach anderer Auffassung[200] soll ein Wohnungseigentümer, der gemeinschaftliche Kosten über seinen Anteil hinaus bezahlt hat, seinen unmittelbaren **Ausgleichsanspruch** gegen die anderen Wohnungseigentümer gem. § 16 Abs. 2, § 21 Abs. 2, Abs. 3, §§ 683, 684, 748 BGB haben.

Weitere Einzelheiten zur Problematik des § 16 Abs. 5 und seiner gesetzestreuen Handhabung insbesondere bei der vorschußweisen Finanzierung von wohnungseigentumsrechtlichen Verfahren siehe Abschnitt 7.5.4.

[200] OLG Hamm WE 1993, 110; OLG Stuttgart OLGZ 1986, 32; BayObLG WE 1990, 146; WE 1995, 243.

6. Die Wohnungseigentümerversammlung

347 Die für den Bereich der Wohnungseigentümerversammlung maßgeblichen Vorschriften sind die §§ 23, 24, 25. In diesem Abschnitt werden vorrangig die **Rechte und Pflichten** der **Wohnungseigentümer** im Zusammenhang mit der Wohnungseigentümerversammlung behandelt. Die Stellung des **Verwalters** in der Wohnungseigentümerversammlung ist Gegenstand der Erörterungen in Abschn. 7, soweit die Einbeziehung des Verwalters schon in diesem Abschnitt nicht zwangsläufig ist.

6.1 Vorbemerkungen

348 Die Wohnungseigentümerversammlung ist ein Instrument der Verwaltung des Gemeinschaftseigentums. In ihr stellt sich das primäre **Selbstverwaltungsrecht** der Wohnungseigentümer (§ 21) dar. In Ausübung der Selbstverwaltung bedürfen die Wohnungseigentümer eines Forums, das die Plattform für gemeinschaftliche Entscheidungen ist. Theoretisch ist die **Wohnungseigentümerversammlung** entbehrlich. Die Wohnungseigentümer könnten alle Entscheidungen im schriftlichen Umlaufverfahren treffen. In diesem Falle käme eine Entscheidung aber erst dann zustande, wenn alle Wohnungseigentümer dem schriftlichen Beschlußantrag zugestimmt hätten. **Mehrheitsentscheidungen** wären nicht möglich, § 23 Abs. 3. Tatsächlich aber ist die Eigentümerversammlung unentbehrlich, weil sie organisierend wirkt, weil in ihr Gedanken ausgetauscht werden. Der Gedankenaustausch führt u.U. zu Entscheidungen, die inhaltlich von Entscheidungen abweichen, die **im schriftlichen Umlaufverfahren** zustande kämen. Schließlich ermöglicht die Eigentümerversammlung Mehrheitsentscheidungen, § 23 Abs. 1. Die Wohnungseigentümerversammlung ist das oberste **Organ** der Gemeinschaft. Verwalter und der fakultative Beirat sind nachrangig.

6.2 Die Einberufung

349 Primär steht dem **Verwalter** das Recht zu, die Versammlung einzuberufen. Die Befugnis des Verwalters, eine Eigentümerversammlung einzuberufen, leitet sich allein aus dem Eigentümerbeschluß über seine Bestellung ab ohne Rücksicht auf das Bestehen eines Verwaltervertrags.[1] Er ist verpflich-

[1] BayObLG DWE 1988, 73 = WE 1988, 205.

tet, dies mindestens einmal im Jahr zu tun, § 24 Abs. 1. Diese Pflicht hat ihren Grund in der Hauptsache darin, daß jährlich ein Wirtschaftsplan aufzustellen und eine Jahresabrechnung zu erstellen sind, und daß hierüber die Wohnungseigentümer jeweils zu beschließen haben, § 28.

§ 24 Abs. 1 ist jedoch abdingbar.[2] Die Gemeinschaftsordnung kann das **Einberufungsrecht** – auch – **Wohnungseigentümern** und/oder **Verwaltungsbeiräten** ungeachtet der Bestimmungen des § 24 Abs. 3 zuerkennen. Dies kommt sinnvollerweise selten vor. Die Abdingbarkeit hat praktische Bedeutung dann, wenn ein Wohnungseigentümer, ohne hierzu berechtigt zu sein, oder der Vorsitzende des Verwaltungsbeirats, ohne daß die Voraussetzungen des § 24 Abs. 3 gegeben sind, eine Versammlung einberufen haben. Die in einer solchen Versammlung gefaßten Beschlüsse sind deshalb nicht nichtig, sie sind lediglich anfechtbar.[3] Beschlüsse sind generell nur nichtig, wenn sie gegen die guten Sitten oder ein zwingendes gesetzliches Verbot, §§ 134, 138 BGB oder gegen zwingende Vorschriften verstoßen.[4] Werden nicht nichtige Beschlüsse nicht angefochten, sind sie gültig, § 23 Abs. 4. Allerdings handelt ein Wohnungseigentümer, der weder Verwalter noch Vorsitzender des Verwaltungsbeirates oder dessen Vertreter ist, pflichtwidrig, wenn er ohne vorgängige gerichtliche Ermächtigung eine Wohnungseigentümerversammlung einberuft. Deshalb ist in diesem Falle jeder Miteigentümer berechtigt, gegen eine solche unbefugte Maßnahme schon vor dem Versammlungstermin gerichtlich vorzugehen.[5]

Die Abdingbarkeit von § 24 Abs. 1 bedeutet natürlich nicht, jede von einem Nichtberechtigten einberufene Zusammenkunft könne mithin Beschlüsse fassen. Dies verbietet die Rechtssicherheit. Voraussetzung ist schon, daß der Nichtberechtigte alle Wohnungseigentümer und den Verwalter unter Angabe des Grundes und des Zweckes geladen hat. Ist der Verwalter nicht informiert, wird nach hier vertretener Auffassung nur von einer **Zusammenkunft von Wohnungseigentümern** zu reden sein, die keine Beschlüsse fassen kann, nicht einmal anfechtbare.

Wenn der durch Eigentümerbeschluß **abgewählte Verwalter,** der seine **350**
Abwahl angefochten hat, eine Eigentümerversammlung einberuft, auf der die Abwahl und die anschließende Bestellung eines neuen Verwalters rückgängig gemacht werden sollen, so sind die in dieser Versammlung gefaßten Beschlüsse nicht nichtig, sondern ebenfalls nur anfechtbar;[6] denn für eine

---

[2] BayObLGZ 1972, 314/319; MDR 1982, 323; Weitnauer, § 24, vor Rz. 1 und Rz. 1; Bärmann-Merle, § 24 Rz. 7.

[3] OLG Frankfurt DWE 1986, 23; BayObLG NJW-RR 87, 204; KG NJW 87, 386; offengelassen v. BayObLG WE 1994, 343.

[4] BGHZ 54, 65/69; BayObLGZ 1975, 284/286; 1977, 226/231; 1979, 56/60; MDR 1982, 323; BayObLGZ 1980, 29/35 f. m. N.; DWE 1984, 124; Bärmann-Merle, § 23 Rz. 109 ff.; Weitnauer, § 23 Rz. 24.

[5] KG NJW 1987, 386.

[6] BayObLG DNotZ 1991, 480 = WE 1991, 185.

entsprechende Anwendung der Bestimmungen des Aktienrechts und des Rechts der GmbH auf die Wohnungseigentümergemeinschaft besteht mangels einer Regelungslücke kein Anlaß (vgl. § 50 Abs. 1 u. 3 GmbHG und § 241 Nr. 1 AktG). Das gleiche gilt, wenn eine Eigentümerversammlung von einem **fehlerhaft bestellten Verwalter** (in casu: BGB – Gesellschaft) einberufen wird.[7] Hat hingegen der Verwalter, dessen Bestellung angefochten ist, eine Eigentümerversammlung einberufen, so sind die dort gefaßten Beschlüsse nicht einmal dann wegen eines Einberufungsmangels für ungültig zu erklären, wenn der **Bestellungsbeschluß** seinerseits später rechtskräftig für ungültig erklärt wird.[8] **Die Anfechtung der Verwalterbestellung** beeinflußt die Wirksamkeit der Verwalterstellung nicht. Zwar hätte die rechtskräftige Ungültigerklärung des Bestellungsbeschlusses den Verlust der Verwalterstellung mit rückwirkender Kraft zur Folge gleichwohl würde die Einberufung einer Eigentümerversammlung davon nicht berührt werden. Dort gefaßte Beschlüsse könnten nicht allein aus dem Grund für ungültig erklärt werden, daß die Bestellung des Verwalters später rückwirkend beseitigt wurde. Die unerfreulichen Auswirkungen des Schwebezustands, der durch die Anfechtung des Beschlusses über die Verwalterbestellung für die Verwaltung des gemeinschaftlichen Eigentums entsteht, werden dadurch gemildert. Die Einberufung und Abhaltung von Eigentümerversammlungen, deren Beschlüsse nicht aus einem rein formellen Grund für ungültig erklärt werden müssen, bleibt möglich. Es ist gerechtfertigt, insoweit die Regeln der **Anscheins-** oder **Duldungsvollmacht** entsprechend heranzuziehen. Hingegen sind die in einer Eigentümerversammlung gefaßten Eigentümerbeschlüsse anfechtbar, die von einem Verwalter einberufen worden ist, dessen **Bestellzeit abgelaufen** war.[9] Allerdings fehlt das Rechtsschutzbedürfnis für die darauf gestützte Beschlußanfechtung, wenn der Verwalter, dessen Bestellzeit abgelaufen ist, zu Beginn der Eigentümerversammlung ihre ordnungsgemäße Einberufung feststellt und der anfechtende Wohnungseigentümer, der mit der Einberufung der Versammlung durch den bisherigen Verwalter ausdrücklich einverstanden war, gegen diese Feststellung keine Einwendungen erhebt.[10]

351 Der **Verwalter** kann eine Versammlung grundsätzlich **jederzeit** (nicht zur **Unzeit**) einberufen. Es liegt nicht im nicht nachprüfbaren Ermessen des Verwalters, zu welcher **Tageszeit** er eine Wohnungseigentümerver-

---

[7] OLG Stuttgart ZMR 1989, 468; s. auch BayObLG WE 1991, 170.

[8] BayObLG NJW-RR 1991, 531 = WE 1991, 367; LG Frankfurt MDR 1982, 497; vgl. auch KG NJW-RR 1989, 839/840; BayObLG WM 1992, 156 = DWE 1992, 130 = E 1992, 261; WE 1992, 227; OLG Hamm NJW-RR 1992, 722 LS = WE 1992, 314.

[9] BayObLG NJW-RR 1987, 204; WE 1994, 345; ZMR 1999, 54 (zu dem Fall, daß der zu bestellende Verwalter die Versammlung einberuft, in der er bestellt wird: Bestellungsbeschluß ist nicht nichtig); KG NJW 1987, 386; OLG Hamm a.a.O.; OLG Köln DWE 1996, 77 = WE 1996, 311.

[10] BayObLG NJW-RR 1992, 910 = WE 1993, 276.

sammlung einberuft. Der Zeitpunkt muß verkehrsüblich und zumutbar sein. Hierzu vorliegende Rechtsprechungsbeispiele sind zwangsläufig Kasuistik. So kann es, um dies deutlich zu machen, in diesem Sinne verkehrsüblich und zumutbar sein, in einer **Ferienwohnanlage** die Eigentümerversammlung etwa am Ostermontag stattfinden zu lassen. Andererseits bestehen auch keine grundsätzlichen Bedenken dagegen, daß der Verwalter eine Eigentümerversammlung innerhalb der **üblichen Geschäftszeit,** also etwa 15 Uhr an einem Werktag abhält. Die Wohnungseigentümer haben keinen Anspruch auf den Beginn der Versammlung erst am Abend. Es ist jedem Wohnungseigentümer i.d.R. zumutbar, sich wenigstens einmal im Jahr auch während des Tages für eine Wohnungseigentümerversammlung zur Verfügung zu halten. Die nachstehend genannten Rechtsprechungsbeispiele sind daher auch nur vor dem jeweils konkret zu beurteilenden Sachverhalt zu werten: Bei einer **Wiederholungsversammlung** nach § 25 Abs. 4 am Vormittag eines Werktags sind diese Voraussetzungen nicht erfüllt.[11] Eine Wohnungseigentümerversammlung kann auch an einem gesetzlich geschützten kirchlichen **Feiertag** abgehalten werden, wenn dadurch der Hauptgottesdienst nicht gestört wird.[12] Über den Wunsch einzelner Wohnungseigentümer, den Sonntag Vormittag bis 11 Uhr von Eigentümerversammlungen freizuhalten, darf grundsätzlich nicht hinweggegangen werden.[13] An Sonntagen und gesetzlichen sowie kirchlichen Feiertagen dürfen Versammlungen nicht abgehalten werden.[14] Der Sonntag als Versammlungstermin ist zumutbar.[15] Eine Eigentümerversammlung an einem Samstag nach einem Feiertag um 20.00 Uhr ist nicht zur Unzeit einberufen.[16] Die Wohnungseigentümerversammlung muß nicht zwingend in der politischen Gemeinde durchgeführt werden, in der sich die Wohnanlage befindet.[17] Es kann also Gründe geben, als **Versammlungsort** die Gemeinde zu wählen, in der die Mehrheit der Wohnungseigentümer lebt. Wenn die Teilungserklärung keine Bestimmung über den Ort der Eigentümerversammlung enthält, ist der Verwalter andererseits nicht berechtigt, den Ort frei zu bestimmen. Die Versammlung ist dann vielmehr *grundsätzlich* am Ort der Wohnungseigentumsanlage durchzuführen.[18] Der Verwalter ist zur Einberufung jedoch ferner immer dann verpflichtet, wenn die Voraussetzungen erfüllt sind, an die in der Gemeinschaftsordnung die Einberufungs-

---

[11] OLG Frankfurt OLGZ 1982, 418 = NJW 1983, 398.
[12] OLG Schleswig NJW-RR 1987, 1362.
[13] BayObLG NJW-RR 1987, 1362.
[14] LG Darmstadt BB 1981, 72 (Sonntag).
[15] OLG Stuttgart NJW-RR 1986, 315 = DWE 1987, 31.
[16] OLG Zweibrücken WE 1994, 146.
[17] OLG Frankfurt DWE 1984, 126.
[18] AG Charlottenburg NJW-RR 1987, 1162; so auch OLG Köln NJW-RR 1991, 725 („im näheren Umkreis"); OLG Celle NJW-RR 1998, 1706: die GO kann als Versammlungsort den Sitz des Verwalters bestimmen.

pflicht geknüpft ist (z.B. Pflicht, zweimal im Jahr eine Versammlung einzuberufen).

6.2.1 Minderheitenquorum

352 Der Verwalter ist schließlich zur Einberufung verpflichtet, wenn dies schriftlich unter Angabe des Zweckes und der Gründe von **mehr als einem Viertel der Wohnungseigentümer** verlangt wird, § 24 Abs. 2. Ob dieses Minderheitenrecht abdingbar ist, ob es erweitert oder eingeschränkt werden kann, ist umstritten. Weitnauer[19] hält § 24 Abs. 2 unter Berufung auf die Rechtsprechung des BayObLG für unabdingbar. Die Frage der Abdingbarkeit ist differenziert zu beantworten.

Die Bestimmung in einer Gemeinschaftsordnung, wonach ein Quorum in Höhe der Hälfte der Wohnungseigentümer verlangt wird, beseitigt das Minderheitenrecht essentiell und wäre daher unzulässig.[20] Jede Einschränkung mithin, die zu einer **Aushöhlung des Minderheitenrechts** führen würde, ist unzulässig. Zulässig hingegen ist eine vereinbarte Abweichung dahin, daß das Minderheitenquorum nicht nach Köpfen, sondern etwa nach Miteigentumsanteilen oder gar nach der Anzahl der Wohnungseigentums-/Teileigentumseinheiten berechnet wird. Es wird nach hier vertretener Auffassung auch für zulässig erachtet, das Einberufungsrecht einer noch kleineren Minderheit zuzuerkennen, weil damit ja der Beseitigung des Minderheitenrechts zusätzlich entgegengesteuert würde. Eine andere Frage ist in der Tat, ob eine solche Regelung zu empfehlen ist.

Enthält die Gemeinschaftsordnung keine Abweichung von der gesetzlichen Lage, gilt das gesetzliche **Kopfprinzip** unabhängig davon, ob die Gemeinschaftsordnung bezüglich der Kostenverteilung oder bezüglich des Stimmrechts einen anderen Schlüssel, etwa nach Miteigentumsanteilen vorsieht.[21] Sind mehrere Bruchteilsmiteigentümer Eigentümer e i n e r Wohnung, ist dies im Sinne der Gesetzesbestimmung 1 Wohnungseigentümer.

Die Frage des **Minderheitenquorums** stellt sich immer dann, wenn der Verwalter die Einberufung einer Wohnungseigentümerversammlung für nicht dringlich hält, aus der Mitte der Wohnungseigentümer aber die Dringlichkeit bejaht wird.

Dringliche Angelegenheiten können zu beschließende Maßnahmen über Fristenunterbrechungen sein (Gewährleistungsansprüche, Beweissicherungsverfahren, Hausmeisterkündigung, Abberufung des Verwalters aus wichtigem Grunde einschließlich Verwalterneubestellung, dringliche Sonderumlagen, dringliche Sanierungsmaßnahmen etc.).

---

[19] Weitnauer, § 24 Rz. 3.

[20] BayObLGZ 1972, 314 = NJW 1973, 151 = Rpfleger 1972, 453 = MDR 1973, 49 = DNotZ 1973, 692.

[21] S. hierzu auch OLG Hamm Rpfleger 1973, 435 = NJW 1973, 2300.

Daraus erhellt bereits, daß der Verwalter trotz eines formgerechten Minderheitenquorums nur dann verpflichtet ist, die Versammlung einzuberufen, wenn die Gründe wirklich **dringlich** sind. Vertragen die gewünschten Beschlußgegenstände zweifelsfrei Aufschub bis zur nächsten, ohnehin unmittelbar bevorstehenden ordentlichen Versammlung (Minderheitenquorum Anfang April eines Jahres, ordentliche Versammlung im Mai desselben Jahres), hat der Verwalter dem Ersuchen der Minderheiten keine Folge zu leisten (z.B. Aufstellung einer Hausordnung, zusätzliche Ausstattung eines Kinderspielplatzes, erneute Beschlußfassung über einen Gegenstand, über den in der zurückliegenden Eigentümerversammlung bereits beschlossen wurde, nicht dringliche Instandhaltungsmaßnahmen etc.). Will die Minderheit die Kündigung des Verwaltervertrags aus wichtigem Grunde erreichen, ist der Verwalter stets verpflichtet, die Eigentümerversammlung einzuberufen. Der Verwalter hat zwar keine Ermessensentscheidung darüber, ob die Versammlung einzuberufen ist oder nicht, seine Einberufungspflicht entfällt jedoch bei offensichtlichem Mißbrauch des Minderheitenrechts.

§ 24 Abs. 2 gilt analog für den Fall, daß der Verwalter zwar auf eigene In- **353**
itiative eine Eigentümerversammlung einberufen hat, die erforderliche Minderheit jedoch die **Ergänzung der Tagesordnung** wünscht. In diesem Falle kann auf das Kriterium der Dringlichkeit nicht abgestellt werden. Der Gesichtspunkt des Rechtsmißbrauchs kommt jedoch auch hier zum Tragen (z.B. eine Minderheit wünscht in jedem Jahr erneut die Diskussion über ein Thema, das längst durch bestätigende Beschlußfassung abgeschlossen ist).

Folgt der Verwalter dem Ersuchen nicht, verfügen die Wohnungseigentümer über drei Möglichkeiten, die Versammlungseinberufung zu erwirken:

- Jeder Wohnungseigentümer, auch derjenige, der sich am Minderheitenquorum nicht beteiligt hat, kann vom **Richter** nach § 43 Abs. 1 Nr. 2 die Entscheidung dahin beantragen, daß der Verwalter zur Einberufung verpflichtet wird.[22]
- Der Richter kann jeden Wohnungseigentümer auf Antrag ermächtigen, eine Eigentümerversammlung einzuberufen.[23] Es findet entsprechende Anwendung des § 37 Abs. 2 BGB statt.
- Besteht ein **Verwaltungsbeirat,** kann in diesem Falle auch der Vorsitzende des Verwaltungsbeirats oder sein Stellvertreter die Eigentümerversammlung einberufen, § 24 Abs. 3.

Die aufgezeigten drei Möglichkeiten bestehen natürlich nicht nur im Falle der Nichtbeachtung eines Minderheitenquorums durch den Verwalter, sondern immer auch dann, wenn der Verwalter seine gemäß § 24 Abs. 1 beste-

---

[22] OLG Hamm MittBayNot 1973, 362 = NJW 1973, 2300 = Rpfleger 1973, 435; Merle, Verwalter, S. 25.

[23] BayObLGZ 1970, 1/4; Weitnauer, § 24 Rz. 4; vgl. auch BayObLG WE 1991, 226 (keine richterliche Überprüfung, ob Eigentümerversammlung notwendig ist); OLG Frankfurt OLGZ 1985, 142; KG NJW 1987, 386.

hende Pflicht verletzt, mindestens einmal im Jahre eine Eigentümerversammlung einzuberufen.

Auch wenn kein Minderheitenquorum gebildet ist, kann jeder Wohnungseigentümer unter den Voraussetzungen des § 21 Abs. 4 verlangen, daß bestimmte Punkte auf die Tagesordnung der nächsten regelmäßigen Eigentümerversammlung gesetzt werden.[24]

6.2.2 Die Einberufung durch den Verwaltungsbeiratsvorsitzenden

354 § 24 Abs. 3 ist **abdingbar.**[25] Die Gemeinschaftsordnung kann also bestimmen, daß in diesem Falle (Fehlen eines Verwalters oder pflichtwidrige Weigerung des Verwalters) – oder überhaupt – jeder Wohnungseigentümer zur Einberufung berechtigt sein soll. Dies wäre wenig sinnvoll, weil dann mangels Absprache sowie mangels Organisation und Koordination die Gefahr einer Mehrzahl von Einberufungen (für unterschiedliche Zeitpunkte etc.) bestünde. Von praktischer Bedeutung ist die Abdingbarkeit wiederum nur für den Fall, daß die Beteiligten des Minderheitenquorums ohne Anrufung des Gerichts als Nichtberechtigte die Versammlung einberufen. Dort gefaßte Beschlüsse wären mangels Anfechtung wiederum gültig. Es gilt das zu § 24 Abs. 1 Gesagte entsprechend. Hier bestünde allerdings wegen des immanenten Interessenwiderstreits die Gefahr der – erfolgreichen – Anfechtung durch den Verwalter.

§ 24 Abs. 3 ist insofern eine äußerst praktikable Bestimmung, als sie es dem **Verwaltungsbeiratsvorsitzenden** ohne Anrufung des Gerichts ermöglicht, bei **Fehlen** eines Verwalters eine Eigentümerversammlung einzuberufen, in der dann ein Verwalter bestellt werden kann. Das Kriterium des „Fehlens" ist überwiegend objektiver Natur. Streit darüber, ob ein Verwalter fehlt, kann nur dann entstehen, wenn der Begriff des „Fehlens" auch auf den Fall bezogen wird, daß ein formell im Amt befindlicher Verwalter auf längere Zeit tatsächlich an der Ausübung seines Amtes verhindert ist (z.B. Krankheit).[26] Selbst wenn ein Verwalter durch Beschluß abberufen ist und er diesen Beschluß angefochten hat, ist der **Abberufungsbeschluß** gültig, solange er nicht rechtskräftig für ungültig erklärt ist. Solange „fehlt" auch der Verwalter, sofern nicht gleichzeitig ein neuer bestellt wurde. Wird der Abberufungsbeschluß später rechtskräftig für ungültig erklärt und hat der Verwaltungsbeiratsvorsitzende zuvor von seinem Einberufungsrecht Gebrauch gemacht, liegt **kein Einberufungsmangel** vor, auch wenn die Ungültigerklärung des Abberufungsbeschlusses ex tunc wirkt. Die Situation ist

---

[24] OLG Düsseldorf ZMR 1994, 520 (fristlose Abberufung des Verwalters); OLG Köln ZMR 1998, 48 (Wohnungseigentumsentziehungsverfahren gem. § 18).

[25] Weitnauer, § 24 Rz. 5; Bärmann-Merle, § 24 Rz. 19; BayObLGZ 1972, 314/319; MDR 1982, 323; OLG Frankfurt OLGZ 1988, 43.

[26] Bärmann-Merle, § 24 Rz. 20.

rechtlich gleich zu behandeln mit dem Fall, in dem der Verwalter, dessen Bestellung angefochten ist, eine Eigentümerversammlung einberufen hat und später der Bestellungsbeschluß rechtskräftig für ungültig erklärt wird.

Problematisch ist die Bestimmung des § 24 Abs. 3 insoweit, als das Einbe- **355**
rufungsrecht des Vorsitzenden des Verwaltungsbeirats an die **„pflichtwidrige Weigerung"** des Verwalters, eine Versammlung einzuberufen, geknüpft ist.

Ob dies der Fall ist, ist Tatfrage (s. oben). Stellt sich im nachhinein heraus, daß der Verwalter nicht pflichtwidrig gehandelt hat, können die vom Verwalter oder einem Wohnungseigentümer mit dieser Begründung angefochtenen Eigentümerbeschlüsse einer vom Verwaltungsbeiratsvorsitzenden einberufenen Versammlung für ungültig erklärt werden. Der Streit ist vorprogrammiert.[27]

Fehlt ein **Verwalter** und ist **kein Verwaltungsbeirat** installiert, hat jeder **356**
Wohnungseigentümer die Möglichkeit, die Entscheidung des Gerichts über § 26 Abs. 3 oder § 21 Abs. 4 herbeizuführen. Nach beiden Bestimmungen ist Ziel die Bestellung eines Verwalters durch das Gericht. Der **gerichtlich bestellte Verwalter** hat die Mindestaufgaben und -befugnisse des § 27 Abs. 1 und 2, die nicht abbedungen werden können, § 27 Abs. 3. Der gerichtlich bestellte Verwalter hat auch alle sonstigen durch Gesetz und durch Gemeinschaftsordnung zugewiesenen Aufgaben wahrzunehmen. Der Fall der Bestellung nach § 26 Abs. 3 unterscheidet sich von dem Fall des § 21 Abs. 4 dadurch, daß die Bestellung nach § 26 Abs. 3 einen **dringenden Fall** voraussetzt, und daß nicht die Bestellung eines bestimmten Verwalters verlangt werden kann. Nach § 21 Abs. 4 hingegen kann der einzelne Wohnungseigentümer verlangen, daß das Gericht einen im Antrag bezeichneten Verwalter bestellt.[28]

Das BayObLG hat in seinem Beschluß vom 12. 12. 1988[29] im einzelnen Ausführungen über die **Aufgaben** des **gerichtlich bestellten Verwalters,** über die **Beendigung** seiner Stellung als **Notverwalter** und über die zulässigen **Inhalte** des gerichtlichen Bestellungsbeschlusses gemacht. Danach ist Voraussetzung für die gerichtliche Bestellung eines Verwalters aufgrund von § 26 Abs. 3 oder von § 21 Abs. 4, daß ein Verwalter fehlt oder der Bisherige nach § 21 Abs. 4 vom Gericht auf Antrag eines Wohnungseigentümers abzuberufen ist, weil eine Abberufung aus wichtigem Grund gerechtfertigt wäre und die Mehrheit der Wohnungseigentümer zur Abberufung durch Eigentümerbeschluß nicht bereit ist. Stützt sich die Bestellung durch das

---

[27] So zutreffend auch Weitnauer, § 24 Rz. 5.

[28] Weitnauer, § 26 Rz. 22 u. 24.

[29] BayObLG WE 1989, 221 = NJW-RR 1989, 461; OLG Hamm NJW 1973, 2301/2302; vgl. auch Henze „Praktische Hinweise zur Bestellung eines Notverwalters nach dem WEG", ZMR 1987, 247; OLG Düsseldorf ZMR 1997, 96 = WE 1997, 146; ZMR 1995, 216 (zur Vergütung).

Gericht auf § 21 Abs. 4, so ist der Verwalter nach § 26 Abs. 1 Satz 1 bestellt; denn der Gerichtsbeschluß ersetzt dann voll den von allen Wohnungseigentümern nach § 21 Abs. 4 geschuldeten Beschluß. Demgemäß besteht dann kein Anlaß für eine **Begrenzung** der **Amtszeit** des Verwalters im Gerichtsbeschluß. Sie endet wie bei jedem anderen Verwalter durch Abberufung infolge eines Mehrheitsbeschlusses der Wohnungseigentümer, spätestens gemäß § 26 Abs. 1 Satz 2 nach 5 Jahren. Das Gericht kann in Ausübung des von § 43 Abs. 2 eingeräumten Ermessens eine kürzere Amtszeit als 5 Jahre bestimmen. Auch bei gerichtlicher Bestellung eines Verwalters nach § 26 Abs. 3 – eigentliche Notverwalterbestellung – ist vom Gesetz weder vorgesehen, daß der Richter diesen Verwalter zur baldigen Abhaltung einer Eigentümerversammlung zur Neuwahl eines „ordentlichen" Verwalters zu verpflichten hat, noch wird vom Gesetz eine gerichtliche Begrenzung der Amtszeit verlangt. Der gemäß § 26 Abs. 3 bestellte Notverwalter hat die gleichen Befugnisse und die **gleiche Rechtsstellung** wie der von den Wohnungseigentümern nach § 26 Abs. 1 Satz 1 bestellte Verwalter. Demgemäß endet seine Amtszeit bei Abberufung durch einen Mehrheitsbeschluß der Wohnungseigentümer nach § 26 Abs. 1 Satz 1, bei Abberufung durch einen erneuten Gerichtsbeschluß oder spätestens mit Ablauf von fünf Jahren nach § 26 Abs. 1 Satz 2. Richtig weist das Gericht (BayObLG a.a.O.) darauf hin, daß die verbreitete Auffassung, das Amt des Notverwalters ende kraft Gesetzes mit Behebung des Mangels, in der Sache nichts anderes sei; denn der Mangel, der zur gerichtlichen Bestellung geführt habe (Fehlen eines Verwalters), ende mit der Bestellung derselben oder einer anderen Person zum Verwalter durch Mehrheitsbeschluß der Wohnungseigentümer nach § 26 Abs. 1 Satz 1. Das Gericht kann auch in diesem Fall die **Amtszeit** des Notverwalters von vorneherein auf eine **bestimmte Frist** begrenzen.

358 In allen Fällen der gerichtlichen Bestellung eines **Notverwalters** sollte der Antragsteller den „Antrag" stellen – der nur empfehlenden Charakter hat, weil dies in das richterliche Ermessen gestellt ist („... kann ...") –, im Wege einer **einstweiligen Anordnung** (§ 44 Abs. 3) einen Verwalter zu bestellen, andernfalls die verwalterlose Zeit bis zur Rechtskraft der Hauptsacheentscheidung währt.[30]

359 Fehlen Verwalter und Verwaltungsbeirat, fehlt für auf die gerichtliche Verwalterbestellung gerichtete Anträge nach § 26 Abs. 3 und § 21 Abs. 4 nicht etwa deshalb das **Rechtsschutzbedürfnis,** weil sich das Minderheitenquorum oder ein einzelner Wohnungseigentümer in analoger Anwendung des § 37 Abs. 2 BGB zur Einberufung der Eigentümerversammlung ermächtigen lassen kann.

Ist ein Verwalter hingegen im Amt, weigert er sich jedoch trotz Vorliegens eines formgerechten Minderheitenquorums, die Eigentümerversamm-

---

[30] Vgl. BayObLG DWE 1984, 59.

lung einzuberufen, besteht keine Veranlassung, für den Antrag nach § 43 Abs. 1 Nr. 2 (s. oben) nur deshalb das Rechtsschutzbedürfnis zu verneinen, weil der Verwaltungsbeiratsvorsitzende die Möglichkeit der Einberufung habe. Dies nicht zuletzt deshalb, weil der Weg des § 24 Abs. 3, wie ausgeführt, problematisch sein kann.[31]

Nach hier vertretener Auffassung wird für ein Vorgehen nach § 43 Abs. 1 Nr. 2 das Rechtsschutzbedürfnis dann zu verneinen sein, wenn das Ziel des gerichtlichen Antrags wegen der analogen Anwendung des § 24 Abs. 2 die vom Verwalter nicht befolgte Ergänzung der Tagesordnung einer bereits einberufenen Eigentümerversammlung ist. Abgesehen von der zeitlichen Perspektive – das Gericht könnte im Rahmen des eingeleiteten Hauptsacheverfahrens eine einstweilige Anordnung gemäß § 44 Abs. 3 erlassen – ist im Falle eines formgerechten Minderheitenquorums die **Tagesordnungsergänzungspflicht** meist zweifelsfrei, abgesehen von denkbaren Rechtsmißbrauchsfällen.

Jeder Miteigentümer kann sich am **Minderheitenquorum** beteiligen, auch **360**
derjenige, der in der einzuberufenden Versammlung etwa wegen § 25 Abs. 5 nicht stimmberechtigt sein würde. Nach dem Normzweck des § 24 Abs. 2 richtet sich die Kopfzahl nicht nach der Zahl der Miteigentümer, sondern nach der Zahl der Wohnungseigentümer/Teileigentümer. Ehegatten etwa, die Miteigentümer einer Wohnung sind, zählen als 1 Kopf.

Verfügt der Verwaltungsbeiratsvorsitzende nicht über die **Liste der Wohnungseigentümer** mit Anschriften, ist der Verwalter jedenfalls vor der Eigentümerversammlung verpflichtet, ihm – wie jedem anderen Wohnungseigentümer auch – die Liste auszuhändigen.[32] Erzwingbar ist dies nur mittels gerichtlichen Antrags, verbunden mit der Anregung auf Erlaß einer einstweiligen Anordnung, § 44 Abs. 3.

Ein Fall der pflichtwidrigen Weigerung ist auch dann gegeben, wenn der Verwalter – zunächst dem Minderheitenquorum folgend – eine **Eigentümerversammlung** einberufen hatte, diese dann jedoch ohne Angabe triftiger Gründe **absagt.** Wer zur Einberufung berechtigt – und verpflichtet – ist, ist grundsätzlich auch zur Absage berechtigt. Aus Gründen der Rechtssicherheit ist die Absage in jedem Falle rechtswirksam. Erfolgt sie ohne Angabe von triftigen Gründen oder zwar mit Angabe von Gründen, die jedoch objektiv nicht triftig sind, entspricht sie nicht ordnungsmäßiger Verwaltung. Der Verwalter hat sich damit im Ergebnis pflichtwidrig geweigert, die Versammlung einzuberufen.[33]

---

[31] So auch Weitnauer, § 24 Rz. 5.

[32] BayObLG MDR 1984, 850.

[33] S. hierzu Merle, Sonderdruck aus ZMR, Heft 8, S. 225f.; OLG Hamm OLGZ 1981, 24 = MDR 1980, 1022.

6.2.3 Die ordnungsgemäße Einberufung

6.2.3.1 Form der Einberufung

361 Wer auch immer einberuft, hat dies **schriftlich** zu tun, § 24 Abs. 4 S. 1. Grundsätzlich ist daher eigenhändige Unterschrift erforderlich, § 126 BGB.[34] Auch § 24 Abs. 4 ist abdingbar.[35]

Ist die Schriftform nicht gewahrt, können die in der anderweitig bekanntgemachten Eigentümerversammlung gefaßten Beschlüsse anfechtbar sein. Ist die anderweitige Bekanntmachung der Ladung nachgewiesen, scheitert eine Anfechtung i. d. R. daran, daß feststeht, daß die Nichtwahrung der Schriftform auf die Beschlußfassung ohne Einfluß geblieben ist, oder daran, daß alle Wohnungseigentümer erschienen sind und mit abgestimmt haben.[36]

Eine **Beschlußanfechtung** kommt aber dann in Betracht, wenn der anfechtende Wohnungseigentümer geltend macht, auf keine Weise (auch nicht mündlich) geladen worden zu sein, und wenn der Mangel ursächlich für den angefochtenen Beschluß ist[37] (z. B. der angefochtene Beschluß ist mit einer Mehrheit von 1 Stimme zustande gekommen; der anfechtende Wohnungseigentümer macht geltend, er hätte bei Ladung an der Versammlung teilgenommen und mit Nein gestimmt). Die **Ursächlichkeit des Mangels** ist nicht schon mit der Erwägung zu verneinen, die Stimme des Betroffenen hätte auf das Ergebnis der Beschlußfassung im Hinblick auf die Stimmverteilung keinen Einfluß gehabt. Vielmehr wäre zur Verneinung der Ursächlichkeit der Nachweis erforderlich, daß bei vernünftiger Betrachtungsweise eine Beeinflussung des Abstimmungsverhaltens der übrigen Wohnungseigentümer nicht ernsthaft in Betracht gezogen werden kann.[38] Eine Anfechtbarkeit ist auch dann anzunehmen, wenn – als Folge der Nichtladung – die Stimmrechtsausübung (Möglichkeit zur Teilnahme an Diskussionen und Abstimmung) konkret beeinträchtigt oder verhindert worden ist und hierdurch das Ergebnis der Meinungsbildung beeinflußt worden sein **kann.**[39] Mit anderen Worten: Wird ein Wohnungseigentümer nicht geladen und nimmt er deshalb an der Versammlung nicht teil, so berechtigt dies zur Anfechtung der in der Versammlung gefaßten Beschlüsse, es sei denn, es steht fest, daß sie bei

---

[34] BayObLG WE 1991, 297; OLG Schleswig WE 1997, 388 = DWE 1997, 160; Weitnauer, § 24 Rz. 6.

[35] Weitnauer, § 24 vor Rz. 1; Bärmann-Merle, § 24 Rz. 32; BGH WPM 1983, 1412/1413; BayObLG ZMR 1982, 223/224; BayObLGZ 1980, 29/35; WE 1991, 297; OLG Hamm OLGZ 1981, 24/25; OLG Frankfurt OLGZ 1985, 142/143.

[36] BayObLG WE 1997, 267; ZMR 1997, 93 = WE 1997, 268.

[37] OLG Hamm OLGZ 1981, 24 = MDR 1980, 1022; BayObLGZ 1972, 140; 1973, 68; Merle, Verwalter, S 31; Bärmann-Merle, § 24 Rz. 31; § 23 Rz. 35 ff.; Weitnauer, § 24 Rz. 6.

[38] OLG Hamm WEM 1979, 175/178; BGHZ 59, 369/375 f.; NJW 1972, 1320/1321.

[39] BayObLG v. 14. 3. 1984 – 2 Z 74/83 – (im Falle der Verletzung der Einberufungsfrist).

ordnungsgemäßer Ladung ebenso gefaßt worden wären.[40] Aus dem Gesagten ergibt sich, daß derjenige, der sich trotz Nichtladung an der Versammlung beteiligt – weil er von Miteigentümern informiert war –, stillschweigend auf die Rüge des Formfehlers verzichtet.[41] Hat der Verwalter geladen und tritt danach, aber noch vor der Eigentümerversammlung ein **Eigentümerwechsel** ein, kann der nicht geladene Erwerber keinen Ladungsmangel für sich reklamieren.[41a]

Um dem Einwand von Wohnungseigentümern, nicht geladen worden zu sein, wirksam zu begegnen, empfiehlt sich – abgesehen von der Versendungsart mittels Einwurf-Einschreibens – eine Bestimmung in der Gemeinschaftsordnung, daß die Ladung als zugegangen gelte, wenn der Verwalter die **Ladung** an die ihm vom Wohnungseigentümer zuletzt benannte Anschrift gerichtet und abgesandt habe. Da für den Bereich der **Gemeinschaftsordnung** nach h.M. das AGBG nicht gilt, greift die **Fiktionsklausel.**[42] Der Verwalter hat dann im Bestreitensfalle lediglich zu beweisen, daß er die Ladung mit der richtigen Anschrift zur Post gegeben habe (Führung eines Postausgangsbuchs). Allerdings hat das BayObLG[43] die Auffassung vertreten, eine Bestimmung im **Verwaltervertrag,** wonach die Ladung zur Eigentümerversammlung wirksam sei, wenn sie an die letzte dem Verwalter bekannte Adresse des Eigentümers gerichtet sei, verstoße gegen § 10 Nr. 6 AGBG. Die genannte Entscheidung steht nicht im Widerspruch zur hier vertretenen Auffassung, daß eine entsprechende **Fiktionsklausel** in der Gemeinschaftsordnung rechtswirksam sei, weil die Bestimmungen im Verwaltervertrag, sofern er nicht individuell ausgehandelt ist, im Unterschied zur Gemeinschaftsordnung dem AGBG unterliegen.

Steht ein Wohnungseigentum im **Miteigentum mehrerer Personen,** ist **363**
die Ladung allen zuzuleiten. Auch hier empfiehlt es sich, in der Gemeinschaftsordnung zu vereinbaren, daß bei **Zustellung** an **einen** Miteigentümer die **Ladung** allen Miteigentümern dieser Wohnung als zugegangen gelte. Soweit Wohn-(Teil-)Eigentümer durch die Vereinbarung einer **getrennten Verwaltung** von der Mitverwaltung ausgeschlossen sind (sogenannte wirt-

---

[40] BayObLGZ 1985, Nr. 81; WE 1991, 227; WE 1991, 297; WE 1993, 169; WE 1997, 267 (keine Ankündigung in der Tagesordnung als Ladungsmangel); NJW-RR 1998, 1164 = WE 1998, 274; ZMR 1998, 508 (ist danach Ladungsmangel irrelevant, hat der Richter eine inhaltliche Überprüfung des angefochtenen Beschlusses vorzunehmen, wenn sachliche Einwände vorberacht werden); OLG Hamm ZMR 1995, 498; NZM 1998, 875 = ZMR 1998, 720; OLG Köln DWE 1996, 77 = WE 1996, 311 (Ladung durch Nichtbefugten als Ladungsmangel); OLG Düsseldorf ZfIR 1998, 96 = ZMR 1998, 244 = WE 1998, 308, OLG Karlsruhe WE 1998, 189.

[41] BayObLG WE 1997, 268 = ZMR 1997, 93.

[41a] KG NJW-RR 1997, 1033 = DWE 1997, 82.

[42] LG Magdeburg WE 1997, 400 unter Aufgabe von LG Magdeburg NJW-RR 1997, 969; s.a. BayObLG NJW-RR 1992, 83: Bestimmungen der Gemeinschaftsordnung unterliegen nicht einer Kontrolle nach dem AGBG.

[43] BayObLG WM 1991, 312 = WE 1991, 295.

schaftliche Trennung), entfällt das Erfordernis, sie zur Wohnungseigentümerversammlung zu laden.[44] Wer stimmberechtigt ist, ist zu laden!

Wird ein Verwaltungsbeiratsmitglied, das nicht Wohnungseigentümer ist, zur Eigentümerversammlung nicht geladen, kann hieraus nicht die Fehlerhaftigkeit der in der Versammlung gefaßten Eigentümerbeschlüsse abgeleitet werden.[45]

6.2.3.2 Die Ladungsfrist

364 Die Bestimmung über die **Ladungsfrist** von 1 Woche nach § 24 Abs. 4 S. 2 ist nur eine **Sollvorschrift.** In Fällen der Dringlichkeit kann die Frist unterschritten werden. Entgegen Bärmann-Pick und Weitnauer[46] ist trotz des Sollcharakters der Fristregelung nicht in jedem Falle die darauf gestützte Beschlußanfechtung unbegründet. Ist infolge der Nichtwahrung der Einberufungsfrist die **Stimmrechtsausübung** konkret beeinträchtigt oder behindert worden, und kann hierdurch das Ergebnis der Meinungsbildung beeinflußt worden sein, so ist ein Eigentümerbeschluß auf Antrag für ungültig zu erklären. Die Ursächlichkeit des Verstoßes kann nicht allein mit der Erwägung verneint werden, auf die Stimme des Antragstellers sei es nach dem Abstimmungsergebnis nicht angekommen. Vielmehr ist auch insoweit der Nachweis erforderlich, daß bei vernünftiger Betrachtungsweise eine Beeinflussung des Abstimmungsverhaltens der übrigen Wohnungseigentümer nicht ernsthaft in Betracht gezogen werden kann.[47] Dies gilt für alle **Ladungsmängel** gleichermaßen. In einem Falle[48] war dem betroffenen Wohnungseigentümer die Ladung 1 Tag vor der Versammlung zugegangen. Dieser Wohnungseigentümer war geschäftlich verhindert und konnte auch nicht mehr in sonstiger Weise benachrichtigt werden. Beschlußgegenstand waren die Nutzung des Sondereigentums des betroffenen Wohnungseigentümers und deren Folgen sowie angeblich durch Umbauarbeiten in der Wohnung dieses Wohnungseigentümers hervorgerufene Baumängel. Die Nichteinhaltung einer in der Gemeinschaftsordnung zwingend vorgeschrie-

---

[44] BayObLG DNotZ 1985, 414 = DWE 1984, 125; ZMR 1996, 394 = WE 1996, 478 (bei Mehrhausanlagen getrennte Entscheidungskompetenz, falls so in der Gemeinschaftsordnung vorgesehen); vgl. auch WE 1996, 150 (selbst bei vereinbarter wirtschaftlicher Trennung haben alle Wohnungseigentümer Stimmrecht bei Abrechnungsgenehmigung).

[45] BayObLG ZMR 1988, 70.

[46] Bärmann-Pick, § 24 Rz. 32; Weitnauer, § 24 Rz. 7.

[47] OLG Hamm ZMR 1995, 498; OLG Düsseldorf ZMR 1995, 220 = NJW-RR 1995, 464; ZfIR 1998, 96; BayObLG, WE 1993, 169; WE 1997, 267; OLG Köln DWE 1996, 77 = WE 1996, 311; OLG Hamm NZM 1998, 875 = ZMR 1998, 720; BayObLG NJW-RR 1998, 1164 = WE 1998, 274; OLG Düsseldorf ZfIR 1998, 96 = ZMR 1998, 244 = WE 1998, 308; BayObLG ZMR 1998, 508 (ist ein Ladungsmangel danach irrelevant, hat der Richter eine inhaltliche Überprüfung des angefochtenen Beschlusses vorzunehmen, wenn sachliche Einwände vorgebracht werden); OLG Karlsruhe WE 1998, 189; BayObLG v. 28. 10. 1998 – 2 Z BR 137/98 –; OLG Karlsruhe DWE 1998, 189.

[48] BayObLG v. 14. 3. 1984 – 2 Z 74/83 –; s. a. DWE 1984, 93.

benen Einberufungsfrist hat hingegen jedenfalls die Anfechtbarkeit der in der Versammlung gefaßten Eigentümerbeschlüsse zur Folge, es sei denn, die **Ursächlichkeit** des Einberufungsmangels ist zu verneinen.[49]

6.2.3.3 Inhalt der Ladung

In der Ladung ist der **Gegenstand** der zu fassenden Beschlüsse zu bezeichnen (§ 23 Abs. 2), auch Tagesordnung genannt. Sind alle Wohnungseigentümer erschienen (sogenannte **Universalversammlung**), und stimmen alle der Aufnahme eines zusätzlichen Beschlußgegenstandes in die Tagesordnung zu, ist ein Verstoß gegen § 23 Abs. 2 ohne jede rechtliche Folge; denn § 23 Abs. 2 ist nicht zwingend. Auf seine Einhaltung kann in einer sogenannten Universalversammlung einstimmig verzichtet werden. Das BayObLG[50] macht allerdings zur Voraussetzung für einen **Verzicht** durch schlüssiges Verhalten, daß alle Wohnungseigentümer den Inhalt der Vorschrift des § 23 Abs. 2 kennen. 365

Der Gegenstand ist genügend genau zu bezeichnen.[51] Dabei sind die Anforderungen an die Aufführung von Einzelheiten aber nicht zu überspannen, es genügt, daß der Geladene erkennen kann, was Gegenstand der vorgesehenen Beschlußfassung ist.[52] Insbesondere reicht eine stichwortartige Bezeichnung aus, wenn der Beschlußgegenstand schon früher erörtert worden war.[53] Der Gegenstand ist derart anzugeben, daß die Beteiligten weitestgehend vor **Überraschungen** geschützt sind und ihnen die Möglichkeit der Vorbereitung und der Überlegung, ob ihre Teilnahme veranlaßt ist, gewahrt wird. Maßgeblich ist das – auch von der Bedeutung des Beratungsgegenstandes abhängige – berechtigte **Informationsbedürfnis.**[54] Erforderlich und genügend ist jede Angabe, die erkennen läßt, worüber beraten und Beschluß gefaßt werden soll. Im allgemeinen ist es nicht notwendig, daß das Ladungsschreiben bereits alle Einzelheiten des Beschlußgegenstandes enthält.[55]

---

[49] BayObLG WE 1991, 261.

[50] BayObLG NJW-RR 1987, 1463 = DWE 1988, 34 = WE 1988, 67; s.a. ZMR 1997, 93 = WE 1997, 268 (Heilung eines Ladungsmangels, wenn alle anwesend waren und mitgestimmt haben).

[51] BayObLGZ 1973, 68/70f.; Rpfleger 1978, 445; WE 1993, 169; Bärmann-Pick, § 24 Rz. 29 u. § 23 Rz. 69ff.; Weitnauer, § 23 Rz. 19.

[52] BayObLGZ 1961, 322/327; Rpfleger 1978, 445; OLG Stuttgart NJW 1974, 2137; OLG Düsseldorf ZMR 1997, 91 = DWE 1997, 40 = WE 1997, 145; ZfIR 1998, 96.

[53] BayObLG NJW-RR 1992, 403.

[54] BayObLGZ 1961, 322/327; 1970, 1/3; 1973, 68/70f.; 1981, 220/226; Rpfleger 1978, 445 = WEM 1979, 87/89; NJW-RR 1987, 1463 = DWE 1988, 34 = WE 1988, 67; WE 1990, 27; NJW-RR 1989, 656; NJW-RR 1992, 403; OLG Stuttgart Rpfleger 1974, 361; Bärmann-Pick, § 23 Rz. 69ff.; Weitnauer, § 23 Rz. 19.

[55] BayObLGZ 1961, 322/327; 1973 68/70f.; 1981, 220/226; BayObLG a.a.O.; OLG Stuttgart Rpfleger 1974, 361; Bärmann-Pick, a.a.O.; Weitnauer, a.a.O.; OLG Hamm WE 1992, 136; s.a. KG NJW-RR 1996, 526 = ZMR 1996, 223 = DWE 1996, 30 = WE 1996, 268 („Abmeierungsklage" ist ausreichend).

366 Ist ein Tagesordnungspunkt mit **„Abrechnungsbericht"** bezeichnet, ist es nicht erforderlich, auch noch auf die Beschlußfassung über die **Entlastung** des Verwalters (§ 28 Abs. 5) hinzuweisen;[56] denn diese steht in einem so engen Zusammenhang mit der Rechnungslegung, daß auch mit einer Beschlußfassung über die Entlastung des Verwalters zu rechnen ist.[57]

Ist in der Tagesordnung eine Beschlußfassung über den **Verwalterwechsel** angekündigt, muß jeder Wohnungseigentümer ohne weiteres damit rechnen, daß dabei auch über die Bedingungen des Vertrages mit dem neuen Verwalter und damit auch über Änderungen des bisherigen Verwaltervertrages beraten und entschieden werden könne.[58] Eine Aufnahme von Einzelheiten in die Ladung ist nicht erforderlich.[59]

Enthält die Ladung nur das Stichwort **„Wohngelderhöhung"**, ging es aber in der Sache darum, lediglich das Wohngeld **eines** Teileigentümers zu erhöhen, reicht das nicht aus.[60]

Die Ankündigung **„Beschluß über den Wirtschaftsplan"** und die Tatsache, daß der der Ladung beigefügte Entwurf des Wirtschaftsplans für die Hausmeisterkosten einen höheren Kostenansatz vorsieht als im Vorjahr, genügen nicht der Vorschrift des § 23 Abs. 2 insoweit, als die Eigentümer dann in der Versammlung eine Erhöhung der Stundenvergütung des Hausmeisters beschließen.[61]

Die nach § 24 Abs. 5 ermöglichte Wahl des **Versammlungsleiters** in der Versammlung muß nicht angekündigt werden.[62]

Häufig wird ein ganzer Komplex zu einer einzelnen Kernfrage in der Versammlung erörtert und beschlossen. Man denke etwa an eine komplizierte Flachdachsanierung, die zunächst die Erholung eines Sachverständigengutachtens notwendig macht, um den Sanierungsweg bestimmen zu können, die die Einholung von Kostenvoranschlägen voraussetzt, bei der die Überwachung durch einen Architekten notwendig, bei der schließlich das procedere der Auftragserteilung zu berücksichtigen ist. Oder man denke an die Durchsetzung von Gewährleistungsansprüchen wegen Mängeln am Gemeinschaftseigentum. Es wäre verfehlt, alle zu beschließenden Detailpunkte in die Tagesordnung aufzunehmen. Ausreichend wäre, etwa den Gewährleistungskomplex wie folgt anzukündigen: „Beratung und Beschlußfassung über die außergerichtliche und gerichtliche Durchsetzung von Gewährleistungsansprüchen wegen Mängeln am Gemeinschaftseigentum einschließlich technischer Überprüfung und Festlegung der Finanzierung".

---

[56] Vgl. BayObLG WEM 1979, 38/39f. = Rpfleger 1979, 66f.; Rpfleger 1979, 266.

[57] BayObLG Rpfleger 1983, 14.

[58] BayObLGZ 1981, 220/226.

[59] BayObLG MDR 1982, 939 = DWE 1982, 137.

[60] BayObLG Rpfleger 1978, 445.

[61] BayObLG WE 1990, 27.

[62] Weitnauer, § 23 Rz. 19; Bärmann-Merle, § 23 Rz. 70.

Unter dem Tagesordnungspunkt **„Verschiedenes"** können grundsätzlich keinerlei Beschlüsse gefaßt werden. Entgegen obergerichtlicher Rspr.[63] streng genommen nicht einmal zu Angelegenheiten von untergeordneter Bedeutung. In Praxis dürften jedoch gegen Beschlüsse von geringer Bedeutung keine Einwände bestehen, weil sie mangels Anfechtung Gültigkeit behalten oder weil nach den Kriterien der Rspr. die Ursächlichkeit des Ladungsmangels nicht feststeht.[64] Der Tagesordnungspunkt „Verschiedenes" in der Einberufung ist jedenfalls keine genügende Bezeichnung für eine Beschlußfassung über die Verwendung eines gemeinschaftlichen Tischtennisraums als Geräteraum.[65] 367

Damit ist auch bereits die **Abdingbarkeit** des § 23 Abs. 2 dargestellt.[66] Die Wohnungseigentümer könnten also zum einen in der Gemeinschaftsordnung vereinbaren, daß Ladungen nicht der Bezeichnung der Beschlußgegenstände bedürfen, zum anderen sind Beschlüsse, die unangekündigt in der Versammlung gefaßt werden, mangels Anfechtung gültig.[67]

Haben die Wohnungseigentümer einen Beschluß über einen Gegenstand gefaßt, der in der Einladung zur Versammlung nicht bezeichnet war, so ist einem Wohnungseigentümer **Wiedereinsetzung in den vorigen Stand** zu gewähren, wenn er die Frist für einen Anfechtungsantrag bei Gericht versäumt, weil er von dem Eigentümerbeschluß erst so spät Kenntnis erhalten hat, daß er unter Einrechnung einer Überlegungsfrist von einer Woche den Anfechtungsantrag bei Gericht nicht mehr rechtzeitig einreichen konnte.[68]

6.3 Die Durchführung der Versammlung

6.3.1 Beschlußfähigkeit

Nach § 25 Abs. 3 ist die Versammlung nur beschlußfähig, wenn die erschienenen stimmberechtigten Wohnungseigentümer mehr als die Hälfte der 368

---

[63] BayObLG WE 1991, 227; WE 1992, 229; erneut ZMR 1998, 154 m. Anm. Müller; OLG Düsseldorf ZMR 1997, 91 = DWE 1997, 40 = WE 1997, 145; OLG Hamm NJW-RR 1993, 468; WE 1993, 111; OLG Köln ZMR 1998, 372 = WE 1998, 192 (Verwalter wird aufgefordert, gegen einzelne Wohnungseigentümer etwas durchzusetzen, wozu diese ohnehin verpflichtet sind).

[64] BayObLG WE 1993, 169.

[65] BayObLG WE 1986, 72.

[66] BayObLGZ 1970, 1/3; 1980, 29/35 m. w. N.; WEM 1981, 46; Rpfleger 1982, 100; DWE 1984, 125; OLG Hamm Rpfleger 1979, 342; Bärmann-Merle, § 23 Rz. 1; Weitnauer, § 23 Rz. 1.

[67] BayObLG Rpfleger 1982, 100.

[68] BayObLGZ 1989, Nr. 4 = NJW-RR 1989, 656; NJW-RR 1991, 976; s. a. OLG Düsseldorf NJW-RR 1995, 464 = ZMR 1995, 220: keine Wiedereinsetzung, wenn Wohnungseigentümer damit rechnen mußte, daß ein ihm nachteiliger Beschluß gefaßt wird.

Miteigentumsanteile, berechnet nach der im Grundbuch eingetragenen Größe dieser Anteile, vertreten. Auch diese Gesetzesbestimmung ist **abdingbar.**[69] Dies bedeutet wiederum, daß in der Gemeinschaftsordnung die **Beschlußfähigkeit** an andere Kriterien geknüpft werden kann (z. B. ebenfalls Kopf- statt Wertprinzip wie in § 25 Abs. 2), oder daß die Gemeinschaftsordnung sogar bestimmt, jede Eigentümerversammlung sei ungeachtet der Präsenz beschlußfähig.[70] Dies bedeutet auch, daß der Mangel der Beschlußfähigkeit nur zur **Anfechtbarkeit**, nicht zur Nichtigkeit führt.[71]

369 Das Abstimmverhalten der Wohnungseigentümer, also die bekundete Absicht, sich der **Stimme enthalten** zu wollen, ja sogar die Ankündigung, sich an der Abstimmung nicht beteiligen zu wollen, berühren die Frage der Beschlußfähigkeit nicht. Maßgeblich ist ausschließlich, wie viele – stimmberechtigte – Miteigentumsanteile anwesend oder ordnungsgemäß vertreten sind.[72] Die **Beschlußfähigkeit** ist bei jeder Beschlußfassung erneut festzustellen. Wer sich aus dem Versammlungslokal entfernt – und sei es nur vorübergehend – und im Zeitpunkt der Abstimmung nicht präsent ist, dessen Stimme entfällt für die Beantwortung der Frage der Beschlußfähigkeit. Dies gilt auch dann, wenn dieser Wohnungseigentümer im Zeitpunkt der anfänglichen Feststellung der Beschlußfähigkeit noch anwesend war.[73] Bei der Feststellung der Beschlußfähigkeit zählen nur die **stimmberechtigten Wohnungseigentümer.** Wer zu einem bestimmten Tagesordnungspunkt gemäß § 25 Abs. 5 oder wegen § 181 BGB nicht stimmberechtigt ist, dessen Stimme entfällt.[74] Das KG[75] vertritt demgegenüber die Auffassung, bei der Feststellung der **Beschlußfähigkeit** einer Eigentümerversammlung seien auch die Anteile der Wohnungseigentümer mitzuzählen, die vertreten, aber wegen **Interessenkollission** von der Stimmrechtsausübung ausgeschlossen

---

[69] Weitnauer, § 25 Rz. 1; Bärmann-Merle, § 25 Rz. 84; BayObLG ZMR 1979, 213; BayObLGZ 1981, 50/55; DWE 1984, 125; WE 1989, 64; KG NJW-RR 1994, 659 = ZMR 1994, 171 = WE 1994, 82.

[70] Hans. OLG Hamburg ZMR 1989, 230 m. w. N.; Bärmann-Merle, § 25 Rz. 84.

[71] BayObLG WE 1988, 205; WE 1991, 285; WM 1993, 488; OLG Hamm WE 1993, 24; OLG Düsseldorf NJW-RR 1995, 464 = ZMR 1995, 220; OLG Hamburg WE 1989, 140.

[72] Bärmann-Merle, § 25 Rz. 80, 82; Weitnauer, § 25 Rz. 2.

[73] Bärmann-Merle, a. a. O.; BayObLGZ 1981, 50 = Rpfleger 1981, 285 = ZMR 1981, 249 = MDR 1981, 675.

[74] Bärmann-Merle, § 25 Rz. 80; BayObLGZ 1981, 50/55; WEM 1981, 30f.; NJW-RR 1987, 595; WE 1989, 64; WE 1990, 140; WE 1992, 208; WE 1992, 709; WM 1994, 105; NJW-RR 1993, 206; OLG Köln DWE 1988, 24; OLG Frankfurt OLGZ 1989, 429; OLG Düsseldorf WE 1992, 81.

[75] KG NJW-RR 1989, 17 = ZMR 1988, 469; s. a. Anm. Schwenn zum KG-Beschluß, ZMR 1989, 185; unklar Weitnauer, § 25 Rz. 2, der einerseits ausführt, daß für das Quorum die Gesamtzahl der vertretenen Anteile maßgeblich sei, auch wenn ein Wohnungseigentümer zu einem bestimmten TOP nicht stimmberechtigt sei, der jedoch dann andererseits ausführt, es sei nach § 25 Abs. 4 zu verfahren, wenn der Versammlung infolge eines Stimmrechtsausschlusses die Beschlußfähigkeit zu einem einzelnen TOP fehle; erneut KG NJW-RR 1994, 659 = ZMR 1994, 171 = WE 1994, 82.

seien. Eine Entscheidung des BGH zu dieser Rechtsfrage steht noch aus. Das KG sah sich aus Rechtsgründen nicht zur Vorlage verpflichtet. Die Auffassung des KG steht dem eindeutigen Wortlaut des § 25 Abs. 3 entgegen.

Bei der Feststellung der Beschlußfähigkeit scheiden auch Vertreter von Wohnungseigentümern aus, für die der Nachweis ordnungsmäßiger **Bevollmächtigung** fehlt.[76] Hierbei ist jedoch im einzelnen folgendes zu berücksichtigen: 370

Bestimmt die Gemeinschaftsordnung, daß sich die Wohnungseigentümer mittels **schriftlicher Vollmacht,** die der Niederschrift beizufügen ist, vertreten lassen können, ist die – erfolgte – Ausübung des Stimmrechts durch den Vertreter (und damit die Berücksichtigung bei der Beschlußfähigkeit) nicht unzulässig, auch wenn er in der Versammlung eine schriftliche Vollmacht nicht vorgelegt hat. Die Stimmabgabe ist gültig.[77] Maßgeblich ist insoweit nur, daß er tatsächlich bevollmächtigt war und die **Vollmachtsurkunde** nachträglich vorlegt. Maßgeblich ist auch, daß der Vertreter in der Versammlung vom Vorsitzenden nicht zurückgewiesen wurde.[78]

Die Ausgangslage ist nicht anders, wenn die Gemeinschaftsordnung etwa bestimmt, daß die Vertretung durch schriftlich Bevollmächtigte zulässig sei.

Beide Gemeinschaftsordnungsregelungen, die den Grundsatz nicht in unzulässiger Weise einschränken, daß Vertretung in der Versammlung möglich ist,[79] geben ein **Zurückweisungsrecht.** Personen, die nicht schriftlich bevollmächtigt sind, sollen „unzulässig" sein. Es soll die Gewähr erhöht werden, daß die Vertretungsmacht auch wirklich besteht. Macht der Vorsitzende vom Zurückweisungsrecht Gebrauch,[80] hat dies zur Folge, daß die vom Vertreter wahrgenommenen Stimmen für die Feststellung der Beschlußfähigkeit und bei der Beschlußfassung nicht mitgezählt werden. Ist der ohne schriftliche Vollmacht erschienene Vertreter zugelassen worden und verfügt er tatsächlich über die Vertretungsmacht, zählen die von ihm wahrgenommenen Stimmen bei der **Beschlußfähigkeit** und bei der **Beschlußfassung.**[81] Die Zurückweisungsbefugnis ist nur dann nicht gegeben, wenn sie **rechtsmißbräuchlich** ist. Ob das Verlangen nach dem schriftlichen Vollmachtsnachweis rechtsmißbräuchlich ist, kann nur unter Berücksichtigung aller Umstände des Einzelfalles entschieden werden; dabei kommt dem Gesichtspunkt besondere Bedeutung zu, daß eine klare und einfache Abwicklung der

---

[76] BayObLGZ 1981, 220/224 = MDR 1982, 58.

[77] BayObLG a. a. O.

[78] Zur unterschiedlichen Behandlung zurückgewiesener oder zugelassener Vertreter vgl. auch Geßler/Hefermehl/Eckardt/Kropff, Rn. 49, Barz Anm. 29, je zu § 134 BGB; BayObLG WE 1991, 261.

[79] BayObLGZ 1981, 161/163; 1981, 220/224; WE 1991, 261; Weitnauer, § 25 Rz. 14ff.; Bärmann-Merle, § 25 Rz. 51.

[80] Bärmann-Merle, § 25 Rz. 51; BayObLG a. a. O.

[81] So insgesamt BayObLGZ 1984, 15/22; BayObLG a. a. O.

Eigentümerversammlung gewährleistet sein soll.[82] Rechtsmißbräuchlich kann das Verlangen nach dem schriftlichen Vollmachtsnachweis sein, wenn der Versammlungsleiter vom Bestehen der Vertretungsmacht Kenntnis hat. Ergänzt der Inhaber einer **Blankettvollmacht** zur Stimmabgabe diese mit seinem Namen vor den Augen des Verwalters, so darf dieser die unter Bezugnahme auf die Vollmacht abgegebene Stimme nicht zurückweisen, sondern muß sie mitzählen.[83]

371 Ist der Vertreter **Prokurist** des Wohnungseigentümers, kann der geforderte Nachweis auch durch Vorlage eines Auszugs aus dem Handelsregister (§ 53 Abs. 1 S. 1 HGB) geführt werden.[84] Hat die Gemeinschaft über mehrere Jahre die Vertretung eines Wohnungseigentümers hingenommen, die nicht der in der Gemeinschaftsordnung enthaltenen **Vertretungsbeschränkung** entspricht, ist der an sich unzulässige Vertreter gleichwohl zuzulassen, wenn die Gemeinschaft nicht gewährleistet, daß der betroffene Wohnungseigentümer rechtzeitig für seine ordnungsgemäße Vertretung sorgt.[85]

Aus dem Gesagten ergibt sich schließlich: Ist in der Gemeinschaftsordnung schriftlicher Vollmachtsnachweis nicht vorgesehen – und enthält die Gemeinschaftsordnung auch keine sonstigen Einschränkungen der Vertretungsmacht –, kann sich jeder Wohnungseigentümer durch einen anderen Wohnungseigentümer, den Verwalter oder einen Dritten vertreten lassen. Entscheidend ist immer nur das **Bestehen der Vertretungsmacht.** Wird sie angezweifelt, ist die Vollmacht zu belegen, was auch nachträglich möglich ist. Ist in einer Gemeinschaftsordnung Schriftform für eine Bevollmächtigung vorgesehen, gilt das Schriftformerfordernis im Zweifel nicht für eine Vollmacht, die ein Wohnungseigentümer seinem am selben Wohnungseigentum mitberechtigten **Ehegatten** erteilt. Eine solche Regelung würde auch in das zwischen den Ehegatten bestehende Innenverhältnis (Bruchteilsgemeinschaft, Gesamthandgemeinschaft) eingreifen.[86] Nach OLG Frankfurt[87] sollen Ehegatten auch ohne ausdrückliche Regelung in der Gemeinschaftsordnung jeweils einzeln berechtigt sein, das gemeinschaftliche Stimmrecht ihrer Einheit auszuüben. Wenn diese Auffassung zutreffend ist, kommt es auf die Frage ordnungsgemäßer Bevollmächtigung insoweit nicht an. Mangels anderweitiger Bestimmung in der Gemeinschaftsordnung oder in der Vollmacht kann der Bevollmächtigte für ihm erteilte Abstimmungsvollmachten **Untervollmachten** erteilen, soweit er damit nicht Weisungen

---

[82] BayObLG a. a. O.; s. a. ZMR 1994, 338 = WE 1995, 96: keine Pflicht zur Überprüfung bei Stimmabgabe durch einen Mitberechtigten, wenn Wohnung mehreren gehört.
[83] KG NJW-RR 1991, 213.
[84] BayObLG a. a. O.
[85] OLG Hamm NJW-RR 1997, 846 = DWE 1997, 86 = WE 1997, 352.
[86] BayObLG v. 5. 7. 1984 – 2 Z 61/83 –.
[87] OLG Frankfurt DWE 1997, 80.

über die Stimmrechtsausübung verbindet.[88] Nach OLG Zweibrücken[89] soll Untervollmachtserteilung nur zulässig sein, wenn sich diese Ermächtigung aus der Hauptvollmacht zweifelsfrei ergibt.

Umstritten ist die Frage, ob eine Bestimmung in der Gemeinschaftsordnung zulässig ist, wonach sich ein Wohnungseigentümer nur durch **bestimmte Personen** vertreten lassen könne. Aus dem Gesichtspunkt der Vertragsfreiheit ist dies grundsätzlich zu bejahren. Der BGH[90] hat eine solche **Vertretungsbeschränkung** für grundsätzlich wirksam erachtet. Er hat jedoch offengelassen, ob im Einzelfall Ausnahmen wegen Unzumutbarkeit nach Treu und Glauben geboten sein können.[91] Das OLG Köln[92] hat festgestellt, daß eine Vertretungsbeschränkung des genannten Inhalts auch dann keine inhaltlich unzulässige Eintragung im Grundbuch sei, wenn zusätzlich bestimmt sei, daß der nicht vertretene Eigentümer generell vom Verwalter vertreten werde. Allerdings hat das OLG offengelassen, ob eine solche Bestimmung unwirksam sei. Unbestritten ist, daß die Vertretung nicht durch Mehrheitsbeschluß eingeschränkt werden kann. Die Befugnis der Wohnungseigentümer, sich in der Eigentümerversammlung durch eine beliebige Person vertreten zu lassen, kann nur durch eine **Vereinbarung** aller Wohnungseigentümer eingeschränkt werden.[93] Nach hier vertretener Auffassung würde der **totale Ausschluß** der Vertretungsmöglichkeit gegen **Treu und Glauben** (§ 242 BGB) verstoßen. Er könnte nicht einmal vereinbart werden. **372**

Eine Bestimmung in der Gemeinschaftsordnung, wonach sich die Wohnungseigentümer in der Versammlung nur durch ihren **Ehegatten**, einen anderen Wohnungseigentümer oder den Verwalter vertreten lassen können, schließt nicht aus, daß sich etwa eine Aktiengesellschaft durch einen Unternehmensangehörigen vertreten läßt.[94] Kann sich ein Wohnungseigentümer nach den Bestimmungen der Gemeinschaftsordnung u. a. nur durch seinen Ehegatten vertreten lassen, ist die Vertretung durch den Partner einer **nichtehelichen Lebensgemeinschaft** nicht zulässig. Nur nach den Umständen

---

[88] BayObLG WE 1991, 227 (in casu: Verwaltervollmacht); WE 1999, 29 = DWE 1998, 191 (Untervollmachtserteilung durch bevollmächtigten Verwalter bei Abstimmung über Verwaltervertrag; im Wege der Auslegung sei vom Einverständnis des Vollmachtsgebers auszugehen).

[89] OLG Zweibrücken ZMR 1992, 206, allerdings für den Fall, daß der Hauptbevollmächtigte tatsächlich oder rechtlich verhindert ist; WE 1998, 504; s. a. BayObLG NJW-RR 1990, 784.

[90] BGH EBE 1987, 69 = NJW 1987, 650; BayObLGZ 1981, 161, 163 f.; NJW-RR 1997, 463 = WE 1997, 276; OLG Karlsruhe OLGZ 1976, 273 ff.; OLG Frankfurt OLGZ 1979, 134, 135; OLG Düsseldorf NJW-RR 1995, 1294 = ZMR 1996, 221 = WE 1996, 31; RGRK/Augustin, 12. Aufl., § 25 Rz. 20; Erman/Ganten, BGB, 7. Aufl., § 25 Rz. 4; Bärmann-Merle, § 25 Rz. 59; a. A. KG OLGZ 1986, 56; Weitnauer, § 25 Rz. 16.

[91] S. hierzu OLG Braunschweig NJW-RR 1990, 979.

[92] OLG Köln NJW-RR 1989, 780.

[93] BayObLG ZMR 1988, 438.

[94] BayObLG Rpfleger 1982, 15 = BayObLGZ 1981, Nr. 36.

des Einzelfalls kann es einem Wohnungseigentümer nach Treu und Glauben unzumutbar sein, an der Vertretungsregelung festgehalten zu werden.[95]

373 Lange umstritten war die Frage, ob es eine in der Gemeinschaftsordnung vereinbarte **Vertretungsbeschränkung** dem einzelnen Wohnungseigentümer erlaube, zur Eigentümerversammlung einen **Beistand** hinzuzuziehen, der nach der Regelung der Vertretungsbeschränkung nicht berechtigt wäre, einen Wohnungseigentümer zu vertreten. Auch hier hat der BGH Klarheit geschaffen.[96]

Wegen der **Nichtöffentlichkeit** der Eigentümerversammlung seien nur die Wohnungseigentümer und deren bevollmächtigte Vertreter zur Teilnahme befugt. Eine in der Gemeinschaftsordnung enthaltene Vertretungsbeschränkung betreffe nicht nur die Stimmabgabe in Vertretung eines Wohnungseigentümers, sondern jede aktive Beteiligung, so daß es grundsätzlich auch einem Beistand nicht erlaubt sei, in der Eigentümerversammlung Erklärungen abzugeben und **Anträge** zu stellen. Deshalb dürfe eine Wohnungseigentümer grundsätzlich auch einen ihn lediglich beratenden Beistand nicht hinzuziehen, wenn dieser nicht Vertreter sein könnte. Nur bei berechtigtem Interesse im Einzelfall bestehe Anspruch auf Hinzuziehung eines nicht vertretungsberechtigten Beistands. Das **berechtigte Interesse** könne sich aus beachtlichen persönlichen Gründen oder aus dem Schwierigkeitsgrad der Angelegenheit ergeben, über die nach der Tagesordnung zu beschließen sei. Die obergerichtliche Rspr. ist dem gefolgt.[97]

374 Die **Nichtöffentlichkeit** der Eigentümerversammlung führt auch dazu, daß die Wohnungseigentümer selbst dann, wenn die Gemeinschaftsordnung keine Vertretungsbeschränkung enthält, **Begleitpersonen** nur bei berechtigtem Interesse zu dulden haben.[98] Lassen die Wohnungseigentümer durch Mehrheitsbeschluß die Teilnahme von Gästen zu, so sind die gefaßten Beschlüsse allenfalls dann anfechtbar, wenn durch die Anwesenheit der **Gäste** der Beschlußinhalt beeinflußt worden ist.[99] Das Gericht ließ im Entscheidungsfalle offen, ob die Eigentümerversammlung berechtigt ist, bei fehlender Regelung in der Gemeinschaftsordnung mehrheitlich die Zulassung von Gästen als stille Zuhörer zu beschließen.

Jeder Mehrheitsbeschluß über die Gestattung der Teilnahme von Beiständen, bzw. Gästen, bzw. über die Ablehnung der Teilnahme solcher Personen ist nicht anfechtbar. Es handelt sich um sog. **Geschäftsordnungsbeschlüsse**, die mit Beendigung der Eigentümerversammlung von selbst

---

[95] BayObLG NJW-RR 1997, 463 = WE 1997, 276.

[96] BGH EBE 1993, 91 = ZMR 1993, 287 = WE 1993, 165.

[97] OLG Düsseldorf NJW-RR 1995, 1294 = ZMR 1996, 221 = WE 1996, 31; BayObLG ZMR 1997, 478 = WE 1997, 436 (auch zur Frage der „schwierigen Angelegenheit“).

[98] OLG Karlsruhe ZMR 1997, 195.

[99] OLG Hamm ZMR 1996, 677 = WE 1997, 23; BayObLG ZMR 1997, 478 = WE 1997, 436.

gegenstandslos werden. Die Ungültigerklärung bliebe rechtlich wirkungslos.[100] Das Gericht hat i. ü. den Feststellungsantrag für zulässig – wenn auch für unbegründet – erachtet, es möge festgestellt werden, daß der Wohnungseigentümer, dessen **Rechtsanwalt** an der Eigentümerversammlung nicht teilnehmen durfte, in künftigen Eigentümerversammlungen bei bestimmten Beschlußgegenständen diesen Rechtsanwalt hinzuziehen dürfe.

Vertretungsbeschränkungen und damit grundsätzlich auch Beschränkungen des **Teilnahmerechts** Dritter sind im Ergebnis ohne Bedeutung, wenn z. B. die Stimmabgabe eines Vertreters weder von den Miteigentümern noch vom Versammlungsleiter beanstandet wird.[100a]

Die Gemeinschaftsordnung kann allerdings rechtswirksam das **Teilnahmerecht** insoweit **einschränken,** als Mieter, Journalisten, Handwerker, Hausmeister nur mit Billigung der jeweiligen Versammlungsteilnehmer an der Versammlung – und sei es nur als sogenannte stille Zuhörer – teilnehmen können. **375**

Verfügt etwa der **Bauträger** noch über zumindest 500/1000 Miteigentumsanteile und ist er z. B. deshalb vom Stimmrecht ausgeschlossen, weil Gegenstand der Beschlußfassung die Einleitung eines Rechtsstreits gegen ihn wegen Mängeln am Gemeinschaftseigentum ist (§ 25 Abs. 5), werden nur die übrigen Wohnungseigentümer bei der Beschlußfähigkeit gewertet; d. h., vereinigen die übrigen Wohnungseigentümer 500/1000 Miteigentumsanteile auf sich, ist die Versammlung beschlußfähig, wenn mehr als 225/1000 von diesen anwesend oder vertreten sind.[101] Die andernfalls notwendig werdende Ersatzversammlung würde nur eine nutzlose Formalität darstellen.

Entsprechendes gilt auch für alle anderen Fälle, in denen die vom Stimmrecht ausgeschlossenen Wohnungseigentümer mindestens die Hälfte oder sogar mehr als die Hälfte der Miteigentumsanteile auf sich vereinigen.[102]

Entsprechend ist wohl der Fall zu beurteilen, in dem etwa der Bauträger ebenfalls noch über mehr als die Hälfte aller Miteigentumsanteile verfügt und sich beharrlich durch Abwesenheit in den Versammlungen hervortut oder gar ausdrücklich erklärt, an Versammlungen nicht teilzunehmen. Dieses Verhalten ist als ein genereller **Verzicht** auf die **Stimmrechtsausübung** anzusehen. Die rechtliche Folgenwertung entspricht der des gesetzlichen Stimmrechtsausschlusses. Es wäre unvertretbar, die Wohnungseigentümer hinsichtlich zu treffender Entscheidungen auf § 25 Abs. 4 oder auf § 21 Abs. 4 und damit auf den Gerichtsweg zu verweisen. Das oberste Organ der Gemeinschaft, die Wohnungseigentümerversammlung, würde nicht nur überflüssig, sondern rechtlich eliminiert.

---

[100] BayObLG ZMR 1997, 478 = WE 1997, 436; DWE 1997, 34 = WE 1996, 237 (Änderung der Reihenfolge der TO); BayObLGZ 1995, 407 m. w. N.

[100a] KG NJW-RR 1995, 147 = ZMR 1994, 525 = WE 1995, 119.

[101] BayObLG DWE 1982, 67.

[102] BayObLG NJW-RR 1993, 206 = WE 1993, 345.

Das KG hat schließlich[103] eine Eigentümerversammlung für **beschlußunfähig** gehalten, die durch gespaltenen, gegeneinander arbeitenden Vorsitz und gegensätzliches, manipuliertes Abstimmungsverhalten zweier Wohnungseigentümergruppen jede Grundlage für eine geordnete Verhandlung der Tagesordnung verliert.

Jeder Verstoß gegen die Nichtöffentlichkeit kann i.ü. zur Anfechtbarkeit der Beschlüsse führen.[104]

6.3.2 Die Wiederholungsversammlung

376 Ist eine Versammlung nicht beschlußfähig, so beruft der Verwalter eine neue Versammlung mit dem gleichen Gegenstand ein. Diese Versammlung ist ohne Rücksicht auf die Höhe der vertretenen Anteile beschlußfähig. Hierauf ist bei der Einberufung hinzuweisen, § 25 Abs. 4.

Zur Einberufung der **Wiederholungsversammlung** wird der Verwalter nur insoweit veranlaßt, als **Beschlußfähigkeit** nicht gegeben ist. Fehlt es nur bezüglich bestimmter Tagesordnungspunkte an der Beschlußfähigkeit (wegen bestehender Stimmrechtsausschlüsse), wird er die Wiederholungsversammlung nur für diese Tagesordnungspunkte einberufen, im übrigen jedoch die Versammlung durchführen. Die Tagesordnung der Wiederholungsversammlung kann bei der erneuten Ladung durch neue Tagesordnungspunkte ergänzt werden. Allerdings ist der Verwalter dann verpflichtet, in der Ladung darauf zu verweisen, daß bezüglich dieser Ergänzungspunkte auch in der Wiederholungsversammlung Beschlußfähigkeit i.e. Sinne gegeben sein muß.[105]

377 Umstritten ist nach wie vor folgende Frage: Darf der Verwalter durch sogenannte **Eventualeinberufung** mit der Ladung zur – ersten – Versammlung für den Fall, daß **Beschlußfähigkeit** nicht erreicht wird, die Einladung zu einer zweiten, eine halbe Stunde später beginnenden Versammlung verbinden, bei der dann das Quorum nach § 25 Abs. 4 entfällt? Die h.M. hält es für zulässig, dieses procedere in der Gemeinschaftsordnung mit der Maßgabe vorzusehen, daß die Wohnungseigentümer bei der Einberufung darauf hinzuweisen sind, daß die Ersatzversammlung in jedem Falle beschlußfähig ist; denn § 24 Abs. 4 ist **abdingbar.**[106] Ist § 25 Abs. 4 S. 2 nicht abbedungen,

---

[103] KG NJW-RR 1991, 530.

[104] KG NJW-RR 1997, 1171 = ZMR 1997, 487 = WE 1998, 31 (Eigentümerversammlung in frei zugänglichem Gaststättenraum, im Vorgarten); OLG Frankfurt ZMR 1995, 326 (offener Gastraum).

[105] Bärmann-Merle, § 25 Rz. 85; OLG Frankfurt Rpfleger 1983, 22.

[106] BayObLG WE 1990, 140, das es für den Fall der vereinbarten Eventualeinberufung zur Pflicht macht, den Übergang in die zweite Versammlung, die ohne Einschränkung beschlußfähig ist, förmlich festzustellen; s.a. BayObLG WE 1991, 49; WM 1995, 500; OLG Köln NJW-RR 1990, 26; Bärmann-Merle, § 25 Rz. 88; Weitnauer, § 25 Rz. 6.

und der Hinweis auf die Beschlußfähigkeit unterblieben, liegt kein zur Ungültigkeit des Eigentümerbeschlusses führender Einberufungsmangel vor, wenn bei der Wiederholungsversammlung die Beschlußfähigkeit für eine Erstversammlung erreicht wird.[107]

Die h.M. verneint jedoch die Möglichkeit der sogenannten Eventualeinberufung, sofern sie nicht in der Gemeinschaftsordnung vorgesehen ist.[108]

Diese Rechtsauffassung orientiert sich eindeutig und klar am Gesetzestext. Danach ist die **Einberufung** einer **neuen Versammlung** erst möglich, wenn sich die **Beschlußunfähigkeit** der Erstversammlung herausgestellt hat. In diesem Zusammenhang ist wegen der Abdingbarkeit des § 25 Abs. 3 zu empfehlen, in die Gemeinschaftsordnung eine Bestimmung aufzunehmen, nach der jede Eigentümerversammlung von vorneherein jedenfalls beschlußfähig ist, ohne daß es auf die Anzahl der erschienenen Wohnungseigentümer ankäme. Eine solche Bestimmung, die auch durch bestandskräftigen Mehrheitsbeschluß einführbar wäre, hätte den Vorteil, daß sich damit die Notwendigkeit der Einberufung einer neuen Versammlung erübrigte, daß sich die Rechtsfrage nicht stellte, ob die Einberufung einer Eventualversammlung ohne entsprechende Regelung in der Gemeinschaftsordnung zulässig ist, und daß auch die Beantwortung der Rechtsfrage überflüssig wäre, ob bei der Feststellung der Beschlußfähigkeit alle anwesenden, bzw. vertretenen Wohnungseigentümer zu berücksichtigen seien, oder lediglich die Stimmberechtigten.

Ist mangels einer entsprechenden Regelung in der Gemeinschaftsordnung die Eventualeinberufung nicht zulässig, verbietet sich auch die „sofortige" Einberufung einer neuen Versammlung in der Erstversammlung nach Feststellung der Beschlußunfähigkeit.[109]

6.3.3 Stimmrechtsfragen und Stimmrechtsausschlüsse

6.3.3.1 Stimmrechtsfragen

Nach § 25 Abs. 2 S. 1 hat jeder Wohnungseigentümer 1 Stimme. Das Ge- **378**
setz geht also vom **Kopfprinzip** aus und gibt auch dem Wohnungseigentümer nur eine Stimme, der Eigentümer mehrerer Wohnungen ist.[110] Die Bestimmung ist personen- und nicht sachbezogen. Diese Regelung führt meist zu Unbilligkeiten, insbesondere dann, wenn der **Kostenverteilungsschlüssel** (§ 16 Abs. 2) sich an den Miteigentumsanteilen orientiert („wer zahlt, schafft an").

---

[107] OLG Frankfurt Rpfleger 1983, 22.

[108] OLG Bremen Rpfleger 1980, 295; KG ZMR 1986, 189; OLG Köln NJW-RR 1990, 26; Bärmann-Merle, a.a.O.; Weitnauer, a.a.O.

[109] Bärmann-Merle, a.a.O.; Weitnauer, a.a.O.

[110] BGHZ 49, 250; BayObLG NJW-RR 1986, 566; OLG Karlsruhe WM 1988, 325; KG Rpfleger 1978, 24; OLG Hamm Rpfleger 1978, 182; Weitnauer, § 25 Rz. 8; Bärmann-Merle, § 25 Rz. 27.

§ 25 Abs. 2 S. 1 ist zweifelsfrei **abdingbar.**[111] Das **Stimmrecht** kann sowohl nach der Zahl der Sondereigentumsrechte, als auch nach Miteigentumsanteilen geregelt werden.[112] Auch in einer Gemeinschaft, die nur aus zwei Wohnungseigentümern mit unterschiedlich großen Miteigentumsanteilen besteht, kann das Stimmrecht abweichend von § 25 Abs. 2 Satz 1 nach der Größe der Anteile bestimmt werden.[113] Gilt das Kopfprinzip, haben allerdings mehrere Miteigentümer, Gesamthandeigentümer **einer** Wohnung nur 1 Stimme, die sie nur einheitlich ausüben können, § 25 Abs. 2 S. 2. Haben **Ehegatten** gemeinsam je zur Hälfte 2 Eigentumswohnungen, haben sie ebenfalls insgesamt nur 1 Stimme, die sie nur einheitlich ausüben können. Der Sinn des Kopfprinzips ist, der **Majorisierung** vorzubeugen, die bei einem nach Miteigentumsanteilen orientierten Stimmrecht insbesondere dann praktische Bedeutung erhält, wenn der Bauträger – noch – Eigentümer mehrerer Wohnungen ist. Einigen sich die mehreren Eigentümer 1 Wohnung nicht auf ein Votum, ist die Stimme unwirksam.[114] Dies gilt i.ü. für jede Stimmrechtsregelung. Tatsächliche Schwierigkeiten können hier insbesondere dann auftauchen, wenn einer Vielzahl von Wohnungseigentümern die als **Hausmeisterwohnung** genutzte Wohnung gehört. Vor Abgabe der Stimme muß sich diese Sondergemeinschaft auf einen Nenner verständigen (vgl. § 745 Abs. 2 BGB; bei Miterben § 2038 BGB). Die Bestellung eines **gemeinschaftlichen Vertreters** zur einheitlichen Stimmrechtsausübung für ein in **Bruchteilsgemeinschaft** bestehendes Teileigentum (z.B. Tiefgarage) ist durch Mehrheitsbeschluß der Teilhaber jedenfalls soweit möglich, als es um die im üblichen Rahmen liegenden Verwaltungsmaßnahmen geht.[115]

379 Ist ein Wohnungseigentum mit einem **Wohnungsrecht** im Sinne des § 1093 BGB, einem **Dauerwohnrecht** im Sinne des § 31 oder mit einem **Nießbrauch** belastet, verbleibt nach hier vertretener Auffassung das **Stimmrecht** beim Wohnungseigentümer.[116] Der BGH[117] gab in einem Fall des **dinglichen Wohnrechts** dem dinglichen Berechtigten das Stimmrecht insoweit, als es um die Benützung der Räume und des gemeinschaftlichen Eigentums geht. Die genannte Entscheidung des BGH erging nicht in einer WEG-Sache und betraf das Innenverhältnis zwischen dem Wohnungsberechtigten und dem Eigentümer, kraft dessen dieser vertraglich verpflichtet

---

[111] BayObLG WE 1991, 83; WE 1990, 111; NJW-RR 1986, 566; KG WE 1994, 370; OLG Zweibrücken Rpfleger 1989, 453; Bärmann-Merle, § 25 Rz. 28; Weitnauer, § 25 Rz. 8.

[112] S. FN 111, insbesondere aber auch BayObLG Rpfleger 1982, 143.

[113] BayObLG NJW 1986, 1692; s.a. OLG Oldenburg NJW-RR 1997, 775 (Zulässigkeit von Mehrheitsbeschlüssen in zweigliedriger Gemeinschaft).

[114] OLG Celle NJW 1958, 307; Bärmann-Merle, § 25 Rz. 42.

[115] BayObLG WM 1990, 322 = WE 1991, 226.

[116] So wie hier: Soergel/Stürner, § 25 Rz. 7; MünchKomm-Röll, § 25 Rz. 13 a; Lotz-Störmer, S. 627; Staudinger-Bub, § 25 Rz. 129; so nunmehr im Falle des Nießbrauchs auch BayObLG ZMR 1998, 708.

[117] BGH Rpfleger 1977, 55 = MDR 1977, 299 = DNotZ 1978, 157 = ZMR 1979, 56.

sein kann, dem Wohnungsberechtigten eine für sämtliche Versammlungen gültige, aber inhaltlich beschränkte Stimmrechtsvollmacht zu erteilen. Das KG[118] billigt dem **Nießbraucher** das alleinige Stimmrecht jedenfalls in den Angelegenheiten zu, die sich auf die Verwaltung, den Gebrauch und die Nutzung des nießbrauchsbelasteten Wohnungseigentums beziehen. Das KG fügt hinzu, der Inhaber eines nießbrauchsbelasteten Wohnungseigentums erlange ein subsidiäres Stimmrecht, wenn der Nießbraucher von der Ausübung seines Stimmrechts gesetzlich ausgeschlossen ist oder sein Stimmrecht nicht wahrnimmt. Ähnlich entschied das OLG Hamburg.[119] Einer solchen Ausweitung des Stimmrechts kann aus grundsätzlichen wie auch aus praktischen Erwägungen nicht gefolgt werden. Den Nießbraucher mitstimmen zu lassen, ihm jedoch das Antragsrecht gemäß § 43 zu verwehren, wäre inkonsequent. So müßten nämlich auch Hausgeldanträge gegen den Nießbraucher als im WEG-Verfahren unzulässig zurückgewiesen werden. Die Ausweitung des Stimmrechts etwa auf den Nießbraucher ist mit dem Wortlaut des Gesetzes nicht vereinbar. Es ist die Privatangelegenheit des Eigentümers der belasteten Eigentumswohnung, ob er das Stimmrecht selbst ausüben will oder dem Nießbraucher in der notariellen Urkunde Vollmacht zur Stimmrechtsausübung erteilt. Das LG München II gibt dem Nießbraucher das Stimmrecht jedenfalls für die Verwalterbestellung.[120] Bärmann-Merle[121] gibt ausführlich den Meinungsstand wieder und gibt dem Nießbraucher für Teilbereiche ein Stimmrecht, so in Fragen des Gebrauchs des Sondereigentums und des gemeinschaftlichen Eigentums nach § 15, sowie in Fragen der Nutzung des gemeinschaftlichen Eigentums i.S.v. § 16 Abs. 1, nicht hingegen in Angelegenheiten, die über die ordnungsgemäße Verwaltung hinausgehen, also etwa bei baulichen Veränderungen i.S.v. § 22 Abs. 1, und in solchen Angelegenheiten, die die ordnungsgemäße Verwaltung des Wohnungseigentums nach § 21 Abs. 3 betreffen, z.B. Entscheidungen hinsichtlich § 16 Abs. 2. Insoweit könnten Nießbraucher und Wohnungseigentümer das Stimmrecht analog § 25 Abs. 2 S. 2 nur gemeinsam ausüben.

Die **Aufspaltung des Stimmrechts** und/oder die einheitliche Ausübung sind problematisch. Der Verwalter wäre oftmals gar nicht in der Lage zu beurteilen, ob der Beschlußgegenstand dem Wohnungseigentümer oder dem dinglich Berechtigten das Stimmrecht verleiht. Er müßte stets beide laden. Fehlt es an der Kommunikation zwischen Wohnungseigentümer und dinglich Berechtigtem – und sei es nur, weil sich keiner von beiden für zuständig hält –, verfällt die Stimme. Bleibt das Stimmrecht beim Wohnungseigentümer, beim Gemeinschafter, können Unklarheiten nicht entstehen. Es mag der Regelung des Innenverhältnisses zwischen Wohnungseigentümer und

---

[118] KG ZMR 1987, 274 = NJW-RR 1987, 973 = WE 1987, 126.

[119] OLG Hamburg NJW-RR 1988, 267.

[120] LG München II NJW-RR 1994, 1497.

[121] Bärmann-Merle, § 25 Rz. 11ff.; Weitnauer, § 25 Rz. 10, 11 (nur gemeinsame und einheitliche Stimmrechtsausübung).

dinglich Berechtigtem überlassen bleiben, ob der dinglich Berechtigte in **Vollmacht** des Wohnungseigentümers zur Abgabe der Stimme berechtigt ist.[122]

380 Ist **Zwangsverwaltung** über eine Wohnung angeordnet, übt der Zwangsverwalter als Partei kraft Amtes das Stimmrecht aus.[123] Gleiches gilt für den **Konkursverwalter,**[124] jetzt **Insolvenzverwalter.** Hat ein Wohnungseigentümer für mehrere Wohnungen nur eine Stimme (Kopfprinzip) und ist nicht für alle seine Wohnungen ein Zwangsverwalter eingesetzt, so kann die Stimme nicht gezählt werden, wenn sich Wohnungseigentümer und Zwangsverwalter über die Stimmabgabe (ja oder nein) nicht einig sind.[125] Auch der **Testamentsvollstrecker** übt das Stimmrecht aus.[125a]

381 Probleme entstehen bei der **„Vermehrung"** der Wohneinheiten.

- Der Wohnungseigentümer teilt seine Wohnung **nach § 8** in 2 selbständige Eigentumswohnungen auf. Nach dem **Kopfprinzip** ändert sich nichts, er hat nach wie vor 1 Stimme. Auch nach dem **Wertprinzip** bleibt alles beim alten, die 2 – neuen – Wohnungen haben insgesamt Miteigentumsanteile in gleicher Höhe. Nach dem sogenannten **Objektprinzip** würde er eine weitere Stimme erhalten. Dies wäre unbillig, weil dadurch die von den anderen Miteigentümern einmal erworbenen Mitgliedschaftsrechte in vermeidbarer Weise zugunsten eines Wohnungseigentümers beeinträchtigt würden.[126] Es ist aber nicht zu beanstanden, wenn die Gemeinschaftsordnung für diesen Fall eine **Erhöhung** der Zahl der Stimmen vorsieht.[127]
- **Veräußert** der Wohnungseigentümer ein so gebildetes Wohnungseigentum, oder wird ein Wohnungseigentum durch Unterteilung zu einem Teil veräußert oder wird aus Teilen mehrerer Rechte ein neues gebildet, erlangt der Erwerber mit dem Wohnungseigentum auch das **Stimmrecht**, im Falle des Kopf- und Objektprinzips ein neues. Die beim Kopf- und Objektprinzip eintretende **Stimmrechtsvermehrung** ist kein Grund, für die Veräußerung die Zustimmung der anderen Wohnungseigentümer zu verlangen.[128] Auch hier werden zwar die Mitgliedschaftsrechte der übri-

[122] So im Ergebnis auch Soergel/Baur, § 25 Rz. 2; Staudinger-Bub, § 25 Rz. 130; so auch Bader, ZfgWBay 1987, 313.

[123] OLG Hamm DWE 1987, 54; OLG Karlsruhe WE 1990, 105; offengelassen: BayObLG WM 1991, 308; Weitnauer, § 25 Rz. 12; Bärmann-Merle, § 25 Rz. 23; Staudinger-Bub, § 25 Rz. 139; s. differenzierend KG NJW-RR 1987, 77 = WE 1987, 120; WE 1990, 206; so nunmehr BayObLG v. 5. 11. 1998 – 2 Z BR 131/98 – (allerdings offengelassen, ob Stimmrechtsabspaltung für einzelne Bereiche).

[124] Bärmann-Merle, § 25 Rz. 25; Staudinger-Bub, § 25 Rz. 143; KG WE 1989, 28.

[125] KG NJW-RR 1989, 1162.

[125a] AG Essen NJW-RR 1996, 79.

[126] OLG Stuttgart OLGZ 1973, 179; BGH NJW 1979, 871; BayObLG NJW-RR 1991, 910; OLG Köln WE 1992, 259; Bärmann-Merle, § 25 Rz. 40; s. a. Staudinger-Bub, § 25 Rz. 154 ff.

[127] BayObLG a. a. O.

[128] BGHZ 49, 250; Weitnauer, § 25 Rz. 13; Bärmann-Merle, § 25 Rz. 39.

gen Wohnungseigentümer beeinträchtigt, doch ist dies die Folge der Veräußerlichkeit der Wohnungseigentumsrechte, die hinzunehmen ist.[129]

Zum **Vertretungsrecht** ist bereits in Abschn. 6.3.1 (Beschlußfähigkeit) **382**
Stellung genommen. In Ergänzung hierzu seien noch folgende Sonderfragen behandelt:

- Läßt sich ein Wohnungseigentümer rechtswirksam vertreten, hat er die Möglichkeit, seinem Vertreter ein bestimmtes Abstimmverhalten aufzuerlegen, **Einzelanweisungen** zu erteilen.[130] Diese Weisungen sind lediglich Gegenstand des internen Verhältnisses zwischen Wohnungseigentümer und Vertreter. Sie erzeugen keine Außenwirkung. Der Vertreter könnte also rechtswirksam in Abweichung von der erteilten Weisung abstimmen,[131] es sei denn, die Weisung ist zugleich eine Vollmachtsbeschränkung im Außenverhältnis. Dies mag schon deshalb gerechtfertigt sein, weil oftmals erst der Gedankenaustausch in der Versammlung bessere Erkenntnisse vermittelt und zu einer Meinungsbildung führen kann, die der ursprünglichen Auffassung entgegensteht. Eine ganz andere Frage ist, ob sich der „ungehorsame" Vertreter nicht **schadenersatzpflichtig** gegenüber dem Wohnungseigentümer macht, etwa aus dem Auftragsverhältnis heraus. Etwas anderes gilt, wenn dem **Verwalter** eine inhaltlich beschränkte Vollmacht vorgelegt ist. In diesem Falle ist eine der **Weisung** zuwiderlaufende Stimmabgabe unwirksam. Der Verwalter hat dann im Sinne des § 179 Abs. 3 BGB den Mangel der **Vertretungsmacht** positiv gekannt. Erstreckt sich die dem Verwalter vorgelegte Vollmachtsurkunde nur auf konkrete vorgesehene Themen, so ist der Vertreter bei den anderen Tagesordnungspunkten als nicht anwesend zu sehen. Dies kann wiederum die Frage der **Beschlußfähigkeit** berühren. Der Verwalter ist also im Falle vorgelegter schriftlicher Vollmachten gehalten, den Umfang dieser Vollmachten genauestens zu würdigen.
- Umstritten ist die Zulässigkeit der sogenannten **verdrängenden Vollmacht,** auch „integrierte" oder „institutionelle" Vollmacht genannt.[132] Mit ihr soll die Zahl der Teilnehmer an der Wohnungseigentümerversammlung dadurch verringert werden, daß durch die Gemeinschaftsordnung die Wohnungseigentümer verpflichtet werden, jeweils in Gruppen einen Vertreter zu wählen, der dann das Stimmrecht im Sinne der jeweiligen Mehrheitsentscheidung der Gruppe in der Wohnungseigentümerversammlung ausübt (Begriff des sogenannten **Wahlmännersystems**). Entgegen wohl h.M. ist diese Art von **institutionalisierter Vertretungsmacht** für unzulässig zu erachten.[133] Dabei spielt es entgegen Bärmann-

---

[129] Weitnauer, a. a. O.; a. A. Bärmann-Merle, a. a. O.

[130] Weimar BlGBWR 1978, S. 4 „Die Bevollmächtigung zur Ausübung des Stimmrechts durch einen Wohnungseigentümer".

[131] S. Bärmann-Merle, § 25 Rz. 56 zum Umfang der Vollmacht u. Rz. 68.

[132] So Tasche DNotZ 1974, 581 ff.

[133] Weitnauer, § 23 Rz. 7; Soergel-Stürner, § 25 Rz. 4; Staudinger-Bub, § 25 Rz. 202.

Merle[134] keine Rolle, ob und in welchem Umfange der einzelne Wohnungseigentümer noch eine Einflußmöglichkeit auf das Geschehen hat. Es ist ein Spiel um Worte, wenn man einerseits – mit Recht – befürwortet, ein genereller Ausschluß des Stimmrechts sei nicht zulässig, da damit ein wesentlicher Teil des Mitgliedschaftsrechts entzogen wäre,[135] dann aber andererseits eine – institutionalisierte – Stimmrechtsübertragung auf Zeit an eine bestimmte Anzahl von Wohnungseigentümern als unbedenklich ansieht, soweit ein Wechsel der Stimmrechtsinhaber danach möglich ist.[136] Die Zulässigkeit aller dieser Regelungen ist abzulehnen, weil sie letztendlich das Stimmrecht generell ausschließen. In allen diesen Fällen ist via Gemeinschaftsordnung das Stimmrecht ein für allemal „abgegeben". Die Möglichkeit des Wechsels der Vertreter steht dem nicht entgegen. Will ein Wohnungseigentümer in der Wohnungseigentümerversammlung selbst abstimmen, könnte er die Zulässigkeit des Ausscherens der Gruppe nur durch eine Änderung der Gemeinschaftsordnung erzielen.[137] Unter Hinweis auf BGHZ 3, 354 (zu KG und OHG) ist schließlich die **Abspaltung** des **Stimmrechts** von der mitgliedschaftsrechtlichen Stellung allgemein für mit dem WEG als unvereinbar zu erachten.

383 In einer **rechtlich in Vollzug gesetzten Gemeinschaft** ist nur der im Grundbuch eingetragene Wohnungseigentümer **stimmberechtigt**, sofern er nicht Mitglied der werdenden Gemeinschaft war und als solches ein Stimmrecht erworben hatte, das er durch die Invollzugsetzung nicht wieder verlor. Dies steht seit der Entscheidung des BGH[138] v. 1. 12. 1988 fest. Danach hat der Erwerber einer Eigentumswohnung vor der Umschreibung im Wohnungsgrundbuch in der Eigentümerversammlung einer vollständig rechtlich in Vollzug gesetzten Gemeinschaft auch dann kein eigenes (das des Veräußerers verdrängendes oder daneben bestehendes) Stimmrecht, wenn sein Übereignungsanspruch durch eine Vormerkung gesichert ist und Besitz, Nutzungen, Lasten und Gefahr auf ihn übergegangen sind. Ergo hat nur der im Wohnungsgrundbuch **eingetragene Wohnungseigentümer** in der Eigentümerversammlung einer vollständig rechtlich in Vollzug gesetzten Gemeinschaft das **Stimmrecht**. Nur derjenige, der das Stimmrecht hat, ist vom Verwalter zu laden. Vom BGH offengelassen ist die Frage, ob und gegebenenfalls unter welchen Voraussetzungen der Erwerber einer Eigentums-

---

[134] Bärmann-Merle, § 25 Rz. 67, 68.

[135] So LG München I Rpfleger 1978, 381; Schmid DNotZ 1975, 138; Tasche DNotZ 1974, 581 ff.

[136] So Bärmann-Merle, a. a. O.

[137] So wie hier insbesondere Weitnauer, § 23 Rz. 7; Diester, Rechtsfragen, Rz. 284 ff.; Schmid DNotZ 1975, 138; Weitnauer, Die unverzichtbare Handlungsfreiheit, in Festschrift für Friedrich Weber, Berlin 1975, S. 429/433; Weitnauer, DNotZ 1977, Sonderheft, S. 31/44; Wienicke, § 25 Anm. 2; wohl auch LG München I Rpfleger 1978, 381; vgl. auch BGHZ 3, 354; 20, 363; Staudinger-Bub, § 25 Rz. 202 u. § 23 Rz. 26 ff. zur Unzulässigkeit sog. Delegiertenversammlungen.

[138] BGH NJW 1989, 1087 = Rpfleger 1989, 150 = ZMR 1989, 154.

wohnung in der Eigentümerversammlung einer noch nicht vollständig rechtlich in Vollzug gesetzten Gemeinschaft ein Stimmrecht hat. Diese demnach höchstrichterlich noch offene Frage läßt die weitere Frage stellen, ab wann eine Gemeinschaft vollständig rechtlich in Vollzug gesetzt ist und ab wann als Vorgemeinschaft eine werdende Gemeinschaft entsteht. Es ist also zu unterscheiden zwischen dem sogenannten werdenden Wohnungseigentümer in einer rechtlich bestehenden Wohnungseigentümergemeinschaft – den es nach der genannten Entscheidung des BGH nicht mehr gibt – und den Erwerbern von Eigentumswohnungen in einer **werdenden Wohnungseigentümergemeinschaft,** auch faktische Gemeinschaft genannt. Die Problematik ist deckungsgleich mit der Frage, wer zu den Lasten und Kosten des gemeinschaftlichen Eigentums beizutragen hat. Der Autor will Wiederholungen einer systematischen Darstellung vermeiden und verweist daher auf die ausführliche Darstellung in Abschnitt 5.2.3., insbesondere 5.2.3.1. Insbesondere wird hinsichtlich der Kriterien des rechtlichen Entstehens einer Wohnungseigentümergemeinschaft und einer werdenden Gemeinschaft auch auf die Entscheidung des BayObLG v. 11. 4. 1990 verwiesen.[139]

Zweifelhaft erscheint in diesem Zusammenhang die Auffassung des KG,[140] vor Umschreibung des Wohnungseigentums sei der im Grundbuch – durch Auflassungsvormerkung – abgesicherte Erwerber regelmäßig als ermächtigt anzusehen, das Objekt- oder Anteilsstimmrecht des Veräußerers auszuüben und in Verfahrensstandschaft für diesen das gerichtliche Beschlußanfechtungsverfahren zu betreiben.

Als zulässig wird die Regelung in der Gemeinschaftsordnung angesehen, nach der sich der teilende Eigentümer so lange ein sog. **Vetostimmrecht** ausbedingt, als er noch Eigentümer einer Wohnung ist.[141]

6.3.3.2 Stimmrechtsausschlüsse

6.3.3.2.1 Probleme bei Mehrhausanlagen

In Literatur und Rechtsprechung ist seit langem anerkannt, daß in Ange- **384**
legenheiten, die nur einen abgrenzbaren Teil von Wohnungseigentümern angehen, das **Stimmrecht** auf die Beteiligten beschränkt ist, die von der Angelegenheit betroffen sind.[142] Praktische Bedeutung hat diese Problematik jedoch in der Hauptsache in Mehrhausanlagen. Begrifflich ist es nur dann möglich, daß eine Angelegenheit beispielsweise nur die Wohnungseigentümer eines Hauses betrifft, wenn die Wohnungseigentümer – etwa im Rah-

---

[139] BayObLGZ 1990, Nr. 24; s.a. WE 1992, 27; NJW-RR 1991, 531; ZMR 1998, 101 = WE 1998, 157.

[140] KG NJW-RR 1995, 147 = ZMR 1994, 525 = WE 1995, 119.

[141] BayObLG NJW-RR 1997, 1305 = ZMR 1997, 369 = WE 1997, 435.

[142] Schon BayObLGZ 1961, 322 = NJW 1962, 492 (Fahrradkellerfall); BayObLGZ 1975, 177; vgl. auch BayObLGZ 1984, 257; 1994, 98; ZMR 1996, 394 = WE 1996, 478; LG Wuppertal Rpfleger 1972, 451 = MittBayNot 1973, 74; Weitnauer, § 23 Rz. 10; Bärmann-Merle, § 23 Rz. 7 u. § 25 Rz. 77.

men einer **wirtschaftlichen Trennung** – abgrenzende Regelungen getroffen haben, sei es in der Gemeinschaftsordnung, sei es durch nachträgliche Vereinbarung, sei es durch bestandskräftigen Eigentümerbeschluß. Nur dann kommen entsprechende **Stimmrechtsbeschränkungen** in Betracht. Fehlt es an einer Abgrenzungsregelung, bleiben alle Wohnungseigentümer stimmberechtigt, auch wenn es bei einer **Mehrhausanlage** etwa nur darum gehen sollte, die turnusmäßige Nutzung eines Waschraums in einem der Gebäude festzulegen. Selbst der Beschluß etwa über die Erneuerung einer **Liftanlage** in *einem* der Gebäude der Mehrhausanlage eröffnet das Stimmrecht für alle Wohnungseigentümer, sofern nicht die Gemeinschaftsordnung eine entsprechende Stimmrechtsbeschränkung regelt.[143] Umgekehrt ist ein Beschluß, an dem alle Wohnungseigentümer beteiligt wurden, anfechtbar, wenn nach der Gemeinschaftsordnung etwa nur die Eigentümer e i n e s Gebäudes stimmberechtigt gewesen wären. Ein solcher Beschluß ist jedoch keinesfalls nichtig.[144]

385 Von praktischer Bedeutung ist die personale Einschränkung des Stimmrechts sicherlich auch dann, wenn eine Wohnanlage in **mehreren Bauabschnitten** erstellt wird. Stellt ein Bauträger in einer Einhausanlage die einzelnen Wohnungen nur nach Maßgabe des Verkaufs der einzelnen Wohnung fertig (Innenausbau), berührt dies das **Stimmrecht** nicht. Der Bauträger ist bezüglich der noch nicht fertiggestellten und nicht verkauften Wohnungen voll stimmberechtigt.

Errichtet der Bauträger abschnittsweise die einzelnen Häuser einer geplanten **Mehrhausanlage**, entfällt sein Stimmrecht insoweit, als es mit dem Wohnungseigentum der erst noch zu errichtenden Gebäude verbunden ist, und insoweit, als die Wohnungseigentümer des errichteten Gebäudes über Angelegenheiten beschließen, die nur sie betreffen. Auch hier gilt allerdings die Schranke, daß Entscheidungen mit **finanziellen** Folgen für alle i. S. d. § 16 Abs. 2 und solche über **bauliche Maßnahmen** i. S. d. § 22 Abs. 1 vom Bauträger mitgetragen werden müssen; denn auch er ist Miteigentümer am Gemeinschaftseigentum des errichteten Gebäudes.

Die Versammlung eines Teils der Wohnungseigentümer kann nicht über die Geltendmachung einer Forderung beschließen, die allen Wohnungseigentümern zusteht. Dies gilt auch dann, wenn hiermit – nur – die Belastung eines für diesen Teil der Wohnungseigentümer gesondert geführten Kontos rückgängig gemacht werden soll.[145]

---

[143] BayObLG a. a. O.; a. A. wohl Bärmann-Merle, § 25 Rz. 77, der auch ohne entsprechende Abgrenzungsregelung in bestimmten Fällen ein sog. Blockstimmrecht bejaht; so wohl auch Weitnauer, § 23 Rz. 10; s. a. OLG Köln WE 1998, 190; BayObLG NJW-RR 1994, 1236 = ZMR 1994, 328 = WE 1995, 96: selbst bei vereinbarter wirtschaftlicher Trennung haben alle Wohnungseigentümer Stimmrecht bei Abrechnungsgenehmigung.

[144] BayObLG DWE 1991, 103.

[145] BayObLG DWE 1984, 61.

6.3.3.2.2 Der Stimmrechtsausschluß nach § 25 Abs. 5

Ein Wohnungseigentümer ist **nicht stimmberechtigt**, wenn die Beschlußfassung 386

- die Vornahme eines auf die Verwaltung des gemeinschaftlichen Eigentums bezüglichen Rechtsgeschäfts mit ihm oder
- die Einleitung oder Erledigung eines Rechtsstreits der anderen Wohnungseigentümer gegen ihn betrifft oder
- wenn er nach § 18 rechtskräftig verurteilt ist.

§ 25 Abs. 5 ist **abdingbar.**[146] Dies hat zur Folge, daß ein Beschluß, der lediglich deshalb mit Mehrheit zustande kommt, weil der an sich ausgeschlossene mit Ja gestimmt hat, gültig ist, wenn er nicht aufgrund fristgerechter Anfechtung rechtskräftig für ungültig erklärt wird.

Der Meinungsstreit, der sich wegen § 25 Abs. 5 entfaltet hat, konzentriert sich auf die Frage, ob der **Stimmrechtsausschluß** nach dem Gesetzeswortlaut nur in den dort ausdrücklich geregelten Fällen zum Tragen kommt, also eine in sich abgeschlossene Regelung darstellt, oder ob der **Normzweck** ist, einem **allgemeinen Rechtsgedanken** entsprechend das Stimmrecht immer dann auszuschließen, wenn die Situation einer **Interessenkollision** gegeben ist.

Nach hier vertretener Auffassung bezweckt die Vorschrift, die Willenbildung in der Gemeinschaft von **privaten Sonderinteressen** freizuhalten, um so die Interessen der Gemeinschaft zu wahren. Wie die nachstehend behandelten Rechtsprechungsfälle allerdings zeigen, wird oftmals ein Stimmrechtsausschluß verneint, wo man einen solchen annehmen wollte. Wo auch immer eine Interessenkollision oder die Möglichkeit einer solchen entsteht bzw. besteht, ist § 25 Abs. 5 anwendbar.[147] Die Bestimmung ist eine besondere Ausprägung des § 181 BGB. Für eine unmittelbare Anwendung des § 181 BGB ist kein Raum, weil die Stimmabgabe eine einseitige Willenserklärung ist.

Der Stimmrechtsausschluß hat dort seine Schranke, wo die „Interessenkollision“ lediglich darin besteht, daß ein Geschäft lediglich **vorteilhaft** für einen Wohnungseigentümer ist, aber nicht mit „ihm“ geschlossen wird (z.B. Vorteil für Dachterrassenwohnungseigentümer bei Dachsanierungsauftrag an einen Dritten; Reparaturauftrag an den Ehegatten eines Wohnungseigentümers etc.).[148]

---

[146] OLG Düsseldorf ZfIR 1998, 158 m.w.N.; Soergel/Stürner, § 25 Rz. 10; Weitnauer, § 25 Rz. 1; Bärmann-Merle, § 25 Rz. 1; Staudinger-Bub, § 25 Rz. 14.

[147] Wie hier: Bärmann-Merle, § 25 Rz. 99; Riedel-Vollkommer Rpfleger 1966, 335ff.; OLG Karlsruhe OLGZ 1976, 145; OLG Hamm v. 2. 7. 1979 – 15 W 3/78 –; a.A. Weitnauer, § 25 Rz. 24; OLG Celle NJW 1958, 307.

[148] So auch Bärmann-Merle, § 25 Rz. 112; vgl. auch BayObLG v. 28. 10. 1998 – 2 Z BR 137/98 –: der Wohnungseigentümer, dessen Wohnung auf seinen Antrag hin zu gewerblichen Zwecken genutzt werden können soll, ist stimmberechtigt.

Der vom Stimmrecht Ausgeschlossene kann auch nicht in **Vollmacht** anderer Wohnungseigentümer mitstimmen, oder einen anderen bevollmächtigten.[149] Als lediglich Bevollmächtigter kann der an sich Ausgeschlossene das Stimmrecht aber dann ausüben, wenn der nicht ausgeschlossene Vollmachtgeber dem Bevollmächtigten Weisung zu einem bestimmten Abstimmverhalten erteilt und der Bevollmächtigte diese Weisung befolgt.

387 Nach der hier vertretenen Auffassung werden die Fälle der **Stimmrechtsausschlüsse** wie folgt zusammengefaßt:

- Abschluß eines **Reparatur- oder Liefervertrags** mit der Gemeinschaft
- Einräumung eines **Sondernutzungsrechts**[150]
- **einseitige Willenserklärungen** der Gemeinschaft gegenüber dem Wohnungseigentümer, wie Kündigung etwa des Hausmeistersvertrags mit ihm, Rücktritt und Wandelung bezüglich eines mit ihm geschlossenen Liefervertrags; auch wenn demnach § 25 Abs. 5 für Rechtshandlungen jeder Art gilt – nicht lediglich für Vertragsabschlüsse –, ist ein Stimmrechtsausschluß für den Fall zu verneinen, daß eine Wohnungseigentümergemeinschaft einzelnen Wohnungseigentümern etwa den **unentgeltlichen Auftrag** erteilt, alleine oder turnusmäßig bestimmte Tätigkeiten für die Gemeinschaft auszuüben, die inhaltlich Teil der Arbeiten sind, die üblicherweise einem Hausmeister übertragen werden können (z.B. Heizungsbedienung);
- **Mahnungen, Aufforderungen, Fristsetzungen, Annahmeverweigerung**, sowohl im Zusammenhang mit einem bereits geschlossenen Vertrag als auch außerhalb (z.B. Abmahnung wegen Ruhestörung)
- keine Beteiligung des Wohnungseigentümers an der Abstimmung über seine **Entlastung als Verwalter** oder **Verwaltungsbeiratsmitglied**[151]

Ist der Verwalter Bevollmächtigter eines stimmberechtigten Wohnungseigentümers, kann er zur Erhaltung des Stimmrechts **Untervollmacht** erteilen. Dies soll aber nur möglich sein, wenn die Hauptvollmacht dies ausdrücklich zuläßt.[152]

- **Entlastung eines Wohnungseigentümers,** nachdem er von der Gemeinschaft mit der Durchführung einer Angelegenheit beauftragt war oder Befreiung von einer Verbindlichkeit in diesem Zusammenhang

---

[149] Bärmann-Merle, § 25 Rz. 120, 121; RGRK, § 34 Anm. 1; Weitnauer, § 25 Rz. 19; BayObLG Rpfleger 1983, 15 LS; WE 1991, 226; KG WE 1989, 134; NJW-RR 1989, 144; OLG Frankfurt MDR 1983, 672; OLG Zweibrücken DWE 1983, 92; ZMR 1992, 206; OLG Düsseldorf ZfIR 1999, 49 = ZMR 1999, 60 (Verwalter ist Bevollmächtigter bei Abstimmung über Kündigung des Verwaltervertrags).

[150] BayObLGZ 1974, 269.

[151] BayObLG Rpfleger 1979, 66; Rpfleger 1983, 14; NJW-RR 1987, 595 = WE 1987, 158; WM 1988, 327; OLG Stuttgart Rpfleger 1974, 361 = OLGZ 1974, 404; OLG Zweibrücken ZMR 1992, 206 (auch bei Abrechnungsgenehmigung); KG NJW-RR 1989, 144; Diester NJW 1970, 1107/1111; Diester Rpfleger 1969, 433; Bärmann-Merle, § 25 Rz. 108; Weitnauer, § 25 Rz. 20.

[152] OLG Zweibrücken a.a.O.; s.a. BayObLG ZfIR 1998, 357.

- Einleitung bzw. Durchführung von **Rechtsstreitigkeiten** (auch Beweissicherungsverfahren) gegen den **Eigentümer-Bauträger;** alle Rechtsstreitigkeiten der Gemeinschaft gegen einen Eigentümer einschließlich aller Prozeßhandlungen (Rücknahme, Verzicht, Rechtsmittel, Aussetzung, Fortsetzungsanträge, Vergleich, Anerkenntnis, sowie alle sonstigen, den Fortgang oder das Ende betreffenden Beschlüsse, Bestellung eines Rechtsanwalts). Ein Wohnungseigentümer, der zugleich Verwalter ist, ist auch dann nach § 25 Abs. 5 nicht stimmberechtigt, wenn er nicht in seiner Eigenschaft als Wohnungseigentümer, sondern als **Verwalter** gerichtlich in Anspruch genommen werden soll.[153]
- Ist der Wohnungseigentümer an einer **Personengesellschaft** (BGB-Gesellschaft, oHG, KG) beteiligt, ist er vom Stimmrecht ausgeschlossen, falls es sich um ein Rechtsgeschäft mit dieser Gesellschaft handelt. Ist Gegenstand der Beschlußfassung der Abschluß eines Mietvertrags über gemeinschaftliches Eigentum mit einer GmbH und Co KG, so ist auch die **persönlich haftende Gesellschafterin** dieser KG, die GmbH, nicht stimmberechtigt.[154] Umgekehrt ist eine KG als Eigentümerin nicht stimmberechtigt, wenn es um den Abschluß eines Vertrages mit ihrer persönlich haftenden Gesellschafterin geht.[155]
- Ist der Wohnungseigentümer **Geschäftsführer einer GmbH,** ist er vom Stimmrecht ausgeschlossen, falls es sich um ein Rechtsgeschäft mit dieser GmbH handelt.[156]
- Das gleiche gilt, wenn er **Alleingesellschafter einer GmbH** oder sonstigen juristischen Personen ist.[157]
- Ein Ausschluß vom Stimmrecht ist auch gegeben, wenn es sich um ein Rechtsgeschäft mit dem **gesetzlichen Vertreter** eines minderjährigen Wohnungseigentümers handelt.
- Generell ist festzustellen, daß auch immer dann ein Stimmrechtsausschluß gegeben ist, wenn eine **enge wirtschaftliche Verflechtung** anzunehmen ist. Die wirtschaftliche Verflechtung hat jedoch soweit zu gehen, daß der potentiell Auszuschließende und etwa der Vertragspartner der Gemeinschaft „interessengemäß als Einheit" zu betrachten sind.[158] So ist beispielsweise ein Wohnungseigentümer von der Beschlußfassung über die Erhöhung der Verwaltervergütung ausgeschlossen, wenn er mit dem

---

[153] BGH ZMR 1989, 182.

[154] BayObLG WE 1992, 27; NJW-RR 1995, 395 = WE 1995, 342 (Beauftragung eines Rechtsanwalts, mit dem ein Wohnungseigentümer eine Sozietät bildet).

[155] BGHZ 68, 107/110; BayObLG v. 15. 3. 1982 – 2 Z 2/81 – = DWE 1982, 67 (LS); WE 1990, 69; OLG Frankfurt OLGZ 1983, 175 f.

[156] OLG Oldenburg ZMR 1998, 195 (Wohnungseigentümer ist Gesellschaftergeschäftsführer einer GmbH und an ihr mit $^{49}/_{50}$ Anteilen beteiligt).

[157] OLG Oldenburg a. a. O.; BayObLG DWE 1982, 67.

[158] BGH a. a. O.; OLG Frankfurt a. a. O.; BayObLG a. a. O.; s. a. OLG Frankfurt MDR 1983, 672 u. OLG Zweibrücken DWE 1983, 92.

Verwalter wirtschaftlich so eng verbunden ist, daß man sein persönliches Interesse mit dem des Verwalters völlig gleichsetzen kann (in casu: Identität der Anteilsinhaber und des Geschäftsführers beider Gesellschaften und gemeinsames Büro).[159]

- **Zulässig** ist die Mitwirkung des Wohnungseigentümers bei **Wahlen,** die seine Person betreffen (Verwaltungsbeirat, Verwalter, Versammlungsvorsitzender).[160]
- Auch bei der **Abwahl als Verwalter** ist das Stimmrecht nicht ausgeschlossen.[161]
- Kein Stimmrecht ist bei der Abwahl gegeben, wenn gleichzeitig der **Geschäftsbesorgungsvertrag** aufgehoben wird,[162] oder die Abwahl aus **wichtigem Grund** erfolgt.
- Beschließt die Gemeinschaft, den Verwalter zur Einleitung eines gerichtlichen Verfahrens zu ermächtigen, in dem die Klärung einer zwischen den Wohnungseigentümern strittigen Frage über den Gebrauch eines gemeinschaftlichen Wäschepflegeraums herbeigeführt werden soll, und führt dieses Verfahren zu einem Antrag gegen einzelne Wohnungseigentümer, sind diese nicht stimmberechtigt.[163]
- Ist nach der Gemeinschaftsordnung eine **Nutzungsänderung** seines Sondereigentums durch Mehrheitsbeschluß möglich, ist dieser Wohnungseigentümer **stimmberechtigt.**[164]
- Sieht ein Eigentümerbeschluß die **Einleitung eines Rechtsstreits** gegen einen Wohnungseigentümer und einen Dritten vor, dann besteht ein Stimmrechtsausschluß auch insoweit, als der Dritte verklagt werden soll.[165]

---

[159] KG NJW-RR 1986, 642; OLG Frankfurt a.a.O. u. OLG Zweibrücken a.a.O.

[160] KG Rpfleger 1979, 65; OLG Hamm Rpfleger 1978, 182; OLG Celle NJW 1958, 307; OLG Karlsruhe OLGZ 1976, 145; OLG Stuttgart WEM 1980, 75; BayObLG WE 1990, 67; WM 1993, 488; WE 1991, 226; WE 1994, 184; KG NJW-RR 1987, 268; WE 1996, 70; Saarl. OLG WE 1998, 70 (selbst, wenn er Mehrheitseigentümer ist) = ZMR 1998, 50; Bärmann-Merle, § 25 Rz. 102; Weitnauer, § 25 Rz. 21; Staudinger-Bub, § 25 Rz. 305, § 26 Rz. 208, § 29 Rz. 31.

[161] Weitnauer, a.a.O.; Bärmann-Merle, § 25 Rz. 106 (wenn nicht gleichzeitig sein Anstellungsvertrag damit aufgehoben werden soll); Soergel/Stürner, § 25 Rz. 10; KG OLGZ 1979, 28; BayObLG NJW-RR 1987, 78 = WE 1987, 45.

[162] BayObLG NJW-RR 1987, 78, das aber zu Recht darauf verweist, daß die Abberufung des Verwalters i.d.R. zugleich die Kündigung des Verwaltervertrages enthält; OLG Düsseldorf ZfIR 1999, 49 = ZMR 1999, 60 (Kündigung des Verwaltervertrages).

[163] BayObLG DWE 1983, 94.

[164] BayObLG ZMR 1998, 173 = WE 1998, 75.

[165] BayObLG NJW-RR 1998, 231 (Ansprüche auf die die Rechtsstreitigkeiten gestützt werden, betreffen denselben Sachverhalt) = ZMR 1998, 44 = WE 1998, 353; vgl. auch BayObLG ZMR 1998, 504 (kein Stimmrechtsausschluß bei Beschluß, sich rechtliche Schritte gegen einen Wohnungseigentümer vorzubehalten, falls er eine bestimmte Nutzung von Räumen nicht unterläßt).

- Kein Stimmrechtsausschluß für betroffenen Wohnungseigentümer bei Zuordnung von **Sanierungskosten** zum Gemeinschaftseigentum oder zum Sondereigentum.[166]
- Bei der **Abrechnungsgenehmigung** ist der Wohnungseigentümer, der Verwalter ist, stimmberechtigt.[167]
- Der Wohnungseigentümer, dem **Klagebefugnis** erteilt werden soll, ist stimmberechtigt.[168]

Betreffen bei mehreren Berechtigten eines Wohnungseigentums die Gründe des Stimmrechtsausschlusses nur **einen** der Miteigentümer, erfaßt der Stimmrechtsausschluß das **gesamte** Wohnungseigentum.[169] Soweit die Gegenmeinung[170] den Stimmrechtsausschluß in diesem Falle nur dann bejaht, wenn der Kollisionsgrund alle Miteigentümer dieser Wohnung gleichermaßen berührt, wird damit dem Verwalter bei der Prüfung einer möglicherweise wichtigen Rechtsfrage eine kaum nachvollziehbare Bewertung aufgebürdet.

Der **Stimmrechtsausschluß** bedeutet nicht, daß der betroffene Wohnungseigentümer von der **Teilnahme an der Versammlung** ausgeschlossen ist. Er hat auch weiterhin Anspruch auf rechtliches Gehör, auf Anhörung.[171] Der rechtswidrige Ausschluß eines Eigentümers von der Stimmberechtigung in der Wohnungseigentümergemeinschaft führt grundsätzlich zur Anfechtbarkeit der Beschlüsse. Der formelle Mangel ist jedoch dann ohne Folgen, wenn der Beschluß ordnungsgemäßer Verwaltung entsprach und die Gemeinschaft einen durchsetzbaren Anspruch gegen den Eigentümer auf Umsetzung der beschlossenen Maßnahme hatte, wenn also der angegriffene Beschluß ohnehin gefaßt werden mußte.[171a]

6.3.3.2.3 Die rechtsmißbräuchliche Stimmrechtsausübung

Die Ausübung des Stimmrechts ist insoweit versagt, als sie rechtsmißbräuchlich ist.[172] Dieser Grundsatz erhält praktische Bedeutung im Falle der **Majorisierung** bei vereinbartem Wertprinzip. Die Stimmrechtsausübung durch den Mehrheitseigentümer als solche ist nicht zu beanstanden. Voraussetzung ist jeweils, ob die **Stimmrechtsausübung** durch einen Mehrheitseigentümer **rechtsmißbräuchlich** ist. Ist sie rechtsmißbräuchlich, führt dies nicht etwa zur Nichtigkeit des Eigentümerbeschlusses, sondern allenfalls zur Unwirksamkeit auf Anfechtung hin. Eine rechtsmißbräuchliche Stimmrechtsausübung seitens des Mehrheitseigentümers kann nicht einmal allein 388

---

[166] OLG Düsseldorf ZfIR 1998, 158 = WE 1998, 146.
[167] BayObLG WE 1996, 234.
[168] KG NJW-RR 1994, 855 = WE 1994, 335.
[169] BayObLG NJW-RR 1993 206 = WE 1993, 345.
[170] Soergel/Stürner, § 25 Rz. 10; Ziege NJW 1973, 2185.
[171] Bärmann-Merle, § 25 Rz. 98; Weitnauer, § 25 Rz. 19.
[171a] OLG Köln WE 1998, 311.
[172] KG Rpfleger 1979, 65.

daraus hergeleitet werden, daß dieser sein absolutes Stimmenübergewicht zur eigenen Verwalterwahl oder zur Wahl eines Verwalters seines Vertrauens einsetzt, mit dem er wirtschaftlich eng verbunden ist oder auf den er durch sein Vertretungsorgan einen beherrschenden Einfluß ausüben kann.[173] Es ist also grundsätzlich in **jedem Einzelfall** zu prüfen, ob aufgrund des Gesamtverhaltens des Mehrheitseigentümers im Rahmen der konkreten Stimmabgabe, möglicherweise unter Berücksichtigung des Verhaltens des Mehrheitseigentümers bei vorausgegangenen Beschlußfassungen von einem **Rechtsmißbrauch** auszugehen ist. Nur wenn der Rechtsmißbrauch zu bejahen ist, wäre der Eigentümerbeschluß durch Anfechtung für ungültig zu erklären. Allerdings stellt sich die Frage nach einem Mißbrauch des Stimmrechts durch den Mehrheitseigentümer nicht, wenn sich auch bei gesetzlichem Stimmrecht (Kopfprinzip) eine Mehrheit für den Beschluß ergeben hätte.[174]

389 Nachstehend einige Rechtsprechnungsbeispiele aus der jüngeren Zeit:

- Es widerspricht ordnungsgemäßer Verwaltung, wenn mit den Stimmen einer **Mehrheitsgruppe** ohne vergleichende Kostenangebote ein **Reparaturauftrag** an ein weiteres Mitglied der Mehrheitsgruppe beschlossen wird.[175]
- Nur in dem Fall, in dem der Mehrheitseigentümer seine Majorität zu **gemeinschaftsfremden und eigennützigen Zielen** gegen den Willen der übrigen Wohnungseigentümer einsetzt, kann Rechtsmißbrauch sein.[176]
- Zum Vorwurf kollusiven Zusammenwirkens mit dem **Konkursverwalter**.[177]
- Es entspricht i.d.R. nicht ordnungsgemäßer Verwaltung, wenn der Geschäftsführer und die Alleingesellschafterin einer GmbH, die über die Mehrheit der Stimmen verfügen, mit ihrer Stimmenmehrheit gegen den Willen der übrigen Wohnungseigentümer die **GmbH zur Verwalterin** bestellen.[178]
- Wegen der grundlegenden Bedeutung der Bestellung eines **Verwalters** sind dessen **persönliche** und **fachliche Eignung** besonders kritisch zu prüfen, wenn ein Mehrheitseigentümer sein absolutes Stimmübergewicht zur Durchsetzung einer, seinen Interessen einseitig verbundenen Person einsetzt.[179]

---

[173] KG ZMR 1979, 54 = Rpfleger 1979, 65; NJW-RR 1986, 643; NJW-RR 1987, 268; NJW-RR 1988, 1173; s.a. OLG Zweibrücken ZMR 1990, 30 = Rpfleger 1989, 453.

[174] BayObLG WE 1990, 111.

[175] KG ZMR 1993, 383.

[176] OLG Düsseldorf ZMR 1997, 322 = WE 1997, 311 (Genehmigung eines Wirtschaftsplans); s.a. Saarl. OLG ZMR 1998, 50.

[177] BayObLG WE 1995, 93.

[178] BayObLG WE 1997, 115.

[179] OLG Düsseldorf ZMR 1995, 604 = WE 1996, 70 (Ehefrau).

– Der Mißbrauchstatbestand ist gegeben, wenn der **Zwangsverwalter** der überwiegenden Mehrheit der Wohnungen sein sich danach richtendes Stimmrecht mit dem alleinigen Ziel ausnutzt, den die Zwangsverwaltung betreibenden Gläubiger als Verwalter durchzusetzen.[180]

Diese grundsätzlich richtige Lösung des Problems ist dann unbefriedi- 390
gend, wenn die Minderheit der Wohnungseigentümer über Jahre hinweg mit **rechtsmißbräuchlichem Verhalten** des Mehrheitseigentümers bei den Abstimmvorgängen konfrontiert ist und aus diesem Grunde in jedem Einzelfall **Beschlußanfechtungsverfahren** anhängig gemacht werden müssen. Der Rechtsmißbrauch der Majorität ist insbesondere dann für eine Gemeinschaft bedrohlich, wenn der Mehrheitseigentümer die Genehmigung der vom Verwalter vorgelegten **Jahresabrechnungen** stets verweigert, vorgelegte **Wirtschaftspläne** nicht genehmigt und die Gemeinschaft deshalb im Ergebnis illiquid sein muß. In einem solchen Falle, der ja dazu führt, daß Eigentümerbeschlüsse überhaupt nicht zustande kommen, ist es auch äußerst schwerfällig, den Mehrheitseigentümer gemäß § 21 Abs. 4 durch das Gericht zur Genehmigung zu zwingen.

Es muß daher in vergleichbaren Extremfällen entgegen der herrschenden Rechtsprechung möglich sein, das **Stimmrecht** des Mehrheitseigentümers auf Antrag durch **gerichtliche Anordnung** für die Zukunft **zu beschränken.** Denkbar wäre auch eine Beschlußfassung der übrigen Wohnungseigentümer mit dem Inhalt der **Stimmrechtsabstufung,** ohne Beteiligung des Mehrheitseigentümers in analoger Anwendung des § 25 Abs. 5. In diesem Falle müßte der Mehrheitseigentümer den Stimmrechtsbeschränkungsbeschluß anfechten. Jede Stimmrechtsbeschränkung ist jedoch behutsam vorzunehmen. Sie sollte nur im Rahmen einer Abstufung auf knapp unter 50% zulässig sein, so daß die übrigen Wohnungseigentümer gehalten sind, jeweils vollzählig zur Wohnungseigentümerversammlung zu erscheinen, bzw. entsprechende Vollmachten zu erteilen, um eine erneute Majorisierung zu vermeiden.[181]

Zugegebenermaßen ist die – von den Wohnungseigentümern beschlossene oder gerichtlich verordnete – **generelle Stimmrechtsbeschneidung** des Mehrheitseigentümers äußerst problematisch; denn selbst der in der Vergangenheit zur Regel erkorene Rechtsmißbrauch durch den Mehrheitseigentümer läßt noch nicht den zwingenden Schluß zu, daß der Mehrheitseigentümer auch in Zukunft seine Majorität rechtlich mißbrauchen werde.

---

180 OLG Celle ZMR 1989, 436.

181 So im Grundsatz auch OLG Hamm Rpfleger 1978, 182; OLG Düsseldorf OLGZ 1984, 289; s. aber KG NJW 1988, 1173; NJW-RR 1987, 268; NJW-RR 1991, 213, das einen bestandskräftigen Mehrheitsbeschluß über Stimmrechtsbeschränkungen zumindest dann enden läßt, wenn neue Wohnungseigentümer in die Gemeinschaft eintreten; NJW-RR 1994, 525 = ZMR 1994, 168 = WE 1994, 370: kein Anspruch auf Änderung des Objektstimmrechts bei Gefahr der Majorisierung; Bärmann-Merle, § 25 Rz. 162; Weitnauer, § 25 Rz. 25.

Wenn man demnach die Möglichkeit der generellen Stimmrechtsbeschränkung verneint, muß jedenfalls folgendes Vorgehen als den Grundsätzen ordnungsmäßiger Verwaltung entsprechend angesehen werden: Der Mehrheitseigentümer hat im Rahmen eines konkreten Eigentümerbeschlusses seine Majorität mißbraucht. Die überstimmte Minderheit ficht erfolgreich an. Damit ist der konkrete Eigentümerbeschluß ungültig. Um nun zu verhindern, daß der Mehrheitseigentümer mit seiner Majorität erneut eine Beschlußlage herbeiführt, die dem für ungültig erklärten Beschluß entspricht, um also ein perpetuum mobile zu verhindern – permanenter Kreislauf zwischen Beschlußfassung, erfolgreicher Anfechtung und identischer neuer Beschlußfassung –, muß es möglich sein, für die weitere Abstimmung zum gleichen Thema den Mehrheitseigentümer durch gerichtliche Entscheidung zusammen mit der Ungültigerklärung des Erstbeschlusses auf die Minorität von etwa 25% zu setzen.

Nach h.M. ist also die Beschlußanfechtung der einzige Rechtsbehelf gegen den Stimmrechtsmißbrauch.[182]

6.3.4 Die Beschlußfassung

6.3.4.1 Vorbemerkungen

391 Beschlüsse können **einstimmig** und **mehrheitlich** gefaßt werden. Für Einstimmigkeitsbeschlüsse (Beschlüsse, denen alle stimmberechtigten Wohnungseigentümer zugestimmt haben – Literatur und Rspr. sprechen auch von „Allstimmigkeit") gelten die Bestimmungen des § 25 naturgemäß und logischerweise nicht. Dieser Abschnitt befaßt sich vorrangig mit dem Mehrheitsbeschluß. Daß **Vereinbarungen** der Wohnungseigentümer oftmals in der Form eines „einstimmigen Beschlusses" getroffen werden, läßt nicht den verfehlten Schluß zu, **einstimmige Beschlüsse** seien mit Vereinbarungen identisch. Im einstimmigen Beschluß über eine Gebrauchsregelung nach § 15 Abs. 1 (z.B. totales Tierhalteverbot) liegt eine Vereinbarung; der einstimmige Beschluß über eine bauliche Veränderung nach § 22 Abs. 1 S. 1 ist ein Beschluß. Auch ein einstimmiger Beschluß, der eine Regelung zum Inhalt hat, die über **Vereinbarungscharakter** verfügt, muß nicht notwendigerweise eine Vereinbarung sein. Die Unterscheidung ist in diesem Falle deshalb von Bedeutung, weil eine Vereinbarung nicht wie ein Beschluß anfechtbar ist (§ 23 Abs. 4), während auch ein einstimmig gefaßter Beschluß grundsätzlich anfechtbar bleibt. Die Grenzen für den Inhalt einer Vereinbarung sind durch die §§ 134, 138, 242 und 315 BGB gezogen. Das Wohnungseigentumsgericht kann die Feststellung der Unwirksamkeit einer Vereinbarung treffen, die jenseits der genannten Grenzen angesiedelt ist. Dabei

[182] KG a.a.O.; Bärmann-Merle, a.a.O.; Weitnauer, a.a.O.; s.a. OLG Düsseldorf NJW-RR 1995, 464 = ZMR 1995, 220.

kann die Feststellung der Unwirksamkeit einer Vereinbarung unter Berücksichtigung der Auslegungsregel des § 139 BGB auf selbständige Regelungspunkte der Vereinbarung beschränkt werden.[183] Ob im Einzelfall eine mit allen Stimmen getroffene Regelung als Eigentümerbeschluß oder als Vereinbarung auszulegen ist, beurteilt sich nicht nach der Bezeichnung, sondern nach dem **Inhalt,** wobei regelmäßig eine Vereinbarung dann anzunehmen ist, wenn ein Mehrheitsbeschluß nicht möglich wäre.[184] Gegenstand von **Mehrheitsbeschlüssen** sind in erster Linie und in der Hauptsache Gebrauchsregelungen bezüglich des Sondereigentums und des Gemeinschaftseigentums (§ 15 Abs. 2), Maßnahmen ordnungsmäßiger Verwaltung des Gemeinschaftseigentums (§ 21 Abs. 3), die Bestellung und Abberufung des Verwalters (§ 26), die Rechnungslegung durch den Verwalter (§ 28 Abs. 4), die Abstimmung über Wirtschaftsplan und Jahresabrechnung (§ 28 Abs. 5), sowie die Wahl des Verwaltungsbeirats (§ 29 Abs. 1). Hierzu zählt auch der Beschluß über die **Geltendmachung von Gewährleistungsansprüchen** wegen Mängeln am Gemeinschaftseigentum.[185] Darüber hinaus kann die Gemeinschaftsordnung Angelegenheiten, die nach der gesetzlichen Regelung einer Vereinbarung bedürfen, einer Beschlußfassung, auch einem Mehrheitsbeschluß überlassen.

Einstimmige Beschlußfassung ist vorausgesetzt bei baulichen Veränderungen und sogenannten Übermaßaufwendungen i. S. v. § 22 Abs. 1 S. 1 – **Betroffenheit** aller Wohnungseigentümer vorausgesetzt, Abs. 1 S. 2 –, sowie bei Änderungen des Gemeinschaftseigentums in seiner anfänglich festliegenden Substanz, bei Zustimmung zur Bebauung auf dem Nachbargrundstück[186] oder bei Aufhebung eines einstimmigen Beschlusses.[187]

Solange noch sämtliche Wohnungseigentumsanteile in einer Hand vereinigt sind, scheidet ein Beschluß im Sinne des § 23 schon begrifflich aus. Abänderungen der Teilungserklärung werden in diesem Stadium nur durch Eintragung im Grundbuch für alle Rechtsnachfolger verbindlich.[188]

6.3.4.2 Nichtige und fehlerhafte Beschlüsse

Ein – formal zustande gekommener – Beschluß ist nach § 23 Abs. 4 nur ungültig, wenn er gemäß § 43 Abs. 1 Nr. 4 für ungültig erklärt ist. Der **Anfechtungsantrag** ist binnen eines Monats seit der Beschlußfassung zu stellen. Diese **Monatsfrist** ist eine materiell rechtliche Ausschlußfrist, keine **392**

---

183 BayObLG NJW-RR 1990, 1102 = DWE 1990, 114 = WE 1991, 259; WE 1995, 245 zur teilweisen Ungültigerklärung eines Eigentümerbeschlusses und zur Befugnis des Gerichts, im Beschlußanfechtungsverfahren die im Eigentümerbeschluß enthaltene Regelung zu ändern, zu ergänzen oder zu ersetzen.

184 BayObLG a. a. O.; WM 1989, 528; NJW-RR 1992, 81.

185 Vgl. auch BayObLG v. 1. 3. 1984 – 2 Z 33/83 –.

186 OLG Köln ZMR 1995, 552 = DWE 1996, 191.

187 BayObLG NJW-RR 1992, 403.

188 LG Frankfurt ZMR 1989, 351.

verfahrensrechtliche. Ein verspäteter Antrag ist demnach als unbegründet und nicht als unzulässig abzuweisen.[189]

Dies gilt für alle **fehlerhaften** Beschlüsse, die nicht absolut nichtig sind. Der Beschlußanfechtung bedarf es also, wenn die Fehlerhaftigkeit im Verstoß gegen **abdingbare** Gesetzesvorschriften, im Verstoß gegen **Vereinbarungen** der Wohnungseigentümer, oder in der Tatsache der Abänderung/Aufhebung solcher Vereinbarungen liegt, oder wenn der Beschluß im Widerspruch zum ordnungsmäßigen Gebrauch oder ordnungsmäßiger Verwaltung steht. Ein Beschluß ist absolut **nichtig,** wenn er gegen ein **zwingendes gesetzliches Verbot** oder gegen die **guten Sitten** verstößt, §§ 134, 138 BGB. Der Verstoß gegen ein gesetzliches Verbot liegt immer dann vor, wenn der Beschluß inhaltlich von unabdingbaren Gesetzesvorschriften abzuweichen versucht oder unter Umständen zustande gekommen ist, die ebenfalls einen solchen Gesetzesvorstoß darstellen. Die Frage nach der Nichtigkeit oder Anfechtbarkeit ist primär eine Frage nach der Abdingbarkeit involvierter Gesetzesvorschriften. Immer aber unterliegt der Beschlußfassung einer Mehrheit nur das gemeinschaftliche Eigentum, nicht das Sondereigentum.[189a]

Ist ein Beschluß **nichtig,** bedarf ein etwaiger Feststellungsantrag **nicht** der Einhaltung der Frist von einem Monat. Dies ergibt sich bereits aus § 23 Abs. 4 S. 2, 2. Halbsatz. Die Berufung auf die Nichtigkeit ist immer möglich. Entsprechendes gilt für den Antrag **festzustellen,** ob entgegen dem Inhalt der Versammlungsniederschrift ein Eigentümerbeschluß mit Stimmenmehrheit zustande gekommen ist oder nicht.[190]

Fraglich erscheint, ob die (Anfechtungs-)**Frist** auch dann gilt, wenn es darum geht, den **Inhalt** eines Eigentümerbeschlusses festzustellen. Die Frage ist also, ob der dann zu stellende Feststellungsantrag (nicht: Anfechtungsantrag) fristgebunden ist.

393 Geht es darum zu entscheiden, welchen – umstrittenen – Inhalt ein gefaßter Eigentümerbeschluß hat, geht es also darum, einen vom Inhalt der Versammlungsniederschrift abweichenden **Beschlußinhalt festgestellt** zu wissen, ist die Wahrung der Anfechtungsfrist ebenfalls entbehrlich. Mit Recht hat das BayObLG[191] Bedenken dagegen geäußert, die Wahrung der **Anfechtungsfrist** zur Voraussetzung für einen entsprechenden Feststel-

---

[189] BayObLG NJW 1990, 1372; KG WM 1993, 709; WE 1996, 233; Staudinger-Wenzel, § 43 Rz. 47.

[189a] BayObLGZ 1985, 345; OLG Düsseldorf WE 1996, 392 zur Schließung eines im Aufteilungsplan eingezeichneten Zugangs zu einer Teileigentumseinheit; solche Beschlüsse sind jedenfalls **nichtig.**

[190] OLG Celle DWW 1961, 29; BayObLG WEM 1979, 135; OLG Hamm WE 1990, 99; BGHZ 107, 268 (deklaratorische Bedeutung der Feststellung); Augustin, § 23 Rz. 12; Weitnauer, § 23 Rz. 24.

[191] BayObLG NJW-RR 1990, 210; Bärmann-Merle, § 43 Rz. 69 u. § 23 Rz. 169ff.; Staudinger-Wenzel, § 43 Rz. 37 u. 42; a.A. OLG Köln OLGZ 1979, 282; OLG Hamm OLGZ 1985, 147; Augustin, § 23 Rz. 19; s.a. KG NJW-RR 1991, 213.

lungsantrag zu machen; denn damit würde dem Inhalt der Versammlungsniederschrift nach Ablauf eines Monats seit Beschlußfassung rechtsgestaltende Wirkung beigemessen. Auch vertrage sich die Ansicht, die Frist von einem Monat sei zu wahren, kaum damit, daß der Antrag auf **Feststellung der Nichtigkeit** eines Eigentümerbeschlusses unbestritten auch noch nach Ablauf der Monatsfrist gestellt werden kann.

Von der beantragten Feststellung des Inhalts eines Beschlusses zu unter- **394**
scheiden ist der Antrag auf **Feststellung**, daß entgegen der Versammlungsniederschrift **kein Beschluß**, bzw. entgegen der Versammlungsniederschrift sehr wohl ein Beschluß zustande gekommen sei. Dieser Feststellungsantrag ist zulässig und innerhalb der **Beschlußanfechtungsfrist** zu stellen.[192]

Mehrheitsbeschlüsse, die an sich der Einstimmigkeit oder einer qualifi- **395**
zierten Mehrheit bedurft hätten, sind nach § 23 Abs. 4 nur dann ungültig, wenn sie gemäß § 43 Abs. 1 Nr. 4 rechtskräftig für ungültig erklärt sind. Für die Anwendung des § 23 Abs. 4 ist allerdings zwischen **Beschlüssen** und sogenannten **Nichtbeschlüssen** zu unterscheiden. Nur Beschlüsse unterliegen der Regel des § 23 Abs. 4. Hat dagegen die Abstimmung zu keinem Beschluß geführt, so gilt die Frist des § 23 Abs. 4 nicht. Die Regel, daß ein Beschluß vorliegt, wenn mehr als die Hälfte der Abstimmenden für den Antrag gestimmt haben, gilt grundsätzlich auch dann, wenn in Anbetracht des Beschlußgegenstandes für die Annahme eines Antrags eine **qualifizierte Mehrheit** oder **Einstimmigkeit** erforderlich ist. Solche Beschlüsse sind nicht nichtig, sondern nur **anfechtbar.**[193] Dies setzt jedoch voraus, daß der Antrag, wenn auch nur von einzelnen Beteiligten **in** oder **nach** der Versammlung, als angenommen angesehen wird. Ausnahmsweise liegt **kein Beschluß** vor, wenn nach den Umständen für alle Beteiligten keinerlei Zweifel daran bestand, daß der **Antrag wegen Nichterreichens der erforderlichen Mehrheit** bzw. der Einstimmigkeit **abgelehnt** wurde. Dies ist insbesondere der Fall, wenn schon bei der Antragstellung und noch vor der Abstimmung in der Versammlung klargestellt wurde, daß der Antrag nur angenommen sei, wenn er die erforderliche qualifizierte Mehrheit bzw. Einstimmigkeit erhalte, und wenn das Ergebnis nach der Abstimmung dahin formuliert ist, daß der Antrag wegen Nichterreichens der erforderlichen Mehrheit bzw. Einstimmigkeit abgelehnt sei. Da im Hinblick auf die Rechtssicherheit, die § 23 Abs. 4 gewährleisten soll, strenge Anforderungen zu stellen sind, muß wohl hinzu kommen, daß auch nach der Versammlung niemand das festgestellte Ergebnis in Zweifel zieht. Der Feststellung des Verwalters in der Ver-

---

[192] OLG Frankfurt NJW-RR 1993, 86; KG NJW-RR 1991, 213 = WE 1990, 207; LG Köln NJW-RR 1991, 214; a.A. Staudinger-Wenzel, § 43 Rz. 71, 72 u. Bärmann-Merle, § 23 Rz. 30ff. (konstitutive Wirkung der Verkündung des Beschlußergebnisses), der deshalb eine Beschlußanfechtung für erforderlich hält.

[193] BGHZ 54, 65/69; 73, 302/307; BayObLGZ 1971, 313/322; 1973, 78/81; DWE 1985, 56; Bärmann-Merle, § 23 Rz. 157; Weitnauer, § 23 Rz. 17.

sammlung oder im Protokoll allein kommt keine ausschlaggebende Bedeutung zu.[194]

396 Wird eine Beschlußanfechtung auf einen Verstoß gegen eine Regelung der Gemeinschaftsordnung gestützt, so kann dem nicht einredeweise entgegengehalten werden, der Antragsteller sei verpflichtet, einer Änderung dieser Regelung in der Gemeinschaftsordnung zuzustimmen.[195]

6.3.4.2.1 Beispiele für Nichtigkeit

397 – Die **Bestellung eines Verwalters,** soweit diese über 5 Jahre hinaus erfolgt. § 26 Abs. 1 S. 2 ist **unabdingbar.**[196] Allerdings ist nicht der ganze Beschluß nichtig, sondern nur die in ihm enthaltene Bestimmung, daß der Verwalter über 5 Jahre hinaus im Amte sein solle. Das Verwalteramt endet mit Ablauf der 5 Jahre ipso iure, ohne daß es irgendeiner Rechtshandlung bedarf, und ohne daß der Beschluß im übrigen (Verwalterbestellung bis zu 5 Jahren) nichtig wäre.[197]
– Beschlußmäßige Versagung der **Zustimmung zu einer Veräußerung** entgegen § 12 Abs. 2 S. 1[198] (diese Rspr. ist fraglich; auf die Ausführungen in Abschn. 3 wird verwiesen).
– Der Beschluß ist auch nichtig, wenn die Eigentümerversammlung **absolut unzuständig** ist.[199] Der Beschlußfassung der Wohnungseigentümer unterliegen nur solche Angelegenheiten, die das Wohnungseigentumsgesetz oder eine Vereinbarung der Wohnungseigentümer der Beschlußfassung unterstellen, § 23 Abs. 1. Für Beschlüsse über andere Bereiche fehlt demgemäß die **Beschlußkompetenz** mit der Folge, daß rechtmäßige Beschlüsse nicht ergehen können.[200] (Beispiele: Beschluß, daß die Wohnungseigentümer ihre Wohnungen nach bestimmten Richtlinien einzurichten haben; Beschluß über die zeitliche Nutzung eines Nachbargrundstücks,

---

[194] BayObLG DWE 1985, 56 = BayObLGZ 1984, 213/216; Hans. OLG Hamburg WEM 1984, 123; vgl. auch KG NJW 1969, 2205; BGHZ 59, 65/70; OLG Frankfurt v. 26. 11. 1984 – 20 W 130/84 –; WE 1986, 135 = DWE 1986, 64; BayObLG WE 1997, 280; NZM 1998, 866 = ZMR 1998, 707; s. a. KG NJW-RR 1992, 720 = WE 1992, 283 zur „Probeabstimmung"; s. a. BayObLG ZMR 1998, 643.

[195] BGH ZMR 1995, 483 = WE 1995, 371.

[196] BayObLG Rpfleger 1980, 391; NJW-RR 1995, 271 (nichtige Vereinbarung, wonach nur Wohnungseigentümer zum Verwalter bestellt werden können); WE 1995, 30 (nichtige Vereinbarung, wonach für die Verwalterbestellung ¾ Mehrheit erforderlich sei); KG NJW-RR 1994, 402 = ZMR 1994, 227 = WE 1994, 83 (nichtige Festlegung des Verwalterhonorars auf Dauer in Gemeinschaftsordnung).

[197] Weitnauer, § 26 Rz. 15.

[198] BayObLGZ 1980, 29; OLG Hamm WE 1993, 52.

[199] BayObLGZ 1975, 286; WEM 1980, 78; ZMR 1983, 106/107; ZMR 1986, 448; BayObLGZ 1990, Nr. 64; WM 1993, 701; WE 1995, 190; OLG Hamm WE 1991, 108; s. aber Kritik am „Dogma" der absoluten Unzuständigkeit: Staudinger-Bub, § 23 Rz. 113.

[200] BayObLGZ 1990, Nr. 64; Schmid, Unzuständigkeit der Wohnungseigentümerversammlung zur Beschlußfassung, MDR 1990, 297f.

das z. B. öffentlicher Grund ist; die Umwandlung von gemeinschaftlichem Eigentum in Sondereigentum unter gleichzeitiger Änderung der Miteigentumsanteile; Ansprüche eines Wohnungseigentümers aus der Verletzung seines Persönlichkeitsrechts durch einen anderen Wohnungseigentümer). Eine zur **Nichtigkeit** des Beschlusses führende Unzuständigkeit der Wohnungseigentümerversammlung ist nicht gegeben, wenn durch den Beschluß Kosten einzelner Wohnungseigentümer, die mit der Verwaltung des gemeinschaftlichen Eigentums im Zusammenhang stehen, zu Lasten aller Wohnungseigentümer übernommen werden. Hierzu können u. U. Anwaltskosten für eine Auflassungsklage gehören.[201] Hingegen ist ein Eigentümerbeschluß, der für Wohngeldrückstände **36,5% Zinsen** vorsieht, wegen absoluter Unzuständigkeit der Eigentümerversammlung nichtig.[202] Ein Eigentümerbeschluß, durch den eine Ermächtigung oder Vollmacht zur **Umwandlung** von Gemeinschaftseigentum in Sondereigentum oder umgekehrt erteilt wird, ist nichtig.[203] Ein Eigentümerbeschluß, der einen tatsächlich **unmöglichen** und damit **unvollziehbaren Inhalt** hat, ist ebenfalls nichtig (in casu: Beschluß über die Überdachung des Hauseingangs mit der Maßgabe, daß „der Beirat darauf zu achten hat, daß Art und Material dem Haus angepaßt werden, keine Lärmbelästigung entsteht, die daneben liegende Wohnung nicht benachteiligt wird und die Kosten dafür DM 5000,– nicht überschreiten").[204] Hingegen ist ein Eigentümerbeschluß, der die Nutzung eines im Gemeinschaftseigentum stehenden Kamins ausschließlich einem der Wohnungseigentümer zuweist, nicht nichtig, weil er keinen Eingriff in das Sondereigentum anderer Wohnungseigentümer enthält, auch wenn dadurch die Beheizung ihrer Räume erschwert wird.[205] Werden bei einer **Ferienpark-Anlage** das gemeinschaftliche Eigentum und alle im Sondereigentum stehenden Wohnungen **einheitlich verpachtet**, gelten die für die Verwaltung des gemeinschaftlichen Eigentums bestehenden **Zuständigkeiten** ausnahmsweise auch für das **Sondereigentum**, so daß die Wohnungseigentümerversammlung insoweit als zuständig anzusehen ist und Entscheidungen auch insoweit Mehrheitsbeschlüssen zugänglich sind.[206]

---

[201] BayObLG v. 29. 6. 1984 – 2 Z 15/84 –.

[202] BayObLG DWE 1985, 126; s. a. BGH WE 1991, 321 zum beschlossenen Pauschalzins.

[203] BayObLG NJW-RR 1987, 329; WE 1995, 27 (zur Zweckbestimmung im engeren und weiteren Sinne); OLG Köln NJW-RR 1997, 1442 = ZMR 1997, 376 (Umwandlung von Teileigentum in Wohnungseigentum).

[204] BayObLGZ 1974, 305/307; WE 1991, 50; WE 1997, 69 (nicht durchführbarer Beschluß zur Kostenverteilung); KG NJW-RR 1996, 844 = WE 1996, 385 (Umstellung des Kostenverteilungsschlüssels mit offenen Zweifelsfragen); s. aber BayObLG WM 1993, 707; WE 1994, 247; WE 1995, 245, wo für vergleichbare Fälle nur Anfechtbarkeit angenommen wurde; Augustin, § 23 Rz. 12.

[205] BayObLG ZMR 1988, 437.

[206] BayObLG WE 1992, 208; DWE 1991, 163 = WE 1992, 198.

– Eingriffe in den **Wesensgehalt** des Sondereigentums sind nichtig[207] (Beispiel: Beschluß über ein totales Vermietungsverbot).
– Ein gegen § 26 Abs. 2 verstoßender Beschluß – **Wiederwahl** des bisherigen Verwalters **länger als 1 Jahr vor Ablauf der Bestellungszeit** – ist nichtig.[208] § 26 Abs. 2, 2. HS steht der erneuten Verwalterbestellung zu einem Zeitpunkt, der länger als 1 Jahr vor Ablauf seiner bisherigen Amtszeit liegt, nicht entgegen, wenn seine neue Amtszeit mit der Neubestellung zu laufen beginnt, oder wenn sie z.B. erst ein halbes Jahr nach der Beschlußfassung wirksam werden soll.[209] § 26 Abs. 2 richtet sich gegen eine mögliche **Kettenbestellung** eines bestimmten Verwalters und erlaubt für den Fall einer Wiederbestellung eine Bindung auf maximal 6 Jahre ab Beschlußfassung.
– Auch wenn ein **Formerfordernis,** etwa notarielle Beurkundung, vereinbart ist, ist ein Eigentümerbeschluß ohne Einhaltung dieser Form nicht nichtig.[210] Ist ein Wohnungseigentümer geschäftsunfähig, so begründet dieser Umstand nicht die Nichtigkeit eines Eigentümerbeschlusses.[211]
– Nichtigkeit soll gegeben sein, wenn die Wohnungseigentümer die **Installation** von **Wärmemengenerfassungsgeräten** und die Einführung einer verbrauchsabhängigen Heizkostenabrechnung aus Gründen ablehnen, die außerhalb der Regelungsgegenstände des § 3 S. 2 HeizkVO liegen.[212]
– Keine Nichtigkeit hat hingegen ein **Abrechnungsgenehmigungsbeschluß** zur Folge, der die Abrechnung für das Kalenderjahr, in dem die Gemeinschaft entstanden ist, ohne Unterscheidung zwischen **Bauherrrenphase** und Wohnungseigentümergemeinschaft billigt.[213]

Das **Grundbuchamt** hat die Nichtigkeit eines Eigentümerbeschlusses unabhängig davon zu prüfen, ob die Nichtigkeit vom Wohnungseigentumsgericht bereits festgestellt ist.[214]

[207] BayObLG Rpfleger 1979, 446; AG München ZMR 1997, 326 (Wohnungseigentümer soll Rechte an einer im Sondereigentum stehenden Teilfläche aufgeben); OLG Düsseldorf WE 1996, 392 (Schließung eines im Aufteilungsplan eingezeichneten Zugangs zu einem Teileigentum).

[208] BayObLG DWE 1984, 125.

[209] OLG Hamm WE 1990, 104; BGH NJW-RR 1995, 780.

[210] BayObLG DWE 1984, 125 = WE 1986, 71.

[211] OLG Stuttgart DWE 1986, 60.

[212] OLG Hamm NJW-RR 1995, 465 = ZMR 1995, 173 = WE 1995, 153 (in casu: Ablehnung im Hinblick auf die wirtschaftliche Belastung der Wohnungseigentümer mit der Durchführung anderer Sanierungsmaßnahmen).

[213] BayObLG WE 1994, 247.

[214] BGH EBE 1989, 215; s.a. Röll „Der Nachweis von Beschlüssen der Wohnungseigentümerversammlung gegenüber dem Grundbuchamt“, Rpfleger 1986, 4.

6.3.4.2.2 Beispiele für anfechtbare Beschlüsse[215]

- Alle **Einberufungsmängel** (Form, Frist, Beschlußgegenstand in der Tagesordnung, Einberufung durch Wohnungseigentümer etc.) 398
- **Beschlußunfähigkeit** der Eigentümerversammlung
- **Verstoß gegen die Gemeinschaftsordnung**
- Verstoß **gegen den Grundsatz ordnungsmäßiger Verwaltung** (z.B. Hausordnung)
- **Fehlerhafte Gebrauchsbeschränkung**
- **Fehlerhafter Strafbeschluß**
- **Mehrheitsbeschluß** statt Einstimmigkeitbeschluß
- **Fehlerhafter Beschluß** über **Wirtschaftsplan und Jahresabrechnung**
- Ein Verstoß gegen die in der Gemeinschaftsordnung enthaltene Bestimmung, daß zur **Gültigkeit** eines **Eigentümerbeschlusses** die **Protokollierung** des Beschlusses erforderlich ist und das Protokoll von zwei von der Eigentümerversammlung bestimmten Wohnungseigentümern zu **unterzeichnen** ist, macht den Beschluß lediglich anfechtbar. Die Beachtung der Regelung ist keine Beschlußexistenz-, sondern lediglich eine **Gültigkeitsvoraussetzung.**[216]

6.3.4.3 Die Abstimmung (Beschlußfassung)

Antragsberechtigt in der Eigentümerversammlung ist jeder Woh- 399
nungseigentümer sowie der Verwalter. Dritte sind nicht antragsberechtigt.[217] Sieht man vom Verwalter ab, ist antragsberechtigt, wer stimmberechtigt ist. Dies bedeutet natürlich auch, daß etwa auch der **Zwangsverwalter** antragsberechtigt ist.[217a] Die Beschlußfassung kann aus der Annahme des Beschlußantrags und aus seiner Ablehnung bestehen, letzter auch **Negativbeschluß** genannt; dies deshalb, weil er nicht anfechtbar ist (seine Anfechtung würde den Anfechtenden nicht ans Ziel bringen, durch die Ungültigkeitserklärung käme kein positiver Beschluß zustande).[218] Kommt ein Beschluß nicht zustande, kann jeder Wohnungseigentümer nach § 15 Abs. 3, § 21 Abs. 4, § 43 vorgehen.[219]

Nicht jede Ablehnung eines Beschlußantrags muß ein Negativbeschluß sein. So kann ein Beschluß, daß Heizkostenzähler nicht eingebaut

---

[215] Vgl. hierzu sehr anschaulich in BayObLG DWE 1984, 124; NJW-RR 1998, 1164 = WE 1998, 274 (völlig ungeordneter Ablauf einer Versammlung).

[216] BGH ZMR 1997, 531 = DWE 1997, 117 = WE 1997, 466.

[217] Weitnauer, § 23 Rz. 12.

[217a] BayObLG v. 5. 11. 1998 – 2 Z BR 131/98 –.

[218] BayObLG DWE 1986, 95; WE 1988, 32; WE 1989, 109; WE 1991, 200; WE 1996, 146; WE 1997, 435; OLG Frankfurt OLGZ 1992, 437; OLG Zweibrücken WE 1988, 60; OLG Düsseldorf NJW-RR 1995, 206; Weitnauer, § 23 Rz. 17.

[219] Weitnauer, § 23 Rz. 18.

werden sollen, ein Verwalter nicht abberufen werden soll, anfechtbar sein, weil er neben der Ablehnung gleichzeitig eine Regelung für die Zukunft trifft.[220]

400 Die Stimmabgabe erfolgt grundsätzlich **mündlich.** Sie kann per Akklamation, Handzeichen, Hochheben einer Stimmkarte oder auf Zuruf durchgeführt werden. Möglich ist auch **schriftliche Stimmabgabe.** Auch die nicht namentliche, **geheime Abstimmung** ist möglich. Der Versammlungsvorsitzende bestimmt die Art der Abstimmung, sofern nicht auf einen **Geschäftsordnungsantrag** hin mit Mehrheit ein bestimmter Abstimmungsweg beschlossen wird, oder sofern nicht durch Vereinbarung oder durch bestandskräftigen generellen Eigentümerbeschluß die Art der Abstimmung geregelt ist.[221] Problematisch ist jede Abstimmungsform, die es nicht ermöglicht, im nachhinein das **exakte Stimmverhältnis** nachzuvollziehen. Dies macht eine Entscheidung des BayObLG vom 15. 3. 1984[222] erneut deutlich. Das Gericht entschied völlig folgerichtig: Wird entgegen einer Regelung in der Gemeinschaftsordnung nach Köpfen statt nach Miteigentumsanteilen abgestimmt, so ist der Eigentümerbeschluß nicht für ungültig zu erklären, wenn feststeht, daß die Mehrheit auch nach Miteigentumsanteilen gegeben war. Die **Nachvollziehbarkeit** ist im Anfechtungsfalle für den Verwalter wesentlich und unerläßlich. Der praktikabelste Weg des Abstimmungsvorgangs ist, daß der Versammlungsvorsitzende die Versammlungsteilnehmer namentlich aufruft und in einer Liste das jeweilige Votum festhält. Nur bei Beschlüssen von untergeordneter Bedeutung, deren Anfechtung nicht zu erwarten ist, ist eine Abstimmung per Akklamation o. ä. vertretbar, was sich im Protokoll als „mit Mehrheit angenommen" niederschlägt.

401 Ein **Mehrheitsbeschluß** ist wirksam **zustande gekommen,** wenn mehr als die Hälfte der anwesenden oder vertretenen Stimmen (Köpfe, Objekte, Miteigentumsanteile) in einer beschlußfähigen Versammlung einem Antrag zugestimmt haben (im Falle der Wiederholungsversammlung oder der Vereinbarung, daß § 25 Abs. 3 nicht gelten solle, entfällt das Erfordernis, daß mehr als die Hälfte der Miteigentumsanteile anwesend oder vertreten sein müssen).[223]

Bei Stimmengleichheit oder Überhang der Neinstimmen ist der Beschlußantrag nicht angenommen, ist kein – anfechtbarer – Beschluß zustande gekommen.

---

[220] BayObLG v. 6. 10. 1986 – 2 Z 14/86 –; DWE 1992, 64; WE 1993, 342; vgl. a. WE 1994, 310 = NJW-RR 1994, 658.

[221] KG ZMR 1985, 105; BayObLG WE 1990, 140.

[222] BayObLG DWE 1984, 93; DWE 1988, 73 = WE 1988, 205; DWE 1990, 152 = WE 1991, 81.

[223] Bärmann-Merle, § 23 Rz. 31 ff. setzen für die Wirksamkeit eines Beschlusses die förmliche Feststellung und Verkündung durch den Versammlungsleiter voraus.

Die Mehrheit ist allerdings nur nach der Zahl der abgegebenen **Ja-** und **Nein-Stimmen** zu berechnen, Enthaltungen sind nicht mitzuzählen.[224]

Natürlich können die Wohnungseigentümer rechtswirksam vereinbaren, z. B. in der Gemeinschaftsordnung, daß **Stimmenthaltungen** als **Gegenstimmen** gelten. Einer solchen Vereinbarung steht zwingendes Recht nicht entgegen. Der Inhaltskontrolle nach § 242 BGB hält sie stand.[225] Das BayObLG stellt zurecht fest, der BGH habe in der genannten Entscheidung selbst darauf hingewiesen, daß eine solche Regelung vom Gesetzgeber hätte getroffen werden können, allerdings nicht getroffen wurde.

Das OLG Celle[226] will sich im Ergebnis der Konsequenz der Entscheidung des BGH dann nicht anschließen, wenn die Gemeinschaftsordnung für bestimmte Beschlußgegenstände eine **qualifizierte Mehrheit** („Zwei-Drittel-Mehrheit") vorsehe. In diesem Falle sei Voraussetzung für das Zustandekommen eines Eigentümerbeschlusses die **Mehrzahl von positiven Meinungsäußerungen** von Zwei-Drittel. Dies würde also bedeuten, daß bei einer Präsenz von 60% aller Miteigentumsanteile 40% auf Ja-Stimmen entfallen müßten. Würden 10% auf Enthaltungen entfallen, 20% auf Nein-Stimmen und lediglich 30% auf Ja-Stimmen, wäre nach Auffassung des Gerichts ein Beschluß in diesem Falle nicht zustande gekommen.

Zu empfehlen ist, daß der Versammlungsvorsitzende (i. d. R. der Verwal- 402
ter, § 24 Abs. 5) das **Abstimmungsergebnis** förmlich feststellt und diese Feststellung in die **Niederschrift** aufnimmt. Ist Verwalter eine GmbH, muß nicht deren Geschäftsführer die Versammlung leiten, es kann auch der Prokurist oder ein sonstiger, rechtsgeschäftlich bestellter Vertreter sein.[227] Die **Feststellung des Ergebnisses** der Abstimmung in der Niederschrift (aber wohl auch die mündliche in der Versammlung selbst) ist jedoch für die Frage des Zustandekommens eines Eigentümerbeschlusses nicht entscheidend, sie ist nicht einmal Voraussetzung für das Zustandekommen eines Beschlusses.[228] Die Feststellung hat nur **deklaratorische Bedeutung.** Die Feststellung des Verwalters in der Versammlung und in der Niederschrift ist nicht maßgeblich für die Frage, ob und mit welchem Inhalt ein Eigentümerbeschluß zustande gekommen ist. Hat der Verwalter im Rahmen der Feststellung des Ergebnisses durch **fehlerhafte Stimmenauszählung** das Zustandekommen eines Beschlusses festgestellt, ist nicht das festgestellte Ergebnis

---

[224] BGH Rpfleger 1989, 233 = EBE 1989, 46 = NJW 1989, 1090 = ZMR 1989, 266; s. a. Anm. Schwenn ZMR 1989, 344.

[225] BayObLG NJW-RR 1992, 83.

[226] OLG Celle WE 1991 330 = NJW-RR 1992, 86.

[227] OLG Schleswig DWE 1997, 160 = WE 1997, 388; KG NJW-RR 1991, 213.

[228] BayObLG DWE 1984, 62; WM 1996, 113; BayObLG ZfIR 1998, 717 = WE 1998, 511 mit Anm. Suilmann, WE 1998, 512; OLG Schleswig DWE 1987, 133; Weitnauer, § 23 Rz. 13; Staudinger-Bub, § 23 Rz. 164ff. (168); a. A. Bärmann-Merle, § 23 Rz. 30ff.

maßgeblich.[229] Eine Gleichstellung mit der Feststellung des Abstimmungsergebnisses in der Niederschrift über die Hauptversammlung einer Aktiengesellschaft ist unzulässig, weil § 130 Abs. 2 AktG – im Gegensatz zum WEG für die Eigentümerversammlung – ausdrücklich vorschreibt, daß in der Niederschrift das Ergebnis der Abstimmung und die Feststellung des Vorsitzenden über die Beschlußfassung – bei Meidung der Nichtigkeit (§ 241 Nr. 2 AktG) – anzugeben sind.[230] Anders ist wiederum folgender Fall zu beurteilen: Hat aufgrund der Stimmen eines Mehrheitseigentümers die nominelle Mehrheit für einen Antrag gestimmt, gibt jedoch der Versammlungsleiter bekannt, der Antrag habe keine Mehrheit gefunden, weil die von dem Mehrheitseigentümer abgegebenen Stimmen nur mit einer **Sperrminorität** von 25% berücksichtigt werden könnten, und gehen die Versammlungsteilnehmer anschließend davon aus, die Abstimmung sei insoweit negativ verlaufen, so bedarf es keiner Anfechtung und Ungültigkeitserklärung, um die Gültigkeit eines Beschlusses im Sinne der Annahme des Antrags zu vermeiden. Dies gilt selbst dann, wenn der Mehrheitseigentümer der Beurteilung des Abstimmungsergebnisses durch den Verwalter widersprochen hat.[231] Hier gilt im Grundsatz das zu FN 194 Gesagte entsprechend.

403 Die **Niederschrift** über die Wohnungseigentümerversammlung (§ 24 Abs. 6) ist lediglich eine **Privaturkunde** i. S. v. § 416 ZPO, der hinsichtlich der Richtigkeit ihres Inhalts keine gesetzliche Beweiskraft zukommt.[232] Für die Feststellung, mit welchem Inhalt ein Eigentümerbeschluß gefaßt worden ist, können auch andere **Beweismittel** herangezogen werden. Von besonderer Bedeutung für die Feststellung sind objektive, für alle (auch die zukünftigen Wohnungseigentümer) erkennbare Umstände, die sich vor allem aus der Versammlungsniederschrift ergeben können.[233]

Auf einen **Feststellungsantrag** hin, es sei entgegen der Feststellung des Vorsitzenden kein Beschluß zustande gekommen oder umgekehrt, kann das Gericht ein anderes Abstimmungsergebnis feststellen.[234]

Probeabstimmungen führen zu keinem anfechtbaren Beschluß.[235] Die Entscheidung, einen Tagesordnungspunkt nicht in die Tagesordnung aufzunehmen oder einen solchen von dieser abzusetzen, ist jedenfalls dann ein anfechtbarer Beschluß, wenn ein Anspruch auf Beschlußfassung besteht.[236]

---

[229] BayObLGZ 1984, 213; NJW-RR 1990, 210; LG Lübeck DWE 1986, 63; KG NJW-RR 1991, 213 = WE 1990, 207; NJW-RR 1992, 720; s. a. BayObLG NZM 1998, 866 = ZMR 1998, 707.

[230] BayObLG a. a. O.; KG a. a. O.

[231] OLG Celle ZMR 1989, 436.

[232] BayObLG a.a. O.; BayObLGZ 1973, 68/75; 1982, 445/448; NJW-RR 1990, 210; KG Rpfleger 1979, 65; Weitnauer, § 24 Rz. 20.

[233] BayObLG NJW-RR 1990, 210.

[234] OLG Hamm OLGZ 1979, 296 = Rpfleger 1979, 342; s. a. FN 192.

[235] Weitnauer, § 23 Rz. 18; KG NJW-RR 1992, 720 = WE 1992, 283; s. a. BayObLG ZMR 1998, 643.

[236] BayObLGZ 1972, 150; Weitnauer, § 23 Rz. 18.

Das BayObLG schließlich hat bestätigt, daß § 139 BGB auf Eigentümerbeschlüsse anwendbar ist.[237]

6.3.4.4 Schriftliche Beschlüsse

Auch außerhalb der Versammlung können Beschlüsse gefaßt werden, § 23 Abs. 3. Solche Beschlüsse sind nur gültig, wenn alle Wohnungseigentümer ihre Zustimmung zu diesem Beschluß erteilen. Die **Zustimmung** aller Wohnungseigentümer darf sich nicht nur auf die **Form der schriftlichen Abstimmung** beschränken, sondern muß sich auf den **materiellen Inhalt** des beantragten Beschlusses erstrecken. Der Beschluß muß eben einstimmig sein.[238] An der Einstimmigkeit fehlt es, wenn sich zwar alle Wohnungseigentümer beteiligen, einige aber Bedingungen stellen.[239] 404

Die **Initiative zur Beschlußfassung** kann von jedem Wohnungseigentümer ausgehen, i.d.R. initiiert der Verwalter einen solchen Beschluß. Er gewinnt in kleinen Wohnungseigentümergemeinschaften zunehmend an Bedeutung. Der Beschluß liegt erst vor, wenn alle Zustimmungserklärungen dem Verwalter zugegangen sind.[240]

Vorher ist noch gar kein Beschluß vorhanden. Dies kann auch im **Zirkularwege** geschehen (sogenanntes Umlaufverfahren). Üblicherweise wird die Stimmabgabe befristet.

Einstimmigkeit wird also auch für Beschlußgegenstände gefordert, die ansonsten einem Mehrheitsbeschluß zugänglich sind.

Ein nicht einstimmig zustande gekommener „Beschluß" ist kein nichtiger Beschluß, sondern ein **Nichtbeschluß.**[241] Inhaltlich handelt es sich um eine einstimmige Mehrheitsentscheidung. Dies ist für die Frage von Bedeutung, ob auch hier die für Mehrheitsentscheidungen maßgeblichen Stimmrechtsfragen eine Rolle spielen, und ob eine Anfechtung möglich ist, die bei Vereinbarungen zu verneinen ist.[242] Ein schriftlicher Beschluß ist demnach i.d.R. nur dann eine Vereinbarung, wenn es sich um einen Beschlußgegenstand handelt, der inhaltlich Vereinbarungscharakter hat.

Handelt es sich um einen Beschlußgegenstand, der – z.B. bei **Mehrhausanlagen** – ein abgesondertes Stimmrecht verleiht, haben nur alle Wohnungseigentümer des betreffenden Hauses zuzustimmen.[243] Alle Wohnungseigentümer müssen zustimmen. **Stimmrechtsausschlüsse** (§ 25 Abs. 5) sind nicht zu berücksichtigen.[244] Hat der Beschlußgegenstand Ver-

---

[237] BayObLG Rpfleger 1983, 14; NJW-RR 1990, 1102 = DWE 1990, 114 = WE 1991, 259 (Anwendbarkeit des § 139 BGB auf Vereinbarungen); WE 1995, 245.

[238] Bärmann-Merle, § 23 Rz. 88.

[239] BayObLG WE 1995, 349.

[240] BayObLG MDR 1972, 145; OLG Hamburg MDR 1971, 1012; OLG Frankfurt Rpfleger 1979, 217.

[241] BayObLG DWE 1981, 55.

[242] S. Abschn. 6.3.4.1.

[243] Bärmann-Merle, § 23 Rz. 87.

[244] Bärmann-Merle, § 23 Rz. 90 mit zahlreichen Literaturhinweisen.

einbarungscharakter (z.B. Gebrauchsregelung nach § 15 Abs. 1 – völliges Verbot der Tierhaltung), ist es eine Vereinbarung, an der dann schon deshalb alle Wohnungseigentümer mitzuwirken haben, auch diejenigen, die im Beschlußfalle u.U. nicht mitstimmen könnten und müßten, weil nur die Angelegenheiten **eines** Hauses von mehreren betroffen sind.

Ist Beschlußgegenstand etwa die **Änderung der Gemeinschaftsordnung** (Änderung des Kostenverteilungsschlüssels), ist auch dies Vereinbarung, weil auch die Abänderung oder Aufhebung einer Vereinbarung **Vereinbarungscharakter** hat.

405 **Schriftlichkeit** setzt zwingend die Unterschriftsleistung voraus.[245] Es reicht nicht jede zuordnungsfähige Kenntlichmachung des Abstimmverhaltens (z.B. „Ja" beim Namen des Wohnungseigentümers auf der zirkulierenden Liste oder entsprechendes Ankreuzen, wenn für „Ja" und „Nein" jeweils eine besondere Rubrik vorgesehen ist). Wegen § 126 BGB muß jeder Wohnungseigentümer z.B. die Zirkularliste eigenhändig durch Namensunterschrift unterzeichnen. **Telegraphische** Einverständniserklärung oder Übermittlung durch **Telefax** genügen.

Stimmenthaltung führt zwangsläufig dazu, daß der Beschluß nicht zustande kommt (einstimmiges Ja!). Weder die Zustimmung zum schriftlichen Beschlußverhalten noch die inhaltliche Zustimmung zum Beschluß können nach dem Eingang der einzelnen Zustimmungserklärung beim Verwalter **widerrufen** werden.[246] Aus Gründen der Klarheit muß der Zustimmende gebunden sein.

406 Die **Anfechtungsfrist** beginnt nicht bereits mit Zugang der letzten Zustimmungserklärung beim **Verwalter**, sondern mit Zugang der an die Wohnungseigentümer gerichteten Mitteilung, daß der Beschluß zustande gekommen ist. Der **Beschluß** als solcher kommt jedoch mit Eingang der letzten Zustimmungserklärung zustande. Dies steht nicht in Widerspruch zu § 23 Abs. 4; denn das Gesetz geht von dem Regelfall aus, daß Beschlüsse in Eigentümerversammlungen gefaßt werden („Auch ohne Versammlung ..."). Während bei in Eigentümerversammlungen gefaßten Beschlüssen der Zeitpunkt des Beschlußzustandekommens allen Wohnungseigentümern ohne gesonderte Mitteilung bekannt sein kann, ist dies bei schriftlichen Beschlüssen nicht der Fall, so daß bei schriftlichen Beschlüssen allein die **Mitteilung über dessen Zustandekommen** die Beschlußanfechtungsfrist beginnen läßt. Der Verwalter ist also verpflichtet, die Wohnungseigentümer unverzüglich nach Eingang der letzten Zustimmungserklärung zu informieren. Dies kann

---

[245] Bärmann-Merle, § 23 Rz. 86; vgl. auch OLG Schleswig DWE 1997, 160 = WE 1997, 388 (eigenhändige Unterschrift in der Ladung).

[246] Weitnauer, § 23 Rz. 11; MünchKomm-Röll, § 23 Rz. 4; a.A. Palandt-Bassenge, § 23 Rz. 6; Soergel/Stürner, § 23 Rz. 5; Hans. OLG Hamburg MDR 1971, 1012, die die Unwiderruflichkeit erst eintreten lassen wollen, wenn die letzte Zustimmungserklärung beim Verwalter eingegangen ist; so auch Bärmann-Merle, § 23 Rz. 96; Staudinger-Bub, § 23 Rz. 219ff. (222).

zu einem unterschiedlichen Lauf der Anfechtungsfrist führen, ist jedoch in Kauf zu nehmen, da es andernfalls geschehen könnte, daß ein Wohnungseigentümer vom Zustandekommen des Beschlusses erst nach Ablauf der Anfechtungsfrist erfährt. Ihn dann lediglich auf die Möglichkeit zu verweisen, Wiedereinsetzung in den vorigen Stand zu beantragen, ist unzureichend.[247]

§ 23 Abs. 3 ist nur hinsichtlich des Modus der schriftlichen Abstimmung 407
abdingbar. Er ist jedoch **unabdingbar,** soweit die Zustimmung aller stimmberechtigten Wohnungseigentümer gefordert wird. Gemeinschaftsordnungen können nicht vorsehen, daß im schriftlichen Beschlußverfahren Mehrheitsentscheidungen möglich seien.[248]

Eine **Anfechtung des Beschlusses** mit der Begründung, er sei lediglich mit **Mehrheit** und **nicht einstimmig** geschlossen, ist begrifflich nicht möglich. Der Mangel der Einstimmigkeit führt dazu, daß kein Beschluß vorhanden ist. Anfechtbar ist ein solcher Beschluß aber mit der Begründung, er entspreche nicht ordnungsmäßiger Verwaltung. Für eine solche Anfechtung fehlt nicht das Rechtsschutzbedürfnis etwa deshalb, weil der Anfechtende dem Beschluß zugestimmt hat (vgl. im einzelnen hierzu Abschn. 8).

Wenn Weitnauer es schließlich für zulässig erachtet, daß ein Beschluß, der der Einstimmigkeit bedarf, in der Weise gefaßt wird, daß ein Teil der Wohnungseigentümer in der Versammlung, ein anderer aber schriftlich zustimmt,[249] wird damit gleichzeitig die weitergehende Frage angeschnitten, ob nicht auf diese Weise auch ein ungenügender Mehrheitsbeschluß, der gar nicht der Einstimmigkeit bedarf, aber mit sonstigen anfechtbaren Mängeln behaftet ist, „geheilt" werden kann (z.B. Beschlußunfähigkeit, Einberufungsmängel etc.). Der in der Versammlung gefaßte Beschluß ist zunächst einmal trotz dieser Mängel gültig. Der Beschlußvorgang ist abgeschlossen. Es ist nicht möglich, etwa bei unzureichender Mehrheit nachträglich noch so viele Stimmen schriftlich einzuholen, daß die Mehrheit numerisch gegeben ist. Es bliebe beim Mangel der Mehrheit.

§ 23 Abs. 3 gilt aber auch für die Zustimmung zu einem in der Versammlung gefaßten Beschluß. Dies bedeutet, daß im Ergebnis alle stimmberechtigten Wohnungseigentümer zustimmen müssen. Wer nicht in der Versammlung mit „Ja" gestimmt hat oder an der Versammlung nicht teilgenommen hat, kann die Zustimmung nachholen. Wer bereits in der Versammlung zugestimmt hat, muß dies nicht erneut tun. **Rückwirkende Heilung** for-

---

[247] S. zum Meinungsstand: Bärmann-Merle, § 23 Rz. 92ff. mit zahlreichen Literatur- u. Rspr.hinweisen; s.a. Staudinger-Bub, § 23 Rz. 217, 218.

[248] BayObLGZ 1980, 331 = DWE 1981, 55; BayObLGZ 1981, 384 = MittBayNot 1981, 27 = MDR 1981, 320; OLG Köln WEM 1977, 52; OLG Hamm OLGZ 1978, 292; WE 1993, 24; Palandt-Bassenge, § 23 Rz. 7; Soergel/Stürner, § 23 Rz. 5a; Augustin, § 23 Rz. 10; MünchKomm-Röll, § 23 Rz. 5; Erman/Ganten, § 23 Rz. 3; so nunmehr auch Weitnauer, § 23 Rz. 11; a.A. Bärmann-Merle, § 23 Rz. 99ff.; Staudinger-Bub, § 23 Rz. 44ff.

[249] Weitnauer, § 23 Rz. 11; KG OLGZ 1989, 43 = WM 1989, 91 = WE 1989, 135.

meller Mängel durch einen bestätigenden Beschluß ist analog § 144 BGB, § 244 AktG möglich.[250] Der erste – mangelbehaftete – Beschluß wird durch Ersetzung aufgehoben, es entsteht ein neuer Beschluß, der eine eigenständige **neue Anfechtungsfrist** auslöst.[251] Dieses procedere muß scheitern, wenn die Identität der in der Versammlung mit „Ja" Stimmenden nicht feststeht. Steht sie nicht fest, bleibt der Versammlungsbeschluß existent mit der Möglichkeit seiner Anfechtung. Wird er nicht angefochten, ist er gültig. Ein vom Beschlußgegenstand her identischer, schriftlicher Beschluß, der vorsorglich innerhalb der bezüglich des Versammlungsbeschlusses laufenden Anfechtungsfrist durch erneute Einholung der Zustimmung aller stimmberechtigten Wohnungseigentümer gefaßt wird, bedarf dann allerdings aus Gründen der Klarheit der ausdrücklichen Bestimmung, daß damit der – existente und fehlerhafte – Versammlungsbeschluß aufgehoben werde.

6.3.4.5 Beschlüsse zur Geschäftsordnung

408 Auch über Geschäftsordnungsfragen können Beschlüsse gefaßt werden. Sie betreffen das procedere in einer Eigentümerversammlung. Hierzu gehören: Wahl des Vorsitzenden der Versammlung, Änderung der Tagesordnung in der Reihenfolge, Beschränkung der Redezeit, Anträge auf Schließung der Rednerliste, Anträge auf Beendigung der Diskussion, Anträge zum Wahlmodus, Antrag auf Einsetzung eines Wahlausschusses, Ausschluß eines Nichteigentümers von der Teilnahme an der Eigentümerversammlung oder seine Zulassung.

Grundsätzlich regelt der Vorsitzende alle Geschäftsordnungsfragen, solange nicht aus der Mitte der Versammlung Antrag auf Abstimmung über eine Geschäftsordnungsfrage gestellt wird. Die Wohnungseigentümer beschließen hierüber **mit Mehrheit.** Naturgemäß müssen solche Anträge nicht in der Tagesordnung angekündigt sein. Sinnvolle Geschäftsordnungsanträge haben **Behandlungsvorrang** vor inhaltlichen Beschlußanträgen. **Beschlußfähigkeit** ist auch hier Voraussetzung. Ist sie z.B. noch nicht gegeben, weil noch nicht genügend Wohnungseigentümer erschienen sind, gilt der Geschäftsordnungsantrag als abgelehnt, der Vorsitzende entscheidet zu dieser Frage dann nach eigenem Ermessen. Eigentümerbeschlüsse zur **Geschäftsordnung** können selbständig nicht angefochten werden.[252]

6.3.5 Die Niederschrift

409 Nach § 24 Abs. 6 ist über die in der Versammlung gefaßten Beschlüsse eine Niederschrift aufzunehmen. Sie ist vom Vorsitzenden und einem Woh-

---

[250] BayObLGZ 1977, 439/446 = NJW 1978, 1387.
[251] BayObLGZ 1975, 284; 1977, 226.
[252] BayObLG NJW-RR 1987, 1363; BayObLGZ 1995, 407; ZMR 1997, 478 = WE 1997, 436; Bärmann-Merle, § 23 Rz. 141 u. § 43 Rz. 104.

nungseigentümer und, falls ein Verwaltungsbeirat bestellt ist, auch von dessen Vorsitzendem oder seinem Vertreter zu unterzeichnen. Die Unterschriftsleistung durch Verwaltungsbeiratsmitglieder kann aber nicht verlangt werden, wenn sie selbst an der Versammlung nicht teilgenommen haben; denn mit der Unterschriftsleistung bestätigt der Unterzeichner die **Richtigkeit des Protokolls** und damit der protokollierten Vorgänge. Sind die Verwaltungsbeiräte nicht anwesend, sollte dies aber im Protokoll vermerkt werden. Fehlt die Unterschrift einer Person, die gemäß § 24 Abs. 6 das Protokoll zu unterzeichnen hätte, ist der tatsächliche **Beweiswert** hinsichtlich der Richtigkeit und Vollständigkeit der Niederschrift beeinträchtigt.[253]

Jeder Wohnungseigentümer ist berechtigt, die **Niederschrift einzusehen.**

Das Versammlungsprotokoll soll zum einen den Beweis gefaßter Beschlüsse sichern und den Wohnungseigentümern durch Einsicht z.B. die Entscheidung über Beschlußanfechtungen erleichtern. Das Protokoll soll ferner den Sondernachfolger informieren, denn Beschlüsse wirken nach § 10 Abs. 3 ohne Grundbucheintragung gegen den Sondernachfolger. Das Protokoll ist nur **Privaturkunde** i.S.v. § 416 ZPO, der hinsichtlich der Richtigkeit ihres Inhalts **keine gesetzliche Beweiskraft** zukommt.[254] Es erfährt seine besondere Bedeutung jedoch auch dadurch, daß für die **Auslegung** von **Eigentümerbeschlüssen** allein der protokollierte Wortlaut und der Sinn, wie er sich aus unbefangener Sicht als nächstliegende Bedeutung ergibt, maßgeblich sind.[254a]

Die im Gesetz genannten Unterschriftspersonen sind dafür verantwortlich, daß das Protokoll angefertigt wird. Sie übernehmen durch ihre Unterschrift auch die Verantwortung für die Richtigkeit.

Die Niederschrift ist so rechtzeitig fertigzustellen, daß sie **vor Ablauf der Anfechtungsfrist** eingesehen werden kann. Geschieht dies nicht, können sich die Verantwortlichen, i.d.R. der Verwalter, sogar schadenersatzpflichtig machen.[255]

Der Verwalter hat die Niederschrift aufzubewahren. In welcher Form dies geschieht, steht in seinem Ermessen, soweit nicht die Wohnungseigentümer mittels Mehrheitsbeschlusses eine bestimmte **Aufbewahrungsart** verlangen (Beschlußbuch etc.).

---

[253] BayObLG WE 1991, 81.

[254] BayObLG MDR 1984, 495 = DWE 1984, 62 m.w.N.; NJW-RR 1990, 210.

[254a] OLG Köln WE 1995, 221; BayObLG NZM 1998, 866 = ZMR 1998, 707; BGH Rpfleger 1999, 19 = EBE 1998, 346 = NJW-RR 1998, 3713 = ZMR 1999, 41 = DWE 1998, 177 = ZfIR 1998, 713.

[255] LG Freiburg Rpfleger 1968, 93; BayObLGZ 1972, 246, das verlangt, daß die Niederschrift bis spätestens 1 Woche vor Ablauf der Anfechtungsfrist beim Verwalter zur Einsichtnahme aufliegt; WM 1990, 322 = DWE 1990, 159 = WE 1991, 229.

410 Das gleiche gilt für **Form** und **Inhalt** des Protokolls. Nach dem Gesetzeswortlaut ist ein **Ergebnisprotokoll** vorgeschrieben. Dabei handelt es sich nur um die Mindesterfordernisse eines Protokolls.

Die Erstellung eines **Ablaufprotokolls** in Form der Wiedergabe der einer Beschlußfassung vorausgegangenen Anträge, Erklärungen und Ereignisse ist nicht verboten.[256] Die Wohnungseigentümer können jedoch mit Mehrheit beschließen, daß der Verwalter als Versammlungsvorsitzender ein Ergebnis- oder Ablaufprotokoll zu erstellen habe. Dies entspricht ordnungsmäßiger Verwaltung.[257]

Die Wohnungseigentümer können die **Berichtigung** einer inhaltlich unrichtigen Versammlungsniederschrift im Verfahren nach § 43 Abs. 1 Nr. 2 verlangen.[258] Anspruchsgrundlage hierfür ist das Recht auf ordnungsmäßige Verwaltung (§ 21 Abs. 4) und auf Schutz des Persönlichkeitsrechts im Interesse eines geordneten Zusammenlebens der Gemeinschaft. Nicht jede Unrichtigkeit begründet einen Berichtigungsanspruch. Voraussetzung ist, daß rechtsgeschäftlich **erhebliche Willenserklärungen** falsch protokolliert worden sind. Dabei ist aber zu beachten, daß das Protokoll eine **Privaturkunde** im Sinne des § 416 ZPO ist und deshalb Beweis nur für die Urheberschaft des Ausstellers, nicht aber für die inhaltliche Richtigkeit der Urkunde gibt. Eine gesetzliche Beweiskraft kommt dem Protokoll nicht zu. Ein Berichtigungsanspruch kommt auch dann in Betracht, wenn die Verfasser des Protokolls bei der inhaltlichen Gestaltung einer Ablaufniederschrift, die über den gesetzlichen Mindestinhalt nach § 24 Abs. 6 Satz 1 hinausgeht, von ihrem Ermessen eindeutig fehlerhaft Gebrauch gemacht haben. Dabei ist der Umfang des Ermessensspielraums von der Bedeutung abhängig, die den Erklärungen und Erörterungen der Beteiligten im Hinblick auf bestimmte rechtliche Wirkungen zukommt. Dem Verfasser des Protokolls ist ein erheblicher **Ermessensspielraum** einzuräumen, wenn zu einem Tagesordnungspunkt lediglich Erörterungen der Wohnungseigentümerversammlung stattgefunden haben, jedoch ein Beschluß, der zu bestimmten rechtlichen Folgen führt, nicht gefaßt worden ist. Aufgabe der Niederschrift ist es nicht, abwesende Wohnungseigentümer vollständig über alle Diskussionsbeiträge zu unterrichten. Der einzelne Wohnungseigentümer ist darauf zu verweisen, innerhalb und außerhalb der Wohnungseigentümerversammlung selbst für seinen Standpunkt zu werben. Schließlich kann einem Wohnungseigentümer ein Berichtigungsanspruch wegen **Verletzung des Persönlichkeitsrechts** zustehen, wenn der Inhalt des Protokolls ihn rechtswidrig beeinträchtigt. Diskriminierende Feststellungen gegen einzelne Beteiligte sind daher berichtigungsfähig. Jedoch ist auch dabei zu berücksichtigen, daß nicht jede

---

[256] BayObLGZ 1972, 246/248; 1974, 86/89; 1982, 445; OLG Hamm OLGZ 1989, 314; Bärmann-Merle, § 24 Rz. 105; Weitnauer, § 24 Rz. 17.

[257] BayObLG MDR 1982, 939 = DWE 1982, 137.

[258] OLG Hamm WE 1989, 174; KG WE 1989, 139; BayObLG WE 1991, 81; Bärmann-Merle, § 24 Rz. 121.

Kritik an dem Verhalten eines Mitglieds der Eigentümergemeinschaft ein Angriff auf dessen Ehre ist. Der dem Verfasser eingeräumte Freiraum ist erst überschritten, wenn das abwertende Urteil zur bloßen Schmähung des Gegners herabsinkt, die jeden sachlichen Bezug zu dem vertretenen Standpunkt des Kritikers vermissen läßt.[259]

Die Niederschrift dient der Information über Inhalt und Zustandekommen von Beschlüssen und damit auch der Vorbereitung einer etwaigen Beschlußanfechtung.[260] Ein Ablaufprotokoll soll keine sachlich nicht gebotenen Wertungen, Schärfen, Bloßstellungen und Diskriminierungen enthalten.[261]

Als **Privaturkunde** begründet die Niederschrift nur den Beweis dafür, 411
daß ihr Inhalt von den Unterzeichnern herrührt.[262] Gleichwohl hat sie wegen der Wirkung von Beschlüssen gegen Sondernachfolger erheblichen **Beweiswert.**

Haben beanstandete Passagen keine rechtliche oder den Antragsteller sonst belastende Bedeutung, ist eine Berichtigung oder Streichung nicht erforderlich. Umfang und Gestaltung eines Ablaufprotokolls sind weitgehend **Ermessenssache.** Ein Anspruch auf Aufnahme zusätzlicher Sätze besteht nur dann, wenn die Aufnahme rechtliche Wirkungen hätte.[263]

Das **Einsichtsrecht** der Wohnungseigentümer gibt ihnen auch die Möglichkeit, einem Kaufinteressenten einer Wohnung Einsicht zu gestatten.[264] Ein selbständiges Recht Dritter auf Einsicht besteht nicht. Der Wohnungseigentümer kann jedoch Dritte zur Einsichtnahme ermächtigen.

Sofern die Gemeinschaftsordnung dies nicht vorsieht, oder die Wohnungseigentümer dies nicht mit Mehrheit beschließen, ist der Verwalter nicht verpflichtet, den Wohnungseigentümern das Protokoll zuzusenden.[265] Ständige **Übersendungspraktizierung** kann dies aber zur Pflicht machen. Der Beschluß über die **Zusendungspflicht** entspricht ebenso wie ein Beschluß dahin, daß das Protokoll spätestens 1 Woche vor Ablauf der Anfechtungsfrist beim Verwalter aufzuliegen habe, ordnungsmäßiger Verwaltung.[266] Ist der Verwalter aufgrund einer Regelung in der Gemeinschaftsordnung, kraft Verwaltervertrags oder aufgrund eines Eigentümerbeschlusses auch zur **Versendung** des **Protokolls** verpflichtet, hat er das Protokoll

---

[259] BayObLG WE 1991, 81 m.w.N.; s.a. OLG Hamm WE 1989, 174/175; s.a. KG WE 1989, 139; vgl. auch BayObLG WE 1992, 178 zum Berichtigungsanspruch bei der Nichterwähnung von Verdiensten eines Wohnungseigentümers; WE 1992, 86.

[260] BayObLGZ 1973, 68/75; 1974, 86/89.

[261] BayObLGZ 1972, 246/248; 1973, 68/75; 1974, 86/89.

[262] BayObLG NJW-RR 1990, 210.

[263] BayObLGZ 1982, 445; v. 29. 6. 1984 – 2 Z 15/84 –.

[264] Weitnauer, § 24 Rz. 21.

[265] OLG Zweibrücken WE 1991, 333; BayObLG WE 1992, 139.

[266] BayObLG MDR 1982, 939 = DWE 1982, 137.

auch so rechtzeitig zu versenden, daß den Wohnungseigentümern bis zum Ablauf der Anfechtungsfrist ein Zeitraum von einer Woche verbleibt.

Will der Wohnungseigentümer eine Abschrift angefertigt haben oder fertigt er sie sich, hat der Verwalter dies nur gegen Zahlung der Kosten zu gestatten bzw. zu tun, sofern nicht die Gemeinschaftsordnung oder ein Eigentümerbeschluß oder der Verwaltervertrag etwas anderes vorsehen.[267]

Die Niederschrift hat große **praktische Bedeutung** in folgenden Fällen:

- Im Falle vereinbarter **Veräußerungsbeschränkung** (§ 12) wird die Zustimmung der Wohnungseigentümerversammlung – sofern sie nicht der Verwalter zu erteilen hat oder den Wohnungseigentümern die Entscheidung überläßt – dem Grundbuchamt in der Form des § 29 GBO dadurch nachgewiesen, daß ihm eine Niederschrift über die Beschlußfassung vorgelegt wird, bei der die Unterschriften öffentlich beglaubigt (notariell beglaubigt) sind.[268]
- Entsprechendes gilt für den Nachweis der **Verwalterbestellung** durch Beschlußfassung,[269] nunmehr Gesetz (§ 26 Abs. 4).
- Hat der Verwalter nach § 12 einer **Veräußerung von Wohnungseigentum** zuzustimmen, ist nicht nur die Zustimmung des Verwalters in öffentlich beglaubigter Form dem Grundbuchamt nachzuweisen, sondern auch seine Bestellung.

Die Gültigkeit der in der Versammlung gefaßten Beschlüsse hängt nicht davon ab, daß ein Protokoll erstellt ist.[270]

Ein Eigentümerbeschluß, mit dem die Niederschrift über eine Eigentümerversammlung **„genehmigt"** wird, ist geeignet, den unzutreffenden Eindruck zu erwecken, eine Unrichtigkeit der Niederschrift dürfe nicht mehr geltend gemacht werden, und widerspricht deshalb ordnungsmäßiger Verwaltung. Ein solcher Beschluß ist anfechtbar, er ist nicht lediglich unanfechtbarer Geschäftsordnungsbeschluß.[271]

---

[267] Weitnauer, § 24 Rz. 21; OLG Karlsruhe MDR 1976, 758; OLG Zweibrücken WE 1991, 333; s. a. BayObLG NJW-RR 1991, 976 zu den Folgen der Versäumung der Anfechtungsfrist bei „verspäteter" Versendung.

[268] BayObLG NJW 1962, 494 = MDR 1962, 307 = ZMR 1962, 188.

[269] BayObLG NJW 1964, 1962.

[270] BayObLGZ 1980, 29/35.

[271] BayObLG NJW-RR 1987, 1363.

7. Der Verwalter

7.1 Allgemeine Vorbemerkungen

Die Verwaltung obliegt in erster Linie den Wohnungseigentümern selbst. 412
Das hierzu erforderliche **Organ** ist die **Wohnungseigentümerversammlung,** zugleich das oberste Organ als Ausdruck des Grundsatzes der **Selbstverwaltung** der Wohnungseigentümer, § 20 Abs. 1, § 21, § 22, § 23. Die §§ 21, 22 enthalten hierzu die materiellen Vorschriften der Verwaltung. Die näheren und weiteren Einzelheiten der Verwaltung bestimmen die nach den §§ 3 oder 8 geschaffene **Gemeinschaftsordnung** und die **Versammlungsbeschlüsse,** § 21 Abs. 3. Wegen der Verwaltungsnotwendigkeit und der grundsätzlich nur anteiligen Berechtigung eines jeden Miteigentümers zur Selbstverwaltung – abgesehen von Schadensabwehrmaßnahmen nach § 21 Abs. 2 und dem Individualrecht des einzelnen Wohnungseigentümers, jederzeit Anspruch auf ordnungsmäßige Verwaltung erheben zu können, § 21 Abs. 4 – ist nach dem Willen des Gesetzgebers die Installierung eines Verwalters notwendig, der als das nachrangige Organ der Gemeinschaft den Verwaltungswillen der Wohnungseigentümer zur Koordinierung auszuführen hat, § 20 Abs. 1.

Die **Bestellung** eines Verwalters kann nicht durch Vereinbarung (Gemeinschaftsordnung) ausgeschlossen werden, § 20 Abs. 2. Dieser Gedanke setzt sich in § 27 Abs. 3 fort, wonach die in den dortigen Absätzen 1 und 2 geregelten Aufgaben und Befugnisse zwingend nicht eingeschränkt werden können.

Dies bedeutet nicht, daß jede Gemeinschaft über einen Verwalter verfügen muß. Fehlt ein solcher, ist die Gemeinschaft so lange ohne Verwalter, solange nicht die Wohnungseigentümer selbst oder auf ihren Antrag hin das Gericht einen Verwalter bestellen. Nicht wenige kleine Gemeinschaften haben in der Tat keinen Verwalter. Dies gilt insbesondere für in Wohnungseigentum errichtete Doppelhäuser und Reihenhausanlagen. Oftmals ist dort eine echte Verwaltungsnotwendigkeit zu verneinen, insbesondere dann, wenn unter den Wohnungseigentümern keinerlei Berührungspunkte bestehen, die es zu regeln gälte (z.B. Gemeinschaftsfläche vor den Garagen oder Gemeinschaftsantenne), und wenn Instandhaltung und Instandsetzung auch gemeinschaftlichen Eigentums – an den Doppelhausgebäuden als solchen haben die Eigentümer der beiden Doppelhaushälften Miteigentumsrechte – im jeweiligen Gebäudebereich dem jeweiligen Sondereigentümer zugeordnet sind (sogenannte wirtschaftliche Trennung). Beschließen die Wohnungseigentümer einer kleinen Anlage, in den ersten 3 Jahren des Bestehens keinen Verwalter zu bestellen, statt dessen einen aus ihren Reihen mit dem gesamten Rechnungswesen zu betrauen, weil der gesamte Bereich der sogenannten **technischen Verwaltung** noch nicht akut sei, stellt dies keinen Verstoß gegen § 20 Abs. 2 dar.[1] Sie schließen damit nicht die Bestellung eines Verwalters aus, sondern wollen nur vorübergehend keinen Verwalter. Wegen § 20 Abs. 2 hat aber jeder Wohnungseigentümer gemäß § 21 Abs. 4 den Anspruch auf Installierung eines Verwalters. Der vorgenannte Beschluß **kann** ordnungsmäßiger Verwaltung widersprechen und anfechtbar sein. Weil dies aber nur sein **kann,** und die Wohnungseigentümer untereinander nicht grundsätzlich verpflichtet sind, einen Verwalter zu bestellen, zieht die Unterlassung der Verwalterbestellung nicht ohne weiteres eine Schadenersatzpflicht nach sich, wenn wegen der Unterlassung Schäden entstehen.[2]

413 Die maßgeblichen **Aufgaben** und **Befugnisse** sind in den §§ 27, 28 geregelt. Sie können auf dem Vereinbarungs- oder Beschlußwege erweitert werden, auf dem Beschlußwege allerdings nur insoweit, als die Erweiterung noch ordnungsmäßiger Verwaltung entspricht (der Beschluß etwa, die **Notgeschäftsführung** der Wohnungseigentümer auszuschließen – § 21 Abs. 2 ist **abdingbar** –, sie also alleine dem Verwalter zu belassen (§ 27 Abs. 1 Nr. 3 und Abs. 2 Nr. 4), oder der Beschluß, dem Verwalter entgegen § 14 Nr. 4 das jederzeitige Wohnungsbetretungsrecht einzuräumen, dürften ordnungsmäßiger Verwaltung widersprechen, sie sind anfechtbar).

Fakultativ kann als 3. Organ ein **Verwaltungsbeirat** bestellt werden, § 20 Abs. 1. Seine Aufgaben sind in § 29 geregelt. Nach dem Wortlaut des Gesetzes hat er den Verwalter bei der Durchführung seiner Aufgaben zu **unterstützen,** § 29 Abs. 2. Wie sich aber schon aus § 29 Abs. 3 ergibt, hat er den Verwalter auch generell zu **kontrollieren.**

414 **Gegenstand** der Verwaltung ist das **Gemeinschaftseigentum.** Die Verbindung des Sondereigentums mit dem Gemeinschaftseigentum, das enge nachbarschaftliche Verhältnis der Wohnungseigentümer untereinander und die sich daraus ergebenden Rücksichtnahmepflichten bringen es allerdings mit sich, daß die Verwaltung gemeinschaftlichen Eigentums auch in die Nutzung des Sondereigentums eingreift (§§ 14, 15 Abs. 2 und 3, je 1. Alternative, § 12 und Vermietungsbeschränkungen).

Verwaltung ist **Geschäftsführung** hinsichtlich der gemeinschaftlichen Belange einer Wohnungseigentümergemeinschaft. **Verwaltung** ist nicht Verfügung, sie verändert weder rechtlich noch wirtschaftlich.[3] Verwaltung bedeutet **Unterhaltung** des Gemeinschaftseigentums, **Werterhaltung** und in

---

[1] A. A. Bärmann-Merle, § 20 Rz. 13, Soergel/Stürner, § 20 Rz. 3.

[2] Bärmann-Merle, § 20 Rz. 15; Soergel/Stürner, § 20 Rz. 3; a.A. Merle, Bestellung und Abberufung des Verwalters nach § 26, S. 22; BayObLG WE 1991, 140.

[3] S. zur Abgrenzung zwischen Verwaltung und Verfügung: Weitnauer WEM 1978, 103.

bestimmtem Umfange **Wertverbesserung** (z.B. Modernisierung einschließlich energiesparender Aufwendungen, soweit nicht bauliche Veränderung i.S.v. § 22 Abs. 1 S. 1), **Störungs- und Schadensabwehr** nach innen und außen, **Organisation, Koordination** und **Ausführung von Vereinbarungen und Eigentümerbeschlüssen,** schließlich **treuhänderische** Wahrnehmung der Interessen aller Wohnungseigentümer im Bereich des Rechnungswesens. Die Bestimmungen der §§ 21, 27, 28 beschreiben exemplarisch, was Gegenstand der Verwaltung gemeinschaftlichen Eigentums ist.

Der Verwalter ist uneigennütziger **Treuhänder** der Wohnungseigentümer in direkter Stellvertretung, er ist an rechtmäßige Weisungen gebunden.[4] Er ist nicht eine Partei kraft Amts, jedoch gesetzlicher Vertreter der Wohnungseigentümer in begrenztem Umfange und damit in analoger Anwendung des § 31 BGB **Organ** der Gemeinschaft.[5]

Die Verwaltung neu begründeten gemeinschaftlichen Eigentums beginnt **415**
ungeachtet des Zeitpunkts der – etwa früheren – Verwalterbestellung mit Eintritt der **Verwaltungsnotwendigkeit.** Diese beginnt beim Kauf vom Bauträger i.d.R. mit Übergabe der ersten bezugsfertigen Wohnung an den Erwerber, unabhängig davon, ob dieser schon als Eigentümer im Grundbuch eingetragen ist. Voraussetzung ist allerdings die Eintragung der **Auflassungsvormerkung** oder, daß der unwiderrufliche Eintragungsantrag des Veräußerers gestellt ist. In Ausnahmefällen ist Besitzübergabe nicht Voraussetzung. Die hier sukzessive entstehende Wohnungseigentümergemeinschaft ist eine sogenannte faktische oder auch „werdende" genannt. Hierzu und zur Rechtslage bei **steckengebliebenen Bauvorhaben** wird auf die Ausführungen in den Abschn. 5 und 6 (Beginn der Lasten- und Kostentragung, Stimmrechtsbeginn) verwiesen.

Bei einem im **Bauherrenmodell** errichteten Bauvorhaben beginnt die Verwaltungsnotwendigkeit mit Bezugsfertigkeit und der Abnahme der Wohnungen durch die Bauherren. Die **Rechtsstellung** des einzelnen Bauherrn im Grundbuch als schon eingetragener Eigentümer ist grundsätzlich unmaßgeblich. Die Wohnungseigentümergemeinschaft als solche entsteht hier bereits mit Errichtung des Teilungsvertrages und seinem Vollzug im Grundbuch unabhängig vom Bautenstand. Üblicherweise sind die Bauherren als gemeinschaftliche Grundstückserwerber schon längst vor Fertigstellung des Bauvorhabens als Eigentümer im Grundbuch eingetragen, sei es als Miteigentümer vor Errichtung des Teilungsvertrags, sie es als Wohnungseigentümer nach Vollzug des errichteten Teilungsvertrags im Grundbuch. Bereits zu dieser Zeit, also vor Eintritt der Bezugsfertigkeit des Bauvorhabens, können – und sollten – Verwaltungsmaßnahmen getroffen werden, wie z.B.

---

[4] BayObLGZ 1980, 29; Weitnauer, § 20 Rz. 2.

[5] Weitnauer, § 27 Rz. 1 m.w.N. unter Darstellung der gegenteiligen Meinung; s. zum rechtstheoretischen Streit über die Rechtsstellung des Verwalters – Organ, gesetzlicher Vertreter oder gewillkürter Vertreter mit gesetzlicher Vertretungsmacht –: Staudinger-Bub, § 26 Rz. 67ff. u. § 27 Rz. 5.

die Bestellung des 1. **Verwalters** – sofern dieser nicht schon in dem nach § 3 errichteten Teilungsvertrag bestellt ist –, oder Beschlüsse der 1. Wohnungseigentümerversammlung über die Aufstellung des ersten **Wirtschaftsplans** und die Bestellung eines **Verwaltungsbeirats.** Wegen der Unabdingbarkeit des § 26 Abs. 1 Satz 1 sind Verwalterbestellungen nichtig, die – wie häufig geschehen – durch den Treuhänder der Bauherren zu einer Zeit erfolgt sind, als die Bauherren noch nicht als Wohnungseigentümer im Grundbuch eingetragen waren.

Die hohe Verantwortung, die der Verwalter gemeinschaftlichen Eigentums trägt, steht nicht im Einklang damit, daß es noch kein definierbares und abgrenzbares **Berufs-** und **Leistungsbild** des Verwalters gibt. Begrüßenswert sind daher die Versuche insbesondere von Verwalterverbänden und Akademien, eine Art Berufsbild und Eignungstests zu schaffen.

416 Jede **natürliche Person** kann Verwalter sein. Auch **juristische Personen** und Handelsgesellschaften, wie OHG, KG, GmbH, AG können Verwalter sein.[6] Dies gilt auch für Partnerschaften i. S. d. **Partnerschaftsgesellschaftsgesetzes** – PartGG -;[7] denn sie sind im Rechtsverkehr als weitestgehend rechtlich verselbständigte Einheiten anzusehen (vgl. §§ 124 Abs. 1, 161 Abs. 2 HGB, § 7 Abs. 2 PartGG). Eine **Gesellschaft bürgerlichen Rechts** kann nicht Verwalter sein.[8] Zutreffenderweise hat es der BGH auch als unzulässig angesehen, ein Ehepaar zum Verwalter zu bestellen.[9]

7.2 Verwalterbestellung

417 Vom Abschluß des **Verwaltervertrags** zu unterscheiden ist der organisationsrechtliche **Bestellungsakt,** der die Organschaft begründet (sogenannte **Trennungstheorie**).

7.2.1 Bestellung des Verwalters durch Gemeinschaftsordnung

418 Diese Art der Bestellung ist sowohl im Zuge des Abschlusses des **Teilungsvertrages** (§ 3 Abs. 1 i. V. m. § 5 Abs. 4), als auch im Zuge der Abgabe der einseitig vom teilenden Wohnungseigentümer gemäß § 8 Abs. 2 S. 1 i. V. m. § 5 Abs. 4 aufgestellten und zum Inhalt des Sondereigentums ge-

---

[6] BayObLGZ 1987, 50; KG NJW 1956, 1679; OLG Hamburg OLGZ 1988, 299.

[7] Bärmann-Merle, § 26 Rz. 11.

[8] BGH EBE 1989, 215 = NJW 1989, 2059 = Rpfleger 1989, 325 = BB 1989, 1372; OLG Köln v. 12. 7. 1988 – 16 Wx 58/88 –; BayObLG WE 1990, 60 = ZMR 1989, 190 = Rpfleger 1989, 235 = NJW-RR 1989, 526; KG WE 1995, 21; MünchKomm-Röll, § 23 Rz. 18; BGB-RGRK/Augustin, § 23 Rz. 12; Erman/Ganten, BGB, § 23 Rz. 4; Weitnauer, § 26 Rz. 6; Bärmann-Merle, § 26 Rz. 12; a. A. OLG Frankfurt WE 1989, 172 für den Fall der Bestellung einer Anwaltssozietät.

[9] BGH WE 1990, 84.

machten **Teilungserklärung** möglich.[10] Der Bauträger kann sich selbst zum Verwalter bestellen. Damit ist nicht zum Ausdruck gebracht, daß dies zu empfehlen sei. Unzulässig – weil bedingt – wäre die Regelung, daß an die Stelle des Bauträger-Verwalters ein bestimmter anderer Verwalter treten solle, sobald ein bestimmter Prozentsatz an Wohnungen verkauft sei. Aus Gründen der Rechtssicherheit muß eindeutig feststehen, wer Verwalter ist.[11]

Soweit die **Verwalterbestellung** via **Gemeinschaftsordnung** erfolgt, ist sie zwar formeller, aber nicht materieller Bestandteil der Gemeinschaftsordnung. Die Bestellung hat daher die Rechtsnatur eines einstimmigen **schriftlichen Beschlusses** i.S.d. § 23 Abs. 3.[12] Dies ist ungeachtet der Bestimmung des § 26 Abs. 1 S. 4 (unzulässige Beschränkung der Bestellung) deshalb von Bedeutung, weil andernfalls die in der Gemeinschaftsordnung erfolgte Verwalterbestellung Vereinbarungscharakter hätte und ein anderer Verwalter nur einstimmig gewählt werden könnte.[13]

Die **Befugnis** des teilenden Eigentümers zur Bestellung des 1. Verwalters endet mit Entstehen der **werdenden Gemeinschaft,**[13a] also dann, wenn zumindest für einen Ersterwerber eine Auflassungsvormerkung eingetragen ist und dieser Besitz an seiner Wohnung erlangt hat.

Der in der Gemeinschaftsordnung liegende Bestellungsakt führt als sol- 419
cher noch nicht zur Organstellung, er hat nur gemeinschaftsinterne Wirkung mit der Maßgabe, daß die Wohnungseigentümer untereinander gebunden sind. Erst die **Annahme** durch den vorgesehenen Verwalter bringt den Verwalter ins Amt. Dies kann **konkludent** geschehen. Meist liegt die Annahmeerklärung in der Aufnahme der Verwaltertätigkeit. Entgegen Weitnauer[14] muß die Annahme der Bestellung noch nicht zum Abschluß des Verwaltervertrags führen. Dieser ist gesondert zu schließen. Der Bestellungsakt und seine Annahme sind vom Vertragsabschluß grundsätzlich zu abstrahieren. Daß die Annahme häufig auch zum **Vertragsschluß** führt, steht der grundsätzlichen rechtstheoretischen Trennung nicht entgegen. Dem im Amt befindlichen Verwalter wachsen aber die Mindestaufgaben und Mindestbefugnisse nach § 27 zu, sofern in diesem Augenblick noch nicht der Vertrag zustande kommen sollte. Nimmt der bestellte Verwalter nicht an, ist er nicht Verwalter. Wenn Merle[15] meint, das Verhältnis der Wohnungseigentümer zu einem Dritten (Verwalter) könne nicht durch Vereinbarung i.S.d. §§ 10 Abs. 1 und 5 Abs. 4 geregelt werden, ist dies zwar als

[10] KG OLGZ 1976, 266; BayObLGZ 1975, 327; 1974, 275; 1995, 305ff.; WE 1992, 171; OLG Oldenburg Rpfleger 1979, 266; Weitnauer, Rz. 21, Niedenführ/Schulze, Rz. 12, je zu § 26.

[11] OLG Frankfurt OLGZ 1976, 276; KG OLGZ 1976, 266; Weitnauer, § 26 Rz. 21.

[12] So auch Weitnauer, § 26 Rz. 8.

[13] BayObLGZ 1974, 275.

[13a] BayObLG NJW-RR 1994, 784 = ZMR 1994, 483 = WE 1995, 90.

[14] Weitnauer, § 26 Rz. 21.

[15] Merle, Bestellung und Abberufung des Verwalters nach § 26, S. 56.

Entgegnung auf die in der Literatur vertretene Auffassung richtig, die in der Gemeinschaftsordnung erfolgte Bestellung als solche setze den Verwalter bereits ins Amt. Niemand kann gegen seinen Willen Verwalter werden. Die Annahmeerklärung aber ermöglicht diesen Weg der Verwalterbestellung.

420 Die **Bestellung** kann auf **unbestimmte** und auf **bestimmte Dauer** erfolgen. Nach § 26 Abs. 1 S. 2 kann der Verwalter nicht für eine längere Zeit als 5 Jahre bestellt werden. Die Frist beginnt mit der Annahme. Bei einer Bestellung auf unbestimmte Zeit endet das Amt ipso iure mit Ablauf der 5 Jahre, sofern der Verwalter nicht zuvor abberufen wurde oder sein Amt niedergelegt hat. Eine auf bestimmte Zeit erfolgte Bestellung endet mit Ablauf der Zeit, sofern diese 5 Jahre nicht übersteigt. Eine auf längere Zeit erfolgte Bestellung endet mit Ablauf der 5-Jahresfrist, ohne im übrigen nichtig zu sein, und ohne daß es dazu irgendeiner Rechtshandlung bedarf.[16]

Mit **Ablauf** der **Bestellzeit** ist die weitere Tätigkeit des Verwalters verboten. Demnach ist die Verwaltertätigkeit ab diesem Zeitpunkt auf eine **verbotene** und damit **unmögliche Leistung** gerichtet. Zur Frage der rechtlichen Konsequenzen, wenn ein Verwalter ohne ausdrückliche Neubestellung tatsächlich weiterhin unbeanstandet seine Tätigkeit fortsetzt, s. Abschn. 7.3.

Schreibt die Gemeinschaftsordnung vor, daß die Bestellung eines neuen Verwalters für einen Mindestzeitraum von 3 Jahren erfolgen müsse, so ist damit nicht die Wiederbestellung gemeint.[17]

7.2.2 Bestellung des Verwalters durch Mehrheitsbeschluß

421 Gleich dem in der Gemeinschaftsordnung liegenden Bestellungsakt hat auch der **Mehrheitsbeschluß** über die Bestellung des Verwalters gemäß § 26 Abs. 1 S. 1 zunächst nur **gemeinschaftsinternen Charakter** mit der Maßgabe, daß die Wohnungseigentümer aufgrund des gültigen Beschlusses wechselseitig verpflichtet werden. Erst die **Annahme** durch den gewünschten Verwalter führt zu seiner organisationsrechtlichen Stellung als Verwalter. Auch diese Annahmeerklärung, meist in der Versammlung erklärt, führt grundsätzlich noch nicht zum Vertragsabschluß. Dies drückt sich nach außen hin schon dadurch aus, daß der Mehrheitsbeschluß oftmals die Ermächtigung des Verwaltungsbeirats oder eines anderen Gremiums enthält, mit dem gewählten Verwalter den Verwaltervertrag zu schließen. Im **Bestellungsbeschluß** kann zugleich das an die als Verwalter bestellte Person gerichtete **Angebot** auf Abschluß eines Verwaltervertrages liegen, wenn der Bestellungsbeschluß bereits die wesentlichen Inhalte des Verwaltervertrags, so insbesondere Dauer und Verwalterhonorar, beinhaltet. In diesem Falle kann in der Annahmeerklärung der bestellten Person zugleich auch die Annahme des im Bestellungsbeschluß liegenden Angebots auf Abschluß eines

---

[16] Weitnauer, § 26 Rz. 15.

[17] BayObLG DWE 1984, 93.

Verwaltervertrages gesehen werden.[17a] Umgekehrt kann der Bestellungsakt selbst bereits die **Annahme** eines schon vorliegenden Angebots auf Abschluß eines Verwaltervertrags enthalten, so daß mit dem Bestellungsakt der Verwaltervertrag zustande kommt. Dies wird insbesondere dann der Fall sein, wenn der bisherige Verwalter gemäß seinem schriftlich unterbreiteten Angebot auf Abschluß eines Verwaltervertrages bestellt oder im Zuge der **Wiederbestellung** die Fortgeltung des bisherigen Vertrages bestimmt wird.[18]

Ist weder ein Verwaltungsbeirat im Amt noch ein Gremium gewählt, **422**
schließen diejenigen auf seiten der Gemeinschaft den **Verwaltervertrag** mit dem gewählten Verwalter, die mit der erforderlichen Mehrheit der Bestellung zugestimmt haben.[19]

Solange aber – abgesehen von den Kerninhalten Vertragsdauer/Verwalterhonorar – über den Inhalt des Vertrags zwischen den Wohnungseigentümern einerseits und dem Verwalter andererseits noch keine Einigung erzielt ist, weil beide Seiten noch andere Inhalte zur Voraussetzung für den Abschluß eines Verwaltervertrags machen (z.B. Erweiterung des gesetzlichen Aufgaben- und Befugniskatalogs), kann es an den Voraussetzungen für einen Vertragsschluß fehlen (auf Abschn. 7.3 wird verwiesen). Damit scheint die sogenannte **Einheitstheorie** (in der Bestellung und ihrer Annahme liege auch bereits der Vertragsschluß) verfehlt. Entgegen Weitnauer u.a.[20] ist die Abstrahierung sehr wohl von praktischer Bedeutung. Ist der Verwalter **auf unbestimmte Zeit** bestellt, ohne daß es schon zum Vertragsschluß gekommen ist, können die Wohnungseigentümer den Verwalter abwählen, ohne daß ein **wichtiger Grund** vorliegen müßte, § 26 Abs. 1 S. 1 – sofern nicht nach der Gemeinschaftsordnung zulässigerweise (§ 26 Abs. 1 S. 3) die Abberufung auf das Vorliegen eines wichtigen Grundes beschränkt ist –, und ohne daß sie an den Verwalter wegen eines nur bei Vorliegen eines wichtigen Grundes kündbaren Verwaltervertrags über den Zeitpunkt der Abwahl hinaus **Verwalterhonorar** zahlen müßten.[21] Diese Fallkonstellation tritt deshalb nicht selten ein, weil sich der zum Vertragsschluß ermächtigte Verwaltungsbeirat und der gewählte Verwalter nicht auf die Vertragskonditionen einigen können. Während der **Verwaltungsbeirat** ermächtigt werden kann, aufgrund des Bestellungsbeschlusses mit dem bestellten Verwalter einen **Verwaltervertrag** zu schließen, kann dem Verwaltungsbeirat wegen der Unabdingbarkeit des § 26 Abs. 1 Satz 1 nicht die Ermächtigung erteilt werden, einen Verwalter zu bestellen.

[17a] OLG Hamm ZMR 1997, 94 = WE 1997, 28.

[18] BayObLG WM 1990, 236 = WE 1991, 223; NJW-RR 1987, 1039.

[19] BayObLG Rpfleger 1974, 401 = NJW 1974, 2136; OLG Hamburg OLGZ 1988, 299; Bärmann-Merle, § 26 Rz. 84.

[20] Weitnauer, § 26 Rz. 10; Merle und Trautmann NJW 1973, 118; Merle, Verwalter, S. 15ff.

[21] So auch Bärmann-Merle, § 26 Rz. 21; s.a. BayObLG WE 1996, 314: Anspruch auf Verwalterhonorar erst aufgrund Vertrags.

Auch im Falle der Bestellung durch Mehrheitsbeschluß gilt das in Abschn. 7.2.1 zur **Dauer** Gesagte.

423 Häufig kommt es vor, daß Verwalter auf eine bestimmte, weniger als 5 Jahre bemessene Zeit mit der Maßgabe bestellt werden, daß sich die Bestellzeit über die zunächst bestimmte Zeit hinaus jeweils um z.B. 1 Jahr verlängere, falls der Verwalter nicht jeweils vorher innerhalb einer bestimmten Frist abberufen werde. Umstritten ist, ob derartige **Verlängerungsklauseln** wegen § 26 Abs. 2 nicht schlechthin unwirksam sind, also auch insoweit, als sie sich innerhalb der 5-Jahresfrist halten.

Nach hier vertretener Auffassung ist die Bestellung eines Verwalters über die zunächst bestimmte Zeit hinaus wirksam. Die Bestellung ist lediglich als auf unbestimmte Zeit bis zum Ablauf von 5 Jahren erfolgt anzusehen.[22] Für die Zeit nach der vereinbarten bestimmten Dauer liegt keine „erneute" Bestellung i.S.d. § 26 Abs. 2 vor. Die Verlängerungsklausel geht nach dem im Mehrheitsbeschluß zum Ausdruck gebrachten Willen der Wohnungseigentümer dahin, den Verwalter von Anfang an über die bestimmte Dauer hinaus zu bestellen, nur eben mit dem Vorbehalt einer lediglich an die Einhaltung einer bestimmten Frist gebundenen **Abberufung.**

424 Gemäß § 26 Abs. 2 ist über die 5 Jahre hinaus die **wiederholte Bestellung,** jeweils limitiert auf maximal 5 Jahre, zulässig. Erforderlich ist jedoch jeweils ein neuer Mehrheitsbeschluß der Wohnungseigentümer, der frühestens 1 Jahr vor Ablauf der Bestellungszeit gefaßt werden kann. Verstößt ein Beschluß insofern gegen § 26 Abs. 2, als die **Wiederwahl** des bisherigen Verwalters länger als 1 Jahr vor Ablauf der Bestellungszeit erfolgt, ist der Beschluß nichtig.[23] § 26 Abs. 2 2. HS steht der erneuten Bestellung zu einem Zeitpunkt, der länger als ein Jahr vor Ablauf seiner bisherigen Amtszeit liegt, nicht entgegen, wenn seine neue Amtszeit mit der Wiederbestellung zu laufen beginnt.[24] Die gesetzgeberische Zielsetzung war, eine zeitlich unbefristete Bindung der Wohnungseigentümer an einen bestimmten Verwalter zu verhindern. § 26 Abs. 2 wendet sich gegen eine mögliche **Kettenbestellung** eines bestimmten Verwalters. Erfolgt diese bereits weiträumig vor dem Ablauf der Amtsperiode, könnte die Bindung der Wohnungseigentümer an einen bestimmten Verwalter im Ergebnis über einen wesentlich längeren Zeitraum als 5 Jahre herbeigeführt werden, wenn sich die Neubestellung an seine laufende Amtszeit anschließt. Zulässig ist auch eine solche vorzeitige Bestellung (länger als ein Jahr vor Ablauf der bisherigen Amtszeit), die zwar nicht mit sofortiger Wirkung beschlossen wird, sondern z.B. erst ein halbes Jahr nach der Beschlußfassung wirksam werden soll. § 26 Abs. 2 erlaubt für den Fall der Wiederbestellung eine Bindung auf maximal 6 Jahre ab Beschlußfas-

[22] LG Frankfurt Rpfleger 1984, 14; OLG Frankfurt DWE 1984, 61; Merle, Bestellung und Abberufung des Verwalters nach § 26 WEG, S. 71.

[23] Weitnauer, § 26 Rz. 18; Bärmann-Merle, § 26 Rz. 47; LG München II MittBayNot 1978, 59; BayObLG DWE 1984, 125; KG ZMR 1997, 610 = WE 1998, 66.

[24] OLG Hamm WE 1990, 104.

sung. Ebenso wie bei einem Beschluß über die Bestellung mit sofortiger Wirkung liegt kein Widerspruch zum Zweck des § 26 Abs. 2 vor, wenn die Bestellung zu einem Zeitpunkt wirksam werden soll, der gewährleistet, daß die erlaubte Bindung von bis zu 6 Jahren nicht überschritten wird.[25]

Die 5-Jahresfrist der Wiederbestellung beginnt – abgesehen von den vorgenannten Fällen – unabhängig vom Zeitpunkt der Beschlußfassung mit dem Ende der ablaufenden Bestellzeit.[26] Die Frist beginnt dann nicht mit dem Bestellungsbeschluß, sondern mit der Übernahme der Tätigkeit.

Eine bedingte Bestellung ist nicht zulässig. Auch die **bedingte Bestellung** **425**
eines Vereinsvorstands ist nicht möglich.[27] Dies ist aus Gründen der Rechtssicherheit geboten. Merle (a.a.O.) meint, die bedingte Bestellung sei jedenfalls für den Fall zu bejahen, daß ein Verwalter in der Zeit, in der Streit über die Wirksamkeit der Abberufung des bisherigen Verwalters bestehe, unter der **auflösenden Bedingung** bestellt werde, daß die Abberufung des alten Verwalters unwirksam war. Auch dem ist zu widersprechen. Das verfolgte Ziel – gegebenenfalls nicht 2 Verwalter in vollem Umfange bezahlen zu müssen, läßt sich dogmatisch folgendermaßen lösen: Der **neue Verwalter ist unbedingt bestellt.** Seine Bestellung war im Falle der rechtskräftigen Ungültigerklärung des Abwahlbeschlusses nichtig, da nicht gleichzeitig 2 Verwalter im Amt sein können. Die Nichtigkeit der Bestellung hat nicht die Nichtigkeit des mit ihm geschlossenen Verwaltervertrages zur Folge. Der neue Verwalter, der tatsächlich die Verwaltungsgeschäfte geführt hat, und dessen Handlungen die Wohnungseigentümer gegen sich gelten lassen müssen, hat bis zur Beendigung seiner Tätigkeit – Rechtskrafterlangung des Gerichtsbeschlusses über die Ungültigerklärung des Abberufungsbeschlusses – die Rechte und Pflichten, die sich aus dem **Verwaltervertrag** ergeben. Dieser ist allerdings als **auflösend bedingt** geschlossen zu betrachten, § 158 Abs. 2 BGB. Die auflösende Bedingung ist der Eintritt der Rechtskraft des Gerichtsbeschlusses, mit dem die Abberufung des alten Verwalters für ungültig erklärt wird. Der alte Verwalter kann seine Ansprüche aus seinem Vertrag ableiten, die allerdings nach § 615 BGB darauf gerichtet sind, daß er die vereinbarte Vergütung abzüglich dessen verlangen kann, was er infolge Unterbleibens seiner Dienstleistung erspart oder durch anderweitige Verwendung seiner Dienste erwirbt oder zu erwerben böswillig unterläßt. Die vertraglichen Ansprüche des alten Verwalters beruhen darauf, daß nach dem Willen der Wohnungseigentümer die mit der – unberechtigten – Abwahl verbundene Kündigung des Verwaltervertrages unter der auflösenden Bedingung der Ungültigerklärung des Abwahlbeschlusses erklärt war.

---

[25] BGH NJW-RR 1995, 780.

[26] So Weitnauer, § 26 Rz. 18; a. A. Merle, Verwalter, S 69ff.

[27] Weitnauer, § 26 Rz. 14; KG OLGZ 1976, 266; für den Vereinsbereich: OLG Celle NJW 1969, 326; BayObLGZ 1969, 33; Soergel/Schultze-v. Lasaulx, § 27 Rz. 9; Erman-Westermann, § 27 Rz. 1; a. A. Merle, Verwalter, S. 71; Bärmann-Merle, § 26 Rz. 53.

Der neue Verwalter hat i.ü. dieselbe Rechtsposition wie derjenige, dessen Bestellung durch Beschlußanfechtung erfolgreich für ungültig erklärt wurde.

Nicht die Bestellung ist also auflösend bedingt, sondern der Verwaltervertrag.[28]

Der der Gemeinschaft hierdurch entstehende Schaden ist vertretbar, zumal sich die Gemeinschaft des Risikos eines Abberufungsbeschlusses immer bewußt sein muß. Im übrigen hätte auch der auflösend bedingt bestellte Verwalter bei Bedingungseintritt für die Zeit bis dahin einen Honoraranspruch.

426 Wird ein **Bestellungsbeschluß** auf die Anfechtung hin für **ungültig** erklärt – Nichtigkeit ist an sich nur im Falle eines Verstoßes gegen § 26 Abs. 2 (s. oben) denkbar – oder kommt es nicht zur Annahme durch den gewünschten Verwalter, oder kommt die Annahme durch diesen nicht wirksam zustande (mangelnde Vertretungsmacht) oder wird die Annahme rückwirkend durch Anfechtung nach §§ 119 ff. BGB unwirksam, ist die Verwalterbestellung nicht wirksam begründet. Wird der bestellte Verwalter, dessen Bestellung später für ungültig erklärt wird, gleichwohl tätig, sollen die Wohnungseigentümer Rechtsgeschäfte aus dem Gesichtspunkt der **Anscheins-,** u. U. auch der **Duldungsvollmacht** insoweit gegen sich gelten lassen müssen, als ein wirksam bestellter Verwalter Vertretungsmacht gehabt hätte.[29] Ist diese Auffassung im Ergebnis auch zutreffend, bedarf es zu ihrer Begründung nicht der Anwendung des Rechtsinstituts der Anscheins- und Duldungsvollmacht.

Jeder mit einem bestellten Verwalter geschlossene **Verwaltervertrag** steht unter der **auflösenden Bedingung,** daß sich seine Bestellung als unwirksam herausstellen sollte, z.B. durch spätere Ungültigerklärung des Bestellungsbeschlusses. Dies ist das Ergebnis einer am Willen der Wohnungseigentümer orientierten und daher gebotenen ergänzenden Vertragsauslegung. Tritt die Bedingung ein, wird der bis dahin schwebend wirksame Vertrag gem. § 158 Abs. 2 BGB ex nunc unwirksam.[29a] Alle bis dahin aufgrund des gültigen Vertrags getätigten Rechtshandlungen hatten daher eine vertragliche Rechtsgrundlage.

427 Nicht selten werden **Bestellungsbeschlüsse** von einzelnen Wohnungseigentümern mit der Begründung **angefochten,** die Bestellung widerspreche den Grundsätzen ordnungsmäßiger Verwaltung. Ein solcher Verstoß ist grundsätzlich dann gegeben, wenn in der Person des Bestellten ein **wichtiger Grund** gegen seine Bestellung vorliegt. Was ein „wichtiger Grund" ist, ist ähnlich zu beurteilen wie bei der Abberufung, aber eben nur ähnlich. Im

---

[28] S. in diesem Zusammenhang: BGH WE 1997, 306 = ZMR 1997, 308 = DWE 1997, 72.

[29] So Weitnauer, § 26 Rz. 20.

[29a] S. Abschn. 7.3.3 zum Vergütungsanspruch u. FN 59.

Falle der Abberufung hat sich die Mehrheit der Eigentümer gegen einen bestimmten Verwalter ausgesprochen, mit der Bestellung aber für einen bestimmten Verwalter. Ohne zwingende Notwendigkeit werden daher die Gerichte nicht in die Mehrheitsentscheidung der Eigentümer eingreifen.[30] Wenn also die Mehrheit der Eigentümer in Kenntnis von Tatsachen einen Verwalter bestellt oder wieder bestellt hat, die im Falle der Abwahl eines Verwalters einen wichtigen Grund bilden könnten, wenn die Mehrheit der Eigentümer damit also alles das, was an sich ein wichtiger Grund sein könnte, als nicht so einschneidend angesehen hat, um von einer Bestellung, bzw. Wiederbestellung abzusehen, werden die Gerichte den Anfechtungsantrag eines Eigentümers i. d. R. als unbegründet zurückweisen. Ist die Veräußerung von Wohnungseigentum gem. § 12 an die Zustimmung des Verwalters geknüpft, ist ein wichtiger Grund gegen die Wiederbestellung gegeben, wenn der Verwalter den Wohnungseigentümern seine Dienste als Makler bei Verkäufen anbietet.[30a]

Hat ein entweder überhaupt nicht oder **nicht rechtswirksam bestellter** 428
Verwalter (z. B. Bestellung einer BGB-Gesellschaft), der aber die Verwaltungstätigkeit tatsächlich ausübt, eine Wohnungseigentümerversammlung einberufen, so sind deren **Beschlüsse** nicht nichtig, sondern nur **anfechtbar.**[31] Die Situation ist rechtlich vergleichbar mit dem Fall, daß eine Verwalter zur Eigentümerversammlung lädt, dessen Amtszeit abgelaufen ist. Beschlüsse, die in einer Versammlung gefaßt werden, welche von einem bestellten Verwalter einberufen ist, dessen Bestellung jedoch durch Anfechtung für ungültig erklärt wird, sind nicht einmal anfechtbar.[32]

§ 26 Abs. 1 S. 4 ist nicht dahin zu verstehen, daß die Wohnungseigen- 429
tümer den Verwalter nur mit einer nach dem **Kopfprinzip** des § 25 Abs. 2 ermittelten Mehrheit bestellen – oder abberufen – können. Das Kopfprinzip ist auch insoweit nicht zwingend vorgeschrieben.[33] Ist das Kopfprinzip abbedungen und verfügt ein Wohnungseigentümer über die Majorität, ist ein mit dieser Mehrheit zustande gekommener Mehrheitsbeschluß nur un-

---

[30] BayObLG WE 1990, 68; WE 1990, 111; WE 1991, 167; s. a. OLG Düsseldorf ZMR 1997, 96 = WE 1997, 146 (die Abberufung eines wiederbestellten Verwalters kann nicht allein auf sein Verhalten und seine Tätigkeit vor seiner Wiederbestellung gestützt werden); BayObLG NJW-RR 1998, 1022 = ZMR 1998, 446 = ZfIR 1998, 305 = WE 1998 406 (Verurteilung des Verwalters wg. Vermögens- oder Eigentumsdelikten als wichtiger Grund gegen Bestellung, auch wenn Straftat nicht gegenüber den Wohnungseigentümern begangen).

[30a] BayObLG WE 1997, 439; vgl. auch OLG Köln NJW-RR 1998, 1622: grobe Pflichtverletzung als wichtiger Grund gegen Wiederbestellung, wenn der Verwalter der Jahresabrechnung einen Schlüssel zugrunde gelegt hat, der nicht vereinbart ist.

[31] OLG Stuttgart NJW-RR 1986, 315; OLG Hamm NJW-RR 1992, 722 = WE 1992, 314; BayObLG NJW-RR 1987, 204; NJW-RR 1992, 910 = WE 1993, 276; WE 1994, 345; KG NJW 1987, 386.

[32] BayObLG NJW-RR 1991, 531; OLG Hamm a. a. O.

[33] BayObLG Rpfleger 1982, 143; Weitnauer, § 26 Rz. 8.

ter der Voraussetzung des Mißbrauchs der Majorität anfechtbar.[34] Ein **Majoritätsmißbrauch** kann in diesem Falle vorliegen, wenn beispielsweise die Minderheit vor der Bestellung konkrete Tatsachen gegen die Geeignetheit des vorgeschlagenen Verwalters vorträgt, der Mehrheitseigentümer diese Tatsachen aber grundlos mißachtet und damit die Bestellung eines Verwalters seines Vertrauens durchsetzt.[35] Allerdings stellt sich die Frage nach einem Mißbrauch der Majorität nicht, wenn sich auch bei gesetzlichem Stimmrecht (Kopfprinzip) eine Mehrheit für den Beschluß ergeben hätte.[36] Zur Vermeidung von Wiederholungen wird auf Abschn. 6.3.3.2.3 verwiesen.

430 Neben der Bestellung des Verwalters durch Mehrheitsbeschluß und der zeitlich begrenzten Amtszeit sind andere **Beschränkungen** der **Bestellung** nicht zulässig; dies aber nur i.S.d. Verbots der Einengung der Rechte der Wohnungseigentümer bei der Bestellung zu ihrem Nachteil, nicht dagegen, wenn die Verwalterbestellung zugunsten der Wohnungseigentümer erleichtert wird.[37] Dies ist jedoch von geringer praktischer Bedeutung. Unzulässig wäre also die Gemeinschaftsordnungsregelung, ein Verwalter müsse mit einer **qualifizierten Mehrheit** bestellt werden.[38] Unzulässig wäre auch eine Regelung, wonach die Wohnungseigentümer bei der Auswahl des Verwalters auf bestimmte Personen oder Personenkreise (z.B. Wohnungsunternehmen oder der Haus- und Grundbesitzerverein) beschränkt werden.[39]

Oftmals wird in einem Eigentümerbeschluß über **mehrere Bewerber** mit der Maßgabe abgestimmt, daß derjenige zum Verwalter bestellt sei, der die meisten Stimmen auf sich vereinige. Entfällt auf den Bewerber mit den meisten Stimmen nicht die Mehrheit der abgegebenen Stimmen – wobei Enthaltungen nicht zu berücksichtigen sind –, ist er nicht zum Verwalter bestellt. Er ist nicht mit Mehrheit bestellt, § 26 Abs. 1 S. 1.[40]

Soll ein Wohnungseigentümer zum Verwalter bestellt werden, ist er **stimmberechtigt.** Dies kann auch der Bauträger sein.[41]

---

[34] BayObLG WE 1990, 111; KG NJW-RR 1989, 842; s.a. OLG Zweibrücken WE 1990, 108; OLG Düsseldorf ZMR 1995, 604 = WE 1996, 70.

[35] KG a.a.O.

[36] BayObLG a.a.O.

[37] Weitnauer, § 26 Rz. 16.

[38] BayObLG WE 1995, 30; WE 1996, 151.

[39] Weitnauer, § 26 Rz. 16; Bärmann-Merle, § 26 Rz. 62; OLG Bremen Rpfleger 1980, 68 = DNotZ 1980, 489; s.a. BayObLG NJW-RR 1995, 271 („nur Wohnungseigentümer können zum Verwalter bestellt werden").

[40] So wie hier: LG München I v. 4. 11. 1996 – 1 T 6684/96 –; a.A. OLG Schleswig DWE 1987, 133, das unter bestimmten Voraussetzungen einen sog. Minderheitenbeschluß genügen läßt, falls er nicht angefochten sei; a.A. auch Bärmann-Merle, § 26 Rz. 33 mit der insofern konsequenten Begründung, daß ja die Beschlußverkündung maßgeblich sei.

[41] OLG Schleswig DWE 1997, 160 = WE 1997, 388; BayObLG WE 1990, 67; WM 1993, 488; WE 1991, 226; WE 1994, 184; KG NJW-RR 1987, 268; WE 1996, 70.

7.3 Der Verwaltervertrag

7.3.1 Vertragsnatur und Grundzüge

Der Verwaltervertrag ist entweder ein unentgeltlicher **Auftrag** (§§ 662 ff. BGB) oder ein entgeltlicher **Geschäftsbesorgungsvertrag** (§ 675 BGB).[42] Übernimmt ein Wohnungseigentümer das Verwalteramt gegen Auslagenerstattung (Aufwendungsersatz), ohne ein Honorar zu beanspruchen, ist er lediglich Beauftragter. Der gewerbsmäßige Verwalter hingegen beansprucht für seine Tätigkeit eine Vergütung. Mit ihm kommt ein Geschäftsbesorgungsvertrag zustande, der in der Hauptsache dienstvertraglichen Charakter, zum Teil aber auch werkvertragliche Züge dort hat, wo der Verwalter im Rechtssinne Erfolge schuldet (z. B. Erstellung des Wirtschaftsplans und der Jahresabrechnung). Ungeachtet der Rechtsnatur im einzelnen hat jeder Verwalter die Pflichten eines Beauftragten. Zu denken ist an die **Auskunfts- und Rechenschaftspflicht** (§ 666 BGB),[43] die auch gegenüber dem ausgeschiedenen Wohnungseigentümer besteht, zu denken ist ferner an die Bindung des Beauftragten an **Weisungen** und an die beschränkte Befugnis zur Abweichung hiervon, an die **Pflicht zur Herausgabe** des Erhaltenen und Erlangten (§ 667 BGB) bei Vertragsende[44] (sämtliche Verwalterunterlagen, sowohl die vom Vorgänger erhaltenen, wie die während seiner Amtszeit erworbenen), an die **Pflicht zur Verzinsung** verwendeten Geldes (§ 668 BGB). Soweit in § 669 BGB der Anspruch des Beauftragten auf Vorschuß und in § 670 BGB der Anspruch auf Aufwendungsersatz, auf Erstattung von Auslagen geregelt ist, haben diese Bestimmungen in Praxis nur dort Bedeutung, wo z. B. der Verwalter, der zugleich Wohnungseigentümer ist, mangels Honorarvereinbarung nur den unentgeltlichen Auftrag zur Ausübung der Verwaltertätigkeit übernimmt, und demzufolge keine vertraglichen Bestimmungen gelten, die §§ 669, 670 BGB abbedingen. In allen anderen Fällen sollte vertraglich geregelt werden, ob und gegebenenfalls wann und in welchem Umfange der Verwalter berechtigt ist, diese Ansprüche geltend zu machen. I. d. R. sind **Honorar,** Auslagenerstattung und **Sonderhonorar** einschließlich ihrer Fälligkeit vertraglich geregelt. 431

Die wichtigsten spezifischen Verwalterpflichten sind in den §§ 27, 28 geregelt. Weitere **Aufgaben** und **Befugnisse** können in der Gemeinschaftsord- 432

---

[42] BGH NJW 1980, 2466; NJW 1981, 282 = Rpfleger 1981, 97; BayObLG NJW-RR 1987, 1039/1040; DWE 1992, 118 = WE 1992, 23; Weitnauer Rz. 10, Soergel/Stürner Rz. 6, jeweils zu § 26.

[43] BGHZ 78, 166 = NJW 1981, 282 = Rpfleger 1981, 97; BayObLG MDR 1984, 850; OLG Frankfurt DWE 1984, 58; Weitnauer, § 26 Rz. 10; Bärmann-Merle, § 26 Rz. 95.

[44] OLG Köln WEM 1980, 82 = ZMR 1981, 89; BayObLG WE 1989, 63; WE 1993, 288; WE 1994, 280; BGH ZMR 1997, 308 = DWE 1997, 72 = WE 1997, 306.

nung und/oder dem Verwaltervertrag geregelt sein. Hierzu sei im einzelnen auf Abschn. 7.5 und 7.6 verwiesen.

Einschlägig sind schließlich § 672 BGB (Nichterlöschen des Auftrags bei Tod und Geschäftsunfähigkeit des Auftraggebers), § 673 BGB (im Zweifel Erlöschen des Auftragsverhältnisses bei Tod, Liquidation des Beauftragten), § 674 BGB (unterstellte beschränkte Fortdauer des Auftrags – Fiktion zugunsten des Beauftragten), § 671 Abs. 2 BGB (Anwendung nötiger Vorsorge bei Kündigung durch den Beauftragten). Enthält der Verwaltervertrag ausnahmsweise keine **Vergütungsregelung,** sind die §§ 675, 612 BGB einschlägig.[45] Nimmt der durch den Richter bestellte Verwalter seine Tätigkeit auf, noch bevor der Bestellungsbeschluß rechtskräftig ist, richtet sich der Vergütungsanspruch nach den §§ 677 ff., 812 BGB.[46]

7.3.2 Zustandekommen des Vertrages

433 Der Vertragsschluß bedarf keiner Form. Auch **Mündlichkeit** ist möglich, jedoch nicht zweckmäßig. Sowenig die Bestimmungen in der Gemeinschaftsordnung oder im Eigentümerbeschluß über die Bestellung eines bestimmten Verwalters als solche geeignet sind, die Organschaft des Verwalters zu begründen, sowenig führen sie zum Abschluß des Verwaltervertrags. Jeder Vertrag bedarf eines **Angebots** und einer **Annahme.** Sofern der Bauträger den 1. Verwalter in der Gemeinschaftsordnung „vorgesehen“ hat, sind die Wohnungseigentümer wechselseitig verpflichtet, mit dem vorgesehenen Verwalter einen Vertrag zu schließen. Dies geschieht – sofern nicht bereits der teilende Bauträger den Vertrag geschlossen hat – dann i. d. R. mit Aufnahme der Verwaltertätigkeit durch das Verwaltungsunternehmen und der Entgegen- und Hinnahme der Tätigkeit durch die Wohnungseigentümer; ein Fall des **konkludenten Vertragsschlusses.** Sofern nicht die Gemeinschaftsordnung eine Aussage über Dauer und Vergütung macht, kommt ein Vertrag von **unbestimmter Dauer** mit der Maßgabe zustande, daß der Verwalter das **übliche Honorar** (§ 612 BGB) beanspruchen kann.

434 Haben die Wohnungseigentümer in einer **Versammlung** einen bestimmten Verwalter **bestellt,** sollten sie den **Verwaltungsbeirat** oder bei Fehlen eines solchen ein Gremium beauftragen und bevollmächtigen, mit dem Verwaltungsunternehmen den Vertrag zu schließen. Der Verwaltungsbeirat bzw. das Gremium unterbreiten in diesen Fällen namens der Wohnungseigentümer das Vertragsangebot, welches vom Verwaltungsunternehmen anzunehmen wäre. Die Eigentümerversammlung sollte im Bestellungsbeschluß gleichzeitig die wichtigsten **Vertragsinhalte,** wie Dauer und Honorarhöhe, aber auch weitere Vertragsbestimmungen gemeinschaftsintern festlegen, so daß z. B. der Verwaltungsbeirat über eine Verhandlungsgrundlage verfügt,

[45] OLG Hamm MDR 1974, 229/LS = NJW 1973, 2301.
[46] OLG Hamm a. a. O.

an die er gebunden ist. Ein Beschluß der Wohnungseigentümer, mit dem sie die Bestellung des Verwalters dem Verwaltungsbeirat übertragen, ist **nichtig.** § 26 Abs. 1 ist insoweit **unabdingbar,** so daß auch die Gemeinschaftsordnung die Verwalterbestellung nicht einer Minderheit oder einem Dritten überlassen kann.[47] Läßt es die Gemeinschaft beim schlichten Bestellungsbeschluß bewenden, ohne via Verwaltungsbeirat einen förmlichen Vertragsschluß vorzusehen, kommt auch hier ein Vertrag mit Aufnahme der Tätigkeit durch den Verwalter und dadurch zustande, daß der Verwalterinteressent in der Eigentümerversammlung oder später das an ihn gerichtete Angebot annimmt. Vertragsinhalt ist dann die gesetzliche Lage (s. oben) oder ergänzend der etwaige weitere Inhalt des Bestellungsbeschlusses, sofern der Verwalter vom Beschlußinhalt Kenntnis erlangt hat. Ist der Vertrag aufgrund des Mehrheitsbeschlusses zu schließen, kommt er zwischen den Wohnungseigentümern einerseits und dem Verwalter andererseits zustande, § 10 Abs. 4.[48] Die Wohnungseigentümer sind bezüglich ihrer sich aus dem Vertrag ergebenden Pflichten, insbesondere hinsichtlich des Verwalterhonorars, **Gesamtschuldner.**[49] Der Verwalter könnte also bei Honorarrückständen von jedem Wohnungseigentümer die Rückstände verlangen, auch von demjenigen, der seine – anteilige – Honorarschuld bereits geleistet hat. Der Verwalter ist hier Dritter wie etwa der Heizöllieferant oder beauftragte Handwerker. I.d.R. wird die Verwaltervergütung mit den **Hausgeldvorauszahlungen** eingehoben, so daß sich der Verwalter bei Rückständen in Praxis zunächst an den säumigen Wohnungseigentümer hält. Die gesamtschuldnerische Haftung kommt am klarsten dadurch zum Ausdruck, daß der Verwalter sein monatliches Gesamthonorar zulässigerweise vom Sammelhausgeldkonto abhebt unabhängig davon, ob alle Wohnungseigentümer das auf sie entfallende Verwalterhonorar bezahlt haben oder nicht. Der Verwalter ist also nicht verpflichtet, im Falle von Honorarrückständen einzelner Wohnungseigentümer einen **Umlagebeschluß** herbeizuführen, wie dies bei nicht einbringlichen Hausgeldrückständen sinnvoll und üblich ist. Uneinbringliche Hausgeldrückstände einzelner Wohnungseigentümer führen bekanntlich nicht zur gesamtschuldnerischen Haftung der übrigen Wohnungseigentümer gegenüber der Gemeinschaft, sondern aufgrund der durch Umlagebeschluß zu verwirklichenden Nachschußpflicht immer nur zur erneuten anteiligen Zahlungspflicht.

Weil der **Zeitpunkt des Verwaltervertragsschlusses** von so wichtiger **435**
Bedeutung ist, werden nachfolgend Fallkonstellationen wiedergegeben, die die Praxis am häufigsten bietet. Die Beispiele gehen von der Prämisse aus,

---

[47] LG Lübeck Rpfleger 1985, 232; vgl. auch Merle, Bestellung und Abberufung des Verwalters nach § 26, S. 64.

[48] BayObLGZ 1974, 305.

[49] BGH NJW 1980, 2466; BGHZ 67, 252; 75, 26; BayObLG NJW-RR 1987, 80; KG NJW-RR 1994, 83 LS = WE 1994, 54 = ZMR 1994, 579; ZMR 1990, 62 = NJW-RR 1990, 153 = WE 1990, 88; Weitnauer, § 26 Rz. 11.

daß sich der Bestellungsakt einige Zeit vor dem Amtsbeginn vollzieht, das Amt also nicht sofort beginnt, vielmehr zeitlich der Annahme folgt.

Dabei liegt im **Bestellungsakt** entweder die **Annahme** des **Vertragsangebots** des Verwalterbewerbers durch die Wohnungseigentümer oder das an den Bewerber gerichtete **Angebot** der Wohnungseigentümer auf **Abschluß eines Verwaltervertrags**. Die Fälle:

- Der Bewerber hat im Vorfeld der Eigentümerversammlung den Wohnungseigentümern ein bestimmtes Vertragsangebot, z.B. durch Übergabe eines schriftlichen Vertragstextes an den Verwaltungsbeirat, unterbreitet, das insbesondere Bestellzeit, Vertragsdauer und die Höhe des Verwalterhonorars enthält.
  Die Wohnungseigentümer bestellen diesen Bewerber durch Übernahme der angebotenen Vertragskonditionen. Dann liegt in der Mitteilung des Bestellungsbeschlusses zugleich eine Annahme des Vertragsangebots des Bewerbers durch die Wohnungseigentümer. Der Vertrag ist geschlossen.[50] Der Bestellte ist aber i.d.R. noch nicht Verwalter, weil der Bestellungsbeschluß im Oktober gefaßt wird und das Amt im Januar des Folgejahres beginnt.
- Entsprechendes gilt für den Fall, daß der Verwalterkandidat anläßlich seiner Vorstellung in der Eigentümerversammlung dem Wunsche der Wohnungseigentümer nach Abänderung seines vorliegenden Vertragsangebots Rechnung trägt (z.B. Bestellzeit und Vertragsdauer nur zwei Jahre statt vorgeschlagener fünf Jahre), sich also damit einverstanden erklärt und dann der entsprechende Bestellungsbeschluß folgt. Auch hier ist der Verwaltervertrag mit Bekanntgabe des Bestellungsbeschlusses an den Bestellten geschlossen. In beiden Fällen ändert daran nichts etwa der ergänzende Beschluß über die Ermächtigung des Verwaltungsbeirats, namens der Wohnungseigentümer den bereits vorliegenden Vertrag in unveränderter oder beschlossener geänderter Fassung zu unterzeichnen. Die Auslegungsregel des § 154 Abs. 2 BGB kommt nicht zum Tragen.
- Der Bewerber bietet schlicht eine bestimmte Laufzeit für Amt und Vertrag an und benennt seine Honorarvorstellungen, ohne darüber hinaus ein schriftliches Angebot unterbreitet zu haben. Die Wohnungseigentümer fassen einen entsprechenden Beschluß, ohne daß ein gesonderter Verwaltervertrag vorgesehen ist. Der Verwaltervertrag kommt auch hier durch Mitteilung des Bestellungsbeschlusses und Annahme durch den Bestellten zustande.
- Der Bewerber bietet schlicht eine bestimmte Laufzeit an und benennt wiederum seine Honorarvorstellungen, ohne darüber hinaus ein schriftliches Vertragsangebot unterbreitet zu haben. Die Wohnungseigentümer fassen im Oktober eines Jahres einen entsprechenden Beschluß mit der Maßgabe, daß das Amt zum 1. Januar des Folgejahres beginnen solle, und

[50] BayObLG WE 1991, 223.

bevollmächtigen gleichzeitig den Verwaltungsbeirat zum Abschluß eines schriftlichen Verwaltervertrages, ohne daß dabei weitere Vertragskonditionen benannt werden. Der Bestellte nimmt nach Mitteilung die Bestellung sofort an. Der schriftliche Vertrag wird im Dezember unterzeichnet. Die Annahmeerklärung bewirkt keinen Vertragsabschluß, § 154 Abs. 2 BGB. Der Vertrag kommt mit Unterzeichnung zustande.

- Gleiche Fallkonstellation; der schriftliche Vertrag wird jedoch erst im Februar des Folgejahres, also nach Amtsbeginn unterzeichnet. Der Verwaltervertrag kommt – wie zuvor – nicht mit Annahme durch den Bestellten zustande, § 154 Abs. 2 BGB. Der Verwaltervertrag kommt entgegen der Auslegungsregel des § 154 Abs. 2 BGB jedoch mit Aufnahme der Verwaltertätigkeit zum 1. Januar zustande, und zwar inhaltlich mit den gesetzlichen Rechten und Pflichten sowie den im Bestellungsakt genannten ergänzenden Konditionen. Ergo entspricht die Vertragsdauer der Bestellzeit.[51] Soweit der im Februar unterzeichnete schriftliche Vertrag darüber hinaus Regelungsinhalte hat, liegt insoweit ein Ergänzungsvertrag vor, der das vertragliche Leistungsbild endgültig festlegt. Es gab jedenfalls zu keiner Zeit ab Amtsbeginn einen vertragslosen Zustand. Der Verwalter ist aber auch nicht verpflichtet, eine solchen Ergänzungsvertrag zu schließen.
- Die gleiche Fallkonstellation; jedoch kommt es – obwohl so beschlossen – zu keinem schriftlichen Vertragsabschluß, aus welchem Grunde auch immer. Ab 1. Januar verzeichnen wir auch hier dieselbe Rechtslage, ohne daß allerdings ein Ergänzungsvertrag vorläge.
- Ein Verwalter wird auf seine Bewerbung hin auf weitere fünf Jahre „zu denselben Konditionen" oder zu veränderten Honorarkonditionen **wiederbestellt.** Der wiederbestellte Verwalter hatte einen schriftlichen Vertrag, der auf die Dauer der ersten Amtszeit geschlossen war. Im Wiederbestellungsbeschluß wird ein Vertrag nicht in Bezug genommen. Der Wiederbestellte nimmt an. In einem solchen Fall ist in der erneuten Bestellung nicht nur eine Verlängerung der Amtszeit, sondern auch eine Verlängerung des mit der erstmaligen Bestellung verbundenen Verwaltervertrags zu erblicken, evtl. abgeändert im Honorarhöhebereich.[52]

Zusammenfassend ist also festzuhalten:

Der **Verwaltervertrag** kommt **spätestens** mit **Aufnahme der Verwaltertätigkeit** zustande. Er **kann** schon **früher** zustande kommen, sei es bereits durch den Bestellungsakt, sei es durch Annahme der Mitteilung des Bestellungsakts, sei es durch Unterzeichnung eines schriftlichen Vertrages vor Tätigkeitsbeginn.

Wer von den künftigen Vertragspartnern ein **besonderes Interesse** am Abschluß eines **schriftlichen Vertrages** hat, sollte für Unterzeichnung vor

---

[51] BayObLG a. a. O.; WE 1997, 397.

[52] BayObLG WE 1991, 223; NJW-RR 1987, 1039.

Tätigkeitsaufnahme sorgen. Der Verwalter, der nach Annahme der Bestellung mit einem, z.B. vom Verwaltungsbeirat entworfenen Vertragstext konfrontiert ist, welcher unzumutbare Vertragsklauseln enthält (z.B. überproportionale Beiratszustimmungsvorbehalte für Entscheidungen der laufenden Verwaltung), sollte eine Unterzeichnung bis zur Tätigkeitsaufnahme vermeiden. Ab diesem Zeitpunkt besteht ohnehin ein Vertragsverhältnis, ohne Pflicht zur Vertragsergänzung.

436 Oftmals sehen Verwalterbestellungsbeschlüsse **Vertragsinhalte** vor, die dem Gesetz, der Gemeinschaftsordnung oder aus sonstigen Gründen den Grundsätzen **ordnungsmäßiger Verwaltung widersprechen** (Beispiele: Automatische Verlängerung der Bestellzeit bei einer beschlossenen Bestellzeit von 5 Jahren; jederzeitige Abwahlmöglichkeit bei einer Regelung in der Gemeinschaftsordnung, daß der Verwalter nur bei Vorliegen eines wichtigen Grundes abberufen werden könne; Festlegung eines Verwalterhonorars im Bestellungsbeschluß, das das vergleichbare übliche Honorar erheblich übersteigt). In einem solchen Falle ist der Beschluß der Wohnungseigentümer über die beispielhaft genannten Bedingungen des Geschäftsbesorgungsvertrages auf Anfechtung hin für ungültig zu erklären.[53] Nach Auffassung des BayObLG (a.a.O.) kann die Anfechtung eines Eigentümerbeschlusses über die Bedingungen des Geschäftsbesorgungsvertrages auf **selbständige Regelungspunkte** beschränkt bleiben. Das Gesagte gilt auch für den Fall, daß im Bestellungsbeschluß ein Verwaltervertrag gebilligt wird, dessen Bestimmungen gegen das AGBG verstoßen. Nach Auffassung des BayObLG[54] verstößt eine Bestimmung im Verwaltervertrag gegen § 10 Nr. 6 AGBG, wonach die Ladung zur Eigentümerversammlung wirksam ist, wenn sie an die letzte dem Verwalter bekannte Adresse des Eigentümers gerichtet ist.

7.3.3 Ende des Verwaltervertrags

437 Der **Verwaltervertrag** endet mit Ablauf der vereinbarten **Dauer.** Ist er auf die Dauer von mehr als 5 Jahren geschlossen, ist er nicht etwa wegen Verstoßes gegen § 26 Abs. 1 S. 2 nichtig, sondern endet mit Ablauf der 5 Jahre.[55] Nicht unproblematisch ist die Frage, wann die 5-Jahres-Frist beginnt. Beginnt sie mit Vertragsschluß, mit Aufnahme der Verwaltertätigkeit, mit Annahme der Organschaftsstellung durch den Verwalter oder mit dem im Vertrag davon abweichend geregelten Zeitpunkt?

Schließt sich der Vertragsschluß zeitlich an den Beginn der **Amtszeit** (Bestellungsbeschluß im Oktober, Amtsbeginn zum 1. Januar des Folgejah-

---

[53] BayObLG WE 1990, 111 (aus dem Rahmen fallende Verwaltervergütung, in casu nicht bejaht); WE 1991, 111; s.a. OLG Düsseldorf NJW-RR 1998, 13 = WE 1998, 37: dem Verwalter ist die Befugnis eingeräumt, über Art und Umfang von Reparaturmaßnahmen zu entscheiden.

[54] BayObLG WM 1991, 312 = WE 1991, 295.

[55] Weitnauer, § 26 Rz. 15.

res) an, ist ihr Beginn maßgeblich. Dies gilt auch dann, wenn die Verwaltertätigkeit als solche erst mit dem Vertragsschluß oder später aufgenommen werden sollte, erst recht dann, wenn die Aufnahme der Verwaltertätigkeit zeitlich zwischen Beginn der Amtszeit und Vertragsabschluß liegt. Irrelevant ist ein davon abweichend im Vertrag geregelter Zeitpunkt. Ebensowenig zählt die Verwaltertätigkeit vor Beginn der Amtszeit. Dieser Fall ist insbesondere denkbar im Falle **richterlicher Bestellung,** die erst mit Rechtskraft greift,[56] es sei denn, im Wege **einstweiliger Anordnung** würde die sofortige Vollziehung verfügt.

Der Vertrag **endet** auch – abgesehen vom Tod des Verwalters oder seiner Liquidation – mit **Kündigung** des Verwaltervertrags. Hierzu wird verwiesen auf Abschn. 7.4.

Rechtsprobleme entstehen, wenn der **Verwalter** seine **Tätigkeit fortsetzt,** 438
obwohl sein **Amt geendet** hat und der Vertrag beendet ist. Dies gilt sowohl bei einer ipso-iure-Beendigung als auch im Falle der Abwahl und Kündigung (vgl. Abschn. 7.4). Dieses Problem gewinnt praktische Bedeutung vornehmlich dann, wenn sowohl der Verwalter als auch die Wohnungseigentümer über die 5-Jahres-Frist hinaus die Verwaltertätigkeit stillschweigend weiterpraktizieren bzw. akzeptieren. Nach Auffassung des BayObLG[57] ist mit Ablauf der Frist die Tätigkeit des Verwalters verboten, der Vertrag also auf eine **verbotene** und damit **unmögliche Leistung** gerichtet. Jeder vertragliche Vergütungsanspruch erlischt damit mit Ablauf der 5-Jahres-Frist. Dem entspricht die gesetzliche Regelung, daß die Wiederbestellung desselben Verwalters für die Zeit nach Ablauf der 5 Jahre eines ausdrücklichen Neubestellungsbeschlusses bedarf, § 26 Abs. 2. Wurde die weitere **Verwaltertätigkeit** über die Bestellzeit hinaus **einvernehmlich** zwischen dem Verwalter und den Wohnungseigentümern praktiziert, hat der Verwalter allerdings gemäß § 683 BGB als Geschäftsführer ohne Auftrag nicht nur Anspruch auf Aufwendungsersatz, sondern einen Anspruch auf **übliche Vergütung.**

Demgegenüber behält der Verwalter, dessen **Bestellung angefochten** ist, 439
einen unbedingten **vertraglichen Vergütungsanspruch** jedenfalls für die Zeit, bis der Bestellungsbeschluß rechtskräftig für unwirksam erklärt ist.[58] Im Entscheidungsfalle war der Verwalter zunächst durch **einstweilige Anordnung** des Gerichts als Verwalter eingesetzt worden. Der zeitlich nachfolgende Bestellungsbeschluß wurde angefochten. Das KG führte aus: Selbst eine etwaige spätere gerichtliche Entscheidung über die Unwirksamkeit des Bestellungsbeschlusses wäre nicht geeignet, den **Anstellungsvertrag** des Verwalters, der im Zuge des Bestellungsbeschlusses geschlossen worden

---

[56] BayObLG ZMR 1997, 93.

[57] BayObLG Rpfleger 1980, 391.

[58] KG ZMR 1990, 62 = NJW-RR 1990, 153 = WE 1990, 88; ZMR 1991, 274 = WE 1991, 105; s. a. BayObLG NJW-RR 1992, 787 = WE 1993, 143.

war, rückwirkend zu vernichten. Dies ergebe sich aus einer analogen Anwendung der Grundsätze des § 32 FGG. Danach habe die Aufhebung einer Verfügung, durch die jemand die Fähigkeit oder die Befugnis zur Vornahme eines Rechtsgeschäfts erlange, auf die Wirksamkeit der inzwischen von ihm vorgenommenen Rechtsgeschäfte keinen Einfluß. So gelte auch für den Fall einer Verwalterabwahl, daß durch eine etwaige Rückwirkungsfiktion der Beschlußaufhebung nicht auch die im Vollzug der Mehrheitsentscheidung wirksam erklärte Vertragskündigung ungeschehen gemacht würde. Umgekehrt werde daher auch der Abschluß eines Verwaltervertrages durch eine eventuelle spätere gerichtliche Aufhebung eines Eigentümerbeschlusses jedenfalls nicht rückwirkend unwirksam gemacht. Das KG fügte hinzu, allerdings sei in solchen Fällen der Vertragsabschluß dahin auszulegen, daß eine Rechtsbindung für die Zukunft erst dann eintrete, wenn die Wahl rechtsbeständig werde. Für den Fall einer gerichtlichen Aufhebung der Verwalterwahl entfielen daher auch für die spätere Zeit obligatorische Ansprüche des dann nicht mehr tätigen Verwalters gegen die Wohnungseigentümer.

Das Ergebnis ist zutreffend, nicht hingegen der Hinweis auf § 32 FGG. Der mit dem – zunächst wirksam – bestellten Verwalter geschlossene Verwaltervertrag steht unter der auflösenden Bedingung, daß die Bestellung auf Anfechtung hin rechtskräftig für ungültig erklärt werden sollte. Dies ist das Ergebnis einer gebotenen ergänzenden Auslegung des Verwaltervertrags.

Ist es nun schon bedenklich, eine materiell-rechtliche Frage (Vergütungsanspruch) mit einer verfahrensrechtlichen Gesetzesbestimmung zu beantworten, gelangt die Rspr. ohne rechtliche Not zu dieser analogen Anwendung. Tritt nämlich die genannte auflösende Bedingung ein, wird der bis dahin schwebend wirksame Verwaltervertrag nur ex nunc unwirksam. Im Unterschied zur aufschiebenden Bedingung handelt es sich bei der auflösenden Bedingung um die Begrenzung eines gültigen Vertrags. Der Eintritt einer auflösenden Bedingung führt gem. § 158 Abs. 2 BGB zur Beendigung der Rechtswirkungen, und zwar mit Wirkung ex nunc. Ein Dauerschuldverhältnis – der Verwaltervertrag ist ein solches – endet mit dem Eintritt der auflösenden Bedingung ebenso, als wenn es durch Kündigung oder einverständliche Aufhebung beendet würde.[59] Der bestellte Verwalter, dessen Bestellung für ungültig erklärt ist, hat also einen vertraglichen Anspruch auf Zahlung auf Verwalterhonorar für die Zeit bis zum Bedingungseintritt, und dies wegen § 158 Abs. 2 BGB und nicht gem. § 32 FGG analog. In einer anderen Entscheidung[60] hat das KG allerdings konsequent festgestellt, daß der durch gerichtliche Entscheidung entlassene Verwalter für die Zeit seiner in jenem Verfahren durch einstweilige Anordnung erzwungenen Untätigkeit keine Vergütung verlangen könne, wenn die Pflichtverletzungen, die zur gerichtlichen Abberufung führten, bereits im Zeitpunkt des Erlasses der

---

[59] Staudinger/Bork (1996), § 158 Rz. 21, 22 u. Vorbem. 12 zu §§ 158ff. BGB.
[60] KG WE 1989, 201; ZMR 1991, 274 = WE 1991, 105.

einstweiligen Anordnung vorlagen. Tätigt ein Verwalter nach seiner Abberufung noch **Aufwendungen** für die Wohnungseigentümer, so kann er Ersatz für diese Aufwendungen nur nach § 21 Abs. 2 oder nach den §§ 683, 684, 812 BGB verlangen.[61]

Die Tatsache, daß der **„gewesene" Verwalter** (derjenige, dessen Bestellzeit abgelaufen ist oder derjenige, der abberufen wurde, nicht derjenige, dessen Bestellung später für ungültig erklärt wird) weiterhin eine Tätigkeit ausübt, die Verwaltertätigkeit ist, hat ungeachtet des Tätigkeitsverbots rechtliche Konsequenzen: Dritte, mit denen das Verwaltungsunternehmen etwa Verträge namens der Wohnungseigentümer abschließt, sind zu schützen, da sie von den Interna der Gemeinschaft i.d.R. keine Kenntnis haben, also davon ausgehen, daß das Unternehmen – noch – Verwalter ist. Hier werden die Wohnungseigentümer aus dem Gesichtspunkt der **Anscheins-**, wenn nicht gar der **Duldungsvollmacht** berechtigt und verpflichtet. Der Mangel der Verwaltervollmacht hindert den rechtswirksamen Vertragsschluß nicht. Dies gilt im Hinblick auf die Anscheinsvollmacht selbst dann, wenn die Wohnungseigentümer intern mit der Fortsetzung der Verwaltertätigkeit durch den ehemaligen Verwalter nicht einverstanden sein sollten. In diesem Falle wären die Wohnungseigentümer bei Meidung der Verpflichtungswirkung gehalten, notfalls gerichtlich die Unterlassung weiterer Verwaltertätigkeit zu erzwingen, oder bei Weigerung des ehemaligen Verwalters, seine Tätigkeit einzustellen und trotz **Minderheitenquorums** eine Versammlung hierzu einzuberufen, mittels Einberufung einer Versammlung durch den **Verwaltungsbeiratsvorsitzenden** entsprechende Beschlüsse herbeizuführen. 440

Schließt der **ehemalige** Verwalter **im eigenen Namen** Verträge mit Dritten – weil sie objektiv im Interesse der Gemeinschaft liegen und ordnungsgemäßer Verwaltung entsprächen, wenn er noch Verwalter wäre –, wird er berechtigt und verpflichtet. Ein Anspruch auf Erstattung der Auslagen (z.B. wegen bestellten Heizöls) besteht aus dem Gesichtspunkt der **Geschäftsführung ohne Auftrag** nur dann, wenn die Wohnungseigentümer die Verwaltertätigkeit trotz Beendigung des Verwalteramts hingenommen hatten und der ehemalige Verwalter daher davon ausgehen durfte, daß sein Handeln dem mutmaßlichen Willen der Wohnungseigentümer entspreche. Maßt sich der ehemalige Verwalter die Verwaltertätigkeit entgegen dem zum Ausdruck gekommenen Willen auch nur **eines** Wohnungseigentümers an, erlangt er keinerlei Erstattungsanspruch, auch nicht gegen diejenigen, die seine Tätigkeit als solche tolerieren. Gesamtschuldnerschaft (s.o.)[49] setzt Handeln im Einverständnis aller voraus. Der ehemalige Verwalter hätte allenfalls einen Anspruch aus **ungerechtfertigter Bereicherung**, der jedoch geringer sein kann als das von ihm dem Dritten gegenüber geschuldete und an ihn bezahlte. 441

[61] BayObLG WE 1989, 63.

442 Die ursprünglich häufig kontrovers diskutierte Frage, ob § 11 Nr. 12 AGBG für den Fall, daß ein Verwalter generell **Formularverwalterverträge** verwendet, nicht § 26 Abs. 1 S. 2 insoweit außer Kraft setze, als ein Verwaltervertrag für eine längere Dauer als 2 Jahre vorgesehen sei, darf mit der herrschenden Meinung als beantwortet gelten. Nach § 8 AGBG gilt u.a. § 11 AGB nur für solche Bestimmungen in AGB, durch die von Rechtsvorschriften abweichende oder diese ergänzende Regelungen vereinbart werden. § 26 Abs. 2 S. 2 erklärt aber gerade den Abschluß von mehrjährigen Verwalterverträgen für zulässig, wenn auch limitiert auf maximal 5 Jahre.[62]

Allerdings hat das KG[63] entschieden, ein auf die Dauer von fünf Jahren geschlossener **Verwaltervertrag** sei nach Ablauf der in § 11 Nr. 12a AGBG festgelegten Mindestdauer von 2 Jahren nach § 621 Nr. 4 BGB mit einer Frist von 6 Wochen zum Quartalsende **kündbar,** sofern der Verwalter von seinem Amt abberufen worden sei. Dies gelte auch dann, wenn die Gemeinschaftsordnung die Abwahlmöglichkeit an das Vorliegen eines wichtigen Grundes knüpfe. Durch eine solche Regelung in der Gemeinschaftsordnung erlange der Verwalter keine eigene schuldrechtliche Position im Verhältnis zu den Wohnungseigentümern als Ausnahme von den zwingenden Normen des AGBG. Die Gefahr einer **Doppelzahlung** nach angefochtenem Entlassungsbeschluß müsse auf den Zeitraum des § 621 Nr. 4 BGB begrenzt werden. Das KG stellte ferner fest, daß die vom Verwalter zulässigerweise (BGH, NJW 1989, 1087) mit Erfolg angefochtene **Abberufung** aus wichtigem Grund dahin **umzudeuten** sei, daß der Verwaltervertrag jedenfalls aufgrund einer ordentlichen Kündigung zum nächstmöglichen Zeitpunkt aufgelöst sei. Werde nämlich der Abwahlbeschluß für ungültig erklärt, weil kein wichtiger Grund vorliege, greife auch die **außerordentliche** Kündigung des Verwaltervertrages nicht. Dies könne jedoch nicht dazu führen, daß dem Verwalter für die gesamte Zeit bis zum Ablauf der ursprünglich vorgesehenen 5jährigen Amtsperiode noch ein Vergütungsanspruch zur Verfügung stehe. Im Wege einer hier gebotenen Umdeutung ergebe sich, daß das Vertragsverhältnis gemäß § 621 Nr. 4 BGB ordentlich gekündigt werden könne.

7.3.4 Das Verwalterhonorar

443 Ist die **Höhe** der Vergütung **nicht vereinbart,**[64] greift § 612 BGB ein. Danach gilt im Zweifel ein Honorar stillschweigend als vereinbart, dessen Höhe sich nach der **üblichen Vergütung** richtet. Ist bei einer kleineren Anlage ein Wohnungseigentümer mit der Verwaltung beauftragt, ohne daß die Beteiligten eine Vergütungsregelung getroffen haben, kann die gesetzli-

---

[62] Röll DNotZ 1978, 723; ders. WE 1989, 114.

[63] KG NJW-RR 1989, 839 = WE 1989, 132.

[64] BayObLG WE 1996, 314 (nur der Verwaltervertrag, nicht die Bestellung, ist Rechtsgrundlage).

che Vermutung des § 612 BGB kaum Anwendung finden. Es ist in diesem Falle gerade nicht davon auszugehen, daß eine Vergütung als vereinbart gelte. Der beauftragte Wohnungseigentümer, dem lediglich ein Auftrag erteilt ist, mit dem also ein Geschäftsbesorgungsvertrag i.d.R. nicht geschlossen ist, hat keinen Vergütungsanspruch, er hat lediglich Anspruch auf **Aufwendungsersatz.**

Was *üblich* ist, ist nur schwerlich zu ermitteln, weil es weitgehend eine Üblichkeit nicht gibt. Die Verwalterverbände haben es bisher weitgehend versäumt, wirkungsvolle Leitlinien zu vermitteln. Verbandsmitglieder bleiben als Mitbewerber um ein Verwalteramt Konkurrenten.

Sinnvoll ist es grundsätzlich, im Verhältnis der Wohnungseigentümer zu- **444**
einander das Verwalterhonorar nach der **Anzahl der Wohnungs-** und Teileigentumseinheiten aufzuteilen. Von dieser Warte aus sind heute monatliche Verwalterhonorare von DM 20,–/Monat/Einheit bis zu DM 60,–/Monat/Einheit jeweils zuzüglich Mehrwertsteuer und mehr üblich, teilweise zuzüglich einer Vergütung für Kfz-Stellplatzeigentümer. Für den Verwalterbewerber ist kalkulatorisch die Bildung eines Gesamthonorars entscheidend, unabhängig von der Aufteilung unter den Wohnungseigentümern. Die Kriterien für die Bildung eines angemessenen Honorars sind **Größe** einer Wohn- und/oder Geschäftshausanlage, **Anzahl** der Wohn- und Teileigentumseinheiten, **Umfang** der im Gemeinschaftseigentum stehenden Flächen und Gebäudeteile, ihre **Komplexität, Standort** der Anlage, möglicherweise ihr **Alter** (höherer Instandhaltungsbedarf), ihre Wertigkeit (Luxusanlage?) und nicht zuletzt, sondern vorrangig das vom Verwalter angebotene vertragliche **Leistungsbild.**

Denkbar und gebräuchlich ist auch die Vereinbarung der Sätze der **445**
II. Berechnungsverordnung, die an sich nur im Verhältnis zwischen Wohnungseigentümern und Mietern im Anwendungsbereich der Verordnung, vor allem also im öffentlich geförderten Wohnungsbau gilt. Wichtig in diesem Falle ist nur, daß die Vergütungsregelung insoweit eindeutig ist, nämlich: Sollen die Sätze der II. BVO in der bei Abschluß des Verwaltervertrags gültigen Fassung oder in der jeweils gültigen Fassung maßgeblich sein.

Die Vereinbarung von **Wertsicherungsklauseln** ist nicht unproblema- **446**
tisch. Grundsätzlich entspricht die Vereinbarung einer Wertsicherungsklausel ordnungsgemäßer Verwaltung.[65] Der hier bisher einschlägige § 3 WährgG ist mit Wirkung vom 1. 1. 1999 durch § 2 **Preisangaben- und PreisklauselG** (PaPkG) ersetzt worden. Schutzgut der Vorschrift ist nicht mehr die Stabilität der DM-Währung, sondern die Preisstabilität. Das Verbot mit Erlaubnisvorbehalt erfaßt nur solche Klauseln, die die Höhe einer Geldschuld an einen außerhalb des Schuldverhältnisses liegenden Maßstab binden und bei Änderungen der Bezugsgröße eine unmittelbare und selbsttätige Anpassung vorsehen. Demgemäß bedürfen nur sog. **Gleitklauseln** ei-

[65] BayObLG MDR 1982, 939; DWE 1984, 30 LS.

ner Genehmigung. Die **PreisklauselVO** vom 23. 9. 1998 stellt die von der Vertragspraxis zur Wertsicherung entwickelten Klauseltypen **Leistungsvorbehalt** (§ 1 Nr. 1), **Spannungsklauseln** (§ 1 Nr. 2) und **Kostenelementeklauseln** (§ 1 Nr. 3) daher auch ausdrücklich von einer Genehmigungspflicht frei. Es gibt insoweit wiederum Bereichsausnahmen, so u.a. gem. § 10 Abs. 1a MHG für **Mietverträge über Wohnraum**. Gleitklauseln sind also genehmigungsbedürftig. Es handelt sich um Vereinbarungen, die die Höhe der Geldschuld an eine vertragsfremde Bezugsgröße binden und bei Änderung der Bezugsgröße eine automatische Anpassung vorsehen. Die Gleitklausel unterscheidet sich also von der genehmigungsfreien Spannungsklausel durch die Bezugnahme auf einen außerhalb des Schuldverhältnisses liegenden Maßstab, vom genehmigungsfreien Leistungsvorbehalt durch die Automatik der Änderung.[66]

Eine genehmigungsbedürtige Klausel wird nur bei **langfristigen Verträgen** (i. d. R. mehr als 10 Jahre) oder aus besonderen Gründen des Wettbewerbs erteilt. Nachdem Verwalterverträge nur auf die Höchstdauer von 5 Jahren geschlossen werden können, scheidet für den Bereich von Verwalterverträgen die Vereinbarung einer genehmigungsbedürftigen Gleitklausel aus.

Genehmigungsbehörde ist nunmehr das Bundesamt für Wirtschaft, § 7 PreisklauselVO.

Da Spannungsklauseln genehmigungsfrei sind, ist als eine zulässige Spannungsklausel die Angleichung des Verwalterhonorars an Veränderungen eines Tariflohns für eine Tätigkeit, die der Verwaltertätigkeit entspricht, anzusehen, z. B. Vergütungstarifvertrag für die Beschäftigten in der Wohnungswirtschaft (VTV).

Leitet der Verwalter einen Erhöhungsanspruch aus einer Wertsicherungsklausel ab, ist er zur Spezifizierung der Erhöhung in genauer Anpassung an den Wortlaut einer Wertsicherungsklausel verpflichtet.[67] Die allgemeine Bezugnahme auf Erhöhungen im „Tarifgebiet der Wohnungswirtschaft“ reicht nicht aus, wenn in der Klausel z. B. als Vergleichsgröße das Gehalt eines kaufmännischen Angestellten der Gruppe KV (ab 12. Berufsjahr) des Tarifs für die Wohnungswirtschaft genannt ist. Notwendig für ein ordnungsmäßiges Erhöhungsverlangen ist die Nennung der genauen Zahlen der Entwicklung des maßgeblichen Tarifgehalts und eine Berechnung der entsprechenden Erhöhung der Verwaltervergütung.[68] Eine nicht genehmigungsfähige Klausel ist nichtig. Aufgrund einer nichtigen Klausel geleistete höhere Verwaltergebühren können gem. § 812 Abs. 1 BGB zurückverlangt werden.[69]

447 Die **Ansprüche** des gewerbsmäßig tätigen Verwalters auf Zahlung von Vergütung und Auslagenersatz – sofern dieser zusätzlich vereinbart ist –

---

[66] S. hierzu im einzelnen: Palandt-Heinrichs, 58. Aufl., § 245 BGB, Rz. 24 ff.

[67] BayObLG DWE 1984, 30.

[68] Zu weiteren Einzelheiten s. Bärmann/Seuß, Praxis des Wohnungseigentums, 4. Aufl., B 399.

[69] OLG Köln NJW-RR 1995, 146 LS = WE 1995, 21.

verjähren in 2 Jahren, § 196 Abs. 1 Nr. 7 BGB,[70] gleichgültig, ob der Anspruch unmittelbar auf dem Verwaltervertrag oder auf §§ 675, 670 BGB beruht. „Auslagen“ sind alle Zahlungen, die der Verwalter von seinem Vermögen für Rechnung der Wohnungseigentümer erbringt.[71] Maßgeblich für die Frage der Verjährung ist die **Fälligkeit** der Vergütung. Fehlt eine vertragliche Regelung, gilt § 614 S. 1 BGB. Danach wäre die Vergütung erst nach Erbringung der Dienstleistung, insbesondere Vorlage der Jahresabrechnung zu entrichten.[72]

Die Wohnungseigentümer haften dem Verwalter grundsätzlich **gesamtschuldnerisch** für das gesamte Verwalterhonorar.[73] Die Vergütungsverpflichtung aus dem Verwaltervertrag wird von den einzelnen Rechtsnachfolgern (Käufer, Ersteher im Zwangsversteigerungsverfahren) ohne besondere Regelung kraft Gesetzes übernommen, und zwar mit Beginn des Monats, in dem der **Eigentümerwechsel** eintritt.[74] Der **Rechtsnachfolger** haftet jedoch dem Verwalter nicht für Vergütungen, die vor der Eigentumsumschreibung auf ihn entstanden und fällig geworden sind. Die Bindungswirkung für und gegen den Rechtsnachfolger erfaßt den gesamten Verwaltervertrag. Demzufolge ist der Erwerber eines Wohnungseigentums an einen von den Wohnungseigentümern vor seinem Eintritt in die Gemeinschaft abgeschlossenen Verwaltervertrag insgesamt gebunden, analog § 10 Abs. 4 WEG. 448

Der Verwalter kann seinen vertraglichen Vergütungsanspruch auch ohne Beschlußfassung der Gemeinschaft über einen Wirtschaftsplan gegen die einzelnen Wohnungseigentümer geltend machen. Ist er von den Beschränkungen des § 181 BGB befreit, kann er auch laufend das Konto der Gemeinschaft entsprechend belasten.

Der Beginn der Vergütungsverpflichtung im Veräußerungsfalle gegenüber dem Verwalter und die grundsätzlich gegebene gesamtschuldnerische Haftung ihm gegenüber berühren nicht die Pflicht der einzelnen Wohnungseigentümer gegenüber der Gemeinschaft zur Lasten – und Kostentragung gemäß § 16 Abs. 2.

Die Verwaltervergütung ist **Bestandteil der gemeinschaftlichen Kosten.** 449
Sie ist demnach auch Ausgabenposition von Wirtschaftsplan und Jahresabrechnung. Insofern ist die Haftung des einzelnen Wohnungseigentümers gegenüber den anderen Wohnungseigentümern auch bezüglich der Verwalter-

---

[70] BayObLG DWE 1984, 124; OLG Frankfurt OLGZ 1980, 413/414 f.; LG Mannheim MDR 1972, 687; BGH WPM 1965, 1181/1182 für Ansprüche eines Hausverwalters; vgl. auch BayObLG NJW-RR 1998, 157 = ZMR 1997, 659 = WE 1998, 198: offengelassen für einen Aufwendungsersatzanspruch des Verwalters.

[71] BGH NJW 1983, 1729 m. w. N.

[72] OLG Hamm NJW-RR 1993, 845 = WE 1993, 246.

[73] BGH NJW 1980, 2466; KG ZMR 1990, 62 = NJW-RR 1990, 153 = WE 1990, 88; NJW-RR 1994, 83 LS = ZMR 1994, 579 = WE 1994, 54.

[74] BayObLG NJW-RR 1987, 80; Merle, Bestellung und Abberufung des Verwalters, § 26, S. 49/50; KG a. a. O.

vergütung eine **anteilige,** entweder nach Maßgabe des allgemeinen Kostenverteilungsschlüssels oder nach Maßgabe eines besonderen für den Bereich der Verwaltervergütung vorgesehenen. Grundsätzlich ist der – besondere – **Verteilungsschlüssel** für die Verwaltervergütung in der **Gemeinschaftsordnung** oder in einem **bestandskräftigen Mehrheitsbeschluß** festgelegt. Nur ausnahmsweise kann Rechtsgrundlage für diesen besonderen Verteilungsschlüssel auch die beispielsweise Regelung im Verwaltervertrag sein, daß der Verwalter je Wohneinheit eine bestimmte Vergütung zu beanspruchen habe. Der **Verwaltervertrag** ist in diesem Falle *dann* zugleich Rechtsgrundlage für den Verteilungsschlüssel unter den Wohnungseigentümern – obwohl er nur die Rechtsbeziehungen zwischen Verwalter und Gemeinschaft regelt –, wenn der Vertrag mit diesem Inhalt auf einem entsprechenden Mehrheitsbeschluß gründet, oftmals zugleich der Verwalterbestellungsbeschluß. Zu beachten ist in diesem Falle aber, daß ein Mehrheitsbeschluß, der etwa den **Verwaltungsbeirat** bevollmächtigt, einen Verwaltervertrag mit dem Inhalt eines vom Gesetz oder der Gemeinschaftsordnung abweichenden Kostenverteilungsschlüssels zu schließen, wegen des Einstimmigkeitserfordernisses insoweit anfechtbar ist.

450 Fraglich kann auch sein, ob das Beispiel der im Verwaltervertrag enthaltenen **Vergütungsverteilungsregelung** nicht zugleich auch die **Gesamtschuldnerschaft** der Wohnungseigentümer gegenüber dem Verwalter abbedingt und dazu führt, daß die Wohnungseigentümer auch dem Verwalter gegenüber nur **anteilig haften.** Dies wird Sachverhaltsfrage, also eine Frage der Formulierung des Verwaltervertrags sein. Wenn die Vertragspartner eine nur anteilige Haftung wünschen, sollten sie dies auch klar im Vertrag zum Ausdruck bringen. Ist im Verwaltervertrag die nur **anteilige Haftung** der Wohnungseigentümer gegenüber dem Verwalter bestimmt, darf der Verwalter sein Honorar zu Lasten des Gemeinschaftskontos auch nur insoweit einziehen, als die Wohnungseigentümer mit der Leistung der Hausgeldvorschüsse zugleich Verwalterhonorar bezahlt haben. Ist ein Wohnungseigentümer in diesem Falle mit seiner Hausgeldvorauszahlung säumig und enthält der Hausgeldvorschuß auch den Anteil des einzelnen Wohnungseigentümers an der Verwaltervergütung, darf der Verwalter den Anteil des säumigen Wohnungseigentümers nicht zu Lasten des Gemeinschaftskontos in Empfang nehmen. Anders verhält es sich lediglich im Falle der Gesamtschuldnerschaft.

451 Schuldet der einzelne Wohnungseigentümer dem Verwalter keine **Verwaltervergütung** für die Zeit **vor** Eintritt seiner **Eigentümerstellung** (siehe oben), schuldet er nach hier vertretener Auffassung (Abschn. 5.2.3.2) natürlich der Gemeinschaft auch solche Vergütungsanteile, die vor seinem Eintritt in die Gemeinschaft fällig geworden waren, die sein Rechtsvorgänger nicht geleistet hat und die Bestandteil einer Jahresabrechnung sind, die nach seinem Eintritt in die Gemeinschaft genehmigt wurde. Insoweit gelten die in Abschnitt 5.2.3 entwickelten allgemeinen Grundsätze.

Der Verwalter kann eine **Sondervergütung** nur beanspruchen, wenn er sie rechtswirksam mit der Gemeinschaft vereinbart hat. Dies gilt zunächst und in erster Linie – auch wenn es sich nicht um den Fall einer Sondervergütung im engeren Sinne handelt – für den **Ersatz von Aufwendungen,** wie Porti und Fotokopiekosten. Enthält der Verwaltervertrag eine abschließende Vergütungsregelung, ist es dem Verwalter versagt, zusätzlich eine Kostenerstattung zu beanspruchen.[75] Dies ist insbesondere im Hinblick auf die Rechtsprechung zu § 27 Abs. 2 Nr. 3 von Bedeutung, nach der der Verwalter auch **Zustellungsvertreter** im Beschlußanfechtungsverfahren im Sinne des § 189 Abs. 1 ZPO sein soll (Einzelheiten hierzu siehe Abschnitt 7.5.3). Dem Verwalter ist also zu empfehlen, für eine klare Kostenerstattungsregelung im Vertrag zu sorgen. **452**

Die Sondervergütungsfrage stellt sich oftmals auch dann, wenn dem Verwalter durch Mehrheitsbeschluß **Zusatzaufgaben** zugewiesen werden sollen, die er weder nach Gesetz noch nach Vertrag wahrzunehmen hätte. Dieser Fall ist meist im Zusammenhang mit der beschlossenen Durchführung größerer Instandhaltungsmaßnahmen am Gemeinschaftseigentum gegeben, die deshalb über die Instandhaltung und Instandsetzung im Sinne des § 27 Abs. 1 Nr. 2 hinausgehen, weil schon ihre Vorbereitung, aber auch ihre Durchführung an sich die Einschaltung von Fachleuten (Architekten, Fachingenieure, Kostencontroller, Projektsteuerer etc.) notwendig machen. Der Verwalter ist – selbst bei entsprechender fachtechnischer Ausstattung seines Unternehmens – zur Übernahme etwa der sich aus § 15 HOAI ergebenden Tätigkeiten nur verpflichtet, wenn die Gemeinschaft ihm ein im Einzelfall auszuhandelndes Sonderhonorar zugesteht. Die Beschlußdurchführungspflicht des Verwalters nach § 27 Abs. 1 Nr. 1 steht dem nicht entgegen, weil der Verwalter nicht durch Eigentümerbeschluß zu etwas verpflichtet werden kann, wozu er weder nach Gesetz noch nach Vertrag verpflichtet ist. Der Verwalter ist insoweit Dritter. Ganz deutlich wird dies im Zusammenhang mit der Durchsetzung von **Gewährleistungsansprüchen** der Wohnungseigentümer gegen den Bauträger. Dies ist nicht Originäraufgabe des Verwalters.

Inzwischen hat der BGH[76] abschließend die Frage beantwortet, ob **die Vertretung der Wohnungseigentümer** durch den Verwalter **vor Gericht** ein Verstoß gegen das RBerG sei. Nach BGH kann der Verwalter die Ausnahmevorschrift des Art. 1 § 3 Nr. 6 RBerG für sich in Anspruch nehmen, er darf also die übrigen Wohnungseigentümer z. B. in Hausgeldverfahren gegen Säumige gerichtlich vertreten. Die Entscheidung macht aber deutlich, daß die zulässige Besorgung fremder Rechtsangelegenheiten durch den

---

[75] LG Hamburg ZMR 1988, 188; s.a. OLG Düsseldorf ZMR 1998, 653 = ZfIR 1998, 483: es widerspricht ordnungsgemäßer Verwaltung, wenn die Wohnungseigentümer nachträglich die Verwaltervergütung erhöhen wollen.

[76] BGH EBE 1993, 186 = ZMR 1993, 421 = WE 1993, 308.

Verwalter nur im Rahmen der ihm nach § 27 zugewiesenen Aufgaben und Befugnisse möglich sei. Unzulässige Rechtsberatung dürfte demnach gegeben sein, wenn ein Verwalter in Ausführung eines Eigentümerbeschlusses, Schadenersatzansprüche gegen den ehemaligen Verwalter gerichtlich geltend zu machen, ohne Hinzuziehung eines Rechtsanwalts selbst Klage erhebt.[77]

Der BGH hat zusätzlich entschieden, daß dem Verwalter für – zulässige – Rechtsvertretung eine **Sondervergütung** bewilligt werden könne, sogar nach den Sätzen der **BRAGO.**

Unbedenklich ist es, dem Verwalter durch Vertrag oder Eigentümerbeschluß **Erstattung** der mit der gerichtlichen Vertretung verbundenen **Kosten** zuzubilligen. Sofern nicht ausdrücklich etwas anderes vereinbart ist, sind Schuldner alle Wohnungseigentümer, ist nicht nur jeweils säumige Wohnungseigentümer Schuldner. Bestimmt der Verwaltervertrag, daß der Verwalter im Falle der Säumigkeit eine „Mahngebühr" vom Säumigen beanspruchen dürfe, spricht dies für eine Schuldnerschaft des jeweils Säumigen, so daß es in diesem Falle dem Verwalter verwehrt wäre, das Gemeinschaftskonto zu belasten. Zulässig ist auch die Vereinbarung von Kostenpauschalen.[78]

Entsprechendes gilt, wie schon die behandelte BGH-Entscheidung zeigt, auch für die Vereinbarung von Sonderhonorar. Dabei sollte jedoch nicht für alle Verfahren derselbe Betrag vereinbart sein. Es sollte Rücksicht auf den zeitlichen Aufwand oder auf die Bedeutung der Angelegenheit genommen werden. Demzufolge bieten sich ein **Stundensatz** oder die **Gebührensätze der BRAGO** an.[79]

Die Wohnungseigentümergemeinschaft ist nicht befugt, durch Mehrheitsbeschluß auf rückständige Hausgelder unabhängig von Eintritt und Höhe eines **Verzugsschadens** pauschal 10% Zinsen p.a. zu erheben, es sei denn, sie wäre dazu nach der Gemeinschaftsordnung ermächtigt.[80]

453 Soll die **Gemeinschaft** hinsichtlich festgelegter **Sondervergütungsregelung Schuldner** des Verwalters sein, ist die Gemeinschaft potentieller Gläubiger des säumigen Miteigentümers. Wegen § 47 WEG hat sie gegen ihren säumigen Miteigentümer jedoch nur dann einen **Kostenerstattungsanspruch** in Höhe der Sondervergütungsverbindlichkeit gegenüber dem Verwalter, wenn das Gericht im Rahmen seiner **Kostenentscheidung** dem säumigen Antragsgegner auch die **außergerichtlichen Kosten** der Antragsteller auferlegt und im Rahmen des **Kostenfestsetzungsverfahrens** die Sondervergütung als notwendige Verfahrenskosten anerkennt und sie deshalb festsetzt. Die so vereinbarte Sondervergütung wird regelmäßig dann festsetzbar sein, wenn sie bestandskräftig gemeinschaftsintern festgelegt ist.

---

[77] S. hierzu BayObLG WE 1995, 95.

[78] BayObLG ZMR 1986, 298; s.a. OLG Frankfurt DWE 1988, 141.

[79] BayObLG a.a.O.; NJW-RR 1988, 847; WE 1991, 111; WE 1988, 200; OLG Köln v. 28. 7. 1986 – 16 Wx 49/86 –; WE 1990, 212 = NJW 1991, 1302 = NJW-RR 1991, 726.

[80] BGH EBE 1991, 269 = ZMR 1991, 398 = Rpfleger 1991, 413.

Da der WEG-Verwalter das Gemeinschaftseigentum verwaltet, ist es ihm grundsätzlich unbenommen, eine **Maklertätigkeit,** bezogen auf die **Vermietung** einzelner Wohnungen, also auf das Sondereigentum zu entfalten. Das Verbot des § 2 Abs. 2 Nr. 2 WoVermG kommt nicht zum Tragen.[81] Etwas anderes gilt nur für den Fall, daß der WEG-Verwalter zugleich **Sondereigentumsverwalter** des betreffenden Sondereigentums ist.[82] Allerdings hat der BGH mit zutreffender Begründung entschieden,[83] daß der WEG-Verwalter, von dessen **Zustimmung** gemäß § 12 die Gültigkeit eines **Wohnungsverkaufes** abhängig ist, wegen des demgemäß instiutuionalisierten Konflikts mit den Interessen des Käufers nicht *dessen* Makler sein könne. 454

Allerdings hat das BayObLG[84] einen wichtigen Grund gegen die Wiederbestellung darin gesehen, daß der Verwalter den Wohnungseigentümern seine Dienste als Verkaufsmakler anbietet und nach der Gemeinschaftsordnung die Veräußerung von Wohnungseigentum an die Zustimmung des Verwalters gem. § 12 gebunden ist.

7.4 Abberufung des Verwalters und Kündigung des Verwaltervertrags

7.4.1 Bedeutung der Unterscheidung

Die sogenannte **Trennungstheorie** unterscheidet mit gutem Grund zwischen Bestellung des Verwalters und Abschluß des Verwaltervertrags. Die Unterscheidung zwischen Organstellung des Verwalters und Vertragspartner der Gemeinschaft findet ihre praktische Bedeutung vor allem in der Beendigung der Rechtsbeziehungen durch **Abberufung** und **Kündigung** des Verwaltervertrags.[85] 455

Die Wohnungseigentümer können grundsätzlich jederzeit mit **Stimmenmehrheit** die **Abberufung** beschließen, § 26 Abs. 1 S. 1. Über die Abberufung des Verwalters zu entscheiden, ist also in erster Linie Sache der Wohnungseigentümer. Ausnahmsweise kann ein Wohnungseigentümer ohne vorherige Anrufung der Eigentümerversammlung die Abberufung durch das Gericht verlangen, wenn die Anrufung der Eigentümerversammlung ihm

---

[81] OLG Hamm MDR 1986, 501; LG Heidelberg NJW-RR 1997, 775; LG Hildesheim RDM 1991, A 142 m. w. N.; Staudinger-Bub, § 26 Rz. 85 ff.

[82] LG München I NJW 1974, 2287; AG München MDR 1975, 145 u. OLG München MDR 1975, 931; Staudinger-Bub, a. a. O.

[83] BGH BB 1990, 2435 = EBE 1990, 362 = NJW 1991, 168 = WE 1991, 102; Staudinger-Bub, a. a. O., insb. Rz. 86 a.

[84] BayObLG WE 1997, 439; BayObLGZ 1972, 139: Verwalter betätigt sich bei gleicher Sachlage als Makler, Abberufungsgrund.

[85] BayObLG NJW-RR 1987, 78; OLG Hamm WM 1991, 218; OLG Köln WE 1989, 142 = DWE 1989, 30; Bärmann-Merle, § 26 Rz. 131 ff.

nicht zugemutet werden kann,[86] insbesondere wenn die Mehrheitsverhältnisse einen Abberufungsbeschluß nicht erwarten lassen (der Verwalter selbst ist beispielsweise Wohnungseigentümer und/oder tritt regelmäßig als Vertreter anderer Wohnungseigentümer auf). Die Abberufungsmöglichkeit kann auf das Vorliegen eines sogenannten **wichtigen Grundes** beschränkt werden, § 26 Abs. 1 S. 3. Weitergehende Beschränkungen der Abberufung sind zwingend nicht zulässig, § 26 Abs. 1 S. 4. Die **Gemeinschaftsordnung** kann also die jederzeitige Abberufungsmöglichkeit dahin beschränken, daß Abberufungsvoraussetzung das **Vorliegen eines wichtigen Grundes** ist. Es ist sinnvoll, so zu verfahren. Trotz dieser – zulässigen – Abberufungsbeschränkung ist stets eine **einvernehmliche Aufhebung** der Verwalterbestellung durch Mehrheitsbeschluß zulässig.[87] Ein auf **bestimmte Dauer** geschlossener **Verwaltervertrag** und/oder eine **Bestellung auf bestimmte Dauer** führen im Ergebnis dazu, daß der Verwalter auch nur bei wichtigem Grund abberufen werden kann, selbst wenn die Gemeinschaftsordnung dies nicht vorsieht. Ist in diesem Falle nur der Vertrag von bestimmter Dauer, gilt dies allerdings nur, sofern die Möglichkeit einer ordentlichen Kündigung des Verwaltervertrags nicht ausdrücklich vorgesehen ist.[88] Dies hat auch umgekehrt zur Folge, daß eine Bestellzeit von bestimmter Dauer zu einem befristeten Verwaltervertrag führt, auch wenn ein solcher nicht ausdrücklich geschlossen wird.

456 Die **Abberufung des Verwalters aus wichtigem Grund** beinhaltet i. d. R. zugleich die Kündigung des Verwaltervertrags.[89]

Beschränkt die Gemeinschaftsordnung die Abberufungsmöglichkeit dahin, daß ein wichtiger Grund vorausgesetzt wird, und ist parallel dazu ein **Verwaltervertrag** auf **unbestimmte Dauer** geschlossen, können die Wohnungseigentümer den Vertrag unter Einhaltung der gesetzlichen Frist ordentlich kündigen, ohne den Verwalter abberufen zu können, sofern nicht ein wichtiger Grund gegeben ist. In diesem Ausnahmefall verliert der weiterhin im Amte befindliche Verwalter den Anspruch auf die **vereinbarte** Vergütung, entfallen die in Abweichung vom Gesetz und in Ergänzung hierzu vertraglich vereinbarten zusätzlichen Verwalterpflichten und -befugnisse. Der Verwalter hat aber weiterhin die Mindestaufgaben und -befugnisse des § 27 und **Anspruch** auf die **übliche Vergütung.** Der hier angesprochene Fall hat nicht nur theoretische Bedeutung. Oftmals wählen Wohnungseigentümer den Verwalter ab und kündigen den Vertrag in der Annahme, ein wichtiger Grund sei gegeben. Vorsorglich kündigen sie den

---

[86] OLG Stuttgart OLGZ 1977, 433; BayObLG NJW-RR 1986, 445; KG ZMR 1988, 347; OLG Düsseldorf WE 1991, 252; ZMR 1994, 520; ZMR 1998, 449 = ZfIR 1998, 367; Weitnauer, § 21 Rz. 29; Soergel/Stürner, 12. Aufl., § 26 Rz. 12a; a. A. Augustin, § 26 Rz. 16.

[87] BayObLG DWE 1985, 60.

[88] Weitnauer, § 26 Rz. 35; OLG Hamm ZMR 1997, 94 = WE 1997, 28.

[89] BayObLGZ 1974, 275; Bärmann-Merle, § 26 Rz. 135; Augustin, § 26 Rz. 15.

auf unbestimmte Dauer geschlossenen Vertrag ordentlich. Der abberufene Verwalter ficht den Abberufungsbeschluß an und begehrt Feststellung der Unwirksamkeit der außerordentlichen Kündigung des Verwaltervertrags. Bestätigt das Gericht die Anfechtung und die beantragte Feststellung, endet der Vertrag jedenfalls mit Ablauf der für die ordentliche Kündigung vorgesehenen Frist, bleibt der Verwalter aber im Amt. Die vorgenannten Konsequenzen greifen.

Der BGH[90] hat in seiner Entscheidung vom 1. 12. 1988, mit der er dem abberufenen Verwalter ein **Anfechtungsrecht** hinsichtlich des Abberufungsbeschlusses einräumt, auch festgestellt, daß der Verwalter damit die **Wiedereinsetzung** in sein Amt erreichen könne. Es entfällt sogar das **Rechtsschutzbedürfnis** für die Abwahlanfechtung, wenn die von den Wohnungseigentümern bei Verwalterbestellung vorgesehene Amtszeit inzwischen abgelaufen ist, oder wenn der Verwalter zur Wahrung etwaiger Vergütungsansprüche die Ungültigerklärung des Abwahlbeschlusses erstrebt.[91] 457

Es widerspricht im übrigen ordnungsmäßiger Verwaltung, einem aus wichtigem Grund abberufenen Verwalter für die Zeit, in der er die Verwaltung nicht geführt hat, ungeachtet der gerichtlichen Überprüfung der Abwahlgründe durch Mehrheitsbeschluß das **volle Verwalterhonorar** zuzubilligen.[92]

Die – rechtswirksame – **Kündigung des Verwaltervertrages** führt zu 458 dessen **Beendigung** mit Zugang der Kündigungserklärung und Ablauf der Kündigungsfrist, die außerordentliche Kündigung aber nur, wenn objektiv ein wichtiger Grund besteht. Der Abberufungsbeschluß als solcher wird mit seiner Fassung gültig. Beschlüsse sind nur ungültig, wenn sie gemäß § 43 Abs. 1 Nr. 4 durch das Wohnungseigentumsgericht rechtskräftig für ungültig erklärt sind, § 23 Abs. 4 S. 1. Verlangt die Gemeinschaftsordnung auch für die Abberufung einen wichtigen Grund, bzw. ist der Verwalter auf bestimmte Dauer bestellt, ist der Abberufungsbeschluß also – zunächst einmal – auch dann gültig, wenn objektiv ein wichtiger Grund nicht gegeben ist. Allerdings führt formell erst die Mitteilung des Beschlußergebnisses an den abberufenen Verwalter zum Amtsende. Ist der Verwalter bei Beschlußfassung zugegen, stellt die Feststellung des Beschlußergebnisses zugleich die Mitteilung dar. Sieht der Verwaltervertrag vor, daß Abberufung – oder Amtsniederlegung – nur bei Vorliegen eines wichtigen Grundes zulässig sein sollen und daß der Vertrag mit der vorzeitigen Abberufung – oder Niederlegung – ende, so ist – erst – mit der Bestandskraft eines Abberufungsbeschlusses zugleich der Vertrag beendet.[93] Die vertragliche Regelung ist also

[90] BGH NJW 1989, 1087 = Rpfleger 1989, 150 = ZMR 1989, 155.
[91] BGH a. a. O.; KG ZMR 1997, 610 = WE 1998, 66.
[92] KG ZMR 1987, 386.
[93] BayObLG WE 1994, 147.

im Falle der Anfechtung des Abwahlbeschlusses wegen seiner sofortigen Gültigkeit für die betroffene Gemeinschaft von wirtschaftlichem Nachteil.

Während also das Fehlen eines wichtigen Grundes die außerordentliche Kündigung des Vertrages unwirksam macht – der Vertrag besteht fort –, greift der Abberufungsbeschluß ungeachtet der Frage, ob ein wichtiger Grund gegeben ist; dies selbst dann, wenn auch für die Abberufung ein wichtiger Grund erforderlich ist.

459 **Weitergehende Beschränkungen** sind **unzulässig,** § 26 Abs. 1 S. 4. Dazu zählen etwa folgende Bestimmungen in der Gemeinschaftsordnung, denen man immer wieder begegnet:

- Abberufung und Vertragskündigung sollen nur mittels eines **qualifizierten Mehrheitsbeschlusses** möglich sein.[94]
- Die Wirksamkeit des Eigentümerbeschlusses über Abberufung und Vertragskündigung soll von der **Zustimmung Dritter,** z.B. eines Grundschuld- oder Hypothekengläubigers, abhängig sein.[95]
- Der Abberufungsbeschluß soll im Falle rechtzeitiger Anfechtung erst gültig werden, wenn über seine Gültigkeit rechtskräftig entschieden ist[96] oder im Falle der Nichtanfechtung erst mit Ablauf eines Monats ab Beschlußfassung (vgl. § 23 Abs. 4 S. 2).
- Nach der Gemeinschaftsordnung sollen nur **strafrechtlich** relevante Gründe die Abberufung und die außerordentliche Kündigung rechtfertigen.[97]

460 Die **Unterscheidung** zwischen **Abberufung** und **Kündigung** hat u.U. schließlich dann praktische Bedeutung, wenn mit dem Verwalter, der z.B. zugleich Wohnungseigentümer ist, nur ein **Auftragsverhältnis** besteht, kein Geschäftsbesorgungsvertrag geschlossen ist, und die Gemeinschaftsordnung die Abberufung an das Vorliegen eines wichtigen Grundes knüpft. Der Auftrag ist grundsätzlich jederzeit widerruflich für beide Teile (§ 671 Abs. 1 BGB). So kann im Falle der Abberufung aus einem vermeintlichen, aber in Wirklichkeit nicht bestehenden wichtigen Grund und im Falle des Auftragswiderrufs nach erfolgreicher Anfechtung durch den abberufenen Verwalter dieser weiterhin im Amte sein, ohne daß das Auftragsverhältnis fortbesteht. Da diese Konsequenz kaum der Vorstellung und dem Willen der Beteiligten entspricht, darf folgende Überlegung eingebracht werden: Wegen des jederzeit möglichen Auftragswiderrufs bestimmen die Wohnungseigentümer mit Auftragserteilung konkludent, daß dieser konkrete, lediglich **beauftragte** Verwalter auch jederzeit abberufen werden könne, ohne daß

[94] BayObLG DWE 1985, 60; WE 1995, 30; WE 1996, 151 = WM 1996, 497 zur Verwalterbestellung; a.A. Bärmann-Merle, § 26 Rz. 184, der das Erfordernis der qualifizierten Mehrheit als zulässige Beschränkung ansieht, wenn die Abberufung nicht an einen wichtigen Grund geknüpft ist.

[95] BayObLG NJW 1958, 1824; Diester, Rechtsfragen, Rz. 297; a.A. wiederum Bärmann-Merle, § 26 Rz. 184.

[96] KG Rpfleger 1978, 257.

[97] Bärmann-Merle, § 26 Rz. 187, 188.

ein wichtiger Grund vorliegen müsse. Da die Wohnungseigentümer damit nicht die Gemeinschaftsordnung abändern – sie lassen die Gemeinschaftsordnung lediglich insoweit nicht zur Anwendung kommen –, können sie die jederzeitige Abberufungsmöglichkeit bezüglich dieses Verwalters mit Mehrheit beschließen.

Oftmals ist der **erste Verwalter** durch die **Gemeinschaftsordnung** **461**
bestellt. Da diese Verwalterbestellung lediglich formeller, aber nicht materieller Bestandteil der Gemeinschaftsordnung ist, also keinen Vereinbarungscharakter hat, ist die Abberufung durch Mehrheitsbeschluß schon aus diesem Grunde nicht gehindert.

Zusammenfassend kann also festgehalten werden: **462**

Die **Abberufung** des Verwalters als **körperschaftsrechtlicher Akt** ist ein abstraktes Rechtsgeschäft, das **von der Beendigung des Verwaltervertrags unabhängig** und streng zu trennen ist.[98] Die Wohnungseigentümer können aber durch vertragliche Abrede mittels **auflösender Bedingung** vereinbaren, daß mit einer wirksamen Beendigung des Verwalteramts durch Abberufung oder Niederlegung auch der Vertrag enden soll.[99] Im Zweifel ist der Verwaltervertrag auf die Dauer der Bestellung geschlossen, so daß seine Wirksamkeit also auflösend bedingt durch die Abberufung ist.[100] Denkbar ist auch, daß der Bestand eines Abberufungsbeschlusses von der Wirksamkeit der Kündigung des Vertrags abhängen soll. Von einer solchen Verknüpfung ist auszugehen, wenn die Wohnungseigentümer die Abberufung allein mit der Kündigung des Vertrags begründet und diese Begründung in den Abberufungsbeschluß aufgenommen haben.[101] Vor diesem Hintergrund ist es auch richtig, daß die Ungültigerklärung der Abwahl lediglich wegen eines Einberufungsmangels noch nichts über die Rechtswirksamkeit der Kündigung des Vertrags besagt.[102]

Nach herrschender Meinung in Literatur und Rechtsprechung ist der **463**
Verwalter, der zugleich Wohnungseigentümer ist, bei der **Beschlußfassung** über seine **Abberufung stimmberechtigt,** sofern nicht derselbe Beschluß zugleich die – außerordentliche oder ordentliche – Kündigung des Verwaltervertrages zum Inhalt hat.[103] Hingegen ist bei der Beschlußfassung über die Abberufung des Verwalters verbunden mit der Kündigung des Verwaltervertrags aus wichtigem Grunde ein Wohnungseigentümer, der zugleich Verwalter ist, nicht stimmberechtigt.[104] Die einheitliche Beschlußfassung

---

[98] BayObLG NJW-RR 1987, 78; OLG Hamm WM 1991, 218; OLG Köln DWE 1989, 30 = WE 1989, 142; Bärmann-Merle, § 26 Rz. 131.

[99] BayObLG WM 1993, 306; WE 1994, 147; OLG Köln WE 1989, 142.

[100] BayObLG WE 1996, 314.

[101] BayObLG DWE 1989, 24.

[102] OLG Hamm NJW-RR 1997, 523 = ZMR 1997, 49 = DWE 1997, 163 = WE 1997, 30.

[103] BayObLG WE 1994, 184; WE 1987, 45.

[104] BayObLG NJW-RR 1987, 78; Bärmann-Merle, § 26 Rz. 151 u. § 25 Rz. 102ff.

über die Abberufung und zugleich die Kündigung des Vertrags aus wichtigem Grund fällt unter § 25 Abs. 5, weil es sich bei dem die Kündigung betreffenden Teil um die Vornahme eines Rechtsgeschäfts mit dem Verwalter im Sinne dieser Bestimmung handelt und dieser Teil nicht von der Beschlußfassung über die Abberufung getrennt werden kann. § 25 Abs. 5 erfaßt mithin nicht die isolierte Beschlußfassung über die Abberufung ohne gleichzeitige Kündigung des Verwaltervertrags. Die Abberufung gehört wie die Bestellung zu den Maßnahmen, die aufgrund des § 21 Abs. 4 von jedem Wohnungseigentümer verlangt werden könnten, sofern die Abberufung zu einer ordnungsmäßigen Verwaltung erforderlich ist. Kommt demnach in diesem Falle wegen der Beteiligung eines als Verwalter abzuberufenden Wohnungseigentümers ein Eigentümerbeschluß der erforderlichen Mehrheit nicht zustande, kann jeder andere Wohnungseigentümer den entsprechenden Anspruch gegen den seine Zustimmung verweigernden Wohnungseigentümer im Verfahren der §§ 43 ff. verfolgen oder (s. oben) den **gerichtlichen Antrag** stellen, daß das Gericht den Verwalter abberufe. Demzufolge ist zur Vermeidung der Stimmrechtsausübung durch den Verwalter, der auch Wohnungseigentümer ist, die **kombinierte Beschlußfassung** über Abberufung und Kündigung zu empfehlen, wenn man die Interessen der Wohnungseigentümer, die sich vom Verwalter lösen wollen, vertritt. Dies nicht zuletzt auch deshalb, weil nicht in jedem Falle in der Abberufung aus wichtigem Grunde ipso iure auch die außerordentliche Kündigung des Verwaltervertrages liegt.

464 **Lehnen** die **Wohnungseigentümer** einen **Beschlußantrag auf Abberufung** des Verwalters und Kündigung des Verwaltervertrags **ab,** besteht keine Anfechtungslage, da **Negativbeschlüsse** keine anfechtbaren Beschlüsse sind. In diesem Falle kann jeder Wohnungseigentümer, der die Abwahl des Verwalters und die Kündigung des Verwaltervertrages betreiben will, über § 21 Abs. 4 die **gerichtliche Entscheidung** herbeiführen (Abwahl durch das Gericht oder Entscheidung des Gerichts, daß die übrigen Wohnungseigentümer der Abwahl zuzustimmen haben).

7.4.2 Rechte des abberufenen und gekündigten Verwalters

465 Da der Abberufungs- und der Kündigungsbeschluß sofort gültig werden und davon auszugehen ist, daß die Wohnungseigentümer dem Verwalter die Abberufung unverzüglich mitteilen bzw. die Kündigung aussprechen, verliert der Verwalter mit Zugang dieser Erklärungen nach dem Wortlaut des § 43 Abs. 1 Nr. 4 an sich sein Recht, Eigentümerbeschlüsse anfechten zu können. Der BGH[105] räumt dem **abberufenen Verwalter** in entsprechender

[105] BGH NJW 1989, 1087 = Rpfleger 1989, 150 = ZMR 1989, 155; OLG Hamm NJW-RR 1997, 523 = ZMR 1997, 49 = DWE 1997, 163; s. a. OLG Düsseldorf ZMR 1998, 449 = ZfIR 1998, 367 = WE 1998, 230 zur Verwalterabberufung in werdender Gemeinschaft.

Anwendung von § 43 Abs. 1 Nr. 4 ein **Anfechtungsrecht** ein. Hingegen kann der abberufene Verwalter – solange der Abberufungsbeschluß gültig ist – nicht den Beschluß über die Wahl eines anderen Verwalters anfechten.[106] Etwas anderes gilt nur, falls er zugleich Wohnungseigentümer ist. Die Anfechtung der Wahl des anderen Verwalters durch den abberufenen kommt also faktisch nicht in Betracht, da es undenkbar ist, daß der Abberufungsbeschluß innerhalb der Anfechtungsfrist rechtskräftig für ungültig erklärt wird. Hätte der abberufene Verwalter nicht die Möglichkeit der Anfechtung seiner Abwahl, wäre er stets abwählbar, auch wenn die Gemeinschaftsordnung die Abwahl an das Bestehen eines wichtigen Grundes knüpfte. Das Gesetz will dem abberufenen Verwalter die **Wiedereinsetzung in sein Amt** ermöglichen; er soll nicht nur auf den Anspruch der **vertragsgemäßen Vergütung** angewiesen sein.[107] Demgemäß **entfällt** auch das **Rechtsschutzbedürfnis** für die Abwahlanfechtung, wenn die von den Wohnungseigentümern bei Bestellung vorgesehene Amtszeit abgelaufen ist.[108]

Der abberufene und gekündigte Verwalter hat **nicht** die Möglichkeit, die an ihn gerichtete **Abberufungserklärung** und die ihm zugegangene **Kündigungserklärung isoliert anzufechten.** Der Anfechtungsantrag kann sich nur gegen den Eigentümerbeschluß als solchen richten. Den Abberufungsbeschluß anzufechten gibt nur dann einen Sinn, wenn nach der Gemeinschaftsordnung ein wichtiger Grund gefordert ist und der abberufene Verwalter glaubt, ein solcher liege nicht vor. Hat der Verwalter einen Abberufungsbeschluß, der zugleich die Entscheidung über die Kündigung des Vertrags beinhaltet, nicht angefochten – und sei es nur deshalb, weil die Anfechtungsfrist versäumt ist –, hat er gleichwohl die Möglichkeit, die **richterliche Feststellung der Unwirksamkeit der Kündigung** des Vertrages zu begehren. Soweit der Versammlungsbeschluß nämlich die Entscheidung über die zu erklärende Kündigung enthält, hat er nur gemeinschaftsinterne Wirkung, reflektiert er nur die Meinungsbildung der Wohnungseigentümer, legt er nur die – einseitige – Entscheidung der Wohnungseigentümer fest, kündigen zu wollen. Isoliert davon ist die rechtliche Wertigkeit der Kündigungserklärung überprüfbar, ist also der richterlichen Nachprüfung die Frage unterworfen, ob die Gemeinschaft außerordentlich kündigen konnte, ob für die außerordentliche Kündigung ein wichtiger Grund gegeben war.[109] Mit diesem **Feststellungsantrag** kann der abberufene Verwalter nicht die Wiedereinsetzung in sein Amt erwirken. Er kann aber mit dem Feststel- 466

[106] KG OLGZ 1978, 179 = Rpfleger 1978, 257; OLG Hamm a. a. O.

[107] zur weiteren Begründung s. BGH a. a. O.

[108] KG ZMR 1997, 610.

[109] A. A. BayObLG DWE 1984, 124, das unzutreffenderweise mangels Anfechtung des Abberufungsbeschlusses die Kündigung des Vertrags ipso iure für wirksam hält, da die Gemeinschaftsordnung Abberufung und Kündigung in ihrer Wirksamkeit völlig gleichbehandele; so wie hier im Ergebnis auch Bärmann-Merle, § 26 Rz. 206.

lungsantrag den Anspruch auf weitere Zahlung der Verwaltervergütung verbinden, gekürzt um die Aufwendungen, die er sich wegen tatsächlicher Nichtausübung der Tätigkeit erspart.

Nach h.M. ist nicht nur für den Beschlußanfechtungsantrag, sondern für alle Streitigkeiten, die sich aus der Abberufung des Verwalters ergeben, das **Verfahren der freiwilligen Gerichtsbarkeit** nach den §§ 43 ff. maßgeblich.[110]

467 Wenig differenzierend ist die Auffassung von Bärmann-Merle,[111] die **Abberufung** des Verwalters durch Mehrheitsbeschluß sei gegenüber dem **gerichtlich bestellten Verwalter** nicht zulässig, da insoweit der Inhalt des Gerichtsbeschlusses entgegenstehe, es sei denn, sie bestellten gleichzeitig einen neuen Verwalter. Zur richterlichen Verwalterbestellung kommt es immer dann auf Antrag, wenn ein Verwalter fehlt, sei es nach § 26 Abs. 3 oder nach § 21 Abs. 4. Das Gericht kann nun die Dauer der Bestellzeit festlegen oder den Verwalter, was selten der Fall sein dürfte, auf unbestimmte Dauer bestellen. Legt das Gericht die Dauer fest, kann sie kalendermäßig fixiert werden oder durch Festlegung der Aufgaben determiniert werden (z.B. der Notverwalter soll lediglich die Aufgabe der Einberufung einer außerordentlichen Versammlung haben, in der die Wohnungseigentümer dann den eigentlichen Verwalter wählen sollen). Beim letztgenannten Beispielsfalle verbietet sich in der Tat der Gedanke an eine Abberufung durch Mehrheitsbeschluß. Ist der gerichtlich bestellte Verwalter aber für die Dauer 1 Jahres ins Amt gesetzt, ist die vorherige Abberufung durch Mehrheitsbeschluß durchaus denkbar. Mit Weitnauer[112] kann daher bezüglich des gerichtlich bestellten Verwalters lediglich gesagt werden, daß es **i.d.R.** einer gesonderten Abberufung nicht bedarf. Das Verwalteramt endet ipso iure entweder mit der Dauer, die das Gericht vorgesehen hat, oder mit der Wahl eines Verwalters durch die Wohnungseigentümer. Ein Eigentümerbeschluß, durch den ein im Wege **einstweiliger Anordnung** für die Dauer eines Wohnungseigentumsverfahrens gerichtlich bestellter Verwalter vor Abschluß des Verfahrens mit sofortiger Wirkung abberufen wird, ist nicht lediglich anfechtbar, sondern nichtig.[113] Es entspricht jedoch i.d.R. ordnungsmäßiger Verwaltung, wenn die Wohnungseigentümer in diesem Falle bereits vor Ablauf der Amtszeit des gerichtlich bestellten Verwalters einen Beschluß über die Bestellung eines neuen Verwalters mit einer ab Außerkrafttreten der einstweiligen Anordnung beginnenden Amtszeit fassen.[114]

---

[110] BGH NJW 1980, 2466; BGHZ 78, 57; OLG Hamm NJW 1973, 2301; BayObLG ZMR 1975, 84; KG OLGZ 1976, 267; Weitnauer, § 26 Rz. 40; Bärmann-Merle, § 26 Rz. 202.

[111] Bärmann-Merle, § 26 Rz. 232; Merle, Der Verwalter, S. 88; s.a. OLG Frankfurt NJW-RR 1993, 845.

[112] Weitnauer, § 26 Rz. 43.

[113] KG WE 1989, 202.

[114] KG a.a.O.

Hatte der Verwalter nach seiner Abberufung **Aufwendungen** für die Gemeinschaft, kann er den Anspruch auf Ersatz von Aufwendungen nicht auf die §§ 675, 670 BGB, sondern – soweit **Notgeschäftsführung** (§ 21 Abs. 2, § 683 BGB) ausscheidet – nur auf die §§ 684, 812 BGB stützen.[115] **468**

Der abberufene Verwalter kann schließlich gegen Ansprüche der Gemeinschaft auf Herausgabe von Geldern mit seinem – bestehenden – **Abfindungsanspruch aufrechnen.**[116] Ist der ehemalige Verwalter eine GmbH und verfügen die Wohnungseigentümer über Schadenersatzansprüche gegen die GmbH und deren Geschäftsführer wegen unzulässiger Geldüberweisungen auf das Konto der GmbH, kann die GmbH, die für ihr Organ haftet, nicht mit eigenen Ansprüchen aufrechnen, da der Anspruch der Wohnungseigentümer ein solcher aus unerlaubter Handlung ist.[117]

7.4.3 Die Amtsniederlegung

Literatur und Rechtsprechung behandeln kaum den Fall der **Amtsniederlegung.** Das Gesetz sieht das Recht des Verwalters auf Amtsniederlegung nicht ausdrücklich vor. § 26 bestimmt, unter welchen Voraussetzungen die Wohnungseigentümer den Verwalter aus dem Amte entfernen können. Oftmals aber will der Verwalter unter dem Eindruck massiver Vorwürfe aus der Mitte der Gemeinschaft das Amt aufgeben, nachdem die Gemeinschaft trotz dieser Vorwürfe nicht an die Abberufung denkt. Legt der Verwalter – etwa im Verlaufe einer Versammlung – sein Amt nieder, ist seine **Organschaft** beendet, ohne daß es der Zustimmung der Wohnungseigentümer bedürfte. § 26 sieht ja auch als Grundsatz die jederzeitige Abberufungsmöglichkeit vor, ohne daß es auf das Einverständnis des Verwalters ankäme. Wenn die Gemeinschaftsordnung für den gemeinschaftsinternen Bereich die Abberufungsbeschränkung des **wichtigen Grundes** vorsieht oder der Verwalter auf bestimmte Zeit bestellt ist, ist auch der Verwalter nur dann berechtigt, sein Amt niederzulegen, wenn ihm ein wichtiger Grund zur Verfügung steht. Es ist angebracht, hier **analog** die vom BGH entwickelten Grundsätze zur Niederlegung des **Geschäftsführeramts** bei einer **GmbH** anzuwenden.[118] Kann der Verwalter nur bei Vorliegen eines wichtigen Grundes abberufen werden, und versucht der Verwalter sein Amt niederzulegen, obwohl für ihn ein wichtiger Grund hierfür nicht besteht, erlangen **469**

---

[115] BayObLG DWE 1984, 124; MDR 1985, 145 = WE 1986, 74; KG ZMR 1997, 539 = WE 1998, 32 zum Aufwendungsersatzanspruch des ausscheidenden Verwalters gem. §§ 675, 670 BGB wegen Kontofehlbestands des Treuhandkontos einschl. Verzinsung schon bis zum Verzugseintritt.

[116] BayObLGZ 1976, 165.

[117] BayObLG v. 30. 10. 1984 – 2 Z 14/84 –.

[118] BGH GmbH-Rdsch. 1978, 85ff.; BGH GmbH-Rdsch. 1980, 670ff. = BB 1980, 1397ff.; offengelassen: BayObLG v. 24. 10. 1991 – 2 Z 121/91 –; s.a. Bärmann-Merle, § 26 Rz. 192ff.; Staudinger-Bub, § 26 Rz. 371, 477ff.

die Wohnungseigentümer das **Recht zur Abwahl** und zur Kündigung des Verwaltervertrags jeweils aus wichtigem Grunde. Im Falle rechtmäßiger Amtsniederlegung erfährt der Verwaltervertrag das gleiche Schicksal wie im Falle rechtmäßiger Abwahl, wobei es – s.o. – jeweils eine entscheidende Rolle spielt, ob ein wichtiger Grund gefordert ist oder nicht. In § 26 Abs. 4 ist bestimmt, daß der Nachweis der **Verwaltereigenschaft** in grundbuchmäßiger Form (§ 29 GBO) durch öffentlich beglaubigte Urkunde, d.h. durch Vorlage einer Niederschrift über den Bestellungsbeschluß geführt werden kann, bei der die Unterschriften der in § 24 Abs. 6 bezeichneten Personen öffentlich beglaubigt sind. Weil hierdurch die Vermutung erzeugt wird, daß die Bestellung fortbesteht, hat der Verwalter, der sein **Amt niederlegt,** zum Nachweis eine gleichwertige **Niederschrift** vorzulegen, wie dies auch im Falle der Abberufung geschieht.[119] Dies bedeutet, daß die Amtsniederlegung nur in einer Versammlung erfolgen kann. Eine privatschriftliche Erklärung des Verwalters durch Rundschreiben an die Wohnungseigentümer oder an den Beirat reicht also nicht aus. Ist der Beiratsvorsitzende zugleich Versammlungsvorsitzender, so genügt es, wenn er und ein Wohnungseigentümer die Niederschrift mit dem Beschluß über die Verwalterbestellung unterschreiben; dies gilt jedenfalls dann, wenn keine Anhaltspunkte bestehen, daß ein stellvertretender Beiratsvorsitzender gewählt ist und an der Versammlung teilgenommen hat.[120] Im Zusammenhang mit dem **Nachweis** der **Verwaltereigenschaft** bei Zustimmung zur Veräußerung eines Wohnungseigentums hat das BayObLG wie folgt entschieden.[121] Das Grundbuchamt hat nicht nur einen formgerechten Nachweis der Verwalterbestellung zu verlangen, sondern auch einen solchen Nachweis für die Fortdauer der Verwalterstellung, sofern konkrete Zweifel daran bestehen, daß die Verwaltereigenschaft bei Abgabe der Zustimmungserklärung noch fortbestand. Ist in einer Teilungserklärung eine Person zum Verwalter für fünf Jahre ab Fertigstellung der Wohnanlage bestellt worden, so reicht die Teilungserklärung allein zum Nachweis der Verwaltereigenschaft gegenüber dem Grundbuchamt nicht aus, wenn seit dem Zeitpunkt der Teilungserklärung mehr als fünf Jahre vergangen sind.

7.4.4 Der wichtige Grund

470 Ein **wichtiger Grund** liegt vor, wenn den Wohnungseigentümern unter Berücksichtigung aller, nicht notwendig vom Verwalter verschuldeter Umstände nach Treu und glauben eine Fortsetzung des Vertragsverhältnisses nicht mehr zugemutet werden kann, weil das **Vertrauensverhältnis** zerstört

---

[119] Bärmann-Merle, § 26 Rz. 251; s.a. BayObLG NJW-RR 1991, 978 zur Vermutung des Fortbestehens der Verwaltereigenschaft.
[120] LG Lübeck Rpfleger 1991, 309.
[121] BayObLG NJW-RR 1991, 978.

ist.[122] Damit ist bereits gesagt, daß der gleiche Sachverhalt nicht stets die gleiche rechtliche Würdigung erfährt. Ist die ursprünglich vorgesehene Amtszeit ohnehin bald zu Ende, oder ist bei Verträgen auf unbestimmte Dauer die Möglichkeit der ordentlichen Kündigung gegeben, ist die **Unzumutbarkeitsgrenze** weiter zu ziehen als bei einer noch langfristigen Bindung. Ist der Verwalter vom Bauträger eingesetzt, ist das Vertrauensverhältnis schneller als gestört anzusehen als im Falle des von den Wohnungseigentümern gewählten Verwalters. Das BayObLG[123] hat ausgeführt, daß das Fehlverhalten eines Verwalters, sofern er vom Bauträger benannt und langfristig bestellt ist, besonders streng zu bewerten ist. Erst recht gilt dies bei **Identität** von Bauträger und Verwalter oder **wirtschaftlicher Verstrickung.**[124]

Soweit die nachstehenden **Rechtsprechungsbeispiele** aus der Vielzahl von Abberufungsfällen genannt werden, ist stets das Kriterium der Einzelfallentscheidung zu beachten. Die Beispiele sind nur bedingt geeignet, über den Entscheidungsfall hinaus als Bewertungsmaßstab herangezogen zu werden:

- anhaltend **nachlässige Verwaltungsführung** 471
- Verdacht der **schlechten Geldverwaltung**[124a]
- rechts- oder **vertragswidrige Übertragung der Verwalterstellung**[125]
- **Selbstherrlichkeit** und **Mißachtung des Willens** der Wohnungseigentümer dadurch, daß der Verwalter die Beschlußunfähigkeit der Versammlung herbeigeführt hat und allein Verfügungen über Gelder der Wohnungseigentümer trotz entgegenstehender Beschlüsse vorgenommen hat.[126]

---

[122] BayObLG NJW-RR 1986, 445; WE 1990, 68; WM 1990, 464 = DWE 1991, 31 = WE 1991, 358; WM 1993, 762; WM 1992, 161 = WE 1992, 236; OLG Düsseldorf ZMR 1997, 96 = WE 1997, 146; KG ZMR 1994, 31 = WE 1994, 50; OLG Hamm WM 1991, 218; Weitnauer, § 26 Rz. 33; Bärmann-Merle, § 26 Rz. 152; Staudinger-Bub, § 26 Rz. 392, 430.

[123] BayObLG Rpfleger 1972, 229 = ZMR 1972, 218; OLG Frankfurt ZMR 1992, 356.

[124] Bärmann-Merle, § 26 Rz. 158.

[124a] OLG Karlsruhe DWE 1998, 189; NZM 1998, 768 (mangelnde Sorgfalt zur Sicherung geordneter finanzieller Verhältnisse der Gemeinschaft).

[125] Eine solche rechtswidrige Übertragung der Verwalterbestellung findet oftmals durch eine „Änderung" der Gesellschaftsform statt. So geht nach BayObLGZ 1987, Nr. 11 das Amt des Verwalters nicht auf den Gesamtrechtsnachfolger über (in casu: Beendigung einer Kommanditgesellschaft durch Übertragung des Gesellschaftsanteils der einzigen Kommanditistin auf den Komplementär). So geht nach OLG Düsseldorf NJW-RR 1990, 1299 das Verwalteramt bei der Beendigung der zum Verwalter bestellten KG nicht auf die GmbH über, der das Vermögen der KG anwächst, wenn eine natürliche Person Komplementär der Verwalter – KG war; BayObLG NJW-RR 1997, 1443 = ZMR 1998, 174 = WE 1998, 114; OLG Schleswig DWE 1997, 160 = WE 1997, 388; OLG Hamm NJW-RR 1997, 143 = ZMR 1996, 678 = WE 1997, 24.

[126] BayObLGZ 1972, 139 = Rpfleger 1972, 229 = MDR 1972, 608; DWE 1985, 126; OLG Düsseldorf NZM 1998, 487 = WE 1998, 486 = NJW-RR 1998, 1023 = ZMR 1998, 306 = ZfIR 1998, 218 (Zuwiderhandeln gegen ausdrückliche Weisungen der Wohnungseigentümer; Verwalter leistet wiederholt dem Verlangen nach Einberufung einer Eigentümerversammlung keine Folge).

- **eigenmächtige Befriedigung** angeblicher **eigener** Ansprüche aus gemeinschaftlichen Geldern.[127]
- **schikanöse Behandlung** der Wohnungseigentümer
- **schlechte** oder unvollständige, unbelegte **Rechnungslegung,** verzögerte Vorlage von Wirtschaftsplan und Abrechnung[128]
- **ungenügender Wirtschaftsplan,** schwere Mängel in der Durchführung desselben, **unrichtige Protokollführung** und erheblich verzögerte Übersendung des Protokolls einer Eigentümerversammlung[129]
- **Konkurseröffnung** über das Vermögen des Verwalters, Vergleichsverfahren, Zahlungseinstellung, allgemeiner Vermögensverfall[130]
- **Unredlichkeit,** unehrenhaftes Benehmen insbesondere gegenüber der Gemeinschaft
- **Verhinderung** einer Eigentümerversammlung zur Abwahl, bzw. ordentlichen oder außerordentlichen Kündigung des Verwaltervertrages[131]
- das **Betreiben** der **Abwahl** des Verwaltungsbeirates ohne ersichtlichen Grund[132] und die erklärte **Verweigerung** der **Zusammenarbeit** mit dem Verwaltungsbeirat[132a]
- der Verwalter schließt für das Gemeinschaftseigentum eine **verbundene Gebäudeversicherung** ohne vorherige Einberufung einer von mehr als einem Viertel der Wohnungseigentümer beantragten Eigentümerversammlung ab[133]
- der Verwalter **verweigert** den mit der Prüfung der Jahresabrechnung beauftragten Wohnungseigentümern die **Einsicht** in seine Abrechnungsunterlagen[134]
- zur Abwahl des **bauträgeridentischen Verwalters**[135]
- Verwalter läßt sich **Ansprüche** eines Dritten abtreten und macht diese **gegen die Wohnungseigentümer** geltend[136]

---

[127] OLG Düsseldorf DWE 1981, 25; ZMR 1997, 485 = WE 1997, 426; s. hierzu auch BGH (Strafverfahren) EBE 1995, 351 = DWE 1996, 28 = WE 1996, 29 (Verstoß gegen § 27 Abs. 4 S. 1 = § 266 StGB).

[128] BayObLGZ 1965, 34.

[129] BayObLG WEM 1980, 125; DWE 1997, 34 = WE 1996, 237 (nicht alle Ausgaben waren in Wirtschaftsplan und Abrechnung eingestellt).

[130] OLG Stuttgart OLGZ 1977, 433.

[131] OLG Frankfurt DWE 1988, 36; WE 1989, 31 = ZMR 1988, 348.

[132] OLG Frankfurt a. a. O.

[132a] BayObLGZ 1998, Nr. 70: vertrauensvolle Zusammenarbeit zwischen Verwalter und VBR ist nicht mehr möglich, es sei denn, der VBR hat das Zerwürfnis in vorwerfbarer Weise herbeigeführt.

[133] BayObLG WM 1990, 464 = DWE 1991, 31 = WE 1991, 358; OLG Düsseldorf ZMR 1998, 449 = ZfIR 1998, 367 (Mißachtung Minderheitenquorum).

[134] BayObLG a. a. O.

[135] OLG Frankfurt ZMR 1992, 356.

[136] BayObLG WE 1994, 274; OLG Düsseldorf ZMR 1998, 449 = ZfIR 1998, 367 (Strafanzeige gegen Wohnungseigentümer).

- Verwalter hat bei **Bewerbung** Fragen nach nicht getilgten **Vorstrafen** nur ausweichend beantwortet[137]
- **Abwahl eines wiederbestellten Verwalters** kann nicht allein auf sein Verhalten und seine Tätigkeit vor seiner Wiederbestellung gestützt werden.[138]
- Der Verwalter vereinnahmt **Provision** bei Abschluß von **Versicherungsverträgen.**[138a]

Oftmals erfüllt der einzelne Verstoß noch nicht den Tatbestand des wichtigen Grundes. Erst die **Gesamtheit** von Sachverhalten kann dann zum wichtigen Grund führen. So ist die Verzögerung bei der Durchführung von Reparaturen, oder die Verzögerung in der Beantwortung von Briefen per se kein wichtiger Grund. Wiederholen sich aber derartige Versäumnisse immer wieder oder treffen sie aufeinander oder treffen sie mit anderen Verstößen, etwa parallel grobe Unhöflichkeit des Verwalters, zusammen, dann kann auch dies aus der Gesamtbeurteilung einen wichtigen Grund darstellen. Sogar das Verhalten des Verwalters außerhalb und vor seiner Tätigkeit kann einen wichtigen Grund bilden.[139] Letzteres aber wohl nur dann, wenn die Wohnungseigentümer bei der Verwalterbestellung noch keine Kenntnis von solchen Vorgängen hatten und die Abberufung nicht auf Gründe gestützt wird, auf die sich eine dem Verwalter erteilte Entlastung erstreckt.[140] **472**

Zu weiteren Rspr.beispielen wird auf Bärmann-Merle verwiesen.[141]

Nach § 626 Abs. 2 BGB ist die **Kündigung** eines Dienstverhältnisses aus **wichtigem Grunde** nur innerhalb von **2 Wochen** seit dem Zeitpunkt möglich, in welchem der zur Kündigung Berechtigte von den für die Kündigung maßgeblichen Tatsachen Kenntnis erlangt hat. **473**

Die strikte Anwendung dieser Bestimmung auf die Abberufung und die Kündigung des Verwaltervertrags wird von der h.M. mit Recht abgelehnt. Abberufung und Kündigung haben lediglich innerhalb **angemessener Frist** zu erfolgen.[142] Zu berücksichtigen ist dabei individuell, innerhalb welchen Zeitraums die konkrete Gemeinschaft die Möglichkeit hatte, sich zu formieren und in einer Wohnungseigentümerversammlung zu artikulieren. Bei einer großen Gemeinschaft, in der nur schwerlich eine beschlußfähige außer-

---

[137] KG ZMR 1994, 31 = WE 1994, 50; BayObLG NJW-RR 1998, 1022 = ZMR 1998, 446 = ZfIR 1998, 305 = WE 1998, 406 (Verurteilung wg. Vermögens- oder Eigentumsdelikts als wichtiger Grund auch dann, wenn Straftat nicht gegenüber den Wohnungseigentümern begangen).

[138] OLG Düsseldorf ZMR 1997, 96.

[138a] OLG Düsseldorf NJW-RR 1998, 1023 = ZMR 1998, 306 = ZfIR 1998, 218 = NZM 1998, 487 = WE 1998, 486.

[139] KG OLGZ 1974, 399.

[140] BayObLG WE 1986, 64.

[141] Bärmann-Merle, § 26 Rz. 156ff.

[142] OLG Frankfurt NJW 1975, 545; DWE 1988, 36 = WE 1989, 31 = NJW-RR 1988, 1169; KG WE 1986, 140; OLG Hamm WM 1991, 218; Weitnauer, § 26 Rz. 35; Bärmann-Merle, § 26 Rz. 135.

ordentliche Versammlung zustande zu bringen ist, kann es genügen, über Monate hinweg bis zur nächsten ordentlichen Versammlung zu warten. In einer kleinen Gemeinschaft etwa, deren Mitglieder ihre Wohnungen überwiegend selbst nutzen, ist u.U. ohne Probleme eine außerordentliche Versammlung binnen weniger Tage einzuberufen. Auch hängt die Frage der Angemessenheit der Frist davon ab, wie sich der – abzuberufende – Verwalter hinsichtlich seines Einberufungsrechts verhält. Teilt er den begehrenden Wohnungseigentümern mit, daß er die Versammlung mit dem Tagesordnungspunkt „Abberufung und Kündigung" nur nach Bildung des Minderheitenquorums einberufen, wird man den Wohnungseigentümern zusätzliche Zeit einräumen müssen.

7.5 Die gesetzlichen Aufgaben und Befugnisse

7.5.1 Aufgabe und Vertretungsmacht

474 Die wesentlichen **Aufgaben** und **Befugnisse** sind in den §§ 27, 28 zusammengefaßt. Daneben hat der Verwalter die im Zusammenhang mit der Einberufung und Durchführung von Wohnungseigentümerversammlungen stehenden Bestimmungen der §§ 23 Abs. 2, 24 Abs. 1, 2, 4, 5 und 6, § 25 Abs. 4 zu beachten. Schließlich wachsen dem Verwalter, sofern mit ihm ein **Geschäftsbesorgungsvertrag** geschlossen ist, die Rechte und Pflichten des Dienstleistungsverpflichteten nach den Bestimmungen des BGB an.

Im Mittelpunkt aller Überlegungen stehen die nach § 27 geregelten Aufgaben und Befugnisse. Sie können nicht eingeschränkt werden, § 27 Abs. 3. Mit der Annahme der Bestellung, also der Amtsübernahme, erwirbt der Verwalter die hier geregelten Befugnisse, übernimmt er die hier geregelten Aufgaben, ohne daß es eines Vertragsabschlusses bedürfte.

Literatur und Rechtsprechung hatten sich in der Vergangenheit stets schwer mit der zutreffenden systematischen Einordnung des § 27 getan. Immer noch wird die Auffassung vertreten, **Abs. 1** enthalte nur Angelegenheiten der **Geschäftsführung** und beziehe sich ausschließlich auf das Innenverhältnis, aus Abs. 1 folge **keine gesetzliche Vertretungsbefugnis** des Verwalters.[143] § 27 unterscheide zwischen Aufgaben und Pflichten mehr allgemeiner und tatsächlicher Art (Abs. 1) und der **Befugnis zur Vertretung** der Wohnungseigentümer bei bestimmten Rechtsgeschäften und Rechtshandlungen **(Abs. 2).**[144]

Diese theoretischen Überlegungen gehen an der Praxis vorbei. Tatsächlich hat der Abschluß von Rechtsgeschäften im Zusammenhang mit den nach

[143] Z.B. Bärmann-Merle, § 27 Rz. 5ff. mit zahlreichen Literatur- und Rspr.-hinweisen.

[144] Weitnauer, § 27 Rz. 4.

Abs. 1 geregelten Befugnissen weitaus größere Bedeutung, als i. V. m. Abs. 2. Oftmals hat der Verwalter in Ausführung von Versammlungsbeschlüssen nach § 27 Abs. 1 Nr. 1 **Verträge** zu schließen. Häufig hat er Reparaturaufträge im Zusammenhang mit Maßnahmen zu erteilen, die der Instandhaltung oder Instandsetzung gemeinschaftlichen Eigentums dienen. § 27 Abs. 1 Nr. 2.

Die redaktionelle Behandlung des § 27 insgesamt durch den Gesetzgeber ist nicht glücklich. Wenn Abs. 2 den Verwalter berechtigt, im Namen aller Wohnungseigentümer und mit Wirkung für und gegen sie Handlungen vorzunehmen, darf dies nicht zu dem Rückschluß verleiten, für alle nach Abs. 1 zu treffenden Maßnahmen benötige der Verwalter zuvor eines legitimierenden Eigentümerbeschlusses, um namens der Wohnungseigentümer handeln zu dürfen. Deutlich wird dies schon daran, daß gerade in Abs. 2 Nr. 5 (Geltendmachung von Ansprüchen der Wohnungseigentümer) der Vorbehalt der Beschlußfassung der Wohnungseigentümer gemacht wird, und gerade nach Abs. 1 Nr. 3 (Notgeschäftsführung) der Verwalter ersichtlich keiner **Individualbevollmächtigung** bedarf.

Literatur und Rechtsprechung haben dieses Manko längst erkannt, ohne allerdings durchgängig die hier vertretene These zu befürworten, daß der Verwalter in Erfüllung seiner gesetzlichen Aufgaben stets auch **kraft Gesetzes vertretungsberechtigt** ist, namens der Wohnungseigentümer zu handeln, ohne sich jeweils eine Einzelbevollmächtigung einholen zu müssen. Weitnauer[145] führt unter Berufung auf BGH aus, der Verwalter sei Vertreter der Wohnungseigentümer mit gesetzlicher Vertretungsmacht, die ihm unabhängig von einer rechtsgeschäftlichen Bevollmächtigung gem. § 27 Abs. 1 Nr. 2 das Recht gebe, im Namen der Wohnungseigentümer die zur Instandhaltung und Instandsetzung erforderlichen Verträge zu schließen. Er werde in begrenztem Umfange gesetzlicher Vertreter der Wohnungseigentümer und habe eine **organschaftliche** Stellung. Dies gelte für § 27 Abs. 2 und auch in den Fällen des Abs. 1 Nr. 2 und 3. Diese Auffassung ist zutreffend, wird aber von der h. M. nicht geteilt.[146] Im Ergebnis hält die **h. M.** den Verwalter also **ohne Ermächtigungsbeschluß** der Wohnungseigentümer **nicht** für **befugt,** in offener Stellvertretung namens der Wohnungseigentümer Instandhaltungs- und Instandsetzungsverträge zu schließen.

Sinn dieser Schrift kann es nicht sein, in extenso den Meinungsstreit wiederzugeben. Soviel ist jedoch hier zu sagen: Literatur und Rechtsprechung werden ungeachtet der auch in den Neuauflagen von Bärmann/Pick/Merle und Staudinger vertretenen Rechtsauffassungen in ihrer weiteren Entwicklung folgende Argumente nicht übergehen können:

---

[145] Weitnauer, § 27 Rz. 1 u. 6.

[146] Staudinger-Bub, § 27 Rz. 90, der nur im Zusammenhang mit § 27 Abs. 1 Nr. 1 gesetzliche Vertretungsmacht annimmt: Rz. 75; s. a. OLG Düsseldorf NJW-RR 1998, 13 = WE 1998, 37 (nicht einmal Einräumung der Befugnis im Verwaltervertrag, über Art und Umfang von Reparaturmaßnahmen zu entscheiden).

Wer eine gesetzlich normierte Aufgabe hat, muß auch stets in der Lage sein, sie zu erfüllen. Dies macht es notwendig, in Vertretung der Wohnungseigentümer handeln zu können, ohne den oftmals beschwerlichen Weg der Einzelbevollmächtigung durch Eigentümerbeschluß herbeiführen zu müssen. Der Hinweis etwa des BGH[147] auf die Möglichkeit des Handelns **im eigenen Namen** ist wenig befriedigend. Letztlich bürdet sich der Verwalter damit ein zusätzliches **Risiko** auf. Wenig überzeugend ist auch die Auffassung, an der Vertretungsmacht fehle es jedenfalls dann, wenn es sich beispielsweise um Reparaturaufträge größeren Umfangs handle, die außerordentlich, jedoch nicht dringlich seien. Diese Ansicht ist allenfalls teleologisch, rechtsdogmatisch ist sie nicht einwandfrei. Entweder handelt es sich noch um eine Maßnahme der ordnungsmäßigen Instandhaltung und Instandsetzung gemeinschaftlichen Eigentums, oder um etwas darüber Hinausgehendes, etwa um eine bauliche Veränderung. Nur daran hat sich die Beantwortung der Frage nach der gesetzlichen Vertretungsmacht zu orientieren.

Ist also das Flachdach undicht, hat der Verwalter die Befugnis, namens der Wohnungseigentümer die **Sanierung** zu veranlassen, § 27 Abs. 1 Nr. 2. Haben die Wohnungseigentümer die **Neuanschaffung** eines **Heizkessels beschlossen,** ist der Verwalter berechtigt – und verpflichtet – namens der Wohnungseigentümer den Bestellauftrag zu erteilen, § 27 Abs. 1 Nr. 1, ohne daß sie ihn hierzu noch ausdrücklich ermächtigen müßten. Hält es der Verwalter für richtig, die **Instandhaltungsrücklage** als Festgeld anzulegen, ist er berechtigt, den entsprechenden **Bankvertrag** namens der Wohnungseigentümer zu schließen, § 27 Abs. 1 Nr. 4. Ist wegen der Größe der Wohnanlage die Anstellung eines **Hausmeisters** notwendig, hat der Verwalter Vollmacht, namens der Wohnungseigentümer den **Hausmeistervertrag** als eine Präventivmaßnahme der ordnungsmäßigen Instandhaltung und Instandsetzung zu schließen. Dies gilt für sinnvolle **Versicherungsverträge** ebenso wie für **Wartungsverträge** etc.

Die in Literatur und Rechtsprechung geäußerte Befürchtung, damit seien die Wohnungseigentümer nicht hinreichend geschützt, rechtfertigt nicht die Verneinung der Vertretungsmacht. Der sorgfältig denkende, verantwortungsbewußte Verwalter wird von seiner Vertretungsmacht nur behutsam Gebrauch machen; dies insbesondere dort, wo kostenintensive Maßnahmen aktuell sind. Er wird darüber hinaus ohnehin immer dort das Votum der Eigentümerversammlung einholen, wo ein Zuwarten vertretbar ist. Interessant ist in diesem Zusammenhang eine Entscheidung des OLG Hamm.[147a] Danach handelt der **Verwalter** bei Eingehung von Verbindlichkeiten mit Händlern oder Handwerkern mit **Vertretungsmacht** der Wohnungseigentümer, wenn er Ausgaben für Anschaffungen oder Reparaturen tätigt, für

---

[147] BGHZ 67, 232 = NJW 1977, 44.
[147a] OLG Hamm ZMR 1997, 377 = WE 1997, 314.

die der genehmigte **Wirtschaftsplan** einen entsprechenden Geldbetrag vorsieht. Dasselbe gelte, wenn die Gemeinschaft als selbstverständlich davon ausgegangen sei, daß der Verwalter die entsprechenden Ausgaben tätige. Seien die Ausgaben im Wirtschaftsplan nicht vorgesehen gewesen, beinhalte der **Abrechnungsgenehmigungsbeschluß** eine **nachträgliche Genehmigung** der Verwaltertätigkeit, wenn die Abrechnung diese Ausgaben enthalte. Mit dem BayObLG[148] wird allerdings auch hier die Auffassung vertreten, daß § 27 Abs. 2 keine Befugnis des Verwalters enthält, Ansprüche einzelner Wohnungseigentümer gegen die Gemeinschaft anzuerkennen oder auf Ansprüche der übrigen Wohnungseigentümer gegen einen Miteigentümer zu verzichten.

7.5.2 Einzelfragen zu den Aufgaben und Befugnissen des § 27 Abs. 1

§ 27 Abs. 1 Nr. 1 verpflichtet den Verwalter, für die **Einhaltung** der von 475
den Wohnungseigentümern zu beschließenden (§ 21 Abs. 5 Nr. 1) **Hausordnung** zu sorgen. Hierunter fallen im wesentlichen Maßnahmen tatsächlicher Art, wie Sorge für die Einhaltung der Ruhezeiten, der Räum- und Streupflichten, Überwachung des Hausmeisters, aber auch die Überwachung der Einhaltung der den Wohnungseigentümern nach § 14 obliegenden Pflichten. In diesem Zusammenhang darf der Verwalter einzelnen Wohnungseigentümern **Weisungen** erteilen, wenn sie gegen die Hausordnung oder gegen die sich aus § 14 ergebenden Pflichten verstoßen.

Die Pflicht zur **Durchführung von Eigentümerbeschlüssen** (§ 27 Abs. 1 476
Nr. 1) beschränkt sich nicht auf Maßnahmen tatsächlicher Art, sondern erstreckt sich je nach Beschlußinhalt auch auf den **Abschluß von Verträgen.** Ob der Verwalter einen Vertrag, zu dessen Abschluß er durch Eigentümerbeschluß bevollmächtigt war, auch **kündigen** darf, hängt nach hier vertretener Auffassung davon ab, ob die Abschlußvollmacht aus einer gesetzlichen Aufgabe oder nur aus einem Eigentümerbeschluß abzuleiten ist.[149] Ist der Verwalter durch Eigentümerbeschluß beauftragt, eine zum gemeinschaftlichen Eigentum gehörige Garage zu vermieten, kann er daraus noch nicht das Recht zur Vertragskündigung ableiten.[150] Ist er hingegen nach hier vertretener Auffassung kraft Gesetzes zur Erteilung eines Reparaturauftrags befugt, erstreckt sich diese Vertretungsmacht auch auf weitere Gestaltungsrechte, wie Rücktritt etc.; dies selbst dann, wenn in diesem Falle der Verwalter seine Abschlußvollmacht darüber hinaus aus einem Eigentümerbeschluß ableitet. Etwas anderes würde nur gelten, wenn der Eigentümerbeschluß ausdrücklich die Vollmacht auf den Abschluß des Vertrages beschränkt und dem Verwalter Gestaltungsrechte verwehrt.

---

148 BayObLG DWE 1984, 61; ZMR 1997, 325 = WE 1997, 434; ZMR 1999, 190 (zum Verzicht auf Wohngeldansprüche).

149 OLG Köln DWE 1990, 108 zur Kündigung eines Hausmeistervertrags.

150 LG Bamberg NJW 1972, 1376; Weitnauer, § 27 Rz. 5, 22.

477 Ist der Verwalter durch **Beschluß beauftragt** und **bevollmächtigt, Instandhaltungsarbeiten** einschließlich notwendiger Nebenarbeiten zu veranlassen, ist er verpflichtet, die Aufträge unverzüglich, d. h. mit der gebotenen Zügigkeit zur Ausführung zu bringen. Er hat dann i. d. R. nicht die Befugnis, vor der Beauftragung des Fachunternehmens erst noch Untersuchungen über die Ursache der Schäden anstellen zu lassen. Er ist deshalb berechtigt – und wohl verpflichtet –, bei größeren Sanierungsaufträgen vor endgültiger **Auftragsvergabe** die Angebote mehrerer Fachunternehmen einzuholen.[151] So hat das BayObLG[152] entschieden, daß sich der Verwalter im Zuge der Beschlußausführung auf die **Empfehlungen** der **Fachfirma** verlassen könne, die bei der von den Wohnungseigentümern beschlossenen Erneuerung der Heizungsanlage auf Veranlassung der Wohnungseigentümer eingeschaltet wurde. Dabei kann der Verwalter in das Dilemma geraten, einerseits für **unverzügliche Beschlußdurchführung** sorgen, andererseits zur Vermeidung von Risiken **abwarten** zu müssen, ob der Eigentümerbeschluß nicht etwa mit der Begründung **angefochten** wird, er entspreche nicht ordnungsmäßiger Verwaltung, er ziele auf eine bauliche Veränderung ab, die der Einstimmigkeit bedurft hätte. In Zweifelsfällen sollte der Verwalter berechtigt sein, die **Anfechtungsfrist** abzuwarten, ohne daß ihm ein schuldhafter Verstoß gegen § 27 Abs. 1 Nr. 1 vorgehalten werden kann. Um derartige Zweifel auszuräumen, sollte der Verwalter in Grenzfällen schon bei der Beschlußfassung die Festlegung erwirken, daß er den Beschluß nur auszuführen habe, falls er nicht bei Gericht angefochten werde. Die **gesetzliche Beschlußdurchführungspflicht** entbindet den Verwalter nicht von seiner **vertraglichen Pflicht,** die Interessen der Wohnungseigentümer zu wahren. Der Verwalter kann also im Einzelfall die vertragliche Nebenpflicht haben, die Beschlußdurchführung zurückzustellen. **Jedenfalls** hat er im Zusammenhang mit der Durchführung angefochtener oder anfechtbarer Eigentümerbeschlüsse bedeutsame **Aufklärungs-, Beratungs- und Obhutspflichten.**[152a] Hat er diese Pflichten gewissenhaft erfüllt, kann er jeden – nicht nichtigen – Eigentümerbeschluß ohne Haftungsrisiko ausführen.[152b]

478 Andererseits hat der Verwalter das eigene **Recht, Beschlüsse,** die er für nicht rechtmäßig hält, **anzufechten,** § 43 Abs. 1 Nr. 4. Unterläßt er die Anfechtung, ist er wegen § 27 Abs. 1 Nr. 1 auch an einen, an sich fehlerhaften Beschluß gebunden.[153] Eine andere Frage ist, ob der Verwalter nicht im Einzelfall **verpflichtet** ist, von seinem Anfechtungsrecht Gebrauch zu machen. Man wird diese Pflicht dann bejahen müssen, wenn der gefaßte Eigentümerbeschluß nicht mehr ordnungsmäßiger Verwaltung entspricht und seine

---

151 BayObLG WE 1995, 287.

152 BayObLG DWE 1992, 118 = WE 1992, 23.

152a S. hierzu sehr veranschaulichend Wenzel, „Die Haftung des Verwalters aus der Durchführung angefochtener Beschlüsse“, WE 1998, 455.

152b BayObLG WE 1991, 198.

153 BayObLGZ 1974, 86.

Ausführung der Gemeinschaft zum Nachteil gereichte. Eine Anfechtungspflicht ist zu verneinen, wo zwar der Eigentümerbeschluß den Rahmen ordnungsmäßiger Verwaltung sprengt, ohne schadensgeneigt zu sein. Beschließen die Wohnungseigentümer eine bauliche Veränderung mit Mehrheit, obwohl Einstimmigkeit erforderlich wäre, ist die beschlossene Maßnahme aber sinnvoll, ist die Anfechtungspflicht des Verwalters zu verneinen. Wenn die in erster Linie sich selbst verwaltenden Wohnungseigentümer eine bestimmte, sinnvolle Maßnahme mehrheitlich wollen, ist es Sache der überstimmten Wohnungseigentümer, sich dagegen zu wehren. Beschließen die Wohnungseigentümer aber z.B. zur Reparatur des Flachdaches einen Sanierungsweg, der zwar kostengünstig, aber für den Verwalter zweifelsfrei untauglich ist, kann er gehalten sein, den Eigentümerbeschluß anzufechten, um Schaden von der Gemeinschaft abzuwenden. Ficht er an, wird er im Anfechtungsverfahren eine **einstweilige Anordnung** durch das Gericht i.S.d. § 44 Abs. 3 dahin anregen, daß der angefochtene Eigentümerbeschluß bis zur richterlichen Hauptsacheentscheidung nicht auszuführen sei. Damit entgeht der Verwalter der Kollision mit § 27 Abs. 1 Nr. 1 und der Prüfung der Frage, ob er vertraglich nicht sogar verpflichtet sein könnte, für die Dauer des gerichtlichen Verfahrens von der Beschlußdurchführung abzusehen.

Die Pflicht zur grundsätzlich **unverzüglichen Durchführung** von Ei- **479**
gentümerbeschlüssen kann aus einem noch ganz anderen Aspekt zum Problem führen. Schließt der Verwalter aufgrund eines Eigentümerbeschlusses namens der Wohnungseigentümer einen Vertrag mit einem Dritten, handelt er mit **anfänglicher Vertretungsmacht.** Wird der Eigentümerbeschluß auf die Anfechtung durch einen Wohnungseigentümer hin rechtskräftig für ungültig erklärt, entfällt die Grundlage für die Vertretungsmacht ex tunc – soweit sich die Vertretungsmacht nicht nach hier vertretener Auffassung schon aus dem Gesetz ergibt. Es wird die Frage zu stellen sein, ob in diesem Falle der Verwalter nicht ein **Vertreter ohne Vertretungsmacht** i.S.d. §§ 177 ff. BGB ist und der Dritte nunmehr den Verwalter nach § 179 BGB in Anspruch nehmen kann. Billigerweise wird man hier gleichwohl zur Verpflichtung und Haftung der Wohnungseigentümer aus dem Gesichtspunkt der **Anscheinsvollmacht** (Rechtsschein eines rechtmäßigen Vertreterhandelns) gelangen. Keith[154] gelangt zu dem Ergebnis, daß der Dritte gegen die Wohnungseigentümer einen Schadenersatzanspruch analog § 122 BGB habe, nicht hingegen einen Anspruch gemäß § 179 BGB gegen den Verwalter. Keith berücksichtigt dabei nicht hinreichend die schutzwürdigen Interessen des Dritten. Dieser hat ja möglicherweise nicht nur Interesse an einem Geldausgleich, sondern an der **Erfüllung** des mit ihm geschlossenen Vertrages. Umgekehrt haben die Wohnungseigentümer trotz erfolgreicher Beschlußanfechtung jedenfalls Interesse z.B. an vertraglichen Gewährlei-

[154] Keith, „Rechtsfolgen ungültiger Beschlüsse der Wohnungseigentümer“, *Partner im Gespräch* 14, S. 21ff.

stungsansprüchen, wenn zur Zeit der Ungültigkeitserklärung der Vertrag durch den Dritten bereits abgewickelt, also das Werk erbracht ist. Letztlich liegt es im Interesse aller Beteiligten, der Wohnungseigentümer, des Verwalters, des Dritten, wenn trotz Ungültigerklärung des den Vertragsabschluß ermöglichenden Eigentümerbeschlusses der geschlossene Vertrag als solcher Bestand hat. Der mit Erfolg anfechtende Wohnungseigentümer, der damit u. U. vor vollendete Tatsachen gestellt ist, haftet zwar dem Dritten gegenüber **gesamtschuldnerisch**[155] wie die übrigen Wohnungseigentümer auch, sofern nicht der Verwalter im Vertrag selbst Sorge dafür getroffen hat, daß die Wohnungseigentümer nur anteilig haften. Er hat jedoch analog § 16 Abs. 3 – der unmittelbar nur für den Bereich des § 22 Abs. 1 gilt – gegen die übrigen Wohnungseigentümer Anspruch auf **Freistellung** von Kosten insoweit.[156] Dieser Anspruch steht darüber hinaus jedem weiteren Wohnungseigentümer zu, der dem mit Erfolg angefochtenen Beschluß nicht zugestimmt hat. § 16 Abs. 3 ist Ausdruck des Rechtsgedankens, daß derjenige, der einer kostenauslösenden Maßnahme nicht zustimmen muß und dieser nicht zustimmt, keine Kosten zu übernehmen hat. Dem steht nicht die Entscheidung des KG vom 30. 11. 90[157] entgegen. Danach können aus einem bestimmten **Stimmverhalten** eines Wohnungseigentümers **Schadenersatzansprüche** eines anderen Wohnungseigentümers nicht entstehen. Dies bezieht sich jedoch nur auf den Fall, daß ein unangefochten gebliebener Mehrheitsbeschluß in seiner Ausführung schadensträchtig war. Mit Recht verweist das Gericht darauf, daß für die Prüfung, ob ein Mehrheitsbeschluß sich im Rahmen einer ordnungsmäßigen Verwaltung halte, ausschließlich das Beschlußanfechtungsverfahren gemäß § 23 Abs. 4 vorgesehen sei. Wird ein bereits vollzogener **Eigentümerbeschluß** nachträglich für ungültig erklärt, können Schadenersatzansprüche, die aus seiner **Durchführung** hergeleitet werden, nicht gegen den **Verwalter** allein deshalb geltend gemacht werden, weil er die beschlossenen Maßnahmen vollzogen hat.[158] Zu beachten ist dabei aber wiederum die Frage, ob der Verwalter nicht aufgrund des Verwaltervertrags verpflichtet gewesen wäre, ausnahmsweise einen Beschluß nicht durchzuführen.

480 Der Verwalter, der auch der **Bauträger** war, ist nicht befugt, Instandsetzungsaufträge namens der Wohnungseigentümer zu erteilen – und die Vergütung aus der Instandhaltungsrücklage zu entnehmen –, wenn er selbst wegen dieser Mängel noch **gewährleistungspflichtig** ist.[159] Zwar fällt unter

---

[155] BGHZ 67, 232 = NJW 1977, 44; NJW 1977, 1686; BGHZ 75, 26; NJW 1977, 1964; NJW 1979, 2101; BGHZ 78, 166; KG DWE 1994, 118; s.a. BayObLG ZMR 1998, 179 zur Abgrenzung der Fälle nur anteiliger Haftung bei grundlegender Sanierung und Renovierung.

[156] So wohl im Ergebnis auch Keith, a. a. O., S. 84.

[157] KG WE 1991, 134.

[158] BayObLG WE 1991, 198.

[159] OLG Köln WEM 1978, 91.

die Instandsetzung auch die Behebung von Baumängeln.[160] Andererseits ist der Verwalter, gegen den als Bauträger oder Architekten Gewährleistungsansprüche wegen Baumängeln in Betracht zu ziehen sind, ohne vorherigen Beschluß der Wohnungseigentümer befugt, diejenigen Instandsetzungsarbeiten auf Kosten der Gemeinschaft in Auftrag zu geben, die keinen Aufschub bis zu einer Eigentümerversammlung dulden.[161] Die hier in Rede stehende Befugnis des Verwalters fußt auf § 27 Abs. 1 Nr. 3. Jedoch ist der Verwalter ungeachtet der Frage, ob die Verfolgung von Gewährleistungsansprüchen auch in den Rahmen der Aufgabe der Instandhaltung und Instandsetzung von Gemeinschaftseigentum fällt, im Falle des **Auftretens von Baumängeln** jedenfalls **verpflichtet, diese festzustellen**, die **Wohnungseigentümer** hierüber **zu unterrichten,** sich Informationen darüber zu erholen, ob möglicherweise noch Gewährleistungsansprüche bestehen und die **Entscheidung** der **Eigentümerversammlung herbeizuführen.** Der Verwalter ist hier ohne Votum der Eigentümerversammlung nur dann berechtigt und verpflichtet, Maßnahmen zu treffen, wenn dies unter keinerlei Gesichtspunkt Aufschub duldet. Er ist nicht verpflichtet – nach hier vertretener Auffassung jedoch befugt – im Vorfeld einer Eigentümerversammlung einen **Sachverständigen** einzuschalten.[162] Ist ein Wohnungseigentümer durch Baumängel geschädigt und haben dieser und der Verwalter den gleichen Kenntnisstand, obliegt es dem geschädigten Wohnungseigentümer, einen Beschluß der Gemeinschaft zur Feststellung der Ursache der Mängel und zu deren Beseitigung herbeizuführen.[163]

Maßgeblich sind dabei nicht nur die Befürchtung der Schadensverschlimmerung, sondern auch die Überlegung, ob nicht **Beweissicherungsmaßnahmen** veranlaßt sind, oder ob die Wohnungseigentümer nicht etwaiger Gewährleistungsansprüche dadurch verlustig gehen, daß der Schaden ohne Kontaktierung des möglicherweise Gewährleistungspflichtigen (Mängelbehebungsaufforderung, Nachfristsetzung mit Ablehnungsandrohung etc.) einfach behoben wird. Die Sorge um eine etwaige Schadensverschlechterung hat gegenüber der Anspruchswahrung der Wohnungseigentümer in den Hintergrund zu treten.

Nach heute h. M. gehört es **nicht** zur **Originärpflicht** des Verwalters, sich **481**
ohne entsprechende Beschlußfassung der Eigentümerversammlung um die **Durchsetzung von Gewährleistungsansprüchen** wegen **Mängeln am Gemeinschaftseigentum** zu kümmern. Es kann zur Aufgabe des Verwalters über eine Beschlußfassung werden, § 27 Abs. 1 Nr. 1. Sofern der Verwalter-

---

160 BGH NJW 1977, 44.

161 OLG Hamm NJW-RR 1989, 331 = WE 1989, 102.

162 BayObLG DWE 1988, 34 = WE 1988, 31; ZMR 1990, 65; OLG Hamm ZMR 1996, 678; NJW-RR 1997, 908 = DWE 1997, 84 = WE 1997, 354; s.a. BGH NJW 1998, 680 = ZfIR 1998, 13 = WE 1998, 145: Hinweispflicht über Mängel, die auf grundlegenden Planungs- und Ausführungsfehlern bei der Errichtung fußen.

163 OLG Hamm a. a. O.

vertrag diese nur aus einem Eigentümerbeschluß abzuleitende Aufgabe nicht ausdrücklich in das vertragliche Leistungsbild mit einbezieht, ist der Verwalter berechtigt, die Annahme des im Eigentümerbeschluß liegenden **Zusatzauftrags** mit dem Verlangen nach Zahlung eines **Zusatzhonorars** zu verbinden. Gerade die mit der rechtlichen und technischen Abwicklung der Gewährleistungsansprüche verbundene Zusatzarbeit ist zumindest zeitintensiv. Die Gemeinschaft kann dieses Verwalterverlangen nicht mit dem Hinweis ablehnen, dazu sei er nach § 27 Abs. 1 Nr. 2 gesetzlich verpflichtet, ergo sei diese Tätigkeit mit dem vertraglich vereinbarten Honorar abgegolten. Nach § 27 Abs. 1 Nr. 2 ist der Verwalter nur verpflichtet, für die Instandsetzung des gemeinschaftlichen Eigentums zu sorgen. Dies ist eine ganz andere Aufgabe als die **Durchsetzung erwerbsvertraglicher** oder **werkvertraglicher Ansprüche** der Wohnungseigentümer. Dem steht die Entscheidung des BayObLG vom 17. 5. 1985[163a] nicht entgegen. Dort hatte das Gericht dem Verwalter den Anspruch auf **Sondervergütung** für eine Verwaltertätigkeit bei Baubetreuung versagt, weil diese Tätigkeit im Entscheidungsfalle mit der sogenannten normalen Vergütung abgegolten war. Hinzu kommt, daß die Verwaltertätigkeit im Rahmen etwa einer Dachsanierung außerhalb des Gewährleistungsbereichs die Erfüllung der dem Verwalter nach § 27 Abs. 1 Nr. 2 obliegenden Aufgabe sein kann, für die der Verwalter das normale Honorar erhält, während die Tätigkeit innerhalb des Gewährleistungsbereichs nur eine **gekorene Aufgabe** ist (über § 27 Abs. 1 Nr. 1). Hier hängt es ganz davon ab, unter welchen Bedingungen der Verwalter diese Zusatzaufgabe übernimmt (s.o.). Der Verwalter wird also in diesem Falle auch nicht wegen § 27 Abs. 1 Nr. 1 (Beschlußdurchführungspflicht) zur unentgeltlichen Tätigkeit verpflichtet, weil er nach Verwaltervertrag zur Übernahme auch dieser Tätigkeit i.d.R. nicht verpflichtet ist. Natürlich kann auch die **Bauüberwachungstätigkeit** während einer Sanierungsmaßnahme **Zusatzaufgabe** sein, die gesondert zu vergüten ist. Ob dies der Fall ist, richtet sich nach dem **vertraglichen Leistungsbild.** Kraft Gesetzes umfaßt § 27 Abs. 1 Nr. 2 diese Aufgabe nicht.

482 Selbst vor dem Hintergrund der Entscheidung des OLG Schleswig vom 17. 8. 1979,[164] nach der ein Verwalter zu hoher Schadenersatzleistung verurteilt wurde, weil er die Interessen der Wohnungseigentümer nicht ordnungsgemäß gewahrt hatte (im Entscheidungsfall war der Verwalter zugleich Bauträger; er hatte es als Verwalter versäumt, für die Unterbrechung der Gewährleistungsfrist zu sorgen), obliegt jedem Verwalter nur die vertragliche **Nebenpflicht,** die Wohnungseigentümer rechtzeitig auf die Möglichkeit des Bestehens von Gewährleistungsansprüchen hinzuweisen, den Wohnungseigentümern ferner die Möglichkeit zu geben, in einer **Eigentümerversammlung** die entsprechenden Beschlüsse zu fassen. Dem Verwalter

[163a] BayObLG DWE 1985, 95.
[164] OLG Schleswig GBW 1980, 199.

obliegt also insofern auch eine **Organisations- und Koordinationspflicht.** Dabei hat er die **Tagesordnung** so zu gestalten, daß die Wohnungseigentümer auch die Möglichkeit haben, die Hinzuziehung von rechtlichen und technischen Beratern zu beschließen.[165] Bei **Gefahr im Verzuge** ist der Verwalter berechtigt und verpflichtet (§ 27 Abs. 1 Nr. 3, Abs. 2 Nr. 4), z. B. gerichtliche **Beweissicherungsanträge** zu stellen, sei es, um einen bestimmten Schadenszustand festzustellen, sei es zur Unterbrechung der Gewährleistungsfrist. Kommt es aus Gründen, die der Verwalter zu vertreten hat, zu keiner rechtzeitigen Meinungsbildung der Wohnungseigentümer, so daß Gewährleistungsfristen verstreichen oder die Bauschäden ein Ausmaß annehmen, dessen Folgeschäden nicht einmal vom Gewährleistungspflichtigen zu tragen sind, kann es zur **Haftung des Verwalters** aus dem Gesichtspunkt der positiven Vertragsverletzung kommen. Er haftet dann grundsätzlich 30 Jahre lang. In Betracht kommt dann allenfalls noch ein **Mitverschulden** der Wohnungseigentümer, das darin gesehen werden könnte, daß sie sich selbst um diesen Komplex überhaupt nicht gekümmert hatten.[166] Generell gilt festzuhalten, daß die Pflicht des Verwalters, die für die ordnungsgemäße Instandhaltung und Instandsetzung des gemeinschaftlichen Eigentums erforderlichen Maßnahmen zu treffen, nicht die Pflicht umfaßt, zu Kontrollzwecken **Dachbegehungen** selbst vorzunehmen oder ohne Ermächtigungsbeschluß der Eigentümer einen entsprechenden **Wartungsvertrag** mit einem Fachunternehmen abzuschließen.[167] Es kann auch ordnungsgemäßer Verwaltung entsprechen, wenn der Verwalter die Ausführung bestimmter Instandhaltungsarbeiten am Gemeinschaftseigentum (z. B. Anstrich der Außenfenster) einzelnen Wohnungseigentümern für ihren Bereich als Eigenleistung unter Zusage eines ortsüblichen Entgelts überträgt.[168]

Das OLG Düsseldorf[169] hat sogar eine Bestimmung im Verwaltervertrag beanstandet, mit der der Verwalter berechtigt und verpflichtet werden sollte, die für die ordnungsgemäße Instandhaltung und Instandsetzung erforderlichen Maßnahmen in Absprache mit dem Verwaltungsbeirat durchzuführen. Es hat damit die Möglichkeit verneint, dem Verwalter generell die rechtsgeschäftliche Vollmacht zum Abschluß von Instandhaltungs- und Instandsetzungsverträgen einzuräumen, und festgestellt, allein der Eigentümerversammlung sei die Entscheidung über Art und Umfang von Instandhaltungsarbeiten vorbehalten.

Unabhängig von der Frage der Tragweite der üblicherweise im Zusammenhang mit der vorgelegten Jahresabrechnung jährlich gefaßten **Entla-**

---

[165] BayObLG WE 1988, 31.

[166] Zur Haftung des Verwalters s. Abschn. 7.6.

[167] OLG Zweibrücken NJW-RR 1991, 1301 (wenn man die h. M. zur gesetzlichen Vertretungsmacht des Verwalters zugrunde legt).

[168] KG ZMR 1991, 355.

[169] OLG Düsseldorf NJW-RR 1998, 13 = ZMR 1997, 605 = WE 1998, 37 (in casu: Verwaltervertragsgenehmigungsbeschluß widerspricht ordnungsgemäßer Verwaltung).

stungsbeschlüsse werden die hier in Rede stehenden Schadenersatzhaftungen des Verwalters durch solche Entlastungsbeschlüsse kaum ausgeschlossen, da eine Entlastung nur solche Umstände und Tatsachen erfaßt, die bei der Beschlußfassung den Wohnungseigentümern bekannt waren oder hätten bekannt sein müssen.

483 § 27 Abs. 1 Nr. 3 ist trotz des Wortes „sonstige" keine Spezialbefugnis und -aufgabe zu § 27 Abs. 1 Nr. 2, sondern eine Ergänzung zu § 21 Abs. 2, wobei die **Dringlichkeit** nicht nur im Hinblick auf eine gebotene Schadensabwehr gegeben sein muß.[169a] Das WEG geht mit beiden Bestimmungen von der übergreifenden Notwendigkeit der gemeinschaftlichen Verwaltung durch Wohnungseigentümer und Verwalter in dringenden Fällen aus. Angesprochen sind nicht nur dringliche Instandhaltungs- und Instandsetzungsmaßnahmen, sondern **jeder notwendige Akt zur Erhaltung des gemeinschaftlichen Eigentums.** Dazu zählen auch das Vorgehen gegen rechtswidrige Eigenmächtigkeiten eines Wohnungseigentümers (Veränderungen an der Fassade, des Treppenabsatzes vor seinem Appartement, die Anbringung von ungewöhnlichen Schildern und Reklamen),[170] Wetterschäden, Rohrbrüche, Ausfall der Heizungsanlage. Nicht unter § 27 Abs. 1 Nr. 3 fallen periodisch anfallende Erhaltungsarbeiten infolge normalen Gebrauchs. Sie unterfallen Abs. 1 Nr. 2.[171] Zusammengefaßt: Dringend ist ein Fall, der wegen seiner Dringlichkeit eine vorherige Einberufung einer Eigentümerversammlung nicht zuläßt.[172]

484 Die Verwalterpflicht zur **Instandhaltung** und **Instandsetzung** beschränkt sich auf das Gemeinschaftseigentum. Sie erweitert sich auch dann nicht auf das Sondereigentum, wenn die Feuerversicherung außer dem Gemeinschaftseigentum auch das Sondereigentum umfaßt und **Brandschäden** am **Sondereigentum** eintreten.[173] Der Verwalter ist gegenüber dem betroffenen Wohnungseigentümer, wenn dessen Mieter von dem Schadensfalle Kenntnis hat, nur verpflichtet, Notmaßnahmen zu ergreifen und den Versicherer zu unterrichten. Bei Eintritt eines Schadens am Sondereigentum eines Wohnungseigentümers hat allein dieser für die Behebung und Begrenzung des Schadens zu sorgen.[174] Dies gilt auch für die Geltendmachung des Dekkungsanspruchs gegenüber dem Versicherer.

485 Befugnis und Pflicht, die **gemeinschaftlichen Gelder** zu **verwalten** (§ 27 Abs. 1 Nr. 4), stehen im Zusammenhang mit der weiteren Pflicht des Verwalters, die Gelder der Wohnungseigentümer **von seinem Vermögen getrennt zu halten,** § 27 Abs. 4. Zu empfehlen ist natürlich, daß der Ver-

---

169a Bärmann-Merle, § 27 Rz. 69; Weitnauer, § 27 Rz. 7.

170 Bärmann-Merle, a. a. O.

171 Bärmann-Merle, § 27 Rz. 70.

172 OLG Hamm NJW-RR 1989, 331; BayObLG WE 1997, 434 = ZMR 1997, 325.

173 KG ZMR 1992, 34 = NJW-RR 1992, 150 = WE 1992, 107.

174 BayObLG NJW-RR 1996, 1298 = WE 1997, 39 (Leitungswasserversicherung, die auch Schäden am Sondereigentum umfaßt); ZMR 1998, 356.

walter die Gelder der Wohnungseigentümer der Wohnanlage A auch getrennt von den Geldern der Wohnungseigentümer einer anderen Wohnanlage hält. § 27 Abs. 4 ist **abdingbar.**[175] Es ist jedoch kein vernünftiger Grund ersichtlich, die Pflicht zur gesonderten Geldverwaltung aufzuheben. Diese Pflicht gilt sowohl für Bargeld wie für Bankguthaben. Diese gehören nicht auf ein sogenanntes Eigenkonto des Verwalters. Es ist ein Konto einzurichten, das es einerseits der kontoführenden Bank verwehrt, wegen etwaiger Forderungen gegen den Verwalter ein Aufrechnungs-, Pfand- oder Zurückbehaltungsrecht geltend zu machen, das aber andererseits die Wohnungseigentümer vor Vollstreckungsmaßnahmen, die gegen den Verwalter gerichtet sind, schützt, das also dem Zugriff der Gläubiger des Verwalters entzogen ist und das im Falle des **Konkurses** des Verwalters den Wohnungseigentümern ein **Aussonderungsrecht** nach § 43 KO verleiht,[176] nunmehr nach § 47 InsO. So hat beispielsweise das LG Köln[177] geurteilt: Wenn der Verwalter bei einer Bank ein sogenanntes **Eigen-Giro-Konto** unterhalte, das als Wohngeldkonto diene, und wenn ein Gläubiger des Verwalters aus einem gegen den Verwalter gerichteten Titel dessen Anspruch gegen die Bank auf Auszahlung aus dem Guthaben **pfände,** müsse die Bank in Höhe der titulierten Forderung trotz Widerspruchs der Wohnungseigentümer aus dem Wohngeldkonto an die Gläubigerin auszahlen, wenn die Wohnungseigentümer es versäumt haben, den Zugriff durch rechtzeitige Erhebung der **Drittwiderspruchsklage** abzuwenden. Entgegen Weitnauer[178] u.a. ist dringend davon abzuraten, sogenannte schlichte **Treuhand- oder Anderkonten** (deren Errichtung nur für Angehörige bestimmter Berufsstände wie Notare, Rechtsanwälte möglich ist) zu eröffnen. Zu empfehlen ist einzig die Errichtung sogenannter **offener Fremdkonten,** deren Inhaber die Wohnungseigentümer selbst sind, über die der Verwalter lediglich verfügungsberechtigt ist. Dies hat mehrfache Gründe. Sowohl bei Treuhandkonten wie bei Anderkonten – Treuhandkonten spezieller Art – ist Kontoinhaber der Verwalter. Es muß daher der kontoführenden Bank klar zum Ausdruck gebracht werden, daß die jeweiligen Guthaben vom Verwalter nur treuhänderisch gehalten werden. Welche der verschiedenen Möglichkeiten für ein Konto letztendlich zutrifft, bestimmt sich nur nach dem zum Ausdruck gebrachten Willen des die Kontoeröffnung beantragenden Kunden.[179] Unzureichend für ein Treuhandkonto wäre etwa die Bezeichnung „ Verwaltungskonto WEG X, Firma Y“, wobei „Firma Y“ für die Verwaltungsgesellschaft steht.[180] Das Risiko also, daß ein Treuhand-

---

175 Weitnauer, § 27 Rz. 8.

176 BGH WE 1993, 79 (Aussonderungsrecht nur bei echten offenen Treuhandkonten).

177 LG Köln NJW-RR 1987, 1365.

178 Weitnauer, § 27 Rz. 28; Bärmann-Merle, § 27 Rz. 91.

179 BGHZ 61, 72; NJW 1987, 3250.

180 BGH DB 1979, 96.

konto zwar gewollt, aber tatsächlich nicht errichtet ist, ist nicht gering. Im Entscheidungsfalle wurde das Konto als ein Eigenkonto der Verwaltung behandelt mit der Konsequenz, daß die Wohnungseigentümer vor Gläubigern des Verwalters ebensowenig geschützt sind, wie im Konkursfalle des Verwalters.

Selbst wenn aber zweifelsfrei ein **Treuhandkonto** eröffnet ist, müssen die Wohnungseigentümer bei Gläubigerzugriffen stets über § 771 ZPO intervenieren. Erheben sie keine **Drittwiderspruchsklage,** kann das Guthaben zugunsten der Gläubiger des Verwalters verwendet werden. Die Intervention unterbleibt meist schon dann, wenn die Wohnungseigentümer von der Verstrickung ihres Kontos nichts wissen. Schließlich sind die Wohnungseigentümer bei der Führung von Treuhandkonten durch den Verwalter beim **Verwaltungswechsel** stets darauf angewiesen, daß der ausscheidende Verwalter „sein" Konto aufgibt und dem neuen Verwalter überträgt. Solange er dies nicht tut – und sei es nur aus dem Gesichtspunkt eines vermeintlichen **Zurückbehaltungsrechts** oder aus Verärgerung über die Abberufung –, sind die gemeinschaftlichen Gelder blockiert.

Alle diese Probleme entstehen nicht, wenn Kontoinhaber die Wohnungseigentümer sind und der jeweilige **Verwalter** nur **zeichnungsberechtigt** ist. Der Gläubigerzugriff ist von vorneherein nicht möglich, die Wohnungseigentümer sind nicht auf den Weg des § 771 ZPO verwiesen, bei einem Verwalterwechsel haben die Wohnungseigentümer der kontoführenden Bank gegenüber zum Nachweis für die Verfügungsberechtigung des neuen Verwalters nur nach § 26 Abs. 4 zu verfahren. Auf das Placet des ausgeschiedenen Verwalters sind sie nicht angewiesen, der Gedanke an Zurückbehaltungsrechte ist ausgeschlossen. Vor dem Hintergrund dieser Überlegungen erscheint es sogar zweifelhaft, ob die Führung von Treuhandkonten überhaupt mit § 27 Abs. 4 zu vereinbaren ist. Nach hier vertretener Auffassung ist die Führung eines Treuhandkontos nur dann zulässig, wenn die Wohnungseigentümer dies mit dem Verwalter so vereinbart haben, z. B. im Verwaltervertrag.

486 Aus der Systematik der hier vertretenen Auffassung zur **gesetzlichen Vertretungsmacht** des Verwalters ist dieser ohne Einzelermächtigung befugt und bevollmächtigt, **Bankverträge** namens der Wohnungseigentümer zu schließen, also auf den Namen der Wohnungseigentümer lautende Konten zu errichten, die Instandhaltungsrücklage bestmöglich anzulegen etc. Nur weil seine interne Befugnis nicht so weit reicht, ist er noch **nicht bevollmächtigt,** namens der Wohnungseigentümer **Kreditverträge** zu schließen,[181] auch nicht durch schlichte Kontoüberziehung. Gleichwohl geschlossene Kreditverträge werden mangels Genehmigung durch die Wohnungseigentümer unwirksam. Obwohl der Verwalter in diesem Falle der Bank gegenüber als **vollmachtsloser Vertreter** haftet, hat er gegen die Ge-

[181] BGH NJW-RR 1993, 1227; OLG Hamm ZMR 1997, 377 = WE 1997, 314.

meinschaft einen Befreiungs- bzw. nach eigener Rückzahlung der Kredite einen Erstattungsanspruch gem. § 670 BGB. Dieser unterliegt i.ü. nicht der kurzen Verjährung nach § 196 Abs. 1 Nr. 1 oder Nr. 7 BGB. Trotz dieser Entscheidung wird man den Verwalter als befugt ansehen müssen, das gemeinschaftliche Konto kurzfristig in relativ – Bezug zum Budget der Gemeinschaft – geringer Höhe zu überziehen, wenn aufgrund des zu erwartenden Hausgeldeingangs oder anderer gemeinschaftlicher Einnahmen mit alsbaldiger Deckung zu rechnen ist.

Es entspricht ordnungsmäßiger Verwaltung, wenn die Wohnungseigentümer den Verwalter durch Mehrheitsbeschluß ermächtigen, einen **Kredit** in limitierter Höhe zur Deckung eines **Fehlbedarfs** aufzunehmen. Es ist nicht in jedem Falle notwendig, im Falle eines Fehlbedarfs eine Sonderumlage zu beschließen.[182] OLG Hamm, wie KG setzen jedoch für die Ordnungsmäßigkeit eines solchen Ermächtigungsbeschlusses enge Grenzen.

Schließlich hat das OLG Düsseldorf die Befugnis des Verwalters bejaht, den Gewährleistungsbürgen eines Vertragspartners der Gemeinschaft fristwahrend in Anspruch zu nehmen.[183]

7.5.3 Sonderfragen zu § 27 Abs. 2

§ 27 Abs. 2 Nr. 1 und 2 sind im Zusammenhang zu sehen. Der Verwalter 487
hat die **Kosten und Lasten** nach § 16 Abs. 2 einzuziehen und Verwaltungsschulden der Wohnungseigentümer, für die diese **gesamtschuldnerisch** haften, zu tilgen. Soweit Abs. 2 Nr. 1 auch **Tilgungsbeiträge** und **Hypothekenzinsen** erwähnt, ist dies von geringer praktischer Bedeutung, da hier nur solche gemeint sein können, die nicht nur den einzelnen Wohnungseigentümer, das einzelne Wohnungseigentum/Teileigentum betreffen.[183a] Entgegen Weitnauer[184] wird es hier nicht als zweckmäßig angesehen, auch die laufende Abwicklung der nur das einzelne Wohnungseigentum betreffenden Verpflichtungen durch Vereinbarung in die Hand des Verwalters zu legen. Hier würden dem Verwalter **Zusatzaufgaben** zugeordnet, deren ordnungsgemäße Wahrnehmung nur in Kenntnis der gesamten Vertragsunterlagen des einzelnen Wohnungseigentümers möglich wäre. Oftmals hätte der Verwalter in einer Weise Beträge einzuziehen und abzuführen, die nicht mehr im Verhältnis des allgemein festgelegten Kostenverteilungsschlüssels läge. Dies gilt für den das einzelne Wohnungseigentum/Teileigentum betreffen-

[182] OLG Koblenz DB 1979, 788; BayObLG WE 1991, 111; OLG Hamm WE 1992, 136; KG NJW-RR 1994, 1105.

[183] OLG Düsseldorf NJW-RR 1993, 470; vgl. auch BGH WE 1992, 167 zur Befugnis des einzelnen Bauherrn, einen Gewährleistungsbürgen auf Zahlung an Alle in Anspruch zu nehmen.

[183a] KG NJW 1975, 318.

[184] Weitnauer, § 27 Rz. 13.

den Kapitaldienst ebenso wie für **öffentliche Lasten,** z. B. Grundsteuer.[185] Es kann jedoch auch zu gemeinschaftsbezogenen **Kapitaldiensten** kommen. So vertritt das AG München[186] zurecht die Auffassung, daß ein Beschluß ordnungsgemäßer Verwaltung entspreche, der im Rahmen einer Reparaturmaßnahme die Finanzierung der Reparaturkosten teils durch Sonderumlage, teils durch Kreditaufnahme vorsehe (sog. Mischfinanzierung). Nach Auffassung des Gerichts sei die aus der Fremdfinanzierung für die Eigentümer entstehende gesamtschuldnerische Haftung keine Besonderheit der Kreditaufnahme, sondern trete stets dann ein, wenn der Verwalter im Rahmen seiner Befugnisse für die Gemeinschaft Verbindlichkeiten eingehe. Das Gericht fügt noch hinzu, daß es den Grundsätzen ordnungsgemäßer Verwaltung widerspreche, für die Reparatur eine vorhandene Rücklage voll aufzubrauchen; denn es müsse ein nach den Umständen angemessener Betrag als Notpolster weiterhin zurückgelegt bleiben.

488 Besteht ein **Wohnungserbbaurecht/Teilerbbaurecht** i. S. d. § 30, haben die Wohnungserbbauberechtigten an den Grundstückseigentümer laufend **Erbbauzins** zu entrichten, welcher durch **Reallasten** dinglich abgesichert ist. Eine Gesamt-(Erbbauzins-)Reallast an mehreren Erbbaurechten ist unzulässig.[187] § 1132 BGB ist nicht anwendbar, erst recht nicht bei mehreren Wohnungserbbaurechten. Der Erbbauzins ist aufzuteilen auf die einzelnen Wohnungserbbaurechte.[188]

Aus dem Gesagten ist zu schließen, daß auch der **Einzug** des Erbbauzinses und die Abführung an den Grundstückseigentümer keine gesetzliche Verwaltungsangelegenheit ist. Der Verwalter ist insoweit weder befugt noch verpflichtet. Oftmals sieht jedoch die Gemeinschaftsordnung z. B. vor, daß zu den gemeinschaftlichen Lasten auch der jeweils fällige Erbbauzins gehöre. Insoweit handelt es sich um den vorerörterten Fall, der **vereinbarten** Erweiterung der Aufgaben und Befugnisse des Verwalters.

489 Der Verwalter ist nicht nur berechtigt – und verpflichtet –, alle **Willenserklärungen entgegenzunehmen,** soweit diese an alle Wohnungseigentümer in dieser Eigenschaft gerichtet sind – er ist also nicht empfangsberechtigt, soweit die Willenserklärung eines Dritten nur einen einzelnen Wohnungseigentümer betrifft (z. B. Anforderung der letzten Kaufpreisrate durch den Bauträger) –, sondern er ist insbesondere auch berechtigt – und verpflichtet –, alle **Zustellungen** entgegenzunehmen, soweit sie an alle Wohnungseigentümer in dieser Eigenschaft gerichtet sind, § 27 Abs. 2 Nr. 3.

---

[185] Vgl. auch KG NJW 1975, 318, das eine derartige Erweiterung der Befugnisse des Verwalters durch Vereinbarung sogar für unzulässig hält; a. A. OLG Schleswig NJW 1961, 1871; BayObLG Rpfleger 1978, 256, die eine derartige Erweiterung der Befugnisse des Verwalters durch Vereinbarung für zulässig halten.

[186] AG München WE 1991, 112; s. a. Brych, Darlehensaufnahme durch Wohnungseigentümergemeinschaften, WE 1991, 98.

[187] Ingenstau, ErbbRVO, § 9 Anm. II.5.

[188] Vgl. hierzu auch Bärmann-Pick, § 30 Rz. 46.

Es muß sich stets um gemeinsame Angelegenheiten der Wohnungseigentümer handeln. Der Verwalter ist also nicht zustellungsvertretungsberechtigt etwa für **Grundsteuerbescheide.** Bei der Entgegennahme rechtsgeschäftlicher Erklärungen ist allerdings die Schranke des § 181 BGB zu beachten, sofern nicht Befreiung von den Beschränkungen des § 181 BGB etwa im Verwaltervertrag vorgesehen ist. Dies gilt im übrigen auch für eine dem Verwalter erteilte **Vollmacht** zur **gerichtlichen Geltendmachung** von Ansprüchen der Wohnungseigentümer, § 27 Abs. 2 Nr. 5. Ist Befreiung erteilt, wird die Vollmacht auch bei etwaiger **Interessenkollision** nicht unwirksam, solange sie nicht widerrufen ist.[189]

Die **Zustellungsvertretung** hat praktische Bedeutung etwa dann, wenn in **490** einem **Zwangsversteigerungsverfahren** über ein Wohnungseigentum, an dem die anderen Wohnungseigentümer als Miteigentümer beteiligt sind, die Terminsladung ergeht,[190] wenn ein Dritter gegen die Wohnungseigentümer wegen einer Geldforderung klagt, für die sie gesamtschuldnerisch haften (Forderung aus Heizöllieferung, Werklohn eines Handwerkerunternehmens etc.)[191] und die Klage dem Verwalter als ihrem Zustellungsvertreter zugestellt wird. Nach BGH a.a.O. kommt es bei Klagen aus solchen Verwaltungsschulden nicht darauf an, ob die Personen, denen an sich zugestellt werden soll, im Zeitpunkt der Zustellung an den Verwalter – noch – Wohnungseigentümer sind. Es genügt danach für die Zustellungsvertretung des Verwalters, daß es sich um eine **Angelegenheit der Gemeinschaft** handelt. Dies ist selbst dann der Fall, wenn nicht oder nicht mehr alle gegenwärtigen Wohnungseigentümer betroffen sind.

Der Verwalter ist nicht Zustellungsbevollmächtigter nach § 189 Abs. 2 **491** ZPO i.V.m. § 175 ZPO, sondern **Zustellungsvertreter** der Wohnungseigentümer nach § 189 Abs. 1 ZPO. Dies hat eine Konsequenz von großer praktischer Bedeutung. Unabhängig von der Anzahl der beteiligten Wohnungseigentümer genügt stets die Zustellung 1 Ausfertigung (Abschrift) der zuzustellenden Urkunde. Nicht erforderlich ist die Zustellung von Schriftstücken in einer Anzahl, die der der beteiligten Wohnungseigentümer einschließlich Verwalter entspricht.[192]

Obwohl also zur wirksamen Zustellung an die Wohnungseigentümer die **Zustellung von 2 Exemplaren an den Verwalter** genügt, muß das Gericht im Wege der Zustellung ausdrücklich darauf hinweisen, daß es sich bei **einer** der Ausfertigungen um eine Zustellung an die übrigen Wohnungseigentümer handle oder, daß an den Verwalter auch als Zustellungsvertreter für diese Wohnungseigentümer zugestellt werde. Geschieht dies nicht, und wenn

---

[189] BayObLGZ 1973, 145/147f.; BayObLG v. 14. 7. 1983–2 Z 45/83.

[190] OLG Stuttgart NJW 1976, 1036.

[191] BGH NJW 1981, 282 = DB 1981, 209 = BGHZ 78, 166; s.a. Müller, Pig 42, 22ff. unter Hinweis auf die Zustellungsproblematik im öffentlichen Recht (Zustellung von Bescheiden etc.).

[192] BGH a.a.O.; Weitnauer, § 27 Rz. 16; Bärmann-Merle, § 27 Rz. 115.

dann auch noch im Rubrum eines Gerichtsbeschlusses die übrigen Wohnungseigentümer nicht als weitere Beteiligte und der Verwalter nicht als ihr Zustellungsvertreter aufgeführt sind, fehlt es an einer wirksamen Zustellung an die Wohnungseigentümer über den Verwalter.

Ein so „zugestellter" Beschluß kann **keine Rechtskraft** erlangen, gegen ihn kann weiterhin sofortige Beschwerde eingelegt werden.[193] Ausreichend ist demnach, daß die Wohnungseigentümer zumindest im Rubrum als weitere Beteiligte und der Verwalter als ihr Zustellungsvertreter aufgeführt sind.

492 Eine Zustellung an den Verwalter als **Zustellungsvertreter** anderer Wohnungseigentümer ist, wenn der **Verwalter zugleich Wohnungseigentümer** ist, nur dann wirksam, wenn für ihn eindeutig erkennbar ist, daß ihm auch in dieser Eigenschaft zugestellt werden soll.[194] Eine Heilung von **Zustellungsmängeln** scheidet aus, wenn durch die Zustellung die Frist für die sofortige Beschwerde in Gang gesetzt werden soll.[195] Werden in einem Verfahren nach § 43 Abs. 1 Abschriften der Antragsschrift zum Zwecke der Zustellung an die Antragsgegner vom Gericht gefertigt, so besteht für die Erhebung von Schreibauslagen hierfür weder in § 136 KostO noch in Nr. 1900 KVGKG eine Rechtsgrundlage.[196]

493 Entgegen dem Wortlaut von § 27 Abs. 2 Nr. 3 („... Zustellungen entgegenzunehmen, soweit sie an *alle* Wohnungseigentümer in dieser Eigenschaft gerichtet sind") hat die Rechtsprechung seit Jahren die genannte Vorschrift dahin ausgelegt, daß sie allgemein auch für die Verfahren nach § 43 Abs. 1 Nr. 1, 2 und 4 gilt, daß also auch dann an die Wohnungseigentümer über den Verwalter Schriftsätze anderer Beteiligter und Entscheidungen des Gerichts zugestellt werden können, wenn **einzelne Wohnungseigentümer** Antragsteller oder Antragsgegner im Verfahren sind.[197] Die Rechtsprechung rechtfertigt dies mit dem dogmatisch nicht überzeugenden, aber geradezu segensreichen Hinweis, daß es zu einem nicht mehr zumutbaren Aufwand der Wohnungseigentumsgerichte führen würde, wenn man z.B. in Beschlußanfechtungsverfahren verlangte, daß alle Anträge, Schriftsätze, Verfügungen und Entscheidungen den im Verfahren passiv gebliebenen Wohnungseigentümern einzeln zuzustellen oder zumindest formlos zu übersenden seien. Ein solches Verlangen würde außerdem erhebliche Kosten zu Lasten der Wohnungseigentümer verursachen und die Gefahr von Verfahrensfehlern durch fehlgegangene oder ganz mißlungene Zustellungen mit sich bringen. Große Eigentumswohnanlagen seien keine Seltenheit. In derartigen Wohnanlagen sei erfahrungsgemäß auch der Wechsel der Eigentü-

---

[193] BayObLGZ 1983, 14.

[194] BayObLG WE 1989, 55; WE 1995, 251.

[195] BayObLG a. a. O.

[196] BayObLGZ 1989, Nr. 42.

[197] OLG Hamm Rpfleger 1985, 257; DWE 1989, 69; OLG Stuttgart OLGZ 1976, 8; BayObLG Rpfleger 1978, 320; WE 1990, 216 = NJW-RR 1989, 1168; OLG Köln ZMR 1980, 190/191.

mer sehr groß, so daß es auf nahezu unüberwindbare Schwierigkeiten stoße, den Eigentümerbestand zu einem bestimmten Stichtag zuverlässig festzustellen, zumal das Grundbuch die aktuellen Anschriften nicht enthalte. Die in der Vorauflage geübte Kritik an der praxisorientierten Rechtsprechung wird nicht aufrechterhalten. Es ist nicht zu übersehen, daß andernfalls auch der Wohnungseigentümer, der einen Antrag bei Gericht einreicht, vor unübersehbare Schwierigkeiten gestellt wäre. Man denke nur beispielhaft an Beschlußanfechtungsverfahren in Großgemeinschaften. Die Verwalter werden daran zu denken haben, in den **Verwalterverträgen** für stimmige **Kostenerstattungsregelungen** zu sorgen. Denn die Verwalter sind immer dann, wenn sie Zustellungsvertreter sind, zur Informierung der Wohnungseigentümer verpflichtet, für die sie die Zustellung entgegengenommen haben. Die Verwalter sind in diesen Fällen n i c h t verpflichtet, diesen Wohnungseigentümern jeweils eine Kopie der zugestellten Schriftstücke nach kostenträchtiger Vervielfältigung zu übermitteln.[198] Wählt der Verwalter im Rahmen der Informierung den Weg der Fertigung von Kopien, sind dies außergerichtliche Kosten des Verfahrens, über deren Tragung gem. § 47 entschieden wird.[199]

Zum **„Prozeßbevollmächtigten"** der Wohnungseigentümer wird der Verwalter erst durch eine gesonderte Erteilung der Prozeßvollmacht i.S.d. §§ 80 ff. ZPO. Die Erteilung der Prozeßvollmacht ist durch Mehrheitsbeschluß, Vereinbarung (Gemeinschaftsordnung) oder mittels Verwaltervertrags möglich. Ist sie erteilt, sind die Zustellungen an den Verwalter gemäß § 176 ZPO zu bewirken.[200] **494**

Erhält der Verwalter **Willenserklärungen** Dritter oder werden ihm Schriftstücke zugestellt, obwohl er **weder empfangsbefugt noch zustellungsvertretungsberechtigt** ist (Zustellung der Grundsteuerbescheide, Zustellung eines gegen 1 Wohnungseigentümer gerichteten Mahnbescheids, Zugang einer Mahnung, die nur 1 Wohnungseigentümer betrifft etc.), darf er gleichwohl nicht untätig bleiben. Es entspricht einer vertraglichen **Nebenverpflichtung,** den oder die betroffenen Wohnungseigentümer unverzüglich zu unterrichten, gleichzeitig aber denjenigen, der die Willenserklärung abgegeben hat, bzw. der die Zustellung eines Schriftstücks veranlaßt hat, unverzüglich darauf hinzuweisen, daß er hier als Verwalter nicht der richtige Adressat ist. Trotz des Mangels der Zustellungsvertretungsmacht wird der Verwalter in diesem Falle gemäß § 27 Abs. 2 Nr. 4 für verpflichtet gehalten, vorsorglich möglicherweise in Gang gesetzte **Fristen zu wahren,** z.B. gegen den Mahnbescheid Widerspruch zu erheben. Erhebt er z.B. kei- **495**

---

[198] BGHZ 78, 166 = NJW 1981, 282 = ZMR 1981, 125 = Rpfleger 1981, 97; OLG Hamm DWE 1989, 69; BayObLG WE 1990, 216 = ZMR 1989, 438; Bärmann-Merle, § 27 Rz. 116 u. 119; a. A. nach wie vor: Weitnauer, § 27 Rz. 17.

[199] Weitnauer, a. a. O.

[200] BayObLG WEM 1979, 173; NJW-RR 1997, 396 = WE 1997, 272 (ohne Ermächtigung keine Verfahrensvertretungsbefugnis); Bärmann-Merle, § 27 Rz. 115.

nen Widerspruch in zunächst behaupteter Vollmacht, könnte der Gläubiger etwa in Abwesenheit des betroffenen Wohnungseigentümers Vollstreckungsbescheid erwirken.[201]

496 Die **Zustellungsvertretungsmacht** des Verwalters **besteht nicht,** wenn entweder ein dem § 185 ZPO vergleichbarer Fall oder sonst ein in der Sache begründeter **Interessenskonflikt** vorliegt, der befürchten läßt, der Verwalter werde die übrigen Wohnungseigentümer nicht sachgerecht informieren. Danach entfällt die Zustellungsvertretungsmacht zunächst, wenn der Verwalter selbst Antragsteller, Rechtsmittelführer oder Antragsgegner in einem Verfahren ist, in dem ein Wohnungseigentümer einen individuellen Anspruch sowohl gegen den Verwalter, als auch gegen die übrigen Wohnungseigentümer geltend macht.[202] Darüber hinaus entfällt die Zustellungsvertretungsmacht des Verwalters nicht immer schon dann, wenn sich rein formal die Frage eines Interessenskonfliktes stellt. Der Verwalter braucht – die Richtigkeit der Rechtsprechung zur Anwendbarkeit des § 27 Abs. 2 Nr. 3 unterstellt – vielmehr als Zustellungsvertreter für die übrigen Wohnungseigentümer in Verfahren nach § 43 Abs. 1 Nr. 1, 2 und 4 nur dann ausgeschlossen zu werden, wenn im Einzelfall ein in der Sache begründeter Interessenskonflikt vorliegt. Demzufolge ruht bei Anfechtung des Eigentümerbeschlusses über die **Billigung der Jahresabrechnung** und die **Entlastung des Verwalters** die Zustellungsvertretungsmacht nicht, es sei denn, daß konkrete Pflichtwidrigkeiten des Verwalters in Frage stehen.[203]

Ist der Verwalter in solchen Fällen nicht zustellungsvertretungsberechtigt, ist für die Wohnungseigentümer entsprechend §§ 57, 494 Abs. 2, 779 Abs. 2, 787 Abs. 2 ZPO ein **gemeinsamer Zustellungsvertreter** zu bestellen.[204]

497 Ungeachtet der Zustellungsvertretung des Verwalters sind die **Wohnungseigentümer** die **„Passivlegitimierten“,** wobei allerdings als Bezeichnung der Wohnungseigentümer als Partei in einer gegen sie gerichteten Klage die Angabe der „WEG X“ genügt, obwohl die Gemeinschaft weder **rechtsfähig** noch **parteifähig** ist.[205] Die so im Rubrum unvollständige Klage ist ordnungsgemäß erhoben, sie ist geeignet, eine etwa ablaufende Verjährungsfrist zu unterbrechen. Der außenstehende Dritte kennt oftmals nicht die personelle Zusammensetzung einer Wohnungseigentümergemeinschaft. Da das Rubrum der Beklagten schon wegen des möglichen späteren **Voll-**

---

[201] Vgl. hierzu auch BayObLG WEM 1981, 29; Bärmann-Merle, § 27 Rz. 118.

[202] KG ZMR 1997, 541 = WE 1998, 64.

[203] BayObLG ZMR 1988, 148; WE 1990, 216; BayObLGZ 1990, Nr. 38 = WE 1991, 287; WE 1991, 297; DWE 1991, 104; ZMR 1997, 613 = WE 1998, 118; a. A. OLG Hamm Rpfleger 1985, 257; DWE 1989, 69; OLG Zweibrücken ZMR 1987, 436; OLG Frankfurt WE 1990, 56; s. a. OLG Düsseldorf ZMR 1994, 520 = WE 1994, 375 (eindeutiger Interessenswiderstreit im Verfahren über Abberufung des Verwalters).

[204] BayObLGZ 1973, 145; Weitnauer, § 27 Rz. 18.

[205] BGH NJW 1977, 1686; ZMR 1990, 188; NJW 1981, 282; NJW 1983, 1901 f.; BayObLG WE 1986, 15; DWE 1983, 27; NJW-RR 1986, 564 (Kurzbezeichnung der Wohnungseigentümer als Gläubiger im Vollstreckungsbescheid).

streckungsverfahrens nachträglich zu vervollständigen ist, hat der Dritte, der möglicherweise aus einem mit der Gemeinschaft geschlossenen Vertrag klagt, gegen den Verwalter über § 242 BGB den Anspruch auf namentliche Bekanntgabe seiner Vertragspartner. Wer in Vertretung eines anderen mit einem Dritten ein Rechtsgeschäft abschließt, ohne dabei die Vertretenen zu benennen, ist dem Dritten später zur entsprechenden Auskunft verpflichtet. Ficht ein Wohnungseigentümer einen Eigentümerbeschluß an, genügt es ebenfalls, wenn er seinen über den Verwalter zuzustellenden Antrag gegen die „WEG X" richtet. Das Gericht kann und wird dann anordnen, daß der Verwalter die **Wohnungseigentümerliste** vorlegt; denn das Gericht hat hier von Amts wegen die Beteiligten festzustellen.[206]

§ 27 Abs. 2 Nr. 4 berechtigt und verpflichtet, bevollmächtigt aber insbesondere den Verwalter zu bestimmten **„juristischen Erhaltungsakten.**[207] **498**
Die Vertretungsbefugnis des Verwalters ist hier unumstritten.[208] Angesprochen ist die Wahrung von allgemeinen **Verjährungsfristen, Gewährleistungsfristen,** grundsätzlich auch von **Rechtsmittelfristen.** Der Verwalter hat pflichtgemäß zu prüfen, ob und gegebenenfalls welche Maßnahmen sinnvollerweise zu treffen sind. Der typische Verjährungsunterbrechungsakt ist die Einleitung eines **selbständigen Beweisverfahrens.**[209] Als bevollmächtigt gilt der Verwalter hier stets. Oftmals kann es jedoch fraglich sein, ob der Verwalter im internen Verhältnis stets befugt ist, fristwahrende Maßnahmen zu treffen. Die interne Befugnis beschränkt sich auf **erforderliche** Maßnahmen. Der Verwalter kann daher gehalten sein, vor Einleitung eines von den Wohnungseigentümern nicht beschlossenen selbständigen Beweisverfahrens zunächst zu versuchen, den befristeten Verzicht auf die Einrede der Verjährung mit der Begründung zu erwirken, er müsse noch das Votum der Wohnungseigentümerversammlung einholen, dies sei innerhalb der laufenden Frist nicht mehr möglich. Bevor der Verwalter gegen eine richterliche Entscheidung **Rechtsmittel** einlegt, kann es geboten sein, kurzfristig eine außerordentliche Versammlung einzuberufen. In dringenden Fällen ist er an keine Einberufungsfrist gebunden, § 24 Abs. 4 S. 2. Stellt der Verwalter solche Überlegungen nicht an, ist zwar die Verjährungsfrist durch die Einleitung des Beweissicherungsverfahrens rechtswirksam unterbrochen, ist zwar das Rechtsmittel wirksam eingelegt; die Gemeinschaft kann jedoch in Ausnahmefällen gegen den Verwalter **Schadenersatzansprüche** aus positiver Vertragsverletzung erwerben, wenn sie aufgrund objektiv vernünftiger Überlegungen bei rechtzeitiger Befragung entschieden hätte, den Anspruch

---

[206] BayObLGZ 1972, 246/249f.; BayObLG v. 16. 7. 1981 – 2 Z 17/81 –; MDR 1982, 323 = Rpfleger 1982, 15; Rpfleger 1983, 14.

[207] So Bärmann-Merle, § 27 Rz. 128.

[208] BayObLGZ 1976, 211 = MDR 1976, 1023 = Rpfleger 1976, 364 = ZMR 1977, 345 = DWE 1977, 90; Weitnauer, § 27 Rz. 19; Bärmann-Merle, a. a. O.

[209] BayObLGZ 1976, 211 = Rpfleger 1976, 364 = MDR 1976, 1023; BGH NJW 1981, 282.

wegen seiner Fragwürdigkeit verjähren zu lassen, die richterliche Entscheidung wegen ihrer Richtigkeit nicht anzufechten. Geht der Verwalter in solchen Fällen allzu eilfertig vor, kann er u.U. verpflichtet sein, den Wohnungseigentümern **die** Kosten zu ersetzen, die ihnen durch ein eingeleitetes Beweissicherungsverfahren oder durch das Rechtsmittel entstanden sind. Der Verwalter hätte in solchen Fällen wohl darzulegen, daß seine Entscheidung gleichwohl vertretbar war.

499 Besondere praktische Bedeutung hat § 27 Abs. 2 Nr. 4 im Zusammenhang mit einer gegen die Wohnungseigentümer gerichteten **Klage eines Dritten,** die dem Verwalter zugestellt worden ist. Die vom Gericht gesetzte, in aller Regel nur 2 Wochen währende **Klageerwiderungsfrist** ist zu wahren. Ähnliches gilt für die Erwiderung auf ein von Dritten eingelegtes Rechtsmittel in einem Rechtsstreit zwischen diesem und den Wohnungseigentümern. Hier ist die Einberufung einer Wohnungseigentümerversammlung, die noch vor Fristablauf stattfindet, i.d.R. weder möglich noch sinnvoll. Im erstgenannten Beispielsfalle ist sie meist nicht möglich, im zweitgenannten Falle darf der Verwalter vom Einverständnis der Wohnungseigentümer ausgehen, den in 1. Instanz gewonnenen Rechtsstreit notgedrungen im **Rechtsmittelverfahren** fortzuführen.

500 Der Verwalter ist hier berechtigt und bevollmächtigt, einen **Rechtsanwalt** als Prozeßbevollmächtigten der Wohnungseigentümer einzuschalten, bzw. diesen mit der Vertretung auch in der Rechtsmittelinstanz zu betrauen. Zweifelhaft kann die Befugnis zur Einschaltung eines Rechtsanwalts dort sein, wo kein **Anwaltszwang** herrscht. In diesen Fällen werden Komplexität und Schwierigkeit des Streits ausschlaggebend für die Entscheidung des Verwalters sein.[210]

501 § 27 Abs. 2 Nr. 5 ist nach hier vertretener Auffassung der einzige Fall des § 27, in dem der Verwalter einer **ausdrücklichen Ermächtigung** bedarf, nämlich, Ansprüche der Wohnungseigentümer gerichtlich und außergerichtlich geltend zu machen. Eine Ausnahme zu § 27 Abs. 2 Nr. 5 kann der Fall des Abs. 2 Nr. 4 sein (Fall der Dringlichkeit).

Angesprochen sind alle den Wohnungseigentümern in ihrer Gesamtheit zustehenden **Ansprüche gegen Dritte** oder **gegen ein Mitglied der Gemeinschaft,** aber auch die Verfahrensvertretung im **Beschlußanfechtungsverfahren** in analoger Anwendung.[211] Beispielhaft seien einzelne denkbare, von Abs. 2 Nr. 5 erfaßte Ansprüche genannt: Ansprüche aus Verträgen, die im Rahmen der Verwaltung gemeinschaftlichen Eigentums namens der Wohnungseigentümer abgeschlossen worden sind (Handwerker-, Lieferverträge); Ansprüche, die die Wohnungseigentümer aufgrund der notariellen Erwerbsverträge wegen Mängeln am gemeinschaftlichen Eigentum gegen den

---

[210] S. hierzu auch BayObLG DWE 1982, 103/LS; BayObLGZ 1980, 154.

[211] BayObLGZ 1980, 154; 1988, 287; WE 1990, 138; WE 1997, 396; OLG Zweibrücken NJW-RR 1987, 1366.

Bauträger oder aufgrund abgetretenen Rechts gegen dessen Subunternehmer etc. haben, und die wegen ihrer Beziehung auf das gemeinschaftliche Eigentum nicht unverbunden nebeneinander stehen können; gesetzliche Ansprüche aus der Verletzung des gemeinschaftlichen Eigentums; Ansprüche aus dem Gemeinschaftsverhältnis, die sich gegen einen Wohnungseigentümer richten **(Hausgeldansprüche);** Ansprüche auf Unterlassung einer Störung.[212]

Die Ermächtigung des Verwalters kann in unterschiedlicher Form und 502
mit unterschiedlichem Inhalt erfolgen.

Das Gesetz spricht ausdrücklich die Ermächtigung mittels Beschlusses an. **Mehrheitsbeschluß** ist ausreichend.[213] Widerspricht der Ermächtigungsbeschluß im Einzelfall ordnungsmäßiger Verwaltung –, etwa, weil die Anspruchsverfolgung wegen der Vermögenslosigkeit des Anspruchsgegners sinnlos ist –, ist dieser Mehrheitsbeschluß anfechtbar wie jeder andere Eigentümerbeschluß grundsätzlich auch. Auch der mehrheitlich gefaßte Ermächtigungsbeschluß unterliegt natürlich der **richterlichen Inhaltskontrolle.** Hat der beabsichtigte Rechtsstreit offensichtlich keine Aussicht auf Erfolg, kann er auf Anfechtung hin für ungültig erklärt werden. Grundsätzlich aber findet im Beschlußanfechtungsverfahren keine Prüfung der Erfolgsaussichten des Rechtsstreits statt. Insoweit findet § 18 Abs. 3 analog Anwendung.[214] Dies gilt für jeden Eigentümerbeschluß, der die Einleitung eines Rechtsstreits zum Ziele hat.

Soweit Weitnauer meint, die Geltendmachung des „Abmeierungsanspruchs" gem. § 18 sei keine gemeinschaftliche Angelegenheit i.S. des § 27 Abs. 2 Nr. 5, insoweit bedürfte es einer besonderen Prozeßvollmacht, kann dem nicht gefolgt werden.[215]

Die Ermächtigung mittels Mehrheitsbeschlusses muß nicht eine auf einen 503
bestimmten Fall bezogene spezielle Ermächtigung sein. Der Verwalter kann, sofern nichts anderes vereinbart ist, durch Mehrheitsbeschluß **allgemein ermächtigt** werden, Aktiv- und Passivprozesse für die Eigentümergemeinschaft zu führen und gegebenenfalls einen Rechtsanwalt mit der Prozeßführung zu beauftragen.[216]

Möglich ist auch, daß bereits die **Gemeinschaftsordnung** die **generelle Ermächtigung** des Verwalters zur Geltendmachung der von Abs. 2 Nr. 5

---

[212] Die Beispiele sind entlehnt von Weitnauer, § 27 Rz. 20; s. in diesem Zusammenhang BGH NJW 1998, 3279 = ZfIR 1998, 479: der Verwalter ist im Hausgeldverfahren nur Vertreter der übrigen Wohnungseigentümer, nicht auch des Antragsgegners, weil nur die übrigen Wohnungseigentümer Gläubiger sind; WE 1998, 484 = DWE 1998, 175.

[213] Weitnauer, § 27 Rz. 21; Bärmann-Merle, § 27 Rz. 135; MünchKomm-Röll, § 27 Rz. 11.

[214] BayObLG ZMR 1994, 428; NJW-RR 1998, 231; Weitnauer, § 18 Rz. 10.

[215] Weitnauer, § 27 Rz. 20; so wie hier: Soergel/Stürner, § 27 Rz. 5d; Bärmann-Merle, § 27, Rz. 161.

[216] OLG Zweibrücken NJW-RR 1987, 1366; BayObLGZ 1980, 154; DWE 1979, 122; OLG Stuttgart ZMR 1990, 69.

erfaßten Ansprüche vorsieht.[217] Bedenklich ist die Auffassung des OLG Hamburg a.a.O., die Ermächtigung müsse nicht ausdrücklich erfolgen, es reiche aus, wenn sie sich aus den Umständen ergebe.

Eine in der Gemeinschaftsordnung enthaltene Ermächtigung ist nicht unwiderruflich und kann durch Mehrheitsbeschluß der Wohnungseigentümer eingeschränkt werden.[218] Sie ist formeller, aber nicht materieller Bestandteil der Gemeinschaftsordnung, hat also keinen Vereinbarungsscharakter. Ist **die generelle Ermächtigung Inhalt des Verwaltervertrags,** kann sie unabhängig davon, ob die gemeinschaftsinterne Bindung durch Regelung in der Gemeinschaftsordnung oder Mehrheitsbeschluß begründet wurde, dem Verwalter nur dann gegen seinen Willen entzogen oder ihm gegenüber eingeschränkt werden, wenn im Vertrag deutlich gemacht ist, daß die Ermächtigung nach den Vollmachtsvorschriften des BGB jederzeit widerrufen werden könne. Ist die jederzeitige **Widerruflichkeit** im Vertrag vorbehalten, ist der rechtswirksame Widerruf vor Ablauf des Verwaltervertrags im Falle der zuvor mehrheitlich beschlossenen generellen Ermächtigung nur möglich, wenn die Wohnungseigentümer mehrheitlich den Widerruf beschlossen haben.

Möglich ist schließlich, daß der Verwalter **ausschließlich kraft Vertrags** generell ermächtigt ist. Grundlage für diese Ermächtigung ist dann i.d.R. ein Mehrheitsbeschluß, mit dem z.B. der Verwaltungsbeirat oder ein Wohnungseigentümer beauftragt und bevollmächtigt wird, mit dem bestellten Verwalter den Vertrag zu schließen.[219]

Eine im Verwaltervertrag enthaltene Bestimmung, die gegenüber der Ermächtigungsgrundlage in der Gemeinschaftsordnung einengenden Inhalt hat (Recht zur gerichtlichen Geltendmachung, wenn die rückständigen Hausgelder trotz zweimaliger Mahnung und Zahlungsaufforderung nicht ausgeglichen wurden), schränkt nicht die Verwalterermächtigung auf der Grundlage der Gemeinschaftsordnung ein. Die Bevollmächtigung zur Vertretung in einem gerichtlichen Verfahren ist nicht materiell-rechtliches Rechtsgeschäft, sondern **Verfahrenshandlung** (Prozeßhandlung). Die ausreichende Bevollmächtigung ist Verfahrenshandlungsvoraussetzung (Prozeßhandlungsvoraussetzung). Im **Außenverhältnis** gilt nur die Bestimmung der **Gemeinschaftsordnung,** so daß die Vollmacht durch den Verwaltervertrag nicht eingeschränkt wird. Im **Vertrag** wird typischerweise in erster Linie das **Innenverhältnis** zwischen Vertretenem und Vertreter geregelt. Durch den Vertrag wird demzufolge nicht die sich aus anderen Grundlagen ergebende, nach außen wirkende Vertretungsmacht eingeschränkt. Die entspre-

---

[217] OLG Hamburg MDR 1966, 146; BayObLG Rpfleger 1980, 23; Rpfleger 1982, 15; DWE 1991, 39 = WE 1991, 263; KG WE 1991, 325; Bärmann-Merle, § 27 Rz. 134, 140; Weitnauer, § 27 Rz. 21.

[218] BayObLG Rpfleger 1980, 23; WE 1991, 263 zur Wirkung einer Beschränkung im Verwaltervertrag; Weitnauer, § 27 Rz. 21.

[219] BayObLG DWE 1985, 95 m.w.N.; BayObLGZ 1988, Nr. 36; 1988, Nr. 49; WE 1989, 212 = DWE 1989, 38; vgl. auch KG WE 1991, 325.

chende Vertragsbestimmung ist nur für das Innenverhältnis zwischen vertretenen Wohnungseigentümern und Verwalter bedeutsam.[220]

Wann immer dem Verwalter eine generelle Ermächtigung erteilt ist, ist ein gesonderter Ermächtigungsbeschluß entbehrlich.[221] Jede Ermächtigung, ob generell oder durch Ermächtigungsbeschluß, beinhaltet zugleich das Recht, einem **Rechtsanwalt** Verfahrensvollmacht zu erteilen.[222]

Soweit bisher von **„Ermächtigung"** die Rede ist, haben die Wohnungsei- 504
gentümer bei Festlegung der Ermächtigung die Wahl, dem Verwalter **Vollmacht** zu erteilen oder ihn im engeren Sinne zu ermächtigen, ihre Ansprüche in **eigenem** Namen geltend zu machen. Beide Ermächtigungsformen sind möglich. Ist dem Verwalter Vollmacht erteilt, hat er die Ansprüche **namens** der Wohnungseigentümer geltend zu machen, ist er ermächtigt, die Ansprüche der Wohnungseigentümer in **eigenem** Namen geltend zu machen, handelt es sich um den von Literatur und Rechtsprechung bejahten Fall der **gewillkürten Prozeßstandschaft.** In diesem Falle ist der Verwalter auch berechtigt, Leistung an sich selbst zu verlangen.[223] Erwirkt der Verwalter im eigenen Namen einen auf Zahlung an ihn lautenden Vollstreckungstitel, so kann er auch im eigenen Namen die Zwangsvollstreckung betreiben; eine Zwangssicherungshypothek ist auf seinen Namen in das Grundbuch einzutragen.[224] Eine solche Prozeßstandschaft ist nur auf der sogenannten **Aktivseite,** nicht auf der Passivseite möglich.[225]

Der Wortlaut der **Bevollmächtigung** bzw. **Ermächtigung** ist nicht immer maßgeblich. Hat ein Verwalter in vermeintlicher Prozeßführungsbefugnis ein die Wohnungseigentümer betreffendes Verfahren in eigenem Namen eingeleitet und beschließen die Wohnungseigentümer nachträglich, dem Verwalter „Prozeßvollmacht" zu erteilen – weil das Gericht jede Legitimation des Verwalters verneint –, ist das Wort „Prozeßvollmacht" sehr wohl auslegungsfähig dahin, daß die Wohnungseigentümer den Verwalter ermächtigen wollen, das Manko zu heilen, d.h. weiterhin in eigenem Namen auftreten zu können.[226] Generell ist zu beobachten, daß die Rspr. im Falle einer **„Ermächtigung"** sowohl die **offene Stellvertretung** als auch das **Handeln in Verfahrensstandschaft** versteht. Auslegungsversuche werden nicht

---

[220] BayObLG DWE 1991, 39 = WE 1991, 263.

[221] BayObLG Rpfleger 1970, 65/66; DWE 1982, 136; Rpfleger 1982, 15; DWE 1979, 122; Bärmann-Merle, § 27 Rz. 138; Weitnauer, § 27 Rz. 20, 21.

[222] BayObLGZ 1988, 287/289f.; WE 1989, 176; WE 1990, 182; DWE 1991, 39 = WE 1991, 263; WE 1992, 144; OLG Frankfurt DWE 1984, 126; OLG Celle DWE 1984, 126.

[223] OLG Hamburg MDR 1966, 146; BayObLGZ 1975, 233; BGHZ 74, 258, 267; NJW 1981, 1841; BayObLG WE 1989, 212; NJW-RR 1998, 519 = WE 1998, 273 (Geltendmachung von Schadenersatzansprüchen gegen ehemaligen Verwalter).

[224] LG Bochum Rpfleger 1985, 438.

[225] BayObLGZ 1975, 233 = Rpfleger 1975, 311; Rpfleger 1982, 15; OLG Stuttgart Justiz 1977, 378; BGHZ 78, 166 = NJW 1981, 282.

[226] OLG Frankfurt DWE 1984, 29; BayObLG ZMR 1983, 419 = DWE 1983, 60.

unternommen.[227] Sei dem Verwalter „Vollmacht" erteilt, sei diese umfassend und bedeute auch eine Ermächtigung zur Prozeßführung im eigenen Namen.[228] Die Ermächtigung, Ansprüche der Wohnungseigentümer im eigenen Namen geltend zu machen, schließe das Recht ein, die Ansprüche auch namens der Wohnungseigentümer geltend zu machen.[229] Sieht die Gemeinschaftsordnung beide Möglichkeiten vor, liegt es im pflichtgemäßen Interesse des Verwalters, ob er als Verfahrensvertreter oder Verfahrensstandschafter auftritt.[230] Ist der Verwalter nach der Gemeinschaftsordnung Verfahrensvertreter, nach Verwaltervertrag Verfahrensstandschafter, kann er beides tun.[231]

505 Die in der Gemeinschaftsordnung enthaltene Befugnis, die Wohnungseigentümer **in allen Angelegenheiten der Verwaltung** gerichtlich zu vertreten, umfaßt nicht das Recht, den Anspruch auf Unterlassung der vereinbarungswidrigen Nutzung von Sondereigentum geltend zu machen.[232] Die Befugnis zur gerichtlichen Vertretung der Wohnungseigentümer umfaßt nicht die Geltendmachung individueller Ansprüche des einzelnen Wohnungseigentümers auf Beseitigung baulicher Veränderungen.[233] Ist der derzeitige Verwalter zur gerichtlichen Geltendmachung von Hausgeldansprüchen ermächtigt, erstreckt sich die Ermächtigung bei einem Verwalterwechsel i.d.R. auch auf den neuen Verwalter.[234]

Der in **Verfahrensstandschaft** klagende Verwalter **bleibt** auch **nach** seinem **Ausscheiden** zur Verfahrensfortführung ermächtigt, es sei denn, die Wohnungseigentümer hätten mehrheitlich die Befugnis widerrufen,[235] wozu sie berechtigt wären.

Es entspricht **ordnungsgemäßer Verwaltung,** den Verwalter zu ermächtigen, gegen den **ausgeschiedenen Verwalter** – unter Hinzuziehung eines Rechtsanwalts – **Schadenersatzansprüche** geltend zu machen, sofern der einzuleitende Rechtsstreit nicht offensichtlich unbegründet ist.[236]

Immer wird zu überprüfen sein, ob der Verwalter auch in Fällen eindeutiger Interessenskollision die Gemeinschaft vertreten darf.[237]

506 Da die **Ermächtigung/Bevollmächtigung** des Verwalters eine **Verfahrensvoraussetzung** ist, kann das Fehlen der Ermächtigung nicht nur nachträglich rückwirkend geheilt werden, sondern ist eine solche **nachträgliche**

---

[227] BayObLG ZMR 1997 42 = WE 1997, 265; OLG Köln NZM 1998, 865.

[228] BayObLG v. 15. 3. 1985 – 2 Z 133/84 –; BayObLGZ 1969, 209/213; OLG Köln a.a.O.

[229] BayObLGZ 1988, Nr. 36.

[230] KG ZMR 1993, 344.

[231] BayObLG DWE 1985, 95.

[232] BayObLG ZMR 1994, 234 = NJW-RR 1994, 527 = WE 1995, 29.

[233] BayObLG ZMR 1996, 565 = WE 1997, 79.

[234] BayObLG ZMR 1997, 42 = WE 1997, 265.

[235] BayObLG NJW-RR 1993, 1488 = ZMR 1993, 584 = WE 1994, 276; WE 1990, 147; ZMR 1997, 199 = WE 1997, 318; KG NJW-RR 1989, 657; WE 1991, 325.

[236] BayObLG WE 1995, 95.

[237] OLG Düsseldorf ZMR 1994, 520 = WE 1994, 375.

Heilung durch Genehmigung auch noch im Rechtsbeschwerdeverfahren möglich.[238]

In der Literatur wird zum Teil der Weg der **Prozeßstandschaft** gepriesen. 507
Dies wird im wesentlichen mit einer **Arbeitserleichterung** für alle Beteiligten begründet, der Verwalter bzw. der als Prozeßbevollmächtigte tätige Rechtsanwalt müßten nicht alle Wohnungseigentümer als Kläger im Rubrum aufführen, die jeweilige Zusammensetzung der Wohnungseigentümerschaft sei dann irrelevant, das Gericht müsse nicht jeder Entscheidung, jedem Vergleich, jedem Kostenfestsetzungsbeschluß die **Eigentümerliste** beifügen. Das Argument der Arbeitserleichterung bei Prozeßstandschaft überzeugt wenig. Das Klage-, bzw. Antragstellerrubrum kann lauten „WEG X, bestehend aus den in der beigefügten Eigentümerliste genannten Mitgliedern". Die Beifügung der Eigentümerliste bedeutet keinen nennenswerten Aufwand, weder für den Rechtsanwalt noch für das Gericht. Die Zusammensetzung der Wohnungseigentümergemeinschaft im Zeitpunkt der Entscheidung des Gerichts ist auch dann irrelevant, wenn die Wohnungseigentümer selbst Anspruchsteller bleiben. Maßgeblich ist nur die Zusammensetzung der Gemeinschaft bei **Einleitung** des gerichtlichen Verfahrens. Zeitlich danach erfolgende **Eigentümerwechsel** haben keinen Einfluß auf die Parteien- oder Beteiligteneigenschaft. Natürlich ist es auch bei gesetzlicher Prozeßstandschaft (§§ 261 Abs. 3 Nr. 2, 265, 325, 727 ZPO) möglich, die bei Antragstellung bzw. Klageeinreichung vorgelegte Eigentümerliste trotz Eigentümerwechsels unverändert zu belassen.[239]

Im Gegenteil, der Weg der Prozeßstandschaft kann Probleme aufwerfen. Ist der Verwalter titulierter Gläubiger, kann nach seinem Ausscheiden und der Bestellung eines neuen Verwalters der Titel nicht ohne weiteres auf den neuen Verwalter umgeschrieben werden. Erforderlich ist Abtretung des Anspruchs und der **Nachweis der Rechtsnachfolge** gemäß § 726 ZPO.[240]

Bleibt als **Vorteil** der gewillkürten Prozeßstandschaft gegenüber der Bevollmächtigung, daß der mit der Prozeßführung beauftragte Rechtsanwalt im Falle der Vertretung der Wohnungseigentümer die **Erhöhungsgebühr** gemäß § 6 Bundesrechtsanwaltsgebührenordnung beanspruchen darf, was im Falle der Prozeßstandschaft ausscheidet.[241] Der BGH[242] hat das Entstehen der Erhöhungsgebühren gemäß § 6 BRAGO für den Fall bejaht, daß **Auftraggeber** des Rechtsanwalts als Prozeßbevollmächtigtem **die Woh-**

[238] BayObLG WE 1990, 218 = MDR 1990, 57; ZMR 1994, 234 = NJW-RR 1994, 527 = WE 1995, 29.

[239] BayObLG NJW-RR 1995, 467 = WM 1994, 635; OLG Hamburg WE 1994, 377; Bärmann-Merle, § 43 Rz. 113; Merle/Trautmann NJW 1973, 118/121 f.

[240] LG Hannover NJW 1970, 436; OLG Düsseldorf NJW-RR 1997, 1035 = ZMR 1997, 315 = DWE 1997, 125 = WE 1997, 310; LG Darmstadt NJW-RR 1996, 398.

[241] OLG Düsseldorf ZMR 1988, 22.

[242] BGH v. 6. 10. 1983 – III ZR 109/82 –; NJW 1987, 2240 = WE 1987, 118; OLG Zweibrücken JurBüro 1987, 380; KG WE 1993, 223 = ZMR 1993, 344.

nungseigentümer sind und nicht der Verwalter in Prozeßstandschaft. Damit ist der ursprüngliche Streit über das Entstehen der Erhöhungsgebühren insbesondere dann, wenn Ansprechpartner des Prozeßbevollmächtigten tatsächlich nur der Verwalter ist, beigelegt.

508 Ist in der **Gemeinschaftsordnung** die **generelle Ermächtigung** des Verwalters zur außergerichtlichen und gerichtlichen Geltendmachung von Ansprüchen der Wohnungseigentümer oder einer bestimmten Art von Ansprüchen der Wohnungseigentümer enthalten und ist dem Verwalter ausdrücklich die Entscheidung überlassen, ob dies in offener Vertretung der Wohnungseigentümer oder in eigenem Namen geschehe, oder eröffnet die „Ermächtigung" nach der insoweit zitierten Rspr. beide Varianten, ist der Verwalter im Falle der Einschaltung eines Rechtsanwalts verpflichtet, den Weg der **Prozeßstandschaft** zu wählen, um die **Erhöhungsgebühr** einzusparen. Wird der Verwalter dann gleichwohl in offener Stellvertretung tätig, **entsteht** zwar die Erhöhungsgebühr – der beauftragte Rechtsanwalt kann sie von seinen Mandanten, den Wohnungseigentümern, beanspruchen –, ist die Erhöhungsgebühr jedoch nicht vom unterlegenen und kostenpflichtigen Gegner den Wohnungseigentümern zu **erstatten.** Es handelt sich insoweit nicht um **notwendige** Prozeßkosten. In diesem Falle kann der Verwalter den Wohnungseigentümern im Umfange der Erhöhungsgebühr **schadenersatzpflichtig** werden.[243]

509 Ermächtigt der Verwaltervertrag den Verwalter, „die Wohnungseigentümergemeinschaft in **Angelegenheiten der laufenden Verwaltung** außergerichtlich und gerichtlich zu vertreten, einschließlich der gerichtlichen Geltendmachung von Ansprüchen der Gemeinschaft gegenüber säumigen Hausgeldzahlungen", betrifft dies auch Ansprüche aus beschlossenen **Umlagen.** „Laufende Verwaltung" in diesem Sinne ist auch die Geltendmachung einer Umlage, die nicht während der Tätigkeit des gegenwärtigen Verwalters, sondern seines Vorgängers beschlossen wurde.[244]

510 Die Ermächtigung des Verwalters, in eigenem Namen Ansprüche der Wohnungseigentümer gerichtlich geltend zu machen, ist ein Fall der **gewillkürten Verfahrensstandschaft.** Für den Bereich der Geltendmachung von Hausgeldansprüchen bejaht die Rechtsprechung ohne nähere Überprüfung des Einzelfalles das **rechtliche Interesse** als Voraussetzung für die Zulässigkeit der gewillkürten Prozeßstandschaft. Der BGH[245] hat dieses rechtliche Interesse auch für den Fall bejaht, daß die Wohnungseigentümer den Verwalter ermächtigen, **Mängelansprüche** etwa gegen den Bauträger geltend zu machen. Der BGH hat dies auch für den Bereich der Geltendmachung von **Minderungsansprüchen** bejaht, und zwar auch insoweit, als es im einzelnen

---

[243] A. A. Bärmann-Merle, § 27 Rz. 146; s. hierzu auch KG ZMR 1993, 344 (Befugnis des Gerichts, im Rahmen des § 47 S. 2 den Mehrvertretungszuschlag in die Erstattungspflicht einzubeziehen oder von ihr auszunehmen).

[244] BayObLG v. 22. 3. 1984 – 2 Z 38/83.

[245] BGH ZfBR 1986, 171 = MittBayNot 1986, 173.

Fall um Mängel am Sondereigentum geht; dies zumindest insoweit, als Mängel am Gemeinschaftseigentum auf das Sondereigentum ausstrahlen (z.B. Schallmängel). Die einheitliche Geltendmachung solcher Gewährleistungsansprüche, auch wenn sie nur auf Minderung gerichtet seien, gehörten mit zu den Aufgaben, die dem Verwalter im Rahmen des § 27 Abs. 1 Nr. 2 von der Wohnungseigentümergemeinschaft zugewiesen werden könnten.

7.5.4 Sonderfragen zu § 28 (Wirtschaftsplan, Jahresabrechnung und Entlastung)

Die in diesem Zusammenhang auftretenden Probleme sind weitestgehend **511**
bereits in Abschn. 5 (Anteilige Lasten- und Kostentragung) behandelt. Im Folgenden werden daher nur einige zusätzliche Sonderfragen von entscheidender Bedeutung beantwortet.

Ein **Wirtschaftsplan** wird nicht schon durch den Ablauf des entsprechenden Wirtschaftsjahres gegenstandslos,[246] so daß auch noch nach Ablauf des Wirtschaftsjahres ein **Rechtsschutzbedürfnis** nach richterlicher Entscheidung über eine diesbezügliche Beschlußanfechtung besteht. Das **Rechtsschutzbedürfnis** für die Anfechtung eines Wirtschaftsplans fällt weg, wenn über die streitige Frage im Rahmen der Jahresabrechnung beschlossen wird. Daß diese angefochten wird, ändert daran nichts.[247] Der Wirtschaftsplan wird erst gegenstandslos, wenn die denselben Zeitraum betreffende **Jahresabrechnung** durch Eigentümerbeschluß genehmigt ist. Bis dahin bestehen die anteiligen, sich aus dem Wirtschaftsplan ergebenden **Hausgeldvorauszahlungspflichten** der Wohnungseigentümer.[248] Nach h.M. kann dies aber nur mit der Maßgabe gelten, daß bei **Eigentümerwechsel** der ausgeschiedene Wohnungseigentümer auch nach Genehmigung der Jahresabrechnung noch die von ihm nicht geleisteten Hausgeldvorschüsse aus dem Wirtschaftsplan schuldet. Auf die Darstellung in Abschn. 5.2.3.2 wird verwiesen. Dies gilt i.ü. auch generell für die Geltendmachung von Verzugszinsen und sonstigen Verzugsschäden.[249] Für die Anfechtung eines den Wirtschaftsplan genehmigenden Eigentümerbeschlusses nach bestandskräftiger Genehmigung der Jahresabrechnung besteht aber i.d.R. **kein Rechtsschutzbedürfnis** mehr;[250] dies wegen der nunmehrigen h.M. zur Haftung von Voreigentümer und Sondernachfolger jedenfalls dann, wenn nicht zwischenzeitlich ein **Wechsel im Eigentum** stattgefunden hat oder über das Vermögen

---

[246] OLG Frankfurt DWE 1984, 61; Bärmann-Merle, § 28 Rz. 50.

[247] OLG Stuttgart ZMR 1990, 69.

[248] So im Ergebnis auch Weitnauer, § 28 Rz. 4; BayObLG WE 1989, 147; WE 1989, 212; ZMR 1995, 41.

[249] Weitnauer, § 28 Rz. 4 u. 7; OLG Düsseldorf NJW-RR 1997, 1235 = WE 1997, 423; BayObLG WE 1998, 316.

[250] OLG Stuttgart OLGZ 1990, 175; BayObLG WE 1991, 295; WE 1992, 174; WE 1995, 339; a.A. Bärmann-Merle, § 28 Rz. 50: selbst für den Fall der Unanfechtbarkeit des Abrechnungsgenhmigungsbeschlusses.

eines Wohnungseigentümers das **Insolvenzverfahren** eröffnet oder über seine Eigentumswohnung die **Zwangsverwaltung** angeordnet wurde.[250a] Haben die Wohnungseigentümer bei der Beschlußfassung über die Jahresabrechnung **nicht auch** über die **Einzelabrechnungen** abgestimmt und daher die konkrete Nachzahlungspflicht des einzelnen Eigentümers nicht verbindlich festgelegt, kann ein Hausgeldanspruch noch auf die vorläufige Festlegung in dem für dieses Wirtschaftsjahr aufgestellten Wirtschaftsplan gestützt werden. In einem solchen Fall sind jedoch die auf Grund des Wirtschaftsplans zu leistenden Vorauszahlungen der Höhe nach begrenzt auf den Betrag der sich aus der Jahresabrechnung ergebenden endgültigen Hausgeldschuld.[251] Wird der Beschluß über die Genehmigung der Jahresabrechnung nachträglich für ungültig erklärt, bleibt die Vollstreckung aus dem Titel, der auf der Jahresabrechnung basiert, in Höhe des Wirtschaftsplans zulässig. Insoweit Jahresabrechnung und Wirtschaftsplan der Höhe nach und inhaltlich übereinstimmen, bilden sie einen einheitlichen Schuldgrund.[252]

512 In diesem Zusammenhang verdient eine Entscheidung des KG[253] Beachtung, nach der das **Gericht** auf Antrag berechtigt sein soll, bis zum Ablauf der Wirtschaftsperiode einen **Wirtschaftsplan aufzustellen** und damit die Hausgeldvorschüsse für diesen Zeitraum – unterstützt durch eine einstweilige Anordnung – sofort fällig zu stellen, wenn ein Wirtschaftsplan der Gemeinschaft nicht durch Genehmigungsbeschluß zustande gekommen ist. Das KG verweist allerdings darauf, daß das Gericht in diesem Falle nicht gehalten sei, detaillierte Gesamt- und Einzelwirtschaftspläne aufzustellen, sondern daß das Gericht die voraussichtlichen Bewirtschaftungskosten nach den Angaben der Beteiligten schätzen könne.

513 Die **Genehmigung** der vom Verwalter erstellten **Jahresabrechnung** und seine **Entlastung** sind nicht miteinander zu verwechseln. Die Jahresabrechnung kann durch Beschluß genehmigt werden, ohne daß dem Verwalter Entlastung erteilt wird.[254] Wird dem Verwalter Entlastung erteilt, **muß** darin **nicht** notwendigerweise die Genehmigung der Jahresabrechnung liegen; oftmals ist dies jedoch der Fall. Der Mehrheitsbeschluß über die Entlastung des Verwalters bedeutet i.d.R. ein **negatives Schuldanerkenntnis** hinsichtlich solcher Vorgänge und Ansprüche, die bei der Beschlußfassung bekannt oder bei zumutbarer Sorgfalt erkennbar waren.[255]

[250a] BayObLG NJW-RR 1997, 715 = ZMR 1997, 256 = WE 1997, 277.

[251] BayObLG WE 1991, 24.

[252] OLG Düsseldorf NJW-RR 1997, 1235 = WE 1997, 423.

[253] KG WE 1991, 104.

[254] Weitnauer, § 28 Rz. 31.

[255] Weitnauer, § 28 Rz. 31; OLG Frankfurt DWE 1988, 142; BayObLGZ 1986, 263; 1987, 86; NJW-RR 1989, 840 = WE 1990, 133; WE 1991, 22; WE 1994, 283 (bezüglich ehemaligem Verwalter); KG ZMR 1987, 31; WE 1993, 83 = NJW-RR 1993, 404 (Entlastungswirkung beschränkt sich auf bekannte Tatsachen); NJW-RR 1998, 1021 = WE 1998, 225.

Die Frage der Entlassung zielt also nicht nur auf die Genehmigung der i. d. R. gleichzeitig vorgelegten Jahresabrechnung ab, sondern erfaßt die **gesamte** – von einem früheren Entlastungsbeschluß noch nicht berücksichtigte – **Tätigkeit** des Verwalters in der zurückliegenden Zeit. Das OLG Celle[256] schränkt allerdings die rechtliche Wirkung der Entlastung im Falle eines **strafbaren Verhaltens** des Verwalters ein. Danach begründe ein strafbares Verhalten stets Schadenersatzansprüche, auch dann, wenn dem Verwalter bereits Entlastung erteilt worden sei. Der Beschluß über die Entlastung widerspricht dann ordnungsmäßiger Verwaltung, wenn der Verwalter seine Pflichten aus dem Gesetz oder aus dem Verwaltervertrag verletzt hat und die Wohnungseigentümer durch den Entlastungsbeschluß ihre Rechtsposition negativ beeinflußt hätten, aber auch immer schon dann, wenn den Wohnungseigentümern möglicherweise Ansprüche gegen den Verwalter zustehen und auch kein Anlaß besteht, aus besonderen Gründen auf diese Ansprüche zu verzichten.[257] So folgt bereits aus der Ungültigerklärung eines Beschlusses über die Jahresabrechnung, daß i. d. R. insoweit auch die Voraussetzungen für einen gültigen Beschluß über die Entlastung des Verwalters nicht vorliegen.[258] Jedenfalls dann, wenn keine besonderen Gründe dafür sprechen, die Entlastung gleichwohl zu erteilen, muß deshalb in einem solchen Fall der Entlastungsbeschluß auf Antrag eines Wohnungseigentümers für ungültig erklärt werden.[259] Es ist rechtlich zulässig, einen Entlastungsbeschluß z. B. nur insoweit anzufechten und für ungültig zu erklären, als beanstandet wird, daß der Verwalter keine angemessene Instandhaltungsrücklage gebildet habe. Aus der Sicht des sogenannten negativen Schuldanerkenntnisses sind **Anfechtungsbeschränkungen** rechtlich möglich.[260] Die **Wiederbestellung** eines Verwalters hat **nicht** die **Entlastungswirkung** für das vergangene Wirtschaftsjahr.[261] Der Entlastungsbeschluß berührt Schadenersatzansprüche des einzelnen Wohnungseigentümers nicht, sie berührt nur gemeinschaftliche.[262]

Mangels gegenteiliger Anhaltspunkte muß i. d. R. wegen **des inneren Zusammenhangs** der **Entlastung** der Verwaltung und der Genehmigung der **Jahresabrechnung** davon ausgegangen werden, daß der Entlastungsbeschluß gleichzeitig die Genehmigung der Jahresabrechnung ent-

---

[256] OLG Celle NJW-RR 1991, 979 (in casu: Betrug).

[257] BayObLG NJW-RR 1988, 81.

[258] BayObLG NJW-RR 1989, 840 = WE 1990, 133.

[259] BayObLG DWE 1984, 61; BayObLG v. 1. 3. 1984 – 2 Z 33/83 –; s. hierzu auch KG NJW-RR 1998, 1021 = WE 1998, 225, das die Möglichkeit verneint, daß ein Wohnungseigentümer gegen den gerichtlichen Beschluß über die Ungültigerklärung eines Entlastungsbeschlusses Rechtsmittel einlegt.

[260] BayObLG a. a. O.; vgl. auch BayObLG v. 5. 12. 1984 – 2 Z 68/84 – (für den Bereich der Anfechtung des die Abrechnung billigenden Eigentümerbeschlusses).

[261] OLG Düsseldorf ZMR 1997, 96 = WE 1997, 146.

[262] OLG Hamm NJW-RR 1997, 908 = DWE 1997, 84 = WE 1997, 354.

hält;[263] dies insbesondere, wenn der Entlastungsbeschluß der Erörterung der Abrechnung unmittelbar folgt.[264] So sollen – ohne daß sich dies unmittelbar aus der Niederschirft ergeben müßte -auch die Einzelabrechnungen als genehmigt gelten, wenn sowohl nach der Ladung als auch nach der Niederschrift der Gesamtabrechnungsgenehmigung die Verwalterentlastung für das gesamte Verwalterhandeln folgen soll, bzw. gefolgt ist.[265] Umgekehrt umfaßt die Billigung der Jahresabrechnung regelmäßig nicht die Entlastung des Verwalters. Dies ergibt sich schon daraus, daß Entlastungsgegenstand nicht nur das Rechnungswesen ist. Allerdings *kann* die Billigung der Jahresabrechnung die Entlastung des Verwalters umfassen. Entscheidend ist dabei die Auslegung des maßgeblichen Eigentümerbeschlusses.[266] Immer aber sind Entlastung des Verwalters und Billigung der Jahresabrechnung, auch wenn einheitlich darüber abgestimmt wird, rechtlich zwei Beschlüsse mit verschiedenen Gegenständen. Anfechtung und Ungültigerklärung können demnach auf einen dieser Beschlüsse beschränkt werden.[267]

Nach hier vertretener Auffassung hat der Verwalter **keinen Anspruch auf Entlastung,** selbst wenn die Entlastungsvoraussetzungen erfüllt sind, also ein Entlastungsbeschluß ordnungsmäßiger Verwaltung entspräche.[268] Der Verwalter soll jedoch analog § 256 ZPO gerichtliche Feststellung beantragen können, wenn sich die Wohnungseigentümer konkreter Ansprüche gegen ihn berühmen.[269]

Etwas anderes gilt nur für den Fall, daß der Verwalter seinen Anspruch aus der Gemeinschaftsordnung ableiten kann. Nach OLG Frankfurt[270] hat nicht nur der Verwalter-Eigentümer **kein Stimmrecht** bei seiner Entlastung, sondern auch ein mit dem Verwalter-Eigentümer wirtschaftlich eng verbundener anderer Wohnungseigentümer. Der Verwalter darf auch als Vertreter von Wohnungseigentümern nicht an der Abstimmung über seine Entlastung mitwirken.[271]

---

[263] BayObLG WE 1988, 141; WE 1989, 144; WE 1989, 147; WE 1989, 212; vgl. auch KG NJW-RR 1986, 1337, das einschränkend feststellt, daß der Entlastungsbeschluß „für sich allein“ nicht auch die Billigung der Jahresabrechnung umfasse; WE 1995, 256.

[264] BayObLG WE 1993, 144; OLG Düsseldorf WE 1995, 278.

[265] BayObLG ZMR 1995, 41.

[266] BayObLG NJW-RR 1988, 81; WE 1989, 64; KG NJW-RR 1986, 1337; NJW-RR 1987, 79.

[267] BayObLG WE 1989, 144.

[268] So auch OLG Düsseldorf DWE 1981, 25; NJW-RR 1997, 525 = ZMR 1996, 622 = WE 1996, 465; a.A. Weitnauer, § 28 Rz. 32; Entlastungsanspruch bezweifelt vom BayObLG Rpfleger 1980, 192; zur Entlastung des GmbH-Geschäftsführers s. BGH BB 1985, 1869f.; OLG Köln NZM 1998, 877 u. 878.

[269] OLG Düsseldorf a.a.O.; s.a. KG NJW-RR 1998, 1021 = WE 1998, 225, das dem Verwalter die Möglichkeit einräumt, gegen einen gerichtlichen Beschluß über die Ungültigerklärung des Entlastungsbeschlusses Rechtsmittel einzulegen.

[270] OLG Frankfurt MDR 1983, 672; vgl. hierzu auch OLG Zweibrücken DWE 1983, 92; ZMR 1992, 206; BayObLG WE 1989, 64.

[271] KG WE 1989, 134.

Das Gesetz sagt nichts über den **Jahresabrechnungsinhalt** (vgl. § 28 Abs. 3). Die Jahresabrechnung muß eine geordnete und übersichtliche, inhaltlich zutreffende Aufstellung der Einnahmen und Ausgaben in dem betreffenden Wirtschaftsjahr ergeben. Sie muß für einen Wohnungseigentümer auch ohne Zuziehung eines Buchprüfers oder sonstigen Sachverständigen verständlich sein. Sie ist **keine Gewinn- und Verlustrechnung** und **keine Bilanz,** sondern eine **Einnahmen- und Ausgabenrechnung** (nach dem sog. Zufluß- und Abflußprinzip), die die tatsächlichen Beträge einander gegenüber zu stellen hat. Zu einer ordnungsmäßigen Jahresabrechnung gehören auch die **Einzelabrechnungen,** in denen die Ausgaben unter Mitteilung des jeweils angewendeten Verteilungsschlüssels auf die einzelnen Wohnungseigentümer aufgeteilt werden. Forderungen oder Verbindlichkeiten der Gemeinschaft sind grundsätzlich nicht in die Abrechnung aufzunehmen.[272] Der Beschluß über die Genehmigung einer Abrechnung, die nach den Grundsätzen einer Bilanz mit Gewinn- und Verlustrechnung erstellt ist, entspricht mithin nicht ordnungsgemäßer Verwaltung.[273] 514

Zu den in die Abrechnung einzustellenden **Einnahmen** gehören auch die tatsächlich zugeflossenen **Hausgeldvorschüsse.**[274] Einzustellen sind auch alle weiteren **tatsächlichen Zahlungseingänge** (z.B. Waschgeldeinnahmen, Mietzinseinnahmen aus der Vermietung gemeinschaftlicher Einrichtungen etc.). Bestandteil der Jahresabrechnung ist auch die **Heiz- und Warmwasserkostenabrechnung,** mag diese auch in einem gesonderten Papier enthalten sein, etwa in der Abrechnung eines beauftragten Serviceunternehmens. Entgegen weitverbreiteter Auffassung gilt der vorgenannte Abrechnungsgrundsatz (Einnahmen- und Ausgabenrechnung) auch für den Bereich der Heiz- und Warmwasserkostengesamtabrechnung. Grundsätzlich muß auch insoweit nicht auf den **Verbrauch** abgestellt werden. Konsequent meint z.B. das BayObLG[275] wenn in einem Wirtschaftsjahr mehr Heizöl gekauft als verbraucht werde, sei es nicht zu beanstanden, wenn die höheren Kosten für den Kauf als Ausgaben in die Jahresabrechnung eingestellt würden. Die- 515

---

[272] Weitnauer, § 28 Rz. 24; Soergel/Stürner BGB, 12. Aufl. § 28, Rz. 3; Deckert NJW 1989, 1064f.; KG NJW-RR 1987, 1160/1161; OLG Frankfurt OLGZ 1984, 330/334; DWE 1987, 30 = WE 1986, 138; BayObLGZ 1987, 86/89; NJW-RR 1987, 595; WE 1989, 178 = ZMR 1989, 28; WE 1991, 225; WE 1991, 231; NJW-RR 1990, 1107 = DWE 1990, 114 = WE 1991, 258; WE 1991, 291; NJW-RR 1992, 1431 = WE 1993, 281; WE 1994, 118; DWE 1997, 34; NJW-RR 1993, 1166 = WE 1994, 181; WE 1993, 114; WE 1995, 91; KG NJW-RR 1992, 845 = ZMR 1992, 308 = WE 1992, 284; NJW-RR 1993, 1104 = WE 1993, 275; OLG Hamm ZMR 1997, 251 = DWE 1997, 36 = WE 1997, 194; OLG Düsseldorf WE 1995, 278; OLG Karlsruhe WE 1998, 189 = DWE 1998, 189; BayObLG ZfIR 1998, 545 (auch bei Versicherungsprämien keine periodengerechte Abgrenzung); OLG Zweibrücken ZMR 1999, 66.

[273] BayObLG NJW-RR 1993, 1166 = WE 1994, 181; OLG Zweibrücken a.a.O. (Abgrenzung/Bilanz nur durch Vereinbarung).

[274] BayObLG NJW-RR 1989, 840 = WE 1990, 133.

[275] BayObLG DWE 1991, 164 = WE 1991, 360.

se Entscheidung steht nicht im Widerspruch zu der vorausgegangenen Entscheidung, daß ausnahmsweise der Verbrauchswert in die Abrechnung eingestellt werden dürfe, wenn dieser höher sei als die im Wirtschaftsjahr für den Ankauf von Heizöl entstandenen und ausgegebenen Kosten.[276] Maßgebend für die Zulässigkeit dieser Annahme war die Überlegung, daß durch die Einstellung des höheren Verbrauchswerts in die Abrechnung der Gegenwert für das verbrauchte Öl dann wieder zur gemeinsamen „Kasse" gelange und für weitere Ölankäufe zur Verfügung stehe. Diese Überlegung – ausnahmsweise Einstellung des Verbrauchswerts – komme jedoch im umgekehrten Fall, in dem weniger Öl verbraucht als gekauft werde, nicht zum Tragen. In diesem Falle sei es richtig, an dem Grundsatz festzuhalten, daß die Jahresabrechnung die tatsächlichen Ausgaben enthalten müsse. Zwar komme dann bei einem Eigentümerwechsel ein vorhandener Ölbestand zwar dem Erwerber zugute. Für einen gerechten Ausgleich zwischen Veräußerer und Erwerber zu sorgen, sie jedoch Sache des ausscheidenden und des künftigen Wohnungseigentümers. Den Bestimmungen der HeizkVO wird genügt, wenn die Einzelabrechnungen den vereinbarten verbrauchsorientierten Verteilungsschlüssel berücksichtigen.

516 Das **KG** hat in verschiedenen Entscheidungen den **Grundsatz der sog. Einnahmen-/Ausgabenabrechnung** durchbrochen. Es hat damit insbesondere das Gebot mißachtet, Forderungen und Verbindlichkeiten der Gemeinschaft aus einer Abrechnung herauszuhalten. So soll es zulässig sein, Aufwendungen eines einzelnen Wohnungseigentümers, die dieser für das gemeinschaftliche Eigentum hatte, als Ausgaben einzustellen und mit dem von ihm geschuldeten Hausgeld zu verrechnen oder diesem Wohnungseigentümer in seiner Einzelabrechnung eine Gutschrift zu erteilen.[277] Natürlich bestehen keine Bedenken, Ausgaben, die der Verwalter zu Lasten des gemeinschaftlichen Kontos getätigt hat, die aber das Sondereigentum eines einzelnen Wohnungseigentümers betreffen, in die Gesamtabrechnung einzustellen und dann nur in der Einzelabrechnung dieses Wohnungseigentümers diesem zu belasten.[278]

So soll es aber nach einer weiteren Entscheidung des KG[279] auch zulässig sein, **nicht beglichene Verbindlichkeiten** der Gemeinschaft in die Abrechnung einzustellen, wenn die Übersichtlichkeit gewahrt bleibe und der Eigentümerkreis bei Abrechnungsgenehmigung mit dem bei Eingehung der Verbindlichkeit identisch sei. In einer weiteren Entscheidung ging das KG noch einen Schritt weiter.[280] Danach könne ein während der gesamten Ab-

---

[276] BayObLG NJW-RR 1988, 81; s. aber DWE 1991, 167 = WE 1992, 175, wo Abrechnung der Heizkosten nach Verbrauch in jedem Falle für zulässig erachtet wird.

[277] KG NJW-RR 1993, 1104 = WE 1993 275.

[278] KG NJW-RR 1992, 845 = ZMR 1992, 308 = WE 1992, 284; BayObLG NJW-RR 1992, 1431 = WE 1993, 281; WE 1994, 118; DWE 1997, 34.

[279] KG NJW-RR 1993, 1105 = WE 1993, 195.

[280] KG NJW-RR 1994, 1105 = WE 1994, 271.

rechnungsperiode der Gemeinschaft angehörender Wohnungseigentümer den Abrechnungsgenehmigungsbeschluß – bei Einstellung nicht beglichener Verbindlichkeiten – nicht mit der Begründung anfechten, die Zusammensetzung der Gemeinschaft habe sich zwischen Entstehung der offenen Verbindlichkeit und dem Abrechnungsgenehmigungsbeschluß geändert.

In diese sehr fragwürdige Rspr. ist auch eine weitere Entscheidung des KG einzugliedern. Danach können die nach Ablauf einer Bewirtschaftungsperiode noch nicht beglichenen Verbindlichkeiten bei **zwischenzeitlichem Eigentümerwechsel** „nicht durch gestaltenden Eigentümerbeschluß umgelegt werden", sondern müssen angeblich nach § 426 BGB kraft Gesetzes innerhalb des jeweiligen **Haftungsverbands** des nach dem Eingehungszeitpunkt zu bestimmenden Gesamtschuldnerkreises abgewickelt werden.[280a] Und schließlich hierzu: Geht nach etwa 10 Jahren eine Konkursquote zur freien Verfügung der dann bestehenden Gemeinschaft ein, soll jeder Wohnungseigentümer, der sich an der Abdeckung der zur Konkurstabelle angemeldeten Forderungen beteiligt hatte, einen Anspruch gegen die Gemeinschaft auf anteilige Auskehr der Konkursquote haben.[280b]

Alle diese Ansätze sind zu verwerfen, weil sie den Wohnungseigentümern die Kontrolle darüber nehmen, was mit dem auf das Gemeinschaftskonto einbezahlten Geld geschehen ist, und ob die Differenz zwischen Einnahmen und Ausgaben mit der Entwicklung des Kontostands auf dem gemeinschaftlichen Konto übereinstimmt.[281] So ist es auch nur folgerichtig, wenn das OLG Köln[281a] den gemeinschaftlichen Schadenersatzanspruch der Wohnungseigentümer gegen den Verwalter als einen Bestandteil des Verwaltungsvermögens betrachtet, so daß Eigentümerwechsel keinerlei Auswirkung haben.

Richtig ist es, wenn der im Wirtschaftsplan für die **Instandhaltungs- 517 rücklage** vorgesehene Betrag auch dann als sogenannte **Ausgabe** in die Jahresabrechnung eingestellt wird, wenn der Betrag tatsächlich der Instandhaltungsrücklage nicht zugeführt wurde, sei es auf einem eigenen Bankkonto, sei es wenigstens buchungsmäßig. Bei der Instandhaltungsrücklage handelt es sich nicht um Ausgaben im üblichen Sinne. Es geht hier nicht darum, tatsächlich angefallene Lasten abzurechnen, sondern um die Bildung eines für einen besonderen Zweck bestimmten Vermögens der Gemeinschaft. Dieses Ziel gebietet es, die Instandhaltungsrücklage in der Jahresgesamtabrechnung mit demselben Betrag anzusetzen wie im Wirtschaftsplan, und in den Einzelabrechnungen die auf säumige Wohnungseigentümer treffenden Salden auszuweisen. Andernfalls würde sich, wenn die Zufüh-

---

[280a] KG NJW-RR 1992, 84; s.a. WE 1995, 213 (Erstattungsanspruch aus GoA in früherer Wirtschaftsperiode).

[280b] KG ZMR 1998, 370 = ZfIR 1998, 216 = WE 1998, 377 = DWE 1998, 136.

[281] So auch BayObLG WE 1993, 114 (in casu: Forderungen); WE 1995, 91.

[281a] OLG Köln NZM 1998, 874 = ZMR 1998, 460 = ZfIR 1998, 306 = WE 1998, 235 = DWE 1998, 141.

rung zur Instandhaltungsrücklage hinter dem Ansatz im Wirtschaftsplan zurückgeblieben ist, weil einer oder mehrere Wohnungseigentümer ihre Vorauszahlungen ganz oder zu einem erheblichen Teil schuldig geblieben sind und der Verwalter mit den eingehenden Beträgen zunächst die laufenden Ausgaben bestritten hat, folgendes ergeben: Da nichts oder nur ein geringer Betrag tatsächlich der Instandhaltungsrücklage zugeflossen ist, würden die säumigen Wohnungseigentümer insoweit von ihrer Beitragspflicht frei; bei den Wohnungseigentümern, die ihre Beiträge geleistet haben, würden sich Salden zu ihren Gunsten (Überzahlungen) ergeben. Die Bildung einer ausreichenden Rücklage würde unterbleiben. All dies wäre mit den Grundsätzen einer ordnungsmäßigen Verwaltung, zu der die Ansammlung einer angemessenen Instandhaltungsrücklage gehört (§ 21 Abs. 5 Nr. 4), nicht zu vereinbaren; zum Ausgleich wären weitere Eigentümerbeschlüsse (etwa über die Bildung einer erhöhten Rücklage für das folgende Jahr oder über eine Sonderumlage) erforderlich.[282] Auch entspricht ein Eigentümerbeschluß ordnungsmäßiger Verwaltung, die Einnahmen aus dem **Waschmünzenerlös** der Instandhaltungsrücklage zuzuführen und sie damit für eine möglicherweise notwendige Reparatur oder Ersatzbeschaffung bereitzuhalten.[283]

518 Zur Vollständigkeit einer Jahresgesamtabrechnung gehört ferner der Ausweis des **Standes der gemeinschaftlichen Konten,** insbesondere der **Instandhaltungsrücklage** und der **Zinserträge.** Hinsichtlich der Instandhaltungsrücklage sind Anfangs- und Endbestand, sowie Entnahmen und Zuführungen wiederzugeben.[284] Während nach hier vertretener Auffassung (vgl. Abschn. 5) entgegen der Rechtsprechung insbesondere des BayObLG das Fehlen der Einzelabrechnungen im Zuge der Genehmigung der Jahresgesamtabrechnung zur Anfechtbarkeit des Gesamtabrechnungsgenehmigungsbeschlusses führen kann, führt das Fehlen des Ausweises der gemeinschaftlichen Konten nicht zur Anfechtbarkeit. Fehlt einer dieser Bestandteile, so ist der Eigentümerbeschluß im übrigen nicht für ungültig zu erklären. Jeder Wohnungseigentümer kann über § 21 Abs. 4 eine entsprechende Ergänzung verlangen. Solange die Ergänzung nicht vorliegt, ist eine vorher beschlossene **Entlastung** des Verwalters auf Anfechtung hin allerdings für ungültig zu erklären.[285] Wenn nach diesseitiger Auffassung insoweit ein Unterschied in den rechtlichen Konsequenzen des Fehlens von Abrechnungsbestandteilen (einerseits Einzelabrechnungen, andererseits Kontendarstellung) gemacht wird, wird dies damit begründet, daß das Feh-

[282] BayObLGZ 1987, 86/91; NJW-RR 1991, 15.

[283] BayObLG DWE 1990, 75 = WE 1991, 164.

[284] KG WE 1986, 27; NJW-RR 1987, 1160f.; BayObLGZ 1987, 86/93; 1989, 310/314; WE 1990, 179 = ZMR 1990, 63.

[285] BayObLG WE 1990, 179 = ZMR 1990, 63; NJW-RR 1992, 1169 = WE 1993, 255; WE 1993, 114 (zum Anspruch auf Ergänzung, wenn Genehmigungsbeschluß nur die Ausgaben u. ihre Verteilung erfaßt).

len der Einzelabrechnungen im Zeitpunkt des Genehmigungsbeschlusses das Entstehen einer Rechtsgrundlage für die Geltendmachung von Abrechnungsschulden verhindert, während das Fehlen der Kontendarstellung keine unmittelbaren Rechtsfolgen hat, lediglich dem Informationsbedürfnis der Wohnungseigentümer zuwiderläuft.

Nach § 16 Abs. 5 gehören die **Kosten eines Verfahrens** nach § 43 WEG 519
nicht zu den Kosten der Verwaltung des gemeinschaftlichen Eigentums im Sinne des § 16 Abs. 2. Diese Rechtssituation führte in der Vergangenheit insbesondere für Verwalter zu großen Problemen. Hat etwa ein Verwalter im Rahmen eines Beschlußanfechtungsverfahrens – unterstellt mit Ermächtigungsgrundlage – einen Verfahrensbevollmächtigten für die Antragsgegner eingeschaltet, wird dieser i.d.R. **Honorarvorschüsse** verlangen. Es wäre praxisfremd, dem Verwalter in diesem Falle anzuraten, dem bevollmächtigten Rechtsanwalt zu empfehlen, seinen Honorarvorschuß individuell bei den Antragsgegnern einzufordern. Der Verwalter wird also das Gemeinschaftskonto belasten müssen, obwohl er dies an sich wegen § 16 Abs. 5 nicht dürfte. Damit würde – zunächst – anteilig auch der Antragsteller im Beschlußanfechtungsverfahren belastet. Die Rspr. hat inzwischen dieser Situation Rechnung getragen. Solange es keine rechtskräftige **gerichtliche Kostenentscheidung** gem. § 47 gibt, darf der Verwalter etwa auch bei Streitigkeiten zwischen den Wohnungseigentümern Gerichts-, Rechtsanwalts- und Sachverständigenkosten dem gemeinschaftlichen Konto belasten und diese Kosten nach dem **allgemein gültigen Kostenverteilungsschlüssel** auf alle Wohnungseigentümer in den Einzelabrechnungen umlegen. Erst in den Einzelabrechnungen d e s Jahres, in dessen Verlauf eine rechtskräftige gerichtliche Kostenentscheidung erstmals vorliegt, erfolgt die „Korrektur" nach Maßgabe dieser Kostenentscheidung. Sie alleine ist dann maßgeblich.[286]

Umstritten ist, nach welchem **Verteilungsschlüssel** Kosten gemäß § 16 520
Abs. 5 unter *den* Wohnungseigentümern aufzuteilen sind, die solche Kosten nach der gerichtlichen Kostenentscheidung zu tragen haben. Wenn man Kosten gem. § 16 Abs. 5 als grundsätzlich gemeinschaftliche Kosten ansieht, deren Verteilung sich jedoch nicht nach § 16 Abs. 2, sondern nach § 47 zu richten hat, dann sind solche Kosten unter den betroffenen Wohnungseigentümern nach dem in der konkreten Gemeinschaft geltenden allgemeinen Verteilungsschlüssel aufzuteilen, also z.B. im **Verhältnis der Miteigentumsanteile** der nach § 47 betroffenen Wohnungseigentümer. Abzulehnen ist demnach die Auffassung von Weitnauer,[287] der für das Innenverhältnis der beteiligten Wohnungseigentümer § 426 Abs. 1 Satz 1 BGB als maßgeb-

---

[286] KG DWE 1989, 39; NJW-RR 1992, 845 = ZMR 1992, 308 = WE 1992, 284; BayObLGZ 1992, 210; WE 1994, 218; WE 1995, 32; ZMR 1996, 43 = WE 1996, 154; OLG Köln WM 1996, 245; s. aber OLG Düsseldorf WE 1995, 278; Staudinger-Bub, § 16 Rz. 182; a.A. Weitnauer, § 16 Rz. 60.

[287] Weitnauer, § 16 Rz. 60; so auch OLG Hamm OLGZ 1989, 47; so wie hier: BayObLGZ 1992, 210; KG NJW-RR 1992, 845; Staudinger-Bub, a.a.O.

lich ansieht, d. h. Beteiligung **zu gleichen Teilen,** nicht nach den Miteigentumsquoten. Sicherlich sind die nach § 47 beteiligten Wohnungseigentümer gegenüber dem bevollmächtigten Rechtsanwalt und/oder gegenüber der Landesjustizkasse hinsichtlich der Gerichtskosten **Gesamtschuldner.** Gesamtschuldner sind nach § 426 BGB im Verhältnis zueinander jedoch nur dann zu gleichen Anteilen verpflichtet, soweit nicht ein anderes bestimmt ist. Wenn § 16 Abs. 5 lediglich ein Verteilungsproblem unter Berücksichtigung der nach § 47 ergehenden Kostenentscheidung löst, also auch Kosten nach § 43 gemeinschaftliche Kosten sind, dann ist als bestimmt anzusehen, daß die Gesamtschuldner im Innenverhältnis nach dem Verhältnis der Miteigentumsquoten zu diesen Kosten beizutragen haben.

521 Der Grundsatz, daß in einer Jahresabrechnung nur die tatsächlichen Einnahmen und Ausgaben einzustellen sind, findet seine konsequente Bestätigung darin, daß auch solche **Ausgaben** zu berücksichtigen sind, die der Verwalter **unberechtigterweise** getätigt hat. Die Jahresabrechnung wäre falsch, wenn sie unberechtigt getätigte Ausgaben nicht berücksichtigte. Die Tatsache einer unberechtigten Ausgabe ist lediglich eine **Verwalterentlastungsfrage.**[288] Demzufolge berührt die Möglichkeit, daß über Stromzähler für Gemeinschaftsanlagen einzelne Wohnungseigentümer unbefugt Strom bezogen haben, nicht die Ordnungsmäßigkeit der Jahresabrechnung, die die vom Zähler angezeigten Stromkosten als Gemeinschaftskosten enthält. Auch diese Frage betrifft wiederum allein die Ordnungsmäßigkeit der Entlastung des Verwalters.[289]

Ist den Wohnungseigentümern rechnerischer Schaden dadurch entstanden, daß ein Wohnungseigentümer schuldhaft die Pflicht zum schonenden Gebrauch des Gemeinschaftseigentums verletzt, setzt die Geltendmachung dieses Schadenersatzanspruchs nicht voraus, daß der Schadensbetrag in die von den Wohnungseigentümern beschlossene Jahresgesamtabrechnung samt Einzelabrechnungen eingestellt ist.[290]

522 Die **Pflicht** zur Erstellung einer übersichtlichen, verständlichen und nachprüfbaren Abrechnung beinhaltet die weitere Pflicht zur ordnungsgemäßen **Buchführung.** Verletzt der Verwalter diese Pflichten und müssen die Wohnungseigentümer zur Nachprüfung der Geschäftsführung einen **Buchprüfer** hinzuziehen, hat der Verwalter den Wohnungseigentümern die Kosten des Buchprüfers zu ersetzen.[291]

523 Schließt die Abrechnung mit einem **Fehlbetrag** ab, haben die Wohnungseigentümer diesen nach Beschlußgenehmigung anteilig auszugleichen.

---

[288] BayObLG WE 1991, 75; WM 1989, 539; DWE 1990, 75 = WE 1991, 168; NJW-RR 1992, 1431 = WE 1993, 281; KG NJW-RR 1992, 845 = ZMR 1992, 308 = WE 1992, 284.

[289] BayObLG WE 1990, 182.

[290] BayObLG WM 1991, 60 = WE 1992, 23.

[291] BayObLG Rpfleger, 1977, 66; BayObLGZ 1975, 369/373; DWE 1985, 60; OLG Hamm OLGZ 1975, 157/158 ff.; Bärmann-Merle, § 28 Rz. 140; Weitnauer, § 28 Rz. 21.

Ein etwaiger **Überschuß** ist entgegen der noch in der Vorauflage vertretenen Auffassung auszuzahlen. Der einzelne Wohnungseigentümer hat einen **Anspruch** darauf, und zwar unabhängig davon, ob bei Eigentümerwechsel die vom Rechtsvorgänger geleisteten Vorschüsse den Abrechnungsbetrag übersteigen. Derjenige, der bei Abrechnungsgenehmigung Eigentümer ist, hat den Anspruch. Anspruchsgrundlage ist der Genehmigungsbeschluß. Ein Eigentümerbeschluß, Guthaben nicht auszuzahlen, „auf neue Rechnung vorzutragen", oder „in die Instandhaltungsrücklage einzustellen" widerspricht i.d.R. ordnungsgemäßer Verwaltung, weil er im Ergebnis eine Sonderumlage derjenigen beinhaltet, die über ein Guthaben verfügen, also eine Sonderumlage, an der nicht alle Wohnungseigentümer beteiligt sind.[292]

Etwas anderes könnte nur dann gelten, wenn alle Wohnungseigentümer ihre Beitragsvorschüsse nach Wirtschaftsplan geleistet haben und alle Wohnungseigentümer aus dem selben Grund über ein Guthaben verfügen. Der Auszahlungsanspruch richtet sich gegen alle Wohnungseigentümer als Teilschuldner, soweit er nicht aus gemeinschaftlichen Geldern erfüllt werden kann.[293]

Die ordnungsmäßige Jahresabrechnung (Gesamt- und Einzelabrechnung) **524**
ist vor allem für die vermietenden Wohnungs- und Teileigentümer wichtig. Hat der **Vermieter-Eigentümer** mit seinem Mieter neben der Miete eine Nebenkostenvorauszahlung vereinbart, hat er dem Mieter jährlich eine **Nebenkostenabrechnung** zu erstellen. Der Vermieter hat seinerseits gegen den Verwalter den Anspruch, von diesem eine Abrechnung über die bezahlten Hausgelder zu erhalten, die es ihm ermöglicht, direkt gegenüber dem Mieter abzurechnen.[294] Der Verwalter tut also gut daran, die wohnungseigentumsrechtliche Jahresabrechnung so aufzubauen, daß die vermietenden Wohnungseigentümer diese an die Mieter weiterreichen können, andernfalls könnte der Verwalter verpflichtet sein, neben der gemeinschaftlichen Jahresabrechnung eine gesonderte für die vermietenden Wohnungseigentümer aufzustellen. Der Verwalter ist jedoch, sofern er eine solche Pflicht nicht im Verwaltervertrag übernommen haben sollte, nicht gehalten, für die vermietenden Wohnungseigentümer eine gesonderte Abrechnung zu erstellen, die lediglich die Kostenanteile enthält, die auf den Mieter abwälzbar sind. Ein Wohnungseigentümer kann insbesondere nicht verlangen, daß in der Jahresabrechnung der Gemeinschaft eine an § 27 II. BVO ausgerichtete Aufgliederung der Ausgaben erfolgt.[295]

---

[292] Staudinger-Bub, § 16 Rz. 77, 81, 91; § 28 Rz. 401, 407a, 516; a.A. KG NJW-RR 1995, 975 = ZMR 1995, 264 = WE 1995, 213; OLG Hamm DWE 1998, 188.

[293] KG NJW-RR 1993, 338 = ZMR 1993, 80 = WE 1993, 51; NJW-RR 1995, 975 = ZMR 1995, 264 = WE 1995, 213; OLG Hamm a.a.O.

[294] BGH NJW 1982, 573 = DB 1982, 537 = DWE 1982, 95 für den Bereich der Vermietung von Teileigentum; s. auch LG Düsseldorf WE 1991, 75.

[295] OLG Stuttgart ZMR 1990, 69; a.A. Bärmann-Merle, § 28 Rz. 81.

Verwalterhonorar, Beiträge zur Instandhaltungsrücklage sowie Sonderumlagen zur Instandhaltung und Instandsetzung können nicht auf den Mieter umgelegt werden; letztere zählen zur Grundmiete und sind vom Vermieter zu tragen.[296]

Zu beachten ist hierzu schließlich, daß die Verwalterabrechnung nicht den **Grundsteueranteil** des einzelnen Wohnungseigentümers enthält, jedoch auch dieser auf den Mieter umgelegt werden kann.

Der offene Ausweis von **Umsatzsteueranteilen** zu den Abrechnungspositionen der Einzelabrechnung z.B. eines Teileigentümers setzt voraus, daß die Gemeinschaft insgesamt auf die Steuerbefreiung ihrer Leistungen an den einzelnen Teileigentümer ganz oder teilweise verzichtet hat. Die Ausübung der **Option** nach § 9 Abs. 1 UStG erfordert einen Beschluß der Eigentümerversammlung.[296a]

525 Die Einführung des **Bankeinzugsverfahrens** (Lastschriftverfahren) im Rahmen der Hausgeldzahlungen ist einem Mehrheitsbeschluß nicht zugänglich.[297] Allerdings kann dieses Verfahren durch bestandskräftigen Mehrheitsbeschluß oder durch Vereinbarung eingeführt werden. Oftmals findet sich das Ergebnis eines solchen bestandskräftigen Mehrheitsbeschlusses im Verwaltervertrag. Bestimmt die Gemeinschaftsordnung die Verpflichtung der Wohnungseigentümer, dem Verwalter eine Einzugsermächtigung zu erteilen, hierfür ein Bankkonto zu benennen und dort ein entsprechendes Guthaben zu unterhalten, ist dies wirksam.[298] Ein statt dessen erteilter Dauerauftrag reicht nicht aus.[299] Ein Beschluß, der einen Wohnungseigentümer, der die Teilnahme am Lastschriftverfahren ablehnt, zu einer zusätzlichen Vergütung verpflichtet, ist anfechtbar.[300]

526 Die **Anfechtung** eines Eigentümerbeschlusses über die Genehmigung der Jahresabrechnung und des Wirtschaftsplans kann auf **einzelne Rechnungsposten** beschränkt werden.[301] In diesem Falle sind nur diese Positionen Verfahrensgegenstand mit der Folge der Teilungültigkeit.[302] Wenn allerdings alle Einzelabrechnungen an dem Mangel leiden, daß über eine vollständige Gesamtabrechnung nicht beschlossen wurde und der Verteilungsschlüssel teilweise falsch angegeben ist, so ist auf Anfechtung hin der Eigentümerbe-

---

[296] §§ 4, 10 MHG i.V.m. Anlage 3 zu § 27 II. BVO; Blank Pig 15, 42ff.; Seuß, Die Eigentumswohnung, S. 321.

[296a] OLG Hamm NJW-RR 1992, 1232 = WE 1992, 258; BayObLG ZMR 1996, 574 = NJW-RR 1997, 79 = WE 1997, 79.

[297] Bärmann-Merle, § 21 Rz. 72; a.A. Saarl. OLG ZMR 1998, 50; OLG Hamburg NJW-RR 1998, 1163 = ZMR 1998, 451 = WE 1998, 380 = DWE 1998, 146.

[298] LG Frankfurt DWE 1983, 121; OLG Düsseldorf NJW-RR 1990, 154; Bärmann-Pick, § 16 Rz. 98.

[299] Bärmann-Pick, a.a.O.

[300] BayObLG MDR 1996, 143.

[301] BayObLG NJW-RR 1988, 81; BayObLGZ 1988, Nr. 53; WE 1989, 64; KG WE 1991, 325; NJW-RR 1993, 1039 = WE 1994, 177; NJW-RR 1996, 844.

[302] BayObLG NJW-RR 1993, 1039 = WE 1994, 177; a.A. KG NJW-RR 1996, 844.

schluß über die Gesamtabrechnung und über alle Einzelabrechnungen für ungültig zu erklären.[303]

Auseinanderzuhalten sind die Pflicht zur jährlichen Abrechnungserstellung und die **Pflicht zur Rechnungslegung,** die grundsätzlich jederzeit reklamiert werden kann, § 28 Abs. 4. Sie unterscheidet sich von der Jahresabrechnung nach Sinn und Zweck und gehört zur Abwicklung des zwischen den Wohnungseigentümern und dem Verwalter bestehenden Geschäftsbesorgungsverhältnisses.[304] Die **Abrechnung** hat den Zweck, die **Finanzierung** der Verwaltung des gemeinschaftlichen Eigentums sicherzustellen, die **Rechnungslegung** dient der **Kontrolle** der Geschäftsführungstätigkeit des Verwalters. Über § 259 BGB ist der Verwalter verpflichtet, den Wohnungseigentümer „eine die geordnete Zusammenstellung der Einnahmen und der Ausgaben enthaltende Rechnung mitzuteilen und, soweit Belege erteilt zu werden pflegen, Belege vorzulegen". Der Verwalter muß auf dem Wege der Rechnungslegung nachweisen, daß er seine **treuhänderische Tätigkeit** ordnungsmäßig ausgeübt hat. Dies bedingt auch die Pflicht zur Vorlage von Belegen, zur erläuternden **Auskunftserteilung** und zur Gestattung der **Unterlageneinsicht.**[305] Die Erfüllung der Rechnungslegungspflicht ist mit dem vertraglich vereinbarten **Honorar** abgegolten. Anspruch auf **Zusatzhonorar** besteht nicht. Der Verwalter hat zu gestatten, daß der Einsehende auf eigene Kosten **Fotokopien** fertigt. Er ist nicht zur Anfertigung und Überlassung von Fotokopien verpflichtet.[306] Der Wohnungseigentümer hat keinen Anspruch auf Überlassung der gesamten Abrechnungsunterlagen.[307] 527

Die Rechnungslegungspflicht umfaßt **nicht** die Pflicht zur Aufteilung auf die einzelnen Wohnungseigentümer.[308] Das **Einsichtsrecht** besteht auch noch nach dem Beschluß über die Genehmigung der Jahresabrechnung und über die **Entlastung** des Verwalters.[309] Der Rechnungslegungsanspruch besteht auch unabhängig davon, ob der **Verwaltungsbeirat** gemäß § 29 Abs. 3 die vom Verwalter erstellte Abrechnung oder die Rechnungslegung geprüft und mit seiner Stellungnahme versehen hat. Grundsätzlich steht dem einzelnen Wohnungseigentümer ein **Auskunftsanspruch** gegen den

---

303 BayObLG WE 1995, 89.

304 So mit Recht Weitnauer, § 28 Rz. 33.

305 Weitnauer, a. a. O.; s. a. OLG Hamm ZMR 1998, 587 = DWE 1998, 132 = WE 1998, 497 zum Ort der Einsichtnahme; vgl. auch WE 1998, 496 zum Umfang des Einsichtsrechts (Beschränkung auf vorhandene und hinreichend genau bezeichnete Unterlagen, die ohne nennenswerten Vorbereitungsaufwand und ohne Störungen des Betriebsablaufs der Verwaltung eingesehen und fotokopiert werden können).

306 OLG Karlsruhe MDR 1976, 758; OLG Celle DWE 1984, 126; a. A. Weitnauer, § 28 Rz. 34; OLG Hamm ZMR 1998, 586 = DWE 1998, 134.

307 OLG Celle a. a. O.

308 BayObLGZ, 1979, 30.

309 BayObLGZ 1978, 231; OLG Frankfurt NJW 1972, 1376; OLG Karlsruhe MDR 1976, 758; OLG Hamm OLGZ 1988, 37 für den Fall, daß Entlastung erteilt wurde.

Verwalter nur insoweit zu, als die Eigentümergemeinschaft von diesem Recht keinen Gebrauch gemacht hat. Nach Treu und Glauben muß der Auskunftsanspruch i.d.R. zunächst in der Eigentümerversammlung geltend gemacht und behandelt werden. Ausnahmsweise kann ein Individualanspruch einzelner Wohnungseigentümer auf Auskunftserteilung außerhalb der Eigentümerversammlung gem. §§ 675, 666 BGB bestehen, wenn an der Aufklärung für den Einzelfall ein berechtigtes und akutes Bedürfnis vorliegt, was ebenfalls jeweils nach Maßgabe von Treu und Glauben zu prüfen ist.[310] Die Wohnungseigentümer haben keinen Anspruch auf Einsicht in die vom Verwalter und seinen Mitarbeitern über den Ablauf der Wohnungseigentümerversammlungen und die dort gefaßten Beschlüsse gefertigten handschriftlichen Notizen zur Vorbereitung ihrer Ablauf- und Beschlußprotokolle.[311]

Von der Frage des Auskunfts- und Einsichtsrechts – individuell oder in der Eigentümerversammlung – ist der weitergehende **Anspruch auf Rechnungslegung** gem. § 28 Abs. 4 zu unterscheiden. Der Verwalter ist nur den Wohnungseigentümern in ihrer Gesamtheit und nur aufgrund eines Mehrheitsbeschlusses, nicht einem einzelnen Wohnungseigentümer zu dieser Rechnungslegung verpflichtet. Ein einzelner Wohnungseigentümer könnte den genannten Rechnungslegungsanspruch nur geltend machen, wenn es dem Interesse aller Wohnungseigentümer entspräche und ein erforderlicher Mehrheitsbeschluß nicht zustande gekommen ist.[312] Im Falle des **Verwalterwechsels** beschränkt sich die **außerordentliche Rechnungslegungspflicht** des ausscheidenden Verwalters auf das laufende Geschäftsjahr bis zum Zeitpunkt seines Ausscheidens.[313]

Immer dann aber, wenn Rechnungslegung für einen Zeitraum beansprucht wird, der bereits abgerechnet ist, hinsichtlich dessen die Wohnungseigentümer insbesondere nach Wahrnehmung des Prüfungsrechts des Verwaltungsbeirats Entlastung erteilt haben, stellt sich die Frage des **mißbräuchlichen** Verlangens. Verlangen die Wohnungseigentümer also durch Mehrheitsbeschluß (§ 28 Abs. 4) vom Verwalter in einem solche Falle Rechnungslegung, kann dieser Beschluß unter Berufung auf § 242 BGB ordnungsmäßiger Verwaltung widersprechen, sofern nicht in der Diskussion vor der Beschlußfassung besondere Argumente und Akzente deutlich wurden, die ein nochmaliges Nachfragen in Form der Abrechnung rechtfertigen.

---

[310] BayObLGZ 1972, 161/166 = NJW 1972, 1377; WM 1988, 191 = DWE 1988, 110 = WE 1988, 198; WE 1991, 253; KG ZMR 1987, 100 = NJW-RR 1987, 462; OLG Celle OLGZ 1983, 177; DWE 1984, 126; OLG Hamm WE 1998, 496 zum Umfang des Einsichtsrechts.

[311] KG NJW 1989, 532 = WE 1989, 25.

[312] BayObLGZ 1972, 161/166; WE 1989, 145; KG WM 1987, 100/101 für Auskunftsansprüche.

[313] KG ZMR 1988, 70.

Mit **Beendigung** des Verwalteramts, gleich aus welchem Rechtsgrunde, ist der ehemalige Verwalter den Wohnungseigentümern gegenüber zur **Herausgabe** aller in seinem Besitze befindlichen **Verwaltungsunterlagen** verpflichtet. Dazu zählen sowohl die von ihm selbst angelegten, wie die von seinem Vorgänger übernommenen.[314] Zu den Unterlagen, die Eigentum der Gemeinschaft sind, zählen insbesondere die gesamten **Buchhaltungsunterlagen,**[315] aber auch **Bauunterlagen,** wenn der Verwalter selbst Bauträger war.[316] Der Verwalter ist auch verpflichtet, den Wohnungseigentümern nach seiner Abberufung den **Hausschlüssel** herauszugeben.[317] 528

Der ausgeschiedene Verwalter hat kein **Zurückbehaltungsrecht** an den Unterlagen. Er ist allenfalls befugt, mit seinem Restvergütungsanspruch gegen Forderungen der Gemeinschaft auf Rückzahlung von Geldern **aufzurechnen.**[318]

Der **neue Verwalter** ist nur aufgrund eines Mehrheitsbeschlusses befugt, die **Herausgabe** der Verwaltungsunterlagen und die Überweisung von Bankguthaben – falls ein auf den Namen des Verwalters lautendes Treuhandkonto besteht – an die Gemeinschaft zu seinen Händen zu verlangen.[319] Der Antrag ist gemäß § 43 Abs. 1 Ziff. 2 zu stellen. Materiell kann er mit § 27 Abs. 2 Nr. 4 begründet werden. Der neue Verwalter sollte mit dem Hauptsacheantrag die an das Gericht gerichtete Anregung verbinden, gemäß § 44 Abs. 3 eine **einstweilige Anordnung** zu treffen. Da diese nach wohl h.M. (entgegen hier in Abschn. 8 vertretener Ansicht) nicht die Hauptsacheentscheidung vorwegnehmen darf,[320] könnte die einstweilige Anordnung dahin lauten, daß der ausgeschiedene Verwalter Fotokopien im einzelnen näher bestimmter Unterlagen herauszugeben hat, die zur ordnungsmäßigen Fortführung der Verwaltung notwendig sind.

Fraglich ist, ob eine im Zeitpunkt des Ausscheidens eines **Verwalters noch nicht erstellte Jahresabrechnung** vom **alten** oder vom **neuen** Verwalter zu erstellen ist. 529

Maßgebliches Kriterium kann nur die Frage der **Fälligkeit** der vom Verwalter insoweit zu erfüllenden Aufgabe sein. Ergibt sich die Fälligkeit weder aus der Gemeinschaftsordnung noch aus dem Verwaltervertrag (z.B. Erstellung der Jahresabrechnung bis spätestens 31. 3. des Folgejahres), wird die

---

314 BayObLGZ 1969, 209; 1979, 30/32; Rpfleger 1982, 15 = MDR 1982, 323; KG OLGZ 1981, 304f.; OLG Köln WEM 1980, 82; Bärmann-Merle, § 26 Rz. 195; Weitnauer, § 28 Rz. 37; s. insbes. BGH ZMR 1997, 308 = DWE 1997, 72 = WE 1997, 306 zur Geldherausgabe.

315 BayObLG Rpfleger 1970, 65/66 = MDR 1970, 49 LS.

316 OLG Köln WEM 1980, 82.

317 BayObLG DWE 1985, 125.

318 BayObLGZ 1976, 165.

319 Staudinger-Bub, § 21 Rz. 231 mit zahlreichen Literatur- u. Rspr. hinweisen; s.a. BayObLG ZMR 1994, 428 (Ermächtigung des neuen Verwalters, gegen ehemaligen gemeinschaftliche Schadenersatzansprüche geltend zu machen).

320 Bärmann-Merle, § 44 Rz. 78.

Erstellungspflicht 3 bis 4 Monate nach Ablauf des Kalenderjahres fällig, sofern nicht die Gemeinschaftsordnung ein vom Kalenderjahr abweichendes Wirtschaftsjahr festlegt. Das BayObLG[321] sieht die Pflicht zur Vorlage der Jahresabrechnung „spätestens in den ersten Monaten eines Jahres". Scheidet ein Verwalter während des Wirtschaftsjahres/Kalenderjahres oder zum 31. 12. eines Jahres bzw. zum Ende eines Wirtschaftsjahres aus, hat bereits der neue Verwalter die Pflicht zur Erstellung der Jahresabrechnung für dieses Jahr.[322] Scheidet der Verwalter z. B. zum 31. 3. eines Jahres aus, hat möglicherweise er noch die Jahresabrechnung für das abgelaufene Kalenderjahr zu erstellen. Da der Zeitpunkt der Fälligkeit nicht exakt zu bestimmen ist, also Streit darüber entstehen kann, ob der alte oder der neue Verwalter die Jahresabrechnung zu erstellen hat, empfiehlt sich dringlichst die **Festlegung** des **Fälligkeitszeitpunktes** im Verwaltervertrag. Voraussetzung für die **Abrechnungspflicht des neuen Verwalters** ist allerdings, daß ihm der alte Verwalter eine **ordnungsmäßige Buchführung** übergibt. Der alte Verwalter hat darüber hinaus noch eine **Mitwirkungspflicht** immer dann, wenn der neue Verwalter Auskunft benötigt, um die Jahresabrechnung erstellen zu können.[323] Muß der neue Verwalter Fachkräfte hinzuziehen, weil die ihm vom alten Verwalter übergebenen Unterlagen nicht ordnungsgemäß und/oder nicht vollständig sind, und kommt der alte Verwalter trotz Aufforderung seiner Mitwirkungs- und Informationspflicht nicht nach, können die Wohnungseigentümer die ihnen entstehenden Kosten als **Schadenersatz** vom alten Verwalter aus dem Gesichtspunkt der positiven Vertragsverletzung geltend machen. Problematisch ist in diesem Zusammenhang die Auffassung des OLG Düsseldorf,[324] ein Eigentümerbeschluß, daß die Jahresabrechnung für einen Zeitraum vor der Bestellung des derzeitigen Verwalters durch einen Dritten erstellt werden soll, widerspreche nicht ordnungsgemäßer Verwaltung. Dieser Beschluß löst Kosten aus, die vermeidbar sind, weil die Abrechungserstellung ohne Zusatzkosten dem neuen Verwalter obliegt.

Gerade dann, wenn der Verwalter – gegen seinen Willen – abberufen wurde und schon deshalb Schwierigkeiten bei der Unterlagenübergabe und der Erfüllung von Mitwirkungspflichten zu befürchten sind, empfiehlt es sich, daß die Wohnungseigentümer nach § 28 Abs. 4 durch **Mehrheitsbeschluß** vom alten Verwalter **Rechnungslegung** zum Ausscheidungszeitpunkt verlangen, damit der neue Verwalter ein gewisses Instrumentarium an der Hand hat.

---

[321] BayObLG WE 1991, 223.

[322] OLG Stuttgart Justiz 1980, 278; OLG Frankfurt DWE 1987, 30 = WE 1986, 138; OLG Hamm NJW-RR 1993, 847 = WE 1993, 248; KG WM 1993, 142; BayObLG WE 1995, 374; OLG Köln NJW 1986, 328: OLG Hamburg OLGZ 1987, 188; Weitnauer, § 28 Rz. 37.

[323] OLG Hamm OLGZ 1975, 157.

[324] OLG Düsseldorf ZMR 1996, 100 = WE 1996, 72.

7.6 Die Haftung des Verwalters

Aufgabe dieser Schrift ist, zu bestimmten Problembereichen des Wohnungseigentums schwerpunktmäßige Antworten zu geben, für die Praxis verwendbar und wissenschaftlich fundiert. Nachstehend wird daher nicht das ganze Spektrum der **Verwalterhaftung** behandelt. Die Ausführungen beschränken sich auf Fragen von größerer praktischer Bedeutung unter Berücksichtigung der neuesten Rechtsprechung. 530

Zur Vertiefung sei daher beispielhaft verwiesen auf

- Weitnauer, § 27 Rz. 35–47
- Weitnauer, Die Haftung des Verwalters und für den Verwalter, Partner im Gespräch 3, S. 55 ff.
- Bärmann-Merle, § 27 Rz. 192–215
- Staudinger-Bub, § 26 Rz. 296 ff., 330 ff.

7.6.1 Die Haftung des Verwalters gegenüber den Wohnungseigentümern

Der Verwalter hat seine Verpflichtungen aus dem **Geschäftsbesorgungs-** 531
verhältnis zu erfüllen und dabei mit der **Sorgfalt eines ordentlichen Kaufmanns** vorzugehen (§ 276 BGB). Erfüllt er diese Pflichten schuldhaft (vorsätzlich oder fahrlässig) verspätet, überhaupt nicht oder schlecht, ist er zum Ersatz entstandenen Schadens aus dem Gesichtspunkt des Verzugs, der Nichterfüllung bzw. der positiven Vertragsverletzung verpflichtet. Bedient sich der Verwalter in Ausübung seiner Tätigkeit Dritter, ist er für deren Verschulden verantwortlich, § 278 BGB.[324a] Was er oder seine **Erfüllungsgehilfen** zu tun oder zu unterlassen haben, ist in den verschiedenen Abschnitten bereits dargestellt. Der Umfang der Schadenersatzpflicht ergibt sich aus den §§ 249 ff. BGB.

Soweit der Verwalter Aufgaben wahrzunehmen hat, die ihm bereits mit Amtsübernahme **(Organschaft)** anwachsen, ohne daß mit ihm bereits ein Vertrag geschlossen ist – der von den Wohnungseigentümern gefaßte Beschluß, mit dem gewählten Verwalter einen schriftlichen Vertrag schließen zu wollen, schließt zunächst einmal das Zustandekommen eines mündlichen Vertrages aus –, oder soweit er Aufgaben wahrzunehmen hat, die ihm verbleiben, solange er im Amte ist, auch wenn das Vertragsverhältnis selbst durch Kündigung geendet haben sollte, haftet er aus dem **gesetzlichen Schuldverhältnis** sui generis, das mit Amtsübernahme entsteht. Angesprochen sind hier im wesentlichen die Aufgaben nach den §§ 24, 27 und 28.

Neben der **Haftung** aus Vertrag und aus dem genannten gesetzlichen 532
Schuldverhältnis kommt auch eine Haftung **aus unerlaubter Handlung** in

[324a] OLG Düsseldorf ZMR 1998, 654 = ZfIR 1998, 547 = WE 1999, 23: der eingeschaltete Architekt ist nicht Erfüllungsgehilfe des Verwalters.

Betracht, §§ 823 ff. BGB. Mit Recht weist z.B. Weitnauer[325] darauf hin, daß die Haftungsgrundlage zwar in aller Regel mit der vertraglichen Haftung konkurriere, daß jedoch die Haftung aus unerlaubter Handlung zusätzlich den Weg freimache für **Schmerzensgeldansprüche** (§ 847 BGB) und im Falle des tödlichen Ausgangs einer unerlaubten Handlung für Ansprüche der Hinterbliebenen auf Ersatz des durch den Verlust des Unterhaltspflichtigen entstehenden Schadens (§ 844 Abs. 2 BGB). Zu denken ist etwa an eine Verletzung der **Verkehrssicherungspflicht** durch einen Verstoß gegen die **Streupflicht** bei Glätte und an einen dadurch verursachten Sturz (zur „Verkehrssicherungspflicht" im einzelnen nachstehend). Zu beachten ist jedoch für den Bereich der unerlaubten Handlung, daß sich der Verwalter bei der Einschaltung von Hilfspersonen durch den Nachweis entlasten kann, er habe bei der Auswahl und Überwachung der **Hilfspersonen** die erforderliche Sorgfalt angewendet, § 831 BGB.

Ein besonderer Fall der unerlaubten Handlung ist das schuldhafte **Unterlassen** von Maßnahmen, wenn eine Rechtspflicht zum Handeln besteht. Hierzu zählen die sogenannten **Verkehrssicherungspflichten.** In einer Grundsatzentscheidung hat der BGH[326] festgestellt: „Wer eine **Gefahrenquelle** schafft oder für sie verantwortlich ist, ist auch verpflichtet, sie zu beseitigen oder Gegenvorkehrungen zu treffen, damit sich die Gefahr nicht zum Schaden anderer auswirkt. Hat er in dieser Hinsicht das Erforderliche getan, so kann ihm die zunächst geschaffene Gefahrenquelle nicht zugerechnet werden, wenn jemand wegen Nichtbeachtung der Sicherungsvorkehrungen dennoch zu Schaden kommt. Die ursprüngliche Gefahrenquelle ist dann nicht mehr adäquat ursächlich für den eingetretenen Schaden."

In der Hauptsache trifft diese Verkehrssicherungspflicht denjenigen, der sein Grundstück oder Gebäude anderen Personen zugänglich macht, **„einen Verkehr eröffnet"**, in der Weise, daß er für den verkehrssicheren Zustand zu sorgen hat, wie ordnungsgemäße Beleuchtung, Räum- und Streudienste etc. Der Verkehrssicherungspflichtige tut i.S. der BGH-Entscheidung „das Erforderliche", wenn er die im Verkehr erforderliche Sorgfalt anwendet. Das Maß der Sorgfalt richtet sich nach den Umständen und Verhältnissen. Obwohl der Verwalter nicht „sein" Grundstück und Gebäude anderen Personen zugänglich macht, ist er derjenige, der das gemeinschaftliche Eigentum **treuhänderisch** verwaltet. Der Verwalter ist jedenfalls den **Wohnungseigentümern** gegenüber verantwortlich für die Einhaltung der Verkehrssicherungspflichten, die diese Dritten gegenüber haben. Die Verkehrssicherungspflicht trifft nicht nur den Eigentümer, sondern daneben jeden, der tatsächlich und rechtlich die Möglichkeit besitzt, selbständig die für die Verkehrssicherungspflicht erforderlichen Maßnahmen zu tref-

---

325 Weitnauer, § 27 Rz. 36; s.a. BayObLG NJW-RR 1996, 657 = DWE 1996, 74 = WE 1996, 315; DWE 1996, 35 = WE 1996, 159.

326 BGH NJW 1969, 895.

fen,[327] bzw. der als Dritter die Wahrnehmung der Verkehrssicherungspflichten vom Eigentümer übertragen erhält.[328]

Der Verwalter, der also den Wohnungseigentümern gegenüber verkehrssicherungspflichtig ist, ist nicht nur **schadenersatzpflichtig** bei Schadensfolgen, sondern **präventiv** auch zur Vornahme von Handlungen verpflichtet. Er ist über § 27 Abs. 1 Nr. 2 und § 21 Abs. 4 befugt und verpflichtet, drohende **Gefahrenherde** zu beseitigen.[329] Wenn, so der Entscheidungsfall, von einer Einfriedung Gefahren ausgehen (Einzäunung eines Kinderspielplatzes mit einer Dornenhecke), dürfe der Verwalter nicht abwarten, ob die Eigentümergemeinschaft die Errichtung einer anderen Einfriedung beschließe, sondern er müsse erforderlichenfalls selbst für die sofortige Beseitigung einer gefährlichen Einzäunung sorgen.

Die Schadenersatzpflicht des Verwalters wegen einer Verletzung der Verkehrssicherungspflicht gegenüber den Wohnungseigentümern entfällt jedoch häufig deshalb, weil dem meist geringeren Verschulden des Verwalters das gewichtigere **Mitverschulden** des geschädigten Wohnungseigentümers gegenübersteht; denn der Wohnungseigentümer ist ja neben dem Verwalter in erster Linie verkehrssicherungspflichtig.[330]

Danach stellt es insbesondere nur ein geringes Verschulden des Verwalters dar, wenn er nicht mit der Möglichkeit rechnete, daß Verhaltensvorschriften nicht eingehalten werden (Ballspielen auf dem Gehweg, neben dem eine kniehohe Berberitzenhecke angepflanzt war). Im Entscheidungsfalle gelangte das OLG zum Ergebnis, daß gegenüber der leichten Fahrlässigkeit des Verwalters das Verschulden des Wohnungseigentümers überwiege und deshalb kein Schadenersatz für die Körperverletzung zu leisten sei. Der Entscheidungsfall ist schließlich von Interesse, weil das OLG klarstellt, daß den verletzten Wohnungseigentümer – ein zehnjähriges Kind – kein persönliches Verschulden treffe, daß sich der Wohnungseigentümer jedoch das Verschulden seines **gesetzlichen Vertreters** zurechnen lassen müsse, §§ 254 Abs. 2 S. 2, 278 BGB. Besteht an einem Hauszugangsweg ein **Sondernutzungsrecht** zugunsten eines Wohnungseigentümers, obliegt **ihm** in erster Linie die Verkehrssicherungspflicht an einem solchen Weg.[331] Aus dem bisher Gesagten ergibt sich bereits, daß die Haftung des Verwalters sowohl allen Wohnungseigentümer gegenüber, als auch nur einzelnen von ihnen gegenüber in Betracht kommt.

Die Verwalterhaftung hat in der Rspr. der vergangenen Jahre zunehmend **533**
an Bedeutung gewonnen. Die wichtigsten Rechtsprechungsfälle:

---

[327] Bärmann-Merle, § 27 Rz. 211; Weitnauer, § 27 Rz. 42ff. (45); OLG Frankfurt Rpfleger 1981, 399; OLGZ 1982, 16; BGH NJW 1985, 484; NJW-RR 1989, 394; DWE 1993, 66; OLG Zweibrücken WE 1995, 26.

[328] S. hierzu BGH EBE 1989, 63 = ZMR 1990, 26 = WE 1989, 95 m. w. N.

[329] OLG Frankfurt a. a. O.

[330] OLG Frankfurt DWE 1994, 29.

[331] BayObLG DWE 1985, 95.

- Ein Verwalter kann zur Sicherung des künftigen Hausgeldeingangs verpflichtet sein, bei **Säumigkeit eines Wohnungseigentümers** mit den laufenden Hausgeldvorauszahlungen aus einem gerichtlichen Titel über Hausgeldrückstände die **Zwangsverwaltung** zu betreiben; denn zu den Ausgaben der Zwangsverwaltung gem. § 155 Abs. 1 ZVG gehört auch das Hausgeld.[332] Verletzt der Verwalter diese Pflicht, kann er sich den Wohnungseigentümern gegenüber schadenersatzpflichtig machen.
- Den Verwalter trifft aufgrund des § 838 BGB eine Einstandspflicht für den durch die Ablösung von Teilen des von ihm verwalteten Gebäudes verursachten Schaden nach Maßgabe des § 836 BGB.[333] Der Verwalter hat als **Gebäudeunterhaltungspflichtiger** gem. § 836 Abs. 1 S. 2 BGB nachzuweisen, daß er alle ihm zumutbaren Maßnahmen getroffen hat, die in technischer Hinsicht geboten und geeignet sind, die Gefahr einer Ablösung von Dachteilen auch bei starkem Sturm nach Möglichkeit rechtzeitig zu erkennen und ihr wirksam zu begegnen. Dazu gehört auch der Nachweis der zur Vermeidung dieser Gefahren erfolgten Dachbegehung und des hierbei festgestellten Dachzustand.
- Es stellt eine Pflichtverletzung dar, wenn der Verwalter zu Lasten des Gemeinschaftskontos eine **Gaslieferung** bezahlt, die noch die der Wohnungseigentümergemeinschaft vorausgegangene **Bauherrengemeinschaft** betrifft.[334]
- Der Verwalter hat lediglich die Pflicht, Baumängel festzustellen, die Wohnungseigentümer über den Lauf von Fristen zu unterrichten und die Wohnungseigentümer durch entsprechende Gestaltung der Tagesordnung in die Lage zu versetzen, fristwahrende Entscheidungen zu treffen.[335] Zur Bestellung eines Sachverständigen oder zum Auftrag von umfangreichen Sanierungsmaßnahmen ist er weder befugt noch verpflichtet, es sei denn, die Voraussetzungen des § 27 Abs. 1 Nr. 3 sind erfüllt (Gefahr im Verzuge).
- **Bezahlt** der Verwalter die **Rechnung** trotz **mangelhafter Leistung** eines Werkunternehmens, ohne Mängelrüge zu erheben oder ein Zurückbehaltungsrecht geltend zu machen, kann er sich schadenersatzpflichtig machen.[336]
- Der Verwalter kann sich schadenersatzpflichtig machen, wenn die Wohnungseigentümer für eine Gebäudesanierung im Eigentümerbeschluß einen **Pauschalpreis** vorgesehen haben, der Verwalter jedoch eine andere Preisvereinbarung trifft, die zu höheren Kosten führt.[337]

---

[332] OLG Hamburg ZMR 1993, 342 = WE 1993, 166.

[333] OLG Düsseldorf DWE 1996, 186; NJW-RR 1992, 1244; BGH ZMR 1993, 322 = WE 1993, 193.

[334] OLG Hamburg ZMR 1995, 222; WE 1992, 113.

[335] OLG Hamm ZMR 1996, 678; NJW-RR 1997, 908; BayObLG ZMR 1990, 65; s. a. BGH NJW 1998, 680 = ZfIR 1998, 13 = WE 1998, 145.

[336] OLG Düsseldorf ZMR 1997, 380 = WE 1997, 345; s. a. KG WE 1993, 197.

[337] BayObLG ZMR 1997, 431 = WE 1998, 39.

- Nur wenn die wirtschaftliche Leistungsfähigkeit ein besonders herausragendes Kriterium für die Auftragsvergabe war, ist der Verwalter verpflichtet, die für Sanierungsarbeiten in Betracht gezogenen Firmen auf ihre **wirtschaftliche Leistungsfähgikeit** hin zu überprüfen.[338]
- Aus der Pflicht des Verwalters zur **verzinslichen Geldanlage** kann sich eine Schadenersatzverpflichtung dann ergeben, wenn der Verwalter die Mittel der Instandhaltungsrücklage nicht entsprechend anlegt.[339]
- Ist der Verwalter durch Eigentümerbeschluß beauftragt, an einem Treppenaufgang ein fehlendes Geländer anzubringen, hat er für die unverzügliche Auftragsausführung zu sorgen und bei deren Verzögerung ein **provisorisches Geländer** anzubringen. Tut er dies nicht und erleidet ein Wohnungseigentümer dadurch einen Schaden, so können Ansprüche aus unerlaubter Handlung wegen schuldhafter Verletzung der dem Verwalter obliegenden **Verkehrssicherungspflicht,** somit auch Ansprüche auf **Schmerzensgeld** in Betracht kommen.[340]
- Haben die Wohnungseigentümer eine Instandsetzungsmaßnahme in Eigenleistung beschlossen, ist der Verwalter nicht verpflichtet, d e n Wohnungseigentümer, der die handwerkliche Durchführung gegen Zahlung einer Vergütung übernimmt, auf die Möglichkeit des **freiwilligen Versicherungsschutzes** gem. § 545 RVO hinzuweisen. Erleidet dieser Wohnungseigentümer bei Ausführung der Arbeiten einen Unfall, ist der Verwalter demnach nicht schadenersatzpflichtig.[341]
- Verstößt der Verwalter gegen die Pflicht, grundsätzlich mehrere **Alternativ- oder Konkurrenzangebote** einzuholen, bevor er eine beschlossene Instandhaltungsmaßnahme in Auftrag gibt, kann dies zur Schadenersatzpflicht führen.[342]
- Die Pflicht des Verwalters, für die ordnungsgemäße Instandhaltung und Instandsetzung des gemeinschaftlichen Eigentums zu sorgen, beschränkt sich auch bei einer Schadensmeldung durch einen Wohnungseigentümer in seiner Wohnung (angeblicher Wassereintritt durch Fuge) grundsätzlich darauf, **Mängel am Gemeinschaftseigentum festzustellen,** die Wohnungseigentümer darüber zu unterrichten und eine Entscheidung der Eigentümerversammlung über das weitere Vorgehen herbeizuführen.[343] Die sich im Einzelfall aus § 27 Abs. 1 Nr. 3 ergebenden Pflichten zum unverzüglichen Handeln bleiben davon unberührt.

---

[338] OLG Düsseldorf ZMR 1997, 490 = DWE 1997, 173 = WE 1997, 424.

[339] BayObLG NJW-RR 1995, 530 = WE 1995, 374.

[340] BayObLG NJW-RR 1996, 657 = DWE 1996, 74 = WE 1996, 315 (zur Bedeutung öffentlich-rechtlicher Vorschriften als Schutzgesetze, die die allgemeine Verkehrsicherungspflicht näher ausgestalten).

[341] OLG Hamm WE 1994, 378.

[342] BayObLG WE 1995, 287.

[343] BayObLG DWE 1996, 35 = WE 1996, 159.

- Demzufolge haftet der Verwalter, wenn er seiner **Verpflichtung,** die für die ordnungsgemäße Instandhaltung und Instandsetzung des gemeinschaftlichen Eigentums erforderlichen Maßnahmen zu treffen, **verzögerlich nachkommt,** den einzelnen Wohnungseigentümern für die ihnen dadurch im Hinblick auf ihr Sondereigentum entstehenden Schäden, z.B. Mietausfall.[344]
- Soweit der Verwalter von ihm geschuldete Leistungen – z.B. **Aufstellung von Wirtschaftsplänen und Jahresabrechnungen** – überhaupt nicht erbringt, ist er wegen des werkvertraglichen Charakters des Verwaltervertrags insoweit zur Rückerstattung erhaltenen Verwalterhonorars gem. §§ 675, 325 Abs. 1, § 323 Abs. 3, § 812 Abs. 1 BGB verpflichtet. Es kommt nicht darauf an, ob und welchen Schaden die Wohnungseigentümer durch die Untätigkeit erlitten haben.[345]
- Stellt der Verwalter einen nicht dem tatsächlichen **Finanzbedarf** entsprechenden **Wirtschaftsplan** auf und entsteht den Wohnungseigentümern deshalb wegen Kontoüberziehung ein Zinsschaden, kann dies zur Schadenersatzpflicht des Verwalters führen.[346]
- Die Pflicht des Verwalters zur **Veräußerungszustimmung** bei vereinbarter Veräußerungsbeschränkung nach § 12 wird i.d.R. mit Ablauf 1 Woche ab Zugang der notariellen Zustimmungsaufforderung fällig. Erteilt der Verwalter die Zustimmung unter Berücksichtigung der Verzugsvoraussetzungen verspätet, ist er zum Ersatz des Verzugsschaden verpflichtet. Der **Verzugsschaden** kann im Ausfall von Festgeldzinsen wegen späterer Kaufpreiszahlung und angefallener Anwaltskosten bestehen.[347] Auch die **leichtfertig erteilte Zustimmung** kann Haftungsfragen auslösen. Hätte der Verwalter ohne weiteres erkennen können, daß der Erwerber zahlungsunfähig ist, kann er in Höhe von Hausgeldausfällen schadenersatzpflichtig sein. Er kann auch verpflichtet sein, die Kosten eines notwendig werdenden Entziehungsverfahrens nach § 18 zu übernehmen.
- Vertragliche Haupt- und Nebenpflichtverletzungen können dann vorliegen, wenn der Verwalter unübersichtlich, unvollständig und unverständlich gegliedert abrechnet. Kann die **Unklarheit der Abrechnung** erst durch ein Gutachten behoben werden, ist der Verwalter insoweit schadenersatzpflichtig.[348]
- Der **ausgeschiedene Verwalter** hat gegenüber der Gemeinschaft eine **Mitwirkungspflicht** bei der Erstellung der **Jahresabrechnung** durch den

---

[344] OLG Köln WE 1997, 198 (in casu: verzögerliche Umsetzung eines Eigentümerbeschlusses); s.a. BayObLG WE 1998, 357 bei Wasserschaden in einer Wohnung.

[345] BayObLG WE 1997, 391.

[346] AG Waiblingen DWE 1996, 40; s. aber auch OLG Hamm ZMR 1997, 377 = WE 1997, 314 zur unberechtigten Kontoüberziehung durch Verwalter und zu seinem Erstattungsanspruch.

[347] BayObLG DWE 1984, 60.

[348] BayObLG WE 1988, 48.

neuen Verwalter bezüglich des Abrechnungszeitraums, in dem er ausgeschieden ist. Kommt er dieser Mitwirkungspflicht schuldhaft nicht nach, obwohl der neue Verwalter aufgrund der ihm übergebenen Buchhaltung die Abrechnung nicht erstellen kann, ist der ausgeschiedene Verwalter zum Ersatz der Kosten verpflichtet, die durch die veranlaßte Einschaltung von Fachkräften entstanden ist.[349]

- **Nicht rechtzeitig** in Auftrag gegebene notwendige **Instandsetzungsmaßnahmen** bezüglich des Gemeinschaftseigentums können dann zu einer Schadenersatzpflicht führen, wenn die spätere Auftragserteilung wegen Steigerung des Kostenniveaus oder wegen Schadensverschlimmerung zu höheren Kosten führt. Dies gilt auch für **fehlerhaft erteilte,** schlecht überwachte und nicht gewissenhaft abgenommene **Reparaturaufträge.**[350]
- Ist auf Veranlassung der Wohnungseigentümer durch Beschluß eine Fachfirma eingeschaltet, kann sich der Verwalter i.d.R. auf die **Empfehlungen der Fachfirma** verlassen, ohne daß der Verwalter seinerseits die Richtigkeit der Empfehlungen überprüfen müßte.[351]
- Die vom Verwalter zu erstellende Abrechnung ist so abzufassen, daß ein **gewerblich vermietender Eigentümer** in der Lage ist, seinem Mieter gegenüber die Nebenkosten korrekt abzurechnen.[352]
- Vereinnahmt der Verwalter für die **Vermittlung** eines mit den Wohnungseigentümern abgeschlossenen **Versicherungsvertrags** vom Versicherer **Provision,** ist er zur „Herausgabe" der Provision verpflichtet, § 667 BGB. Das Verhalten ist mit der treuhänderischen Funktion des Verwalters nicht zu vereinbaren. Es läßt eine Willensbeeinflussung zum Nachteil der Wohnungseigentümer zumindest befürchten. Gerade wegen der treuhänderischen Funktion erfüllt der Verwalter damit auch den Tatbestand der **Untreue** gem. § 266 StGB und ist deshalb gem. § 823 Abs. 2 BGB **schadenersatzpflichtig.**[353]
- Die Schadenersatzpflicht des Verwalters kann auch dann eintreten, wenn er **Verbindlichkeiten erfüllt,** die ein **Wohnungseigentümer** namens der Gemeinschaft **eingegangen** ist, ohne hierzu bevollmächtigt gewesen zu sein (in casu: Beauftragung eines Sachverständigen zur Feststellung von Schäden am Gemeinschaftseigentum).[354]
- Der Verwalter kann auch aus dem Gesichtspunkt der schuldhaften Verletzung von Sorgfaltspflichten haften. Zu den **Sorgfaltspflichten** des Verwalters gehört es, sich um **Mieteinnahmen** für die Nutzung des ge-

[349] KG DWE 1982, 127.
[350] BayObLG NJW-RR 1988, 599 = WE 1988, 108.
[351] BayObLG DWE 1992, 118 = WE 1992, 23.
[352] BGH NJW 1982, 573.
[353] BGH NJW 1982, 1752; s.a. BGH EBE 1995, 351 = DWE 1996, 28 = WE 1996, 29; OLG Düsseldorf NJW-RR 1998, 1023 = ZMR 1998, 306 = ZfIR 1998, 218.
[354] BayObLG NJW-RR 1987, 1368.

meinschaftlichen Eigentums als Werbefläche zu kümmern.[355] Dabei ist jedoch zu berücksichtigen, daß die Wahrung der eigenen Vermögensinteressen der Gemeinschaft zu den **Obliegenheitspflichten** der Wohnungseigentümer selbst gehört. Machen die Wohnungseigentümer Schadenersatzansprüche wegen Pflichtverletzung in einer Sache geltend, so müssen sie sich Obliegenheitsverletzungen bei der gleichen Sache zurechnen lassen.

- Der Verwalter ist den Wohnungseigentümern gegenüber unter dem Gesichtspunkt der positiven Forderungsverletzung zum **Ersatz entstandener Rechtsanwaltskosten** verpflichtet, wenn er den Verwaltervertrag verletzt hat und die Einschaltung des Rechtsanwalts zur Schadensabwendung oder Schadensbeseitigung vernünftig und zweckmäßig war.[355 a]
- Der ehemalige Verwalter ist nicht verpflichtet, den **Schuldsaldo** eines **offenen Treuhandkontos,** dessen Inhaber er war, das aber treuhänderisch für die Wohnungseigentümer angelegt worden ist, mit eigenen Mitteln auszugleichen.[355 b]
- Im Verwaltervertrag kann der Verwalter seine Haftung auf Vorsatz und grobe Fahrlässigkeit beschränken.[356]

534 Der **einzelne Wohnungseigentümer** kann einen der Gemeinschaft zustehenden **Anspruch** gegen den Verwalter **nicht** ohne einen dahingehenden **Beschluß** der Gemeinschaft gerichtlich geltend machen.[357] Diese Frage berührt bereits die Zulässigkeit des Antrags und nicht dessen Begründetheit. Das Gesagte gilt auch für Schadenersatzansprüche gegen einen **früheren Verwalter.**[358] Damit ist zunächst lediglich die **Prozeßführungsbefugnis** des Einzelnen ohne ermächtigenden Eigentümerbeschluß für den Fall verneint, daß es um einen Schadenersatzanspruch der Wohnungseigentümer in ihrer Gesamtheit geht. Konsequent und richtigerweise hat der BGH[359] ferner entschieden, der **einzelne Wohnungseigentümer** bedürfe zur Durchsetzung eines ihm als **Einzelgläubiger** gegen den Verwalter zustehenden Schadenersatzanspruchs **nicht** der **Ermächtigung** durch die Gemeinschaft. Der BGH hat in diesem Zusammenhang einen Schadenersatzanspruch des klagenden Wohnungseigentümers im übrigen bejaht. Der Verwalter hatte einem Wohnungseigentümer zu unrecht mitgeteilt, die von diesem beabsichtigte Bau-

---

[355] OLG Köln WE 1989, 31.

[355 a] BayObLG NJW-RR 1998 519 = WE 1998, 273.

[355 b] BayObLG WE 1998, 157.

[356] OLG Frankfurt ZMR 1997, 609.

[357] BGHZ 106, 222 = NJW 1989, 1091 = ZMR 1989, 182 = WM 1989, 465; OLG Schleswig DWE 1998, 181 (für Anspruch aus § 1004 BGB, resultierend aus Instandhaltungsmaßnahme am gemeinschaftlichen Eigentum).

[358] Hans. OLG Hamburg ZMR 1990, 308 = WE 1990, 171; vgl. a. OLG Düsseldorf WE 1989, 140 allgemein zur Befugnis des einzelnen Wohnungseigentümers zum Vorgehen gegen Dritte; BayObLG WE 1990, 172; KG WE 1990, 89.

[359] BGH EBE 1991, 372 = WE 1992, 80 = NJW 1992, 182; s.a. BayObLG DWE 1990, 38 LS = WE 1990, 145.

maßnahme bedürfe nicht der Zustimmung der übrigen Wohnungseigentümer. Der Verwalter muß in diesem Falle die einem anderen Wohnungseigentümer bei der Abwehr der hierdurch veranlaßten Baumaßnahme entstandenen Rechtsverfolgungskosten ersetzen. Die **Einzelgläubigerschaft** ist z. B. auch dann zu bejahen wenn der Verwalter mit seiner Pflicht in Verzug gerät, für die Instandhaltung und Instandsetzung des gemeinschaftlichen Eigentums zu sorgen, und deshalb **in einer Wohnung Schaden** entsteht.[360]

7.6.2 Die Haftung der Wohnungseigentümer für Verwalterverschulden

Angesprochen ist insoweit die **Haftungsgefahr** der **Wohnungseigentümer** Dritten gegenüber, wenn und weil der Verwalter in Ausübung seiner Tätigkeit schuldhaft seine Pflichten verletzt und deshalb der Dritte Ansprüche gegen die Wohnungseigentümer erlangt. 535

Dies ist zunächst möglich und denkbar im Rahmen der Abwicklung eines zwischen den Wohnungseigentümern und einem Dritten bereits bestehenden **Vertragsverhältnisses.** Stets handelt der Verwalter insoweit als Vertreter der Wohnungseigentümer und ist bei fehlerhaften Entscheidungen **Erfüllungsgehilfe** (§ 278 BGB) der Wohnungseigentümer. Wesentlich für die Zurechnungsfähigkeit des Verwalterverschuldens ist, daß er in **Erfüllung** und **nicht** nur **gelegentlich** der Erfüllung **einer Verbindlichkeit** der Wohnungseigentümer dem Dritten gegenüber handelt. Handelt er nur gelegentlich der Erfüllung, haben sich die Wohnungseigentümer das Verschulden des Verwalters nicht zurechnen zu lassen. Zahlt der Verwalter den von den Wohnungseigentümern geschuldeten Werklohn verspätet und macht der Dritte einen Verzugsschaden geltend, haften die Wohnungseigentümer hierfür, allerdings mit der Möglichkeit der Regreßnahme gegen den Verwalter. Haben die Wohnungseigentümer mit einem Handwerksunternehmen einen **Reparaturvertrag** geschlossen und übernimmt der Verwalter den Transport der Arbeiter, ohne daß dies vertraglich vereinbart war, haften die Wohnungseigentümer nicht für einen Verkehrsunfallschaden. Leistet der Verwalter die Prämien aus einem namens der Wohnungseigentümer geschlossenen Versicherungsvertrag versehentlich nicht, führt dies u. U. zur Gefährdung des Versicherungsschutzes. Der Verwalter ist insoweit versicherungsrechtlich „Repräsentant". Die Wohnungseigentümer müssen sich sein Verschulden zurechnen lassen.[361]

Der Verwalter ist **nie Erfüllungsgehilfe eines Teils der Wohnungseigentümer** gegenüber einem anderen Teil.[362] Dies gilt insbesondere auch im

---

[360] BayObLG ZMR 1988, 69; WM 1991, 711 = WE 1992, 204; WE 1998, 357; OLG Köln WE 1997, 198.

[361] Weitnauer, § 27 Rz. 39.

[362] OLG Hamburg OLGZ 1991, 47; OLG Frankfurt DWE 1993, 76; OLG Düsseldorf NJW-RR 1995, 587 = ZMR 1995, 177; Weitnauer, § 27 Rz. 40 u. § 21 Rz. 48.

Rahmen von § 27 Abs. 1 Nr. 2. Insoweit nimmt der Verwalter seine Verpflichtung als eigene Aufgabe wahr.

536 Die Haftung der Wohnungseigentümer für schuldhaftes Fehlverhalten des Verwalters kommt jedoch auch im Bereich der **unerlaubten Handlung** in Betracht. Da der Verwalter neben der Wohnungseigentümerversammlung und gegebenenfalls dem Verwaltungsbeirat **Organ** der Wohnungseigentümergemeinschaft ist, haben die Wohnungseigentümer dem Dritten gegenüber nicht die Möglichkeit der **Exkulpation** nach § 831 BGB. Die Wohnungseigentümer sind ohne Entlastungsmöglichkeit verantwortlich für vom Verwalter in Ausübung seiner Tätigkeit begangene unerlaubte Handlungen, § 31 BGB.[363] Die zitierten Gegenmeinungen sind aus unterschiedlichen Gründen nicht konsequent. Zumindest die analoge Anwendung des § 31 BGB auf den Verwalter ist geboten. Mittelbar bestätigt dies auch der BGH,[364] der den Verwalter als Vertreter der Wohnungseigentümer mit **gesetzlicher Vertretungsmacht** sieht. In sich nicht logisch ist schließlich die Rechtsprechung des BayObLG hierzu. Einerseits verneint es die Organschaft,[365] andererseits bejaht es die Funktion des Verwalters als Vertreter mit gesetzlicher Vertretungsmacht.[366]

537 Die Erörterung dieser Rechtsfrage hat vor dem Hintergrund der **Verkehrssicherungspflicht** der Wohnungseigentümer Dritten gegenüber praktische Bedeutung.[367] Nach hier vertretener Auffassung haften die Wohnungseigentümer für schuldhaftes Verhalten des Verwalters **ohne Exkulpationsmöglichkeit** nach § 831 BGB. Bedient sich der Verwalter seinerseits eines – eigenen – Verrichtungsgehilfen, kann er sich nach § 831 BGB den Wohnungseigentümern gegenüber exkulpieren, wenn diese, wegen § 31 BGB von Dritten zu Recht in Anspruch genommen, gegen den Verwalter Regreß nehmen wollen. Daneben tritt jedoch i.d.R. die vertragliche Haftung des Verwalters den Wohnungseigentümern gegenüber. In diesem Rahmen hat er für Verschulden seines Gehilfen nach § 278 BGB einzustehen.[367a]

Der Verwalter ist als Organ in gleicher Weise wie die Wohnungseigentümer selbst für die Verletzung der Verkehrssicherungspflicht verantwortlich. Trotz der eigenen Haftung des Verwalters Dritten gegenüber haften die Wohnungseigentümer wegen § 31 BGB neben ihm. Eine andere Frage wie-

---

[363] Weitnauer, § 27 Rz. 41; Merle, Verwalter, S. 10ff.; Bärmann-Merle, § 27 Rz. 218; Soergel/Stürner, § 27 Rz. 8; a.A. MünchKomm-Röll, § 27 Rz. 17; Staudinger-Bub, § 26 Rz. 360; BayObLGZ 1972, 139.

[364] BGH NJW 1981, 282; s. aber auch KG OLGZ 1976, 239.

[365] BayObLGZ 1972, 139.

[366] BayObLGZ 1976, 344.

[367] S. hierzu BGH EBE 1989, 63 = ZMR 1990, 26 = WE 1989, 95 m.w.N.; OLG Hamm NJW-RR 1988, 1171; NJW-RR 1988, 496.

[367a] OLG Düsseldorf ZMR 1998, 654 = ZfIR 1998, 547: der eingeschaltete Architekt ist nicht Erfüllungsgehilfe des Verwalters.

derum ist, welche **internen Ausgleichspflichten** sich für die Gesamtschuldner, Wohnungseigentümer und Verwalter, ergeben (§ 426 BGB). Sofern nicht der Verwaltervertrag für den Bereich des internen Verhältnisses die volle oder überwiegende Ausgleichspflicht des Verwalters festlegt – *er* ist ja gegen Vergütung u. a. für die Erhaltung des gemeinschaftlichen Eigentums verantwortlich –, entscheiden die Rechtsgedanken des § 254 BGB.[368]

Nicht selten haben Verwalter die Sorge, mit der Erteilung von Auskünf- **538**
ten gegen das Gesetz zum Schutz von Mißbrauch pesonenbezogener Daten bei der Datenverarbeitung – sogenanntes **Bundesdatenschutzgesetz** – zu verstoßen. Das am 1. 6. 1991 in Kraft getretene **Datenschutzgesetz** verstärkt die **Zweckbindung** bei der Verarbeitung und Nutzung **personenbezogener Daten** auch im nicht-öffentlichen Bereich. Nach §§ 27 ff. BDSG ist die Übermittlung oder Nutzung personenbezogener Daten u. a. zulässig, soweit es zur Wahrung **berechtigter Interessen** eines Dritten erforderlich ist oder, wenn es sich um listenmäßig oder sonst zusammengefaßte Daten über Angehörige einer Personengruppe handelt, die sich auf eine Angabe über die Zugehörigkeit des Betroffenen zu dieser Personengruppe, auf Berufs-, Branchen- oder Geschäftsbezeichnung, Namen, Titel, akademische Grade, Anschrift, Geburtsjahr beschränken und kein Grund zu der Annahme besteht, daß der Betroffene ein schutzwürdiges Interesse an dem Ausschluß der Übermittlung hat, § 28 BDSG. Danach hat jeder Wohnungseigentümer auch unter Berücksichtigung der Grundsätze des BDSG das Recht, vom Verwalter eine **Eigentümerliste** zu verlangen.[369] Diese Liste darf aber wohl nur Namen, Titel, evtl. akademischen Grad, Geburtsdatum, Beruf, Anschrift und Telefonnummer enthalten. Ein Verwalter der in der Eigentümerliste weitere Daten „speichert", kann wohl auf Antrag eines Wohnungseigentümers durch das Gericht zur **Löschung** verurteilt werden. Jeder Wohnungseigentümer hat das Recht, **Einsicht** in sämtliche **Abrechnungsunterlagen** zu nehmen.[370] Die hier erörterten Rechte gründen schon in der Tatsache, daß Eigentümerliste, Abrechnungsunterlagen etc. Bestandteil der Verwalterunterlagen und diese wiederum Bestandteil des gemeinschaftlichen **Verwaltungsvermögens** sind. Das Abrechnungseinsichtsrecht erstreckt sich auch auf die **Einzelabrechnungen** und die Unterlagen, aus denen sich ergibt, ob die übrigen Wohnungseigentümer die ihnen obliegenden Zahlungsverpflichtungen erfüllt haben, und ob der Verwalter die rechtzeitige Zahlung ausreichend überwacht hat. Das Recht zur Einsicht der Einzelabrechnungen der übrigen Wohnungseigentümer ist auch konsequent vor dem Hintergrund der Rechtsprechung, daß Gegenstand der Abrechnungsgenehmigung auch die Einzelabrechnungen sein müssen, um eine Rechts-

[368] Weitnauer, § 27 Rz. 47.

[369] BayObLGZ 1984, 133 = MDR 1984, 850; OLG Frankfurt OLGZ 1984, 259 = DWE 1984, 58; Weitnauer, § 26 Rz. 11; AG Köln ZMR 1999, 67.

[370] OLG Frankfurt NJW 1972, 1376; OLG Celle DWE 1984, 126; s. einschränkend: OLG Hamm WE 1998, 496.

grundlage für die Geltendmachung von Abrechnungsschulden zu schaffen; die Wohnungseigentümer genehmigen im Rahmen der Beschlußfassung nicht jeweils nur ihre eigene Einzelabrechnung, sondern auch die Einzelabrechnungen der anderen Wohnungseigentümer. Ergo müssen sie auch die Möglichkeit haben, das einzusehen, was sie zu genehmigen haben.[371]

Die Wahrung berechtigter Interessen i.S.d. BDSG ist nicht mehr gegeben, wenn es darum ginge, Auskunft über **persönliche Verhältnisse** des einzelnen Wohnungseigentümers zu erteilen (z.B. Höhe der Miete einer von einem Wohnungseigentümer vermieteten Wohnung).[372] **Dritten** dürfen Auskünfte grundsätzlich nicht erteilt werden. Erteilt ein Wohnungseigentümer allerdings einem Dritten, z.B. seinem Mieter, **Vollmacht** zur Wahrnehmung seiner Einsichtsrechte, begehrt der Dritte also nicht Einsicht in eigenem Namen, ist auch dem Bevollmächtigten das Einsichtsrecht zu gewähren.[373]

7.7 Der Verwaltungsbeirat

539 Der **Verwaltungsbeirat** ist neben der Wohnungseigentümerversammlung und dem Verwalter das 3., aber nur **fakultative Organ** einer Wohnungseigentümergemeinschaft, § 29. Größere Gemeinschaften sollten sich dieser Möglichkeit bedienen. Sieht bereits die Gemeinschaftsordnung vor, daß ein Beirat zu bestellen sei, sind die Wohnungseigentümer verpflichtet, durch **Mehrheitsbeschluß** den Verwaltungsbeirat zu installieren und die personelle Zusammensetzung festzulegen, § 21 Abs. 3. Jeder Wohnungseigentümer hat in diesem Falle einen jederzeit durchsetzbaren Anspruch, § 21 Abs. 4. Sieht die Gemeinschaftsordnung lediglich die Möglichkeit der Bestellung eines Verwaltungsbeirats vor, wiederholt sie damit nur die gesetzliche Lage des § 29 Abs. 1. Das gleiche gilt, wenn in einem Vordruck für die Teilungserklärung die Bestimmung über die Bestellung des Verwaltungsbeirats schlicht gestrichen wurde.[374] In diesem Falle hat grundsätzlich kein Wohnungseigentümer Anspruch auf Bestellung eines Beirats. Lehnt die Mehrheit die Beiratsbestellung in diesem Falle ab, kann der einzelne Wohnungseigentümer allenfalls in Ausnahmefällen über § 21 Abs. 4 die Bestellung eines Verwaltungsbeirats verlangen, so etwa im Falle einer sehr großen Wohnungseigentümergemeinschaft, die von einem **Bauträger-Verwalter** verwaltet wird. Hier wird man u.U. argumentieren können, wegen der gesetzlichen Befugnisse des Verwaltungsbeirats und seiner eingeschränkten

---

[371] S. hierzu auch OLG Köln NJW-RR 1995, 1295 = WE 1995, 222 mit „Korrektur" DWE 1997, 78 (Einsicht in die Einzelabrechnungen aller Wohnungseigentümer).

[372] S. zum Datenschutz auch Müller, „Auswirkungen des Datenschutzes und des AGB-Rechts auf die Wohnungseigentumsverwaltung", DWE 1991, 46; Dörr/Schmidt, Neues Bundesdatenschutzgesetz, Handkommentar, Data Kontext Verlag.

[373] Bärmann-Merle, § 26 Rz. 95.

[374] OLG Köln Rpfleger 1972, 261.

Kontrollfunktion (§ 29 Abs. 3) widerpräche es ordnungsmäßiger Verwaltung, wenn ein Beirat nicht existierte.

Schließt die Gemeinschaftsordnung die Bestellung eines Verwaltungsbeirat ausdrücklich aus, wäre wegen des Vereinbarungscharakters dieser Bestimmung der Mehrheitsbeschluß über die Bestellung eines Verwaltungsbeirats anfechtbar, wäre er jedoch gültig, sofern er nicht auf die Anfechtung hin rechtskräftig für ungültig erklärt wird.[375]

§ 29 Abs. 1 besagt lediglich, daß die Entscheidung, einen Verwaltungsbeirat installieren zu wollen, durch Mehrheitsbeschluß herbeigeführt werden könne. Die Bestimmung der Verwaltungsbeiratsmitglieder selbst ist keine Bestellung, sondern eine **Wahl,** so daß insoweit die **relative Mehrheit** genügt. Die Wahl der Verwaltungsbeiratsmitglieder unterscheidet sich also von der Verwalterbestellung nach § 26, die nur mittels Mehrheitsbeschlusses möglich ist. Der Wahlbeschluß ist, wie jeder andere Eigentümerbeschluß grundsätzlich auch, anfechtbar und für ungültig zu erklären, wenn die Bestellung den Grundsätzen ordnungsmäßiger Verwaltung widerspricht. Dies ist z. B. dann der Fall, wenn schwerwiegende Umstände bekannt sind, die gegen die Eignung des Gewählten sprechen.[376] Auch der zu Wählende hat ein **Stimmrecht** wie der Wohnungseigentümer, der zum Verwalter bestellt werden soll.[377]

Nach dem Gesetz hat der Verwaltungsbeirat in der Hauptsache die **540**
Funktion der **Unterstützung** des Verwalters, § 29 Abs. 2. Hier ist zu denken an die Mitarbeit bei der Ausarbeitung vom Verwalter eingeholter **Kostenangebote** für Sanierungsmaßnahmen, bei der **Vorbereitung der Wohnungseigentümerversammlungen** (Festlegung der Tagesordnung im Benehmen mit dem Verwalter), bei der **turnusmäßigen Information** der Wohnungseigentümer. Auch wenn die Mitglieder des Verwaltungsbeirats nur selten (bei kleinen Wohnungseigentümergemeinschaften) die Voraussetzungen des Minderheitenquorums nach § 24 Abs. 2 erfüllen, ist der Verwalter – wie jedem anderen Wohnungseigentümer gegenüber auch – dann verpflichtet, den **Tagesordnungswünschen** des Verwaltungsbeirats zu entsprechen, wenn das Verlangen des Verwaltungsbeirats nach bestimmten Tagesordnungspunkten sachlich berechtigt ist.[378] Der Verwaltungsbeirat sollte darüber hinaus **Wirtschaftsplan** und **Jahresabrechnung** vor der Beschlußfassung überprüfen und mit einer eigenen Stellungnahme versehen, § 29 Abs. 3. Weitergehende Kontrollrechte, insbesondere bezüglich der laufenden Verwaltung, hat der Verwaltungsbeirat nach dem Gesetz nicht,[379] abgesehen vom **Einberufungsrecht** nach § 24 Abs. 3.

Der Verwaltungsbeirat kann, wenn in der Gemeinschaftsordnung nichts anderes bestimmt ist, seine Stellungnahme zum Entwurf des Wirtschafts-

---

[375] S. auch OLG Köln a. a. O.
[376] BayObLG WM 1990, 322 = WE 1991, 226.
[377] BayObLG a. a. O.; MDR 1987, 143.
[378] BayObLGZ 1970, 1/4; BayObLGZ 1988, Nr. 53; Augustin Rz. 6 zu § 24.
[379] BayObLGZ 1972, 161 = NJW 1972, 1377; Weitnauer, § 29 Rz. 4.

plans auch noch in der Wohnungseigentümerversammlung – mündlich oder schriftlich – abgeben.[380] Weder einem einzelnen Wohnungseigentümer noch der Gemeinschaft steht gegen Mitglieder des Verwaltungsbeirats ein **Anspruch auf Erstellung eines Prüfberichts** zu.[381]

541 Wird jedoch ein Verwaltungsbeirat bestellt, können seine Befugnisse gegenüber § 29 erweitert werden. § 29 ist insoweit **abdingbar.** Nach hier vertretener Auffassung ist sowohl die **Erweiterung** als auch die **Beschränkung** der **Befugnisse** nur **einstimmig** möglich. Eine lediglich mehrheitlich erfolgte Erweiterung oder Einschränkung ist natürlich gültig, wenn der zugrunde liegende Mehrheitsbeschluß nicht rechtskräftig für ungültig erklärt wird.[382] Wenn demgegenüber die Erweiterung der Aufgaben und Befugnisse des Verwalters mehrheitlich möglich ist, rechtfertigt sich dies lediglich aus § 27 Abs. 3. Danach können nämlich die dem Verwalter nach § 27 Abs. 1 und 2 zustehenden Aufgaben und Befugnisse durch Vereinbarung der Wohnungseigentümer nicht eingeschränkt werden. Damit ist nicht gesagt, daß die Erweiterung der Verwalterbefugnisse nur durch Vereinbarung der Wohnungseigentümer möglich sei, sondern, daß die Erweiterung der Verwalterbefugnisse auch mehrheitlich möglich sei. Eine dem § 27 Abs. 3 entsprechende Bestimmung gibt es für den Verwaltungsbeirat nicht. Demzufolge gilt insoweit, daß jede Änderung einer dispositiven Gesetzesbestimmung der Einstimmigkeit bedarf. Das Gesagte gilt erst recht dann, wenn die beabsichtigte Erweiterung der Beiratsbefugnisse zugleich eine **Beschränkung** von **Eigentümerbefugnissen** darstellt, die das Gesetz dispositiv vorsieht. So kann die Entscheidung über die Billigung der Jahresabrechnung und über die Entlastung des Verwalters nicht durch Eigentümerbeschluß auf den Verwaltungsbeirat übertragen werden (vgl. § 28 Abs. 5).[383] Zulässig soll es aber sein, daß die Wohnungseigentümer die **Jahresabrechnung vorbehaltlich einer Prüfung** durch den Verwaltungsbeirat, also aufschiebend bedingt **genehmigen.**[384]

542 Sollen die **gesetzlichen Aufgaben** des Verwaltungsbeirats lediglich **näher definiert** werden, etwa im Bereich der „Unterstützung des Verwalters“, ist dies einem Mehrheitsbeschluß zugänglich. Man denke etwa an den Eigentümerbeschluß, mit dem der Verwalter beauftragt und bevollmächtigt wird, „im Benehmen mit dem Verwaltungsbeirat“ einen Sanierungsauftrag zu erteilen. Zusatzaufgaben sind die Beauftragung und **Bevollmächtigung** des Verwaltungsbeirats zum **Abschluß** eines **Verwaltervertrags** (in diesem

[380] BayObLG DWE 1984, 30.

[381] KG ZMR 1997, 544 = WE 1997, 421.

[382] A. A. Weitnauer, § 29 Rz. 4; BayObLG a. a. O.; WE 1996, 234; OLG Frankfurt NJW 1975, 2297.

[383] BayObLG NJW-RR 1988, 1168; vgl. auch WE 1989, 55, wonach ein Eigentümerbeschluß, der die Jahresabrechnung unter der Bedingung genehmigt, daß die Abrechnung die Billigung des Verwaltungsbeirats findet, nicht nichtig, wohl aber anfechtbar ist.

[384] BayObLG WE 1997, 153 = ZMR 1996, 680.

Falle sollten die Wohnungseigentümer im Verwalterbestellungsbeschluß nur die Hauptinhalte des abzuschließenden Verwaltervertrags festlegen, wie Vertragsdauer und Vergütung), im Vorfeld eines **Verwalterwechsels** die Beauftragung, **Bewerberangebote** einzuholen und die Bewerbungen vorzusortieren, Aufstellung eines **Hausordnungsentwurfs,** Auftrag zur **Abnahme des Gemeinschaftseigentums** und zur Geltendmachung von Gewährleistungsansprüchen etc.[385] Die **Befugnis** des Verwaltungsbeirats zur **Abnahme** des Gemeinschaftseigentums kann sich auch aus einer Ermächtigung in den einzelnen notariellen Erwerbsverträgen ergeben. Die in diesen Verträgen ausgesprochene Befugnis erfährt ihre konkrete Rechtsgrundlage durch die Wahl der Verwaltungsbeiratsmitglieder in der Eigentümerversammlung. Durch diese Wahl wird die Ermächtigungsgrundlage in den notariellen Erwerbsverträgen zur Gemeinschaftssache, ohne daß die Wohnungseigentümer nochmals durch einen gesonderten Ermächtigungsbeschluß den Verwaltungsbeirat zur Abnahme des Gemeinschaftseigentums bevollmächtigen müßten. In diesem Falle muß die Verwaltungsbeiratswahl nicht etwa deshalb einstimmig erfolgen, weil in ihr zugleich die Bekräftigung der in den notariellen Erwerbsverträgen enthaltenen Zuweisung einer Zusatzaufgabe liegt. Die rechtswirksame Bevollmächtigung des Verwaltungsbeirats zur Abnahme des Gemeinschaftseigentums alleine ist noch **keine Bevollmächtigung** zur **Geltendmachung von Gewährleistungsansprüchen.** Auch wenn der Verwaltungsbeirat durch den Vollzug der Abnahme letztendlich über die Gewährleistunganspruche der Käufer gegen den Verkäufer hinsichtlich aller Miteigentumsanteile verfügt, ist der Verwaltungsbeirat im Falle der Berechtigung zur Abnahme nicht als berechtigt anzusehen, die Gewährleistungsansprüche der Wohnungseigentümer wegen Mängeln am Gemeinschaftseigentum geltend zu machen. Der Verwaltungsbeirat ist im Falle der Abnahmeberechtigung lediglich befugt, bei der Abnahme Mängel zu rügen. Die Durchsetzung von Gewährleistungsansprüchen wird von einer solchen Ermächtigungsgrundlage nicht erfaßt. Die Abdingbarkeit des § 29 hinsichtlich der Erweiterung der Befugnisse findet ihre Grenze dort, wo die Befugniserweiterung gleichzeitig zu einer Einschränkung der Mindestaufgaben und -befugnisse des Verwalters nach § 27 führen würde, oder wo der Verwaltungsbeirat Befugnisse erhalten soll, die zwingend den Wohnungseigentümern selbst zustehen. So kann der Verwaltungsbeirat **nicht bevollmächtigt** werden, anstelle des Verwalters **generell** die für die ordnungsmäßige **Instandhaltung** und **Instandsetzung** des gemeinschaftlichen Eigentums erforderlichen **Maßnahmen zu treffen** (§ 27 Abs. 1 Nr. 2, § 27 Abs. 3).[386] So kann der Verwaltungsbeirat **nicht bevollmächtigt** werden, den **Verwalter** namens der Wohnungseigentümer zu **be-**

---

[385] OLG Frankfurt NJW 1975, 2297; OLGZ 1988, 188.

[386] OLG Düsseldorf WE 1998, 37 = NJW-RR 1998, 13: Übertragung der Entscheidung über Umfang und Inhalt der Reparaturmaßnahme nur durch Vereinbarung.

stellen oder **abzuberufen** (§ 26 Abs. 1). So kann der Verwaltungsbeirat eine dem Verwalter erteilte Ermächtigung zur Geltendmachung von Ansprüchen (§ 27 Abs. 2 Nr. 5) nicht einschränken.[387] Soweit Weitnauer[388] ausführt, die **Kündigung des Verwalters** durch den Verwaltungsbeirat bleibe wirkungslos, auch wenn der Beirat im Einverständnis mit der Mehrheit der Wohnungseigentümer handelt, ist dies mißverständlich. Beschließen die Wohnungseigentümer die Kündigung des Verwaltervertrags, können sie selbstverständlich den Verwaltungsbeirat beauftragen und bevollmächtigen, die – beschlossene – Kündigungserklärung gegenüber dem Verwalter abzugeben. Diese Ermächtigung des Verwaltungsbeirats ist mehrheitlich möglich, weil hier dem Verwaltungsbeirat nicht in Abweichung von der Gesetzeslage eine Zusatzaufgabe zugewiesen wird, sondern weil die Wohnungseigentümer mit einem solchen Beschluß lediglich einzelnen Wohnungseigentümern aus ihrer Mitte heraus die Vertretungsberechtigung zur Erklärung der beschlossenen Kündigung erteilen, wobei es naheliegend ist, daß dies der Verwaltungsbeirat tut. Die Wohnungseigentümer könnten auch einem einzelnen Wohnungseigentümer, der nicht Mitglied des Verwaltungsbeirats ist, diese Vertretungsberechtigung zuweisen. Die Wohnungseigentümer **können** jedoch **nicht beschließen,** der Verwaltungsbeirat solle **über** die **Kündigung** des Verwaltervertrags **entscheiden.**[389] Das Entsprechende gilt für die Bestellung.[390]

Hingegen ist ein Beschluß nicht nichtig – aber anfechtbar –, mit dem dem Verwaltungsbeirat die **Genehmigung** des **Wirtschaftsplans** übertragen wird.[391]

543 § 29 ist auch insoweit abdingbar, als Mitglied des Verwaltungsbeirats auch **Nichteigentümer** sein können. Dies ist nicht selten der Fall, wenn etwa die Ehefrau Wohnungseigentümerin ist, ihr Ehemann jedoch über bestimmte, gesuchte Qualifikationen verfügt (er ist Architekt, der Verwaltungsbeirat hat die Zusatzaufgabe, Gemeinschaftseigentum abzunehmen). **Außenstehende** können jedoch nur durch Vereinbarung oder bestandskräftigen Mehrheitsbeschluß in den Verwaltungsbeirat gewählt werden.[392] Der gesetzliche Vertreter einer Miteigentümer-KG ist kein Außenstehender im Sinne des § 29.[393] So dürfte auch der Geschäftsführer einer Miteigentümer-GmbH nicht Außenstehender sein. Ist ein Außenstehender Verwaltungsbei-

---

[387] BayObLG Rpfleger 1980, 23.

[388] Weitnauer, § 29 Rz. 4.

[389] BayObLGZ 1965, 34 = NJW 1965, 821 = Rpfleger 1965, 224.

[390] LG Lübeck Rpfleger 1985, 232/233.

[391] OLG Köln ZfIR 1998, 157 = ZMR 1998, 374 = WE 1998, 312.

[392] KG NJW-RR 1989, 460 = WE 1989, 137 = ZMR 1989, 186; BayObLG NJW-RR 1992, 210; OLG Düsseldorf WE 1995, 278; BayObLG ZfIR 1998, 481 (sieht die GO für ihre Änderung eine qualifizierte Mehrheit vor und verbietet sie, daß Nichteigentümer Beiräte werden, dann kann die Wahl eines Nichteigentümers mit der qualifizierten Mehrheit u. U. ordnungsgemäßer Verwaltung entsprechen).

[393] OLG Frankfurt WE 1986, 141.

ratsmitglied, sollte auch er nicht zuletzt wegen § 29 Abs. 3 zu Eigentümerversammlungen geladen werden. Allerdings ist die Nichtladung eines Außenstehenden, der Verwaltungsbeiratsmitglied ist, kein zur Anfechtung berechtigender Ladungsmangel.[394] Mit dem **Ausscheiden** aus der Gemeinschaft scheidet ein zum Verwaltungsbeirat gewählter Wohnungseigentümer grundsätzlich auch aus dem Verwaltungsbeirat aus.[395]

Die **Bestellzeit** ist **nicht** wie beim Verwalter **limitiert.** Der aus bestimm- **544** ten Personen bestehende Verwaltungsbeirat ist so lange im Amt, solange nicht die partielle oder völlige Neuwahl erfolgt. Jedes Verwaltungsbeiratsmitglied ist jederzeit in der Lage, sein **Amt niederzulegen.** Bis zur Ersatzbestellung verbleibt es beim Rumpfbeirat. Der Verwaltungsbeirat besteht aus einem Wohnungseigentümer als Vorsitzendem und zwei weiteren Wohnungseigentümern als Beisitzern, § 29 Abs. 1 Satz 2. Demzufolge ist ein Mehrheitsbeschluß, der eine davon abweichende Zusammensetzung vorsieht, also weniger oder mehr Mitglieder in den Verwaltungsbeirat gewählt wissen will, anfechtbar.[396]

Das Rechtsverhältnis zwischen der Wohnungseigentümergemeinschaft **545** und den Beiratsmitgliedern ist i.d.R. ein **Auftragsverhältnis** i.S.d. §§ 662 ff. BGB.[396a] Regelmäßig übt der Beirat sein Amt nämlich **ehrenamtlich** aus. Sofern Gemeinschaftsordnung oder Eigentümerbeschluß den **Aufwendungsersatz** nicht ausdrücklich ausschließen, haben die Beiratsmitglieder Anspruch hierauf, § 670 BGB. Es entspricht insbesondere bei großen Wohnungseigentümergemeinschaften sogar ordnungsmäßiger Verwaltung, wenn der Verwalter die Beiratsmitglieder ein **Beiratsseminar** auf Kosten der Gemeinschaft besuchen läßt, und wenn er den Beiratsmitgliedern auch Aufwendungen für **Fachliteratur,** Getränke etc. ersetzt.[397] Eines Eigentümerbeschlusses hierzu bedarf es nicht.

Zwischen der Wohnungseigentümergemeinschaft und den Mitgliedern **546** des Verwaltungsbeirats kann jedoch auch ein **Geschäftsbesorgungsverhältnis** i.S.d. § 675 BGB begründet werden. Dies kommt bei Großgemeinschaften vor, wenn der Aufgabenkatalog erheblich erweitert ist und die Mitglieder für ihre Tätigkeit eine gewisse **Vergütung** beanspruchen dürfen.[398]

Als Beauftragte oder Vertragspartner haben die Beiratsmitglieder ihre Tätigkeit mit der **Sorgfalt eines ordentlichen Beiratsmitglieds,** nicht mit der Sorgfalt eines ordentlichen Kaufmanns auszuüben.[399] Demzufolge ist von den Verwaltungsbeiratsmitgliedern nur die Sorgfalt zu verlangen, die man

---

[394] BayObLG ZMR 1988, 70.
[395] BayObLG ZMR 1993, 128 = WE 1994, 20.
[396] OLG Düsseldorf DWE 1990, 148 = ZMR 1991, 32 = NJW-RR 1991, 594; s.a. KG ZMR 1989, 186.
[396a] OLG Düsseldorf ZfIR 1998, 37 = ZMR 1998, 104 = WE 1998, 265.
[397] BayObLG DWE 1983, 123.
[398] OLG Düsseldorf ZfIR 1998, 37 = ZMR 1998, 104 = WE 1998, 265.
[399] Weitnauer, § 29 Rz. 5; a.A. OLG Zweibrücken v. 10. 6. 1987 – 3 W 53/87 –.

von einem ehrenamtlichen Mitglied erwarten darf, also nicht etwa die Sorgfalt eines Buchprüfers, auch wenn das einzelne Mitglied z. B. Steuerberater ist. Nach dem Gesetz haften sie für **jedes Verschulden** (Vorsatz, grobe und einfache Fahrlässigkeit).

547 Übernimmt der Verwaltungsbeirat **Zusatzaufgaben,** die mit einer erheblichen Verantwortung verknüpft sind (z. B. Überwachung komplexer Sanierungsarbeiten am Gemeinschaftseigentum), sollten sich die Verwaltungsbeiratsmitglieder ihre **Haftung** auf Vorsatz und grobe Fahrlässigkeit im Eigentümerbeschluß **beschränken** lassen. Dies ist zulässig.[400] Wegen der verantwortlichen Tätigkeit des Verwaltungsbeirats sollten seine Mitglieder auch auf jährliche **Entlastung,** zumindest aber auf Entlastung bei Beendigung ihrer Tätigkeit dringen. Hat schon der Verwalter keinen Anspruch auf Entlastung, haben dies die Mitglieder des Verwaltungsbeirats erst recht nicht. Die Mitglieder des Verwaltungsbeirats sollten daher vor Annahme ihres Amtes darauf bestehen, daß sich die Wohnungseigentümer im Bestellungsbeschluß verpflichten, den Verwaltungsbeirat zu entlasten, sofern die Voraussetzungen hierfür gegeben sind.[401] Im übrigen unterliegt die Entlastung des Verwaltungsbeirats denselben Regeln wie die Entlastung des Verwalters. Auch der Eigentümerbeschluß über die Entlastung des Verwaltungsbeirats bedeutet inhaltlich den **Verzicht** auf bis dahin entstandene und erkennbare **Schadenersatzansprüche.** So hat das BayObLG[402] entschieden, der Eigentümerbeschluß über die Entlastung der Mitglieder des Verwaltungsbeirats entspreche nicht ordnungsmäßiger Verwaltung und sei deshalb für ungültig zu erklären, wenn ein Ersatzanspruch gegen die Mitglieder des Verwaltungsbeirats im Zusammenhang mit der Prüfung von Jahresabrechnung und Wirtschaftsplan möglich erscheine. So hat es das OLG Düsseldorf als grob fahrlässig und haftungsbegründend angesehen, wenn der Verwaltungsbeirat entgegen ausdrücklicher Weisung der Eigentümerversammlung einem Verwalter im Verwaltervertrag die uneingeschränkte Verfügungsmacht über ein Rücklagenkonto von erheblicher Höhe einräumt, oder wenn der Verwaltungsbeirat bei Prüfung der Jahresabrechnung auf die Kontrolle der Kontenbelege verzichtet.[403] Die Beiräte haften **gesamtschuldnerisch.**

548 Die **Haftung** des Verwaltungsbeirats kommt auch aus dem Gesichtspunkt der **unerlaubten Handlung** in Betracht, § 823 BGB.[404] Obwohl auch der Verwaltungsbeirat **Organ** der Gemeinschaft ist,[405] haften die Wohnungseigentümer Dritten gegenüber im Bereich der unerlaubten Handlung mit der Entlastungsmöglichkeit des § 831 BGB. Die analoge Anwendung des § 31 BGB scheidet hier aus, da der Verwaltungsbeirat im Unterschied

[400] Merle DWE 1984, 6; OLG Frankfurt OLGZ 1988, 188.
[401] S. hierzu auch BayObLGZ 1988, Nr. 53.
[402] BayObLG NJW-RR 1991, 1360.
[403] OLG Düsseldorf ZfIR 1998, 37 = ZMR 1998, 104 = WE 1998, 265.
[404] Bärmann-Merle, § 29 Rz. 101; Weitnauer, § 29 Rz. 5; Soergel/Stürner, § 29 Rz. 4.
[405] A. A. Bärmann-Merle, § 29 Rz. 101.

zum Verwalter nach seiner Funktion keine dem Vorstand einer juristischen Person oder eines nicht rechtsfähigen Vereins vergleichbare Tätigkeit ausübt.[406]

Grundsätzlich sind die Mitglieder des Verwaltungsbeirats nur den Wohnungseigentümern insgesamt zur **Auskunft** über ihre Tätigkeit verpflichtet. Der einzelne Wohnungseigentümer kann den **Auskunftsanspruch** also grundsätzlich nur nach Ermächtigung durch die übrigen Wohnungseigentümer gerichtlich geltend machen, es sei denn, es bestünde ausnahmsweise nach Treu und Glauben ein Individualanspruch. Selbst dann muß er zuvor Gegenstand einer Erörterung durch die Wohnungseigentümer in der Eigentümerversammlung gewesen sein.[407]

---

[406] Weitnauer, § 29 Rz. 5.
[407] BayObLG ZMR 1994, 575 = WE 1995, 191.

8. Verfahrensrechtliche Fragen

8.1 Grundsatzfragen

549 Ausgangsfrage bei allen vor den Richter zu bringenden Streitfragen im Zusammenhang mit Wohnungseigentum ist, ob die Angelegenheit eine **zivilprozessuale** oder eine solche der **freiwilligen Gerichtsbarkeit** ist. Grundsätzlich handelt es sich um dem FGG-Verfahren zugewiesene Angelegenheiten. Damit ist ein **Rechtswegproblem** entschieden.[1] Grundlage der Entscheidung über die Zulässigkeit des Rechtswegs ist der **Sachvortrag** des Klägers, da er den Streitgegenstand bestimmt. Maßgeblich ist die wirkliche Natur des behaupteten Anspruches, nicht seine vom Kläger geltend gemachte Rechtsnatur. Ob der erhobene Anspruch tatsächlich besteht, ist in diesem Zusammenhang ohne Bedeutung.[2]

Ob eine in § 43 angeführte Streitigkeit vorliegt, ist dementsprechend in erster Linie nach dem Sachvortrag des Antragstellers und danach zu beurteilen, welches Begehren er zur Entscheidung stellt. Dabei kann es im Einzelfall darauf ankommen, in welcher Eigenschaft er den Antragsgegner in Anspruch nimmt (als Wohnungseigentümer oder Vertragspartner zum Beispiel).[3]

Der Richter hat diese Frage in jedem Verfahrensstadium **von Amts wegen** zu prüfen. Nach neuer Rechtslage ist die **Zuständigkeitsprüfung** grundsätzlich nur noch im **1. Rechtszug** möglich, § 17a Abs. 5 GVG analog.[4] Es ist jedoch in jedem Einzelfall sorgsam die Rechtswegfrage anhand des § 43 Abs. 1 zu prüfen. Nicht alles, was mit Wohnungseigentum zu tun hat, ist Sache des fG-Richters.

550 Das Verfahren vor dem Wohnungseigentumsrichter hat sich deshalb bewährt, weil es ein **„echtes Streitverfahren** der freiwilligen Gerichtsbarkeit" ist, absehen von § 43 Abs. 1 Nr. 3.[5] Einerseits löst der **Amtsermittlungsgrundsatz** die reine Parteienmaxime des Zivilprozesses ab, andererseits sind in das Verfahren geeignete Grundsätze des Zivilprozeßrechts übernommen.[6] Im Zweifelsfall hat die Rechtsprechung die Zuständigkeit des

---

[1] BGHZ 40, 1/6; 59, 58/60; BayObLG WM 1985, 102; BayObLGZ 1968, 233/235; Rpfleger 1978, 256; Bärmann-Merle, § 43 Rz. 3; Weitnauer, § 43 Rz. 2.

[2] BayObLG WM 1985, 102; Bärmann-Merle, a. a. O.

[3] BayObLG a. a. O.; BGHZ 62, 388/389.

[4] BGH EBE 1995, 266 = ZMR 1995, 521 = WE 1996, 27; KG ZMR 1992, 119; OLG Köln ZMR 1995, 268; BayObLG ZMR 1991, 351; WE 1993, 349.

[5] Bärmann AcP 154, 374; Weitnauer, § 43 Rz. 1 u. Anh. § 43 Rz. 2; BGHZ 78, 57; OLG Düsseldorf NJW 1970, 1137; BayObLGZ 1973, 1; DWE 1989, 184 = WE 1989, 182.

[6] BayObLGZ 1970, 290; 1973, 1; 1974, 9; s. a. BayObLG v. 5. 11. 1998 – 2 Z BR 92/98 –: einschränkende Anwendung des Amtsermittlungsgrundsatzes, Vortrag der Beteiligten entscheidend.

fG-Richters eher bejaht als verneint. Dies gilt für den Bereich der werdenden Wohnungseigentümergemeinschaft (näheres hierzu s. 8.2) ebenso wie für Streitigkeiten zwischen dem Verwalter und den Wohnungseigentümern.

Das Verfahren selbst wird ausnahmslos durch einen **Antrag** eingeleitet. 551
Das Verfahren kennt nur **Beteiligte,** keine Parteien. Beteiligte sind nicht stets nur der Antragsteller und der Antragsgegner, oftmals sind auch die übrigen Wohnungseigentümer und/oder der Verwalter weitere Beteiligte. Wer Beteiligter ist, regelt im wesentlichen § 43 Abs. 4. Wer nach § 23 Abs. 4 **materiell** Beteiligter ist, ist wegen der Rechtskraftwirkung der richterlichen Entscheidung auch **formell** am gerichtlichen Verfahren zu beteiligen. Ein Verstoß dagegen führt grundsätzlich zur Aufhebung und Zurückverweisung, es sei denn, die fälschlicherweise nicht beteiligten Wohnungseigentümer genehmigen das Verfahren ausdrücklich oder stillschweigend,[7] oder das Rechtsbeschwerdegericht holt die unterlassene Beteiligung nach, weil eine weitere Sachaufklärung weder notwendig noch zu erwarten ist und nur rechtliches Gehör gewährt werden soll.[7a] Der **absolute Aufhebungsgrund** der Nichtbeteiligung ist jedoch nur dann gegeben, wenn ein Beteiligter überhaupt nicht zu dem Verfahren hinzugezogen worden ist. Nach Auffassung des BayObLG[8] liegt ein solcher Fall nicht vor, wenn ihm nur der Termin zur mündlichen Verhandlung mitgeteilt wurde, er aber sonst nicht zum Verfahren hinzugezogen wurde. Verwirft das LG eine sofortige Beschwerde als unzulässig, dann liegt i.d.R. kein zwingender Aufhebungsgrund nach § 27 Abs. 1 S. 2 FGG, §§ 550, 551 Nr. 5 ZPO vor, wenn das LG nicht alle materiell Beteiligten auch formell am Verfahren beteiligt hat.[9] I.d.R. genügt zur **Beteiligung aller Wohnungseigentümer** die **Zustellung** der jeweiligen Antragsschrift an den Verwalter, sofern nicht im Einzelfall der Verwalter nicht Zustellungsvertreter sein kann, z.B. in einem Verfahren gemäß § 43 Abs. 1 Nr. 2 oder in einem Verfahren gem. § 43 Abs. 1 Nr. 4, wenn sich der Beschlußanfechtungsantrag z.B. gegen die Abberufung des Verwalters richtet (weitere Einzelheiten siehe Abschn. 7.5.3).

Auf der Grundlage dieser grundsätzlichen Betrachtung sei noch auf folgende Rechtsprechungsbeispiele hingewiesen:

Verfahrensbeteiligung aller Wohnungseigentümer beim Antrag eines 552
Wohnungseigentümers gegen einen anderen auf **Duldung baulicher Veränderungen** am Gemeinschaftseigentum,[10] an einem Verfahren, dessen Gegenstand die **Entfernung** der einem Wohnungseigentümer gehörenden

---

[7] BayObLG WE 1991, 287; WE 1991, 297; ZMR 1991, 231 = NJW-RR 1991, 849; WE 1992, 203.

[7a] BGH NJW 1998, 755 = ZMR 1998, 171 = DWE 1997, 159 = WE 1998, 105.

[8] BayObLG NJW-RR 1992, 150 = WM 1991, 627 = DWE 1991, 164 = WE 1992, 201; WM 1991, 610 = WE 1992, 203.

[9] BayObLGZ 1992, Nr. 7.

[10] OLG Zweibrücken ZMR 1987, 436.

Waschmaschine aus einem gemeinschaftlichen Kellerraum und die **Beseitigung** der **Versorgungsanschlüsse** ist,[11] an einem Verfahren, dessen Gegenstand der Anspruch auf **Beseitigung** einer **baulichen Veränderung** ist,[12] an einem Verfahren, in dem ein Wohnungseigentümer von einem oder einigen anderen **Unterlassung** der Nutzung von Kellerräumen zu Wohnzwecken und die Übernahme eines höheren Anteils an den gemeinschaftlichen Lasten und Kosten verlangt,[13] an einem Verfahren, das die **Rechte** und **Pflichten** zweier Wohnungseigentümer untereinander zum Gegenstand hat (typisch nachbarrechtliche Streitigkeit).[14] Verfahrensbeteiligung aller Wohnungseigentümer an einem Verfahren, in dem ein Wohnungseigentümer **vom Verwalter Schadenersatz** wegen Schäden am Sondereigentum durch Reparaturmaßnahmen am Gemeinschaftseigentum verlangt,[15] an einem Verfahren, in dem einzelne Wohnungseigentümer gegen den Verwalter einen **Auskunftsanspruch** geltend machen, der sich auf Pflichten bei der Verwaltung des gemeinschaftlichen Eigentums bezieht,[16] Verfahrensbeteiligung aller Wohnungseigentümer an einem Verfahren, in dem ein Wohnungseigentümer vom Verwalter die **Zustimmung zur Veräußerung** seines Teileigentums verlangt.[17] Auch wenn das **Amt** des **Verwalters** durch Niederlegung, Abberufung oder Zeitablauf **endet,** bleibt er am Wohnungseigentumsverfahren nach § 43 Abs. 1 Nr. 4 beteiligt, wenn es um Eigentümerbeschlüsse geht, die seine Rechtsstellung betreffen.[18] Ein **Verwalter,** der durch Mehrheitsbeschluß der Wohnungseigentümer **abberufen** worden ist, hat i.d.R. auch dann keinen Anspruch, an einem Verfahren auf Ungültigerklärung eines nach seiner Abberufung gefaßten Eigentümerbeschlusses beteiligt zu werden, wenn er den Abberufungsbeschluß beim Gericht angefochten hat (Gültigkeit eines Eigentümerbeschlusses trotz Anfechtung).[19]

Während der **amtierende Verwalter** im Beschlußanfechtungsverfahren auch dann weiterer Beteiligter ist, wenn der Beschluß vor seiner Amtszeit gefaßt wurde, ist der nach Beschlußfassung **ausgeschiedene Verwalter** im

---

[11] BayObLG WE 1991, 163.

[12] BayObLG WE 1991, 49; WE 1990, 139.

[13] BayObLG ZMR 1989, 103.

[14] BayObLG WE 1991, 55; WE 1991, 197.

[15] BayObLG WE 1990, 145; WM 1991, 711 = WE 1992, 204; NJW-RR 1993, 280; s. aber zur Abgrenzung BGH WE 1992, 80: Danach sind die anderen Wohnungseigentümer nicht Beteiligte, wenn ein Wohnungseigentümer einen ihm allein zustehenden Schadenersatzanspruch geltend macht, wenn also andere Wohnungseigentümer materiell von dem Verfahren nicht betroffen sein können; so auch BayObLG WE 1997, 38.

[16] BayObLG WE 1990, 136.

[17] BayObLG WM 1991, 612 = DWE 1991, 109 = WE 1992, 142; NJW-RR 1997, 1307 = ZMR 1997, 604 = WE 1998, 116.

[18] BayObLG WE 1992, 51; KG WE 1991, 325.

[19] BayObLG WE 1991, 111.

Anfechtungsverfahren nur dann weiterer Beteiligter, wenn er den Anfechtungsgrund zu vertreten hat, es sei denn, er war bei Einleitung des Anfechtungsverfahrens noch im Amt.[20] Bei **Eigentümerwechsel** bleibt der Veräußerer Beteiligter als Verfahrensstandschafter.[21]

Ein materiell Beteiligter eines Wohnungseigentumsverfahrens mit unbekanntem Aufenthalt ist dadurch formell am Verfahren zu beteiligen, daß ihm Schriftstücke des Gerichts und anderer Verfahrensbeteiligter **öffentlich zugestellt** werden.[22]

553 Der Verfahrenseinleitungsantrag kann auf **Leistung** (z.B. Zahlung von Hausgeld), auf **Feststellung** (z.B. der Nichtigkeit eines Eigentümerbeschlusses), aber auch auf **Gestaltung** (z.B. Ungültigerklärung eines Eigentümerbeschlusses) gerichtet sein. Eine Feststellung von Tatsachen (z.B. Unrichtigkeit der Jahresabrechnung) ist unzulässig.[23]

554 Der Antrag ist **schriftlich** bei Gericht einzureichen oder mündlich zu **Protokoll** der Geschäftsstelle zu erklären. **Anwaltszwang** besteht **nicht.** Die Schriftform ist auch gewahrt, wenn der Antragsteller nicht unterschrieben hat, aber die Person des Antragstellers zweifelsfrei feststeht.[24] Machen die Wohnungseigentümer einen Zahlungsanspruch gegen einen Wohnungseigentümer gerichtlich geltend, genügt eine **Bezeichnung** als „Wohnungseigentümergemeinschaft ... Straße" für die Zulässigkeit des Antrags.[25] Diese Bezeichnung ist dahin auszulegen, daß mit ihr die Mitglieder der Wohnungseigentümergemeinschaft gemeint sind. Sie betrifft immer die Personen, die in dem Zeitpunkt Wohnungseigentümer waren, in dem das Verfahren anhängig wurde. Mit Recht weist das Gericht darauf hin, daß es insbesondere im Hinblick auf eine spätere **Zwangsvollstreckung** unabhängig davon geboten sei, die einzelnen Wohnungseigentümer **namentlich** zu benennen. Verweigert der Antragsteller die Angabe seiner ladungsfähigen Anschrift, so ist dies folgerichtig kein Grund, seinen Antrag als unzulässig zurückzuweisen.[26]

Ist ein Verfahren bereits anhängig, kann ein – weiterer – Antrag auch in der mündlichen Verhandlung zu Protokoll gestellt werden.

555 Das Gericht hat den **Antrag** dem oder den Antragsgegnern **zuzustellen,** analog § 253 ZPO. Die weiteren Beteiligten sind vom Antrag zu verständigen, ohne daß es insoweit einer formellen Zustellung bedarf. Richtet sich der Antrag eines Wohnungseigentümers gegen alle übrigen Wohnungseigentü-

---

[20] BGH EBE 1997, 379 = NJW 1998, 755 = ZMR 1998, 171 = DWE 1997, 159 = WE 1998, 105.

[21] BayObLG WE 1995, 79.

[22] BayObLG WE 1991, 228.

[23] BayObLG DWE 1985, 126.

[24] OLG Frankfurt DWE 1986, 30; KG DWE 1986, 121; Keidel, FGG, § 11 Rz. 28.

[25] BayObLG v. 8. 9. 1988 – 2 Z 154/87 -.

[26] KG NJW-RR 1991, 596 = WE 1991, 192.

mer, z. B. ein Beschlußanfechtungsantrag, ist der Verwalter **Zustellungsvertreter** § 27 Abs. 2 Nr. 3.

556 Im Unterschied zum Zivilprozeß (§ 253 Abs. 2 Nr. 2 ZPO) werden an die **Bestimmtheit** eines **Antrages** geringere Anforderungen gestellt, Anträge können vom Gericht ausgelegt werden. Insbesondere hat das Gericht im Wege der Auslegung den wirklichen **Willen des Antragstellers** zu erforschen und ihm durch eine sachgerechte Entscheidung Rechnung zu tragen. Bei einem Leistungsantrag kann dem Antragsteller jedoch nicht mehr oder etwas ganz anderes zugesprochen werden, als von ihm begehrt wird.[27] Hat ein Wohnungseigentümer die Ungültigerklärung eines Eigentümerbeschlusses beantragt, mit dem die Umlegung von Instandsetzungskosten abgelehnt worden war (nicht anfechtbarer sog. Negativbeschluß), so kann dieser Antrag in einen solchen auf Ersatz verauslagter Instandsetzungskosten **umgedeutet** werden.[28] Der Antrag festzustellen, daß die Bestellung zum Verwalter nichtig sei, und der Antrag, den Bestellungsbeschluß für ungültig zu erklären, haben denselben Verfahrensgegenstand.[29]

557 Wie bereits der Hinweis auf einzelne Vorschriften der ZPO zeigt, ist es zulässig, auf das WEG-Verfahren geeignete **Grundsätze** des **Zivilprozeßrechts** zu übernehmen.[30] Soweit das WEG selbst ausdrücklich die Anwendung von ZPO-Vorschriften vorsieht (über § 44 Abs. 2 die Vorschriften der §§ 159, 164, 567, 568 ZPO; s. aber auch § 45 Abs. 3 für den Bereich der Zwangsvollstreckung), richtet sich nicht nur der Rechtsmittelzug, sondern auch die Kostenentscheidung nach der ZPO.[31]

Gleich dem Zivilprozeßverfahren sind **Eventualanträge** (Haupt- und Hilfsanträge),[32] **Stufenanträge**[33] und **Zwischenfeststellungsanträge**[34] zulässig. Ebenfalls können Anträge unter den im Zivilprozeßverfahren geltenden Voraussetzungen **geändert** und **erweitert** werden.[35] **Neue,** zusätzliche **Anträge** sind jedoch im Rechtsbeschwerdeverfahren unzulässig.[36] Eine **Antrags-**

---

[27] BayObLGZ 1974, 172; ZMR 1990, 65; WE 1991, 22; MDR 1990, 157; DWE 1992, 167 = WE 1992, 141; DWE 1992, 167 = WE 1992, 138

[28] BayObLG WE 1991, 200.

[29] BayObLG DWE 1992, 167 = WE 1992, 138.

[30] BayObLGZ 1974, 9; DWE 1982, 137; DWE 1993, 124; Weitnauer, Anh. § 43 Rz. 1.

[31] KG ZMR 1989, 69 = Rpfleger 1989, 19.

[32] Keidel, FGG, § 11 Rz. 33; Bärmann-Merle, § 44 Rz. 30; Weitnauer, Anh. § 43 Rz. 4; BayObLG DWE 1982, 136.

[33] OLG Stuttgart BWNotZ 1976, 69; BayObLGZ 1982, 203; OLG Köln BauR 1980, 283; Bärmann-Merle, § 44 Rz. 32.

[34] BayObLG v. 8. 3. 1984 – 2 Z 51/83 –.

[35] BayObLGZ 1975, 53; DWE 1988, 72 = WE 1988, 203; DWE 1991, 39 = WE 1991, 77; ZMR 1993, 29 = WM 1992, 704 = WE 1993, 348; WM 1994, 638; ZMR 1993, 29; ZMR 1993, 530; KG NJW-RR 1994, 525 = WE 1994, 370.

[36] BayObLG WM 1985, 30/31; WE 1991, 294; OLG Zweibrücken DWE 1994, 109 = WE 1994, 146; BGHZ 24, 479/485; 28, 131/136f.

erweiterung im 2. Rechtszug ist zulässig, wenn sie sachdienlich ist, § 263 ZPO.[37] Dies gilt auch für die reine Antragsänderung (z. B. Übergang von Vorschußanspruch auf Anspruch aus Jahresabrechnung).[38] Ist der ursprüngliche Antrag auf Zahlung von **Hausgeldvorschüssen** auf der Grundlage eines genehmigten Wirtschaftsplans gerichtet und wird während des Verfahrens in den Tatsacheninstanzen die **Jahresabrechnung** beschlossen, so muß die Begründung des Antrags nunmehr auf die Jahresabrechnung gestützt werden.[39] Daran ändert auch nichts die h. Rspr. dazu, daß der Abrechnungsgenehmigungsbeschluß hinsichtlich der nach Wirtschaftsplan geschuldeten Hausgeldvorschüsse nur rechtsverstärkende Wirkung hat. Anders ist es nur, wenn sich der Antrag auf Leistung von Hausgeldvorschüssen gegen einen inzwischen ausgeschiedenen Wohnungseigentümer richtet. Haben die Vorinstanzen eine Antragsänderung zum Gegenstand eines neuen eigenen Verfahrens gemacht und nur über den ursprünglichen Antrag entschieden, sind ihre Entscheidungen ersatzlos aufzuheben und die Gerichtskosten niederzuschlagen.[40]

Zulässig sind auch objektive und subjektive **Antragshäufung** (1 Antrag- **558**
steller stellt mehrere Anträge gleichzeitig; mehrere Antragsteller stellen gleichzeitig Anträge).[41] Auch **Streitverkündung** und **Nebenintervention** sind zulässig. Streitverkündeter und Nebenintervenient sind Beteiligte im formellen Sinne, so z. B. der Mieter einer Eigentumswohnung, dem vom Wohnungseigentümer der Streit verkündet worden ist. Der Beitritt ist auch ausschließlich zum Zwecke der Einlegung eines Rechtsmittels oder der Wiederaufnahme des Verfahrens zulässig.[42] Die **Rechtsmittelfrist** beginnt auch in Wohnungseigentumssachen für den **Nebenintervenienten** mit der Zustellung der Entscheidung an den unterstützten Beteiligten, es sei denn, es handelt sich um eine streitgenössische Nebenintervention.[43] Eine **streitgenössische Nebenintervention** liegt bespielsweise nicht vor, wenn ein Wohnungseigentümer wegen eines Wasserschadens den Eigentümer der darüberliegenden Wohnung auf Schadenersatz in Anspruch nimmt und dessen

---

[37] BayObLG WM 1985, 234 = DWE 1986, 29; ZMR 1993, 29 = WM 1992, 704 = WE 1993, 348; WM 1994, 638; KG NJW-RR 1994, 525 = WE 1994, 370; OLG Köln WE 1998, 502: gewillkürter Parteiwechsel im Beschwerdeverfahren nur mit Zustimmung aller Beteiligten zulässig.

[38] BayObLG WE 1986, 98; BayObLGZ 1975, 53/57; Weitnauer, § 43 Anh. Rz. 4.

[39] BayObLG NJW-RR 1987, 1162; WE 1989, 212.

[40] BayObLG DWE 1988, 72 = WE 1988, 203.

[41] BayObLGZ 1977, 226; DWE 1988, 72 = WE 1988, 203; DWE 1991, 39 = WE 1991, 77; OLG Hamm WEM 1979, 175.

[42] BayObLG NJW-RR 1987, 1423; OLG Hamburg WE 1991, 195 = WM 1991, 316; OLG Frankfurt WE 1986, 135; OLG Schleswig DWE 1994, 77 a. E. = WM 1994, 100; OLG Hamm NJW-RR 1996, 335 = WE 1996, 189; NJW-RR 1993, 279 = WE 1993, 52.

[43] Weitnauer, Anh. § 43 Rz. 17; BayObLGZ 1970, 65; 1974, 9; 1987, Nr. 41; WM 1988, 410 = WE 1989, 212.

Mieter den Streit verkündet.[44] Sollen beispielsweise mehrere Wohnungseigentümer verpflichtet werden, eine jeweils in ihrem Sondereigentum vorgenommene Umrüstung der Türöffnungsanlage zu entfernen, sind sie nicht notwendige Streitgenossen.[45]

559 Unter den Voraussetzungen der Zulässigkeit der **Widerklage** sind auch Gegenanträge zulässig.[46] Der Gegenantrag ist demnach zulässig, wenn die Verfahrensbeteiligten identisch sind und zwischen Antrag und Gegenantrag ein rechtlicher Zusammenhang besteht.[47] An der **Identität** der Verfahrensbeteiligten fehlt es, wenn der Verwalter in aktiver Verfahrensstandschaft handelt, die Gegenansprüche sich aber gegen die Wohnungseigentümer richten.[48] Wie bei der Widerklage kann ein Gegenantrag in der Rechtsbeschwerdeinstanz nicht neu gestellt werden.[49] Stellt der Antragsgegner einen Leistungs-Gegenantrag, in dessen Rahmen notwendigerweise über den Gegenstand des Feststellungsantrags des Antragstellers mitentschieden werden muß, wird der Feststellungsantrag durch den Gegenantrag nicht unzulässig.[50]

560 Umstritten ist, ob gestellte Anträge nur mit Zustimmung des Antragsgegners zurückgenommen werden können (so § 269 ZPO).

Auch wenn es sich um ein echtes Streitverfahren handelt, ist die **Antragsrücknahme** auch ohne Zustimmung des Antragsgegners jederzeit möglich.[51] Wenn das BayObLG[52] die Antragsrücknahme ohne Zustimmung des Antragsgegners nur bis „zum Beginn der mündlichen Verhandlung zur Hauptsache" für möglich hält und § 269 ZPO analog anwendet, stellt sich die Frage, wann im Wohnungseigentumsverfahren die mündliche Verhandlung exakt beginnt. Im Zivilprozeß beginnt die mündliche Verhandlung in diesem Sinne mit Stellung der Sachanträge. Erst wenn diese gestellt sind, ist die Klagerücknahme an die Zustimmung des Beklagten geknüpft. Die reine Erörterung der Sach- und Rechtslage ist in diesem Sinne keine mündliche Verhandlung. Da im Wohnungseigentumsverfahren eine richterliche Sachentscheidung möglich ist, ohne daß die Sachanträge mündlich zu Protokoll gestellt werden müssen, kann es im Einzelfall äußerst zweifelhaft sein, ob mündlich verhandelt wurde oder nicht. Obwohl es sich also um ein soge-

---

[44] BayObLGZ 1987, Nr. 41.

[45] BayObLG WM 1988, 410 = WE 1989, 212.

[46] OLG Hamm NJW 1975, 2300; KG OLGZ 1976, 266; OLG Zweibrücken Rpfleger 1977, 141; BayObLG Rpfleger 1979, 267; OLG Frankfurt DWE 1984, 29; Bärmann-Merle, § 44 Rz. 38; Weitnauer, Anh. § 43 Rz. 5.

[47] BayObLGZ 1971, 313 = MDR 1972, 145; OLG Frankfurt a. a. O.

[48] OLG Frankfurt a. a. O.; a. A. wohl Rüßmann AcP 1972, 520/550; Weitnauer, Anh. § 43 Rz. 5.

[49] Weitnauer, Anh. § 43 Rz. 25; BayObLGZ 1971, 313/323 f.; Rpfleger 1979, 267; DWE 1984, 62.

[50] BayObLG WE 1990, 214.

[51] Keidel, FGG vor § 8 Rz. 3, 4; § 12 Rz. 198; a. A. Weitnauer, Anh. § 43 Rz. 6; Bärmann-Merle, § 43 Rz. 78.

[52] BayObLGZ 1973, 30; WEM 1980, 78; WE 1992, 51.

nanntes echtes Streitverfahren handelt, sind hier die allgemeinen Regeln des FGG-Verfahrens anzuwenden, nach denen eine jederzeitige Antragsrücknahme auch ohne Zustimmung des Gegners möglich ist.[53]

Zulässigkeitsvoraussetzung für einen Antrag ist das Bestehen eines **Rechtsschutzbedürfnisses.**[54] Für **Beschlußanfechtungsanträge** wird i. d. R. kein besonderes Rechtsschutzbedürfnis verlangt.[55] Insbesondere entfällt das Rechtsschutzbedürfnis für einen Anfechtungsantrag nicht deshalb, weil bereits ein anderer Wohnungseigentümer einen gleichen Antrag gestellt hat.[56] In diesem Falle wird der Richter die Verfahren verbinden. Der Richter ist in diesem Falle sogar verpflichtet, die Verfahren wegen **Identität** des Verfahrensgegenstandes zu **verbinden.** Wird ein Wohnungseigentümerbeschluß nacheinander von mehreren Wohnungseigentümern angefochten, ist eine **Aussetzung** der nachträglich anhängig gemachten Verfahren nicht statthaft.[57] Ein Wohnungseigentümer, der einen Eigentümerbeschluß nicht selbst angefochten hat, kann das Verfahren nicht gegen den Willen desjenigen Wohnungseigentümers fortführen, der den einleitenden Antrag gestellt hat.[58] 561

Ein **Rechtsschutzbedürfnis fehlt** i. d. R. für die **Anfechtung** eines Eigentümerbeschlusses, der denselben Inhalt wie ein früherer, nicht angefochtener und rechtswirksamer Eigentümerbeschluß hat;[59] dies zunächst jedenfalls dann, wenn der inhaltsgleiche **Zweitbeschluß** nach dem Willen der Wohnungseigentümer den **Erstbeschluß** nur bestärken, nicht aufheben soll. Davon ist regelmäßig bei Bestandskraft des Erstbeschlusses auszugehen. Die Ungültigerklärung des Zweitbeschlusses hätte keine Auswirkungen auf den Erstbeschluß.[60] 562

Ersetzt der Zweitbeschluß den inhaltsgleichen Erstbeschluß **novatorisch,** wird damit der Erstbeschluß aufgehoben. Der Erstbeschluß ist damit zunächst schwebend unwirksam und hat keinen Bestand mehr. Mit der Bestandkraft des Zweitbeschlusses wird der Erstbeschluß endgültig unwirksam. Auch in diesem Falle besteht für die Anfechtung des Zweitbeschlusses kein Rechtsschutzbedürfnis. Wird e r nämlich für ungültig erklärt, ist er ex

---

[53] Keidel, FGG, § 12 Rz. 198.

[54] BayObLG Rpfleger 1977, 126; BayObLGZ 1977, 226; OLG Frankfurt Rpfleger 1980, 112; Bärmann-Merle, § 43 Rz. 94.

[55] KG Rpfleger 1976, 216; BayObLG WE 1993, 344; OLG Frankfurt OLGZ 1981, 155.

[56] BayObLGZ 1977, 226 = Rpfleger 1977, 446; Bärmann-Merle, § 43 Rz. 94, 98.

[57] LG Frankfurt NJW-RR 1987, 1423.

[58] OLG Zweibrücken ZMR 1989, 270 = NJW-RR 1989, 657 = WE 1989, 105.

[59] BayObLG MDR 1982, 323 = DWE 1982, 104; ZMR 1997, 478 = WE 1997, 436; s. a. ZMR 1999, 52: billigen die Wohnungseigentümer durch neuen Beschluß eine bereits genehmigte und durchgeführte bauliche Veränderung, ist dies kein Zweitbeschluß, sondern beinhaltet dies die Genehmigung der Bauausführung; Bärmann-Merle, § 43 Rz. 99.

[60] A. A. wohl Bärmann-Merle, § 23 Rz. 62.

tunc unwirksam. Die in ihm enthaltene Aufhebung des Erstbeschlusses entfällt. Dieser bleibt wirksam. I. d. R. ist eine **Novation nicht gewollt.**[61] Ist der Erstbeschluß im Zeitpunkt des Zweitbeschlusses angefochten, ist i. d. R. vom **Novationswillen** der Wohnungseigentümer auszugehen. Eine Rechtsschutzbedürfnis für die Anfechtung des Zweitbeschlusses ist zu bejahen, weil seine Ungültigerklärung die Option für die Ungültigerklärung auch des Erstbeschlusses eröffnet. Erlangt in diesem Falle der Zweitbeschluß Bestandskraft, entfällt das Rechtsschutzbedürfnis für die weitere Anfechtung des Erstbeschlusses.[62] Solange in diesem Falle das Anfechtungsverfahren gegen den Zweitbeschluß anhängig ist, ist das **Anfechtungsverfahren** gegen den **Erstbeschluß** wegen Vorgreiflichkeit **auszusetzen;** denn der Ausgang des Anfechtungsverfahrens gegen den Erstbeschluß ist davon abhängig, ob der Zweitbeschluß bestandskräftig oder für ungültig erklärt wird. Das Rechtsschutzbedürfnis für die Anfechtung des Erstbeschlusses bleibt aber bis zur Bestandskraft des Zweitbeschlusses – bzw. im Falle seiner Ungültigrklärung weiterhin – bestehen.[63] Der häufigste Fall eines den Erstbeschluß ersetzenden Zweitbeschlusses ist, daß der angefochtene **Erstbeschluß** Formmängel aufweist, die im Zuge des Zweitbeschlusses vermieden werden, so daß eine Eigentümerentscheidung nicht allein wegen solcher Formmängel aufgehoben werden kann.

563 Die Antwort auf die Frage des Rechtsschutzbedürfnisses für die Anfechtung eines Zweitbeschlusses sagt noch nichts darüber aus, unter welchen Voraussetzungen die Wohnungseigentümer überhaupt einen **Zweitbeschluß** fassen dürfen, sei es mit gleichem Inhalt oder nur mit gleichem – inhaltlich differierendem – Gegenstand. Grundsätzlich können die Wohnungseigentümer im Rahmen **ordnungsgemäßer Verwaltung** über eine bereits durch Beschluß geregelte Angelegenheit erneut befinden.[63 a] Aus welchen Gründen eine Gemeinschaft eine erneute Beschlußfassung für angebracht hält, spielt für die Beschlußkompetenz der Wohnungseigentümer und damit für die Wirksamkeit des Zweitbeschlusses grundsätzlich keine Rolle. Allerdings sind bei **abänderndem Zweitbeschluß** schutzwürdige Belange aus Inhalt und Auswirkungen des Erstbeschlusses zu berücksichtigen. Das KG[63 b] sieht allerdings die grundlose, inhaltsgleiche Wiederholung früherer, erfolgreich angefochtener Eigentümerbeschlüsse als mit den Grundsätzen ordnungsgemäßer Verwaltung nicht vereinbar.

---

[61] BGH EBE 1994, 338 = ZMR 1995, 34 = WE 1995, 55 u. 183; OLG Hamm WE 1996, 33.

[62] BayObLG DWE 1988, 34 = WE 1988, 35; OLG Frankfurt DWE 1989, 178 = WE 1990, 56; OLG Düsseldorf ZMR 1997, 322 = WE 1997, 311.

[63] BGH NJW 1989, 1087 = Rpfleger 1989, 150 = ZMR 1989, 155; BayObLG WE 1990, 174; OLG Düsseldorf ZfIR 1998, 96.

[63 a] BGHZ 113, 197 = NJW 1991, 979; BayObLG NJW-RR 1992, 403; WM 1996, 372; KG WE 1995, 58 = ZMR 1995, 44.

[63 b] KG a. a. O.; a. A. offensichtlich BayObLG WE 1996, 395; NJW-RR 1994, 658.

Demgegenüber entfällt das **Rechtsschutzbedürfnis** für die **Anfechtung** eines **Erstbeschlusses** nicht durch einen bestandskräftigen Zweitbeschluß über denselben Gegenstand, wenn die Auslegung des Zweitbeschlusses ergibt, daß er nur in Verbindung mit dem Erstbeschluß gelten soll.[64] Das Rechtsschutzbedürfnis für einen Antrag auf Ungültigerklärung eines Eigentümerbeschlusses, durch den ein **Verwalter bestellt** wurde, entfällt dann, wenn die Frist für die Bestellung abgelaufen ist.[65] Für einen Antrag auf **Feststellung der Verpflichtung eines Verwalters,** künftige Eigentümerversammlungen entsprechend der Gesetzeslage durchzuführen, fehlt selbst im Falle früherer Pflichtverletzungen das Rechtsschutzbedürfnis.[66] Bei etwaigen Pflichtverletzungen des Verwalters müssen die Wohnungseigentümer gegen diese sie konkret in ihren Rechten beeinträchtigenden Verstöße vorgehen und gegebenenfalls die Abberufung des Verwalters gerichtlich geltend machen oder die in der Eigentümerversammlung gefaßten Beschlüsse anfechten. Für den Antrag auf gerichtliche **Feststellung,** daß ein **Beschlußantrag abgelehnt** worden sei, besteht insbesondere dann kein Rechtsschutzbedürfnis, wenn die Wohnungseigentümer von der Ablehnung des Beschlußantrags ausgingen, der Antragsteller selbst gegen die Annahme des Beschlußantrags gestimmt hat und er auch nicht geltend machen will, daß der Antrag in Wirklichkeit angenommen worden sei.[67] Das Rechtsschutzbedürfnis für die **Feststellung,** daß ein **schriftlicher Eigentümerbeschluß** nicht zustande gekommen sei, fehlt, wenn über denselben Gegenstand später ein bestandskräftiger Eigentümerbeschluß gefaßt wird.[68] Für einen Antrag auf **Berichtigung des Protokolls** einer Eigentümerversammlung hinsichtlich der Zahl der abgegebenen Ja-Stimmen fehlt das Rechtsschutzbedürfnis, wenn sich die behauptete Unrichtigkeit auf das Abstimmungsergebnis nicht auswirkt.[69] Das Rechtsschutzbedürfnis für eine Anfechtung entfällt nicht dadurch, daß eine beschlossene **Maßnahme** inzwischen **durchgeführt** ist, es sei denn, der Antragsteller erklärt, er wolle eine Rückgängigmachung der Maßnahme nicht.[70] **564**

---

[64] BayObLG WEM 1976, 75/76; v. 13. 7. 1984 – 2 Z 22/84 –; OLG Köln Rpfleger 1978, 319/320; s.a. Bärmann-Merle, § 23 Rz. 65; vgl. auch BayObLG ZMR 1999, 52.

[65] OLG Hamm ZMR 1995, 498 = WE 1996, 33; KG NJW-RR 1990, 153; BayObLG NJW-RR 1997, 715 = ZMR 1997, 256 = WE 1997, 277 unter Aufgabe von NJW-RR 1988, 270.

[66] KG ZMR 1989, 438; BayObLG WE 1992, 234 zur Zulässigkeit eines Antrags auf Feststellung, daß der Verwalter künftig verpflichtet ist, die Neubestellung eines Verwalters länger als 1 Jahr vor Ablauf der Bestellzeit in der Eigentümerversammlung behandeln zu lassen.

[67] BayObLG WM 1990, 237 = DWE 1990, 75 = WE 1991, 198.

[68] BayObLG NJW-RR 1986, 1399.

[69] BayObLG WM 1991, 310 = DWE 1991, 126 = WE 1992, 87.

[70] BayObLG NJW-RR 1992, 1367 = WE 1993, 287; a.A. Bärmann-Merle, § 43 Rz. 98 zu dem Fall, daß es dem Antragsteller „nicht in erster Linie" um Rückgängigmachung geht; BayObLG WE 1999, 33.

565 Generell ist hinsichtlich der Notwendigkeit eines **Rechtsschutzbedürfnisses** auch bei **Beschlußanfechtungsanträgen** zu berücksichtigen, daß das Anfechtungsrecht nicht nur dem persönlichen Interesse des anfechtenden Wohnungseigentümers oder dem Minderheitenschutz dient, sondern auch dem Interesse der Gemeinschaft an einer ordnungsmäßigen Verwaltung. Dazu gehört auch, daß rechtswidrige oder fehlerhafte Beschlüsse nicht durchgeführt werden. Nur ausnahmsweise kann die **Beschlußanfechtung rechtsmißbräuchlich** und damit unzulässig sein, wenn der Antragsteller mit der Beschlußanfechtung nicht auch eigene Interessen verfolgt. Aus diesem Grunde ist das Recht eines Wohnungseigentümers, die Ungültigerklärung eines Eigentümerbeschlusses zu beantragen, grundsätzlich nicht dadurch ausgeschlossen, daß er dem **Beschluß** selbst **zugestimmt** hat.[71] In diesem Falle ist die Anfechtung grundsätzlich dann nicht mehr zulässig, wenn sie nur auf einen Verstoß gegen Verfahrensvorschriften gestützt wird, und dieser Verstoß dem zustimmenden und später anfechtenden Eigentümer schon in der Versammlung bekannt war.

566 In Angelegenheiten, die nur einen abgrenzbaren Teil der Wohnungseigentümer betreffen (insbesondere bei sog. **Mehrhausanlagen**), sind u.U. auch nur diese Beteiligte.[72] Ist etwa in der Gemeinschaftsordnung einer Mehrhausanlage bestimmt, daß das Stimmrecht immer nur denjenigen Wohnungseigentümern zusteht, deren Haus von einem Versammlungsbeschluß betroffen werde, wirkt sich dies auch auf das **Rechtsschutzbedürfnis** bei Beschlußanfechtungen aus. Wer kein Stimmrecht hatte, hat für eine Beschlußanfechtung kein Rechtsschutzbedürfnis.[73]

567 Für einen **Feststellungsantrag** fehlt das **Rechtsschutzbedürfnis,** wenn sich der Verwalter eines über die ordnungsmäßige Verwaltung hinausgehenden Rechtes nicht berühmt hat.[74] Grundsätzlich besteht auch kein Rechtsschutzbedürfnis für den Feststellungsantrag zu einem vergangenen Rechtsverhältnis.[75] Mit einem Feststellungsantrag kann nicht die Feststellung einzelner rechtserheblicher Elemente oder Vorfragen eines Rechtsverhältnisses verlangt werden. Es kann deshalb nicht die Feststellung beantragt werden, ob und inwieweit die noch verfügbare Geschoßflächenreserve für ein Grundstück einem Wohnungseigentümer allein zusteht.[76]

---

[71] Bärmann-Merle, § 43 Rz. 102; KG MDR 1981, 407; OLG Celle MDR 1985, 145; BayObLGZ 1973, 78; NJW-RR 1988, 1168; WE 1992, 86 = DWE 1992, 166; LG Frankfurt NJW-RR 1990, 1238; OLG Düsseldorf DWE 1989, 28.

[72] BayObLGZ 1975, 177.

[73] Vgl. auch BayObLG DWE 1984, 125.

[74] BayObLG DWE 1983, 60.

[75] BGHZ 27, 190/196; WPM 1981, 1050f; vgl. auch BayObLG DWE 1983, 55 (offengelassen).

[76] BayObLG DWE 1992, 167 = WE 1992, 141.

Das BayObLG[77] hat im folgenden Fall mit Recht das **Rechtsschutzbedürfnis** für **Sachanträge** verneint: Ein Wohnungseigentümer wollte den Verwalter verpflichten, die Vorlage des Wirtschaftsplanes zur Beschlußfassung zu unterlassen, solange ihm nicht eine schriftliche Stellungnahme des Verwaltungsbeirats vorliege. Das Gericht argumentierte, der Wohnungseigentümer hätte Einwendungen gegen den Wirtschaftsplan in der Versammlung geltend machen können, zumal der Verwaltungsbeirat sein Prüfungsergebnis in dieser Versammlung zulässigerweise mündlich bekanntgegeben habe. Der genannte Wohnungseigentümer wollte den Verwalter ferner verpflichten, den in einem anderen Gerichtsverfahren gestellten Antrag des Wohnungseigentümers (nämlich festzustellen, daß die geforderte Erhöhung der Verwaltervergütung mangels ausreichender Spezifizierung nicht begründet sei) dem Verwaltungsbeirat zur Prüfung und Stellungsnahme vorzulegen. Das Gericht argumentierte, der Wohnungseigentümer sei auch selbst in der Lage, seinen Antrag dem Verwaltungsbeirat abschriftlich zuzuleiten. **568**

Wie einige Rspr.beispiele bereits gezeigt haben, gibt es Fälle, in denen ein zunächst bestehendes Rechtsschutzbedürfnis später wegfällt. Dies gilt z.B. für einen Anspruch auf Beseitigung einer Holzverkleidung in einem Kellerabteil, wenn der Rechtsnachfolger des durch die Verkleidung benachteiligten Kellernachbarn an der Beseitigung kein Interesse hat.[78] Dieser Fall macht deutlich: Der Fortsetzung des Wohnungseigentumsverfahrens steht zwar nicht entgegen, daß der Antragsteller während des Verfahrens – im Entscheidungsfall: Rechtsbeschwerdeverfahrens – durch eine Veräußerung seiner Wohnung aus der Wohnungseigentümergemeinschaft ausgeschieden ist, da § 261 Abs. 3 Nr. 2 ZPO entsprechende Anwendung findet; der **Wegfall des Rechtsschutzbedürfnisses** im konkreten Fall macht alle an sich weiterhin zulässigen Anträge jedoch unzulässig. Ein häufiger Fall des späteren **Wegfalls** eines ursprünglich gegebenen **Rechtsschutzbedürfnisses** ist die **Hauptsacheerledigung** etwa dann, wenn ein angefochtener Eigentümerbeschluß über die Nachzahlung von Hausgeld dadurch überholt wird, daß auf einen Leistungsantrag hin der Wohnungseigentümer rechtskräftig aufgrund eines anderen Eigentümerbeschlusses zur Nachzahlung verpflichtet worden ist,[79] oder dann, wenn der Eigentümerbeschluß über die Genehmigung einer Jahresabrechnung unanfechtbar geworden ist, das Verfahren jedoch die Ungültigerklärung des entsprechenden Wirtschaftsplans zum Gegenstand hat.[80] Eine Hauptsacheerledigungsfall kann auch dann gegeben **569**

---

[77] BayObLG DWE 1984, 30.

[78] BayObLG Rpfleger 1982, 21 = DNotZ 1982, 244 = MDR 1982, 148; Rpfleger 1977, 126; WM 1994, 573; v. 19. 3. 1998 – 2 Z BR 5/98 –; OLG Karlsruhe OLGZ 1985, 133.

[79] BayObLG WE 1991, 55.

[80] BayObLG WE 1989, 218; s. a. NJW-RR 1997, 715 = WE 1997, 277 = ZMR 1997, 256: Rechtsschutzbedürfnis bleibt bestehen bei Eigentümerwechsel, Konkurseröffnung und Zwangsverwaltung; WE 1998, 403 = NJW-RR 1998, 1624.

sein, wenn die angefochtene Sanierung durchgeführt, ihre Rückgängigmachung ausgeschlossen ist und die Ungültigerklärung des angefochtenen Beschlusses auch sonst keine Auswirkungen mehr haben könnte.[80a] Wird in den genannten Fällen der Antrag auf Ungültigerklärung gleichwohl aufrechterhalten, ist er i. d. R. mangels Rechtsschutzbedürfnisses als unzulässig abzuweisen.

Natürlich ist auch für **Gegenanträge** das Rechtsschutzbedürfnis gefordert.[81]

570 Generell ist darauf zu verweisen, daß es im Falle des **Ausscheidens nach Rechtshängigkeit** zum einen beim Verfahren nach § 43 verbleibt,[82] daß aber darüber hinaus im Falle einer Veräußerung der Wohnung nach Rechtshängigkeit die Vorschriften der ZPO über die Veräußerung der streitbefangenen Sache **(gesetzliche Prozeßstandschaft)** entsprechend anzuwenden sind, § 261 Abs. 3 Nr. 2, §§ 265, 325, 727 ZPO.[83] Der Erwerber kann z. B. als Antragsteller eines Verfahrens die **Verfahrensstellung** des Veräußerers erwerben, wenn der Antragsgegner gemäß § 265 Abs. 2 Satz 2 ZPO zustimmt. Stimmt der Antragsgegner nicht zu, kann der Erwerber nur als **unselbständiger Streithelfer** nach § 265 Abs. 2 Satz 3 ZPO am Verfahren teilnehmen.[84] Zu Unrecht sieht das OLG Frankfurt[85] im nachträglichen Eintritt des Rechtsnachfolgers eines Wohnungseigentümers in ein Beschlußanfechtungsverfahren eine Klageänderung im Sinne von § 263 ZPO mit der Folge, daß dieser Beteiligtenwechsel auf der Antragstellerseite für die Antragsgegnerseite eine neue Rechtshängigkeit bedeute, und daß der neue Beteiligte nicht Rechtsnachfolger des früheren Antragstellers im Verfahren sei, sodaß der neue Beteiligte gegebenenfalls die Fristversäumung bezüglich der Anfechtung eines Eigentümerbeschlusses gem. § 23 Abs. 4 gegen sich gelten lassen müsse. Konsequenterweise bleibt auch der **Verwalter,** der Hausgeldansprüche der Wohnungseigentümer in eigenem Namen gerichtlich geltend macht, im Falle seines **Ausscheidens** während der Rechtshängigkeit weiterhin **Verfahrensstandschafter.**[86] Ob er im Verhältnis zu den Wohnungseigentümern weiterhin berechtigt ist, das Verfahren zu führen, hängt von deren Einverständnis ab. Dieses ist so lange zu unterstellen, so lange sie dem Verwalter die Befugnis nicht ausdrücklich entzogen haben. Macht der Verwalter im Namen einer Wohnungseigentümergemeinschaft rückständiges

---

[80a] BayObLG ZMR 1998, 644.

[81] OLG Hamm NJW 1975, 2300; Rpfleger 1978, 319; Bärmann-Merle, § 44 Rz. 38.

[82] KG NJW 1970, 330; BayObLG Rpfleger 1979, 446.

[83] BayObLG a. a. O.; BayObLGZ 1975, 53/55; MDR 1980, 142 LS; NJW-RR 1995, 467 = WM 1994, 635; v. 13. 7. 1984 – 2 Z 85/83 –; OLG Hamm WE 1990, 104; OLG Hamburg WE 1994, 377; Bärmann-Merle, § 43 Rz. 113.

[84] Bärmann-Merle, § 43 Rz. 113.

[85] OLG Frankfurt WE 1989, 171.

[86] BayObLG WE 1990, 147; NJW-RR 1993, 1488 = ZMR 1993, 584 = WE 1994, 276; ZMR 1997, 199 = WE 1997, 318; KG WE 1991, 325.

Hausgeld gegen einen Wohnungseigentümer gerichtlich geltend, und wird er während des Verfahrens als Verwalter abberufen und ein neuer Verwalter gewählt, so gilt die Ermächtigung zur Geltendmachung der Hausgeldansprüche einerseits auch für den neuen Verwalter. Andererseits ist der Wechsel im Verwalteramt ohne Einfluß auf das gerichtliche Verfahren.[87]

Zutreffenderweise hat das BayObLG[88] auch festgestellt, daß selbst der bereits **ausgeschiedene Wohnungseigentümer** bei einer ganz bestimmten Situation ein eigenes **Beschlußanfechtungsrecht** insoweit hat, als der anzufechtende Versammlungsbeschluß die Jahresabrechnung für einen Zeitraum zum Gegenstand habe, in dem der ausgeschiedene Wohnungseigentümer noch Mitglied der Gemeinschaft war. Die hier angeschnittene Frage ist zunächst ein **Rechtswegproblem.** Im Entscheidungsfalle hatte die Antragstellerin ihre Stellung als Wohnungseigentümerin durch Zwangsversteigerung zwischen Einreichung und Zustellung der Antragsschrift verloren, also nach Abrechnungsgenehmigung. Das Gericht verweist zunächst darauf, es sei in Literatur und Rechtsprechung allgemein anerkannt, daß das Ausscheiden aus der Gemeinschaft im Laufe eines Verfahrens den Antragsteller nicht daran hindere, das Verfahren weiter zu betreiben. Dies folge aus den im Wohnungseigentumsverfahren entsprechend anwendbaren § 261 Abs. 3 Nr. 2, §§ 265, 325 ZPO. Da die Antragstellerin **vor Rechtshängigkeit** ihrer Anträge **ausgeschieden** sei, seien die genannten Vorschriften der ZPO, die alle auf die Rechtshängigkeit als entscheidenden Zeitpunkt abstellten, hier nicht anwendbar. Auch eine entsprechende Anwendung von § 270 Abs. 3 ZPO komme nicht in Betracht. Nach § 23 Abs. 4 Satz 1 und § 43 Abs. 1 Nr. 4 sei Voraussetzung für die Zulässigkeit des Rechtswegs der freiwilligen Gerichtsbarkeit, daß der Antragsteller Wohnungseigentümer sei. So sei es in der Rechtsprechung auch herrschende Auffassung, daß Ansprüche aus dem Gemeinschaftsverhältnis gegen einen Wohnungseigentümer, der vor Rechtshängigkeit aus der Gemeinschaft ausgeschieden sei, ebenso wie Ansprüche dieses früheren Eigentümers gegen die Gemeinschaft vor dem **Prozeßgericht** geltend zu machen seien. Wenn nach der herrschenden Auffassung in der Rechtsprechung demgegenüber für Ansprüche gegen den abberufenen Verwalter aus dessen früherer Tätigkeit und für den Vergütungsanspruch des Verwalters das Verfahren nach § 43 Abs. 1 Nr. 2 zulässig bleibe, liege der entscheidende Grund darin, daß die Zuweisungsnorm des § 43 Abs. 1 Nr. 2 anders als die des § 43 Abs. 1 Nr. 1 **sachbezogen** und nicht personenbezogen sei. Im Rahmen eines Verfahrens nach § 43 Abs. 1 Nr. 4 sei die Frage dahin zu entscheiden, daß sowohl für den Antrag auf Feststellung der Nichtigkeit als auch für den Antrag auf Ungültigerklärung **571**

[87] KG NJW-RR 1989, 657; BayObLG ZMR 1997, 42 = WE 1997, 265.

[88] BayObLG ZMR 1983, 391/393; NJW-RR 1987, 270; s.a. OLG Düsseldorf ZMR 1997, 545 = WE 1997, 470, das i.ü. zu Recht darauf verweist, daß der ausgeschiedene Wohnungseigentümer kein Anfechtungsrecht habe, wenn die Abrechnung n a c h seinem Ausscheiden genehmigt werde.

eines Eigentümerbeschlusses das **Wohnungseigentumsverfahren** zulässig sei, auch wenn der Antragsteller vor Rechtshängigkeit oder vor Einreichung des Antrags aus der Gemeinschaft ausgeschieden sei. Für die **Ungültigerklärung** lasse sich dies unmittelbar aus § 23 Abs. 4 Satz 1, § 43 Abs. 1 Nr. 4 entnehmen: Danach sei ein Eigentümerbeschluß im Verfahren der freiwilligen Gerichtsbarkeit für ungültig zu erklären. Dies bedeute, daß hierfür das Prozeßgericht nicht zuständig sei. Auch die Zuweisungsnorm des § 43 Abs. 1 Nr. 4 sei sachbezogen, da sie nicht Ansprüche der Wohnungseigentümer oder gegen sie, sondern Angelegenheiten betreffe, die objektiv für die ganze Gemeinschaft von Bedeutung seien. Das gleiche müsse gelten, wenn ein ausgeschiedener Wohnungseigentümer beantrage, die Nichtigkeit eines Eigentümerbeschlusses festzustellen. Dieses Ergebnis entspreche auch dem Willen des Gesetzgebers, Wohnungseigentumssachen in möglichst weitgehendem Umfang dem Verfahren der freiwilligen Gerichtsbarkeit zuzuweisen. Allerdings setze der Antrag eines früheren Wohnungseigentümers auf Feststellung der Nichtigkeit oder auf Ungültigerklärung eines Eigentümerbeschlusses ein **Rechtsschutzbedürfnis** voraus. Ein solches sei nur dann zu bejahen, wenn der angegriffene Eigentümerbeschluß die Rechtsstellung des früheren Wohnungseigentümers berühre.

Das Anfechtungsrecht des ausgeschiedenen Wohnungseigentümers besteht also i.d.R. auch dann, wenn der anzufechtende Eigentümerbeschluß zwar zeitlich dem Ausscheiden folgt, aber auf die Rechtsposition des Ausgeschiedenen unmittelbare Auswirkungen hat.

Der neue Wohnungseigentümer, der es im Zeitpunkt der Eigentümerversammlung noch nicht war und deshalb auch kein Stimmrecht hatte, verfügt allerdings über ein Anfechtungsrecht.[89]

572 Zur **Verfahrensstandschaft** ist bereits in Abschn. 7 (Ausführungen zu § 27 Abs. 2 Nr. 5) Stellung genommen. Sie ist nicht auf den Verwalter beschränkt. Generell ist Voraussetzung, daß neben der Ermächtigung durch den materiell Berechtigten der **Ermächtigte** (auch „Standschafter" genannt) ein **eigenes rechtsschutzwürdiges Interesse** an der Geltendmachung des fremden Rechts hat.[90] Im Zusammenhang mit § 27 Abs. 2 Nr. 5 wird das eigene schutzwürdige Interesse des Verwalters allgemein bejaht. Denkbar ist aber auch, daß ein Wohnungseigentümer als Standschafter für andere auftritt.[91] Dies kann z.B. auch dann der Fall sein, wenn die Gemeinschaftsordnung sinngemäß bestimmt, daß nur alle Bruchteilseigentümer einer Wohnung gemeinsam einen Eigentümerbeschluß anfechten können, und wenn gleichwohl nur 1 Bruchteilseigentümer den Versammlungsbeschluß anficht. Mit seinem Anfechtungsantrag nimmt er gleichzeitig ein eigenes Recht und

---

[89] OLG Frankfurt NJW-RR 1992, 1170 = ZMR 1992, 311.

[90] Nochmals: BGHZ 25, 250/259f.; 48, 12/15; BayObLGZ 1969, 209/212; 1975, 310/318; 1981, 50/53.

[91] BayObLGZ 1970, 233.

in Verfahrensstandschaft das Recht des oder der anderen Bruchteilseigentümer wahr. Allerdings ist in diesem Falle die einmonatige **Anfechtungsfrist** nur gewahrt, wenn sich der Antragsteller innerhalb der Frist auf seine Rechtsstellung als Verfahrensstandschafter im Verfahren beruft.[92] Sofern die Gemeinschaftsordnung eine solche – zulässige – Einschränkung nicht vorsieht, hat nach dem Gesetz jeder Bruchteilseigentümer das selbständige Recht, Eigentümerbeschlüsse anzufechten.[93]

Was für die **Bruchteilsgemeinschaft** gilt, ist nicht auf die **Gesellschaft des** 573
bürgerlichen Rechts zu übertragen. Gehört ein Wohnungseigentum einer Gesellschaft des bürgerlichen Rechts, so ist ein einzelner Gesellschafter grundsätzlich nicht berechtigt, einen Eigentümerbeschluß anzufechten.[94] Nach § 709 Abs. 1 BGB können die Gesellschafter, falls nicht ein anderes vereinbart ist, die Geschäfte der Gesellschaft nur **gemeinschaftlich** führen, mithin auch nur gemeinschaftlich eine Forderung einklagen oder dementsprechend einen Eigentümerbeschluß anfechten. Die Tatsache, daß das Verfahren der freiwilligen Gerichtsbarkeit das Institut der notwendigen Streitgenossenschaft nicht kennt,[95] die Mitglieder einer Gesellschaft des bürgerlichen Rechts jedoch als Kläger im Zivilprozeß eine notwendige Streitgenossenschaft bilden, steht der aufgezeigten Rechtsfolge nicht entgegen, da es insoweit um die Frage des materiellen Rechts geht, ob bei einer Mehrheit von Berechtigten jeder einzeln oder alle gemeinschaftlich ein Antragsrecht haben. Das gilt auch für den Antrag, das Zustandekommen eines Eigentümerbeschlusses feststellen zu lassen.[96]

Nach § 44 Abs. 1 **soll** der Richter mit den Beteiligten **mündlich verhan-** 574
deln und hierbei darauf hinwirken, daß sie sich gütlich einigen. Die mündliche Verhandlung ist also Regel, weil der Richter „eine Pflicht zum Sühnegespräch" hat.[97] Die Pflicht zum Sühneversuch entfällt nicht schon deshalb, weil das Gericht eine weitere Sachaufklärung nicht für erforderlich hält oder außergerichtliche Vergleichsverhandlungen gescheitert waren,[98] oder weil nach Auffassung des Gerichts eine gütliche Einigung von einem Beteiligten nicht angestrebt werde.[99]

Aus dem Gesagten ergibt sich, daß in Wohnungseigentumssachen die mündliche Verhandlung, von Ausnahmen abgesehen, Pflicht ist. Dies gilt

---

[92] BayObLG Rpfleger 1983, 14.

[93] BayObLG a. a. O.; BayObLGZ 1975, 201/203; DWE 1982, 99; NJW-RR 1988, 271; KG NJW-RR 1994, 278 = ZMR 1993, 431 = WE 1993, 312; BGH NJW 1981, 1097.

[94] BayObLG ZMR 1991, 74.

[95] BGHZ 3, 214; BayObLG Rpfleger 1971, 221.

[96] BayObLG v. 15. 12. 1982 – 2 Z 18/82 –.

[97] So schon BayObLGZ 1972, 348 = NJW 1973, 152; s. a. NJW-RR 1997, 15 = WE 1997, 40 (mdl. Verhandlung setzt voraus, daß jeder Beteiligte die Möglichkeit der Teilnahme hat).

[98] vgl. KG NJW 1972, 691; BayObLGZ 1977, 44/49; WEM 1978, 116/117.

[99] BayObLG WE 1989, 64.

auch für die **Beschwerdeinstanz.** In der Beschwerdeinstanz ist grundsätzlich vor der **vollbesetzten Kammer** mündlich zu verhandeln.[100] Lehnt das Amtsgericht die Anberaumung eines Termins zur mündlichen Verhandlung mit der Begründung ab, die ladungsfähigen Anschriften aller Antragsgegner lägen noch nicht vor, so ist hiergegen ein Rechtsmittel nicht zulässig.[101] In der Beschwerdeinstanz bedarf es keiner mündlichen Verhandlung, wenn der Streit nur die Kosten des Verfahrens betrifft.[102] Erledigt sich im Beschwerdeverfahren die Hauptsache, so kann jedenfalls dann ausnahmsweise von einer mündlichen Verhandlung vor der vollbesetzten Kammer abgesehen werden, wenn bereits vorher der Sachverhalt von einem Mitglied der Kammer mit den Beteiligten mündlich erörtert wurde.[103] Wird ein Mitglied der Beschwerdekammer beauftragt, die Sache mit den Beteiligten mündlich zu erörtern, so macht dies jedenfalls dann eine mündliche Verhandlung vor der vollbesetzten Kammer nicht entbehrlich, wenn das beauftragte Mitglied im Verlauf der Anhörung abgelehnt wird und entscheidungserheblicher Sachvortrag erst danach erfolgt.[104] Der Verstoß gegen das Gebot, daß mündliche Verhandlungen im Beschwerdeverfahren vor der vollbesetzten Kammer zu erfolgen haben, führt dann nicht zur Aufhebung der angegriffenen Entscheidung, wenn ein **Ausnahmefall** vorliegt, mit dem der Verzicht auf eine mündliche Verhandlung begründet werden kann. Ein solcher Ausnahmefall liegt vor, wenn nach einer mündlichen Verhandlung mit einem Mitglied der Kammer die Beteiligten auf eine weitere mündliche Verhandlung ausdrücklich verzichten, und wenn feststeht, daß eine weitere Sachaufklärung nicht erforderlich ist.[105] Von der mündlichen Verhandlung vor der Kammer darf dann nicht entsprechend § 128 Abs. 2 ZPO abgesehen werden, wenn ein Beteiligter sein Einverständnis hiermit wegen einer wesentlichen Veränderung der Prozeßlage widerrufen hat.[106]

575 Die mündliche Verhandlung in Wohnungseigentumsverfahren ist zwingend **öffentlich.**[107] Hat das Beschwerdegericht in nichtöffentlicher Sitzung

---

[100] BayObLG NJW-RR 1987, 1492; NJW-RR 1988, 1151 = WE 1988, 138; WE 1988, 141; WE 1988, 176; WE 1989, 67; ZMR 1990, 309; NJW-RR 1993, 280 = WE 1993, 349; WE 1996, 357; v. 22. 10. 1991 – 2 Z 127/91 –; OLG Düsseldorf NJW-RR 1994, 1169 u. 1426; OLG Frankfurt v. 14. 6. 1988 – 20 W 179/88 –; OLG Hamm OLGZ 1988, 185 ff.; ZMR 1998, 591 = WE 1998, 499 (mit Darstellung der Ausnahmefälle).

[101] BayObLG WE 1991, 201.

[102] Hans. OLG Hamburg ZMR 1990, 467.

[103] BayObLG WE 1989, 58.

[104] BayObLG WE 1989, 64.

[105] BayObLG WE 1989, 212; WE 1990, 181; WE 1991, 197 (Unzulässigkeit des Rechtsmittels).

[106] BayObLG WE 1990, 62.

[107] BayObLG NJW-RR 1988, 1151 = WE 1988, 138; MDR 1988, 411; WE 1988, 139; WE 1988, 176; WE 1990, 58; NJW-RR 1989, 1293; OLG Hamm NJW-RR 1988, 849; KG NJW-RR 1990, 456; einschränkend OLG Düsseldorf WE 1995, 278: nur bei zivilrechtlichen Ansprüchen und Verpflichtungen.

verhandelt und die Entscheidungsformel nicht öffentlich verkündet sowie anschließend die „aufgrund der mündlichen Verhandlung“ erlassene vollständige Entscheidung bekanntgemacht, so führt dies zwingend zur Aufhebung und Zurückverweisung.[108] Das Gebot der Öffentlichkeit wird deshalb postuliert, weil nichtöffentliche Verhandlungen gegen Art. 6 Abs. 1 Satz 1 **Europäische Konvention zum Schutze der Menschenrechte und Grundfreiheiten** vom 4. 11. 1950 (MRK) verstoßen. Nach der genannten Konvention muß desweiteren die gerichtliche Entscheidung („Urteil“) **öffentlich verkündet** werden.

Neben dem Grundsatz des Anspruches auf **rechtliches Gehör** (Art. 103 **576**
GG)[109] steht im Verfahrensmittelpunkt der Grundsatz der **Amtsermittlung.**

Danach kann das Gericht, ohne auf die von den Beteiligten vorgelegten Behauptungen und angebotenen Beweise beschränkt zu sein, von sich aus Nachforschungen anstellen. Im Vertrauen auf die Tragweite des Amtsermittlungsgrundsatzes verkennen die Beteiligten oftmals, daß der Richter zum einen nur naheliegende Ermittlungen anzustellen hat,[110] und daß er andererseits die Erfüllung der **Verfahrensförderungspflicht** der Beteiligten zur Voraussetzung der von ihm anzustellenden Ermittlungen machen darf.

So ist der Antragsteller gleichwohl zum **substantiierten Tatsachenvortrag** hinsichtlich des von ihm geltend gemachten Anspruches verpflichtet. Die bloße Verweisung auf Unterlagen in Aktenordnern reicht nicht aus. § 12 FGG verlangt nicht, daß das Gericht den erforderlichen Tatsachenvortrag des Antragstellers erst ermittelt.[111] Die einer Einzelabrechnung zugrundeliegenden Kosten müssen substantiiert vorgetragen werden, so daß die Abrechnung vom Gericht geprüft und nachvollzogen werden kann. Der Amtsermittlungsgrundsatz führt nicht dazu, daß der Gläubiger einer Hausgeldforderung von einem substantiierten Sachvortrag befreit wäre.[112]

Im Wohnungseigentumsverfahren als einem echten Streitverfahren der freiwilligen Gerichtsbarkeit haben die Beteiligten trotz des Amtsermittlungsprinzips die Pflicht, in jeder ihnen möglichen Weise, u. a. durch eingehende Tatsachendarstellung an der Aufklärung des Sachverhaltes mitzuwirken.[113] Aus dem Unterlassen eines Antragsgegners, das Bestreiten irgendwie

---

[108] BayObLG WE 1990, 58; WM 1991, 210 = DWE 1992, 166 = WE 1992, 54, wonach die nicht-öffentliche Verhandlung unschädlich ist, wenn dieser Verfahrensfehler durch das nachfolgende schriftliche Verfahren überholt wird.

[109] S. hierzu beispielhaft BayObLG DWE 1991, 163 = WE 1992, 198.

[110] OLG Karlsruhe WEM 1980, 80.

[111] BayObLG DWE 1984, 124; vgl. auch BayObLG v. 5. 11. 1998 – 2 Z BR 92/98 –.

[112] BayObLG DWE 1984, 87; DWE 1984, 125; OLG Köln WE 1996, 433; s. a. OLG Düsseldorf ZMR 1996, 616: Ermittlungen über bloße Schlüssigkeitsprüfung hinaus.

[113] BGHZ 16, 378/383; BayObLGZ 1965, 131/133; 1984, 102/104; DWE 1983, 95; DWE 1985, 60; WE 1986, 98; WE 1991, 166; WE 1991, 256.

zu substantiieren, darf das Gericht im Rahmen der freien Beweiswürdigung auf die Richtigkeit des Vorbringens des Antragstellers schließen und von weiteren Amtsermittlungen Abstand nehmen.[114] Eine Verletzung der **prozessualen Förderungspflicht** durch Beteiligte in Wohnungseigentumssachen schränkt u.a. die gerichtliche Amtsermittlungspflicht ein[115] (im Entscheidungsfalle hatte die Antragsgegnerin keinen Sachvortrag gebracht). Übergeht das Gericht einen – objektiv relevanten – Vortrag und/oder ein – objektiv relevantes – Beweisangebot, stellt dies einen Verstoß gegen die Amtsermittlungspflicht dar.[116] Der amtsgerichtliche Beschluß, mit dem dem Antragsteller aufgegeben wird, seinen Sachvortrag unter Angabe aller Beweismittel zu konkretisieren und zu ergänzen, sodaß er aus sich heraus verständlich werde, ist keine gemäß § 19 FGG anfechtbare Verfügung.[117]

Der Grundsatz der Amtsermittlung verbietet es, daß die Nichterklärung oder gar **Säumnis** Folgen nach sich ziehen. Das **Versäumnisverfahren** scheidet daher aus.[118]

577 Das Gericht ist im Rahmen der **Beweiserhebung** nicht an die strengen Regeln der ZPO gebunden, auch wenn regelmäßig die Grundsätze der ZPO angewendet werden können. Die strengen Regeln der ZPO müssen nur dann angewendet werden, wenn anderenfalls keine ausreichende Aufklärung möglich ist.[119] Dies gilt insbesondere für **Zeugenvernehmungen.** Findet eine förmliche Vernehmung eines Zeugen statt, gilt der Grundsatz der Unmittelbarkeit der Beweisaufnahme auch im Verfahren der freiwilligen Gerichtsbarkeit.[120] Die Verletzung des **Unmittelbarkeitsgrundsatzes** bei der Beweisaufnahme ist ein Mangel, auf dessen Geltendmachung auch im Wohnungseigentumsverfahren verzichtet werden kann. Ein solcher Verzicht liegt z.B. vor, wenn die Beteiligten sich zur Sache einlassen, ohne z.B. die Vernehmung des Zeugen durch einen beauftragten Richter zu rügen.[121] **Beweislastregeln** gibt es im Wohnungseigentumsverfahren ebenfalls nicht,[122] auch wenn der Richter mangels besserer Erkenntnisse im Rahmen der freien Beweiswürdigung oftmals tatsächlich die Grundsätze der Beweislastregeln der ZPO anwenden dürfte. Es gibt also keine **Beweisführungslast** wie im Zivilrechtsstreit. Allerdings obliegt es auch hier den Beteiligten, in jeder ihnen möglichen Weise an der Aufklärung des Sachverhalts mitzuwirken. Die

---

[114] BayObLGZ 1971, 217/219f.; DWE 1983, 95; WE 1989, 58; NJW-RR 1997, 971 (richterliche Überprüfung einer von den Beteiligten als unstreitig bezeichneten Tatsache).

[115] OLG Frankfurt DWE 1983, 61.

[116] BayObLG DWE 1982, 137.

[117] BayObLG v. 18. 12. 1986 – 2 Z 102/86 –.

[118] OLG Stuttgart WEM 1979, 40; Bärmann-Merle, § 44 Rz. 118.

[119] BayObLG WEM 1978, 116/117; ZMR 1981, 124 = WEM 1980, 176; Bärmann-Merle, § 44 Rz. 10.

[120] BayObLG DWE 1984, 30; OLG Düsseldorf NJW 1967, 454.

[121] BayObLG a.a.O.

[122] Bärmann-Merle, § 44 Rz. 10.

Regeln der sogenannten objektiven oder materiellen Beweislast behalten ihre Bedeutung für die Frage, zu wessen Lasten es geht, wenn bestimmte Umstände nicht festgestellt werden können, die zum Tatbestand einer für die Anwendung in Betracht kommenden Norm gehören.[123] Eine **förmliche Beweisaufnahme** im Sinne eines sogenannten Strengbeweises ist **entbehrlich,** wenn durch Freibeweis die erheblichen Tatsachen ausreichend sicher festgestellt werden können.[124] Ein Beweisbeschluß, mit dem etwa die Erholung eines Sachverständigengutachtens über die Notwendigkeit und den Erfolg von Dachsanierungsarbeiten angeordnet wird, ist im übrigen keine gem. § 19 FGG anfechtbare Verfügung.[125] Die **Beweiswürdigung** ist stets Sache des Tatrichters und kann vom Rechtsbeschwerdegericht nur auf Rechtsfehler nachgeprüft werden.[126] Ein formell und materiell am Verfahren Beteiligter kann nicht als Zeuge, sondern nur nach den Grundsätzen der Parteivernehmung vernommen werden.[127]

Nach § 46 a können **Zahlungsansprüche,** über die nach § 43 Abs. 1 zu **578**
entscheiden ist, nach den Vorschriften der ZPO im **Mahnverfahren** geltend gemacht werden. Ausschließlich zuständiges Mahngericht im Sinne des § 689 Abs. 2 ZPO ist das AG, in dessen Bezirk das Grundstück liegt. § 690 Abs. 1 Nr. 5 ZPO gilt mit der Maßgabe, daß das nach § 43 Abs. 1 zuständige Gericht der freiwilligen Gerichtsbarkeit im Mahnbescheidsantrag zu bezeichnen ist. Mit Eingang der Akten beim Gericht der freiwilligen Gerichtsbarkeit nach § 696 Abs. 1 Satz 4 oder § 700 Abs. 3 Satz 2 ZPO gilt der Antrag auf Erlaß des **Mahnbescheids** als ein solcher nach § 43 Abs. 1. Im **Widerspruchsfalle** setzt das WEG-Gericht dem Antragsteller eine Frist für die Begründung seines Antrags. Vor Eingang der Antragsbegründung wird das Verfahren nicht fortgeführt. Der **Widerspruch** des Antragsgegners kann bis zum Ablauf einer Frist von 2 Wochen seit Zustellung der Antragsbegründung zurückgenommen werden.

Auch im Falle des **Einspruchs** gegen den **Vollstreckungsbescheid** setzt das Gericht der freiwilligen Gerichtsbarkeit dem Antragsteller eine Frist für die Begründung des Antrags, sofern der Einspruch nicht als unzulässig verworfen wird. Vor Eingang der Antragsbegründung wird das Verfahren vorbehaltlich einer Maßnahme nach § 44 Abs. 3 (einstweilige Anordnung) nicht fortgeführt. Geht die Begründung bis zum Ablaufe der gesetzten Frist nicht ein, wird die Zwangsvollstreckung aus dem Vollstreckungsbescheid auf Antrag des Antraggegners eingestellt.

---

[123] BayObLG DWE 1985, 60; WE 1986, 137; OLG Düsseldorf DWE 1997, 169 = WE 1997, 347: Die Anwendung von Beweislastregeln ist dem materiellen Recht zuzuordnen und deshalb in der Rechtsbeschwerdeinstanz überprüfbar (Beweislast).

[124] BayObLG DWE 1991, 39 = WE 1991, 289; Bärmann-Merle, a. a. O.

[125] BayObLG WE 1989, 59.

[126] BayObLGZ 1971, 147/154; v. 10. 10. 1991 – 2 Z 98/91 –.

[127] BayObLG NJW-RR 1998, 301 = ZMR 1998, 176.

Gemäß § 48 Abs. 1 Satz 4 wird im Widerspruchs- oder Einspruchsfalle eine Gerichtskostengebühr nach der KostO nur erhoben, soweit sie die nach dem Gerichtskostengesetz zu erhebende Gebühr für die Entscheidung über den Antrag auf Erlaß des Mahnbescheids übersteigt.

Durch § 46 a Abs. 3 ist auch klargestellt, daß das Gericht der freiwilligen Gerichtsbarkeit im Einspruchsfalle den ergangenen Vollstreckungsbescheid in der eigenen Sachentscheidung aufrechterhalten kann. Der Vollstreckungsbescheid muß nicht durch eine die Zahlungsverpflichtung selbständig aussprechende Entscheidung ersetzt werden.[128] Zur Vertiefung der Rechtsfragen im Mahnverfahren wird auf die sehr ausführliche Darstellung bei Bärmann-Merle verwiesen.[129]

579 An dieser Stelle ist auch noch auf die Bestimmung des § 29 b ZPO zu verweisen. Die genannte Bestimmung sieht für **Klagen Dritter gegen** mehrere oder nur einzelne, auch frühere **Wohnungseigentumer** eine Wahlzuständigkeit des Gerichts vor, in dessen Bezirk das Grundstück liegt. Wollte früher ein Dritter mehrere Wohnungseigentümer als Gesamtschuldner aus demselben Rechtsgrund gem. § 427 BGB oder pro rata nach § 420 BGB in Anspruch nehmen, mußte er nach bisherigem Rechtszustand häufig vor verschiedenen Gerichten klagen, wenn die Wohnungseigentümer ihren allgemeinen Gerichtsstand an verschiedenen Orten hatten, sofern nicht die Bestimmung des § 29 ZPO ausnahmsweise einschlägig war.

580 **Örtlich** und **sachlich zuständiges** Wohnungseigentumsgericht ist stets das Amtsgericht, in dessen Bezirk das Grundstück liegt, § 43 Abs. 1. Davon abweichende **Gerichtsstandsvereinbarungen** sind unzulässig.[130] Eine Verweisung des örtlich unzuständigen Gerichts an das zuständige Gericht ist auf Antrag möglich, analog § 281 ZPO.[131]

581 Entgegen der Auffassung des OLG Braunschweig[132] ist die **Antragsfrist** des § 23 Abs. 4 auch dann gewahrt, wenn der Antrag beim örtlich oder sachlich **unzuständigen Gericht** innerhalb der Anfechtungsfrist eingereicht wurde.[133] Die in der Vorauflage vertretene, der Rspr. des OLG Braunschweig entsprechende Auffassung wird aufgegeben. Die Nichtzahlung des angeforderten Kostenvorschusses z. B. durch den anfechtenden Wohnungseigentümer und das Ruhen des Verfahrens rechtfertigen es nicht, die Anfechtungsfrist als versäumt anzusehen und den Antrag zurückzuweisen.[134] Al-

---

128 Bärmann-Merle, § 46 a Rz. 125.

129 Bärmann-Merle, § 46 a Rz. 23–128.

130 BGHZ 68, 233; Bärmann-Merle, § 43 Rz. 3; Weitnauer, § 43 Rz. 33; OLG Düsseldorf WM 1992, 548.

131 BayObLG Rpfleger 1975, 245.

132 OLG Braunschweig OLGZ 1989, 186 = WE 1989, 100.

133 So nunmehr BGH NJW 1998, 3648 = EBE 1989, 355 = ZMR 1999, 44 = DWE 1998, 176; so auch BayObLG ZfIR 1998, 303 = ZMR 1998, 448.

134 OLG Düsseldorf ZfIR 1998, 96; s.a. OLG Köln ZMR 1995, 270 = WE 1995, 241; WE 1996, 433.

lerdings kann das **Anfechtungsrecht verwirkt** sein, wenn ein Wohnungseigentümer das eingeleitete Verfahren über viele Jahre hinweg nicht weiterbetreibt.[135]

Zulässig sind hingegen **Schiedsvereinbarungen** (Schiedsabrede u. Schiedsklausel), über nichtvermögensrechtliche Ansprüche nur insoweit, als die Beteiligten einen Vergleich schließen können, § 1030 ZPO, § 44. Die Schiedsgerichtsabrede kann zum Inhalt des Sondereigentums gemacht werden, § 5 Abs. 4, § 10 Abs. 2. Die Schiedsgerichtsvereinbarung braucht nicht in besonderer Urkunde aufgenommen zu werden.[136] In diesem Zusammenhang gilt der besondere Hinweis dem **„Deutschen Ständigen Schiedsgericht für Wohnungseigentumssachen in Leipzig"**, begründet von ESW in Deutschland, Deutsches Volksheimstättenwerk und Dachverband Deutscher Hausverwalter e.V. Das **Statut** ist abgedruckt bei Bärmann/Seuß, Praxis des Wohnungseigentums, 4. Aufl., G 129 a. Nach dem Statut können Schiedgerichtsklauseln auch durch bestandskräftigen vereinbarungsersetzenden Beschluß eingeführt werden, nicht nur durch anfängliche oder nachträgliche Vereinbarung. Dem Statut beigefügt ist auch eine **Liste** der **Schiedsrichter.** Die kommenden Jahre werden zeigen, ob die Schiedsgerichtsbarkeit in Wohnungseigentumssachen die erhoffte Akzeptanz findet. 582

Statt einer Schiedsgerichtsabrede kann auch vereinbart werden, daß einem gerichtlichen Verfahren eine Art **Schlichtung** vorzuschalten ist. Ist dies vereinbart, wäre ein Gerichtsverfahren dann mangels **Rechtsschutzbedürfnisses** solange unzulässig, als der Güteversuch nicht gescheitert ist.[137] Die Wohnungseigentümer können auch durch Vereinbarung oder durch bestandskräftigen Eigentümerbeschluß bestimmen, daß vor der Antragstellung bei Gericht die Wohnungseigentümerversammlung anzurufen ist. Auch in diesem Falle würde ein sofort eingeleitetes Gerichtsverfahren mangels Rechtsschutzbedürfnisses unzulässig sein. Ausnahmsweise könnte in diesem Falle die Anrufung der Wohnungseigentümerversammlung unterbleiben, wenn die Wohnungseigentümer bereits aus anderem Anlaß wiederholt mit der Sache befaßt waren.[138] 583

Die richterliche Entscheidung über den Antrag ergeht durch **Beschluß.** Sofern er die Instanz abschließt, hat er auch über die Tragung der **Gerichtskosten** und gegebenenfalls die Erstattung der **außergerichtlichen Kosten** 584

---

[135] KG ZMR 1997, 484 = WE 1998, 29 = NJW-RR 1998, 370; OLG Düsseldorf NJW-RR 1998, 588 = ZMR 1998, 302 = WE 1998, 309; ZMR 1998, 711; ZMR 1998, 244 = ZfIR 1998, 96 = WE 1998, 308; OLG Köln ZMR 1998, 110.

[136] BayObLGZ 1973, 1 = Rpfleger 1973, 139 = ZMR 1973, 205; OLG München ZMR 1972, 210; OLG Zweibrücken WE 1987, 85; Bärmann-Merle vor § 43 Rz. 11 ff.; Weitnauer, § 10 Rz. 40 u. § 43 Rz. 34, 35.

[137] Weitnauer, § 43 Rz. 34; OLG Zweibrücken WE 1987, 85; BayObLG NJW-RR 1996, 910 = DWE 1996, 36 = WE 1996, 236 (Schlichtung durch Verwaltungsbeirat).

[138] Weitnauer, § 43 Rz. 34 u. Anh. zu § 43 Rz. 7; BayObLG Rpfleger 1983, 14; WM 1987, 236; NJW-RR 1991, 849 = ZMR 1991, 231.

(§ 47), sowie über die Festsetzung des **Geschäftswertes** zu entscheiden, § 48 Abs. 2.

Der FGG-Richter ist anders als der Streitrichter nicht streng an die gestellten Sachanträge gebunden. Er ist zur **Auslegung** eines **Antrags** berechtigt und darf nicht so ohne weiteres einen Antrag nur deshalb zurückweisen, weil er in der gewählten Formulierung unzulässig oder unbegründet ist, seiner Tention nach jedoch ein rechtlich fundiertes Ziel verfolgt. Der Richter darf z.B. den Antrag eines abberufenen Verwalters auf Feststellung der Unwirksamkeit seiner Abwahl in einen Beschlußanfechtungsantrag umdeuten. Der Richter darf dem Antragsteller ein minus gegenüber dem gestellten Antrag zusprechen, ohne daß der Antragsteller einen entsprechenden Hilfantrag gestellt haben müßte. Dies wirkt sich allenfalls im Rahmen der Kostenentscheidung aus (der Antragsteller beantragt z.B., das Gericht wolle dem Antragsgegner unter Androhung einer Geldbuße für den Fall der Zuwiderhandlung eine bestimmte Handlung verbieten, das Gericht hingegen trifft lediglich die **Feststellung,** daß eine bestimmte, vom Antragsteller beanstandete Handlung rechtswidrig sei). Keinesfalls darf der Richter dem Antragsteller mehr oder etwas ganz anderes zusprechen, als beantragt ist.[139] Im Verfahren der **Beschlußanfechtung** ist der Richter entsprechend § 308 ZPO **an den Antrag gebunden.**[140] Das Gericht ist jedoch im Beschlußanfechtungsverfahren ohne (weiteren) Antrag nicht befugt, die im Eigentümerbeschluß getroffene Regelung zu ändern, zu ergänzen oder zu ersetzen.[141] Das Gesetz macht diese Möglichkeit von einem Antrag eines der Beteiligten abhängig, der auch gleichzeitig mit der Anfechtung eines Eigentümerbeschlusses gestellt werden kann.[142] Die Umdeutungsmöglichkeiten des Richters entheben den Antragsteller im Beschlußanfechtungsverfahren jedoch nicht der Pflicht, **innerhalb der Monatsfrist** des § 23 Abs. 4 **klarzustellen,** welche Beschlüsse der Eigentümerversammlung angefochten werden sollen.[143] Der Antrag ist wirksam gestellt, wenn zunächst **„alle Beschlüsse"** angefochten werden.[144] Da die Anfechtungsfrist des § 23 Abs. 4 Satz 2 eine materiell-rechtliche Ausschlußfrist ist, ist ein verspäteter Anfechtungsantrag nicht unzulässig, sondern unbegründet.[145]

---

[139] BayObLG DWE 1991, 163 = WE 1992, 197; ZMR 1990, 65 = WM 1990, 178 = WE 1991, 22; OLG Zweibrücken WE 1994, 146; KG WM 1994, 294 = ZMR 1994, 277; Bärmann-Merle, § 44 Rz. 34.

[140] BayObLGZ 1974, 172.

[141] BayObLGZ 1974, 172/175; DWE 1986, 29; WE 1995, 245.

[142] BayObLG a.a.O.; vgl. auch OLG Hamm OLGZ 1971, 461; OLG Frankfurt OLGZ 1982, 269.

[143] OLG Celle WE 1989, 139; OLG Köln NJW-RR 1996, 1481 = ZMR 1996, 576 = WE 1996, 466; OLG Zweibrücken NJW-RR 1995, 397 = ZMR 1994, 482 = WE 1995, 25.

[144] BayObLG NJW-RR 1995, 1166.

[145] BayObLG NJW-RR 1991, 976 = WM 1991, 412 = DWE 1991, 149 = WE 1992, 139.

585 In Wohnungseigentumssachen ist eine **Sachentscheidung erlassen,** sobald das Gericht die hinauszugebenden Ausfertigungen aus seiner Verfügungsgewalt entläßt.[146] Dies ist u.a. dann von Bedeutung, wenn die **Erledigung der Hauptsache** nach Erlaß der Entscheidung, aber vor Einlegung der sofortigen Beschwerde eingetreten ist. In diesem Falle ist das **Rechtsmittel** wegen fehlender Beschwer von vorneherein unzulässig.[147]

Die abschließende Entscheidung kann von anderen Richtern erlassen werden als denen, die an der mündlichen Verhandlung nach § 44 Abs. 1 teilgenommen haben;[148] denn die mündliche Verhandlung ist nicht die alleinige Grundlage der Entscheidung. So ist schriftsätzliches Vorbringen jedenfalls zu berücksichtigen, auch wenn es erst nach der mündlichen Verhandlung bei Gericht eingeht.[149]

Die Sachentscheidung wird mit der **Bekanntmachung** an denjenigen wirksam, für welchen sie ihrem Inhalt nach bestimmt ist, § 12 Abs. 1 FGG. Die Bekanntmachung hat durch Zustellung nach den für die Zustellung von Amts wegen geltenden Vorschriften der ZPO zu erfolgen, da die Sachentscheidung der sofortigen – befristeten – Beschwerde unterliegt, § 45 Abs. 1. **Hauptsacheentscheidungen** sowohl des AG als auch des LG können außer durch **förmliche Zustellung** auch durch **Verkündung** der vollständigen Entscheidung in Anwesenheit aller Beteiligten wirksam bekannt gemacht werden.[150] Verkündet das Gericht am Ende der mündlichen Verhandlung lediglich den Tenor eines Beschlusses, so wird dadurch die Entscheidung zwar nicht wirksam, sie ist aber erlassen und damit beschwerdefähig.[151] Die Verkündung der Entscheidungsformel ist dann keine wirksame Bekanntmachung des Beschlusses nach § 16 FGG, wenn nicht gleichzeitig die vollständige Entscheidung mit Formel und Gründen in Anwesenheit aller Beteiligten zu Protokoll bekannt gemacht wird. Eine lediglich erlassene, aber nicht bekannt gemachte Entscheidung setzt die Rechtsmittelfrist nicht in Gang.

586 Die Sachentscheidung erwächst in **formeller** und **materieller Rechtskraft** (vgl. § 45 Abs. 2).[152] Die Formel einer gerichtlichen Entscheidung soll so kurz, bestimmt und klar wie möglich gefaßt sein. Sie muß den Umfang der Rechtskraft erkennen lassen. Soweit es sich um eine Entscheidung handelt, die **vollstreckungsfähig** ist, muß sie aus sich verständlich sein. Die Rechts-

---

[146] BGHZ 12, 248/252; BayObLGZ 1968, 228/229; DWE 1983, 30 = Rpfleger 1983, 9; DWE 1983, 55; ZMR 1990, 466.

[147] BayObLGZ 1964, 149ff.; 1965, 348/349; 1966, 82/85; v. 5. 1. 1983 – 2 Z 29/82 –; v. 29. 2. 1983 – 2 Z 5/82 –.

[148] BayObLG WM 1992, 498 = WE 1993, 279; KG NJW-RR 1994, 278 = ZMR 1993, 430 = WE 1993, 312.

[149] BayObLGZ 1988, 436; 1990, 173.

[150] BayObLGZ 1988, 436/439; WM 1989, 459; WE 1991, 290.

[151] BayObLGZ 1988, 436/439; WE 1990, 140; WE 1991, 290.

[152] BayObLG WM 1994, 160 = WE 1994, 309; WM 1994, 637 = NJW-RR 1994, 1425; zum Umfang der Rechtskraft: BGH NJW-RR 1987, 525.

kraft formeller Natur ergibt sich aus dem Rechtsmittel der befristeten Beschwerde. Die materielle Rechtskraft beschränkt sich nach wohl h.M. auf alle Beteiligte im formellen Sinne. § 43 Abs. 4 bestimmt – nicht abschließend – die materiell Beteiligten. Die Rechtskraft wirkt also nach h.M. nicht für oder gegen materiell Beteiligte, die fälschlicherweise nicht auch **formell beteiligt** worden sind.[153] Dies kann in Konsequenz insbesondere **bei Beschlußanfechtungsverfahren** zur Rechtsunsicherheit führen. Gemäß § 43 Abs. 4 Nr. 2 sind bei Beschlußanfechtungsverfahren neben dem Verwalter alle Wohnungseigentümer Beteiligte. I.d.R. wird dem Verwalter, der insoweit Zustellungsvertreter ist, vom Gericht aufgegeben, eine **vollständige Liste aller Wohnungseigentümer** vorzulegen. Nur die in der Liste bezeichneten Personen werden formell Beteiligte. Ist die Liste z.B. veraltet, sind also neue Eigentümer nicht formell beteiligt, kann dies dazu führen, daß sich die materielle Rechtskraft der Sachentscheidung nicht auf die Wohnungseigentümer erstreckt, die nicht in der Liste aufgeführt sind. Hier sind also vornehmlich die Verwalter in die Pflicht genommen, bei der Vorlage von Eigentümerlisten den jeweils aktuellsten Stand zu berücksichtigen. Wegen der aufgezeigten Problematik und aus folgenden Gründen ist jedoch die Lösung vorzuziehen, wonach auch derjenige **Wohnungseigentümer**, der **formell nicht beteiligt** wurde, gem. § 45 Abs. 2 Satz 2 **gebunden** ist.[154] Gem. § 10 Abs. 3 bedürfen Eigentümerbeschlüsse gem. § 23 und Entscheidungen des Richters gem. § 43 zu ihrer Wirksamkeit gegen den Sondernachfolger eines Wohnungseigentümers nicht der Eintragung in das Grundbuch. Wenn also schon der Sondernachfolger an Entscheidungen des Richters gem. § 43 ohne Eintragung in das Grundbuch gebunden ist, darf sich die materielle Rechtskraft einer richterlichen Entscheidung nach § 43 nicht lediglich auf die Beteiligten im formellen Sinne beschränken. Die Konsequenz ist, daß auch der nicht formell beteiligte Wohnungseigentümer die Möglichkeit hat, Rechtsmittel gegen die richterliche Entscheidung einzulegen. Dies führt letztendlich auch dazu, daß ein an sich Antragsberechtigter, der nicht Antragsteller ist, gegen die Zurückweisung eines Antrags zumindest aus verfahrensökonomischen Gründen jedenfalls dann beschwerdeberechtigt ist, wenn er im Zeitpunkt der Beschwerdeeinlegung den Antrag noch wirksam stellen könnte, also keine Antragsfrist zu beachten war.[155]

587 Ist rechtskräftig festgestellt, daß ein Wohnungseigentümer aufgrund eines bestimmten Versammlungsbeschlusses nicht berechtigt sei, bestimmte bauliche Maßnahmen durchzuführen, schließt dies eine spätere richterliche Feststellung nicht aus, daß dieser Wohnungseigentümer aufgrund eines neuen Versammlungsbeschlusses nunmehr berechtigt sei, diese baulichen Maß-

---

[153] Bärmann-Merle, § 45 Rz. 116.

[154] Weitnauer, § 43 Rz. 37; Staudinger-Wenzel, § 45 Rz. 59.

[155] BayObLG NJW-RR 1992, 150 = WM 1991, 627 = DWE 1991, 164 = WE 1992, 201 (in casu: Unbefristeter Wiederherstellungs- und Beseitigungsantrag).

nahmen zu treffen. Die früheren richterlichen Feststellungen waren als solche nicht in materielle Rechtskraft erwachsen.[156] I.ü. aber sind wegen der **materiellen Rechtskraft** abändernde Entscheidungen über denselben Verfahrensgegenstand nur unter den Voraussetzungen des § 45 Abs. 4 zulässig.[157]

Innerhalb des durch rechtskräftige Entscheidung abgeschlossenen Wohnungseigentumsverfahrens kann nicht mit der Behauptung, die Entscheidung sei materiell unrichtig und ihre Vollstreckung verstoße gegen die guten Sitten, die Unterlassung der Zwangsvollstreckung und die Herausgabe der vollstreckbaren Ausfertigung verlangt werden.[158]

Zur Abgrenzung des Umfanges der Rechtskraft der Entscheidung sind neben der **Beschlußformel** die **Gründe des Beschlusses** heranzuziehen.[159]

Hat sich die **Hauptsache** durch übereinstimmende Erledigungserklärung **588**
der Parteien **erledigt,** ergeht lediglich eine **isolierte Kostenentscheidung** analog § 91 a ZPO.

Im Streitverfahren der ZPO ist die Hauptsache prozessual nur dann erledigt, wenn die Prozeßparteien übereinstimmend die Hauptsache für erledigt erklären. Erklärt der Kläger die Hauptsache für erledigt und widerspricht der Beklagte der Erledigungserklärung etwa mit dem Argument, die Klage sei von Anfang an unbegründet gewesen, wird die bisherige Leistungsklage zur Feststellungsklage darüber, ob ein Fall der Hauptsacheerledigung vorliegt oder nicht. Bejaht das Gericht den Erledigungsfall, erklärt es im Urteil die Hauptsache für erledigt und entscheidet nach § 91 a ZPO über die Kosten. Verneint das Gericht den Erledigungsfall, weist es die (Feststellungs-)Klage ab und auferlegt dem Kläger die Kosten des Rechtsstreits (Beispiel: Der Kläger hatte auf Zahlung geklagt, obwohl – wie sich im nachhinein herausstellt – der Beklagte schon vor Klageerhebung gezahlt hatte). Im Streitverfahren der ZPO ist also Voraussetzung für die Feststellung der Hauptsacheerledigung durch das Gericht, daß der ursprüngliche Klageantrag vor Eintritt des erledigenden Ereignisses begründet war.

Im Wohnungseigentumsverfahren kann **Hauptsacheerledigung** unabhängig von den Erklärungen der Beteiligten eintreten. Es kommt dann einzig auf das Ermittlungsergebnis und/oder den Kenntnisstand des Richters, sowie darauf an, ob sich die **Hauptsache,** also der Verfahrensgegenstand **tatsächlich erledigt** hat. In Wohnungseigentumssachen ist es für die Feststellung der Hauptsacheerledigung durch das Gericht nicht Voraussetzung, daß der ursprüngliche Antrag vor Eintritt des erledigenden Ereignisses be-

---

[156] BayObLG Rpfleger 1982, 15 = MDR 1982, 323.

[157] BayObLG WM 1994, 160 = WE 1994, 309.

[158] BayObLG DWE 1984, 124.

[159] BGH NJW 1979, 1046/1047; BayObLG DWE 1984, 125 (für den Fall eines eine Unterlassungsverpflichtung aussprechenden Beschlusses, der in seinen Gründen die Dauer dieser Verpflichtung an den Eintritt einer Bedingung knüpft); DWE 1985, 125; ZMR 1989, 386; NJW-RR 1994, 1425 = WM 1994, 637 = WE 1995, 252.

gründet war.[160] Eine Erledigung der Hauptsache tritt ein, wenn der Verfahrensgegenstand (z.B. Zuführung von Geldern zur Instandhaltungsrücklage) durch ein Ereignis, welches eine Veränderung der Sach- und Rechtslage herbeiführt, fortgefallen ist (z.B. Ausscheiden des Verwalters). Entsprechendes gilt, wenn Verfahrensgegenstand die verlangte Verwalterzustimmung zu einem Mietvertrag war und der Mietvertrag zwischenzeitlich beendet ist.[161] Die Hauptsache erledigt sich auch, wenn ein **angefochtener Eigentümerbeschluß** durch einen **neuen** unanfechtbar gewordenen **Eigentümerbeschluß bestätigt** oder **ersetzt** wird,[162] bei Anfechtung eines **Verwalterbestellungsbeschlusses** nach **Ablauf der Bestellzeit,**[163] bei Anfechtung des Beschlusses über den **Wirtschaftsplan** durch bestandskräftigen **Abrechnungsgenehmigungsbeschluß,** falls nicht zwischenzeitlich ein Wechsel im Eigentum stattgefunden hat oder über das Vermögen eines Wohnungseigentümers das Insolvenzverfahren eröffnet oder über seine Eigentumswohnung die Zwangsverwaltung angeordnet wurde.[164] Die Hauptsache erledigt sich immer dann, wenn die durch den angefochtenen Beschluß geschaffene Lage durch ein nachträgliches Ereignis so verändert wird, daß die Entscheidung keine Auswirkung mehr hätte, oder wenn aufgrund veränderter Umstände nicht mehr damit zu rechnen ist, daß der angefochtene Beschluß noch vollzogen wird.[165] Liegt **keine übereinstimmende Erledigungserklärung** der Parteien vor, ist die Erledigung der Hauptsache von amtswegen festzustellen.[166] Die richterliche Feststellung, daß die Hauptsache erledigt sei, ist eine **Entscheidung in der Hauptsache** im Sinne von § 20a Abs. 1 FGG, wenn keine übereinstimmenden Erledigterklärungen vorliegen. Die dazu ergangene Kostenentscheidung kann, da es sich nicht um eine isolierte gem. § 20a Abs. 2 FGG handelt, nicht für sich angefochten

---

[160] BayObLG WE 1991, 55; WE 1993, 284; WM 1993, 487; WE 1994, 153; ZMR 1996, 680.

[161] BGH NJW 1982, 2505/2506; BayObLGZ 1971, 182/184; 1972, 273/276; 1979, 117/120; DWE 1983, 55; v. 5. 1. 1983 – 2 Z 29/82 –; KG OLGZ 1973, 143/146.

[162] BGH EBE 1994, 338 = ZMR 1995, 34 = WE 1995, 55 u. 183; OLG Düsseldorf ZfIR 1998, 96; ZMR 1997, 322 = WE 1997, 311; BayObLG DWE 1987, 29 = WE 1987, 53; WE 1989, 58; ZMR 1997, 478 = WE 1997, 436.

[163] OLG Hamm ZMR 1995, 498 = WE 1996, 33; BayObLG NJW-RR 1997, 715 = ZMR 1997, 256 = WE 1997, 277.

[164] BayObLG a. a. O.

[165] OLG Düsseldorf ZMR 1997, 322 = WE 1997, 311; BayObLG WE 1996, 396; (Errichtung einer Parabolantenne nicht auf der Wohnanlage der Beteiligten, sondern auf dem Nachbargebäude); WE 1999, 33 zum Fall einer inzwischen durchgeführten Sanierung, deren Rückgängigmachung ausgeschlossen ist, und in dem die Ungültigerklärung des Eigentümerbeschlusses auch sonst keine Auswirkungen mehr haben könnte.

[166] BayObLG v. 19. 11. 1987 – 2 Z 130/87 –; WM 1988, 191 = DWE 1988, 110 = WE 1988, 198; OLG Karlsruhe Die Justiz 1980, 22; OLG Stuttgart OLGZ 1985, 395; BGHZ 37, 137/142; Demharter, ZMR 1987, 201/203; OLG Zweibrücken NJW-RR 1993, 148 = WE 1992, 260.

werden. Erklärt also z. B. der Antragsteller gegen den Widerspruch des Antragsgegners das Verfahren in der Hauptsache für erledigt, und stellt das AG daraufhin die Erledigung der Hauptsache fest, kann der Antragsgegner gegen diese Entscheidung (und die dazu ergangene Kostenentscheidung) ohne Rücksicht auf eine materielle Beschwer sofortige Beschwerde einlegen.[167] Die Feststellung der Hauptsacheerledigung bei **einseitiger Erledigterklärung** stellt ebenfalls eine **Entscheidung in der Hauptsache** dar, sodaß auch in diesem Falle eine Anfechtung nur der Kostenentscheidung unzulässig ist.[168] Andererseits ist von einer **übereinstimmenden Erledigterklärung** i. d. R. schon dann auszugehen, wenn die Antragsgegner der Erklärung des Antragstellers nicht widersprochen haben.[169] Stellt das Gericht nach übereinstimmender Erledigterklärung in seiner Entscheidung fest, daß die Hauptsache erledigt ist, so hat dieser Ausspruch nur **deklaratorische Bedeutung.** Es handelt sich nicht um eine „Entscheidung in der Hauptsache“, sodaß die Kostenentscheidung für sich angefochten werden kann.[170] Erklären die Parteien übereinstimmend die Hauptsache für erledigt, kommt es nicht darauf an, ob tatsächlich eine Erledigung eingetreten war.[171] Eine Erledigung der Hauptsache liegt nicht vor, wenn der Antrag von vorneherein unzulässig war.[172]

Lediglich dann also, wenn die Hauptsache durch **übereinstimmende Erledigterklärung** als erledigt gilt, ergeht eine sogenannte **isolierte Kostenentscheidung** gem. § 20 a Abs. 2 FGG. Nur eine solche Kostenentscheidung ist selbständig mit der sofortigen Beschwerde **anfechtbar.**[173] Die Annahme einer isolierten Kostenentscheidung gegenüber einem Beteiligten wird nicht dadurch ausgeschlossen, daß gegenüber anderen Beteiligten eine Hauptsacheentscheidung ergangen ist.[174] Die Anfechtung einer isolierten Kostenentscheidung ist allerdings dann unzulässig, wenn die angefochtene Entscheidung den Rechtsmittelführer nicht mit Kosten belastet hat.[175] Da es in Wohnungseigentumssachen kein **„Anerkenntnis“** und keine dem Anerkenntnisurteil entsprechende Entscheidung im Sinne des § 307 ZPO gibt,[176] kommt auch § 99 Abs. 2 ZPO nicht entsprechend zur Anwendung (sofortige Beschwerde gegen eine Kostenentscheidung aufgrund eines so- 589

[167] BayObLG v. 5. 11. 1998 – 2 ZB 73/98 – unter Aufgabe v. BayObLG WM 1988, 191 = DWE 1988, 110 = WE 1988, 198.

[168] BayObLG v. 19. 11. 1987 – 2 Z 130/87 –.

[169] BGHZ 21, 298 f.; BayObLGZ 1975, 233/234; 1979, 117/121; Rpfleger 1980, 192; WE 1989, 57; WE 1994, 308.

[170] BayObLG WE 1989, 57; WE 1994, 308.

[171] BayObLG v. 9. 8. 1984 – 2 Z 82/83 –; WE 1994, 56; WE 1994, 119.

[172] BGH NJW 1981, 686/690; BayObLGZ 1983, 14; DWE 1983, 60.

[173] BayObLG DWE 1986, 95; DWE 1988, 37 = WE 1988, 198; WE 1991, 286; WE 1994, 308.

[174] BayObLG v. 23. 7. 1987 – 2 Z 57/87 –.

[175] BayObLG WE 1991, 291.

[176] BayObLG WE 1989, 209.

fortigen Anerkenntnisses). Aus dem Gesagten ergibt sich auch, daß die Beschwerde gegen eine sog. gemischte Kostenentscheidung ohne gleichzeitige Anfechtung der Hauptsacheentscheidung nur insoweit zulässig ist, als die zum erledigten Teil ergangene Kostenentscheidung angefochten wird.[177] Bei der sogenannten isolierten Kostenentscheidung ist vor allem auf den **mutmaßlichen Ausgang** des Verfahrens bei dessen streitiger Fortsetzung abzustellen. Dabei genügt grundsätzlich eine **summarische Prüfung** der Sach- und Rechtslage.[178] Für die außergerichtlichen Kosten gelten auch hier die allgemeinen Grundsätze, d. h. nur in Ausnahmefällen ist ihre Erstattung anzuordnen.[179] Auch noch in der **Rechtsbeschwerdeinstanz** kann eine **Hauptsacheerledigung** eintreten. Das Rechtsbeschwerdegericht hat dann noch über die Kosten zu entscheiden. Dabei sind alle Umstände des Einzelfalles, insbesondere der voraussichtliche Ausgang des Verfahrens bei dessen streitiger Fortführung zu berücksichtigen.[180] Bei nicht übereinstimmend erklärter Hauptsacheerledigung kann diese nur festgestellt werden, wenn das erledigende Ereignis nach Anhängigkeit, aber noch vor förmlicher Zustellung des Antrags eintritt. Das erledigende Ereignis muß also nicht nach Rechtshängigkeit eingetreten sein.[181]

Nach Erledigung der Hauptsache kann **kein neuer Gegenantrag** gestellt werden.[182]

Wohnungseigentümer, die bis zur Hauptsacheerledigung nicht formell beteiligt waren, sind in der Regel nicht mehr zu beteiligen.[183]

590 § 46 Abs. 1 regelt unmittelbar nur den Fall, daß der **Streitrichter** bei ausschließlicher Zuständigkeit des Wohnungseigentumsgerichts den Rechtsstreit von Amts wegen an das **Wohnungseigentumsgericht abzugeben** hat. Ist die ausschließliche Zuständigkeit des Wohnungseigentumsgerichts gegeben, hat der Streitrichter die **Abgabe** zu erklären. Er darf also die Klage keinesfalls als unzulässig abweisen.[184] Klageabweisung ist allenfalls bei mangelnder Parteifähigkeit oder mangelnder gesetzlicher Vertretung möglich.[185]

---

[177] BayObLG a. a. O.; WM 1988, 191 = DWE 1988, 110 = WE 1988, 198.

[178] BayObLG DWE 1988, 37 = WE 1988, 198; WE 1989, 57; WE 1997, 270.

[179] BayObLG WE 1997, 270; WE 1994, 311 (keine Erstattung außergerichtlicher Kosten, wenn die Hauptsacheerledigung auf der Erklärung eines Beteiligten beruht, die auf die vom Gericht vermittelte Einsicht von der Unrichtigkeit seines Rechtsstandpunkts zurückzuführen ist).

[180] BayObLGZ 1973, 30/32 ff.; 1975, 233/234 f.; Rpfleger 1980, 192; DWE 1984, 125.

[181] KG WM 1991, 369; OLG Zweibrücken NJW-RR 1993, 148 = WE 1992, 260; BayObLG ZMR 1996, 680.

[182] BayObLG Rpfleger 1979, 267.

[183] BayObLG Rpfleger 1976, 291 f.; BayObLG v. 8. 11. 1984 – 2 Z 123/84 –.

[184] BGH JZ 1953, 759; NJW-RR 1991, 907 = ZMR 1991, 310 = WE 1991, 321 (Abgabe durch Urteil, wenn zugleich Aufhebung der bereits ergangenen Entscheidungen des LG und/oder des OLG).

[185] OLG Koblenz NJW 1977, 55 (zum Fall der Nichtparteifähigkeit der Wohnungseigentümergemeinschaft als solcher; Verneinung der analogen Anwendung des § 50 Abs. 2 ZPO).

Nach neuer Rechtslage ist die **Zuständigkeitsprüfung** durch den Streitrichter – und umgekehrt auch durch den Richter der freiwilligen Gerichtsbarkeit – grundsätzlich nur noch **im 1. Rechtszug** möglich. Wie zu verfahren ist, wenn Zweifel an der Zulässigkeit des zu dem Gericht eines bestimmten Gerichtszweigs beschrittenen Rechtswegs bestehen, beantworten die §§ 17, 17a und 17b GVG. Diese Bestimmungen können auf das **Verhältnis** zwischen **streitiger** und **freiwilliger Gerichtsbarkeit**, das Gegenstand der Regelung des § 46 ist, nicht unmittelbar angewendet werden, weil es sich dabei nicht um den Rechtsweg zu Gerichten verschiedener Gerichtsbarkeiten handelt; streitige und freiwillige Gerichtsbarkeit gehören beide zur ordentlichen Gerichtsbarkeit. Sie können aber **entsprechend angewendet** werden.[186] Nach § 17a Abs. 5 GVG darf das Gericht, das über ein Rechtsmittel gegen eine Entscheidung zur Hauptsache entscheidet, nicht prüfen, ob der beschrittene Rechtsweg zulässig ist. Das Gesagte gilt nicht nur für die Rechtsmittelgerichte im Streitverfahren, sondern auch für die Rechtsmittelgerichte im Wohnungseigentumsverfahren, für das § 46 entsprechende Anwendung findet.[187] Ist aber über die Frage, ob das Prozeßgericht oder das Wohungseigentumsgericht zuständig ist, entgegen § 17a Abs. 3 S. 2 GVG nicht vorab entschieden worden, ist die Zuständigkeit vom Rechtsmittelgericht der Hauptsache auch noch in der Revisionsinstanz, bzw. im ungekehrten Fall in der Rechtsbeschwerdeinstanz zu prüfen.[187a] Entgegen OLG Köln[187b] ist etwa das Beschwerdegericht an eine die Zuständigkeit der Wohnungseigentumsgerichte nur „stillschweigend bejahende" Entscheidung des AG nicht gebunden.

Die **Abgabe** ist für den FGG-Richter grundsätzlich **bindend,** auch wenn sie unrichtig ist, § 46 Abs. 1 Satz 3.[188] Eine Ausnahme von dieser Bindungswirkung besteht dann, wenn die Abgabeentscheidung **offensichtlich unrichtig** ist,[189] bzw. bei Verletzung rechtlichen Gehörs. Die Bindungswirkung gilt nur hinsichtlich der sog. Verfahrenszuständigkeit. Gibt das Prozeßgericht an ein örtlich nicht zuständiges Wohnungseigentumsgericht 591

---

186 BGH EBE 1995, 266 = ZMR 1995, 521 = WE 1996, 27; BayObLG ZMR 1991, 351; WE 1993, 349; KG ZMR 1992, 119; OLG Köln ZMR 1995, 268; WE 1996, 146 LS.

187 BayObLG ZMR 1991, 351; KG ZMR 1992, 119 = WE 1992, 108; NJW-RR 1994, 208 = WE 1994, 47; BGH NJW 1989, 714 = WE 1989, 93.

187a BGH EBE 1995, 266 = ZMR 1995, 521 = WE 1996, 27; KG ZMR 1992, 119; OLG Köln ZMR 1995, 268; BayObLG WE 1993, 349; NJW-RR 1996, 912.

187b OLG Köln WE 1996, 146.

188 BayObLG DNotZ 1978, 79 m. Anm. Weitnauer; BayObLG DWE 1984, 125; DWE 1983, 126; NJW-RR 1990, 660; NJW-RR 1996, 1037 = WE 1996, 194; WE 1997, 432; OLG Hamburg DWE 1990, 116; Bärmann-Merle, § 46 Rz. 10; Weitnauer, § 46 Rz. 1.

189 BayObLGZ 1958, 234, 243f.; NJW-RR 1987, 1038 = WE 1988, 28; BayObLGZ 1991, Nr. 25; NJW-RR 1991, 977; WE 1997, 432; OLG Stuttgart WE 1991, 20 = ZMR 1990, 429; WE 1997, 316; OLG Karlsruhe OLGZ 1975, 285; BGH NJW-RR 1992, 383.

ab, ist dieses berechtigt und verpflichtet, die Sache an das örtlich zuständige Wohnungseigentumsgericht abzugeben.[190]

Abgabeentscheidungen des **Streitrichters** sind mit sofortiger Beschwerde anfechtbar, analog § 17a Abs. 4 S. 3 GVG, § 577 ZPO.[191] Wird der nach § 329 Abs. 3 ZPO zuzustellende Beschluß den Parteien nur formlos mitgeteilt, beginnt in entsprechender Anwendung des § 516 ZPO die Beschwerdefrist fünf Monate nach formloser Bekanntgabe.[192]

Legen die Parteien gegen die Abgabeentscheidung des Streitrichters keine sofortige Beschwerde ein, tritt grundsätzlich die vorerwähnte Bindungswirkung ein. Ist die – rechtskräftige – Abgabeentscheidung offensichtlich unrichtig (s. oben), kann es zu einem **negativen Kompetenzkonflikt** zwischen Streitrichter und Wohnungseigentumsrichter kommen. Lehnt der Wohnungseigentumsrichter die Übernahme des Rechtsstreits ab (im Falle gegebener Bindungswirkung oder im Falle offensichtlicher Unrichtigkeit der Abgabeentscheidung), so ist auch diese Entscheidung gemäß § 45 Abs. 1 anfechtbar.[193] Wird nicht angefochten, ist der negative Kompetenzkonflikt endgültig. Es ist in diesem Falle in entsprechender Anwendung des § 36 Nr. 6 ZPO zu entscheiden.[194] Zuständig für diese Entscheidung ist das im Rechtszug zunächst höhere Gericht, also das nächste gemeinsame übergeordnete Gericht.[195] Dies sind grundsätzlich die **Oberlandesgerichte.**[194] In Bayern ist es das **Bayerische Oberste Landesgericht** als das dem Amtsgericht und Landgericht übergeordnete Gericht; denn das BayObLG hat auch im Bereich der streitigen Gerichtsbarkeit als Revisionsgericht eine eigene Zuständigkeit.[196]

592 Das eingeleitete Prozeßverfahren bildet mit dem späteren Wohnungseigentumsverfahren eine Einheit. **Verjährungs-** und **Ausschlußfristen** gelten als mit Klageerhebung vor dem Prozeßgericht gewahrt.[197] Das Wohnungseigentumsgericht entscheidet über die gesamten Verfahrenskosten, § 47. Das Streitverfahren vor dem Prozeßgericht ist für die Erhebung der

---

[190] OLG Hamm DNotZ 1953, 203; BayObLG ZMR 1970, 221; Bärmann-Merle, § 46 Rz. 8.

[191] BGH NJW-RR 1990, 1431; BayObLGZ 1991, 186/189; NJW-RR 1991, 1358; DNotZ 1993, 338 = DWE 1992, 87 = WE 1993, 26; NJW-RR 1992, 597; NJW-RR 1994, 856 = ZMR 1994, 375 = WE 1995, 94; NJW-RR 1996, 334; WE 1997, 432; OLG Köln WE 1996, 75; KG NJW-RR 1994, 208 = WE 1994, 47.

[192] BayObLG DNotZ 1993, 338 = DWE 1992, 87 = WE 1993, 26.

[193] BGH NJW 1988, 1794; NJW-RR 1992, 383; BayObLG NJW-RR 1991, 977; NJW-RR 1994, 856 = ZMR 1994, 375 = WE 1995, 94; NJW-RR 1994, 1428; NJW-RR 1998, 1237 = WE 1998, 277 (Anfechtbarkeit des Zurückverweisungsbeschlusses bei negativem Kompetenzkonflikt zwischen Wohnungseigentumsrichter und Prozeßgericht – LG –); s. a. BayObLG v. 4. 8. 1998 – 2 Z AR 49/98 –.

[194] BGH NJW 1984, 740; BayObLG NJW-RR 1991, 977; NJW-RR 1994, 856; OLG Stuttgart WE 1997, 316.

[195] BayObLG NJW-RR 1991, 1358 = WM 1991, 449 = DWE 1991, 127 = WE 1992, 173.

[196] BayObLGZ 1990, Nr. 49 = NJW-RR 1990, 1431; NJW-RR 1991, 977; a. A. OLG München ZMR 1989, 68.

[197] BayObLG NJW 1969, 191.

Gerichtskosten als Teil des Wohnungseigentumsverfahrens zu behandeln, § 50. Für die **Anwaltskosten** gelten die §§ 63, 14 BRAGO.[198] Hat das Prozeßgericht nach § 46 Abs. 1 das Verfahren an das Wohnungseigentumsgericht abgegeben, ist es nach dem Rechtsgedanken des § 281 Abs. 3 ZPO gerechtfertigt, die außergerichtlichen Mehrkosten des Antragsgegners im Verfahren vor dem Prozeßgericht auf jeden Fall dem Antragsteller aufzuerlegen.[199]

Beschränkt sich die Zuständigkeit nach § 43 nur auf einen Teil des Prozeßgegenstands, ist auch der Abgabebeschluß entsprechend zu beschränken. Eine **Verbindung** des Wohnungseigentumsverfahrens mit dem Streitverfahren scheidet aus.[200]

§ 46 Abs. 1 ist **analog** auf den Fall anzuwenden, daß der **Wohnungseigentumsrichter** seine Verfahrenszuständigkeit verneint und das Verfahren **an das Streitgericht verweist.** Auch insoweit hat der Wohnungseigentumsrichter in jedem Verfahrensstadium der ersten Instanz seine Zuständigkeit zu überprüfen. Hinsichtlich der Möglichkeit der **Zuständigkeitsüberprüfung** in den Rechtsmittelinstanzen gilt das zur Überprüfungsmöglichkeit durch den Prozeßrichter Gesagte entsprechend, also grundsätzlich keine Überprüfungsmöglichkeit mehr durch das Beschwerdegericht und das Rechtsbeschwerdegericht,[201] vorausgesetzt auch hier, daß § 17a Abs. 3 S. 2 GVG berücksichtigt wurde, also durch die Vorinstanz(en) vorab über die Zuständigkeitsfrage entschieden wurde(n). Auch diese **Verweisung** ist **von Amts wegen** möglich, setzt also keinen Antrag voraus, analog § 46. § 17 GVG tritt hinter der analog anzuwendenden Spezialvorschrift des § 46 zurück. Es wäre nur schwer verständlich, den Abgabebeschluß durch das Streitgericht ohne Antragstellung zuzulassen, hingegen für den Verweisungsbeschluß des Wohnungseigentumsrichters in einem Verfahren der freiwilligen Gerichtsbarkeit, das vom Grundsatz der Amtsermittlung geprägt ist, den entsprechenden Antrag eines Beteiligten vorauszusetzen. Die Konsequenz wäre im Falle der Zuständigkeit des Streitrichters die Zurückweisung des Sachantrages durch den Wohnungseigentumsrichter, falls kein Verweisungsantrag gestellt ist.[202] 593

Die Verweisung ist für das Prozeßgericht **bindend.**[203] Auch insoweit beschränkt sich die **Bindungswirkung** auf die Verfahrenszuständigkeit. Ver-

---

[198] Weitnauer, § 50 Rz. 1; Bärmann-Merle, § 50 Rz. 4.

[199] BayObLG WE 1991, 289; OLG Hamburg DWE 1994, 148.

[200] SchlHOLG SchlHA 1958, 293; Bärmann-Merle, § 46 Rz. 7.

[201] BayObLG ZMR 1991, 351; KG ZMR 1992, 119 = WE 1992, 108; BGH EBE 1995, 266 = ZMR 1995, 521 = WE 1996, 27.

[202] So im Ergebnis zutreffend Weitnauer, § 46 Rz. 3; Soergel/Baur, § 46 Rz. 6; Bärmann-Merle, § 46 Rz. 13; BGH NJW 1989, 714 = WE 1989, 93; KG NJW-RR 1994, 208 = WE 1994, 47; WE 1992, 108 = WM 1992, 35 = ZMR 1992, 120; BayObLG ZMR 1991, 351.

[203] BGH NJW 1980, 2466 = ZfBR 1980, 292; OLG Düsseldorf OLGZ 1978, 349; Bärmann-Merle, § 46 Rz. 13; BayObLG v. 18. 12. 1998 – 2 Z AR 121/98 –: ausnahmsweise keine Bindung, wenn Verweisungsbeschluß ohne jede Rechtsgrundlage ist.

weist der Wohnungseigentumsrichter die Sache also an das örtlich unzuständige Streitgericht oder das sachlich nicht zuständige Amtsgericht – Streitgericht –, kann das unzuständige Streitgericht den Vorgang an das zuständige Streitgericht verweisen. Die **Verweisgungsentscheidung** des Amtsgerichts entsprechend § 46 ist mit der **befristeten Beschwerde** nach § 45 Abs. 1 anfechtbar. § 45 Abs. 1 gilt zwar nur für Hauptsacheentscheidungen. Der Abgabebeschluß hat aber den Charakter einer abschließenden Entscheidung der Sache in der gewählten Verfahrensart der freiwilligen Gerichtsbarkeit.[204] Trotz Anwendung des § 45 Abs. 1 ist in diesem Falle das Erreichen der nach dieser Bestimmung vorgesehenen Beschwerdesumme nicht erforderlich. Wird allerdings eine Sache mit Einverständnis der Beteiligten vom Wohnungseigentumsgericht an das Prozeßgericht verwiesen, so fehlt es für die an sich statthafte Anfechtung des Verweisungsbeschlusses an der erforderlichen Beschwer.[205] Gegen den AG-Beschluß, durch den in das Prozeßverfahren verwiesen wird, ist nach erfolgloser Erstbeschwerde die sofortige weitere Beschwerde statthaft.[206] Auch gegen den Beschluß, durch den das LG als Beschwerdegericht die Verweisung an das Prozeßgericht ausspricht, findet **sofortige weitere Beschwerde** statt.[206a] Nach Verfahrensabgabe durch das Wohnungseigentumsgericht ist die Entscheidung über die **gesamten Kosten** des gerichtlichen Verfahrens nach den §§ 9 ff. ZPO zu treffen. Eine Anwendung des § 47 Satz 2 ist ausgeschlossen.[207]

594 Im Wohnungseigentumsverfahren ist **anwaltliche Vertretung** nicht vorgeschrieben. Dies gilt auch für die **sofortige Beschwerde** gegen die Entscheidung des Amtsgerichts, § 45 Abs. 1. Wird ein Rechtsanwalt tätig, muß er nicht bei dem entsprechenden Gericht zugelassen sein. Der etwa beim LG Aachen zugelassene Rechtsanwalt kann namens seines Mandanten rechtswirksam sofortige Beschwerde zum LG Traunstein einlegen. Auch die gegen die Entscheidungen der Beschwerdegerichte gem. § 45 Abs. 1 zulässige sofortige weitere Beschwerde kann entweder durch Erklärung zu Protokoll beim Erstgericht, beim Beschwerdegericht oder beim zuständigen OLG – in Bayern beim BayObLG, in Berlin beim Kammergericht, in Rheinland-Pfalz beim OLG Zweibrücken – oder durch Einreichung einer Beschwerdeschrift bei einem der genannten Gerichte eingelegt werden.[208] Lediglich diese **Beschwerdeschrift** muß von einem deutschen, bei einem deutschen Gericht zugelassenen Rechtsanwalt unterzeichnet sein, analog § 29 Abs. 1 FGG. Die

---

[204] BayObLGZ 1990, Nr. 49 = NJW-RR 1990, 1431; NJW-RR 1994, 1428 = WM 1995, 69; WM 1995, 736; NJW-RR 1992, 597; NJW-RR 1996, 334; s. erneut ZMR 1998, 502 = WE 1998, 509; KG WE 1994, 47 = NJW-RR 1994, 208 = WM 1994, 46; Bärmann-Merle, § 46 Rz. 15; a. A. Weitnauer, § 46 Rz. 3.
[205] BayObLG WE 1990, 60.
[206] BayObLG NJW-RR 1996, 334.
[206a] BayObLG WM 1995, 736; KG WM 1994, 46.
[207] KG ZMR 1990, 232.
[208] BayObLG WEM 1978, 88; Weitnauer, § 45 Rz. 5.

Schrift selbst kann von einem Nichtanwalt abgefaßt sein. Allerdings muß der unterzeichnende Rechtsanwalt der bevollmächtigte **Vertreter** des Beschwerdeführers sein.

Im Wohnungseigentumsverfahren bestehen keine **Einlassungs- und Ladungsfristen.** Allerdings kann eine unangemessen kurze Frist eine Versagung des rechtlichen Gehörs (Art. 103 GG) bedeuten.[209] 595

Auch der Wohnungseigentumsrichter ist zur Vornahme **sitzungspolizeilicher Maßnahmen** im Sitzungssaal berechtigt, dies auch noch im unmittelbaren Anschluß an die mündliche Verhandlung. So darf und muß er in Auseinandersetzungen der Beteiligten im Sitzungssaal eingreifen, ohne daß dies einen Ablehnungsgrund darstellen könnte, § 176 GVG.[210] 596

Das zur Tatsachenermittlung gem. § 13 FGG angeordnete **persönliche Erscheinen** eines Beteiligten kann gemäß § 33 Abs. 1 S. 1 FGG durch **Zwangsgeld** durchgesetzt werden. Dagegen ist eine Erzwingung unzulässig, wenn die Ladung ausschließlich dem Versuch einer gütlichen Streitbeilegung dient.[211] Gegen die Festsetzung eines Zwangsgeldes gemäß § 33 FGG ist auch in Wohnungseigentumsverfahren die einfache Beschwerde ohne das Erfordernis der sogenannten Erwachsenheitssumme des § 45 Abs. 1 zulässig, analog § 19 Abs. 1 FGG.[212] Die in § 45 Abs. 1 vorgesehene **Beschwerdesumme** betrifft nur die Beschwerde gegen **Endentscheidungen** i. S. d. § 44 Abs. 4,[213] jedoch mit der Maßgabe, daß für Abgabeentscheidungen des Wohnungseigentumsgerichts analog § 46 das Erreichen der Beschwerdesumme nicht notwendig ist, und daß § 45 Abs. 1 eine Beschwerdesumme für sofortige Beschwerde und die sofortige weitere Beschwerde von mehr als DM 1500,00 bestimmt. 597

Das Verbot der Schlechterstellung des Beschwerdeführers gilt auch in Wohnungseigentumssachen.[214]

Gibt das Gericht einem Beteiligten auf, eine **Eigentümerliste** vorzulegen, so ist diese Anordnung nicht mit Ordnungsmitteln (Zwangsgeld) durchzusetzen.[215]

Auch das Wohnungseigentumsverfahren kennt das Instrument der **Wiedereinsetzung in den vorigen Stand,** § 22 Abs. 2 FGG. Sie ist grundsätz- 598

---

[209] BayObLG DWE 1984, 30; WE 1990, 62; WE 1990, 140 für den Fall, daß die Ladung des Gerichts zur mündlichen Verhandlung einem Beteiligten erst zwei Tage vor dem Termin zugeht, das Gericht ein Verlegungsgesuch dieses Beteiligten ablehnt und in Abwesenheit des Beteiligten verhandelt; Bärmann-Merle, § 44 Rz. 13 ff.

[210] OLG Hamm NJW 1956, 1452 f.; BayObLG DWE 1983, 61.

[211] KG Rpfleger 1984, 186 f.; LG Stuttgart WE 1990, 184; Bärmann-Merle, § 44 Rz. 6; a. A. aber BayObLGZ 1970, 114/118; 1967, 385/387 f.; 1966, 367/370; OLG Hamm OLGZ 1968, 239/242; Rpfleger 1956, 243; Keidel, § 13 Rn. 7, wonach die Anordnung des persönlichen Erscheinens nach § 33 FGG in jedem Falle erzwungen werden könne.

[212] KG a. a. O.

[213] Weitnauer, § 45 Rz. 1.

[214] BayObLG ZMR 1994, 423 = WE 1995, 188.

[215] BayObLG DWE 1985, 60.

lich im Falle unverschuldeter Fristversäumnis möglich. Daneben ist Voraussetzung, daß der Gesuchsteller die versäumte Verfahrenshandlung innerhalb der **Wiedereinsetzungsfrist** von 2 Wochen nachholt und die Tatsachen, welche die Wiedereinsetzung begründen, glaubhaft macht.[216] Rechtsirrtum oder gar Rechtsunkenntnis sind nur dann ein Wiedereinsetzungsgrund, wenn der Gesuchsteller nicht die den Umständen nach gebotene und nach seinen persönlichen Verhältnissen zumutbare Sorgfalt außer acht gelassen hat.[217] Der Gesuchsteller hat sich ein **Verschulden** seines **anwaltlichen Vertreters** zurechnen zu lassen, § 22 Abs. 2 S. 2 FGG. In analoger Anwendung des § 22 Abs. 2 FGG ist einem Wohnungseigentümer Wiedereinsetzung in den vorigen Stand zu gewähren, wenn er schuldlos die **Beschlußanfechtungsfrist** des § 23 Abs. 4 S. 1 versäumt hat.[218] Die Rspr.fälle zur Wiedereinsetzung in den vorigen Stand sind so zahlreich und naturgemäß fallbezogen, daß nur pauschal auf eine Auswahl obergerichtlicher Entscheidungen Bezug zu nehmen ist.[219]

599 Wann immer das Prozeßgericht des Zivilprozesses in Zwangsvollstreckungsverfahren zuständig ist (§§ 887, 888, 890 ZPO), ist es auch das **Wohnungseigentumsgericht** (AG) für entsprechende **Zwangsvollstreckungsaufträge** aus rechtskräftigen Entscheidungen eines Wohnungseigentumsgerichtes oder aus vollstreckungsfähigen Vergleichen, die vor einem Wohnungseigentumsgericht protokolliert wurden, oder aus einstweiligen Anordnungen,[220] § 45 Abs. 3.

---

[216] BayObLG MDR 1983, 405; v. 3. 12. 1987 – 2 Z 31/87 – mit dem Hinweis, daß der Beteiligte, der Wiedereinsetzung beansprucht, nicht nur glaubhaft zu machen hat, von der Zustellung der amtsgerichtlichen Entscheidung erst nach Ablauf der Beschwerdefrist erfahren zu haben, sondern auch, daß die späte Kenntnis von ihm nicht verschuldet ist; s. a. BayObLG WE 1991, 224; Bärmann-Merle, § 45 Rz. 44 ff.

[217] Vgl. BGHZ 54, 65/70; BayObLGZ 1981, 21/27; WM 1991, 227 = WE 1992, 52 LS.

[218] BGH NJW 1970, 1316; OLG Hamm OLGZ 1985, 147; BayObLGZ 1981, 21 ff.; KG ZMR 1989, 202; WE 1996, 233.

[219] BayObLG DWE 1982, 67; DWE 1984, 30; DWE 1984, 125; DWE 1984, 62; DWE 1988, 34 = WE 1988, 63; DWE 1988, 72 = WE 1988, 206; WE 1991, 362; WE 1991, 197; WE 1991, 224; WE 1989, 24; ZMR 1994, 32 = WE 1994, 244; WE 1994, 25; WE 1995, 30 (Anfechtungsfrist); WE 1995, 251; WE 1995, 345; WE 1995, 381; WE 1996, 358; WE 1996, 439; WE 1996, 472; WE 1997, 358; ZMR 1998, 181; NJW-RR 1997, 1373 = WE 1997, 390; KG ZMR 1994, 35; WE 1994, 54; ZMR 1996, 223 = NJW-RR 1996, 526 = WE 1996, 268 = DWE 1996, 30; NJW-RR 1997, 776 = ZMR 1997, 254 = WE 1997, 189 (Anfechtungsfrist); WE 1996, 233 (Anfechtungsfrist); OLG Düsseldorf NJW-RR 1995, 464 = WE 1995, 123 (Anfechtungsfrist); ZMR 1995, 220; OLG Braunschweig WE 1989, 100.

[220] OLG Frankfurt v. 10. 3. 1986 – 20 W 76/86 –; BayObLG v. 18. 7. 1986 – 2 Z 72/86 –; MDR 1988, 498 = DWE 1988, 110 = WE 1988, 141; WE 1989, 32 = ZMR 1988, 472; DWE 1991, 39 = WE 1991, 361; WE 1992, 264 LS = WM 1992, 163; WM 1996, 375; WE 1998, 80; KG Rpfleger 1987, 368; WE 1998, 35 zur Vollstreckungsunterwerfung in notarieller Urkunde wegen Hausgeldverbindlichkeiten; Bärmann-Merle, § 45 Rz. 131.

Gemäß § 44 Abs. 2 ist im Falle eines **Vergleichsabschlusses** vor Gericht hierüber eine **Niederschrift** aufzunehmen, und zwar nach den Vorschriften, die für die Niederschrift über einen Vergleich im bürgerlichen Rechtsstreit gelten. Grundsätzlich ist vorauszustellen, daß im Verfahren der freiwilligen Gerichtsbarkeit die strengen Protokollvorschriften der §§ 159 ff. ZPO nicht gelten (z.B. Genehmigung des Diktats oder Verzicht auf die Verlesung der Zeugenaussage).[221] Es ist auch kein Rechtsmittel gegen den Beschluß zulässig, mit dem der Richter den Antrag auf Ergänzung der Sitzungsniederschrift ablehnt.[222] Wegen des ausdrücklichen Hinweises in § 44 Abs. 2 auf den bürgerlichen Rechtsstreit sind auf den gerichtlichen Vergleich in Wohnungseigentumssachen die Grundsätze der ZPO über den **Prozeßvergleich** entsprechend anzuwenden. Er bindet nur die an seinem Abschluß Beteiligten, es sei denn, daß die Vereinbarung im Grundbuch eingetragen oder ein inhaltsgleicher Eigentümerbeschluß herbeigeführt wird.[223] Letzteres (inhaltsgleicher Eigentümerbeschluß) besagt jedoch nicht, daß der Verfahrensgegenstand eines laufenden Wohnungseigentumsverfahrens und dessen Kostenregelung der Regelung durch Mehrheitsbeschluß der Eigentümergemeinschaft unterliege.[224] „Feststellen" des Vergleichs im Sinne von § 160 Abs. 3 Nr. 1 ZPO bedeutet wörtliche Wiedergabe des gesamten Vergleichsinhalts. Eine inhaltliche Bezugnahme (Verweisung) auf ein Schriftstück, das der Niederschrift nicht als Anlage beigefügt ist, ist nicht zulässig, auch wenn es sich dabei um eine notarielle Urkunde handelt. Ein Vergleich im Wohnungseigentumsverfahren, dessen Protokollierung den Vorschriften der §§ 160 Abs. 3 Nr. 1, Abs. 5 und 162 Abs. 1 Satz 1 ZPO nicht entspricht, ist als Prozeßvergleich nichtig. Eine darin erklärte Eintragungsbewilligung kann nicht Grundlage für eine Eintragung in das Grundbuch sein.[225] Der Streit über die Unwirksamkeit eines gerichtlichen Vergleichs ist in dem ursprünglichen Verfahren auszutragen, wenn die sachlich-rechtliche Wirksamkeit des Vergleichs wegen ursprünglicher Nichtigkeit oder aufgrund Anfechtung in Frage gestellt wird.[226] 600

Auch die **Rechtsmittel** gegen Entscheidungen in **Zwangsvollstreckungsverfahren** richten sich nach der ZPO, nicht etwa nach § 45 Abs. 1. Insbesondere kommen auch die §§ 793 ZPO und 568, 569, 577 ZPO zur Anwendung.[227] 601

---

[221] KG NJW-RR 1989, 842.

[222] BayObLG WE 1989, 148.

[223] BayObLGZ 1990 Nr. 5; WE 1991, 199.

[224] KG ZMR 1987, 386.

[225] BayObLG WE 1989, 110.

[226] BayObLG WE 1991, 199.

[227] BayObLG Rpfleger 1979, 67; 1982, 268; v. 5. 1. 1983 – 2 Z 115/82 –; v. 20. 1. 1983 – 2 Z 20/82 –; v. 30. 6. 1983 – 2 Z 48/83 –; v. 19. 7. 1983 – 2 Z 16/83 –; DWE 1984, 125; ZMR 1980, 256; MDR 1988, 498 = DWE 1988, 110 = WE 1988, 141; WE 1989, 32 = ZMR 1988, 472; DWE 1991, 39 = WE 1991, 361; OLG Köln NJW 1976, 1322f.; OLG Frankfurt OLGZ 1980, 163f.; v. 10. 3. 1986 – 20 W 76/86 –; KG Rpfleger 1987, 368.

Gegen die Entscheidung des AG ist mithin in Zwangsvollstreckungsverfahren die **sofortige Beschwerde** gemäß § 793 ZPO zulässig, über die das LG entscheidet. Zur Entscheidung über die **sofortige weitere Beschwerde** (§§ 568, 569, 577 ZPO) gegen Entscheidungen des LG sind nach § 199 FGG die Oberlandesgerichte zuständig.[228] Diese sofortige weitere Beschwerde ist, anders als die nach § 27 FGG, keine Rechtsbeschwerde. Sie ist aber nach § 568 Abs. 2 i.V.m. §§ 793, 891 ZPO nur zulässig, wenn in der Erstbeschwerdeentscheidung ein neuer selbständiger Beschwerdegrund enthalten ist.[229] Ein **neuer selbständiger Beschwerdegrund** liegt vor, wenn das LG als Beschwerdegericht den Vollstreckungsantrag im Gegensatz zum AG für unzulässig hält.[230] Ein wesentlicher **Verfahrensfehler,** dessen Ursächlichkeit für die Beschwerdeentscheidung ausgeschlossen werden kann, ist kein neuer selbständiger Beschwerdegrund.[231] Da § 12 FGG im Beschwerdeverfahren nach der ZPO nicht gilt, besteht für die Beschwerdegerichte keine Amtsermittlungspflicht.[232] Ausschließlich die Vorschriften der ZPO gelten auch für die **Kostenentscheidung.**[233]

602 Auch in Wohnungseigentumssachen bedarf es zur Durchführung der **Zwangsvollstreckung** einer mit der Vollstreckungsklausel versehenen Ausfertigung des Titels, sogenannte **vollstreckbare Ausfertigung.**[234] Die Verpflichtung zur Erstellung der Jahresabrechnung mit Einzelabrechnungen ist als **vertretbare Handlung** nach § 887 ZPO zu vollstrecken.[235] Ist gegen einen Wohnungseigentümer, der seine **Wohnung** verkauft oder **vermietet** hat, eine an sich vertretbare Handlung in der Wohnung zu vollstrecken, mit deren Ausführung der Käufer oder Mieter nicht einverstanden ist (in casu: Verschließung eines Mauerdurchbruchs), so ist die Zwangsvollstreckung nicht nach § 887 ZPO, sondern nur nach § 888 ZPO möglich. Die Verhängung von **Zwangsmitteln** gegen den Wohnungseigentümer nach § 888 ZPO ist nur dann unzulässig, wenn der Wohnungseigentümer erfolglos alle zumutbaren Maßnahmen einschließlich eines gerichtlichen Vorgehens unter-

---

[228] BayObLG ZMR 1980, 256; Rpfleger 1982, 268; BayObLGZ 1955, 8f.; 1974, 484/486; v. 20. 1. 1983 – 2 Z 20/82 –; v. 30. 6. 1983 – 2 Z 48/83 –; v. 19. 7. 1983 – 2 Z 16/83 –; WE 1989, 32; WE 1997, 432.

[229] Weitnauer, § 45 Rz. 17; BayObLG v. 18. 7. 1986 – 2 Z 72/86 –; MDR 1988, 498 = DWE 1988, 110 = WE 1988, 141; NJW-RR 1996, 780; WE 1997, 432.

[230] BayObLG v. 20. 1. 1983 – 2 Z 20/82 –.

[231] BayObLG DWE 1984, 125; v. 18. 7. 1986 – 2 Z 72/86 – (kein wesentlicher Verfahrensfehler in Gestalt der Verletzung des rechtlichen Gehörs, wenn das Landgericht nach angemessener Zeit – 7 Wochen – nach Einlegung der sofortigen Beschwerde über das Rechtsmittel entscheidet, auch wenn eine bei Einlegung angekündigte Begründung nicht eingegangen ist); WE 1998, 80 = ZMR 1998, 239.

[232] BayObLG v. 15. 6. 1982 – 2 Z 80/81 –; v. 5. 1. 1983 – 2 Z 115/82 –; v. 19. 7. 1983 – 2 Z 16/83 –.

[233] BayObLG WE 1989, 32; DWE 1991, 39 = WE 1991, 361; a.A. KG Rpfleger 1987, 368.

[234] KG WE 1990, 211 = ZMR 1991, 35.

[235] BayObLG WE 1989, 220.

nommen hat, um den Käufer oder Mieter zur Duldung der Handlung zu veranlassen.[236] Ein Vollstreckungstitel, durch den es einem Teileigentümer untersagt wird, sein Teileigentum als Gaststätte zu nutzen, ist auch dann nach § 890 und nicht nach § 888 ZPO zu vollstrecken, wenn das Teileigentum verpachtet ist und der Vollstreckungsschuldner Maßnahmen gegen den Pächter ergreifen muß, um seiner Unterlassungsverpflichtung nachzukommen.[237] Ist dem Vollstreckungsschuldner die Benutzung bestimmter Räume „zu Wohnzwecken" untersagt worden, richtet sich die Zwangsvollstreckung nach § 890 ZPO.[238]

Grundsätzlich ist die **Zwangsvollstreckung** nicht unzulässig, wenn im Vollstreckungstitel als **Gläubiger** die Wohnungseigentümer nur mit der **Sammelbezeichnung** „Wohnungseigentümer der Anlage ... Straße" angegeben sind, sofern der zu vollstreckende Anspruch auf eine an die Wohnungseigentümer gemeinschaftlich zu erbringende Leistung (Hausgeld) gerichtet ist und die Gläubiger bei der Vollstreckung durch den Verwalter vertreten werden.[239] Dabei betrifft die Sammelbezeichnung im übrigen immer die Personen, die in dem Zeitpunkt, in dem das Verfahren anhängig wurde, Wohnungseigentümer waren.[240] Steht die Gemeinschaft auf der **Schuldnerseite,** müssen die beteiligten Wohnungseigentümer gem. § 750 Abs. 1 ZPO immer **namentlich** angegeben werden, insoweit reicht eine Sammelbezeichnung nicht aus.[241] Soll für die Mitglieder einer Wohnungseigentümergemeinschaft im Grundbuch ein **Recht** gemeinschaftlich **eingetragen** werden (z.B. **Zwangssicherungshypothek**), bedarf es der **namentlichen** Eintragung aller Gläubiger-Eigentümer.[242] Das OLG Köln[243] verlangt die Eintragung aller Eigentümer selbst dann, wenn der Verwalter in Verfahrensstandschaft geklagt hat und der Titel nur auf ihn lautet. Ist das genannte Postulat schon für den Bereich des **Grundbucheintragungsverfahrens** in seiner praktischen Durchführbarkeit problematisch – man denke nur an 603

[236] BayObLGZ 1988, Nr. 82 = NJW-RR 1989, 462; WE 1994, 305; s.a. OLG Köln ZMR 1998, 517: Zwangsvollstreckung nach § 888 ZPO auch dann, wenn ehemaliger Verwalter die Jahresabrechnung „unter Darlegung der Einnahmen und Ausgaben sowie unter präziser Angabe der Verwendung der Einnahmen" zu erstellen hat.

[237] BayObLG WM 1992, 315 = DWE 1991, 76 = WE 1992, 56; WE 1998, 80 = ZMR 1998, 239.

[238] BayObLG DWE 1989, 174 = WE 1990, 65.

[239] BayObLG NJW-RR 1986, 564; NJW-RR 1987, 1039; Bärmann-Merle, § 45 Rz. 134.

[240] BayObLGZ 1984, 198/206; 1984, 239/242; Rpfleger 1979, 446.

[241] BayObLG DWE 1985, 123; WE 1986, 15; Bärmann-Merle, a.a.O.

[242] BayObLGZ 1984, 239/242; ZMR 1995, 498 = WE 1996, 356; WE 1995, 383 = NJW-RR 1995, 852; KG Rpfleger 1985, 435; LG Bochum DWE 1985, 59; LG Heidelberg BWNotZ 1985, 125; OLG Köln ZMR 1994, 366 = WE 1995, 22; OLG Celle Rpfleger 1986, 484.

[243] OLG Köln Rpfleger 1988, 526; a.A. LG Darmstadt Rpfleger 1999, 125: ist der Verwalter im Titel als Prozeßstandschafter ausgewiesen, ist er auch als Gläubiger einer Zwangssicherungshypothek im Grundbuch einzutragen.

Großgemeinschaften und die daraus resultierende Überladung der Abteilung 3 des Schuldnerwohnungsgrundbuchs –, verbietet sich jede Problemlösung in dem Falle, in dem der Schuldnereigentümer beispielsweise nach Jahren die titulierte Schuld begleicht, die **Löschung** der eingetragenen Hypothek verlangt und viele der im Grundbuch eingetragenen Gläubigereigentümer gar nicht mehr greifbar sind, um die **Löschungsbewilligungserklärungen** in gebotener Form abzugeben. Das BayObLG[244] hatte zunächst in anderem Zusammenhang zutreffend festgestellt, wenn der Verwalter durch die Gemeinschaftsordnung oder durch Beschluß der Wohnungseigentümer ermächtigt sei, Ansprüche der Wohnungseigentümer gerichtlich geltend zu machen, so werde er das ganze Verfahren abwickeln. Erlöse aus der Zwangsvollstreckung und Zahlungen des Schuldners würden über ihn laufen oder auf dem von ihm verwalteten Gemeinschaftskonto verbucht werden. Richtigerweise hat daher das BayObLG[245] die praxisnahe Konsequenz gezogen und festgestellt: Ist im Grundbuch eine Zwangssicherungshypothek für mehrere Gläubiger „als Berechtigte in Wohnungseigentümergemeinschaft" eingetragen, so wird durch eine **löschungsfähige Quittung des Verwalters** der Nachweis erbracht, daß die Hypothek nicht mehr den eingetragenen Gläubigern zusteht. Dies gelte unabhängig davon, ob die eingetragenen Gläubiger im Zeitpunkt der Erteilung der Quittung noch mit den Wohnungseigentümern identisch sind. Für die löschungsfähige Quittung reicht notarielle Beglaubigung aus.

Hat der Verwalter in gewillkürter **Verfahrensstandschaft** einen Vollstreckungstitel erwirkt und will nach einem **Verwalterwechsel** der neue Verwalter aus diesem Titel vollstrecken, so bedarf es der **Titelumschreibung** analog § 727 ZPO.[246] Das Gericht ließ offen, ob der Titel auf den neuen Verwalter oder näherliegend auf die Wohnungseigentümer umzuschreiben ist.

604 Auch ist gegen rechtskräftige Entscheidungen der Wohnungseigentumsgerichte analog § 767 ZPO ein **Vollstreckungsgegenantrag** (oder -abwehrantrag) unter den dort genannten Voraussetzungen zulässig. Zuständig ist das Wohnungseigentumsgericht des Erkenntnisverfahrens.[247]

Die Rechtsmittel in einem Verfahren über den Vollstreckungsabwehrantrag richten sich gemäß § 45 Abs. 1 nach §§ 21 ff. FGG, nicht nach den ZPO-Vorschriften des Vollstreckungsverfahrens (siehe oben), weil es sich

---

[244] BayObLG NJW-RR 1986, 564 = DWE 1986, 94 = WE 1986, 142.

[245] BayObLG NJW-RR 1995, 852 = WE 1995, 383.

[246] OLG Düsseldorf NJW-RR 1997, 1035 = ZMR 1997, 315 = DWE 1997, 125 = WE 1997, 310; s.a. LG Darmstadt NJW-RR 1996, 398 (Titelumschreibung setzt wohl Abtretung des Anspruchs und den Nachweis der Rechtsnachfolge gem. § 726 ZPO voraus).

[247] BayObLG ZMR 1982, 127; WE 1991, 201; OLG Frankfurt v. 2. 8. 1983 – 20 W 468/83 –; KG WE 1995, 211 (zur Zulässigkeit von Aufrechnungseinwänden); Weitnauer, § 45 Rz. 17; Bärmann-Merle, § 45 Rz. 160.

um ein **Erkenntnisverfahren** handelt.[248] Entsprechendes gilt für die Kostenentscheidung im Vollstreckungsabwehrverfahren. § 47 ist einschlägig.[249]

8.2 Die Zuständigkeit des § 43 Abs. 1 Nr. 1

Die Zuständigkeit des Wohnungseigentumsverfahrens ist hiernach in allen 605
Angelegenheiten gegeben, die in den §§ 10–29 geregelt sind, soweit nicht Nr. 2 und 3 unterfallend. Ausgenommen sind lediglich die Ansprüche im Falle der **Aufhebung der Gemeinschaft** (§ 17)[249 a] und auf **Entziehung des Wohnungseigentums** (§§ 18, 19). Die Zuständigkeitszuweisung des § 43 – hier Abs. 1 Nr. 1 – ist weit auszulegen. Für sie sind reine Zweckmäßigkeitserwägungen maßgebend gewesen. Gleichwohl ist das Wohnungseigentumsgericht nur zur Entscheidung von **Streitigkeiten über die sich aus der Gemeinschaft und aus der Verwaltung des gemeinschaftlichen Eigentums ergebenden Rechte und Pflichten der Wohnungseigentümer untereinander** berufen. So sind **Streitigkeiten um das Eigentum** grundsätzlich im **Zivilprozeßverfahren** auszutragen, weil sie die sachenrechtlichen Grundlagen der Gemeinschaft betreffen. Daran ändert sich auch nichts dadurch, daß ein Wohnungseigentümer z.B. nicht nur die Feststellung verlangt, daß ein bestimmter Raum in seinem Sondereigentum steht, sondern sogleich auch die daraus abgeleitete Rechtsfolge geltend macht und Herausgabe der Grundbuchberichtigung verlangt. Ausschlaggebend ist nicht die jeweilige Rechtsgrundlage, aus der die Ansprüche hergeleitet werden, sondern allein der Umstand, ob das von einem Wohnungseigentümer in Anspruch genommene Recht oder die ihn treffende Pflicht in einem inneren Zusammenhang mit einer Angelegenheit steht, die aus dem Gemeinschaftsverhältnis der Wohnungseigentümer erwachsen ist. Allein die Tatsache, daß eine Entscheidung über das Eigentum oder die sich hieraus ergebenden Ansprüche Auswirkungen auf die Rechtsbeziehungen der Wohnungseigentümer untereinander, namentlich den Gebrauch und die Lasten- sowie Kostentragung hat, rechtfertigt es noch nicht, den Zuständigkeitskatalog des § 43 Abs. 1 über den Wortlaut und den Sinn der Vorschrift hinaus auszuweiten.[250]

Demzufolge ist auch die bisherige obergerichtliche Rechtsprechung überholt, wonach der Streit über die **Zugehörigkeit von Gegenständen zum**

[248] BayObLG DWE 1984, 125; LG Wuppertal Rpfleger 1980, 197; Bärmann-Merle, a. a. O.

[249] BayObLG a. a. O.

[249 a] BayObLGZ 1979, 414/418; DWE 1984, 124/LS; v. 18. 12. 1998 – 2 Z AR 121/98 –: Zuständigkeit des WEG-Gerichts für den Anspruch auf Zustimmung zur Aufhebung der Gemeinschaft.

[250] Grundlegende Entscheidung des BGH EBE 1995, 266 = ZMR 1995, 521 = WE 1996, 27 = NJW 1995, 2851 = WM 1995, 614 mit zahlreichen Literatur- u. Rspr.hinweisen; NJW-RR 1991, 907.

gemeinschaftlichen Eigentum oder Sondereigentum dann dem § 43 zugeordnet wurde, wenn es sich um eine Vorfrage zur Entscheidung über Ansprüche aus dem Gemeinschaftsverhältnis handelt.[251]

8.2.1 Beispielsfälle für Zuständigkeit des WEG-Gerichts

606 Vor dem Hintergrund der genannten BGH-Entscheidung lassen sich Zuständigkeitsfragen relativ leicht beantworten. Hinzuweisen ist zunächst auf die bei Bärmann-Merle und Weitnauer behandelten Rspr.fälle, deren Wiederholung an dieser Stelle unterbleibt, weil es sich überwiegend um sehr alte, wenn auch nach wie vor einschlägige Entscheidungen handelt.[252] In Ergänzung hierzu:

- Genereller **Streit** um **Sondernutzungsrechte,** und zwar sowohl bei Streitigkeiten über das Bestehen eines Sondernutzungsrechts, als auch bei Streitigkeiten über den Geltungsbereichs eines eingetragenen Sondernutzungsrechts;[253] denn insoweit wird maßgeblich auf die Funktion des Rechts als einer Gebrauchsregelung mit dem Hinweis abgestellt, daß es sich n i c h t um eine eigentumsrechtliche Auseinandersetzung handelt.
- Ist die Begründung von Sondereigentum an einem Raum infolge eines nicht auflösbaren Widerspruchs zwischen Teilungserklärung und Aufteilungsplan gescheitert, so ist zur Entscheidung über den auf das **Gemeinschaftsverhältnis** der Wohnungseigentümer gestützten **Anspruch** eines Wohnungseigentümers, ihm an diesem Raum das **Sondereigentum einzuräumen,** das Wohnungseigentumsgericht zuständig.[254]
- Über Ansprüche der Wohnungseigentümer gegen einen Miteigentümer auf **Herausgabe eines Raums** ist auch dann durch das Wohnungseigentumsgericht zu entscheiden, wenn der Miteigentümer einwendet, er sei Sondereigentümer des Raums.[255]
- Für **Schadenersatzansprüche** ist das Wohnungseigentumsgericht zuständig, soweit sie auf der Verletzung der sich aus dem **Gemeinschaftsverhältnis** ergebenden schuldrechtlichen Verpflichtungen beruhen. Unmaßgeblich ist, ob solche Ansprüche auf Bestimmungen des WEG oder

---

[251] OLG Frankfurt OLGZ 1984, 148; OLG Hamm WE 1991, 135; OLG Düsseldorf NJW-RR 1995, 206.

[252] Bärmann-Merle, § 43 Rz. 5–25; Weitnauer, § 43 Rz. 4–8.

[253] BGHZ 109, 396f.; NJW 1990, 1112 = Rpfleger 1990, 113 = WE 1990, 84; BayObLG WM 1985, 102; OLG Köln NJW-RR 1989, 1040 = ZMR 1989, 314; LG Stuttgart WE 1994, 119; s.a. OLG Saarbrücken NJW-RR 1998, 1165 = ZMR 1998, 594 = ZfIR 1998, 366: Zuständigkeit des Streitgerichts bei Streitfrage, wem ein Sondernutzungsrecht an einem Abstellplatz zusteht.

[254] BayObLGZ 1998, Nr. 30 = ZMR 1998, 582 = WE 1999, 31.

[255] BayObLG v. 13. 7. 1984 – 2 Z 85/83 –; offengelassen von BayObLG WE 1991, 197 in einem Verfahren, in dem ein Wohnungseigentümer, gestützt auf sein Sondereigentum, einen Raum von einem anderen Wohnungseigentümer herausverlangt und dieser sein Recht zum Besitz u. a. auf einen Eigentümerbeschluß stützt.

anderer Gesetze, z. B. unerlaubte Handlung, gestützt werden, ob negatorische oder besitzrechtliche Ansprüche geltend gemacht werden.[256]

8.2.2 Beispielsfälle für Zuständigkeit des Prozeßgerichts

Die **Abgrenzungsproblematik** wird erst dann einer Klärung zugeführt, wenn nicht nur positiv dargestellt ist, was dem Verfahren nach § 43 Abs. 1 Nr. 1 zuzuordnen ist, sondern auch die Fallgestaltungen bezeichnet werden, die in den Zivilprozeß gehören. Demnach gehören **nicht** in das Verfahren nach § 43 Abs. 1 Nr. 1: 607

- Streitigkeiten aus den Bestimmungen der §§ 2–9 etwa über **Gegenstand, Inhalt** oder **Umfang** des **Sondereigentums** und des **Gemeinschaftseigentums.**[257]
- Streitigkeiten über die Rechtswirksamkeit der **Begründung, Aufhebung, Übertragung, Belastung von Wohnungseigentum,** sowie über Ansprüche und Rechte nach Aufhebung der Gemeinschaft.[258]
- Streitigkeiten, in denen es um Ansprüche auf **Verschaffung, Begründung** oder **Aufhebung** von **Wohnungseigentum** insbesondere aus den notariellen Erwerbsverträgen geht.[259]
  Dies gilt auch dann, wenn der **Bauträger** selbst **Wohnungseigentümer**[260] oder **Verwalter**[261] ist. Soweit § 43 Abs. 1 Nr. 1 „Ansprüche im Falle der Aufhebung der Gemeinschaft (§ 17)" von der Zuständigkeit der freiwilligen Gerichtsbarkeit ausnimmt, betrifft dies nur die Ansprüche **nach** der Aufhebung. Der Anspruch **auf** Aufhebung kann sich aus §§ 11, 22 oder aus Vereinbarung ergeben. Dieser Anspruch gehört zum Verfahren nach § 43.[262]
- Alle **Streitigkeiten**, in denen sich ein Wohnungseigentümer und die Gemeinschaft oder ein Wohnungseigentümer und ein anderer Wohnungseigentümer **wie Dritte gegenüberstehen** (z. B. Vermietung einer gemein-

---

[256] BGH NJW-RR 1991, 907 = WE 1991, 321 = ZMR 1991, 310; OLG Köln NJW-RR 1995, 910 = ZMR 1995, 268 = WE 1995, 241 (Schadenersatzanspruch wegen Auswechslung eines tragenden Deckenbalkens).

[257] BGH NJW 1995, 2851 = ZMR 1995, 521 = WE 1996, 27 = WM 1995, 614; OLG Köln ZfIR 1998, 98; BayObLG NJW-RR 1996, 912 (Streit, ob Wohnung zum Sonder- oder Gemeinschaftseigentum gehört).

[258] Weitnauer, § 43 Rz. 9; Bärmann-Merle, § 43 Rz. 29; s. a. KG ZMR 1998, 368 = WE 1998, 306 (ein Wohnungseigentümer beansprucht von den übrigen Umwandlung von Gemeinschaftseigentum in Sondereigentum).

[259] BGHZ 62, 388 = LM Nr. 2 zu § 21 WEG mit zustimmender Anm. Rothe; OLG Karlsruhe OLGZ 1976, 11/13; Augustin WEG Rz. 19, Niedenführ/Schulze Rz. 25, Weitnauer Rz. 9, je zu § 43; s. aber BayObLGZ 1998, Nr. 30 zur Entscheidung über den auf das Gemeinschaftsverhältnis gestützten Anspruch auf Einräumung von Sondereigentum.

[260] BGH a. a. O.

[261] BGHZ 65, 264.

[262] Vgl. BayObLGZ 1979, 418; DWE 1984, 124/LS; v. 18. 12. 1998 – 2 Z AR 121/98 –; Bärmann-Merle, § 43 Rz. 32.

schaftlichen Anlage an einen Wohnungseigentümer, oder Beauftragung eines Wohnungseigentümers mit Handwerkerarbeiten durch einen anderen Wohnungseigentümer oder durch die Gemeinschaft).[263]

- Feststellung, daß jemand **nicht zur Gemeinschaft** gehört.[264]
- Der gegen einen **Dritten** gerichtete Anspruch auf **Erteilung der Zustimmung nach § 12** (der Verwalter als Zustimmungspflichtiger ist nicht Dritter).[265]
- Streitverfahren des einzelnen Wohnungseigentümers aus den **notariellen Erwerbsverträgen** mit dem Bauträger, Streitigkeiten zwischen Wohnungseigentümern und einem später zum Verwalter bestellten Baubetreuer bezüglich der Verwendung von gemeinschaftlichen Geldern zur Deckung angeblicher Grundstückserwerbskosten.[266]
- Alle **Baumängelgewährleistungsklagen** des einzelnen Wohnungseigentümers oder der Gemeinschaft gegen den Bauträger oder Dritte bezüglich Sondereigentum und Gemeinschaftseigentum.
- Streit zwischen einem Wohnungseigentümer und dem Verwalter, der im Auftrag des Wohnungseigentümers dessen Wohnung an **Feriengäste** vermietet.[267]
- Das WEG-Verfahren ist nicht zulässig, wenn ein Wohnungseigentümer einen **Anspruch auf Abmarkung** des Gemeinschaftsgrundstücks geltend macht und das abzumarkende Nachbargrundstück zwar im Eigentum anderer Wohnungseigentümer steht, aber nicht zur Wohnanlage gehört.[268]
- Der **Schadenersatzanspruch** gegen den **Haftpflichtversicherer** der Wohnungseigentümer (oder des Verwalters) kann nicht im WEG-Verfahren geltend gemacht werden.[269]
- In die Zuständigkeit des WEG-Gerichts fällt nicht eine Streitigkeit zwischen einzelnen Miteigentümern aus einem nur zwischen ihnen vereinbarten **Konkurrenzverbot.**[270]
- Streit um **Verwaltung des Sondereigentums** durch den WEG-Verwalter.[271]
- Streit zwischen den Personen einer Gesellschaft bürgerlichen Rechts, die **Eigentümerin aller Wohnungs- und Teileigentumseinheiten** ist, da noch keine Wohnungseigentümergemeinschaft besteht.[272]

---

[263] Weitnauer, § 43 Rz. 9; Bärmann-Merle, § 43 Rz. 29.

[264] BGH Rpfleger 1974, 260.

[265] Weitnauer, § 12 Rz. 12; § 43 Rz. 9.

[266] BGH MDR 1977, 46f. (wenn die Gelder dem Baubetreuer anvertraut waren und er sie auch verwendet hat, bevor die Wohnungseigentümergemeinschaft gebildet oder tatsächlich vollzogen war).

[267] OLG Braunschweig MDR 1976, 669.

[268] BayObLG WE 1991, 167.

[269] BayObLG NJW-RR 1987, 1099.

[270] BGH BB 1986, 1676; s. a. BayObLG WE 1997, 36.

[271] BayObLG NJW-RR 1996, 1037 = WE 1996, 194.

[272] OLG Köln NJW-RR 1997, 1443 = DWE 1997, 126.

- Streitigkeiten von Teilhabern an einer **Bruchteilsgemeinschaft,** die Eigentümerin einer Tiefgarage ist.[273]
- Für Streitigkeiten darüber, wem ein **Sondernutzungsrecht** an einem Abstellplatz zusteht, ist das Streitgericht zuständig.[273a]

8.2.3 Werdender Wohnungseigentümer, Eigentümerwechsel während Rechtshängigkeit, Einzelbefugnis der Wohnungseigentümer

Höchstrichterlich ist bis heute die Frage nicht geklärt, ab welchem Zeitpunkt die §§ 43ff. anwendbar sind, ob also der sogenannte **werdende Wohnungseigentümer** ein **Antragsrecht** für die Einleitung eines WEG-Verfahrens hat. Sobald und soweit die materiell-rechtlichen Vorschriften des Wohnungseigentumsgesetzes Anwendung finden, besteht für die Anwendung der §§ 43 ff. auch schon vor der Eintragung als Wohnungseigentümer im Grundbuch ein Bedürfnis. 608

Zunächst: Der BGH[274] hat entschieden, daß der **Erwerber** einer Eigentumswohnung **vor der Umschreibung im Wohnungsgrundbuch** in der Eigentümerversammlung einer vollständig und rechtlich in Vollzug gesetzten Gemeinschaft auch dann **kein** eigenes **Stimmrecht** habe, wenn sein Übereignungsanspruch durch eine Vormerkung gesichert und Besitz, Nutzungen, Lasten und Gefahr auf ihn übergegangen seien. In Fortführung dieser Rechtsprechung hat der BGH entschieden, daß der werdende Wohnungseigentümer auch nicht in entsprechender Anwendung des § 16 Abs. 2 für Verbindlichkeiten hafte, die noch vor seinem Eigentumserwerb begründet und fällig geworden sind. Demnach scheidet eine entsprechende Anwendung von Vorschriften des WEG auf den noch nicht im Grundbuch eingetragenen Erwerber einer Eigentumswohnung in einer voll eingerichteten Gemeinschaft aus. Dies gilt demnach auch für das **Antragsrecht.**

Anders ist die Rechtslage jedoch, wenn jemand sein Wohnungseigentum vor Entstehen einer Eigentümergemeinschaft im Rechtssinne erworben hat und **Mitglied** einer **faktischen Wohnungseigentümergemeinschaft** geworden ist. Demzufolge gilt: Das Mitglied einer vor rechtlicher Invollzugsetzung bestehenden werdenden Wohnungseigentümergemeinschaft, dessen Übereignungsanspruch durch eine Vormerkung gesichert ist und auf den Besitz, Nutzungen, Lasten und Gefahr übergegangen sind, hat in entsprechender Anwendung des § 43 Abs. 1 ein **Antragsrecht.** Eine **Wohnungseigentümergemeinschaft** ist rechtlich in **Vollzug** gesetzt, wenn die **Wohnungsgrundbücher angelegt** und mindestens **zwei Wohnungseigentümer** 609

[273] BayObLG WE 1995, 284.

[273a] OLG Saarbrücken NJW-RR 1998, 1165 = ZMR 1998, 594 = ZfIR 1998, 366.

[274] BGHZ 106, 113 = NJW 1989, 1087; BGHZ 107, 285 = NJW 1989, 2697; BayObLGZ 1989, 351/353.

eingetragen sind. Das vor rechtlicher Invollzugsetzung einer Wohnungseigentümergemeinschaft danach erworbene **Antragsrecht** bleibt dem werdenden Wohnungseigentümer auch dann **erhalten,** wenn die Gemeinschaft danach rechtlich in Vollzug gesetzt wird. Ergo steht in einer rechtlich in Vollzug gesetzten Wohnungseigentümergemeinschaft das Antragsrecht gem. § 43 Abs. 1 dem Veräußerer einer Wohnung bis zum Eigentumswechsel auch dann noch zu, wenn er die Wohnung dem Käufer übergeben hat und für diesen eine Auflassungsvormerkung im Grundbuch eingetragen ist, es sei denn, der Erwerber war schon **Mitglied der werdenden Gemeinschaft** geworden. Unverzichtbare Voraussetzung für die Annahme einer werdenden Wohnungseigentümergemeinschaft und damit für die Zuständigkeit des Wohnungseigentumsgerichts ist, daß auf die Wohnungseigentumsanwärter der Besitz an der Eigentumswohnung übergegangen ist und ihr Anspruch auf Erlangung des Eigentums an der Wohnung und nicht nur an einem schlichten Miteigentumsanteil durch eine im Grundbuch eingetragene **Auflassungsvormerkung** gesichert ist. Die Wohnungsgrundbücher selbst müssen noch nicht angelegt sein. Es genügt, daß die **Anlegung** der **Wohnungsgrundbücher** beim Grundbuchamt unter Vorlage der Teilungserklärung beantragt ist.[275]

610 Scheidet ein Wohnungseigentümer **nach Eintritt der Rechtshängigkeit** aus der Gemeinschaft aus (z.B. Eigentumsübergang während des Verfahrens) verliert der **Ausgeschiedene** sein Antragsrecht nicht. Der Ausgeschiedene bleibt **Beteiligter** (analog §§ 263 Abs. 1 Satz 2, 265, 325, 727 ZPO). Es ändert sich zwangsläufig auch nichts am Rechtsweg des § 43.[276] Das Fortbestehen des **Antragsrechts** kann nicht zusätzlich von einem Rechtsschutzbedürfnis des Antragstellers, also im Beschlußanfechtungsfalle nicht etwa davon abhängig gemacht werden, ob der Antragsteller vom angefochtenen Eigentümerbeschluß noch betroffen sein kann oder nicht. Anders ist die Situation, wenn der neue Eigentümer erklärt, er habe an der Fortführung des Verfahrens kein Interesse.[277]

611 Nach herrschender Meinung ist das **Prozeßgericht** zuständig für Ansprüche des **vor Eintritt der Rechtshängigkeit** ausgeschiedenen Wohnungsei-

---

[275] S. zum Antragsrecht des Mitglieds einer werdenden Gemeinschaft bei Begründung von Wohnungseigentum gem. § 8: BayObLG NJW 1990, 3216 = WE 1991, 203; WE 1992, 27; NJW-RR 1991, 531; NJW-RR 1991, 977; WM 1994, 708; OLG Düsseldorf ZMR 1998, 449 = ZfIR 1998, 367 = WE 1998, 230 (Anfechtung der Verwalterabwahl in werdender Gemeinschaft); stark zweifelnd OLG Saarbrücken NJW-RR 1998, 1094 = ZfIR 1998, 212 = ZMR 1998, 595 = WE 1998, 314; s.a. BayObLG WE 1998, 149 (kein Antragsrecht des Käufers einer Wohnung von einem Bauherrn, solange der Käufer noch nicht Wohnungseigentümer ist, wenn die Wohnanlage durch eine Bauherrngemeinschaft errichtet wurde); Weitnauer, § 10 Anh., Rz. 9; Bärmann-Merle, § 43 Rz. 4ff.

[276] KG NJW 1970, 330; BayObLG Rpfleger 1979, 446; BayObLGZ 1986, 348/349; NJW-RR 1991, 531; OLG Karlsruhe OLGZ 1985, 133/139.

[277] BayObLG WM 1994, 573; ZMR 1998, 447 = ZfIR 1998, 304.

gentümers oder für gegen ihn gerichtete Ansprüche eines anderen Wohnungseigentümers, der Gemeinschaft oder des Verwalters.[278] Mit der herrschenden Meinung wird hier die Vorrangigkeit der **Personenbezogenheit** bejaht. Allerdings ist ein **ehemaliger Wohnungseigentümer** berechtigt, in einem schon vor seinem Ausscheiden aus der Gemeinschaft von ihm anhängig gemachten Wohnungseigentumsverfahren nach seinem Ausscheiden einen in einem engen (rechtlichen oder wirtschaftlichen) Zusammenhang mit dem vorher gestellten Antrag stehenden Zahlungsanspruch geltend zu machen. Das Wohnungseigentumsgericht ist auch für diesen Zahlungsanspruch zuständig.[279]

Der **einzelne Wohnungseigentümer** kann einen der Wohnungseigentümergemeinschaft gegen einen anderen Wohnungseigentümer zustehenden **Hausgeldanspruch** nur dann geltend machen, wenn er dazu durch **Gemeinschaftsbeschluß** ermächtigt worden ist.[280] Dies bedeutet aber auch, daß kein Eigentümerbeschluß erforderlich ist, wenn alle übrigen Wohnungseigentümer gegen den säumigen Miteigentümer vorgehen.[281] Der einzelne Wohnungseigentümer hat **ohne Ermächtigungsbeschluß** ein **eigenes Forderungsrecht** nur unter der Voraussetzung, daß er über seinen Anteil hinaus mit Verbindlichkeiten der Gemeinschaft belastet worden ist und deshalb einen Rückgriffs- oder Befreiungsanspruch hat.[282] Richtigerweise hat das BayObLG[283] schon vor der genannten BGH-Entscheidung entschieden, daß ein Wohnungseigentümer Zahlungsansprüche der Gesamtheit der Wohnungseigentümer im Zusammenhang mit der Fertigstellung der Anlage gegen einen anderen Wohnungseigentümer nur dann gerichtlich geltend machen könne, wenn ein dahingehender Eigentümerbeschluß vorliege. Das zum Hausgeldanspruch Gesagte gilt entsprechend (Ermächtigungsbeschluß) auch für **gemeinschaftliche Schadenersatzansprüche** gegen Dritte oder für Schadenersatzansprüche der übrigen Wohnungseigentümer gegen einen Miteigentümer,[284] nicht aber für Einzelanspruch eines Wohnungseigentümers wegen Beeinträchtigung seines Wohnungseigentums. 612

---

[278] BGHZ 44, 43; Rpfleger 1989, 100 = NJW 1989, 714 = ZMR 1989, 152 = WE 1989, 93; BayObLG Rpfleger 1979, 318; s. auch KG ZMR 1992, 119 = WE 1992, 108 = NJW-RR 1992, 461 LS selbst für den Fall, wenn der „ausgeschiedene" Eigentümer noch weitere Wohnungen innehat; s.a. OLG Köln WE 1996, 75 (Streitigkeit zwischen ehemaligen Wohnungseigentümern und ausgeschiedenem Verwalter); s.a. BayObLG ZfIR 1998, 751: Prozeßgericht ist zuständig, wenn Wohnungseigentümer ausscheidet, nachdem die gegen ihn geltend gemachten Hausgeldansprüche beim – zunächst unzuständigen – Prozeßgericht rechtshängig geworden sind.

[279] BayObLG v. 3. 2. 1983 – 2 Z 21/82 –.

[280] BGH EBE 1990, 258 = ZMR 1990, 389 = WE 1990, 202.

[281] OLG Düsseldorf ZfIR 1998, 95 = WE 1998, 470.

[282] BGH NJW 1985, 912; vgl. auch KG ZMR 1988, 310/311.

[283] BayObLG WE 1990, 177.

[284] BGH EBE 1993, 35 = ZMR 1993, 173; vgl. auch OLG Hamm ZMR 1998, 716: Ermächtigungsbeschluß immer dann notwendig, wo eine vorrangige Verwaltungszuständigkeit der Wohnungseigentümer gem. § 21 Abs. 1 gegeben ist.

Hingegen kann der einzelne Wohnungseigentümer den **Anspruch** auf **Beseitigung** der **Beeinträchtigung des gemeinschaftlichen Eigentums** gegen einen Miteigentümer ohne Ermächtigung durch die Wohnungseigentümergemeinschaft geltend machen.[285]

Aus Gründen der Vollständigkeit sei noch hinzugefügt: Natürlich ist ein Wohnungseigentümer, wenn nicht die Voraussetzungen des § 21 Abs. 2 vorliegen, generell nicht ohne Ermächtigung der Eigentümergemeinschaft berechtigt, Ansprüche der Gemeinschaft gegen Dritte im eigenen Namen geltend zu machen (in casu: Kostenvorschußklage wegen eines Mangels an den Balkonsanierungsarbeiten eines Handwerkers, die der Verwalter in Auftrag gegeben hatte).[286] Verlangen mehrere Wohnungseigentümer mit Billigung der Gemeinschaft Zahlung von Vorschuß zur Mängelbeseitigung an den Verwalter, so kann der beklagte Bauträger nicht mit Restkaufpreisansprüchen gegen einzelne Wohnungseigentümer aufrechnen.[287]

Ist Wohnungseigentümer eine GmbH & Co. KG, so kann der Anspruch auf Zahlung von Hausgeld auch gegen die Komplementär-GmbH vor dem Wohnungseigentumsgericht geltend gemacht werden.[288]

8.3 Die Zuständigkeit des § 43 Abs. 1 Nr. 2

613 Zweifelsfrei zählen hierzu alle Streitigkeiten über die **Aufgaben** und **Befugnisse** des **Verwalters,** die unmittelbar die Verwaltung des gemeinschaftlichen Eigentums betreffen. Wann immer es um die Frage der ordnungsmäßigen Verwaltung durch den Verwalter geht, greift im Streitfalle § 43 Abs. 1 Nr. 2 ein.[289]

Beispiele:

Der Verwalter führt **Versammlungsbeschlüsse** nicht oder nicht ordnungsgemäß durch.[290] Der Verwalter sorgt nicht für die Einhaltung der **Hausordnung.**[291] Der Verwalter verletzt seine Pflicht zur **Instandhaltung**

[285] BGH EBE 1992, 54 = WE 1992, 105 = ZMR 1992, 167 = NJW 1992, 978; OLG Hamm NJW-RR 1991, 910; BayObLG ZMR 1995, 495; ZMR 1997, 374; OLG Düsseldorf ZMR 1996, 396; KG ZMR 1997, 315; NJW-RR 1995, 1228 = ZMR 1995, 418 = WE 1995, 313; ZMR 1993, 288 = DWE 1993, 117 = WE 1993, 220; s. aber OLG Schleswig ZfIR 1998, 425: Ermächtigungsbeschluß erforderlich bei Anspruch gegen Verwalter wegen rechtswidriger Veränderung des gemeinschaftlichen Eigentums.

[286] OLG Düsseldorf NJW-RR 1989, 978 = WE 1989, 200.

[287] BGH EBE 1991, 399.

[288] BayObLGZ 1988, Nr. 70.

[289] BayObLG MDR 1972, 516; Bärmann-Merle, § 43 Rz. 38.

[290] OLG Frankfurt OLGZ 1980, 76.

[291] KG NJW 1956, 1679; OLG Hamm Rpfleger 1970, 135; BayObLG WEM 1981, 34; BayObLGZ 1972, 90 = MDR 1972, 516; s. auch Vitzethum DWE 1981, 106.

und **Instandsetzung.**[292] Der Verwalter weigert sich pflichtwidrig, eine **Wohnungseigentümerversammlung** einzuberufen.[293] Der Verwalter hat pflichtwidrig **Gelder** nicht abgeführt, Beiträge nicht eingezogen, obwohl er hierzu berechtigt gewesen wäre. Er droht **Ausschluß-** oder **Verjährungsfristen** zu versäumen oder hat sie versäumt.[294] Der Verwalter verweigert **Einsicht** in die Verwaltungsunterlagen.[295] Der Verwalter verweigert die **Zustimmung** zu einer **baulichen Veränderung.**[296] Er versagt die Zustimmung zur **Gewerbeausübung.**[297] Er verweigert die Zustimmung zur **Veräußerung des Wohnungseigentums.**[298] Es besteht Streit, ob der Verwalter die Versammlung ordnungsgemäß geleitet hat, ob er Gelder der Wohnungseigentümer ordnungsgemäß angelegt hat.[299] Der Verwalter macht seinen Anspruch auf Ausstellung der **Vollmachtsurkunde** geltend.[300] Streitigkeiten eines Wohnungseigentümers mit dem Verwalter über die Abwicklung eines **Brandschadens** am Sondereigentum unterfallen dann § 43 Abs. 1 Nr. 2, wenn sich die Gebäudefeuerversicherung gemäß Teilungserklärung auf „das Sondereigentum und das gemeinschaftliche Eigentum als Ganzes" erstreckt.[301] Zweifelsfrei sind Streitigkeiten aus Verträgen einzelner Wohnungseigentümer mit dem Verwalter, die das Sondereigentum betreffen, im Zivilprozeß geltend zu machen.[302] Der Streit darüber, oder der **Verwalter wirksam bestellt** ist.[303] Über die genannten Streitfälle hinaus (Streitigkeiten über die Aufgaben und Befugnisse des Verwalters) ist das Wohnungseigentumsgericht auch stets dann zuständig, wenn es um Ansprüche aus dem Verwaltervertrag selbst geht, wenn Streitigkeiten in einem **inneren Zusammenhang** mit der dem Verwalter übertragenen Verwaltung des gemeinschaftlichen Eigentums stehen. Nicht nur der Inhalt von Rechten und Pflichten des Verwalters bei der

---

[292] OLG Köln OLGZ 1976, 143; vgl. auch BayObLG NJW-RR 1988, 599 = WE 1988, 108 (Verzugsschaden wegen nicht rechtzeitiger Instandhaltung gemeinschaftlichen Eigentums und daraus resultierende Mietzinsminderungsansprüche eines Mieters gegen einen Wohnungseigentümer); OLG Düsseldorf ZMR 1997, 380 = WE 1997, 345 (Zahlung trotz Mängeln); OLG Köln WE 1997, 198; WE 1997, 199.

[293] BayObLGZ 1970, 1 = MDR 1970, 507.

[294] OLG Karlsruhe NJW 1969, 1968; OLG Hamm OLGZ 1975, 157 = Rpfleger 1975, 255; ZMR 1996, 678 (Unterrichtung über Fristenlauf).

[295] BayObLGZ 1972, 246.

[296] BayObLGZ 1974, 269 = Rpfleger 1974, 316; s. a. BGH ZMR 1996, 274 = WE 1996, 265.

[297] BayObLGZ 1973, 1.

[298] BayObLGZ 1972, 248; OLG Zweibrücken NJW-RR 1994, 1103 = ZMR 1994, 119 = WE 1995, 24; LG Essen ZMR 1994, 172.

[299] Weitnauer, § 43 Rz. 19.

[300] Weitnauer, a. a. O.

[301] KG DWE 1984, 93; ZMR 1992, 34 = NJW-RR 1992, 150 = WE 1992, 107; BayObLG NJW-RR 1996, 1298 = WE 1997, 39 (bei versichertem Wasserschaden); v. 29. 1. 1998 – 2 Z BR 53/97 –.

[302] OLG Braunschweig MDR 1976, 669; BayObLG NJW-RR 1989, 1167 = WE 1990, 148; NJW-RR 1996, 1037 = WE 1996, 194.

[303] OLG Hamm OLGZ 1976, 266.

Verwaltung gemeinschaftlichen Eigentums ist Gegenstand von Wohnungseigentumsverfahren nach § 43 Abs. 1 Nr. 2, sondern auch die Folgen für den Verwalter aus einer von ihm durchgeführten oder unterlassenen Maßnahme werden vom Wohnungseigentumsverfahren erfaßt, wenn sich das Tun oder Unterlassen als Verletzung der den Verwalter treffenden Pflichten oder als Überschreitung der ihm zustehenden Rechte darstellt und er damit schadenersatzpflichtig ist.[304] Damit ist endgültig die Weiche für eine **weite Zuständigkeit** des Wohnungseigentumsrichters gestellt. Es besteht sogar eine Vermutung für die Zuständigkeit des Gerichts der freiwilligen Gerichtsbarkeit. Der BGH hat diese Rechtsprechung fortgeführt und auch den **Vergütungsanspruch** des Verwalters gegen die Wohnungseigentümer dem Wohnungseigentumsverfahren zugeordnet.[305] Mit anderen Worten: Auch alle sonstigen Streitigkeiten aus dem Verhältnis zwischen Wohnungseigentümer und Verwalter gehören in das Wohnungseigentumsverfahren.

614 Zweifelhaft erscheint allerdings, ob das Wohnungseigentumsgericht auch zuständig ist für **Unterlassungs- oder Widerrufsansprüche** des Verwalters gegen einen Wohnungseigentümer wegen ehrenrühriger Behauptungen im Zusammenhang mit der Verwaltungstätigkeit; denn die Anspruchsgrundlage solcher Ansprüche leitet sich aus den §§ 823, 1004 BGB ab.[306] Zweifelsfrei fallen nicht unter § 43 Ansprüche, die nicht mit der Verwaltertätigkeit im inneren Zusammenhang stehen, sich aber gleichwohl gegen den Verwalter richten oder die der Verwalter deshalb gegen einen Wohnungseigentümer hat, weil der Verwalter z. B. Energielieferant oder beauftragter Handwerker ist.[307]

615 Nach h. M. gehören auch **Ansprüche** gegen einen **ausgeschiedenen Verwalter** aus dem Verwalterverhältnis oder Ansprüche des ausgeschiedenen Verwalters gegen die Wohnungseigentümer in das Verfahren nach § 43.[308]

---

[304] BGHZ 59, 58 = NJW 1972, 1318; BGHZ 78, 57/64; BayObLGZ 1965, 34/46; 1969, 209/210f.; 1972, 161/163; 1975, 1327/1328; Rpfleger 1980, 192; WEM 1981, 36/37; DWE 1982, 136 (gegen den abberufenen Verwalter); BayObLGZ 1989, 308f.; WE 1992, 25; KG OLGZ 1981, 304; OLG Stuttgart NJW-RR 1986, 1277; Weitnauer, § 43 Rz. 20; Bärmann-Merle, § 43 Rz. 44, 45.

[305] BGHZ 78, 57; NJW 1980, 2466; so auch OLG Hamm NJW 1973, 2301 = Rpfleger 1973, 435; Weitnauer, § 43 Rz. 22; Bärmann-Merle, § 43 Rz. 46.

[306] So die Zuständigkeit des WEG-Gerichts verneinend: BayObLG WE 1990, 131; vgl. auch KG WM 1988, 28, das Ansprüche auf Abwehr von Verletzungen des Persönlichkeitsrechts nur dann als WEG -Sache ansieht, wenn sie wegen des Zusammenhangs mit dem räumlich-gegenständlichen Bereich des Wohnungseigentums auch eine Beeinträchtigung dieses Eigentums darstellen; s. aber zur Abgrenzung: BGH NJW-RR 1991, 907 = WE 1991, 321.

[307] OLG Hamm Rpfleger 1979, 318.

[308] BGH NJW 1980, 2468; NJW 1989, 714 = WE 1989, 93; BayObLG Rpfleger 1970, 65; ZMR 1976, 89 = BayObLGZ 1975, 161; ZMR 1982, 223; NJW-RR 1988, 18; WE 1990, 172 = ZMR 1989, 386; ZMR 1990, 65 = WE 1991, 22; DWE 1992, 118 = WE 1992, 23; OLG Hamburg NJW 1963, 818; OLG Hamm Rpfleger 1970, 400; OLGZ 1975, 157; KG OLGZ 1981, 304; OLG Köln WE 1996, 75 (bei Streit zwischen ausgeschiedenem Verwalter und ehemaligen Wohnungseigentümern: Prozeßgericht); Weitnauer, § 43 Rz. 23.

Hierzu zählen danach u.a.: Antrag auf **Auskunft** und Abgabe der eidesstattlichen Versicherung nach § 260 Abs. 2 BGB,[309] Antrag auf **Herausgabe** von Verwaltungsunterlagen.[310] Zu den **Verwaltungsunterlagen** gehören auch die Unterlagen über die Errichtung der Wohnanlage durch den früheren Verwalter in seiner Eigenschaft als Bauträger. Der frühere Bauträger-Verwalter hat grundsätzlich **Fotokopien** solcher Unterlagen an die Erwerber herauszugeben, und zwar selbst dann, wenn er sie nicht im Besitz hat; in diesem Falle steht den Erwerbern ein Verschaffungsanspruch zu.[311] Anspruch des ausgeschiedenen Verwalters gegen die Wohnungseigentümer auf Entlastung,[312] auf Vergütung und Aufwendungsersatz,[313] Rückzahlungs- und Schadenersatzansprüche der Wohnungseigentümer, die in einem **inneren Zusammenhang** mit den früheren Verwalterpflichten stehen;[314] Anspruch der Wohnungseigentümer gegen einen abberufenen Verwalter auf Unterlassung weiterer Tätigkeit und auf Rechenschaftslegung.[315]

Verlangen die Wohnungseigentümer **Räume** heraus, die sie dem früheren Verwalter zur Durchführung der Verwalteraufgaben überlassen haben, so handelt es sich auch dann um ein Verfahren, das die Rechte und Pflichten des Verwalters bei der Verwaltung des gemeinschaftlichen Eigentums zum Gegenstand hat, wenn die Räume im Rahmen eines **Mietvertrags** überlassen wurden.[316]

Auch Ansprüche gegen eine als Verwalterin abberufene oHG, die aus deren Verwaltertätigkeit hergeleitet werden, sind selbst dann im Wohnungseigentumsverfahren geltend zu machen, wenn ein Gesellschafter der oHG in Anspruch genommen wird.[317]

Auch der durch die Wohnungseigentümerversammlung **abberufene Verwalter**, der nicht zugleich Wohnungseigentümer ist, kann den **Abberufungsbeschluß** in entsprechender Anwendung von § 43 Abs. 1 Nr. 4 anfechten.[318]

Der abberufene Verwalter kann hingegen nicht den Beschluß über die Bestellung seines Nachfolgers **anfechten.**[319]

---

309 OLG Köln WEM 1980, 82.

310 BayObLGZ 1975, 327; OLG Hamm NJW-RR 1988, 268.

311 OLG Hamm a. a. O.

312 BayObLG Rpfleger 1980, 192; s. aber OLG Düsseldorf NJW-RR 1997, 525 = ZMR 1996, 622 = WE 1996, 465: Der Verwalter hat keinen Anspruch auf Entlastung, aber u. U. Feststellungsklage.

313 BGH NJW 1980, 2468; BayObLG DWE 1984, 124; WE 1990, 173; WE 1991, 25; WE 1997, 76 (auch gegen einen einzelnen Wohnungseigentümer).

314 BGH NJW 1972, 1318; BayObLG DWE 1982, 136; ZMR 1990, 65 = WE 1991, 22.

315 BayObLG ZMR 1982, 223.

316 BayObLG ZMR 1988, 187.

317 BayObLG NJW-RR 1987, 1368.

318 BGH NJW 1989, 1087 = Rpfleger 1989, 150 = WE 1989, 48.

319 KG Rpfleger 1978, 257.

616 Grundsätzlich kann jeder Wohnungseigentümer **Ansprüche auf ordnungsmäßige Verwaltung** gemäß § 21 Abs. 4 **selbständig** geltend machen. Hierzu gehört z.B. der Anspruch auf Vorlage von Jahresabrechnung und Wirtschaftsplan gegen den Verwalter.[320] Der einzelne Wohnungseigentümer kann jedoch einen der **Gemeinschaft** der Wohnungseigentümer zustehenden Anspruch gegen den Verwalter **nicht ohne** einen dahingehenden **Beschluß** der Gemeinschaft gerichtlich geltend machen. Diese Frage betrifft die Zulässigkeit des Antrags.[321] Das KG[322] hat zusätzlich entschieden, der einzelne Wohnungseigentümer sei auch dann nicht berechtigt, einen aus einer etwaigen schuldhaften Verletzung des Verwaltervertrages herrührenden Schadenersatzanspruch der Gemeinschaft ohne einen dahingehenden Beschluß der Gemeinschaft gegen den Verwalter geltend zu machen, wenn er selbst durch die Vertragsverletzung wirtschaftlich betroffen sei (in casu: Schadenersatz wegen unterbliebener Instandsetzung des Gemeinschaftseigentums). Diese Entscheidung verdient Kritik. Hat ein Verwalter bei der Verwaltung gemeinschaftlichen Eigentums *einem* Wohnungseigentümer schuldhaft Schaden zugefügt, so muß dieser einzelne Wohnungseigentümer ohne dahingehenden Eigentümerbeschluß berechtigt sein, seinen Schadenersatzanspruch gegen den Verwalter gerichtlich geltend zu machen. In diesem Falle geht es ja nicht um die Geltendmachung eines Anspruchs, der der Gesamtheit der Wohnungseigentümer zusteht. Ist ein **Wohnungseigentümer Einzelgläubiger** des Verwalters, bedarf er keines Ermächtigungsbeschlusses.[323]

Ein **Auskunftsanspruch** gegen den Verwalter steht dem einzelnen Wohnungseigentümer nur insoweit zu, als die Wohnungseigentümer von diesem Recht keinen Gebrauch gemacht haben.[324]

Für eine **Anfechtungsklage** gegen eine der Wohnungseigentümergemeinschaft erteilte **Baugenehmigung,** mit der bauliche Maßnahmen am gemeinschaftlichen Eigentum gestattet werden, fehlt dem einzelnen Wohnungseigentümer die Klagebefugnis gemäß § 42 Abs. 2 VwGO. Andererseits ergeht eine solche Baugenehmigung „unbeschadet der Rechte“ der einzelnen Sondereigentümer und kann ihnen gegenüber keine öffentlich rechtlichen Wirkungen entfalten.[325]

---

[320] OLG Hamm OLGZ 1975, 157/158; BayObLG WE 1989, 220; NJW-RR 1990, 659 = MDR 1990, 634 = DWE 1990, 67 = WE 1991, 223; Augustin, § 28 Rz. 7 u. 15.

[321] BGH Rpfleger 1989, 152 = WE 1989, 94 = NJW 1989, 1091 = ZMR 1989, 182; vgl. auch BayObLG ZMR 1989, 386; WE 1991, 253; WE 1994, 117; ZMR 1994, 338 (gemeinschaftlicher Auskunftsanspruch); OLG Hamburg WE 1994, 110.

[322] KG NJW-RR 1991, 273 = ZMR 1991, 114 = WE 1991, 103.

[323] BGH EBE 1991, 372 = WE 1992, 80 = NJW 1992, 182 = Rpfleger 1992, 21 = ZMR 1992, 30; BayObLG NJW-RR 1988, 599 = WE 1988, 108; OLG Hamm NJW-RR 1997, 908 = DWE 1997, 84 = WE 1997, 354.

[324] OLG Celle OLGZ 1983, 177/178; KG NJW-RR 1987, 462 m.w.N.; BayObLG WE 1991, 253; ZMR 1994, 338 (grundsätzlich nur Ermächtigung).

[325] BVerwG NJW 1988, 3279 = BB 1988 1994.

8.4 Die Zuständigkeit des § 43 Abs. 1 Nr. 3

Diese Zuständigkeitsregelung stellt auf die materiell-rechtliche Bestimmung des § 26 Abs. 3 – **Bestellung** eines sog. **Notverwalters** – ab. Die Bestellung eines Notverwalters nach § 26 Abs. 3, § 43 Abs. 1 Nr. 3 ist von der Verwalterbestellung nach § 21 Abs. 4, § 43 Abs. 1 Nr. 1 zu unterscheiden. Die Wohnungseigentümer haben *zum einen* die Möglichkeit, in Rahmen **ordnungsmäßiger Verwaltung** die richterliche Bestellung eines bestimmten Verwalters zu verlangen, § 21 Abs. 4.[326] Dazu sind sie insbesondere dann berechtigt, wenn ein Mehrheitsbeschluß über die Bestellung eines Verwalters nicht zustande gekommen ist – eine Beschlußanfechtung scheidet dann aus, weil der ablehnende Beschluß ein sog. Negativbeschluß ist –, oder wenn bei einer aus 2 Miteigentümern bestehenden Wohnungseigentümergemeinschaft gegen die Stimme des anderen ein Mehrheitsbeschluß überhaupt nicht zustande kommen kann. Ein auf § 21 Abs. 4 zu stützender Anspruch kommt auch dann in Betracht, wenn das Stimmrecht nach Miteigentumsanteilen gewichtet wird und 1 Wohnungseigentümer, der über die Mehrheit der Stimmen verfügt, die Minderheit **majorisiert,** so daß möglicherweise mit dessen Stimmen eine Verwalterbestellung zustande gekommen ist, die nicht ordnungsmäßiger Verwaltung entspricht. Die Verwalterbestellung über § 26 Abs. 3, § 43 Abs. 1 Nr. 3 *zum anderen* ist dann von praktischer Bedeutung, wenn aus den unterschiedlichsten Gründen ein **Verwalter fehlt.** Dies ist z.B. dann der Fall, wenn die Teilungserklärung keine Bestimmung über den ersten Verwalter enthält und noch kein Verwaltungsbeirat installiert ist, der eine Wohnungseigentümerversammlung mit dem Tagesordnungspunkt der Wahl eines Verwalters einberufen könnte. Zu denken ist aber auch daran, daß die Wohnungseigentümergemeinschaft einen Verwalter abberufen hat, ohne durch Eigentümerbeschluß einen neuen Verwalter bestellt zu haben. Der Anspruch nach § 26 Abs. 3 besteht auch dann, wenn ein Verwalter den Vertrag gekündigt und sein Amt niedergelegt hat, oder wenn der im Amt befindliche Verwalter auf Dauer an der Ausübung seines Amtes, z.B. durch schwere Krankheit, gehindert ist.[327] **617**

Während bei Antragstellung nach § 21 Abs. 4 nur **Wohnungseigentümer antragsberechtigt** sind, können den Antrag nach § 26 Abs. 3 sowohl Wohnungseigentümer als auch Dritte stellen, die ein berechtigtes Interesse an der Bestellung eines Verwalters haben, z.B. ein Gläubiger. Bei Antragstellung

---

[326] Weitnauer, § 26 Rz. 22; Bärmann-Merle, § 26 Rz. 210 u. ablehnend in § 43 Rz. 48; BayObLG NJW-RR 1989, 461; KG WE 1990, 211.

[327] Bärmann-Merle, § 26 Rz. 217 mit zahlreichen Literaturhinweisen; BayObLG NJW-RR 1989, 461; s.a. OLG Düsseldorf ZMR 1997, 96 = WE 1997, 146: auch dann, wenn der bisherige Verwalter auf Antrag eines Wohnungseigentümers abzuberufen ist.

nach § 26 Abs. 3 hat der Richter im Rahmen seines **Rechtsfolgeermessens** (§ 43 Abs. 2) die Möglichkeit, einen Verwalter seiner Wahl zu benennen. Den Antrag stellende Wohnungseigentümer sollten darauf achten, daß der Richter mit der Bestellung des Verwalters zugleich eine **einstweilige Anordnung** im Sinne des § 44 Abs. 3 S. 1 trifft; denn Entscheidungen in Wohnungseigentumsverfahren erlangen ihre Wirksamkeit erst mit ihrer Rechtskraft (vgl. § 45 Abs. 2).[328] Die einstweilige Anordnung tritt nicht schon mit Erlaß der Hauptsacheentscheidung, die den Antrag auf Bestellung eines Notverwalters zurückweist, außer Kraft, sondern bleibt bis zum rechtskräftigen Abschluß des Verfahrens wirksam, es sei denn, sie würde zuvor geändert oder aufgehoben.[329] Sinnvoll ist auch, daß im Antrag nicht nur die Bestellung als solche, sondern auch die Festlegung der weiteren wesentlichen Einzelheiten des Rechtsverhältnisses verlangt werden (Vergütung, evtl. Erweiterung der Mindestaufgaben und Befugnisse des § 27).[330] Eine kalendermäßige Fixierung der **Dauer** des Notverwalterverhältnisses scheidet grundsätzlich aus. Das Notverwalteramt endet mit dem Wegfall des Mangels, der zur Notverwalterbestellung führte. Die Wohnungseigentümer können grundsätzlich den Notverwalter nicht durch Versammlungsbeschluß abberufen. Dazu besteht in der Regel auch kein Bedürfnis. Sie haben die Möglichkeit, durch Versammlungsbeschluß einen Verwalter gemäß § 26 Abs. 1 zu bestellen. Damit endet ipso jure das Amt des gerichtlich bestellten Notverwalters. Kommt kein Mehrheitsbeschluß zustande, ist wiederum der Weg über § 21 Abs. 4 mit dem denkbaren Ziel eröffnet, daß auf Antrag eines Wohnungseigentümers der Notverwalter durch das Gericht abberufen und der im Antrag benannte Verwalter zum ordnungsmäßigen Verwalter bestellt wird. Die Verwalterbestellung über § 21 Abs. 4 ersetzt immer den nicht zustande gekommenen Versammlungsbeschluß, so daß der nach dieser Bestimmung richterlich bestellte Verwalter wie ein von der Versammlung bestellter abberufen werden kann. Die nach § 21 Abs. 4 erfolgte Bestellung kann auch die **Dauer** des **Verwalteramtes** festlegen.[331]

Neben der Rechtskraft der Entscheidung nach § 26 Abs. 3, § 43 Abs. 1 Nr. 3 ist für die Wirksamkeit der Bestellung ferner Voraussetzung, daß der Beschluß dem zu Bestellenden bekanntgemacht wird und dieser die Bestellung annimmt. Die **Annahme** kann auch in der Aufnahme der Verwaltertätigkeit gesehen werden.

Erläßt der Richter keine einstweilige Anordnung, wird der bestellte Notverwalter aber schon vor Rechtskraft der Entscheidung tätig, hat er Anspruch auf **Vergütung** aus dem Gesichtspunkt der **Geschäftsführung ohne Auftrag.** §§ 677 ff. BGB.[332]

---

[328] BayObLG ZMR 1997, 93 zur Notverwalterbestellung.
[329] OLG Düsseldorf ZMR 1995, 216.
[330] BGH NJW 1980, 2466; s. a. OLG Düsseldorf a. a. O.
[331] Vgl. hierzu im einzelnen auch Weitnauer, § 26 Rz. 22 u. Rz. 10–16.
[332] OLG Hamm NJW 1973, 2301.

Der abberufene, bzw. abzuberufende oder aus sonstigen Gründen ausgeschiedene Verwalter hat kein eigenes **Beschwerderecht** gegen die Entscheidung über die Notverwalterbestellung. Er ist durch die Bestellung des neuen Verwalters nicht beschwert.[333] Dies gilt im übrigen auch im Falle der Bestellung nach § 21 Abs. 4, § 43 Abs. 1 Nr. 1. Der alte Verwalter hat allenfalls Rechtsbehelfe gegen seine Abwahl und/oder Kündigung.

8.5 Die Zuständigkeit des § 43 Abs. 1 Nr. 4

Über den Wortlaut der Bestimmung hinaus, die im Konnex mit § 23 **618**
Abs. 4 zu sehen ist, erfaßt diese Zuständigkeitsregelung nicht nur die **Anfechtung von Versammlungsbeschlüssen,** die ihre Gültigkeit behalten, wenn sie nicht aufgrund der fristgebundenen Anfechtung rechtskräftig für ungültig erklärt werden. Versammlungsbeschlüsse, die gegen eine nicht abdingbare Rechtsvorschrift verstoßen, sind absolut **nichtig.** § 43 Abs. 1 Nr. 4 erfaßt auch den nicht fristgebundenen Antrag auf **Feststellung der Nichtigkeit** eines solchen Beschlusses.[334] Möglich ist auch der Antrag auf **positive Feststellung** der **Gültigkeit** eines Beschlusses[335] oder auf **Feststellung** eines **bestimmten Beschlußinhaltes.**[336]

Schließlich unterfällt § 43 Abs. 1 Nr. 4 der Antrag auf **Feststellung,** daß ein **Beschluß nicht vorliegt.** Dies gilt beispielsweise aber nur für einen Antrag auf **Feststellung,** ein Eigentümerbeschluß sei entgegen dem verkündeten Ergebnis infolge falscher Stimmenzählung nicht zustandegekommen.[337] Hingegen besteht für den Antrag auf gerichtliche Feststellung, daß ein Beschlußantrag abgelehnt worden sei, dann kein Rechtsschutzbedürfnis, wenn die Wohnungseigentümer von der Ablehnung des Antrags ausgingen, der Antragsteller selbst gegen die Annahme gestimmt hat und er auch nicht geltend machen will, daß der Antrag in Wirklichkeit angenommen worden sei.[338] Mit der Einordnung der genannten Feststellungsanträge unter die Bestimmung des § 43 Abs. 1 Nr. 4 ist noch nicht die Frage beantwortet, ob für diese Feststellungsanträge auch die Anfechtungsfrist des § 23 Abs. 4 gilt (hierzu siehe nachstehend).

Nicht möglich ist der Antrag auf **Feststellung der Ungültigkeit** eines Beschlusses. Der Wohnungseigentumsrichter ist jedoch berechtigt, einen

---

[333] OLG Köln OLGZ 1969, 389.

[334] Weitnauer, § 43 Rz. 28; Bärmann-Merle, § 43 Rz. 66; BGHZ 107, 268; OLG Hamm WE 1990, 99.

[335] BayObLG WE 1989, 183; Bärmann-Merle, § 43 Rz. 65.

[336] OLG Köln OLGZ 1979, 282; OLG Hamm OLGZ 1985, 147; BayObLG a. a. O.; WE 1991, 53; WM 1996, 113 = NJW-RR 1996, 524 = ZMR 1996, 151 = WE 1996, 197.

[337] KG DWE 1991, 72; OLG Frankfurt DWE 1988, 36; NJW-RR 1993, 86; OLGZ 1988, 316; KG NJW-RR 1991, 213 = WE 1990, 207; BayObLGZ 1995, Nr. 74.

[338] BayObLG WE 1991, 198.

solchen Antrag umzudeuten; entweder in den Anfechtungsantrag, einen Beschluß für ungültig zu erklären, oder in einen Feststellungsantrag, daß ein Beschluß nichtig sei, oder aber in einen Antrag auf Entscheidung über eine für die Zukunft maßgebliche Regelung.[339] Letzteres ist insbesondere dann denkbar, wenn die **Anfechtungsfrist** verstrichen ist. Das Gericht darf sich jedoch bei der Erforschung des Willens des Antragstellers nicht über den erklärten Willen – entsprechend § 308 ZPO – hinwegsetzen.[340] Die Feststellungsanträge, ein Beschluß sei zustande gekommen oder sei nicht zustande gekommen, sind immer gerade dann veranlaßt – für sie besteht mit der oben genannten Einschränkung ein **Rechtsschutzbedürfnis** –, wenn die Mehrheitsverhältnisse unklar waren, wenn die Beschlußfähigkeit in Frage steht, schließlich wenn der Versammlungsleiter zu Protokoll die Feststellung getroffen hat, der Beschlußantrag sei mit Mehrheit angenommen, oder mit Mehrheit abgelehnt, in Wirklichkeit aber die getroffene Feststellung nicht der Rechtslage entspricht (Beispiele:

a) Der Versammlungsleiter stellt die Beschlußantragsablehnung bei folgendem Abstimmungsergebnis fest: 10 Ja-Stimmen, 8 Nein-Stimmen, 3 Enthaltungen; in Wirklichkeit ist der Beschlußantrag angenommen, also ein Beschluß zustande gekommen, weil die Ja-Stimmen die Nein-Stimmen überwiegen und die Enthaltungen nicht zu berücksichtigen sind.
b) Das bekanntgegebene Beschlußergebnis ist infolge der Ausübung eines nicht zustehenden Mehrstimmenrechtes falsch.

619 Entgegen OLG Hamm und weiterer Obergerichte[341] sind solche Anträge **nicht fristgebunden.** Sie zielen lediglich auf eine richterliche Feststellung ab, die nicht rechtsgestaltend ist. Ausschließlich der Antrag auf Ungültigerklärung eines zunächst gültigen, weil nicht nichtigen, eines tatsächlich zustande gekommenen Beschlusses ist fristgebunden. Das Argument der Rechtssicherheit und Rechtsklarheit steht dem nicht entgegen. Es muß – abgesehen vom Rechtsgrundsatz der Verwirkung und ganz allgemein der unzulässigen Rechtsausübung – jederzeit möglich sein, die aus der Versammlungsniederschrift selbst abzuleitende Fehlerhaftigkeit der Feststellung des Versammlungsleiters zu reklamieren (vgl. obiges Beispiel lit. a). Würde man auch für solche Feststellungsanträge das Fristerfordernis bejahen, würde man in Konsequenz dem Inhalt der Versammlungsniederschrift nach Ablauf eines Monats seit Beschlußfassung rechtsgestaltende Wirkung

---

[339] BayObLGZ 1972, 150; 1974, 162; vgl. auch WE 1991, 200 (der Antrag auf Ungültigerklärung eines Eigentümerbeschlusses, mit dem die Umlegung von Instandsetzungskosten abgelehnt worden war, kann in einen solchen auf Ersatz verauslagter Instandsetzungskosten umgedeutet werden).

[340] BayObLG NJW 1974, 1910; WM 1992, 85; ZMR 1990, 65 = WM 1990, 178 = WE 1991, 22; DWE 1991, 163 zur Auslegungsfähigkeit von Anträgen; OLG Zweibrücken ZMR 1994, 482.

[341] OLG Hamm Rpfleger 1979, 342; OLGZ 1985, 147; OLG Köln OLGZ 1979, 282; OLG Frankfurt OLGZ 1988, 316; Augustin § 23 Rz. 19.

beimessen. Demgegenüber ist die Versammlungsniederschrift lediglich eine Privaturkunde im Sinne von § 416 ZPO, der hinsichtlich der Richtigkeit und Vollständigkeit ihres Inhalts keine gesetzliche Beweiskraft zukommt.[342]

Der **Anfechtungsantrag** ist als solcher **nicht ausdrücklich** zu stellen. Es **reicht,** wenn sich die Anfechtung aus den Umständen, insbesondere den Schriftsätzen ergibt.[343] Vorausgesetzt wird selbstverständlich eine ausdrückliche und hinreichend klare Erklärung des **Anfechtungswillens.**[344] Dieser muß innerhalb der Anfechtungsfrist gegenüber dem Gericht klar zum Ausdruck gebracht werden.[345] Ein wirksamer Anfechtungsantrag ist gegeben, wenn zunächst „alle Beschlüsse" angefochten werden.[346] 620

Auch hier gilt, daß sich das Gericht nicht über den erklärten Willen des Antragstellers hinwegsetzen darf. Die **Monatsfrist** des § 23 Abs. 4 Satz 2 ist keine Frist des Verfahrensrechts, sondern eine **materiell-rechtliche Ausschlußfrist,**[346 a] so daß die Frist auch bei Anrufung des örtlich, sachlich oder funktionell unzuständigen Gerichts gewahrt ist. Ein verspäteter Antrag ist daher als unbegründet, nicht als unzulässig abzuweisen. Dies wiederum hat die Konsequenz, daß die Frage einer Fristversäumung offenbleiben kann, wenn andere materiell-rechtliche Gründe zur Abweisung des Antrags führen müssen.[347] Grundsätzlich kann zwar ein teilweise zurückgenommener Anfechtungsantrag im anhängigen Verfahren wieder zum ursprünglichen Umfang erweitert werden. Geschieht dies, so ist über den erneuerten Antrag sachlich zu entscheiden mit dem Ergebnis, daß er bei Versäumung der Frist unbegründet ist.[348]

Der Richter prüft die **formelle** und **materielle** Rechtswirksamkeit des Beschlusses.[349] Der Richter ist also im Beschlußanfechtungsverfahren nicht an die vom Anfechtenden geltend gemachten **Anfechtungsgründe** gebunden. Rügt der Anfechtende beispielsweise keinen Ladungsmangel oder beanstandet der Anfechtende nicht die Beschlußfähigkeit der Eigentümerversammlung, erkennt der Richter jedoch Ladungsmängel und/oder das Fehlen der 621

[342] So auch wohl BayObLG WE 1991, 53; offengelassen v. BayObLG NJW-RR 1996, 524 = ZMR 1996, 151 = WE 1996, 197; Bärmann-Merle, § 43 Rz. 69.

[343] KG WM 1972, 710; BayObLGZ 1975, 56; WEM 1982, 33.

[344] BayObLG ZMR 1983, 419 = DWE 1983, 60.

[345] BayObLG WE 1986, 64; OLG Zweibrücken NJW-RR 1995, 397 = ZMR 1994, 482 = WE 1995, 25; KG NJW-RR 1996, 844; OLG Köln NJW-RR 1996, 1481 = ZMR 1996, 576 = WE 1996, 466.

[346] BayObLG NJW-RR 1995, 1166; WE 1996, 357.

[346 a] So nunmehr ausdrücklich BGH EBE 1998, 355 = NJW 1998, 3648 = ZMR 1999, 44 = DWE 1998, 176; s. a. BayObLG ZMR 1998, 448 = ZfIR 1998, 303 = WE 1999, 27; a. A. noch OLG Braunschweig OLGZ 1998, 186.

[347] BayObLG WE 1991, 53.

[348] BayObLG WE 1992, 147 = DWE 1992, 42.

[349] OLG Hamm Rpfleger 1970, 401; OLG Oldenburg NdsRpfl. 70, 205; SchlHOLG SchlHA 65, 67; OLG Hamm WE 1990, 97.

Beschlußfähigkeit, ist der Richter gehalten, den angefochtenen Eigentümerbeschluß insgesamt für ungültig zu erklären, auch wenn der Anfechtende beispielsweise im Falle der Anfechtung eines Jahresabrechnungsgenehmigungsbeschlusses nur einzelne Abrechnungspositionen gerügt hatte. Dies gilt jedenfalls bei Vorliegen eines Verfahrensmangels im Zusammenhang mit dem Zustandekommen des Genehmigungsbeschlusses.[350]

622 Wird die **Beschlußanfechtung auf einzelne Positionen** einer durch Eigentümerbeschluß gebilligten **Jahresabrechnung** beschränkt, so sind – sofern kein Verfahrensmangel im Zusammenhang mit dem Zustandekommen des Eigentümerbeschlusses vorliegt – nur diese Einzelpositionen Gegenstand des Verfahrens. Deshalb ist gegebenenfalls der Eigentümerbeschluß auch nur insoweit für ungültig zu erklären.[351] Dies hat zur Folge, daß nach Ablauf der Anfechtungsfrist des § 23 Abs. 4 Satz 2 über die vorgenommene Beschränkung hinaus der Beschluß nicht mehr angefochten werden kann. Zu Unrecht vertritt das BayObLG a. a. O. die Auffassung, daß auch bei Vorliegen von Verfahrensfehlern im Zusammenhang mit dem Zustandekommen des Eigentümerbeschlusses dieser nur im Umfange der beschränkten Anfechtung für ungültig erklärt werden könne. Richtig verweist das BayObLG darauf, daß die Anfechtung eines Eigentümerbeschlusses über die Jahresabrechnung nur auf einen in der Gesamtabrechnung ausgewiesenen selbständigen Rechnungsposten beschränkt werden könne, und daß eine Beschränkung auf den entsprechenden Posten in der Einzelabrechnung eines Miteigentümers nicht möglich sei.

623 Ist der Eigentümerbeschluß über die **Einleitung eines Rechtsstreits** gegen einen Wohnungseigentümer oder einen Dritten angefochten, hat der Richter im Rahmen der Inhaltskontrolle die **Erfolgsaussichten** des Rechtsstreits grundsätzlich nicht zu überprüfen, es sei denn, der Rechtsstreit hat offensichtlich keine Aussicht auf Erfolg.[351 a]

624 Weist der Richter den **Beschlußanfechtungsantrag rechtskräftig** als **unbegründet** zurück, ist der Versammlungsbeschluß in Bezug auf Anfechtungsgründe als rechtswirksam, als endgültig gültig zu betrachten, und zwar mit Wirkung für und gegen sämtliche Beteiligte, Wohnungseigentümer wie Verwalter.[352] Zu beachten ist aber, daß die **Rechtskraftwirkung** sich nur auf die auch formell Beteiligten beschränkt, und daß nur der Ausspruch über

---

[350] A. A. BayObLG WE 1989, 64; WE 1989, 216.

[351] BayObLGZ 1974, 172/175; v. 5. 12. 1984 – 2 Z 68/84 –; WE 1989, 64; WE 1989, 216; WE 1992, 144 = DWE 1991, 126; NJW-RR 1993, 1039 = WE 1994, 177; KG WE 1991, 328; WE 1991, 325; NJW-RR 1996, 844 (das gesamte Jahresabrechnungswerk ist Verfahrensgegenstand, wenn mit der Anfechtung lediglich ein unzutreffender Kostenverteilungsschlüssel gerügt wird); s. a. WE 1998, 225 (Festlegung der nicht beanstandeten Gesamtkosten bleibt aufrechterhalten, wenn nur unzutreffender Kostenverteilungsschlüssel erfolgreich angefochten ist).

[351 a] BayObLG ZMR 1994, 428; ZMR 1998, 44; s. a. NJW-RR 1996, 12 bei Beschluß über Entziehung des Wohnungseigentums.

[352] BayObLGZ 1980, 29.

die Ungültigkeit des angefochtenen Eigentümerbeschlusses, nicht dagegen die Begründung in Rechtskraft erwächst.[353]

Anfechtungsberechtigt sind sowohl die Wohnungseigentümer, als auch der Verwalter. Auch der bereits **ausgeschiedene,** nicht mehr im Grundbuch eingetragene **Wohnungseingentümer** hat ein Beschlußanfechtungsrecht insoweit, als der anzufechtende Versammlungsbeschluß auch noch den ausgeschiedenen Wohnungseigentümer betrifft. Dies ist z.B. der Fall bei Eigentümerbeschlüssen über Jahresabrechnungen, wenn der zwischenzeitlich ausgeschiedene Wohnungseigentümer im Zeitpunkt des Abrechnungsgenehmigungsbeschlusses noch als Eigentümer im Grundbuch eingetragen war. In diesen Fällen wird die Pflicht des inzwischen ausgeschiedenen Wohnungseigentümers zur Kostentragung für den zurückliegenden Abrechnungszeitraum durch den Genehmigungsbeschluß verbindlich festgelegt, § 28 Abs. 5.[354] Demzufolge kann ein ausgeschiedener Wohnungseigentümer einen n a c h seinem Ausscheiden gefaßten Beschluß allenfalls dann anfechten, wenn dieser Auswirkungen auf seine Rechtsposition hat, was aus dem genannten Grunde für einen Abrechnungsgenehmigungsbeschluß nicht gilt.[355] Umgekehrt ist auch der **neue Eigentümer anfechtungsberechtigt,** der bei Beschlußfassung noch nicht Eigentümer war,[356] so daß bei Eigentümerwechsel zwischen Beschlußfassung und Ende der Anfechtungsfrist sowohl der ausgeschiedene wie der neue Wohnungseigentümer anfechtungsberechtigt sein können. 625

Während ein **Bruchteilsmiteigentümer** einer Eigentumswohnung berechtigt ist, einen Beschluß alleine anzufechten,[356 a] ist der einzelne **Gesellschafter** einer Gesellschaft bürgerlichen Rechts, die Eigentümerin einer Wohnung ist, nicht berechtigt, einen Beschluß alleine anzufechten.[356 b] 626

Der **abberufene Verwalter** kann jedoch nur den Abberufungsbeschluß, nicht hingegen andere Beschlüsse, insbesondere nicht den Beschluß über die Bestellung eines neuen Verwalters anfechten.[357] 627

Eines besonderen **Rechtsschutzbedürfnisses** bedarf es für die Anfechtung nicht.[358] Es wird vermutet, daß sowohl Wohnungseigentümer als auch Verwalter grundsätzlich ein berechtigtes Interesse an der richterlichen Entscheidung haben. Der **Verwalter,** der gültige Eigentümerbeschlüsse auszu- 628

---

[353] BayObLGZ 1983, 381/383; v. 5. 12. 1984 – 2 Z 68/84 -.

[354] BayObLGZ 1977, 89/91; 1979, 30/32; DWE 1983, 31; NJW-RR 1987, 270; OLG Düsseldorf ZMR 1997, 545 = WE 1997, 470.

[355] OLG Düsseldorf a. a. O.

[356] OLG Frankfurt NJW-RR 1992, 1170 = ZMR 1992, 311.

[356 a] KG NJW-RR 1994, 278 = ZMR 1993, 430 = WM 1993, 427 = WE 1993, 312; BayObLG NJW-RR 1991, 215 = WE 1991, 368; OLG Köln OLGZ 1984, 163.

[356 b] BayObLG NJW-RR 1991, 215 = WE 1991, 368.

[357] BGH NJW 1989, 1087 = ZMR 1989, 154 = Rpfleger 1989, 150; KG ZMR 1997, 610 = WE 1998, 66.

[358] KG Rpfleger 1976, 216; OLG Frankfurt OLGZ 1981, 154; BayObLG WE 1993, 342.

führen hat (§ 27 Abs. 2 Nr. 1) kann als **Interessenswahrer** der Wohnungseigentümer auch **verpflichtet** sein, fehlerhafte Eigentümerbeschlüsse anzufechten. Eine solche Pflicht ist jedoch nur ausnahmsweise zu bejahen, nämlich grundsätzlich dann, wenn keiner der Wohnungseigentümer einen Eigentümerbeschluß anzufechten beabsichtigt, obwohl der Eigenümerbeschluß bei objektiver Betrachtungsweise gegen die Interessen der Wohnungseigentümer verstößt, so z.B., wenn die Eigentümer trotz Belehrung durch den Verwalter eine kostenintensive Sanierungsmaßnahme beschließen, die weder notwendig noch sinnvoll ist.[359] Ungeachtet der Frage der Pflicht des Verwalters zur Beschlußanfechtung hat dieser in gleicher Weise wie die Wohnungseigentümer ein **Rechtsschutzbedürfnis.** Die Gleichstellung insoweit ergibt sich unmittelbar aus § 43 Abs. 1 Nr. 4.[360]

Das Rechtsschutzbedürfnis fehlt nicht, wenn der anfechtende Wohnungseigentümer dem **Eigentümerbeschluß** zunächst **zugestimmt** hatte, sich dann aber wegen der Fehlerhaftigkeit des Eigentümerbeschlusses eines anderen besonnen hat.[361] Auch die Tatsache, daß bereits ein anderer Wohnungseigentümer oder der Verwalter den Eigentümerbeschluß angefochten haben, führt nicht zum Fehlen des Rechtsschutzbedürfnisses für einen weiteren Anfechtungsantrag; denn im Falle der Rücknahme der ursprünglichen Anfechtungsanträge würde der zunächst angefochtene Eigentümerbeschluß seine Gültigkeit behalten.[362]

Allerdings **entfällt** das **Rechtsschutzbedürfnis** durch einen nachfolgenden bestätigenden Versammlungsbeschluß, der die zur Anfechtung führenden Mängel des Erstbeschlusses nicht mehr enthält, und der unangefochten geblieben ist oder dessen Anfechtung rechtskräftig zurückgewiesen ist.[363] Das Rechtsschutzbedürfnis entfällt auch dann, wenn der nachfolgende vollinhaltlich bestätigende Beschluß zwar dieselben rechtlichen Mängel enthält, aber unangefochten blieb. Etwas anderes gilt nur dann, wenn sich aus dem Inhalt des unangefochten gebliebenen nachfolgenden Eigentümerbeschlusses ergibt, daß er nur in Verbindung mit dem angefochtenen Erstbeschluß Geltung haben soll. In diesem Falle ist das Rechtsschutzbedürfnis für den ersten angefochtenen Beschluß zu bejahen.[364] Zum Rechtsschutzbe-

---

[359] S. hierzu im Detail Müller, PiG 1989.

[360] Bärmann-Merle, § 43 Rz. 92 u. 97; Staudinger-Bub, § 43 Rz. 43; a.A. wohl Weitnauer, § 43 Rz. 29, der ein Rechtsschutzbedürfnis des Verwalters verneint, wenn ein wirksamer Beschluß gefaßt ist, sei es auch unter Verstoß gegen eine gesetzliche Vorschrift oder die Gemeinschaftsordnung.

[361] KG MDR 1981, 407; OLG Celle DWE 1984, 126; BayObLG NJW-RR 1988, 1168; OLG Düsseldorf DWE 1989, 28.

[362] So auch Bärmann-Merle, § 43 Rz. 98; BayObLGZ 1977, 226.

[363] BayObLGZ 1977, 226 = Rpfleger 1977, 446; WE 1991, 289; WE 1993, 343; OLG Köln Rpfleger 1977, 446; Rpfleger 1978, 319/320; OLG Frankfurt WE 1990, 56; OLG Zweibrücken ZMR 1986, 63; OLG Düsseldorf ZfIR 1998, 96; s.a. OLG Köln WE 1998, 312.

[364] BayObLG v. 13. 7. 1984 – 2 Z 22/84 –; Bärmann-Merle, § 23 Rz. 65.

dürfnis bei Anfechtung eines **Wiederholungsbeschlusses** wird auf die Ausführungen bei den Rz. 562, 563 und 564 ergänzend verwiesen.

Das Rechtsschutzbedürfnis entfällt infolge Hauptsacheerledigung auch dann, wenn der angefochtene Sanierungsbeschluß inzwischen durchgeführt, seine Rückgängigmachung ausgeschlossen ist und die Ungültigerklärung auch sonst keine Auswirkungen mehr haben könnte.[364a]

Soweit Wohnungseigentümer **kein Stimmrecht** haben, weil der Beschluß- **629**
gegenstand ihre Interessen in keiner Weise berührt (z.B. bei vereinbarter getrennter Verwaltung in Mehrhausanlagen),[365] besteht für einen Beschlußanfechtungsantrag durch diese Wohnungseigentümer **kein Rechtsschutzbedürfnis.**[366] Der Stimmrechtsausschluß als solcher nimmt das Rechtsschutzbedürfnis nicht. Die Frage der Betroffenheit entscheidet.

Wird ein Eigentümerbeschluß rechtskräftig für ungültig erklärt und ist dieser zu diesem Zeitpunkt bereits ausgeführt, ist das Ausgeführte im Rahmen des Möglichen rückgängig zu machen.[367] Daraus ergibt sich zugleich, daß das Rechtsschutzbedürfnis nicht etwa deshalb fehlt, weil der angefochtene Beschluß bereits ausgeführt worden ist.

Ist die Ungültigerklärung eines Eigentümerbeschlusses über die **Entlastung** des **Verwalters** beantragt, so ist der Verwalter, auch wenn er inzwischen nicht mehr Verwalter ist, am gerichtlichen Verfahren zu beteiligen.[368] Im Beschlußanfechtungsverfahren unterbricht der **Tod** des Verwalters das Verfahren nicht.[369]

8.6 Die einstweilige Anordnung im Wohnungseigentumsverfahren

Literatur und Rechtsprechung sind spärlich. Nach dem Wortlaut von § 44 **630**
Abs. 3 kann der Richter für die Dauer des Verfahrens **einstweilige Anordnungen** treffen. Dies setzt die **Rechtshängigkeit** eines Wohnungseigentumshauptsacheverfahrens voraus und besagt, daß der Richter, auch noch das Rechtsbeschwerdegericht gemäß § 29 Abs. 4, § 24 Abs. 3 FGG,[370] etwaige einstweilige Anordnungen **ohne Antragstellung** im Rahmen seines pflichtgemäßen Ermessens von Amts wegen zu treffen hat.[371] Weitere Voraussetzung ist, daß ein **dringendes Bedürfnis** für ein sofortiges Einschreiten

---

364a BayObLG ZMR 1998, 644.

365 Vgl. BGHZ 74, 258; BayObLGZ 1961, 322/327f.; 1975, 177/180; 1983, 320/323; DWE 1984, 125 = DNotZ 1985, 414; KG NJW 1975, 318/319; Bärmann-Merle, § 43 Rz. 104.

366 BayObLG DWE 1984, 125 = DNotZ 1985, 414.

367 BayObLGZ 1975, 201 = ZMR 1976, 311 = Rpfleger 1975, 367; ZMR 1976, 87; Bärmann-Merle, § 43 Rz. 98.

368 BayObLG DWE 1991, 126 = WE 1992, 144.

369 BayObLG WE 1991, 226.

370 BayObLG v. 14. 3. 1985 – 2 Z 8/85 –; WM 1987, 39; WE 1991, 167; WE 1991, 287.

371 BayObLGZ 1972, 246/252; 1977, 44/48; WE 1991, 287; Weitnauer, § 44 Rz. 3.

besteht, daß also ein Zuwarten bis zur Hauptsacheentscheidung nicht zumutbar und nicht vertretbar ist.[372] Die einstweilige Anordnung in diesem Sinne unterliegt **nicht** dem **Gebot,** der **endgültigen Regelung** im Hauptsacheverfahren nicht vorgreifen zu dürfen. Die einstweilige Anordnung darf lediglich nicht über den Hauptsacheantrag hinausgehen.[373] Durch die einstweilige Anordnung soll eine **vorläufige Regelung** getroffen oder verhindert werden, daß die endgültige Entscheidung nicht mehr vollstreckt werden kann. Die einstweilige Anordnung schafft in gewissem Umfang einen Ausgleich dafür, daß die gemäß § 43 getroffenen Entscheidungen nach § 45 Abs. 2 und 3 erst mit ihrer Rechtskraft wirksam und vollstreckbar werden.[374] So kann der Erstrichter im **Hausgeldverfahren** im Verurteilungsfalle gleichzeitig durch einstweilige Anordnung bestimmen, daß die Erstentscheidung **vorläufig vollstreckbar** sei.[375] „Einstweilige Anordnung" i. S. d. § 44 Abs. 3 ist eine solche im Sinne des allgemeinen Sprachgebrauchs, nicht eine solche im Sinne eines bestimmten rechtlichen Terminus, wie ihn das Verfahren der freiwilligen Gerichtsbarkeit im allgemeinen kennt. So ist der Richter z. B. berechtigt, im Verfahren über die **Bestellung eines Notverwalters** die sogenannte einstweilige Anordnung zu treffen, daß der zu bestellende Verwalter einstweilen bestellt werde. Ein angefochtener **Eigentümerbeschluß** kann für die Dauer des Hauptsacheverfahrens **außer Kraft gesetzt** werden.[376] Im Wohnungseigentumsverfahren über einen Vollstreckungsabwehrantrag kann durch einstweilige Anordnung auch die Zwangsvollstreckung einstweilen eingestellt werden. Insoweit kommt eine entsprechende Anwendung der §§ 769 Abs. 1, 793 ZPO nicht in Betracht.[377] Das Gericht kann keine einstweilige Anordnung zur Beibringung von Unterlagen für das Verfahren durch einen Beteiligten treffen.[378]

631 Die **einstweilige Anordnung** in diesem Sinne ist nicht selbständig anfechtbar, § 44 Abs. 3 S. 2.[379] Die **Unanfechtbarkeit** beschränkt sich auf die Fälle, in denen der „Antrag" (die Anregung) eines Beteiligten im anhängigen Wohnungseigentumsverfahren auf Erlaß einer einstweiligen Anordnung abgelehnt wurde[380] oder der Richter von Amts wegen in einem solchen Verfahren eine einstweilige Anordnung traf, die einen der Beteiligten inhaltlich beschwert.

---

[372] BayObLGZ 1961, 262; WM 1987, 39; WE 1991, 287; WE 1991, 167; Soergel/Stürner BGB 12. Aufl. § 14 WEG Rz. 4.

[373] BayObLG c. 14. 3. 1985–2 Z 8/85 –; Weitnauer, § 44 Rz. 4; a. A. Bärmann-Merle, § 44 Rz. 78 (keine Vorwegnahme der Hauptsache); Staudinger-Bub, § 44 Rz. 24.

[374] BayObLG WM 1987, 39; WE 1991, 287.

[375] Bärmann-Merle, § 44 Rz. 81; Weitnauer, § 44 Rz. 5.

[376] KG DWE 1987, 27; BayObLG WE 1991, 167; Weitnauer, § 44 Rz. 6.

[377] BayObLG NJW-RR 1990, 26 = WE 1990, 219.

[378] BayObLG DWE 1985, 60.

[379] OLG Hamm Rpfleger 1978, 25; OLG Frankfurt OLGZ 1978, 301; BayObLG Rpfleger 1972, 412; NJW-RR 1990, 26 = WE 1990, 219; WE 1994, 149.

[380] BayObLGZ 1977, 40; 1993, 74.

Jeder Beteiligte kann jedoch gemäß § 45 Abs. 4 eine **Abänderung** oder **Aufhebung** der sogenannten einstweiligen Anordnung beantragen, wenn er geltend macht, die tatsächlichen Verhältnisse hätten sich wesentlich geändert.[381] Darüber hinaus kann jeder Beteiligte nach den Grundsätzen des FGG-Verfahrens die Abänderung oder Aufhebung der sogenannten einstweiligen Anordnung mit der Begründung beantragen, das Gericht habe seiner Entscheidung einen in Wirklichkeit nicht zutreffenden Sachverhalt zugrunde gelegt. Auch **von Amts wegen** kann das Gericht seine sogenannte einstweilige Anordnung jederzeit abändern oder aufheben.[382]

Auch die ablehnenden Entscheidungen über Abänderungs- oder Aufhebungsanträge sind nicht anfechtbar.[383] Die Beteiligten haben lediglich die Möglichkeit, immer wieder erneut Abänderungs- oder Aufhebungsanträge zu stellen. Das Gericht hat hierüber stets erneut zu entscheiden.

Die **einstweilige Anordnung endet,** ohne daß es einer besonderen Auf- **632**
hebungsmaßnahme bedarf, mit dem Ende des Hauptverfahrens, gleichgültig ob dieses durch eine rechtskräftige Entscheidung, durch Rücknahme des Antrages oder sonstwie seine Erledigung findet.[384] Einwendungen gegen den im Wege einstweiliger Anordnung für die Dauer des Hauptverfahrens festgestellten Anspruch können nicht mit einem WEG-Vollstreckungsgegenantrag geltend gemacht werden.[385] Der BGH[386] hat die frühere, insbesondere vom KG[387] vertretene Auffassung verworfen, wer aufgrund einer **später aufgehobenen,** weil als von Anfang an ungerechtfertigten **einstweiligen Anordnung** zur Erbringung von Hausgeldzahlungen an die Gemeinschaft gezwungen worden sei, erleide selbst dann keinen Schaden, wenn sich die Beitragsforderung der übrigen Wohnungseigentümer etwa durch Ungültigerklärung des Beschlusses über den Wirtschaftsplan oder über die Abrechnung ex tunc als nicht bestehend erweise. Der BGH bejaht die entsprechende Anwendung des § 945 ZPO und den **Schadenersatzanspruch** des betroffenen Wohnungseigentümers, wenn es keine Rechtsgrundlage für die Anforderung von Hausgeld gebe. Das KG[388] hat inzwischen unter Berücksichtigung der BGH-Rechtsprechung einen Schaden allerdings nur dann und solange bejaht, als der Rückzahlungsanspruch nicht durch Verrechnung mit – inzwischen – fälligen Forderungen der Miteigentümer erloschen ist. Wohl unter Aufrechterhaltung der abzulehnenden Rechtsprechung zum sog. Haftungsverband bei Eigentümerwechsel sieht das KG die genannte

---

[381] LG Düsseldorf Rpfleger 1980, 478; Staudinger-Bub, § 44 Rz. 35.
[382] Bärmann-Merle, § 44 Rz. 76.
[383] LG Düsseldorf Rpfleger 1980, 478.
[384] OLG Düsseldorf ZMR 1989, 315; ZMR 1995, 216 (zur Wirkungsdauer bei Notverwalterbestellung).
[385] KG ZMR 1989, 70 = WE 1989, 25.
[386] BGH NJW 1993, 593 = ZMR 1993, 176 = WE 1993, 80; s.a. NJW 1990, 2689.
[387] KG WE 1989, 138; WE 1989, 207; NJW-RR 1992, 211; WE 1991, 323.
[388] KG WE 1996, 388.

Verrechnungswirkung auch dadurch als eingetreten, daß mangels wirksamer Fälligstellung von Hausgeldpflichten durch Eigentümerbeschlüsse sich die Rechtsbeziehungen der Wohnungseigentümer aus der laufenden Bewirtschaftung nur nach dem gesetzlichen Gesamtschuldnerausgleich gem. § 426 Abs. 1 S. 1 BGB richten.

633 Unstreitig gibt es im Wohnungseigentumsverfahren die Möglichkeit einer einstweiligen Verfügung nicht.[389] Gleichwohl muß es die Möglichkeit geben, **einstweilige Eilentscheidungen** des Richters **außerhalb** eines rechtshängigen **Hauptsacheverfahrens** herbeizuführen.

Weil es eine **einstweilige Verfügung** im Wohnungseigentumsverfahren **nicht gibt,** muß es zulässig sein, außerhalb eines rechtshängigen Hauptsacheverfahrens Antrag auf Erlaß einer einstweiligen Anordnung im Sinne des FGG-Verfahrens zu stellen. Rechtsprechung und Literatur verneinen dies.[390] Jede Verfahrensart kennt die Möglichkeit, außerhalb von Hauptsacheverfahren einstweilige Verfügungen oder einstweilige Anordnungen zu erwirken. § 44 Abs. 3 ist keine davon abweichende Spezialvorschrift, sondern eine Gesetzesbestimmung, die es mit Blickrichtung Amtsermittlungsverfahren gestattet, bei Eilbedürftigkeit im Rahmen bereits anhängiger Hauptsacheverfahren von Amts wegen rasche Regelungen zu treffen, ohne daß ein förmliches Verfahren über die einstweilige Anordnung im Sinne des FGG einzuleiten wäre. Es besteht auch ein ganz praktisches Bedürfnis für die Zulässigkeit eines isolierten Antrags auf Erlaß einer einstweiligen Anordnung. Das genannte praktische Bedürfnis kann nicht deutlicher belegt werden als durch die Anmerkung von Bärmann-Merle,[391] wenn ein sofortiges Einschreiten des Gerichts erforderlich sei, müsse daher mit der Anregung zum Erlaß der einstweiligen Anordnung zugleich die Hauptsache anhängig gemacht werden. Es kann nicht im Sinne der Rechtspflege sein, den Beteiligten dort ein Hauptverfahren aufzuzwingen, wo nur eine Eilentscheidung des Gerichts gewünscht ist. Man denke nur beispielsweise an den Fall, daß sich ein Verwalter trotz bestehenden Minderheitenquorums pflichtwidrig weigert, die Tagesordnung für eine unmittelbar bevorstehende Eigentümerversammlung zu ergänzen oder daß ein Wohnungseigentümer mit dem Beginn von Baumaßnahmen nicht zuwartet, über deren Zulässigkeit erst die bevorstehende Eigentümerversammlung entscheiden soll. Geht man mit der herrschenden Meinung von der Notwendigkeit der Einleitung eines Hauptverfahrens aus, wenn man eine Eilentscheidung im Wege der einstweiligen Anordnung anstrebt, verliert das eingeleitete Hauptverfahren mit dem Zeitpunkt der Eigentümerversammlung möglicherweise jede Bedeutung.

---

[389] Weitnauer, § 44 Rz. 8; Bärmann-Merle, § 44 Rz. 68; BayObLG Rpfleger 1975, 245.

[390] Bärmann-Merle, § 44 Rz. 73; Weitnauer, § 44 Rz. 3; Staudinger-Bub, § 44 Rz. 22; BayObLG WM 1993, 309 = WE 1994, 149; KG WE 1987, 18.

[391] Bärmann-Merle, § 44 Rz. 73.

8.7 Die Kostenentscheidung

Der Richter bestimmt nach **billigem Ermessen,** welche Verfahrensbeteiligten die **Gerichtskosten** zu tragen haben. Er **kann** auch bestimmen, daß die **außergerichtlichen Kosten** ganz oder teilweise zu erstatten sind, § 47. In welcher Höhe Gerichtskosten entstehen, bestimmt § 48 Abs. 1 i. V. mit den Bestimmungen der KostO. Damit ist bereits zum Ausdruck gebracht, daß das Wohnungseigentumsverfahren keine zwingend erfolgsbedingte Kostenregelung kennt. Gleichwohl wird der Richter bezüglich der **Gerichtskostenentscheidung** i. d. R. die **Grundsätze der §§ 91 ff. ZPO** heranziehen.[392] Dies gilt auch für die den §§ 91 a, 98 ZPO zugrunde liegenden Rechtsgedanken, wenn die Beteiligten nach Abschluß eines außergerichtlichen Vergleichs die Hauptsache übereinstimmend für erledigt erklärt haben.[393] In Ausnahmefällen kann das Gericht wegen unrichtiger Sachbehandlung die Gerichtskosten gänzlich niederschlagen, § 16 Abs. 1 S. 1, Abs. 2 S. 2 KostO.[394] Wer unterliegt, trägt i. d. R. die Gerichtskosten. Ausnahmsweise kann es jedoch billigem Ermessen entsprechen, dem obsiegenden Beteiligten die Gerichtskosten aufzuerlegen, etwa weil er nach materiellem Recht kostenerstattungspflichtig ist.[395] Es ist zulässig, bei der Kostenentscheidung einen materiell-rechtlichen Kostenerstattungsanspruch zu berücksichtigen.[396] Ist über die außergerichtlichen Kosten in der Endentscheidung des Gerichts nichts bestimmt, trägt jeder Beteiligte seine außergerichtlichen Kosten selbst, die im wesentlichen aus Rechtsanwaltskosten bestehen können. 634

Grundsätzlich hat jeder Beteiligte seine **außergerichtlichen Kosten** selbst zu tragen. Die **Anordnung** einer **Kostenerstattung** bedarf jeweils einer besonderen Rechtfertigung durch die Lage des Einzelfalles.[397] Dies ist z. B. bei offenkundig unbegründeten oder an Willkür grenzenden mutwilligen An- 635

---

[392] BGH EBE 1990, 258 = WE 1990, 202 = ZMR 1990, 389; BayObLGZ 1975, 284/286; WE 1990, 138; WE 1991, 172.

[393] BayObLG Rpfleger 1980, 192; WE 1990, 138; WE 1991, 172; Weitnauer, § 47 Rz. 6.

[394] BayObLG DWE 1985, 60.

[395] BGH NJW 1990, 2386 = WE 1990, 202; BayObLGZ 1975, 284 = ZMR 1977, 86; BayObLGZ 1975, 369.

[396] BGH EBE 1997, 379 = DWE 1997, 159 = WE 1998, 105: wenn der Verwalter schuldhaft das Anfechtungsverfahren veranlaßt und damit gegen Vertragspflichten verstoßen hat; s. a. BGHZ 111, 148; BayObLGZ 1988, 287.

[397] BayObLG Rpfleger 1980, 192 f.; DWE 1983, 26; Rpfleger 1983, 14; WE 1990, 27; WE 1993, 126; OLG Frankfurt OLGZ 1980, 74/75; OLGZ 1981, 313; OLGZ 1982, 83; OLG Hamm WE 1993, 114; Bärmann-Merle, § 47 Rz. 31, 32; Weitnauer, § 47 Rz. 2.

trägen oder bei zweifelsfreien **Hausgeldschulden** der Fall, also immer dann, wenn es unbillig wäre, den obsiegenden Beteiligten mit Verfahrenskosten zu belasten.[398] Das Gericht kann die Erstattungspflicht auch ihrem Umfange nach in der Weise begrenzen, daß es bestimmte Kosten von der Erstattungspflicht ausnimmt, oder deren Erstattung ausdrücklich anordnet, z.B. die Mehrvertretungsgebühr gem. § 6 BRAGO.[399] Über die **Erstattungsfähigkeit** der außergerichtlichen Kosten der Beteiligten ist dagegen im Kostenfestsetzungsverfahren zu entscheiden, § 43 Abs. 1, § 13a Abs. 2 FGG, §§ 103–107 ZPO.[400] Hat jeder der Verfahrensbeteiligten einen Teil der Kosten zu tragen, so müssen die von jedem zu tragenden Kosten entweder **betragsmäßig** oder nach einem **Bruchteil** der Gesamtkosten festgelegt werden; unzulässig ist es, den Beteiligten die Kosten jeweils aus Teilgeschäftswerten aufzuerlegen.[401]

636 Denkbar ist auch, daß innerhalb der **einzelnen Rechtszüge unterschiedliche Kostenentscheidungen** ergehen. Haben etwa die Entscheidungsgründe im Erstbeschluß deutlich gemacht, daß ein Rechtsmittel chancenlos ist, und legt ein Beteiligter gleichwohl erfolglos sofortige Beschwerde ein, kann es gerechtfertigt sein, jedenfalls für die **Beschwerdeinstanz** eine **Kostenerstattung** zu Lasten des Beschwerdeführers auszusprechen. Dieser Gesichtspunkt kann insbesondere in der Rechtsbeschwerdeinstanz für diesen letzten Rechtszug zum Tragen kommen, wenn sich aufgrund des in der Vorinstanz abschließend und grundsätzlich bindend geklärten Sachverhalts die Rechtslage als zweifelsfrei darstellt.

Hat der Antragsgegner zur Einleitung des Verfahrens Veranlassung gegeben, kann es angezeigt sein, den Antragsteller von jeglicher Kostenlast freizustellen.[402]

Dem Antragsteller können die Gerichtskosten der 1. Instanz überbürdet werden, wenn er in 2. Instanz aufgrund eines nunmehr präzisierten Antrages obsiegt.[403]

637 Grundsätzlich hat derjenige, der ein Verfahren in Gang gesetzt hat, nach **Zurücknahme des Antrags** oder des **Rechtsmittels** nicht nur die **Gerichtskosten,** sondern auch die **außergerichtlichen Kosten** des Antragsgegners oder

---

398 BayObLG DWE 1985, 61; WE 1991, 334; WE 1991, 263; WE 1993, 144; WM 1993, 488; KG NJW-RR 1992, 1298.

399 KG ZMR 1993, 344 = WE 1993, 223 = WM 1993, 432.

400 Weitnauer, § 47 Rz. 5; Bärmann-Merle, § 47 Rz. 71; BayObLG DWE 1985, 61.

401 BayObLG WM 1991, 227 = DWE 1992, 166 = WE 1992, 54.

402 BayObLG v. 3. 4. 1984 – 2 Z 55/83 – (der Verwalter hatte es pflichtwidrig unterlassen, dem Verlangen des Minderheitenquorums nach Einberufung einer Versammlung zu folgen); WE 1991, 263 (Säumigkeit eines Wohnungseigentümers); WE 1991, 204 (Kostentragungspflicht des Verwalters, weil Protokoll nicht innerhalb der Anfechtungsfrist erstellt und ein Wohnungseigentümer nur deshalb die Beschlüsse zur Fristwahrung anficht); WE 1991, 229; WE 1994, 309.

403 BayObLG v. 9. 11. 1981 – 2 Z 66/80 –.

des Rechtsmittelsgegners zu tragen.[404] Die **Antragsrücknahme** hat nicht ipso iure zur Folge, daß der Antragsteller voll mit den Kosten belastet wird. Auch bei Sachantragsrücknahmen entscheidet der Richter nach billigem Ermessen. Dabei sind alle Umstände des Einzelfalles, insbesondere der mutmaßliche Ausgang des Verfahrens bei dessen streitiger Fortsetzung, sowie auch die Tatsache der Antragsrücknahme unter Berücksichtigung ihres Grundes zu beachten.[405] Entsprechendes gilt bei **Rücknahme eines Rechtsmittels.** Auch nach der Rspr. des BayObLG soll es jedoch Ausnahmen vom Rechtsgedanken des § 269 Abs. 3 ZPO geben, so etwa dann, wenn das an sich erfolgversprechende Rechtsmittel wegen außergerichtlicher Einigung in der Hauptsache zurückgenommen wird oder wenn das Rechtsmittel ausdrücklich nur zur Fristwahrung eingelegt war,[406] oder wenn die Zurücknahme des Rechtsmittels auf der vom Gericht dem Beschwerdeführer vermittelten Einsicht von der Erfolglosigkeit seines Rechtsmittels beruht,[407] oder wenn die Zurücknahme des Rechtsmittels auf dem Hinweis des Gerichts beruht, daß der Beschwerdewert nicht erreicht sei, obwohl der Geschäftswert z. B. DM 20000,00 beträgt,[408] oder wenn die Erfolgsaussicht des zurückgenommenen Rechtsmittels ins Auge springt.[408 a] Die letztgenannte Entscheidung ist nicht frei von Widersprüchen, weil danach doch auf einmal eine summarische Überprüfung der Erfolgsaussichten stattfinden können soll. Nach der Sachantragsrücknahme (bzw. Rechtsmittelrücknahme) sind nämlich weitere richterliche Ermittlungen nur wegen der Kostenentscheidung nicht zulässig.[409] Der vorgenannte vom BayObLG postulierte Grundsatz gilt auch dann nicht ohne weiteres, wenn der Antragsteller oder Rechtsmittelführer erkennbar geschäftsunfähig ist.[410]

---

[404] BayObLG WM 1987, 237; WM 1987, 333; WM 1988, 421; WE 1990, 29; WE 1990, 142; WE 1991, 289; WE 1991, 369; WE 1992, 24; WE 1995, 250; ZMR 1998, 41 = WE 1998, 78; WE 1998, 79; WE 1993, 285; WE 1996, 395, 397, 398, 472; WE 1997, 392, 393; WE 1999, 28; OLG Stuttgart MDR 1983, 492/493; a. A. allerdings KG ZMR 1988, 314 = WE 1988, 165 = WM 1988, 369; WE 1989, 171 (das KG wendet nicht den Grundsatz des Rechtsgedankens des § 269 Abs. 3 ZPO an, sondern macht auch bei Antragsrücknahme die Entscheidung über die Gerichtskosten und eine etwaige Erstattung außergerichtlicher Kosten ausschließlich davon abhängig, wie die mutmaßlichen Erfolgsaussichten des zurückgenommenen Antrags gewesen wären); so wohl auch Weitnauer, § 47 Rz. 7; erneut BayObLG WE 1998, 197 (allerdings Recht des Rechtsbeschwerdegerichts, neu vorgebrachte Tatsachen zu berücksichtigen, aus denen sich ergibt, daß dem Beschwerdegericht bei der seiner Ermessensausübung zugrunde liegenden Tatsachenfeststellung in der isolierten Kostenentscheidung ein Fehler unterlaufen ist); BayObLG WE 1998, 402.

[405] Weitnauer, § 47 Rz. 7; Bärmann-Merle, § 47 Rz. 44 u. KG a. a. O.; a. A. BayObLG a. a. O.

[406] BayObLG WE 1996, 397; WE 1997, 75; WE 1989, 32.

[407] BayObLG WE 1996, 397; WE 1994, 242; WE 1996, 358; WE 1998, 79.

[408] BayObLG WE 1996, 395.

[408 a] BayObLG WE 1997, 439 = NJW-RR 1998, 302.

[409] Bärmann-Merle, § 47 Rz. 44 (summarische Prüfung); Weitnauer, § 47 Rz. 4; BayObLG WE 1988, 198; WE 1991, 172.

[410] BayObLG WM 1991, 453 = DWE 1991, 127 = WE 1992, 172.

638 Im Falle der **Hauptsacheerledigung** ist entsprechend § 91a ZPO der Sach- und Streitstand zu berücksichtigen. Der mutmaßliche Verfahrensausgang bei streitiger Fortsetzung ist also zu berücksichtigen. Grundsätzlich verbleibt es aber auch hier bei der **Ermessensentscheidung** des § 47.[411] Bei teilweiser Erledigung der Hauptsache sind unter Berücksichtigung vorstehender Kriterien je nach Ausgang des Verfahrens bezüglich des nicht erledigten Teils Quotierungserwägungen anzustellen.[412] Auch im Falle der Hauptsacheerledigung ist eine abschließende Beurteilung relevanter Rechtsfragen, etwa durch weitere Ermittlungen, nicht erforderlich und nicht zulässig.[413] Ist der Streit zwischen den Beteiligten auf eine umstrittene Rechtsfrage zurückzuführen, die in der obergerichtlichen Rechtsprechung unterschiedlich beantwortet wird, kann es bei Hauptsacheerledigung billigem Ermessen entsprechen, ohne abschließende Stellungnahme zu dieser Rechtsfrage die Kosten gegeneinander aufzuheben.[414] Unter Berücksichtigung der wohl zutreffenden Rechtsprechung des BayObLG ist im Einzelfall zwischen echter Hauptsacheerledigung und Antragsrücknahme zu unterscheiden. Eine Erledigterklärung ohne Änderung der Sach- oder Rechtslage ist für die Kostenentscheidung grundsätzlich wie die Zurücknahme des Antrags zu behandeln.[415]

639 Die **Kosten** können auch dem **Verwalter** auferlegt werden, wenn er im eigenen Interesse oder schuldhaft gehandelt hat, also regelmäßig nicht, wenn er als Verfahrensstandschafter auftritt.[416]

Andererseits kann das Gericht die Erstattung der außergerichtlichen Kosten des Verwalters anordnen, der als Nichtbeteiligter zu Unrecht in das Verfahren hineingezogen wurde, also gar nicht passiv-legitimiert war.[417]

640 Im Falle des späteren **Wegfalls des Rechtsschutzbedürfnisses** (z.B. der Rechtsnachfolger des Antragstellers bekundet, kein Interesse an der Beseitigung der Maßnahme des Antragsgegners zu haben) können dem Antragsteller die Gerichtskosten auferlegt werden, wenn er den – ursprünglich gerechtfertigten – Sachantrag aufrecht erhält.[418]

---

[411] BayObLGZ 1975, 233/234; WE 1990, 27; WE 1990, 29; WE 1991, 286; WE 1991, 343; WE 1991, 369 (bei einseitiger Erledigterklärung); WE 1994, 308; WE 1994, 311; WE 1998, 317; KG WE 1991, 323.

[412] BayObLG Rpfleger 1985, 412; DWE 1985, 95.

[413] BGH LM § 91a ZPO Nr. 6 = NJW 1954, 1038; BGHZ 67, 343/345 f.; BayObLGZ 1975, 233/235; WE 1990, 29.

[414] BayObLG v. 8. 11. 1984 – 2 Z 123/84 –.

[415] BayObLG WE 1991, 369.

[416] BayObLGZ 1975, 233, 239, 369; ZMR 1977, 382; ZMR 1980, 381; DWE 1982, 137 (der Verwalter hatte nicht die Zustimmung nach § 12 erteilt, obwohl bis zur Antragstellung hinreichend Zeit gewesen wäre); WE 1991, 204 u. 263; OLG Düsseldorf DWE 1990, 74; OLG Hamm Rpfleger 1970, 402; OLG Frankfurt OLGZ 1980, 74; Bärmann-Merle, § 47 Rz. 33; Weitnauer, § 47 Rz. 8; vgl. auch BGH WE 1998, 105.

[417] BayObLG Rpfleger 1982, 15.

[418] BayObLG Rpfleger 1982, 21; v. 19. 3. 1998 – 2 Z BR 5/98 – (auch außergerichtliche Kosten).

Auch dem **Rechtsanwalt,** der eine mangels Angabe des Beschwerdeführers in der Beschwerdeschrift unzulässige Beschwerde eingelegt hat, können die Gerichtskosten auferlegt werden.[419]

Zahlt der Antragsgegner rückständige Umlagebeträge nach Einreichung, aber vor Zustellung der Antragsschrift, kann er im Rahmen der Billigkeitsentscheidung nach § 47 mit Kosten belastet werden.[420]

In einem Verfahren **zwischen** einem **Wohnungseigentümer** und dem **Verwalter** (§ 43 Abs. 1 Nr. 2) können die **Kosten** des Verfahrens auch **den Wohnungseigentümern** als weiteren Beteiligten auferlegt werden.[421] Auch dem Vertreter eines Beteiligten, der ohne ausreichende Vollmacht einen Antrag eingereicht oder ein Rechtsmittel eingelegt hat, können die Gerichtskosten und außergerichtlichen Kosten eines anderen Beteiligten auferlegt werden, ausgenommen die Kosten des von ihm Vertretenen.[422]

Wird die ursprünglich erfolgversprechende Beschwerde zurückgenommen, kann die isolierte Kostenentscheidung des Beschwerdegerichts nicht auch die Kostenentscheidung der Vorinstanz ändern.[423]

Auch im Falle der **Rücknahme** einer **sofortigen weiteren Beschwerde** ist über die Kosten des Rechtsbeschwerdeverfahrens gemäß § 47 von Amts wegen zu entscheiden.[424] Dies gilt für die Gerichtskosten ebenso, wie für die außergerichtlichen. Ein Kriterium ist auch insoweit die summarische Prüfung der **Erfolgsaussichten** des Rechtsmittels.[425] Im Rahmen der **Ermessensentscheidung** kann auch bestimmt werden, daß die außergerichtlichen Kosten ganz oder teilweise erstattet werden (keine Erfolgsaussichten, keine Begründung der sofortigen weiteren Beschwerde oder deshalb, weil bereits eine einschlägige, für dieselbe Wohnungseigentümergemeinschaft ergangene, dem Beschwerdeführer bekannte Entscheidung des Rechtsbeschwerdegerichts vorlag).[426] Selbst nach Verwerfung der Erstbeschwerde als unzulässig und Ablehnung eines Wiedereinsetzungsantrags führt die Rücknahme der sofortigen weiteren Beschwerde nicht in jedem Falle zur Anordnung der Erstattung außergerichtlicher Kosten.[427] 641

Dem Gericht ist es auch ermöglicht, entgegen der materiell-rechtlichen Bestimmung des § 16 Abs. 5 anzuordnen, daß die Kosten von der Wohnungseigentümergemeinschaft in toto zu tragen sind.[428] Immer aber ist über die einem Beteiligten entstandenen außergerichtlichen Kosten ausschließlich 642

---

[419] BayObLG Rpfleger 1976, 292.
[420] LG Hamburg ZMR 1990, 32; vgl. auch KG WE 1991, 323.
[421] BayObLG WE 1988, 74; WE 1988, 97 = ZMR 1988, 72.
[422] BayObLG WE 1991, 263.
[423] BayObLG NJW-RR 1998, 302 = WE 1997, 439 unter Aufgabe v. BayObLGZ 1975, 284 = ZMR 1977, 86.
[424] BayObLGZ 1973, 30/32 ff.; DWE 1984, 124.
[425] Bärmann-Merle, § 47 Rz. 44.
[426] BayObLG v. 5. 5. 1983 – 2 Z 32/83 –; DWE 1983, 94.
[427] BayObLG ZMR 1983, 216.
[428] BayObLGZ 1973, 246; so im Ergebnis auch KG WE 1989, 171.

nach § 47 Satz 2 zu entscheiden. Außerhalb dieser Kostenentscheidung kann ein **materiell-rechtlicher Erstattungsanspruch** nicht geltend gemacht werden. Dies gilt sowohl für das anhängige, wie für ein späteres Verfahren. Demzufolge sind im Rahmen dieser Kostenentscheidung auch etwaige materiell-rechtliche Ansprüche auf Erstattung von Kosten oder Aufwendungen (§§ 276, 670, 675 BGB) zu prüfen.[429]

643 Möglich ist schließlich, daß die Beteiligten die **Verteilung** der **Gerichtskosten** und die Frage der Erstattung der **außergerichtlichen Kosten** durch **Vergleich** regeln. Enthält der Hauptsachevergleich keine Regelung, gelten grundsätzlich die Kosten als gegeneinander aufgehoben (analog § 98 ZPO). Davon kann jedoch nicht die Rede sein, wenn die Beteiligten bei Abschluß des Vergleichs vereinbart haben, die Hauptsache für erledigt zu erklären und gegenseitige Kostenanträge zu stellen. Daraus ergibt sich der Wille, gerade *nicht* die bei Beendigung eines Verfahrens durch Vergleich in § 98 ZPO als Regel vorgesehene gegenseitige Kostenaufhebung herbeizuführen, sondern vielmehr eine Kostenentscheidung nach den bei übereinstimmenden Erledigungserklärungen geltenden Grundsätzen (§ 47 und § 91a ZPO) zu erreichen.[430]

644 Erst mit **Rechtskraft** der Kostenentscheidung ist die Stellung des zum Kostenfestsetzungsbeschluß führenden **Kostenfestsetzungsantrags** möglich.[431] Die Kostenfestsetzung erfolgt durch den **Rechtspfleger** (§ 21 RpflG) gemäß § 13a Abs. 3 FGG in analoger Anwendung der §§ 103–107 ZPO.

Die Kostenfestsetzung nach § 13a Abs. 3 FGG, §§ 103 ff. ZPO ist eine Angelegenheit der freiwilligen Gerichtsbarkeit. Gegen den Kostenfestsetzungsbeschluß findet die befristete Erinnerung und im Falle der Nichtabhilfe nach Entscheidung durch den Richter die sofortige Beschwerde statt, analog § 104 Abs. 3 ZPO, sofern der Wert des Beschwerdegegenstands, d.h. der Wert der beanstandeten Kosten, DM 100,00 übersteigt, § 567 Abs. 2 ZPO. § 20 a Abs. 2 FGG mit seiner Wertgrenze von DM 200,00 findet keine Anwendung.[432] Eine weitere Beschwerde gegen die im Kostenfestsetzungsverfahren auf sofortige Beschwerde ergangene Entscheidung des LG findet nicht statt.[433] Im **Kostenfestsetzungsbeschwerdeverfahren** sind die festgesetzten Kosten die Hauptsache. Die selbständige Anfechtung der in diesem Beschwerdeverfahren ergehenden Entscheidung über die verfahrensrechtliche Kostenpflicht wird durch § 20a Abs. 1 FGG ausgeschlossen.[434]

---

[429] BayObLGZ 1975, 369/371; 1988, 287; ZMR 1994, 36 = WE 1994, 244; KG ZMR 1985, 278; s.a. BGH DWE 1997, 159 = WE 1998, 105.

[430] BayObLG Rpfleger 1980, 192.

[431] BayObLG WE 1988, 64; WE 1991, 172; WE 1991, 264; WE 1992, 116; WE 1992, 169; LG Düsseldorf Rpfleger 1981, 204; Bärmann-Merle, § 47 Rz. 66; Staudinger-Wenzel, § 47 Rz. 35.

[432] Staudinger-Wenzel, § 47 Rz. 35; a.A. Weitnauer, § 47 Rz. 5.

[433] BayObLG WM 1992, 645; WE 1995, 160.

[434] BayObLG WE 1990, 61; WE 1990, 218; WE 1992, 116 LS.

8.8 Die Rechtsmittel

8.8.1 Die sofortige Beschwerde (Erstbeschwerde)

Gegen die **Endentscheidung** (§ 44 Abs. 4) des AG ist die **sofortige Beschwerde** möglich, wenn der Beschwerdegegenstand DM 1500,00 übersteigt, § 45 Abs. 1. 645

Die **Beschwerdefrist** beträgt 2 Wochen, § 22 Abs. 1 FGG.

Nach h.M. bemißt sich die **Rechtsmittelbeschwer** nach § 45 Abs. 1 allein nach dem vermögenswerten Interesse des einzelnen Beschwerdeführers an der Änderung der angefochtenen Entscheidung, **nicht** nach dem **Geschäftswert** des Verfahrens.[435] Durch die zitierte BGH-Entscheidung sind die noch in der Vorauflage zu Beschlußanfechtungsverfahren in Betracht gezogenen Erwägungen zur Übereinstimmung von Beschwerde- und Geschäftswert hinfällig. Der Beschwerdewert kann also erheblich geringer als der Geschäftswert sein. Fechten mehrere Wohnungseigentümer einen Beschluß als **Streitgenossen** an, ist die Beschwer aller Wohnungseigentümer analog § 5 ZPO zusammenzuziehen.[436] Dies hat auch zur Folge, daß die Beschwer der Antragsgegner in einem, von 1 Wohnungseigentümer eingeleiteten **Anfechtungsverfahren**, dessen Geschäftswert DM 1500,00 deutlich übersteigt, i.d.R. ebenfalls DM 1500,00 übersteigen dürfte. Bei **Antragshäufung** genügt es, wenn der Wert aller Anträge den Beschwerdewert erreicht.[437] So ist für den Beschwerdewert eines Antrags auf Ungültigerklärung eines Verwalterbestellungsbeschlusses grundsätzlich maßgeblich, welche Vergütung der Anfechtende aufgrund dieses Beschlusses an den Verwalter zu zahlen hätte.[438] Wird trotz Hauptsacheerledigung Rechtsmittel wegen der Hauptsache eingelegt, so ist der Beschwerdewert gleich dem Geschäftswert der Hauptsache.[439]

---

[435] BGH NJW 1992, 713 = ZMR 1993, 28 = WE 1993, 49; BayObLG NJW-RR 1990, 1239 = WE 1991, 84; WM 1991, 226 = WE 1992, 370; WM 1993, 765 = ZMR 1994, 34; WE 1996, 440; WE 1997, 69; WE 1998, 75; KG WM 1993, 310 = ZMR 1993, 184 = WE 1993, 139; NJW-RR 1997, 652; OLG Düsseldorf ZMR 1992, 401 = DWE 1992, 116.

[436] BayObLG WM 1993, 765 = ZMR 1994, 34 = WE 1994, 276; WE 1998, 75; KG WM 1993, 149 = WE 1993, 85.

[437] Bärmann-Merle, § 45 Rz. 29.

[438] BayObLG WM 1996, 505 = WE 1997, 69; s.a. KG ZMR 1994, 72 = WE 1994, 81 (Beschluß über Kreditaufnahme, Maßgeblichkeit der Gesamtschuldnerschaft!); KG ZMR 1995, 178 = WE 1995, 123 = WM 1995, 231 (Maßgeblichkeit des Werts der Beeinträchtigung des optischen Gesamteindrucks bei gestatteter baulicher Veränderung durch einen Wohnungseigentümer); s.a. BayObLG v. 30. 7. 1998 – 2 Z BR 111/98 –: bei Beschwerde gegen die Abweisung eines Antrags auf Ungültigerklärung eines Eigentümerbeschlusses ist die sich hieraus ergebende anteilige Verpflichtung des Beschwerdeführers zur Kostentragung maßgeblich; Bärmann-Merle, § 45 Rz. 31 mit weiteren Beispielsfällen bei Beschlußanfechtungsverfahren.

[439] BayObLG WE 1993, 170.

646 In Wohnungseigentumssachen ist keine **Rechtsmittelbelehrung** vorgeschrieben.[440] Die **Frist** beginnt also mit der **Zustellung** (§ 16 Abs. 2 FGG) der Entscheidung für jeden Beteiligten selbständig oder durch Bekanntmachung gegenüber einem Anwesenden, § 16 Abs. 3 FGG. Ist die Zustellung an den Geschäftsführer einer GmbH persönlich gerichtet und wird sie im Wege der Ersatzzustellung in den Geschäftsräumen der GmbH vorgenommen, so ist sie auch dann unwirksam, wenn der Geschäftsführer diese Art der Zustellung selbst veranlaßt und gewollt hat.[441] Ist ein Beteiligter durch einen **Verfahrensbevollmächtigten** vertreten, wird die Rechtsmittelfrist erst durch die Zustellung an diesen in Lauf gesetzt.[442] Die sofortige Beschwerde muß weder unterzeichnet[443] noch **begründet** sein.[444] Wenn die Beschwerdeschrift nicht **unterschrieben** ist, muß sich jedoch auf andere Weise hinreichend sicher die Person des Beschwerdeführers und sein Wille zur Beschwerdeeinlegung feststellen lassen.[445] Die Bezeichnung „sofortige Beschwerde" ist nicht notwendig, noch bedarf sie der Formulierung eines Antrages. Die Beschwerde kann auch durch **Telegramm,**[446] **Fernschreiben** oder durch **Telefax**[447] eingelegt werden.

Ist das Rechtsmittel an ein **unzuständiges Gericht** adressiert – es kann sowohl an das AG, als auch an das LG gerichtet sein –, geht aber eine (nicht unterzeichnete) Abschrift der Rechtsmittelschrift mit einem unterzeichneten Begleitschreiben „zur Kenntnisnahme" beim zuständigen Gericht fristgerecht ein, so kann auch dies als Rechtsmitteleinlegung aufgefaßt werden.[448] Die Frist für die Einlegung eines Rechtsmittels wird dann nicht gewahrt, wenn die an das Landgericht adressierte Rechtsmittelschrift am letzten Tag der Frist in einen allein für das Amtsgericht bestimmten Nachtbriefkasten eingeworfen wird und an diesem Tag nicht mehr an das Landgericht gelangt. Es kommt also auf die Adressierung an.[449]

Der Beschwerdeführer kann jedoch dem Gericht gegenüber ankündigen, daß er die Beschwerde begründen werde. Das Gericht hat dann die Begründung abzuwarten, kann dem Beschwerdeführer jedoch dann eine Frist zur Vorlage der Begründung setzen. In diesem Falle muß das Gericht jedoch keine Frist setzen. Es genügt, wenn das Beschwerdegericht eine angemessene Zeit bis zur Entscheidung zuwartet.[450]

---

[440] OLG Frankfurt OLGZ 1981, 147f.; BayObLG v. 18. 2. 1979 – 2 Z 18/79 –; DWE 1982, 103; MDR 1983, 405; WE 1996, 148; a. A. Staudinger-Wenzel, § 44 Rz. 50.

[441] BayObLGZ 1985, 31.

[442] BayObLG WE 1991, 24.

[443] OLG Frankfurt Rpfleger 1975, 306.

[444] OLG Karlsruhe Die Justiz 1978, 170.

[445] BayObLG WM 1991, 313 = DWE 1991, 126 = WE 1992, 138; DWE 1992, 42 = WE 1992, 169.

[446] BGH NJW 1966, 1077.

[447] OLG Hamm NJW 1961, 2225.

[448] BayObLG WE 1987, 27.

[449] BayObLG WE 1991, 197.

[450] BayObLG WE 1988, 205.

Es genügt, wenn aus der Erklärung ersichtlich ist, daß die Nachprüfung der bezeichneten gerichtlichen Entscheidung durch das im Instanzenzug vorgeordnete Gericht erstrebt ist.[451] Es muß innerhalb der Beschwerdefrist eindeutig erklärt sein, wer **Beschwerdeführer** ist. Zur Bestimmung der Person des Beschwerdeführers können nicht Erklärungen herangezogen werden, die nach Ablauf der Beschwerdefrist einlaufen.[452]

Hat der Beschwerdeführer zunächst nur **beschränkt** Beschwerde eingelegt, ist es zulässig, auch nach Ablauf der Beschwerdefrist die Beschwerde zu **erweitern,** sofern aus der Beschwerdebeschränkung kein **Rechtsmittelverzicht** abzuleiten ist.[453] In einer Beschränkung des Rechtsmittels kann ein Verzicht nur beim Vorliegen weiterer Umstände angenommen werden.[454]

Die **sofortige Beschwerde** ist auch gegen eine nach Antragsrücknahme **647**
oder Hauptsacheerledigung ergangene **selbständige Kostenentscheidung** möglich.[455] Voraussetzung für die Zulässigkeit der sofortigen Beschwerde ist allerdings, daß der Wert des Beschwerdegegenstand DM 200,00 übersteigt, § 20 a Abs. 2 FGG. Statthaft ist sie i.ü. nur, wenn auch gegen die Hauptsacheentscheidung ein Rechtsmittel gegeben wäre, wenn also, hätte das Gericht in der Hauptsache entschieden, der Beschwerdeführer durch diese Entscheidung mit einem höheren Betrag als DM 1500,00 beschwert würde.[456]

Unzulässig ist eine **Beschwerde,** die sich nur **gegen die Kostenentscheidung im Rahmen einer Hauptsacheentscheidung** richtet. Dieses Ziel kann auch nicht über die Anfechtung der Gesamtentscheidung erreicht werden, es sei denn, der Beschwerdeführer ist auch in der Hauptsache beschwert. Zu beachten ist aber, daß es auch **Hauptsacheerledigungsfälle** gibt, in denen richtigerweise gleichwohl eine Hauptsacheentscheidung ergeht, weil die Hauptsacheerledigung von den Beteiligten nicht übereinstimmend – und sei es konkludent – erklärt wurde. In diesen Fällen verbietet sich ebenfalls eine Beschwerde, die sich nur gegen die Kostenentscheidung richtet, weil die Kostenentscheidung auch hier im Rahmen einer Hauptsacheentscheidung erging. Das gleiche gilt für den Fall, daß ein Gericht trotz Hauptsacheerledigung einen Antrag abweist. Auch in diesem Falle ist ein Rechtsmittel nicht zulässig.[457] Andererseits ist eine **isolierte,** anfechtbare Kostenentscheidung gegeben, wenn das Gericht **nach übereinstimmender Erledigterklärung** in seiner Entscheidung feststellt, daß die Hauptsache erledigt ist; denn dieser Ausspruch hat dann nur deklaratorische Bedeutung.[458] Hat sich die Haupt-

---

[451] BayObLG DWE 1992, 42 = WE 1992, 169; Bärmann-Merle, § 45 Rz. 34.
[452] BGHZ 8, 299/302 f.; BayObLG WM 1991, 313.
[453] BGHZ 91, 154 = NJW 1984, 2831; NJW 1992, 2296; BayObLG NJW-RR 1991, 402.
[454] Thomas Putzo, § 705 ZPO Rz. 10; Staudinger-Wenzel, § 45 Rz. 54.
[455] Keidel/Kuntze/Winkler/Zimmermann, § 20 a FGG Rz. 19; Bärmann-Merle, § 47 Rz. 61.
[456] BayObLG WE 1992, 172 = WM 1991, 518; WE 1997, 274 (zur Rechtsbeschwerde).
[457] BayObLG WE 1988, 38.
[458] BayObLG WE 1989, 57; WE 1994, 308 = WM 1994, 168.

sache noch vor Einlegung der Beschwerde erledigt, so ist diese unzulässig, da der Antragsteller durch die Abweisung seines Antrags nicht (mehr) materiell beschwert ist. Dies gilt auch dann, wenn sich die Hauptsache vor Erlaß der angegriffenen Entscheidung erledigt hat.[459] Eine vor Erledigung der Hauptsache eingelegte Beschwerde wird unzulässig, wenn sie nicht nach Erledigung der Hauptsache auf die Kosten beschränkt wird.[460] Eine **„Entscheidung in der Hauptsache"** im Sinne von § 20a FGG liegt auch vor, wenn ein Antrag aus verfahrensrechtlichen Gründen als unzulässig abgewiesen oder die Beschwerde gegen eine Sachentscheidung als unzulässig verworfen wird.[461] Werden hingegen einem materiell nicht beteiligten Dritten (z.B. dem vollmachtlosen Vertreter eines Beteiligten) Kosten auferlegt, so kann er die Kostenentscheidung nach § 20a Abs. 2 FGG selbständig anfechten, auch wenn die Kostenentscheidung mit einer Hauptsacheentscheidung verbunden war.[462]

648 Auch **Zwischenbeschlüsse** z.B. über die Statthaftigkeit der Anrufung des für Wohnungseigentumssachen zuständigen Gerichts der freiwilligen Gerichtsbarkeit sind zulässig, § 17a Abs. 3 S. 2 GVG, analog §§ 303, 280 Abs. 2 S. 1 ZPO,[463] auch Zwischenbeschlüsse etwa über die Zulässigkeit eines Beschlußanfechtungsantrags. Solche Zwischenbeschlüsse sind hinsichtlich der Rechtsmittel als **Endentscheidung** im Sinne des § 45 Abs. 1 anzusehen, analog § 280 Abs. 2 S. 1 ZPO.[464]

649 Hingegen handelt es sich bei einem Beschluß des AG über die Versagung der Aussetzung nicht um eine Entscheidung in der Hauptsache im Sinne des § 45 Abs. 1, sondern um eine **Zwischenverfügung.** Solche Verfügungen unterliegen der **einfachen Beschwerde** nach § 19 FGG, soweit sie geeignet sind, Rechte der Beteiligten zu beeinträchtigen.[465] Auch die Ablehnung eines Aussetzungsantrags ist daher mit der einfachen Beschwerde anfechtbar.[466] Auch die **weitere Beschwerde** gegen den die Zwischenverfügung des AG bestätigenden Beschluß des LG ist gemäß §§ 20, 21, 27, 29 FGG zulässig.[467] § 148 ZPO ist entsprechend anwendbar. Die Ermessensentscheidung des Tatrichters im Rahmen dieser Bestimmung kann vom Rechtsbeschwerdegericht nur beschränkt überprüft werden.[468] So ist das bei einem AG anhängi-

---

459 BayObLG WE 1987, 156; v. 21. 2. 1991 – 2 Z 2/91 –.

460 BayObLG WE 1991, 365.

461 BayObLG WE 1992, 24.

462 BayObLG WE 1991, 263.

463 S. hierzu BGH NJW 1995, 2851 = ZMR 1995, 521 = WE 1996, 27; Bärmann-Merle, § 45 Rz. 70.

464 OLG Celle NJW-RR 1989, 13; OLG Zweibrücken ZMR 1994, 482 = WE 1995, 25; Bärmann-Merle, § 45 Rz. 70.

465 BayObLG WE 1987, 158; WE 1989, 59; KG OLGZ 1984, 62; Bärmann-Merle, § 45 Rz. 10.

466 BayObLG DWE 1984, 30.

467 BayObLG a. a. O.

468 BayObLG WE 1991, 80.

ge Beschlußanfechtungsverfahren eines Verwalters gegen seine Abberufung **vorgreiflich** gegenüber einer beim LG anhängigen Klage auf Fortzahlung der Verwaltervergütung, weil aufgrund der gesetzlichen Zuständigkeitsverteilung allein das WEG-Gericht eine Entscheidung über den Abberufungsbeschluß treffen darf, an die das Landgericht gebunden ist.[469]

Beschwerdeberechtigt ist im Falle der Zurückweisung des Sachantrages der **Antragsteller** (§ 20 Abs. 2 FGG), im übrigen jedoch jeder formell oder materiell Beteiligte, sofern er nach seiner Behauptung in einem Recht beeinträchtigt ist[470] (sog. materielle Beschwer). **Antragsteller** im Sinne des § 20 Abs. 2 FGG ist also im Falle mehrerer Antragsberechtigter nicht nur derjenige, der von seinem Antragsrecht durch Antragstellung Gebrauch gemacht hat, sondern jeder, der den Antrag hätte stellen können und ihn auch im Zeitpunkt der Beschwerdeeinlegung noch wirksam stellen könnte.[471] Dies gilt z.B. für die Beschwerde gegen die Abweisung eines Feststellungsantrags. Im Beschlußanfechtungsverfahren ist der Beschwerdeführer, der nicht selbst den Antrag auf Ungültigerklärung gestellt hat, nur dann beschwerdebefugt, wenn er die sofortige Beschwerde noch innerhalb der Monatsfrist gem. § 23 Abs. 4 S. 2 einlegt.[472] Ist die Anfechtungsfrist bereits abgelaufen – was i.d.R. der Fall ist –, kann er das Verfahren in der Beschwerdeinstanz nicht gegen den Willen des Antragstellers fortsetzen. 650

Beschwerdeberechtigt kann darüber hinaus jeder sein, der sonst in seinen Rechten beeinträchtigt ist (vgl. § 20 Abs. 2 FGG), z.B. der **Rechtsnachfolger** eines Antragsteller,[473] oder der am Verfahren materiell nicht beteiligte Verwalter (§ 43 Abs. 1 Nr. 1 i.V.m. § 43 Abs. 4 Nr. 1), dem ein Teil der Gerichtskosten auferlegt wurde.[474] Auch nach Beendigung seines Verwalteramts kann der Verwalter ein von ihm als Beteiligter eingelegtes Rechtsmittel zurücknehmen.[475]

Im Verfahren der freiwilligen Gerichtsbarkeit ist der **Umfang der Befugnisse** eines **Bevollmächtigten** (§ 13 S. 2 FGG) nicht wie in § 81 ZPO für die Prozeßvollmacht (vgl. aber auch § 83 ZPO) gesetzlich bestimmt. Ob eine wirksame Vollmacht zur Vertretung eines Beteiligten in einem WEG-Verfahren vorliegt, ist von Amts wegen zu prüfen. Einen besonderen **Voll-** 651

---

[469] OLG Köln NJW-RR 1988, 1172.

[470] KG OLGZ 1976, 56; 1978, 142; OLG Frankfurt OLGZ 1981, 157; OLGZ 1982, 420; OLG Karlsruhe WM 1988, 327; BayObLG WE 1987, 156; WE 1988, 106; Bärmann-Merle, § 45 Rz. 14ff.; Weitnauer, § 45 Rz. 1; Saarl. OLG ZMR 1998, 310 (Beschwerdebefugnis des Verwalters nicht schon aufgrund seiner Beteiligtenstellung, sondern nur dann, wenn er in einem eigenen Recht betroffen ist).

[471] BGH NJW 1993, 662 = WE 1993, 108; BayObLG WE 1994, 20 = DWE 1992, 23; NJW-RR 1992, 976 = WE 1992, 319; NJW-RR 1992, 150 = WM 1991, 627 = WE 1992, 201.

[472] BGH a.a.O.; BayObLG WE 1992, 319.

[473] BayObLGZ 1974, 9.

[474] BayObLGZ 1972, 1/2f.; 1976, 256/257; DWE 1982, 67.

[475] BayObLG WE 1992, 51.

machtsnachweis braucht das Gericht jedoch nicht zu verlangen, wenn nach den Umständen von einer Bevollmächtigung ausgegangen werden kann.[476] Sprechen aber die Umstände des Einzelfalles dafür, daß ein **Rechtsanwalt** keine Vollmacht zur Beschwerdeeinlegung hat, ist die sofortige Beschwerde unzulässig. In diesem Falle kann das Gericht dem nicht bevollmächtigten Rechtsanwalt sogar die gerichtlichen und außergerichtlichen Kosten des Beschwerdeverfahrens auferlegen.[477] Eine ohne Einschränkung erteilte **Verfahrensvollmacht** umfaßt die **Befugnis zur Einlegung von Rechtsmitteln.**[478] Wurde der Antrag eines Verwalters wegen Fehlens der Ermächtigung gem. § 27 Abs. 2 Nr. 5 zurückgewiesen, ist eine vom Verwalter namens der Wohnungseigentümer eingelegte **sofortige Beschwerde** zulässig. Nicht erforderlich ist, daß der Verwalter hierzu innerhalb der Rechtsmittelfrist von den Wohnungseigentümern ermächtigt wurde.[479]

652 Gegen **einstweilige Anordnungen** im Sinne des § 44 Abs. 3 S. 1 ist eine **Beschwerde unzulässig,** § 44 Abs. 3 S. 2. Eine Ausnahme von der Unanfechtbarkeit ist nur denkbar, wenn die Entscheidung jeder gesetzlichen Grundlage entbehrt und inhaltlich dem Gesetz fremd ist, insbesondere wenn eine Entscheidung aufgrund eines derartigen Verfahrens im Gesetz überhaupt nicht vorgesehen ist (Fall der sog. greifbaren Gesetzwidrigkeit).[480]

653 Das AG, dessen Entscheidung angefochten ist, ist nicht berechtigt, selbst seine Entscheidung abzuändern, § 18 FGG. **Abänderungen** sind nur im Rahmen des § 45 Abs. 4 möglich. **Beschwerdegericht** ist das übergeordnete LG. Die Beschwerde kann sowohl beim AG, als auch beim LG eingelegt werden. Sie hat wegen § 45 Abs. 2 sog. aufschiebende Wirkung.

654 Eine Änderung des Verfahrensgegenstandes ist in der Beschwerdeinstanz grundsätzlich nicht möglich.[481] Lediglich eine **Antragsänderung** ist in gewissen Grenzen zulässig, insbesondere können noch **neue Anträge** eingebracht werden, sofern dies **sachdienlich** ist, §§ 263, 264 ZPO (der Antragsteller bringt zum Beschlußanfechtungsantrag noch einen Zahlungsantrag ein, der in einem inneren Zusammenhang zum ursprünglichen Antrag steht).[482] Auch die ZPO-Vorschriften über die **gewillkürte Parteierweiterung** sind entsprechend anzuwenden. Demnach ist es in der Beschwerdein-

---

[476] BayObLG WE 1989, 211.

[477] BayObLG v. 30. 6. 1983 – 2 Z 29/83 –; vgl. in diesem Zusammenhang auch WE 1997, 398 zur Überprüfung der Verfahrensführungsbefugnis eines Wohnungseigentümers, über dessen Vermögen das Konkursverfahren eröffnet wurde.

[478] BayObLG v. 2. 5. 1985 – 2 Z 108/84 –.

[479] BayObLG NJW-RR 1995, 652 = WE 1995, 255.

[480] BayObLG WM 1993, 309 = WE 1994, 149; OLG Hamm OLGZ 1978, 16; OLG Düsseldorf ZMR 1989, 315; KG DWE 1987, 27; Bärmann-Merle, § 44 Rz. 80.

[481] OLG Hamm NJW 1969, 882; Bärmann-Merle, § 45 Rz. 57.

[482] BayObLGZ 1975, 53; WE 1991, 77; WE 1994, 245 = WM 1993, 490 = ZMR 1993, 530; Bärmann-Merle, § 45 Rz. 57; Weitnauer, Anh. § 43 Rz. 4.

stanz nicht zulässig, einen neuen Antragsgegner in das Verfahren einzubeziehen.[483] Wird vor dem Beschwerdegericht der Antrag erweitert, ohne daß die Voraussetzungen des § 263 ZPO erfüllt sind, so kann das Verfahren hinsichtlich des neu geltend gemachten Anspruchs – der an sich vor das Streitgericht gehört – nicht entsprechend § 46 an das AG abgegeben oder verwiesen werden. Der Antrag muß vielmehr als unzulässig abgewiesen werden.[484]

Das Wohnungseigentumsverfahren kennt entsprechend der Anschlußbe- **655**
rufung auch die – unselbständige – **Anschlußbeschwerde,** die auch nach Ablauf der Beschwerdefrist zulässig ist.[485] Eine **unselbständige** Anschluß-(Rechts-)Beschwerde wird durch die Zurücknahme des zulässig eingelegten Hauptrechtsmittels wirkungslos.[486]

Auch für die Anschlußbeschwerde ist entgegen h. M. eine **Beschwer** Voraussetzung, andernfalls das Rechtsschutzbedürfnis fehlt.[487] Die Anschlußbeschwerde kann sich auch lediglich gegen den **Kostenausspruch** in der Sachentscheidung wenden.[488] Da über die Verfahrenskosten gemäß § 47 ohnehin von Amts wegen zu entscheiden ist und die Überprüfung der Kostenentscheidung des Vorgerichts keiner Beschränkung hinsichtlich der Frage der Schlechterstellung eines Beteiligten unterliegt, bedarf es hinsichtlich einer Stellungnahme und Antragstellung zu den Kosten einer ausdrücklichen Verwendung des Wortes „Anschlußbeschwerde" nicht.[489] Die Anschlußbeschwerde ist aber nur solange zulässig, als noch nicht über die sofortige Beschwerde entschieden ist.[490]

Auch in Wohnungseigentumssachen gilt das **Verbot der Schlechterstel- 656**
lung des Beschwerdeführers,[491] nicht jedoch hinsichtlich der Kostenentscheidung[492] (siehe oben) und nicht im Geschäftswertverfahren.[493] Das Ver-

---

[483] BayObLGZ 1987, 50/54; WM 1988, 191; WE 1991, 77; OLG Köln WE 1998, 502: gewillkürter Parteiwechsel im Beschwerdeverfahren nur mit Zustimmung aller Beteiligten.

[484] BayObLG WM 1991, 413 = DWE 1992, 163 = WE 1992, 138.

[485] BGHZ 71, 314 = Rpfleger 1978, 301 f.; BayObLGZ 1973, 1 = Rpfleger 1973, 139 = ZMR 1973, 205; WE 1991, 24; ZMR 1990, 466 = WE 1991, 369; WE 1990, 139; WE 1989, 178; OLG Frankfurt Rpfleger 1977, 244; Bärmann-Merle, § 45 Rz. 105; Weitnauer, § 45 Rz. 2.

[486] BayObLG WE 1988, 66; WE 1996, 472.

[487] Bärmann-Merle, § 45 Rz. 107; Weitnauer, § 45 Rz. 2; a. A. BGHZ 71, 314/318; BayObLG WE 1990, 31; Augustin § 45 Rz. 14.

[488] BayObLG WE 1989, 178 = ZMR 1989, 28; WE 1990, 31; WE 1990, 139; ZMR 1990, 466.

[489] BayObLGZ 1979, 267/269; Rpfleger 1982, 15.

[490] BayObLG ZMR 1990, 466; WE 1990, 139.

[491] BGHZ 71, 314/317; BayObLGZ 1973, 1/4 f.; 1976, 318; DWE 1984, 30; DWE 1985, 60; ZMR 1994, 423 = WE 1995, 188; NJW-RR 1994, 1036 = WM 1994, 633 = WE 1995, 252; Bärmann-Merle, § 45 Rz. 65.

[492] BayObLG Rpfleger 1979, 318; DWE 1982, 104; Rpfleger 1982, 15.

[493] BayObLG Rpfleger 1979, 398; DWE 1983, 60.

bot der Schlechterstellung wirkt nicht bei Anfechtung einer unbestimmten Entscheidung, weil diese insoweit nicht rechtskraftfähig ist (Verbot bestimmter Maßnahmen „außerhalb der in der Hausordnung festgelegten Ruhezeiten", ohne daß die Ruhezeiten aus dem Entscheidungssatz zu entnehmen gewesen wären).[494]

657 Das **Beschwerdegericht,** das über die Zulässigkeit und Begründetheit der Beschwerde zu entscheiden hat, kann in der **Sache selbst entscheiden** oder die Sache unter Aufhebung der ersten Entscheidung an das AG **zurückverweisen.** Die Zurückverweisung ist zulässig, wenn die erstrichterliche Entscheidung ohne die notwendige Sachprüfung ergangen ist oder sonst an so **schwerwiegenden Verfahrensmängeln** leidet, daß das ganze Verfahren erneut durchgeführt werden muß.[495] Es gilt also der Grundsatz, daß das Beschwerdegericht, wenn es eine Beschwerde für begründet erachtet, in der Sache selbst zu entscheiden hat und nur ausnahmsweise bei wesentlichen Verfahrensfehlern die Sache an das AG zurückverweisen kann. Das Beschwerdegericht tritt an die Stelle des AG und hat daher von diesem **unterlassene Ermittlungen** nachzuholen.[496] Wird vom Beschwerdegericht eine Entscheidung des AG rechtskräftig aufgehoben und die Sache zurückverwiesen, so sind das AG und im weiteren Verfahren auch die Rechtsmittelgerichte an die der Aufhebung unmittelbar zugrunde liegende Rechtsansicht gebunden. Diese **Bindung** erstreckt sich nur auf die rechtliche Beurteilung, die der Aufhebung unmittelbar zugrunde gelegen hat.[497]

Es ist nicht zulässig, eine Sache zur Entscheidung über einen erstmals im 2. Rechtszug gestellten Antrag an das AG zurückzuverweisen.[498]

Selbst im Falle der Zurückverweisung der Beschwerde kann das LG die Kostenentscheidung der 1. Instanz abändern.[499] Entscheidet das Beschwerdegericht nach Zurücknahme des Antrags in der zweiten Instanz nur über die Kosten des Beschwerdeverfahrens, so ist diese Entscheidung nachträglich hinsichtlich der Kosten des ersten Rechtszugs zu ergänzen.[500]

8.8.2 Die sofortige weitere Beschwerde

658 Gegen die Entscheidung des Beschwerdegerichts ist die **sofortige weitere Beschwerde** zulässig, §§ 27 ff., 29 Abs. 2 FGG, § 45 Abs. 1.[501] Sie ist begründet, wenn die angefochtene Entscheidung des Beschwerdegerichts auf

[494] BayObLG Rpfleger 1985, 412.
[495] BayObLGZ 1953, 221/224; 1962, 47/54; 1966, 435/440.
[496] BayObLG ZMR 1988, 346; WE 1988, 30.
[497] BayObLG WE 1988, 30; DWE 1992, 42 = WE 1992, 169.
[498] BayObLG v. 28. 3. 1985 – 2 Z 5/85 –.
[499] BayObLG Rpfleger 1975, 284.
[500] BayObLG DWE 1992, 42 = WE 1992, 169.
[501] Bärmann-Merle, § 45 Rz. 69; Weitnauer, § 45 Rz. 4; Staudinger-Wenzel, § 45 Rz. 31.

einer **Rechtsverletzung** beruht. Es handelt sich also um eine reine **Rechtsbeschwerde.** Diese Rechtsbeschwerdeinstanz ist keine Tatsacheninstanz. Das **Rechtsbeschwerdegericht** kann die als Inhalt des Sondereigentums im Grundbuch eingetragene **Teilungserklärung mit Gemeinschaftsordnung selbständig auslegen.** Dabei ist auf den Wortlaut und Sinn abzustellen, wie er sich als nächstliegende Bedeutung für einen unbefangenen Betrachter ergibt.[502] Darauf, was der Verfasser der Teilungserklärung (Gemeinschaftsordnung) mit einer Bestimmung erreichen wollte, kommt es nicht an.[503] Was nun die Auslegung einer nicht als Inhalt des Sondereigentums im Grundbuch eingetragenen Gebrauchsregelung, also Eigentümerbeschlüsse betrifft, ist zu differenzieren. **Eigentümerbeschlüsse,** die Regelungen enthalten, welche auch für einen **Sondernachfolger** gelten sollen, sind **wie Grundbucheintragungen** auszulegen. Die Auslegung ist nicht dem Tatrichter vorbehalten, sondern kann auch durch das Rechtsbeschwerdegericht erfolgen. Solche Eigentümerbeschlüsse sind „aus sich heraus", also objektiv und normativ auszulegen.[504] Hingegen ist die **Auslegung** von **Eigentümerbeschlüssen,** die einen abgeschlossenen Einzelfall regeln, dem Tatrichter vorbehalten.[504 a] Allerdings darf das Rechtsbeschwerdegericht die Auslegung auch solcher Eigentümerbeschlüsse (die nur einen abgeschlossen **Einzelfall** regeln) durch den **Tatrichter** auf Rechtsfehler hin überprüfen. Ein **Rechtsfehler** liegt vor, wenn der Tatrichter gegen den klaren Sinn der Urkunde, gegen gesetzliche Auslegungsregeln und allgemein anerkannte Erfahrungssätze oder gegen Denkgesetze verstoßen oder nicht alle für die Auslegung in Betracht kommenden Gesichtspunkte gewürdigt hat.[504 b]

Das **Rechtsbeschwerdegericht** ist an **Tatsachenfeststellungen** des Tatrichters grundsätzlich gebunden, § 27 S. 2 FGG, § 561 Abs. 1 ZPO, es sei denn, die tatrichterlichen Feststellungen sind durch einen **Verfahrensfehler** zustande gekommen.[505] Das Rechtsbeschwerdegericht kann **neue Tatsachen** aufgrund neuen Sachvortrags grundsätzlich nicht berücksichtigen.[506] Im Falle eines Rechtsfehlers des Beschwerdegerichts könnte das Rechtsbe- 659

---

[502] BGHZ 88, 302/306; 92, 18/21; NJW 1993, 1329; BayObLGZ 1984, 122/124; NJW-RR 1988, 719; DWE 1992, 166 = WE 1991, 56; DWE 1991, 126 = WE 1992, 60; WM 1992, 85 = WE 1992, 85.

[503] BGHZ 121, 239 = EBE 1993, 27 = NJW 1993, 1329; BayObLGZ 1983, 73/78; NJW-RR 1986, 317/318; OLG Hamm NJW-RR 1986, 1336.

[504] BGH EBE 1998, 346 = ZfIR 1998, 713 = NJW-RR 1998, 3713 = Rpfleger 1999, 19 = ZMR 1999, 41 = DWE 1998, 177; so im Ergebnis auch BayObLG ZMR 1994, 420 = WE 1994, 154; WE 1997, 236; WE 1998, 356.

[504 a] BayObLG NJW-RR 1986, 1463; WM 1988, 140; WM 1990, 92; WM 1991, 711 = WE 1992, 204; WM 1992, 641; OLG Hamm NJW-RR 1989, 1161; OLG Köln ZMR 1995, 493; OLG Düsseldorf WE 1996, 68; KG WE 1996, 233; WE 1997, 228; OLG Zweibrücken WE 1997, 234; BayObLG WE 1998, 356.

[504 b] BayObLG a.a.O.; OLG Düsseldorf a.a.O.; OLG Hamm a.a.O.; KG a.a.O.; OLG Zweibrücken a.a.O.

[505] BayObLG WM 1991, 614 = DWE 1991, 126 = WE 1992, 143; WE 1995, 27.

[506] BayObLG DWE 1991, 167 = WE 1992, 175; WE 1991, 232.

schwerdegericht die Sache an sich unter Aufhebung der Beschwerdeentscheidung an das LG zurückverweisen. Das Rechtsbeschwerdegericht kann jedoch, wenn das Verfahren **entscheidungsreif** ist, von der Zurückverweisung absehen und unter entsprechender Feststellung von Tatsachen, soweit diese ohne weitere Ermittlungen feststehen, in der Sache selbst entscheiden.[507] Es gibt jedoch sogenannte **absolute Rechtsbeschwerdegründe.** Ein absoluter Rechtsbeschwerdegrund führt ohne Sachprüfung zur **Aufhebung** des landgerichtlichen Beschlusses und zur **Zurückverweisung** der Sache, weil die Kausalität des Fehlers unwiderlegbar vermutet wird, § 27 Abs. 1 S. 2 FGG, § 551 ZPO. Die Zurückverweisung ist ohne Rücksicht darauf zwangsläufig, ob die Entscheidung des Landgerichts richtig ist, weil § 563 ZPO bei den absoluten Rechtsbeschwerdegründen des § 551 ZPO unanwendbar ist.[508] Ein häufiger Fall des absoluten Rechtsbeschwerdegrunds ist die **unterbliebene,** nicht ordnungsmäßige **Beteiligung von Wohnungseigentümern.**[509] Dieser absolute Rechtsbeschwerdegrund ist von Amts wegen zu prüfen und besteht ohne Rücksicht darauf, wer die weitere Beschwerde eingelegt hat. Haben sowohl das Amtsgericht als auch das Landgericht die verfahrensrechtlich gebotene Beteiligung von Wohnungseigentümern am Verfahren unterlassen, verbleibt es grundsätzlich bei dem Grundsatz, daß regelmäßig an das Landgericht zurückverwiesen wird.[510] Eine Aufhebung der landgerichtlichen Entscheidung und eine Zurückverweisung der Sache ist lediglich dann entbehrlich, wenn feststeht, daß die nicht am Verfahren beteiligten Personen die Verfahrensführung nachträglich genehmigt haben,[511] oder eine bis dahin unterbliebene Beteiligung dann noch im Rechtsbeschwerdeverfahren nachgeholt werden kann, wenn eine weitere Sachaufklärung weder notwendig noch zu erwarten ist und nur rechtliches Gehör gewährt werden soll.[512] Ein weiterer absoluter Aufhebungsgrund liegt vor, wenn zu einem wesentlichen Punkt des Entscheidungssatzes des Beschwerdegerichts **jede Begründung fehlt.**[513]

660 Stellt das Rechtsbeschwerdegericht **Verfahrensfehler** fest, die bereits **in I. Instanz** gemacht wurden, und ist demnach eine umfangreiche, bisher unterlassene Sachuntersuchung veranlaßt, kann es die Sache sogar **an das AG zurückverweisen,** wenn eine erstmalige umfangreiche Sachuntersuchung

---

[507] BGH NJW 1955, 1070; BGHZ 35, 135/142f.; BayObLGZ 1985, 244/247; WE 1989, 55; WE 1991, 294; WE 1991, 369; WE 1992, 24; WE 1993, 280; WE 1995, 125; OLG Saarbrücken OLGZ 1988, 45; OLG Celle NJW-RR 1989, 143.

[508] BayObLG WM 1989, 350 = WE 1990, 136.

[509] BayObLG WE 1990, 136; WE 1991, 297; WM 1991, 131 = DWE 191, 104 = WE 1992, 51.

[510] BayObLG WE 1990, 136; NJW-RR 1992, 150; WE 1994, 21 = WM 1993, 79; OLG Frankfurt ZMR 1997, 667; OLG Düsseldorf ZMR 1994, 520 = WE 1994, 375 = WM 1994, 717.

[511] BayObLG WE 1989, 221 = NJW-RR 1989, 461.

[512] BGH NJW 1998, 755 = ZMR 1998, 171 = WE 1998, 105 = DWE 1997, 159.

[513] BayObLG WE 1989, 32.

durch das Erstbeschwerdegericht nicht angemessen wäre.[514] Ergibt die Auslegung des Rechtsbeschwerdegerichts, daß der Antragsteller seinen Antrag bereits vor dem Amtsgericht zurückgenommen hat, sind die Sachentscheidungen des Amtsgerichts und des Beschwerdegerichts ersatzlos aufzuheben.[515] Hat das Amtsgericht über einen Antrag entschieden, der nicht gestellt war, so darf auch das Rechtsbeschwerdegericht den Beschluß ersatzlos aufheben, wenn das Landgericht dies unterlassen hat.[516] Im Rechtsbeschwerdeverfahren kann ein bisher am Verfahren nicht Beteiligter nicht als Antragsgegner eingeführt werden.[517]

In allen Fällen der Aufhebung und Zurückverweisung ist das Rechtsbeschwerdegericht an die seiner aufhebenden Entscheidung unmittelbar **zugrunde gelegte Rechtsauffassung gebunden,** wenn das Rechtsbeschwerdegericht nach Aufhebung und Zurückverweisung erneut mit derselben Sache befaßt wird.[518]

Das **Rechtsbeschwerdegericht** darf die von den Vorinstanzen ausdrücklich bejahte **Zuständigkeit** des Wohnungseigentumsgerichts **nicht mehr überprüfen,** § 17a Abs. 5 GVG entsprechend. Dies gilt i. ü. sowohl für das Revisionsgericht im Hinblick auf § 46 Abs. 1, als auch für das Rechtsbeschwerdegericht in analoger Anwendung des § 46 Abs. 1.[519] Ist jedoch über die Rechtswegfrage entgegen § 17a Abs. 3 S. 2 GVG nicht vorab entschieden worden, ist die Zuständigkeit auch noch in der Revisions- bzw. Rechtsbeschwerdeinstanz zu prüfen; § 549 Abs. 2 ZPO findet keine Anwendung.[520] **661**

Auch die **Beweiswürdigung** des Tatrichters kann vom Rechtsbeschwerdegericht nicht auf ihre sachliche Richtigkeit, sondern nur darauf überprüft werden, ob ihr Ergebnis auf einem Rechtsfehler beruht. Dies ist der Fall, wenn die Beweiswürdigung gegen **gesetzliche Beweisregeln** oder **Verfahrensvorschriften,** gegen **Denkgesetze** oder **feststehende Erfahrungssätze** verstößt, oder wenn nicht alle wesentlichen Umstände berücksichtigt, d. h. vom Tatrichter in die ihm obliegende Abwägung einbezogen wurden.[521] Entsprechendes gilt für die Auslegung einer Willenserklärung, eines Vertrages durch den Tatrichter.[522] **662**

---

[514] BayObLGZ 1964, 357/362; 1971, 111/114; Rpfleger 1984, 317 = DWE 1984, 30.

[515] BayObLG WE 1990, 31.

[516] BayObLG WE 1991, 165.

[517] BayObLG a. a. O.

[518] BayObLG WE 1989, 211; WE 1990, 110 = DWE 1990, 38.

[519] BGH NJW 1995, 2851 = ZMR 1995, 521 = WE 1996, 27; BGHZ 59, 58; BayObLGZ 1991, 186; 1994, 60; WE 1993, 349; BayObLGZ 1998, Nr. 30; KG NJW-RR 1994, 208; ZMR 1992, 119; OLG Köln ZMR 1995, 268; WE 1996, 146.

[520] BGH a. a. O.; BayObLG NJW-RR 1996, 912.

[521] BayObLG WE 1991, 56 = DWE 1992, 166; WM 1991, 614 = WE 1992, 143; WE 1991, 358 = DWE 1991, 31 = WM 1990, 464; WM 1994, 564 = WE 1995, 64; WM 1994, 640 = DWE 1994, 161; WE 1994, 345 = WM 1994, 229.

[522] BayObLG WE 1992, 87 = WM 1991, 310; Bärmann-Merle, § 45 Rz. 85.

663 Das Rechtsbeschwerdegericht kann gemäß § 27 FGG **Ermessensentscheidungen** des Tatrichters (z.B. Kostenentscheidungen gemäß § 47) nur auf ihre **Gesetzmäßigkeit** überprüfen, nämlich darauf, ob er von ungenügenden oder verfahrenswidrig zustande gekommenen Feststellungen ausgegangen ist, wesentliche Umstände außer Betracht gelassen oder gegen Denkgesetze oder allgemeine Erfahrungssätze verstoßen hat, oder ob er von seinem Ermessen einen dem Sinn und Zweck des Gesetzes zuwiderlaufenden oder die Grenzen des eingeräumten Ermessens überschreitenden und damit rechtlich fehlerhaften Gebrauch gemacht hat.[523] Es ist beispielsweise nicht rechtsfehlerhaft, wenn das Beschwerdegericht wegen zweifelhafter Schlüssigkeit eines Teils der geltend gemachten Forderung entscheidet, daß die Antragstellerin nach Zurücknahme der Erstbeschwerde durch den Antragsgegner einen Teil ihrer außergerichtlichen Kosten selbst zu tragen hat.[524]

664 Erklären die Beteiligten im **Rechtsbeschwerdeverfahren** übereinstimmend die **Hauptsache für erledigt,** hat das Rechtsbeschwerdegericht nach den Grundsätzen des § 47 über die **Kosten** des ganzen Verfahrens zu entscheiden.[525] Bei der danach zu treffenden Ermessensentscheidung sind alle Umstände des Falles zu berücksichtigen. Ein wesentlicher Gesichtspunkt ist, wie das Verfahren voraussichtlich ohne die Erledigterklärung ausgegangen wäre, ob das Rechtsmittel also Erfolg gehabt hätte oder nicht. Dabei braucht die Rechtslage nicht in allen Einzelheiten geprüft zu werden; es genügt eine **summarische Überprüfung.**[526] Gelangt nur ein Teil des Verfahrensgegenstandes in die Rechtsbeschwerdeinstanz und erledigt sich dort, so kann das Rechtsbeschwerdegericht, da die Kostenentscheidungen für das Verfahren des ersten und zweiten Rechtszugs nur einheitlich für den erledigten und nicht erledigten Teil des Verfahrens getroffen werden können, nur über die Kosten des Rechtsbeschwerdeverfahrens entscheiden.[527] Durch die übereinstimmend erklärte Erledigung der Hauptsache werden bereits erlassene, noch nicht rechtskräftige Entscheidungen Kraft Gesetzes wirkungslos.[528]

665 Hinzuweisen ist in diesem Zusammenhang auf die kontroverse Rechtsprechung zum Inhalt der **Kostenentscheidungen** im Falle der **Zurücknahme des Rechtsmittels.** Während u.a. das KG[529] auch im Falle der

---

[523] BayObLG ZMR 1986, 251; BayObLGZ 1987, 381; WE 1989, 209; WE 1990, 219; WE 1991, 334; WE 1991, 369; WE 1992, 24; WM 1991, 453 = DWE 1991, 127 = WE 1992, 172.

[524] BayObLG WE 1990, 219.

[525] BayObLGZ 1975, 233/234 f.; DWE 1985, 58; WE 1990, 178; Demharter ZMR 1987, 201.

[526] BGHZ 67, 343/345 f; BGHZ 86, 393/395; BayObLGZ 1975, 233/235; WE 1990, 178; WE 1991, 334.

[527] BayObLG DWE 1989, 184.

[528] BayObLG WE 1990, 178.

[529] KG ZMR 1988, 314 = WE 1988, 165 = WM 1988, 369; WE 1989, 171.

Rechtsmittelrücknahme die Grundsätze bei übereinstimmender Hauptsacheerledigung gelten lassen will, gehen insbesondere das BayObLG und das OLG Stuttgart[530] von dem Grundsatz aus, daß es nach der Rücknahme der weiteren Beschwerde i.d.R. angemessen sei, dem Rechtsmittelführer die gerichtlichen und außergerichtlichen Kosten des Rechtsbeschwerdeverfahrens aufzuerlegen. Eine Abkehr von diesem Grundsatz sei nur veranlaßt, wenn besondere, zu berücksichtigende Gründe für die Rechtsmittelrücknahme bestünden. Auf Rz. 637 wird ergänzend verwiesen.

Wie die **Erstbeschwerde** ist die **sofortige weitere Beschwerde** gegen **666**
sachliche **Endentscheidungen,** aber auch gegen **Zwischen- und Teilentscheidungen,** z.B. über die örtliche Zuständigkeit, zulässig.

Die sofortige weitere Beschwerde kann durch Einreichung einer **Beschwerdeschrift oder durch Erklärung zu Protokoll** der Geschäftsstelle des AG, des LG oder des Rechtsbeschwerdegerichts eingelegt werden, § 29 Abs. 1 S. 1, Abs. 4, § 21 Abs. 2 FGG.[531] Das von einem Rechtspfleger aufgenommene **Protokoll** muß am Ende die Unterschrift des Rechtspflegers tragen und erkennen lassen, daß der Rechtspfleger an der Anfertigung beteiligt war und die Verantwortung für den Inhalt übernimmt.[532] Allerdings kann dem Beschwerdeführer nicht als Verschulden zugerechnet werden, wenn das vom Rechtspfleger aufgenommene Protokoll nicht den formellen und inhaltlichen Anforderungen an ein Protokoll eines Rechtspflegers genügt. Wird die Rechtsbeschwerde zu Protokoll des Rechtspflegers eingelegt, nimmt dieser aber z.B. in unzulässiger Weise auf eine privatschriftliche Rechtsmittelbeschränkung Bezug, ist die Wiederholung der Beschwerdeeinlegung zu veranlassen und dem Rechtsbeschwerdeführer Wiedereinsetzung in den vorigen Stand zu gewähren.[532a] Wird das Rechtsmittel durch Einreichung einer Beschwerdeschrift bei einem der genannten Gerichte vorgelegt, so muß diese von einem hierzu bevollmächtigten **Rechtsanwalt** unterzeichnet sein, § 29 Abs. 1 S. 2 FGG. Sie muß nicht von einem RA verfaßt sein. Es genügt, daß der RA durch seine Unterschrift zu erkennen gibt, er habe die Eingabe inhaltlich geprüft und übernehme die Verantwortung hierfür.[533] Auch das **Anschlußrechtsmittel** unterliegt der Formvorschrift für die weitere Beschwerde.[534] Trotz dieses Formerfordernisses dürfen schriftliche Ausführungen des Rechtsbeschwerdeführers, der nicht Rechtsanwalt ist, im Rahmen der Amtsprüfung gewürdigt werden.[535] Die Einle-

---

530 OLG Stuttgart OLGZ 1983, 171; BayObLG WM 1987, 237; WE 1989, 148; WM 1991, 453 = DWE 1991, 127 = WE 1992, 172.

531 Bärmann-Merle, § 45 Rz. 79.

532 BayObLG Rpfleger 1991, 450.

532a BayObLG DWE 1995, 85 = WE 1995, 381; OLG Köln NJW-RR 1995, 968; KG ZMR 1996, 223.

533 BGH NJW 1989, 394f.; BayObLG WM 1992, 86 = WE 1992, 234.

534 OLG Frankfurt v. 27. 1. 1984 – 20 W 697/83 –.

535 BayObLG WE 1991, 165.

gung der Rechtsbeschwerde durch Telegramm ist zulässig, wenn dieses von einem Rechtsanwalt herrührt.[536] Das gleiche gilt für die Einlegung der Beschwerde durch Telefax.

Rechtsbeschwerdegerichte sind die den Landgerichten übergeordneten Oberlandesgerichte, in Bayern das BayObLG, in Berlin das KG, in Rheinland-Pfalz das OLG Zweibrücken.

667 Will ein Rechtsbeschwerdegericht bei der Auslegung einer bundesgesetzlichen Vorschrift von der Entscheidung eines anderen Rechtsbeschwerdegerichts oder des BGH abweichen, entscheidet der BGH, § 28 Abs. 2 FGG. In den zurückliegenden Jahren kam es aus diesem Grunde immer wieder zu sogenannten **Vorlagebeschlüssen** von Rechtsbeschwerdegerichten. Zunehmend greift der BGH in die Rechtsprechung zum WEG ein.

668 Auch die sofortige weitere Beschwerde **bedarf weder** der Formulierung eines bestimmten **Sachantrages noch** der **Begründung.** Die **Beschwerdefrist** beträgt ebenfalls 2 Wochen. Die Frist wird mit Zustellung der Beschwerdeentscheidung in Gang gesetzt. Auch für die sofortige weitere Beschwerde gilt das **Verbot der reformatio in peius.**[537] Die durch sofortige weitere Beschwerde angegriffene Kostenentscheidung des Beschwerdegerichts unterliegt nicht dem Verbot der Schlechterstellung.[538] Durch die auch in dieser Instanz zulässige sofortige weitere **Anschlußbeschwerde** des Beschwerdegegners riskiert der Beschwerdeführer allerdings eine Verschlechterung seiner Position gegenüber der Beschwerdeentscheidung. Nach der Rechtsprechung des BGH kann auch die Anschlußrechtsbeschwerde ohne Einhaltung einer Frist eingelegt werden.[539] Weil die Entscheidung des Rechtsbeschwerdegerichts erst mit der Hinausgabe der für die Verfahrensbeteiligten bestimmten Ausfertigungen an die Post erlassen ist, kann bis zu diesem Zeitpunkt ein Anschlußrechtsmittel eingelegt werden.[540]

Auch die Anschlußrechtsbeschwerde kann sich lediglich gegen den Kostenausspruch in der Sachentscheidung wenden.[541]

669 Nach § 45 Abs. 1 ist auch gegen die Entscheidungen des Beschwerdegerichts die **sofortige weitere Beschwerde** grundsätzlich nur zulässig, wenn der Wert des Gegenstandes der weiteren Beschwerde DM 1500,– übersteigt.[541a] Auch hier ist zu berücksichtigen, daß nach dem Stande der augen-

---

[536] BGH VersR 1965, 852/853; BayObLG v. 8. 11. 1984 – 2 Z 70/84 –.

[537] BayObLGZ 1976, 318; WEM 1981, 62.

[538] BayObLG WE 1990, 72 = WM 1989, 470.

[539] BGHZ 71, 314 = Rpfleger 1978, 301f.; Rpfleger 1985, 409f. = NJW 1985, 2717ff.

[540] BayObLGZ 1989, 116; WE 1990, 139; ZMR 1990, 466 = WE 1991, 369.

[541] BGHZ 71, 314/315ff.; BayObLG WE 1990, 139; WE 1989, 178; WM 1989, 470 = WE 1990, 72; WE 1990, 31.

[541a] OLG Karlsruhe ZMR 1998, 107: dies gilt auch dann, wenn über die sofortige Beschwerde trotz Nichterreichens des Beschwerdewerts in der Sache entschieden wurde.

blicklichen Rechtsprechung maßgebend für die Bildung des Werts des Gegenstandes der weiteren Beschwerde ausschließlich die **Beschwer** für den Beschwerdeführer ist und nicht der Geschäftswert (vgl. im einzelnen hierzu Abschn. 8.8.1). **Unabhängig vom Beschwerdewert** ist die Rechtsbeschwerde **zulässig,** wenn die sofortige Beschwerde als unzulässig verworfen wurde.[542] Auch ist gegen den Amtsgerichtsbeschluß, durch den eine Sache aus dem WEG-Verfahren in das Prozeßverfahren verwiesen worden ist, nach erfolgloser Erstbeschwerde die Rechtsbeschwerde statthaft.[543] Hat sich die Hauptsache während des Beschwerdeverfahrens erledigt und ist gleichwohl noch eine Beschwerdeentscheidung in der Hauptsache ergangen, hat dies auf die Zulässigkeit der Rechtsbeschwerde keinen Einfluß.[544] Erledigt sich die Hauptsache nach Einlegung der Rechtsbeschwerde, bleibt diese zulässig, wenn sie auf die Kosten beschränkt wird.[545]

Die **sofortige weitere Beschwerde** ist grundsätzlich auch gegen **isolierte** 670 **Kostenentscheidungen** des Beschwerdegerichts zulässig, sei es, daß die Erstbeschwerde zurückgenommen worden war, sich die Hauptsache erledigt hatte oder nach vergleichsweiser Erledigung der Hauptsache, § 45 Abs. 1, §§ 21, 22, 27, 29 FGG.[546] Die Zulässigkeit sofortiger weiterer Beschwerden gegen **isolierte Kostenentscheidungen** ist von zweierlei Voraussetzungen abhängig. Zum einen muß der Betrag der Kosten, mit denen sich der Beschwerdeführer durch die angefochtene Kostenentscheidung belastet sieht, die **Beschwerdesumme** von DM 200,00 übersteigen (§ 27 Abs. 2, § 20a FGG). Zum anderen ist die isolierte Kostenentscheidung selbst bei Überschreitung der Beschwerdesumme von DM 200,00 nur angreifbar, wenn auch gegen die Entscheidung in der **Hauptsache** ein Rechtsmittel stattfinden würde, wenn also insbesondere die Beschwerdesumme für die Hauptsache DM 1500,00 übersteigen würde.[547] Rechtsprechung und Literatur begründen dies mit der Überlegung, daß im Rahmen der isolierten Kostenentscheidung in erster Linie die Erfolgsaussichten der Hauptsache beurteilt werden müßten. Es sei kein Grund ersichtlich, für die Kostenfrage mehr Instanzen zur Verfügung zu stellen als für die Hauptsache selbst. Hingegen ist eine nur gegen die Kostenentscheidung gerichtete sofortige weitere Beschwerde stets unzulässig, wenn das LG über Hauptsache und Kosten des Beschwerdeverfahrens entschieden hatte, § 28 Abs. 4 i.V.m. § 20 a Abs. 1 FGG. **Entscheidet** das **Landgericht** über eine sofortige Beschwerde gegen

[542] BGH ZMR 1993, 28 = WE 1993, 49; BayObLGZ 1991, 141; WE 1996, 398; OLG Karlsruhe NJW-RR 1998, 84 = ZMR 1997, 491; OLG Düsseldorf ZMR 1998, 450 = WE 1998, 310.

[543] KG WE 1994, 47; BayObLG WE 1996, 399 = NJW-RR 1996, 334; WE 1996, 438; a.A. Weitnauer, § 46 Rz. 3.

[544] BayObLG WE 1993, 343 (unter Aufgabe von WM 1987, 238 u. WE 1992, 86).

[545] BayObLG WE 1995, 347.

[546] BayObLG WM 1991, 518.

[547] BayObLG a.a.O.; ZMR 1998, 41 = WE 1998, 79; Bärmann-Merle, § 47 Rz. 62.

eine **isolierte Kostenentscheidung des Amtsgerichts,** so ist die Rechtsbeschwerde nicht statthaft, § 27 Abs. 2 i.V.m. § 20a Abs. 2 FGG. Dies gilt auch dann, wenn das Beschwerdegericht die Erstbeschwerde als unzulässig verworfen hat.[548] Im Ergebnis findet die Rechtsbeschwerde in solchen Fällen also nur dann statt, wenn das Beschwerdegericht erstmals über den Kostenpunkt entschieden hat. Behandelt aber das Beschwerdegericht die sofortige Beschwerde gegen die mit einer Hauptsacheentscheidung verbundene Kostenentscheidung des AG zu unrecht als Beschwerde gegen eine isolierte Kostenentscheidung, so ist gegen die Beschwerdeentscheidung die Rechtsbeschwerde zulässig.[549] Wird die wegen Formmangels unzulässige sofortige weitere Beschwerde gegen eine isolierte Kostenentscheidung des Beschwerdegerichts nach Aufklärung des Rechtsbeschwerdeführers zurückgenommen, so kann es billigem Ermessen entsprechen, von einer Kostenerstattung abzusehen.[550]

Gegen den landgerichtlichen Beschluß, der die sofortige Beschwerde gegen eine unanfechtbare **einstweilige Anordnung** des AG als unzulässig verworfen hat, ist die sofortige weitere Beschwerde unter den Voraussetzungen des § 27 FGG statthaft.

671 Die **sofortige weitere Beschwerde** ist **unzulässig,** wenn sich die **Hauptsache** nach Erlaß der Erstbeschwerdeentscheidung und vor Einlegung der weiteren **Beschwerde erledigt** hat, und zwar zur Hauptsache wegen fehlender Beschwer und zu den Kosten mangels einer isolierten Kostenentscheidung insoweit.[551] Auch eine Beschränkung der sofortigen weiteren Beschwerde auf die Kostenfrage könnte nicht bewirken, daß das Rechtsmittel in dieser Beschränkung statthaft wäre.[552] Wird im Erstbeschwerdeverfahren die Hauptsache teilweise erledigt und hat das LG nach entsprechender Beschränkung der Beschwerde **insoweit** nur noch über die Kosten entschieden, ist die gegen diesen Teil der Erstbeschwerdeentscheidung gerichtete sofortige weitere Beschwerde zulässig. Sie richtet sich nämlich gegen eine insoweit als isoliert anzusehende Kostenentscheidung des LG, § 45 Abs. 1; § 20 a Abs. 2, §§ 21, 22, 27, 29 FGG.[553]

672 **Formelle Rechtskraft** tritt ein bei amtsgerichtlichen und landgerichtlichen Entscheidungen, wenn die sofortige Beschwerde, bzw. die sofortige weitere Beschwerde nicht innerhalb der gesetzlichen Frist eingelegt ist, oder

---

548 BayObLG ZMR 1998, 299 = WE 1998, 271; ZMR 1999, 50; OLG Düsseldorf ZMR 1993, 581 bei Teilerledigung in I. Instanz; OLG Köln WE 1995, 220; Staudinger-Wenzel, § 45 Rz. 31; Bärmann-Merle, § 47 Rz. 61; a.A. aber in § 45 Rz. 72.

549 BayObLG WE 1994, 315.

550 BayObLG WE 1989, 67.

551 BayObLG v. 5. 1. 1983 – 2 Z 29/82 –.

552 BayObLG a. a. O.; BayObLGZ 1964, 149ff.; 1965, 348/349; 1966, 82/85; v. 12. 5. 1981 – 2 Z 73/80 –.

553 BayObLG ZMR 1985, 278; WE 1989, 209; OLG Hamm Rpfleger 1961, 20; Bärmann-Merle, § 47 Rz. 64.

wenn auf Rechtsmittel durch Erklärung gegenüber dem Gericht rechtswirksam verzichtet wurde. Ist die **Verzichtserklärung** zulässigerweise gegenüber dem Gegner abgegeben, führt dies bei gleichwohl eingelegtem Rechtsmittel lediglich zu einer verfahrensrechtlichen Einrede, der Eintritt der Rechtskraft wird mit einer solchen Verzichtserklärung nicht erzielt. Formelle Rechtskraft tritt ferner mit dem Erlaß der Entscheidung der letzten Instanz ein.

Bei erstinstanzlichen Entscheidungen, gegen die ein Rechtsmittel wegen Nichterreichens der Beschwerdesumme an sich nicht zulässig ist, tritt Rechtskraft nicht schon mit Erlaß der Entscheidung, auch nicht mit ihrer Zustellung an die Beteiligten ein, schon gar nicht noch vor ihrer Bekanntmachung. Es könnte ja innerhalb der Beschwerdefrist ein, wenn auch unzulässiges Rechtsmittel eingelegt werden. Oftmals steht nicht eindeutig fest oder besteht Streit, wie hoch der Wert des Beschwerdegegenstandes ist. Rechtskraft tritt demnach auch in solchen Fällen erst mit Ablauf der gesetzlichen Rechtsmittelfrist ein. Der Zeitpunkt des Eintritts der formellen Rechtskraft ist deshalb von besonderer Bedeutung, weil erst dann die Zwangsvollstreckung und der Antrag auf Kostenfestsetzung möglich sind, § 45 Abs. 3.[554]

Wird die Beschwerdeentscheidung des LG nicht binnen 5 Monaten nach Verkündung des Tenors in vollständiger Form der Geschäftsstelle übergeben, so ist die Entscheidung als nicht mit Gründen versehen anzusehen und auf eine zulässige Rechtsbeschwerde aufzuheben.[555]

Auch wenn das Beschwerdegericht keine Anordnung der sofortigen Wirksamkeit der Beschwerdeentscheidung treffen kann, könnte es durch **einstweilige Anordnung** die Vollstreckung gemäß § 45 Abs. 3 ermöglichen. Hierzu ist auch das Rechtsbeschwerdegericht berechtigt.

8.9 Der Geschäftswert

Der Richter setzt den **Geschäftswert** nach dem **Interesse der Beteiligten** 673
an der Entscheidung vom Amts wegen fest, § 48 Abs. 3 S. 1. Im Vordergrund steht mithin das Kriterium des Interesses der Beteiligten im Sinne des § 43 Abs. 4.[556] Auf das Interesse aller jeweils Beteiligten kommt es wegen der **Rechtskraftwirkung** der angestrebten Entscheidung für und gegen alle Beteiligte an. Auf Einzelbestimmungen der KostO (z.B. § 30) ist nicht abzustellen, da angesichts der von der KostO abweichenden besonderen Ge-

---

[554] GemS-OGB BGHZ 88, 353; Bärmann-Merle, § 45 Rz. 111; Staudinger-Wenzel, § 45 Rz. 53; a.A. Weitnauer, § 45 Rz. 8 („wenn Beschwerdesumme nicht erreicht wird").

[555] KG ZMR 1994, 432 = WE 1994, 216; vgl. a. GemS-OGB NJW 1993, 2603.

[556] BayObLG Rpfleger 1975, 98; BayObLGZ 1979, 312; WE 1988, 75; WE 1990, 63; ZMR 1990, 466.

richtsgebührenregelung in § 28 Abs. 1 und 3 für den Geschäftswert in WEG-Sachen allein § 48 Abs. 2 maßgebend ist.[557]

Nach § 48 Abs. 3 S. 2 müssen die **Verfahrenskosten** zu dem Interesse eines Beteiligten in einem **angemessenen Verhältnis** stehen, andernfalls der Geschäftswert niedriger festzusetzen ist. Diese Gesetzesnovelle ist eine Konsequenz der Entscheidung des BVerfG,[558] das zwar § 48 Abs. 3 (früher Abs. 2) als verfassungskonform ansah, aber die Verhältnismäßigkeit von Kosten und Interesse postulierte.

Das BayObLG versuchte schon vor der genannten Gesetzesnovelle das Problem erheblicher Kostenbelastung im Einzelfall wie folgt zu lösen: Drohe im Einzelfall die Kostenbelastung den freien Zugang zu den Gerichten zu verhindern, weil die von einem verständigen Beteiligten für geboten erachtete Rechtsverfolgung mit Kosten verbunden sei, die auch unter Abwägung des Interesses der übrigen Beteiligten außer Verhältnis zu dem Interesse des Beteiligten stünde, sei der sich aus § 48 ergebende **volle Geschäftswert** auf einen Betrag **zu ermäßigen,** der das Interesse aller Beteiligten zwar nicht voll, aber angemessen berücksichtige.[559] Diese sog. alte Rspr. steht im Einklang mit der bestehenden Gesetzeslage. Das BayObLG hat sie fortentwikkelt.[559a] Die Auswirkungen dieser Rechtsprechungsentwicklung spiegeln sich wieder in den in diesem Abschnitt noch zu behandelnden Rechtsprechungsbeispielen. Abzulehnen ist die Rspr. des KG,[560] nach der z.B. bei der Anfechtung von Beschlüssen großer Gemeinschaften der Geschäftswert das fünffache des wirtschaftlichen Eigeninteresses des Antragstellers nicht überschreiten dürfe. Das Gericht ist verpflichtet, **von Amts wegen den Geschäftswert festzusetzen,** § 48 Abs. 3. Von der Geschäftswertfestsetzung kann vom Beschwerdegericht nicht etwa mit der Begründung abgesehen werden, der Geschäftswert ergebe sich aus den außergerichtlichen Kosten des Antragsgegners im amtsgerichtlichen Verfahren.[561] Vom Beschwerdegericht ist lediglich dann ein Geschäftswert nicht festzusetzen, wenn ein Beschwerdeverfahren nach gesetzlicher Vorschrift gebührenfrei ist und Kosten nicht erstattet werden (z.B. Geschäftswertbeschwerdeverfahren, § 31 Abs. 3 Satz 2 und 3 KostO).[562]

Gegen den Geschäftswertfestsetzungsbeschluß findet gemäß § 31 Abs. 3 KostO die unbefristete Beschwerde statt, § 31 Abs. 3, § 14 Abs. 3 und Abs. 4 KostO.[563]

---

[557] BayObLGZ 1981, 202/203; WE 1990, 63.

[558] BVerfG NJW 1992, 1673 = WM 1992, 293 = Rpfleger 1992, 344.

[559] BayObLG NJW-RR 1989, 79 = ZMR 1989, 105 = WE 1989, 215; WM 1991, 633 = DWE 1991, 164 = WE 1992, 201; DWE 1992, 87; WE 1993, 170.

[559a] BayObLG WE 1993, 143; WE 1993, 170; WE 1993, 352; WE 1994, 152.

[560] KG ZMR 1988, 73 = NJW-RR 1988, 14.

[561] BayObLG WE 1990, 142.

[562] BayObLG DWE 1990, 38 = WE 1990, 64.

[563] BayObLGZ 1978, 309; Bärmann-Merle, § 48 Rz. 60.

Die – zulässige – **Beschwerde** gegen die Geschäftswertfestsetzung des LG für das landgerichtliche Verfahren ist Erstbeschwerde, nicht „weitere Beschwerde".[564] Das gleiche gilt, wenn das Landgericht von Amts wegen den vom Amtsgericht festgesetzten Geschäftswert abändert.[565]

Auch das Rechtsbeschwerdegericht, das mit einer solchen Erstbeschwerde befaßt ist, kann den für die 1. Instanz festgesetzten Beschwerdewert von Amts wegen ändern.[566]

Das **Beschwerdegericht** ist nicht zur bisher unterbliebenen Festsetzung des Geschäftswerts der Vorinstanz befugt.[567]

Entscheidet das LG über die Beschwerde gegen die Geschäftswertentscheidung des AG, ist hiergegen eine **weitere Beschwerde** nicht zulässig, § 567 Abs. 3, § 568 Abs. 2 ZPO, es sei denn, sie wird ausdrücklich zugelassen. Ist das Rechtsmittel gegen die Sachentscheidung unzulässig, kann das Beschwerdegericht die Wertfestsetzung der 1. Instanz nicht von Amts wegen ändern.[568]

Im Beschwerdeverfahren über die Geschäftswertfestsetzung gibt es **kein Verbot der Verschlechterung.** Das Beschwerdegericht kann also z. B. einen höheren Geschäftswert als den von der Vorinstanz festgesetzten beschließen, selbst wenn der Beschwerdeführer mit seiner Beschwerde einen niedrigeren Geschäftswert anstrebt.[569]

Ein **Rechtsanwalt** kann nach § 9 Abs. 2 S. 1 BRAGO in eigenem Namen **674**
Rechtsmittel gegen die Wertfestsetzung mit dem Ziel einer Erhöhung des Wertes einlegen. Das auf Erhöhung des Geschäftswertes gerichtete Rechtsmittel eines Rechtsanwalts ist aber nur zulässig, wenn ihm in dem Rechtszug, für den der Geschäftswert festgestellt worden ist, ein **Gebührenanspruch** erwachsen ist.[570] Der nach § 48 Abs. 2 festgesetzte Geschäftswert ist grundsätzlich auch für die **Rechtsanwaltsgebühren** maßgebend. § 10 BRAGO ist regelmäßig nicht anzuwenden.[571] Wird allerdings bei einem gerichtlichen Vergleich ein Anspruch mitverglichen, der in einem anderen

---

[564] KG WE 1990, 94; ZMR 1990, 350; WE 1990, 94; WE 1993, 139; WE 1996, 384; BayObLG v. 15. 5. 1986 – 3 Z 87/85 –; JurBüro 1994, 42; WE 1997, 77; WE 1997, 116; a. A. OLG Köln ZMR 1995, 326, das die Beschwerde gegen die Geschäftswertfestsetzung nur bei ausdrücklicher Zulassung bejaht.

[565] BayObLG WE 1990, 65; WE 1991, 232; WM 1991, 633 = DWE 1991, 164 = WE 1992, 201.

[566] KG Rpfleger 1978, 445; WE 1990, 94; ZMR 1990, 350; BayObLG DWE 1991, 167 = WE 1992, 175; WE 1989, 107 (das Rechtsbeschwerdegericht kann sogar die Geschäftswertfestsetzung im Wege der einstweiligen Anordnung vorläufig außer Kraft setzen); WE 1989, 220 (Geschäftswertfestsetzung für die I. Instanz durch das Rechtsbeschwerdegericht selbst dann, wenn das in der Hauptsache eingelegte Rechtsmittel unzulässig ist).

[567] BayObLG Rpfleger 1975, 45/64; Rpfleger 1979, 231; DWE 1983, 60.

[568] BayObLG Rpfleger 1981, 285.

[569] BayObLG Rpfleger 1979, 398; DWE 1983, 60.

[570] BayObLG v. 11. 11. 1981 – 3 Z 56/79 –; KG ZMR 1993, 184 = WE 1993, 139.

[571] BayObLG v. 15. 5. 1986 – 3 Z 87/85 –.

Rechtsstreit anhängig ist, so ist für den Vergleich ein Gegenstandswert nach § 10 Abs. 1 BRAGO und nicht ein Geschäftswert nach § 48 Abs. 2 festzusetzen.[572] Die auf Heraufsetzung des Geschäftswerts gerichtete Beschwerde des Kostenschuldners ist unzulässig.[573]

Das Gericht verfügt bei der Geschäftswertfestsetzung über einen sehr weiten **Ermessensspielraum.** Es ist zu beobachten, daß die einzelnen Gerichte bei vergleichbaren Verfahrensgegenständen die unterschiedlichsten Bemessungskriterien zugrunde legen und so zu höchst abweichenden Geschäftswertergebnissen gelangen. Wegen der Vielfalt der Gerichtsentscheidungen kann nur die Wiedergabe einiger sog. Grundsatzentscheidungen und zugleich einiger sog. Einzelfallentscheidungen weiterführend wirken. Eine aktuelle Darstellung findet sich i. ü. bei Bärmann-Merle.[574]

675 In einem Verfahren nach § 43 Abs. 1 Nr. 2 über die **Rechte und Pflichten des Verwalters** gegenüber allen Wohnungseigentümern bestimmt sich der Geschäftswert nach dem Interesse aller Wohnungseigentümer und des Verwalters und nicht nach dem Interesse des einzelnen Antragstellers.[575] Soll die **bestimmungswidrige Nutzung** eines Kellerraums als Wohnraum untersagt werden, hat das BayObLG[576] einen Geschäftswert von DM 8000,00 für angemessen gehalten.

Ob bei einem Streit über die **Gültigkeit der Abberufung** des Verwalters aus wichtigem Grunde auch heute noch stets Geschäftswert der Betrag der Vergütung ist, die der Verwalter für den Rest seiner vorgesehenen Verwalterzeit hätte beanspruchen können, ob im Falle der Anfechtung eines **Beschlusses über die Bestellung** (Wiederbestellung) des Verwalters das Interesse der Beteiligten nach der für die fragliche Zeit zu entrichtenden Vergütung des Verwalters zu bemessen ist,[577] ist fraglich,[578] aber erneut so entschieden;[579] dies zumindest dann, wenn es sich um große Wohnungseigentümergemeinschaften handelt und demnach das in Rede stehende Verwalterhonorar hoch ist. So hat das BayObLG im Falle der Anfechtung einer Verwalterbestellung bei einem zur Debatte stehenden Gesamtverwalterhonorar von ca. DM 80000,00 den Geschäftswert auf DM 20000,00 reduziert.[580] So hat das BayObLG im Falle der Anfechtung der Bestellung eines Verwalters schon bei einer kleinen

---

[572] BayObLG DWE 1989, 37; WE 1988, 208 LS.

[573] BayObLG WE 1997, 265; WM 1993, 494 = WE 1994, 156; WM 1992, 333.

[574] Bärmann-Merle, § 48 Rz. 15–55.

[575] BayObLGZ 1981, 203; LG Bonn MDR 1970, 153.

[576] BayObLG WE 1989, 220.

[577] OLG Köln NJW 1973, 765; BayObLG Rpfleger 1979, 386; WE 1988, 40; WE 1991, 51.

[578] KG ZMR 1988, 73; BayObLG WE 1989, 215; WE 1991, 232.

[579] BayObLG WE 1995, 377; WE 1997, 279; s. a. ZfIR 1998, 357: Maßstab grundsätzlich der Vergütungsanspruch für den Bestellzeitraum, oft aber angemessene Herabsetzung; DWE 1998, 191 = WE 1999, 29.

[580] BayObLG WE 1991, 232; WM 1991, 633 = DWE 1991, 164 = WE 1992, 201 (Herabsetzung von DM 796000,00 auf DM 50000,00).

Gemeinschaft bei einem zur Debatte stehenden Honorar von DM 9000,00 den Geschäftswert auf DM 6000,00 reduziert, weil der anfechtende Wohnungseigentümer lediglich formale Mängel in der Beschlußfassung beanstandet hatte.[581] Das OLG Schleswig[582] hat im Anschluß an die Rechtsprechung des BayObLG geurteilt: Grundsätzlich sei bei Streitigkeiten mit dem Verwalter bezüglich seiner Abberufung bei der Festlegung des Geschäftswerts von der auf den streitigen Zeitraum entfallenden Verwaltervergütung auszugehen. Anderes könne nur für extreme Fälle gelten, bei denen die Kostenbelastung den freien Zugang zu den Gerichten zu verhindern drohe. Das OLG Schleswig bejahte in casu einen extremen Fall und setzte 10% von der Verwaltervergütung ab. Es sei nämlich davon auszugehen, daß sich das Verwalterhonorar nicht nur aus Gewinn und festen Ausgaben zusammensetze, sondern daß es auch Kosten enthalte, die die tatsächliche Verwaltung betreffen (z.B. Kosten für die Einberufung einer Eigentümerversammlung, Kosten für die Information der Wohnungseigentümer etc.). Nach Erfahrungswerten entfielen allein auf diese Kosten ca. 10% des Verwalterhonorars.

Der Geschäftswert für ein Verfahren, in dem der **Verwalter verpflichtet** werden soll, einem Vertrag über die **Veräußerung** einer Eigentumswohnung **zuzustimmen,** entspricht entgegen früherer Rechtsprechung nicht der Höhe des Kaufpreises, sondern i.d.R. nur noch etwa 10–20% hieraus.[583]

Wird beantragt, einen die **Genehmigung einer Jahresabrechnung** (§ 28 Abs. 3) oder eines **Wirtschaftsplanes** (§ 28 Abs. 1) betreffenden Eigentümerbeschluß für ungültig zu erklären, so ist das Interesse der Beteiligten auch dann, wenn die Ordnungsmäßigkeit oder sachliche Richtigkeit der entsprechenden Beschlüsse **uneingeschränkt** beanstandet wird, im allgemeinen nicht mit dem in der Abrechnung oder im Wirtschaftsplan enthaltenen Gesamtbetrag zu bewerten, weil auch im Falle einer Ungültigerklärung der Eigentümerbeschlüsse bei der folgenden erneuten Beschlußfassung nur eine Änderung, nicht aber der völlige Wegfall der im Rechenwerk erscheinenden Lasten und Kosten zu erwarten wäre. Welcher **Bruchteil** oder **Prozentsatz** des jeweiligen Gesamtbetrages zur Feststellung des Geschäftswertes heranzuziehen ist, hängt von der Art und dem Umfang der gegen die Eigentümerbeschlüsse vorgebrachten Einwendungen ab. Konkrete **Einzelbeanstandungen** sind in voller Höhe des geltend gemachten Unterschiedsbetrages in die Bewertung des Interesses der Beteiligten einzubeziehen. Auf diese Weise ist eine Differenzierung der Bewertung des Verfahrens je nach den gestellten Anträgen in ausreichendem Maße möglich.[584] Oftmals

---

[581] BayObLG WE 1988, 40.

[582] OLG Schleswig WE 1991, 19.

[583] Vgl. z.B. BayObLGZ 1990, 24; WE 1991, 202; WE 1991, 334; KG WE 1990, 86, OLG Hamm NJW-RR 1992, 785 = WE 1992, 288.

[584] So BayObLGZ 1979, 312/314ff.; v. 11. 11. 1981 – 3 Z 56/79 –; NJW-RR 1997, 715 = ZMR 1997, 256 = WE 1997, 277; WE 1997, 358; WE 1997, 392; WE 1997, 393; OLG Frankfurt NJW-RR 1992, 439 = ZMR 1992, 311 = DWE 1992, 121.

hat das BayObLG[585] immer dann, wenn die Beschlußanfechtung im Erfolgsfalle die Notwendigkeit der völligen Neuerstellung der Abrechnung oder des Wirtschaftsplans ausgelöst hatte, zwischen 20 und 25% des Jahresgesamtbudgets der Gemeinschaft zuzüglich des Werts der Einzelbeanstandungen in obigem Sinne als Geschäftswert angesetzt.

Das BayObLG stellt allerdings in einer weiteren Entscheidung auch klar, daß es auf den Gesamtbetrag der Jahresabrechnung oder eines Bruchteils hiervon dann nicht ankomme, wenn die Anfechtung eines Eigentümerbeschlusses über die Jahresabrechnung auf einen Rechnungsposten beschränkt ist. In diesem Falle ist für den Geschäftswert nur dieser Rechnungsposten im ganzen oder zu einem Bruchteil maßgebend.[586] In einem weiteren Falle hatte ein Wohnungseigentümer einen Eigentümerbeschluß angefochten, mit dem die **Heizungs- und Wasserkostenjahresabrechnung** für ein Jahr anerkannt worden war. Der anfechtende Eigentümer hatte u. a. geltend gemacht, die genehmigte Abrechnung sei unrichtig, weil das vom Verwalter erstellte sogenannte Ableseprotokoll durch die nachträgliche Einfügung von 2,5 Einheiten verfälscht worden sei. Das Gericht setzt den Geschäftswert auf DM 5000,00 fest.[587]

Unter Heranziehung der Grundsätze der vorbehandelten Rechtsprechung bewertete das BayObLG in einer weiteren Entscheidung[588] das Interesse der Beteiligten in einem Verfahren auf Ungültigerklärung von Eigentümerbeschlüssen, in denen eine von der bisherigen Gemeinschaftsordnung **abweichende Kostenverteilung** beschlossen worden ist, mit DM 30000,00, weil die Neuregelung der Betriebskostenverteilung über den konkreten Einzelfall erheblich hinausgehe. Dabei orientierte sich das Gericht auch an der Höhe der jährlich anfallenden Kosten.

Im Falle der Anfechtung eines **Renovierungs-/Sanierungsbeschlusses** wird das Interesse aller Beteiligten regelmäßig von den Kosten der beschlossenen Arbeiten bestimmt.[589]

Ist Verfahrensgegenstand ein Antrag auf **Einstellung von Baumaßnahmen** und auf **Wiederherstellung des früheren Zustandes,** ist das unmittel-

---

[585] BayObLG a. a. O.; DWE 1983, 123; DWE 1991, 167 = WE 1992, 175; WE 1990, 65 (zusätzlicher Geschäftswert für Anfechtung der Verwalterentlastung: DM 5000,00); WM 1995, 451; WM 1995, 500; Bärmann-Merle, § 48 Rz. 22.

[586] BayObLG WE 1989, 216; s. a. WE 1996, 117 (bei Anfechtung ohne Auswirkung auf die übrigen Wohnungseigentümer).

[587] BayObLG WE 1989, 210.

[588] BayObLG DWE 1984, 62.

[589] BayObLG WE 1991, 172; v. 15. 5. 1986 – 3 Z 87/85 – (das Interesse aller Beteiligten sei jedoch dann geringer als das Gesamtvolumen der beschlossenen Arbeiten festzusetzen, wenn durch die Anfechtung die beschlossenen Instandsetzungsarbeiten nicht schlechthin abgelehnt werden); WE 1994, 56; s. a. OLG Köln WE 1995, 23: vermittelnde Betrachtungsweise zwischen Einzelinteresse und Interesse der Gemeinschaft bei Anfechtung kostenträchtiger Instandhaltungsbeschlüsse großer Gemeinschaften.

bare Interesse des Antragstellers an der Rückgängigmachung der Baumaßnahme und der Wiederherstellung des ursprünglichen Zustandes sowie das Interesse der Antragsgegner an der Durchführung der von ihnen in Angriff genommenen Baumaßnahmen und an dem nach ihrem Abschluß herbeizuführenden baulichen Zustand maßgeblich. Ein Anhaltspunkt für den Wert dieser Interessen kann in den bis zum Beginn des Verfahrens **angefallenen Baukosten** gesehen werden. Hinzuzurechnen seien die Beseitigungskosten.[590]

Bei einem Streit über die Wirksamkeit eines **Wohnungseigentumsentziehungsbeschlusses** orientiert sich der Geschäftswert nicht am Verkehrswert der Wohnung, und nicht etwa nur an der Höhe der Hausgeldrückstände des säumigen Wohnungseigentümers, sondern am Interesse der Beteiligten am Behalten der Eigentumswohnung und am Ausscheiden des betroffenen Eigentümers; er beträgt i.d.R. 20% des Verkehrswerts.[591] Das Gericht begründet dies damit, daß der Eigentümerbeschluß gemäß § 18 Abs. 3 das Entziehungsverfahren in Gang bringen solle und lediglich eine besondere Prozeßvoraussetzung für die Entziehungsklage darstelle. Bei der Anfechtung eines solchen Beschlusses könnten im Verfahren gemäß § 23 Abs. 4 nur formelle Mängel geprüft werden, nicht hingegen die sachlichen Voraussetzungen des Veräußerungsverlangens. Für das Interesse des Betroffenen werde i.d.R. maßgebend sein das Risiko eines Wertverlusts im Falle der erzwungenen Veräußerung seines Wohnungseigentums wie die Aufwendungen für die Beschaffung eines Ersatzobjekts und möglicherweise die mit einem Wohnungswechsel verbundenen Kosten. Das Interesse der übrigen Wohnungseigentümer am Ausscheiden des Betroffenen sei nach dem Gewicht der Pflichtverletzungen zu bemessen, die dem betroffenen Wohnungseigentümer zur Last gelegt werden. Im Entscheidungsfalle setzte das Gericht bei einem Verkehrswert der Wohnung von DM 380000,00 den Geschäftswert auf DM 60000,00 fest. Anderes gilt bei einer **Klage auf Entziehung** des Wohnungseigentums; hier ist der Verkehrswert maßgebend. Belastungen werden dabei nicht berücksichtigt.[592]

Die **vergleichsweise Übernahme der Gerichtskosten** ist kein für den Geschäftswert erheblicher Umstand.[593] Eine auf die Kostenentscheidung beschränkte Anschlußrechtsbeschwerde oder eine insoweit eingelegte, nach § 20 a FGG unzulässige selbständige sofortige weitere Beschwerde wirken sich auf den Geschäftswert des Rechtsbeschwerdeverfahrens zur Hauptsache nicht aus.[594] Ab dem Zeitpunkt einer **teilweisen übereinstimmenden**

---

[590] BayObLG v. 29. 8. 1982 – 2 Z 62/82 –.

[591] BayObLG WE 1990, 61; WM 1991, 633 = DWE 1991, 164 = WE 1992, 180; a.A. OLG Frankfurt DWE 1984, 62 .

[592] OLG Karlsruhe Rpfleger 1980, 308; LG München I Rpfleger 1970, 93; vgl. auch BayObLG WE 1990, 61; LG Köln ZMR 1998, 522.

[593] BayObLG DWE 1982, 137 = MDR 1982, 939.

[594] BayObLG WE 1991, 231.

Erledigterklärung bemißt sich der Geschäftswert nach dem Geschäftswert der restlichen Hauptsache und den gesamten bis zur Erledigung auf den erledigten Teil entfallenden Kosten.[595] Hat das Amtsgericht eine **Sache an das Prozeßgericht abgegeben,** so ist, wenn diese Entscheidung angefochten wird, für den Geschäftswert des Beschwerde- und Rechtsbeschwerdeverfahrens nicht der volle Wert der Hauptsache, sondern nur eine Quote davon anzunehmen.[596] Soll im Eigentümerbeschluß ein **Rechtsanwalt** für einen Rechtsstreit **beauftragt** werden, so ist der Geschäftswert nach den voraussichtlich anfallenden Anwaltskosten zu schätzen.[597]

Wird als Antragsziel die **Einberufung** einer außerordentlichen **Eigentümerversammlung** zur **Erörterung der Ermäßigung von Sanierungskosten** bezüglich einer schon früher behandelten Balkonsanierung angestrebt, wird nicht nur auf die den Antragsteller treffenden Sanierungskostenanteile abgestellt. Maßgebend ist das Interesse aller Wohnungseigentümer an der Einberufung einer Versammlung zur erneuten Erörterung. Es ist in einem solchen Falle andererseits angemessen, nicht an den Wert der Gesamtsanierungskosten anzuknüpfen, sonder isoliert das Interesse an der Einberufung der außerordentlichen Versammlung zu berücksichtigen[598] (im Entscheidungsfalle Sanierungskosten: DM 1 270 000,00; Geschäftswert: DM 40 000,00), weil nicht ein Beschluß über die Durchführung der Sanierung angefochten werde. Der Antrag wegen **Nichtaufnahme eines TOP** in die Ladung ist nur mit einem Bruchteil des Beschlußgegenstandes zu bewerten.[599]

Stets ist bei der Anfechtung von Beschlüssen ein **einheitlicher Geschäftswert** für alle Beteiligten festzusetzen, eine Aufspaltung ist nicht möglich.[600]

Geht der Streit um einen konkreten **geldwerten Gegenstand** (Herausgabe, Beseitigung etc.), ist der Wert des Gegenstandes der Geschäftswert, z.B. Beseitigung eines Berufsschildes und Beseitigung einer Kellerfensterabdekkung.[601]

Wird die **Nutzung des gemeinschaftlichen Eigentums** als Abstellplatz beanstandet, bestimmt sich der Geschäftswert nach dem Wert des Abstellplatzes.[602]

---

[595] BayObLG WE 1992, 138.

[596] BayObLG WE 1992, 25.

[597] BayObLG WE 1990, 61.

[598] BayObLG DWE 1983, 60.

[599] BayObLG WE 1997, 358 (in casu: Neubestellung eines Verwalters: Verwalterjahresvergütung DM 19 000,00 – Geschäftswert: DM 5000,00).

[600] BayObLG Rpfleger 1975, 98; ZMR 1980, 255; KG ZMR 1997, 492 = WE 1998, 28; Bärmann-Merle, § 48 Rz. 16; Weitnauer, § 48 Rz. 8.

[601] BayObLG Rpfleger 1972, 144; 1975, 98; ZMR 1978, 248; DWE 1985, 125 = ZMR 1985, 391; WE 1993, 348 = WM 1992, 704 = ZMR 1993, 29: Schadenersatzklage; OLG Frankfurt DWE 1988, 141.

[602] KG JurBüro 1978, 910; BayObLG WE 1992, 347 = WM 1992, 212; WM 1993, 211 = DWE 1993, 38 = WE 1994, 56; OLG Celle NdsRpfl. 1988, 215.

Bei **Beschlußanfechtung** wegen einer **überhöhten Verwaltervergütung** ist der Geschäftswert die Differenz zwischen den beiden in Betracht kommenden Verwaltervergütungen.[603]

Wird **Nutzungsentgelt** etwa für die **Benutzung gemeinschaftlichen Eigentums** durch einen Wohnungseigentümer verlangt, bildet der Jahresbetrag den Geschäftswert.[604] Der Geschäftswert für ein Verfahren, in dem ein Eigentümerbeschluß über den **Abschluß eines Mietvertrages** angefochten wird, orientiert sich an dem Jahresbetrag des vorgesehenen Mietzinses.[605]

Für den Antrag auf **Auskunft** über den Bestand der Instandhaltungsrücklage ist es nicht gerechtfertigt, 25% des Bestands der Rücklage anzusetzen. Das Gericht hat DM 5000,00 für angemessen erachtet.[606]

Bei einem Streit, ob ein Eigentümerbeschluß die **Fälligkeit** von Wohngeldern herbeiführt, kann der Regelschätzwert von DM 5000,00 angenommen werden.[607]

Bei **Primäraufrechnung** gegenüber unstreitigen Forderungen werden die Werte der Forderungen nicht addiert.[608]

Bei **Unterlassungsansprüchen** ist das **Interesse des Antragstellers,** nicht – auch – das Abweisungsinteresse des Antragsgegners maßgebend.[609] Der Geschäftswert ist dann herabzusetzen, wenn ein von vornherein nichtiger Beschluß angefochten ist[610] oder ganz allgemein das Anfechtungsinteresse des Antragstellers eingeschränkt ist.[611]

Der Geschäftswert in einem Verfahren über die **Berichtigung einer Versammlungsniederschrift** bemißt sich nach dem Interesse der Beteiligten an der Berichtigung, nicht nach den bloßen Berichtigungskosten.[612]

Bei Anfechtung eines Eigentümerbeschlusses, durch den die Wohnungseigentümer zur **Teilnahme am Lastschriftverfahren** verpflichtet werden, richtet sich der Geschäftswert nach dem Interesse der Gesamtheit der Wohnungseigentümer am rechtzeitigen Eingang und an der vereinfachten Überwachung der Hausgeldzahlungen.[613]

Die **Gerichtskosten** richten sich nach der **KostO,** nicht nach dem GKG. **676**
Für die **Rechtsanwaltskosten** gelten nach § 63 Abs. 1 Nr. 2 BRAGO die Vorschriften der §§ 31ff. BRAGO. Vertritt der Rechtsanwalt mehr als 1 Wohnungseigentümer oder die Wohnungseigentümergemeinschaft als sol-

---

603 BayObLG WE 1989, 181.
604 BayObLG ZMR 1979, 214.
605 BayObLG WE 1992, 27.
606 BayObLG WE 1989, 180.
607 KG WE 1990, 94.
608 BayObLG WEM 1980, 130; vgl. auch zur Bewertung einer unzulässigen Aufrechnung: WE 1991, 26; s. a. WE 1990, 214 = WM 1989, 539 = DWE 1990, 62.
609 KG ZMR 1993, 346 = WE 1993, 223.
610 BayObLG WE 1993, 347.
611 KG WE 1998, 28.
612 BayObLG WE 1997, 116.
613 BayObLG WE 1998, 114.

che, bestehend aus den einzelnen Wohnungseigentümern, erhält der Rechtsanwalt die **Erhöhungsgebühren** des § 6 BRAGO.[614]

8.10 Die Entziehung des Wohnungseigentums

677 Die **Entziehung von Wohnungseigentum** wird bewußt im Rahmen verfahrensrechtlicher Fragen behandelt, weil die materiell-rechtlichen Probleme insoweit von geringer praktischer Bedeutung sind. Es ist nämlich jeweils Einzelsachverhaltsfrage, ob **Entziehungsgründe** im Sinne des § 18 Abs. 2 vorliegen oder nicht. Durch Vereinbarung kann der Katalog der Entziehungsgründe sogar modifiziert und/oder erweitert werden. Auch ist die umstrittene Frage meist akademisch, ob ein **Verschulden des Störers** Voraussetzung ist oder nicht. Das BVerfG[615] meint, es komme allein den Fachgerichten zu zu klären, ob § 18 nur erlaube, die Konsequenzen aus einem zurechenbaren Handeln zu ziehen, oder ob er darüber hinaus einen Schutz gegen schwerwiegende Störungen unabhängig von der Schuld des Störenden gewährt. Verletze allerdings ein Wohnungseigentümer seine Pflichten gegenüber anderen Wohnungseigentümern nicht schuldhaft schwer und liege die Wiederholung einer schweren Verletzung auch nicht nahe, müßten besondere Gründe vorliegen, wenn allein aufgrund vergangener Verletzungen eine Verpflichtung zur Veräußerung des Wohnungseigentums erfolgen solle. Ein Gerichtsentscheid, der diese Grundsätze nicht berücksichtige, verletze Art. 14 Abs. 1 sowie Art. 3 Abs. 1 GG i.V.m. dem Rechtsstaatsprinzip und sei aufzuheben. Ein **Verschulden ist nicht erforderlich.**[616]

Die Entziehung des Wohnungseigentums ist keine abschließende Spezialregelung für Sanktionen gegen einen säumigen Wohnungseigentümer.[617] So können die Wohnungseigentümer einen Miteigentümer bei erheblichen Hausgeldrückständen von der Belieferung mit Wasser und Heizenergie ausschließen (Problem des Grundsatzes der Verhältnismäßigkeit).[618]

Herauszustellen sind vielmehr die **Verfahrenszuständigkeiten** nach § 43 Abs. 1 Nr. 4 einerseits und § 51 andererseits. Mit anderen Worten: Ent-

---

[614] BGH NJW 1987, 2240 = Rpfleger 1987, 387.

[615] BVerfG NJW 1994, 241 = ZMR 1993, 503; s. a. BVerfG WE 1998, 186: der Ausschluß eines Wohnungseigentümers aus der Gemeinschaft verletzt nicht das Grundrecht nach Art. 14 GG.

[616] LG Tübingen NJW-RR 1995, 650 = ZMR 1995, 179; Bärmann-Merle, § 18 Rz. 6; Weitnauer, § 18 Rz. 5; Staudinger-Kreuzer, § 18 Rz. 12.

[617] OLG Celle NJW-RR 1991, 1118; BayObLG WM 1992, 207 = DWE 1992, 86 = WE 1992, 347; OLG Hamm NJW-RR 1994, 145 = WE 1994, 84; s. a. AG Tempelhof-Kreuzberg WE 1997, 360: auch bei vermieteter Wohnung, falls keine schutzwürdigen Interessen des Mieters verletzt werden.

[618] OLG Celle a. a. O.; BayObLG a. a. O.; OLG Hamm a. a. O.

scheidet das Wohnungseigentumsgericht im Verfahren über die Anfechtung des nach § 18 Abs. 3 gefaßten Eigentümerbeschlusses auch über die Frage, ob ein Anspruch auf Veräußerung des Wohnungseigentums überhaupt besteht, oder nur über die Frage, ob die Gemeinschaft wirksam beschlossen hat, einen solchen Anspruch zunächst außergerichtlich und gegebenenfalls gerichtlich geltend zu machen?

Das **Wohnungseigentumsgericht überprüft** nach h.M. den entsprechenden **Eigentümerbeschluß** nur auf seine **formelle,** nicht auch auf seine sachliche **Richtigkeit** (Schlüssigkeit, Erfolgsaussicht der Klage).[619] Hierüber entscheidet notfalls das ordentliche Gericht gemäß § 51. Dies gilt auch für den Eigentümerbeschluß, einen Wohnungseigentümer unter Hinweis auf § 18 abzumahnen. Im Beschlußanfechtungsverfahren ist dieser Beschluß nur auf die Ordnungsmäßigkeit der Beschlußfassung, nicht hingegen auf die Berechtigung der Abmahnung hin zu überprüfen.[620] Hat die Wohnungseigentümergemeinschaft den Beschluß über die Entziehung des Wohnungseigentums gefaßt, hat sie **Klage auf Entziehung** des Wohnungseigentums zu erheben. Das rechtswirksam beschlossene Veräußerungsverlangen enthält i.d.R. die Ermächtigung des Verwalters zur Mandatserteilung für die Entziehungsklage gegen den Störer.[621] **678**

In diesem Verfahren kann der betroffene Wohnungseigentümer geltend machen, daß **Entziehungsgründe** nicht vorliegen. Sein ausschließlich darauf gestützter, zum Wohnungseigentumsgericht gestellter Beschlußanfechtungsantrag müßte als unbegründet zurückgewiesen werden.

Bei einer **Zweiergemeinschaft** bedarf es vor Klageerhebung nach § 51 nicht eines vorausgehenden **Entziehungsbeschlusses** als Verfahrensvoraussetzung, da der betroffene Wohnungseigentümer ohnehin nicht stimmberechtigt wäre, § 25 Abs. 5.[622] Das BayObLG a.a.O. scheint allerdings durch seinen Hinweis, der betroffene Wohnungseigentümer sei anhörungs- und diskussionsbefugt, andeuten zu wollen, auch bei einer Zweiergemeinschaft den Entziehungsbeschluß vorauszusetzen. Dies wäre eine unökonomische Förmelei, weil der stimmberechtigte Wohnungseigentümer i.d.R. zur Entziehungsentscheidung entschlossen ist und sich von etwaigen Einwendungen des anderen Wohnungseigentümers nicht von seinem Ziel abbringen läßt. Der betroffene Wohnungseigentümer kann ja seine materiellen Einwendungen im Klageverfahren nach § 51 geltend machen.

---

[619] KG OLGZ 1967, 462/465; OLG Frankfurt DWE 1984, 62; OLG Hamm WE 1990, 97; BayObLG NJW-RR 1996, 12 = WE 1996, 115; OLG Köln ZMR 1998, 376 = WE 1998, 382; Bärmann-Merle, § 18 Rz. 42; § 43 Rz. 35.

[620] LG Düsseldorf ZMR 1991, 314; BayObLG a.a.O.; OLG Köln a.a.O.

[621] KG NJW-RR 1992, 1298 = WE 1992, 257.

[622] LG Aachen ZMR 1993, 233; Weitnauer, § 18 Rz. 8; Bärmann-Merle, § 18 Rz. 37; offengelassen v. BayObLG Rpfleger 1983, 346; s.a. OLG Düsseldorf ZfIR 1998, 95 bei Inanspruchnahme eines Wohnungseigentümers auf Zahlung von Hausgeldansprüchen durch alle übrigen Wohnungseigentümer ohne Beschlußfassung.

Die **Kosten** des Entziehungsprozesses sind Kosten der Verwaltung und daher auf alle Wohnungseigentümer anteilig zu verteilen, § 16 Abs. 4. Dies gilt auch für Zweiergemeinschaften.[623]

Wenn ein Wohnungseigentümer einen Entziehungsgrund liefert, haben die übrigen Wohnungseigentümer einen unverzichtbaren Anspruch auf Einleitung des Entziehungsverfahrens.[624]

---

[623] BayObLG DWE 1983, 95; OLG Düsseldorf NJW-RR 1997, 13 = ZMR 1996, 571 = WE 1996, 423: gilt auch für den Kostenerstattungsanspruch des obsiegenden Miteigentümers; Bärmann-Pick, § 16 Rz. 149; Weitnauer, § 16 Rz. 58; Palandt, § 16 Rz. 8.

[624] OLG Köln DWE 1997, 166 = ZMR 1998, 48; a. A. wohl KG WE 1996, 345, das den Wohnungseigentümern einen weiten Beurteilungsspielraum darüber einräumen will, ob sie einen Entziehungsprozeß einleiten wollen (eingeschränkte Überprüfungsmöglichkeit bei Ablehnung).

Stichwortverzeichnis

Die Zahlen geben die Randnummern an